ISBN 978-0-260-05808-9
PIBN 10925012

REVUE

DU

MONDE CATHOLIQUE

RECUEIL INTERNATIONAL

Dogmatique, Politique, Scientifique, Historique et Littéraire

QUARANTE-DEUZIÈME ANNÉE

TOME CENT CINQUANTE TROISIEME

QUATORZIÈME DE LA SEPTIÈME SÉRIE

PARIS

Arthur **SAVAÈTE**, Éditeur

76, Rue des Saints-Pères, 76

—

1903

Maintenant nous sommes en juillet 1902. Un ex-abbé devenu président du conseil ; un défroqué qui a repris la soutane pour passer son examen de docteur devant un jury présumé catholique ; un sieur Combes sorti du pays pourri des Charentes a fait fermer d'abord cent trente-cinq écoles sous ce prétexte qu'elles ont été ouvertes depuis la promulgation de la loi sur les associations. Comme l'appétit vient en mangeant, devant la résignation silencieuse de ses victimes, par une circulaire, — je veux dire par un ukase, — il ordonne ensuite la fermeture de deux mille cinq cents écoles *libres*, sous prétexte qu'elles n'ont pas demandé l'autorisation légale de libre exercice. Nous savons que ces écoles n'avaient pas besoin d'autorisation puisque la loi n'a pas d'effet rétroactif et qu'elles n'étaient pas fondées seulement depuis l'édiction de la loi nouvelle ; car, en ce cas, on n'eût pas manqué d'en interdire l'ouverture. Mais, dit le proverbe, contre la force, il n'y a pas de résistance. Les commissaires de police, les procureurs, les sous-préfets ceignent leur écharpe et notifient l'arrêt de proscription ; les gendarmes viennent appuyer leurs réquisitions illégales et injustes. Les populations croyantes se soulèvent ; elles veulent garder leurs sœurs, elles fortifient les écoles pour empêcher leur expulsion et opposent à la brutalité officielle, une résistance patriotique et pieuse. Il faut assiéger les écoles pour en faire partir les sœurs. L'armée (anges de la patrie voilez vos fronts !), l'armée reçoit ordre d'appuyer la police et le soldat, qui ne doit porter les armes que pour la défense de la patrie, est contraint de dégainer... contre des sœurs institutrices. Plutôt que de se

prêter à ces bas offices, deux officiers brisent leur épée. La
résistance se prolonge en Bretagne, particulièrement à Plou-
daniel, à Folgoet et à Saint-Méen. Enfin la force triomphe ;
l'ordre règne... comme à Varsovie !

Devant ces méfaits, en présence de cette résistance glorieuse, au milieu de cet émoi des populations rurales et de
la stupeur de l'univers, le silence serait une marque de complicité, un manque de cœur, un opprobre. Les évêques doivent parler ; ils comprennent le devoir ; ils parlent. Nous
allons recueillir leurs suffrages.

Mais d'abord à *qui* faut-il s'adresser ? Sans doute la réponse doit s'adresser à qui l'a rendue nécessaire, au gouvernement ; mais dans le gouvernement à qui ? Est-ce au pouvoir législatif ou au pouvoir exécutif, aux auteurs de la loi
qu'on prétend appliquer ou à ceux qui l'appliquent ? Selon le
droit naturel, il paraîtrait qu'il vaut mieux s'adresser au législateur ; c'est ici, le grand coupable ; l'étrangleur réel du
droit et de la liberté. Mais s'adresser à la trois centième ou
à la cinq centième partie d'une Assemblée délibérante, c'est
s'adresser à un être de peu, volatil au surplus comme le gaz
le plus incoercible. Un sénateur, un député, quelque chose
de décoratif, comme un devant de cheminée, mais aussi peu
consistant. Alors nous nous adresserons aux ministres, au
président du Conseil, au président de la République. Or, la
constitution de la République est tellement agencée que le
pouvoir est partout et la responsabilité nulle part. Le nom
commun de tous les détenteurs du pouvoir politique, depuis
le sous-préfet jusqu'au naturel de Montélimar, c'est Pilate.
Ces gens-là peuvent faire tout ce qui leur passe par la tête et
ont le droit de s'en laver les mains. Le sous-préfet vous renvoie au préfet, le préfet au ministre, le ministre au chef de
cabinet, le chef de cabinet à la loi. La loi, c'est la dame
voilée ; on la voit partout, elle ne se découvre nulle part et la
seule chose qu'elle connaisse, c'est étrangler. C'est en son nom
que le président du Conseil, le renégat, étrangle les écoles
libres. Alors nous irons au président de la République, à la
cinquième roue du char républicain, au louche personnage
qui doit sa fortune privée aux coups de bourse, et sa fortune
publique, à la protection des escompteurs parlementaires du
Panama. S'adresser à cet homme-là, malgré l'éminence du
personnage, autant s'adresser à la lune. Mieux vaudrait,

selon moi, s'adresser au valet, de chambre du ministère en crédit, s'il a l'oreille du Maître, en admettant que le Maître a de l'oreille et n'a pas plutôt des oreilles.

Les protestations des évêques peuvent se ramener à trois catégories : 1° les évêques qui s'adressent au président de la République, au président du Conseil ou au ministre des cultes ; 2° les évêques qui adhèrent aux actes précédents ; 3° les évêques qui s'adressent à leur clergé, aux religieux, ou au public dans des discours de distribution de prix.

A tout seigneur, tout honneur. — L'archevêque de Paris, métropolitain de la capitale, plus proche du pouvoir, en relations plus faciles et plus fréquentes avec le gouvernement, ouvre la marche, il écrit au président de la République. Francois-Marie-Benjamin Richard, cardinal-prêtre, n'a pas la science de Affre, la malléabilité de Sibour, l'aplomb de Morlot, l'éloquence de Darboy, la mâle énergie de Guibert ; mais il écrit sensément, avec douceur, parfois comme avec la plume de saint François de Sales. Dans sa lettre, il déclare la persécution sans motif, il la dit inspirée par la haine de la religion, il la croit contraire à la loi et aux intérêts du pays, et montre qu'elle est à l'envers de la restauration sociale, contraire aux déclarations de Portalis et aux vues si politiques du premier consul.

Paul Goux, évêque de Versailles, suit l'exemple de son métropolitain. Les évêques se sont tus longtemps, mais leur qualité leur interdit désormais le silence. « La persécution latente est devenue manifeste et telle qu'il faudrait remonter aux plus mauvais jours de la Révolution française pour en trouver une semblable dans notre pays. Sous prétexte de neutralité, l'image du Christ étant bannie des écoles officielles, le nom de Dieu n'y pouvant plus être prononcé, la morale de l'Evangile étant remplacée par celle de quelques philosophes — de leur argent, les catholiques, en se conformant aux lois existantes, avaient créé des écoles libres et, pour les tenir, il s'était trouvé, en nombre considérable, quoique insuffisant pour satisfaire à toutes les demandes, des légions de pieuses filles qui, sous l'habit religieux, liées envers le ciel par de saintes promesses, remplissaient avec une patience et un dévouement inaltérables une des fonctions maternelles les plus nécessaires et les plus laborieuses : instruire et former au bien les enfants que les familles leur confiaient. »

La liberté et le droit sont violés ; la justice méconnue.
« Et cela se passe en France, dans un pays où l'immense
majorité des citoyens professe la religion catholique, sur une
terre où la générosité semblait héréditaire et où plusieurs révolutions se sont faites en faveur de la liberté. Non, cela ne
durera pas ; non, c'est un état impossible. »

Louis-Joseph Luçon, évêque de Belley, fils selon l'esprit
de l'incomparable Freppel, discute les tenants et aboutissants
des lois scolaires ; il dit la proscription des religieuses contraire à la non-rétroactivité de la loi ; contraire à la justice
en violant les droits des propriétaires et des bienfaiteurs ;
contraire à la liberté d'enseignement écrite dans la loi ; contraire à la liberté de conscience pour les parents et pour
les enfants ; contraire enfin à l'humanité qu'on outrage dans
la personne des vierges de Jésus-Christ.

« Mais, nous ne nous faisons point illusion : nous nous
rendons bien compte que nous sommes en face d'une secte
qui nous a déclaré une guerre à mort et qui, quand il s'agit
de nous, est insensible à la raison, à la justice, à l'humanité,
aux vrais intérêts du pays. Nous connaissons son but, ses
moyens d'action, son plan de campagne ; nous n'avons point
à former sur cela de jugements téméraires : ses organes prennent soin de nous en bien instruire eux-mêmes. Elle a juré de
déchristianiser la France ; et c'est pour y arriver, que, entre
autres moyens, elle veut fermer les écoles chrétiennes. Elle
prétend jeter toutes les âmes françaises dans le même moule,
pour les former à son image, le moule de l'incroyance et de
l'athéisme. Voilà l'unité qu'elle rêve pour l'âme de la France :
ce serait l'unité dans l'impiété, dans l'immoralité, dans la
dégradation. »

Emmanuel de Briey, évêque de Meaux, — un disciple du
grand cardinal Pie, — marchant sur les traces de son métropolitain, pose, au pauvre et plus que pauvre président Loubet, ces trois questions : Pourquoi ferme-t-on les écoles ?
Pourquoi chasse-t-on les religieuses ? Pourquoi jette-t-on les
enfants dans la rue ? Questions auxquelles le susdit Loubet
serait bien embarrassé de répondre ; en gardant le silence, il
se condamne lui-même.

Alphonse-Etienne Sonnois, archevêque de Cambrai, écrit
en digne successeur de Fénelon :

« Quelle n'est pas l'émotion produite dans notre diocèse par la brusque fermeture d'un grand nombre d'écoles, par le renvoi brutal d'humbles religieuses, dévouées jusqu'à l'héroïsme, par une série de mesures vexatoires au premier chef, par l'annonce de projets plus désastreux encore ? Tout ce qui est chrétien n'aura-t-il donc de droit qu'à la mort ? Mais si puissant qu'est le crime, celui qui sait mourir est plus puissant que lui...

« Aujourd'hui le sang coule, aujourd'hui les droits sacrés de la liberté sont foulés aux pieds, aujourd'hui le respect de la propriété reçoit de singulières atteintes, aujourd'hui les pères et mères de famille sont molestés ou violentés dans le choix des éducateurs de leurs enfants, aujourd'hui les prêtres, nos zélés auxiliaires, sur des dénonciations plus ou moins basées, sont poursuivis, épiés, soupçonnés, traduits devant les tribunaux, privés d'une indemnité légitime.

« Laissez-nous vous le dire, monsieur le président, nous n'avons au cœur qu'un double amour : celui de l'Eglise et de la France. Respectueux des institutions du pays, nous ne voulons qu'une seule chose : servir notre mère l'Eglise et notre mère la France.

« La meilleure maîtresse d'école n'est-elle pas l'Eglise, de par la volonté de son fondateur, jetant en vue des siècles (même du nôtre) la féconde parole : « Allez, enseignez toutes les nations ? » L'Eglise a donc reçu de Celui par qui règnent les rois et les grands un droit imprescriptible et un devoir essentiel, le droit et le devoir d'enseigner. »

Augustin-Victor Deramécourt, évêque de Soissons, écrit en homme qui se souvient de Mgr Parisis :

« Au nom de la France qui depuis quinze siècles, a dû particulièrement sa grandeur et son honneur à l'action de l'Eglise exercée sous tous les régimes, en l'harmonisant avec l'action de l'autorité civile, je vous adjure de ne point renoncer à une aussi utile alliance.

« Au nom de la République loyalement acceptée par le clergé et l'immense majorité des catholiques, conformément aux décisions pontificales ; au nom de la déclaration des libertés de 1789, de la constitution de 1875, telles que les ont promulguées et interprétées leurs fondateurs ; au nom des récentes assurances données à la paix publique par le chef de l'Etat à Dunkerque, à Brest et au Mans : j'ose réclamer les franchises fondamentales qui ont été solennellement promises et garanties à la France.

« Au nom des lois de l'humanité, des lois de l'Eglise, des lois de la famille, des lois de l'Etat, que des circulaires récentes et arbitraires ne sauraient infirmer, je proteste, comme *citoyen*, comme *Français* et comme *évêque*, contre les *coupables spoliations* dont souffrent la *conscience*, la *propriété* et la *liberté* ; de par les mesures qui atteignent les enfants de nos écoles, leurs familles et les communautés religieuses. »

Alexandre, évêque de Saint-Claude, se borne à réclamer pour les écoles de son diocèse ; mais enfin il réclame, c'était son devoir et c'est son honneur.

Félix Béguinot, évêque de Nîmes, s'adresse à la modération, à la sagesse et à la science du président : une telle lettre n'a pas pu arriver à ces trois adresses.

François-Virgile Dubillard, évêque de Quimper, écrit en savant théologien et en brave évêque : la science et la bravoure ont toujours formé un bel assemblage.

Ont adhéré à la lettre de l'archevêque de Paris : Constant Guillon, évêque du Puy ; Firmin Renouard, évêque de Limoges ; Victor Balaïn, archevêque d'Auch ; Charles Cotton, évêque de Valence ; Adolphe Fiard, évêque de Montauban ; Joseph Guérard, évêque de Coutances ; François Hautin, archevêque de Chambéry ; Prosper de Bonfils, évêque du Mans ; Philippe Meunier, évêque d'Evreux ; Alfred Williez, évêque d'Arras ; François Delamaire, évêque de Périgueux ; Pierre-Marie Fallières, évêque de Saint-Brieuc ; Pierre-Eugène Rougerie, évêque de Pamiers ; Hector Coullié, archevêque de Lyon ; Anatole de Cabrières, évêque de Montpellier, et Charles Cœuret-Varin, évêque d'Agen. — Ces lettres, adressées au cardinal Richard, et transmises par ce prélat au gouvernement, constituent autant d'actes épiscopaux pour la défense officielle et publique des congrégations enseignantes.

D'autres évêques, par des actes également épiscopaux, s'adressent à leur clergé ; je cite : Joseph, cardinal Labouré, archevêque de Rennes ; Victor-Paulin Delannoy, évêque d'Aire ; Amédée-Jean, évêque de Vannes ; Dubois, évêque de Verdun ; Jules, évêque de Perpignan. L'évêque de Marseille, malade, se contente d'un communiqué à ses prêtres.

Une quatrième catégorie d'évêques s'est contentée, soit de consolations aux religieuses proscrites ; soit de lettres à des particuliers ; soit d'allocations aux distributions de prix. Dans cette classe il faut ranger : 1° François Bonnefoy, archevêque d'Aix ; 2° Ernest, évêque d'Angoulême ; 3° Claude Bardel, évêque de Séez ; 4° Michel-André Latty, évêque de Châlons ; 5° Joseph Rumeau, évêque d'Angers ; 6° Etienne Ardin, archevêque de Sens ; 7° Eudoxe-Irénée Mignot, archevêque d'Alby ; 8° Augustin Germain, archevêque de Toulouse ; 9° Frédéric Fuzet, archevêque de Rouen ; 10° de Pelacot,

évêque de Troyes.; 11° Henri Chapon, évêque de Nice ;
12° Henri Bouquet, évêque de Mende ; 13° Léon Amette,
évêque de Bayeux ; 14° Aynard, évêque de Cahors ; 15° Henri
Schœpfer, évêque de Tarbes ; 16° Sébastien Hersher, évêque
de Langres. — Ces lettres et allocations, en général, ne re-
vêtent pas la forme de protestation et n'en ont pas la force
juridique ; elles renferment des regrets, douloureux sans
doute, et des hommages à des vertus proscrites ; mais consoler des malheureux, tout le monde peut le faire et n'en a pas
moins de mérite.

Dans cette majorité d'évêques, ou plutôt en dehors, il y a
des évêques dont nous n'avons trouvé aucun acte dans les
feuilles catholiques. De plus, il y a quatre ou cinq prélats,
dont nous taisons les noms ; nous n'avons pas jugé les autres ;
ceux-ci, nous devrions les juger : ce serait sans titre ; et les
censurer : la plus élémentaire bienséance nous l'interdit. —
Nous ajoutons, avec joie, que les évêques d'Autun, de
Cahors, de Valence, d'Evreux et du Mans, nous ont paru
mettre, au service de cette cause, le plus grand zèle.

Ainsi, les évêques de France ont rempli un devoir de conscience, en adressant au chef de l'Etat, aux ministres et au
clergé, au sujet de la proscription des sœurs enseignantes,
leurs doléances et leurs observations. Exprimées dans les
termes les plus modérés et les plus respectueux, leurs réclamations n'ont pas été écoutées, ces prélats ont eu la douleur
de voir fermer un très grand nombre d'écoles libres, laïciser
un certain nombre d'écoles communales, établies depuis un
temps plus ou moins long, sous le bénéfice des lois qui n'ont
pas cessé de régir, parmi nous, l'instruction publique. C'est
l'impudence d'une tyrannie qui appelle les résistances et
provoque même à la sédition.

L'Eglise ne fait jamais appel à la violence ; mais sa mission
divine lui interdit de laisser confisquer ses droits et mettre
les âmes en péril de corruption ou d'apostasie. La presque
unanimité des évêques a donc rempli noblement son devoir ;
mais, si elle s'en tenait là, ce ne serait qu'une passe d'armes,
brillante et honorable sans doute ; probablement sans résultats. C'est bien la religion que la franc-maçonnerie veut détruire en France ; ces imbéciles bas, ils ont conçu ce dessein
et ils sont assez stupides pour en poursuivre l'accomplissement. Ce qui étonne les croyances, c'est qu'il se soit trouvé

des députés, des sénateurs, des ministres, un Loubet! chargés de représenter ce qu'un historien anglais appelle la majesté d'un peuple, et décider ainsi des destinées de la France,
de sa foi et de son indépendance nationale. « Nous ne sup-
porterons pas cela, criaient les paysans bretons; nous voulons nous défendre. Si c'est la guerre civile qu'on veut, tant
pis! Nous avons des faux et des armes à feu, nous saurons
nous en servir. » Braves paroles sans doute, mais imprudente et inutile résolution. Ne prenons ni fusils, ni faux,
sachons nous contenter de la résistance légale et pieuse; du
recours à Dieu par la prière; du recours à nous-mêmes, par
une énergique résolution.

Je cite, à l'appui, quelques réflexions du comte de Mun :

« Je suis persuadé, dit-il, que la résistance légale est la seule féconde, et je pense que dans un pays comme le nôtre où les mouvements d'opinion sont si prompts, où la presse est si puissante, où
tout se traduit en discussions publiques dans les journaux, devant
les Chambres, devant les tribunaux, elle finit, en persistant, par devenir invincible.

« Voyez donc l'histoire des catholiques d'Irlande : ils étaient opprimés plus durement que nous ne le sommes nous-mêmes, bien
que nous soyons en train d'en arriver là, puisqu'on prétend, à cause
de notre religion, nous exclure des libertés publiques les plus essentielles, comme c'était justement le cas de l'Irlande. Eh bien, au plus
fort de la lutte, que faisait O'Connell, le grand, le tout-puissant
agitateur? Il parcourait le pays, il remuait les foules, il les passion-
nait pour la liberté, il les excitait à la conquérir, mais il répétait
sans cesse : « Restez dans la légalité, ne faites pas d'émeutes, res-
pectez les lois! » et c'est par cette tactique, obéie avec une admirable discipline, qu'il a forcé les portes du Parlement et préparé
l'affranchissement religieux de son pays.

« Voilà ce que j'appelle la résistance légale. Seulement, il ne
suffit pas qu'elle soit légale. Il faut encore qu'elle soit vraiment une
résistance, non pas une protestation, une *manifestation d'un jour*
mais une revendication *constante et persévérante* qui ne se décourage
pas au premier insuccès et à laquelle chacun sacrifie son repos, sa
tranquillité : c'est la première condition. La seconde, c'est qu'elle
soit organisée, je veux dire qu'elle ait un *chef*, des *soldats*, un
trésor de guerre, et qu'elle soit exercée à la lutte par des *manœuvres
fréquentes*, c'est-à-dire, quand il s'agit d'action politique, en ne
laissant passer aucune occasion sans la mettre à profit pour faire valoir nos droits, aucune violence sans y résister, aucune élection surtout sans affirmer nos revendications.

« Ah ! il y a bien évidemment une autre condition, sans laquelle
nous continuerons toujours à être battus, c'est que tout le monde

s'entend pour renoncer aux discordes des partis, à l'éternelle discussion sur la forme du gouvernement. Quant à moi, je suis parfaitement résolu à ne soulever et à n'accepter aucun débat de ce genre. C'est du temps perdu, et nous n'en avons pas à perdre.

« La maison brûle, il faut courir au feu ! Tous ceux qui tiennent à la religion et à la liberté n'ont qu'à se tendre les mains et à faire la chaîne ! »

IV

Cette résistance légale est certainement constitutionnelle ; cette résistance pieuse est certainement conforme au devoir catholique et répond au vœu du cœur vaillant ; cependant elle ne répond pas pleinement aux préceptes de l'ordre moral et religieux ; de plus, elle ne satisfait pas à toutes les exigences de la situation.

La résistance légale est d'ordre naturel ; la résistance pieuse est d'ordre particulier, tout à fait intime. L'Eglise renferme à coup sûr, dans son sein, des âmes ferventes et de dignes citoyens ; en outre, elle est une société complète, visible et active par elle-même ; elle est échelonnée sous une hiérarchie qui représente spécialement les droits de l'Eglise et qui est surtout chargée de la défendre. Je cherche et je ne vois rien qui, mieux que la résistance des évêques, puisse soutenir la résistance pieuse et la résistance constitutionnelle. Je sais, d'autre part, que les évêques ont un devoir propre d'intervenir dans les saints combats et même de prendre la tête de l'armée catholique. Dans ses épîtres, saint Paul leur a fourni une armure dont il énumère les pièces, et bien qu'un chrétien un prêtre puisse s'essayer à en porter le poids, c'est surtout aux évêques qu'incombe cette obligation. Une croisade sans évêque serait une croisade sans unité, sans drapeau, et si la bravoure des soldats savait s'électriser, sans chef, elle ne pourrait frapper des coups victorieux.

Quand il s'agit de la résistance de l'Eglise, nous pensons toujours à la croix, par quoi Jésus crucifié a voulu attirer à lui tout l'univers. Nous pensons aux souffrances éprouvées et au sang versé sur la croix ; et puisque Jésus-Christ nous a fait l'honneur de nous appeler à remplir ce qui manque à sa passion, pour nous en appliquer les fruits et en étendre les

grâces, nous devons nous dire qu'il n'y a rien de plus efficace, dans la résistance, que les maux encourus, les souffrances subies et le sang versé.

Quand il s'agit de la défense de l'Eglise, je pense à Judas-
Machabée et à ses vaillantes troupes qui aimèrent mieux
mourir que de supporter les maux de leur patrie et les outrages au temple. Je rémémore la sainte insurrection de la
Ligue, qui fit capituler Henri de Navarre et nous empêcha,
pendant trois siècles, de tomber dans ce gâchis intellectuel,
moral et social où nous sommes menacés de périr.

Oserais-je le dire ? C'est, parmi les chrétiens, une opinion
commune, que, depuis vingt ans, nous n'avons pas été dé-
fendus comme nous aurions dû l'être ; et si nous sommes
pressés maintenant par les plus terribles assauts, c'est qu'en
refusant de déployer notre vigueur, nous avons décuplé la
force de l'adversaire.

En preuve, je cite ici un nom grand dans l'Eglise et dans
l'histoire. Le vicomte de Bonald, écrivant à l'évêque de Ro-
dez, lui dit avec une sincérité égale à sa courtoisie :

A l'heure actuelle, lorsque la liberté de l'enseignement est si gravement compromise, les catholiques ont sans doute le devoir de
lutter pour en conserver, si c'est possible, quelques lambeaux ; mais
la gravité même de la situation leur impose le devoir non moins im-
périeux de lutter d'une manière utile et d'employer les moyens qui
leur paraissent les plus efficaces pour atteindre le but poursuivi.

Quand on ne dispose que d'un nombre limité de cartouches, la
plus élémentaire prudence commande de ne les point gaspiller au
hasard.

Depuis quelque temps les distances qui séparaient les évêchés des
préfectures se sont singulièrement raccourcies.

Quand je vois le gouvernement traiter les évêques comme de
simples fonctionnaires, n'ai-je pas le droit de me demander ce qui
arriverait si d'aventure il s'avisait de puiser dans la caisse des évêchés comme il puise dans celle des contribuables ?

Lorsque, d'autre part, je vois Nos seigneurs les évêques si peu jaloux de leurs droits, que jadis revendiquait si noblement l'épiscopat
tout entier, ne m'est-il pas permis de craindre que, le cas échéant,
ils n'aient ni l'indépendance ni le courage nécessaires pour défendre
l'argent que nous leur aurions confié ?

L'expérience est un maître dont il ne faut pas négliger les leçons.

Les évêques ont-ils été jamais conviés à la lutte dans des circonstances plus favorables, plus tentantes que celles que leur offraient
les événements dont nous venons d'être les témoins ?

On expulse brutalement des femmes sans défense dont le seul crime est d'enseigner la loi du Christ.

Et ces femmes, qui s'est donc levé pour les défendre ?

Ce sont des laïques, ce sont les paysans bretons qui ont pris les armes comme aux jours de la Terreur, ce sont des femmes du monde qui ont quitté leurs boudoirs pour descendre dans la rue.

Mais, les évêques, leurs protecteurs naturels, qu'ont-ils fait ?

Ils sont restés dans l'ombre, ils se sont « tenus en dehors et au-dessus de la politique » ou bien ils ont puisé quelques larmes au fond de leur écritoire.

Et c'est sur eux que nous compterions pour soutenir les quelques écoles qui nous restent, sur eux qui ont déserté la lutte d'une façon si lamentable, sur eux qui, chargés de défendre l'enseignement religieux, ont été quelquefois les premiers à combler le fossé qui séparait l'école libre du lycée ?

Certes, nous sommes prêts à les suivre quand ils marcheront en avant ; mais si, pour les avoir devant nous, il nous faut battre en retraite, un catholique n'y consentira jamais.

Voilà pourquoi, je crois beaucoup plus sage de continuer à soutenir, comme je l'ai fait par le passé, les comités laïques qui ont maintes fois prouvé qu'ils avaient l'indépendance et le courage nécessaire à l'accomplissement de leur œuvre.

Après le vicomte de Bonald, je prie qu'on veuille bien entendre encore le rédacteur en chef de l'*Autorité.* C'est un homme politique, sans doute ; c'est même un homme de parti ; mais il s'est dit, un jour, et pas tout à fait sans titre, le chevalier de Dieu. Que si, comme journaliste, il est, en quelque sorte, obligé de charger les couleurs, et, dans l'impatience de son zèle, prompt à s'irriter des effacements et des abdications, il faut le lui permettre, ou, si l'on veut, le lui pardonner. Croyez que, vivant à Paris, près du sérail où il n'a pas été nourri, mais dont il connaît les détours, il a ses raisons pour parler fort. S'il voit des chiens affamés se ruer sur l'Eglise, il faut bien crier à la garde, et si elle ne vient pas, maugréer contre. Maintenant quand il voit l'Eglise, sa mère, outragée, chargée de chaînes, les vêtements déchirés, les membres meurtris, que dis-je, violée ! pouvez-vous bien exiger de lui qu'il mesure ses coups et contienne son indignation ? Non, non, pour être un soldat intrépide, il n'est pas nécessaire d'être si sage. Je lui permets même d'encourir les disgrâces, s'il veut sincèrement, comme je le crois, nous sauver.

« Les évêques, dit M. Paul de Cassagnac, pleurent ; les évêques gémissent ; ils écrivent de petites lettres inodores, incolores, remplis de soupirs, se congratulent réciproquement, à l'occasion de ces missives lamentables, et se hâtent de rentrer dans leurs terriers épiscopaux, convaincus qu'ils ont fait tout ce qu'ils devaient faire.

Pas un n'est allé carrément, fièrement, au-devant d'une suspension de traitement, comme cela est arrivé à tant de braves et vaillants petits desservants ; pas un n'a eu le courage d'affronter la prison.

A cette occasion, l'ami Drumont évoque la plus saisissante des comparaisons: il montre la différence entre l'épiscopat allemand et l'épiscopat français, aux heures difficiles de la persécution.

Il y avait pourtant, en Allemagne, un adversaire terrible, et le Chancelier de Fer valait bien Combes le défroqué, au point de vue du caractère et de l'énergie poussés jusqu'à l'atrocité.

Mais rien n'y fit, ni les menaces, ni les sévices.

Le cardinal Ledochowski, archevêque de Posen, résista courageusement au ministre des cultes Falck, digne pendant, en Allemagne, de notre canaille nationale Dumay.

Le cardinal fut poursuivi, condamné, exilé.

Il se sauva au Vatican, où la haine de Bismarck le suivit, allant jusqu'à demander l'extradition.

Mgr Melchers, archevêque de Cologne, se voit infliger six mois de prison ; Mgr Eberhard, évêque de Trèves, fait 300 jours de prison dans sa ville ; Mgr Martin, évêque de Paderborn, subit 100 jours de prison et est interné dans une forteresse, à Wesel. L'évêque auxiliaire de Posen est détenu 21 mois.

Tout est vain : les prélats tiennent bon.

Si le chancelier est de *fer*, ils sont d'acier, eux.

Ils se montrent dignes des grands aïeux, des glorieux confesseurs de la foi.

Et, devant leur admirable exemple, le bas clergé, électrisé, descend à son tour dans l'arène.

La suspension de traitement s'abat sur lui, féroce.

Elle reçoit un nom, nom sinistre, que la France, elle aussi, apprendra bientôt, la « cure de faim », celle que connut Ugolin dans son cachot.

C'est l'équivalent de : « Obéis ou crève ! »

Le banditisme officiel, le banditisme d'Etat, prend le prêtre par le retrait du pain.

C'est infâme, alors là-bas, comme aujourd'hui ici ; mais vainement encore, vainement toujours !

Le petit clergé tient bon.

Et au Landtag, M. de Gerlach raconte ce trait :

« Le dimanche *Lætare*, j'ai entendu un curé catholique qui disait à ses ouailles, à propos de l'Evangile sur la multiplication des pains : « Je ne crains pas la *cure de faim* dont on « nous menace ; j'ai confiance en mes paroissiens et je sais « que, dans chaque chaumière, il y a un pot-au-feu où je « pourrai plonger ma cuiller. »

Et M. de Gerlach ajoutait : « Messieurs, sur de tels hommes, vous n'avez aucune puissance ! »

Quant au peuple catholique, il se montre à la hauteur de ses évêques et de ses prêtres.

Ils se tenaient tous, du haut jusqu'en bas, et on lit dans les *Catholiques allemands*, par M. Kannengieser :

« On ne voulait pas que le curé acceptât son traitement dans des conditions un peu louches. Quand les fidèles savaient qu'un prêtre avait reçu son allocation du gouvernement, ils le fuyaient jusqu'à ce qu'il eût renvoyé ce gage ou ce signe de la trahison.

« Toujours de bonne humeur en dépit de leurs épreuves, ils avaient trouvé un jeu de mots charmant pour désigner leurs prêtres. Ils les appelaient *Sperrling*, mot qui signifie à la fois passereau et personne à laquelle on supprime son traitement. On pardonne volontiers un calembour à des héros. Les catholiques tenaient à ce que leurs « passereaux » fussent sans tache, et ils eurent le bonheur d'être exaucés. »

Voilà comment cela se passa en Allemagne.

Le Chancelier de Fer recula.

La persécution fut vaincue.

Les bourreaux durent capituler devant leurs fières victimes.

Quel contraste navrant avec ce qui se passe chez nous !

La lâcheté est partout chez les chefs ; ils tremblent dans leurs soutanes violettes, tels des fonctionnaires éperdus.

Ils retiennent le courage du bas clergé, empêchent la résistance de se produire, de s'étendre, d'être triomphante.

Pourquoi ?

Parce qu'ils ont donné des gages, ont fait des promesses pour être nommés.

A de rares et nobles exceptions près, ce sont des pasteurs qui, d'avance, avaient vendu leurs troupeaux et en avaient promis, et la laine, et la chair.

Cet épiscopat-là, l'abbé Lacordaire l'avait annoncé par un véritable don de prophétie, lorsque, le 20 novembre 1830, il publiait, dans l'*Avenir*, son « APPEL AUX ÉVÊQUES ».

Il disait ces paroles qui devraient être affichées aujourd'hui sur tous les murs de nos palais épiscopaux :

« La nomination de vos collègues dans l'épiscopat est désormais DÉNUÉE DE TOUTE GARANTIE LÉGISLATIVE ET MORALE, DÉSORMAIS LIVRÉE COMME UNE PROIE AUX MINISTÈRES RAPIDES QUI VONT SE SUCCÉDER. »

Que veulent vos ennemis du pouvoir ?

« La DÉVASTATION PROGRESSIVE DE L'ÉPISCOPAT et de l'enseignement, l'OPPRESSION du clergé français du second ordre par UN CLERGÉ SUPÉRIEUR DE LEUR CHOIX. »

L'œuvre criminelle est commencée :

« Ils ont parcouru de l'œil vos têtes blanches dans les misères précédentes ; ils ont compté vos années et ils se sont réjouis, car le temps de l'homme est court. A mesure que VOUS VOUS ÉTEINDREZ, ILS PLACERONT SUR VOS SIÈGES DES PRÊTRES HONORÉS DE LEUR CONFIANCE, DONT LA PRÉSENCE DÉCIMERA VOS RANGS SANS DÉTRUIRE ENCORE L'UNITÉ. Un reste de pudeur s'effacera plus tard de leurs actes ; l'ambition conclura sous terre DES MARCHÉS HORRIBLES et le dernier de vous, mourant, pourra descendre sous le maître-autel de sa cathédrale avec la conviction que ses funérailles SERONT CELLES DE TOUTE L'ÉGLISE DE FRANCE. »

Sont-ce là des paroles exagérées ? Non.

« *L'épiscopat qui sortira d'eux est un épiscopat jugé. Qu'il le veuille ou non, il sera traître à la religion... D'accord en un seul point, les évêques nouveaux plieront leur clergé à une soumission tremblante devant les surprises les plus insensées d'un ministère ou d'un préfet ; et, dans cette Babel, la langue de la servilité est la seule qui ne variera pas... Après vous avoir déshonorés dans l'esprit des peuples, ils vous livreront un jour faibles et divisés entre les mains du pouvoir, qui regardera comme une grâce de vous donner la vie en échange de votre conscience. A l'infamie succédera le schisme. Le peu d'hommes restés fidèles à la dignité de leur sacerdoce, victimes longtemps de ceux qui devaient être leurs protecteurs, fuiront enfin une terre maudite et iront féconder de leurs larmes des champs lointains...* »

C'est effrayant.

Mais comme c'est exact !

Impossible de tracer un tableau plus poignant, plus vrai.

Lacordaire, avec son œil d'aigle, avait prévu.

Nous, nous avons vu.

Nous sommes plus à plaindre que lui.

V

Ceci dit, avec réserve, si l'on veut, et sans entrer dans ces objurgations, il faut convenir que la série des actes épis-copaux contre la proscription des religieuses, ne constitue pas un formidable appoint. Si nous comparons ces actes aux actes des évêques en 1880, en 1845, en 1828, en 1763, il nous semble que sous le triple rapport de la science, de l'action et de la bravoure, il n'y a pas progrès. La question de droit divin n'est pas indiquée ; la question de droit naturel et de droit positif, civil et canonique n'est traitée qu'à vol d'oiseau ; la grande question d'histoire sur la formation de la femme catholique par l'école et son rôle dans l'histoire, je ne vois cela nulle part. Procédons par hypothèse, je suppose que cette question ait été posée en 1850, par la seconde république, le cardinal Gousset parle avec sa savante théologie ; Parisis eût fait retentir les oracles du droit ; Pie eût disserté éloquemment du rôle des femmes surtout depuis un siècle ; Plantier, Berthaud eussent sonné de leurs trompettes d'argent ; et Dupanloup, avec des brochures échauffées, eût fait écho aux indignations publiques et mené campagne avec fracas pour l'honneur de la femme française. J'écoute, je regarde, rien. Au moment où j'écris ces lignes, 12 octobre 1902, on me dit que les évêques, par un acte collectif, vont saisir la Chambre d'une protestation où seront présentées toutes les justes revendications de la sainte Eglise. A la bonne heure ; et si cela est aussi bien qu'on le dit, sans marchander une minute, je convertis mes regrets en applaudissements. Mais il faut bien nous persuader que la guerre, lorsqu'elle est déclarée, ne comporte pas cessation de combats ; sauf le cas d'armistice pour traiter de la paix. La paix, nous en sommes loin. Dès lors, aux armes et en avant toujours.

Celles que la foule, d'un nom charmant, appelle les sœurs, se divisent en trois branches, les contemplatives, les hospitalières et les institutrices. Les contemplatives sont des victimes expiatrices ; les hospitalières assistent toutes les misères de l'humanité : « l'assistent, disait Dupuytren, ayant du cœur jusqu'au bout des doigts » ; les institutrices forment la femme française. Ce sont des princesses, dit M. Jean de Bonnefon ; ce sont des princesses, en effet, que ces religieuses de l'enseignement primaire, secondaire ou supérieur, qui vont quitter le sol dont elles firent la gloire, puisqu'elles en formèrent les femmes, inspiratrices de beauté, anges de bonté, aides de l'homme dans toutes les sphères de sa rayonnante activité.

« Qu'elles s'appellent, dit cet ingénieux et pittoresque publiciste, qu'elles s'appellent Ursulines, Religieuses de Notre-Dame, Religieuses du Sacré-Cœur, Sœurs de la Visitation ou d'autres noms encore ; qu'elles élèvent les filles du faubourg populeux ou de l'aristocratique Faubourg, elles ont les mêmes lettres de noblesse.

« Elles descendent des religieuses d'autrefois qui créèrent la femme moderne, ce chef-d'œuvre du christianisme.

« Elles descendent de cette sainte Gertrude, contemporaine de Dagobert, qui savait les Saintes-Écritures par cœur, les traduisait du grec, et envoyait chercher des maîtres en Irlande pour enseigner la musique et la poésie aux vierges cloîtrées de Nivelle.

« Elles descendent de sainte Hildegarde qui écrivait, en un siècle barbare, sur la constitution physique du globe et sur les lois de la nature.

« Elles descendent de sainte Elisabeth de Schenawage qui dictait aux siècles des pages immortelles sur la Logique.

« Elles descendent de Catherine de Sienne, qui partage la gloire des plus glorieux écrivains.

« Elles descendent de la religieuse Lioba, aimée de saint Boniface « à cause de la sûreté de son érudition », de Lioba, qui fondait l'abbaye littéraire de Bischofsheim, une école normale de l'époque.

« Elles descendent de Roswitha, religieuse qui faisait la première pièce de théâtre en langue vulgaire.

« Elles descendent de ces femmes illustres de l'abbaye de Saint-Gall, qui poussaient au dernier degré la science du grec et que l'on conviait aux délibérations des conciles, pour avoir la sûreté des textes.

« Elles descendent de sœur Herrade, qui étonnait son temps par le renouvellement de la cosmologie.

« Elles descendent de Catherine de Bologne, la plus délicieuse des miniaturistes, qui peignait des chefs-d'œuvre autour des livres immortels, qui composait de la musique et perfectionnait les instruments.

« Elles descendent de sœur Elisabeth Sirani, un des plus grands maîtres de l'école bolonaise.

« Il est certain qu'au VIIᵉ et au VIIIᵉ siècle, les hautes études, comme nous dirions aujourd'hui, étaient poussées plus loin dans les couvents de femmes que dans les monastères d'hommes.

« Les moines cultivaient la terre et faisaient la guerre avant de s'enfermer dans la bibliothèque ou d'errer silencieusement dans le cloître. Les hommes barbares ne devinrent pas des lettrés, à la premiere génération abbatiale.

« Les femmes, elles, se livrèrent à l'étude dès la première aurore de la vie monastique. Elles furent les grandes maîtresses de l'art renouvelé, les premières initiatrices de la poésie retrouvée. Dans les hymnes de Fortunat, de ce moine qui fut plus doux que Virgile et plus poète qu'Homère, on sait quelle fut la collaboration de sainte Radegonde.

« On sait la vie et les travaux de cette abbesse-reine qui avait transformé les écoles du monastère de Poitiers en véritables académies. On les connaît ces grands labeurs d'une grande femme par une humble religieuse, Baudonovia, qui écrivit de sa maîtresse et supérieure, une vie qui demeure chef-d'œuvre après les siècles entassés sur le parchemin aux larges ornements.

« Elle est donc exacte, l'image romantique qui représente la société moderne « élevée sur les genoux de l'Eglise ». Et ce furent des femmes, des religieuses qui furent les premières éducatrices du monde qui va aujourd'hui les chasser.

« Ceux qui ferment aujourd'hui les couvents où les femmes donnent l'enseignement, au nom de Dieu, feront à la génération prochaine l'effet que nous produisent à nous les révolutionnaires de 1793, occupés à briser, sous prétexte de libre-pensée, les trésors et les orfèvreries de nos cathédrales.

« Détruit, ce grand passé des religieuses enseignantes deviendra une lueur mystérieuse et impressionnante. Nous avons assisté à ce spectacle naturel et curieux d'une génération irréligieuse. Nos neveux assisteront au spectacle non moins naturel d'une Renaissance religieuse préparée par l'enseignement universitaire.

« Quand les religieuses seront parties depuis longtemps, il se trouvera des professeurs pour les louer historiquement dans les lycées de filles et les élèves apprendront alors à regretter les bonnes sœurs disparues.

« Il viendra un jour où les constitutions des anciennes communautés seront lues en classe laïque, comme des modèles de sagesse. Tous les instituts enseignants de France sont établis sur les principes du pape Paul V :

« Les sœurs, quel que soit leur titre, doivent instruire les filles en la piété et en la vertu chrétienne... doivent leur apprendre à pratiquer les œuvres de miséricorde, à avoir soin de leur maison et à se bien acquitter de leur devoir. »

« N'est-ce pas là toute la science de la vie ? Et le *féminisme* moderne ne peut-il pas tenir à l'aise dans cette vaste formule ?

Paul V ajoute :

« Et afin que les filles soient attirées à cette institution et détournées des écoles hérétiques ou gâtées, on leur apprendra à lire et à écrire, et à travailler en divers ouvrages d'aiguille et tout ce qui convient à une jeune fille bien née pour son éducation. »

« A la suite de cette phrase : *tout ce qui convient*, n'y a-t-il pas place pour les progrès, les perfectionnements et les modernités les plus modernes ?

« Le mot de gratuité paraît, dans ces derniers temps, le pivot de l'enseignement laïque. Venez admirer la grande nouveauté, crient tous les prêcheurs du lycée féminin. Or, la gratuité naquit, il y a une douzaine de siècles, dans les couvents. Pas un monastère de femmes qui n'eût son école gratuite à côté de l'école payante. L'une entretenait l'autre. La petite fille pauvre et la petite fille riche avaient même toit, même chapelle, même doctrine. L'Etat n'a pas fait mieux et n'a pas créé l'égalité. Le lycée reste payant à côté de l'école communale gratuite. Les aristocraties se déplacent, mais demeurent. Les fossés ne se comblent que par le creux d'autres fossés !

« Je sais bien ce que les ennemis des sœurs enseignantes objectent :

— Oui, l'enseignement congréganiste fut grand dans le passé. Mais il est en pleine décadence.

« Et il s'est trouvé une virago de sacristie, une défroquée d'âme sinon de fait, une religieuse à bas bleus, pour donner à cet argument l'appui du costume qu'elle portait sur le dos et de l'intrigue qu'elle avait dans l'esprit.

« Mais un fait répond à cette imagination : les attaques dirigées contre les sœurs enseignantes prouvent la supériorité de leurs méthodes. On ne ferme que les concurrences dangereuses. Si l'enseignement des sœurs est à l'agonie, il serait au moins adroit de le laisser mourir sans secousse. On assassine rarement ce qui est mort. Ceux qui violent les tombeaux mal clos s'appellent des vampires. Si les congrégations enseignantes sont en pleine décomposition, on pourrait peut-être danser sur leur cadavre. On ne s'amuserait pas à soulever l'émeute pour écraser des mortes, eussent-elles eu le sublime reflet que donne la mort à celles qui furent belles longuement et bonnes surtout. »

VI

Avant de finir, nous voulons appeler l'attention du lecteur sur la gravité de cette question des sœurs enseignantes.

Le premier fait qui frappe notre esprit, c'est que la multiplication de ces religieuses est un des particuliers mérites du XIXᵉ siècle et qu'il doit être pris comme signe des miséricordes de Dieu sur la France.

D'abord il faut apprécier, par son côté surnaturel et divin, la mission de ces précieuses servantes de l'Eglise : pour l'enseignement du peuple, ce sont les substituts du prêtre. Au prêtre, il a été dit : Allez, enseignez. Mais impuissant à distribuer, par lui-même, la céleste doctrine, aux agneaux de son bercail, il appelle à son secours cette faible et timide vierge. Quelquefois elle est née dans un château, plus souvent dans une chaumière ; il n'importe. Le prêtre lui impose les mains, la couvre d'un voile et lui dit : allez, enseignez. Et elle va et elle enseigne, cette humble et courageuse vierge. Non pas comme ayant puissance; non pas comme les scribes et les pharisiens; je veux dire que ce n'est pas un emploi humain qu'elle remplit; elle n'est pas la mandataire, la déléguée de l'autorité séculière. C'est une œuvre spirituelle qu'elle accomplit, c'est un apostolat qu'elle exerce, une appartenance directe et subordonnée du sacerdoce.

Aux yeux du chrétien intelligent, dans l'école de cette humble vierge, tout est divin. L'alphabet lui-même apparaît comme une sorte de sacrement. Sous l'écorce des lettres et des syllabes, c'est le Verbe de Dieu apparu en ce monde, que ces épouses de Jésus-Christ s'appliquent à faire entrer dans l'âme des enfants. La personne de ces écoliers et de ces écolières devient, à nos yeux, celle de Jésus lui-même, suivant cette parole de Jésus-Christ : « Quiconque reçoit un de ces petits enfants, me reçoit. » L'école elle-même se transforme en une sorte de sanctuaire. C'est une maison déjà bénie par la présence de ces innocentes créatures, à peu près comme certains vases seraient consacrés par le seul contact qu'ils auraient eu avec nos adorables mystères. Enfin les religieuses sont les anges gardiens de ces petits dont le Seigneur a dit qu'ils voient sans cesse la face du Père qui est aux cieux. Qu'est-ce à dire? Est-ce que tous les anges gardiens ne jouissent pas en même temps de la vision béatifique de Dieu? Oui, mais les anges des enfants ont ce privilège qu'en outre ils retrouvent Dieu dans l'âme innocente de ces petits, où son image se reflète comme dans un miroir fidèle. Qu'elles doivent donc être heureuses, ces chères sœurs, d'avoir affaire à des âmes dont la transparence, à peine obscurcie par le premier souffle du mal, laisse facilement apercevoir la face du roi des cieux.

Dans tous les temps, chez tous les peuples, il y a eu des religieuses enseignantes. Toutefois c'est une chose nouvelle dans notre siècle et dans notre pays, cette floraison universelle des congrégations enseignantes de femmes et leur répartition par petits groupes dispersés sur la surface de tous les diocèses. Pourquoi?

Le puits d'où sont sorties toutes les erreurs pour envahir le monde et en essayer la conquête, a été creusé par Luther. De ce puits de l'abîme sont sortis des tourbillons de fumée qui ont voilé le ciel et asphyxié la terre. De là tous ces monstres d'hérésie qui ont altéré ou nié tous les articles du symbole catholique; qui ont altéré ou nié même les vérités naturelles qui constituent le symbole de la raison. Toutefois, dans la diffusion de ces erreurs, dans leur propagande corruptrice, il y a une espèce de loi qui préside historiquement à leur expansion. Le protestantisme, qui est une hérésie aristocratique, explicable seulement pour des gens d'une haute culture intellectuelle, s'est adressé d'abord aux princes et aux nobles qui lui ont fait généralement bon accueil. Des nobles, l'impiété s'est communiquée à la bourgeoisie ; de la bourgeoisie elle est descendue dans le peuple. Cette descente de l'impiété dans les masses populaires ne date guère que de 1789 ; les progrès de la corruption des multitudes ne s'accuse que depuis 1830, du moins parmi nous, en France.

Depuis lors, à tous les degrés de l'échelle sociale, le vice dominant de notre société, c'est le désir effréné de paraître et de jouir. On le dit partout et tous les jours ; les plus atteints du mal ne sont pas les derniers à s'en plaindre, s'il porte atteinte à leur sécurité. Nul n'est satisfait de sa condition ; le déclassement prend des proportions effrayantes ; la vie paisible des champs est dédaignée, et la noble simplicité de la chaumière rustique est abandonnée pour les bas-fonds des cités, d'où sortent, à tout instant, des complots contre l'ordre public.

Mais si la cupidité, l'égoïsme, la soif de l'argent, des emplois, des honneurs et des plaisirs forment le trait le plus saillant de nos mœurs actuelles, il faut le dire, ces maux ne sont que la conséquence d'un autre mal qui en est le principe. La doctrine, trop souvent impuissante à réprimer les passions, lorsqu'elle est pure, comment n'enfanterait-elle pas des monstres, lorsqu'elle se fait l'humble servante des appétits et l'ignoble pourvoyeuse de la chair ? L'hérésie du xvie siècle, la fausse philosophie du xviiie, amalgamées et combinées avec les principes les plus destructeurs de la Révolution, sont, depuis un siècle, réduites en corps d'enseignement public, triste pâture de presque toutes les intelligences. La philosophie, dit-on, va supplanter l'Evangile ; l'État, dispensateur de toute instruction, doit être substitué à l'Eglise ; et le sacerdoce laïque va remplir, à son tour, le ministère spirituel des âmes à la place du vieux sacerdoce du Christ.

La conséquence naturelle de ces doctrines et de ces mœurs, c'est l'apostasie ; c'est l'extermination des chrétiens, la fermeture des églises, c'est l'école suffisant aux destinées du genre humain, mais pour le malheur de la France.

Or, dans cette société envahie par le matérialisme, depuis un siècle, le rôle glorieux des femmes françaises a été de défendre la religion et l'Eglise. Nous avons eu des souverains illustres, des conquérants célèbres, des guerriers intrépides, des savants, des lettrés, des philanthropes. Mais, quand ce siècle, rempli de toutes les célébrités, est arrivé au milieu de sa course, ces hommes n'avaient négligé qu'une chose : Dieu et sa loi, Jésus-Christ et son Eglise. Mais, en même temps, il s'est trouvé que cette société, si satisfaite d'elle-même, était au bord d'un abîme, tel qu'il ne s'en était jamais creusé aucun sous les pas d'une société chrétienne. Alors on a entendu retentir un grand cri d'épouvante. Puis cherchant d'où pouvait venir le salut, on a proclamé que l'unique ressource désormais était la religion ; que les principes chrétiens, l'accomplissement pratique des devoirs chrétiens pourraient seuls conjurer la ruine générale. Depuis cinquante ans, les femmes avaient donc raison. Les femmes pour lesquelles on avait laissé les temples debout (sans elles, les hommes les eussent laissé tomber : ils n'y allaient jamais); les femmes avaient empêché le nom de Dieu et son culte de périr sur la terre. En conservant dans leurs cœurs la pratique de la religion de Jésus-Christ, elles avaient donc empêché la religion de périr et empêché, par suite, la ruine de la France.

A qui devons-nous, depuis un siècle, le salut par les femmes ? C'est aux congrégations enseignantes. Dieu qui ne manque jamais à son Eglise, et qui ne manquera à la France que quand elle l'aura rejeté sans retour, Dieu a multiplié les vocations féminines. Ce qui n'a commencé qu'avec notre siècle, ce qui ne s'est produit du moins dans d'aussi vastes proportions que chez nous et de nos jours, ce sont ces innombrables familles de Sœurs qui, fondées depuis soixante ou quatre-vingts ans, quelquefois moins, se sont répandues, jusque dans les quartiers les plus délaissés des villes, et jusqu'au fond des campagnes les plus abandonnées, pour y prendre soin des malades et y instruire les enfants. Toutes ont le même esprit ; toutes vont au même but.

Combattre, expulser, proscrire ces congrégations religieuses de femmes, c'est tarir en, France, la source de l'héroïsme, c'est effacer un type de grandeur, c'est travailler bravement à l'abaissement de la nation. Ah ! s'ils avaient trouvé cela sur les terres cuites de Babylone ou sur les papyrus de l'Egypte !

s'ils avaient découvert, dans les hypogées des temps antiques, les règles d'une de ces congrégations réligieuses, que Platon eût admirées, nos intellectuels seraient ravis de la découverte et, dans leurs académies, ils prôneraient ces femmes admirables qui portent dans les plis de leurs robes, ou plutôt sous leur blanche cornette, la bénédiction de la France. Mais ils ont trouvé, dans l'Evangile, ces merveilleuses créations; ils les ont vues s'échelonner le long des siècles, se passant le flambeau de la civilisation. Et eux, qui font la guerre au cléricalisme; eux qui, sous ce mot d'ordre hypocrite, veulent effacer Dieu, ils ont crié sus aux Sœurs!

Il ne faut pas se faire d'illusion, nous dit ce matin l'un de ces sectaires. « La loi du 1er juillet 1901, sur les associations, a tout simplement pour but la suppression des congrégations religieuses; » c'est, par conséquent, la ruine, morale et sociale, de la France.

Grâce aux congrégations religieuses, les femmes nous ont sauvés jusqu'à présent; sans elles, ne vont-elles pas contribuer à nous perdre? Ne se trouverait-il pas, dans la génération nouvelle, dès à présent, un trop grand nombre de jeunes femmes qui n'ont point hérité de la forte vertu, de la pieuse abnégation, de la gravité de mœurs et de langage qui brillaient dans leurs devancières? Parce qu'elles doivent se mêler au monde pour le sauver, n'en ont-elles pas pris occasion de s'embarquer trop avant? Ce sont là des tendances à corrompre et à défigurer de plus en plus le christianisme. Les âmes s'amollissent, les caractères tombent. Tandis que plusieurs ont abandonné totalement Jésus-Christ, d'autres ont entrepris d'associer ce qu'il y a de plus inconciliable. Convives, l'une après l'autre, à la table des anges et des démons, elles paraissent le matin, dans les temples, vêtues d'un voile austère, le soir, elles se produisent au théâtre et dans les sociétés mondaines, parées avec une indécence dont il n'y a des échantillons qu'aux plus mauvais jours de l'antiquité païenne et dans la dissolution générale qui précède nos dernières catastrophes.

Que deviendront ces femmes quand les religieuses ne seront plus là, pour leur mettre sous les yeux le type de la grandeur féminine et pour élever leurs enfants? De la femme, comme du Sauveur, on peut dire qu'elle est placée pour la ruine ou pour la résurrection de plusieurs en Israël. Si elles désertent la résurrection, elles ne seront plus que des agents de ruine. Les enfants imiteront leurs mères. La proscription des religieuses, envisagée à ce point de vue, fait trembler. Il n'y a point de maux qu'elle n'entraîne ; il faut s'attendre à tout. *Imus, Imus, præcipites.*

A certaines heures, l'histoire n'est plus qu'un écroulement.

MGR. JUSTIN FÈVRE.

Protonotaire apostolique.

La Démocratie et les Autorités sociales

(Suite et fin.)

Maintenant examinons si la démocratie française, celle qui règne et gouverne depuis vingt-cinq ans, observe dans ses institutions et dans ses mœurs la grande loi de la nature, qui est aussi la loi de l'histoire, qui consiste à accepter et à utiliser les autorités sociales telles que nous les avons définies. Il faut répondre : non. A son avènement, la République a imité tous les gouvernements précédents ; elle a renouvelé les cadres de son administration en remplaçant les fonctionnaires de la veille par des hommes nouveaux. C'est le malheur des pays d'élection de recommencer sans cesse, sans pouvoir arriver à la stabilité : c'est surtout celui d'une nation que les partis divisent et que les révolutions bouleversent depuis cent ans. Si on reprochait à la République de chercher les siens, ceux sur qui elle peut s'appuyer, elle répondrait : Je fais comme les autres. Mais n'oublions pas qu'elle s'est présentée comme un gouvernement supérieur à toutes les monarchies qui l'avaient précédée, qui venait effacer leurs crimes, réparer leurs injustices, ouvrir ses bras à tous les enfants de la patrie sans distinction, et reconstituer par la liberté, l'égalité et la fraternité l'unité nationale, en réconciliant toutes les classes. Qu'a-t-elle fait de son programme ? Elle a été dure pour les vaincus. Si c'était une nécessité politique de remplacer les anciens serviteurs de la patrie, quand ils avaient des attaches trop visibles et des fidélités indomptables pour les pouvoirs déchus, elle pouvait faire grâce à ceux qui voulaient loyalement travailler pour la France, sous tous les drapeaux : ils sont toujours les plus nombreux. Ainsi elle réalisait une forte économie de troubles dans les esprits, en ne blessant par les intérêts, en n'irritant pas les amours-propres, en ne provoquant pas des réactions. Mais la République ne descendait pas du ciel comme la colombe des anciens jours, avec un rameau d'olivier dans son bec, messagère de la paix sociale ardemment désirée. Elle venait des barricades élevées contre l'armée nationale, en face de l'ennemi victorieux, maître de Paris, qui assistait à nos convul-

sions, et voyait tomber la Colonne dont le bronze en fusion immor-
talisait nos gloires ; elle avait dans une main la torche incendiaire,
qu'elle avait promenée sur les palais, et dans l'autre le fusil qui avait
troué la poitrine de nos généraux ; entre les dents, le symbole maçonnique qu'elle venait appliquer à notre infortuné pays. Après cela on
comprend l'exclusion donnée aux autorités publiques de la veille,
et la place accordée à des autorités de son choix. Elle a exigé le respect du fait accompli, malgré l'impureté de son origine, l'obéissance
aux lois et l'accomplissement du devoir civique. Ceci c'est de la logique de gouvernement : les insurgés victorieux imitent les pouvoirs
légitimes : bonnes ou perverses, les autorités publiques sont indispensables : le despotisme vaut mieux que l'anarchie. Mais la République ne s'est pas contentée chez ses fonctionnaires de ces vertus officielles : elle leur a imposé son génie, pétri d'orgueil, de basse envie,
de haine et d'impiété. Elle n'a pas écarté systématiquement les
hommes de talent quand ils étaient sectaires, ni les riches propriétaires, industriels et financiers, quand ils ont consenti à s'atteler à son
char ; mais en règle générale, elle est allée prendre dans les couches
inférieures, parmi les épaves, les faillis, les tarés, les ambitieux furieux de leur impuissance, les flétris de la justice, les réprouvés de
l'opinion ; quand ce n'étaient pas des incapables fieffés, c'étaient des
médiocrités que leur détresse et la joie de leur élévation disposaient
à toute servitude. C'est avec ces recrues avariées qu'elle a composé
les cadres de son administration, cette machine docile sous sa main,
qui broye toutes les résistances, et accomplit méthodiquement les
plus honteuses besognes. On sait ce qu'est devenue la magistrature,
le second sacerdoce, qui dans ces conditions peu favorables à l'indépendance où la société moderne la place, puisqu'elle ressemble tant
à un corps de fonctionnaires, nommée et salariée par l'Etat, avait
gardé quelque chose de la dignité fière des vieux Parlements. Nos
tribunaux épurés ont vu sous les hermines des légistes, qui avaient
peut-être la science du métier, mais qui ont perdu ce qui fait le vrai
magistrat, l'amour désintéressé du droit, et le caractère incorruptible appuyé sur la conscience. Dans ces compagnies, illustres par leur
histoire, les politiciens se sont glissés, et aux gages du pouvoir, ils
ont disséqué les textes, entouré la jurisprudence d'interprétations
fausses, coupé des cheveux en quatre pour faire à chacun sa part ;
sophistes subtils, juges misérables. Au fond de nos prétoires la
statue de la justice a voilé sa face.

La République n'a pas épargné l'armée ; cette force lui fut toujours suspecte, parce qu'elle est le rempart qui fait durer l'ordre en

arrêtant les sinistres desseins de la révolution ; c'est une de ses traditions de la dénoncer et, quand elle le peut, de l'affaiblir en attendant de la détruire. L'armée a vu ses grands chefs, ceux que leurs talents et leurs services avaient portés aux premiers grades, ceux que la considération publique avait sacrés, ceux que l'étranger nous enviait, ceux qui avaient relevé nos ruines, fermé les blessures de la défaite et préparaient en silence notre revanche ; elle les a vus abreuvés de dégoût et d'injustices, arrachés aux postes qu'ils gardaient si bien, et jetés prématurément dans l'ombre et l'impuissance, témoins désolés des fautes commises par d'autres, qui semblent se complaire à défaire l'œuvre accomplie lentement pendant un quart de siècle. En revanche, les traîtres ont trouvé des défenseurs dans le gouvernement ; s'ils ne purent pas les sauver des mains de la justice militaire, ils décrétèrent leur grâce au lendemain de leurs condamnations réitérées ; et tandis que de bons citoyens, innocents des conspirations qu'on leur imputait, et dont la preuve ne fut jamais produite, prenaient le chemin de l'exil qui dure encore, au lendemain d'un jugement inique, libellé par une Haute Cour qui n'a de haut que le nom, et qui pèse de tout son poids sur les sénateurs indignes qui y siégeaient, ces traîtres, rendus à la liberté, respirent à l'aise l'air de la patrie qu'un jour ils vendirent à l'ennemi.

Voilà les autorités publiques qui président aux destinées de notre jeune démocratie. Mais les autorités sociales, celles qui sont hors des cadres du gouvernement, et qui cependant ont, de droit naturel, un rôle à jouer dans notre pays, que sont-elles devenues ? La République leur a déclaré une guerre à mort. Au premier rang des autorités sociales nous avons nommé le clergé. Il est de notoriété publique que c'est sur lui que la République française s'acharne avec une haine qui ne se lasse pas, et une suite dans le but poursuivi que ni le changement des personnes, ni la variété des moyens employés ne ralentissent. La persécution, qui est dans son programme, est devenue pour elle son instrument de règne, la soupape de sûreté qu'elle ouvre quand la pression des partis hostiles lui fait craindre une explosion. Le relevé des attentats qu'elle a commis contre l'Eglise depuis vingt-cinq ans est long et douloureux : interprétation judaïque et déloyale du Concordat, clairement violé sur plusieurs points ; — réduction progressive du budget des cultes, qui est une dette et non pas un traitement, par la suppression du traitement des chapitres, de la moitié des vicariats, des aumôneries militaires, des bourses d'étude dans les grands séminaires, des subventions pour les maîtrises, pour l'entretien des édifices religieux et des presbytères, la confiscation

arbitraire, injuste, sans enquête contradictoire, des traitements des
curés; — entraves mises au libre exercice du culte, par l'interdiction
des processions, la fermeture des chapelles, la défense pour l'armée
d'entrer dans les temples ou de fréquenter les cercles militaires,
la suppression de la prière à bord des navires, et du deuil officiel
du vendredi-saint; — honneurs militaires retirés aux évêques dans
certaines circonstances. solennelles; — mesures vexatoires, qui
rendent leur administration très difficile, particulièrement pour la
nomination des curés inamovibles et même des simples desservants; — la loi des fabriques, qui fait de ces établissements une
annexe des bureaux de la préfecture comme les tabacs et les ponts-et-
chaussées; — le service militaire pour les jeunes clercs; — la défense
aux évêques de prêcher à leurs diocésains le devoir social dans les
élections, par mandement sous peine d'appel comme d'abus au Conseil d'Etat, et dans le catéchisme avec menace de fermeture de l'école
où il est enseigné; — même défense de s'assembler en concile, ou
dans des réunions privées, pour se concerter touchant les intérêts de
l'Eglise, la revendication de ses droits et les moyens de conjurer les
dangers qui la menacent. L'action électorale du clergé, cette action
que tout citoyen peut exercer autour de lui, et que le clergé exerce-
rait au grand profit de la République, en favorisant le choix des autorités sociales, considérées comme telles et sans égard à l'opinion
politique qu'elles représentent; cette action est surveillée par une
police inquisitoriale, dénoncée au ministre et punie de la suppression de traitement pour le prêtre et de l'invalidation pour les élus
du suffrage universel. L'influence sociale du clergé est encore an-
nihilée en détail par l'exclusion prononcée contre lui de tous les conseils qui dépendent peu ou prou du gouvernement, tels que le conseil supérieur de l'instruction publique, les conseils académiques, les
bureaux de bienfaisance, l'administration des hospices, orphelinats
subventionnés, etc.

C'est l'histoire abrégée de la guerre que la République française
fait chaque matin au clergé séculier, qu'elle appelle concordataire,
par opposition à un autre clergé qui à des yeux ne l'est pas. Mais les
efforts des légistes chicaneurs et malhonnêtes sont vains; le Concordat protège les congrégations par l'article 1, qui garantit le libre
exercice de la religion catholique en France; or les congrégations
sont partie intégrante de cette religion. C'est sur elles que la République dirige ses coups les plus meurtriers; elle sait qu'elles sont un
corps de réserve dans l'armée du Seigneur, prêtes pour les grands
combats, avançant toujours, toujours résistantes et ne se rendant ja-

mais : en les tourmentant, elle veut frapper l'Eglise au cœur. Elle a
chassé les congrégations enseignantes des écoles publiques ; elle leur
rend la vie dure dans les écoles libres, par les conditions qu'elle met
à leur ouverture, par les menaces d'interdiction qu'elle fait peser sur
elles et sur les maîtres qui les dirigent. Elle a refusé aux congréganistes les avantages qu'elle accorde aux instituteurs laïques, tels
que la réduction du service militaire, les permis de circulation
à prix réduit sur les chemins de fer : on leur applique la loi des
suspects. La République n'a pas osé appesantir, au moins directement, sa main sur les congrégations vouées aux missions
lointaines, retenue par l'intérêt national qu'elles assurent avec
tant de succès. Cependant elle a supprimé le passage gratuit
sur les paquebots de l'Etat, dont jusque-là avaient joui ces intrépides
messagers de l'Evangile, qui vont au loin porter le nom de la France
et le faire aimer. C'est la reconnaissance sans doute qui a dicté cette
mesure à notre démocratie officielle. Mais toutes les congrégations
ont été atteintes, sans distinction de costume ou de vocation, par les
lois fiscales rendues dans ces dernières années : tel est l'impôt de
4 o/o sur un revenu fixé arbitrairement, qui existe ou qui n'existe
pas, par application abusive d'un article du code qui regarde les sociétés industrielles, commerciales et financières où l'on distribue des
dividendes ; tel encore le droit d'accroissement par décès, dont l'injustice a été établie par tous les jurisconsultes. Ces impôts sont su-
perposés à ceux que les congrégations acquittent comme tous les citoyens, et prélevés le plus souvent sur la pauvreté et sur le pain
que cette pauvreté prépare, par ses privations et les industries de son
zèle, aux vieillards, aux veuves et aux orphelins, Tandis que nous
écrivons ces lignes, le *Journal Officiel* nous apporte la loi du 1° juillet 1901 sur les associations, avec l'arrêt ministériel qui la complète,
et le règlement d'administration publique, libellé par les jurisconsultes du Conseil d'Etat et destiné à préciser en détail l'application
de la loi scélérate. Loi scélérate, en effet, tyrannique, hypocrite,
vandale, assassine, spoliatrice, votée par quatre cents représentants
du peuple, signée par le chef de l'Etat, contresignée par un ministre,
aux applaudissements d'une presse vénale, avec accompagnement,
au fond des loges maçonniques, de batteries d'allégresse, pour célébrer le triomphe de la démocratie sans Dieu sur le Christ et sur
son Eglise.

   Le clergé des deux ordres est la première autorité sociale : on voit
que la République ne la ménage pas. Elle n'a pas épargné les autres.
Les pères de famille comptent parmi elles, à tous les degrés de l'échelle,

depuis la ferme agricole et l'atelier jusqu'aux conditions les plus élevées. Ils sont les gardiens de la famille, cette institution divine placée au-dessus des passions politiques, et que tous les partis devaient respecter. La République a porté la main sur l'arche sainte avec la loi sur le divorce et la loi scolaire. Le divorce, qui viole l'indissolubilité du mariage, prépare la séparation des époux, le malheur des enfants et la ruine des patrimoines. La loi scolaire bannit de l'école l'enseignement religieux, sous le prétexte d'une neutralité mensongère, qui, fût-elle vraie, serait encore une impiété et un crime, parce qu'elle prive l'âme des enfants d'une culture qui s'adresse à ses facultés supérieures, et qui est plus indispensable encore que celle de l'intelligence. Mais les sectaires ne pratiquent pas une neutralité impossible : aux dogmes de la religion chrétienne ils opposent ceux du matérialisme athée ; ils remplacent la morale évangélique par la morale civique, un mot vide de sens, même au point de vue philosophique, un code sans efficacité parce qu'il est sans sanction, vraie machine pneumatique qui fait le vide dans les âmes et prépare des générations sans foi, sans honneur, sans vertus privées ou publiques. Les maîtres sont dressés dans les écoles normales pour cette abomible besogne ; indépendants du prêtre, souvent ses ennemis par position, quand ce n'est pas par leurs sentiments personnels, ils ne relèvent que des inspecteurs, payés pour faire rendre à l'enseignement laïque tous ses effets. Serrés de près par une surveillance jalouse, encouragés par l'espérance de l'avancement et des subventions supplémentaires, ils travaillent avec un zèle que la conviction n'accompagne pas toujours, mais réel, à tuer par asphyxie la foi du baptême chez les jeunes élèves que les familles chrétiennes sont contraintes de leur confier. L'école sans Dieu a déjà produit d'effrayants ravages : elle est destinée à amener notre ruine complète, si la Providence ne nous délivre pas de cette tyrannie.

Les autorités sociales, avons-nous dit, sont parmi les hommes cultivés, riches, religieux, en possession de la considération publique et capables d'exercer une action autour d'eux. Comment les traite la démocratie française ? Quand ils refusent de se courber sous son joug, sans faire une opposition systématique aux institutions nationales, elle les traite en ennemis, et les tient à distance. Les lois fiscales dont elle se sert contre les congrégations, déjà elle essaie de les tourner contre la propriété ; elle caresse le socialisme d'Etat : elle a introduit l'impôt progressif sur les successions à la place de l'impôt proportionnel, qui réalisait l'égalité de tous les citoyens devant la loi depuis cent ans, et contre lequel personne ne réclamait. L'impôt sur le revenu, avec toutes les mesures inquisitoriales qui l'accompagent, est dans l'air, et un bon matin il s'ajoutera à bien d'autres qui nous écrasent. La législation ouvrière, dont beaucoup de dispositions sont équitables et humaines, entretient l'antagonisme entre l'employeur et l'employé, et nous vaut ces grèves fréquentes qui désolent notre industrie. Ici la guerre aux autorités sociales devient plus violente à chaque session parlementaire. Les hommes considérables de chaque localité, s'ils sont religieux, s'ils vont à la messe, s'ils ne hurlent pas avec les loups, sont rangés sous la rubrique de conservateurs, et écartés des conseils dont les membres sont à la nomination de l'Etat ou de la municipalité. Ne les cherchez pas dans les bureaux de bienfaisance, dans les conseils d'administration des hospices et autres établissements de charité officielle. Ils sont dans le jury des assises quand le préfet ne peut pas se passer d'eux ; dans les jurys d'expropriation par distraction du magistrat ; dans les syndicats pour le curage des rivières, quand ils sont riverains et qu'ils payent leur cote-part ; parmi les répartiteurs de l'impôt, dont ils fournissent le maximum, par vergogne. L'honnête République n'a-t-elle pas poussé le cynisme jusqu'à exclure certains candidats des concours ouverts pour obtenir des fonctions de l'Etat. Les fort imposés, sans lesquels les conseils municipaux ne pouvaient pas voter des centimes additionnels ou de nouveux impôts, sont tenus à la porte ; et nous assistons à cet étrange spectacle de budgets sans cesse grossissants votés par ceux qui payent à peine la cote personnelle ; des sans-le-sou, maîtres dans les grandes villes, jouent avec les millions des contribuables, devenus entre leurs mains un instrument de règne.

Les hommes bien méritants n'ont qu'un moyen de pénétrer dans les conseils publics, c'est l'élection. Mais on sait avec quel acharnement on combat leur candidature ; tous les moyens administratifs sont employés : la fraude s'ajoute aux pressions, aux menaces, à l'argent, quand c'est nécessaire. A tout prix il faut barrer le chemin à ces citoyens qui viennent prendre la place des frères et amis, et dont les théories rétrogrades empêcheraient, en tout cas retarderaient la marche en avant de la démocratie, dont chaque instant est marqué par un progrès et une conquête nouvelle. Arrière ceux qui veulent l'enchaîner à un passé néfaste et aux abus qui trop longtemps ont pesé sur le peuple, au profit d'un petit nombre de privilégiés. Chacun son tour en ce monde. Avec cette méthode on devine la composition des conseils publics en France[1].

---

[1] Isaïe a décrit l'émigration des autorités sociales du milieu de Jérusalem, et il la donne comme un châtiment du Seigneur : « Ecce enim dominator dominus

Pour justifier ces voies et moyens inavouables, qui compromettent tout dans notre pays, la République clame qu'elle se défend.
Contre qui? Contre les vieux partis, qui conspirent pour renverser les
institutions que la France s'est données librement. On sait combien
librement au lendemain de nos désastres, et combien librement elle
continue à subir, dans le silence de la résignation, l'empire des révolutionnaires qui se sont emparés du pouvoir. Mais passons. La République se défend contre les vieux partis : c'est la logique de tous les
gouvernements ; ne recherchons pas ici si c'est leur droit, car le droit
de se défendre suppose celui d'une légitime possession. Or les
hommes que nous avons appelés des autorités sociales ne sont pas
tous des hommes de parti : par patriotisme les uns ont sacrifié
leurs préférences ; d'autres en ont ajourné la réalisation : tous res-
pectent les lois, tous font leur devoir de citoyen ; s'ils conspirent,
c'est en vertu de la Constitution nationale, qui permet à tout citoyen
d'avoir son opinion politique, avec la faculté de mettre à son service
la presse et le bulletin de vote. Quel accueil la République a-t-elle
fait aux « ralliés » ? Elle les a repoussés avec colère, mettant en
question leur loyalisme, et craignant leur salutaire influence. Mais
l'Eglise conspire-t-elle ? et pourtant voilà l'ennemi.

Ainsi se manifeste l'esprit de la démocratie française, sur laquelle
les formules sonores, qui ne sont que des formules, ne sauraient
nous donner le change. En bonne définition, la démocratie est le
gouvernement de tous pour tous, chacun étant à la fois souverain
et sujet. La démocratie française est le gouvernement de tous pour
un parti, qui ne représente pas la nation, puisqu'il rejette ses
meilleurs citoyens. Elle viole donc une loi de nature, consacrée par
l'histoire, qui veut qu'un gouvernement soit l'image de la société
composée d'éléments dissemblables et hiérarchisés, et qu'il cherche
sa force et sa prospérité dans l'union de tous ces éléments mis
d'accord. La violation de cette loi est son péché : elle sera son châtiment, hélas ! et notre ruine.

exercituum auferet a Jerusalem et a Juda validum et fortem, omne robur panis et
omne robur aquæ, fortem et virum bellatorem, judicem et prophetam et ariolum
et senem ; principem supra quinquaginta, et honorabilem vultu, et consiliarium
et sapientem de architectis, et prudentem eloquii mystici. Et dabo pueros principes eorum, et effeminati dominabuntur eis. Et irruet populus, vir ad virum, et unus-
quisque ad proximum suum : tumultuabitur puer contra senem et ignobilis contra
nobilem.... Ruit enim Jerusalem et Judas concidit, quia lingua eorum et adinven-
tiones eorum contra dominum, ut provocarent oculos majestatis ejus » (III. I-
8). Combien de fois dans les siècles cette situation d'un peuple en révolution ne
s'est-elle pas reproduite ! C'est la nôtre.

L'élimination progressive des autorités sociales de la gestion des affaires a eu pour résultat la rupture de l'équilibre des forces nationales. L'équilibre c'est l'état normal des choses, c'est la vie : dans un tempérament, c'est la santé ; dans un édifice, c'est la solidité ; dans une société, c'est la paix, qui est la tranquillité dans l'ordre. Pour obtenir l'équilibre, il faut qu'une force contrebutte une autre force. La fonction des autorités sociales consiste à contenir les forces populaires, que la démocratie déchaîne en les appelant à prendre part à la chose publique et à régler leur jeu souvent aveugle et d'autant plus violent. Deux intérêts, qui n'en sont qu'un, sont en présence, et ils doivent s'accorder, de peur qu'ils ne deviennent antagonistes sous l'action de l'esprit sectaire. Car le peuple, même quand il est proclamé souverain, est toujours dirigé ; si ce n'est pas par les autorités sociales, c'est par les autorités révolutionnaires : mieux vaut qu'il le soit par les premières que par les secondes.

Ce défaut d'équilibre dans la démocratie française a sa source dans la loi électorale et dans la Constitution de 1875. La loi électorale, en conférant le droit de vote à tous les citoyens, sans distinction d'aucun genre ni pour les éligibles ni pour les électeurs, malgré d'insignifiantes réserves, et quelques conditions d'âge et de domicile aussi insignifiantes, assure fatalement le triomphe du nombre. Quand on n'est pas un sot, ou un utopiste incorrigible, ou un sectaire enragé, on doit reconnaître que l'intelligence, les vues d'ensemble sur les vrais intérêts d'une nation, les aspirations nobles du patriotisme, l'indépendance du caractère, ne sont pas dans le nombre ; prendre l'humanité telle qu'elle est, voilà la première qualité de l'homme d'Etat. Les assemblées issues du suffrage universel se composent en grande majorité de médiocrités ; la corruption sociale aidant, elles ne tardent pas à être pires encore. Les différents intérêts n'y étant pas représentés dans des proportions suffisantes, ces intérêts courent le risque d'être compromis, au grand détriment de la chose publique. Nous avons vu avec quel soin et quels tempéraments les anciens législateurs avaient rédigé la loi électorale. La démocratie française, férue d'égalité, a introduit dans la sienne une unité brutale, dans laquelle le droit, le mérite, le dévouement à la patrie succombent chaque matin, sous le poids d'une opération d'arithmétique. Nous avons dépassé toutes les nations modernes sur ce point ; celles qui pratiquent le suffrage universel lui ont mis des correctifs par l'ensemble de leurs institutions ; la Suisse cantonale, les Etats-Unis d'Amérique confédérés nous donnent des leçons. Le suffrage universel, tel qu'il est organisé en France, préoccupe les esprits sérieux ; ils cherchent des formules nouvelles pour essayer d'arrêter le torrent qui emporte tout : c'est sur cette question que se livreront les combats qui décideront de notre avenir. Il est permis de douter que la démocratie impie et révolutionnaire que nous subissons lâche jamais son instrument de règne. Que de complices elle compte parmi les honnêtes gens.

Le même défaut d'équilibre se rencontre dans la Constitution de 1875. Elle repose sur le grand principe de la division des pouvoirs, préconisé par Montesquieu, emprunté à la Constitution anglaise, et qui est demeuré justement cher à tous les amis de la liberté. Mais ce sont de simples étiquettes sans valeur pratique. Commençons par l'Exécutif : c'est un président élu pour sept ans ; dans notre siècle on peut dire avec Tacite : *grande mortalis ævi spatium* : rarement il vit les années qu'on lui a mesurées. C'est l'élu du Congrès composé des deux Chambres ; il est chargé de promulguer les lois qu'il ne fait pas, dans un délai de quelques mois, qu'il ne saurait franchir sans s'exposer à la déchéance ; avec le *veto* suspensif dont il a garde d'user. Il nomme aux fonctions publiques des candidats qui lui sont assez ordinairement imposés par la majorité du Parlement, résigné d'avance à destituer ceux qui ont cessé de plaire malgré leurs services, et à mettre en leur lieu et place les non-valeurs et souvent les indignes. Le président n'est pas un pouvoir qui contienne les Chambres et au besoin leur résiste : il est leur élu, il demeure leur esclave. C'est une machine à signatures, qu'on pourrait remplacer par une griffe automatique : c'est un mannequin qu'on exhibe dans les cérémonies officielles. Aux Etats-Unis, le président, issu du suffrage national, et indépendant du Congrès, a une politique personnelle ; il choisit ses ministres où il veut : c'est un pouvoir pondérateur. Notre démocratie, jalouse et despote, n'a pas voulu partager la souveraineté ; et en réalité elle l'exerce tout entière. La Constitution reconnaît bien un Sénat en face de la Chambre des députés ; le Sénat devait servir de serre-frein à la Chambre plus nombreuse, plus ardente et exposée aux entraînements ; mais ces deux têtes du pouvoir législatif ont des origines si semblables, elles sont si peu différentes par leur composition, qu'en fait, l'une n'est pas le contrepoids de l'autre, et le plus souvent elles sont emportées par le même tourbillon des passions déchaînées. Le pouvoir judiciaire pouvait du moins rester dans le sanctuaire des lois, les balances de la justice à la main, à l'abri des orages. Notre démocratie légiférante a violé cet asile ; non contente de lui faire appliquer des lois iniques, elle a attenté à son indépendance, elle a corrompu son intégrité ; et pour mieux réussir dans cette infâme entreprise, elle a composé les tribunaux avec des complaisants incapables de résister aux amorces de l'ambition, ou à d'autres profits encore plus inavouables. Ainsi la célèbre division des pouvoirs, cette suprême garantie de la liberté contre le despotisme d'un seul, n'est plus qu'une fiction, un thème à déclamation pour nos discoureurs d'institut ou de tribune, à classer parmi les vieilles formules juridiques hors d'usage, qu'on ne trouve que dans les rossignols de la science du droit.

Avant l'établissement du régime parlementaire, le pouvoir central en France avait ses contre-poids naturels dans l'organisation provinciale, au moins jusqu'à 1614. Après cette date, quand les Etats généraux cessèrent d'être convoqués et ne remplirent plus leur fonction sociale, qui consistait à harmoniser la nation avec la monarchie, les libertés provinciales ne périrent pas tout à fait : il y eut encore des pays d'Etat. Du moins les communes gardèrent leurs antiques prérogatives : la vie locale n'était pas aussi étouffée qu'on a bien voulu le dire dans un intérêt de parti. On peut facilement vérifier la chose. Mais la Révolution de 1789 pratiqua une centralisation qui dépassait celle de l'ancien régime ; depuis, le système a été poussé aux dernières limites ; chaque nouveau gouvernement sentant sa faiblesse, parce qu'il n'était que d'hier, a fait jouer la vis de pression, et étouffé l'âme nationale sous la paperasse de la bureaucratie, qui de Paris étend ses longs bras sur la province. Que peuvent nos conseils départementaux ? Quand ils ont distribué quelques deniers pour des travaux de simple entretien et semé quelques vœux stériles, leur mission est épuisée. Les municipalités, menées en laisse par les préfets, n'ont d'autre initiative que de voter des fonds dont l'emploi doit être autorisé, souvent au rebours des vrais intérêts communaux, et contre les vœux de la majorité des pères de famille : c'est la mainmise de la démocratie sectaire, qui opprime les droits les plus sacrés en criant : Vive la liberté. A l'unité niveleuse et brutale de la loi électorale, qui accorde la même valeur à des valeurs inégales, à la confusion des trois pouvoirs constitutionnels en un seul, à la centralisation administrative par strangulation ajoutez les monopoles de l'Etat, qui empiètent sur les entreprises de l'activité individuelle, ceux déjà existants, et ceux qui nous menacent comme préludes d'un demi-socialisme légalisé, et dites-moi comment la démocratie française observe la grande loi de la vie sociale, qui est l'équilibre par la juste distribution des forces entre tous les citoyens.

Cependant il y a une liberté qui a survécu à toutes les autres, c'est la liberté du mal. La démocratie française, qui nous l'a octroyée à peu près sans restriction, quand elle ne trouble pas l'ordre dans la rue, lui accorde ses plus précieux encouragements. Débarrassée de Dieu, de l'influence moralisatrice du clergé et des autres autorités sociales, elle opère sur la masse de la nation comme *in anima vili*. Tacite, fertile en phrases stigmatisantes, qui a marqué au fer rouge le front bestial des Césars de la décadence, a dit : *Corrompere et corrompi sæculum vocatur*. Disons-le avec tristesse mais avec courage, c'est à l'heure actuelle et depuis bientôt vingt-cinq ans l'œuvre de la démocratie qui nous régit. Elle est corrompue elle-même : corrompue dans les maximes de son gouvernement, corrompue dans les lois qu'elle forge chaque matin, corrompue dans ses chefs, corrompue dans une grande portion de l'armée de ses fonctionnaires : elle emploie cet outillage à corrompre. Par son action dirigeante, la corruption coule à pleins bords : on a peine à la suivre dans toutes les artères du corps social où elle s'infiltre méthodiquement. Avec des réserves pour certaines individualités qui demeurent honorables dans un milieu empesté, la corruption est dans l'enseignement officiel, supérieur, secondaire, primaire. Le mal commencé par les maîtres se continue par les bibliothèques gouvernementales ou municipales, composées avec soin pour atteindre le but, et par les palmarès de distributions de prix, où des sectaires triés se font entendre aux jeunes élèves. Corruption dans les discours officiels dont le nom de Dieu est toujours banni, pour les concours, les inaugurations d'édifices publics, de canaux et de chemins de fer, ou au pied des statues érigées en l'honneur des célébrités canailles, qui ne seraient pas célèbres si elles n'étaient pas canailles, et qui coulées en bronze continuent à donner à ceux qui passent des leçons d'impiété et quelquefois de vices, dont ils furent pendant leur vie les professeurs et les modèles. Corruption dans la littérature, dans le roman, au théâtre, par les outrages aux mœurs qui suintent à chaque ligne, contre lesquels il y a des lois existantes que les procureurs laissent dans nos codes par ordre, quand on applique aux honnêtes gens d'autres lois non existantes. Corruption dans l'art, par les images qui s'étalent sans pudeur aux devantures, et par l'impure cantilène à l'esprit de vin qui retentit dans les cafés-concerts, sous le regard bienveillant de la police qui n'a ni des yeux pour voir, ni des oreilles pour entendre, tandis qu'elle arrache le Sacré-Cœur du drapeau de la France, et qu'elle interdit le chant des psaumes dans la rue en attendant de le défendre dans nos églises. Corruption dans l'organisation des réjouissances publiques, que les municipalités multiplient à dessein, pour mieux assurer la profanation du dimanche, en cas que les nécessités du travail et les services officiels n'y suffisent pas, et que le vide ne fût pas assez complet dans les temples. Corruption dans les encouragements accordés à tous les cultes dissidents par les faveurs de tout ordre dont ils sont l'objet ; et ceux qu'on donne sans compter aux Loges maçonniques, où siègent les vrais maîtres de la situation. Corruption dans le féminisme à outrance, qui se développe chaque jour, qui pourrait n'être qu'une erreur pédagogique et une faute en sociologie, mais qui entre dans le plan de déchristianisation de la France. Ce plan arrêté en Loges est exécuté par nos gouvernants, à cette fin de disputer à l'Eglise la femme comme on lui a déjà arraché l'homme ; et sous le prétexte ridicule de nous donner des femmes savantes et moustachues, de nous fabriquer des déclassées, qui mettent leur vertu à l'encan, et des libres-penseuses qui iront semer l'impiété dans nos écoles jusqu'au fond de nos plus humbles hameaux. Corruption dans des sociétés qui semblent s'être formées au souffle du plus pur patriotisme, telles que les sociétés de tir, de gymnastique, orphéons, fanfares, sociétés de secours mutuels, subventionnées par l'Etat ou par les municipalités dans un intérêt électoral, et ce qui est pis encore, pour un embauchage sectaire. Il ne faut pas être doué d'un sens d'observation très subtil pour découvrir l'esprit qui circule dans ces groupements. Après cette revue, on peut se demander avec douleur quelles sont les parties encore saines dans le corps de la démocratie française.

Montesquieu, qui a quelquefois raison, dit que le principe de la démocratie c'est la vertu, comme celui de la monarchie c'est l'honneur [1]. On a contesté cette distinction, et justement ; car la vertu est nécessaire à tout : la monarchie ne s'en passe pas plus que la démocratie. Le côté vrai de la pensée du grand publiciste c'est que la vertu est plus nécessaire à une démocratie qu'à une monarchie. On peut en rendre cette première raison, c'est que le régime démocratique accordant plus de liberté, la vertu doit faire ce que la loi ne fait pas ; une seconde raison, c'est qu'en démocratie tout va plus vite, et que les dernières conséquences d'un mauvais principe se déduisent plus sûrement. A l'appui de sa thèse, Montesquieu a tracé un tableau effrayant de ce qui advint à la démocratie anglaise sous Cromwel : « Ce fut un assez beau spectacle, dans le siècle passé, de voir les efforts impuissants des Anglais pour établir parmi

[1] *Ibidem.* Livre III, p. 19.

eux la démocratie. Comme ceux qui avaient part aux affaires n'avaient point la vertu, que leur ambition était irritée par le succès de celui qui avait le plus osé, que l'esprit d'une faction n'était réprimé que par l'esprit d'une autre, le gouvernement changeait sans cesse ; le peuple étonné cherchait la démocratie et ne la trouvait nulle part. Enfin, après bien des mouvements, des chocs et des secousses, il fallut se reposer dans le gouvernement même qu'on avait proscrit. » Montesquieu fait suivre ce tableau de ces réflexions dignes de toute approbation : « Lorsque cette vertu cesse, l'ambition entre dans les cœurs qui peuvent la recevoir, et l'avarice entre dans les autres. Leurs désirs changent d'objet : ce qu'on aimait, on ne l'aime plus ; on était libre avec les lois, on veut être libre contre elles ; chaque citoyen est comme un esclave échappé de la maison de son maître ; ce qui était maxime, on l'appelle rigueur ; ce qui était règle, on l'appelle gêne ; ce qui était attention, on l'appelle crainte. C'est la frugalité qui est l'avarice, et non pas le désir d'avoir. Autrefois le bien des particuliers faisait le trésor public ; mais pour lors, le trésor public devient le patrimoine des particuliers. La république est une dépouille, et sa force n'est plus que le pouvoir de quelques citoyens et la licence de tous [1]. » Les mêmes causes produisent les mêmes effets : il n'y a de changé que les temps, les lieux et les noms des acteurs. Montesquieu écrivait ces pages en 1748 ; s'il avait vécu, il aurait pu les écrire mot à mot après la Révolution française. En 1804, « après bien des mouvements, des chocs et des secousses », la démocratie « dut se reposer dans le gouvernement même qu'elle avait proscrit », en se jetant sous les bottes éperonnées de Napoléon. En 1852, après les mêmes essais malheureux, elle acclama le neveu comme un sauveur. Pour la troisième fois, en 1870, elle est revenue à son vomissement : cherchera-t-elle encore la paix, après tant d'orages, « dans le gouvernement même qu'elle « proscrit » ?

[1] *Ibidem*.

P. At.
Prêtre du Sacré-Cœur.

L'Abbaye royale de Saint-Victor de Paris

(Suite.)

Après un moment de silence, saisi déjà par l'agonie, il reprit haleine et murmura quelques mots inintelligibles. Comme je lui demandais ce qu'il voulait dire, il répondit d'une voix claire : « Je l'ai obtenu. » Et moi : « Qu'as-tu donc obtenu ? »... La respiration devenant de plus en plus difficile, nous ne pûmes entendre que des paroles entrecoupées. Interrogé de nouveau par ceux qui l'entouraient, il nous sembla qu'il murmurait : « Il recevra mon âme. » Puis frappant sa poitrine avec sa main il dit : « Sainte Marie, priez pour moi. — Reprenant haleine. — Saint Pierre, priez pour moi. — Et se tournant vers moi : — Quel Saint maintenant invoquer ? Je nommai saint Victor. — Saint Victor, ajouta-t-il, priez pour moi. » Ce fut sa dernière parole, et la bouche de ce juste, organe de la sagesse, redevint muette pour toujours. Il vécut une heure encore, après laquelle, entouré de ses frères en prières, il remit son âme aux mains de Celui à la puissance duquel il l'avait depuis longtemps abandonnée.

Notre vénérable et savant docteur Hugues trépassa de ce monde en confessant la sainte Trinité le trois des ides de février, un mardi, à trois heures [1], lui si bon, si humble, si doux et si pieux.

[1] Cette date du 11 mars 1141 (n. s.) est confirmée par le Nécrologe, qui consacre solennellement la mémoire du grand docteur : « Anniversarium solemne pie memorie magistri Hugonis, a primario juventutis sue flore in hac domo nostra servitio Dei seipsum tradens celestis sapientie donum celitus sibi datum tam excellenter accepit ut in tota latina ecclesia nullus ei in sapientia possit comparabilis inveniri. Quod libri eius quos apud nos dictavit, eloquentia, subtilitate et sententiarum sublimitate fulgentes mirabiliter testantur. De quo et illud specialiter memorie tradere volumus quod beati Victoris reliquias multo labore quesitas, multa difficultate impetratas ab urbe Massilia ad nos detulit et tam desiderabili et incomparabili thesauro ecclesiam nostram locupletavit. Huius igitur tam preclari magistri per singulos annos memoria recolatur, matris quoque ipsius, eorumque anniversarium solemniter celebratur. »

— Hugue reçut la sépulture dans le cloître de l'abbaye, près de la porte qui donnait entrée à l'église. Sa tombe y fut marquée par cette épitaphe :

Conditur hoc tumulo doctor celeberrimus Hugo :
Quam brevis eximium continet urna virum !

Il est inutile de faire remarquer que ce document est de première valeur et nous dispense de reproduire des panégyriques ou des légendes. Car Hugue n'a pas échappé à la légende. Guillaume Durand veut qu'il ait distingué le pain eucharistique du pain non consacré : fait démenti par la lettre du fr. Osbert, et que les historiens attribuent à Maurice de Sulli. D'après Thomas de Cantimpré, il apparaît à un confrère et lui révèle qu'il a subi en Purgatoire un rude traitement pour

> Dogmate precipuus, nullique secundus in orbe
> Claruit ingenio, moribus, ore, stylo.

— Dieu réservait en plus à notre Hugue la gloire du miracle. Au mois de juillet 1325, Charles de Valois était frappé d'une maladie grave qui faisait le désespoir des médecins. Un clerc de Saintonge à son service, Jean *Aquila*, fit nombre de pèlerinages pour obtenir sa guérison. Se trouvant à Saint-Victor, il se fit conduire dans le cloître au tombeau du grand docteur, et là se répandit en une fervente prière. Au même instant le comte de Valois sentit un craquement se produire dans ses membres (*craticavit*), et il recouvra promptement une parfaite santé. Jean Aquila, en sa qualité de notaire apostolique, dressa de ce fait un procès-verbal dont l'original se trouve aux archives nationales (L. 888ª, nº 35) — (P. L., t. 175, col. 163).

Ce miracle ramena l'attention des contemporains sur la mémoire de Hugue de Saint-Victor, et dix ans après (11 février 1336), à la prière du roi, et avec la permission formelle du pape Benoît XII, l'abbé Aubert de Mailli transféra les restes du grand docteur dans l'église même, sous un mausolée élevé à gauche du grand autel d'alors. Le primitif cercueil de pierre fut déposé dans la crypte jusqu'en 1625, où il fut brisé et relégué au cimetière, « utinam sine vindice numine ! » souhaite Jean de Thoulouse.

Le nouveau tombeau fut orné d'une emphatique inscription attribuée, avec assez peu de probabilité, à Guillaume de Saint-Lô.

Aux messes solennelles des jours de fête, le diacre, après avoir encensé les saintes reliques, venait rendre le même honneur à la dépouille d'Hugue ainsi qu'à celle de Renaud de Corbeil, évêque de Paris : hommage non équivoque rendu à la sainteté des deux personnages (J. de Th., ad an. 1335).

La première épitaphe fut remplacée dans le cloître par une inscription commémorative qui contient une erreur de date, car Hugue jouit de sa première sépulture exactement 195 ans.

> Hugo sub hoc saxo iacuit, vir origine Saxo,
> Annis ducentis tribus tamen inde retentis.
> In claustro primum poni se fecit in imo
> Et pede calcari, nolens mundo decorari.
> Luce sub undena februi tolluntur arena
> Ossa, chori latere levo translata fuere,
> Anno milleno tercentum ter quoque deno
> Christi cum quinque ; fratrum chorus astat utrinque.

avoir refusé de prendre la discipline pendant sa vie. D'autres conteurs nous le montreront frappé par deux démons, pour avoir trop aimé la science, ou nous diront qu'un de ses frères vit son ombre attristée et gémissante parce qu'il s'était enivré parfois de vaine gloire [1]. Toutes fables auxquelles contredisent sa vie entière et les témoignages contemporains.

Hugue est mort, mais son œuvre reste : Son œuvre tout d'abord que nous appellerons conventuelle. Les chroniqueurs lui attribuent une part très active dans le recrutement si rapide et si choisi de l'abbaye victorine et, par le fait même, de l'ordre tout entier, dont les abbayes vont être bientôt gouvernées et portées à l'apogée de leur prospérité par ses anciens disciples.

Il reste surtout son œuvre scientifique. Hugue fut un penseur, mais, à un égal degré, un vulgarisateur. Plus encore que Guillaume de Champeaux, il créa l'école de Saint-Victor. Nous allons le retrouver partout, en essayant d'en développer le programme.

Ce programme, Hugue nous le fournira encore lui-même dans son intéressant *Didascalicon*, ou Traité des études. Au fondement, sans doute, nous trouvons la vénérable organisation du *trivium* et du *quadrivium ;* mais notre Hugue l'a singulièrement élargie, en prenant pour base les réalités mêmes et les aspirations de la nature humaine.

L'homme ressemble à Dieu par le fait que son activité a le même but que l'activité divine : la science et la vertu. La première n'est d'ailleurs qu'un moyen de mieux attendre la seconde. Jamais, à Saint-Victor, on ne fit de la science une idole adorée pour elle-même.

La science est universelle ; car elle s'applique « à rendre raison de toutes les choses divines et humaines ». Selon ses divers objets, elle se divise en *théorique, pratique, mécanique* et *logique*.

La THÉORIQUE « a pour objet la spéculation de la vérité ». De ce chef elle embrasse : la *théologie* ou science de Dieu et des êtres incorporels, l'*intellectibile* de Boèce ; la *mathématique* ou science de la quantité et de la proportion abstraites [2],

---

[1] Hauréau, *Mémoire sur les récits d'apparitions* (Mém. de l'Acad. des Inscriptions et Belles Lettres, t. XXVIII, 2e part.) — Lecoy de la Marche, *Anecdotes et Légendes*, p. 223.

[2] Jean de Salisburi, dans son *Polycraticus* (l. II, cap. XVIII), donne un fort bel

l'*intelligibile* de Boèce, qui comprend l'arithmétique ou
science des nombres, la musique, en tant que science des
proportions et de l'harmonie, la géométrie ou science de
l'étendue, et l'astronomie ou science du mouvement; enfin
la *physique* qui étudie l'ensemble de la nature dans ses lois,
ses causes et ses effets.

La PRATIQUE, ou éthique, a pour objet les règles de la moralité dans la vie privée et dans la vie sociale.

La MÉCANIQUE répond aux besoins matériels de l'homme en
ce monde. Hugue lui reconnaît sept subdivisions : l'industrie
du vêtement, l'industrie de l'habitation et du mobilier, le
commerce, le transport, l'agriculture, l'art de l'alimentation,
la médecine et l'art scénique.

La LOGIQUE fut une science nécessaire, du jour où les
hommes voulurent recueillir les données de la raison et de
l'expérience, les subordonner avec méthode, les transmettre
à d'autres intelligences. Dès lors la *grammaire* enseigna l'art
du langage ; la *dialectique*, l'art de la discussion ; la *rhétorique*, celui de la persuasion.

Et de fait, dans l'école victorine, on commençait par ce
trivium nécessaire, à moins qu'on en eût, comme le sous-
prieur Godefroid, fréquenté le tortueux dédale chez les maîtres
du Petit-Pont[1].

Hugue nous a donc laissé un Traité de grammaire, ouvrage
inédit, quoique fort authentique, donné par plusieurs manuscrits de la Bibliothèque nationale et de la Mazarine[2]. Les

---

exposé de cette classification vraiment scientifique (P. L., t. 199, col. 438).
Cf. B. N. Ms. lat. 14506, f° 222 à 225.

[1] Quidam pontem manibus suis extruxerunt
Et per aquas facilem transitum fecerunt
In quo sibi singuli domos statuerunt
Unde pontis incole nomen acceperunt

. . . .
Venerandus sedet hic ordo seniorum
Et doctrine gratia prominens et morum
Simpliûs erudiunt turbas populorum :
O beatus populus talium rectorum !

Fons philosophie (B. N. Ms lat. 15154).

[2] B. N. Ms. lat. 7197 ; 7531, 14506 et 14659. — Mazarine, n°ˢ 433 et 717,
f° 54 (Cf. Hauréau, *Les Œuvres de Hugues de Saint-Victor* (1886), p. 103.) — Do-

lettres pures furent toujours en grand honneur à Saint-Victor : nous n'en voulons pour preuve que la facture littéraire si soignée du grand docteur lui-même, et de cette pléiade poétique dont nous aurons à faire la connaissance : Godefroid, Léonius, Adam, etc...

La rhétorique n'y fut pas moins ardemment cultivée, témoins ces immenses recueils de sermons [1] dont un grand nombre, dans leur parure allégorique, ont une réelle valeur comme précision de la pensée et choix de l'expression.

La dialectique pure trouva à Saint-Victor d'insurmontables méfiances. Elle avait contre elle le souvenir des luttes du fondateur avec Abailard. Hugue ne traitera guère *ex professo* des questions brûlantes comme, par exemple, celle des Universaux. Par respect pour Guillaume de Champeaux, il ne prononcera même nulle part le nom des antagonistes ; mais, l'occasion donnée, il fera une profession de foi qui, pour n'être pas celle de Roscelin, n'est en aucune façon réaliste. La logique, selon lui, a pour objet immédiat non les réalités ou l'essence, mais les concepts ou images subjectives (*similitudines*) des choses, tels que leurs genres et leurs espèces, conçus comme tels par la faculté intellective [2].

Godefroid prend les choses de plus haut. Il a quelque révérence pour le grand Aristote, qui préside aux régions de la dialectique, voire même pour Platon qui cependant, voyant *oculo minus accurato*, se trouve parfois en litige avec son voisin, et pour Boèce, qui les regarde *stupens de hac lite ;* mais il n'a que des mots pleins d'amertume pour les philosophes contemporains. Les nominalistes sont les moins maltraités ; les réalistes sont ainsi appelés, dit-il, *pro reatibus variis errorum.* Il faut les excuser cependant, car

> Menti contradicere mos est insanorum.

Défilent ensuite les *Porrétains* qui

nat cependant ne fut pas détrôné, car Godefroid pouvait toujours écrire ces jolis vers :

> Primi ripe fluminis assidet Donatus
> Puerorum series stipat eius latus.
> Quorum potu lacteo reficit hiatus
> Virga quoque faciles corrigit erratus.

[1] Cf. Lecoy de la Marche, *La chaire française au Moyen Age*, p. 534.

[2] *Didascalicon*, lib. II, cap. XVIII.

       veri tramitem non eunt directe ;

les *Albériciens*, eux aussi excommuniés de tout bon sens, et
les *Robèrtins*,

> Saxee duritie vel adamantine
> Quos nec rigat pluvia neque ros doctrine.

Et en manière de conclusion :

> Igitur pro nihilo licet hos censere.

La mécanique, au sens plus haut défini, relevait plutôt de
l'art ou même du métier. Les victorins, quoique adonnés au
travail manuel, ne lui faisaient qu'une part minime dans leur
programme d'études.

Godefroid, au début de son ascension vers la *Fontaine de
science*, trouve la mécanique, sorte de source marécageuse
jaillissant au pied de la montagne, et abreuvant de ses eaux
limoneuses la majorité du genre humain, obligée de compter
avec les nécessités matérielles ; une pareille source est partant assez malmenée par le caustique poète, à qui l'Esprit,
son guide, défend d'y tremper ses lèvres[1].

[1] Cum venissem propius invenitur primo
> Locis in campestribus, pede montis imo,
> Quem dicunt *mechanicum* fons obductus limo,
> Ranarum palustrium sordidatus fimo.
> Huius ibant fluvii valde capiosi,
> Nam per totum diffluunt orbem copiosi,
> Dulces rudi populo quamvis sint lutosi,
> Quamvis sint insipidi quamvis venenosi.
> Hos vulgus promiscuum confluit haurire
> Qui predicta culmina nequeunt adire.
> Et quamvis ex aquis his surgant pestes dire,
> Cunctos terre filios tamen alunt mire.
> Omnes quidem veniunt gratia salutis ;
> Sed dum nimis hauriunt labiis pollutis,
> Hic fit paralyticus membris dissolutis,
> Alius hydropicus, huic inflat cutis.
> Bibiturus adii quoniam sitivi ;
> Dixit mihi Spiritus ductu cuius ivi :
> « Noli, noli, suspice fontis aquas vivi. »
> Sitibundus igitur illos preterivi.
> Septem tamen transiens rivos computavi,
> Quos ab hac origine fluere notavi,
> Quorum sola nomina mente consignavi,
> Ceteros nec nomine discere curavi.
> (Ms. lat. 15154. *Ibid.*)

Hugue, son maître, Hugue le mystique, fut cependant moins dédaigneux. Il nous énumérera quelque part, et certes d'une manière plus complète et plus savante que ne sauraient le faire beaucoup d'intellectuels de nos jours, les matières textiles, et les différents usages des tissus, les outils des métiers et les matériaux de construction, les engins de chasse et de pêche, et, disons-le, des menus de cuisine suffisamment savoureux : *quecumque princeps cocorum excogitare potuit.* Enfin il y joint des notions assez précises de médecine, de chirurgie, voire même de l'art très profane de la scène antique [1].

En tête de la classification des sciences qui appartient en propre à notre Hugue et à son école, la *théorique*, ou spéculation de la vérité comme telle, avait à Saint-Victor ses plus fervents adeptes, avides de prendre contact par la *lecture* avec les grands esprits qui les précédèrent, plus avides encore de saisir la vérité elle-même dans sa nudité virginale, par la *méditation scientifique*, pour s'élever par elle à la *contemplation*, but suprême de la connaissance.

Ce n'est plus l'heure de rééditer les déclamations creuses de prétendus historiens de la philosophie, qui nous montrent les victorins comme des vaincus fanatiques dont la raison a capitulé, en se réduisant elle-même au néant, pour aller demander l'explication de toutes choses à la révélation et à l'extase. L'abbé Mignon a magistralement et définitivement fait justice de ces fades légendes, en nous prouvant que « Hugue de Saint-Victor a gardé la véritable mesure ; la distinction des deux ordres est établie chez lui aussi nettement qu'elle le sera plus tard dans les ouvrages du docteur angélique [2] ».

Il suffit d'ailleurs, pour en être convaincu, d'une lecture même superficielle de l'œuvre du victorin.

La pensée ainsi nettement établie, il était en droit de joindre dans un harmonieux ensemble les données fournies sur chaque sujet par la raison et par la foi. Encore, pour avoir son système philosophique, faut-il lui poser des questions

---

[1] *Didascalicon*, l. III, c. XXII et XXVIII.— Le Catalogue de Grandrue (Bib. Mazar. Ms. n° 4184, f° 58 verso) mentionne sous le nom du sous-prieur Garnier un traité intitulé : *Regimen sanitatis.* Le volume disparut de la bibliothèque, ainsi que le constate une note ainsi conçue : « Egrotus in hoc furto occultam prodidit egritudinem. »

[2] *Les Origines de la Scolastique,* t. I, p. 66.

auxquelles la raison peut répondre. C'est dire qù'il ne faut pas aller le chercher exclusivement dans ses traités mystiques.

Dans cet ordre de choses, Richard a porté le poids d'accusations en quelque sorte plus venimeuses. Or, moins encore que Hugue, Richard a été lu, ou, s'il a été lu, il n'a pas été compris. Pour cette raison, et parce qu'il a pour ainsi dire donné *ex professo* la théorie victorine de la connaissance, il nous plaît de résumer ici le canevas de ses deux ravissants traités, trop peu connus : le *Benjamin minor* et le *Benjamin major*.

L'allégorie, comme presque toujours à Saint-Victor, n'est qu'un artifice littéraire ou mnémonique, parfois avantageusement substitué au développement logique de la pensée.

Le premier traité est le commentaire chrétien de cette doctrine chère à l'école de Platon : que la première et essentielle disposition de l'âme humaine à la recherche de la vérité est la vertu. Son titre véritable est : *De la préparation de l'âme à la contemplation.*

Comme Jacob, l'homme a deux fiancées : Rachel, qui est la raison avide du *vrai*; Lia, qui est l'amour épris du *bien*.

Rachel a plus d'amants que Lia, laquelle, au surplus, a de mauvais yeux [1]: elle se trompe sur l'objet du bonheur. Cependant la condition requise pour posséder Rachel est d'épouser d'abord Lia : la raison n'aura les ivresses que donne la contemplation de la vérité, que si le cœur s'éprend de la vertu ; condition éminemment réalisée quand, la grâce divine survenant, Lia devient la volonté humaine *divina inspiratione inflammata ;* et Rachel, *ratio divina illuminatione illuminata.*

La raison a sa servante nécessaire : Bala, *l'imagination,* dont les images matérielles l'élèvent à la notion de l'invisible. C'est elle l'intermédiaire entre la matière et l'esprit. La volonté a d'autre part à son service Zelpha, ou la *sensibilité,* l'appétit, l'instinct. Ces deux servantes sont précieuses, mais dangereuses : la première est bavarde, la seconde souvent ivre, toutes deux peu obéissantes à leurs maîtresses.

L'union de l'homme avec Lia est féconde. Elle donne nais-

---

[1] On retrouve la même idée dans la Prose de la Dédicace qui est presque certainement d'Adam de Saint-Victor (Dom Hild. Prévost, *Recueil des Séquences d'Adam de Saint-Victor*, p. 164) :

Lippam Liam latent multa.

sance à la *crainte de Dieu*, au *repentir de la faute*, à *l'espérance du pardon*, à *l'amour du Bien infini*.

L'amour mène à la science : *ubi amor, ibi oculus ;* le bien mène au vrai, car Lia excite l'émulation de Rachel.

La raison, jusque-là impuissante, demande secours à l'imagination qui lui fournit aussitôt les premiers éléments de la connaissance. Lia, de son côté réclame des fils à la sensibilité, son auxiliaire, qui engendre l'abstinence et la patience, source de bonheur parce qu'elles restreignent les besoins. Cette discipline des sens amène la discipline de l'intelligence. Toutes choses étant ainsi dans l'ordre, l'homme goûte les délices de la véritable paix, si favorable à la contemplation du vrai. Or, cette paix rend l'homme *fort* et *humble*. De ces deux qualités naît la haine du mal, le zèle éclairé et la honte pour les fautes personnelles : trois fils encore de Lia, fils dangereux et facilement viciés, s'ils ne sont promptement réglés.

C'est pourquoi le besoin se fait sentir de la *discrétion*, le premier fils de Rachel. Et quand, par la discrétion, l'homme se connaît bien soi-même, il devient apte à engendrer le second fils de la raison : *Benjamin* ou la contemplation ; *l'acte de foi pure*. Or, *Benjamin nascente, Rachel moritur*. La loi demande la soumission de la raison, car la science divine domine toute science : *Quid tale Aristoteles, quid tale Plato invenit, quid tanta philosophorum turba invenire potuit ?*

Pour y arriver, il faut : 1° la grâce surnaturelle ; 2° l'effort personnel de l'homme ; 3° la révélation dûment attestée ; 4° un mode de connaissance supérieur à l'intelligence elle-même, *in mentis excessu*.

L'étreinte de Joseph, *la discrétion*, la prudence pratique, et de Benjamin, la *contemplation*, sur la terre d'Egypte, c'est-à-dire dans la vie journalière, produit la *raison surnaturelle*, règle dernière de la vie humaine dans l'économie de la Rédemption.

Le *Benjamin major*, ou *De gratia contemplationis*, complète et précise cet exposé de doctrine. Vrai chef-d'œuvre de psychologie, il forme un traité de la connaissance, trop peu apprécié et qui mérite de l'être. Ici le cadre allégorique est d'une application moins rigoureuse ; aussi nous n'en tiendrons aucun compte.

Le premier livre est consacré aux définitions. La fin de

l'intelligence humaine, y est-il déclaré, c'est la contemplation de la souveraine Vérité, contemplation commencée dès cette vie, et qui doit, dans l'autre, faire l'aliment de l'éternité.

L'*idée* (*cogitatio*) n'est qu'une impression passagère de la réalité ; la *méditation* est une pénible application de l'esprit à la recherche de la vérité qui se dérobe ; la *contemplation* embrasse la lumière tout entière d'un regard libre et péné-trant.

Mais avant d'arriver aux sereines hauteurs de l'extase, l'homme a six degrés à franchir. Le plus ordinairement, d'ailleurs, il s'arrête en chemin.

1ᵉʳ *degré.* — *La spéculation des choses visibles,* vaste champ livré tout d'abord à la sincérité ou aux mensonges des phi-losophes, et comprenant : α) les substances corporelles, avec leur matière, leurs formes et leurs natures ; β) les produits des énergies naturelles et de l'industrie humaine ; γ) les lois qui régissent l'univers, les sociétés, les individus.

2ᵉ *degré.* — Le spectacle des choses visibles mène l'homme à la connaissance de *leur raison* et de *leurs causes :* d'où les notions naturelles de création, de conservation, de provi-dence.

3ᵉ *degré.* — La connaissance du monde visible engendre la *notion de l'invisible,* par comparaison, raisonnement, consé-quences. C'est l'œuvre de la raison qui se substitue souve-rainement à l'œuvre des sens, pure au premier degré, mixte au second.

Cependant l'œuvre des sens est nécessaire à toute connais-sance, même celle qui a pour objet les choses invisibles : *Nisi per corporeum sensum animus ad exteriorum notitiam pervenire non potest... sed nec ad invisibilium quidem, cum ad illa cognoscenda sine horum (visibilium) notitia assurgere non possit (Benjam. maj.* l. II, cap. XVII). A noter cette pro-fession de foi nettement péripatéticienne sur l'origine des idées. Et le tout est accompagné d'une très fine étude sur l'union intime des opérations du corps et de l'âme, sur la na-ture de l'imagination, etc.

Puis vient une allégorie quelque peu forcée sur les cercles d'or de l'arche, image de la science divine, où sont abordés les vertigineux problèmes de la prescience et de la prédesti-nation. C'est là, d'après Richard, l'idée souveraine qui doit dominer la contemplation de toutes les vicissitudes des choses créées, et surtout l'inquiétant spectacle des triomphes du mal et des défaites du bien dans le monde.

4ᵉ *degré*. — A ce degré, la notion de l'invisible se précise et atteint *l'âme humaine et les esprits angéliques*, en tant qu'ils sont de très nobles créatures, créées pour la béatitude dans la jouissance de Dieu. Déjà cet objet laisse bien bas tous les autres objets de la connaissance. C'est un domaine fermé à l'imagination. Ici même le 3ᵉ degré est dépassé de très loin, car la raison pure, laissée à ses seuls moyens (concepts nés des sensations), devient insuffisante. C'est le début du *mentis excessus* : l'élévation de la raison hors de sa sphère native.

Richard ouvre une parenthèse pour donner les règles morales de cette élévation. Il insiste sur la connaissance de soi, en vue de purifier le regard des voiles de la matière. Pour contempler les esprits, l'homme doit être surtout esprit.

La raison change ici ses procédés. Plus de déduction de cause à effet ou réciproquement ; mais, comme l'œil matériel voit et ne raisonne pas, l'œil intellectuel doit voir et non raisonner ; et, pour contempler de plus près et plus au loin, le voyant doit monter sur les hauteurs. Ainsi disposé, il considérera dans les esprits créés : α) la création gratuite ; β) la justification par la grâce et le mérite ; γ) la glorification, don et récompense tout à la fois [1].

Ici se posent par voie de conséquence les problèmes : α) *de la nature des âmes*, problème ainsi résolu : *naturale est omni rationali creaturæ esse, scire, et velle* ; la conscience, la liberté la moralité, l'immortalité.

β) *Qu'est-ce que la justification ?* — *Perficitur justificatio nostra ex deliberatione propria et inspiratione divina*. Avec une merveilleuse propriété des termes, Richard va exposer la thèse de la grâce donnée à tous, de l'œuvre à deux, de la liberté humaine tout entière.

γ) En quoi consiste la *glorification éternelle ?* — Réunion immortelle de l'âme et du corps ; reconstitution du *microcosme* ou petit monde du composé humain ; perfection des facultés sensitives et intellectuelles ; délices, stabilité, éternelle jeunesse du cœur ; la raison désormais reine incontestée

---

[1] Cf. ce magnifique passage. P. L., t. 196, col. 121.

et libre plus que jamais dans ce monde intime ; harmonie des âmes devenues de parfaits instruments de la grâce.

Le 5e et le 6e *degrés* atteignent aux mystères que la raison humaine, même surnaturalisée, n'eût pas devinés, et que la révélation seule lui a fait connaître, par l'Ecriture et le miracle. Ici les *phantasmata* humains ne sont plus d'aucun secours, mais deviennent au contraire embarrassants. Il n'y a sur terre ni en nous aucune base de comparaison : tout est l'œuvre de la grâce. Aussi l'homme doit-il enlever de bonne heure tous les obstacles, recueillir toutes ses facultés, et se tenir prêt à recevoir cette grâce, intermittente de sa nature. Le 5e degré embrasse les mystères que la raison ne contredit pas, comme l'essence et l'unité de Dieu ; le 6e comprend ceux qui paraissent contredire la raison, tels que l'unité d'essence dans la trinité de personnes, l'Incarnation, l'Eucharistie ; c'est bien alors surtout que la grâce et la foi sont tout.

Le livre V est une récapitulation. La contemplation comporte trois périodes : une préparation d'ordre naturel, *mentis dilatatio*, par la science humaine ; après commence la région surnaturelle, *mentis elevatio*, par la grâce qui emporte l'intelligence au delà des bornes de la nature ; et *mentis alienatio :* la grâce effaçant les fantasmagories du monde et transportant l'âme vers des régions inaccessibles au raisonnement. Dans l'élévation, l'âme est aidée, mais agit encore de ses propres moyens ; elle reçoit des ailes, mais vole. Au delà, la raison, même élevée, ne conclut plus, ne ratiocine plus à sa manière sur des prémisses fournies par la grâce ; mais elle *voit*, elle est envahie en quelque sorte passivement par les visions divines.

Richard énumère ensuite les divers modes d'arriver à la contemplation : l'admiration, la méditation, la jouissance intime. Mais il proclame que toujours elle reste un bienfait gratuit, nullement dû au mérite. Il termine en traçant des règles utiles aux contemplatifs, pour prévenir ou guérir la lassitude, et monter toujours plus haut.

On le voit, le rôle de la raison est ici respecté et nettement délimité dans les trois premiers degrés [1]. Libre à l'école

---

[1] Les deux ordres sont parfaitement distingués aussi dans le remarquable ouvrage inédit de Godefroid : le *Microcosmus*. Le premier livre débute ainsi : « Quia igitur naturalia priora sunt gratuitis, quid philosophus inspexerit in spiritus naturalibus humani primum videamus. »

rationaliste de ne pas aller au delà et de vouloir ignorer les
réalités et les connaissances d'ordre surnaturel ; mais quand
les docteurs victorins et tous les chrétiens n'imiteront pas
cette réserve, pourquoi les accuser de se confiner dans le
mystère et dans l'extase, et de n'admettre comme acte intellectuel que l'acte de foi ? On comprend, au surplus, que dans
la hiérarchie des connaissances, l'être divin et les réalités
éternelles aient eu le premier rang dans les intimes préférences de parfaits chrétiens. Voilà pourquoi les Victorins se
devaient d'être surtout des théologiens et des mystiques.

Comme il n'y a pas d'histoire sans étude des sources, il n'y
a pas de théologie sans la science scripturaire. Aussi, une
très large part fut faite par Saint-Victor aux Commentaires.
Hugue a donné au 5ᵉ livre du Didascalicon une sorte d'Introduction aux sources de la Révélation ; puis un traité
de scripturis et scriptoribus. Enfin, sont certainement de
lui des études sur le Pentateuque, les Juges, les Rois, l'Ec-
clésiaste, les Lamentations, Abdias, et probablement une
paraphrase du Cantique des Cantiques, imprimées parmi ses
œuvres.

Richard, quelque peu architecte, décrit avec plans à l'appui, le Tabernacle, le Temple de Salomon, les édifices fantastiques des visions d'Ezéchiel, dresse la chronologie des
rois et explique, à la prière de saint Bernard, plusieurs passages difficiles des saints livres ; annote les Psaumes, explique le Cantique des Cantiques, et quelques textes obscurs
de saint Paul, écrit deux livres au sujet de l'Emmanuel annoncé par Isaïe, et sept livres sur l'Apocalypse.

Achard expliqua la Tentation du Christ au désert. Adam
voulut faciliter les études scripturaires en écrivant son *Summa*
de difficilioribus vocabulis bibliæ, dite, de la patrie de son
auteur : *Summa Britonis.*

La science des dogmes proprement dits découlait naturellement de pareilles prémisses. Hugue a éclairci en de savantes dissertations les points les plus variés de la théologie
catholique ; mais toute sa doctrine se trouve condensée et en
quelque sorte réduite à sa forme définitive dans les grands

Le second livre a pour objet l'ordre surnaturel, et pour titre, en conséquence :
« Quid theologus inspexerit in homine, mundi nomine eum appellans » (Bib. nat.
Ms. lat. 14515, fᵒˢ 8 verso et 27 recto).

traités qui ont pour titre : *De sacramentis legis naturæ et scriptæ; De sacramentis christianæ fidei ;* et *Summa sententiarum.* Ce dernier ouvrage fut en réalité le manuel classique de la scolastique, car les fameux Quatre livres des sentences de Pierre Lombard n'en sont que le plagiat, nullement dissimulé [1].

Hugue se montre ici professeur avant tout. Le premier, il dispose en vue de l'enseignement toutes les données du dogme en un corps méthodique. Il est le premier scolastique.

A Richard était réservé l'honneur de continuer le Maître en son immortel traité de *la Trinité.*

Les anges, d'après le programme, relèvent, avec l'homme baptisé, de la théologie. Pour leur laisser place dans l'enseignement, Hugue commenta le livre attribué à saint Denis : *De cœlesti hierarchia,* et leur consacra la 5e partie en 34 chapitres du *De sacramentis.* L'âme humaine, dans son essence et son activité ne fut pas moins étudiée ; et nos modernes psychologues peuvent lire avec fruit, tout comme les étudiants victorins, le *De unione carnis et spiritus* et les notions si précises du *Didascalicon,* ou des deux *Benjamin,* de Richard, ou du *Microcosmus,* de Godefroid.

Les sciences mathématiques, seconde branche de la théorique, furent aussi ardemment cultivées. Nombreux sont à Saint-Victor les traités des *compotistes,* des *abacistes* et des *algoristes* [2]. Hugue s'était fait grammairien [3] ; il n'hésita pas à se faire géomètre : « Practicam geometriæ nostri tradere conatus sum » ; voire même astronome [4]. Il faut avouer que Godefroid lui pouvait ici tenir tête ; car il nous parle quelque part sans broncher des propriétés géométriques des lignes, des surfaces et des solides ; il nous énumère en musique les tons, demi-tons, les accords de quarte, de quinte, d'octave ; il nous apprendra en astronomie que le soleil est *huit* fois plus grand que la terre, et *quarante-huit* fois plus grand que

---

[1] Cf. A. Mignon, *Les origines de la Scolastique,* t. I, p. 31.

[2] Cf. Léopold Delisle, *Inventaire des manuscrits latins de Saint-Victor, passim* (Bib. de l'Ecole des Chartes, 6e série, t. V.)

[3] *De grammatica,* B. N., Ms. lat. 14506, f° 226-246 — Mazar. n° 717, f° 54.

[4] Cf. Hauréau, *Les Œuvres de Hugues de Saint-Victor* (1886), p. 105. — B. N., Ms. lat. 14506, f° 246 recto. — Un vrai traité de géométrie en 26 pages compactes. Mazarine, n° 717, f° 40.

la lune ; il tiendra à nous prouver qu'il a des notions très précises sur les cercles célestes, les parallèles, les colures, le zodiaque, l'horizon, la voie lactée, etc... [1].

Sans doute ici l'école de Saint-Victor n'était pas en avance sur son temps ; mais elle n'était pas non plus en arrière [2].

N'oublions pas que Godefroid ne fut pas seulement en musique un théoricien, mais aussi un compositeur, comme le célèbre Adam le Breton.

La physique, au sens plus haut défini, sollicitait également l'esprit curieux de nos Victorins :

> Unde tremor terris, qua vi maria alta tumescunt ;
> Herbarum vires, animos irasque ferarum ;
> Omne genus fruticum, lapidum quoque reptiliumque [2].

Les notions de géographie étaient encore très incomplètes. Hugue a écrit quelque part que, par rapport à la Palestine, Babylone se trouve au nord et l'Egypte au midi [3]. Il est plus précis dans le *De situ terrarum* qui forme le livre III des Extraits. C'est un véritable traité de géographie, où sont énumérés avec soin les pays avec leurs produits caractéristiques, les montagnes, les fleuves, les îles, les villes des trois parties du monde alors connu.[4]. De plus, il a donné une bonne rose des vents [5] avec la description des saisons, le tout évidemment d'après une mappemonde symbolique qu'il avait sous les yeux [6].

---

[1] *Microcosmus*, B. N., Ms. lat. 14515, f° 25. — Un manuscrit victorin du XIIIᵉ siècle (B. N., Ms. lat. 15009, f° 139) donne de la rotation de la terre et des phénomènes sismiques ces explications aussi curieuses qu'inattendues :
« Cuius motum alii dicunt ventum esse in concavis eius ; qui motus eam movet. Alii dicunt aquam generalem in terris moveri et eas simul concutere sicut vas, ut Lucretius dicit. Terre quoque iatus aut motu aque interioris fit, aut crebrius tonitruis aut de concavis terre erumpentibus ventis. »

[2] Virgil. *Georg.* l. II, v. 479 (cité par Hugue de Saint-Victor.)

[3] *De arca Noe mystica*, cap. XIII.

[4] P L., t. 177, col. 210.

[5] *De arca Noe mystica*, cap. XV.

[6] Cf. B. N., Ms. lat 15170, f° 63. Le Ms. 15009 déjà cité (f°ˢ 109-144) contient des notions de géographie et d'ethnographie des plus intéressantes.

(A suivre.)

D. FOURIER BONNARD.

Le P. Aubry

RÉFORME DES ÉTUDES ECCLÉSIASTIQUES

(Suite.)

Une Encyclopédie enchante par ses promesses, mais les réalise trop peu. Le dictionnaire est une mécanique brutale, décousue, sans homogénéité ni ensemble. Au lieu de grouper les faits, les doctrines, les observations en faisceau, dans un ordre logique ; il les dissémine, les entrecoupe, les divise et les mêle, dans un ordre alphabétique, étranger nécessairement à toute logique. Pour qu'un dictionnaire apprenne seulement une science, il faut déjà la connaître.

On a cru donner à l'exposition des sciences une forme plus savante et imaginer des classifications où toutes les connaissances humaines sont rangées dans un ordre hiérarchique, par catégories, graduées et subdivisées, procédant du général au particulier. Les sciences secondaires sont réunies par groupes, sous la présidence d'une science plus générale. Dans cette nomenclature, chaque branche des connaissances humaines est représentée par un nom, rangée à sa place respective, dans un casier, avec un numéro. Au premier aspect, cette méthode est plus conforme à la logique et à la hiérarchie des sciences. Cette méthode de groupement est toutefois défectueuse et incompatible avec une vue vraiment large des sciences. Sous une apparence synthétique, on n'a jamais que des nomenclatures plus ou moins complètes, mais fatalement incohérentes et arbitraires, des rapprochements forcés, un ordre purement mécanique et factice.

Le P. Aubry ne donne pas de la tête, dans ces inventions. D'après lui, deux idées, générales et fondamentales, sont seules capables de servir de base à une théorie synthétique et raisonnée des sciences ; à établir entre elles la convergence des points de vue et l'harmonie de l'ensemble. Ces deux idées générales sont le *point de départ* et la *fin dernière* de toute science.

La raison naturelle étant un don de Dieu et une communication de son intelligence, et la science étant une révélation que Dieu nous a faite de lui-même et de ses œuvres par la raison, la théorie philosophique des sciences doit partir de ce principe révélé, qui est le point de départ et le salut de chacune des branches de nos études. La science humaine n'est qu'un reflet communiqué de celle de Dieu ; la science que Dieu a de lui-même et de ses œuvres est le type complet et idéal sur lequel doit tendre la nôtre, sans espoir de l'atteindre pleinement, mais avec l'espérance de s'en rapprocher toujours. Par conséquent, dès qu'il est constaté que Dieu nous a communiqué par une voie quelconque, naturelle ou surnaturelle, quelque chose de ce qu'il sait, il est tout simple que sa parole soit la *règle absolue* de notre science.

Comme nos connaissances doivent mourir avec nous, la science est inutile et l'étude un temps perdu, si elle ne tend, au moins indirectement, à la *fin dernière* et immuable que Dieu impose à toute sa création, qui domine tout autre milieu, qui doit absorber toutes les ressources dont le monde est rempli : perfection surnaturelle du genre humain, salut des âmes, connaissance et gloire de Dieu.

Pour construire un tableau général des sciences humaines, il faut d'abord en avoir une théorie philosophique. Cette théorie suppose un principe commun, qui s'applique également à toutes les sciences et formule le point de vue dans lequel toutes forment faisceau. En dehors de ce point de départ et de cette fin dernière, je ne vois ni théorie philosophique, ni synthèse possible, qui puisse servir de base à un pareil édifice.

Il faut grouper et fondre toutes les connaissances humaines, non plus en tableaux synoptiques, mais dans un vaste et harmonieux ensemble, ayant pour lien et pour ciment la science révélée ; il faut subordonner toutes ces sciences à la théologie, pour les surnaturaliser, leur assurer profit et gloire. Ce n'est pas là une invention ; c'est le besoin des intelligences dans tous les siècles. Tous les esprits sérieux doivent unir leurs efforts, leurs lumières, pour la réalisation de cette grande pensée.

Jusqu'à Bacon, il n'y avait point divorce entre la théologie et les sciences. Les sciences réunies formaient un corps compact ; la théologie fournissait, à toutes, les principes premiers au moyen desquels elles peuvent remonter vers Dieu et former une encyclopédie autrement qu'avec l'ordre alphabétique des dictionnaires ou des tableaux synoptiques. Dès le temps de saint Grégoire le Grand, les écoles voyaient, dans l'homme, le résumé de toute créature, et, dans la fonction de l'homme, l'accomplissement des destinées de la

création. Ce résumé de tous les règnes dans la seule nature de
l'homme qui porte en lui-même une participation à la substance et
aux propriétés de chacun des règnes : voilà une idée qui remplit les
Sommes du Moyen Age ; elles expriment par le nom de *microcosme,*
donné à l'homme, le rapport entre l'homme et l'ensemble de la
création. L'homme est le roi, le centre, le nœud de tous les êtres ;
il en réunit tous les éléments supérieurs et dirigés vers une fin divine. Vers cette fin, il porte avec lui toute la création, la relève et la
fait aboutir à sa personne. A son tour, le genre humain vient aboutir à son chef, Jésus-Christ, et Jésus-Christ est Dieu.

D'où il est facile de conclure que la Rédemption, en s'adressant
à l'homme, s'adresse, par lui, à toute créature ; que la nature, entraînée dans sa chute, se relève par sa restauration ; qu'elle sera avec
lui renouvelée et ressuscitée, sous de nouveaux cieux, pour une
nouvelle terre.

Cette classification des sciences posée, le P. Aubry les ramène
toutes à la théologie. De là, autant de chapitres sur la théologie
des sciences exactes, la théologie des sciences cosmographiques, la
théologie des sciences naturelles. Dans ce dernier chapitre, il étudie
les rapports de la géologie avec la Bible, la zoologie et le transformisme, la biologie et le principe vital, l'anthropologie et l'homme
préhistorique, la physiologie et le magnétisme. Dans la théologie
des sciences physiques et chimiques, il parle de l'unité de la matière,
des forces moléculaires, des forces vitales, pour terminer par quelques
considérations sur la médecine et la pharmacie.

Cette théorie catholique des sciences, dans les termes où la pose
le P. Aubry, nous paraît parfaitement acceptable et noblement dé-
duite ; mais il faut bien l'entendre. Le P. Aubry n'entend pas subordonner absolument les sciences aux saintes Écritures ; il entend
que, dans l'état actuel de l'interprétation biblique et dans l'état
actuel de la science humaine, il doit s'établir une allure de conserve,
une entente fondée en des explications loyales et justes, en laissant
toujours le protocole ouvert. Entre la parole de Dieu et ses œuvres,
il ne peut exister aucune contradiction. Le point capital pour les
accorder, c'est de les bien comprendre. Si le progrès de nos connaissances découvre des apparences de désaccord, il faut surseoir.
Dieu a livré le monde aux disputes ; après les disputes, on doit finir
par trouver des éléments de paix et des raisons d'accord dans la possession pleine de la vérité.

« Si, dit le *Polybiblion* (février 1895), le P. Aubry entendait seulement la philosophie de ces sciences dans le sens catholique ; si l'in-

terprétation qu'il préconise de la Révélation dans les sciences se bornait à un *rôle négatif*, à éclairer la route du savant lorsque ses
découvertes l'amèneraient à une proposition ou théorie en opposition formelle et certaine avec quelqu'un des dogmes de foi, il n'y
aurait qu'à applaudir des deux mains. Son livre contient d'ailleurs
des vues élevées, un esprit philosophique recommandable, toutes
les fois que l'auteur reste sur le terrain de la philosophie des sciences,
enfin une érudition scientifique remarquablement étendue... Mais
il va beaucoup plus loin en donnant, à la théologie, un *rôle positif*
dans les sciences, en voulant faire d'elle le fil conducteur de l'esprit
humain dans la recherche des vérités d'ordre purement naturel. Tel
n'est pas le but de la Révélation, ni de l'Ecriture sainte. Il est admis
par tous les exégètes, aujourd'hui, qu'il n'y a pas d'enseignement
scientifique dans la Bible et que si jamais le langage du livre sacré
n'est, en soi, contraire à la science, il est cependant conforme au
langage vulgaire et fait abstraction des théories scientifiques. »

Nous n'instituons, sur ce texte, aucune contestation. Que la
Bible, en dehors des questions de foi, n'ait qu'une valeur négative,
c'est ce qu'il faudrait d'abord prouver. Une nouvelle école d'exégèse
a voulu entrer dans cette voie ; non seulement, elle restreint les
lumières de la révélation, mais, par voie de conséquence, elle diminue la valeur naturelle, la portée intellectuelle et scientifique de la
Bible. Or, nous savons comment Léon XIII a répondu à ces prétentions et vengé l'intégrité des livres saints. Nous avons appris, de
saint Augustin, que la Bible n'a pas pour objet de nous apprendre
comment *va* le ciel, mais *comment* nous devons y aller. Sans contester donc absolument les réserves du *Polybiblion*, nous croyons qu'il
y aurait lieu de mieux déterminer et d'élargir l'autorité des Ecritures en matière de science.

Luther, Calvin et, après eux parfois, nos mystiques, n'envisagent
le monde et l'homme que dans les éléments de corruption, de dissolution et de ruine : *Pulvis es*. Le docteur Maisonneuve oppose, selon
nous, justement, à cette doctrine du mépris, l'enseignement de
notre auteur. Nous ne contestons pas les effets de la chute originelle ; mais il fait mieux comprendre les effets de la réparation par
Jésus-Christ. Au bas de l'échelle des êtres, la matière inanimée,
au-dessus, la série ascendante des créatures. Le végétal plonge ses
racines dans le sol, déploie ses branches dans l'air et vit de ces deux
éléments. L'animal mange le végétal et se l'incorpore ; l'homme
mange l'animal, se l'assimile et l'élève jusqu'à lui. Après, l'homme
mange le corps et boit le sang de Jésus-Christ pour se transfigurer en

l'Homme-Dieu ici-bas et entrer dans le monde des anges. Du grain de sable à l'astre du firmament, du vers de terre au séraphin, il y a une ascension continue, une admirable transformation. Quelle belle doctrine ! *In valle lacrymarum disposuit ascensiones.*

A notre époque, où tant d'hommes livrés aux recherches scientifiques restent hésitants dans leur foi et où le rationalisme paraît satisfaire tant d'intelligences distinguées, c'est une bonne fortune de rencontrer un esprit vigoureux qui veut prouver, à tout homme de bonne foi : qu'il y a quelque chose au-dessus de la science ; qui fait de toutes les sciences humaines, une magnifique synthèse ; et qui les montre toutes comme émanées d'un principe supérieur qui les domine et les inspire. Les sciences naturelles comme les sciences mathématiques, l'astronomie comme l'anthropologie, ne sont point isolées ; ce sont les parties d'un même tout, rattachées les unes aux autres et toutes ramenées à la théologie. La théologie est la reine des sciences ; les autres ne sont que ses suivants ; *Ancillæ.* Non pas qu'il suffise d'être très versé dans la science théologique, pour connaître par là même, comme par une déduction nécessaire, toutes les particularités propres à chaque science. L'auteur n'a jamais rien soutenu de semblable. Son but est seulement de montrer de quel jour lumineux, la théologie éclaire toutes les sciences.

La *Théorie catholique des sciences* est donc d'un haut intérêt et il nous est agréable d'en faire l'éloge. C'est sans aucune restriction que nous en recommandons la lecture à tous ceux qui s'occupent de science et tout particulièrement aux jeunes gens qui abordent les carrières scientifiques. Nous les engageons vivement à lire, à étudier, à méditer ce livre, et cela pour leur plus grand avantage, pour leur avancement dans la science et la consolidation de leur foi. Rien de propre comme cet ouvrage pour donner, à l'étudiant, des idées généreuses et élevées au-dessus du terre à terre, le soutenir dans ses études parfois bien arides. Dirigé par un tel guide, il ne s'égarera pas dans le détail des faits ; mais, les reliant les uns aux autres, rapportant chacun d'eux à une idée maîtresse, il ne perdra pas de vue l'ensemble et se trouvera continuellement soutenu, à travers le dédale des sentiers plus ou moins difficiles, dans lesquels ces études le forcent de s'avancer. Cette idée maîtresse sera comme un phare lumineux qui éclairera sa route, soutiendra ses espérances et lui montrera le port.

La *Théorie catholique des sciences* offre une foule d'idées hardies et originales, des aperçus nouveaux et dignes d'un grand intérêt. Souvent la lecture d'une seule page est capable de soulever, dans l'esprit du lecteur, un monde d'idées, de fournir la matière d'un livre.

L'auteur ne prend pas le temps de traiter à fond chaque question ; il ne fait qu'indiquer le sujet, laissant à d'autres le soin de développer les idées qu'il sème d'une façon si libérale. Son but n'est pas de faire un livre achevé, d'épuiser un sujet déterminé. Tout au contraire, il veut provoquer des recherches et se contente de tracer le plan d'un vaste ouvrage, d'une sorte d'encyclopédie comprenant tout l'ensemble des sciences humaines.

En somme, il faut bien reconnaître que les sciences humaines ne sont que les diverses branches d'une science unique, la *science universelle de tout ce qui existe*, science que Dieu possède dans sa plénitude, incomplètement réalisable pour l'homme, mais dont il peut se rapprocher toujours davantage.

On doit donc se faire une haute idée de la science. Toutefois, n'exagérons rien. Il faut croire à la *certitude scientifique*, mais à une certitude absolument constatée, et, une fois constatée, il n'y a pas de conflit possible entre elle et la foi. Mais il faut bien admettre que la science doit longtemps chercher et qu'elle peut se tromper.

Nous rions parfois des systèmes de nos devanciers ; peut-être que la postérité, plus instruite, rira aussi des nôtres. Mais à chaque époque, la science est bien fondée à obtenir l'indulgence de générations suivantes, non seulement en raison de sa bonne volonté et de ses efforts ; mais même en reconnaissance des services qu'elle rend toujours et en considération de ce qu'il y a de vraiment utile dans ses découvertes, de vraiment bon dans ses idées et ses conquêtes.

« Le temps moderne, dit le P. Aubry, par le beau développement donné aux sciences, se montre évidemment appelé à achever la texture de cette couronne d'intelligence, de philosophie, de poésie, d'art et de foi, que les sciences viennent, en se regroupant amoureusement, former autour de la théologie, pour lui servir d'ornement et de cortège, et l'achever ? Non ; car ce sont de ces travaux qui se perfectionnent toujours et ne sont jamais achevés sur la terre, parce que leur terme est l'unité même de toute vérité dans la vision céleste. Mais enfin notre siècle y aura un beau rôle. Ne nous plaignons pas trop de notre temps. J'ai le patriotisme de mon siècle, comme de mon pays. »

Le docteur Maisonneuve et le professeur Kirwan ont relevé, dans la *Théorie des sciences,* quelques points qu'ils tiennent pour erronnés. Entre autres, ils lui reprochent d'avoir admis les jours époques, l'origine neptunienne des terrains ; ils qualifient d'erreur ces opinions à propos de l'homme préadamique, de l'habitation des astres, du caractère de la mort et de diverses autres choses. Plusieurs de

ces points sont matières d'opinions ; les théories ont beaucoup varié ;
celles qu'on oppose au P. Aubry n'ont rien d'absolu, ni de définitif.
Survivront-elles, reviendra-t-on aux anciennes ; en imaginera-t-on
d'autres. Tout permet de croire que le dernier mot n'appartient pas
à la nouvelle science.

Comme conclusion, nous ne pouvons mieux faire que de répéter
les paroles du docteur Schœpmann, au congrès des savants catholiques à Bruxelles : « Nous proclamons ici que la science vient de
Dieu, du Dieu de toute lumière, et nous nous inclinons devant la
majesté dont Dieu l'a revêtue... Voici notre but clairement défini :
manifester, révéler tout ce que le Créateur a mis de beauté, de bonté,
de vérité dans ce vaste univers ; chercher et rechercher dans cette
création, sur laquelle a passé le terrible ouragan du péché, les ver-
tiges épars, les rayons brisés de cette œuvre que le suprême ouvrier
avait vue devant lui souverainement bonne ; ne négliger dans cette
recherche aucun domaine ; embrasser les choses les plus éloignées et
les plus diverses ; fixer les lois de l'esprit et de la nature ; et contribuer ainsi à la gloire de Dieu. »

XII

LA PHILOSOPHIE

La philosophie n'est pas une science spéciale, ayant ses questions
particulières, et qui puisse être rangée à l'alignement avec les autres
sciences, dans un tableau général des connaissances humaines. Les
questions qu'elle traite touchent aux premiers principes de notre
activité intellectuelle et morale ; elles fournissent les principes premiers de toutes les sciences. La philosophie est surtout la science
qui nous apprend à raisonner, à penser et à exprimer logiquement
nos pensées ; elle nous donne, pour cela, des idées générales, des
universaux, des catégories, sous lesquels l'intelligence s'habitue à
grouper les faits ; elle apprend à chercher, pour toute chose, son
principe, pour tout effet sa cause, pour toute conclusion ses prémisses. Par conséquent, elle nous enseigne à exposer, sous une
forme logique et dans un ordre profond, tout ce qu'on traite, à
bien coordonner ses connaissances.

Nous touchons ici au tuf de l'être humain. Les vérités premières, ces vérités qui n'ont jamais été ébranlées et qui ne le seront jamais, sont comme ces fortes assises de pierre des monuments de l'antiquité. On a détruit ces monuments ; les assises sont restées. Plusieurs fois on a rebâti sur elles ; une fois ou deux par siècle, les révolutions ont détruit ces constructions ultérieures, les assises restent toujours et attendent, inébranlables, qu'on leur fasse porter de nouveaux édifices.

Cicéron a un beau passage sur l'immutabilité de ces vérités premières de l'ordre intellectuel et moral : *Ipsi sibi sunt lex*. Dans le même sens, Joubert a dit : « Dès qu'un raisonnement attaque l'instinct et la pratique universels, il peut être difficile à réfuter, mais, à coup sûr, il est *trompeur*. »

On définit communément la philosophie : la science des premiers principes, ou la science des causes premières et des fins dernières en général, et, en particulier, la science de Dieu, de l'homme et de leurs rapports nécessaires, d'après les enseignements de la foi et les lumières de la raison.

A cause de l'espèce d'innéité des premiers principes, on a prétendu qu'il était inutile de les étudier et qu'avec le progrès de l'âge, le bon sens apprendrait à tous une suffisante philosophie. Parce que le raisonnement est naturel à l'homme, il serait inutile d'étudier la logique ; comme il serait inutile d'étudier la grammaire et la musique, parce qu'il est naturel à l'homme de parler et de chanter. C'est une grave et ridicule erreur. L'âge peut offrir aux dons naturels une certaine évolution ; mais, pour une évolution régulière et complète, il faut une culture savante et éprouvée. C'est la philosophie qui donne les premiers éléments de cette culture. S'il est vrai, selon Renan, que son professeur de philosophie devait à la fréquentation de Reid, une grande aversion de la métaphysique et une confiance absolue dans son bon sens ; — il est encore plus incontestable que la faiblesse des études philosophiques engendre cette légèreté et cette indécision doctrinale, cette sorte d'impartialité entre tous les systèmes, cette neutralité si funeste au progrès des sciences et à la vigueur de l'intelligence.

Non seulement il faut étudier la logique et en apprécier les règles, il faut encore les pratiquer. Non pas, comme on l'a prétendu, pour jongler avec les mots et avec les idées ; mais, au contraire, pour couper court à toutes les jongleries de la pensée, de la langueur de la plume. « Particulièrement, dit le P. Aubry, l'utilité, la raison d'être des exercices syllogistiques et argumentatifs, n'est pas d'instruire ; c'est de former l'acuité, la pointe de l'esprit ; de donner au jugement cette sûreté, cette fermeté, ce discernement, qui voit le faux d'un argument spécieux, d'une phrase bien tournée, d'un développement habile, d'un morceau où l'erreur est cachée sous les fleurs littéraires et les scintillements du style. L'argumentation préservait l'esprit contre les dangers et les écarts de cette *folle du logis*, l'imagination : faculté si belle, mais si pleine de périls, si facilement ennemie de la vérité, quand elle n'est pas prémunie, environnée de précautions. Le syllogisme est la gymnastique dans laquelle les plus grands et les plus robustes esprits ont développé la force de leur génie, en le domptant d'abord et en l'assujettissant, pour commencer, aux règles les plus sévères [1] ».

Le cœur d'une bonne philosophie, c'est la métaphysique. La métaphysique a eu, comme la logique, des ennemis qui voulaient l'écarter, sous prétexte qu'elle est trop spéculative et oiseuse. Une telle prétention est une marque particulière d'inintelligence. Prétendre que la métaphysique est une idéologie sans substance, est une insanité. Comme la logique nous apprend les règles d'un raisonnement juste, la métaphysique nous fournit le sens philosophique de tous les termes abstraits du langage. Dans la moindre conversation, à chaque minute, vous proférez des termes de cause et d'effets, de principes et de conséquences, d'essence, de nature et de substance, d'accidents et de facultés, d'unité, de vérité, de bonté, de relation et de discordance ou d'harmonie. Ce sont là autant de termes métaphysiques, dont la métaphysique seule explique le sens. Chercher le sens de ces mots dans un dictionnaire, c'est employer ces termes dans un jargon qui ne dit rien à l'esprit. La métaphysique est la législation des idées et du langage. A ce titre, la métaphysique est la force, l'élément et la base de tout bon travail intellectuel, dans quelque genre que ce soit ; c'est le préservatif de la pensée dans tous les ordres d'idées, le fondement de l'édifice intellectuel dans toutes ses parties.

Ceci est vrai surtout pour les études ecclésiastiques. Le sacerdoce ne sera, suivant un mot de Thiers, le *rectificateur des idées* du peuple, que si son éducation est nourrie de métaphysique et s'il devient capable d'opposer un enseignement irréprochable aux mille erreurs qui se disputent les esprits. C'est d'ailleurs l'enseignement exprès de Rome. Il faut que la philosophie prépare fortement le prêtre aux études théologiques et, par elles, à la sage direction de la société. Si la philosophie manque, on tombe dans l'incertitude, la vision, l'arbitraire, dans les concepts. De là, tendance aux néologismes et aux

[1] *Les grands Séminaires*, p. 97.

doctrines particularistes, infatuation des idées modernes et progrès de la scolastique. C'est la confusion de Babel dans les écoles, puis dans la vie publique.

On a reproché aux grands métaphysiciens du Moyen Age d'avoir institué, en des points secondaires, sur des questions en apparence inutiles, de longues disputes, des travaux considérables, de vrais combats. Ce reproche est immérité. Ces points secondaires ou inapercevables aux myopes forment des parties intérieures, des fondements cachés de l'édifice intellectuel. On ne les discute plus aujourd'hui, ces questions, parce qu'on les a vidées autrefois. Nos maîtres ont fixé la doctrine sur ce point contesté ; ils ont bâti, dans ce sol mouvant et marécageux de l'intelligence, un pilotis sur lequel nous pouvons construire nos édifices, solides par le pied. Les universaux, les catégories de Porphyre, le *Péri-Hermenias*, sont des positions acquises ; elles ont été vigoureusement défendues, parce que, si on les avait abandonnées, c'était céder la place à l'athéisme, au panthéisme, au matérialisme, au scepticisme, à tous ces monstres que nos ancêtres, plus forts que nous, ont pu étrangler. En cédant, on eût permis à l'âne de Buridan de déposer son crottin à cet endroit, et même à la vipère hérétique de cacher son nid. Tels, dans une bataille, des régiments se disputent une ferme abandonnée, une haie, un groupe d'arbres, un tertre : pourquoi ? parce que l'abandon de ce tertre, c'est la bataille gagnée ou perdue. Et si, de nos jours, vous voyez les fureurs de la tempête se déchaîner contre ces vieilles bases du monde philosophique, c'est que les palefreniers de Buridan ont compris qu'il fallait les défoncer, pour qu'il ne reste plus rien de solide à la défense.

Cette métaphysique, si injustement calomniée, si misérablement abandonnée, c'est la base de la pensée humaine, la pierre angulaire de la société. Cette philosophie, justement appelée fondamentale, a cinq causes : une cause matérielle, c'est son objet ; une cause formelle, c'est le point de vue où elle se place pour l'examiner ; une cause exemplaire, c'est l'idéal qu'elle doit atteindre ; une cause instrumentale, c'est l'harmonie de la raison et de la foi nécessaire à la réalisation de cet exemplaire typique ; enfin une cause finale, c'est son but.

La métaphysique, pour donner à l'esprit humain un point d'appui inébranlable, pose, comme principe premier qu'il y a quelque chose ; que ce quelque chose a une cause et qu'il peut produire des effets ; qu'il ne peut pas, en même temps, être et ne pas être, être tel ou autrement ; que son existence suppose une essence, une nature

et une substance ; que l'essence est accompagnée d'accidents, la nature de facultés, la substance d'un lien infrangible ; que tout être,
par là qu'il est, est un, vrai, beau et bon ; qu'il a des relations qui
doivent le résoudre en harmonie.

Quand la métaphysique a posé ces bases, la philosophie générale
étudie l'homme, Dieu et leurs rapports. La psychologie, la théodicée, l'esthétique, la morale, le droit sont les fragments essentiels
de cette philosophie. Le P. Aubry ne se propose point d'écrire, de
cette philosophie, un manuel classique, comme Balmès en Espagne,
Janet en France, Tongiorgi, Liberatore, Prisco, Signoriello, Cor-
noldi et le plus grand de tous, San Severino, en Italie. Dans les
trois chapitres des *Grands Séminaires* et dans son volume de *Mélanges
philosophiques*, le P. Aubry offre un directoire à l'élève et au maître ;
il pose le principe de toutes les études et signale, avec une grande
énergie, les écueils.

De nos jours, on a fait, de l'*Histoire de la philosophie*, un grand cas.
Sans parler du grand ouvrage de Brucker, Gerbet, Conti, Laforêt,
Bourgeat, Tenneman, Cousin ont appelé, sur cette histoire, l'attention et les sympathies de leur siècle. Le P. Aubry croit certainement
sage qu'un professeur, enseignant une partie quelconque de la philosophie, l'appuie et l'éclaire par l'exposé des erreurs où est tombée,
sur ce point, la raison, séparée de la foi. Mais il n'entend point,
comme on l'a dit avec emphase, que l'histoire de la philosophie
c'est la lumière des lumières, l'autorité des autorités. L'histoire de la
philosophie prouve combien l'esprit de l'homme, réfractaire à la
foi, est aveugle et exposé à l'erreur, même sur le terrain de la raison
pure. Non pas que la foi soit nécessaire pour instruire l'homme
sur chaque point de la philosophie ; mais elle est indispensable pour
l'éclairer sur l'ensemble. L'histoire de la philosophie séparée n'est
autre chose que l'histoire des systèmes, des erreurs, des contradictions qui s'anathématisent et se détruisent réciproquement. L'histoire de la *sagesse humaine*, c'est l'histoire de la *folie* de tous les
peuples, l'histoire de leurs illusions, de leurs rêves, de leurs enthousiasmes et de leurs extravagances. Bon livre pour apprendre que
l'esprit humain, si grand, si élevé, une fois livré à lui-même, n'offre
plus, s'il répudie la foi, que les entêtements de la révolte et la perte
de la vérité. Luther, qui avait pourtant pleine confiance dans la
force de la raison, la compare à un paysan ivre, monté sur un âne ;
vous le soutenez avec des fourches ; quand vous le relevez d'un côté,
il tombe de l'autre. Mais l'ivrogne n'en est pas moins convaincu de
son infaillibilité et de l'impeccabilité de son âne.

Par un attentat qui ressemble assez à la construction de la Tour de Babel, les rationalistes ont conçu l'hypothèse d'un état des sciences si avancé, que l'homme aurait conquis, par son intelligence, tout ce qui est à connaître. Salomon, dans l'*Ecclésiastique*, dit dans quelles limites Dieu a enfermé la science humaine et quels objets elle peut étudier avec succès. Nous ne connaissons pas ces limites ; nous ne savons ni jusqu'où l'homme ira, ni jusqu'où il peut aller dans la connaissance des choses, réalités physiques, phénomènes auxquels elles sont soumises aux lois qui leur imposent un terme. Mais nous savons que l'homme ne saura jamais que peu de chose, et ignorera toujours plus qu'il ne saura. Cette condition est même salutaire pour nous ; elle diminue notre responsabilité dans le crime, elle nous oblige à l'humilité qui n'est pas seulement la première vertu surnaturelle, mais la première condition naturelle à laquelle l'esprit doit se soumettre pour ne pas tomber dans l'extravagance. C'est un des grands côtés des grandes lois de l'épreuve.

Nous savons d'ailleurs que l'homme est déchu, que sa raison a été victime de cette déchéance, qu'elle n'est pas seulement limitée, mais, de plus, débilitée, affaiblie dans toutes ses puissances. Nous savons que la foi est nécessaire pour relever la raison par la grâce et illuminer ses ténèbres. Mais eux, les Titans de la révolte antiphilosophique, ils répudient la force de la grâce et les lumières de la foi. Quand ils se sont couverts les yeux d'un voile opaque, ils prétendent que leur faible regard peut pénétrer tous les mystères. Si vous prêtez l'oreille à leurs discours, ils vous crient que l'intelligence humaine est assez vaste pour contenir, assez forte pour conquérir la connaissance complète du monde matériel ; ils se vantent de pénétrer jusqu'à ses derniers et ses plus délicats éléments ; ils entendent saisir les forces des atômes, les phénomènes qui s'opèrent en vertu de ces forces, leur situation respective, leur mouvement à chaque instant de la durée ; ils promettent d'exprimer toutes ces connaissances dans des équations différentielles, de les réunir dans une formule universelle, au point de pouvoir prédire tous les événements futurs, à un point quelconque de la durée. A moins toutefois que des causes libres et l'expansion des forces vitales n'amènent des déviations dans le fonctionnement normal et spontané des lois de la nature.

Or, de l'aveu même de ces ambitieux savants, notre connaissance de la nature est renfermée entre deux limites : d'un côté, l'impossibilité de concevoir l'essence de la force et de la matière ; de l'autre, l'impossibilité d'expliquer les phénomènes intellectuels à l'aide de leurs conditions matérielles. Cet aveu est bon à retenir. Mais cette double impossibilité, nous la rattachons à des causes d'ordre absolu : les conditions matérielles de la pensée ne sont que des *conditions* et des conditions *actuelles* ; par conséquent, il ne suffit pas de les connaître pour avoir le secret de la production de la pensée ; il faut connaître l'agent de la pensée. Cet agent est une âme dont ni la substance, ni les opérations ne tomberont jamais sous l'analyse scientifique.

En chassant de la philosophie ce honteux matérialisme, nous dressons, avec ses ruines, un piédestal à la raison. La raison a certainement un domaine de vérités ouvert à ses efforts ; elle est certainement capable de construire une philosophie. Il y a des vérités qu'elle est apte à connaître en entier par elle-même ; il y en a qu'elle connaît en partie ; la foi lui fait connaître le reste. Il serait intéressant pour elle de pouvoir parcourir en entier son domaine, d'en marquer exactement les frontières, de dire les vérités qu'elle peut atteindre et jusqu'à quel point elle peut connaître celles où elle a besoin de la foi. Or, elle ne le peut pas. Les limites de ce domaine sont incertaines ; il nous faut la foi pour guide, afin que la raison n'outrepasse pas ses limites, et que, dans ses limites mêmes, elle ne fasse pas, à chaque instant, fausse route.

On peut dire ici de la foi par rapport à la raison, ce que nous disons de la grâce par rapport au libre arbitre. La grâce est nécessaire pour éviter tous les péchés en général ; la foi est nécessaire pour éclairer l'esprit humain et tout l'ensemble des vérités de la philosophie.

Séparer la philosophie de la révélation et la raison de la foi, d'un côté ; de l'autre, isoler la théologie de tout travail philosophique, l'empêcher d'emprunter les spéculations rationnelles, pour approfondir le saint objet de ses études ; c'est la théorie de l'isolement, du séparatisme. Cette théorie, appliquée à ces deux sciences-mères, en s'appliquant à toutes les sciences divines et humaines, a détruit l'encyclopédie des sciences, construite aux Moyen Age. La conséquence actuelle de cette ruine, c'est le renversement de la civilisation.

L'expérience des siècles, l'observation attentive de la raison humaine, si vous les séparez de la foi, c'est qu'il faut *désespérer* de la philosophie. Les Gentils dans l'antiquité n'ont pas pu y atteindre ; les modernes, malgré la révélation divine, n'ont pas su s'y tenir. Eh quoi ? Dieu ne nous eût-il donné la raison que pour la désespérer ; et si elle est insuffisante ou affaiblie, n'a-t-il pas voulu la relever ? Sans contredit : il y a une philosophie chrétienne et il ne faut désespérer que de celle qui ne l'est pas. Au lieu du *désespoir* de la philosophie, nous avons, nous autres, suivant le grand mot de Boèce, la *consolation* de la philosophie. Ce mot résume le sentiment de la raison, relevée par le Christianisme, depuis que les Pères lui ont appris à se servir d'elle-même et de la foi, pour reprendre, à cette double lumière, l'œuvre abandonnée par la sagesse antique et trahie par les prétendus sages des temps modernes.

S'il faut croire que les grandes vérités de Dieu, de la création, de l'âme immortelle, de la loi morale, de la vie future, sont des vérités de raison, il est certain que la philosophie rationnelle réussit peu à les découvrir, à les expliquer, à les affirmer et à les défendre. Otez le rempart de la foi catholique ; et aussitôt les voleurs, les *malfaiteurs intellectuels*, comme dit Guizot, viennent piller ces richesses et dissiper ce trésor. Bientôt, il n'en restera plus rien.

C'est pourquoi l'Eglise, dans ses conciles, et les Papes du haut de leur siège ne se bornent pas à définir les dogmes et à les défendre ; ils définissent encore les droits respectifs de la raison et de la foi et ils frappent d'anathèmes ces philosophes, plus déraisonnables qu'impies, qui défoncent le sol de la raison, pour empêcher l'édifice de la foi de tenir debout.

C'est sur ces données que le P. Aubry, sans prétendre à composer un cours de philosophie, en pose des jalons ou plutôt bâtit des pyramides. Dès le début, il avait dit son mot sur la philosophie antique, signalé sa faiblesse et montré sa répugnance pour le Christianisme. Maintenant, il cherche, dans la métaphysique chrétienne, les éléments de l'unité intellectuelle ; il parle de l'immortalité de l'âme, de l'intelligence, de la volonté et du rapport des idées avec l'expression ; il appuie, en théodicée, sur les preuves de l'existence de Dieu et s'élève contre la doctrine de l'abstention, inventée par le positivisme ; il s'élève encore une fois contre le doute méthodique de Descartes, préconise l'induction et se prononce, de plus en plus, pour le retour à la scolastique. « Ce qu'il y a, dit-il, p. 261 des *Mélanges,* de plus exact dans les idées, de plus précis dans les mots, de plus profond dans les aperçus, de plus irréprochable dans les théories, c'est donc encore l'ancienne philosophie, et c'est là qu'il faut en revenir, pour former des hommes, jusqu'à ce qu'il se lève un grand siècle et de grands hommes qui fassent mieux, si c'est possible ; et on ne peut nier que ce soit possible. »

Et par un trait qui n'est qu'à lui, cet homme qu'on accuse de détruire toujours, sans rebâtir jamais, veut que sa philosophie tourne à l'éducation intellectuelle de la jeunesse et fasse, de ses disciples, des

champions de la vérité. Mais, en homme pratique, il ne veut pas
que les jeunes gens s'appliquent, avant leur formation intellectuelle,
à l'acquisition de la science. Volontiers, il proposerait l'étude dans
l'ordre dispersé ; il ne veut pas qu'on soit auteur trop tôt. D'abord il
faut parcourir, dans son étendue, le monde de la pensée et le monde
des réalités ; il faut amasser, amasser beaucoup. Ces éléments que
vous aurez réunis, au prix d'un long travail, vous les trouverez épars
au premier instant ; mais ils fermentent comme d'eux-mêmes ; et,
la philosophie naturelle de l'esprit leur servant d'intermédiaire, de
véhicule, ils chercheront et trouveront d'eux-mêmes leur place et
courront s'y ranger dans leur ordre. Ce moment est précieux ; c'est,
dans la vie, l'heure inoubliable où l'esprit, s'élevant au-dessus de la
terre, contemple la vérité avec une sorte d'intuition et, instantané-
ment, fait jaillir un volume des longs efforts de son esprit.

Tous les esprits élevés et puissants ont connu cette crise et
éprouvé cette force d'irradiation. Mais il faut la préparer avec un soin
religieux. Le P. Aubry exige, dans ces études, la pureté du cœur ;
il montre les avantages de l'étude des langues ; il veut que les études
philosophiques soient contrôlées par l'expérience de la vie ; il recom-
mande fortement qu'on se préoccupe du style et du mérite littéraire ;
et termine par ces conseils :

« Soyez curieux de tout ; il y a partout à moissonner du bon et
surtout à découvrir le Verbe. Voyez tout, écoutez tout et n'écoutez,
ne copiez, n'aimez que modérément. Ecrivez un peu pour vous seul,
en recueillant tout ce qui vous arrive du dedans et du dehors...
L'un des grands buts, si ce n'est le principal du cours de philosophie, c'est de former, dans les jeunes gens, la rectitude de la pensée,
la logique et l'exactitude rigoureuse du langage et de l'esprit...
L'érudition n'est rien... Le but ce sont les principes, la méthode, la
formation de l'esprit. »

Si ces conseils se lisaient dans les écrits du comte de Maistre,
personne n'en éprouverait la moindre surprise et tout le monde
crierait : Bravo !

XIII

LA THÉOLOGIE DOGMATIQUE ET LA RELIGION

L'école ecclésiastique, c'est l'Eglise enseignante. Dans son enseignement, cette école a toujours eu le même objet, la même méthode,

le même but que l'Eglise. Or, l'Eglise, dans son enseignement, s'adresse à deux classes d'auditeurs : aux néophytes, elle offre l'enseignement du catéchisme ; aux clercs, elle donne une nourriture plus substantielle, l'exposition savante de la théologie. La théologie et le catéchisme visent également à initier l'auditeur à la connaissance de Dieu et de Jésus-Christ ; ils doivent le préparer à la vie éternelle, en lui inculquant la pure doctrine. Les degrés de l'enseignement sont divers, mais de même nature ; ils ne diffèrent que du plus au moins, et même dans le degré inférieur, ils doivent élever l'homme très haut. Le plus humble chrétien est l'enfant de Dieu et doit se nourrir de sa divine lumière.

Le chrétien, puisqu'il connaît Dieu et Jésus-Christ et vit du Saint-Esprit, porte déjà, dans son âme, la vérité infinie, le ciel adorable, ce que saint Paul appelle le *Verbe abrégé*, cette vie divine en participation, que l'Esprit de Dieu sème dans l'Eglise, comme un germe d'éternité. Le vrai chrétien, qui possède la foi et la grâce, porte au fond de lui-même l'exercice et l'harmonie de toute la religion, appliquée à son âme; il porte, sous forme d'intuition, inconsciente peut-être, mais réelle, une théologie infuse, fidèle, exacte, gravée dans son âme par la bouche du Saint-Esprit. Tout comme nous sentons, dans la vigueur de nos membres et le sentiment de notre force, l'harmonie, le jeu régulier, la puissance de nos organes, sans connaître d'ailleurs ni anatomie, ni physiologie.

(*A suivre.*)

MGR. JUSTIN FÈVRE.

LE SIAM

(Suite et fin.)

VII

LE TALAPOINT

En décrivant le spectacle des rues, c'est à dessein que nous avons omis un personnage curieux du pays que l'on rencontre à chaque pas. Il méritait une mention spéciale.

Celui-ci porte un costume de couleur jaune se composant d'un langouti qui ne se relève pas et tombe au-dessous des genoux, puis un grand manteau, jeté en travers, cachant l'épaule droite et laissant la gauche à découvert. Il va nu-pieds et a la tête et les sourcils rasés. De plus il est muni de deux instruments : une grosse marmite de fer battu portée en sautoir et un large éventail en feuilles de palmier qu'il tient devant les yeux.

C'est le bonze ou *talapoint*, le prêtre de Bouddha ou plutôt le gardien de ses pagodes.

Métier lucratif, s'il en fut jamais ! Fonction sinon honorable, au moins très honorée, car dans ce religieux Siam tout le monde se courbe devant le talapoint qui passe ; pour lui, il ne salue jamais.

Il habite dans les pagodes et garde la chasteté, au moins tout le temps qu'il porte l'habit jaune ; il peut quitter celui-ci quand bon lui semble.

L'ordination d'un talapoint est l'occasion d'une grande fête et d'une procession qui se rend à la pagode, escortant le nouvel élu du Seigneur !

Arrivé là, il se prosterne devant le chef de la bonzerie, en disant :

— Je te reconnais comme mon consécrateur.

Celui-ci pose les questions liturgiques :

— Es-tu attaqué de la lèpre ?

— Es-tu sujet à la démence ?

— Es-tu ensorcelé ?

— As-tu des dettes ?

— Es-tu esclave ?

— Es-tu fugitif devant les lois ?

— Non, Seigneur, répond le candidat.

On lui demande encore :

— Es-tu du sexe masculin ?

— As-tu le consentement de tes parents ?

— As-tu l'âge de vingt ans ?

— Possèdes-tu le langouti, la ceinture, le manteau, l'écharpe jaune et la marmite ?

— Oui, Seigneur.

Il est revêtu de blanc, alors ; il avait reculé de douze pieds ; on lui permet de s'avancer. Il rampe les mains jointes, priant qu'on daigne l'élever à la parfaite dignité de *phra*.

— Y a-t-il opposition ? demande-t-on aux témoins.

— Non.

L'ordination est faite et on donne au candidat l'habit jaune, le *talapat* ou éventail et la marmite.

Quelle est la journée d'un talapoint ?

Au chant du coq, un novice frappe sur le gong pour le réveil. Le talapoint se lève quand, selon la règle, « il fait assez jour pour distinguer les veines de la main » ; il descend la rivière pour y faire ses ablutions puis marmotte quelques prières. Après quoi, en barque, le plus souvent, il part pour la tournée d'aumônes, puis revient déjeuner. Second déjeuner à onze heures du matin et le reste du temps se passe à boire du thé, à croquer du sucre et à dormir.

C'est commode, mais la règle dit expressément :

« Ne cultivez point la terre, de peur de tuer quelque ver ou quelque insecte.

« Ne coupez point les arbres parce qu'ils ont la vie.

« Vivez d'aumônes et non du labeur de vos mains. »

Le recueil des règles ou *Patimok* contient deux cent vingt-sept commandements de ce genre.

Le Roi est le pontife suprême du Bouddhisme ; c'est lui qui nomme le chef des bonzes dont la juridiction s'étend sur toutes les pagodes du pays.

Voilà le talapoint à l'abri ; on ne lui refuse jamais l'aumône ; il est souvent invité, dans les riches familles, à réciter des prières, et reçoit à cette occasion des cadeaux en nature et en argent. On ne lui donne pas moins d'une livre d'argent, soit 260 francs. Le talapoint fait sa pelote très facilement.

Le Siam est le paradis des moines. Ce n'est pas comme ailleurs...

VIII

LES PAGODES

Elles sont superbes au Siam. Il y en a une à Bangkok, qu'il faut aller voir parce qu'elle a une tour d'où on jouit du panorama de toute la ville ; c'est le *Vat-Cheng*. Cette tour ou pyramide est haute de 300 pieds et on y atteint le sommet par une suite de degrés pratiqués sur les quatre faces. Ce sommet est couronné par l'Eléphant Blanc, à trois têtes, image de la triple incarnation de Bouddha. Des mosaïques en porcelaine ornent chaque étage et resplendissent sous l'ardent soleil.

A droite du palais royal c'est le *Vat-Maha-That*, où sont conservées les cendres de la famille royale. Sa quintuple toiture, sa flèche pyramidale, ses ors et ses émaux, son porche aux élégants piliers dorés, ses rinceaux, ses portes ornementées, en font un bijou hors pair.

Mais que dire du *Vat-Phra-Kéo* qui est dans l'enceinte du Palais ?

Un voyageur, M. Lucien Fournereau, le décrit ainsi : « Dès qu'on parvient en face de la pagode, on jouit d'un coup d'œil à tel point féerique qu'il passe toute imagination : c'est grandiose et c'est fou, fou par les lignes, fou par la couleur. Une débauche de terrasses, d'escaliers, de pylônes, de toits et de flèches, avec le revêtement obligé de l'or, de la porcelaine, de l'émail, forme un chaos harmonieusement étrange, quelque chose d'exquis et de diabolique, qui jette son arabesque hardie sur le velours immaculé du ciel. Ajoutez à cela une multitude de statues grotesques, de lions hiératiques en bronze, de géants de six mètres de haut, au masque su-

perbement hideux qui montent la garde à la porte du
temple, et vous n'aurez encore qu'une idée très vague de
ce spectacle merveilleux qui, à lui seul, vaut le voyage et
fait dégringoler dans des bas-fonds platement mesquins les
évocations les plus magiques, les plus folles des *Mille et
Une Nuits.*

Ce coup d'œil est inoubliable. Découragé, le peintre le
plus habile briserait sa palette de désespoir, car pour rendre
cette merveille, il faudrait avoir au bout de son pinceau un
peu de ce soleil enchanté qui dore tout ce qu'il touche et
un peu aussi de ce bleu velouté dont est faite la draperie céleste qui sert de toile de fond : sans cette ambiance magique,
le tableau ne saurait être que terne et sans valeur ; il serait
insensé de chercher ici, sous notre ciel anémique, les tons,
vrais là-bas, qui semblent des éblouissements de feux de
Bengale jaillissant et éclaboussant au milieu de l'or qui
règne royalement partout.

On voit d'abord la galerie du pourtour où des fresques re-
tracent les épisodes héroïques du *Ramayana* avec l'histoire
de Bouddha ; puis on passe dans l'intérieur du temple par des
portes de laques incrustées de nacre.

Et l'œil est attiré de suite par l'autel qui se dresse dans le
fond. Là se dressent de hautes statues de Bouddha en or repoussé ; la paume des mains tournée vers le visiteur, montrant
d'innombrables joyaux sur le corps, les vêtements, la tiare
pointue, puis des éléphants d'or et d'argent et la célèbre
figurine du Dieu taillée dans une émeraude.

Celle-ci a été volée en 1777 dans la capitale du Laos et est
par conséquent un peu à nous.

Çà et là des arbres en or et en argent, des cierges qui sont
allumés et renouvelés sans cesse, des brûle-parfums qui em-
baument, des lustres de cristal qui pendent. Un fouillis ri-
chissime.

IX

LE ROI

Aux grands jours de fête, on étend, sur le dallage en
feuilles de cuivre, des nattes d'argent tressées que seul un pied
sacré peut fouler. C'est celui du grand prêtre et du roi.

Le roi c'est *Chula-Longkorn*.

Vous rappelez-vous l'avoir vu à Paris il n'y a que quelques années ?

Il passait sur la Place de l'Etoile, venant de l'hôtel où il résidait et se rendant à l'Elysée. Il passait avec un peu de pompe orientale, précédé et suivi de la traditionnelle escorte de cuirassiers.

Que pensait-il alors ? Quelles idées un pareil homme peut-il réunir dans sa cervelle si peu semblable à la nôtre ?

Nous qui avons quelque connaissance de la mentalité asiatique, nous ne pensons pas beaucoup nous tromper en disant que tout ce qui entourait le monarque le laissait plutôt froid. D'abord, il est oriental et comme les Chinois qui passent devant la cathédrale catholique de Canton en haussant les épaules, il nous méprisait lui aussi quelque peu. Et puis, si on lui montrait les Champs-Elysées ne mettait-il pas au-dessus le Ménam et sa résidence somptueuse ? Si on voulait lui faire admirer l'Arc-de-Triomphe, ne lui préférait-il pas ces temples que nous avons essayé de décrire ?

Nous le regardions avidement. Un incident ridicule vint nous dérider. Un homme qui nous coudoyait et paraissait être un valet de chambre « se vengea tout à coup de la grandeur », comme dit Montaigne, en s'écriant d'une façon burlesque :

— Turlututu ! chapeau pointu !

C'est que le roi portait, en effet, une coiffure singulière affectant cette forme pyramidale, si en honneur dans toute l'architecture siamoise, si caractéristique...

Elle était un peu drôlatique sous notre ciel gris ; il n'en est pas de même à Bangkok. Non ! Quand le monarque, ce satrape, pour les grandes cérémonies, revêt la toge de brocart surchargée d'or et de pierreries, aux plis raides et serrés à la taille par une ceinture d'or et de diamants, quand il chausse les sandales précieuses, quand il pose sur son front trois fois saint la couronne septuple, lourde pyramide d'or, et l'assujettit sous le menton par une jugulaire ornée de pierres précieuses ; quand, raide, impassible, hiératique, il passe à travers la foule prosternée dans la poussière, on ne rit pas ; en vérité, non, on ne rit pas.

C'est Justinien, c'est Constantin Porphyrogénète qui passe. C'est plus que le glorieux Basileus de Byzance : c'est un dieu, car il incarne le dieu !...

Ceci est pour sacrifier au goût oriental. Le roi actuel qui est venu en Europe et parle anglais admirablement, sait, quand il a affaire aux Européens, revêtir et porter le costume militaire moderne ; tunique de drap blanc et casque blanc colonial.

Il est élégant, a le front élevé, le teint cuivré et les pommettes saillantes. Il n'a jamais voulu être talapoint plus de trois jours et n'a pas consenti à se laisser raser les cheveux et les sourcils. Et il boit du bordeaux. C'est une volonté.

Il a aussi supprimé le *second roi* qui le gênait ; mais il est le « maître de la vie », « le descendant des anges », « les pieds divins ». Son nom est fastueux : en montant sur le trône en 1874, — il est né en 1853 — il a pris celui-ci qui est un peu long :

Somdet-Phra — Paramind — Maha — Chula — Longkorn — Phra — Chula — Chom — Klao.

Et il a cent vingt enfants !

C'est dire que le roi de Siam a un nombreux harem, les femmes qu'il veut et dans la quantité qu'il veut. Le plus grand mystère règne là-dessus. On sait que le souverain ne contracte point d'alliances étrangères, que ses femmes s'habillent, plus ou moins, à l'Européenne, avec beaucoup de mauvais goût, et que les princesses royales sont condamnées à la virginité perpétuelle, pour ne point contracter des mésalliances ; voilà tout.

La dynastie est d'origine chinoise et remonte au siècle dernier seulement. Le roi de Siam choisit son successeur. Presque toutes les hautes charges sont occupées par ses frères et ses cousins. Ce sont les différents ministères.

Il y a trois sortes de gouverneurs et préfets, selon l'importance des villes et provinces.

Le monarque absolu est le propriétaire du sol ; le Trésor public et sa cassette particulière ne font qu'un.

La moitié du peuple siamois est esclave.

Une pareille majesté doit habiter un palais merveilleux. Des murailles crénelées entourent cette résidence, qui est comme une vaste citadelle, baignée par le fleuve, avec une forêt de grands et vieux arbres.

Là sont les ministères, les pagodes royales, les champs de

manœuvres et les casernes de la garde. Puis le palais proprement dit, construit dans le goût anglo-italien, avec colonnades, loggias et galeries, un avant-corps, un perron monumental, et deux hauts pavillons. Devant, une pelouse ornée d'arbustes et de fleurs.

La salle du trône est ce qu'il y a de plus curieux à voir. Un seul siège sur une estrade surmontée d'un grand parasol à neuf étages, insigne de la dignité royale.

Le long des murs, des panoplies, des arbustes artificiels, d'autres parasols en étoffes brillantes. Et, chose bizarre deux grandes toiles qui représentent les réceptions des ambassadeurs siamois par Louis XIV et Napoléon III.

Les parasols et les peintures forment un méli-mélo qui indique bien l'état d'esprit nouveau du souverain actuel. Un grand lustre en cristal de Baccarat, acheté à une exposition de Paris, domine le tout.

On va voir aussi, dans l'enceinte du palais, les écuries des éléphants blancs. L'éléphant blanc n'est qu'un albinos recherché à cause de sa rareté et puis en souvenir de la fable bouddhique qui le fait intervenir à l'origine de cette religion.

On chasse l'éléphant dans les forêts du Siam : on peut aussi y chasser le rhinocéros, le tigre et le cerf. D'autres dirigeront leurs coups contre le crocodile, le boa, le cobra-capello. Quant aux singes, ils sont innombrables et il faudrait un volume pour décrire les richesses ornithologiques de ce pays.

X

FÊTES ET CÉRÉMONIES SIAMOISES

Il y a les fêtes de la vie privée ; comme la tonte du toupet. On rase, tous les mois, la tête des enfants ; à 4 ou 5 ans, on laisse pousser un toupet sur le sommet de leur tête ; quand le moment est venu de le couper, c'est-à-dire à l'âge de puberté, pour les deux sexes, c'est une grande réjouissance dans la famille.

Les parents et amis envoient des présents en fruits et en gâteaux ; les talapoints viennent réciter des prières et laver la tête de l'enfant avec de l'eau lustrale et le père ou le plus

proche parent coupe solennellement l'appendice chevelu
pendant que chacun dépose dans un bassin une offrande en
argent. Nous laissons à penser ce que peut être une pareille
cérémonie au Palais, quand il s'agit du prince héritier, avec
les longues processions d'enfants, les cortèges de fonctionnaires, les déploiements de troupes, les fanfares écla-
tantes.

Le mariage est plus libre au Siam qu'au Céleste Empire.
Le jeune prétendant choisit sa femme ; mais il l'achète plus
ou moins, en faisant un beau cadeau aux parents de celle-ci
et en donnant une quantité d'or pour confectionner les bijoux
que tout le monde porte là-bas. C'est dans une barque que
l'on étale tous ces cadeaux et tout le monde peut les voir.

L'Etat n'intervient nullement dans les unions. La femme
siamoise jouit de la plus grande liberté. Seulement, la loi reconnaît le divorce et la polygamie. Néanmoins ici, la première femme reste toujours la maîtresse du harem.

Nous arrivons aux funérailles.

On meurt parfois rapidement au Siam. Dans ce pays chaud
et marécageux, on voit régner le choléra, la variole, la fièvre
paludéenne, la dysenterie.

On meurt et vite il faut faire disparaître le corps contagieux
et on va le brûler à la Pagode.

Les *saparos* ou brûleurs ont vite fait la besogne. Mais c'est
au *Vât-Saket* qu'il faut aller les voir opérer, si on n'a pas
trop de répugnance.

Le *Vât-Saket* est un établissement de Bangkok, près du
Palais, qui est composé de trois compartiments : le charnier,
le bûcher, le cimetière.

Supposez qu'on apporte là le corps d'un homme qui fut
beau, bien fait, intelligent et doux, comme le sont les Siamois. On l'étend sur une natte.

Le saparo arrive, ouvre la bouche du cadavre et en retire
la pièce d'argent qu'on y a introduite. C'est son salaire. Puis
il ouvre le ventre d'un coup de couteau ; les intestins apparaissent.

Des rangées de vautours sont là tout autour de lui faisant
claquer leur bec crochu ; ils trépignent, ils attendent.

L'homme donne encore un coup de couteau, çà et là, dans
les chairs, puis il fait un signe aux carnassiers et se retire.

La curée commence.

En cinq minutes, les os se montrent partout.

Le saparo revient et retourne le corps, jetant de temps en temps un lambeau de chair aux oiseaux, pour les faire patienter.

Quand c'est fini et que les carnassiers s'en vont, repus, digérer sur leurs perchoirs, l'homme revient encore ; il traîne alors les ossements, la misérable carcasse, au bûcher allumé tout près et achève son œuvre.

Quelle horreur, n'est-ce pas ? Le *Vât-Saket*, n'est-il pas la honte de Bangkok ?

Il y a les fêtes publiques. La plus belle est celle du *Tot-Kathin*. Alors le roi va en grande pompe visiter, ce jour-là, les pagodes royales.

Le cortège se compose d'une multitude de barques dorées et sculptées richement. Chaque barque, large de deux mètres, a pour équipage de soixante à quatre-vingts rameurs. L'une porte le trône, l'autre les présents royaux.

Le roi apparaît dans tout son éclat, tel que nous l'avons déjà vu, et des esclaves tiennent au-dessus et autour de lui des écrans d'or, des parasols, des éventails en plumes d'autruche. Suivent les embarcations pavoisées et décorées des princes et des dignitaires. C'est un féerique spectacle où l'habileté des mariniers siamois, la régularité et la précision de leurs mouvements se font remarquer mieux que jamais. Le défilé se déroule sur un espace de plus d'un kilomètre.

XI

SIAM MODERNE

Les temps sont changés. La civilisation a fait son œuvre, pliant les résistances, forçant les volontés. A l'heure actuelle et comme renseignements économiques, on peut donner ces chiffres relativement au commerce du Siam.

En 1900 : 136.294.000 francs dont 75.360.000 à l'exportation.

En 1901 : 175.604.000 francs dont 107.706.000 à l'exportation.

Le budget 1900-1901 a donné 35.611.306 ticaux.

(Le tical valait alors 1 fr. 65 : soit donc 58.750.645 francs.)

Les prévisions de recettes pour l'exercice 1901-1902 étaient de 39.000.000 de ticaux.

Le mouvement du port de Bangkok a été, en 1901, de 591 bâtiments étrangers avec 548.000 tonnes. Les Allemands avaient 272 vapeurs, les Anglais 151, les Norvégiens 101, les Français 29, avec 11.000 tonneaux.

Population indigène :

Dans le Siam.	8.000.000 habitants
Dans le bassin du Mékong .	1.800.000 —
Dans la presqu'île malaise .	1.200.000 —

Etrangers au Siam :

Français.	205
Anglais	216
Américains.	177
Allemands	146
Danois	79
Japonais.	69
Hollandais.	19

Ces étrangers ne relèvent que de leurs consuls, mais ceux-ci ont sous leur juridiction (ou du moins avaient jusqu'ici) des protégés ; ainsi les protégés français : Chinois, Laotiens, Cambodgiens, Annamites sont au nombre de 9.105.

Les protégés anglais : Chinois, Hindous, Birmans, Malais au nombre de 13.034.

Le globe-trotter qui vient à Bangkok y trouve des croiseurs et des canonnières siamoises et des régiments organisés à l'Européenne par des officiers danois. Il y en a huit d'infanterie dont trois dans la capitale qui a encore un régiment d'artillerie et un régiment de cavalerie.

C'est vraiment le progrès ; mais le voyageur est tout à fait à l'aise quand il se voit à même de choisir entre l'*hôtel Oriental*, sur le bord du fleuve, près de la Légation de France, le *Continental* dans *New-Road* ou le *Palace*, près du Palais royal.

Il y a des cercles : l'*International*, l'*Allemand*, le *Chiengma Ghym Khana*, etc., des banques : celle de l'*Indo-Chine*, la

Chartered B. of India, l'*Australia and China*, le *Hongkong and Shanghai*, etc., etc.

Et des lignes ferrées :

Bangkok à Paknam. . . .   20 kilomètres.
Bangkok à Korat. . . . .   265 kil. (trajet en 10 heures)
Bangkok à Rat-Bouri . . .   152 kil.

Et des tramways nombreux.

Et des télégraphes et des postes commodes.

Et des lignes de paquebots. Avantage inappréciable !

Les *Messageries fluviales de Cochinchine* ont un service sur Saïgon avec un départ tous les quatorze jours et escales à Chantaboun et Poulo-Condor.

L'*East-Asiatic* a un service mensuel côtier sur Singapour.

Le *Norddeutscher Lloyd*, avec des services sur Saïgon, Hainau, Hongkong et Singapour.

Puis l'*East Indian* et le *Siam-Steam Packet*.

Et des journaux :

Le *Siam Free Press*, le *Bangkok-Times*, le *Siam-Observer*.

Je vous l'ai dit, c'est la civilisation, mais la civilisation... anglaise... Et c'était si facile qu'il en fût autrement !...

XII

LES MISSIONNAIRES

Le christianisme a été introduit au Siam, il y a trois siècles environ, par les Portugais, au temps de saint François Xavier. Un navire de cette nation, poursuivant les pirates, parvint jusqu'à l'ancienne capitale Ajuthia où ceux qui le montaient reçurent un parfait accueil et s'établirent, épousant des femmes du pays. Des Jésuites et des Dominicains de la même nation vinrent les rejoindre et bâtirent deux églises : Saint-Paul et Saint-Dominique.

En 1662, Mgr de Lamothe-Lambert, un des fondateurs de la Congrégation des Missions-Etrangères, arriva aussi à Ajuthia avec des prêtres français. Depuis lors, cette congrégation a été chargée par le Saint-Siège du Siam.

Voici la liste des vicaires apostoliques du Siam, depuis le premier évêque.

Mgr Louis Lanneau, mort en 1696 (Mgr de Lamothe-Lambert était mort en 1679).

Mgr Louis de Cicé, mort en 1696.

Mgr Texier de Kéralay, mort en 1736.

Mgr de Lolière-Puycontat, mort en 1755.

Mgr Brigot, mort en 1791 (à Pondichéry en 1776).

Mgr Lebon, mort en 1780.

Mgr Coudé, mort en 1785.

Mgr Garnault, mort en 1811.

Mgr Florens, mort en 1834.

Mgr Couvezy (nommé à Malacca en 1833).

Mgr Pallegoix, mort en 1862.

Mgr Dupont, mort en 1872.

Mgr Vey.

Siam compte actuellement une cinquantaine de missionnaires et trente mille chrétiens.

Principaux établissements religieux :

La cathédrale de l'Assomption.

Le collège du même nom.

Santa-Cruz, ancienne mission portugaise.

L'église de la mission cambodgienne.

Le calvaire, mission des Chinois de la capitale.

L'église de Chantáboun, mission annamite.

Saint-François-Xavier, mission annamite.

L'église de Pétriu, mission chinoise.

Les progrès sont un peu plus lents au Siam qu'en Chine et au Tonkin : les grands obstacles aux conversions sont la polygamie dans les classes élevées, l'esclavage parmi les gens du peuple.

XIII

LA POLITIQUE

Le lecteur connaît maintenant le Siam.

L'accroissement de la puissance française en Indo-Chine, ayant amené les difficultés de frontières au Laos avec le gouvernement siamois livré à l'influence anglaise, en 1895, deux canonnières françaises, l'*Inconstant* et la *Comète*, franchirent la barre de Menam, en juillet, furent canonnées par les forts et les bâtiments siamois, répondirent victorieusement et vinrent mouiller devant Bangkok.

Le ministre de France, M. Pavie, amena son pavillon le 25 et partit avec la flotille française. Notre gouvernement lança un ultimatum qui fut accepté après quelques hésitations et les relations redevinrent amicales.

On conclut le traité de 1893 (3 octobre) qui nous accordait la frontière du Mékong, depuis sa sortie de Chine jusqu'à l'entrée au Cambodge, neutralisait une bande de terrain de quinze milles de largeur tout le long de cette frontière et nous concédait l'occupation du port siamois de Chantaboun, jusqu'à complète exécution du traité.

C'était M. le Myre de Vilers qui avait été chargé de négocier cet instrument.

Cependant, comme l'Angleterre avait failli se fâcher gravement, notre gouvernement conclut avec cette puissance l'accord du 15 janvier 1896 qui nous reconnaissait le bassin tout entier du Mékong comme zone d'influence et de pénétration, avec la faculté d'y installer des résidences consulaires.

Le Siam devenait l'Etat tampon.

Quant à cette zone neutre entre le Siam et le Laos français, comme le traité interdisait aux deux parties d'y entretenir des postes de police et comme les malfaiteurs s'y réfugiaient, il fallut apporter un remède à cet inconvénient. M. Doumer, gouverneur général de l'Indo-Chine, s'y essaya, sans réussir; M. Delcassé, ministre des Affaires étrangères, vient de tenter d'arranger l'affaire par une convention en date du 7 octobre dernier, conclue avec Phya-Sri, plénipotentiaire siamois.

Par cette convention, la France renoncerait à la fameuse zone neutre.

Elle évacue Chantaboun.

Elle abandonne les riches provinces de Battambang et d'Angkor.

Elle renonce à protéger ses sujets annamites et cambodgiens à partir de la troisième génération.

Elle consent à l'égalité du traitement des Français au Siam, avec les autres nations.

Par contre, elle obtient 250 kilomètres carrés sur les rives du grand Lac, les provinces de Melou-Prey et de Bassac et la promesse du Siam qu'il emploiera ingénieurs et capitaux français dans le bassin du Mékong.

Ces avantages sont nuls ou presque nuls. Nous reculons au delà de 1893 et devant cette puissance falote du Siam qui, du reste, est sous la coupe de l'étranger.

En resterons-nous là ? C'est ce que le Parlement nous apprendra prochainement.

Ch. de Vitis.

LA DAME BLANCHE

DU VAL D'HALID

ET LA MAIN NOIRE

(Suite.)

Eh bien ! voyez le criminel au pas chancelant qui, avec un
rictus troublant, monte à l'échafaud ; voyez cet autre qui cache
encore ses forfaits dans les profondes forêts et les autres qu'on
devine dans l'impunité ; considérez leurs faces ridées souvent
hachées et couturées de balafres ! voyez leurs traits contractés, leurs yeux creux, cernés par l'inquiétude et les veilles,
où couve un feu sombre qui fait frémir ; regardez-les bien ;
tout en eux n'est plus tourmenté qu'en apparence ; c'est
calme et pétrifié comme les tempêtes des zones glacées,
comme ces champs maudits qui sont couverts d'un linceul
éternel et soumis aux pires frimas qu'on voit toujours vides,
toujours immobiles et qui vous saisissent par leur effrayante
stérilité. C'est, en somme, le remords qui n'est plus ressenti
par ces êtres dégradés ; mais qui, incrusté dans leur face, se
révèle avec persistance dans des traits rigides, à jamais flétris.

Tels étaient les hommes réunis dans le pavillon solitaire.
Tous, sauf Ruiz de Gomez, portaient un fusil en ban-
doulière ; à leur ceinture pendait un poignard à lame effilée
à côté d'un couteau catalan.

Les bandits se rangent autour du châtelain ; attendent ses
ouvertures debout et silencieux.

Ruiz, court et trapu de sa pauvre personne, la main sur la
hanche, met de la complaisance à faire briller son poignard
et laisse apparaître ses revolvers pour en imposer davantage.
Il se raidit pour allonger sa taille trop ramassée et l'on voit
alors se dessiner sous ses amples vêtements une cuirasse doublée d'une cotte de mailles.

Il honorait les compagnons d'une confiance limitée.

Il les examine d'abord minutieusement et tour à tour ; visiblement satisfait, il leur dit :

— Je suis content de vous : grands et forts gaillards, très décidés, vous me paraissez bien en mesure de me servir encore utilement.

Les bandits s'inclinent.

— Crèvecœur, continue Ruiz, grâce à ces compagnons, mes ordres ont dû être exécutés.

— Ils le sont.

Le regard de Ruiz brille soudain d'un éclat fiévreux, tandis que son front s'éclaircit comme la cime des monts quand l'éclair livide déchire les nues embrasées.

— Exécutés ! Tous ? s'écrie-t-il avec un transport qu'il ne cherche plus à contenir.

— J'ai dit, réplique simplement le chef des brigands.

— La chaumière ?...

— ...En ruine.

— Sa mère ?...

— Morte !

— Idala ?...

— En sûreté dans la caverne ! A l'heure qu'il est cependant elle figure sur le rocher du *Val d'Halid*.

— Qu'a fait Pedro ?

— Il revenait de la foire au moment même où nous étions occupés dans sa ferme. Il nous vit, devina nos projets et voulut s'y opposer. Nous nous emparâmes de lui et, pendant que les uns bâillonnaient le père, les autres emportaient la fille.

— Bien ! Voici votre salaire.

Ruiz jette une bourse pleine d'or sur la table. Le chef des bandits allait s'en emparer.

— Deux mots, fait Ruiz en l'arrêtant.

Le brigand l'interroge du regard.

— Tu connais Félicio ? continue de Gomez.

— Tu m'en as parlé.

— Indépendamment de ce que je t'en ai dit, le connais-tu ?

— Oui !

— Comment ?

— Je l'ai rencontré à Séville.

— Il y est encore. Crèvecœur, cet homme-là me gêne.

— C'est ton affaire.

— Je le sais...; mais si j'en faisais la tienne ?

— Ce serait différent.

— Veux-tu l'ôter de mon chemin.

— Lui aussi !

— Comme les autres.

— Celui-là sait manier le fusil et se servir de la dague. Je ne puis à la légère exposer mes hommes.

— Que craindre : six contre deux !...

— Ah ! ils sont deux maintenant : double besogne !... Etant brave comme tu l'es, et le coup si aisé, pourquoi donc recourir à nous ?

— Crèvecœur, tu ne m'entends pas ; tu interprètes mal mes paroles. Le danger sera ce que tu le rendras ; enfin, pour surprendre et frapper tu peux choisir ton heure et l'occasion ; point de danger partant et de la belle besogne !

— Hum !

— Lopez et Félicio viendront demain au *Val d'Halid*. Je devrais les y attendre moi-même près du *Grand Chêne*, à quelques pas seulement de la caverne. Embusque-toi avec tes gens et quand ils paraîtront...

— Ton prix ?

— Cent pistoles par tête.

— C'est peu !

— C'est beaucoup, au contraire ; songe donc, pour une pareille affaire : un berger ! et déjà tout cet or-ci pour une bergère ! Pas assez ! est-ce donc le seul travail que je te procure.

— Ce n'est pas non plus le premier homme que je laisse sur le carreau. Hier encore Rudolpho...

— Il est mort !

— Pis que cela ! Il est prisonnier, et prisonnier de cette femme ! Ma foi ! dès cette heure, je ne réponds plus d'aucun secret. Rudolpho ne tiendra pas : il mangera le morceau ou il chantera !

Ruiz de Gomez pâlit à ces mots.

Crèvecœur, pour le satisfaire, doit raconter toute l'aventure : l'attaque de la chaumière, l'incendie, l'intervention de la *Vierge de la Montagne*, leur fuite suivie de la capture de Rudolpho. Après réflexion :

— Raison de plus, fait de Gomez, d'en finir avec Félicio ; nous songerons ensuite à réduire cette femme ?

— Bien ! Supposons que l'attaque ait lieu, que nos balles fassent peu ou point d'effet : alors ?...

— On recharge ; on tire encore, toujours, jusqu'à ce qu'on obtienne raison.

— Très commode ce procédé-là, en admettant toutefois que le temps ne manque pas pour recommencer. Dans le cas contraire que ferons-nous ?

— Parbleu !

— Mais quoi ?

— On recommence, que diable ! je l'ai dit.

— Recommencer ! Tu le dis à ton aise, loin du danger. Selon moi, en cas d'une résistance probable et acharnée, il faudrait ou reculer, ou en finir corps à corps.

— En effet.

— A cette courte distance on porte des coups, on en reçoit.

— Poltrons et lâches aussi ! murmure Ruiz de Gomez.

— Lâches ! exclame le bandit en dégainant son coutelas. Amis, si vous n'êtes pas les poltrons qu'il se figure, vous allez le lui prouver et sur-le-champ.

Tous à l'instant tirent leurs poignards. Mais Ruiz, déjà tremblant, demande grâce.

Crèvecœur, en souriant, crie à ses hommes.

— Halte !

Les bandits baissent leurs dagues et reculent d'un pas.

— Je ne veux pas la mort de ceux qui nous font vivre, continue le chef. Il suffit qu'ils payent régulièrement et sans de pareilles façons. Ruiz, tiens-toi donc pour averti et n'insulte plus les gens à ton service. Ainsi, tu tiens à ce que Félicio et Lopez disparaissent ?

— Absolument.

— Tant pis pour toi ! Lopez aime le peuple et le sert ; Félicio habite parmi ceux qui souffrent de tes méfaits ; eux-mêmes et les leurs sont prêts à tout événement. Ignores-tu qu'ils vont, qu'ils viennent et qu'ils se démènent beaucoup ; que c'est la *Main-Noire* qui les guide et que celle-ci partout veille sur eux ?

— Ils sont dangereux pour nous.

— Pour toi, je le sais.

— Notre union est trop étroite pour que je puisse tomber sans vous entraîner.

— Notre solidarité est grande, mais nos destins n'en sont

point confondus. Tu m'as vingt fois embauché ; préalablement, chaque fois, nous avons débattu les prix. J'ai fait tes affaires et tu m'en as payé. Pour le reste, tu te ferais pendre
partout sans que j'en souffre, s'il te plaît ! Néanmoins, tout
cela ne me dit pas en quoi la perte de ces deux hommes importe à ton salut.

— Donc, cela me regarde seul.

— Sans doute.

— Qu'ils disparaissent sans laisser de traces, sans éveiller
de soupçons et je paie..., je paierai encore : combien ?

— Tu offrais cent pistoles et c'était trop peu.

— Deux cents et par tête ; veux-tu ?

— Non.

— Trois cents.

— Point !

— Quatre !

— Laisse-nous donc.

— Cinq !

— Adieu !

— Mille ! Crèvecœur ; mille pistoles, pardieu ! mais, sur
mon âme, pas une obole de plus !

— Mille ! et mille autres pour nous indemniser de la perte
de Rudolpho.

— Par Saint-Jacques !

— Mille encore pour l'oubli de tes injures.

— Pendard !

— Et mille enfin pour ce dernier outrage : soit, tout
compté, cinq mille pistoles : acceptes-tu ?

— Qu'on me pende plutôt !

— Comme il te plaira et sur l'heure nous allons te satisfaire
parfaitement. Amis... Ah çà ! une idée : ne vaut-il pas mieux
informer la *Vierge de la Montagne* et livrer notre homme à
Félicio. Il est temps pour nous d'adresser ailleurs, en donnant Ruiz de Gomez pour gage, et nos prières, et nos vœux !

— Me trahir !

— Te vendre, assurément ! L'affaire, pour qui ne regarde
qu'aux résultats, en vaut bien d'autres.

— Scélérat !

— Maintenant, c'est six mille pistoles, Ruiz, ou la mort !

— Six mille, juste Dieu !

— Six.

— Cinq seulement !

— Six et plus de raisons.

— Cependant...

— Assez. Amis, approchez. Alphonso, va de ce pas au *Val d'Halid* ; attends-y Lopez, Félicio et leurs amis ; pour en finir, amène-les tous ici. Quant à toi, Ruiz de Gomez, plus un pas, plus un geste : ta personne répondra de ma créance.

— Je paierai, j'aime mieux payer, que diable ! encore ce coup-ci et pour la dernière fois ! C'est donc cinq mille pistoles que je devrais compter ?

— Six et de suite ou je double ta rançon.

— Six ? feu d'enfer ! et pour tuer deux gredins seulement.

— On te pendrait à bien meilleur compte, finissons !

Ruiz s'exécute par un chèque en gémissant.

— Maintenant, dit-il, avec un long soupir : maintenant que j'ai tout fait et me suis ruiné, vas-tu me satisfaire ?

— Comment ?

— Tu devais t'assurer de la fille de Pedro, me l'amener enfin et me la livrer ici ; j'ai déjà, je crois, payé bien cher ce service.

— Idala !

— Ou plutôt, tu la conduiras saine et sauve dans les montagnes et, pour mon bon plaisir, l'abandonneras en mon château ?

— Ce n'était point prévu.

— Faut-il donc expliquer toutes choses, débattre chaque détail et tout écrire ? Que pensais-tu donc faire de la fille de Pedro ?

— Et toi-même ?

— Moi ! moi ? mais justement c'est mon affaire. J'avais mon idée et un projet.

— Moi de même.

— Je l'ai payée.

— Je l'ai conquise !

— La garder, quand.., lorsque... Elle est à moi !

— Viens donc la prendre, Ruiz, bonsoir !

Les bandits se retirent. Stupéfait, Ruiz les regarde s'éloigner.

Il reste immobile, les bras pendants, l'œil hagard, la bouche béante, pâle comme un criminel voué à la mort.

Sa main crispée reposait sur sa poitrine haletante. Il froissait entre ses doigts le velours de sa tunique et l'on entendait, sous son poing serré, l'acier de sa cuirasse gémir.

Enfin, les brigands ayant disparu, il respire bruyamment; un cri de révolte ou de rage, rauque, pareil au hurlement d'un fauve blessé, échappe à son cœur. Il relève la tête, lance vers le ciel un regard outrageant et rugit :

— Tu veux ma perte et tu travailles à ma ruine, ô Dieu ennemi, s'écrie-t-il d'une voix sourde. Et moi, moi ! je n'ai cure de toi ! Je me moque de tes coups. Accable Ruiz de Gomez si tu le peux. Je suis prêt à te résister et je puis encore te braver ! Tu me verras, insouciant de tes desseins et tout entier à ma vengeance, déblayer mon chemin et sous tes yeux même, Dieu cruel, jouir de mes forfaits !

A ces mots, dans son âme noire, un éclair sinistre jaillit de l'horreur même de ces blasphèmes. Son arrogance tombant soudain, il lui semble qu'alors tout sombre en lui. Son cœur est déchiré ; sa tête s'enflamme au point que, pour se soulager, il appuie son front blême contre la muraille humide.

Et lentement, accompagné de rage et de grincements de dents, l'affreux désespoir envahit son esprit, descend en son âme ; il heurte sa tête en feu contre le marbre glacé et, ne parvenant pas à l'y briser, il se tord les mains, trépigne d'impatience et de douleur, rugit comme le lion blessé, comme le tigre affamé dans le désert vide.

Au milieu de ses hurlements, vingt noms tombent de ses lèvres, suivis de nouveaux éclats de sa fureur impuissante. Il nomme Elisa et Félicio, dona Bella, Idala et Rudolpho ; puis, tour à tour, tous les bandits ! Il apostrophe aussi la *Main-Noire !* tout ce qu'il a connu, tout ce qu'il paraît craindre en ce moment effroyable. Des spectres se meuvent sous ses yeux, l'entourent, tendent vers lui avec menaces leurs os rongés. L'un d'eux, plus impitoyable bien qu'emporté dans une ronde infernale, lui porte aux lèvres, coupe horrible, un crâne rempli de sang jusqu'aux bords, en lui criant :

— Bois donc, c'est notre sang ! ce sont nos larmes ! Tu les as versées : il faut tout boire !

Chaque fantôme voisin, excité par l'exemple, lui jette tour à tour à la face de nouvelles horreurs. L'effroi du misérable, ses angoisses divertissent ses victimes que la cruelle ironie d'une imagination morbide a réunies autour de lui pour l'accabler.

Eh, Dieu ! comment dépeindre l'épouvante du délire de l'homme coupable où ces épaves lugubres de la vie viennent s'agiter obstinément ?

Ruiz maudissait le ciel et la terre, et lui-même ; il invoquait l'enfer dans son exaltation de plus en plus terrible. Puis, avec un geste violent, pour éloigner tous ces squelettes grimaçants :

— Trop tard ! s'écrie-t-il. C'est trop tard ! cette femme est bien à moi ! Courage ! Ruiz, courage encore. Un premier crime mène à des crimes nouveaux. On ne recule pas en ce chemin ! Qu'elle meure, qu'ils périssent ! que tout se confonde et finisse plutôt qu'un seul de tes plaisirs !

Or, pendant que Ruiz de Gomez méditait ainsi de nouveaux excès, la *Vierge de la Montagne* entrait en campagne contre lui.

VIII

LA RENCONTRE

Cette nuit même, Lopez avait reconduit Félicio dans son hôtel du quartier San Fernando. L'infortuné pâtre prit quelque repos ; mais, pendant son sommeil, il crut voir Idala, pâle, défaillante, lui tendre des bras suppliants. Elle pleurait et lui disait d'une voix déchirante, entrecoupée par des sanglots :

— Ah ! mon pauvre Félicio ! l'aurais-tu jamais pensé qu'un aussi grand malheur planait sur notre tête ! menaçait notre bonheur ? Que je suis donc malheureuse !

Ton amour ne peut plus rien pour me sauver ! Félicio, d'indicibles angoisses déchirent mon âme. Vois donc ! ô quelle horreur ! la honte approche, m'assiège ; elle est là, là ! hideuse et menaçante ! Je tremble comme la feuille qui, jaunissant à l'automne, s'agite une dernière fois sous la bise glacée. Mais toi ! toi, du moins, Félicio, ah ! tu peux ne point craindre cette honte pour moi. Laisse ton âme s'endormir dans sa tendresse, rassure-toi ; je le promets : je te resterai fidèle tant que la moindre espérance soutiendra mon cœur ; je lutterai autant que le plus ferme roseau ; autant que, faible

femme, je saurai supporter l'adversité. Et quand tout sera
fini pour moi ; quand je n'attendrai plus rien de la justice
des hommes, et rien de la vigilance de mon Félicio ; quand
tout sera perdu pour nous ; quand le malheur montant débor-
dera ma volonté, menacera d'emporter ma pensée et mes
espoirs, alors, Félicio, au lieu de trembler pour moi, prie ;
car déjà, dans sa main, Dieu aura pesé ma vertu et cueilli
mon âme. Je t'aime Félicio. Mon Dieu ! peut-on tant aimer
et mourir !

Le spectre ce disant brandissait une dague d'où jaillissaient
des éclairs. Mais avant de disparaître, il se retourne, ajoutant :

— Adieu ! Félicio.

Le malheureux, saisi de crainte et d'horreur, veut se précipiter pour arrêter l'infortunée, pour la supplier de renoncer
à tout projet funeste. L'effort qu'il fait le réveille.

Toutefois, la fatigue l'accablait et le sommeil, dont le vol
est rapide et le souffle si léger, effleurant de nouveau son visage, referme sa paupière. D'autres songes arrivent aussitôt
comme pour accabler son esprit.

Il ne reconnaît plus les lieux où le rêve le transporte ; il
voit des monts dénudés et des rochers noircis par le temps
qui, se dressant autour de lui, opposent partout à sa vue une
infranchissable barrière. Le ciel est voilé et, à travers des
nuages tumultueux, le soleil montre un disque sanglant. Le
sol lui paraît battu comme l'aire d'une grange et rouge de
sang ; la poudre parle, les balles sifflent et l'acier, étincelant
sous les feux mourants du jour, lance des flammes. Il perçoit
aussi le grincement du fer, entend des cris de douleur, des
éclats de voix, explosions redoutables d'une rage homicide ;
et, au milieu de tout ce bruit et de ce grand vacarme, il découvre Lopez souriant qui lutte à ses côtés, l'anime par son
exemple, le soutient et même le défend ; puis... juste ciel !
Lopez pousse un cri ! étend les bras, sa tête se penche, l'infortuné tombe expirant à ses pieds !

A cette vue, Félicio jette un cri de terreur et s'éveille derechef. Une sueur abondante et froide baigne tout son corps ;
sa couche en est trempée.

Dans l'effarement d'un brusque réveil, il frissonne encore
d'épouvante ; alors, d'un œil égaré par la crainte et la douleur, il cherche autour de lui la réalité de ces songes doulou-

reux. Son cœur soupire d'aise en constatant que ce n'était là pourtant qu'un rêve pénible.

Cependant, fatigué loin d'être reposé, le front brûlant et l'esprit tendu outre mesure par tant de secousses et d'efforts, il se lève ne voulant plus d'un sommeil accablant, nuisible à la tranquillité de son âme.

En faisant sa toilette, il murmure :

— Si c'était là cependant des pressentiments !

Puis, rappelant dans sa pensée tout ce qu'une fantasmagorie troublante avait déroulé sous ses yeux, il marche dans sa chambre la tête penchée, absorbé par des réflexions de plus en plus troublantes.

Enfin, il ouvre la fenêtre et jette sur la ville endormie un regard distrait. Il faisait nuit ; mais c'était une bien belle nuit, pleine de charmes et de fraîcheur ; néanmoins, il ne l'admirait pas.

Sa pensée opiniâtre suivait un cours orageux. Il songeait à son ami, à sa mère, à sa sœur, à la pauvre Idala ! Pour eux seuls, il s'attachait à la vie ; pour les servir, il voulait vivre encore. Mais vivre, à ses yeux attristés, n'était aussi qu'un rêve ; et de tous les songes possibles la réalité pour lui était, certes, le plus pénible.

Il la voyait, cette vie, venir du vide et se perdre dans le néant ; il s'étonnait de voir l'homme stupide s'en réjouir, s'y draper de folâtres espoirs, d'inénarrables chimères.

Ainsi, considérant tout ce qui l'entourait avec du dégoût dans l'âme, avec l'incrédulité dans la pensée, il était pris de colère en constatant dans quelles conditions bizarres les humains traversaient cette misérable existence ! Il s'indignait à la vue du juste opprimé, du méchant oppresseur, de toutes les joies apparemment assurées à l'iniquité. Il trouvait révoltante l'inégalité des mérites, compliquée en sens contraire par l'inégalité des destins. Aussi tenait-il le monde pour mal équilibré.

(A suivre.)

ARTHUR SAVAÈTE.

A TRAVERS LES REVUES

1º La *Revue des Deux-Mondes* (15 novembre) publie un article de M. Augustin Filon sur Cromwell et le gouvernement des saints, qui intéresse à un double point de vue.

D'une part, l'auteur étudie dans leurs causes et dans leurs conséquences tous les faits et accidents essentiels de la vie privée, militaire et politique du « petit gentilhomme campagnard de Huntington » dont la mémoire devait passer par tant de vicissitudes. Pendant deux siècles elle fut vénérée et maudite.

« On n'est pas étonné de voir Olivier, le régicide, en exécration à tous les partisans de la prérogative royale ; ce qui étonne c'est le culte rendu, par le parti de l'omnipotence parlementaire, au contempteur des parlements et par les libéraux, au destructeur de toutes les libertés. »

Toutefois la haine a désarmé la première. En effet, il y a quelques mois à peine la statue du protecteur a été érigée à Saint-Yves. Cette statue est « un signe des temps », puisqu'elle marque l'admission définitive de Cromwell dans ce Panthéon idéal où l'orgueil britannique loge les héros nationaux.

D'autre part, il se dégage de tout l'article de M. Filon une idée claire et juste de la carrière et des facultés de Cromwell.

Le trait caractéristique du Protecteur est une volonté « inflexible qui change de but, de forme et d'instruments, qui avance, puis recule, et, au fond, ne sait pas ce qu'elle veut, mais qui, pourtant, continue son chemin, sans se laisser entamer, patiente, obstinée, imperturbable comme une force de la nature, essayant, comme elle, de tous les moyens po'r s'affirmer et, comme elle, incapable de se décourager ou d'abdiquer. C'est le trait dominant de l'homme... »

Son nom devrait être en égale exécration aux fanatiques et aux partisans de la liberté. Pourquoi n'en est-il pas ainsi ?...

« Le secret de son prestige est dans ce fait qu'en lui se manifestent pour la première fois dans toute leur énergie les instincts dominateurs du peuple britannique...

« Cromwell a donc été un précurseur du mouvement auquel nous assistons. Il avait l'impérialisme dans les veines, sinon dans l'esprit...

« Envisagé à ce point de vue, Cromwell n'a été qu'un obstacle en travers de la route, un de ces hommes qu'Auguste Comte baptisait d'un barbarisme expressif, les « rétrogradeurs », de l'humanité. Et l'on ne voit pas ce que le monde eût perdu à ce que cet homme ne fût pas né. »

Ce jugement est, assurément, le plus dur que l'historien et un peuple puissent porter sur un acteur de la politique.

Il y a un siècle, notre pays était la proie de pareils « rétrogradeurs » de l'humanité, c'était un Robespierre et congénères. Depuis, malgré plus de cent ans de civilisation et de progrès continus, cette race maudite ne s'est pas éteinte en France, un défroqué, M. Combes, et F. F. *** en sont garants.

2° La question de l'assurance contre l'invalidité et la vieillesse est nouvelle entre toutes les questions sociales. Si les conditions dans lesquelles elle se pose ne sont sans doute pas spéciales à notre pays, elles sont certainement spéciales à notre temps. En effet, actuellement, sur 10 millions d'ouvriers, 588.000 sont réduits à l'inaction ou meurent laissant sans ressources 355.000 personnes, femmes, enfants ou ascendants. Chaque année un million de personnes tombent à la charge de l'Assistance publique ou privée.

M Charles de Cour Grandmaison, dans un très long article, considère comment le problème si important de l'Assurance contre l'invalidité et la vieillesse peut se poser et être résolu et comment en réalité il l'est en France.

Peut-on faire quelque chose pour soulager les misères sans nombre qui accablent les ouvriers quand vient la vieillesse où arrivent à l'improviste les infirmités ? Doit-on tenter de résoudre législativement et par voie d'autorité ce redoutable problème Est-ce affaire privée, est-ce question d'Etat ?

Trois solutions ont été données à cette portion qui donne lieu à tant de controverses : une solution libérale, tendant à trouver dans le développement de l'idée mutualiste le moyen d'assurer, facultativement, la vieillesse des travailleurs ; une solution autoritaire ou étatiste, adoptée en Allemagne et en Autriche et qui donne des résultats incontestables ; et enfin une solution socialiste, que des promoteurs offrent aux masses avec les plus séduisantes promesses.

La France peut s'enorgueillir d'avoir été la première à se préoccuper de cette question. Henri IV et Louis XIV ont été en cette matière d'assurance sociale de véritables précurseurs. La caisse de prévoyance des mineurs et la caisse des Invalides de la marine peuvent être considérées comme des types presque parfaits d'assurance corporative. Saint Vincent de Paul, de son côté, avait cherché à organiser l'assurance provinciale. Ces institutions étaient fondées sur le principe de la mutualité obligatoire, de l'association, de l'épargne et de la tontine.

Avec la Révolution on vit apparaître une idée nouvelle : les pensions « mauvais point de départ » qui conduit à des conséquences désastreuses pour les finances de l'Etat et se prête à toutes les injustices et à tous les abus du favoritisme.

Quand on organisa les premières caisses de retraites dans les administrations, on revint à l'idée de la tontine, mais la loi de 1853 retomba dans la solution autoritaire. « Ce défaut de suite dans la conception de l'assurance a beaucoup retardé en France la solution de la question.

Au début du second Empire, le gouvernement voulut créer des caisses communales et organiser des groupes d'assurance. L'idée était excellente. Mais l'indifférence du public et l'hostilité d'une partie des fonctionnaires empêchèrent toute action utile et cette tentative avortée aboutit à la création de la caisse des retraites pour la vieillesse, caisse d'Etat fondée en 1150, et qui végète depuis cette époque sans avoir jamais pris un développement réel.

Tous les hommes politiques ont compris la nécessité d'une organisation spéciale et c'est pourquoi les projets et les propositions n'ont cessé d'affluer.

M. Ch. de Cour Grandmaison expose et critique quelques-uns de ces projets multiples, restés tous sans résultat réel.

La proposition Ramel préconise le développement et l'autonomie de la caisse des retraites pour la vieillesse fondée en 1850. La proposition de Mun montre l'utilité et la prospérité de certaines des caisses corporatives régionales. M. Guieysse, rapporteur, a voulu un principe d'obligation contraignant tous les ouvriers à s'assurer et à l'établissement des caisses régionales, à la majoration par l'Etat et à l'anticipation de la retraite en cas d'infirmité. A l'âge de 65 ans, l'ouvrier toucherait une pension de 365 francs par an et, s'il mourait, son conjoint et ses enfants qui n'auraient pas 16 ans, recevraient un capital de 500 francs chacun. Les 7 millions de travailleurs qui seraient tenus à s'assurer payeraient 5 ou 10 centimes par jour. L'Etat, pendant les premières années, devrait contribuer pour 52 millions aux frais de cette organisation.

En Allemagne où les corps communaux (communes, provinces) ont depuis longtemps l'obligation stricte de nourrir leurs pauvres, l'organisation des assurances sociales n'a point rencontré l'opposition à laquelle elle se heurte en France. Bien plus, le centre catholique, sous l'énergique direction de Windthorst, prit la direction des réformes qu'occasionnèrent les lois d'assurance et de l'organisation corporative. Pourquoi les catholiques français n'ont-ils su suivre cet exemple très louable, pourquoi se laissent-ils encore donner en ceci une leçon de charité par les socialistes qui s'en prévaudront ? Ils manquent d'initiative, ils manquent d'organisation, bien plus, ils en ont une folle crainte.

3° Pour mieux comprendre les besoins de l'ouvrière aux Etats-Unis, pour découvrir et adopter son point de vue, tant moral qu'esthétique, Mme B. Van Vorst s'est jointe à ces ouvrières d'outre-océan dans leur labeur quotidien, a porté leurs fardeaux, partagé leurs plaisirs, a vécu comme elles vivent.

Ce genre d'expérience sociologique aussi rare que louable a naturellement permis des observations originales et généralement profondes.

Dans la *Revue des Deux-Mondes* (1er décembre), Mme B. Van Vorst raconte longuement ses expériences sociologiques faites à Pittsburg, à Perry, petit village près de Buffalo et enfin à Chicago.

... Des observations mentionnées dans son article nous n'en retiendrons que quelques-unes. Elles suffiront cependant à se faire une idée de l'ouvrière des Etats-Unis.

« Dans la catégorie mâle des ouvriers, je n'ai rencontré qu'une classe de compétiteurs, ceux qui gagnent leur pain. Parmi les ouvrières, j'ai noté plusieurs classes distinctes : celle qui gagne son pain elle aussi ; celle qui travaille pour acquérir un peu de superflu ; celle qui aspire à se donner du luxe. Cette diversité de but complique la lutte et abaisse inévitablement le taux des salaires...

« Dans tous les cas qu'il m'a été possible d'éclaircir, la mère ne travaillait jamais lorsqu'il y avait des fils ou un mari dans la famille : elle était soutenue entièrement par eux. Dans les familles où le père et les frères gagnaient assez pour suffire au pain quotidien, les filles étaient au moins partiellement défrayées, quelquefois elles l'étaient tout à fait. Cette protection accordée à la femme, protection volontaire, puisqu'aucune loi ne la prescrit ; ce secours spontané, offert même à celles qui pourraient se suffire, me paraissent très significatifs. Ils tendent à prouver que la femme, pour des raisons physiologiques, et dans l'intérêt de la race, est destinée par la nature et par la société à un état de dépendance économique. »

Le théâtre de la deuxième expérience fut Perry. Mme Van Vorst fut déterminée à ce choix par le désir d'observer les Américains de naissance et l'envie de faire connaissance en dehors des heures de travail avec la vie domestique, religieuse, sociale et sentimentale de l'ouvrière de fabrique.

En observant la population ouvrière de Perry on peut relever tous les traits caractéristiques du peuple américain : sacrifice de la famille à l'individu, détachement des générations par l'évolution rapide des conditions sociales, goût de l'indépendance, amour du luxe et, en ce qui concerne les femmes, mode d'existence incompatible avec la grossesse, les soins maternels, la tenue d'un ménage. L'attitude de la femme est celle d'une rivale et d'un autocrate, jamais d'une alliée, d'une aide de l'homme. J'ai souvent entendu des phrases comme celles-ci : « Une telle doit être mariée, elle ne travaille pas » ou encore : « Mon père me donne tout l'argent dont j'ai besoin, mais pas tout l'argent que je veux, de sorte que je travaille pour faire la balance. »

Enfin un dernier trait, qui malheureusement est devenu commun aux ouvrières des grandes villes d'Europe, caractérise l'ouvrière aux Etats-Unis : elle a un amour effréné pour l'indépendance, le luxe et la frivolité. C'est bien là un amour féministe dont il est inutile de relever les conséquences fâcheuses.

II

« Le Reichstag allemand est en mal de tarif douanier, et l'enfant, sans doute difforme, ne se présente pas bien. Né, sera-t-il viable ? On peut se le demander. L'Allemagne veut enfanter parce qu'elle compte sur lui pour le renouvellement de ses traités de commerce. N'aura-t-elle pas, à cet égard, une déception ? »

M. Domergue le craint fortement. Dans son organe, la « Réforme économique » (30 novembre), il fait valoir les raisons qui, selon lui, mettent, désormais, dans l'impossibilité de conclure un traité de commerce avec l'Allemagne une nation qui n'a point le désir de se ruiner.

Il y a en effet quelque chose de changé dans la situation économique mondiale. Ce quelque chose « c'est l'éclosion, le développement de certaines combinaisons en soi ingénieuses, qu'on appelle *Trusts* ou *Cartels* ?

Or, il se fait qu'entre l'existence des cartels et la possibilité de conclure des traités de commerce, un rapport étroit existe.

M. Domergue expose les causes de la rapide formation des cartels en Allemagne ainsi que leur but et mécanisme résumés dans cette formule :

« A l'abri d'un droit de douane élevé, vendre aussi cher que l'on peut sur son propre marché, afin de vendre au prix de revient et au besoin avec une perte légère, sur le marché extérieur. A ce régime un peu prolongé, le concurrent étranger ne doit pas tarder à succomber. »

L'ingéniosité de la combinaison, les succès obtenus ont rallié en Allemagne de nombreux adhérents. Il en est résulté un développement prestigieux de ces organisations aujourd'hui au nombre de plus de 400. « Toute l'industrie allemande est syndiquée, coalisée, enrégimentée dans l'armée des cartels avec l'appui occulte du gouvernement et la complicité des chemins de fer. »

Le gouvernement allemand a d'ailleurs plus d'un motif sérieux d'être sympathique aux cartels, malgré les protestations énergiques des consommateurs allemands. Il y voit en effet un instrument puissant pour arriver à un idéal gigantesque : la conquête commerciale du monde entier. Or, pour réaliser cet idéal il faut deux choses : que les cartels soient maintenus ; que les traités de commerce soient renouvelés.

Mais une question se pose ici pour les contractants avisés et nous osons croire encore que la France sera de ceux-là.

Il en est des traités de commerce comme du mariage, il faut être deux. De plus, un traité de commerce étant l'échange entre deux pays pour une durée déterminée d'un tarif fixe, il est indispensable que le tarif soit calculé de façon à équilibrer dans la mesure du possible les conditions de concurrence. Or le cartel détruit l'effet du handicap qui équilibre les forces et les charges des producteurs concurrents. Comment dans une telle situation se lier par un contrat à longue durée ? Le simple bon sens répond que, placé dans de telles conditions, l'on ne se lie pas et qu'au contraire on garde sa liberté. Aussi M. Domergue termine-t-il naturellement son article en disant : « La question des cartels se relie à celle du renouvellement des traités de commerce et fait que ce renouvellement paraît entrer dans le domaine des hypothèses aventureuses.

III

La situation misérable où les catholiques français se laissent réduire avec une résignation qui est une lâcheté sans nom, inspire à M. Alphonse Le Clercq quelques bonnes pages intitulées « Belgique et France «, et insérées dans le numéro du 1er décembre de la *Revue générale* (organe belge).

« Pour nous Belges, qui aimons la France, comme on aime une grande sœur, qui l'aimons doublement parce qu'elle souffre et qu'elle est victime de la tyrannie des méchants, il est salutaire de constater cette situation, d'étudier ce fait brutal, d'entrevoir ce qu'il recèle de laideur et de bassesse : l'exemple des îlotes ivres est toujours bon à méditer. Le dégoût qu'ils inspirent élève et fortifie les âmes. »

N'est-il pas douloureux à l'excès d'offrir à des « frères cadets (!) », ce scandaleux et triste spectacle en France :

« Suppression de la Liberté, remplacée par l'asservissement ;

« Suppression de l'Egalité, partout l'inégalité entre Français ;

« Oubli de la Fraternité. »

« Tel est, dit M. Le Clercq, le bilan actuel de la soi-disant République française : il y a cent ans, Napoléon faisait mieux. »

« Notre Belgique est plus heureuse. Elle eut aussi ses mauvais jours et ses époques sombres ; mais l'ennemi, tout arrogant qu'il fût, était moins fort et d'autre part la *résistance* était plus *vigoureuse* et mieux *organisée*.

...La révolte profonde des âmes qui germa dès 1879, qui s'accentua en 1882 et qui éclata en 1884, pulvérisa les criminels d'alors et établit pour un terme indéfini le gouvernement sage et fort, respectueux de la liberté de tous :

« Amis de France, courage et confiance, la force vous opprime, mais la bonté de votre cœur est si lumineusement évidente que celle-ci doit finir par triompher. »

Mais surtout agissez comme nous, Belges, et « triomphez comme nous ».

Le conseil est sage, l'exemple est bon. Que n'ont-ils pas encore été suivis par les catholiques Français ? Toujours pour la même raison qui, du reste, suffit pour expliquer toutes nos défaillances et nos défaites ; nous manquons d'une initiative collective et organisée tendant à un seul but : la vérité, la justice et la liberté.

IV

Dans son article « l'Italie d'Aujourd'hui » (*Nouvelle Revue*, 15 décembre), M. Raqueni fait surtout ressortir deux faits qui frappent du reste tous ceux qui ont voyagé en Italie. Ce sont d'abord les différences économiques existant entre l'Italie septentrionale et l'Italie méridionale, et en second lieu l'état de misère extrême du paysan italien.

Il est incontestable que l'Italie méridionale et notamment la Sicile, au point de vue économique, se trouve encore aujourd'hui à peu près dans les mêmes et tristes conditions où elles se trouvent sous le régime des Bourbons et cela malgré les chemins de fer, malgré les nouvelles routes, malgré l'amélioration des ports, des bassins, etc.

Sans doute les conditions morales des provinces méridionales se sont améliorées depuis l'unification de l'Italie, mais les conditions matérielles ont empiré. Si l'on demande à quoi cela tient : « à la mauvaise administration, à la centralisation, au fiscalisme féroce, répondent les méridionaux ».

L'Italie méridionale, plus pauvre, paie plus d'impôts que l'Italie du nord, plus riche, plus prospère, la seule qui ait vraiment tiré parti des bénéfices de l'unité de la patrie italienne.

La prospérité du nord contraste régulièrement avec la détresse de l'Italie du Sud. Les souffrances du prolétariat agraire, en Sicile surtout, dépassent tout ce que l'imagination peut rêver. Et M. Raqueni rappelle ici le tableau saisissant que MM. King et O. Rey ont tracé de la condition misérable du paysan italien.

« En Italie il y a le paysan propriétaire, français de langue, de la haute vallée d'Aoste, où les travailleurs salariés sont peu nombreux et où on ne connaît pas le paupérisme. Dans la Lombardie et la Basse Vénétie, il y a le misérable paysan, qui se nourrit presque seulement de polenta, mal logé, mal payé, exploité, maltraité par le patron... Dans la Toscane et les Marches il y a le métayer qui mène une vie monotone, qui se contente de vivre comme ses ancêtres. — Dans les environs de Naples, il y a les maraîchers, très laborieux, manquant de vigueur et de caractère. Il y a les terrassiers de la province de Barï, les bafoni du Tavoliere, les Guitti de la Basilicale qui travaillent du matin au soir avec une heure de repos pour le repas qui consiste dans un morceau de pain, d'un oignon et d'eau. Les derniers dans l'échelle de la civilisation viennent les paysans siciliens, des *latifondisti*, traités comme des bêtes par les patrons, contre lesquels ils nourrissent une haine féroce, logés dans des bouges infects. Ils sont tellement pauvres que souvent ils marient, pour le pain, leurs filles à l'âge de 12 à 14 ans. Ils sont généralement frappés de la malaria.

Quant à leurs salaires, ils sont bas en tout temps et ne s'élèvent que de quelques centimes pendant la moisson et la vendange. Dans la Vénétie, les salaires sont payés avec du mauvais maïs.

« La nourriture est insuffisante et les habitations déshonorent un pays civilisé. »

« Aussi le malheureux paysan ne voit son salut que dans l'émigration. Et l'on songe à conquérir la Tripolitaine, à fonder un empire colonial au lieu de coloniser, de civiliser l'*Italie Barbare.* »

Cette réflexion pleine d'amertume et de justesse évoque l'image de l'homme qui « vise à l'épate » et qui ne réussit qu'à être sa propre dupe. Si au lieu de dépenser des sommes folles, et toute son énergie pour organiser une armée et une flotte à l'instar de celle de la France ou de l'Allemagne afin d'avoir quelque contenance dans la Triple Alliance où elle ne pouvait et n'a trouvé aucun avantage ; si au lieu de se montrer ingrate envers la France à qui elle devait son union et sa liberté, si au lieu de cette conduite l'Italie avait concentré ses efforts et son argent à s'organiser fortement, à se développer intérieurement en colonisant ses immenses terres incultes et insalubres et en civilisant tous ses habitants, sa situation serait tout autre. Elle serait celle d'une grande nation jouant un rôle effectif en Europe et pouvant prétendre à établir un empire colonial. En attendant, l'Italie reste et restera vraisemblablement encore longtemps un pays de second ordre.

Nous connaissons encore assez bien en France les luttes des partis politiques dans les pays étaangers, mais nous ignorons trop souvent les réformes silencieuses et profondes que ces pays accomplissent dans leur administration intérieure et dans leurs lois. Là seulement nous pourrions étudier le germe des transformations politiques et sociales qui s'élaborent chez nos ennemis ou chez nos rivaux, qui renouvellent les Données de leur politique intérieure, modifient l'orientation de leurs divers partis, créent des situations nouvelles et entraînent des changements graves que nous aurions intérêt à prévoir et que nous faisons le plus souvent constater après coup alors qu'il est trop tard pour en tirer parti.

V

Une apostrophe de M. Dellor à Chamberlain est mieux connue et plus commentée chez nous que la loi du 12 août 1898 qui a non pas réformé, mais révolutionné le gouvernement local de l'Irlande.

C'est par ces remarques très justes que M. G. Lecarpentier commence un long article sur le nouveau gouvernement local de l'Irlande (*Annales des sciences politiques*, 15 novembre).

Quoique la loi qui a institué ce gouvernement local soit déjà vieille de quatre ans, il n'est pas trop tard pour en parler, au contraire il eût été prématuré de le faire plus tôt. La loi de 1898 n'a été appliquée qu'en 1899 et les conseils qu'elle a créés et dont les pouvoirs sont valables pour trois ans arrivent cette année au terme de leur premier mandat.

« Nous pouvons donc aujourd'hui, au lieu de nous borner à une sèche analyse des textes, voir quels ont été les résultats du nouveau système.

Dans toute question politique, ce second point de vue est évidemment le plus important.

La loi du 12 août 1898, qui a institué pour le gouvernement local de l'Irlande des conseils de comté et des conseils de districts élus au suffrage universel, a apporté un changement profond dans le régime administratif de « l'île sœur ». Subitement, sans aucune transition, la démocratie la plus large a succédé à l'aristocratie la plus étroite et l'a supplantée. La loi de 1898 et celle de 88 qui, dix ans plus tôt, avait institué en Angleterre les conseils de comtés sont les preuves les plus fortes de la force du courant démocratique dans le Royaume Uni pendant ces dernières années.

En matière d'administration locale, l'Ecosse, l'Angleterre, l'Irlande sont aujourd'hui soumises à un régime qui varie relativement peu d'un royaume à l'autre.

Il y a vingt ans à peine, elles différaient du tout au tout. L'Ecosse a conquis il y a quinze ans environ son gouvernement local démocratique et la démocratie anglaise a conquis le self government par les lois de 1888 et de 1894. L'Irlande a dû attendre jusqu'en 1898 pour diriger elle-même son administration locale.

M. Lecarpentier montre encore ce qu'était autrefois ce gouvernement en Irlande, et la série d'efforts, d'agitations successifs qui amenèrent la loi du 12 août 1898. Il fait ressortir l'esprit général et les grandes lignes de cette « œuvre législative considérable ». Et enfin il considéra dans quelles conditions les premiers conseils ont été élus et comment ils se sont acquittés de leur tâche.

« Aujourd'hui le premier mandat des conseils locaux est expiré. Cette courte période de trois ans a suffi aux Irlandais pour faire la preuve qu'ils savaient s'administrer eux-mêmes ; ils ont détruit la légende anglaise qui déclare l'Irlande incapable de se gouverner. Mais ils n'acceptent pas le self local government comme un règlement définitif de la question politique irlandaise ; ce n'est pour eux qu'une mesure transitoire, une étape vers une liberté plus complète. En rejetant la politique qui n'en est pas une — du tout ou rien — ils ont fait preuve de modération et de sagesse. Toutefois cette demi-autonomie ne saurait leur suffire. Ils ont prouvé qu'ils savaient se conduire en hommes libres, on ne peut donc dire qu'ils sont indignes de la liberté. Le nouveau système du gouvernement local en Irlande n'est et ne peut être qu'une étape vers le Home rule considéré comme devant être fatalement concédé par M. Paul Dubois dans un article « Recueillement de l'Irlande » donné dans la *Revue des Deux-Mondes* (15 avril 1902). A quand cette échéance ? Personne ne le sait. Mais elle arrivera avant longtemps, très probablement au moment où sera achevé le tombeau que l'Angleterre se prépare dans l'Afrique du Sud, selon une prédiction de Bismarck et les prévisions de la plupart des politiques.

VI

Un des traits les plus frappants de l'évolution économique des sociétés pendant la seconde moitié du XIXᵉ siècle c'est l'intrusion légitime, libérale, pacifique ou tout au contraire l'intrusion la plus fréquente, arbitraire, sectaire et monarchique de l'Etat dans tous les domaines où s'exerce l'activité humaine. C'est le socialisme d'Etat.

Sans vouloir discuter ou réfuter cette doctrine, M. Charles Siger, dans la *Revue hebdomadaire* (29 novembre), constate son existence et son application quasi universelle. Mais cette intervention « touche-à-tout » a-t-elle sa raison d'être en matière de colonisation et « de quelle façon et pour quelle utilité peut-elle ou doit-elle être requise, parallèlement au libre exercice de l'initiative privée ? C'est ce que M. Siger considère dans son article : « De l'intervention de l'Etat dans la colonisation ».

L'auteur distingue deux catégories de colonies : les colonies de commerce, d'une part, et les colonies d'exploitation et de peuplement, d'autre part.

Dans les colonies de commerce qui d'après M. P. Leroy-Baulieu sont, à proprement parler, « des comptoirs, des factoreries établis dans une contrée riche et peuplée mais où le commerce se trouve encore à l'état de l'enfance », l'Etat a-t-il à jouer un rôle quelconque !

« Evidemment non. Liberté complète doit être laissée à l'initiative individuelle, qui sera d'autant plus féconde et productive de richesses qu'elle sera moins entravée et jouira d'une façon absolue du plein exercice de ses facultés. »

Les colonies agricoles ou de peuplement qui portent en elles-mêmes « tous les éléments de leur prospérité, et les colonies d'exploitation, qui ont besoin de très grands capitaux et, dans leur enfance, d'institutions particulières pour établir le régime des terres, la main-d'œuvre et régler la production, ces différentes colonies réclament une œuvre de colonisation ou mieux de civilisation. Les particuliers peuvent-ils en assumer la responsabilité ?

D'après M. Charles Siger, « les particuliers peuvent explorer des pays nouveaux, y jeter les bases d'un trafic commercial, mais ils ne peuvent exercer une action régulière, méthodique sur un ensemble de populations plus ou moins barbares. Le contrôle de la puissance publique est donc absolument nécessaire. »

D'autre part, le droit international public n'admet pas qu'un territoire appartienne à des particuliers, sans qu'un Etat, ayant qualité de personne du droit des gens, en ait la responsabilité.

« Seul, l'Etat peut solidement établir la paix intérieure, créer des lois équitables, rendre une justice exacte et sûre, organiser un régime des terres bien compris.

Tel est le principe que nous pouvons poser. »

Nous admettons sans opposition le principe posé, mais nous remarquerons cependant que le rôle idéal attribué à l'Etat par M. Siger est de plus en plus au-dessus de la puissance de l'Etat, entendez gouvernement français. En effet, ce que les radicaux, socialistes, révolutionnaires et anarchistes, représentants des pouvoirs exécutif et législatif, même du pouvoir judiciaire, ont mésappris en France, sauront-ils encore l'appliquer et le faire respecter hors de la métropole ?

RAPHAEL SERGHERAERT

AUTOUR DU MONDE

M. Waldeck-Rousseau, content de son œuvre qu'il trouva bonne, descendit des altitudes tumultueuses où il exerçait le pouvoir pour donner à M. Combes l'occasion et le loisir d'établir à son lieu et place le régime d'oppression dont il avait froidement arrêté le programme mais dont il n'entendait pas encourir l'odieux et les responsabilités devant la France catholique. M. Waldeck-Rousseau se contentait ainsi du rôle d'un législateur exempt de scrupules, quant à celui du bourreau il l'abandonnait à M. Combes qui s'y adonne avec une volupté manifeste que ses origines cléricales et ses rancunes confessionnelles expliquent plus qu'elles ne l'excusent. Et, pour ne point être pris à parti, ni cité comme arbitre ou témoin à propos des violences imprévues, chaque jour commises, des dénis de justice allégrement accumulés, des abus de pouvoir flagrants, des fausses interprétations évidentes dont sa loi néfaste devenait la source dans son application brutale, arbitraire autant que passionnée, l'habile homme prit sa femme par le bras et s'embarqua avec elle pour les horizons lointains où son humeur vindicative et brouillonne n'avait pas déchaîné de tempêtes. Il vogua en amateur vers le Nord mystérieux, si cher à Guillaume II. Par le plus étonnant des hasards, paraît-il, il rencontra le kaiser croisant dans les mêmes parages et ne put se dérober à ses aménités! Il y eut entrevues, colloques discrets et secrets, échanges de bonnes paroles et..... de promesses dit-on! Oui, notre maître homme poursuivit sa croisière, ses excursions et ses conciliabules; inlassable, il se transporta du Nord au Sud, mit pied à terre en Afrique, s'en alla vers le Bosphore et la Grèce, parcourut l'Italie et s'en retourna à Paris, reposé et content des peuples, ami des rois qui l'avaient accueilli en héros et congratulé en souverain parvenu dans une démocratie qu'on estimait généralement plus indépendante sinon plus ombrageuse.

Ce n'est un secret pour personne que M. Waldeck-Rousseau se pose en héritier personnel de M. Loubet, dont il écourterait même volontiers la vie providentielle. Sa visite pompeuse aux Cours et aux souverains étrangers a mis à nu ses goûts autocratiques et l'on n'a pas vu, en certains milieux, sans quelque appréhension, le souci que ce prétendant improvisé avait de sonder ainsi l'estime que professent pour lui les futurs cousins couronnés et la mesure de tolérance qu'il rencontrerait chez eux. Pour ce motif, principalement, on a vu renaître l'affaire Dreyfus à l'occasion de l'enquête que motive l'élection de M. Syveton; pour le morfondre davantage, dirait-on, le jour même de son retour à Paris, on arrêtait à Madrid la famille Humbert qu'il eut le tort de ménager, avant de l'épargner et de favoriser sa fuite.

Cela ne faisait déjà de doute pour personne que le ministère Waldeck-Rousseau avait été fait uniquement pour innocenter et élargir Dreyfus; on ne pouvait douter davantage que le chambardement général prédit et juré par Joseph Reinach avait été organisé par les Juifs confondus, avec la complicité du ministère de l'étranger dont la France fut affligée trois années durant et qui fit place au ministère de liquidation cléricale dont M. Combes est le plus bel ornement, et Pelletan, l'enfant hirsute, mais terrible. Cependant la preuve publique, irréfutable manquait jusqu'ici et l'opinion flottait indécise entre l'évidence des faits, les accusations précises et les dénégations audacieuses.

Or, le compère, sinon le complice, a mangé le morceau; le général de Galliffet, ministre de la guerre sous Waldeck, qui avait accepté de libérer Dreyfus; le seul homme qui, après tant de ministres de la guerre unanimes à dénoncer la félonie du traître, avait gardé le silence professionnel malgré les angoisses de la nation française; cet homme qu'on savait intègre a enfin parlé; il a demandé une Haute Cour qui voulût lui donner la parole et il a déclaré que, si le secret professionnel ne lui permettait pas de confirmer qu'il avait reçu l'ordre de déclarer Dreyfus innocent, malgré l'avis contraire de ses juges, sa conscience ne lui permettait pas non plus d'infirmer cette opinion. Dans la bouche d'un soldat loyal et tranchant comme le général de Galliffet, s'exprimant ainsi devant une commission d'enquête parlementaire, on ne peut souhaiter une affirmation plus transparente du complot gouvernemental que fut la revision du procès Dreyfus.

Cela dit, il importe de donner la déposition de M. Judet devant la même commission sur le même objet et on constatera que l'arrestation des Humbert, si sensationnelle qu'elle soit, ne doit point distraire l'opinion publique de cette inqualifiable défaillance d'un gouvernement qui a tout fait pour troubler la France avant d'entreprendre sa ruine maternelle et morale.

Voici donc la déposition de M. Judet :

Messieurs,

Vous m'avez convoqué pour recevoir mon témoignage sur une lettre écrite, le 8 septembre 1899, par M. le général de Galliffet à M. Waldeck-Rousseau ; le ministre de la guerre y expliquait au président du conseil que si le gouvernement refusait de s'incliner devant une seconde condamnation de Dreyfus, s'il brisait par un coup de force judiciaire l'arrêt du conseil de guerre de Rennes, *on verrait d'un côté l'armée, le pays et_les législateurs, de l'autre le ministère, les dreyfusards et l'étranger.*

Cette phrase, dont j'avais eu communication personnelle, confiée par moi à mon ami M. Jules Lemaître, légitima son mémorable réquisitoire contre le ministère de l'étranger : elle a inspiré les affiches signées par M. Syveton, député du 2ᵉ arrondissement de Paris. La Chambre lui en fait grief, et l'enquête ordonnée contre lui s'autorisant d'un doute sur l'existence de la fameuse lettre, j'ai cru devoir sortir de ma réserve pour prévenir une erreur et pour épargner un affront immérité au suffrage universel.

J'ai déclaré, après la récente déposition de M. Jules Lemaître devant vous, que M. le général de Galliffet m'avait lui-même lu sa lettre, dont il a pu garder le double, qui n'appartient pas aux archives, et dont l'original est la propriété de M. Waldeck-Rousseau.

Dans l'intérêt supérieur de la vérité et de la justice, je confirme ici ma déclaration, ajoutant que ma religion a été éclairée sur ce point et quelques autres dans une conversation d'environ deux heures avec M. le général de Galliffet, un matin du mois d'avril 1902.

Je vois d'ailleurs que l'authenticité de la lettre du 8 septembre 1899 n'est déjà plus contestée ; de nouveaux témoins surgissent et ceux qui cherchaient les éléments d'une polémique dans la suspicion renoncent à un système insoutenable. Je m'arrêterais donc là *si* les conditions dans lesquelles le document m'a été révélé, si les confidences qui ont précédé et suivi ne doublaient pas son importance. En vous demandant la permission d'insister, je m'efforcerai d'être bref.

Depuis 1894 jusqu'à mon dernier entretien j'ai perdu de vue M. le général de Galliffet, avec qui j'entretenais avant d'excellentes relations ; dans

l'intervalle, j'ai critiqué vivement son entrée et son rôle dans le ministère
du 22 juin 1898. Rien ne m'invitait à renouer avec lui, si je n'avais appris par des amis communs qu'il avait combattu souvent les idées les plus
étranges du cabinet Waldeck, qu'il était riche en souvenirs et papiers iné-
dits, présentant sous son jour réel une des époques les plus troublantes de
notre histoire.

Désireux de m'instruire, animé aussi d'un sentiment légitime d'équité,
s'il était exact que nous ayons eu tort de confondre M. le général de Galliffet avec ses collègues, je lui demandai un entretien. Il savait quel en serait
l'objet et s'empressa de m'indiquer un rendez-vous. Je m'en réjouis, car
j'avais pris trop ardemment parti contre l'agitation Dreyfus pour ne pas
souhaiter d'être fixé sur le mandat réel et sur les manœuvres intérieures du
cabinet Waldeck. Trois ans j'avais souffert avec tous les patriotes français
de l'oppression d'une politique qui subissait à nos yeux deux influences
certaines, l'une directement issue de l'étranger voulant nous imposer
à tout prix la solution qui lui plaisait dans un procès de trahison, l'autre
émanant d'une faction que l'opinion a flétrie sous le nom du syndicat
Dreyfus.

Pour nous, le ministère Waldeck était à la fois le ministère Dreyfus et
le ministère de l'étranger. Trois ans, nous l'avons proclamé, parce que
nous en étions moralement sûrs ; mais à une époque où les criminels deviennent si aisément innocents quand ils ne sont pas saisis en flagrant délit, toute preuve d'accusation est d'une importance exceptionnelle.

Pour éviter les redites, je me bornerai à résumer les faits saillants qui
hantent la mémoire de M. le général de Galliffet.

La lettre du 8 septembre 1899 marque le point culminant d'un drame
dont la première scène date de la première réunion du cabinet. Son mot
d'ordre immédiat fut un aveu : *Nous sommes ici pour faire acquitter Dreyfus.*
La procédure était simple : le ministre de la guerre devait se mettre à la
discrétion juridique du garde des sceaux. Il n'accepta pas que M. Monis
prît la direction des débats ; chef de la justice militaire, il repoussait la
domination de la justice civile qui n'était plus qu'un instrument de pression politique.

Après l'essai public d'intimidation, les interventions inavouables se succèdent quotidiennement de plus en plus nombreuses.

Tantôt M. Waldeck-Rousseau invite M. le général de Galliffet à employer l'influence de son nom, de son ancienneté de grade, de ses services,
sur les juges ; tantôt il se borne à réclamer le même travail auprès du général Lucas.

Le ministre de la guerre réplique invariablement que de telles propositions méconnaissent absolument le caractère et les mœurs de l'armée, que
de telles tentatives amèneraient l'effet contraire au but poursuivi.

Enfin, le procès, qui se déroule dans une émotion indescriptible,
touche à son terme. Les avis de Rennes annoncent la condamnation inévitable : le général de Galliffet en fait part au conseil. On lui reproche ce
résultat comme sa faute.

M. Waldeck-Rousseau parle de revision à la condition qu'on soit sûr des
juges. Devant la réponse qu'il n'y a nul moyen d'être sûr des juges et que
la revision serait infailliblement rejetée, le président du conseil et le garde

des sceaux s'accordent pour un renvoi à la cour de cassation. A ce moment tragique, M. le général de Galliffet quitte le conseil, rentre à son ministère, écrit la lettre que le président de la Patrie française a le premier signalée.

Elle faillit entraîner la débâcle des meneurs déconcertés par ce subit obstacle. S'ils avaient essayé de passer outre, ils étaient perdus ; ils cédèrent.

La lettre contenait un défi et une menace qui ne furent pas relevés. M. Waldeck-Rousseau n'avait plus le choix ; il devait provoquer une démission fatale ou se rabattre sur une transaction. Il suggéra l'expédient de la grâce qui ne sauvait pas l'honneur de Dreyfus, mais qui sauvait le ministère de l'explosion du plus qualifié de ses membres ; le général s'y rallia, pensant ainsi réconcilier tous les Français.

Lui-même avoue s'être trompé ; la reprise du procès Dreyfus arrêtée de front fut poussée, à son insu, dans son propre état-major où le ministère de l'Intérieur et la Sûreté générale soulevèrent la réprobation d'officiers incorruptibles, puis l'indignation véhémente du capitaine Frisch. D'où l'éclat suprême qui précéda et causa le départ sans retour de M. le général de Galliffet.

Dans cette longue série d'incidents louches, soigneusement cachés à la nation, nous suivons désormais la série d'audaces et de roueries que le zèle gouvernemental multipliait pour le salut, puis pour la réhabilitation de Dreyfus. Peut-être serait-elle niée, malgré les assertions catégoriques de M. le général de Galliffet, si sa lettre, lancée à l'heure décisive, d'une signification imperturbable, ne survivait pas à l'orage.

Ni contredite, ni réfutable, elle acheva la carrière ministérielle du général, qui se sentit dès lors, jusqu'à sa chute, enveloppé de méfiance, écarté des conciliabules intimes, voué aux soupçons et aux avanies. La crainte de sa lettre le protégeait pourtant. Ses ennemis n'ont eu longtemps qu'un souci : en a-t-il un exemplaire ? L'un d'eux disparut du tiroir de son bureau, quand il se démit du pouvoir ; plus tard, M. Reinach, qui n'en ignorait pas le contenu, lui écrivit afin d'en obtenir communication. Pourquoi ? voulait-on savoir si le général est armé ?

Il l'est assurément. Son trésor intact de constatations, de notes et de pièces précieuses, n'est pas de ceux qui se vident en quelques conversations improvisées. Je rends hommage à la prudence avec laquelle il défend sa responsabilité ; je souhaite qu'il en recueille le fruit, qu'il ait enfin le droit de parler à cœur ouvert devant la seule juridiction qui lui convienne et qu'il appelle de tous ses vœux, devant la Haute-Cour, pour laquelle il a la sagesse et le courage de faire patienter les secrets redoutables dont il est détenteur.

Le résultat immédiat de l'audition du général de Galliffet et de la déposition si troublante de M. Judet a été que la commission d'enquête, par 6 voix, contre 2 abstentions, a conclu à la validation de l'élection de M. Syveton qui afficha que le ministère Waldeck-Rousseau était le ministère de la trahison et de l'étranger.

L'Affaire Dreyfus allait renaître de ses cendres, exercer de nouveaux ravages, emporter peut-être ses fauteurs et leurs complices ; alors, disent les gens les mieux renseignés, on jugea opportun de donner à l'opinion publique une moindre satisfaction. On daigna retrouver la famille Humbert ; on fit mieux, et on osa l'arrêter ! N'allez pas croire surtout que cette résolution manque d'héroïsme, que d'hommes politiques, que de hauts et petits magistrats sont mal engagés dans cette affaire d'escroquerie fantastique, en redoutent la lumière et les éclats ! Est-ce que Romain Daurignac ne promet pas de fournir de la besogne à la presse ? Est-ce que Thérèse Humbert ne jure pas de se venger ; enfin toute la *smala* ne prétend-elle pas être la première et principale victime ? Avec les mœurs qui, en l'absence de morale et de scrupules, prévalent aujourd'hui dans toutes les classes de la société, chez nos démagogues parvenus principalement, peut-on seulement en douter ? Connaît-on le *chantage* tel qu'il s'exerce aujourd'hui et les formes multiples qu'il affecte dans ses libres ébats sur son terrain de manœuvres chaque jour plus étendu ! Connaît-on suffisamment nos jouisseurs faméliques et nos usuriers tenaces et croira-t-on jamais que, réellement, les Humbert doivent à d'honnêtes gens 100 millions pour le moins ! Je pense qu'on pourrait, sans grand risque d'outrager la justice, cueillir débiteurs et créanciers et les fouetter en masse ; chacun en emporterait à sa convenance et au bout du compte ne se plaindrait pas. Mon avis est donc qu'il faut différer d'émettre son opinion jusqu'au plein jour des Assises, si toutefois on ose jamais y traduire la famille Humbert. En tous cas, puisque la magistrature compromise est suspecte et que la politique est en cause, c'est au jury seul de connaître de la plus grande escroquerie du siècle écoulé.

Aussi bien l'arrestation des Humbert reste-t-elle entourée de mystère. Un fait indéniable est que le gouvernement français connaissait la retraite des Humbert et que ceux-ci s'y tenaient discrètement loin des yeux et du bruit avec une quiétude qui leur était assurée de très haut. Comment des subalternes, intervenant en importuns, en gêneurs, ont-ils découvert les escrocs et s'en sont-ils emparés ? Là commence une intrigue de coulisses que M. Patenôtre, notre ambassadeur à Madrid, pourrait éclaircir. Mais M. Patenôtre est un fin diplomate, autant un muet professionnel.

Scrutons la pensée de M. Patenôtre et ses dires discrets ; déduisons le vrai de circonstances particulières et suggestives. M. Patenôtre a été un agent diplomatique fort apprécié quand il représentait la France au Maroc ; très versé dans les affaires de l'Afrique septentrionale à Madrid, il ne partageait pas toutes les opinions, ni toutes les illusions de nos ministères de défense républicaine et de déchéance internationale ; il était même, par ses opinions claires et fermes sur des questions de sa compétence, positivement gênant. Il fut pour le motif mis à pied, rappelé de Madrid, et avec cela point content ! Mais lui attendait son heure, et ce fut le dernier jour de sa fonction officielle, au moment de quitter l'Espagne, que, sans aviser son gouvernement ni personne en France, il informa le préfet de police de Madrid et fit cueillir dans ses draps toute la famille Humbert : question de prouver à son pays qu'il savait le servir de diverses façons, même en coffrant des escrocs qu'on ménageait, en dépit des apparences et au mépris de la justice.

Et on s'amuse maintenant à se demander à qui reviendra la prime de 25.000 fr. offerte à l'homme dévoué qui mettrait la police distraite sur la trace des fugitifs ! Elle revient de droit à M. Patenôtre qui ne la réclame pas ; qui assure même, en habile diplomate, qu'il a été lui-même instruit par une lettre anonyme !

Cette lettre anonyme est une adorable création de coulisses. Figurez-vous que l'anonyme fortuné qui n'a qu'à tendre la main pour emporter l'aisance de ses vieux jours, affecte tous les matins des allures différentes et des airs nouveaux on n'arrive surtout pas à en fixer la personnalité vaporeuse qui apparaît finalement derrière notre ex-ambassadeur en Espagne comme une chimère inventée pour berner ses contemporains. M. Patenôtre se contente, en dehors de toute prime déplacée, du plaisir de son devoir accompli et de la gêne où, inopinément, il a plongé des gouvernants ayant méconnu ses services. Il livre ainsi à la justice qui n'en voulait pas des coupables que la conscience publique recherchait et, en rentrant dans le rang, ce diplomate avisé et souriant semble dire à ses contempteurs, à bon droit ahuris, et sur le ton de la maréchale fameuse : « Hein ! ça vous la coupe ! »..... En effet !

Entre temps, la commisssion du budget a terminé l'examen et le vote du budget de 1903. On remarquera une fois de plus

avec quelle ponctualité ces choses importantes s'accomplissent!
Et il a fallu cependant l'active et intelligente présidence de
M. Doumer pour que cette besogne, assurément ingrate,
s'achevât avant Pâques ou la Trinité. Quelle est donc
l'œuvre de cette commission? On appréciera.

Elle a constaté tout d'abord que l'équilibre du budget n'é-
tait acquis qu'en ajournant la construction de trois cuirassés
et en désarmant en partie nos escadres, mesures graves qui demandent l'autorisation préalable des Chambres qui ne sauraient
prendre la responsabilité de l'accorder. Une interpellation se
produisit au Palais-Bourbon et la commission, par un vote significatif, reçut l'ordre de défendre simultanément les intérêts
du budget et ceux de la marine qui résumaient la sécurité
même du pays. La commission du budget rétablit donc les
crédits de 13 millions dont 8 millions pour la construction des
cuirassés, et 5 millions pour le maintien des effectifs indispensables pour assurer une prompte mobilisation de notre
flotte.

D'où, premier mécompte de 13 millions, auxquels vint
s'ajouter un budget rectificatif de la guerre qui en augmen-
tait les demandes de crédit de 5 millions.

C'était donc, aux dépenses, 18 millions d'imprévus. Et
quant aux recettes, il fallait y faire état de déceptions
amères.

En effet, pour équilibrer le budget, M. Rouvier avait compté
sur des recettes d'une rentrée incertaine : sur 50 millions à
provenir de la modification du privilège des bouilleurs de cru;
sur 26.450.000 que les tabacs produiraient en plus selon lui
par suite de la suppression des zones, sur 3.720.000 des rentes
viagères et 3.100.000 de la mainmorte, total 83.270.000 fr.
Mais, pour pouvoir réaliser ces recettes, il eût fallu que le budget fût voté en temps opportun : pour le 1er janvier. Or, non
seulement le budget n'est pas voté, mais déjà deux douzièmes
provisoires ont été demandés auxquels il faudra en ajouter un
ou deux autres pour rester dans la tradition.

Voilà donc déjà pour le moins deux mois durant lesquels
les recettes supplémentaires ne joueront pas, soit *un sixième*
en moins des 83 millions témérairement alignés à la colonne
des réalités budgétaires, ci : 13.878.000 francs, que la commission veut bien réduire à 11 millions, chiffre que chaque
douzième provisoire supplémentaire grossira fatalement. On

avait fait état, en plus, d'un emprunt de 33 millions d'obligations du Trésor à court terme.

La commission du budget, en additionnant les 18 millions de crédits rétablis avec les 11 millions de recettes irréalisables et les 33 millions d'emprunt dont elle ne voulait pas, se trouvait devoir remédier à un mécompte global de 62 millions. C'était le chiendent de son œuvre ; et, pour extirper ce déficit du budget, elle a redressé le calcul des amendes de 1 million en plus ; des successions de 12 millions ; on suppose d'autre part que les postes et télégraphes donneront 2 millions en plus et que la répression des fraudes en fait de successions fournira un supplément de recettes de 4 millions : total 19 millions sur les 62 millions qu'on cherchait à la lueur de la lanterne de Diogène. Encore un effort et on trouva qu'en émettant de la monnaie divisionnaire en nickel on réaliserait bien 3 millions de bénéfices ; passe le nickel, moyennant 3 millions ! et on pourra d'autre part réduire les garanties d'intérêt des compagnies de Chemins de fer de 4 millions... et il manquait encore 36 millions ! Alors toute la commission du budget s'attelle et elle fonce sur le budget de la Guerre qui écope pour 26 millions et demi ; réduction sur les approvisionnements de réserve, notamment sur les chaussures (3 millions 1/2), correction d'une imputation erronée de dépense pour les effectifs de Chine, 1 million et demi ; renvoi, pour les effectifs de 1903 par rapport à ceux de 1902, des non-valides, 7 millions ; suppression d'une demi-classe pour l'appel des territoriaux, 1 million ; diminutions sur vivres et fourrages, 9 millions ; chapitres divers des 1re et 2e sections, 3 millions ; dépenses extraordinaires, 3e section, 1 million et demi.

Les Travaux Publics fournissent comme cote-part au sacrifice global 3 millions 1/2, les colonies 1 million ; la marine 3 millions et l'on réunit le reste d'ici de là en bouts de chandelle. De cette façon la commission a, paraît-il, amélioré nos finances. Admettons-le pour l'encourager à mieux faire dans l'avenir.

Rien d'anormal dans le domaine colonial de la France ; le procès à figurants qui se déroule à Montpellier et au cours duquel on cherche à démêler l'origine, les causes, et les responsabilités de la révolte de Margueritte en Algérie et des excès qui l'accompagnèrent n'est qu'un incident pénible d'une politique générale et d'un état d'esprit local qui ne sont exempts de reproches ni l'un ni l'autre, c'est un fait divers complexe auquel il n'y a pas lieu ici de s'attarder. Plus digne de remarque nous semble le discours par lequel le gouverneur général de notre Afrique occidentale a fait part au conseil général du Sénégal d'une nouvelle intéressante à tous égards.

M. Roume, en effet, annonça que le ministre des Colonies et le ministre des finances français s'étaient mis d'accord pour demander au Parlement que notre grand empire africain fût autorisé à contracter pour ses travaux publics un emprunt de 5o millions avec garantie de la métropole.

Voilà un premier résultat de l'unification de nos établissements dans l'ouest africain, où, jusqu'ici nous n'avions qu'une poussière coloniale, formant un agglomérat sans consistance et une vague expression géographique. Aucune opération d'ensemble n'y était permise jusqu'ici et les efforts les plus intelligents restaient stériles faute d'application pratique possible dans une matière immense, molle, et qui se dérobait à toute manipulation administrative féconde.

Le décret du 1er octobre 1902 a porté remède à cette impuissance organique et désormais l'Afrique occidentale française avec ses ressources combinées s'élevant à 27 millions environ pourra chercher des ressources que la garantie de l'Etat lui fera trouver à un taux supportable.

C'est par leurs grands travaux d'art, de communication et d'assainissement que les Européens affirment leur supériorité en Afrique et y étendent le plus efficacement la civilisation et leur domination. Nous avons en l'espèce à prendre des exemples pratiques en Egypte, au Soudan, surtout dans l'Afrique australe, même dans l'Etat indépendant du Congo et jusqu'au Cameroun allemand. Non pas que nous n'ayons rien entrepris dans l'Afrique occidentale. Au contraire, tout en y multipliant missions périlleuses et campagnes rudes, nous avons entrepris les chemins de fer de Saint-Louis a Kayes, de Kayes au Niger; les tronçons de la Guinée française et du Dahomey, mais tous ces efforts étaient isolés d'une utilité, partant, secondaire et d'un rendement douteux.

On pourra désormais adopter un plan d'ensemble et tendre à son exécution méthodique jusqu'à ce que Congo, Guinée, Dahomey, Côte d'Ivoire et Sénégal se rejoignent au lac Tchad et par Tombouctou à travers le Sahara s'unissent à l'Algérie et à la Tunisie.

Voici comme un confrère résume le programme que M. Roume se propose :

Travaux d'assainissement. — La belle découverte du docteur Ross de Liverpool a fait de l'assainissement dans les pays chauds une œuvre que l'on peut conduire maintenant avec une précision scientifique. Ce sont les moustiques qui véhiculent les microbes de la fièvre paludéenne et très probablement ceux de la fièvre jaune. Assainir signifie donc supprimer les moustiques. Pour cela, il n'y a qu'à faire disparaître les eaux dormantes où ils passent, sous forme de larves, la première partie de leur existence. Saint-Louis, Dakar, Rufisque sont les foyers où éclatent ordinairement ces terribles épidémies qui ravagent trop fréquemment le Sénégal ; en y construisant des égouts et en desséchant les marais environnants, on espère les en préserver à l'avenir. Dépense prévue de ce chef : 4 millions 1/2.

Travaux de ports. — Il faut commencer par entrer dans un pays qu'on veut exploiter. Jusqu'à présent, on n'avait pour ainsi dire rien ajouté dans ce but aux commodités naturelles. Dakar offre, de l'avis unanime, le plus bel emplacement de toute la côte de l'Afrique occidentale pour l'établissement d'un port. On est en train d'y créer un port militaire qui sera un des points d'appui de la flotte ; mais, à l'heure actuelle, les navires marchands y opèrent dans les conditions les plus primitives : point de quai accostable aux paquebots, point de grues pour la manipulation, point de terre-pleins pour recevoir les marchandises, point de magasins pour les abriter. On profitera de la présence des entrepreneurs et de l'outillage du port militaire pour créer un port commercial en harmonie avec les besoins modernes. Coût : 10 millions.

Des quais à Saint-Louis, dont le port fluvial a vu son mouvement s'élever à 46.000 tonnes et quelques aménagements à Rufisque exigeront 2 millions. Un port est projeté à la Côte d'Ivoire, mais comme la construction en est liée à celle d'un chemin de fer elle n'a pas fait l'objet d'une évaluation distincte.

Travaux de navigation fluviale. — Depuis 300 ans que les Dieppois ont remonté le Sénégal pour la première fois, aucun travail n'a jamais été fait sur le fleuve, et il est probable qu'il est aujourd'hui en plus mauvais état qu'alors, car les Maures ont détruit les arbres de ses rives, ce qui a amené l'écroulement des berges. Il a été négligé à ce point, que M. Roume constatait, dans un de ses discours, qu'on n'a pas même encore relevé la côte de Kayes au-dessus du niveau de la mer, ce qui aurait permis de se rendre compte de la pente de son lit. Et cependant sur les 750 kilomètres qui séparent Saint-Louis de Kayes, le fleuve est et sera sans doute longtemps encore l'unique moyen de transport. Une mission hydrographique étudie en ce moment les améliorations dont il peut être l'objet ; et de là elle passera dans le Niger où elle se livrera aux mêmes investigations. Dépenses prévues pour les premiers travaux : 5 millions 1/2.

Travaux de chemin de fer. — Le chemin de fer de Kayes au Niger se poursuit avec des moyens qui lui sont propres et on nous en promet enfin l'achèvement pour deux ou trois ans au plus tard. Avec un emprunt de 12 millions qu'elle a personnellement contracté, la Guinée française a poussé le chemin de fer de Konakry jusqu'à 150 kilomètres dans l'inté_ rieur. Ainsi réduit, ce tronçon est comme en l'air et, borné à de modestes intérêts locaux, il rendrait peu de services. Pour qu'il devienne réellement une voie de grande pénétration, il faudrait l'allonger de 200 kilomètres encore, ce qui le conduirait jusqu'au Fouta Djallon, pays dont la valeur économique, si elle a été surfaite, n'en paraît pas moins très réelle, car il possède le premier des éléments de la richesse, une population dense. On prendra 17 millions sur l'emprunt pour cette prolongation.

La Côte d'Ivoire est la plus arriérée de nos colonies africaines, elle est complètement vierge de tout travail public sérieux jusqu'à présent. Cependant, depuis deux ans, une sorte d'engouement se produit pour elle. Jusqu'alors son commerce était alimenté presque uniquement par les produits des forêts qui couvrent la moitié de son territoire, les bois précieux, le caoutchouc, l'huile de palme. L'exemple de la colonie anglaise voisine, la Côte d'Or, y a tout à coup appelé un grand nombre de prospecteurs attirés par les gisements aurifères qu'ont exploités de tout temps les indigènes. Vingt-cinq sociétés françaises et anglaises se sont formées, et d'une intéressante étude publiée par le dernier numéro de la *Dépêche coloniale illustrée*, il résulte que leur capital nominal se monte à plus de 63 millions de francs. Quel avenir les attend? Va-t-on retrouver un autre Transvaal comme on l'imprime? Aucun essai d'exploitation n'a encore été poussé assez loin pour permettre de se faire une opinion positive sur ce sujet ; mais si ce mouvement a des suites sérieuses, le gouvernement sera obligé de seconder l'initiative privée en rendant les districts miniers accessibles au moyen d'un chemin de fer. Et le mouvement dût-il avorter, qu'un chemin de fer resterait encore nécessaire pour ouvrir de nouvelles régions à l'exploitation forestière.

Ce chemin de fer doit être complété par un port. Si la Côte d'Ivoire est en retard, c'est parce que sa côte est particulièrement inaccessible. Mais ce défaut paraît pouvoir être assez aisément corrigé. En coupant en face du Petit-Bassam, en un point où, par un jeu de la nature, on est tout de suite en eau très profonde, le cordon de sable dont cette côte est formée, les plus grand navires pourraient entrer dans la lagune qui est derrière et où ils seraient à l'abri. Ce serait une répétition de ce qui s'est fait à Bizerte, avec cette nuance que le lac de Bizerte n'a que quelques kilomètres de large, tandis que la lagune de la Côte d'Ivoire se prolonge sur 300 kilomètres, le long de la côte. Dix millions sont demandés pour le chemin de fer et le port ; si cette provision est si faible, c'est parce que la colonie ne songe à se charger que de l'infra-structure de la voie ferrée, elle confierait le reste des travaux à une compagnie. Peut-être même cette compagnie se chargerait-elle du tout, moyennant des concessions de forêts et de mines à débattre. Dans ce cas, le crédit rendu inutile pour la Côte d'Ivoire serait employé à la prolongation du chemin de fer du Dahomey.

Telle sera l'utilisation de l'emprunt de 50 millions dont chaque colonie recevra une part satisfaisante qui aidera à son développement industriel et commercial.

La France ne peut se désintéresser ni de ce qui se passe

actuellement au Maroc, ni de ce qui se complote au Siam.

Au Maroc, la guerre intestine est déchaînée ; ce sont, à l'encontre de toutes les prévisions, les rebelles qui l'emportent et menacent sérieusement le trône du Sultan, qui n'est, en somme, qu'un usurpateur peu intéressant.

Présentons les personnages :

Le sultan Moulaï Abdul Azez est fils cadet de Moulaï Hassan qui mourut en 1894, laissant outre le Sultan actuel un fils aîné, Moulaï Mohammed qui aurait dû lui succéder, alors que son jeune frère, aidé par le Chambellan Sia Hamed Ben Mousa le combattit aussitôt, le captura et le conserve depuis en un étroit cachot dans sa bonne ville de Méquinez.

Naturellement les Marocains se divisèrent en deux camps : les fidèles de l'héritier légitime du trône d'une part, et les adulateurs de l'usurpateur de l'autre. Il se forma même une troisième partie comprenant les pessimistes, les sceptiques et les turbulents, tous amateurs de plaies et de bosses, surtout de pillage et de butin. Ceux-ci refusaient toute confiance à l'usurpateur, affectaient de douter de l'existence, si misérable fût-elle, de Moulaï Mohammed. Et dans cet état, comme il fallait s'y attendre, un saint élu par le prophète et ennemi des chrétiens se leva pour haranguer les tribus mécontentes et les entraîner aux combats. Ce fanatique a nom Amar Zarhouni, et c'est un aventurier qui, ayant roulé sa bosse de tribu en tribu, ramassa chemin faisant la recette de la sainteté orientale faite de ruse et de fourberie doublée de l'art de la suggestion qui lui assura la réputation d'un être surhumain. Il se fit appeler Bou Hamara (père de l'ânesse) et se dit le précurseur du *maître de l'heure* qui doit régénérer l'Islam. Bien mieux, profitant d'une vague ressemblance avec le malheureux Moulaï Mohammed, il unit ses prétentions de prophète à celle de prétendant légitime à la succession de la dynastie chérifienne.

Son parti alla grossissant chaque jour si bien que le Sultan dut se résigner à le combattre. Il envoya contre l'imposteur son frère Moulaï el Kébir qui après de légers succès s'aliéna par d'ineptes vexations la puissante tribu des Hyaïna. Ceux-ci, ayant résolu de se venger, attendirent que Moulaï el Kebir eût engagé bataille avec les Chiatas et en pleine mêlée ils firent défection, tirant sur leurs compagnons d'armes et provoquant avec une affreuse panique un désastre horrible. Le

Sultan qui était d'autre part occupé à réprimer une révolte des Zimmour dut courir au secours de son frère au risque de laisser les Zimmour le défier jusque sous les murs de sa capitale. C'est [sans doute après avoir opéré sa jonction avec les troupes de son frère Moulaï el Kebir que le jeune Sultan vient d'éprouver une défaite dont la suite sera la ruine totale de son autorité sinon la chute de son trône.

Quoi qu'il en soit, l'influence de l'imposteur s'exerce sur la plus grande partie du Maroc, jusqu'aux portes de Fez, et malgré la réputation d'intelligence et de bravoure que les Anglais ont fait au Sultan, il est certain qu'une crise dangereuse est ouverte en ses Etats et que l'Europe doit surveiller de près les agissements des rebelles et plus encore les intrigues britanniques.

Au Siam, c'est la crainte de la France qui continue à entretenir la sagesse, et nous apprenons que rien n'est ménagé à Bangkok pour intéresser l'Angleterre, surtout le Japon, à son sort. Le prince héritier du Siam s'est, en effet, transporté à Tokio et le peuple japonais manifeste à cette occasion « de profondes sympathies pour le seul Etat extrême oriental qui, à l'exemple du Japon, ait adopté une politique de progrès ».

Et la presse japonaise exprime la ferme confiance que les liens d'amitié trois fois séculaires qui unissent le Japon au Siam iront se resserrant chaque jour davantage. Vœu touchant autant qu'étonnant; car enfin, ce n'est que depuis l'alliance anglo-japonaise que les sujets du *Mikado* se découvrent ces doux sentiments-là. Nous le savons : le Japon a des vues sur le Siam qu'il affectionne à l'égal du tigre qui adore l'agneau pour le dévorer ; et l'Angleterre trouve intéressant dans les circonstances actuelles d'entretenir cette attraction. C'est qu'en effet le jeu de la Russie se resserre dans la Mandchourie, en Corée, et la pression moscovite ne laisse pas pour cela de s'accentuer en Perse et sur les confins des Indes. A Londres comme à Tokio on envisage avec angoisse sans doute, mais avec persistance, l'éventualité d'un immense et effroyable conflit et, depuis que l'alliance franco-russe s'est affirmée valable en Orient comme en Occident, on cherche à préparer les voies à [une diversion anglo-japonaise avec le concours du Siam sur les frontières de notre Indo-Chine. Nul ne contestera le danger que cet événement ferait courir à nos possessions extrêmes orientales ; aussi chacun se sentira plus à l'aise en apprenant que notre gouvernement, cessant d'être hypnotisé par la vaine question cléricale, songera à participer à certains épanchements ou à les contrarier.

Mais en cette dernière quinzaine, c'est le Venezuela qui a été le prétexte d'une pointe d'armes diplomatique des plus remarquables. Après l'inepte et brutale agression anglo–allemande à laquelle l'Italie a cru devoir s'associer pour accabler un peuple divisé et ruiné par d'incessantes querelles intestines, le président vénézuélien, le général Castra, proposa comme arbitre le président de la grande et redoutable République de l'Amérique du nord. Sans être indifférent à cette marque de confiance, M. Roosevelt prit le temps de réfléchir et de recueillir les impressions de l'opinion américaine: Celle-ci, pleine de défiance pour les Etats intervenants et de sympathie pour la république en peine ne semblait cependant nullement portée à laisser les Etats-Unis se jeter dans une aventure. Elle indiquait que, un tribunal d'arbitrage international ayant été institué de commun accord à La Haye, il y avait lieu pour les parties en conflit d'y recourir. Ce fut l'avis de MM. Hay et Roosevelt qui s'en ouvrirent à Londres, Rome et Berlin, tout en insistant pour que la situation fût nettement définie : Y avait-il état de guerre? blocus rigoureux ou seulement pacifique et dont les puissances intervenantes pouvaient seules tirer profit au détriment des neutres? Les Etats–Unis tinrent pour l'état de guerre et le blocus rigoureux, sinon, ils n'admettraient pas de contrainte aux dépens de leur commerce. Finalement M. Roosevelt conseilla le recours au tribunal de La Haye, déclinant lui-même le dangereux honneur d'être arbitre dans l'affaire et le garant de l'exécution loyale de sa sentence. Et comme en définitive le colonel de Washington posait le problème en ces termes rigoureux : l'arbitrage ou la guerre avec toute l'Amérique, la coalition céda pour ne point risquer une guerre formidable et sans issue honorable pour elle.

Les parties étant ainsi d'accord, pour finir par où elles auraient dû débuter, on peut considérer le conflit vénézuélien comme réglé.

Il n'en reste pas moins vrai que la coalition anglo-italo-germanique n'est revenue, à la vaine pratique de ses propres résolutions rectifiées à La conférence de la Paix convoquée naguère à la Haye par la généreuse initiative de Nicolas II, que

contrainte et forcée par l'attitude énergique des Américains ;
elle serait passée outre à toutes les objections, elle aurait violé
les principes et le bon droit si elle n'avait trouvé en face d'elle
la force dont elle était en train d'abuser. L'Angleterre n'a pas
voulu risquer ses escadres en compagnie d'un allié d'occasion
dont elle redoute la concurrence et les succès ; l'Allemagne
elle-même hésita au bord de l'abîme et son Kaiser déjà
échaudé en Chine n'avait cure de solliciter une humiliation
de plus dans la mer des Antilles, et quoi qu'il en coûtât à
tous, on a préféré avec quelque bonne grâce mettre les
pouces.

De cette aventure grotesque, la coalition se retire humiliée,
amoindrie ; les Etats-Unis seuls y trouvent un bénéfice moral et maternel dont l'Europe appréciera un jour l'importance
avec des regrets, des larmes et des dépens.

ARTHUR SAVAÈTE

Revue des Livres

SAINT DOMINIQUE, FONDATEUR DES PRÊCHEURS, D'APRÈS LES DOCUMENTS DE SON SIÈCLE, par l'abbé PRADIER. Maison Alfred Mame et fils. Tours, in-12, 144 p., 1902.

Comme la maison Lecoffre de Paris, la maison Mame de Tours a sa collection des Saints. Je dois avouer que ni le public auquel l'une et l'autre s'adressent, ni le mérite littéraire, ni l'importance, ni le but de l'entreprise ne sont mêmes ici et là. Il en faut pour tous les besoins et pour tous les goûts. Soit dit sans critiquer personne. J'ai là, de chez Mame, le *Saint Dominique*, de M. l'abbé Pradier. En vérité, je m'en voudrais de ne pas louer l'auteur. Il est évident qu'il a écrit son livre pour une bibliothèque paroissiale et l'édification des gens du peuple. C'est une œuvre d'apostolat qu'il présente, et non une étude approfondie, encore moins un ouvrage de haute critique ou de large information. Toutefois qu'il me permette de lui faire une petite remarque. J'aurais préféré ne pas voir, ajoutée au titre, cette mention : d'*après les documents de son siècle*, car il me semble que le livre ne la justifie pas assez. Sans doute en mains endroits je constate des emprunts faits au Bᵡ Jourdain de Saxe, à Constantin d'Orviéto, à Thierry d'Apolda et je suis heureux de les signaler ; mais que d'autres à Darray et Bareille, à l'abbé Rivierre, à Godescald, aux Petits Bollandistes... Passe encore que M. P. fréquente Lacordaire dont la *Vie de S. Dominique* contient d'admirables pages. Je ferai pourtant observer — la réflexion en fût-elle naïve — que lui non plus n'appartient pas au siècle du saint fondateur. Mais c'est peut-être beaucoup de bruit pour un sous-titre dont je ne sais pas deviner la raison. N'est-ce pas assez que cet agréable petit volume remplisse parfaitement le dessein de son auteur et de son éditeur ?

J. M. S.

**

EXERCICES SPIRITUELS ET DIRECTOIRE DES HEURES CANONIALES, ÉCRITS EN ESPAGNOL EN L'AN 1500 par DOM GARCIAS CISNEROS O. S. B., abbé du monastère du Montserrat, traduits en français par l'abbé Joseph Rousseau. 1 vol. Paris 1902.

La scholastique qui avait commencé dans les Cloîtres ne manque pas d'y exercer une influence peut-être un peu méconnue. Sa méthode appliquée d'abord à l'enseignement philosophique, théologique ou scripturaire envahit peu à peu jusqu'aux sermons destinés à l'instruction des religieux et même du peuple chrétien, jusqu'aux traités de vie spirituelle et autres livres de dévotion. Les œuvres de saint Bruno et de ses fils, celles de saint Bernard et des premiers Cisterciens, celles de saint Anselme et de l'Ecole du Bec, aussi bien que celles de saint Victor ou même des moines noirs comme Pierre de Celles sont curieuses à étudier à ce point de vue. Il est facile d'y constater le besoin croissant de précision, de définitions, de divisions que les *leçons* des *Lecteurs* avaient créé dans les esprits. Sous l'influence de ce besoin, les livres se multiplient avec les siècles. Des sermons monastiques nous passons aux traités des maîtres comme saint Bonaventure et saint Thomas, et à la suite de ces illustres entre les illustres, mais faisant encore grande figure, les saintes Gertrudes et Mechtildes et Catherine de Sienne, les Denys Rycket, les Gerson servent pour ainsi dire de transition et nous conduisent aux modernes. Ceux-ci ne s'écartent pas de l'enseignement traditionnel, ils renvoient constamment aux anciens et entre tous aux Pères des déserts, à Cassien, à saint Bernard ; mais chez eux la Scholastique a porté tous ses fruits, tout est net, précis, au moins dans la théorie : Car, il faut bien le dire, si dans la nature, tous les efforts des savants ne réussissent pas à imposer aux astres le système décimal, encore moins, dans l'ordre de la grâce, n'arrivera-t-on jamais à soumettre la croissance des âmes à un système quelconque. Ce n'est pas, dans tous les cas, ce procédé qu'ont prétendu imposer des hommes comme Cisneros, saint Ignace, Louis de Blois ou saint François de Sales. Ce qu'ils ont voulu c'est de coordonner l'enseignement, l'étude et par conséquent jusqu'à un certain point, les méditations, bases de toute vie intérieure. Que le soleil suive telle marche qu'il plaira à son Créateur, cela n'est pas pour interdire au savant français de calculer l'espace parcouru par kilomètres ou myriamètres, tandis que l'Anglais parlera de milles de fathoms ou de yards. Encore notre comparaison n'est-elle pas adéquate puisque si nos calculs n'ont aucune influence sur le cours des astres, notre travail personnel est fort utile, souvent même nécessaire au bon usage des grâces de Dieu, et les Livres d'exercices spirituels ont pour but d'aider notre travail, d'ordonner nos efforts, de mettre à notre disposition l'expérience de nos devanciers. L'Espagne des xve et xvie, avec ses écoles de théologie, devait nous fournir toute une littérature de ce genre. Garcia Cisneros, saint Ignace, saint Pierre d'Alcantara et Louis de Grenade en furent les principaux représentants, sans parler des mystiques proprement dits, comme sainte Thérèse et saint Jean de la Croix.

Un des premiers par ordre chronologique fut le bénédictin Garcia Cisneros. On n'a pas fait à son livre un mince honneur en prétendant y reconnaître les traits principaux de celui de saint Ignace dont il aurait été le modèle, à tout le moins, l'inspirateur. Encore que la ressemblance ne me paraisse pas bien frappante, il est certain que l'ouvrage a une valeur réelle et ne fait pas trop mauvaise figure même à côté de celui du Saint fondateur des Jésuites. Il suit la vieille division empruntée par les Scholastiques aux ouvrages qu'ils attribuaient à saint Denys, vie purgative, illuminative et unitive et pour chacune il donne une série de méditations réparties en semaines. Il contient en outre une quatrième partie qui est plutôt un traité spécial de la contemplation. Ce plan a quelque ressemblance avec celui de saint Ignace et il n'en pouvait guère être autrement. Mais que de différences ! Le premier destine son écrit à des moines, le second écrit pour tous, laïcs aussi bien que prêtres ou religieux. Dès la première semaine, l'ordre est simplement différent ; nous n'avons ici ni la fameuse méditation sur les deux étendards, ni celle sur l'enfant prodigue, ni celle sur le royaume de Dieu, ni plus tard l'élection, qui me paraît, qu'on me pardonne le mot, le *clou* des retraites de Mannèse : enfin l'ordre suivi par l'abbé de Montservat est moins logique. Par contre, combien plus abondantes les matières ! Nous approchons de ce qu'on appelait jadis une *Somme*. Quels trésors non seulement pour les moines mais pour tous, prédicateurs surtout, dans chaque page de ce livre ! Passez par exemple le chapitre x. Sur la crainte de Dieu, le xiie sur le péché, ceux sur la Passion de Notre-Seigneur et voyez s'ils ne condensent pas parfois en quelques lignes tout ce qu'il y a de vrai et de bon à dire sur ces questions.

Aux exercices de Cisneros le traducteur ajoute le directoire des heures canoniales du même auteur.

La traduction est coulante, en bon français. Je ferai une petite critique.

Pourquoi le traducteur se montre-t-il si sobre de notes ? Ainsi quand Cisneros nous parle du traité des ascensions spirituelles, nous aimerions à savoir qui en est l'auteur... qui est Henri de Palme... quand on nous cite saint Bernard ou saint Augustin, la référence ne serait pas un luxe inutile.

A. P.

.*.

L'ÉGLISE ET LES ORIGINES DE LA RENAISSANCE, par Jean GUIRAUD, professeur à la Faculté des lettres de l'Université de Besançon. 2e *édition*, Paris 1902. Un vol. in-12 de 339 pages ('ait partie de la *Bibliothèque de l'enseignement de l'histoire ecclésiastique*).

C'est avec un vrai talent que M. Guiraud nous retrace, dans ce petit volume, l'histoire si intéressante des débuts de la Renaisssnce à Rome. L'humanisme, qui, depuis longtemps déjà, avait poussé les esprits vers l'imitation de la nature et de l'antiquité, se teinta fortement, dès les premières années du xve siècle, d'idées païennes. En peu de temps cet amour du passé classique devint de l'engouement ; les découvertes des monuments anciens de l'art et de la littérature ne firent que l'accentuer.

Jusque-là, les lettres et les arts s'étaient développés à l'ombre du sanctuaire, et les Pontifes de Rome s'en étaient faits les zélés protecteurs. Le séjour d'Avignon n'avait pas interrompu cette tradition ; les Papes s'y étaient entourés de gens de lettres ; ils avaient entrepris de grandes constructions, et confié à des Italiens la décoration artistique de leur somptueuse demeure. Mais les préoccupations du grand schisme allaient ruiner, en deçà des Alpes, cette première efflorescence, et c'est décidément l'Italie qui devait en être le théâtre presque exclusif durant le xve siècle.

Rome avait en elle aussi à souffrir des conséquences du schisme. Mais au lendemain du concile, la cité des Papes revit, avec son Pontife légitime, toute son ancienne splendeur. Dès ce moment, rien ne fut épargné pour qu'elle devînt rapidement le centre de la Renaissance artistique et littéraire Malgré la tendance du paganisme qu'affichait trop souvent l'esprit nouveau de pieux Pontifes, comme Martin V et Eugène IV, ne craignirent pas de se constituer les Mécènes de ses plus illustres représentants. La chancellerie pontificale devint le rendez-vous des humanistes les plus en renom, les Papes n'omettant rien pour les attirer près d'eux. La même faveur entourait les peintres et les architectes que l'on savait le plus épris de l'art classique.

Par malheur, cette renaissance du goût antique ne devait amener que trop tôt le retour au paganisme, qu'elle contenait en germe. Trop nombreux étaient déjà à la cour pontificale les humanistes qui se faisaient gloire de puiser leurs principes de vie morale et religieuse aux sources mêmes de l'antiquité païenne. Peu à peu leur exemple devait se propager autour d'eux, jusque dans la curie romaine, et jeter du discrédit sur quelques-uns des papes de cette époque. Durant la première moitié du xve siècle, ils surent se garantir de cet entraînement irréligieux et immoral ; mais à voir la protection qu'ils accordèrent aux Valla et aux Pogge, on peut se demander s'ils ne favorisèrent pas, au moins, à leur insu, la funeste influence de ces humanistes sur les esprits du temps. Rome renaissante réchauffait ainsi dans son sein un serpent dangereux qui lancerait bientôt contre elle son venin malfaisant.

Dans l'exposé de cette question si délicate des influences réciproques des Papes sur la Renaissance, et de la Renaissance sur la cour romaine, M. Guiraud a su allier au sens chrétien le plus exact, l'entière impartialité d'un historien consciencieux. Ce n'est donc que justice de remercier l'auteur de cet ouvrage, et de le féliciter du témoignage que vient de lui rendre, pour la seconde fois, l'Académie française.

P. M.

XXX.

Revue Financière

La quinzaine a été satisfaisante ; le marché a conservé ses bonnes dispositions. Les cours n'ont pas, il est vrai, réalisé de nouveaux progrès ;
mais les plus-values acquises ont été fermement maintenues. On venait,
d'ailleurs, de monter dans de telles proportions, qu'il paraissait impro-
bable que le mouvement se prolongeât sans temps de repos. L'essentiel a
été que les acheteurs en bénéfice aient pu facilement se retirer sans que
leurs réalisations aient eu d'influence profonde sur la cote. Leurs ventes
étaient presque immédiatement absorbées ; si parfois elles déterminaient
un tassement, ce n'était là qu'une réaction passagère. On regagnait
presque sans effort ce qu'on avait un moment perdu. Sur plusieurs
valeurs, la lutte entre acheteurs et vendeurs a été cependant très vive.

On approchait de la réponse des primes, et les cours ont eu à subir les
conséquences des efforts tentés par les deux partis pour défendre leurs
positions respectives. De là ces fluctuations qui se succédaient rapidement.
Sur l'Extérieure, notamment, le cours de 88 francs a été plusieurs fois
gagné et perdu. Au-dessus de ce cours, une nouvelle couche de primes
pouvait être en danger. Les vendeurs se sont attachés à retarder le mouvement de reprise. La situation a été à peu près la même sur nos rentes ;
à un certain niveau, la hausse a rencontré de la résistance, et la cote a
éprouvé des oscillations assez notables.

Le 3 0/0 s'élève à 99 50 ; l'*Amortissable* à 99 80.

Quelques acheteurs de rente et de valeurs garanties par l'Etat français
font état d'un projet de loi à l'étude sur les compagnies d'assurances. Une
des prescriptions de ce projet applicable également aux compagnies étrangères exerçant leur industrie en France, consisterait dans l'obligation
pour elles d'employer en valeurs de notre pays, dont une liste leur serait
fournie, la partie de leurs réserves correspondant aux affaires engagées
ici. Cette information est exacte. Nous croyons savoir, en effet, qu'après
la liquidation de la Caisse des familles et de la Rente viagère, le ministre
du commerce a institué une commission extra-parlementaire, chargée
d'élaborer un projet intéressant les compagnies d'assurance sur la vie.
Cette commission aurait déjà décidé notamment de remplacer la formalité
de l'autorisation par celle de l'*enregistrement*, qui ne dépendrait plus,
comme la première, du bon vouloir de l'administration, mais de certaines
conditions uniformes à remplir par les sociétés en formation, telles
notamment que l'obligation d'un capital minimum de 4 millions, dont le
quart à verser à la caisse des dépôts et consignations jusqu'à la constitution de la société et l'interdiction de dépenser plus de la moitié de ce
quart versé en frais de premier établissement et de constitution. Un tarif

minimum correspondant au rendement des placements serait imposé aux compagnies. Ce tarif pourrait être modifié tous les cinq ans. Les assurés français aux compagnies françaises auraient un privilège sur les réserves sociales. Cependant, ces compagnies pourraient constituer à l'étranger des garanties pour leurs assurés étrangers. Par contre — et c'est par cette prescription que la question peut intéresser le marché des rentes françaises — les compagnies étrangères seraient soumises à l'obligation de l'enregistrement et, comme nous le disons plus haut, devraient employer en valeurs de l'Etat français, en obligations diverses dont l'énumération leur serait faite et en immeubles, la portion de leurs réserves correspondant aux contrats passés en France. Les placements en immeubles ne pourraient excéder le quart de ces réserves, tandis que les placements en rentes françaises ne seraient pas limités comme importance. Il est assez difficile de chiffrer les réserves que les compagnies étrangères auraient à employer ainsi. Cette évaluation ne ressort pas, en effet, directement des indications contenues dans leurs rapports annuels. Cependant, on estime très approximativement que ces réserves — en admettant que toutes les compagnies étrangères exerçant en France, consentissent à se soumettre au nouveau régime, peuvent varier entre 200 et 300 millions, peut-être davantage.

L'*Extérieure* monte à 87 67.

Les fonds *turcs* sont bien tenus ; on parle d'un nouveau projet d'unification qui serait à l'étude, sans qu'on ait pu toutefois fournir aucune donnée précise à ce sujet. Quoi qu'il en soit la *série D*, qui avait été jusqu'ici moins recherchée que les autres, a donné lieu cette semaine à des achats suivis et s'est élevée à 29 47, la *série B* à 57 70, la *série C* à 32 17 ; l'*obligation 5 0/0 1896* s'est tenue à 528 ; les fonds *brésiliens* ont été résistants ; le *4 0/0* à 76 20 ; le *Funding* à 102 25.

Les fonds *bulgares* ont conservé leur fermeté précédente : le *5 0/0 1896* à 444 ; le *5 0/0 1902* à 477 ; le *Portugais 3 0/0* s'élève à 31 82 ; l'*Italien* à 104 05 ; le *Serbe 4 0/0* s'est tenu de 79 45 à 79 37.

Chemins de fer français et étrangers. — Le *Nord* passe à 1,815 ; le *Lyon* à 1,417 ; l'*Orléans* à 1,490 ; le *Midi* sans changement à 1,240 ; l'*Est* vaut 940 et l'*Ouest* 935.

La *Compagnie des chemins de fer autrichiens* se retrouve sans changement à 736 ; les *Chemins de fer du Sud de l'Autriche* (*Lombards*) sont calmes à 90 50.

Les variations du change ayant été très peu sensibles cette semaine, n'ont pas eu grande influence sur les cours des actions des chemins de fer espagnols. Il est aujourd'hui avéré que le ministre des finances préfère que l'Etat ne s'immisce pas dans les opérations de change des compagnies. Le *Saragosse* est revenu à 335 ; les *Andalous* à 196.

Mines d'or. — Le marché des mines d'or accentue son mouvement en avant. La reprise, sans être très marquée, s'est cependant journellement accentuée et la clôture s'est faite sur les plus hauts cours cotés. Les rachats de vendeurs, qui se sont produits immédiatement après la liquidation de Londres, ont surtout contribué à maintenir la bonne tenue de ce groupe. Aux cours où l'on est parvenu, bien des primes à échéance de janvier sont dépassées.

Cette position de place semble donc propice à une campagne d'affaires

Mais voudra-t-on en tirer parti ? Tout dépend des nouvelles qui viendront de l'Afrique du Sud. On paraît s'attendre à des déclarations de M. Chamberlain, qui seraient de nature à rendre confiance à la spéculation.

La *De Beers* s'avance à 582 50 ; la *Chartered* à 91 75 ; la *Randmines* à 293 50 ; la *Goerz* à 82 75 ; la *Roodeport Central deep* à 65 50 ; la *Lancaster West* progresse à 61 25 ; la *Robinson* à 287 50 ; la *Robinson deep* à 144 ; la *Ferreira* à 614 ; la *Goldfields* à 211 50 ; l'*East Rand* à 221.

Syndicat des mines d'anthracite de la Tarentaise (clavod). — Nous avons demandé à M. Merceros de nous fixer sur la date approximative de la convocation des Assemblées constitutives, nous attendons sa réponse à une première et à une seconde lettre plus pressante. En cas de retards plus prolongés, nous conseillerons et provoquerons si besoin est une nouvelle assemblée générale des Syndicataires.

Syndicats des mines et ardoisières de l'Ariège et Port Cros réunis. — Le conseil de surveillance, sur les indications de son ingénieur conseil, M. Saulages, s'est assuré la collaboration de M. Martignat, ingénieur des Arts et Manufactures, qui s'est d'abord rendu en Ariège pour y étudier les conditions d'établissement d'un barrage sur le Signor et de la construction d'une usine électro-hydraulique pour ménager au pays et aux chantiers la force motrice nécessaire et la lumière électrique. M. Martignat a fait son étude très satisfaisante, déposé son rapport et il s'est immédiatement transporté à Port Cros où il met l'usine à sous-produits à point pour fixer le prix de revient des sous-produits et permettre la vente impatiemment attendue. Des demandes, en effet, sont faites. On tâchera d'y faire face immédiatement.

En Ariège, les travaux sont poussés très activement avec des résultats de plus en plus satisfaisants. Les ventes vont aussi sans cesse en progressant.

Alliance de la Presse, 76, rue des Saints-Pères, Paris.

Saint-Amand (Cher). — Imprimerie BUSSIÈRE.

L'OPINION D'UN EVÊQUE

Au cours des protestations épiscopales contre la proscription des religieuses, — toutes présentées comme l'accomplissement d'un devoir rigoureux, — un évêque des provinces maritimes parut donner, dans ce concert, une note discordante. D'après les prélats, unanimement protestataires, leurs actes publics étaient commandés par l'autorité canonique que le droit de l'Eglise leur confère sur les vierges consacrées à Jésus-Christ; par l'obligation civique de défendre les droits des pères de famille et la liberté d'enseignement; par l'obligation religieuse et morale qu'implique le mandat apostolique d'enseigner toutes les nations; enfin par le caractère propre de l'épiscopat, plénitude du sacerdoce surtout pour maintenir l'intégrité de ses droits et la défendre contre les puissances de l'enfer. A l'encontre de ces déclarations, un évêque parut prétendre que ces réclamations n'appartenaient pas aux évêques. — Mais d'abord il faut citer largement l'acte épiscopal où s'étale cette opinion particulière. Dans une lettre à son clergé sur la *situation faite à l'Eglise de France*, en présence de la guerre faite aux religieuses enseignantes, le prélat constate que c'est *l'éducation religieuse* qu'on veut atteindre, et même supprimer légalement si, « comme tout le laisse supposer, la réponse aux autorisations demandées est négative ».

« Or voici, dit-il, que tout à coup on nous menace de *supprimer* tous ces éducateurs courageux et désintéressés, fils, frères, amis, secours infatigable de ce peuple, dont ils sont issus, de les supprimer même, quand ils ont, les uns à la première heure, les autres à la dernière, par suite de malentendus où leur bonne foi demeure évidente, demandé l'autorisation qu'une loi hostile exigeait.

» Si cet acte de *violence, suprême* attentat à la liberté de conscience était définitivement commis, la situation deviendrait, aux yeux même des moins clairvoyants, *réellement intolérable*. Dès lors, il s'agirait de savoir, par une réponse spéciale, authentique et loyalement provoquée dans *un appel au peuple*, non seulement si le premier mot de la devise nationale : Liberté, doit être supprimé, mais encore si la majorité des Français est pour le *triomphe du despotisme*, et entend établir et sanctionner le pire des esclavages, celui des âmes, au nom d'un faux droit national.

» Sans doute, j'estime que nos religieux et nos religieuses, en présence de la force brutale qui les expulse, font sagement de se retirer, sans aigreur, sans murmure, en raison de ce principe évangélique, qu'il ne leur appartient pas d'opposer la violence à la violence : « Bénissez ceux qui vous persécutent, priez pour ceux qui viennent vous tuer. » Je sais encore que, chassés d'un pays, les hommes de l'Evangile doivent se résigner à passer dans des terres plus hospitalières, la grâce de Dieu, dont ils sont les porteurs, s'offrant à qui la veut, mais ne s'imposant jamais. Oui, et je suis heureux que les rares religieuses de mon diocèse sommées de quitter leurs écoles aient, sans même se sentir le besoin de me consulter, jugé que suivre le conseil évangélique était toujours le meilleur ; mais j'ajoute que *tout autres sont les devoirs* de ceux qui, détestant l'impiété et ses fruits amers, veulent, pour eux et pour leurs enfants, la religion et les maîtres qui l'enseignent. *C'est à ces croyants*, chefs de famille, citoyens de tout nom, de tout rang, de toute influence, vrais et utiles amis du peuple, promoteurs courageux du progrès social, et *non pas à nous, évêques*, prêtres, religieux et religieuses, d'engager et de conduire la lutte. Les lévites qui portaient l'arche sainte ne se battaient pas ; on se battait autour d'eux, pour défendre le trésor qu'ils portaient. A nous il convient, avant tout, de rester *les hommes des âmes,* et par conséquent *de ne pas descendre dans la mêlée,* où nous risquerions de croiser le fer avec ceux qu'il faudra peut-être aborder, consoler et sauver au moment de leur départ pour la vie mystérieuse de l'au-delà.

« L'heure semble donc venue, si tout doute est désormais impossible sur les intentions de ceux qui entendent frapper non pas seulement des religieux ou des religieuses, mais la religion parmi nous, de *provoquer une explication solennelle* et concluante. Il s'agit de mettre la nation entière en demeure de dire si elle veut désormais l'enfance et l'adolescence élevées sans Dieu, le nom même de ce Dieu proscrit, insulté, maudit publiquement. Et qu'on n'abuse plus le pauvre peuple par ces mots peu précis de cléricaux et d'anticléricalisme. Admettez-vous Dieu, oui ou non ? Acceptez-vous le signe du chrétien, oui ou non ? Voulez-vous loyalement que les fonctionnaires de l'Etat, depuis le juge jusqu'au gendarme, depuis le receveur des finances jusqu'au pauvre commis d'octroi, depuis les directeurs des travaux publics jusqu'au modeste employé de chemin de fer, depuis le recteur d'académie jusqu'au malheureux instituteur, depuis le général jusqu'au garde champêtre, depuis le président de la République jusqu'à l'appariteur de la mairie, puissent, sans démériter, sans encourir le mécontentement des hommes au pouvoir, ou de leurs satellites, sans compromettre leur avenir, pratiquer leur religion ? La question que l'on devra poser est toute là. Ne la compliquons pas par des additions inutiles.

« Il faut que *dans chaque commune,* dans chaque cité, elle obtienne une réponse authentique, nette, libre, franche ; *réponse* que devront articuler tout d'abord *les élus et représentants du peuple* à des titres divers, depuis le conseiller municipal jusqu'au sénateur ; réponse que fera le peuple lui-même par une profession de foi et un exposé de désirs qu'il formulera et signifiera à ses délégués, non plus par des protestations ou des lamentations régulièrement aussi éloquentes que vaines, mais par des déclarations calmes et catégoriques qui, au jour venu, se traduiront par des votes ou des actes très positifs. *Pas plus que nous, les femmes*, si sacrés que soient leurs droits maternels et si digne d'applaudissements que nous paraisse leur exemplaire vaillance, *n'ont à intervenir* dans cette manifestation légale, où seules les voix et les mains d'hommes peuvent donner une réplique effective à la méconnaissance des plus légitimes aspirations de l'âme du vrai peuple français. »

Pour dire la chose en moins de mots, il s'agit, dans l'espèce, de supprimer les instituteurs religieux du peuple catholique de France. Cette suppression est un acte de suprême violence, intolérable, le triomphe du despotisme. Contre un si grand mal, il ne reste qu'un remède, l'appel au peuple ; c'est aux électeurs à examiner s'il leur plaît de révérer Dieu ou de supprimer son culte. Les évêques pas plus que les femmes n'ont à descendre dans la mêlée : les femmes doivent se tenir dans leur ménage et les évêques dans leur cathédrale.

Un correspondant de plusieurs journaux catholiques du midi, le bucolique Ménalque, contesta cette doctrine d'effacement obligatoire et de stérile résignation. L'évêque contesté lui répondit :

« Ma thèse est très simple pour qui veut l'entendre. Autres sont *les devoirs des évêques* et du clergé, *autres ceux du peuple* chrétien. S'il s'agit de lutte politique par l'action des journaux, les conférences, les notes multiples ou même par les résistances qu'autorise le droit public, l'évêque, *selon moi*, n'a pas à s'en mêler. Ceci est la *sphère* où doivent vaillamment se mouvoir les laïques et nul de ceux qui voient juste *ne tentera de nous attirer* dans cette mêlée. Ils n'en savent pas moins, quoi qu'insinue votre « Ménalque », que notre cœur suit toujours nos soldats, où qu'ils luttent, avec une paternelle angoisse, et que nos bras se lèvent au ciel, pour demander leur triomphe. Ce n'est pas mon cri d'alarme qui ira les décourager, je l'étoufferais plutôt dans mes larmes, mais c'est l'interprétation odieuse qu'a donnée un journaliste écrivant *entre deux bocks* des *accusations irréfléchies*, sans doute, mais *bien coupables*. En précisant exactement le rôle du peuple et celui du clergé dans la défense religieuse, j'ai toujours compris qu'il y avait pour l'un comme pour l'autre assez de courage à déployer et assez de mérites à conquérir.

« S'il s'agit de défendre *les droits spirituels de l'Église, son enseignement, sa discipline, son indépendance*, c'est le devoir de l'évêque,

et il ne le cédera à personne. Veuillez donc parcourir en entier ma
lettre, à laquelle rend justice l'immense majorité de ceux qui l'ont
lue (plus de cinq cents cartes ou télégrammes sont là, sous ma main,
pour en faire foi), vous reconnaîtrez que, sans aucune préoccupation
humaine, peut-être même avec quelque courage, j'ai parlé quand il
fallait. La mêlée *spirituelle* est un et la mêlée *temporelle* est *un autre*.
Ainsi s'accorde admirablement ce que j'ai dit et ce que vous faites
dire à mon vénéré frère, l'évêque de Versailles, au Père Lacordaire
et à saint Grégoire le Grand. Pour en convenir, il suffit d'une intelligence et d'une justice très ordinaires.

« Après cela, ne vous mettez pas inutilement en peine de ma puissance finale d'opposition au mal, mais plutôt appréciez plus sagement, vous et les vôtres, l'acte par lequel je viens de la prouver. Il
peut se faire que l'idéal du prêtre ou de l'évêque soit, pour votre correspondant, le ministre de Dieu *courant les clubs* pour agiter la
foule ou *descendant dans la rue* pour dresser des barricades, moi,
j'aime mieux le saluer dans saint Ambroise arrêtant, au seuil de sa
basilique, Théodose qui vient d'abuser de la force brutale, et dans
Mgr Affre agitant le rameau d'olivier entre des frères qui s'égorgent.
Celui-là me passionne et si les circonstances l'exigent jamais, vous
pouvez être sûr qu'avec l'aide de Dieu, je le réaliserai.

« Quant au sens du mot « nécessaire » appliqué à la République,
vous savez, aussi bien que moi, quel il peut être. D'abord il est des
nécessités qui n'obligent pas certaines gens : ainsi il est nécessaire de
lire ceux qu'on veut réfuter, et cependant « Ménalque » ne m'a pas
lu. Il en est d'autres simplement provisoires qui cessent avec les circonstances d'où elles sont issues ; enfin nous en savons d'autres que
tout le monde ferait bien d'accepter puisqu'on n'a pas mieux à imposer. Pour ce qui est de la conformité de mes idées avec les directions pontificales, veuillez ne pas vous en préoccuper, mais plutôt
chercher à l'imiter. Après cela je serais reconnaissant à votre correspondant de constater, pour cette fois du moins, qu'il est logiquement *nécessaire* de comprendre la lettre d'un évêque avant de la discuter. Il a commis autrefois la même incorrection à propos de mon
programme d'études ecclésiastiques. Je ne vois pas bien les motifs,
encore moins les avantages qui vous rendent injustes vis-à-vis
d'évêques n'ayant au cœur que l'amour de l'Eglise et de leur pays. »

La lettre pastorale aux prêtres du diocèse et la lettre explicative
aux journaux disent exactement la même chose. L'évêque est bien
d'accord avec lui-même. A ses yeux, dans le cas présent et, sans
doute, dans tous les cas analogues où l'Eglise et l'Etat sont en cause,
il y a deux sphères d'action distinctes et même séparées. Dans la
sphère d'action religieuse, opèrent les évêques ; dans la sphère d'action sociale et politique, agissent, selon leurs sentiments et leur prudence, les citoyens. Les citoyens ne doivent pas entrer dans la sphère
épiscopale ; les évêques ne doivent pas descendre dans la sphère ci-

vique. Ce sont deux mondes juxtaposés, destinés sans doute à la concorde, mais, en cas de discorde, obligés de ne pas franchir leurs frontières respectives. Chacun sur son terrain, chacun à son droit et à son
devoir spécial. Et si tout n'est pas pour le mieux dans le meilleur des
mondes, c'est, du moins, tout ce que la foi prescrit, dans les sphères
connexes de l'Eglise et de l'Etat.

J'ai cité longuement les textes de l'évêque, pour que personne ne
me reproche de les dissimuler ; je ne voudrais pas les encadrer dans
un trop long commentaire, dans la crainte qu'on ne m'impute de les
travestir. Je connais suffisamment la race irritable des poètes et des
prosateurs ; je voudrais être à l'abri des représailles de la mauvaise
humeur. Je connais encore mieux, dans ces temps de confusion et de
violence, la très grosse responsabilité des évêques, et ne m'étonnerai
jamais de leurs susceptibilités patriotiques. Qu'il soit donc bien entendu que nous ne mettons point en question un évêque ; que nous
ne voulons pas plus méconnaître la générosité de ses sentiments que
l'autorité de sa parole et la bravoure de ses résolutions. Mais l'opinion, un peu flottante, qui se dégage de ses textes, peut, croyons-
nous, se dépersonnaliser et se discuter, par suite, sans irrévérence.
En tout cas, tel est l'objet et le but de cet article.

I

La distinction entre les sphères d'action, impliquant en conscience
un absentéisme réciproque, nous paraît par ses consonnances dogmatiques et ses approximations morales, la conséquence lointaine,
mais naturelle d'une théologie favorable à la *séparation* de l'Eglise et
de l'Etat. Voilà cinq siècles que cette question se discute, s'agite et
s'embrouille en France. A toutes les époques néfastes, elle est revenue sur l'eau, plus d'une fois, pour y provoquer des orages. Les
écoles, les parlements, les palais, les églises prenaient part aux pugi-
lats ou en éprouvaient les contre-coups. Toute une école s'était formée, qui, sous prétexte de défendre les droits de l'Etat et de couvrir
les prérogatives des évêques, avait tristement, parfois perfidement,
méconnu la chaire du Prince des Apôtres et la monarchie du gouvernement pontifical. La Révolution est revenue depuis tabler sur ces
aberrations et les pousser aux dernières conséquences. Plusieurs
pensent même qu'il ne doit pas exister des Eglises parce qu'il n'y a
pas de Dieu.

Depuis un siècle, les va-et-vient de l'opinion aboutissent à ces deux oppositions : les uns tiennent la révolution pour satanique et veulent extirper ses doctrines ; les autres, tenant pour ces mêmes doctrines, cherchent à les concilier avec l'enseignement positif de l'Eglise. Pour ne pas exciter, ni même réveiller les passions, nous ne voulons citer aucun nom propre. Mais, pour nous, croyants à la révélation divine et à l'indestructible autorité du bienheureux Pierre, nous pensons que ceux qui, par la grâce de Dieu, partagent avec nous ces croyances, ne peuvent pas, sans contradiction, admettre, même à l'état de dilution infinitésimale, les aberrations d'un libéralisme soi-disant catholique. En tout cas, c'est la thèse que nous voulons établir, contre les croyants, selon nous illogiques, enclins à pactiser avec la révolution.

« Jusqu'à quand, disait le prophète, boiterez-vous entre deux partis ? » La sagesse de nos catholiques libéraux, c'est d'appartenir à deux camps, sauf à boiter toujours. Qu'on leur dise que le libéralisme absolu met l'Etat au-dessus de l'Eglise, ils ne peuvent supporter une telle horreur ; qu'on leur montre un libéralisme modéré qui ne va pas tout à fait si loin, ils protesteront encore, mais avec timidité. Avant tout, ils sont catholiques ; ils peuvent être évêques, de ces évêques bienvenus du monde et favorisés par la politique ; mais ils n'acceptent ni la séparation des deux ordres, ni l'asservissement de l'Eglise. Et alors quoi ? En principe, ils reconnaissent la subordination de l'Etat à l'Eglise ; en pratique, ils la récusent ; théoriquement, ils se tiennent dans les sphères du catholicisme ; expérimentalement, ils glissent dans les abîmes du naturalisme. En eux, il y a deux choses ; un principe et un fait : au nom du catholicisme, ils rejettent la séparation ; au nom de l'Etat, ils l'acceptent ou la subissent. Ce sont des hommes condamnés ou voués à la contradiction.

Cette contradiction n'est qu'un masque hypocrite de l'abdication et moins une confusion d'esprit qu'une absence de vertu. J'ai connu, dans ma vie, beaucoup de ces libéraux très fiers de leur orthodoxie ; tous n'étaient pas sans mérite, plusieurs même étaient distingués ; mais tous étaient prétentieux et, durs envers leurs frères, très mous contre leurs ennemis. Dès qu'ils avaient relégué, dans les idées platoniques, la suprématie de l'Eglise sur l'Etat, ils se retranchaient, au regard de l'Etat, dans la *non-résistance*. L'Etat a-t-il envahi quelqu'un des droits imprescriptibles de la puissance spirituelle, le catholique libéral n'approuve point, mais il espère une transaction heureuse, et, en attendant, il croit sage de ne point irriter le pouvoir envahisseur. Naturellement l'Etat pousse ses empiètements plus à fond ; le libéral cède encore, cède toujours, dans l'espoir d'une conciliation, apanage caractéristique de sa sagesse. Ne lui demandez pas un effort; il se croirait un séditieux. Calme, modéré, rompu en ruse diplomatique, il négocie; il se flatte, par ses négociations, de tout sauver. Voici que par cet effacement perpétuel, il se livre à la tyrannie gouvernementale, cela dépasse sa clairvoyance; mais quand tout sera perdu, et l'honneur comme le reste, il lui plaira d'imputer nos disgrâces, non pas à ses trahisons, mais à nos intransigeances. Contradiction et mollesse : voilà tout le système.

« Ce qui afflige votre pays et l'empêche de mériter les bénédictions de Dieu, disait Pie IX en 1871, c'est un mélange de principes. Ce que je crains, ce ne sont pas tous ces misérables de la commune de Paris, vrais démons de l'enfer qui se promènent sur la terre. Non, ce n'est pas cela; ce que je crains, c'est cette malheureuse politique, ce *libéralisme catholique*, qui est le véritable fléau. Je vous l'ai dit quarante fois; je vous le répète à cause de l'amour que je vous porte. »

Mélange dissimulé de vérité et d'erreur, ce libéralisme n'est pas un torrent qui nous entraîne et contre lequel on peut se raidir; c'est un torrent qui nous porte et auquel on s'abandonne. Chez plusieurs, sans doute, ce n'est qu'une déplorable illusion et une mauvaise habitude. Mais, dit Bossuet, « le plus grand outrage qu'on puisse faire à la vérité est de la connaître, et, en même temps de l'abandonner ou de l'affaiblir » (*Variat.* Liv. XV).

Or, le premier tort que j'impute à ce système, c'est qu'il *amoindrit* le domaine de Dieu.

II

Dieu est le principe et la cause de tous les êtres; il les conserve et les gouverne par sa providence; il leur prête, pour l'action, son divin concours. Les êtres matériels obéissent nécessairement à ses lois; les êtres spirituels doivent lui obéir librement. Mais la liberté ne consiste pas à enfreindre l'ordre voulu par Dieu; elle ne constitue qu'un engagement étroit à mettre les lumières de notre raison et les énergies de notre volonté, sous la dépendance divine. En tout cas, le droit de Dieu s'affirme, soit en récompensant nos mérites, soit en réprouvant, comme il convient, nos prévarications.

Le libéralisme catholique ne conteste certainement pas ces principes naturels de philosophie. Théoriquement, il reconnaît le domaine absolu de Dieu sur l'homme individuel et social ; pratiquement, il n'oblige que l'homme privé et laisse libre l'homme public, avec latitude d'exercer sa pleine liberté de pensée, de conscience, de presse et de culte : Pourquoi ? La société n'est-elle qu'une abstraction fictive ? Le devoir de l'homme privé aurait, aux yeux de Dieu, plus d'importance que le devoir de l'homme public. Vous croiriez plutôt le contraire ; mais il nous faut renoncer à comprendre cette antinomie, ou plutôt ce contre-sens.

Sur les questions de théodicée, au surplus, le libéralisme ne craint pas de faiblir. Naturellement, il n'exige pas que Dieu ait eu besoin de nous pour nous mettre au monde; mais il réduit au *minimum* son assistance. Nous ne dépendons de Dieu qu'en ce sens qu'il ne nous détruit pas. Son assistance à nos actes n'est que médiate et lointaine ; c'est à nous-même que revient l'honneur de notre perfection.

On en vient à discuter, entre catholiques, des questions d'hétérogénie et de transformisme, comme des hypothèses scientifiques, dont il faut dégager les lumières. C'est tendre à détruire l'empire de Dieu sur les créatures et l'affaiblir effectivement, lorsque dans la pratique, on relègue l'homme social au sein d'un pays, neutre relativement au Créateur.

III.

Les erreurs s'enchaînent : dès qu'on amoindrit philosophiquement le domaine du Créateur, on doit restreindre théologiquement la royauté du Sauveur. La nature est le support de la grâce ; si donc l'homme a le droit de se dérober partiellement à l'empire de Dieu, le chrétien peut refuser son entière obéissance à Jésus-Christ. Mais d'abord il faut démontrer que le Rédempteur des âmes est le roi des nations.

David énonce formellement la royauté universelle du Christ : « Je te donnerai les nations en héritage. — Vous m'établirez chef des nations. — Son règne s'établira sur les nations. » — (*Ps.* II, 17 et 21.) Voilà des titres prophétiques ; en voici la réalisation dans l'histoire : « Toute-puissance m'a été donnée au ciel et sur la terre. — Dieu a tout mis sous les pieds de N.-S. Jésus-Christ. — Le Fils de Dieu est le roi des rois et le Seigneur des Seigneurs. » (*Math.* XXVII, 18 ; *Eph.* I, 22 ; *I Timoth.* VI, 25.) Rien donc ne se dérobe au pouvoir royal du Verbe incarné ; tous, rois et peuples, pasteurs et troupeaux, relèvent de cette puissance souveraine. En vain, la critique, avec de grands airs d'érudition, viendra nous dire qu'il s'agit de titres plus honorifiques qu'effectifs. Le sens précis de ces textes c'est une royauté universelle ; le bon sens, d'accord avec la foi, ne permet pas de les restreindre à la sphère individuelle, quand, au contraire, l'Écriture parle sans cesse, non pas des individus, mais des nations.

La royauté universelle appartient à Jésus-Christ, parce qu'il est Fils de Dieu, égal en puissance à son Père. Mais ce n'est pas seulement comme Verbe qu'il revendique cette puissance, c'est encore en qualité d'Homme-Dieu. En raison de son union hypostatique avec la seconde personne de la Sainte-Trinité, l'humanité du Sauveur est investie d'une autorité plénière sur toutes les créatures et par suite d'un droit législatif qui s'étend à toutes les sphères de l'activité humaine. Il n'est donc pas permis d'opposer la loi naturelle à la loi sociale. D'ailleurs, dans les desseins de la miséricorde, l'Incarnation a été suivie de la Rédemption. C'est par le Christ Sauveur que le monde a été réconcilié avec Dieu ; c'est par son propre sang qu'il a acquis l'Église et cet empire auquel seront assujettis les peuples et les rois. Il y a donc, en toute rigueur, dans l'Homme-Dieu, une royauté sans limites, et par droit de conquête et par droit de naissance. Ces vérités élémentaires n'exigent aucun développement ; leur lumière est vive ; il suffit de les énoncer.

L'Homme-Dieu fonde sa puissance régénératrice sur un double droit. Roi immortel des siècles, il a tous les titres à la souveraineté et les revendique avec d'autant plus de force, qu'ils se fortifient dans sa personne, du droit imprescriptible de la Divinité.

D'ailleurs cette royauté n'est pas seulement théorique, mais pratique ; elle doit donc s'affirmer et triompher au milieu de tous les obstacles que rencontrent les desseins miséricordieux du Sauveur.

Les individus sont divinement obligés de s'assujettir à la loi de l'Évangile ; ils ont donc le droit de professer la foi catholique. Or, l'autorité publique est établie pour ménager sa protection à tous les droits ; elle ne peut donc refuser sa protection aux droits des chrétiens, pas plus qu'aux droits des citoyens.

« C'est en vain, dit un apologiste, que, pour éluder la force de ces conséquences, on prétendra ne voir, dans le catholicisme, qu'une caste de théorie qui ne donne point de prise à l'action du pouvoir social. On n'ignore pas que les catholiques sont des hommes et qu'ils produisent, dans les sociétés terrestres, des actes de vertus inspirés par les vérités qui composent leur symbole. Quand il s'agit de les persécuter, les catholiques sont des êtres vivants ; on les trouve toujours. Est-il question de les soutenir, ce sont des êtres de raison ; on ne les aperçoit jamais. Laissons là ce prétexte chimérique et reconnaissons que, chez les catholiques, les droits religieux s'ajoutent au droit civil. Mais alors si l'Etat n'abrite sous son autorité que les intérêts des citoyens, s'il ferme ses yeux sur les intérêts du chrétien, il ne remplit sa mission qu'à moitié. Bien plus, comme la mission octroyée aux droits religieux est la plus sûre garantie du maintien des droits civils, en négligeant les premiers, l'Etat arrive à méconnaître les autres : c'est la société retournée contre son but. Peut-on concevoir que le Fils de Dieu, auteur de la société, ait pratiquement dispensé les pouvoirs publics, à l'égard des droits chrétiens, d'une protection qui est due aux droits de toute nature et qu'il ait, par là même, préparé le bouleversement de tout l'ordre social ? Quoi de plus horrible que ce blasphème [1] ! »

L'Evangile ne s'est point propagé sans résistances ; l'opposition la plus opiniâtre a été faite surtout au nom de l'Etat ; le pouvoir public, armé de toutes les passions humaines, a voulu exterminer le Catholicisme. Pour conjurer le retour des persécutions, l'Eglise a infusé, aux pouvoirs publics, les vertus de l'Evangile. Si la société peut se dérober pratiquement aux obligations de l'Evangile, elle ressuscitera tous les obstacles que le paganisme avait suscités autrefois ; elle considérera, comme une usurpation, l'entreprise régénératrice de l'Eglise ; ses haines deviendront d'autant plus violentes, qu'elle croira se venger d'une plus longue oppression. — Si l'Etat n'est pas tenu de régler sa conduite sur la loi évangélique, l'Eglise a eu tort de baptiser les peuples ; le Fils de Dieu les doit laisser aux seules lumières de la raison. Les pouvoirs publics auront même le droit de créer des entraves à l'action de l'Eglise sur les individus : c'est l'opposé de l'Evangile.

On dira peut-être que l'Etat se contentera de la neutralité. Etre neutre, c'est n'être ni pour ni contre, situation difficile même aux individus. Cependant un homme, trop généreux pour haïr, trop faible pour aimer, peut, psychologiquement et provisoirement, se retrancher dans l'indifférence. Dans les régions du pouvoir, il n'en peut être ainsi. Le pouvoir offre, aux passions, la tentation et la facilité de sortir des règles de la justice. Si l'Etat refuse son appui à la religion, son chef laissera libre cours aux passions qu'il devrait combattre. C'est une coopération négative à tous les excès. Ainsi voyez comme la neutralité sait mentir.

[1] TOUPET, *Etude sur le libéralisme*, p. 133.

Aujourd'hui même, au nom de la neutralité, le Christ est chassé de toutes les sphères où son règne est le plus indispensable. Au nom de la neutralité, les libres-penseurs avilissent, par la persécution, la majesté des pouvoirs publics. Abrutir l'enfance par l'école sans Dieu ; initier les jeunes gens aux pratiques d'une morale dénuée de sanction ; dégrader la famille par le concubinage et le divorce ; enlever à la maladie dans les hôpitaux, à la vieillesse dans les hospices, les suprêmes consolations de la souffrance ; persécuter surtout, avec acharnement, les organes les plus dévoués de l'action sociale du Christ ; envoyer les curés, sac au dos, dans les régiments ; jeter en exil les religieux et religieuses : voilà ce qu'ils osent bien appeler du nom hypocrite de neutralité. C'est, sous couleur d'indifférence, la haine sans pudeur, la haine scélérate, qui viole toutes les obligations du pouvoir et tous les droits du Christ.

Dès qu'on suppose le pouvoir social, dégagé de toute obligation envers l'Evangile, il faut s'attendre à tous les excès. Entre ne pas combattre le mal et le commettre soi-même, il y a un intervalle minime à franchir. Un pouvoir étranger à l'Eglise devient nécessairement hostile et persécuteur. Neutre d'abord ou du moins se croyant tel, il se précipitera vite à toutes les violences. Un gouvernement dont les lois sont répudiées par les lois de l'Evangile, ne peut pas rester dans l'indifférence. Les passions gouvernementales, irritées d'une résistance passive à leurs iniques décrets, chercheront à se relever par des vengeances : ce sera la persécution dans toute sa rigueur. Par la fatalité des choses, on arrive à l'extermination du christianisme ou à la corruption des chrétiens, au martyre ou à l'apostasie. On croit entendre approcher l'Antéchrist.

Le catholicisme libéral sait bien que la France n'a pas commencé en 1789 ; mais il met en oubli les longs siècles où a éclaté le règne social du Christ. Depuis cent ans, l'empire antichrétien a pris pied dans le monde et aspire à s'étendre. Constantin fait monter le christianisme sur le trône ; ils ont fait, de Constantin, un barbare. Clovis donnant à la France ses frontières naturelles, plus reculées que celles d'aujourd'hui, et plantant aux frontières son épée et comme une borne et comme une croix de délivrance ; Pépin écrasant les hordes sarrasines à Poitiers ; Charlemagne refoulant, au delà de la Saxe, par vingt victoires, la barbarie asiatique ; saint Louis attaquant deux fois les Turcs au centre de leur empire : ce sont là les grandes choses de notre histoire, mais eux, ils ne les connaissent point. Don Juan d'Autriche à Lépante, Sobieski sous les murs de Vienne ont achevé l'œuvre de nos rois : ils n'ont pas compris cet enchaînement de gloire. Malgré la Sainte-Ecriture qui affirme l'empire du Christ sur les nations; malgré la raison chrétienne qui nous montre la royauté universelle du Verbe incarné; malgré les grands faits d'histoire qui glorifient cette royauté et cet empire, nos libéraux pensent qu'il ne faut pas relever le sceptre du Christ, mais l'effacer.

IV

Le libéralisme amoindrit le domaine de Dieu et diminue le règne de Jésus-Christ: que fait-il de l'obéissance due à l'Eglise?

Il est superflu de prouver, aux catholiques, la nécessité de l'obéissance à l'Eglise, chargée de continuer, parmi les hommes, la mission de Jésus-Christ. Doctrinalement, l'Eglise est chargée d'interpréter et de défendre toutes vérités, naturelles et surnaturelles, divinement révélées. Les vérités révélées, consignées dans l'Ecriture-Sainte et la Tradition, sont de *foi divine;* quand ces vérités, pour avoir été attaquées par l'erreur, ont été définies dogmatiquement par l'Eglise, elles sont de *foi catholique;* et quand les erreurs qui les attaquent ont été censurées, marquées d'une note de réprobation, le catholique doit les réprouver. Le catholique doit souscrire à toutes les vérités dont l'Eglise est l'interprète infaillible; il doit réprouver toutes les erreurs qu'elle condamne, comme gardienne incorruptible de la révélation.

Voyons maintenant à l'œuvre le libéralisme catholique.

En 1864, Pie IX avait publié un Syllabus des erreurs contemporaines et dirigé spécialement cette nomenclature contre le libéralisme à tous les degrés de son évolution. Depuis 1878, Léon XIII a publié une foule d'Encycliques où il combat, directement ou indirectement, ce libéralisme et expose, dans sa plénitude, l'ordre surnaturel. Qu'ont fait les libéraux catholiques au regard du Syllabus? Tout simplement, ils ont dit que le libéralisme tout cru était réprouvé, mais que leur libéralisme, édulcoré par leur catholicisme, ne tombait pas sous le jugement du Pape. Qu'ont-ils fait au regard des Encycliques du pape Léon XIII? Tout simplement, ils ont comblé le Pape d'éloges; ils ont dit que Léon XIII était le plus grand Pape depuis saint Pierre. Quant à tirer de ses Encycliques une conséquence quelconque, pas l'ombre d'un souci, aucun acte. Cependant il tombe sous le bon sens que condamner le libéralisme sans réserve, c'est le condamner entièrement. Qui dit tout n'excepte rien.

En 1870, Pie IX réunit un Concile au Vatican. Par suite des circonstances, devenues depuis 1682, des événements européens, des révoltes et même des révolutions, la question de l'infaillibilité personnelle des Pontifes Romains se trouve posée au Concile. Qu'on ait examiné, à l'intérieur du Concile, cette grave question, je le comprends : c'est la coutume de l'Eglise romaine, lorsqu'un problème se présente à sa barre, de l'examiner sous toutes ses faces et de l'énucléer, avec force preuves et parfait éclat d'évidence ?

Mais autre chose est de débattre une vérité déjà certaine pour la revêtir d'une évidence plus manifeste, autre chose de l'appeler en jugement pour l'attaquer à outrance et finalement la nier ; autre chose est d'explorer les Ecritures et la Tradition pour agrandir le royaume de la vérité, autre chose est d'étudier avec l'intention de fausser un dogme ou de le détruire par de capricieuses interprétations. Or, qu'avons-nous vu au Concile du Vatican ?

Que les libéraux catholiques aient admis, antérieurement à toute définition dogmatique, l'infaillibilité du Pape, nous voulons bien le croire. Que, dans une discussion, certainement permise, ils se soient pris à l'opportunité et aient invoqué contre des arguments extrinsèques, pris de l'état des esprits ou des susceptibilités des gouvernements, soit. Mais que, en combattant l'opportunité d'une définition, ils se soient attaqués à la vérité elle-même et que, dans les soi-disant preuves qu'ils multipliaient contre elle, on en ait surpris marquées au coin d'une bizarrerie étrange ou d'une entière déloyauté ; que cette campagne scandaleuse se soit poursuivie au dehors du Concile, avec la complicité des gouvernements hostiles à l'Eglise ; que même on ait fait appel au bras séculier pour empêcher le triomphe d'un dogme unanimement reconnu, voilà qui ne peut s'admettre et qui accusera éternellement devant l'histoire, des prélats en révolte ouverte contre la vérité de foi divine catholique.

Est-il moralement sûr que toutes les têtes libérales s'inclinèrent immédiatement en présence d'une définition dogmatique, nous voulons bien le croire. Mais cela se fit avec quelque mystère et dans des formes qui n'excluent pas absolument le doute. Le comble d'autorité que possède l'Eglise est certainement terrible pour les esprits trop infatués d'eux-mêmes. « Il est dur, disait Fénelon, d'être réduit à croire l'Eglise, dans le point précis où l'on est attaché à se croire soi-même. Il est douloureux de se laisser déposséder de toutes ses opinions les plus anciennes et les plus chères. C'est notre propre sens qui est l'idole de notre cœur ; c'est la liberté de pensée dont notre cœur est le plus jaloux. Notre jugement est le fond le plus intime de nous-mêmes ; c'est ce qu'il nous coûte le plus à nous arracher. Mais bienheureux les pauvres d'esprit, qui se détachent de leurs sentiments les plus intérieurs, comme les solitaires dans les cloîtres se dépouillent de leurs possessions extérieures [1]. »

V

Ce triple défaut d'exacte conception du royaume de Dieu, d'entière acceptation du règne de Jésus-Christ, de parfaite obéissance à la sainte Eglise, découvre ce que devient, à l'école catholique libérale, la conscience chrétienne.

L'unité de la personne dans la dualité des substances matérielles et spirituelles, voilà ce qui constitue proprement notre nature. Ce moi humain, qui ne change pas, est le siège de la conscience, qui est comme lui, unique. Cette conscience unique ne se contente pas d'enregistrer les phénomènes qui se produisent dans l'âme et dans le corps, elle les apprécie, y collabore et les juge. Puisque toutes les actions humaines sont citées au tribunal de la conscience, il n'y a pas à distinguer ici entre la conduite de l'homme privé et la conduite de l'homme public. Or, la conscience est réglée par la loi morale qui s'impose à l'homme avec un caractère obligatoire. Cette loi morale vient de Dieu ; elle s'applique également à la loi naturelle et à la loi évangélique. Telles sont, du moins, en fait de conscience, les vérités élémentaires que nous impose la droite raison.

Le libéralisme catholique détruit toutes ces notions de conscience par une série d'absurdités qui aboutissent à l'hypothèse chimérique d'une double conscience.

Dans l'hypothèse libérale, la conscience cesse d'être réglée obligatoirement pour les actes publics, pour les préceptes de la morale chrétienne. Du moment que la subordination de l'Etat à l'Eglise est, pratiquement, irrévocable, les personnes, revêtues d'une magistrature sociale, n'ont pas, dans leurs fonctions, à tenir compte de l'Evangile. Par le fait, ils se trouvent transportés dans une région neutre, où ils peuvent poser officiellement des actes qu'ils devraient, comme particuliers, s'interdire. Hommes privés, ils assistent à la messe le dimanche ; hommes publics, ils persécutent le Dieu de l'Evangile.

---

[1] *Instruction pastorale sur le cas de Conscience*, Conclusion.

Si la conscience n'intervient plus, au nom de la morale chrétienne, dans les actes publics, que peut-elle bien devenir devant la loi naturelle ? La loi naturelle, pour l'homme baptisé, pèsera moins que l'Evangile. On commence par être un chrétien absurde, on finit par être un malhonnête homme. Si, pour ne pas déranger votre système ou garder vos illusions, vous refusez de me croire, voyez ce qui se passe. Sont-ils des observateurs bien scrupuleux de la loi naturelle, ces hommes que la lâcheté de notre temps a laissés parvenir aux plus hautes fonctions ou qui volent imprudemment par millions ? Proscrire à main armée les ordres religieux, déclarer l'athéisme obligatoire des écoles, est-ce simplement persécuter l'Eglise ? N'est-ce pas, en même temps, fouler aux pieds la loi naturelle qui réclame des associations pour le bien, exige la liberté des pères de famille et commande aux hommes le respect de Dieu.

Mais, alors, nous sommes en présence d'actions certainement humaines, dont la conscience n'a pas le contrôle. Que si les maximes de l'Evangile et les préceptes de la loi naturelle disparaissent, où trouver, pour la conscience, la lumière indispensable à ses jugements ? Peut-on même, dans cette hypothèse, concevoir une conscience quelconque ? Or, la conscience n'est qu'une chimère ou vous ne l'acceptez que pour la montre, puisque vous lui déniez le droit de s'intéresser aux actions sociales, pour les approuver ou les flétrir, suivant qu'elles sont en harmonie ou en opposition avec les injonctions de la nature et les ordres de l'Evangile.

Cette conséquence a fait horreur ; c'est pourquoi, en dernière hypothèse, le libéralisme maintiendra, pour les actes publics, une conscience vague, indéterminée, tout à fait distincte de la conscience qu'il accepte pour les actes privés. Nous voilà, pour le même individu, en présence de deux consciences : l'une qui est le réceptacle passif, le collecteur insouciant de tous les actes du citoyen, l'autre, témoin inexorable et juste juge des actes de l'homme privé. Et encore si ces deux consciences pouvaient s'accorder ; mais elles sont condamnées à se contredire. Ce qui s'impose rigoureusement à l'homme privé, devient facultatif à l'homme public. Qu'est-ce que cette dualité extravagante sinon l'anéantissement de l'unité qui s'affirme dans la personnalité humaine par le témoignage du sens intime ? Cette scission de notre personnlité, n'est-ce pas la destruction de l'homme ?

VI

DE DÉGRADATION EN DÉGRADATION, NOUS ARRIVONS AU NATURALISME

Au v⁰ siècle, le pélagianisme repoussait la grâce divine pour se retrancher dans la seule nature ; il la jugeait, par sa seule force, capable de toute lumière et de toute vertu. Au xx⁰ siècle, le naturalisme proclame que l'homme, par sa seule intelligence, peut atteindre à la connaissance de toute vérité, et, par sa seule volonté, au sommet de la grandeur morale. Le naturalisme, comme le pélagianisme nie la grâce rédemptrice et sape le christianisme par la base ; par la force des choses, il doit aboutir au bestialisme.

Individuellement, les adeptes de cette erreur grossière, à moins d'inconséquence, se plongent dans des ténèbres et se précipitent dans les vices : ils déraisonnent sous prétexte de raison, et en vantant leurs forces, ne découvrent que des faiblesses.

Sur ce naturalisme privé se greffe effrontément le naturalisme social. Ce naturalisme met l'Etat en dehors de l'ordre surnaturel, se tient à l'écart de l'idée chrétienne et, méprise l'Evangile. En sombrant sur l'écueil du naturalisme, l'Etat s'imagine monter vers la perfection, il tombe dans tous les abaissements. Sa règle exclusive consiste à marcher, par des iniquités hypocrites ou violentes, à la conquête des jouissances matérielles : le bien est ce qui profite aux passions ; le mal, ce qui les trouble. On parle bien encore de raison et de droit, mais pour la forme. Or, le libéralisme catholique, justement sévère pour le naturalisme privé, en déclarant impossible le règne de Jésus-Christ, accepte en principe la négation sociale de l'Evangile. La société ne se meut pas dans le vide ; si elle répudie l'ordre divin, elle tombe dans le rationalisme et le matérialisme, les deux plus terribles dissolvants de l'ordre social.

L'hypothèse libérale met forcément en conflit perpétuel l'Evangile des chrétiens et le naturalisme de l'Etat. Le naufrage de la foi sociale doit ruiner la foi des individus. Les mauvais exemples qui partent de haut trouvent, en bas, des imitateurs intéressés. Le gouvernement exerce d'ailleurs, en faveur du mal, une pression officielle. De plus, en suivant ses inspirations, il édicte naturellement des lois contraires au Christianisme. L'entraînement des passions privées et publiques apporte ici son appoint. Que feront les catholiques ? Useront-ils du droit de résistance passive ; prononceront-ils le *Non possumus* des Apôtres ? Oui, sans doute, s'ils sont vraiment catholiques, ils proclameront énergiquement l'autorité sociale de Jésus-Christ. Mais s'ils sont de ces chrétiens amoindris par le libéralisme, que feront-ils ?

« D'une part, dit l'abbé Toupet, le catholicisme ordonne la désobéissance à des lois injustes ; de l'autre, ces lois sont portées par une autorité publique à laquelle on permet de se mouvoir dans la sphère du naturalisme : est-ce à la conscience ou au pouvoir social qu'il faut obéir ? De quel côté se tourner ? Va-t-on sacrifier la conscience à l'Etat ou abaisser l'Etat devant la conscience ? La situation est gênante et l'embarras extrême. Ah ! ce que feront ces catholiques abâtardis, nous ne le savons que trop ; sauf exception, ils humilieront la conscience chrétienne devant le naturalisme gouvernemental.

« Ne demandez pas au libéralisme catholique de résister passivement aux prescriptions iniques de l'Etat sans Dieu ; sa théorie le lui défend et c'est là ce qui explique la mollesse étrange qu'il oppose aux coups les plus sacrilèges. En effet, s'il est permis à l'Etat de vivre exclusivement dans l'atmosphère du naturalisme, comment peut-on taxer d'injustice les lois qu'il édicte, encore qu'elles soient contraires à l'Evangile ? L'Etat a-t-il, oui ou non, le droit de s'attacher exclusivement aux maximes du naturalisme ? Si vous le lui ôtez, la résistance des catholiques est tout à la fois légitime et nécessaire ; si vous le lui accordez, cette résistance n'est plus qu'une révolte. Il est facile de constater où se portent les préférences de l'hypothèse libérale ; si elle n'accuse pas ouvertement de révolte les catholiques militants, tout au moins leur prêche-t-elle la paix et la soumission ; et, dans les conjonctures les plus douloureuses de la foi, alors que les droits les plus imprescriptibles de l'Eglise sont foulés aux pieds, on nous criera qu'il ne faut pas récriminer contre les lois de son pays. Voilà ce qui énerve les âmes et les dispose à déserter le camp de l'Eglise pour passer dans les rangs du naturalisme. Que de trahisons dangereuses n'avons-nous pas vues dans les sphères politiques ! Et si l'on rencontre une telle félonie chez des hommes, qui se disent éclairés, croit-on que le peuple qui sent la main de l'Etat peser lourdement sur sa tête, ne sera pas ébranlé par le spectacle de ces apostasies [1] ? »

---

[1] *Achille Toupet, Etude sur le libéralisme*, p. 175, Lille, chez Bergès. Nous recommandons chaudement cet excellent ouvrage.

VII

Cette chute, abjecte et absurde, dans les contradictions et les ignominies du naturalisme, indique ce qu'il faut penser des progrès dont on nous bat les oreilles. Pour ne pas m'arrêter aux questions inutiles, je ne veux pas rechercher ce que deviennent, sous l'empire du catholicisme soi-disant libéral, la religion, la philosophie, la morale, la politique, les arts, les sciences et les lettres. Ces questions ne manquent certes pas d'importance ; mais elles auraient le double tort d'entraver la marche des idées et d'affaiblir la puissance de nos démonstrations. L'argument que je veux pousser à ce libéralisme, qui se croit orthodoxe, c'est qu'il n'est que mensonge et hypocrisie.

Le Fils de Dieu, roi immortel des siècles, revêtu de la nature humaine, a, comme créateur, un empire sur toute créature. L'Homme-Dieu fonde un royaume spirituel et universel, l'Eglise, qui est destinée à embrasser, dans son giron, tous les peuples et tous les siècles. Comme les sociétés particulières ne se bornent pas aux intérêts matériels, mais doivent procurer l'honnêteté des mœurs, elles doivent se soumettre à l'Evangile, code d'une morale très parfaite, strictement obligatoire, pour les particuliers et pour les nations. Les nations relèvent donc de l'Eglise, dépositaire attitrée, gardienne incorruptible de la morale de l'Evangile. Tel est le plan divin : prééminence effective de la grâce sur la nature, subordination de l'Etat à l'Eglise, dispensatrice des mystères de Dieu.

En présence de ces déclarations, le libéralisme, assez sot pour se croire catholique, ne pourrait contredire sans découvrir une véritable impiété. Mais il imagine par hypothèse, une société, ci-devant chrétienne, sortie de l'ordre surnaturel, confinée dans la nature, qui se croit le droit d'y rester et se persuade même qu'elle y trouvera un renouveau de civilisation. Son hypothèse consiste à reconnaître théoriquement la supériorité de l'Eglise sur l'Etat et à considérer comme impossible cette forme d'alliance. Le surnaturel est, sans doute, une effusion de Dieu dans la nature, sa réparation et sa surnaturalisation. C'est admirable, mais non recevable dans le domaine de l'expérience.

La thèse du libéralisme est l'impiété ; l'hypothèse catholique libérale est la tiédeur, mais c'est un chemin ouvert pour venir à la thèse impie.

Si le catholicisme libéral croyait à la thèse catholique, il la défendrait ; mais non, il l'abandonne, il la flétrit même en récriminant contre le passé de son histoire. Au lieu de gémir sur les aberrations et les fautes, je dirai même les crimes de la société moderne, il les dissimule ou les excuse. A nous, au nom d'une fausse paix, on inculque une prudence charnelle ; aux autres, on n'offre que des assurances de dévouement. Pendant que l'Etat, emporté par les illusions funestes du naturalisme, démolit, pièce à pièce, l'édifice social du christianisme, les libéraux renferment la religion dans la conscience individuelle et conjurent le clergé de se blottir dans la sacristie.

Volontiers le libéralisme parle des principes de 89, de la réconciliation de l'Eglise avec la société moderne, de l'impulsion qui entraîne la société présente, de l'impossibilité de revenir à certaines institutions vraiment sociales, sauf à en répudier les abus. Cet argument du libéralisme catholique pour les maximes révolutionnaires, montre que, même théoriquement, il accepte, sans répugnance, la sécularisation de l'Etat.

Mais la grimace qui marque le mieux le fond de son cœur, c'est son invention des *principes abstraits*. Un principe est une vérité certaine et souveraine ; un principe doit descendre dans la pratique et régler les actes. Des principes abstraits ! Qu'est-ce à dire ? Ce sont des principes absolument vrais, sans doute ; ils devraient influer sur la vie ; mais on y met obstacle ; on les déclare impossibles, inutiles ou nuisibles. Vous vous récriez contre cette contradiction ; vous vous demandez comment la vérité peut rester étrangère à notre conduite. Votre stupéfaction s'accroît encore, si l'on ajoute que ces principes abstraits, c'est le christianisme lui-même, c'est l'Evangile dans son application aux réalités sociales. Des principes abstraits, c'est, en soi, la destruction des principes eux-mêmes ; et, au fond, dans l'espèce, c'est le règne de l'anti-christianisme.

Le libéralisme est une illusion, disait Veuillot ; sans doute, mais l'illusion libérale est une sottise, un crime, et, pour dire le mot propre, une trahison. Grattez le catholique libéral, vous y trouverez le traître, mâtiné jusqu'à la scélératesse.

VIII

Autrement les libéraux se rattrapent sur le chapitre des vertus : e sont des gens pieux, pleins de charité, qui prêchent la modération et pratiquent la condescendance, ou, du moins, recommandent fort aux autres de la pratiquer.

Que les temps soient changés, personne ne le conteste ; qu'il faille, dans les choses permises et dans une certaine mesure, tenir compte des modifications des temps : c'est entendu. Si telle est la pensée libérale, nous sommes d'accord. Inutile de crier sur les toits qu'il faut s'accommoder au temps : mais si les libéraux s'agitent si fort, c'est qu'ils entendent autrement la condescendance. Ecoutez-les :

« Ne vous flattez pas de ramener la société en arrière ; le monde marche ; le Moyen Age est fini sans retour. Ne nous immobilisons pas, pendant que tout meurt ; prêtons-nous aux aspirations nouvelles ; déclarons que l'Evangile n'a plus à s'immiscer dans le gouvernement des peuples ; les sociétés ne doivent plus relever que de la raison. En sacrifiant les principes immuables, on se ménage la bénédiction des peuples. »

Telle est la condescendance libérale ; peut-on l'admettre ?

Au point de vue philosophique, on ne peut l'admettre que dans les choses libres, point du tout dans les choses nécessaires. Les opinions sont variables ; les principes sont immuables de leur nature. Qu'on use de ménagements envers les opinions, c'est entendu, mais en respectant les principes. Les sacrifier, c'est pure folie. Il n'est pas une science où les principes ne soient inflexibles. C'est l'indispensable condition du progrès.

En religion, il ne peut en être autrement. La subordination de l'Eglise à l'Etat n'est pas une loi disciplinaire, variable selon les circonstances ; c'est un principe de l'immuable Evangile. Les sociétés peuvent le méconnaître et, en le méconnaissant, se perdre ; elles ne le détruiront pas. Vouloir que l'Eglise le discute, c'est lui proposer de trahir sa mission. Surtout n'ajoutez pas qu'une complaisance passagère ne tire pas à conséquence. La logique réprouve ce raisonnement. Si l'Eglise cède sur une vérité, il n'y a pas de raison pour qu'elle ne cède pas sur toute la ligne.

La modération est un autre mot dont le libéralisme abuse étrangement. Cependant, il faut bien le reconnaître, la modération était connue et pratiquée du monde catholique, avant l'apparition du libéralisme. Si donc, il la carillonne si fort, c'est qu'il est entré dans des voies nouvelles. Le tout est de s'expliquer.

Au point de vue doctrinal, qu'est-ce que la modération ? Tout d'abord elle consiste à exposer franchement la vérité, telle que Dieu a révèle, telle que l'Eglise l'enseigne. Si vous l'exagérez, c'est un excès ; si vous la diminuez, c'est une faiblesse : excès ou faiblesse, c'est absence de modération. Mais la vérité peut être attaquée et alors il faut la défendre. Voilà pourquoi la modération consiste à soutenir les droits de la vérité, avec une fermeté exempte de pusillanimité et de violence, selon les règles de la charité envers les personnes. Le culte de la vérité sympathise avec la modération. Si, sous prétexte de modération, vous lésez la vérité, vous trahissez ces deux vertus.

Mais, aux yeux du libéralisme, la modération a un autre sens. Pour ne pas se trahir, ils s'abstiennent d'en donner une définition ; mais, en pratique, on voit trop bien comme ils l'entendent L'Église affirme la vérité religieuse et ses droits sur les sociétés ; eux, ils l'amoindrissent, la dissimulent ou la relèguent parmi les abstractions ; et, si on l'attaque, ils se taisent. Quiconque n'entend pas, comme eux, cette sagesse, est indigne de vivre. On essaie de paralyser les plus braves défenseurs de l'Eglise et l'on fait des avances aux pires ennemis du catholicisme. Voilà la modération du libéralisme.

Le libéralisme abuse visiblement des mots. C'est ainsi qu'il oppose constamment la modération à la violence, et laisse toujours dans l'ombre la fermeté. On ne réussit pas à lui faire entendre que la modération sans fermeté n'est que faiblesse et que la fermeté sans modération n'est que violence. Le catholique, défenseur énergique des droits de l'Eglise, est un emporté ; la vraie sagesse, la parfaite modération consiste à laisser faire.

En désespoir de cause, le libéralisme croit sauver tout par la charité. La charité est sa vertu de prédilection, la vertu par quoi il espère convertir le monde. N'y a-t-il pas, ici encore, quelque manœuvre ?

La charité, sans cesser d'être une même vertu, opère diversement selon les circonstances. Tantôt elle est sévère, tantôt elle est pleine de mansuétude. La douceur et la force sont les deux facteurs de sa nature. N'envisager en elle que le côté bénin, c'est laisser dans l'ombre son énergie : c'est la méconnaître et la ruiner.

La guerre, une guerre acharnée, est déclarée à l'Eglise. Croit-on sérieusement désarmer l'ennemi par la mansuétude de la charité ? Oh ! que nenni ! Plus vous le ménagez, plus il se fortifie ; plus il s'entraîne et vous entraîne aux abîmes. Quoi ! nous vivons dans un siècle où le catholicisme est attaqué par une coalition d'erreurs ; ses dogmes sont niés, sa morale honnie, ses ministres persécutés, ses institutions détruites, ses héroïsmes proscrits. Et vous répondriez à ces abominations par la charité.

Mais nos ennemis sont des apostats enrôlés sous les bannières de Satan. Se cachent-ils pour jouer leur rôle? prennent-ils la peine de dissimuler? Non; ils ont juré l'extinction du christianisme; depuis vingt ans, ils clament: Le cléricalisme, voilà l'ennemi! Et vous parlez encore de charité! « Qu'est-ce qui triomphe, dit saint Augustin, sinon la vérité totale, et qu'est-ce la victoire de la vérité, sinon la charité. La charité, c'est le triomphe de la vérité. »

IX

Le libéralisme catholique, dans ses principes et ses formules, n'offre qu'une série d'extravagances, qui provoquent nécessairement les répulsions de tout esprit clairvoyant, sincère et loyal. Des maximes, nous passons aux actes, de la théorie à la pratique. Sur le terrain des idées pures, quelques-uns sont moins offusqués des contradictions; sur le terrain des faits, ils sont beaucoup plus frappés des timidités, des incertitudes, des faiblesses et des trahisons. C'est en France que nous voulons, tout spécialement, poursuivre cette expérience.

Nous ne nous arrêtons pas au Concile du Vatican. Personne n'ignore les manœuvres indignes auxquelles se livrèrent un certain nombre de libéraux pour empêcher la définition dogmatique de l'infaillibilité pontificale, pour introduire la décennalité des conciles œcuméniques, c'est-à-dire le parlementarisme dans l'Eglise; pour faire trembler le Concile devant la force matérielle de César. Les passions libérales ont laissé, dans l'histoire de cette époque, des traces déshonorantes que rien ne pourra effacer.

Sous Léon XIII, la même faiblesse nous offre le même spectacle. Le Pape multiplie les encycliques qui doivent se répercuter sur les lèvres des évêques et des prêtres; d'autre part, l'autorité civile, chaque jour plus évidemment et plus violemment persécutrice, dispense tant de faveurs qu'il est utile de ne pas se compromettre. Ne faut-il pas en même temps, dit encore l'abbé Toupet, obéir au Vicaire de Jésus-Christ et ménager Bélial? Comment accorder un devoir et une condescendance manifestes et incompatibles. Le problème est insoluble. Que faire? On se met respectueusement aux pieds du Chef de l'Eglise et l'on garde le plus profond silence sur les enseignements les plus appropriés aux maux de notre malheureuse époque. Le Pape a frappé la Franc-Maçonnerie: Silence! Le Pape a protesté contre le poison des écoles neutres : Silence ! Le Pape a appelé au combat contre la législation anti-chrétienne et le projet de déchristianisation de la France : Silence ! Le Pape a invité spécialement à la défense des congrégations religieuses : Silence ! Le Pape a très clairement démoli toutes les thèses du catholicisme libéral : Silence ! Contrarier les erreurs, combattre les violences d'un gouvernement persécuteur, appliquer à ses attentats la note infamante du crime, c'est trop demander à la sagesse sacerdotale. On se tait, en réalité, on sacrifie le devoir à la complaisance.

La cause des ordres religieux et des congrégations est venue, depuis 1880, plusieurs fois à l'ordre du jour. Dispersion des Jésuites et congrégations non autorisées, loi d'accroissement, loi d'abonnement, impôt sur un revenu fictif, toutes les iniquités accumulées effrontément sur la pauvreté des serviteurs de Dieu. Rien, pas un effort contre la brutalité cynique des expulsions ; pas un éclat de voix contre ces impôts manifestement édictés pour tuer ceux qui les subissent. C'est à se demander s'il existe encore un clergé en France. *Quid timidi estis, modicæ fidei ?*

Les ordres religieux ne sont pas absolument indispensables à l'Eglise pour le ministère des âmes. Les prêtres, les évêques, les Papes doivent suffire à ce grand œuvre. Mais les ordres religieux sont nécessaires pour la pratique des conseils de l'Evangile et la perfection de sa vertu, nécessaires, non pour l'essence, mais pour l'intégrité de l'Eglise, dit Suarez. D'ailleurs, dans l'exercice de sa mission surnaturelle, ils sont souverainement utiles ; l'Eglise trouve en eux de précieux auxiliaires pour le soulagement de toutes les misères de l'humanité. Avec tout ce qui est en cause dans cette question, c'est la sanctification personnelle d'âmes sollicitées par la grâce divine. De plus, ces ordres relèvent immédiatement de l'Eglise et du Pontife romain ; le pouvoir civil ne peut s'ingérer dans ce domaine qui échappe tout à fait à sa compétence ; tout son droit se borne à protéger ces associations, comme toutes associations honnêtes. A tous les titres, les ordres religieux sont sous la main exclusive de l'Eglise. Et quand la main de la Franc-Maçonnerie s'étend, avec grossièreté et violence, sur cette admirable effloraison de l'Evangile, voilà un évêque qui vient nous dire : Cela n'est pas mon affaire. C'est aux fidèles à défendre l'Eglise et non pas aux prélats ; cela se doit faire au nom du droit constitutionnel, pas du tout au nom de l'Evangile. J'ose dire que si un pareil abandon avait l'impudeur de se formuler en doctrine, il devrait succomber sous l'anathème du Siège apostolique.

Il y a eu peut-être des catholiques trop naïfs qui ont cru l'Etat libre-penseur hostile seulement aux ordres religieux, pas du tout au clergé séculier. Paix aux curés, guerre aux moines, criait Paul Bert. Eh bien, Paul Bert en a menti. Le jeu, le plan, l'œuvre de la Franc-Maçonnerie, c'est d'abattre d'abord l'avant-garde et les troupes auxiliaires, puis de se prendre au cœur de l'armée. La Révolution n'ignore pas la puissance de l'association ; mais elle n'en veut que pour elle. Après que les trois classes de l'Etat se furent détruites de leurs propres mains, la Révolution fit disparaître les corporations ouvrières. Depuis, elle dirige toutes ses forces contre l'Eglise, dont la cohésion hiérarchique est le plus grand obstacle à l'omnipotence des gouvernements. Chose étrange ! cette révolution, inaugurée comme une réaction contre l'absolutisme royal, n'a depuis qu'une passion, créer à son profit le plus monstrueux des absolutismes.

J'attire l'attention sur ses attentats pour avilir, depuis quelques années, les prêtres français. Ne parlons pas de l'immonde licence du roman et du théâtre officiellement excités à traîner le prêtre dans la boue ; ne disons rien des calomnies républicaines lancées contre tel curé ou tel vicaire, pour offrir, à une presse mercenaire, une occasion de chantage ; laissons dans l'ombre ces odieuses incriminations d'une politique vile, pour jeter, au moindre prétexte, un prêtre en prison et l'envoyer au banc de la Cour d'assise. Ce qui paraît moins condamnable, c'est la prétention de l'Etat à faire du prêtre un fonctionnaire, pour le mieux déshonorer, pour le réduire à l'impuissance.

Aux yeux de la foi, le prêtre est l'homme de Dieu pour sauver les âmes et combattre vigoureusement toute opposition à leur salut. Par son caractère sacerdotal, il est subordonné à ses chefs spirituels, et, dans ses fonctions, tout à fait indépendant de l'autorité civile. D'autre part, c'est un citoyen, plus français que beaucoup d'autres dont le bruyant patriotisme n'est qu'un voile d'hypocrisie. Or, sous le prétexte absurde qu'il est fonctionnaire, le prêtre, pour ses fonctions sacrées, est signalé aux vengeances de la police ; il ne peut plus rien dire en chaire ; il ne peut plus même agir, comme citoyen, dans les élections ; et, pour moins que rien, par une rancune, sans principe ni forme de procès, l Etat lui supprime le morceau de pain qu'il partage avec le pauvre. L'indemnité servie au clergé est une compensation pour la saisie, en 89, de quatre milliards de biens ecclé-siastiques ; c'est une dette insaisissable au même titre que la rente et les traitements de fonctionnaires civils. Mais qu'importe ? Dans le paroxysme de sa furieuse passion, l'Etat enlève, au prêtre, la parole, l'action et le pain quotidien. Le prêtre, ainsi spolié, est-il seulement défendu par son évêque ? Je voudrais l'espérer ; mais au moment où j'écris ces livres, les journaux publient sur ce même sujet deux lettres d'évêques : l'une notifie au prêtre sa suppression de traitement, sans y ajouter un mot de compatissance ; l'autre ajoute, à la suppression du traitement, le retrait d'emploi, sous ce prétexte schismatique que le prêtre, manquant, par correspondance secrète, de respect au ministre civil des cultes, s'est rendu, envers son chef hiérarchique, coupable de grave irrévérence. Je crois superflu d'appeler, sur ces lettres, l'horreur des gens de bien et la censure de l'orthodoxie.

La sphère sociale et politique offre, aux regards de l'observateur, des perspectives multiples qui demanderaient de plus longs détails ; les circonstances nous les interdisent. A quoi bon, du reste ; la religion est la base des Etats et la guerre qu'on lui fait ne peut amener que des désastres. Dans l'ordre religieux, l'expulsion des ordres et congrégations prive le peuple des bienfaits physiques et moraux prodigués par le plus noble dévouement ; la loi athée abrutit la jeunesse et développe d'une manière effrayante la précocité et la multiplicité des crimes ; le divorce, sacrilègement autorisé, désorganise le foyer domestique ; les injustices et les violences contre le clergé séculier, soit par la suppression arbitraire des indemnités ecclésiastiques, soit par l'envoi des prêtres à la caserne, ont pour but d'avilir le sacerdoce, d'en rétrécir ou d'en empoisonner la source. Comment la société ne souffrirait-elle pas de toutes ces infamies?

Le libéralisme sous toutes ses formes est né de la révolution ; quoi qu'il fasse pour dissimuler son origine, il ne peut cacher l'ignominie de son berceau. La Révolution est la négation radicale du surnaturel ; elle veut pousser le peuple au naturalisme et l'entraîner vers la décadence. L'Eglise qui est l'affirmation absolue de la vérité divine, s'efforce de réagir contre le torrent et de faire monter les peuples vers les glorieuses splendeurs de l'Evangile.

« Entre les deux civilisations philosophique et catholique, il y a un abîme insondable, un antagonisme absolu. Les tentatives, faites pour amener une transaction, ont été, sont et seront toujours vaines. L'une est l'erreur, l'autre la vérité ; l'une est le mal, l'autre est le bien. Entre elles, il faut choisir d'un choix suprême ; et, ce choix fait, proclamer l'une, condamner l'autre, en tout, pour tout et sans réserve. Ceux qui flottent entre elles deux, ceux qui acceptent les principes de l'une et les conséquences de l'autre, les éclectiques enfin, sont tous hors de la catégorie des grandes intelligences et condamnés irrémissiblement à l'absurde. Je crois que la civilisation catholique contient le bien sans mélange de mal ; et que la civilisation philosophique contient le mal sans mélange de bien [1]. »

Entre les deux camps, il y a la légion des indécis et des conciliateurs ; la légion de ceux qui, par timidité d'esprit ou par égoïsme, voudraient plaire à l'Eglise et caresser la Révolution. « Cette école dite libérale ne domine, dit encore Donoso Cortès, que lorsque la société se dissout. Le moment de sa domination est ce moment transitoire et fugitif où le monde ne sait s'il choisira Barabas ou Jésus-Christ, et demeure en suspens entre une affirmation dogmatique et une négation suprême. La société alors se laisse volontiers gouverner par une école qui n'ose jamais dire : *J'affirme ;* qui n'ose pas non plus dire : *Je nie ;* mais qui répond toujours : *Je distingue.* L'intérêt suprême de cette école est que le jour des négations radicales ou des affirmations souveraines n'arrive pas, et, pour l'empêcher d'arriver, elle a recours à la discussion, vrai moyen de confondre toutes les notions et de propager le scepticisme [2]. »

Nous ne pousserons pas plus loin. Ne pas défendre l'Eglise, persécutée depuis vingt ans, c'est trahir l'Eglise et la société civile. Prétendre que s'abstenir de défendre est une obligation d'Etat, c'est une confusion, une erreur, un manque de courage et une tache dans la vie.

[1] CORTÈS, *Œuvres complètes,* t. III, Lettre à Montalembert.
[2] *Essai sur le catholicisme, le libéralisme et le socialisme,* l. II, c. VIII.

Pierre de MICHENEIX.

Garches, 14 septembre 1902.

L'AMOUR ET LA CROIX

Conférences prêchées à la Cathédrale d'Arras au Carême de 1887,
par le R. P. Constant, faisant suite aux Conférences sur l'Obéissance et le Pouvoir
du même auteur, prêchées à la Trinité de Paris.

(Suite.)

QUATRIÈME CONFÉRENCE

La Croix.

> *In hoc signo vinces.*
> Vous vaincrez par ce signe
> (au labarum de Constan-
> tin).

M. F.

Nous avons étudié, dans leurs œuvres, les deux ennemis de l'amour du foyer. Ces deux ennemis sont l'irrévérence et la sensualité.

L'amour a donc à se défendre. L'amour ne peut vivre sans combattre. Pour cette guerre, fatalement rude, puisque deux jouteurs puissants l'y attendent, pour cette campagne de tous les jours, qu'une heure de trêve ne doit pas suspendre, quels alliés l'amour a-t-il su mettre dans son camp ? Un seul ! Mais un allié bien fort, qui a déjà vaincu bien des ennemis, avant d'aborder ceux de l'amour. Cet allié, c'est la croix.

Qu'est-ce que la croix ?

Cette question excite vos surprises et elle les mériterait, si le nom de croix n'avait qu'un sens dans la langue chrétienne. Mais il en a deux bien distincts, dont, sous peine de tout confondre, la notion précise s'impose.

Tout d'abord, la croix signifie le bois vénérable, sur lequel, le Fils de Dieu fait chair est mort pour le salut du monde.

Mais depuis que *l'homme de douleur* a fait, sur cette croix, l'ascension *de la douleur,* toute douleur acceptée par les siens, sur ses traces, s'est, en souvenir de Lui et d'Elle, appelée *une croix.*

C'est sous cette double forme que la croix doit pénétrer au foyer, pour en bannir le double ennemi de l'amour. Le bois de la croix doit chasser l'irrévérence. La douleur de la croix doit chasser la sensualité.

Parlons d'abord du bois de la croix ? Quelle est sa place au foyer ? Comment en chasse-t-elle l'irrévérence ? Comment, l'irrévérence expulsée, la croix réintègre-t-elle, au foyer, le respect, fils de la croix ?

I

Sans calomnier notre siècle, on peut bien dire, de lui, qu'il est, par excellence, le siècle des grands mots. A-t-il voulu, en cela, donner le change, sur la misère des choses ?

Peut-être a-t-il pensé, et ce ne serait pas, alors, sa moindre misère, que le néant des réalités disparaîtrait sous le fracas des mots.

Un des mots dont il a le plus abusé est, sans contredit, celui de *sanctuaire.*

Pour quelle chose, disons mieux, pour quelle chimère, pour quel mensonge de choses, n'y a-t-il pas des sanctuaires au monde ? Sanctuaire de la science, sanctuaire de l'art, sanctuaire de la philosophie, sanctuaire des lois, sanctuaire de la justice, sanctuaire de la liberté, sanctuaire de la patrie.

Il est pourtant un endroit de la vie humaine où le mot conserve l'antique sincérité, a la bonne et rare fortune de ne pas verser dans l'emphase. C'est le foyer. Le foyer, créé sanctuaire par Dieu, demeure sanctuaire, jusqu'à la fin des temps.

Comment le foyer est-il un sanctuaire ? Nous ne le saurons qu'à une condition, c'est de savoir quel est, en terre chrétienne, l'indice révélateur, et, si l'on peut dire, dans un style plus moderne, le signalement du sanctuaire.

Du reste des édifices profanes, quel signe nous conduit à reconnaître cet édifice élu, sacré, que les hommes baptisés discernent des autres et qu'ils appellent un sanctuaire ou un temple.

Serait ce l'ampleur de la construction, les dimensions insolites du monument ?

Non ; car il y a des temples de toute grandeur, et les plus petits ne sont pas toujours les moins vénérés.

Est-ce une forme extérieure qui leur soit propre et, sur laquelle, aucun œil ne se puisse méprendre ?

Non. Il est des temples de toutes formes ; l'architecture s'y donne libre carrière ; tous ses styles y ont entrée ; tous y ont figuré dans l'histoire ; aucun, qui n'y ait pris sa place.

Mais encore, quel est ce signe ?

Chez les chrétiens (et c'est pour eux que je parle) ; depuis l'Evangile et sur toutes les terres de l'Evangile, c'est-à-dire, sur toute la face du monde, le signe du temple, c'est la croix.

Dès qu'au haut d'un édifice, plus haut qu'aucune tourelle, plus haut qu'aucun pinacle, plus haut que le faîte élevé, qui couronne toute l'œuvre, on aperçoit la croix, on dit : C'est un temple !

Et l'on n'est pas plus tôt entré, qu'on retrouve, cent fois écrit, sur les parois du monument, ce que l'on a lu sur sa cime. La croix partout. La croix sur l'autel ; la croix sur les murailles ; la croix sur les voûtes, la croix sur les dalles, la croix sur chaque barrière qui divise l'enceinte et place, à leur rang, les adorateurs ; rien où on ne lise la croix.

Je sais bien que l'Eucharistie vaut mieux que la croix et que, le plus souvent, l'Eucharistie réside là, au centre de ce temple, dans ce tabernacle, sur cet autel, autour duquel tout le monument rayonne.

Mais, d'abord, l'Eucharistie n'y est pas présente partout et toujours ; et le temple ne cesse pas, pour cela, d'être un temple. D'ailleurs, la présence de l'Eucharistie ne s'accuse pas d'elle-même. Rien n'en avertit ni au dehors, ni au dedans, le visiteur, que sa curiosité, l'adorateur, que sa piété attire. La petite lampe, qui scintille devant l'autel, n'est qu'un signe équivoque. Mille sanctuaires que l'Eucharistie n'habite pas, ont des lampes aussi scintillantes, nourries d'une huile aussi fidèle. La lampe est le plus universel langage religieux que l'homme connaisse ; dès qu'il prie, il y recourt et il l'emploie, près de tous ceux qu'il prie : près de Marie, près des Anges, près des Saints comme près de Dieu.

Il n'y a qu'une chose qui signifie, qui notifie le sanctuaire à un chrétien, qui l'avertisse comme Moïse, que la terre qu'il foule est sainte, qui lui apprenne, comme à Jacob, qu'il n'est pas dans la maison d'un homme, mais dans celle de Dieu, *domus Dei,* et que cette maison a une porte ouverte sur le ciel. *porta cœli,* c'est la croix.

La croix, marquée du sceau de Dieu, depuis que le sang de son Fils l'a couverte ; la croix, instrument consacré de toutes les victoires de Dieu, depuis le *labarum;* la croix, expression achevée et sans égale, chez les hommes, de la puissance, de la majesté divine, voilà le signe de Dieu, voilà le signe du temple.

Et, ce qui montre, ce qui met dans un éclat, auquel nul, même le plus armé contre les *intrusions* de Dieu, chez les hommes, ne peut échapper, cette primauté de la croix, c'est qu'il n'a été accordé à aucune force de ce monde de ne pas se soumettre à la croix, plus que cela, de ne pas proclamer à l'heure où elle l'accepte ou la subit, la souveraineté de la croix.

Les forts les plus manifestes, les plus incontestés de ce monde, ce sont les rois. Voyez la croix sur leur diadème.

Il est une autre force qui préside, avec les rois et à l'envi des rois, aux destinées du monde ; c'est l'intelligence ; elle aura un signe pour la désigner, le signe de la croix ; voyez la croix, sur la poitrine de l'homme de génie.

Une force l'a souvent emporté sur les génies et sur les rois, c'est l'épée de l'homme de guerre ; voyez la croix sur le cœur du héros.

Enfin, il est une force qui dompte toutes les forces de ce monde après qu'elles ont créé et se sont transmis la domination des hommes. C'est la mort. Voyez la croix sur les tombeaux.

La croix signe de la puissance de Dieu, la croix signe de la victoire de Dieu, la croix étendard des exploits de Dieu est donc bien le signe qui dénote, le signe qui caractérise, le signe qui marque le temple.

Cette vérité établie, passons aux foyers. Par tout ce qui précède, nous comprenons le rôle qu'y doit avoir la croix, l'œuvre qu'elle y a mission d'accomplir. Cette œuvre est l'œuvre du respect.

Mais, pour toute œuvre, il faut, d'abord, la présence de l'ouvrier. Cette présence, la croix l'obtient-elle dans les foyers contemporains ?

II

Cette présence, la croix l'obtint, invariablement, dans les foyers de nos aïeux.

Je dis nos aïeux et pas nos pères. *Nos pères* pourrait signifier des générations rapprochées, semblables plus ou moins fidèlement, plus ou moins tristement, à la nôtre. J'entends par nos aïeux, les vieux chrétiens d'il y a quelques siècles. Au foyer de ceux-là, la croix ne manquait jamais. Elle n'était pas seulement présente ; elle était placée en vue ; entourée d'honneur. Rien, dans un intérieur chrétien, qui n'eût la croix pour centre, qui ne rayonnât autour de la croix.

Elle était au foyer du vilain. Pouvait-elle n'y pas être ! C'était elle qui l'avait affranchi.

Elle était au foyer de l'artisan des villes. Pouvait-elle n'y pas être ? C'était par elle, que s'ouvraient, c'était par elle, que se scellaient, la charte de sa commune et les statuts de sa corporation.

Elle était au foyer du baron féodal. Pouvait-elle n'y pas être ? Lui, son père, son aïeul l'avaient portée au tombeau de Jésus-Christ. Elle était sur ses armes ; elle était sur sa bannière. On ne voyait qu'elle, dans cette partie plus sainte de sa demeure, où s'étageaient les souvenirs des gloires passées, où les murailles disparaissaient sous les trophées, et qu'on appelait la salle d'armes. Elle décorait l'âtre de la vaste cheminée ; devant laquelle, le châtelain et la châtelaine rangeaient en cercle leurs nombreux enfants.

Cette place honorée, souveraine, la croix l'a-t-elle gardée, la croix l'occupe-t-elle aux foyers de la génération contemporaine ?

L'occupe-t-elle au foyer du pauvre ?

Cela se voit encore ; c'est même, invariablement, le spectacle offert par les foyers de quelques vieilles races gauloises, postées à nos frontières, que la distance préserve ; où les produits de nos officines d'irréligion arrivent plus lentement et n'obtiennent pas, arrivées, l'accueil et le débit délirants, que leur tiennent prêts nos grandes villes.

Entrez dans la chaumière du paysan breton.

Au fond de l'humble demeure, la grande cheminée, vers laquelle tout converge. Au-dessus, la croix. En écharpe, et arrêtée par un de ses bras, le buis ou la bruyère rapportés, le jour de l'Hosanna, et qui doit arroser d'eau sainte ceux que la mort viendra redemander à la famille. Au-dessous, entre la croix et l'humble armature en saillie, qui encadre l'âtre enfumé, le vieux fusil paternel, couché comme un fidèle défenseur, prêt à bondir sur l'épaule du vaillant chrétien, le jour où l'on toucherait à la souveraine qu'il garde.

Il n'y a pas encore un demi-siècle, que le même spectacle réjouissait l'œil du visiteur, sur des terres moins épargnées par Voltaire et ses fils. J'en ai connu la joie, dans mon enfance, et je n'en retrouve jamais les souvenirs, sans en bénir Dieu. Aujourd'hui, ce vieux passé n'existe plus. Il est allé rejoindre tout ce que, d'âge en âge, ensevelissent de vénérable, l'ingratitude et la stupidité des hommes.

Je ne parle pas des outrages subis par la croix en dehors des foyers ; de ces magistrats en écharpe, que l'on eût pris pour des barbares attardés, qui allèrent, d'école en école, arracher les croix séculaires, transmises de génération en générations, depuis le baptême de Clovis, et les jeter dans le ruisseau. Ce serait un autre champ

ouvert à nos tristesses, un sujet qui voudrait son étude à soi, et auquel suffirait, à peine, quelque prophète, inspiré comme Jérémie,
pour égaler les lamentations aux douleurs. Contentons-nous de
celles que le foyer met sous nos pas. Elles sont assez amères, pour
suffire à nos larmes.

Du foyer du pauvre passons au foyer des grands.

Ici, notre étude se limite davantage. Il est clair que nous n'avons
pas à entrer au foyer juif, ni au foyer protestant. La croix ne saurait
être au premier; le juif est son ennemi. Le second ne la tolère
guère plus; s'il ne la hait pas toujours, il a le plus souvent ce
qu'il faut de libre pensée, pour en décréter la désertion.

Or, plus de moitié des grandes maisons sont, de nos jours, pro-
testantes ou juives. Ce fait n'est pas moins notoire qu'affligeant; sa
triste évidence dispense de le prouver.

Mais, il y a encore de grandes maisons chrétiennes; mais, il y a
encore les fils des Croisés. A leurs foyers, la croix se trouve-t-elle?

Il semble que tout dût l'y appeler; que ne l'y point admettre fût,
pour eux, une trahison.

Hélas! là encore, là aussi, l'absence de la croix blesse le croyant
plus fidèle, auquel un devoir ou une affaire font franchir le seuil de
l'hôtel ou monter le perron du manoir.

Toutefois, retenons un instant nos sévérités. Faisons quelques
pas en arrière, et, pour le mieux connaître, observons, à la distance
voulue, le foyer de la grande famille tel que les temps modernes
l'ont fait.

Le foyer antique était un domaine fermé, un royaume domestique, dont le père de famille était l'absolu souverain. Son seuil
franchi, vous étiez des siens, et, la barrière ramenée sur vous créait
une frontière entre le monde extérieur et le sol que vous fouliez.
Tel est encore le foyer de l'Oriental.

Depuis trois siècles, l'Occident a rompu avec ces traditions. Des
faits inouïs ont amené un mélange social de pensées et d'opinions dis-
sonantes, dont le conflit est, pour le monde, une menace terrible, un
péril incessant. Pour que la guerre ne fût pas inévitable, il a fallu
créer des terrains neutres, où deux hommes pussent se rencontrer,
sans se souvenir de leurs divisions, et sans que le premier croise-
ment de leurs regards leur dît de bondir l'un sur l'autre.

Comme tout le reste et plus que tout le reste, le foyer a dû
avoir ce terrain neutre, et le terrain neutre du foyer s'est appelé
le salon. Ouvert, d'une part, sur les appartements intimes du
maître, il l'est, de l'autre, sur le monde, où tout évolue dans la

plus grande indépendance du maître. Le visiteur qui y prend place, ne s'abdique pas, comme s'abdiquait le visiteur antique. Il ne se livre pas, sans réserve, à son hôte ; il garde, de lui, ce qu'il veut.

Toutefois, comme les nuances sont infinies, et qu'en tout ordre de choses humaines, la vérité gît dans la juste perception des nuances, il est vrai de dire que le salon appartient plus au foyer qu'au monde.

Je ne blâmerais donc pas le maître d'une grande maison, qui donnerait, dans son salon, place à la croix, et dès lors, il est évident qu'il ne s'en pourrait qu'une, la place d'honneur. Aux jours que nous avons la tristesse de traverser, aux jours où l'on détrône la croix, pour la jeter sur des fumiers, qui blâmerait un grand chrétien indigné, lequel obligerait le libre-penseur, l'iconoclaste contemporain, à ne pouvoir passer son seuil, sans forcément honorer, chez lui, la croix, qu'il a outragée partout. — Libre à vous, Monsieur, de venir ou de ne pas venir sous mon toit. Mais vous n'y paraîtrez pas sans rendre honneur à la croix. Car on n'entre chez moi que découvert, et, comme la croix tient la première place, dans mon salon, c'est devant elle que vous vous découvrirez.

Mais peut-on, davantage, se montrer sévère, envers le chef de famille qui usera moins de ses droits de souverain, qui tiendra moins rigueur au mécréant, que le commerce de la vie lui amène ? Ce que fait Dieu dans cet univers, vaste foyer du Père qui est aux cieux, le Chrétien ne le peut-il faire, à son foyer domestique : y endurer les *mauvais*, à cause des *bons*, y supporter *l'ivraie*, à cause *du bon grain*, y faire luire, sur les *injustes* comme sur les *justes*, ce soleil de sa vertu, qui pourra, quelque jour, connu de Dieu, dessiller les yeux et réchauffer les cœurs ?

C'est là, pour l'absence de la croix dans les salons, une raison prise de haut. Hélas ? il en est d'autres que je suis condamné, par des réalités navrantes, à puiser plus bas, et bien loin de Dieu !

C'est que la croix, faisant son entrée, prenant sa place, à tel foyer que vous connaissez, trop d'objets auraient à s'enfuir devant elle. Que de toiles et que de marbres éconduits !

Je ne parle pas de ceux qu'écarte le sens moral le plus vulgaire, de ces exhibitions inqualifiables, qui rappellent, au visiteur, touriste, les décorations, plus que lubriques, de telle salle de Pompéi. Pour chasser de tels intrus, il n'est pas besoin de la croix. Le plus vulgaire sens moral, le simple respect de ses semblables et de soi-même, y devrait suffire ; et, puisque c'est précisément du respect que nous parlons, puisque nous le venons défendre dans le lieu du monde qui est son premier domaine, le foyer, quelle organisation possible de cette défense, si celui qu'il s'agit de défendre en est absent, si d'abjectes mœurs l'ont à ce point proscrit, qu'on n'en rencontre plus la trace. Et quelle trace, en effet, en pourrait demeurer, quand on a rompu avec cet élémentaire et premier respect, placé par Dieu dans le sang de l'homme, que le sang écrit si vite et si noblement sur son front, au moindre appel qui lui est fait, la pudeur !

Mais, au-dessous et fort loin de ces infamies, il est, en marbre et en couleur, bien des scènes, bien des légendes, bien des fables, dont la croix ne saurait souffrir l'inconvenant voisinage. Qui, par exemple, supporte l'idée de telles idylles de Boucher ou de Watteau accolant et encadrant, dans un salon, l'image du Christ ? Et Dieu sait le nombre qui s'en étale, dans les salons de notre époque.

Et les folâtreries vivantes, et les nudités, et les tournoiements délirants des fêtes mondaines, en fera-t-on la cour du Crucifié du Calvaire !

Et, pour s'en tenir à une espèce, dans l'infinie fécondité du genre, quel bal de charité *supporterait* aujourd'hui les regards de la victime de l'infinie charité. Et ce simple détail ne fait-il pas justice, n'est-il pas, à lui seul, l'exécution sommaire de l'aberration inouïe, du travers, sans précédent, qui a faussé, à ce degré, dans notre siècle, les voies de la charité catholique !

Il demeure donc, que l'absence de la croix, de tel salon, ne soit jamais un scandale, qu'elle y soit souvent, au contraire, œuvre de sagesse et de charité.

Mais votre salon n'est pas toute votre demeure. En arrière de ce vestibule brillant, il y a le vrai, l'intime, le discret, le pudique foyer.

Il y a, d'abord, cette chambre vénérable où vous reçûtes la vie, où la reçurent, peut-être, votre père ou votre mère ; peut-être, avant eux, vingt générations d'ancêtres. La croix manquerait-elle à ce chevet ? Et si la mort vous surprenait là (car la vie se clôt, d'ordinaire, sur le théâtre où elle s'ouvre), si un trépas foudroyant précipitait votre départ de ce monde, serait-il dit que la main de votre épouse ou de votre fille cherchât vainement ce signe de salut, pour l'approcher de vos lèvres à votre dernier soupir ?

Il y a encore les chambres de vos enfants. Auriez-vous l'incroyable distraction, l'impardonnable négligence, de ne pas placer là, la première, l'insuppléable institutrice du respect, de ce respect, qui vous importe tant, de ce respect, gardien de leur tendresse, et le seul sérieux garant que vous en ayez près d'eux : la croix de Jésus-Christ ?

Donc, placez la croix dans vos foyers, et le ciel s'en approchera ; ou, pour mieux dire, le foyer y sera transporté.

Semblable à ces fils de communication qui suppriment les espaces, qui font converser, avec une facilité merveilleuse, deux hommes que des mondes séparent, du sol que vous habitez au ciel que Dieu habite, la croix détruira les distances, et, la présence de Dieu, sentie par tous, produira, dans les âmes, le premier sentiment que cette présence inspire, partout où l'homme l'a reconnue, le respect.

AMEN.

(A suivre.)

REV. P. CONSTANT.

Le Centenaire de Dupanloup

(Suite.)

POST-SCRIPTUM

I

Le nom d'Arius collé au nom de Dupanloup appelle un post-scriptum. De toute évidence, on ne peut établir, entre le diacre d'Alexandrie et l'évêque d'Orléans, un parallèle, à la manière de Plutarque. Par les temps et les circonstances, par leurs œuvres respectives et leur rôle personnel, ces deux hommes n'ont aucun point de contact. L'un est un sophiste ambitieux, qui a nié le dogme fondamental de la foi chrétienne ; qui a soutenu son hérésie par des argumentations frauduleuses et des intrigues abominables ; qu'un concile œcuménique a frappé d'anathème et que Dieu, finalement, a supprimé. L'autre est un prêtre de foi irréprochable et d'incontestable zèle, sans doute ; seulement ses talents mal contenus, son zèle emporté, mis au service d'opinions pour le moins douteuses, sinon fausses, entraînés par les circonstances à l'action publique, ont fait, à l'Eglise et à la France, des torts que nous estimons graves et dont les désastres ne paraissent pas près de finir. Après la mort d'Arius, son hérésie, par une séduction à peine explicable, sut se réduire à un point infinitésimal, à un iota souscrit, et réussit à abuser même ceux qui voulaient la combattre. Pendant quatre siècles, elle égara le monde ; civilisés et barbares furent également ses adeptes ; elle persécuta même l'Eglise comme les empereurs païens et ne fut vaincue parfois que par le martyre. Après la mort de Dupanloup, son erreur, irréfléchie et inconsciente de sa part, qu'il considéra comme une panacée, quand elle n'est qu'un empoisonnement, a le quadruple tort de trop circonscrire le domaine de Dieu, de repousser la royauté de Jésus-Christ, d'accorder à l'homme des licences déplorables, et de reconnaître au pouvoir civil des immunités funestes à 'l'Eglise, préjudiciables aux nations. De son vivant, il avait coupé en deux l'armée catholique, enrayé la rénovation chrétienne, favorisé par suite le réveil de la révolution et rempli son siècle de controverses encore plus malheureuses qu'inutiles. Depuis sa mort, son erreur, adoptée des ennemis de l'Eglise, leur sert de couverture pour monter à l'assaut de la civilisation chrétienne. Cette même erreur, acceptée d'un trop grand nombre de fidèles chrétiens, les rend incapables de se défendre et compromet, par suite, lamentablement, la cause de Dieu. Des désastres posthumes, c'est le point de ressemblance que j'ai cru apercevoir, entre ces deux hommes, placés aux deux extrémités de l'histoire ; et si j'appuie sur ce point, c'est que ma conviction m'oblige de répudier toute solidarité, même la plus lointaine, avec les erreurs de l'Eusèbe du libéralisme comme avec les hérésies de l'Eusèbe de l'arianisme.

D'autant plus qu'au moment où j'écris ces lignes, les situations paraissent se ressembler au point de se confondre. Depuis vingt-cinq ans, l'Eglise en France est l'objet d'attentats successifs qui visent, lentement mais sûrement, par un progrès de ruines, à l'effacer de la terre. En présence de cette persécution, nos églises n'ont pas su se défendre, et si quelque champion s'est dressé sur l'arène, il a été frappé, non par l'ennemi, mais par ses frères. On en a vu qui disaient que la défense de l'Eglise n'incombe plus à la hiérarchie ; qu'elle appartient en général, aux fidèles et aux pères de famille, mais plus spécialement aux journalistes et aux hommes politiques. De plus, pour garder quelque chance de victoire, cette défense dit-on, ne peut utilement se produire que sous le drapeau de l'union et de l'action *libérales*, c'est-à-dire sous le drapeau de l'*hérésie*.

Après les multiples déclarations de l'Eglise, le mot *libéral* ne peut avoir une signification honnête et ne peut raisonnablement servir, aux catholiques, de drapeau. Dire *action libérale*, c'est aussi hétérodoxe que si l'on eût dit, au IVe siècle, action *arienne* ou *pélagienne* ; ou, au XVIIe siècle, action *janséniste*. Mais il n'est venu à personne la pensée de défendre l'Eglise sous des enseignes hérétiques. Que nous ayons aujourd'hui cette faiblesse ou cette illusion, c'est un des signes les plus désespérants de notre époque. Comment défendre la vérité et faire triompher ses droits, si, sous prétexte de la défendre, on commence par la nier en principe ?

Nous croyons comprendre la logique des nouveaux ligueurs et nous ne sommes qu'à demi étonnés de les voir faire la veillée des

armes près de la tombe de Dupanloup. Dupanloup était un brave
soldat ; il multipliait les prouesses sur le terrain constitutionnel ;
ses disciples et ses admirateurs, s'ils ne veulent pas se servir de ses
armes, veulent au moins arborer ses principes. Depuis un siècle, la
France a fait une révolution sur elle-même ; à son antique organisation, œuvre des siècles, elle en a substitué une autre, œuvre
des hommes. Autrefois le pouvoir et la liberté venaient d'en haut,
maintenant ils viennent d'en bas ; autrefois le pouvoir concédait les
libertés en vue de la moralisation des individus ; aujourd'hui les
individus se mettent en société et constituent le pouvoir suivant les
conditions qu'il leur plaît de lui imposer. Une Déclaration des droits
de l'homme, opposée aux droits de Dieu, dont l'existence n'a plus
de place dans les lois, reconnaît, à tout homme, des droits antérieurs et supérieurs à toute société humaine. La société a pour objet
d'en favoriser l'exercice ; le pouvoir, pour obligation d'en garantir
la jouissance. Tout est permis, pourvu qu'il ne nuise point à
autrui ; le droit de l'un n'a de limite que le droit de l'autre ; tous les
deux sont libres comme l'air du temps.

Les ligueurs de l'action libérale concluent, de ce dogmatisme révolutionnaire, que nos maîtres, établis d'après ces principes, gouvernant d'après ces conditions, jouissant pour eux-mêmes des prérogatives de la liberté, doivent en reconnaître la jouissance aux catholiques. La société et le gouvernement reposent sur la libre-pensée ;
ils doivent nous reconnaître le droit de penser aussi par nous-
mêmes. La société et le gouvernement préconisent les sacro-saintes
libertés de pensée, de conscience, de presse, de culte, manifestations
sacrées de l'être humain, immaculé dans toutes ses voies ; ils doivent
nous laisser libres de suivre également notre foi et notre conscience,
de parler, de prier et d'écrire selon nos goûts et nos convenances.
Eux-mêmes ont déclaré se soumettre à la formule : « L'Eglise libre
dans l'Etat libre ! »

Ce raisonnement est juste, mais naïf. La Déclaration des droits de
l'homme, si elle était prise au sérieux et appliquée à la généralité
des citoyens, pourrait, en effet, produire une société où le bien et
le mal jouiraient d'une égale liberté. Mais cette déclaration est
moins un symbole de paix qu'une arme pour le combat. Par ses
origines, elle a été inventée, préconisée, codifiée, comme moyen
d'abattre l'ancien régime ; par son sens doctrinal, elle pose avant
tout les droits de l'homme, mais pour les opposer aux droits de
Dieu ; par ses conséquences forcées, elle s'applique, non pas à délivrer les catholiques, mais à les asservir ; non pas à reconnaître les

immunités de l'Eglise et les droits de Dieu, mais à détruire toutes les appartenances de l'Eglise pour proscrire Dieu, l'expulser de la terre et livrer l'humanité au bestialisme.

A raison de ce sens mystique de la Déclaration, en France, les détenteurs actuels du pouvoir ont fait une révolution dans la révolution ; ils ont répudié 1789 avec ses droits antérieurs et supérieurs de l'homme et du citoyen, pour leur substituer l'absolutisme de l'Etat. L'Etat est aujourd'hui ce qu'était le roi absolu d'autrefois ; il est le détenteur de tous les droits ; il les accorde, les restreint ou les supprime, selon son bon plaisir, nonobstant clameur de haro et chartre normande. Ces droits, dont l'Etat est le réservoir, sont à la disposition des ministres ; les ministres sont à la discrétion des Chambres ; la majorité du Parlement, en théorie et en pratique, est l'incarnation de tous les droits. En France, il n'y a plus de citoyens, mais des sujets. Du moment que l'individu a émis son vote dans les élections, il est à la merci de ses mandataires. On le flagorne, on l'enjôle pour obtenir ses suffrages ; le saltimbanque qui les a obtenus devient, par le fait de son élection, un Satrape ; les électeurs ne sont plus qu'une matière exploitable, corvéable sans merci, ni miséricorde. La France actuelle, sous l'impulsion des Juifs, des protestants, des Francs-Maçons et des libres penseurs ; sous l'impulsion d'une société secrète, la France actuelle n'est qu'un pachalick. Loubet est le commandeur des croyants du radicalisme ; il ne représente rien que la résolution du pacte social.

A cet absolutisme d'Etat et comme programme d'avenir, les maîtres de la France ont cousu le collectivisme et l'internationalisme : ils veulent fonder leur pachalick sur la suppression de la propriété privée et résoudre les anciennes patries en autant d'organisations analogues aux rêves de la crapule en délire.

Penser qu'on renversera cet amas grossier de sophismes bas et d'immondices avec l'eau de rose d'une action libérale, c'est aller, en dansant sur un pied, aux dernières catastrophes.

En présence de l'inertie de l'Eglise et de l'innocence des chefs catholiques du libéralisme, il n'y a pas de remède à nos maux ; ils vont d'un pas vertigineux jusqu'aux extrémités où l'effusion du sang s'impose.

« Nous allons droit à la persécution matérielle, dit don Sarda, convaincu qu'est notre ennemi de l'inefficacité de la persécution légale. Le triomphe de l'Eglise aura lieu, non par les inventeurs de formules libérales, mais par des martyrs n'ayant d'autres armes que le *Christianus sum* des premiers siècles. »

II

Nous n'accusons pas trop Dupanloup, nous l'innòcentons plutôt. C'était un grand enfant ; il n'eut que le tort de se croire un grand homme, faiblesse que lui suggérèrent des admirations attirées par les complaisances de ses doctrines libérales. Personne ne croira qu'on lui fasse tort en le comparant à Descartes. Descartes était un homme de foi et de bonne foi ; il avait gardé la foi de sa nourrice et allait à la messe, un paroissien sous le bras ; il se fut fait, je crois, jeter à l'eau avec une meule de moulin au cou, plutôt que de scandaliser un de ces petits qui croient en Dieu. Mais par singularité d'esprit et amour-propre, il se prit à rêver, et, comme il joignait, à une grande et puissante imagination, une connaissance profonde des sciences physiques et mathématiques, il imagina un système qui, pendant trois siècles, s'attira les sympathies des esprits assez grands pour admirer ses proportions. Cependant voyez : malgré toutes ses vertus, malgré toutes ses réserves personnelles, malgré son génie, Descartes est l'un des grands hérésiarques des temps modernes en philosophie, et l'un des plus terribles empoisonneurs des siècles chrétiens. Son enthymème : je pense, donc je suis, est devenu le principe premier du rationalisme absolu ; son doute méthodique est devenu un doute positif. Grâce à Descartes, le dernier des hommes, le plus sot, le plus lâche, le plus vil, — et surtout celui-là, — se croit l'arbitre du vrai, le juge de la loi, le régulateur de la conscience, le maître de l'univers... à peu près comme l'oie de Montaigne. Grâce au système de Descartes, le premier ou le dernier venu se revêt d'une autocratie, — Je ne dis pas intelligente, — mais intellectuelle : tout est subordonné à ses oracles. De la multitude croyante, Descartes a fait une poussière d'hommes dont l'imbécile orgueil s'attribue modestement l'infaillibilité, garantie complaisante de son impeccabilité.

Dupanloup, malgré le vice de sa naissance, a su, par ses mérites propres, s'élever au-dessus de toutes les disgrâces de son berceau. Encore enfant, il est déjà distingué ; jeune étudiant, il l'emporte sur tous ses rivaux ; prêtre, il atteint vite à toutes les dignités de l'Eglise ; évêque, il se fait reconnaître une sorte de dictature d'opinion, et, comme chef de parti, se recrute des créatures dans toutes les sphères de la société. C'est un homme important, presque encombrant. Nous avons dit suffisamment ce qu'il fut comme catéchiste, comme éducateur, comme écrivain, comme homme de doctrine et d'action. D'après ces informations, il est facile d'apprécier l'homme et de mesurer ses mérites. Nous n'en contestons aucun, tout en croyant qu'à tous il est des lacunes et des ombres. Mais voyez ce prêtre qui, en 1845, peut-être sans le savoir, certainement avec le désir d'obliger tout le monde, s'est mis à altérer l'ordre traditionnel des choses divines et humaines. En voulant expurger la Révolution, il a conçu l'idée de loger, dans des compartiments séparés, l'Eglise et l'Etat. D'après sa devise : L'indépendance, c'est la paix ; il croit avoir pacifié la France, résolu le problème de l'enseignement public, garanti le progrès, assuré l'avenir. Tous les bienfaits que les novateurs attribuent à leurs inventions, il les espérait, sans doute, de ses idées, de ses livres et de ses actes. Beaux projets, louable dessein, s'il vous plaît ; mais vous avez les résultats sous les yeux.

Pour louer Dupanloup en 1902, pour clamer dévotement ses panégyriques, il faut avoir l'esprit et les yeux bien loin de son pays. Dupanloup vivant a été souvent mortifié ; mais enfin il a fait tout ce qu'il a voulu et rien ni personne n'a jamais pu l'arrêter. Dupanloup mort est, depuis vingt-cinq ans, le plus inattendu et le plus étonnant des triomphateurs. Amis et ennemis le tiennent pour un oracle et empaument ses maximes. Les ennemis de l'Eglise le réclament pour un docteur ès sciences sociales ; ses amis n'en pensent pas autrement. On le loue à Paris, on le chante à Orléans ; on l'admire un peu partout, à Genève et à Londres, à Vienne, à Berlin Des gens bien informés assurent qu'il a son parti, même à Rome. Je ne serais pas surpris qu'il ait des disciples, même à Saint-Pétersbourg, au milieu des palais qui se mirent dans la Néva. Voilà un homme que les schismatiques, les hérétiques, les apostats, les excommuniés, Loyson compris et Renan, tiennent pour l'homme des bons principes, l'avocat de toutes les bonnes causes.

Maintenant sortez de la chapelle où s'entassent les admirateurs de Dupanloup et rendez-vous compte des résultats de ses doctrines, des effets de ses prouesses. Dieu l'a mis sur tous les théâtres où il pouvait exercer sa puissance. Les carrières où il pouvait rendre des services, il les a abandonnées ou s'en est fait exclure. Quand il parvenait à la plénitude de l'âge et de la force, évêque, il pouvait élever très haut un diocèse. Dieu lui a même fait la grâce de siéger dans un concile œcuménique et dans les deux palais du Parlement. Au concile, je n'invente rien, il a fait tout le possible, tout l'impossible pour tenir en échec le Saint-Esprit et faire avorter cette sainte assemblée d'évêques. Au parlement, il a su empêcher le rétablissement béni du pouvoir royal ; il a contribué, pour une grande part, à jeter la France dans cet épouvantable gâchis, où elle se débat impuissante, où elle est menacée de périr.

Ecce homo ! Voilà Dupanloup dans la réalité des choses ; voilà Dupanloup dans son rôle d'agitateur sonore ; le voilà, malgré ses grandes phrases, accablé par le néant de toutes ses entreprises. Je cherche ce qui reste de Dupanloup ; je le cherche sans passion, dans la paix des doctrines romaines, si singulièrement contrariées et bridées aujourd'hui. Je cherche et je ne trouve rien, ou, du moins, fort peu de chose, pas de quoi faire sonner l'éloquence et commander aux jugements de l'histoire.

Je cherche et je trouve, quoi ! Dans un petit livre publié en 1845, je trouve un faux jugement sur la révolution, une fausse doctrine sur les relations de l'Eglise et de l'Etat. Cette doctrine, que je veux croire de bonne foi, pacifique, au moins d'intention, elle enfante des séries d'actes confus, violents, emportés, mais invariablement stériles. La situation de l'homme va toujours en augmentant ; mais, plus s'accroît son crédit, plus s'accentue son néant. Des disciples lui viennent, des disciples égaux au maître ; ils sont également sans orce pour servir l'Eglise et sauver la patrie. Les ennemis s'emparent ⌐ (son *Credo* un peu partout ; en Italie, ils suppriment le pouvoir temporel des Pontifes romains ; en France, ils sont en train de démolir au profit de l'étranger ; ailleurs, ils se servent des thèses libérales, pour fabriquer des chaînes et façonner des jougs.

Le libéralisme est la grande hérésie et le grand fléau du siècle ; le libéralisme catholique n'est que son coopérateur inconscient ou son criminel complice. Les doctrines fausses de Dupanloup, par leur évolution naturelle et par leurs naturels méfaits, accablent sa mémoire.

Des écrivains, des hommes politiques, estimés de leur vivant, ont vu parfois s'instruire des procès posthumes et condamner leur mémoire. Rosmini, par exemple, un saint homme pourtant et l'un des grands philosophes de l'Italie, a pris place, après sa mort, sur les catalogues de l'Index. Une certaine quantité d'autres, dans les mêmes conditions, ont eu le même sort. Un concile œcuménique, au VIᵉ siècle, dut même appeler à sa barre des fragments d'Origène, une lettre d'Ibas et un écrit de Théodore de Mopsueste. Le grand homme d'Orléans, vu ses gigantesques proportions, me paraît analogue à ce personnage de la fable, qui avait trois corps ; je ne serais donc pas surpris s'il venait à l'idée de découvrir, dans son *farrago*, l'écrit de Théodore, la lettre d'Ibas et les fragments d'Origène. Les résultats de ses rôles sont assez malheureux ; nous ne demandons pas qu'on le recherche ; mais rien ne nous surprendrait moins qu'une condamnation, dont nous libellons les motifs.

III

La probité du lecteur nous défend contre tout soupçon d'indignité. Si quelqu'un pouvait croire qu'une ombre de passion puisse inspirer nos mercuriales, il se tromperait. Nous écrivons avec la sérénité de la vieillesse, sous l'inspiration des doctrines romaines, dans un sentiment d'horreur pour le passé et le présent du particularisme français, par ordre d'une exécration contre ces erreurs qui tueront la France, si elles ne sont tuées elles-mêmes, et livreront le monde aux Nabuchodonosor de l'hérésie et du schisme. Nous avons toujours pensé ainsi ; nous écrivons depuis plus de cinquante ans sur ce diapason d'ombrageuse orthodoxie ; et, pour rester fidèles aux doctrines qui ont illuminé notre jeunesse, nous avons pu aller au-devant de tous les sacrifices, affronter noblement les pires disgrâces. *Qualis ab incœpto* : on éprouve, au penchant de la vieillesse, une allégresse délicate à mettre son passé à l'abri de ce programme.

Cette appréciation sommaire pourrait suffire ; mais elle couvre des particularités dont la divulgation éclaire d'un jour accusateur certains hommes et certains événements. Nous avons fait allusion à nos cinq procès avec Mgr Dupanloup : c'est un chapitre inédit de son histoire.

Lagrange, dans les trois volumes d'odes en mauvais français sur les splendeurs inouïes de son maître, use fréquemment de procédés mal assortis à ses enthousiasmes. Lorsqu'il devrait parler, il se tait ; lorsqu'il parle de choses embarrassantes, il dissimule ; lorsqu'il aurait de bonnes choses à dire, il les gâte en enflant la voix. Ce panégyriste n'entend rien à son métier ; il démolit son héros en l'exaltant avec des louanges enfantines. Un historien n'est pas un panégyriste ; il s'applique à une scrupuleuse intégrité ; il dit bien du bien, mal du mal, et même quand il ne loue jamais, il sert toujours la justice.

Je citerai un exemple.

Rien n'est plus connu que l'affaire des classiques soulevée par un volume de l'abbé Gaume. Dans la polémique ardente qui s'engageait à cette occasion, l'évêque d'Orléans crut avoir à se plaindre de Louis

Veuillot et fulmina, contre l'*Univers*, une solennelle condamnation. Pour que cette mesure contre le grand journal catholique eût plus de retentissement et d'autorité, il rédigea une Déclaration qu'il voulut soumettre à l'approbation de ses collègues dans l'épiscopat. Pour obtenir leur signature, il mobilisa le bataillon de ses vicaires généraux et de ses secrétaires, entre autres, l'abbé Place, plus tard évêque de Marseille, archevêque de Rennes et même cardinal. Voici les articles de cette Déclaration :

1° Les actes épiscopaux ne sont, en aucune façon, justifiables des journaux.

2° L'emploi, dans les écoles secondaires, des classiques païens convenablement choisis, soigneusement expurgés, chrétiennement expliqués, n'est ni mauvais en soi, ni dangereux.

3° L'emploi de ces auteurs ne doit pas toutefois être exclusif ; mais il est utile d'y joindre, dans la mesure convenable, l'étude et l'explication des auteurs chrétiens.

4° C'est aux évêques seuls qu'il appartient, chacun dans son diocèse respectif et sans que nuls écrivains ou journalistes aient à cet égard aucun contrôle à exercer, de déterminer dans quelle mesure les auteurs, soit païens, soit chrétiens, doivent être employés dans leurs petits séminaires.

Ces quatre articles étaient à coup sûr plus orthodoxes que la Déclaration de 1682; il semble que tous les évêques eussent dû y adhérer. Eh bien ! pas du tout. L'évêque d'Orléans y alla de sa courte honte ; à ce point que Lagrange, son historien, ou plutôt son panégyriste, a cru meilleur de ne pas raconter cet épisode de son orageuse existence.

Quoi qu'il en soit, nombre de prélats, sollicités avec art, refusent carrément d'approuver la mesure prise par l'évêque d'Orléans. Leur refus ne provenait pas seulement de ce que, partisans de l'*Univers*, ils la trouvaient injuste; mais encore et surtout parce qu'ils la jugeaient anticanonique. Tel fut, en particulier, l'avis de Mathias Debélay, archevêque d'Avignon, et de Jean Doney, évêque de Montauban, dont l'autorité était considérable en théologie.

Mais l'opposition la plus douloureuse à l'amour-propre de Dupanloup, lui vint du cardinal Gousset, archevêque de Reims.

Thomas Gousset, fils d'un petit cultivateur de la Haute-Saône, était resté paysan sous la pourpre. Comme tous ceux qui ont conscience de leur force, il répugnait aux voies tortueuses et aux chemins obliques. Sa robuste franchise, son esprit, plus solide que délié, le disposaient mal à approuver les combinaisons diplomatiques où se complaisait beaucoup trop l'évêque d'Orléans. D'une main plutôt rude, il arracha le voile sous lequel le gentilhomme savoisien abritait ses projets perfides contre l'*Univers* ; par la même occasion, il fit ressortir l'irrégularité des démarches tentées pour obtenir, en faveur de sa Déclaration, la signature des évêques.

« Ce n'est pas, écrivait-il, par de semblables procédés que l'on arrivera à trancher définitivement des questions de la nature de celles dont il s'agit en ce moment et je me permettrai de dire qu'on ne devrait pas en faire l'essai. Ce système *d'adhésions isolées, provoquées ou sollicitées* personnellement en dehors de toute *vue d'ensemble* et de *toute délibération, sans intervention aucune du Vicaire de Jésus-Christ,* n'est point *consacré* dans l'Eglise. »

Le digne successeur de saint Remi, d'Hincmar et de Gerbert était avec raison considéré comme le plus ferme soutien des doctrines romaines. La haute situation à laquelle il était parvenu par son seul mérite, sa connaissance profonde du droit canon et de la théologie, le faisaient écouter, par le clergé de France, comme un oracle. Cette lettre aux évêques produisit l'effet d'un coup de foudre ; et ce fut bien autre chose encore, quand on la vit approuvée, à Rome, par le cardinal-secrétaire d'Etat. La cour romaine ne voulut pas prendre parti dans l'affaire, ni juger, pour le moment, le fond du débat ; mais le cardinal Antonelli souligna, pour ainsi dire, l'observation fondamentale de l'archevêque de Reims, au sujet des moyens mis en usage pour obtenir des signatures à la Déclaration.

« Sans avoir aucune intention de censurer ici qui que ce soit, disait le secrétaire d'Etat, il faut bien remarquer, dans l'intérêt de la vérité, qu'il y a un point de la plus *grande 'importance* pour les évêques et que Votre Eminence a signalé fort à propos, c'est la *nécessité de conformer* aux *règles* et *coutumes* établies par l'Eglise, la *nature* et la *forme* des actes émanant du corps épiscopal, sans quoi on court un trop grand danger de rompre l'unité si nécessaire d'esprit et d'action, même dans les démarches par lesquelles on pourrait quelquefois chercher ardemment à l'établir. » (*Univers*, 20 août 1852).

En somme, Dupanloup, dans cette entreprise irrégulière, injuste et violente, eut, contre lui, plus de trente évêques, et pas des moindres. La montagne en travail n'enfanta même pas une souris ; à la fin, l'évêque supprima son acte ; c'est par là qu'il eût dû commencer.

' Quatre ans plus tard, dans sa folle passion, il se portait à des excès pires. Georges Darboy, pour faire son chemin, en flattant les passions de Dominique Sibour, avait conçu, avec d'autres malins de son espèce, l'idée de pulvériser l'*Univers* en le mettant en contradiction avec lui-même. L'idée était ingénieuse et décisive, si elle pouvait se réaliser honnêtement et dignement. Réflexion faite, il n'y fut pas donné suite ; c'était sage. Il ne faut pas trop se défendre, encore moins se justifier. Trop d'apologie ne grandit pas l'homme, mais le diminue, soit en insinuant qu'il se sent galeux, pour se gratter si fort, soit parce que ces justifications donnent plus de crédit à l'attaque qu'à la défense. Le Français, né malin, est toujours un peu de l'opposition.

Dupanloup, le grand ramasseur de papiers inutiles, ramassa l'idée de Darboy, et, pour faire grand, selon sa coutume, imagina d'appliquer cette catapulte, dos à dos et simultanément, au *Siècle* et à l'*Univers*. L'*Univers* était le journal ultramontain par excellence ; Dupanloup voulait l'anéantir. Le *Siècle*, journal du pontife Havin, était aux antipodes et, encore que Dupanloup fût gallican, le *Siècle* ne lui épargnait pas ses coups. Ces journaux impies ne s'arrêtent pas aux nuances ; sous le nom d'ultramontanisme, ce ne sont pas des excès théologiques qu'ils poursuivent, c'est la religion. En vain on l'édulcore par des opinions libérales ; les impies n'y regardent pas de si près, et catholiques purs et catholiques libéraux, ils mettent tout ce monde dans le même sac.

Dupanloup ne donna suite à son dessein que contre l'*Univers*. En 1856, paraissait, à Paris, chez Dentu, une grosse brochure anonyme intitulée : l'*Univers jugé par lui-même*. Sous ce titre, les fagoteurs du pamphlet avaient ramassé, dans la collection de l'*Univers*, c'est-à-dire dans sept ou huit mille numéros de la même feuille, de petites coupures de quelques lignes. Avec ces coupures, rapprochées avec un art perfide, indélicat et absurde, ils entendaient prouver que l'*Univers* avait été précisément le contraire de ce qu'il était réellement. A les entendre, depuis vingt ans, au lieu d'être un journal catholique, et, suivant l'expression de l'évêque d'Arras, une des meilleures institutions de l'Eglise, l'*Univers* n'était qu'une feuille ignare, violente, révolutionnaire, propre, non pas à combattre les impies, mais à les justifier. Comment cela était-il prouvé ; nul ne peut le concevoir, s'il ne lit pas ce malhonnête livre. L'*Univers jugé par lui-même* n'est pas seulement un livre faux, c'est un ouvrage grossier, lâche et déshonorant. Richelieu, qui était expéditif, pour pendre un homme, ne demandait que quatre lignes de son écriture ; Dupanloup, trop passionné pour être adroit, voulait certainement pendre Veuillot, haut et court ; mais il lui avait fallu, pour escalier de son gibet, un gros tome où l'on écartelait d'abord Veuillot avec des textes de ses collaborateurs ; puis où l'on confondait tout, les temps, les lieux, les circonstances. Rien ne peut se concevoir de moins justifié et de moins plausible ; c'est le cynisme de la déraison.

Nous n'avons pas à raconter ce procès. Nous voulons seulement noter, pour ceux qui nous reprocheront de ravager la couronne de Dupanloup, qu'il eut, dans cette entreprise, pour adversaires, quatre-vingts évêques. Tout le monde fut indigné du procédé, révolté de l'injustice. Pendant six mois, l'*Univers* n'eut à enregistrer que la plus magnifique collection de coups de crosse et de coups de plume, tombant sur la tête du grand amasseur de calomnies. Aujourd'hui encore, on ne comprend pas un homme qui se porte spontanément à de tels extrémités. Quel besoin pressait l'évêque d'Orléans de tomber ainsi sur de vaillants apologistes, qu'il lui plaisait de prendre pour adversaires ? La passion, une passion aveugle et enragée, avait pu seule l'entraîner ; aujourd'hui elle l'accuse et l'accable.

Nous notons encore, à l'adresse des panégyristes, partiaux ou aveugles, de Dupanloup, que, dans la circonstance la plus solennelle de sa vie, il vit se dresser, contre lui, le jugement œcuménique de l'Eglise. A peine était indiqué le concile du Vatican, il s'appliquait à l'accaparer pour son parti et ses doctrines ; pendant deux ans, il écrivit, s'agita, se démena ; il soulevait la France, visitait l'Allemagne, il poussait les Orientaux, au point qu'on a pu lui reprocher d'avoir provoqué des tempêtes et causé deux schismes. A coup sûr, il a dit tout ce qu'il pouvait dire ; il a fait tout ce qu'il pouvait faire et même ce dont il eût dû s'abstenir. Résultat : le concile du Vatican s'est refusé à le suivre, il a rejeté ses actes et repoussé ses doctrines. A la lettre, Dupanloup a été condamné par un concile, c'est-à-dire vomi de Dieu.

En totalisant les oppositions d'évêques à la déclaration sur les classiques, à l'*Univers jugé par lui-même* et à l'agitation contre le concile, on voit que Pie IX a toujours été contre Dupanloup ; et puisque le Pape et l'Eglise, c'est tout un, Dupanloup reste sur le carreau.

Et si vous tenez absolument à le mettre en déclamations pour amuser les enfants et tromper les simples, eh bien, célébrez dans vos discours Dioscore, Barsumas et tous les grossiers bâtonnistes du brigandage d'Ephèse. Moralement Dupanloup valait mieux ; doctrinalement, j'ai le regret de ne pouvoir le mettre en meilleure compagnie.

Je garde, dans mon oreille, un mot du cardinal Gousset : « Dupanloup a du talent, mais il ne rend pas de service à l'Eglise. » Une autre fois, parlant du *connubium* Dupanloup-Sibour, je le vois encore serrant fortement son mouchoir et reprochant, à ces deux prélats, de pactiser avec l'ennemi.

VI

Paulo minora canamus. En 1857, un petit curé de Champagne, mêlé depuis 1849 au journalisme de son département, débutait dans les lettres par la publication d'un écrit intitulé : Le BUDGET DU PRESBYTÈRE, *étude sur la condition temporelle du clergé catholique en France.* Un curé à huit cents francs, qui se saigne pour faire imprimer son premier opuscule, désire naturellement le vendre et rentrer dans ses frais. Le zèle est une belle vertu, mais on ne vit pas de l'air du temps. Quinze exemplaires du Budget avaient été déposés à la boutique du grand séminaire d'Orléans ; s'il se fussent vendu, c'était une bénédiction. Mais quelqu'un veillait. L'économe voulut d'abord lire ce volume, avant d'en autoriser la vente. Or dans cet écrit, après avoir établi l'actif et le passif des finances curiales, montré l'urgence de leur accroissement pour les œuvres de charité, l'auteur, s'élevant plus haut, réclamait le rétablissement de la propriété ecclésiastique, prévu par le Concordat et justifiait cette motion par un coup d'œil historique sur le progrès des égarements depuis trois siècles. Ce coup d'œil ne cadrait pas avec les idées de l'économe sulpicien ; il frappa d'interdit le livre, en alléguant qu'il contredisait les idées de Mgr Dupanloup. Le volume dut donc revenir comme il s'en était allé. Le sulpicien Johanet venait d'entrer dans la goire : *Quia non cognovi litteraturam, introibo in potentias Domini.*

Qui a bu de l'encre savoure l'amertume de ce breuvage. En 1858, le même petit curé publiait un second ouvrage, en deux volumes in-12, intitulé : DU GOUVERNEMENT DE LA PROVIDENCE *dans ses principes généraux et dans son application aux temps présents.* Dans la première partie de cet écrit, l'auteur esquissait, à grands traits, la constitution du royaume de Dieu sur la terre et son établissement définitif par Jésus-Christ ; dans la seconde partie, il dressait la nomenclature des résultats produits par les égarements dont le *Budget* avait expliqué l'évolution historique : maux par la confusion des idées et l'ébranlement des mœurs ; maux par la désorganisation de la famille ; maux dans le triomphe des idées politiques de la Révolution ; maux dans la philosophie, dans la science, dans les lettres et au théâtre. Après l'énoncé des maux, il indiquait les remèdes de la thérapeutique chrétienne, remèdes dont il devait prouver la vertu, l'année suivante, dans un volume sur le *Mystère de la souffrance* considéré comme mystère de la vie, expliqué par le christianisme.

Or, pour écrire le *Gouvernement temporel*, l'auteur ne s'était pas seulement inspiré de Bossuet, de Salvien et de la *Cité de Dieu* de saint Augustin, dont il appliquait les enseignements à son siècle. Par une originalité, rare en France depuis longtemps, mais strictement conforme aux enseignements catholiques-romains du séminaire de Langres, l'auteur avait pris ses consignes dans les Décrétales des pontifes romains, spécialement dans Pie IX, et plus expressément dans l'encyclique *Mirari vos* de Grégoire XIV. Par un phénomène assez compréhensible, les bouillantes ardeurs de la jeunesse et ses beaux enthousiasmes avaient déteint sur l'enseignement des Papes et les avaient chauffés à haute pression. Le livre n'en était pas moins grave, et, pour tout dire, obtint un succès immédiat ; d'autant plus surprenant que l'auteur inconnu n'avait, en sa faveur, aucune de ces recommandations qui excitent souvent et parfois surprennent les sympathies du public.

L'*Univers* fit bon accueil à l'ouvrage, le futur cardinal Pie le déclara fort bien écrit, conçu d'un point de vue juste et élevé ; le cardinal Gousset, qui en avait corrigé les manuscrits, marqua son estime, par quelques observations, s'épancha en éloges paternels et mit les deux volumes dans la bibliothèque dont il a publié le catalogue. Mais, pour être sincère, dans l'autre camp, il y eut une autre musique. En public, on s'en tira par la conspiration du silence ; en particulier, on écrivait à l'auteur pour lui reprocher d'avoir mal compris Dupanloup, Lacordaire, Montalembert et autres docteurs de la même école. A cette date, la scission n'était pas ce qu'elle est devenue plus tard ; l'auteur avait englobé dans une commune admiration tous les maîtres dont les discours avaient enthousiasmé sa jeunesse. On lui fit voir qu'il se trompait ; qu'il y avait opposition dans les esprits, opposition radicale, irréconciliable ; et que non seulement Lamennais, mais Veuillot, mais Ventura, mais Gousset, mais Pie étaient des hommes avec lesquels l'esprit distingué du jeune auteur ne pouvait accepter une solidarité, compromettante pour son avenir.

Le dilemme était clair, mais ne pouvait éveiller, dans l'esprit d'un humble prêtre, la moindre hésitation. Dans la jeunesse, pour peu qu'on ait de résolution dans la foi et de désintéressement dans sa vertu, on ne s'occupe ni d'avenir, ni de fortune. Le seul devoir qui presse, c'est d'étudier, de travailler, de se crucifier à sa plume et de se ruiner pour les livres. Fût-on inamovible par en bas, toujours pauvre, un jour disgracié peut-être, du moment qu'on sert la bonne cause, qu'importe ? Les misères privées peuvent nous laisser indifférents ; les misères publiques, les aberrations de la pensée nationale, les excès que cette pensée fautive peut autoriser, les malheurs qui peuvent s'ensuivre, ces perspectives et ces faits ne permettent pas de s'abstenir. Il sera toujours patriotique et pieux de travailler pour la défense de l'Eglise et pour le salut de son pays.

Le petit curé resta donc à sa table de travail : il écrivit et publia le *Mystère de la souffrance* ; la *République et les Bourbons ; Henri V, l'Eglise et la Révolution*. Dans ces trois ouvrages et dans quelques autres sur des questions de religion et de philosophie, soit qu'il traduisît de l'allemand, soit qu'il écrivît en français, il s'appliquait toujours à soutenir les pures croyances de l'Eglise romaine et à combattre les théories destructives de la Révolution. Fils spirituel de Mgr Parisis, disciple du cardinal Gousset, auditeur charmé des Plantier et des Pie, lié d'une amitié profonde à l'*Univers*, il restait dans cette ligne doctrinale et travaillait à la tranchée, laissant à leurs infatuations les catholiques libéraux, sauf Montalembert, qu'il aimait trop pour jamais rompre avec le grand orateur. Années obscures, mais douces et réconfortantes comme une veillée des armes.

Cependant la scission s'accentuait et s'aggravait, chaque année davantage, entre catholiques sans épithète et catholiques libéraux. Les événements, par leurs cours naturel ou par des provocations voulues, obligeaient à approfondir les questions de doctrines. Les Pie, les Parisis, les Gousset, les Gerbet et beaucoup d'autres étaient trop haut placés pour qu'on osât leur chercher querelle ; mais Veuillot était comme le bouc émissaire de la situation. Dupanloup et son groupe, d'abord très hostiles à l'Empire, s'étaient rapprochés d'un autre groupe libéral où figuraient Darboy et plusieurs autres, libéraux à rebours qui s'accommodaient très bien du césarisme. Le déchaînement de la révolution en Italie, la guerre, tantôt hypocrite, tantôt à ciel ouvert, donnaient une nouvelle importance à des questions dont les principes aboutissaient à de pareils résultats, je veux dire à des crimes. Comme il arrive en pareil cas, plus les événements se précipitaient, plus les discussions se compliquaient et s'envenimaient, moins on voyait clair. Notre petit curé, moins désintéressé que jamais dans ses controverses, puisqu'aux succès d'auteur, il avait joint les études de revues et les coups de feu du journalisme, désirait connaître tout le devoir, pour s'y dévouer en toute allégresse de conscience. Comment faire ?

En présence de ces combats sans lumière, où les opinions se heurtaient en s'exaspérant sans s'éclairer, notre homme résolut de ramener sa conduite à ces trois points : 1° Etudier à fond les doctrines controversées ; 2° entendre les maîtres des deux partis ; 3° aller à Rome consulter Pie IX. Les années 1862, 1863, 1864 furent employées à cette triple enquête. D'abord le petit curé se procura tous les livres consacrés à l'étude du catholicisme libéral ; il les lut, plume à la main, et en raisonna, par notes écrites, l'enseignement. Eclairé autant qu'il pouvait l'être, il mit à profit ses correspondances littéraires pour s'informer ; il vint à Paris où il entendit nommément Louis Veuillot, l'archevêque Darboy et plusieurs autres personnages de moindre notoriété. Puis ayant rédigé et synthétisé tous ses renseignements, il prit seul, sans recommandation que ses bons désirs, le chemin de Rome.

A Rome, sur l'énoncé de ses vœux, Pie IX l'admit à son audience. Notre pauvre curé fit connaître, à Pie IX, les antécédents et l'objet de sa visite *ad Limina ;* puis, encouragé à dire tout ce qu'il jugerait utile à sa consultation, il s'exprima à peu près en ces termes : Saint-Père, à l'heure qu'il est, on vous dresse, en France, le programme complet d'une nouvelle hérésie. Cette hérésie est une transformation de la vieille erreur gallicane qui visait à séparer l'Eglise de l'Etat et à abaisser le Pape dans l'Eglise. La nouvelle hérésie s'appelle le catholicisme libéral. Les principaux auteurs sont Dupanloup, évêque d'Orléans, suivi de laïques importants comme Montalembert, Falloux, Broglie, Foisset, Cochin, et de quelques prêtres dont la faible vertu aspire à se pousser dans les bons postes. D'autre part, Darboy, archevêque de Paris, Maret, doyen de la Sorbonne, et leur suite, bien que ralliés au césarisme, sympathisent avec les tenants du catholicisme libéral. Le point de départ de ces futurs sectaires, c'est un bill d'amnistie accordé gratuitement à la révolution française, qui met aujourd'hui le patrimoine de saint Pierre au pillage ; c'est la conciliation des principes de 89, avec la doctrine catholique ; c'est la Déclaration des droits de l'homme et du citoyen, canonisé comme l'Evangile des peuples et l'appel du monde à la liberté. Les principaux articles de la nouvelle hérésie sont : 1° La séparation de l'Eglise et de l'Etat, comme dans le premier article de la Déclaration de 1682 ; l'Etat et l'Eglise logés dans des sphères séparées, ne se rencontrant qu'à la ligne de leurs frontières et s'entendant à l'amiable par un Concordat ; 2° l'Eglise, dans sa sphère séparée, mettant le corps des pasteurs au-

dessus de la tête et se gouvernant d'après les règles du parlementarisme ; 3° l'Etat, dans sa sphère à lui, réglant les questions sociales et
politiques sans accepter ni subir aucune loi de l'Evangile, aucun
droit divin de l'Eglise ; 4° L'Etat, ainsi affranchi, réglant la condition du pouvoir social à sa guise, réglant par le parlementarisme les
rapports du pouvoir avec les sujets et reconnaissant et garantissant
aux citoyens les libertés de pensée, de conscience, de presse et de culte,
c'est-à-dire l'immunité civile de toute croyance surnaturelle obligatoire et pour toute confession intimant aux citoyens affranchis ses ri-
goureuses croyances. En deux mots, pour épargner les transitions et
procéder par enjambements, c'est un plan de destruction pour tout
ce qui reste de catholicisme ; c'est donc l'Etat et l'Eglise livrés à l'anarchie. — Vous pouvez faire votre paquet, prendre le bâton et la be-
sace de saint Pierre, quitter Rome pour aller chercher ailleurs un abri.

Cette conversation dura trois quarts d'heure ; le Pape renvoya
deux fois le camérier qui venait y mettre la fin réglementaire ; Pie IX
écouta, sans rien dire, très attentivement, cet exposé, fait du reste
sur le ton le plus calme, sans que l'incertitude de la pensée ou l'absence du mot propre vînt en altérer l'expression. A la fin, il sourit,
alléguant que ses jambes ne lui permettaient pas d'aller bien loin.

Alors, prenant la gravité qui sied à un Pape et que commandait
l'importance de la question, le Pontife dit : « Mon fils, vous êtes
très fort sur les principes ; vous venez de faire un exposé très exact
des idées fausses du catholicisme libéral. Le catholicisme libéral est
une hérésie ; je serai contraint de le condamner. Pour vous, écrivain
et journaliste, combattez rigoureusement ces erreurs. Si l'on vous dit
ou si l'on vous fait quelque chose, vous viendrez ici ; je vous sou-
tiendrai. Pie IX termina en nous donnant mission de combat, par
les paroles d'Isaïe : *Clama, ne cesses, quasi tuba exalta vocem.*

Au sortir de l'audience, un groupe de camériers retint le pauvre
prêtre pour s'enquérir des propos échangés dans cette longue audience. Comme la conversation se prolongeait, Pie IX sortit et, re-
trouvant son interlocuteur, l'invita à remplir, séance tenante, les
fonctions de camérier, mais en se servant d'une expression que le
prêtre ne comprit pas dans toute son étendue.

Le lendemain, le camérier Bastide venait le trouver à Saint-Louis-
des-Français et l'informait que le Pape avait parlé de cette audience
tout le reste du jour, qu'il en avait été enchanté, qu'il avait dit nommément : Ce prêtre m'en a plus dit que tous les évêques français ;
que certainement le Pape confirmerait par un bref la distinction honorifique conférée la veille *motu proprio et oraculo vocis.*

Dix mois après, le prêtre, de retour en France, recevait le diplôme sur parchemin qui le nommait Protonotaire apostolique, distinction rare, peut-être unique, conférée à un petit curé de village, dans de pareilles circonstances, et certainement sans l'appui de personne.

Cette promotion à la prélature coïncidait avec la fin du privilège conféré aux éditeurs de l'*Histoire universelle de l'Eglise catholique* par l'abbé Rohrbacher. Le jeune prélat, pour justifier une grâce dont il se savait peu digne, résolut de prouver par ses œuvres la sincérité de sa dévotion au siège apostolique. Depuis longtemps, il méditait d'annoter, de compléter et de continuer l'histoire de Rohrbacher et s'y était préparé par de fortes acquisitions de livres, ainsi que par de continuelles études. Pendant dix années, il s'appliqua à cette revision, avec un zèle qui ne fut pas toujours sans fatigue. La *Patrologie*, les *Décrétales des Papes*, *Baronius*, les *Bollandistes* et les grands théologiens ne quittaient plus ses mains laborieuses. Enfin, après dix années de travail continu, l'*Histoire de l'Eglise*, de Rohrbacher parut en édition in-4° chez Vivès ; elle compte 16 volumes et est parvenue aujourd'hui à sa cinquième édition.

Pendant que le petit curé travaillait d'arrache-pied, de grands événements s'accomplissaient. Le *Syllabus et le Concile du Vatican* avaient excité les préoccupations de l'univers et appelé les applaudissements de l'Eglise. Dans ces deux circonstances, les catholiques libéraux avaient vidé leurs sacs et s'étaient montrés à nu. En présence de ces agitations, le reviseur de Rohrbacher estima que le temps était venu de vider la querelle soulevée depuis trois siècles entre gallicans et ultramontains. Ce fut pour lui une provocation à écrire et à publier l'*Histoire apologétique de la Papauté* en 7 vol. in-8°, livre qui sort un peu des catégories de la pensée ecclésiastique, mais que le clergé recherchera davantage, lorsqu'il saura que c'est une borne triomphale, avec inscription funèbre pour les funérailles du gallicanisme.

Entre temps, le petit curé éditait en 12 volumes in-4° les *œuvres* du cardinal Bellarmin, proscrites en France depuis le XVIIᵉ siècle. Plus tard, il terminera, en dix volumes in-8°, l'*Histoire générale de l'Eglise* commencée par l'abbé Darras.

Un camérier du Vatican lui écrivait un jour que, de tous les prêtres français élevés à la prélature, il était, par ses travaux, celui qui faisait le plus d'honneur à Pie IX. *Tempus edax, homo edacior.*

(*A suivre.*)

MGR. JUSTIN FÈVRE.

L'Abbaye royale de Saint-Victor de Paris

(Suite.)

Il ne paraît guère possible d'attribuer à notre docteur le *Bestiaire* publié sous son nom ; mais cette collection étrange fut certainement dès les premiers siècles à l'usage des Victorins, puisque nous en retrouvons dans leur bibliothèque un exemplaire du XIIIᵉ siècle [1]. Godefroid semble l'avoir mise largement à contribution dans son *De spirituali corpore Christi* qui forme le deuxième livre du *Fons philosophiæ*. Pour en tirer des applications mystiques fort discutables, il décrit le corps humain jusque dans les plus minimes détails des organes extérieurs [2], non sans parfois se faire illusion sur leurs fonctions [3].

[1] B. N., Ms. lat. 14512, fᵒ 67 verso. Cette compilation, fort curieuse pour l'histoire du symbolisme au Moyen Age, s'ouvre sur un traité *De columba deargentata*, dédié par Hugue de Foulloi à un convers du nom de Renier. La lettre d'envoi ne manque vraiment pas de charme. Nous y apprenons que le convers Renier n'est qu'un chevalier transfuge du monde, à qui l'auteur adresse un dessin de sa façon représentant une colombe et un épervier, perchés sur la même branche. Et il explique que la branche est la vie religieuse ; la colombe qui s'y repose, c'est l'auteur, membre du clergé dès avant sa conversion ; l'épervier, c'est le chevalier rendu à Dieu, qui se fait un plumage de colombe, et n'a pas répondu à l'appel divin par le cri éternellement dilatoire du corbeau : *cras ! cras !* etc. (P. L. t. 177, col. 15.)

[2] B. N. Ms. lat. 15154. — Il serait intéressant de comparer ces études avec le *De Mundi universitate* de Bernard de Chartres, qui, pour s'exprimer dans une versification plus élégante, n'est pas plus précis (Bernardi Silvestris. *De Mundi universitate libri duo*, sive *Megacosmus* et *Microcosmus*, publié par Barach et Wrobel dans la Biblioth. philosoph. med. ætat. I. Innsbruck, 1876). — Saint-Victor possédait un manuscrit ancien du *Megacosmus* (B. N. Ms. lat. 15009, fᵒ 187. « Herrico veris scientiarum titulis doctore famosissimo, Bernardus Silvestris opus suum, etc. »).

[3] Voici comment il apprécie le rôle du cœur, du poumon, de l'estomac, du foie, de la rate et des intestins :

Cor, pulmo, stomachus medium per pectus ab alto
Dependent ; datus est ordo secundus eis.

Evidemment aucun ordre de connaissance n'était exclu par ces grands esprits, pour qui l'univers était une machine aussi merveilleuse à étudier dans son ensemble que dans ses infiniment petits. De tels hommes seraient de nos jours les plus ardents disciples des Buffon ou des Cuvier, des Claude Bernard ou des Pasteur.

Cependant, Hugue et Richard nous l'ont dit, l'homme ressemble à Dieu par la science, assurément ; mais plus encore par la vertu. La *pratique* est la science de la vertu ou des mœurs : l'éthique. On ne conçoit guère une abbaye dont l'enseignement journalier, au cloître ou au chapitre, n'a pas une telle science à sa base. Aussi nos sermonnaires et même nos traités de pure spéculation sont remplis des préceptes de la morale la plus élevée, puisque c'est la morale du parfait christianisme. Toutefois nous ne trouvons guère, au début, de traité méthodique sur cette matière. Le *Gregorianum* de Garnier relève plutôt de la science scripturaire ou de la mystique symbolique. Cependant on y rencontre, au chap. x du livre IV [1], une filiation suivie des vices dérivés des sept péchés capitaux. Hugue avait déjà donné cette classification en plusieurs de ses ouvrages, notamment au *De sacramentis* (l. II, part, XIII, cap. 1), et au *De V septenis* (cap. 11).

Que tria sic totum corpus servant ut eorum
Absque ministerio vita negetur ei.
A cordis fonte vitalis spiritus exit
Atque per arterias corpus in omne meat.
Aeris in corpus attracti spongia pulmo
Fomentum toti dat recipitque suo.
Infusas stomachus escas velut olla receptans
Decoquit, hinc membris dans alimenta suis.
Hinc iecur a dextra, sed splen a parte sinistra
Herent a media ; viscera subter eum.
Hec tria sunt illa que sicut commemoravi
In tribus ordinibus tercius ordo tenet.
Inter que iecori virtus est indita talis
Quod naturalis spiritus inde meat.
Atque secunda quoque digestio creditur illi.
Nec minus in stomacho prima fit eius ope.
At melancolicus in splene reponitur humor,
Et risus cordi gratior inde venit.
Intestina foras quecumque superflua mittunt,
Vesicam liquidis fecibus exta replent.

[1] P. L., t. 193, col. 153.

A dire vrai, un très grand nombre de problèmes les plus ar-
dus de la morale sont résolus au cours de ses ouvrages dogmatiques ; exemple : les épineux cas de conscience de *Matrimonio*
(*De sacram.* lib. II, p. XI). Saint Thomas, plus tard, n'adop-
tera pas une autre méthode. Des traités scripturaires et dogmatiques de Hugue on peut extraire un ensemble de doctrine morale fait des notions les plus nettes. Ceux qui l'ont
suivi ne furent pas plus profonds et plus précis. Je n'en veux
pour preuve que sa belle exposition de la fin dernière (*De
sacram.* lib. II, p. II, cap. i) ; des deux sortes de préceptes ;
de la distinction, dans le fait peccamineux, de l'*actus* et du
reatus ; de la règle de moralité ; du volontaire et de la liberté, etc... (*Summa sentent.* tract. III, cap. xiv-xv).

Richard semble ne s'être pas moins attardé dans le domaine de l'éthique. Le *De statu hominis interioris* débute
par un magnifique exposé du libre arbitre, demeuré entier
après la chute, et base nécessaire de tout acte humain ; puis
il décrit les maladies morales dont il est infecté, les péchés
qui en sont la conséquence, et les remèdes qu'il y faut apporter. Plus loin on trouve une étude sur le pouvoir des
clefs, et une autre sur le péché mortel et le péché véniel.

A Saint-Victor, et surtout chez Richard, la morale forma
un tout avec la mystique, et les docteurs n'y prirent guère la
peine de délimiter *ex professo* le domaine de la loi et celui du
conseil, l'état d'honnêteté nécessaire et celui de perfection
facultative. Au commencement du xiiie siècle, les Victorins,
étant les pénitenciers ordinaires de l'Université, sentirent le
besoin de codifier le résultat de leur expérience. Déjà, vers
1216, le chanoine Menend avait soumis au pape Honorius III
une série de cas de conscience, qui furent résolus dans l'assemblée des cardinaux [1]. Après lui, « et les premiers dans
l'Eglise latine », dit J. de Thoulouse, Robert de Flamesbury et Pierre de Poitiers, deux Victorins encore, composè-
rent des traités de casuistique ou *Pénitentiaux*, destinés au
ministère du sacrement de Pénitence.

L'histoire, en tant que science sociale, relève de la pratique.
L'enseignement victorin lui faisait encore une large part.
Hugue donna dans les sept derniers livres des *Extraits* un
résumé complet de l'histoire du monde. Et, pour en faciliter

---

[1] B. N. Ms. lat. 14938, f⁰ 266 verso.

encore l'usage classique, l'auteur prit la peine d'en faire un abrégé ou tableau mnémonique : *Artificium memoriæ* [1]. Les chroniqueurs furent nombreux à Saint-Victor en tous les siècles. Citons tout de suite pour le XIIe siècle un auteur anonyme dont nous avons l'œuvre au ms. lat. 15009, f°. 42, de la Bibliothèque nationale [2] ; et, au XIVe siècle, Jean Bouin connu sous le nom de Jean de Paris, l'auteur de *Memoriale historiarum* [3].

Mais à Saint-Victor on était surtout mystique, avons-nous dit. Tout ce qui précède a de ce mot déjà précisé le sens. On y ambitionnait la science la plus vaste : celle du monde visible et celle du monde invisible, surtout celle de soi-même et celle de Dieu ; il y a plus, on aspirait au parfait amour. Or notre Hugue fut encore ici un précurseur, un initiateur admirablement suivi et complété par des disciples comme Richard qui est le docteur de la mystique victorine, Godefroid qui en est le prophète, Adam qui en est le barde inspiré.

L'abécédaire de leur doctrine mystique a dès le premier mot fort épouvanté les profanes : faire le vide au cœur de l'homme pour y faire place à Dieu. De là ces protestations enflammées et sincères, dans leur pénétrante mélancolie, sur la vanité des choses qui passent.

Indalétius se laisse prendre aux charmes des œuvres de l'homme [5]. — Soit, elles sont admirables, concède Dindyme ; mais attends la fin. « Et il l'entraîne sur les hauteurs où, d'un coup d'œil, on embrasse le spectacle du monde. — Que vois-tu ? — Un navire qui vogue à pleines voiles sous un ciel bleu, sur une mer sereine ; l'équipage est joyeux et se récrée sur le pont au son d'une musique harmonieuse. Voilà des gens heureux... — Et au bout d'un moment : Que vois-tu encore ?... — Hélas ! je tremble de le dire : des nuages qui montent, la

---

[1] B. N. Ms. lat. 14872, f°s 49-86. Cf. 15009, f°s 1-42.

[2] Le chroniqueur a soin de mentionner la fondation de l'abbaye de Saint-Victor « anno circiter MCXIII » et s'étend avec complaisance sur la propagation de l'ordre victorin (f°s 76 et 77). Il s'arrête à la 5e croisade. « Rex Francorum et rex Anglie Ricardus iter arripuerunt in Jerusalem. » (1190, f° 77 verso).

[3] B. N. Ms lat. 15010 et 15011. — Ars. Ms. 986 et 1117.

[4] Il n'y a rien ici d'exagéré. Cf. *Microcosmus*, lib. III (B. N. Ms. lat. 14515, f° 48 et seq.).

[5] *De Vanitate mundi* (lib. I.).

tempête qui gronde, la mer qui entr'ouvre ses abîmes, le naufrage, une lutte terrible avec la mort. Et tout est fini...

— Et bien, que dis-tu de la puissance et'du bonheur des
hommes ? — Vanité des vanités ! tout n'est que vanité. »

Et de la sorte défilent, comme en un funèbre cinémato-
graphe, une riche caravane, un palais opulent, un cortège
nuptial ; tout se termine par une catastrophe, des larmes, des
brisements de cœur. « C'est une amorce au bout d'un hame-
çon, pour obtenir de l'homme un peu de résignation à la loi
du travail et de la douleur. Voilà ton bonheur humain ! »

Et la science ? Ecoutez : « Je vois une école nombreuse où
des enfants, des adolescents, des jeunes gens et des vieillards
étudient côte à côte. On y apprend à lire, à écrire, à couvrir le
parchemin d'élégantes miniatures, à tromper les autres par de
savants sophismes, à combiner les nombres et les figures, à
faire parler des instruments en notes harmonieuses, à reconnaître le cours des astres et les vertus des plantes. — Et
après ? A-t-on trouvé la vérité, et, avec la vérité, le bonheur?
— Nullement : sans Dieu point de vérité, sans Dieu point
de bonheur. »

Il y a donc longtemps que la science a fait faillite; et c'est
un Hugue de Saint-Victor qui le proclame.

Voilà le premier degré à franchir : tous nos Victorins
l'avaient franchi en passant le seuil du cloître. Il leur restait
à pacifier, régler, harmoniser ce *mic᾽ ocosme*, ce monde intime où le péché originel a semé le désordre et fait des ravages. C'est à Lia et à ses servantes que Richard, nous nous
en souvenons, réserve cette œuvre fondamentale de l'ascèse.
Hugue en a sagement et paternellement encore tracé les règles
dans l'ouvrage si pondéré, si pratique et parfois si ravissant
de forme qu'est l'*Exposition de la règle de saint Augustin* [1].

Cette œuvre d'épuration et d'apaisement accomplie, l'âme
peut prétendre à la connaissance et à la jouissance plus ou
moins intime de Dieu, au degré où Dieu s'est réservé à lui-
même de l'admettre. Ici, c'est Richard qui nous a fourni
d'une manière plus précise la doctrine de l'école. En ces matières, connaître, c'est aimer ; aimer, c'est se donner. Toute-

---

[1] Ce livre fut longtemps en usage comme texte de la conférence journalière, à
Saint-Victor, dans beaucoup de monastères de chanoines réguliers, particulièrement de la congrégation de Windesheim, et dans nombre d'ordres nouveaux soumis à la règle de Saint-Augustin.

fois, jamais, pour l'un quelconque de nos docteurs, se donner ne fut s'identifier avec l'objet aimé. Le sommet de cette ascension tout à la fois cognitive et affective, c'est la contemplation. Alors que la méditation est le travail souvent fort ardu de l'âme qui cherche à déchirer péniblement les voiles accumulés par les facultés inférieures, la contemplation est une vision claire, manifeste, reposante, emportant un intime contentement du cœur tout aussi bien que des facultés intellectuelles.

C'est fort arbitrairement que Ch. Weiss [1] a voulu distinguer chez nos Victorins un mysticisme de sentiment et d'imagination, et un mysticisme d'intelligence. Hugue et Richard ont partout proclamé que la contemplation est autant une vision qu'un acte d'amour, même dans cet état suprême des rares privilégiés qui est la suspension ou silence de l'âme ; le sommeil dans le divin baiser. Hugue et Richard ont traité de ces sublimes choses en praticiens et avec la plus profonde tendresse, mais ils les ont aussi exposées en philosophes et en théologiens, évitant avec soin l'écueil du panthéisme, et maintenant rigoureusement l'essentielle distinction entre les plus claires, les plus aimantes visions de ce monde, et la vision béatifique de la vie future.

C'est ici surtout qu'il faudrait citer : et le *De contemplatione* ; et ce charmant *De arrha animæ* sur lequel si injustement se sont acharnés les très secs auteurs de l'Histoire littéraire ; et le *De laude caritatis* ; et *De amore sponsi ad sponsam* ; et les deux *Benjamin* ; et le *De quatuor gradibus violentæ caritatis* ; et le si doctrinal livre troisième du *Microcosmus* de Godefroid [2]. Mais ce chapitre est déjà hors de toute proportion.

Nous ne prétendons pas que l'école de Saint-Victor ait tout exploré en ces régions vertigineuses ; mais là encore elle porte très loin son flambeau ; et, comme la scolastique tout entière procède d'elle, ainsi les grands mystiques du xvᵉ et du xviᵉ siècle n'ont presque rien ajouté à ses formules. Saint Bonaventure, qui s'y entendait, a pu présenter maître Hugue non seulement comme le prince des théologiens, mais, à un

[1] *Hugonis de Sancto Victore methodus mystica* (Strasbourg, 1839.)

[2] Ici encore, pour un exposé plus complet de la mystique victorine, nous renvoyons à M. l'abbé Mignon, qui, selon nous, l'a le mieux comprise (*Orig. de la scolastique*, t. II, p. 351.)

titre égal, comme le prince des mystiques : « Augustin est
suivi par Anselme, Grégoire par Bernard, Richard a suivi
Denys ; car Anselme s'occupe de dogme, Bernard de prédication, et Richard de contemplation. Quant à Hugue, il suit
toutes ces études et tous ces maîtres [1]. »

Nous avons essayé de rapidement esquisser le programme
de cette remarquable école. Le plus grand nombre des personnages qui vont remplir en nos annales la seconde moitié du
XIIe siècle y furent nourris de ces vastes et solides doctrines.
Il serait fort intéressant de connaître aussi les heures et les
méthodes de l'enseignement, de surprendre en quelque sorte
Hugue dans sa chaire, et d'entendre ses leçons journalières.
En analysant plus haut le *Liber ordinis*, nous avons pu remarquer que la place n'y est point indiquée pour un enseignement scolastique officiel. A part les novices, entièrement
appliqués au début à une éducation qui paraît surtout liturgique et pratique, les chanoines n'eurent guère, pour entendre Hugue, que les heures consacrées à la conversation dans
le cloître, et la conférence publique de chaque soir, ou, en
certaines circonstances, le sermon au chapitre le matin.

Souvent le docteur était assailli de questions, et, pour y
répondre d'une manière précise, rédigeait, le temps du silence
venu, tel ou tel traité. « Me trouvant un jour dans la
réunion des frères, écrit-il au prologue de l'*Arche morale de
Noé* [2], ils me posèrent un grand nombre de questions auxquelles je tâchais de répondre. Beaucoup de sujets furent ef-
fleurés. Finalement, nous déplorions tous d'une seule voix
l'inconstance et les agitations du cœur humain. Tous alors
m'exprimèrent un ardent désir de connaître la cause de tant
d'orages intimes et le remède qu'on pourrait y apporter. Je
me suis donc rendu à leur invitation, et, avec l'aide de Dieu,
j'ai essayé de résoudre devant eux ces deux questions, en demandant des preuves tant à l'autorité qu'à la raison. Ayant
par la suite reçu l'assurance qu'ils avaient plus particulièrement goûté plusieurs parties de ma conférence, j'ai cru bon
de les rédiger à part, non parce que je les juge dignes d'être
fixées par l'écriture, mais parce que cet exposé étant entièrement neuf, il ne peut que leur être plus agréable à retenir. »

[1] *De reductione artium ad theologiam* (Op. S. Bonavent. édit. Vivès, t. VII, p. 501).
[2] P. L. t. 176, col. 617.

Il en ressort que Hugue avait le plus souvent la parole en ces doctes assemblées. Et ce n'était que justice.

Après lui sa chaire revenait de droit à Richard. Nous en avons assez dit pour faire connaître la valeur de son enseignement. Il était écossais, au dire de tous les anciens témoignages [1]. Il suffirait d'ailleurs de ses relations pour nous indiquer ses origines britanniques. Nous avons une lettre écrite plus tard, par lui, conjointement avec son abbé Ernis pour reprocher à Robert de Melun, leur ancien maître, devenu évêque d'Hereford, d'avoir pris rang parmi les prélats courtisans qui avaient adopté une attitude hostile à saint Thomas Becket ; et pour lui faire part de la sévère appréciation que les étudiants parisiens, jadis ses disciples, portaient sur sa conduite. Nous y lisons :

« Votre promotion à l'épiscopat a été une grande joie pour notre église ; vos anciens élèves en ont conçu de grandes espérances ; tous les étudiants ont senti redoubler leur ardeur pour acquérir la science et la vertu, en voyant ainsi couronner votre carrière laborieuse. Quand à nous, nous avons, plus que tous les autres, applaudi à cet évènement, parce que vous nous étiez plus particulièrement cher, et parce que nous en augurions de grands avantages pour cette église d'Angleterre, que nous aimons entre toutes de cet amour qu'on réserve au pays natal [2]. »

Richard fut en relations assez suivies avec l'abbaye de Saint-Alban dont l'abbé S... « Fr. S. humilis minister ecclesiæ sancti Albani », lui envoyait un de ses religieux, pour compléter et revoir les copies des œuvres de Hugue de Saint-Victor [3], déjà répandues en Angleterre. Mais le correspondant de Richard y fut surtout le prieur G. qui lui recommandait un de ses frères du nom de Matthieu, attiré en France « amore scientiæ », puis son neveu sans doute en voyage pour la même raison. Une autre fois il lui demanda le titre de ses ouvrages, afin que, écrit-il en terminant, « notre Angleterre puisse se montrer fière de votre science » [4].

Un autre Anglais, M..., peut-être le Matthieu dont il est plus haut question, écrivait à Richard pour lui réclamer des

[1] J. de Paris. B. N. Ms. lat. 15011, f° 384.
[2] P. L., t. 196, col. 1225.
[3] P. L., ibid., col. 1228.
[4] Ibid., col. 1228 et 1230.

draps et des serviettes déposées à l'abbaye. Ce devait être un clerc riche et instruit. Il parlait de leur ami commun, Gautier, prieur de Saint-Euverte ; et, dans une seconde épître où il témoignait en termes trop recherchés sa reconnaissance pour les services rendus, il mettait son messager à la disposition de son correspondant, s'il lui plaisait de transmettre quelque commission au prieur de Saint-Alban [1].

On nous pardonnera de nous attarder à ces miettes de l'histoire ; nous avons une prédilection spéciale pour le document épistolaire, parce qu'il nous révèle mieux que tous les autres les mœurs et les hommes.

Richard, en cela moins heureux que Hugue, ne put se consacrer exclusivement à ses chères études. Il fournit d'ailleurs une carrière beaucoup plus longue, et, hélas ! plus mouvementée. Dès 1159, il fut élu sous-prieur, après la mort d'Egbert, saint religieux entouré de la vénération universelle ; et en cette qualité, il souscrivit une charte par laquelle l'abbé Achard cédait, moyennant juste compensation, tous les droits de l'abbaye sur la dîme de Palaiseau, à Ferri de Paris, seigneur du lieu.

Richard était encore sous-prieur (il le fut trois ans) lorsqu'il reçut une lettre assez incorrecte et assez obscure d'un clerc limousin, L... ,qui le traitait comme son'père spirituel et lui demandait d'intervenir et de faire intervenir l'abbé de Guigomorre (le Vigeris), pour obtenir d'un maître R... le respect d'une convention conclue entre eux en présence de Richard lui-même et d'Alexandre, leur ami commun. Il s'agissait d'une rente annuelle de 10 marcs qui assurait la subsistance du pauvre clerc. Celui-ci était d'ailleurs suffisamment recommandé, puisqu'un cardinal (non désigné) avait parlé en sa faveur [2].

---

[1] P. L., t. 196, col. 1229.
[2] Marten, *Ampl. coll.*, VI, 244.

(A suivre.)

D. Fourier Bonnard.

Le P. Aubry

RÉFORME DES ÉTUDES ECCLÉSIASTIQUES

(Suite.)

Le théologien doit atteindre à des hauteurs plus sublimes encore; il doit s'élever au-dessus de la connaissance initiale, de l'objet élémentaire, des raisons premières de la foi. Dieu ne tolère pas seulement, il veut que la science théologique considère, d'un regard profond, mais respectueux, les mystères de la religion révélée. Comme la force de la raison ne suffit pas pour explorer cette région des dogmes, Dieu tient en réserve, pour le théologien, des lumières surnaturelles, des assistances d'une céleste efficacité. La raison chrétienne, en ce cas, n'est pas seulement armée de ses facultés essentielles, agrandies par la foi; elle reçoit encore, de Dieu, des dons d'intelligence, de science et de sagesse. Le baptême et la confirmation du chrétien, en l'incorporant à Jésus-Christ, lui ont fait sentir, comprendre et goûter les choses de Dieu. Le caractère sacré de l'ordre sacerdotal sanctifie la raison du prêtre, la transforme et consacre toutes ses facultés à l'étude des divins mystères. Débarrassé, par sa vocation virginale, des goûts, des préoccupations et des aspirations terrestres, le prêtre possède en lui, par la pureté du cœur, une énergie de lumière qui sympathise naturellement avec les pensées divines. Les grâces que Dieu lui départ sans cesse, le stimulent et l'illuminent, en temps opportun, comme des éclairs intérieurs. Dans son ministère quotidien, les mystères dont il est le dispensateur, les bénédictions dont il est le canal, les opérations divines dont il est l'agent, assurent, à son âme, une connaissance plus profonde de l'ordre surnaturel et l'expérience plus sensible des choses de Dieu. Ainsi enrichi par la nature et par la grâce, l'œil humblement mais fermement dirigé vers les hauteurs de la contemplation, le théologien ne se contente pas d'écouter la foi; il entend scruter les mystères et en découvrir les harmonies. C'est un scrutateur de la majesté divine, qui ne se fera point écraser sous le poids de la gloire.

Les doctrines de la révélation, complètes dès le commencement, suivent, dans le cours des siècles, une évolution dogmatique ; cette évolution consiste en deux choses : une expression de plus en plus explicite de la vérité ; une démonstration par des arguments de plus en plus décisifs. Dans ce mouvement, dans cette exposition scientifique de la vérité révélée, on distingue cinq phases : 1° *l'ère apostolique* ou de *fondation*, qui va, de la prédication du Christ, au concile de Nicée en 325 ; 2° *l'époque des saints Pères* ou d'*exposition*, depuis le concile de Nicée jusqu'à saint Grégoire le Grand en 590 ; 3° *l'époque de transformation sociale* pendant le Moyen Age ; de saint Grégoire à saint Anselme, en 1093 ; 4° *l'époque scolastique*, subdivisée en trois périodes de formation, de haut progrès et de décadence, depuis saint Anselme jusqu'à la fin du XVᵉ siècle ; 5° *l'époque de la grande épreuve,* où l'on distingue deux périodes, la période des épreuves partielles depuis la naissance du protestantisme jusqu'à la révolution ; la période de l'épreuve universelle, depuis que le protestantisme est arrivé à son terme dans le symbole destructeur du radicalisme antichrétien.

De ces cinq époques, trois surtout attirent notre attention : la période *apostolique*, la période d'*exposition* et la période de *construction*. Trois hommes personnifient souverainement la doctrine catholique à ces trois phases de l'histoire et forment une trinité scientifique de lumière chrétienne; saint Paul, l'apôtre inspiré ; saint Augustin, le théologien illuminé ; saint Thomas, le docteur consommé. Le premier pose les vastes assises de l'édifice des sciences sacrées ; le second fait monter vers le ciel cette admirable construction; le troisième en pose le couronnement, en trace les avenues, en construit les dépendances.

Depuis saint Thomas, le monde a marché ; il a subi surtout de terribles ébranlements et d'épouvantables catastrophes. En quoi consiste l'enseignement dogmatique, pour le mettre en pleine lumière et conjurer les malheurs ?

« Le vrai programme de toute étude théologique, dit le père Aubry, à notre avis, c'est de prendre chez les scolastiques l'idée-mère, le concept principal, les grandes lignes. Pierre Lombard, Alexandre de Halez, saint Thomas d'Aquin ont porté l'esprit mathématique dans la théologie, sachant s'allier avec le charme, l'élévation, la profondeur des spéculations métaphysiques les plus belles; ils ont tracé, d'une main ferme, le cadre, non pas étroit, mais immense, où doit se déployer, dans la plénitude de sa force, le génie de la science sacrée, unie aux sciences humaines et doublant leur force. A nous, modernes, de remplir ce cadre, avec notre esprit pratique et nos découvertes incessantes; à nous de fondre ensemble la théologie contemplative et la théologie positive, ces deux éléments admirables qui sont comme les deux ailes du dogme. C'est là un labeur qui répond aux associations et aux besoins de l'intelligence moderne; et si notre voix avait quelque portée, nous ferions appel au courage, à la sainte ardeur des nouvelles générations sacerdotales; nous leur crierions qu'il s'ouvre, à leur ambition, une vaste carrière à parcourir, d'admirables conquêtes à réaliser [1]. »

Parmi les théologiens modernes, le P. Aubry conseille, de préférence et parallèlement à saint Thomas, en première ligne, le cardinal Franzelin. Ce n'est pas que cet auteur soit le seul bon; mais il est un de ceux qui ont le mieux rendu la transformation nécessaire de la théologie, cette fusion des deux méthodes, celle du P. Thomas, qui est la méthode contemplative, celle de Bellarmin, Petau, Suarez, qui est la méthode positive. La théologie de Franzelin réunit et fond admirablement ces deux méthodes en une seule, et c'est pourquoi nous la regardons, non pas comme le type, mais comme un essai fécond et un heureux spécimen de la méthode transformée.

A l'école de saint Thomas et de Franzelin, le premier usage que fera toujours de sa raison le jeune théologien, sera de reconnaître le fait de l'enseignement divin; puis de se soumettre à cette autorité divine, en interrogeant l'Eglise, et en s'appuyant, pour comprendre ses enseignements, sur les textes des Ecritures et les témoignages des Pères. L'acceptation de l'autorité de Dieu, règle absolue du vrai, et de l'autorité de l'Eglise, organe infaillible de Dieu, n'enchaîne point sa liberté. Sur cet acte de nécessaire soumission, il se délivre, au contraire, des ténèbres du doute et de la tyrannie de l'erreur, maux inévitables pour la raison abandonnée à elle-même. D'autre part, il n'oublie point que Dieu est toujours le Dieu infini, comme un océan sans fond et sans rivage; lui, être limité et infirme, il ne saurait pénétrer toutes les profondeurs, ni embrasser toutes les étendues. Le théologien est un esprit puissant; il accroît encore ses ressources par l'intelligence de sa modestie.

Le champ d'exploration, qui lui reste, n'en est pas moins immensément vaste. « Ce qu'il a devant lui, dit encore le P. Aubry, ce ne sont pas des horizons à perte de vue, c'est l'infini, et il a le temps d'avancer sans trouver de limites, qui bornent ses conquêtes. D'ailleurs, il n'y a point de limite; il y a des précipices et des

---

[1] *Les Grands Séminaires*, p. 211.

écueils à éviter, car il est possible et il est facile sous le gouvernement
de l'Eglise, de les éviter ; mais, il n'y a point de limites infranchis-
sables à rencontrer. Plus il creuse, plus il voit qu'il reste l'infini et
qu'il est toujours possible de creuser et d'avancer. La sagesse infinie
n'est pas cachée tout entière et surtout n'est pas inaccessible, et
ce sanctuaire même du mystère, où elle a déposé ses secrets éternels, n'est plus pour lui sans voix ; et il lui est permis d'écouter, au
dehors, avec un saint respect, les échos divins qui en sortent et que
Lacordaire, avec autant de poésie que de sens théologique, appelait
le *son du divin*. En l'écoutant, il sent bien qu'il est sur le chemin de
la science éternelle et qu'il ne rencontrera point de barrière. Escorté
par la foi, guidé par l'autorité de l'Eglise qui le préservera toujours,
il ne craint donc pas de se mettre en marche vers ce point de l'horizon. L'œil fixé là, comme celui de l'aigle, toujours il s'avance et toujours le chemin s'étend ; toujours il médite et sa méditation sera
sans fin ; car elle a pour objet Dieu lui-même et elle doit se pro-
longer dans l'éternité, en subissant seulement à la mort une transformation que saint Paul appelle *la délivrance des enfants de Dieu et
la liberté de la gloire*. Les avenues de la science céleste ne cessent de
s'élargir devant lui et de découvrir, à son âme ravie, des horizons
merveilleux qu'il ne saurait mesurer, mais dont il devine l'infinie
profondeur. Humble et puissant, il ose, par la contemplation de son
regard humain, s'élever jusqu'à la contemplation de la pensée divine, jusqu'au sein de l'infini, et décrire les opérations intimes de
Dieu et ses décrets éternels. Or, il finit par y saisir et y dessiner des
traits splendides, quoique incomplets, de la vie intime de Dieu et
de ses plans sur le monde, de belles échappées lumineuses de cette
philosophie éternelle de dogme, qui est la sagesse même du Verbe,
la science même de Dieu contemplant son essence et ses œuvres [1]. »

Voilà le travail du théologien : il réunit, sans les confondre, dans
une glorieuse collaboration, l'autorité divine et la recherche rationnelle. C'est comme l'union hypostatique de la pensée divine et de la
pensée humaine, l'intelligence incréée fournissant la substance infinie
sur laquelle l'intelligence créée travaille en creusant toujours, sans
l'épuiser jamais, le filon éternel. Cet emploi élevé de l'élément primaire et cette vue pénétrante de l'élément divin, sont regardés
comme les deux ailes de la théologie. De leur concours harmonieux
résulte la vraie science de la foi. Et cette science, après les seize premiers siècles de l'Eglise, se trouva menée si loin, si achevée par le

---

[1] *Essai sur la méthode des études ecclésiastiques*, p. 89.

travail, si illuminée par la contemplation, qu'elle contenait implicite-
ment le germe de tous les développements possibles de la théologie,
et, par conséquent, les principes certains de toutes les sciences, la
force initiale de toutes les branches de la théologie.

Or, ce travail séculaire, toujours progressif, vraiment prodigieux
de la théologie dogmatique, a été mal soutenu, déprimé, mutilé,
depuis trois siècles. Depuis trois siècles, la théologie est, parmi nous,
en France, comme une science faite, mais finie, j'allais dire morte,
matière à études sans vitalité, outillage nécessaire à la science ecclésiastique, sans grande influence sur la personne des prêtres, sans
aucune influence sur la société. C'est même, dans certaine école, une
maxime reçue que le prêtre est isolé du monde et doit se désintéresser des doctrines régulatrices de l'ordre social. Et cette école, soi-
disant pieuse, a si bien réussi à faire vivre, dans les têtes françaises, ce
préjugé funeste, que ses ennemis reprochent au prêtre, comme des
empiétements prohibés, comme des attentats, presque comme des
crimes, tous les actes religieux par lesquels un prêtre, enfant de
France, essaie de travailler au salut de sa patrie.

De là, dans nos églises et dans la société française, une défaillance
notable, une espèce d'énervement, un temps d'épreuves. Il n'y a
pas de révolution possible dans l'Eglise, lorsqu'il s'agit de la substance de la foi ; c'est l'évidence même. Une révolution impossible
dans l'Eglise catholique est possible dans une province de l'Eglise.
Dans une église particulière, la foi peut diminuer, la méthode se rétrécir, les études tomber en faillite et la vérité en banqueroute. Ce
fut, en France, la témérité et l'étroitesse propres de certains philoso-
sophes et théologiens ; ils firent dévier l'enseignement théologique
de sa voie normale et avorter le mouvement progressif d'accroissement qui se poursuivait depuis des siècles. Ces hommes firent,
parmi nous, une révolution locale et cette révolution ne fut pas
un progrès.

Nous ne voulons soulever aucune polémique. Les inconvénients
des controverses sont connus ; les luttes de la pensée rappellent les
combats des anges, qui amenèrent la première séparation : elles
troublent l'esprit et altèrent la pureté du regard ; elles prennent trop
volontiers les choses par les petits côtés en empêchant de les juger
dans leur ensemble ; elles produisent plutôt des obstinations que des
redressements. Nous ne saurions cependant taire l'insuffisance de la
formation sacerdotale dans un trop grand nombre de séminaires :
1° Parce que l'enseignement dogmatique n'y a pas l'ampleur et la
hauteur voulues ; il se consume dans de petits travaux et ne fait pas

des âmes apostoliques ; 2° parce que la ferveur de la piété n'est pas fondée solidement par la connaissance des principes et la méditation des dogmes; 3° parce que la pratique du ministère, enseignée aux jeunes prêtres pour régler leur action dans le monde, est trop restreinte et nullement en rapport avec les nécessités de circonstance. Nous croyons offrir, à ces maux, un remède efficace : 1° En demandant que les grands séminaires deviennent tous des Facultés de théologie et que les recrues du sanctuaire soient astreintes aux grades de bachelier et de licencié, au moins ; 2° en revendiquant, pour la piété sacerdotale, le retour aux pures traditions de la mysticité chrétienne ; 3° en proposant que chaque prêtre soit initié, non seulement aux pratiques pieuses d'une vie solitaire, mais à la mission active et hardie du sacerdoce dans un monde, racheté par la croix, sans doute, mais qui retourne aux abominations du nihilisme. La grande charte du sacerdoce, c'est l'*Euntes docete omnes gentes*. La première parole de Jésus-Christ au prêtre c'est de marcher ; la seconde, d'enseigner ; la troisième de s'adresser aux nations. Nous ne faisons que répéter cette consigne. Pour la remplir, il faut la pourvoir, plus amplement, d'amour et de lumière.

Joseph de Maistre a rendu le Pape à la France ; Jean Baptiste Aubry veut lui rendre le prêtre apostolique des anciens âges, le thaumaturge anonyme qui a fait la France, sous l'autorité des évêques.

Le prêtre est un autre Jésus-Christ. Jésus-Christ a donné au monde l'Evangile et l'Eglise. L'Evangile c'est le code intellectuel, moral, domestique, civil et politique de l'humanité; l'Eglise, c'est la société chargée de départir la religion à l'humanité et, par sa hiérarchie sacrée, de distribuer la plénitude des grâces de la Rédemption. Pour que le prêtre donne au monde la religion et représente dignement l'Eglise, il a besoin d'en avoir la connaissance exacte et la profonde vertu. Le P. Aubry, dans ses *Grands Séminaires*, a six chapitres sur le côté didactique des traités de la religion et de l'Eglise ; et dans son volume intitulé : *Le Christianisme, la foi et les missions catholiques*, il consacre quatre cent trente pages à l'étude positive de la religion.

(A suivre.)

Mgr Justin Fèvre.

Le programme naval

DEVANT LA CHAMBRE DES DÉPUTÉS

La politique actuelle de la France, et surtout sa politique intérieure, nous laisserait sans espérances, j'entends par là sans espérances présentes, si nous n'avions une foi invincible dans un avenir meilleur plus ou moins lointain ; mais ce qui nous déconcerte et nous décourage, c'est la profondeur de l'abîme où il faudra encore descendre et la durée possible de cette chute lamentable.

Il nous semble déjà avoir atteint, depuis plus d'une année, la somme des excès révolutionnaires qui paraissent devoir provoquer un mouvement en arrière, un haut-le-cœur. Ne serions-nous pas encore à l'heure du conflit ? La pleine lumière de la vérité n'est-elle pas apparue ? La preuve de la folie et de la forfaiture des factieux qui détiennent le pouvoir n'est-elle pas bien établie ? Que faut-il de plus pour mettre aux prises, pour pouvoir pousser vers un corps à corps définitif tout ce qui est exploiteur de la France, et tout ce qui veut la liberté pour les citoyens et la grandeur pour le pays ? Chaque jour on croit entendre sonner l'heure des justes revendications. Mais non. La mesure n'est donc pas suffisante, ou bien les yeux restent-ils toujours fermés ? Hélas ! il est même impossible de dire : ce sera pour demain, un cri d'indignation va s'élever enfin et retentir aux quatre coins de la France outragée.

Si la cause de nos maux, toujours croissants, n'est pas seulement dans les murs de la Chambre des députés ou du Sénat, c'est là, dans les débats de notre Parlement, dans le chassé-croisé des apostrophes haineuses, que nous pouvons cependant le mieux constater le mal dont notre patrie se meurt.

Les causes de la dépression morale de la France apparaissent évidentes dans la servilité des majorités que pas un mouvement généreux ne fait vibrer, dans l'audace plus impudente des maîtres, dans l'ignorance d'un grand nombre, dans la partialité évidente de la plupart.

Qu'on le sache bien, et il n'est pas permis d'en douter, pour qu'une nation puisse être gouvernée avec honneur par un parlement-roi, il faut à ce Parlement des hommes éminents, des hommes dont la vie publique soit la garantie du dévouement et de la probité en matière de gouvernement, autrement dit, il faut des éclairés, des sincères et des honnêtes. Jetons les yeux sur ces bancs où les droits des Français sont si peu respectés, où les intérêts nationaux lorsqu'ils sont compris sont mis si souvent à la merci d'une compromission, d'un service politique, pour ne pas dire financier.

*
* *

A cet égard, peu de séances du Parlement m'ont aussi bien édifié et naturellement attristé, comme celle dont notre ministre de la marine a fait récemment les frais.

Il s'agissait, on s'en souvient, de provoquer les explications de M. Pelletan sur la décision qu'il avait prise d'arrêter les travaux des trois cuirassés : « Liberté », « Justice », « Vérité ». L'historique de ces trois navires doit être rappelé ici. En décembre 1902 avait été votée une loi ordonnant la construction d'un certain nombre d'unités navales et de petits bâtiments constituant tout un programme d'amélioration de la flotte. Six cuirassés étaient compris dans ce programme, dont le terme d'achèvement était fixé au 1er janvier 1907. Disons en passant que l'opposition énergique de M. Pelletan s'était heurtée vainement à la volonté de la Chambre, confirmée ensuite par celle du Sénat, au sujet de l'inscription au programme naval de ces puissants éléments de combat.

Aussitôt votée, la loi est mise à exécution.

Au moment de l'étude du budget de 1902, la commission fit rayer du projet de finances pour la marine un faible crédit affecté à la mise en chantier de trois cuirassés.

M. de Lanessan, le même ministre qui avait patronné en 1900 les cuirassés contre le système des navires à faible protection, se préoccupe d'une mesure aussi funeste à l'accomplissement du programme dans les limites voulues.

Il insiste de toutes ses forces auprès des Chambres pour qu'il lui soit permis d'inscrire, à un état complémentaire du budget de la marine, les trois cuirassés en question. On ne commencera pas leur construction ; mais on pourra dès cette année remplir les formalités nécessaires à leur mise en chantier immédiate en 1903. Les marchés seront passés, les commandes seront faites ; et, les éléments ainsi assurés, tout délai sera supprimé le jour où leur mise en chantier sera autorisée.

M. de Lanessan obtient ainsi, après une chaude discussion où M. Pelletan a employé tous ses moyens pour faire échouer la demande de son collègue, que les trois navires seront portés à l'état H avec la mention : *pour préparer et lancer les commandes* . En regard des bâtiments désignés d'avance par les lettres A_{11}, A_{13}, A_{14}, un chiffre est inscrit à titre d'indication, et comme somme prévue afférant aux avances faites par les constructeurs. La somme totale est d'environ dix millions.

Ainsi posée dans toute sa simplicité, la question ne peut pas donner matière à interprétation. Le ministre se trouve obligé de lancer les commandes pour les trois navires. Et l'on conçoit très bien l'utilité de cette précaution préliminaire. Un établissement comme, par exemple, les forges et chantiers de la Méditerranée, après avoir reçu un ordre de construction aussi considérable que la mise en œuvre d'un cuirassé de 15.000 tonnes, aura à s'assurer du concours d'une quantité d'industries; il aura des marchés secondaires à passer, des éléments nombreux à réunir. A la date fixée pour la construction, il sera prêt à fournir les premiers matériaux si toutes ces dispositions ont pu être prises.

Le désir de la Chambre qui veut mener à bien l'exécution de son programme est donc nettement affirmé dans la mesure de prévoyance demandée par le ministre de la marine : son but est de permettre aux constructeurs de venir à bout de leur tâche avant 1907.

Une observation trouve sa place ici, qui rendra manifeste l'enthousiasme de la Chambre pour son programme naval. C'est la Chambre elle-même en effet qui, au moment où la loi de 1900 lui fut proposée par le département de la marine, exigea d'en voir avancer l'accomplissement et fit porter du 1er janvier 1908 au 1er janvier 1907 la date qui le fixait.

M. de Lanessan, mandataire du pouvoir législatif, signe avec l'industrie privée les contrats relatifs aux navires portés à *l'état H* ; puis, les hasards de la vie politique lui font passer la main à son collègue Pelletan.

Quelle singulière chose que les convenances de ministère ! Voici M. Combes appelant comme collaborateur pour la marine, c'est-à-dire désignant pour prendre la direction de ce service, l'homme qui s'est signalé comme l'adversaire des règles imposées à ce service par le Parlement lui-même.

Que peut faire un membre du gouvernement en pareil cas ? Abdiquer son système d'homme politique et se faire l'exécuteur de corps et d'esprit de la volonté des Chambres ? C'est beaucoup demander à un député convaincu. Comment! dans le cours de toute une vie parlementaire, on aura combattu pour un principe, et on l'abandonnera sans retour en acceptant un portefeuille ?...

Préférez-vous la conduite suivante ? M. Pelletan prend dans sa main les affaires de la Rue Royale; il est bien obligé de veiller lui-même à l'exécution de ce qui est la condamnation de sa politique. Il le faut bien : l'application du programme est commencée. Quelques-uns verraient là une tâche au-dessus de leurs forces et presque incompatible avec leur dignité professionnelle. Pour M. Pelletan, ce n'est pas le cas. Il est ministre et c'est l'important. Il y a les ennuis du métier; mais quelle situation n'en a pas ? Seulement, c'est bien le moins, qu'une fois le maître, il s'emploie pour faire aboutir ses idées dans la limite de ce qui peut se faire. Quand ses amis viendront lui rappeler ses anciens errements, pourquoi ne mettrait-il pas son pouvoir au service des revendications qu'ils soutenaient ensemble ?

Au lieu d'accepter loyalement son mandat, comme tout ministre devait le faire à sa place, il a abusé, je ne crains pas de le dire, de sa situation pour enfreindre ce mandat, au profit de ses vues personnelles ou pour satisfaire les sollicitations de ses amis.

Je ne voudrais pas juger l'acte que je réprouve en écoutant l'esprit de parti. Assurément le retard apporté à la reconstitution de nos flottes est douloureux pour tous ceux qui vivent, comme moi, dans l'armée et dans la marine, le rempart effectif de la France, et la dernière raison d'être de son prestige. Par amour pour notre glorieuse marine, je serais enclin à voir la félonie chez ceux qui, chargés de la défendre, elle et ses intérêts, sont les premiers à porter atteinte à ses droits, à sa vie. J'ai voulu dépouiller tout sentiment d'animosité en allant écouter la défense du ministre de la marine. Je ne voyais pas clair, je l'avoue, dans la question. Quelle était la régularité des crédits engagés par le prédécesseur de M. Pelletan ? La discussion sans doute fera surgir la lumière. Ainsi pensait comme moi la moitié de la Chambre.

· Le simple exposé des événements d'antan et des votes de la Chambre a levé toute indécision. La situation est apparue claire et nette, telle que je l'ai montrée plus haut.

Nous nous trouvons en présence du fait suivant. Un ministre propose au Parlement une mesure qu'il croit nécessaire pour assurer la réussite d'un vaste programme et il trouve l'appui d'une magnifique majorité. A quelques mois de là, un autre personnage se présente, au nom du même département, et déclare devant la Chambre des députés qu'il s'est opposé à la mesure votée au temps de son prédécesseur. Ce nouveau ministre entoure sa déclaration de motifs spéciaux et de suggestions tendancieuses qui ne le disculpent en quoi que ce soit, mais jettent la suspicion sur les autres. Enfin il obtient gain de cause.

Voyons la valeur du plaidoyer de M. Pelletan.

Revenant au début de la question qui règle le sort des trois cuirassés par le vote que nous avons dit, il présente cette argumentation.

Comment les Chambres, au moment de se séparer, pouvaient-elles engager des dépenses pour les budgets futurs ? Le privilège des Chambres n'est-il pas, chaque année, d'établir les engagements financiers que peut prendre le gouvernement ? Un ministre, continue M. Pelletan, pourrait, d'après la thèse énoncée, engager des crédits de sa propre autorité. Il n'aurait ensuite qu'à en présenter la note au Parlement réduit à enregistrer simplement la somme. C'est à peu près ainsi que s'est exprimé le ministre de la marine.

Pour moi, un pareil langage a le don de m'indigner. Cependant la Chambre le tolère. Peut-être les mœurs parlementaires rendent-elles familières de pareilles façons d'agir.

C'est M. Pelletan qui a mis lui-même les députés en garde contre toute surprise possible en développant ces mêmes arguments, afin d'empêcher le vote demandé par M. de Lanessan. C'est lui-même qui a supplié la Chambre de ne pas laisser inscrire les mots *pour le lancer des commandes*, en lui exposant les conséquences d'une pareille addition ; et aujourd'hui, c'est le même M. Pelletan qui vient soutenir avec aplomb, qu'on me passe ce mot, que la Chambre n'a pu s'engager ainsi, ou que si elle l'a fait, c'est par surprise et à son insu.

M. Pelletan a purement et simplement annulé le vote du Parlement et enrayé complètement son effet. En passant, il décoche à ses adversaires, qui sont maintenant, d'une part son prédécesseur et les fermes soutiens du programme maritime, de l'autre l'administration des constructions navales et enfin les compagnies de construction privée, des traits d'une perfidie plus ou moins déguisée.

Il faut voir, dit le ministre actuel, les sollicitations pressantes et multiples qui assiègent nos bureaux, lorsque de grands établissements espèrent se faire attribuer des commandes de cette importance. Voilà qui est bien dur, il me semble, pour M. de Lanessan. La porte est ouverte à tous les soupçons. Quels sont les motifs qui lui ont fait préconiser et patronner les constructions en question ?

Pour les constructeurs, le ministre en fait assez bon marché. Son langage à leur égard est à peu près celui-ci : « Il est parmi les branches d'industrie qui sont directement intéressées dans les constructions navales, certaines maisons dont les bénéfices sont un scandale. Je suis ici pour défendre les salaires ouvriers et non pas les dividendes. » — Naturellement je prends toujours le sens des paroles de M. Pelletan et non pas le texte de son discours. Sous une forme pleine d'habileté et avec un grand art oratoire, il devait amener bien des députés, prévenus d'avance contre les attaques du ministre de la marine, à partager ses vues.

Ainsi, parce que telle fabrique de blindage a doublé son capital, il est loisible à un ministre de déchirer des marchés loyalement passés avec Saint-Nazaire, avec Bordeaux, avec la Seyne ? Comment juger le cas en matière commerciale ? Après le premier instant de réflexion, on s'arrête confondu d'une pareille audace, d'un pareil défi, dans la bouche d'un membre du gouvernement.

« Ajoutez à cela, dit M. Pelletan, que plusieurs des grandes compagnies avec qui nous traitons aujourd'hui sont dirigées par d'anciens ingénieurs de la marine. Et, je vous le demande, comment imaginer que ces messieurs, qui ont représenté l'Etat, ou bien que nos directeurs actuels des constructions navales, avec cette perspective d'une magnifique retraite à la tête de ces compagnies, puissent traiter avec elles et, au nom de l'Etat, en toute liberté d'esprit ? »

Peut-être tout le monde ne partagera-t-il pas ma manière de voir ; mais je ne puis me représenter de sang-froid un ministre venant lancer du haut de la tribune des insinuations de cette nature sur un corps aussi respectable que celui de nos ingénieurs de marine. Et que penser, quand on se souvient que le ministre lui-même est à la tête de ce corps d'officiers et que lui seul pourrait le défendre ?

Ce n'est pas tout : viennent des arguments spécieux ou sans valeur comme ceux-ci : « En principe financier, une dépense ne peut être engagée pour l'avenir qu'autant que les législateurs auront consenti une amorce à cette dépense pour l'instant présent. Il faut ainsi qu'un crédit quelconque ait été voté à titre d'indication, pour reconnaître un engagement à venir.

« Enfin, déclare M. Pelletan, je ne prendrai pas sur moi d'engager un crédit qui mettrait en déficit un budget futur. »

Comme je l'ai dit, ces arguments ne résistent pas à l'examen.

Quant au principe que pose M. Pelletan, les Chambres en avaient fait justice, de leur plein gré et de la façon la plus formelle, en décidant le *lancer* des commandes.

Et quelle audace encore, que cette soi-disant responsabilité trop lourde pour un ministre qui consiste à exécuter un ordre qui lui a été commandé ?

Avouons que dans toutes ces formules légèrement redondantes, il y a un art consommé. M. Pelletan, qui connaît ses collègues de la Chambre, fait sonner aux oreilles des députés des maximes chères au plus grand nombre.

Au fond, tout cela n'est que du vent ou, ce qui est pire, du fiel et du venin.

Les réfutations à toutes ces affirmations spécieuses ont été énergiques dans la bouche même de ceux qui ne sauraient être taxés de tendances réactionnaires. Le sentiment de l'honneur politique se retrouve encore chez les esprits convaincus, hélas ! chaque jour plus rares. Ceux-là, il faut l'avouer, ont double mérite pour avoir échappé à la contagion qui les entoure.

Je ne leur marchande pas mon admiration à cet égard, et cependant, cette belle indépendance, jusqu'où les mènera-t-elle ? Jusqu'au désaveu du ministre exclusivement.

En effet, M. Chaumet, le brillant interpellateur du ministre de la marine se rallie à un ordre du jour qui est l'approbation de la conduite de celui-ci.

M. Chaumet, au début de la séance, flétrissait, en la comparant à l'Etat, « une maison de commerce qui, changeant de fondé de pouvoirs, viendrait dire à ses créanciers : « Maintenant que j'ai un fondé de pouvoirs nouveau, je ne tiens pas les engagements de mon prédécesseur. » Et M. Chaumet, la conscience tranquille, après avoir dénoncé l'abus d'autorité commis à la Rue Royale, après l'avoir stigmatisé de malhonnêteté commerciale, n'en va pas moins se rallier à l'ordre du jour que voici :

« La Chambre, confiante dans la fermeté du gouvernement pour concilier les intérêts de la défense nationale et l'exécution du programme tracé par le Parlement avec les nécessités financières et le droit de contrôle budgétaire des Chambres, renvoie, pour les voies et moyens, la question à la commission du budget et passe à l'ordre du jour. »

Cet ordre du jour a satisfait la Chambre et M. Chaumet, grâce à l'euphémisme qu'il contient. Ce n'est pas l'ordre du jour de défiance : c'est un avertissement au ministre d'avoir à suivre le programme tracé. C'est dire en un mot : « Votre devoir est d'exécuter la loi ; celui de la commission du budget de proposer telle mesure pour son application au point de vue financier. » J'aime à voir le mot de confiance dans une pièce où le ministre est rappelé à l'ordre pour s'être permis de son propre chef de mettre obstacle à l'exécution de la loi.

Ce texte est à l'eau de rose comparé à celui de M. Chaumet :

« La Chambre, comptant sur le gouvernement pour exécuter le programme de constructions navales, prévu par la loi du 9 décembre 1900, confirmé par la loi de finances, 30 mars 1902, et assurer ainsi l'exécution des contrats intervenus, passe à l'ordre du jour. »

De l'un à l'autre, il y a une petite faiblesse ; et la crainte de donner au ministre un blâme, au moins implicite, a conduit la Chambre à sacrifier les principes.

Une pareille complaisance ne serait pas un crime en elle-même : mais à quoi a-t-elle abouti ? A ce que, nous le croyons du moins, le ministre de la marine n'a rien fait pour assurer l'exécution de la volonté de la Chambre.

Voici, dans sa partie la plus importante, la note officieuse qu'a fait paraître M. Pelletan à ce sujet :

« .....Comme il (le ministre de la marine) l'avait déclaré à la tribune, il en avait suspendu l'exécution (des commandes) afin de réserver les droits de la Chambre pour l'établissement du budget de 1903. La Chambre, dans l'exercice de ses prérogatives, en même temps qu'elle manifestait sa confiance au gouvernement, s'est engagée à voter des ressources pour la construction des trois cuirassés dans le budget prochain et a chargé la commission du budget de trouver ces ressources.

« Dans ces conditions, le ministre n'avait plus qu'à laisser les commandes lancées par le précédent Cabinet suivre leur cours et qu'à s'entendre avec la commission du budget pour prendre les mesures nécessaires à la continuation des travaux. »

Fort bien, mais j'entends affirmer que les travaux n'ont pas été repris.

La conduite de M. Pelletan me prouve son omnipotence et la résolution de n'agir qu'à sa guise. Voilà un singulier ministre. Il n'approuve pas les cuirassés ; en conséquence, il en arrête la construction, ou bien, comme dans la Méditerranée, il les réduit presque à l'impuissance.

M. Chaumet admet maintenant comme suffisantes les *nécessités financières*, pour déchirer les contrats loyalement signés avec les compagnies de construction.

Comment le spectacle de ces mœurs parlementaires peut-il laisser des illusions sur la valeur de notre système de gouvernement ?

L'illusion commune n'est pas, je le sais bien, d'espérer tirer parti d'un semblable parlementarisme obtenu par le suffrage que nous-possédons actuellement. Les uns mettraient tout leur espoir dans une autre forme de scrutin, d'autres dans l'introduction du suffrage proportionnel. Hélas ! je le répète, et c'est cette décourageante vérité que j'exprimais au début, — nous sommes condamnés à subir encore longtemps ce système — peu importe si l'étiquette en change légèrement — pour lequel nous avons eu des complaisances, chèrement payées à l'heure présente.

Nous continuerons à être le jouet des combinaisons politiques, dont le seul mobile est l'intérêt de parti. Cet intérêt dominera tout, tant que nos lamentations seules seront le contrepoids des bons contre les passionnés et les trompeurs. Notre résignation donne raison à nos adversaires.

Ainsi a-t-on dit des catholiques : « Voyez, en somme, dans la majorité des départements, comme ils ont accepté les expulsions ! » N'entendons-nous pas chaque jour notre condamnation dans-des formules de ce genre ?

Et cependant où est l'esprit de liberté en France ? Où se rencontre le patriotisme désirant la France respectée dans les grands corps de sa défense ? Partout et c'est le fait de tous. Certes nous sommes en force mais notre force est complètement inemployée.

Ne nous arrêtons pas aux énoncés de principes trop vagues, qui ne peuvent grouper des éléments quoique assez homogènes. A ce compte, en effet, nous trouverons une multitude de gens voulant le bien, mais sous des formes trop diverses.

Cherchons un terrain qui doive nous servir de citadelle dernière, et sur lequel, d'avance, nous serons décidés à ne plus faire une concession. Le terrain catholique sera pour le plus grand nombre cette citadelle. Soyons francs avec nous-mêmes et allons jusqu'aux conséquences dernières de nos principes. C'est avec un programme bien net, avec un groupement compact, que nos revendications appuyées par le nombre pourront avoir leur poids.

Cinq cents électeurs indissolublement liés dans un arrondissement seront un appoint trop précieux pour rompre des engagements convenus avec eux.

Les bonnes volontés sont nombreuses, mais éparpillées à plaisir.

Nous craignons, c'est un fait, d'unir en un seul tous nos efforts. Nous nous condamnons ainsi d'avance. L'union donne l'idée de la puissance : rien n'attire la masse comme cette image de la force. La masse, bien souvent, dans son hésitation, pencherait vers le bien ; mais elle ne l'aperçoit que sous une forme honnie, décriée, dispersée. La masse ne sait pas ; il faut donc partout que nos unions soient des centres de lumière pour ceux qui ne voient pas. Quand le public aperçoit le mal, il lui semble atténué par la sanction générale. Unis et par là même forts, nous lui montrerons ce mal dans sa nudité, à la clarté de faits indéniables et criants. A la vue de notre indignation motivée, le public comprendra qu'on doit justement s'émouvoir des défis journellement portés aux principes essentiels du droit, de la justice et de l'honnêteté.

Dans ces unions établies partout, avec un lieu et des jours d'assemblée connus de tous, avec des conférences pour commenter les événements et les établir dans leur simplicité éloquente, il me semble voir un gage de régénération : c'est la formation d'un immense parti instruit, conscient de sa force et dépouillé de la timidité malheureusement trop générale qui enlève aux honnêtes gens le prestige et la confiance. L'union agissante leur rendra cette auréole, dont ils ont besoin pour opérer le salut de la France.

J. DE CLOTURE.

LA DAME BLANCHE

DU VAL D'HALID

ET LA MAIN NOIRE

(Suite.)

Pouvait-il découvrir, ne croyant en rien, le contre-poids admirable qu'apporte le surnaturel pour harmoniser dans une mesure équitable l'ordre physique et l'ordre moral entre les hommes qui s'agitent et la Providence qui les mène ?

Après une heure de réflexions mélancoliques et d'une cruelle attente, il voit les étoiles pâlir dans le ciel terne et l'aube blanchir un coin de l'horizon.

— Enfin ! gémit-il.

Il se prépare. En complétant sa toilette, il ceint une épée, passe un revolver d'ordonnance dans sa ceinture, jette sur ses épaules un ample manteau qui le couvre tout entier. Ainsi équipé, il va heurter à la porte de Lopez qui, de son côté, achevait ses préparatifs.

Quand paraît l'aurore, armés jusqu'aux dents, ils quittent l'hôtel et la ville, gagnent les bords du Guadalquivir dont ils descendent le cours paresseux.

Ils arrivent au *Val d'Halid* alors que le soleil n'avait pas encore atteint la hauteur des orangers qui bordaient l'horizon.

Les rayons d'or du jour naissant se miraient dans les perles liquides suspendues à chaque lobe des feuilles, à chaque brin du gazon il s'en trouvait cachées jusqu'au fond de la corolle des fleurs. Tout semblait rajeuni ; tout était riant dans la nature et tout y resplendissait d'une fraîche beauté ; et les chantres des bois, eux-mêmes, se montraient plus gais ou plus folâtres ; car, dans leur matinale ivresse, ils préludaient à des accords plus harmonieux et plus touchants.

Seuls, nos jeunes gens étaient mornes et préoccupés ; seuls ils n'éprouvaient aucun plaisir.

— Le but de leur démarche les absorbait et, malgré lui, chacun d'eux méditait les dernières recommandations de la *Vierge de la Montagne*.

— Prenez garde! avait-elle dit; il est aussi traître que lâche!

Ils avançaient donc avec une extrême prudence, sondaient tous les fourrés du regard, aussi chaque pli du terrain. Ils n'étaient guère qu'à moitié rassurés; car un pressentiment vague hantait leurs esprits. En ce moment, Félicio disait à Lopez:

— Quelque chose me dit que nous courons ici un grand péril. Ah! mon cher Lopez, si mon sort ennemi m'accompagnait jusqu'au *Val d'Halid;* si, pour m'accabler, le malheur suivait tous mes pas; si mon bras trahissait mon courage; si j'allais succomber..., ah! Lopez, je t'en prie! mon cher Lopez, songe à ma pauvre Idala. En épousant ma querelle, deviens son protecteur. Je suis sa seule force, son unique défense! si je mourrais, qui donc la protégerait? Je t'en conjure, donne-moi cette dernière assurance! Dis un mot du fond de ton cœur afin que. je puisse tout affronter et tout souffrir, ne rien craindre pour elle, ni pour moi!

— Pourquoi ce langage désespéré, Félicio! répond Lopez impressionné par l'accent ému de son compagnon? es-tu donc sur le point de mourir? Si, par un facile serment, je puis te soulager d'un souci, te rassurer enfin, je suis prêt à le prêter; oui, je te le jure, Idala aura pour défenseur fidèle, moi d'abord et à mon défaut toute la *Main-Noire*.

— Merci, Lopez!

Ils se hâtaient vers le *Grand Chêne* lorsque, tout à coup, un groupe d'hommes sortit de l'épaisseur d'un bosquet voisin.

— Les brigands! s'écrie Lopez.

— Le guet-apens! murmure Félicio. Elle nous l'avait bien dit : il est traître autant que lâche!

Au même moment, en salve, six coups de feu retentissent.

Lopez jette un faible cri, chancelle et tombe. Félicio se penche vers lui.

— Es-tu blessé, Lopez? demande-t-il avec angoisse!

Le jeune homme, en portant la main à son côté :

— C'est là, dit-il, que je suis atteint.

Plus calme que Félicio et quoiqu'il eût le regard déjà troublé par la douleur, seulement attentif à ce qui se passait et au danger pressant, sans s'arrêter un instant à considérer sa propre souffrance, ni la perte de son sang, Lopez, le vaillant Lopez, suivait l'assaillant des yeux. Il s'étend tout d'un coup sur le sol et murmure :

— Félicio! vite, imite-moi, fais le mort ; laisse-toi choir à mes côtés. S'ils faisaient une nouvelle décharge !...

Félicio comprend, il chancelle à son tour, tombe...

Les voyant à terre tous les deux, les bandits poussent des cris de joie et, sans la moindre défiance, se précipitent pour achever leurs victimes. Les jeunes gens étaient sur leurs gardes.

— Es-tu prêt? demande Lopez. Vise le premier, j'entamerai le second : Feu !

Une légère fumée, pareille à un voile de mousseline, enveloppe la main qu'ils retirent de leurs larges manteaux ; deux détonations retentissent en même temps, aussitôt suivies de cris de rage. La riposte avait été effrayante.

Deux brigands avaient tournoyé sur les talons et, couchés sur le ventre, ils mordaient la poussière.

Leurs compagnons stupéfaits s'arrêtent court, regardent avec terreur ces morts qui ressuscitent et les cadavres dont ils s'étaient couverts si promptement.

Ils ne délibèrent pas longtemps ; la stupeur du premier instant fait place à la crainte du mal qui peut leur arriver ; ils reculent déjà tel qu'un vil troupeau sur lequel un tigre royal bondit pour choisir sa proie.

C'est que, en effet, comme le tigre altéré, ou plutôt semblable à la souple panthère, Félicio s'était élancé l'épée à la main au milieu des bandits ; il paraissait ivre de sang, affolé de douleur ; sa vue seule inspirait l'épouvante.

— Venez donc, clamait le jeune montagnard ; venez, traîtres et brigands! rebuts de la terre! Venez donc, ô les plus lâches des hommes et de tous les plus méprisables ! Assassins stipendiés ! gibier de potence ! Vous voulez du sang ! de l'or ! jusqu'où montent les prétentions de votre cupidité ? Voici du fer ! tenez ! Prenez-le donc votre salaire !

Et sa foudroyante épée élargissait le cercle des bandits qui, le couteau au poing, cherchaient à se défendre, l'évitaient en l'entourant et cherchaient vainement à l'atteindre.

Néanmoins, en parant tous les coups, en multipliant autour de lui des menaces rapides, Félicio s'attache au brigand qui lui tient tête, se découvre pour le tenter et, dans une riposte soudaine le frappant, il le perce de part en part.

A la vue de ce troisième cadavre, les trois survivants hésitent, reculent encore en se concertant du regard.

Ils allaient battre en retraite, lorsque Ruiz de Gomez, paraissant tout à coup, les arrête. Il invective ses sicaires, les anime de loin. Pour enflammer leur courage défaillant, il annonce qu'il double ses largesses, et il fait observer qu'après tout ils sont encore trois contre un.

Les brigands qui, affolés par une résistance si fatale pour eux, ne songeaient plus qu'à s'éclipser, rougissent alors d'avoir tremblé et à leur faiblesse d'un instant succède un dépit féroce. Ils reviennent à la charge, plus animés sinon plus braves, font de nouveau cercle autour de Félicio, s'en rapprochent en se couvrant de leurs couteaux. Ils s'entendent entre eux pour attaquer avec ensemble, menacent devant, derrière et sur les flancs ; mais le jeune héros ne s'en étonne pas... Bien qu'il perde du sang en abondance, la lutte ne s'en poursuit pas moins implacable. L'issue en est proche pourtant : elle doit être fatale pour le protecteur de la fille de Pedro.

En effet, malgré des efforts soutenus, malgré une bravoure plus qu'humaine, Félicio va succomber, car son épée légère et flexible le protégeait mal contre des couteaux catalans, sortes de sabres raccourcis que ses agresseurs maniaient avec adresse.

L'un des brigands voyant faiblir l'infortuné ramasse un fusil abandonné. Il saisit l'arme par le canon, s'avance derrière Félicio et, pour l'accabler, pense s'en servir comme d'une massue.

Félicio ne se doute pas du danger. Mais Lopez, quoique étendu sur le sol et baigné dans son sang, suivait la lutte d'un œil presque éteint, faisait des efforts pour se porter au secours de son ami. Vingt fois déjà il avait tenté de se lever et vingt fois il était retombé lourdement, toujours plus faible, toujours plus accablé. Toutefois, en voyant la manœuvre du bandit, il devine son dessein.

Alors, dans son cœur aimant, il puise une force que la nature semblait avoir perdue. Il fait un effort suprême, arrive à mettre un genoux à terre ; enfonçant son épée dans le sol pour s'appuyer sur elle, il lève son revolver dont le canon suit chaque mouvement du bandit; il le vise lentement, presse enfin la détente; la balle frappe l'assassin à la nuque, avant même qu'il ne tombe une deuxième lui perce le flanc. Lopez choisit une seconde victime qu'il blesse grièvement; Félicio l'achève et le dernier bandit, frappé d'épouvante, abandonne en toute hâte ces lieux remplis d'horreur.

Lopez, épuisé par l'effort qu'il venait de faire et par une perte de sang plus abondante, était retombé sans mouvement.

Félicio lui-même est plus mort que vif; perdant du sang par vingt blessures, il se soutient à peine. Tel un vieillard, chargé de nombreuses années et des mille déceptions d'une trop longue existence, il chancelle à chaque pas : ses genoux faiblissent, se dérobent sous lui; il se sert de son épée sanglante comme l'aveugle de son bâton et il revient vers son ami qu'il trouve évanoui.

Se penchant sur l'infortuné, il lui dit, sans qu'il puisse en être entendu, ces paroles émues :

— Lopez! ah! mon cher Lopez! nous mourrons donc ensemble! peut-être as-tu déjà cessé de vivre. Et moi aussi... Je viens, Lopez! je viens! La vie me quitte! Ils ont vaincu, les traîtres! Il nous survit, l'infâme; il vit, l'assassin! Sa main rougie, sa main teinte de notre sang, va se tendre... Ah! pauvre Idala, malheureuse mère! Elisa!... Lopez!... Lopez...

Il s'était mis à genoux pour mieux se faire entendre du mourant. Bientôt il se tait à son tour; sa tête s'incline, il s'affaisse tout à fait et sa bouche, qui murmure quelques instants encore je ne sais quelle plainte, repose enfin muette et sanguinolente sur le cœur de Lopez!

Et d'un massif voisin, le poignard au poing, Ruiz de Gomez s'avance. Son regard farouche roule autour de lui comme s'il eût craint d'être surpris. Rassuré, il s'approche d'abord des bandits dont il constate la mort.

Heureux à cette vue et ricanant de plaisir, il se dirige vers le groupe que formaient Lopez et Félicio :

— Ils n'en reviendront pas, rugit-il la main crispée sur sa dague.

Mais une troupe montée se montre soudain, se précipite vers le lieu du carnage, entoure les morts, les blessés et Ruiz de Gomez décontenancé!

Un cavalier avait devancé tous les autres. Il porte un habit de velours, riche autant qu'élégant ; sa tête disparaît sous un chapeau noir à larges bords, orné d'un panache blanc. Son port est superbe et ses formes si gracieuses que malgré sa contenance mâle et son accoutrement, tout en lui trahit une femme. C'est la *Vierge de la Montagne*.

Elle montait le plus solide des chevaux andalous envoyés par Ruiz de Gomez à la foire de Séville et dont les *Vengeurs* s'étaient emparés cette nuit même.

En accourant vers le champ de carnage, d'où un bruit sinistre était parvenu jusqu'à elle, la *Vierge* ressentait une inquiétude mortelle. Son regard, errant de tous côtés, avait scruté toute la vallée. Elle eut vite fait de découvrir Ruiz de Gomez d'abord, puis les brigands étendus et les deux amis enlacés, couchés sur le gazon ensanglanté.

D'un geste, elle ordonne qu'on s'empare de Ruiz de Gomez.

— Trop tard ! murmure-t-elle en mettant pied à terre ; trop tard, répète-t-elle tristement, en s'adressant à ses compagnons.

Elle s'approche des jeunes gens, s'agenouille près d'eux et, découvrant leurs poitrines, elle pose la main sur leur cœur. Toute chaleur n'était point perdue !

Elle se penche, colle son oreille sur leur bouche, puis sur leur poitrine, se relève hésitante, recommence et soudain rayonnante, elle s'écrie :

— Ils vivent !

Craignant de s'être trompée, elle se penche de nouveau, constate derechef ce qu'elle désire : les cœurs battent, faiblement il est vrai ; qu'importe ! c'est la vie, peut-être n'arrivait-elle pas trop tard !

Tandis que les uns vont puiser de l'eau à la fontaine la plus proche, les autres ou l'aident à panser les blessures des jeunes héros, ou s'occupent à creuser une fosse pour y jeter les morts.

Un *Vengeur*, le poignard à la main, veillait auprès de Ruiz de Gomez qui, serré dans des liens étroits, gisait comme un sac dans la poussière.

Félicio recouvre ses sens le premier ; mais Lopez demeurait toujours insensible.

Dona Bella fait alors improviser un brancard, y dépose côte à côte les deux amis et la troupe entière s'éloigne sans s'attarder davantage en ce lieu funeste.

IX

PRAXILLA

Les *Vengeurs* se retiraient lentement.

Ces rudes montagnards, qu'un misérable attentat changeait inopinément en brancardiers, avaient le pas lourd et ils redoutaient non pas sans raison d'ajouter aux tourments des blessés de nouvelles douleurs par leurs mouvements ou irréguliers, ou trop brusques. Aussi, faisaient-ils tout en leur pouvoir pour marcher en cadence ; ils n'y parvenaient pas toujours. De temps en temps des gémissements étouffés, des soupirs déchirants leur apprenaient les souffrances des infortunés.

La *Vierge de la Montagne* avançait au pas de son cheval à côté du brancard.

Elle ne quittait des yeux ni Lopez, ni Félicio. Une larme perlait à ses paupières, son cœur se serrait à la vue d'une jeunesse si tendre, si brillante hier encore, mais aujourd'hui déjà languissante : telle une fleur éphémère qu'on a vue au matin sourire à l'aurore et que le soir, toute flétrie, l'on trouve tombée sur le chemin. Car enfin, qu'étaient-ils sinon des masses inertes, endolories, vouées à une fin prématurée ! Leur bouche restait muette, presque sans souffle ; leurs traits livides, contractés par une intense douleur, les rendaient méconnaissables tandis que leurs yeux mi-clos ne supportaient plus la lumière du jour.

Dona Bella parvenait malaisément à dominer son émotion et sa colère ; la haine entretenait ordinairement un feu sombre dans sa prunelle noire ; mais, quand alors elle arrivait à détacher les yeux du visage pâle de Lopez, avec une expression aussi étrange qu'indéfinissable elle enveloppait Ruiz de Gomez d'un regard farouche.

Or, sous ce regard pénétrant comme l'acier, le captif frisonnait.

Cependant, il devenait dangereux pour les *Vengeurs* de s'aventurer plus loin. D'une part, les blessés avaient besoin de repos ; de l'autre, il fallait s'attendre à la poursuite de la force armée et prendre sans retard les plus sûrs moyens d'y échapper. Evidemment, il eût été téméraire de ne vouloir qu'emboîter le pas des brancardiers; les abandonner n'était cependant pas possible.

On se trouvait alors en un étroit vallon encaissé entre deux montagnes escarpées.

Attaché au flanc d'une de ces montagnes, entouré de hautes futaies et couvert par quelques arbres séculaires, on découvrait une sorte de chalet élégant, une de ces demeures paisibles, où l'imagination du poète place volontiers des héros, sinon des déesses ou des dieux.

La *Vierge de la Montagne* connaissait ce toit et elle le savait hospitalier. Là, en effet, habitait la pieuse Praxilla, dont l'œil serein comme l'azur du plus beau jour, avait jadis veillé sur son propre berceau. Elle n'avait pas cessé d'aimer cette vertueuse femme et, quoique la vieille Praxilla ne se lassât jamais de lui reprocher ses erreurs, sa conduite étrange et ses principes nouveaux, dona Bella ne l'évitait pas.

Elle l'écoutait, au contraire, avec patience, sans colère; elle ne ressentait pas la moindre amertume quand la pauvre vieille, la faisant asseoir auprès d'elle, lui disait :

— On t'appelle la *Vierge de la Montagne* et tu agis comme si tu en étais la furie ! Crains, mon enfant, crains qu'un jour tu n'en deviennes la veuve désolée et que nul ne puisse ou ne veuille te consoler !

A ces mots, dona Bella gémissait au fond de son cœur, pensait protester, ouvrait la bouche pour montrer à nu toute son âme, en dévoiler toutes les douleurs; mais réfléchissant à ce qu'elle allait faire, à la peine que sa confidence poignante ne manquerait pas de causer, elle se taisait aimant mieux endurer seule ses intimes angoisses et ses durables chagrins. Aux reproches les plus pressants elle se contentait de répondre :

— Si tu savais tout, Praxilla !

(A suivre.)

ARTHUR SAVAÈTE.

Exécution des Ordres religieux

(*Suite.*)

———

Dans le numéro du 15 décembre écoulé, nous donnions à titre de documents les différents projets de loi déposés à la Chambre des Députés contre les congrégations enseignantes, agricoles, et celles vouées à la prédication. Au même titre nous donnons aujourd'hui les cinq derniers projets de loi des congrégations, déposés au Sénat, concernant : 1º les Trappistes et les Cisterciens ; 2º les Pères-Blancs d'Algérie et les missions africaines ; 3º les Salésiens de Dom Bosco ; 4º les Frères de Saint-Jean-de-Dieu.

Nos lecteurs, sans qu'il soit besoin de commenter ces projets, d'apparence plus libéraux que les premiers, verront très bien de quel esprit sectaire ils sont également remplis. Ils verront le but opiniâtrement poursuivi : *Déchristianiser* la France. Et pour cela il fallait naturellement que les ennemis de Dieu et de la patrie qui, par un phénomène illogique au dernier degré, gouvernent un pays essentiellement catholique, essayassent de tuer les meilleurs représentants, les apôtres entraînants d'une religion qui a veillé sur l'enfance, a présidé au développement de la nation française et dont, du reste, elle demeure l'âme généreuse et immortelle !

Mais, si lamentable que soit la situation faite à l'Eglise de France, elle ne doit désespérer de rien et les catholiques auraient tort de se décourager. Qu'ils sachent s'unir, réagir avec toute l'énergie de la justice violée, du droit méconnu ; c'est leur devoir, et ce sera leur consolation dans l'espérance réalisée.

R. S.

I

EXPOSÉ DES MOTIFS

La congrégation des Cisterciens réformés, dont la maison mère est à Cîteaux (Côte-d'Or), a formé dans les délais impartis par les articles 13 et 18 de la loi du 1er juillet 1901, une demande en autorisation pour sa maison mère et vingt-trois de ses établissements existant en France et en Algérie.

L'ordre des Cisterciens a été fondé à Cîteaux en 1098 et l'abbaye de Cîteaux a été le siège de la congrégation jusqu'en 1792, époque à laquelle celle-ci a disparu en vertu des lois révolutionnaires.

Rentrés en France en 1817, les Trappistes, qui avaient établi leur siège principal à Soligny (Orne), ont pu, en 1898, reprendre possession de l'ancienne abbaye de Cîteaux, où ils ont installé de nouveau leur maison mère et la résidence du supérieur général.

Ces religieux qui, en vertu de leurs règles, cherchent le relèvement moral dans l'isolement volontaire et le travail agricole, ont rendu dans les diverses localités où ils se sont établis, soit en défrichant des terres incultes, soit en assainissant des terrains insalubres, des services généralement appréciés et qui semblent militer en faveur de la reconnaissance de la plupart de leurs établissements.

Mais il convient de remarquer que, si toutes ces communautés sont agricoles, plusieurs d'entre elles ont créé comme annexes des établissements industriels ou commerciaux qui ne rentrent nullement dans le cadre d'une association religieuse.

Ainsi, plusieurs associations en drainant tout le lait des environs ont fondé de véritables fabriques de fromages dits du Port-Salut. D'autres ont créé des chocolateries ou des brasseries importantes ; l'une d'elles a constitué une fabrique de bougies ; une autre une fabrique de parquets ou une fabrique d'extrait de viande dit musculine, etc.

Ces annexes ne sauraient, à aucun titre, bénéficier d'une autorisation. Il y aurait donc lieu d'imposer à la congrégation l'obligation de renoncer à ces différentes industries et de rester uniquement religieuse et agricole.

Sous le bénéfice de ces réserves, l'autorisation semble pouvoir être accordée pour la maison mère de Cîteaux (Côte-d'Or), ainsi que pour les communautés existant :

A Notre-Dame des Dombes, commune de Plantay (Ain) : à Sept-Fons (Allier) ; à Notre-Dame des Neiges, commune de Saint-Laurent-les-Bains (Ardèche) ; à Notre-Dame de Bonne-Combe, commune de Comps-la-Grande-Ville (Aveyron) ; à Notre-Dame de la Double, commune d'Echourgnac (Dordogne) ; la Grâce Dieu, commune de Chaux-les-Passavant (Doubs) ; de Notre-Dame d'Aiguebelle, commune de Montjoyer (Drôme) ; de Saint-Julien de Cassagnas (Gard) ; de Sainte-Marie-du-Désert, commune de Bellegarde (Haute-Garonne) ;

de Notre-Dame d'Acey, commune de Vitreux (Jura) ; de Divielle, commune de Goos (Landes) ; de Notre-Dame de la Melleraye (Loire-Inférieure) ; de Notre-Dame du Port-Salut, commune d'Entrammes (Mayenne) ; de Notre-Dame de Bricquebec (Manche) ; de Bellefontaine, commune de Bégrolles (Maine-et-Loire) ; de Notre-Dame de Thymadeuc, commune de Bréon–Loudéac (Morbihan) ; de Soligny-la-Trappe (Orne) ; de Notre-Dame de Tamié, commune de Plancherine (Savoie) ; et de Staouelli (Algérie).

Quant aux communautés de Notre-Dame de Fontgombault (Indre) ; de Notre-Dame de Chambarand (Isère) ; de Notre–Dame d'Igny (Marne) ; et de Notre-Dame de Sainte-Marie-du-Mont (Nord), nous estimons qu'il n'y a pas lieu de donner suite à la demande qui les concerne.

Notre-Dame de Fontgombault. — Cette communauté, reconstituée en 1849, n'a eu qu'un but, celui de rétablir une véritable abbaye moyen âge. La chapelle seule est un édifice qui a coûté 400.000 francs. Le côté agricole a été complètement négligé, car l'exploitation est des plus maigres et des moins remarquables de la région. Elle ne saurait servir d'exemple à aucun agriculteur ; elle n'existe pour ainsi dire pas.

Notre-Dame de Chambarand. — Le but principal de cette communauté est la direction d'une importante brasserie. Quant à l'exploitation agricole, les résultats en sont médiocres. D'un autre côté, les représentants élus de la population et la population elle–même se désintéressent de la demande dont il s'agit.

Notre-Dame d'Igny. — L'exploitation agricole qui ne comprend que dix hectares est trop peu considérable pour justifier l'existence de cette communauté, dont le véritable but est industriel.

Sainte-Marie du Mont. — Cet établissement, situé près de la frontière, a une mauvaise réputation ; il compte 70 membres, dont 41 appartiennent à des nationalités étrangères. Dans cette situation, rien ne saurait justifier l'autorisation de cette communauté qui, du reste, s'occupe à peu près exclusivement de l'exploitation d'une importante brasserie.

Une seconde agrégation, connue sous le nom de Cisterciens de l'Immaculée-Conception, mais beaucoup moins importante, a formé dans les mêmes conditions une demande en vue d'être autorisée.

Cette agrégation n'est plus représentée aujourd'hui que par l'établissement de Lérins, situé dans l'île Saint-Honorat, commune de Cannes ; les autres maisons du même ordre, Fontfroide (Aude), Pont Colbert (Seine-et-Oise) et Sénanque (Vaucluse) ne se sont pas mises en instance, et leurs membres, qui se sont dispersés, ont été signalés à l'attention du garde des sceaux, chargé de prescrire la liquidation.

Comme les trappistes, dont ils sont un dérivé, les religieux de Lérins se livrent à la vie contemplative et aux travaux agricoles ; mais leur règle est infiniment plus douce.

Réfugiés, depuis une trentaine d'années, au nombre de 19, sur leur îlot de la Méditerranée, ils en ont défriché le sol, créé un petit port qui rend de véritables services aux pêcheurs de la côte et établi un poste de sauvetage.

Ils recueillent, en outre, des orphelins auxquels ils apprennent un métier.

Ils tiennent enfin une distillerie où se fabrique une liqueur rivale de la chartreuse, livrée dans le commerce sous le nom de *Lérina.*

Cette industrie ne nous paraît pas pouvoir être tolérée, et les religieux, d'ailleurs, sont tout prêts à y renoncer.

Sous le bénéfice de ces observations et sous cette réserve, l'autorisation demandée nous a semblée pouvoir être accordée.

Ier PROJET DE LOI (Trappistes de Cîteaux.)

Article 1er. La congrégation des cisterciens réformés, dits trappistes qui a pour objet, en dehors des offices liturgiques et de l'étude, la pratique des travaux agricoles, est autorisée conformément au *tableau* ci-dessous et sous les réserves ci-après indiquées :

Côte-d'Or, Cîteaux (maison mère), 75 membres.

Ain, Notre-Dame des Dombes (commune de Plantay), 70 membres.

Allier, Sept-Fons, 90 membres.

Ardèche, Notre-Dame des Neiges (commune de Saint-Laurent-les-Bains), 40 membres.

Aveyron, Notre-Dame de Bonne-Combe (commune de la Grand-Ville), 50 membres.

Dordogne, Notre-Dame de la Double (comme d'Echourgnac), 40 membres.

Doubs, La Grâce de Dieu (commune de Chaux-les-Passavant), 60 membres.

Drôme, Notre-Dame d'Aiguebelle (commune de Montjoyer), 110 membres.

Gard, Saint-Julien de Cassagnas, 40 membres.

Haute-Garonne, Sainte-Marie-du-Désert (commune de Bellegarde), 50 membres.

Jura, Notre-Dame d'Acey (commune de Vitreux), 30 membres.

Landes, Divielle (commune de Goos), 20 membres.

Loire-Inférieure, Notre-Dame de la Meilleraye, 90 membres.

Maine-et-Loire, Notre-Dame de Bellefontaine (commune de Bégrolles), 60 membres.

Manche, Bricquebec, 50 membres.

Mayenne, Port-Salut (commune d'Entrammes), 50 membres.

Morbihan, Notre-Dame de Thymadeuc (commune de Bréhon-Loudéac), 50 membres.

Orne, Soligny-la-Trappe, 80 membres.

Savoie, Notre-Dame de Tamié (commune de Plancherine), 25 membres.

Alger, Staoueli (commune de Chéragas), 100 membres.

Au total 1.180 membres.

Le nombre des membres de chacun de ces établissements ne devra pas dépasser les chiffres indiqués ci-dessus et le personnel étranger ne pourra dépasser le dixième.

Les établissements autorisés ne pourront avoir aucun intérêt, soit direct, soit indirect, dans une entreprise industrielle ou commerciale quelconque.

Art. 2. Chaque établissement autorisé a un patrimoine distinct qui sera administré par un supérieur et un conseil d'administration élus par les membres de l'établissement. Il ne pourra procéder aux actes de la vie civile, conformément à l'article 910 du code civil, que dans les conditions prévues par l'article 4 de la loi du 24 mai 1825.

Art. 3. Le supérieur général, dont la résidence est à Cîteaux, et les supérieurs locaux devront, dans un délai de six mois, à partir de ladite autorisation, demander la rétrocession au profit de l'établissement dirigé par chacun d'eux, des biens consacrés à son fonctionnement et à son entretien ou la régularisation de leur acquisition.

Art. 4. Les membres de chaque établissement sont soumis à la juridiction de l'ordinaire du lieu, conformément au droit commun.

Art. 5. Les prescriptions de l'article 13 de la loi du 1er juillet 1901 sont applicables à la congrégation et à ses membres.

Art. 6. Chaque établissement devra indiquer au ministre des cultes les fonds de roulement consacrés chaque année à son fonctionnement. Toutes les sommes qui dépasseront d'un dixième le montant de ces fonds devront être placées en rentes 3 o/o sur l'Etat dans les formes prescrites par l'article 4 de la loi du 24 mai 1825.

Art. 7. Les dispositions de l'article 5 de la loi du 24 mai 1825 sont applicables aux membres des établissements précités.

Art. 8. Les oratoires ou chapelles que ces établissements voudront posséder devront être l'objet de demandes spéciales par application de l'article 44 de la loi du 18 germinal an X, et du décret du 22 décembre 1812. Dans aucun cas, ces oratoires ne seront ouverts au public.

Art. 9. Les établissements dépendant actuellement de ladite congrégation existant à Notre-Dame de Fontgombault (Indre), à Notre-Dame de Chambarand (Isère), à Notre-Dame d'Igny (Marne), et à Sainte-Marie-du-Mont (Nord), seront fermés et dissous.

La liquidation de leurs biens sera effectuée dans la forme prescrite par l'article 18 de la loi du 1er juillet 1901.

Le reliquat de cette liquidation sera réparti entre les divers établissements de la congrégation autorisée. La part afférente à chacun d'eux sera fixée par décret.

Il en sera de même en cas de disparition d'un établissement par extinction ou par révocation de l'autorisation.

2° PROJET DE LOI (cisterciens)

Article 1er. La congrégation des cisterciens de l'Immaculée-Conception de Lérins qui a pour objet, outre les offices liturgiques, les travaux agricoles et la tenue d'un orphelinat, est autorisée, sous la réserve que le personnel ne dépassera pas le chiffre de trente membres, parmi lesquels ne pourront figurer plus d'un dixième d'étrangers ; qu'il sera mis fin à la fabrication actuelle de liqueurs et qu'ils n'auront aucun intérêt, soit direct, soit indirect, dans une exploitation industrielle ou commerciale quelconque.

Art. 2. La congrégation sera administrée par un supérieur, assisté d'un conseil d'administration de quatre membres, élus par l'assemblée générale des membres.

Art. 3. Le supérieur et le conseil d'administration auront la gestion du patrimoine de l'établissement ; mais il ne pourront procéder aux actes de la vie civile, conformément à l'article 910 du

Code civil, que dans les conditions prévues par l'article 4 de la loi du 24 mai 1825.

Art. 4. Le supérieur devra, dans un délai de six mois à partir de la date de l'autorisation, solliciter la rétrocession au profit de la congrégation, des biens consacrés à son fonctionnement et à son entretien ou la régularisation de leur acquisition.

Art. 5. Les Cisterciens de l'Immaculée-Conception sont soumis à la juridiction de l'ordinaire du lieu, conformément au droit commun.

Art. 6. Les prescriptions de l'article 15 de la loi du 1er juillet 1901 sont applicables à la congrégation et à ses membres.

Art. 7. L'établissement devra indiquer au ministre des cultes les fonds de roulement consacrés chaque année à son fonctionnement.

Toutes les sommes qui dépasseront d'un dixième le montant des fonds de roulement devront être placées en rente 3 o/o sur l'Etat dans les formes prescrites par l'article 4 de la loi du 21 mai 1825.

Art. 8. Les dispositions de l'article 5 de la loi du 24 mai 1825 sont applicables aux membres de la congrégation.

Art. 9. En cas d'extinction de la congrégation ou de révocation de son autorisation, il sera procédé à la liquidation des biens dans les formes prescrites par l'article 18 de la loi du 1er juillet 1901.

Art. 10. L'oratoire que la congrégation voudra posséder devra être l'objet d'une demande spéciale par l'application de l'article 44 de la loi du 18 germinal an X et du décret du 22 décembre 1812. Dans aucun cas, cet oratoire ne pourra être ouvert au public.

II

LES PÈRES-BLANCS D'ALGÉRIE ET LES MISSIONS AFRICAINES

EXPOSÉ DES MOTIFS

La congrégation des Missionnaires d'Afrique, dits Pères-Blancs, a sollicité l'autorisation prévue par les articles 13 et 18 de la loi du 1er juillet 1901. Cette demande, présentée dans les délais impartis, porte sur vingt-six établissements ; elle est accompagnée des pièces exigées par l'arrêté ministériel du 1er juillet 1901 et l'article 18 du règlement d'administration publique du 16 août de la même année.

D'après ses statuts, cette congrégation, fondée en 1868 par le cardinal Lavigerie, a pour but l'enseignement primaire et professionnel, ainsi que l'hospitalisation dans les colonies et à l'étranger, spécialement dans l'Afrique du Nord et le Soudan.

Un décret du 31 août 1878 l'avait reconnue à titre d'établissement d'utilité publique ; mais, outre que ce décret ne touchait que l'association en tant qu'enseignante, il était inopérant, en droit, ainsi que l'a exposé le Conseil d'Etat dans son avis de principe du 26 janvier 1901 et c'est pour cette raison que la demande dont nous nous occupons a été formée.

Sur les 26 établissements des Pères-Blancs, 21 sont situés en Algérie et 5 en France.

Les établissements d'Algérie sont :

Département d'Alger. — A la maison Carrée : 1° l'établissement principal, 2° le noviciat, 3° un sanatorium, 4° une aumônerie dite d'Oualid-Adda, 5° à Dra-El-Mizan une école indigène, 6° à El-Golea et 7° à Ouargla une école indigène, 8° et 9° à Gardaia un hô-pital dit hospice Sainte-Madeleine et une école indigène, 10°, 11° et 12° à Fort-National les trois écoles de Ragmount, de Taourit-abd-Allah et d'Aït Larba, 13° et 14° aux Attafs, les deux écoles Saint-Cyprien et Sainte-Monique, 15° et 16° à Djurdjura, l'hôpital de Sainte-Eugénie et l'école d'Ouarghzen, 17° à Birmandreis, l'aumô-nerie de Saint-Charles de Kouba ;

Département d'Oran. — 18° commune de Géryville, l'hôpital d'El-Abiod ;

Département de Constantine. — 19° commune de l'Aurès, l'hôpital de Saint-Augustin avec sa ferme dite de Medina ; 20° à Oued-Marsa une école, et 21° à Akbou une école.

Tous ces établissements, à l'exclusion cependant de l'aumônerie de Kouba de Birmandreis, ont été l'objet d'un avis favorable des assemblées municipales.

L'aumônerie de Kouba, ainsi que celle d'Oualid-Adda, ne consti-tuent pas, d'ailleurs, de véritables établissements et ne nous ont pas paru susceptibles d'autorisation. Les Pères-Blancs qui y sont attachés remplissent uniquement dans les deux orphelinats dirigés par des religieuses, les fonctions d'aumôniers, fonctions qui appartiennent exclusivement au clergé paroissial.

Les renseignements transmis sur les autres œuvres d'hospitalité et d'enseignement ont été favorables. Tous les hospices ont été fondés en vertu des conventions passées avec le gouvernement général de l'Algérie et leur utilité ne paraît pas contestable. Nous avons pu reconnaître également ce caractère d'utilité aux écoles dans les-quelles sont amenés à notre civilisation et à notre langue les enfants indigènes. Presque partout est annexée à l'école une œuvre de bien-faisance, dispensaire et orphelinat.

Nous pensons donc que l'autorisation doit être accordée à 19 des établissements sus-énoncés.

Indépendamment de ces maisons algériennes, la congrégation pos-sède dans la métropole les 5 établissements suivants :

1° Un postulat ou maison de première formation située à Lille, 1, rue Watteau, et destinée, d'après la déclaration des intéressés, à recevoir, à titre d'essai, les jeunes aspirants et à compléter, par quelques cours spéciaux, la formation intellectuelle de ceux qui n'auraient pas fait des études régulières ;

2° Une école apostolique ou petit séminaire à Saint-Laurent-d'Olt (Aveyron) ; les jeunes gens qui y sont admis font leurs études clas-siques jusqu'à la philosophie exclusivement :

3° Un séminaire, dit de philosophie, situé à Binson, commune de Châtillon-sur-Marne (Marne), qui serait destiné à compléter la for-mation intellectuelle des aspirants avant leur admission au novi-ciat :

4° Une sorte de pied à terre, à Paris, rue Cassette, 27, où sont ins-tallés quelques religieux délégués pour servir d'intermédiaires entre la congrégation et les pouvoirs publics et traiter éventuellement toutes les questions concernant les missions situées hors de l'Algé-rie :

5° Un établissement à Marseille, 117, chemin des Chartreux, qui

sert de maison de départ et de repos pour les missionnaires partant
en mission ou en revenant.

Sur ces cinq établissements, les deux derniers seuls nous semblent
pouvoir être autorisés ; l'un est moins un établissement proprement
dit qu'une sorte d'agence ou de bureau de renseignements, et son
existence se justifie aisément : l'autre n'est qu'un lieu de passage ou
de repos, et son utilité est indiscutable.

Quant aux trois premiers, outre que les reconnaître aurait pour ré-.
sultat de créer, dans certains diocèses de véritables séminaires, contrairement à notre organisation concordataire, nous estimons que le
noviciat de la maison Carrée satisfait amplement à tous les besoins
du recrutement de la congrégation.

Une seconde congrégation connue sous le nom de Missions africaines de Lyon, mais beaucoup moins importante, a formé, dans les
mêmes conditions, une demande en vue d'être autorisée, pour l'évangélisation du Dahomey, du Benin, de la Côte-d'Or, de la Côte-
d'Ivoire, du Niger supérieur et du Delta égyptien.

Cette demande porte sur cinq établissements.

La maison principale est située à Lyon, 150, cours Gambetta. Elle
reçoit et prépare les jeunes gens qui se destinent aux missions.

L'association possède à Chamalières (Puy-de-Dôme) et à Pont-
Rousseau, commune de Rezé (Loire-Inférieure), deux établissements
dans lesquels on reçoit également les jeunes gens.

Les renseignements transmis sur le compte de la maison de Chamalières sont des plus défavorables. Les soixante-dix ou quatre-
vingts élèves qu'il renferme sont, pour la plupart, recrutés à l'étranger, et les missionnaires, tout en dirigeant un établissement d'enseignement dont l'utilité est des plus contestables, exploitent en même
temps une importante maison de vins et liqueurs qui fait tort au
commerce de la région.

La maison de Pont-Rousseau nous a été, en revanche, représentée
comme une véritable institution, créée et développée en vue de la
préparation des jeunes gens à la mission ; mais nous estimons qu'il
serait dangereux et contraire à notre organisation concordataire de
laisser multiplier dans les diocèses des établissements qui sont, en
somme, de véritables séminaires, venant en superfétation, et nous
avons été d'avis que la maison de Lyon, avec son noviciat, était largement suffisante pour permettre le recrutement d'une congrégation
dont le personnel ne dépasse pas soixante membres.

Les missionnaires possèdent enfin une maison sise à Saint-Priest
(Isère) et un établissement à la Croix, commune de Gassin (Var).
L'immeuble de Saint-Priest est resté jusqu'à ce jour une simple propriété d'agrément et nous ne voyons aucune raison de lui donner
une autorisation qui ne serait nécessaire qu'autant qu'une œuvre
quelconque viendrait à y être fondée.

L'établissement de Gassin est un sanatorium hospitalisant les missionnaires revenus malades d'Afrique. C'est là une œuvre réellement
utile à la congrégation, qui concourt en même temps à la prospérité
du petit village où elle est installée.

En résumé, nous croyons qu'il n'y a pas d'inconvénients à autoriser la congrégation des missions africaines de Lyon, à la condition
de limiter cette autorisation au siège social et au sanatorium ou
maison de repos.

Les autres immeubles que, d'après nos informations, la congrégation possède encore à Marseille et à Paris, rue Desrenaudes, et pour

lesquels elle ne s'est pas mise en demande, bien qu'elle y entretienne un certain nombre de sujets et qu'elle y ait même ouvert des lieux de culte sans autorisation, ont été signalés à l'attention de M. le garde des sceaux, qui en prescrira la liquidation.

Sous le bénéfice de ces observations, nous avons l'honneur de présenter au Sénat les projets de loi dont la teneur suit, qui ont pour objet d'autoriser les congrégations dont il s'agit et d'en régler le fonctionnement conformément aux dispositions de l'article 13 de la loi du 1er juillet 1901.

PREMIER PROJET DE LOI (PÈRES-BLANCS)

Article 1er. La congrégation des missionnaires de l'Afrique dite des Pères-Blancs, qui a pour but l'enseignement primaire et professionnel, ainsi que l'hospitalisation dans les colonies et à l'étranger, et spécialement dans l'Afrique du Nord et le Soudan, est autorisée pour les vingt et un établissements ci-après énumérés, dont le but sera limité aux œuvres indiquées dans le tableau ci-dessous et dont le personnel ne pourra pas dépasser les chiffres annexés à ce tableau,

Situation des établissements.	But poursuivi	Nombre des membres.
ALGER		
Maison carrée	Etablissement principal.	260
id.	Noviciat.	12
id.	Sanatorium.	12
Dra El-Mizan	Ecole indigène avec dispensaire et orphelinat	8
Fort-National	Ecole indigène avec dispensaire et orphelinat de Tagmount Azouza	8
id.	Ecole indigène avec dispensaire et orphelinat de Taouret Abdallah	6
id.	Ecole indigène avec dispensaire et orphelinat d'Aïf-Larba	6
Le Attafs.	Ecole indigène de Saint-Cyprien.	6
id.	Ecole indigène de Sainte-Monique	6
Djurdjura.	Hôpital Sainte-Eugénie.	6
id.	Ecole indigène avec dispensaire et orphelinat d'Ouarghzen.	6
El Golea	Ecole indigène avec dispensaire.	6
Ouargla	Ecole indigène avec dispensaire.	6
Gardaia	Hôpital Sainte-Madeleine.	6
id.	Ecole indigène avec dispensaire et orphelinat	6

ORAN

| Géryville. | Hôpital El-Abiod | 6 |

CONSTANTINE

Aurès	Hôpital Saint-Augustin et ferme de Médina	6
Oued Marsa	Ecole indigène avec dispensaire et orphelinat de Kerrato	8
Akbou	Ecole indigène avec dispensaire et orphelinat d'Aril-Aly.	8

SEINE

| Paris, rue Cassette, 27. | Représentation des intérêts de la congrégation en France. | 6 |

BOUCHES-DU-RHONE

| Marseille (Chemin des Chartreux) | Maison de départ et de repos pour les missionnaires de passage | 6 |

400

Art. 2. Aucune action de la congrégation ne pourra s'exercer dans la France continentale en dehors des maisons de Paris et de Marseille.

Les établissements fondés à Saint-Laurent-d'Olt (Aveyron), Lille (Nord), rue Watteau n° 1, et Binson (commune de Châtillon-sur-Marne (Marne) seront, en conséquence, fermés et dissous.

La liquidation de leurs biens sera effectuée dans les formes prescrites par l'article 18 de la loi du 1er juillet 1901.

Le reliquat de cette liquidation sera réparti entre les divers établissements autorisés de la congrégation. La part afférente à chacun d'eux sera fixée par décret.

Il en sera de même en cas de disparition d'un établissement par extinction ou révocation de l'autorisation.

Art. 3. Chaque établissement autorisé sera administré par un conseil d'administration, lequel élira un supérieur.

Ce conseil aura la gestion du patrimoine de l'établissement. Il pourra procéder aux actes de la vie civile prévus par l'article 4 de la loi du 24 mai 1825 sous les conditions qui y sont indiquées. Sont applicables aux membres des établissements autorisés les dispositions de l'article 5 de la loi précitée du 24 mai 1825.

Art. 4. Chaque conseil devra, dans un délai de six mois, à partir de la date de l'autorisation, solliciter la rétrocession au profit de l'établissement qu'il dirige des biens consacrés à son fonctionnement et à son entretien ou la régularisation de leur acquisition.

Art. 5. Les prescriptions de l'article 15 de la loi du 1er juillet 1901 sont applicables à chaque établissement autorisé et à ses membres.

Art. 6. Le nombre des étrangers admis dans la congrégation ne pourra jamais excéder 15 o/o du chiffre total de ses membres.

DEUXIÈME PROJET DE LOI (MISSIONS AFRICAINES)

Art. 1er La congrégation des Missions africaines de Lyon, qui a pour but de fournir de missionnaires le Dahomey, le Denin, la Côte-d'Or, la Côte-d'Ivoire, le Niger supérieur et le Delta égyptien, est autorisée pour les deux établissements de Lyon, cours Gambetta, 150, et de la commune de Gassin (Var). Le but du premier de ces établissements est et demeure limité de la façon suivante : il servira à l'exclusion de tout autre établissement sur le territoire de la France continentale d'établissement principal et de noviciat. Le chiffre du personnel ne pourra pas dépasser cinquante membres titulaires ; le but de la maison de Gassin est de servir de sanatorium pour les missionnaires malades. Le personnel fixe destiné à son fonctionnement ne pourra excéder douze membres titulaires.

Art. 2. La congrégation ne pouvant, en dehors des établissements de Lyon et de Gassin, exercer aucune action dans la France continentale, les établissements fondés à Saint-Priest (Isère), Chamalières (Puy-de-Dôme) et Pont-Rousseau, commune de Rezé (Loire-Inférieure), seront fermés et dissous. Il en sera de même des maisons de Marseille et de Paris, rue Desrenaudes, non comprises dans la demande d'autorisation.

La liquidation de leurs biens sera effectuée dans les formes prescrites par l'article 18 de la loi du 1er juillet 1901.

Le reliquat de cette liquidation sera réparti entre les deux établissements autorisés de la congrégation. La part afférente à chacun d'eux sera fixé par décret.

Art. 3. Chaque établissement autorisé sera administré par un conseil d'administration, lequel élira un supérieur.

Ce conseil aura la gestion du patrimoine de l'établissement. Il pourra procéder aux actes de la vie civile prévus par l'article 4 de la loi du 24 mai 1825, sous les conditions qui y sont indiquées.

Sont applicables aux membres des établissements autorisés les dispositions de l'article 5 de la loi précitée du 24 mai 1825.

Art. 4. Chaque conseil devra, dans un délai de six mois, à partir de la date de l'autorisation, solliciter la rétrocession, au profit de l'établissement qu'il dirige, des biens consacrés à son fonctionnement et à son entretien, ou la régularisation de leur acquisition.

Art. 5. Les prescriptions de l'article 15 de la loi du 1er juillet 1901 sont applicables à chaque établissement autorisé et à ses membres.

Art. 6. — Le nombre des étrangers admis dans la congrégation ne pourra jamais excéder a 15 o/o du chiffre total des membres.

III

LES SALÉSIENS DE DOM BOSCO

En 1880, lorsque l'attention de nos prédécesseurs fut appelée sur les congrégations d'hommes vivant en marge de la loi, les enquêtes faites sur tous les points du territoire ne révélèrent nulle part l'exis-

tence des Salésiens. Ce n'est que trois ans plus tard qu'un moine italien, Dom Bosco, fondateur d'un ordre ayant son siège à Turin et
connu sous le nom de *Societa de Francisco di Sales*, se rendait dans
notre pays pour ajouter une nouvelle province à celles qu'il avait
déjà conquises.

En mai 1883, ce religieux étranger, précédé d'une légende merveilleuse répandue par une presse à sa dévotion, arrivait à Paris. Il
guérissait d'un mot les malades et les moribonds eux-mêmes, lisait
dans les consciences, prédisait l'avenir et voyait à distance.

Toute cette thaumaturgie, habilement exploitée jusque dans les
églises de Paris, ne tarda pas à porter ses fruits.

En 1883, la première maison était créée à Paris, rue du Retrait, 29.
Quinze ans plus tard, vingt-trois autres établissements étaient en
pleine activité, et un vingt-cinquième est actuellement en voie de
formation à Popey, près de Bar-le-Duc.

Lorsque l'on examine les listes du personnel, on s'aperçoit que
partout l'élément étranger (italien, belge, espagnol, allemand,
suisse) se mêle à l'élément français dans des proportions considérables.

Les Salésiens forment, à leurs dires, une association essentiellement philanthropique, dégagée de toute idée de lucre. Leur désintéressement serait absolu, leur unique but serait l'assistance de
l'enfance abandonnée.

Mais, s'il en est vraiment ainsi, auraient-ils pu, en quelques
années, prendre un développement aussi grand et aussi rapide?

Il suffit d'examiner le résultat des enquêtes auxquelles il a été
procédé, pour se rendre compte que leur œuvre n'a rien de commun
avec la charité et qu'elle n'est en réalité qu'une exploitation de l'enfance et de la crédulité publique, en même temps qu'elle constitue
un péril pour le commerce et l'industrie privée.

Lorsque la loi du 1er juillet 1901 fut promulguée, les Salésiens se
sentirent d'autant plus menacés qu'ils n'étaient pas sans connaître les
plaintes nombreuses que leur existence avait suscitées, et sans savoir
que, même, au sein du clergé et des autres corporations religieuses,
ils avaient éveillé une véritable hostilité. Leur rapide prospérité,
l'habileté et le succès avec lesquels ils avaient su s'enrichir faisaient,
en effet, d'eux des rivaux redoutables et on voyait se tarir les pieuses
offrandes et les dons généreux partout où ils jetaient les bases d'un
établissement.

Ils hésitèrent donc longuement sur la conduite qu'ils avaient à
tenir. Tous les directeurs furent mandés à Turin et l'on y discuta
en conseil général de la congrégation le plan de campagne à
adopter.

Trois projets furent examinés : se dissoudre et réaliser au mieux
des intérêts de la corporation la fortune acquise en France ; former
une demande en autorisation quelque précaire que fût le moyen,
enfin tourner la difficulté en prenant un déguisement.

Se dissoudre, ils ne le voulurent point et le résultat de leur délibération fut qu'il était habile de recourir tout à la fois aux deux derniers expédients.

Il existe, on l'a déjà vu, 24 maisons plus une toute prête à
s'ouvrir.

On forma une demande pour 12 et les 13 autres se tranformèrent
en œuvres diocésaines dirigées par de soi-disant prêtres sécula-
risés.

Cette sécularisation, quelle valeur légale avait-elle au regard de notre législation concordataire ? Quel caractère pouvaient invoquer ces religieux internationaux et comment admettre des ordinations faites pour un but autre que le service des paroisses et surtout pour une fin aussi complètement étrangère à la mission sacerdotale que la création d'écoles professionnelles ?

Mais c'est là un fait d'ordre purement judiciaire, et c'est aux tribunaux de percer à jour et de réprimer une fraude ourdie en vue d'éluder la loi et de sauver la partie la plus importante de la congrégation menacée.

Il ne reste plus qu'à examiner la demande en autorisation présentée par les établissements de Paris, rue du Retrait, 29 ; Paris, rue de Javel ; Saint-Denis, · Ruel (Seine-et-Oise), Buis (Charente-Inférieure), Dinan (Côtes-du-Nord), Popey, près Bar-le-Duc (Meuse), Lille (Nord), Ruitz (Pas-de-Calais), Coigneux, hameau de Rossignol (Somme), Oran, rue Minerville et Oran-Eckmühl.

Les Salésiens, nous l'avons exposé, constituent une agrégation de création récente, mais qui, aujourd'hui, rayonne sur le monde entier. La fraction française n'est qu'une branche poussée dans ces quinze dernières années et, au point de vue religieux, la France n'est qu'une province de l'ordre italien, administrée par un délégué sous l'impulsion et la direction exclusives du supérieur général et du conseil d'administration de Turin.

Il fallait donc, tout d'abord, changer le caractère des Salésiens jetés dans notre pays, leur donner une apparence d'autonomie et de nationalité.

Dans ce but, le premier établissement fondé, celui de la rue du Retrait, à Paris, fut élevé au rang de maison-mère, et un moine naturalisé pour la circonstance, M. Bologna ou Bologne, prit la qualité de supérieur général de cette congrégation. C'est ce religieux qui a introduit la demande.

Cette demande, peut-on l'accueillir ? Nous ne le croyons pas.

Certes, nous sommes de ceux qui pensent que, comme la science, la charité n'a pas de patrie, et nous ne ferions pas opposition au développement d'une œuvre humanitaire, parce qu'elle nous viendrait de l'étranger. Mais, encore faudrait-il qu'il s'agît d'une véritable œuvre de bienfaisance et ce caractère, l'entreprise des Salésiens ne semble pas l'avoir.

Parmi les quelques prêtres français égarés dans cette agrégation, il s'en est trouvé qui se sont indignés des faits qu'ils voyaient se passer sous leurs yeux et nous savons que la plus grande part des bénéfices des établissements français ne profite, en réalité, qu'à l'œuvre et à l'influence étrangères.

Les orphelins qu'ils recueillent à grand bruit sont-ils même vraiment hospitalisés par eux et les frais de leur éducation justifient-ils, dans une certaine mesure, leurs quêtes incessantes ?

Il suffit d'examiner le mécanisme de ces pseudo-orphelinats pour se rendre compte qu'il n'en est rien.

Chacun d'eux est installé dans un immeuble provenant, comme tout le reste, de la générosité publique ; il est alimenté d'abord par les pensions que payent, soit les familles, soit les personnes charitables (car la gratuité est tellement exceptionnelle qu'elle n'existe pour ainsi dire pas), puis par le produit du travail des enfants, enfin par les offrandes et souscriptions.

L'enfant est surmené, on exige de lui, et cela dans des conditions d'hygiène et de salubrité déplorables, une surproduction ; il est de plus spécialisé à tel point qu'une fois sorti, il ne connaît en réalité aucun métier. De plus, il ne coûte presque rien, puisque sa pension est payée par des tiers ; il ne fait donc que rapporter. Grâce à la gratuité de la main-d'œuvre, la quantité du travail produit en raison de la spécialisation à outrance, les avantages fiscaux qu'ils tirent de leur caractère d'association charitable, il est facile de comprendre les plaintes qu'élèvent, partout où fonctionne un de ces établissements, les industriels et les commerçants qui ne peuvent soutenir une telle concurrence.

Tour à tour, imprimeurs, éditeurs (et quels éditeurs — toutes leurs publications sont rédigées contre nos institutions), marchands de vins, de liqueurs, de produits pharmaceutiques ; leur action économique est néfaste, leur action politique ne l'est pas moins et de toutes les congrégations, c'est peut-être celle dont la combativité persistante nous a été signalée.

IV

LES FRÈRES SAINT-JEAN-DE-DIEU.

Parmi les congrégations d'hommes qui ont sollicité l'autorisation prévue par les articles 13 et 18 de la loi du 1er juillet 1901, deux seulement ont le caractère charitable proprement dit. Ce sont la congrégation des frères hospitaliers de Saint-Jean-de-Dieu et celle des frères de Sainte-Marie-de-l'Assomption de Clermont-Ferrand.

Cette dernière se consacre, parallèlement à une congrégation de femmes, à l'assistance des aliénés dans des asiles desservis à la fois par les deux congrégations, et par suite sa demande sera soumise au Parlement lorsqu'il aura à s'occuper des congrégations de femmes. Il y a là, en effet, une circonstance qui paraît exiger l'examen simultané des deux dossiers.

On peut donc presque dire que la congrégation des frères Saint-Jean-de-Dieu est unique en son genre.

Cette congrégation a déposé pour dix établissements, dans les délais fixés par la loi, une demande, le 12 septembre 1901, qu'elle accompagnait des pièces prévues par l'arrêté ministériel du 1er juillet 1901 et l'article 18 du règlement d'administration publique du 16 août de la même année.

D'après ses statuts, la congrégation des frères de Saint-Jean-de-Dieu a pour objet les œuvres hospitalières sous toutes les formes, notamment le soin des aliénés, des vieillards infirmes ou de jeunes incurables, l'entretien de maisons de santé, de sanatoria marins, enfin l'hospitalisation de nuit.

Elle est gouvernée par un directeur général et chaque maison par un directeur local nommés tous les trois ans, à la majorité des voix. Les directeurs locaux s'adjoignent deux membres qui les aident dans leur charge.

Les statuts fixent à un minimum de deux ans le temps de probation et laissent à chaque religieux la libre disposition de son patrimoine. Ils contiennent, enfin, l'engagement de soumission à la juridiction des ordinaires des diocèses dans lesquels sont situés les dix établissements de la congrégation.

Ces dix établissements peuvent se diviser en trois catégories dis-tinctes, d'après les œuvres qui y sont poursuivies : *soins des aliénés, assistance des enfants incurables, service d'hospitalisation.*

1º Les maisons d'aliénés sont situées à Lyon, 206, route de Vienne (cette maison est, en même temps, l'établissement principal), à Lehon, près Dinan, et à Lommelet, près Lille. — Elles servent d'asiles publics et reçoivent, en outre, des pensionnaires dont les familles payent les frais d'entretien.

2º Les enfants pauvres et incurables sont reçus dans l'asile de la rue Lecourbe, 223, à Paris, un sanatorium au Croisic et un moins important à Cerbère. Les enfants y sont soignés et instruits, et apprennent, autant que se faire peut, un métier manuel. Un assez grand nombre d'entre eux sont reçus gratuitement.

3º Dans la troisième catégorie se trouve l'asile des vieillards de Saint-Barthélemy, à Marseille, un asile de nuit à Marseille et deux maisons de santé, l'une à Paris, rue Oudinot, 19, et l'autre à Cannes, villa des Roses, où les malades sont reçus moyennant une rétribution assez élevée.

Comme annexe à ces œuvres, les frères dirigent encore quelques exploitations agricoles ou industrielles. C'est ainsi qu'à leur établis-sement de Lehon est annexée une ferme modèle et qu'ils possèdent une boulangerie à Marseille. Mais il semble résulter des rapports des divers préfets, de celui, notamment, des Côtes-du-Nord, ainsi que des renseignements fournis au dossier, que ces exploitations ne cons-tituent pas un des buts de la congrégation, mais seulement un moyen de poursuivre et d'alimenter ses œuvres d'assistance.

L'instruction à laquelle il a été procédé a donné lieu à des avis fa-vorables de tous les préfets et d'un certain nombre de conseils mu-nicipaux. Trois seulement, ceux de Lyon, de Marseille et de Cerbère, se sont prononcés contre la demande d'autorisation, mais il est à re-marquer qu'ils se sont inspirés dans leurs votes de principes généraux sans préciser aucun grief particulier.

En résumé, les frères de Saint-Jean-de-Dieu rendent des services aux deux extrémités de la société. Pendant qu'ils viennent en aide à l'Etat, aux départements et aux communes pour la garde et le soin de malades souvent dangereux, toujours difficiles à traiter, ils offrent, d'autre part, aux malades sans famille, qui répugnent à se rendre dans les hospices publics, des lieux d'asile confortables. Ils semblent constituer ainsi une sorte de service accessoire de l'assistance géné-rale, qui a encore tant besoin d'aides et de ressources.

On peut donc affirmer que l'agrégation des frères de Saint-Jean-de-Dieu, prise dans son ensemble, présente un caractère d'utilité publique et mérite d'être autorisée.

Toutefois, si étendu que puisse être le terrain d'action que se pro-posent ces religieux dans leur œuvre charitable nous ne croyons pas qu'il y ait eu lieu d'assimiler aux secours qui peuvent être donnés aux malades et aux infirmes les œuvres qui s'adressent plus spécialement aux vagabonds et aux mendiants. Il nous paraîtrait dangereux de permettre à une congrégation de se former une pareille clientèle.

C'est pour ce motif que nous ne proposons pas d'autoriser l'établis-sement de l'hospitalité de nuit de Marseille.

D'autre part, il semble que l'on puisse, suivant une tradition d'ailleurs ancienne, imposer à la congrégation, comme condition de sa reconnaissance, l'obligation de faire acte d'assistance gratuite.

L'on doit reconnaître au surplus que la gratuité existe déjà en fait et dans une mesure assez grande, tout au moins dans les établissements consacrés à l'enfance par les frères de Saint-Jean-de-Dieu. Il paraîtrait convenable de généraliser cette situation et de demander à la congrégation d'admettre dans tous ses établisssements, quels qu'ils soient, suivant une proportion à déterminer, des pauvres malades que leur position antérieure, la notoriété dont ils auraient pu jouir à d'autres époques rendraient particulièrement intéressants et qui, ne pouvant se présenter dans des établissements payants, hésiteraient à solliciter la charité publique.

Sous le bénéfice de ces observations, le gouvernement propose au Sénat le projet de loi suivant :

Article 1er. La congrégation des frères hospitaliers de Saint-Jean-de-Dieu qui a pour but le soin des malades sous toutes formes : direction de maisons de santé, traitement des aliénés, asiles d'infirmes, traitement des enfants rachitiques, est autorisée pour les neuf établissements ci-après énumérés, et dont le personnel ne pourra pas dépasser les chiffres annexés à ce tableau.

Nos d'ordre	Situation des établissements	Nombre des membres
1	Lyon (Rhône), 206, route de Vienne	80
2	Lommelet, près Lille (Nord)	60
3	Lehon, près Dinan (Côtes-du-Nord)	50
4	Paris, 223, rue Lecourbe	30
5	Le Croisic (Loire-Inférieure)	20
6	Cerbère (Pyrénées-Orientales)	15
7	Marseille. — Saint-Barthélemy	30
8	Paris, 19, rue Oudinot	30
9	Cannes (Alpes-Marit.), villa des Roses.	15

Art. 2. Dans chaque établissement payant, le dixième des places sera réservé à des malades soignés gratuitement.

Art. 3. Chaque établissement autorisé a un patrimoine distinct qui sera administré par un conseil composé du directeur élu pour trois ans, à la majorité des voix, et de deux membres choisis par le directeur.

Le conseil pourra procéder aux actes de la vie civile prévus par l'article 4 de la loi du 24 mai 1825, sous les conditions qui y sont indiquées.

Art. 4. Chaque conseil devra, dans un délai de six mois, à partir de la date de l'autorisation, solliciter la rétrocession, au profit de l'établissement qu'il dirige, des biens consacrés à son fonctionnement et à son entretien ou à la régularisation de leur acquisition.

Art. 5. Les prescriptions de l'article 15 de la loi du 1er juillet 1901 sont applicables à chaque établissement autorisé et à ses membres.

Art. 6. Toutes les sommes qui dépasseront d'un dixième le montant des fonds de roulement de chaque établissement indiqué dans les états des biens fournis par la congrégation, devront être placées en rente sur l'État, dans les formes prescrites par l'article 4 de la loi du 24 mai 1825.

Art. 7. Les dispositions de l'article 5 de la loi du 24 mai 1825 seront applicables aux membres des établissements autorisés.

Art. 8. Les établissements existants, dont les œuvres ne rentrent pas dans l'énumération faite à l'article 1er ou qui ne sont pas désignés ci-dessus, ne sont pas autorisés.

La liquidation de leurs biens sera effectuée dans les formes prescrites par l'article 18 de la loi du 1er juillet 1901.

Le reliquat de cette liquidation sera réparti entre les divers établissements de la congrégation autorisés. La part afférente à chacun d'eux sera fixée par décret.

Il en sera de même en cas de disparition d'un établissement par extinction ou révocation de l'autorisation.

Art 9. Les oratoires ou chapelles que les établissements voudront posséder devront être l'objet de demandes spéciales, par application de l'article 44 de la loi du 18 germinal an X et du décret du 22 décembre 1812. Dans aucun cas ces oratoires ou chapelles ne seront ouverts au public.

R. S.

AUTOUR DU MONDE

La quinzaine, grâce aux vacances parlementaires n'a été
signalée par aucun incident grave ou même intéressant à l'intérieur. Ce n'est, en effet, qu'un fait divers assez banal que le
renouvellement de la série A des figurants au Luxembourg :
opération électorale dont la matière apprêtée dès longtemps
et vigoureusement pétrie jusqu'à l'heure du scrutin ne pouvait donner que les résultats prévus et voulus par un gouvernement qui ne montre pas de noblesse et ne connaît point de
scrupules.

Tous les sénateurs conservateurs ont maintenu leurs positions, qu'ils ont même par endroits sensiblement améliorées.
Ils reparaissent ainsi sur le champ de bataille tel qu'un
bataillon carré, invulnérable et sacré qui, au milieu de la
mêlée des partis et du déchaînement des passions, s'affirme
comme un refuge et une espérance, sans cesser d'être un
seul instant une protestation agissante en vue d'un meilleur
avenir. Socialistes et radicaux chantent pourtant victoire.
Ils ont gagné *dix* sièges, disent les uns ; *treize*, recti-
fient les autres. Admettons le plus gros chiffre et nous
demandons qui ils ont mis en déroute. Des républicains
indépendants, des radicaux dissidents, des hommes dont le
parti a fondé la République, dont la modération relative,
l'habileté en tous cas a su faire admettre ce régime et le
conserver jusqu'ici. La victoire est plutôt honteuse ; et,
quand des hommes comme M. Gabriel Hanotaux, ancien
ministre des Affaires Etrangères, se retirent de la lice hon-
nis et battus, disant à leurs rares tenants : Je me suis proposé à vos suffrages pour combattre le régime actuel qui
mène la France aux abîmes au dedans, à la déconsidération
au dehors, parce que je veux la liberté et la justice ; mais on

préfère l'arbitraire et la violence... ; quand, disons-nous, on voit de tels écœurements provoqués par de pareilles aberrations, on doit trouver la victoire du 4 janvier antipatriotique et misérable : aussi bien est-elle limitée, sinon douteuse.

Nous ne la considérons pas autrement. Nous ajouterons même que cette turpitude extrême sera, selon toutes les apparences, le point de départ d'une action nouvelle contre laquelle, demain, il faudra déjà et peut-être en vain réorganiser, mais alors, dans les faubourgs, dans les terrains vagues et les catacombes chères aux rôdeurs et coupeurs de chemins, la *défense radicale et socialiste,* au lieu de la *défense républicaine* aujourd'hui triomphante.

On nous permettra de ne pas insister ; pas même sur l'opinion du *Temps* qui, après avoir constaté que les élections du 4 janvier confirment et consacrent le succès du parti radical à l'exclusion cependant du parti socialiste qui n'a su faire agréer aucun de ses candidats, reconnaît qu'ayant combattu sans péril on a aussi vaincu sans gloire ; que, après une pareille bataille où il y eut peu d'ennemis et qui ne laisse que des vainqueurs, le régime de la *défense républicaine* devrait bien faire place à celui de la *paix républicaine.* Vu l'absence évidente de tout péril militaire, clérical ou simplement nationaliste, selon lui, au lieu de combattre des moulins, le gouvernement ferait sagement d'aborder enfin les questions d'intérêt général trop longtemps sacrifiées aux compétitions des partis et aux rancunes des individus.

Mais voilà ! A toutes ces questions-là, ces *arrivistes* n'entendent rien et, pour dissimuler la pauvreté de leur esprit et la stérilité de leurs efforts, ils imaginent des périls, font pousser des ennemis chimériques ; ils pourfendent des ombres et clament leur victoire ; pour si peu, un peuple berné s'arrête chez les fondeurs et commande des statues qui vont orner les greniers de l'histoire.

Cela n'empêche pas les gens à sens rassis de penser différemment de la foule emportée ; ni les chiffres d'accuser le discrédit des hommes en étalage et les fissures d'un régime aussi mal engagé. Nous avons déjà parlé des Caisses d'épargne et de la panique des capitaux que la confiance et l'économie y avaient entreposés. On nous permettra d'être prudent sur ce chapitre. Dire que cette panique est justifiée et qu'on devrait prendre des précautions supplémentaires, serait s'exposer à des poursuites correctionnelles, à des dépens, à la prison ! Comme déjà nous ne jouissons guère de la protection des lois, ni de l'amitié du gouvernement, nous ne voulons pas nous livrer au bourreau hors de saison. Donc, pour dire le contraire de notre pensée, le gouvernement embusqué derrière nos Caisses d'épargne est le plus honnête gouvernement du monde, et son crédit, pourtant ébranlé jusqu'aux assises, inspire confiance à lui-même, ce qui lui suffit : quant au public, il reprend son argent et voici avec quel empressement : c'est le *Journal Officiel* qui le rapporte et je le cite.

La dernière décade de 1902 — car les opérations des Caisses doivent être communiquées au public tous les dix jours — s'est encore signalée par un excédent de retraits de plus de 33 millions.

Il en résulte que, pour la totalité de l'année qui vient de finir, les retraits de fonds opérés dans les Caisses d'épargne ordinaires ont dépassé les dépôts de 173 millions. On ne nous informe pas des retraits opérés à la Caisse nationale d'épargne, qui ne doivent pas être d'une importance moindre.

En réalité, ces 173 millions d'excédents de retraits ont été effectués en quatre mois seulement, de septembre à décembre. Au 31 août 1902, en effet, les opérations des Caisses d'épargne ordinaires, depuis le début de l'année, se soldaient encore, malgré les importants retraits de juillet et d'août, par un léger excédent de dépôts : 705,330 francs. Mais à partir du mois de septembre, les retraits allèrent augmentant. Si bien que les opérations complètes de l'année écoulée se traduisent par un excédent de retraits qui dépasse, comme il a été dit, 173 millions. C'est donc en moyenne d'environ 45 millions par mois que les retraits de fonds ont été supérieurs aux dépôts pendant les mois de septembre, octobre, novembre et décembre, et cela dans les seules Caisses d'épargne privées.

Il était intéressant de comparer ce bilan des Caisses d'épargne ordinaires pour 1902 à celui des dernières années.

Opérations des Caisses d'épargne ordinaires

Années	Excédents de retraits	Excédents de dépôts
—	—	—
1902...	173.134.504 francs.	»
1901...	»	1.354.665 francs.
1900...	175.669.339	»
1899...	98.876.332	
1898...	130.604.459	
1897...	60.219.223	
1896...	118.394.981	»
1895...	»	1.982.888 francs.
1894...	»	18.345.737
1893...	197.270.098	»
1892...	»	65.272.726

L'examen de ce tableau conduit à plusieurs constatations intéressantes.

Tout d'abord, à ne s'en tenir qu'aux chiffres précédents, il apparaît, pour les dix années 1892-1901 antérieures à l'année dernière, un excédent de retraits qui est au total de 670 millions, c'est-à-dire en moyenne de 67 millions par an. On voit combien cette moyenne a été dépassée en 1902, puisque l'excédent de retraits l'année dernière s'est élevé à 173 millions au lieu de 67.

Mais, en réalité, les choses sont moins simples qu'elles ne le paraissent, et les résultats de 1902 plus fâcheux encore qu'ils ne semblent l'être. Les excédents de retraits constatés pendant les cinq années 1896 à 1900 n'étaient pas causés par une crise ; ils étaient obligatoires. La loi de 1895, en effet, réduisit de deux mille à quinze cents francs le maximum des comptes des déposants ; et elle accorda un délai de cinq ans pour opérer cette réduction. Les clients des Caisses d'épargne durent donc, par ordre de la loi, procéder à des retraits de fonds jusqu'à ce que le maximum de leurs comptes fût ramené à quinze cents francs. Cette obligation légale explique les excédents de retraits enregistrés de 1896 à 1900, et notamment en 1900. La Caisse des dépôts et consignations dut même

d'office, à la fin de l'année 1900, transformer en rentes cinquante millions de dépôts pour ramener au maximum légal
les comptes supérieurs à quinze cents francs.

Ainsi, il n'est pas logique de comparer l'année 1902 aux
années 1896 à 1900. Les retraits de fonds opérés pendant ces
cinq années-là étaient la conséquence d'une injonction de
la loi. L'an dernier, au contraire, rien de pareil. Les 173 millions d excédents de retraits dans les fonds des Caisses d'é-
pargne sont indiscutablement causés par une crise financière qui a fait apparaître, dans le budget de l'Etat de 1902,
un déficit, déjà acquis, de 227 millions. A l'épargne de conclure.

En dehors de ces préoccupations électorales et financières,
l'opinion publique en France a été absorbée par la plus
grande escroquerie du siècle, personnifiée dans la famille
Humbert, qui en compagnie de Boulaine occupe et anime
la Conciergerie, tout en entretenant dans la plus vive
agitation tout le Palais de Justice. A juste titre on s'est
ému des intrigues qui s'ébauchent déjà, soit pour amoindrir les torts de cette famille, soit pour les excuser ; et, en attendant, pour lui assurer des faveurs, des protections, des assurances. Mais ceux qui ont à cœur le règne de la Justice
égale pour tous veillent et parmi eux, au premier rang, notre
excellent ami et conseil, Mᵉ Ambroise Rendu, avocat à la
Cour, conseiller général de la Seine, président de l'Assistance
publique et par surcroît, rapporteur de la Conciergerie. A ce
dernier titre, ce maître éminent du barreau de Paris a ses
grandes et petites entrées dans cette prison d'attente. A ce
propos, au Palais, s'engagea, entre un de nos confrères et
Mᵉ Ambroise Rendu, la conversation que voici :

— Vous semblez, mon cher maître, porter vos pas du côté de la
Conciergerie. Y descendriez-vous, par hasard ?...
— Pas aujourd'hui, mais peut-être lundi ou mardi. Dans tous les
cas, ce n'est pas guidé par la simple curiosité que j'exercerai mon
droit de visite.
— ? ?
— Depuis quelques jours, on parle beaucoup d'un certain régime
de faveur dont jouiraient les Humbert-Daurignac, à la Conciergerie.
Or, comme nous ne voulons pas laisser à l'administration la bride
sur le cou, je ne vois pas pourquoi je ne me rendrais pas compte
de visu si les règles posées par le conseil général sont respectées à

la lettre, ou bien si elles ne sont pas l'objet de quelques entorses en faveur de cette famille d'escrocs.

L'instruction de l'affaire Humbert se poursuit, du reste, activement et jusqu'ici ce que nous y trouvons de plus intéressant à signaler c'est le rôle actif joué par cette *intéressante* famille dans l'affaire Dreyfus, naturellement en faveur du traître.

C'est notre ami, M. Gaston Pollonnais qui a introduit dans la polémique cet élément nouveau de l'*Affaire* Dreyfus-Humbert. En effet M. Pollonnais révéla dans le *Gaulois* que le colonel du Paty de Clam ayant à s'expliquer sur le rôle joué par les Humbert dans l'affaire Dreyfus, demanda à son chef hiérarchique, le général André, d'être entendu. Le ministre de la guerre demanda la communication *par écrit*. Le colonel, sachant par expérience ce que deviennent les *écrits* au ministère de la Guerre et le *secret professionnel* dont on les entoure tant que les intérêts d'un parti n'en réclament pas la divulgation abusive, insista pour être entendu ; le général André ne voulait qu'une déposition par écrit, si bien que le colonel, selon M. Pollonnais, demanda à être entendu par le juge chargé d'instruire l'affaire Humbert : M. Leydet. L'audition eut lieu en présence, partiellement du moins, de M. le substitut Poncet, le 11 décembre écoulé.

Le parquet fit démentir la présence de M. Poncet durant la déposition de M. du Paty de Clam et, prié de s'expliquer à ce sujet par le correspondant du *Temps*, le colonel a déclaré :

M. Poncet est entré dans le cabinet du juge d'instruction, pendant que je faisais ma déposition. Il a pris connaissance de ce que j'avais dit jusque-là, il a assisté, pendant quelques instants, à la suite de ma déposition, puis il s'est retiré. Au demeurant, je ne m'explique pas le bruit qu'on fait autour de cette circonstance ; je crois bien que ce magistrat avait qualité pour assister à cette déposition, et je ne m'en plains nullement.

Par ces paroles, le colonel du Paty de Clam nous avait confirmé indirectement le fait même de sa déposition ; voici, sur ce point, les renseignements qu'il nous a donnés :

J'avais vu, par-ci par-là, au cours de divers incidents de l'affaire Dreyfus, le nom des Humbert. Je dis : des Humbert ; en effet, je ne sais pas pourquoi, on a une tendance à personnifier cette famille en Mme Thérèse Humbert ; je crois qu'il vaut mieux parler de la famille tout entière. Mais ce nom ne m'avait point frappé ; je n'avais jamais vu les Humbert ; je les connaissais simplement, comme tout le monde, comme des gens très influents, très répandus et qui vivaient à Paris sur un pied très large.

Arrivent les événements de mai : l'ouverture du coffre-fort, la fuite. C'est alors que me revinrent à l'esprit les incidents de l'affaire auxquels j'avais vu leur nom mêlé. Je cherchai, je comparai, je suivis des traces, je dus même faire un voyage, et c'est ainsi que plusieurs mois s'écoulèrent avant que mes soupçons fussent, je ne dirai pas seulement confirmés, mais remplacés par une conviction absolue fondée sur des documents.

Lorsque je n'eus plus le moindre doute, je résolus de m'en ouvrir à mon chef direct, le ministre de la guerre. Assez d'officiers avaient été injustement frappés, pour que je ne me sentisse point l'obligation, connaissant la vérité, de dire au ministre : voici les faits, voici les documents. Je ne voulais point faire de bruit, et je pensais, en m'adressant directement au ministre, éviter les indiscrétions regrettables qui viennent précisément d'être commises. Je fis demander une audience au général André. Nous avons servi ensemble, autrefois, le ministre et moi, et nous n'avons jamais eu que d'excellents rapports de bonne camaraderie.

Le ministre me répondit qu'il ne pouvait recevoir qu'une déposition écrite.

Or, je ne voulais pas écrire ce que j'avais à lui dire, et pour deux raisons : d'abord, je tenais essentiellement à ne rien avancer, que je ne prouvasse aussitôt par des documents, et je ne croyais pas devoir me dessaisir de mes documents ; et, en second lieu, je ne voulais pas envoyer une lettre qui aurait pu tomber dans d'autres mains que celles du ministre : je ne voulais pas qu'on me pût accuser de la moindre indiscrétion. Je répondis au ministre, que j'insistais pour faire auprès de lui, moi-même, une déposition verbale et documentée ; je l'informais de mon intention de m'adresser à l'autorité judiciaire, dans le cas où mon chef hiérarchique refuserait de m'entendre.

Je ne reçus point de réponse ; et c'est alors que je demandai à M. le juge Leydet de déposer sur des faits connexes à ceux sur lesquels il avait ouvert une instruction.

Je fus reçu par le juge, le 11 décembre. M. Leydet me reçut avec une grande courtoisie. Il parut assez surpris des révélations que je lui faisais, mais il m'écouta jusqu'au bout. Je puis vous dire, que je ne laissai passer aucun point de ma déposition sans, immédiatement, fournir au juge la preuve documentaire de ce que j'avançais.

— Et sur le fond même de votre déposition, pouvez-vous nous donner quelques éclaircissements précis ?

— J'ai vu dans des journaux qu'on me demandait de publier ma déposition : je ne le ferai point. Je me suis assez élevé contre certaines indiscrétions de ce genre pour que je ne me rende pas aujourd'hui coupable d'une nouvelle indiscrétion. Il n'y a plus d'instruction judiciaire possible avec ces étranges mœurs. J'ai fait mon devoir. Je me suis adressé au ministre, puis, sur son refus de m'entendre, au juge : celui-ci sait à présent où frapper pour trouver certaines lumières. C'est à lui qu'il convient d'agir.

— Peut-être cependant pouvez-vous me dire si, comme le raconte M. Pollonnais, c'est bien de la dépêche Panizzardi qu'il s'agit dans votre déposition ?

— Ce n'est qu'un fait entre beaucoup d'autres ; et à l'isoler ainsi, on risque de commettre une faute de proportion. Sans entrer dans le détail des faits que j'ai prouvés, je puis dire que ce dont il s'agit, c'est l'intervention constante de la famille Humbert dans l'affaire Dreyfus, et en faveur de Dreyfus. Cette intervention a été particulièrement active à deux époques : en 1894 et janvier 1895, d'abord, puis en 1897 et 1898. En 1897, surtout, la famille Humbert, par ses protégés, par tous les gens qu'elle tenait à sa discrétion, marche à fond pour Dreyfus. Ce qu'elle voulait, vous le savez bien, c'est de l'argent ; et, contre cet argent qui lui était si nécessaire, elle donnait son influence, ce qu'on peut appeler le « papier Humbert ». Elle pouvait faire agir bien des ressorts. Voilà tout ce que je peux vous dire.

Nous pouvons affirmer dès ce jour que de ces prémisses découleront des conclusions qui feront éclater la *vérité* sur laquelle Thérèse compte pour mériter la clémence des juges et la protection du gouvernement : on a gracié le traître deux fois condamné justement et au nom duquel on chambarde tout en France, on voudra aussi élargir sa protectrice : Thérèse Humbert, l'élève émérite de Humbert l'*Ancien*, ex-ministre de la justice et oracle jadis si écouté de notre glorieuse et honnête République.

Les affaires marocaines se sont développées dans des conditions imprévues, et cependant bien orientales. Nous avons dit ce qu'était le Sultan actuel et son frère aîné, Mulaï Mohamed, retenu captif à Mequinez. Comme l'imposteur Bou-Hamara prétendait être Mulaï Mohamed lui-même dont il revendiquait les droits, le Sultan, menacé jusque dans sa capitale, eut une inspiration heureuse : il délivra Mulaï Mohamed, l'appela à Fez au milieu d'un grand concours de peuple, se réconcilia publiquement avec lui et le plaça finalement à la tête de son armée pour combattre l'imposteur. Le coup était habile. Le prétendant décontenancé battit en retraite et les défections se multiplièrent dans son camp ; on crut même l'aventure terminée. Mais voilà qu'il revient à la charge, menace Fez derechef. Les adversaires actuellement fortifient leurs positions réciproques et on s'accorde à trouver la situation intérieure du Maroc grave. La France concentre

des troupes sur la frontière marocaine, l'Angleterre mobili-
serait volontiers une escadre, l'Espagne également, mais
dans toutes les chancelleries on fait des vœux sincères pour
une solution pacifique et le maintien du *statu quo.*

Plus troublante nous paraît devenir la question d'Orient.
Chacun sait, ou ne sait pas au juste ce qu'est la question
d'Orient, et il serait trop long d'en entreprendre ici la description. Qu'il nous suffise de dire qu'elle se résume en la liquidation éventuelle, partielle ou totale, de l'homme malade
qui s'éternise sur les rives du Bosphore et dont les jours ne
se prolongent ainsi à la honte de la civilisation chrétienne
que grâce aux compétitions rivales des chancelleries européennes. On connaît aussi le traité de Berlin et les obligations
qu'il impose au Sultan, obligations restées lettre morte et
qui n'ont pas empêché le fanatisme musulman d'accumuler
injustices sur iniquités, et brigandages sur atrocités. Les
massacres des Arméniens n'ont été ni réparés, ni vengés, ni
leur renouvellement rendu impossible ; nous avons connu les
attentats qui amenèrent la guerre gréco-turque et l'affranchissement partiel de la Crète. Aujourd'hui c'est la Macédoine qui est en feu et en sang, et où se commettent le plus
naturellement du monde des attentats comme celui-ci qu'on
nous signale de Salonique :

24 jeunes Macédoniens orthodoxes, ouvriers maçons, qui
s'étaient rendus en Bulgarie pour y travailler de leur état, à
Kotcharknovo et à Dagodan, furent arrêtés à leur retour à
Bielopolsky-Most par le poste turc. Attachés solidement par
les soldats, ils eurent les bras coupés, ensuite les jambes,
puis furent mis en pièces. Ce massacre dura près de douze
heures. Voici les noms et l'âge de ces malheureux dont la
mort horrible souleva une indicible émotion (suivent les
noms des malheureuses victimes).

Ce n'est là pourtant qu'un épisode de l'affreuse tyrannie
du Sultan rouge et de ses janissaires.

Mais s'il fallait en croire des indices symptomatiques, on
serait amené à penser qu'en certains milieux on se dispose à
pousser la Sublime Porte autrement que par des *notes* platoniques. Le comte Lamsdorff, ministre des Affaires étrangères
de Russie s'est déplacé d'une façon anormale. On l'a vu à
Budapest, à Sofia, à Belgrade, puis à Vienne et partout il a eu
des entrevues dont les entretiens n'ont pas été, et pour cause,

livrés à la curiosité universelle, mais dont on devine parfaitement la nature. Le Sultan surtout ne se fait point d'illusion puisqu'il s'est hâté, malgré la pénurie de sa caisse, de commander 200 000 maüsers en Allemagne.

Selon les meilleures apparences, l'émissaire du tsar a voulu se rendre compte de l'état des esprits dans les Balkans et resserrer en vue d'éventualités prochaines et redoutables, d'abord la solidarité des Etats balkaniques entre eux, et ensuite les liens qui unissent ces derniers à la Russie au risque même de porter ombrage à l'Autriche-Hongrie. Qu'il ait réussi à enflammer le loyalisme des Serbes et des Bulgares, il est à peine besoin de le dire, et nous ajoutons aussitôt que l'accord austro-russe ne comporte pas, pour le moment, de dissidences possibles entre ces deux puissances qui profitent du relâchement de la Triple-Alliance pour communiquer leur vue et élaborer un programme d'action envers l'Orient qui les divisait jusque-là.

Le comte Lamsdorff s'est rendu compte sur place de l'exaspération des esprits, et il ne doute guère qu'avec le renouveau du printemps, la Macédoine sera le théâtre de luttes étendues, acharnées, aujourd'hui même les escarmouches et les combats étant incessants.

C'est ce que lui-même, aidé du comte Goluchowski, ministre des Affaires étrangères d'Autriche-Hongrie, voudraient éviter et voilà pourquoi les ambassadeurs russes et autrichiens accrédités auprès d'Abdul-Hamid entreprennent le Sultan, lui prodiguent des avis, des conseils salutaires et pressants dont le but apparent est de prévenir l'insurrection que tous redoutent également pour l'avenir de la Macédoine et pour le repos de l'Europe.

Comme le sort misérable de la Macédoine ne fait de doute pour personne ; comme chacun sait aussi que ces infortunés préféreront la mort les armes à la main, que l'anémie mortelle sous un joug de plus en plus abrutissant, et comme enfin les puissances, malgré de persistantes et mesquines rivalités, ne peuvent manquer dans leur propre intérêt de tenir la main à l'observation des traités, il faut espérer : ou bien que la Porte fera un effort décisif pour rassurer le monde occidental ou bien que celui-ci, virilement, prendra des mesures efficaces pour mettre un terme à ces défaillances chroniques. Pour le moment, le Sultan ne semble préoccupé que de la recherche d'un moyen pratique, fût-il enfantin et inefficace, de rompre le concert européen. Il proposerait comme cataplasme pour guérir le mal macédonien, la nomination, à titre de gouverneur chrétien en Macédoine, d'un des nombreux généraux allemands à son service !! C'est un expédient qui ne remédierait à rien et que la Russie d'abord n'accueillerait pas. La France non plus !

Arthur Savaète.

Revue des Livres

NOTRE AMIRALE. Comtesse DE FLOU-
RIGNY. — 1 vol. in-18 de 220 p.
Paris, 1902.

La nouvelle collection de « romans
honnêtes » publiée par la maison Lethielleux, contient plusieurs romans
dont nous avons déjà parlé : *Illusions
fauchées*, par Theuiel, *Le Logis*, par
Georges de Lys, *Father Antony*, par
Robert Buchanau. *Notre Amirale* dû à
une femme écrivain déjà connue avantageusement du public, écrit avec le
charme et l'élégance qui sont la caractéristique de son talent, aura certainement un grand succès parmi le public honnête. On suivra avec plaisir et
intérêt l'héroïne du roman, l'*Amirale*
qui devient Mme d'Arnoux, on la suivra dans le monde, à travers les péripéties de son existence, prenant peu à
peu sur son mari, qui d'abord l'a dé-
laissée et trahie, une grande influence
qui, d'un viveur sans scrupules, fera un
chrétien honnête et convaincu. Toute
cette histoire est racontée avec une
grande finesse et une grande vérité.
M.

**

NOTES SUR L'EDUCATION PUBLI-
QUE, par P. DE COUBERTIN. Paris,
1901, in-16 de 320 pages.

Sous ce titre sans prétention, M. de
Coubertin, un spécialiste sur la matière, nous expose ses idées sur l'éducation publique et à un point de vue
universel. Il a beaucoup étudié les
collèges anglais et les universités trans-
atlantiques et il voudrait, en particulier,
développer dans nos collèges français
le goût et les habitudes des exercices

physiques. Il fait une très large place
et accorde des effets bienfaisants extraordinaires à l'éducation sportique. Même
cette dernière aurait une action moralisatrice sur nos jeunes gens, entraînés
sans remède à l'immoralité de l'ado-
lèscence. Il croit la religion elle-même
impuissante à refréner les instincts per-
vers déchaînés, en quoi l'auteur nous
paraît aller contre la vérité fournie par
l'expérience. — Un vent de réforme
pédagogique souffle indépendant des
systèmes gouvernementaux et supérieur
même à la tradition nationale. Dans cet
esprit il examine : le rôle de l'Etat et
celui de la famille dans l'éducation publique, le problème de l'école primaire,
l'éducation sociale, l'enseignement moral et la religion, l'université moderne,
l'éducation des femmes, l'art dans
l'éducation. Beaucoup de pensées justes
et originales, bien qu'un certain nombre d'entre elles soient discutables sinon
absolument erronées.

**

DIMANCHES ET FÊTES DE L'AVENT,
par le T. R. P. J. M. L. MONSABRÉ.
— Avent, *prêché* à Rome en 1890-
1891, Paris.

Si louer c'est proclamer une excellence, et si toute excellence a droit
d'être proclamée, on ne peut trop louer
les œuvres du conférencier de Notre-
Dame. Hommes du monde, religieux
et prêtres, français et étrangers, nous
tous qui le lisons, sommes à la fois
charmés, éblouis et, ce qui vaut encore
mieux, persuadés par son exposition si
claire, si simple, si forte, si éloquente,
de nos dogmes et de nos mystères.
Qu'on est heureux de retrouver ses

ouvrages et d'en relire les pages qui forment un ensemble incomparable. Tout ce qu'il voudra bien y ajouter sera reçu avec gratitude. L'ouvrage que nous signalons aujourd'hui, a pourtant des titres spéciaux.

Le lieu même où ces sermons furent prêchés, leur genre homélitique, si différent de la conférence, mais où le P. Monsabré reste un maître d'enseignement et d'éloquence, les sujets traités, la liturgie suivie au jour le jour, le temps où nous sommes, autant d'attraits pour nous.

Mentionnons simplement les matières pour chaque dimanche et fête. Ce sera suffisant pour inspirer à plusieurs l'idée de les lire.

1er dimanche : Jugement dernier.

2e — Témoignages de J.-C.

3e — J.-B. annonce la fin de l'ancien sacerdoce et l'excellence du nouveau.

4e — Les préparations de Dieu.

Immaculée-Conception.

Noël : Saint Jean l'Evangéliste : Le Verbe Incréé et le Verbe Incarné.

Circoncision : Le nom de *Jésus*, nom de mission et nom de gloire.

Epiphanie : L'adoration des Mages, fait important et admirable exemple.

Les dernières pages du volume contiennent une analyse de chaque sermon.

A la suite de la prédication de cet Avent à Rome, l'Académie des Arcades ouvrit ses rangs à l'illustre prédicateur. Nous avons, avant la table des matières, le compte rendu de la séance de réception, avec le discours du nouvel académicien. Quelle *humour* et quelle bonne grâce !... Mais il faut le lire.

*
* *

LE VATICAN, par Goyau, Pérraté, Fabre, Paris.

L'ouvrage dont nous venons de donner le titre se compose de deux volumes. C'est le premier, *La Papauté et la Civilisation*, que nous présentons aujourd'hui aux lecteurs de la *Revue du monde catholique*. Il comprend deux subdivisions : *Une vue générale de l'histoire de la Papauté* et une étude sur *Les Papes et les arts.*

Dans la première, M. Goyau dessine le rôle politique et social de la papauté à travers les âges, son influence non seulement sur la formation morale et religieuse des individus, mais encore sur les conditions qui ont présidé à la croissance des peuples et par lesquelles ils ont passé de l'état de barbarie à celui où nous les voyons aujourd'hui. Il prend à son point de départ cette grande institution de la papauté et fait ressortir ce précisément en quoi elle se distingue de toute autre, les éléments intrinsèques qui lui sont propres. Pierre est le premier des Papes, et déjà brille en lui le caractère singulier et unique de cette apparition historique du Pontificat romain, apparition sans précédent et qui ne s'est pas renouvelée. Pierre est pape, et, dès lors, quel que soit son caractère personnel, si humble que soit son passé, si obscure que soit sa vie, il a dans le monde, en raison de la dignité dont il est revêtu, de la charge qui a été posée sur ses épaules, un rôle immense, incomparable, que nul autre parmi ses contemporains n'a et ne peut avoir. Par une conduite non moins exceptionnelle que sa vocation et qui s'explique par elle, il va, seul, sans autre force que la grâce de son Maître crucifié, à Rome, au cœur du monde qui lui est opposé, il va, dans le dessein de les y briser, là où sont concentrées toutes les forces du mal et où il semble qu'il n'ait qu'un pas à faire pour être écrasé par elles et convaincu de folie. Il va, il lutte, il succombe... Dix-huit siècles attestent qu'il a triomphé. Et les Papes se succèdent et la vieille bataille engagée contre l'erreur et l'iniquité par le premier d'entre eux se poursuit sans trêve ; mais l'institution se retrempe dans les combats et les épreuves, et, aux heures où ses ennemis s'enorgueillissent de ce qu'ils appellent leurs victoires, elle apparaît, immortelle, toujours rajeunie par les humiliations mêmes de la veille...

continuant de guider les âmes et les nations ; car les assauts qui lui sont livrés ne l'empêchent pas d'illuminer pour les uns et les autres les routes de l'avenir, ils lui sont une occasion de signaler les destinées providentielles assignées à chaque race et à chaque temps et les forces que la cause de Dieu peut tirer des événements qui agitent l'humanité. M. Goyau, dans un langage qui n'a rien de panégyrique, laisse simplement parler les faits ; mêlant aux récits de l'histoire les réflexions du penseur et leur donnant même dans la trame de son discours une très large place, ce dont nous sommes loin de nous plaindre ; il parcourt les annales du Saint-Siège, il le voit disputant pied à pied le terrain au paganisme et lui infligeant d'irrémédiables défaites, tenant tête aux empereurs de Byzance, menant à bonne fin l'évangélisation et l'éducation des barbares. Le Césarisme germanique veut faire de l'Eglise son esclave, les Papes refusent de la laisser asservir. Contre les caprices du despotisme, dont voici la formule : *Quidquid principi placuit legis habet vigorem*, ils maintiennent le droit de Dieu et sauvegardent les droits des peuples ; le droit social n'a pas de plus clairvoyants défenseurs ni de plus ferme soutien Mais il serait trop long d'exposer ici, même en les résumant, les thèses si pleines d'enseignements, d'idées originales et de féconds aperçus de l'éminent écrivain. A chacun de goûter ce qu'il y a de sens chrétien exact, de psychologie profonde et de vérité dans les pages qui traitent de la Papauté à Avignon, du grand schisme, de la Croisade d'Ancône, du Concile de Trente, de l'utilisation des Ordres religieux, par les Souverains Pontifes, de leur attitude en face de l'absolutisme royal aux XVIIe, XVIIIe siècles, et au XIXe de la pénétration plus intime de leur action dans la vie religieuse ou politique des peuples. Nous n'ajouterons qu'un mot : M. Goyau a montré à la fois savoir et impartialité, il s'est honoré en ne craignant pas d'affronter certains préjugés que conserve encore notre époque et il n'est pas douteux qu'il aura contribué à les faire disparaître.

M. Pératé n'a pas traité avec moins de compétence la seconde partie consacrée à la papauté et aux arts. Il la divise en quatre grands chapitres : Rome au Moyen Age ; la Renaissance du XVe siècle ; l'Œuvre de Jules II et de Léon X ; Saint Pierre et le Vatican moderne. Les deux cents pages qui développent ces chapitres abondent en renseignements et prouvent que la Papauté ne demeura étrangère à rien de ce qui peut élever le niveau intellectuel et moral de l'humanité. M. Pératé, admirateur sincère, lui aussi, ne l'est pas à tout prix. Peutêtre même y aurait-il lieu de faire quelques réserves sur ses critiques ; du moins n'en donnent-elles que plus de poids et d'autorité à ses éloges et à l'estime non équivoque qu'il professe pour l'œuvre artistique des Papes.

Ce livre joint à ses autres mérites celui d'un style soutenu, clair, qui ne manque pas de noblesse, et s'élève parfois jusqu'à une véritable éloquence. Il est de ceux qui resteront et que beaucoup, même parmi les plus instruits, consulteront avec profit.

G. V. Hébert.

Nous croyons rendre service aux membres du clergé en leur signalant un livre qui vient de paraître à la librairie Lethielleux sous ce titre : *Pensées pour cnaque jour à l'usage des prêtres*. Il a pour auteur M. Hogan de la compagnie de Saint-Sulpice, ancien supérieur du séminaire de Boston (Etats-Unis), mort à Paris le 30 septembre 1901, et a été traduit de l'anglais en français par l'un des confrères du vénéré défunt.

Ce livre comprend une cinquantaine de méditations, — sans prétendre pourtant à être un manuel d'oraisons, ce qui est sa première qualité. Ceux qui ont l'expérience des âmes et des voies par lesquelles la grâce de Dieu les illumine, savent en effet qu'il y a toujours quelque inconvénient à présenter à des séminaristes ou à des prêtres, des oraisons toutes faites, auxquelles il ne manque rien, ni les divisions longuement détaillées, ni les sentiments ressentis par avance, ni les résolutions

finales, quelque danger de les trop fa-
miliariser avec une pensée humaine, —
à laquelle ils devraient substituer la
leur, — et de leur faire ainsi perdre
plus ou moins de vue les grandes, les
vraies sources, premières et suffisantes,
de l'oraison sacerdotale, la Sainte Ecriture, les Pères, les déclarations ou
prescriptions des Conciles, les livres
liturgiques.

Les *Pensées pour chaque jour* ne sont
donc point un manuel d'oraisons et
elles n'y perdent rien en édification.
Elles contiennent seulement une série
de vérités « presque toutes empruntées
à l'Evangile, et envisagées sous le point
de vue spécial de l'esprit et des devoirs
du sacerdoce [1] » ; l'auteur prend par
exemple une parole de Notre-Seigneur,
il en fait connaître le sens littéral et
aussi les principales significations que
les écrivains spirituels ou un usage
constant y ont vues ; c'est là comme
la moelle du sujet dont il parle ; ses
réflexions personnelles sont très courtes,
inspirées par ce bon sens pratique, qui
s'accroît dans un commerce assidu avec
les âmes et s'exprime sans grandes
phrases, mais avec le mot juste qui
frappe l'esprit ou touche le cœur.
M. Hogan ne dédaigne pas de faire
appel, quand il est besoin, à des considérations d'ordre secondaire, justifiées
toutefois, et dont le bien fondé est
aisé à vérifier. Il savait que, selon les
circonstances et les divers états d'âme,
on se laisse impressionner, solliciter
par des motifs de nature variée, et que,
s'il faut maintenir à une place d'honneur
incontestée les enseignements de l'Ecriture ou de ses interprètes autorisés, il
est permis de ne pas faire fi de secours,
bien inférieurs assurément, et qui pourtant peuvent, eux aussi, provoquer au

bien et ont à certaines heures leur importance. Mais, nous l'avons déjà dit,
M. Hogan est très sobre de développement ; il suggère plutôt qu'il n'expose,
et ne dispense pas ses lecteurs d'un
travail personnel. Il aime à s'effacer
pour laisser passer les Pères, dont, à la
fin de chacune de ses méditations, il se
plaît à citer un texte tenant lieu de
bouquet spirituel, à moins qu'il n'y
fasse entendre la parole du Seigneur
lui-même, ou n'ouvre devant nous
l'*Imitation*, ce petit livre tout rempli
de la sagesse chrétienne. Il donne dans
ses *Pensées*, sous forme de brefs aperçus,
quelques notions de vie spirituelle sacerdotale. Au lecteur ensuite d'en
extraire tout le suc qu'elles contiennent,
de s'en pénétrer, de se l'assimiler selon
ses besoins ou ses devoirs personnels.

Nous n'étonnerons personne en
louant le choix judiciaire des sujets. Il
est tel qu'on pouvait l'attendre d'un
homme qui a passé sa vie à former des
générations de prêtres et laissé chez
tous ceux qui l'ont approché un souvenir plein de respect et de profonde
estime. La table est complétée par un
index alphabétique qui permet de
trouver au premier coup d'œil les matières dont on préfère s'occuper et par
la réunion des différents passages de la
Bible utilisés dans le volume.

Tel est ce substantiel recueil de trois
cent cinquante pages aux mérites duquel la maison Lethielleux a su joindre
ceux du fini, du soigné dans le travail,
de la parfaite netteté des caractères, de
la bonne ordonnance dans la disposition des parties, qui rendent une lecture
plus attrayante, plus facile et dès lors
plus fructueuse. Nous nous permettons
de le recommander à l'intention de
MM. les Ecclésiastiques.

G. V. Hébert

[1] *Pensées pour chaque jour*. Préface.

XXX.

Revue Financière

Le marché a conservé ses bonnes dispositions précédemment si-
gnalées, mais la spéculation a été moins exclusive qu'auparavant dans
ses préférences. Tout en s'occupant particulièrement des fonds d'Etat,
elle s'est aussi portée sur plusieurs valeurs industrielles. La cote cependant n'a pas eu à subir, dans son ensemble, des mouvements
bien importants : on s'est contenté de maintenir les cours. Quelques
groupes seuls, pour des raisons spéciales, ont été assez agités : c'est
ainsi que nos rentes, les fonds ottomans et les valeurs de traction ont
éprouvé des déplacements notables de cours Les premières ont été
influencées par la plus-value dans le rendement des impôts, qui, pour
le mois de décembre, sont de près d'un million et demi en avance
sur les évaluations budgétaires et de près de onze millions comparativement au même mois de l'exercice précédent. Il y avait là un symp-
tôme encourageant. La Bourse n'a pas manqué d'en tenir compte : le
3 o/o a facilement dépassé le pair, qu'il a, depuis, perdu. Sur les fonds
ottomans, la question de l'unification des séries a été mise à profit
pour provoquer les fluctuations voulues : ici la Bourse a quelque peu
modifié sa façon d'opérer. La hausse qui venait de s'effectuer. gênait
ceux qui, tout en croyant au succès final des combinaisons financières
à l'étude, voulaient cependant se porter acquéreurs à des cours plus
avantageux. Rien de plus simple pour arriver à leur fin. Le procédé
classique de la fausse nouvelle a été mis en pratique. Une dépêche
ne tardait pas à faire connaître au monde entier que le sultan était
opposé au projet d'unification. Un mouvement de baisse en résultait.
Les achats étaient immédiatement opérés, et, le lendemain, une autre
dépêche, remettant les choses au point, faisait savoir que le consor-
tium des banquiers s'occupant de la question, avait proposé un autre
projet.

Dans le groupe des Tramways, la fausse nouvelle a été aussi mise en
avant. Après avoir prétendu que le Conseil général ne se montrerait
nullement disposé à accorder aux compagnies en cause les modifications à leur cahier des charges qu'elles réclament, la Bourse apprenait que les conclusions du rapporteur de la commission mixte des
Omnibus et Tramways, favorables en somme aux compagnies, avaient
été adoptées. Les cours qui avaient d'abord baissé se relevaient aussitôt. Ainsi, pour cette fois, était mise de côté la théorie du fait accompli. On voulait acheter ; on a commencé par faire la baisse pour
avoir le mouvement contraire, dès que les demandes avaient été
servies. Ces deux expériences mettront-elles en garde à l'avenir
contre de pareilles manœuvres ? Il est permis d'en douter. Il était
cependant bon de les relever.

Le *3 o/o* a monté à 99 87 ; l'*Amortissable*, de 99 62 à 99 70. Depuis la dernière opération de conversion du 3 1/2 o/o et le déclassement forcé qui en a été la conséquence, le marché des rentes a pris une ampleur qu'il avait perdue.

L'*Extérieure* a été mouvementée ; elle a monté à 88 20, ex-coupon, pour revenir à 87 55. Les fonds *turcs* ont été très recherchés : la *série* B à 58 55 ; la *série C*, à 32 27 ; la *série D*, à 29 67 ; l'*obligation 5 o/o 1896* à 523. L'*Italien* a été ferme à 102 20, ex-coupon.

Le *Portugais*, ex-coupon de 75 centimes, a passé à 31 45. Peu à peu, le public apprécie les avantages de l'échange qui a été offert aux porteurs et que ceux-ci ont accepté en grande majorité. On estime que depuis un an, à la faveur des pourparlers engagés entre le Portugal et ses créanciers, l'Angleterre a acheté pour environ 100 millions de rentes portugaises.

Le *Serbe 4 o/o* a passé de 81 25 à 79 27, ex-coupon de 2 o/o. Les fonds *brésiliens* ont été moins fermes, impressionnés par le change : le *4 o/o* à 76 75 ; le *Funding* s'est tenu à 101 25, ex-coupon. Le *Russe 3 o/o 1891* a valu 87 80, ex-coupon ; le *3 o/o 1896*, 88 ; le *4 o/o 1901*, 105 85. Les fonds *bulgares* ont été bien tenus : le *5 o/o 1896* à 446, le *5 o/o 1902* 476. L'*Unifiée égyptienne* a varié de 108,80 à 110 ; la *Daïra Sanieh* de 104 95 à 104 75 ; la *Privilégiée* de 104 90 à 105.

Les établissements de crédit sont fermés sans grands changements ni fortes demandes.

Chemins de fer français et étrangers. — Les recettes de nos grandes compagnies sont généralement meilleures depuis quelques semaines. Aussi les cours de leurs titres reflètent-ils cette situation par une constante amélioration. Le *Nord* a regagné une partie de son coupon à 1,852, ex-dividende de 20 francs ; le *Lyon* s'est tenu 1,440 : l'*Orléans* à 1,520 ; le *Midi* à 1,227, ex-coupon de 25 francs ; l'*Ouest* à 959. La *Compagnie des chemins de fer autrichiens* fléchit à 742 ; les *Chemins de fer du Sud de l'Autriche (Lombards)* de 85.

Le *Saragosse* progresse à 353, pour revenir à 346 ; les *Andalous* à 203 ; le *Nord de l'Espagne* à 219 pour clôturer à 212. L'obligation des *Chemins de fer éthiopiens* s'est avancée à 224.

Mines d'or et divers. — Un revirement s'est brusquement produit cette semaine sur le marché des mines d'or. Énervée par la longue attente qui lui était imposée depuis plusieurs semaines et par l'incertitude dans laquelle elle se traîne au sujet de la solution à intervenir dans les différentes questions intéressant l'avenir de l'industrie aurifère, la spéculation a été d'autant plus vivement impressionnée par la nouvelle de la maladie de M. Beit. Les ventes qui avaient commencé à s'effectuer ont donc persisté et le groupe minier est resté faible. La *De Beers* fléchit à 566. La *Chartered* à 91 25 ; la *Randmines* à 282 50 ; la *Goerz* à 82 25 ; la *Roodeport Central deep* à 61 50. La *Lancaster West* revient à 60 50 ; la *Robinson* à 284 50 ; la *Robinson deep* à 137 ; la *Ferreira* à 612 ; la *Goldfields* à 206 ; l'*East Rand* à 213 50.

Syndicats de mines et ardoisières de l'Ariège et Port-Cros réunis. — MM. Barneaud et Savaète se rendront à Port-Cros pour l'inventaire de fin d'année. Ils vont y rejoindre M. Conil, gérant, et M. Martignat, ingénieur, occupés en ce moment à mettre l'usine de *sous-produits* à point pour la fixation définitive du prix de revient et du prix de vente de ces sous-produits dont la demande s'affirme et que le bâtiment attend avec sympathie et impatience. Des échantillons sont envoyés sur demande faite à M. Conil à Port–Cros (Var). D'autre part nous recevons de M. Edouard Michel, gérant du syndicat de l'Ariège, l'intéressant rapport de fin d'année ci-après (une lettre reçue ce matin même, annonce 400 et 500 cannes de ventes réalisées du 1ᵉʳ au 10 janvier, soit près de 1500 fr. pour ce début d'année, alors que les ventes à Siguer n'atteignaient jadis que 2 000 fr. l'an environ ! C'est dire l'étonnant essor que prennent les affaires comme la production de ce syndicat). Nous rappelons que les parts sont tenues par continuation à 102 fr.

Tarascon, le 31 décembre 1902.

Monsieur le Président du conseil de surveillance,

D'ordinaire, l'automne, l'hiver surtout, les ardoisières marquent les jours d'un caillou noir : c'est la morte saison, mère des chômages et des heures pénibles. Notre syndicat n'a pas connu cette épreuve et jamais les chantiers n'avaient présenté une animation plus grande, jamais nos ventes n'avaient été plus actives. En effet, en novembre la recette fut de 1,151 fr,50, en décembre de 921 fr,50, il nous reste un stock produit en ce dernier mois, mais déjà retenu, de 200 mètres carrés, soit 450 fr. Ces résultats sont extraordinaires pour le pays et je suis heureux de les signaler au commencement de ce rapport de fin d'année. Ils indiquent l'énorme chemin parcouru depuis le 4 avril dernier, jour où le premier coup de fendoir fut donné sur une ardoise du syndicat : alors que les ventes mensuelles s'élevaient pour la région de 150 à 250 fr. par mois, nous obtenons aujourd'hui des moyennes de *neuf cents francs* et les commandes s'annoncent très belles, permettant d'affirmer que ce n'est là qu'un résultat provisoire avec des produits qu'il faut considérer comme de véritables déblais.

Quelle différence aussi dans l'aspect de nos chantiers !

Il vous souvient de vos premiers mouvements de scepticisme, lorsque je vous parlais des carrières Buscail et Paule où nous admirions de belles plaques de 3ᵐ,20 sur 0ᵐ,90 ? Vous regardiez le puits étroit et inondé jusqu'à mi-hauteur d'où étaient originaires les dites plaques, mais vous gardiez le silence, quand je vous assurais que sous les déblais et les pierres qui s'étendaient là sur près de 1.500 mètres carrés nous trouverions bien mieux et bien plus, et nous avons réuni les anciennes exploitations dans une seule carrière Charles–Arthur, immédiatement attaquée par nos terrassiers. Il faut tout d'abord, en parlant de nos travaux, rendre hommage à notre chef ouvrier, le maire de Siguer. M. Alexis Pagès, qui a conduit toute cette exploitation avec une intelligence consommée... Parfois plus de cinquante ouvriers occupaient les chantiers et l'on voyait notre brave ami circuler des fendeurs aux mineurs, des terrassiers aux maçons, des déblayeurs aux charpentiers, l'œil à tout et sur tout, distribuant aux uns l'encouragement, aux autres l'éloge, à un petit nombre l'excitation au travail, mais toujours maître de l'œuvre et confiant dans l'avenir de ce syndicat qu'il a accueilli comme un bienfait pour ses administrés. C'est grâce à lui que notre marche s'est continuée toujours ascendante et je demande formellement que le conseil de surveillance vote un *ordre du jour* de grande félicitation à ce surveillant hors de pair.

Nos ventes jusqu'à aujourd'hui s'élèvent à 5.473 fr. 75. Le stock en magasin, déjà vendu, est de 450 fr. d'où notre production totale est de près de 6.000. fr.

La paie de nos ouvriers, surveillant compris, s'élève pour ces neuf mois à 8.832 fr. 70, mais les deux tiers de cette somme doivent être affectés aux frais de premier établissement, car ils ont eu pour but et pour résultat de donner aux chantiers une énorme plus value.

Il a été transporté hors des anciennes carrières Buscail et Paule environ 6.000 mètres cubes de déblais : un hangar a été construit d'une superficie intérieure de 60 mètres carrés ; les murs ont une épaisseur de près d'un mètre, et sont faits de nos schistes inutilisés, et nos nouvelles acquisitions — terrains, Gouchy et Fondère — sont entourés d'une muraille de $1^m,75$ de hauteur, épaisse de 80 centimètres. J'ai tenu à faire estimer tous ces travaux que l'exploitation ardoisière n'aura plus à recommencer. On m'a fixé le prix moyen de 0 fr. 80 par mètre cube de déblais, soit de ce chef 4.800 francs, pour le hangar 900 francs et 300 pour la muraille d'enceinte, ainsi que pour le prix de drainage, soit un total de 6.000 francs qu'il convient de mettre à part du total des payes.

Nous avons donc obtenu un produit de *cinq mille huit cents* francs avec une dépense d'exploitation de 2.700 francs. C'est tout ce qu'il faut retenir de ces chiffres. Et cette constatation suffit à établir le bien fondé de nos espérances primitives et de mon inébranlable confiance dans l'avenir de cette industrie !

Depuis mon dernier rapport, les travaux entrepris pour l'écoulement des eaux dans la carrière Charles-Arthur ont été poursuivis par notre chef ouvrier : ils ont donné tout d'abord quelque surprise ; là où on pensait pouvoir forer un puits en plein sable à une profondeur de 8 mètres, se rencontra la roche ardoisière très compacte et très belle. Ce fut une déception à laquelle on s'habitua vite, et tout le long du chenal se poursuivit le filon, insoupçonné jusqu'alors. Des retards dans l'assèchement de la carrière s'en sont suivis, mais nous avons mis à jour un champ nouveau d'exploitation, et déjà de cette veine — nous avons détaché des plaques plus fines et plus belles que les autres. Le puits a été reculé de quelques mètres et il est en ce moment achevé, répondant aujourd'hui aux espérances.

Les froids rigoureux de décembre ont arrêté quelques jours seulement nos ouvriers ; ils ont empêché surtout notre ingénieur de terminer ses prospections de gisements nouveaux et dresser la carte complète de notre domaine ardoisier. Avant son départ pour les carrières ensoleillées de *Port-Cros*, notre très actif M. Martignat établira les plans et devis du barrage qui captera les eaux de Siguer et nous fournira les forces hydrauliques, capables de mettre en mouvement les machines-outils pour scier, découper et polir l'ardoise, fabriquer les plaques, dalles, tables, carreaux, appuis de fenêtres, toute ardoiserie pour laquelle notre schiste si bleu et si poli est merveilleusement apte.

Les demandes en autorisation de barrage viennent d'être introduites à la Préfecture de l'Ariège, le conseil municipal de Siguer est saisi de notre traité pour l'éclairage électrique et la location des terrains nécessaires ; nous commencerons dès lors, au printemps, à construire notre usine qui assurera de façon certaine l'avenir de nos ardoisières.

Une des découvertes de notre jeune ingénieur, découverte que je veux vous signaler, — est une veine de schiste noir, de grande sonorité, même aux couches d'affleurement. Le filon s'étend sur une très grande longueur, au chemin qui monte sur les coteaux de Saburt et Lamère ; l'épaisseur est faible encore mais il sera possible d'ouvrir la carrière, au niveau de la vallée, dans les terres communales de notre concession.

Enfin, pour terminer, une bonne nouvelle : notre récente acquisition Fondère, dans laquelle nous ne voulions que déposer le déblais se trouve être une magnifique extension de notre carrière Charles-Arthur. Le schiste déjà beau à 1 mètre du sol, nous a fourni pour la vente une centaine de cannes et nous sommes en face de plusieurs milliers de mètres cubes, d'arrachement facile et d'une extraordinaire facilité.

Les visiteurs, d'abord sceptiques, se rendent à l'évidence et les entrepreneurs de construction qui avaient désappris le chemin de Siguer y reviennent de plus en plus : Nous avons eu l'occasion d'inaugurer les transports par wagon en gare de Tarascon et notre registre de commande assure du travail à nos ouvriers jusqu'en mars. — Aussi suis-je très fier de l'œuvre accomplie et je regarde avec confiance l'avenir que nos souscripteurs permettront d'établir par la transformation de notre industrie ariégeoise.

Edouard MICHEL.

Alliance de la Presse, 76, rue des Saints-Pères, Paris.

Saint-Amand (Cher). — Imprimerie BUSSIÈRE.

VARIÉTÉS SINOLOGIQUES

N° 1. **L'ILE DE TSONG-MING**, *à l'embouchure du Yang-tse-Kiang*, pa
le P. Henri Havret, S. J. — 62 pages, 11 cartes, 7 gravures hors texte
Prix 10 fr.

Cette notice rapporte les origines et les vicissitudes d'une île connue de tous le
voyageurs qui ont abordé à Chang-Haï. Aucune contrée ne fut, dans les temps mo
dernes, soumise à des bouleversements géologiques plus fréquents et plus radicaux
Cette terre, où vit près d'un million d'habitants, reste depuis douze siècles le jouet de
flots du fleuve Bleu, et déjà cinq fois sa ville principale a dû transférer ses muraille
devant les caprices du courant.

L'île de *Tsong Ming* et ses habitants méritaient d'avoir leur histoire, et' le lecteu
trouvera, dans ces courtes pages, plus d'un détail intéressant d'hydrographie et d'éco
nomie. Parmi les cartes dont cet opuscule est enrichi, nous citerons celle de l'*Embou
chure du Yan-tse-Kiang*, qui complète et rectifie pour la rive gauche du fleuve les in
dications des cartes marines.

N° 2. **LA PROVINCE DU NGAN-HOEI**, par le même. — 130 pages
avec 2 planches et 2 cartes hors texte. Prix : 10 fr.

Jusqu'ici, à part les descriptions de Martini et de du Halde, l'on possède en langue
européennes un très petit nombre de travaux originaux sur les provinces de la Chine
et c'est à peine si les sinologues ont commencé à utiliser les immenses ressources qu
renferme à ce point de vue la bibliographie chinoise.

L'auteur de la présente monographie a habité pendant quatre ans la province qu'i
décrit, il l'a parcourue en tous sens, et a pu compléter ses notes par la lecture de
Chroniques provinciales et par les observations des missionnaires catholiques qui tra
vaillaient à ses côtés.

Les ressources du *Ngan-Hoei*, son administration, ses voies de communication, etc.
donnent la vraie physionomie de cette province et font de ce petit livre le plus util
vade-mecum du voyageur. Il peut figurer à côté du *Chan-Tong* de M. A. Fauvel, d
Yun Nan de M. Rocher, du *Formose* de M. Imbault-Huart.

N° 3. **CROIX ET SWASTIKA EN CHINE**, par le P. Louis Gaillard.
S. J. — 282 pages, avec une phototypie et plus de 200 figures. Prix : 20 fr

Cet ouvrage illustré d'une profusion de gravures sur bois, presque toutes originales
contient deux parties distinctes, mais étroitement unies. On y présente d'abord le
motifs chinois les plus typiques qui dérivent du *swastika*, isolé ou combiné, employ
comme élément décoratif.

Puis, à l'homme d'art succède bientôt le critique d'histoire ; rien de plus suggesti
que certaines considérations sur cette croix gammée, ce signe symbolique qui se re
trouve dans tous les temps et sous tous les climats.

La deuxième partie, consacrée à l'étude de la croix, apporte à l'apologiste chrétien
une ressource plus sûre encore. Ici l'auteur, resserrant le champ de ses recherches, a
rapproché avec un rare bonheur une foule de faits relatifs aux origines du christia
nisme en Chine. De très anciens souvenirs liturgiques et ascétiques, d'antiques traditions sur la croix, les images et les crucifix, des notes originales sur la « Pierre de *Si-
Ngan-Fou* », et un chapitre sur les singulières « Croix ou X de fer », donnent à cette
étude un intérêt et une valeur que sauront apprécier l'historien et l'artiste.

N° 4. **LE CANAL IMPÉRIAL**, par le P. Dominique GANDAR, S. J. 75 pages, avec 19 cartes ou plans. 1894. Prix : 7 fr. 50.

Ici nous assistons à la naissance et aux péripéties d'une œuvre hydraulique qu longtemps passé, et à bon droit, pour une des merveilles de l'industrie humaine. L' teur de cette étude était bien placé pour redire les phases de cette entreprise gig tesque ; il a pendant vingt ans habité la contrée moyenne qu'arrose le grand canal plus intéressante de son cours.

Si le lecteur veut connaître l'histoire de cette voie d'eau artificielle de 2 000 kilo s'il veut savoir ce qu'elle a coûté à la Chine et quel est son état actuel, il peut int roger avec confiance ce travail sans prétention, qui répondra pleinement à ses dési

N° 5. **LA PRATIQUE DES EXAMENS LITTÉRAIRES EN CHIN** par le P. Étienne ZI (Siu), S. J. — 278 pages, avec plusieurs planches g vures et deux plans hors texte. Prix : 20 fr.

Personne n'ignore l'importance que le gouvernement chinois attache aux exam littéraires : on sait même que c'est en grande partie à cette institution que la Ch doit la prodigieuse conservation de son unité. Mais les étrangers ignorent pour la p part les règlements presque infinis qui président à ces concours. L'ouvrage que n annonçons a pour but d'en procurer la connaissance aux lecteurs. Le caract technique de ce manuel fixera avec une précision parfaite la valeur de chaque not et le recommandera à l'estime des sinologues ; grâce à l'ordre et à la clarté de son ex sition, il restera néanmoins accessible à ceux mêmes qui ne seraient point familiari avec la langue chinoise.

Rien de plus curieux que ces péripéties d'épreuves sans fin, se succédant depuis compositions préliminaires du baccalauréat jusqu'au titre d'académicien ; rien aussi plus vide que la conscience demandée aux futurs magistrats et administrateurs de immense empire.

N° 6. **TCHOU-HI ; SA DOCTRINE, SON INFLUENCE** ; par le Stanislas LE GALL, S. J. — 134 pages. 1894. Prix 10 fr.

Beau diseur autant que philosophe détestable, *Tchou-Hi* est parvenu à impos depuis bientôt six siècles, à la masse de ses compatriotes, une explication toute ma rialiste des anciens livres chinois.

C'est à l'étude de son œuvre et de son époque, c'est à montrer la funeste influen de ses doctrines que le P. Le Gall a consacré ces pages ; elles devront être lues tous ceux qu'intéresse le problème troublant des destinées de ce grand peuple.

N° 7. **LA STÈLE CHRÉTIENNE DE SI-NGAN-FOU.** — 1re pa tie, Fac-Similé de l'inscription, par le P. Henri HAVRET, S. J. — 107 pag Prix : 10 fr.

Découvert en 1625, non loin de *Si-Ngan-Fou*, dans la province du *Chen-Si*, ce nument retrace les principaux faits de la prédication chrétienne en Chine aux VIIe VIIIe siècles.

Après avoir été l'objet d'attaques très violentes qu'expliquait seule la passion an jésuitique, l'authenticité de la fameuse stèle est aujourd'hui reconnue de tout hom compétent et de bonne foi.

Fixer définitivement les traits d'une inscription qui peut périr demain, tel été le but du P. Havret dans cette première partie, que suivront l'historique monument chrétien et le commentaire de son texte.

Nº 8. **ALLUSIONS LITTÉRAIRES.** — 1ʳᵉ série, 1ᵉʳ fascicule : class 1 à 1.000, par le P. Corentin PETILLON, S. J. — 255 pages. Prix : 20 fr.

Nº 9. **PRATIQUE DES EXAMENS MILITAIRES EN CHINE,** par P. Etienne Zɪ (Siu). 1 vol. in-8º broché, 10 fr.

Nº 10. **HISTOIRE DU ROYAUME DE OU** (1122-473 avant Jésus-Chris par le P. Albert TSCHEPE, S. J. 1 vol. in-8º illustré, broché, 15 fr.

Nº 11. **NOTIONS TECHNIQUES SUR LA PROPRIÉTÉ EN CHIN** avec un choix d'actes et de documents officiels, par le R. P. Pierre HOA 1 vol. in-8º, 12 fr. 50.

Nº 12. **LA STÈLE CHRÉTIENNE DE SI-NGAN-FOU,** 2ᵉ partie. *Histo du monument,* par le P. Henri HAVRET, S. J. 1 vol. in-8º, 25 fr.

Nº 13 **ALLUSIONS LITTERAIRES,** 1ʳᵉ série (2ᵉ fascicule; classif. 10 213), par le P. Corentin PÉTILLON, S. J. 1 vol. in-8º, 20 fr.

Nº 14. **LE MARIAGE CHINOIS AU POINT DE VUE LÉGAL,** pa R P. Pierre HOANG, S. J. 1 vol. in-8º broché, 25 fr.

Nº 15. **EXPOSÉ DU COMMERCE PUBLIC DU SEL,** par le R. P. Pie HOANG, S. J. 1 vol. in-8º broché, 10 fr.

Nº 16. **PLAN DE NANKIN** (décembre 1898), avec notice, par le R. P. Lo GAILLARD, S. J. Prix : 6 fr.

Nº 17. **INSCRIPTIONS JUIVES DE K'AI-FONG FOU,** par le R. TOBAR, S. J. 1 vol. in-8º broché, 10 fr.

Nº 18. **NANKIN,** port ouvert, par le P. GAILLARD, S. J. Prix, in-8º br. 15 fr.

Nº 19. **T'IEN-TCHOU,** par le P. HAVRET, S. J. Prix : 2 fr. 50.

Nº 20. **LA STÈLE CHRÉTIENNE DE SI-NGAN-FOU,** 3ᵉ partie — C mentaire partiel et pièces justificatives, par le P. Henri HAVRET, S. J. ave collaboration du P. Louis CHEIKHO, S. J. 90 pages, texte syriaque inclus (19 vol. in-8º br., prix : 10 fr.

Nº 21. **MÉLANGES SUR L'ADMINISTRATION** par le P. Pierre HOA du clergé de Nankin. — 230 pages, vol. in-8º br., prix : 15 fr.

Nº 21ᵇⁱˢ. *Extraits* du Nº 21 des VARIÉTÉS SINOLOGIQUES. Tableaux des titres et appellations de l'empereur, des membres de sa famille et des Mandarins, in-8º br. de 60 pages par le P. Pierre HOANG du clergé de Nankin, prix : 2 fr.

DICTIONNAIRES CHINOIS

Guide de la conversation, francais, anglais, chinois, in-8º, br. 6 fr.

Choix de documents, *texte chinois,* traduction en français et en latin pa P. COUVREUR, in-8º br., 12 fr.

Dictionnaire chinois-français, par le P. S. COUVREUR, in-4º, br. 60 fr.

Dictionnaire français-chinois, par le P. S. COUVREUR, in-8º, br. 24 fr.

Dictionnaire sinicum-latinum, par le P. S. COUVREUR, in-8º br. 36 fr.

Petit Dictionnaire chinois-français, par le P. de BESSE, S. J. In-12 br., 1

Petit Dictionnaire français-chinois, par le P. de BESSE, S. J. In-12 br., 10

Dictionnaire français-latin-chinois par le P. PERNY, ancien miss. In-4º br. 6

Appendice du Dictionnaire français-latin-chinois par le P. PERNY an miss. In-4º br. 60 fr.

LITTÉRATURE CHINOISE

CURSUS LITTERATURÆ SINICÆ neo-missionariis accomm datus, par le P. Ange ZOTTOLI, S. J. — 5 vol. grand in-8°, 125 fr.

Le 1er *volume* (VIII.819 pages), *pro infima classe* : étude de la langue familière. *Introduction* sur la composition, la prononciation des caractères et l'écriture. *Instructions familières* tirées du Saint-Edit.

Les premières leçons sont appliquées mot à mot avec de nombreuses annotations t détaillées La suite contient, outre la traduction la plus fidèle en regard du texte c nois, de nombreuses notes au bas des pages et l'explication de tous les caractères s'offrent pour la première fois, ainsi que l'indication de leur radical. La même dispo tion se retrouve dans la suite de l'ouvrage.

Dialogues comiques; petites narrations; descriptions romantiques; choix d'expr sions, chacune de deux ou dix mots ; carte de la Chine; dictionnaire des caractè rencontrés dans tout le volume.

Le 2e *volume* (VII-655 pages), *pro inferiore classe*, embrasse les 4 livres classiqu précédés de notes historiques sur la Chine, de gravures représentant les objets m tionnés dans les classiques, et des 3 petits livres élémentaires.

Le 3e *volume* (XLIV-767 pages), *pro media classe*, contient des Vers (*Che King*); livre des Annales (*Chou King*) ; le livre des Mutations (*I King*) ; le mémorial des Ri (*Li Ki*), et un passage de la Chronique de Confucius (*Tch'oen-ts'ieou*). Le tout, trad littéralement avec de nombreuses annotations, est précédé : d'une nomenclature plantes, animaux et métaux mentionnés dans le livre des Vers (cette nomenclat est due au P. HEUDE); d'un recueil des mots redoublés employés dans le *Che-Ki* avec leur traduction, et de dix tableaux ou cartes.

Le 4e *volume* (XX-820 pages), *pro suprema classe* (traités sur la rhétorique, écriva en prose, épistoliers), renferme : les trois commentaires des Annales de Confuci des extraits de prosateurs sous les dynasties de *Tcheou, Han, Tsin, T'ang, Song, Mi* pages 1 465 ; des modèles de style épistolaire, pages 465 627 ; un recueil d'allusi littéraires, pages 627-767 ; les particules du discours, pages 767-fin.

Le 5e *volume* (XII-840 pages), *pro rhetorices classe*, s'ouvre par un substantiel résu des règles de la composition chinoise, pages 1-62 ; il contient : des modèles d'amplifi tions célèbres (pour le baccalauréat, pages 67-213 ; pour la licence et le doctorat, pa 213-300) ; des amplifications modernes (pour le baccalauréat, pages 300 385 ; pour la cence et le doctorat, pages 385 434); des vers et des chants, des descriptions poétiq et des chansons, enfin des modèles d'inscriptions parallèles. Cet ouvrage a été hono du prix Stanislas Julien.

Prix des 5 volumes : 125 fr. — Traduction française du 1er volume, par le P. Char DE BUSSY. Prix : 12 fr.

LA BOUSSOLE DU LANGAGE MANDARIN, traduite et annonc par le P. Henri BOUCHER, S. J., missionnaire au *Kiang-Nan*. — 2 v in-8° ; 2e édition, 1893. Prix : 25 fr.

La boussole du langage mandarin (*Koan-koa-tche-nan*) lut publiée par les soins de légation japonaise à Pékin, en faveur des Japonais qui étudiaient le chinois dans cet ville. Elle a eu plusieurs éditions. — Prix des 2 vol. : 25 fr.

Le P. Boucher reproduit le texte chinois en y joignant, outre la traduction, la r manisation complète du texte, de nombreuses notes explicatives et un vocabulaire tous les mots employés dans l'ouvrage.

L'ouvrage se compose de quatre parties. — 1re partie : Formules de conversation. 2e partie : Mandarins et marchands parlant de leurs affaires ; 40 chapitres. — 3e parti Style ordinaire des commandements ; 20 chapitres. — 4e partie : Dialogue entre ma darins ; 20 chapitres.

Le nombre des chapitres indique autant de sujets variés traités dans le cours l'ouvrage : locations, achats, visites diverses, emprunts, procès, jugements, jeux, h toire de voleurs et de fumeurs d'opium, engagements de domestiques, service de tab voyages, déménagements, affaires domestiques, envois de présents, compliments, etc Toutes les scènes de la vie chinoise passent successivement sous les yeux du lecteur. lirait le texte français pour le seul plaisir de se mettre au courant des mœurs Céleste Empire.

La disposition de l'ouvrage est des plus heureuses; le français en regard du tex chinois, joint à la romanisation et aux notes placées au bas des pages, permet de li l'original sans ce recours au dictionnaire toujours si pénible et souvent si peu tructueu

En 1889, l'Académie des Inscriptions a décerné au P. Boucher une récompen de 1.000 fr.

LES LOLOS. — Etudes sino-orientales, Histoire, Religion, Mœurs, Langu Ecriture, par Paul VIAL, missionnaire au Yunnan. In-8° br., 7 fr. 50.

CARTE GÉNÉRALE DE LA CHINE, par le R. P. Stanislas CHEVALIE S. J. 7 fr. 50.

CARTE DE LA CHINE AU TEMPS DE TCH'OEN-TS'IEOU par les RR. PP. Ignace LORANDO et J.-A. PRÉ, S. J. 12 fr.

Ouvrages du Père Séraphin Couvreur
DE LA COMPAGNIE DE JÉSUS, MISSIONNAIRE AU TCHÉLI, S. E.

Dictionnaire Chinois-Français, contenant les caractères chinois disposés l'ordre phonétique et accompagnés d'exemples. — Un vol. grand in-4º de 1 130 p — 1890. Prix : 60 fr.
L'Académie des Inscriptions et Belles-Lettres a décerné à cet ouvrage, en 189 prix Stanislas Julien.

Dictionnaire Français-Chinois, contenant les expressions les plus usitées de la gue mandarine. — Un vol. in-8º de 1 027 pages. — 1884. Prix : 24 fr.
L'Académie des Inscriptions et Belles-Lettres a décerné à cet ouvrage, en 188 prix Stanislas Julien.

Dictionnaire Chinois-Latin (Sinicum-Latinum), contenant les caractères ch disposés selon l'ordre des radicaux, expliqués par des phrases choisies dans d écrivains. — Un vol. in-8º de 1 200 pages. — 1892. — Nouvelle édition augme l'ordre des caractères y est modifiée de manière à en rendre l'usage com Prix : 36 fr.

Guide de la conversation Français-Anglais-Chinois, contenant : 1º le tab des sons et des tons (accents) ; 2º un vocabulaire ; 3º des exercices sur les partic 4º les phrases usuelles ; 5º des dialogues ; 6º un appendice. — Un vol. gr. in-8 296 pages. — Seconde édition en 1890. Prix : 8 fr.

Choix de Documents : lettres officielles, proclamations, édits, mémoriaux, ins tions, etc. Texte chinois avec traduction en français et en latin. — Un vol. in-8 IV-560 pages. — 1893 Prix : 12 fr.
L'Académie des Inscriptions et Belles-Lettres a décerné à cet ouvrage, en 189 prix Stanislas Julien.

Seu-Chou. Les quatre livres avec un commentaire abrégé. Texte chinois, avec double traduction en français et en latin, et un vocabulaire des lettres et des n propres. Un vol. grand in-8º de VII-748 pages. — 1895. Prix : 16 fr.

Cheu-King, livre des vers. Texte chinois avec traduction en français et en latin, troduction et vocabulaire. — Un vol. grand in-8º de XXXII 556 pages. — 1 Prix : 12 fr.

Chou-King, texte chinois, avec une double traduction en français et en latin, annotations et un vocabulaire. — Un vol. grand in 8º de 464 pages. — 1 Prix : 12 fr.

Li-Ki, Mémoires sur les cérémonies et les bienséances. Deux forts vol. in-8º de 1 pages. Prix : 40 fr.

Ouvrages du Père Léon Wieger
DE LA COMPAGNIE DE JÉSUS, MISSIONNAIRE AU TCHÉLI, S. E.

Parler et style Chinois. — *Rudiments.* — Cet ouvrage, commencé en 1893 compr en projet, 12 vol. in-16, dont 6 écrits en dialecte Ho-Kien Fou, 5 tissus de pièces ginaires en style, et 1 sur les caractères. Les sujets ont été choisis et traités en de donner au missionnaire débutant, avec les éléments de la *langue,* une connaissa élémentaire des *choses* de Chine.

PREMIÈRE PARTIE. — LANGAGE PARLÉ
Vol. II — Introduction, prononciation. Mécanisme du langage parlé. Phraséologie 2e édition, 1896, 1514 pages. — 2 volumes, 16 fr.
Vol. IV. — Morale et usages, théorie, 1894, 968 pages, 8 fr.
Vol. VI. — Morale en action. Narrations vulgaires. — 1895, 1392 p. — les 2 vol. 8
Les volumes II et III, à l'usage exclusif des missionnaires, ne se vendent qu'en Ch à la procure de Tientsin.
Vol. II. — Catéchèses. — 1897, 894 pages, épuisé.
Vol. III. — Sermons. — 1897, 880 pages, épuisé.

DEUXIÈME PARTIE — LANGUE ÉCRITE
Vol. VII et VIII. — Mécanisme du style, Morceaux choisis. — Le volume, 8 fr.
Vol. IX et X. — Textes philosophiques. — Le volume, 8 fr.
Vol. XI — Textes historiques, 8 fr.
Vol. XII. Étude des caractères. Introduction. Leçons étymologiques. Triple lexique, 2ᵉ

VOLUMES PARUS : I, IV, VI et XII
— ÉPUISÉS, II, III, et V

Ouvrages du Rev. Père Perny
ANCIEN MISSIONNAIRE

Dictionnaire français-latin-chinois vol. in-4º broché. Prix : 60 fr.
Appendice du Dictionnaire, français-latin-chinois, in-4º broché. Prix : 60 fr.
Grammaire de la Langue chinoise orale et écrite en 2 vol. in-8º br. Prix : 30 fr.
Dialogues chinois-latins, in-8º br. Prix : 8 fr.

A PIED, A CHEVAL
VOUS ME RENDREZ RAISON EN TÊTE
DE LA *REVUE DU MONDE CATHOLIQUE!*

Voilà l'homérique défi que des hérauts solennels (Mgr Justin Fèvre vous les présentera, tout à l'heure, comme des gentilshommes) sont venus m'apporter en domicile clos au nom de l'invaincu et vénérable Branchereau.

Autant dire, cher lecteur, qu'il tonne sur la rive gauche de la Seine, à Paris ; que d'épaisses vapeurs planent sur Saint-Sulpice et que de ce foyer, généralement plus paisible, jaillissent des éclairs qui embrassent à courts intervalles tout le ciel noir. Où tombera la foudre ? se demandent avec contrition les humains pusillanimes. Et pendant que des cris plaintifs se font entendre au loin, des chœurs de voix angéliques, véritables soupirs de chérubins, mais de chérubins mieux intentionnés qu'éclairés, montent de ce sanctuaire béni trois fois ; elles font entendre à l'éditeur honni de la *Revue du Monde catholique* qu'alors même que tous ces anges-là seraient en mal de salut, ils ne se procureraient pas chez lui un ouvrage pieux.

Ces doux enfants d'un maître mieux informé ne continueraient ainsi qu'une longue tradition. Il y a tant d'Isaacs, de Jacobs et de Lévys attachés à leurs flancs qu'ils n'ont aucune peine à concilier à côté des éditeurs catholiques leurs intérêts limités avec les conseils évangéliques.

Il serait, d'ailleurs, cruel d'insister sur ce point. Il nous faut expliquer cependant comment ces jeunes lévites confondent les choses et intervertissent les rôles.

Depuis le temps qu'il vit à leur porte, comment donc n'ont-ils pas discerné en M. Savaète deux qualités, deux tempéraments indépendants, distincts. Il est l'éditeur catholique que l'on sait ; mais il aurait pu, avec plus de profits, en encourant

moins d'inimitiés féroces, même sulpiciennes, être éditeur
à tout imprimeur et surtout de ces choses productives que chacun connaît, mais qui répugnent aux chrétiens. Il préfère, et
cela est son affaire, n'éditer que des livres honnêtes et
sains ; sont-ce ceux que ces lévites ne veulent plus ? Il n'aurait
pas édité Zola, ni même l'ontologie de M. Branchereau,
est-ce ceci qu'ils préfèrent ? Puisque de Saint-Sulpice viennent à nous ces déclarations catégoriques, nous permettra-t-
on d'avouer que nous n'avons jamais franchi le seuil de Saint-
Sulpice, demandé là ni un conseil, ni un appui, ni un concours quelconque ? Ajouterons-nous que n'étant pas allé
au-devant de Saint-Sulpice, celui-ci, discrètement, il est
vrai ! est venu à nous. Le procureur, par exemple, nous fit
remarquer un jour que tous les éditeurs lui faisaient, en des
visites fréquentes, leurs propositions et qu'il s'étonnait de
n'avoir pas reçu les nôtres. Nous lui expliquâmes que chacun
cherchant avec raison son bien où il le trouve, il ne fallait contrarier, ni contraindre personne ; que Saint-Sulpice même arriverait un jour à nous découvrir comme Colomb l'Amérique.
Nous nous quittâmes, cependant, satisfaits d'un entretien d'où
le procureur, avec des conditions exceptionnelles, emportait
pour le moins un gage certain de notre désintéressement envers les petites bourses qui sont légion à Saint-Sulpice.

Voilà l'éditeur et voici le directeur de la *Revue du Monde
catholique*.

Il venait d'insérer un article sensationnel, où saint Thomas
d'Aquin était en cause, et la scolastique, et les préférences
pontificales. Le collaborateur de la *Revue du Monde catholique*, sans déprécier le moins du monde le docteur angélique, avait trouvé cependant qu'en maints auteurs éminents,
bien que de plus faible envergure, on pouvait glaner d'excellents enseignements ; que rien, du reste, dans la recherche du vrai, n'était absolu en dehors du dogme proclamé et
des Saintes Écritures, qu'au Concile de Trente, notamment,
La Somme de saint Thomas avait eu sa place tout indiquée
dans la bibliothèque, non pas à côté des Livres Saints et sur
le même pied comme on l'avait prétendu.

Cet article, de belle allure et de saine inspiration, était donc,
dans son esprit comme dans sa forme, irréprochable. Néanmoins une limace visqueuse vint y ramper entre les lignes
pour le critiquer et le dénoncer.

A quelques jours de là, M. et Mme Savaète se trouvaient en visite familière en très haut lieu et le très distingué personnage, qu'ils entretenaient de choses et d'autres, dit tout à coup au directeur de la *Revue du Monde catholique* : « Ah ça, mon cher ami, quelle faute vous avez commise : cet article ! cette irrévérence ! ! Il ne faudrait donc pas admettre dans une *Revue* comme la vôtre des écrivains de ce calibre-là. Il est fou ; deux fois, trois fois fou ; et il veut être évêque ! mais jamais, jamais il ne sera évêque! Il est fou. » M. Savaète, nullement interloqué, recula d'un pas et, sans trouble, riposta : « Excellence, je ne m'en suis jamais aperçu ni moi, ni bien d'autres ; et des fous de cette force-là, j'en voudrais dans l'épiscopat un plus grand nombre! »

Il y eut un temps de silence. Puis :

— Mais c'est le monde renversé, une révolution toute pure ; ce sont les pieds qui guident la tête ; c'est le bas clergé qui prétend gouverner l'Eglise.

— Cela vaudrait encore mieux que Dumay et ses créatures. Nous ferons remarquer à Son Excellence que notre *Revue* n'ayant jamais sollicité de secours, du reste, n'accepterait point d'ordres : l'argent qu'elle nous coûte répond de sa liberté. Et puis, pour fouiller la question, dire que notre collaborateur, hors de pair et vieillard désabusé de tout, sinon de la justice de Dieu, veut être évêque, c'est avouer que Son Excellence ne connaît pas le personnage, ni ses mérites, ni ses services exceptionnels ; c'est avouer aussi qu'Elle n'a pas cherché à démasquer le délateur. Nous soupçonnons que ce dénonciateur hante habituellement la Rive Gauche et nous ne risquons rien en affirmant que ce colimaçon, qui traîne sa bave sur le mérite d'autrui, ne doit guère compter que sur son zèle déplacé pour se pousser bien avant dans les faveurs de Son Excellence. Qu'elle voie cela et compare les hommes ; mais cessons d'accuser les serviteurs chevronnés de l'Eglise et de la France.

Et M. Savaète se retira préférant ne plus reparaître pour rester indépendant.

Voilà le directeur de la *Revue du Monde catholique*.

Or, c'est à M. Savaète que M. Branchereau a fait remettre son défi adressé à Mgr Justin Fèvre. Nous négligeons la mise en demeure aventurée qui l'accompagne. Nous ne dirons rien d'autre de notre entrevue avec les porte-paroles de M. Branchereau que ce que Mgr J. Fèvre en rapporte lui-même ci-après. Mais on comprendra que, depuis, nous avons cherché à nous instruire.

Et voïci ce que nous rappelons à M. Branchereau et ce dont nous informons nos lecteurs uniquement pour bien définir les rôles, démêler les attaches et remonter à l'origine même de certaines sympathies faites pour étonner, surtout chez un homme à sens rassis comme l'est le vénérable M. Branchereau.

Reportons-nous donc à l'An terrible. L'empire est à son déclin ; l'ennemi, à nos portes ; le concile du Vatican déchaînait alors les colères des libéraux, mais particulièrement les intrigues, aussi l'éloquence enflammée de Dupanloup.

Nantes était en ce temps-là un foyer de polémiques et une pépinière de grands hommes. L'évêque venait de mourir et l'intérim mettait en lumière un Chapitre divisé. Comme aspirants et concurrents pour la mitre nantaise on discernait à l'horizon deux hommes de tempérament divers et de doctrines contraires. C'était M. l'abbé Fournier, curé de Saint-Nicolas à Nantes, cette belle paroisse dont l'église, fondation du P. Piel dominicain, l'emporte en splendeur sur la cathédrale elle-même ; et M. l'abbé X. Celui-ci était libéral-gallican, M. Fournier était ultramontain ; et comme l'Empire était antilibéral, ce fut M. Fournier qui emporta la mitre. Mais voilà le nouvel évêque aussitôt fort embarrassé de son terrible Chapitre, notamment de quatre vicaires généraux qui étaient des libéraux emballés : l'un était l'abbé Benjamin Richard, l'autre l'abbé Laborde, le troisième l'abbé La Guibourgière et le quatrième enfin le Supérieur du grand séminaire, notre abbé Branchereau. Pour tout arranger, on fit Benjamin Richard évêque de Belley (1871) ; il devient dans la suite coadjuteur, avec succession de Mgr Guibert (1875) et il finit une majestueuse carrière comme cardinal archevêque de Paris ; de M. Laborde on fit un évêque pour Blois qui s'en contente encore ; on envoya M. La Guibourgière se dégourdir à Notre-Dame des Victoires à Paris et il se trouve actuellement être le curé très aimé de Saint-Germain-des-Prés. Restait encore le professeur, Supérieur, M. Branchereau, qui avait professé l'ontologie et écrit sur cette matière deux solides volumes qui ne résistèrent cependant pas à l'Index ! Le malheur, sur ces entrefaites, accabla la France ; l'Empire sombra dans la boue, la République naquit dans le sang ; Thiers trônait au sommet et Dupanloup, à ses côtés. Sous Mac-Mahon, Dupanloup devint irrésistible : il détenait la liste des *épiscopables* et faisait les évêques. Mgr Dupanloup, comme évêque d'Orléans, avait un supérieur de grand séminaire, M. Malet, aussi ultramontain qu'il était libéral-gallican lui-même et il ne savait comment se débarrasser de ce censeur sévère. M. Malet, d'Orléans, et M. Branchereau, de Nantes, étaient sulpiciens tous les deux. On examina à Saint-Sulpice le cas particulier de chacun et on décida tout simplement d'envoyer M. Malet à Nantes, et M. Branchereau à Orléans ; et il se trouva que, repêché par Dupanloup, M. Branchereau lui allait comme un gant ; il lui en voua, d'ailleurs, une éternelle reconnaissance !

Remarquez que nous ne blâmons pas la gratitude de M. Branchereau ; nous la trouvons seulement ombrageuse et aggressive. Cela dit, nous laissons la parole à notre collaborateur qui vous dira, de plus, que ses imputations sont mal fondées.

ARTHUR SAVAÈTE.

___

UNE RECTIFICATION A FAUX

Deux messieurs, qui n'ont point dit leur nom, ni présenté leur carte, remettaient, ces jours passés, au Directeur de la *Revue du Monde catholique*, la lettre qui suit. Ces messieurs sont, sans doute, des gentilshommes ; mais la convenance respectueuse n'éclate pas dans leurs discours. En demandant une réparation gracieuse, dans la présomption que leur plainte était juste, ils ajoutaient : « Ce n'est pas la première fois que Mgr Fèvre *falsifie les textes !* il a dû déjà mettre des cartons. » Pour rester poli, nous ne dirons point que ce sont là de gros mensonges ; mais ce sont deux erreurs. La conscience nous fait un devoir de scrupuleuse justice ; nous pouvons être trompé et nous tromper ; nous ne sommes pas capable de falsifier des textes et de soutenir une erreur constatée. Par respect pour eux-mêmes, ces messieurs auraient dû s'abstenir de ces imputations, pour deux motifs : parce que c'est une injure gratuite et parce que c'est une sottise. — Quant aux fameux cartons qui nous ont été demandés pour le tome 37ᵉ de Darras, nous les avons refusés ; et sur notre justification présentée par Mgr Jacquenet, évêque d'Amiens, qui d'ailleurs nous avait fourni les faits et les textes, le cardinal Jacobini, secrétaire d'Etat, par lettre à notre adresse personnelle, confirma notre refus. Cette légende des cartons doit être mise au panier: — Le goût, la raison, la conscience, obligent tout auteur, nous plus que tout autre, à se corriger lui-même. Cependant nous avons toujours été d'accord avec la grammaire, avec l'orthodoxie et avec l'autorité souveraine ; c'est un honneur. Sept fois poursuivi avec acharnement, par des gens du même bord, nous n'avons jamais eu rien à effacer, rien même à atténuer. Notre plume d'acier ne distille pas le miel ; elle n'a jamais souffert de confusion.

En recevant cette lettre, le directeur de la *Revue* en fit remarquer les termes amers et les qualificatifs blessants. « Mon Dieu, dit-il, le clergé est la classe sociale où l'on parle le plus de charité, mais où on ne la pratique pas toujours suffisamment. Je voudrais plus de convenance dans les polémiques. Mais enfin, puisque vous y tenez à tout prix, comme vous fournissez la toile, je prierai Mgr Fèvre de fournir le cadre ; moi-même, puisqu'il le faut, je fixerai le clou et prêterai la suspension. » Nous souscrivons des deux mains à cette aimable déclaration.

Proscrit par deux mains sulpiciennes, nous recevons, dans notre solitude, deux feuilles catholiques, la *Vérité française* et l'*Univers-Monde*. Pendant que nous composions l'article sur le centenaire d'Orléans, ces deux journaux parlaient de la solennité du *Saint* qu'on y célébrait. L'un des deux, je ne sais plus lequel, cita, l'empruntant à une chronique de province, le soi-disant passage de l'introduction du *Journal intime*. On prend son bien où on le trouve ; le passage venait à ma thèse ; je le détachai du journal, je le collai sur mon manuscrit avec un pain à cacheter, me contentant de souligner les mots qui portent. Les faits sont d'hier ; les collections de l'*Univers* et de la *Vérité* ne sont pas rares ; il est facile de vérifier cette affirmation. Je n'ai rien falsifié ; je n'ai même pas copié le texte ; et *j'ai encore sous les yeux la coupure imprimée,* telle qu'elle a été reproduite dans la *Revue du Monde catholique*. L'accusation tombe ; la vérité du fait reste ; et... le héros s'évanouit.

Dans la république des lettres, une allégation fausse et préjudiciable se relève tous les jours ; ne voyant rien venir, nous avons cru à l'exactitude de la citation. Puisque le correspondant du journal est tombé dans l'erreur, c'est au correspondant et au journal qu'il fallait envoyer la rectification. C'était nous innocenter et nous mettre hors de cause. Mais enfin une rectification même indue ne se refuse pas ;

on s'honore toujours en faisant connaître la vérité. L'absence de cette citation n'infirme en rien la thèse de l'auteur.

« Le vieux Branchereau, ci-devant ontologiste » (expression d'un auteur grossier qualifié par un homme poli) : comment, lui qui voit tout en Dieu, n'a-t-il pas vu cela ? Puisque, dans son hypothèse, une main scélérate avait falsifié son texte, comment ne l'a-t-il pas cru au moins capable de le traduire en français ? Mais surtout, et ce point est inexcusable, comment, pour une rectification que nous ne devons qu'en troisième lieu, ose-t-il bien parler d'un procès ? Aucun tribunal n'admettrait cette interversion de procédure. Mais enfin, sans être curieux, nous voudrions voir le poursuivant, coiffé d'un casque en cuivre, armé d'une lance, tuant, retuant, mettant en poussière l'ingénu citateur d'un journal du Loiret reproduit dans un journal catholique de Paris, trouvant enfin un écho dans la *Revue du Monde catholique*.

« En tête du prochain numero » : c'est là qu'on veut la réparation : nous céderions avec empressement à cette exigence. La loi n'y oblige point ; la modestie devrait en détourner. Cette petite littérature, ces imputations mal venues, cette politesse absente nous persuadent que l'en-tête serait cruel ; les mettre en queue, c'est encore une indulgence. Ça ravagera encore bien assez le *Journal intime* d'une vertu qui se montre sous un si pauvre jour.

En apostille à la signature, il y a un mot de trop : *Sup*. Supérieurs, ils le sont tous ; il n'y a qu'eux dans les deux mondes. Du moins ils sont les seuls que le persécuteur de l'Eglise, le Néron encore à sec, le diabolique Combes estime propres à la formation du clergé français. Dans le massacre de tous les Ordres religieux, une seule société a trouvé grâce. Si l'ennemi de Dieu et des hommes avait enfoncé leurs portes à coups de hache, j'aurais, je l'avoue, une plus haute idée de leur conformité à l'exemplaire divin du Christ Rédempteur.

Maintenant lisez cette prose aigre-douce. Sous prétexte de réparation d'honneur, vous verrez, comment, sans titre aucun, on essaie, par des insinuations perfides, de porter atteinte à notre probité. Mais enfin ces hypothèses, saupoudrées de mauvaise humeur, tombent à plat devant la simple constatation d'un fait. C'est un ami du premier degré qui a fourni ce texte qu'il donnait, croyons-nous, comme une citation. Nous n'avons jamais eu le volume sous la main.

En finissant, cher lecteur, je veux vous adresser une humble prière. Depuis cinquante-quatre ans, nous sommes au feu des combats ; dans les conjonctures présentes, nous sommes, malgré le poids des ans, aux avant-postes de la bataille. Nos adversaires n'y brillent que par leur absence : c'est l'enjeu de leur fortune. A Dieu soit toute gloire ; à nous, toute tribulation. Le point essentiel, c'est de ne le céder à personne en bravoure ; de ne pas tomber dans la confusion ni dans le mélange incohérent des doctrines ; de lutter enfin, jusqu'au dernier soupir, pour Dieu et pour la patrie. Tels sont nos vœux ; que Dieu fasse à tous cette grâce de prédilection !

Riaucourt, Haute-Marne, le 1er janvier 1903.

Justin FÈVRE,
Protonotaire apostolique.

P.-S. — Depuis que cette lettre est écrite, nous avons retrouvé le corps du soi-disant délit. C'est de mieux en mieux et tout à fait réjouissant ; l'article est emprunté aux *Annales religieuses* d'Orléans. Un journal de Paris, plus probablement la *Vérité*, publie, sous la rubrique du *Centenaire*, le programme de la fête : Messe pontificale, cantate à vêpres, grand discours et recommandation sur l'usage des couronnes. Suit une étude sur Mgr Dupanloup, d'après son *Journal intime*. Nous y lisons :

« Formé par des représentants de l'ancien clergé, il eut tout d'abord une *grande défiance* des idées modernes. Il fut toujours l'*ennemi* de Lamennais. Lacordaire lui-même lui parut *suspect*. Mais quand il voulut *imposer sa doctrine*, il comprit qu'il devait bannir de son langage les *anathèmes violents* qui aigrissent, s'abstenir des *théories absolues* et prêter attention aux *prétendues* objections des ennemis de l'Eglise qui passionnaient les esprits. Il arriva insensiblement à adopter une *large indulgence* pour les hommes et à rechercher « non ce qui divise mais ce qui rapproche ». Voilà pourquoi il aima défendre le catholicisme *au nom de la liberté*, au nom *du droit commun*, à éloigner jusqu'à *l'apparence* d'une revendication de *privilèges* et à s'associer *au parti des honnêtes gens*.

« Nécessairement cet évêque, mêlé à tant d'événements, devait se trouver engagé dans d'innombrables conflits. » Nous avons cité le reste dans notre article.

Cet article des *Annales* n'est pas écrit avec discernement ; il passe à côté de la question doctrinale et n'y touche que par des allusions. Mais enfin voilà qui est dit : Le censeur de Mgr Dupanloup n'est pas M. Branchereau, ce sont les *Annales religieuses* d'Orléans. C'est donc à ces *Annales* que doit retourner la lettre du supérieur du grand séminaire. Ce que nous avions pris pour une citation textuelle n'est qu'un article, une analyse des Annales d'*après le Journal intime* édité par M. Branchereau. C'est à eux à vider ce procès :

Qu'ils s'accordent entre eux, ou se gourment, qu'importe ?

Orléans, 26 décembre 1902.

Monsieur le Directeur,

Vous avez publié dans la *Revue du Monde catholique* un article signé Justin Fèvre, et intitulé : *le centenaire de Dupanloup.*

Cet article, dont je m'abstiens de qualifier le fond et la forme, renferme (pages 416 et 417) quelques lignes qui me concernent. Je ne dis rien de la formule inconvenante, grossière même, que l'auteur emploie pour me désigner : cela ne m'atteint pas. Mais voici quelque chose de plus grave que je ne puis passer sous silence. M. J. Fèvre, parlant du *journal intime de Mgr Dupanloup*, écrit : « Dans l'avant-« propos, l'éditeur sulpicien qui connaissait bien son homme, le juge « comme vous, même dans les œuvres de sa maturité. » En preuve de ce qu'il avance, il cite, en le guillemetant, un long texte qu'il prétend tiré de l'avant-propos du *Journal intime*, qu'il m'attribue par conséquent, et dans lequel les passages défavorables à Mgr Dupanloup sont soulignés.

Pour faire apprécier la loyauté de cette citation, je me contenterai de mettre en regard du texte rapporté par M. J. Fèvre les passages de l'Introduction placée en tête du *Journal intime* et de la *conclusion* qui le termine, dont *il semble* s'être inspiré.

<table>
<tr><td>Mon texte.</td><td>Texte qui m'est imputé par Mgr Justin Fèvre.</td></tr>
<tr><td>

INTRODUCTION. — « Nous n'avons pas besoin de dire que cet ouvrage n'est point un livre de polémique. Les luttes ardentes auxquelles Mgr Dupanloup a été mêlé sont aujourd'hui apaisées ; les hommes qui y ont pris part ne sont plus ; plusieurs même de ces luttes n'ont plus leur raison d'être. Loin de nous la pensée de les réveiller. L'aspect sous lequel nous allons présenter Mgr Dupanloup, et qui sera pour un grand nombre une révélation, n'aura rien d'agressif. C'est une grande âme, etc. »

CONCLUSION. — « Bien qu'il ait été un homme de conciliation et de pacification, cherchant toujours dans les

</td><td>

« Nécessairement, dit-il [1], cet évêque mêlé à tant d'événements, devait se trouver en butte à d'innombrables conflits. Pendant sa vie, il toucha presque à toutes les questions qui furent agitées. Il n'avait point *le temps* de les traiter, et, d'ailleurs, il ne songeait point à les traiter ni en *théologie*, ni en *philosophie* (sic). Il parlait *oratorio modo*, et il n'eut point, dans toutes ses paroles, une *irréprochable précision* et une *complète modération*. Et en maintes circonstances il eut de l'audace dans sa manière d'agir : ce fut la cause d'in-

</td></tr>
</table>

1 C'est bien le *Journal Intime*.

hommes, comme il se plaisait à le dire, non ce qui divise, mais ce qui rapproche, il a été entraîné par des circonstances dans de nombreuses luttes ; et, comme tous les militants, il a rencontré des adversaires, parfois des ennemis. Si, aujourd'hui encore, les animosités et les défiances dont il avait été l'objet de la part de plusieurs n'avaient pas entièrement disparu, il est impossible qu'en lisant les pages que nous publions, tous ne s'accordent pas à reconnaître que, dans toutes ses polémiques, Mgr Dupanloup a toujours été d'une parfaite sincérité, que ses intentions ont été droites, et que, étranger à toute préoccupation personnelle, il ne s'est inspiré, dans tout ce qu'il a fait et écrit, que de son amour pour Dieu, l'Eglise et les âmes. »

nombrables conflits qu'il est inutile de rappeler.

Mais ces brûlantes polémiques, unies à son activité débordante, à sa *hardiesse* dans sa ligne de conduite, ont empêché de connaître son âme sous son vrai jour. Certes, on est unanime à louer son zèle dévorant pour les âmes, et ses incontestables services rendus à l'Eglise, à admirer l'élévation de son esprit qui se tient toujours sur les sommets. Mais, peut-être, certains seraient tentés de blâmer sa précipitation et sa vivacité dans l'action, de lui reprocher son besoin de lutter, de l'accuser de n'avoir pas gardé l'*exacte mesure* lorsqu'il invoquait là liberté pour le service de l'Eglise. S'il y a du vrai dans ces accusations, il n'est pas permis d'en tirer des conclusions exagérées. »

La double citation qui précède me dispense de tout commentaire. Il est *inadmissible* de supposer que l'attribution qui m'est faite par M. J. Fèvre d'un texte qui n'est pas de moi est le fait de l'*inadvertance* et de la *distraction*. L'*étourderie* serait par trop forte et ne donnerait pas une *haute* idée du sérieux de l'écrivain. C'est donc *sérieusement* et avec réflexion que, pour me ranger parmi les censeurs de Mgr Dupanloup, M. J. Fèvre met sous mon nom le passage précité qui pourtant n'est pas sorti de ma plume. Mais alors, *comment caractériser* un semblable procédé ? Je vous en laisse juge, monsieur le Directeur.

Justement blessé, je demande, comme rectification, l'insertion de cette lettre *en tête* du prochain numéro de la *Revue*. Si elle m'était refusée, je me verrais, à regret, *contraint* d'avoir recours, pour obtenir justice, à une autre voie.

Agréez, Monsieur le Directeur, l'hommage de toute ma considération.

L. BRANCHEREAU.

p. s. s. sup.

P.-S. — Un ami, à qui nous lisions cette lettre, se prit à dire en soulignant ses paroles d'un sourire discret : Voilà un branchereau qui aurait bien fait de garder ses branches ; d'en faire un fagot et d'en allumer son feu. Le feu qu'on allume en brûlant ses manuscrits, c'est celui qui fait voir le plus clair. *Non omnes capiunt verbum istud ;* mais tout le monde n'a pas besoin de comprendre cette rhétorique du foyer littéraire.... par combustion.

MGR. J. F.

L'Abbaye royale de Saint-Victor
de Paris

(Suite.)

En 1162, le vénérable Nantier ayant porté au ciel son âme vierge, Richard lui succéda dans le priorat. Nous ne le suivrons pas pour le moment sur ce nouveau champ livré à son zèle. Plus tard nous pourrons constater que le tendre mystique sut se révéler un administrateur habile et un inébranlable défenseur de la discipline. Richard, à travers une crise célèbre, sauva l'œuvre de Guillaume de Champeaux et de Gilduin.

Il y aurait lieu de s'étonner que saint Bernard n'eût pas entretenu des relations avec un homme de cette valeur, de cette réputation, qui était un Victorin. Or l'abbé de Clairvaux échangea avec Richard une correspondance à la fois intime et scientifique qui nous a valu plusieurs opuscules du grand docteur : « Tu trouves difficile d'accorder la chronologie des dynasties qui remplissent le Livre des Rois », écrit le prieur de Saint-Victor, et il lui envoie le traité qui forme la 3ᵉ partie du *Tabernacle*. Une autre fois, Richard lui adresse une longue réponse à toute une série de questions posées sur des passages obscurs des Saints Livres. Plus tard, peut-être à la suite de l'apparition de son grand ouvrage de la *Trinité*, il écrit : « Tu me demandes, mon cher Bernard (*mi Bernarde*), etc... » Suit une question sur ce sujet ardu de la Trinité divine ; et de la meilleure grâce il résout la difficulté. Enfin Bernard reçut encore la dédicace du charmant opuscule *De Verbo incarnato*.

« *J'entends une voix de Séir : Gardien, quoi de nouveau dans la nuit ?*... Tel est le texte qu'il le faut expliquer. Ainsi tu ne rougis pas de pousser à bout mon cerveau trop faible, etc... »

Clairvaux s'habituait à l'enseignement de Richard :

« A son seigneur et père Richard, prieur de Saint-Victor, Jean, qu'on nomme sous-prieur de Clairvaux, offre le peu qu'il est. Je vous en prie, mon seigneur, écrivez pour moi une dévote oraison au Saint-Esprit, avec la science et l'intelligence que ce divin Esprit vous a données. De grâce écrivez-la et envoyez-la-moi, ni trop courte, ni trop longue, pour que je la puisse apprendre par cœur et la réciter une fois chaque jour ou chaque nuit, très cher Père. Peut-être ainsi serons-nous exaucés. Salut. »

Dans un autre monastère cistercien, à Ourscamp, on copiait évidemment les œuvres du docteur victorin :

« Je vous ai rapporté votre manuscrit en Carême, lui écrit le prieur Guillaume ; mais, ne vous ayant pas trouvé, je l'ai remis au fr. Hugue l'hôtelier. Envoyez-nous, de grâce, quelque autre de vos opuscules que nous n'avons pas encore, comme le songe de Nabuchodonosor. Nous avions commencé à le copier, mais il était incomplet dans votre exemplaire. »

Nous ne savons si Richard conserva jusqu'à sa mort, en 1173, la direction de l'école victorine. Toujours est-il qu'il eut des collègues et forma des élèves dignes d'occuper sa chaire.

A dire vrai le sous-prieur Garnier nous transporte quelque peu en arrière. Nous le trouvons mentionné dans une charte qui ne peut être de beaucoup postérieure à 1140 [1]. Garnier est l'auteur du *Gregorianum* [2], excellente compilation au dire

---

[1] C'est le raisonnement du P. Picard et, après lui, de J. de Thoulouse. Le raisonnement d'ailleurs paraît juste. La charte en question (cf. J. de Th. ad an. 1139) constate la cession d'une maison faite à Saint-Victor par le convers Herluin, neveu de l'abbé Gilduin. Elle est signée de l'abbé Gilduin, du prieur Odon, du *sous-prieur Garnier*, du *préchantre Adam*, des prêtres Robert, Nantier, Henri, un autre Henri, et Etienne ; des diacres *Ernis*, Jean et Pierre ; des sous-diacres Robert, Alard et Henri, du chambrier Guinier et du vestiaire Adelulphe. — Or, le prieur Odon devint en 1148 abbé de Sainte-Geneviève, et vers la même époque fut élu abbé de Saint-Denis de Reims, un autre Odon, sous-prieur de Saint-Victor, qui avait déjà succédé en cette charge à notre Garnier. Cette liste de Victorins mérite d'être retenue à plus d'un titre. C'est à dessein qu'y sont soulignés les noms d'Adam et d'Ernis. Pour nous, cet Adam est notre poète ; et le diacre Ernis doit devenir célèbre... à l'excès.

[2] Bib. nat. Ms. lat. 14862. — Une première édition en fut donnée à Paris dès 1518. Le P. Picard en fit paraître une seconde, in-12, chez Ch. Sevestre, à Paris, en 1608. C'est celle qu'a reproduite la *Patrologie* (t. 193). — Garnier avait été précédé dans cette voie par Guillaume de Champeaux lui-même, au dire d'Albéric des Trois-Fontaines. Peut-être son *Gregorianum* n'est-il autre chose que l'œuvre du fondateur annotée et complétée (Gall. Christ. IX, col. 877).

du P. Picard son éditeur, qui le place au premier rang des nombreux abréviateurs ou anthologistes de saint Grégoire, depuis Anastase, le patriarche d'Antioche, contemporain de l'auteur jusqu'au recueil savoureux formé par Hubert Sculteputte [1], chanoine régulier de Béthléem, près Louvain, au XVIᵉ siècle. Sous la forme facile du dictionnaire, c'est un résumé clair et succinct, avec citations et références, de la doctrine du grand pontife sur le symbolisme dans l'Ecriture.

Au même âge semblent appartenir la *Tentation du Christ au désert* [2], d'Achard, le futur évêque d'Avranches, ainsi que des commentaires sur Isaïe et plusieurs autres auteurs sacrés, attribués à André, l'abbé de Wiguemore [3].

Nous avions projeté de donner ici, en quelque sorte, le bilan intellectuel du premier siècle victorin. Au risque d'empiéter sur les récits qui suivront, et de présenter dès maintenant des personnages qui reparaîtront nécessairement sous notre plume, il nous faut continuer une nomenclature, trop embryonnaire, nous le reconnaissons. L'histoire littéraire de Saint-Victor demanderait un gros volume qui ne manquerait ni d'intérêt ni de charme.

A l'avant-garde, bien à sa place, mettons le prieur Gautier qui part en guerre, avec quelle fougue, bon Dieu! *Contre les quatre labyrinthes de France* [4]. L'auteur a senti lui-même l'étrangeté de son titre. Dans l'*Epitome dicendorum* il écrit :

---

[1] Paris, chez Nivelle (n'est pas dans Brunet). — Au sujet de Sculteputte, voir la Chronique de Bethléem par Ympens, Ms. d'Averbode.

[2] C'est en réalité un long sermon qui figure comme tel au Ms. lat. 14590 ; « vrai morceau de style », dit Hauréau qui en cite plusieurs passages remarquables dans son *Histoire littéraire du Maine*, t. I, p. 13-20. — *Hist. litt. de la France*, XIII, p. 455. — Simon Gourdan, au XVIIIᵉ siècle, en a donné une traduction sous le titre plus exact : *Les Saints Déserts*, et il y a joint une vie de l'auteur (B. N. Ms. fr. 22.401).

[3] Au Ms. 550 de l'arsenal (f⁰ 37) on trouve un ouvrage d'André de Saint-Victor : « Obiectiones Andree secundum quod Iudei solent nobis opponere de nostro Emmanuele » (XIIIᵉ siècle).

[4] Nous possédons un texte très ancien de l'ouvrage de Gautier dans le Ms. 379 (f⁰ 37) de l'Arsenal. Casimir Oudin parle longuement de ce manuscrit et prétend qu'il n'est autre que l'autographe de l'auteur (*Script. eccles.* II, 1224 et 1562.) Effectivement l'écriture est de la fin du XIIᵉ siècle. Voici son titre exact :
« Liber mgri Walteri prioris Sci Victoris Parisius contra manifestas et damnatas etiam in conciliis hereses quas predicti sophiste libris sententiarum suarum proponunt, acuunt, limant, roborant. »

Tu me demandes ce que vient faire ici le labyrinthe où fut enfermé le Minotaure. Quel monstre ! Ce n'est pas une bête, ce n'est pas un homme : il est l'un et l'autre, mais il n'est ni l'un ni l'autre. Et où veux-je en venir ? Voici : Ainsi en va-t-il de leur Christ, leur Dieu-fantôme. Ce n'est pas un homme, ce n'est pas un Dieu, c'est l'Homme-Dieu, mais il n'est ni l'un ni l'autre.

Voilà un singulier début : autant il est rebelle à la traduction, autant il demande explication. Ces quatre labyrinthes, ces quatre auteurs dont les œuvres renferment, paraît-il, un tel monstre, ce sont Abailard, Pierre Lombard, Pierre de Poitiers et Gilbert de la Porrée. La question si vivement controversée est celle-ci : Le Christ est-il quelque chose, *aliquid,* en tant qu'il est homme ? Non (*non aliquid sed alicujus*), avaient, sous diverses formes, répondu les quatre docteurs, par suite d'une confusion des notions de personne et de substance. Et Gautier de leur prouver la réalité substantielle de l'humanité du Christ, avec force arguments, tous bien choisis, empruntés à l'Ecriture et aux Pères, comme aux maîtres les plus récents, tels qu'Anselme de Cantorbéry, Hugue de Saint-Victor, Bernard de Clairvaux. Il en résulte au moins ce fait que l'acerbe polémiste était un érudit. Il brille de plus par une méthode et une clarté d'exposition qui font trop souvent défaut aux scolastiques du dernier âge [1].

[1] Gautier nous raconte, dans son Prologue, que la question avait été chaudement discutée au concile de Latran de 1179, « nuper in concilio romano ». Alexandre III s'était nettement déclaré hostile à la doctrine de Pierre Lombard. Mais parmi les cardinaux, un certain nombre s'y montrait favorable. Ils s'employèrent pour éviter que la controverse fût portée aux sessions conciliaires ; mais le Pape ayant manifesté sa volonté formelle, ils sortirent du consistoire. Avec eux sortit également Adam évêque de Saint-Asaph, au pays de Galles, en disant : « Seigneur Pape, je m'offre à défendre avec mon clerc et mon prévôt l'opinion du Maître. » « Maintenant, ajoute le prieur de Saint-Victor, le tonnerre apostolique a fait taire les coassements des répugnantes grenouilles ; » et il rapporte tout au long un rescrit adressé de Rome le 12 des calendes de mai (il écrit : de Vesta le 12 des cal. de mars) à Guillaume, archevêque de Reims et légat du Siège apostolique, lui prescrivant de réunir les maîtres des écoles de Paris, de Reims, et cités voisines, « pour leur faire défense, sous peine d'anathème, d'enseigner désormais que le Christ n'est pas quelque chose, *aliquid,* en tant qu'il est homme, parce que aussi vraiment il est Dieu, aussi vraiment il est homme, composé d'une âme raisonnable et d'une chair humaine. » (Cf. *Concil.*, t. X, p. 1528 — dom Ceillier, *Hist. gén. des auteurs ecclésiastiques* (édit. Vivès), t. XIV, 2ᵉ part., p. 1143.)

Alexandre III étant en France en 1163 avait donné ordre à Guillaume, métropolitain de Sens, de convoquer à Paris ses suffragants pour la condamnation « de la mauvaise doctrine de Pierre (Lombard), jadis évêque de Paris, à savoir : *quo*

Saint-Victor n'avait pas eu toujours des rigueurs pour Pierre Lombard, qui, en somme, fut reconnaissant, lorsque, devenu évêque de Paris, il se montra protecteur dévoué de l'abbaye. Jeune encore, lorsque, abandonnant sa patrie, il venait demander la science aux écoles françaises, il fut adressé par saint Bernard à « ses pères, seigneurs et amis très chers » Gilduin et les chanoines de Saint-Victor :

> L'évêque de Lucques, m'a recommandé un homme respectable, Pierre le Lombard, me priant de pourvoir à ses besoins, grâce à mes relations, pendant le peu de temps qu'il doit séjourner en France pour raison d'études. A Reims, je l'ai fait sans peine. Maintenant qu'il demeure à Paris, je demande à votre amitié de lui offrir l'hospitalité pendant le court séjour qu'il y doit faire, soit jusqu'à la Nativité de Notre-Dame.

Pierre le Poitevin, le disciple bien-aimé de Pierre le Lombard, son successeur, après Pierre le Mangeur, dans la chaire de théologie de l'Université de Paris, appartient également à Saint-Victor autrement que par les anathèmes de Gautier. En 1196 il signe avec le doyen Hugue Clément et Pierre le Chantre[1] un diplôme de l'évêque Maurice de Sulli, précisant les termes des annates de Notre-Dame à percevoir par les Victorins. La même année il reçoit commission du pape Célestin III pour résoudre, avec le doyen Hugue Clément, une contestation entre les Victorins et les moines de Saint-Éloi en l'Ile au sujet des dîmes de Vitri[2].

En définitive, si l'ardent prieur a excédé dans les termes, s'il a prononcé un peu à tort et à travers les mots d'hérésie et d'hérétiques, il n'en reste pas moins vrai qu'il ne s'attaquait pas à des fantômes. Nous en prenons à témoin dom Hugues Mathoud lui-même, l'éditeur des cinq livres des sentences du chancelier, et qui, dans sa préface, relève toute une série de propositions erronées empruntées aux œuvres de Pierre le

---

Christus secundum quod est homo non est aliquid ». Il lui renouvela cet ordre par lettre en 1170, déclarant que les maîtres et étudiants en théologie devraient soutenir désormais que le Christ est un Dieu parfait et un homme complet, bien véritablement un homme, composé d'un corps et d'une âme (P. L., t. 200, col. 685).

[1] Pierre le Chantre, un autre docteur célèbre, dont les œuvres étaient recherchées, lues avidement et conservées à Saint-Victor. J. de Th. en donne la liste à l'an 1203.

[2] J. de Th. ad an. 1196. L'original portait le sceau du chancelier : « Sigillum Petri Pictavini cancellarii Parisiensis. »

Poitevin. Celui-ci les avait prises en grande partie à son maître Pierre le Lombard. Et dans le nombre, avec indication des passages fautifs, figure la doctrine combattue par Gautier[1].

Deux autres victorins du nom de Pierre, eux aussi écrivains de notoriété, ont été parfois confondus avec le chancelier dont il vient d'être question : un Pierre de Poitiers, qui déjà appartient au XIIIe siècle, et Pierre le Mangeur.

Pierre le Mangeur était natif de Champagne. Attaché à l'église Notre-Dame de Troyes, il en devint doyen, et c'est en cette qualité qu'il reçut en 1148 une donation d'Henri, son évêque[2]. Dédiant, après 1169, sa célèbre *Histoire scolastique* à Guillaume aux Blanches-Mains, archevêque de Sens, il prend encore ce titre : *Petrus servus Christi, presbyter Trecensis.* Cependant, à cette époque, il devait occuper déjà la chaire de théologie de l'Université de Paris. Il y fut appelé en 1164, nous dit Oudin[3]. Mais ce en quoi Oudin se trompe, c'est quand il écrit que Pierre garda jusqu'à sa mort le poste de chancelier ; car il est bien établi qu'il se réfugia au cloître de Saint-Victor, où il fit profession de la vie canoniale. Toute la tradition victorine l'affirme, son tombeau même en témoigne, placé à gauche du grand autel de l'église abbatiale, auprès de ceux de Hugue et du martyr Thomas[4]. Le Nécrologe[5] en fournit une preuve explicite, tout aussi bien qu'un

---

[1] Dom Hugues Mathoud a publié les œuvres de Pierre le Poitevin à la suite de celles de Robert Poulle (Paris, Siméon Piget, 1655, in-f°). — Pourquoi donc, avec autant d'âpreté que Gautier, mais beaucoup plus de mauvais goût, l'éditeur fait-il porter au Victorin du XIIe siècle le poids de sa mauvaise humeur contre les Victorins du XVIIe siècle qui avaient refusé de lui communiquer un manuscrit de Robert de Melun, désirant le publier eux-mêmes ? (Cf. P. L., t. 211, col. 783.)

[2] Cf. Camusat, *Promptuarium sacrarum antiquitatum Tricassinæ diœcesis*, f° 175 b.

[3] *Comment. de scriptor. et script. ecclesiast.*, II, 1526.

[4] Voici l'éloquente épitaphe composée par Pierre lui-même et gravée sur une plaque de cuivre fixée à la muraille :

Petrus eram, quem petra tegit, dictusque comestor.
Nunc comedor. Vivus docui, nec cesso docere
Mortuus, ut dicat qui me videt incineratum :
Quod sumus iste fuit, erimus quandoque quod hic est.

(Pertz, *Mon. germ. hist.*, XXVI, 240 et 242.) —Jacques de Garlande, dans son traité des *Equivoques* (B. N. Ms. lat., 1093 (f° 37 verso), rapporte l'épitaphe de Pierre le Mangeur comme ayant été composée par cet illustre reclus (*Notices et Extraits* des Mss. de la Bib. nat. XXVII, 2e part., p. 62).

[5] XII Kal. Nov. « Anniversarium sólemne magistri Petri Manducatoris Paris.

document de 1317 qui est une supplique adressée par l'Université au pape Jean XXII, pour faire garantir à l'abbaye l'intégrité de son droit d'annates. Parmi les considérants, se trouve l'énumération des illustres personnages qui, par leur science, ont grandement honoré l'abbaye : tels Hugue, Richard, *Pierre* et Adam de Saint-Victor. Ce Pierre n'est autre que l'ancien chancelier [1]. Enfin, dans une collection de sermons qui lui appartiennent sans aucun doute possible, lui étant attribués par une imposante série de manuscrits de première valeur [2], nous trouvons des preuves intrinsèques nullement négligeables. Un exemple entre autres : un jour de fête de saint Augustin, il termine ainsi un savant discours :

« Prions tous ensemble pour que, de la table de *notre Père saint Augustin*, Notre-Seigneur nous fasse passer à celle de son Père céleste [3]. »

Pierre le Mangeur, d'après Jean de Thoulouse, ne survécut guère à l'année 1178.

Pierre de Poitiers (le victorin) appartient probablement à une famille qui était en relations d'étroite amitié avec Jean Bellemain, élu évêque de Poitiers en 1162 et transféré sur le siège primatial de Lyon en 1182. C'est ce qui paraît ressortir d'une lettre sans date adressée à ce prélat par l'abbé Ernis pour lui recommander une affaire qu'était revenu traiter à Poitiers « le très cher ami » de l'évêque, père du victorin, et reçu lui-même récemment comme frère à l'abbaye [4]. Pierre de Poi-

cancellarii et *nostri canonici*, qui in auro, et argento, donariis, ceterisque beneficiis dedit nobis circiter octoginta libras... » (Cf. Du Boulay, *Hist. universit. Paris*, t. II, p. 443).

[1] Denifle, *Cartul. universit. Paris*, n° 751.

[2] Abbé Bourgain, *La chaire française au* XIIᵉ *siècle*, p. 123, note 1.

[3] P. L., t. 198, col. 1792. — Ailleurs, après avoir fait l'éloge de la vie canonique régulière comme l'idéal de la vie religieuse en ce sens qu'elle garde en tout la juste mesure, il se livre à d'ingénieuses variations ayant trait à sa propre conversion et à son nom de Mangeur : « Mange donc le miel que tu as enfin rencontré. Dans la maison de saint Augustin, le chrétien trouve à se rassasier du miel de la foi ; l'homme de lettres, du miel de la science ; le chanoine régulier, du miel de cette vie harmonieusement réglée qui lui donne la médiocrité dorée, Mangeons de ce miel, en attendant les festins de la vie éternelle. » (*Ibid.*, col. 1796.)

[4] B. N. Ms. lat., 14368, f° 968. — Publiée par M. A. Luchaire, *Biblioth. de la Faculté des lettres de Paris*, VIII, p. 125.

tiers est l'auteur incontesté de l'un des premiers pénitentiels qu'ait vus le Moyen Age [1].

Jean de Thoulouse lui fait honneur également d'une *Summa de Mysteriis Incarnationis Christi* qu'il analyse, et qui n'est autre qu'une collection de canevas de sermons aussi élevés de doctrine que simples d'expression, à l'usage des prédicateurs. Moins certaine encore est l'attribution de *Commentaires sur les Psaumes* et sur les *Quatre livres de sentences*, donnés sous le nom de Pierre de Poitiers par un manuscrit victorin du xiiie siècle [2].

A cette série d'auteurs appartient encore Godefroid, par son *Microcosmus*, sur lequel d'ailleurs nous n'avons pas à revenir ; Adam le Breton, par ses études scripturaires, telles que la *Somme des expressions difficiles de la Bible* et l'*Exposition sur les prologues de saint Jérôme*, qui furent dans toutes les mains au Moyen Age, et un traité psychologique de la valeur du *De discretione animæ et spiritus* [3] ; le victorin Thomas, abbé de Saint-André de Verceil en 1246, qui tint en son

La famille du fr. Pierre de Poitiers est inscrite au Nécrologe victorin pour le don de vingt précieux volumes (V. Non. Octobr.).

Le Nécrologe de Saint-Guénaud, de Corbeil, enregistre également le souvenir « du père, de la mère, de tous les parents et bienfaiteurs du fr. Pierre de Poitiers, notre chanoine, qui donna à cette église de Saint-Guénaud un des quatre évangélistes en deux volumes, à condition que cet ouvrage ne serait jamais aliéné, condition ratifiée par l'abbé Jean (le Teutonique) et notre chapitre ».

Il ressortirait de là que Pierre de Poitiers fut détaché quelque temps au prieuré de Saint-Guénaud.

[1] Dans les manuscrits victorins (ex. Ms. lat. 14525, f° 1), cet ouvrage est anonyme. L'attribution n'en a été faite que postérieurement par les rédacteurs de catalogues. Dans un manuscrit appartenant au conseiller Pétau, on lisait : *Explicit penitentiale mgri Petri de Sco Victore emendatum a mgro Jacobo eiusdem Sci Victoris per quasdam notulas et suppletum*. De fait, le fr. Jacques de Rome se contenta d'ajouter quelques notes à la fin du volume. Nous verrons en son lieu que Pierre avait été précédé dans cette voie par le sous-prieur Robert de Flamesbury, auteur d'un Pénitentiel assez court, mais aussi curieux comme formulaire que pratique pour l'administration du sacrement. Il était dédié à Jean d'Oxford, doyen de Salisbury, qui, d'après Giles, l'éditeur des œuvres de Jean de Salisbury, évêque de Chartres, (Oxford et Londres, 1848) serait l'auteur d'une *Summa pœnitentiæ* dont le manuscrit unique est à la Bibliothèque royale de Bruxelles (P. L., t. 199, p. 23. — Cf. B. N. Ms. lat. 14859).

[2] B. N. Ms. lat. 14423 et 14424. — Le nom de l'auteur a été ajouté par les bibliothécaires du xive et du xve siècle.

[3] Cf. Léon Gautier ; *Œuvres poétiques d'Adam de Saint-Victor* ; 1re édition, p. 101-124.

abbaye école de théologie, et laissa des œuvres estimées [1].

Aussi quel régal pour les frères assemblés au chapitre du matin ou à la conférence du soir, lorsque leurs docteurs étaient appelés à prendre la parole ! Pareil régal devait être fréquent, car les recueils de sermons sont à Saint-Victor très nombreux et très remplis [2]. Disons tout de suite que les meilleurs sont encore du XIIe siècle. On y voit figurer côte à côte : Hugue, dont la parole colorée, allégorique, parfois diffuse, va longtemps servir de modèle et de thème à de subtils commentaires ; Richard, non moins profond, mais plus enthousiaste ; l'abbé Achard, méditatif, simple et tendre, alors que le prieur Gautier reste en chaire, malgré ses efforts, le virulent polémiste que nous connaissons.

Pierre le Mangeur prêcha beaucoup soit avant, soit après son entrée en religion. C'est le professeur de l'Université, érudit plus que penseur, ayant à tout propos le texte scripturaire ou patristique ; il ne s'adresse pas au cœur. Sa dernière manière, sa manière victorine, est plus simple, plus naturelle, sans être plus éloquente.

On a également deux sermons du Fr. Odon. Le Nécrologe mentionne tant d'Odon qu'il est impossible de savoir auquel les attribuer. Même remarque à propos de maître Henri, auteur de quelques sermons. Une semblable incertitude existe au sujet de maître Maurice de Saint-Victor, dont le nom figure aussi dans les recueils : c'est l'évêque Maurice de Sulli, retiré à Saint-Victor, sur ses vieux jours, disent M. Hauréau et l'abbé Bourgain ; c'est, prétend J. de Thoulouse, l'archidiacre Maurice, inscrit comme chanoine régulier au Nécrologe [3]. L'annaliste, selon nous, a raison, car s'il s'agissait de l'évêque de Paris, la désignation serait aussi insuffisante qu'irrespectueuse.

Godefroid, le poète et le philosophe, a aussi prêché ; et en chaire il est resté lui-même. Il force parfois l'allégorie, mais en dépit d'une boutade assez superficielle de l'abbé Bour-

---

[1] J. de Th. ad an. 1246. — Pennotto, *Hist. tripartit.*, lib. III, cap. LV.

[2] Voir Hauréau, *Notice sur le n° 14590 de la Bib. nat.* dans les *Notices et Extraits des Mss. de la Bib. nat.*, t. XXII, 2ᵉ partie, et l'abbé Bourgain, *La chaire française au XIIe siècle,* ouvrage auquel nous renvoyons pour l'indication des manuscrits.

[3] VII. Cal. Aug. « Anniversarium solemne Mauritii Paris. archidiaconi et nostri canonici. »

gain [1], nous le reconnaissons pour un des meilleurs prédicateurs victorins, toujours fort élevé d'idées et de langage,
toujours profond théologien, avec sa thèse favorite des distinctions de la nature et de la surnature, de Dieu *créateur*
et du Christ *recréateur*.

Les abbés de Saint-Victor étaient aussi appelés par leurs
fonctions à prendre la parole sinon chaque jour, au moins
dans les circonstances solennelles telles que la Saint-Augustin, la Saint-Victor, les sessions du Chapitre général [2]. Gilduin ne nous a rien laissé en ce genre. Achard, nous l'avons
dit, a payé de sa personne. Nous avons encore les sermons
de Guérin, d'Absalon et de Jean le Teutonique, qui font
assurément honneur à leurs auteurs. Guérin est méthodique,
manque d'élan, mais parle d'un ton débonnaire, paternel ; il
aime surtout à s'entretenir de la Sainte Vierge et de son Père
saint Augustin [3]. Absalon [4] a du goût et du cœur, il atteint
souvent à la véritable éloquence. Jean le Teutonique affectionne le genre figuré ; le plus souvent ses sermons ne sont
que le développement allégorique de son texte.

Enfin il y a dans les recueils un certain nombre de sermons
anonymes, appartenant à des Victorins et dont plusieurs sont
de valeur. Dans tous les siècles, l'art de la chaire fut ardemment cultivé à l'abbaye, avec plus ou moins de succès, disons-le vite. Il y a loin évidemment des sermons d'Achard et
d'Absalon à ceux de Guillaume de Saint-Lô [5]. En effet, le
Livre de l'Ordre exigeait le discours quasi-journalier du chapitre ou de la conférence. Aussi la bibliothèque était formi-
dablement outillée dans ce but, tant en manuels, répertoires,
recueils de proverbes, et autres ouvrages didactiques et pratiques, qu'en collections de sermonnaires où venaient puiser
les orateurs.

---

[1] *La chaire française au* XIIe *siècle*, p. 125.

[2] Cf. *Lib. Ordinis*, cap. 33.

[3] B. N. Ms. lat., 14525, f° 29 à 117. — « Convenistis ad festum gloriosi Patris
et patroni nostri, magistri vestri et nostri, *scolares* pariter et claustrales. Scolam
ipsius frequentare soletis et cum attentione doctrinam audire... » (B. N. Ms. lat.,
14588, f° 191). Au 14525, f° 233 verso, il y a un sermon : « In ascensione Domini
claustralibus et *scolaribus*. »

[4] B. N. Ms. lat., 14525, f° 117 à 233 et 14936, f° 1 à 99. Absalon est en plus
l'auteur d'un abrégé du *Gregorianum* de Garnier, sous le titre de *Gregorianus abre-
viatus* (B. N. Ms. lat. 14936, f° 99 à 136).

[5] B. N. Ms. lat. 14949.

Parfois d'illustres hôtes furent priés de prendre la parole au chapitre. On y entendit saint Thomas Becker le jour de l'Octave de saint Augustin, en 1171. Eustache, évêque d'Ely, banni de son siège par Jean Sans-Terre en 1207 avec Mauger, évêque de Wigorn, reçut l'hospitalité à Saint-Victor et y prononça deux sermons qu'on a faussement attribués à l'abbé Ernis [1].

Mais les cloîtres victorins ne redirent pas seulement l'écho de la voix des docteurs et des orateurs; souvent ils s'emplirent de poétiques murmures : strophes échappées aux lèvres d'Adam, épitaphes éloquentes, rarement banales, gravées sur les tombes, ingénieuses sentences qui, de-ci de-là, entre les pieuses images, se détachaient des murailles. Dès maintenant il nous plaît de constater que, à côté de son école dogmatique, Saint-Victor eut son école poétique. D'Adam à Santeul, nous pouvons reconstituer toute une série de versificateurs plus ou moins heureux, qui témoignent au moins d'une tradition constante et charmante. Nous saluerons au passage tous ces bardes. Pour le moment, inscrivons trois noms d'ancêtres dont les descendants n'ont aucunement éclipsé la gloire.

Adam, « le plus grand poète liturgique du Moyen Age [2] », était originaire de Bretagne. Tous les manuscrits s'accordent pour le déclarer; mais ils ne nous apprennent pas s'il faut entendre la Grande-Bretagne ou la Bretagne armorique. Pour Léon Gautier, cette dernière est le plus probablement sa patrie [3], et nous souscrivons à cette opinion. L'année précise de la naissance d'Adam est incertaine tout autant que celle de sa mort. Jean de Thoulouse et les autres annalistes n'ont guère de données fixes sur ce sujet ; les autorités qu'ils citent n'ont qu'une valeur très relative. La tradition la mieux fondée est celle qu'a recueillie le *Gallia Christiana* [4] et qui place la mort de notre poète sous le gouvernement de l'abbé

---

[1] B. N. Ms. lat. 14525, f° 251 verso. Un titre en rouge, écriture du XIII° siècle, porte : *Sermo epi Eliensis in caplo generali.* Une note du XV° siècle nous explique qu'il s'agit de l'abbé Ernis qui serait devenu évêque d'Ely. J. de Th. dans une autre note a rétabli la vérité, d'après le Mémorial de Jean de Paris. Au f° 254 verso se trouve l'autre sermon d'Eustache, évêque d'Ely, *In festivitate omnium sanctorum.*

[2] Dom Guéranger, *Année liturgique*, t. I, p. 278.

[3] *Œuvres poétiques d'Adam de Saint-Victor*, 1re édit., introduction, p. LXV.

[4] T. VII, col. 670.

Guérin. Or, Guérin fut abbé de 1172 à 1193. Jean de Thoulouse prétend qu'il est difficile de faire d'Adam un contemporain de Hugue ; tout au plus, Hugue a-t-il connu Adam à
l'aurore de son adolescence.

Et cependant comment dès lors expliquer ce fait : Hugue,
en son quatrième sermon sur la Nativité de la Sainte Vierge[1],
se complaît à citer trois ravissantes strophes bien authentiques[2] de son confrère, qu'il appelle : *egregius versificator*.
En vérité, se peut-il agir ici d'un tout jeune homme[3] ?

Aussi (et peut-être sommes-nous le premier à hasarder
cette hypothèse), nous ne serions nullement éloigné de voir
notre poète en la personne de ce *préchantre* Adam qui signe
en 1139 une charte de Gilduin, parmi les principaux représentants de tous les ordres de l'abbaye[4]. Cette opinion reçoit
une force singulière du fait que le chroniqueur victorin anonyme de la fin du XIIe siecle range maître Adam (qu'il place
avant Richard) parmi les disciples de Gilduin. Or, sa chronique
s'arrête à 1190 ; et tous les personnages relatés dans ce passage ne sont aucunement présentés comme les contemporains
de l'auteur[5]. Dès lors s'expliquerait son rôle liturgique et le
caractère si spécial de sa vie, et encore la tradition relatée
par Gourdan, qui en fait un psalmiste assidu, le très pieux
Adam. Rien ne nous force à lui faire dépasser de beaucoup
l'extrême limite de 1174 ou 1175, puisque en mars 1173 fut
canonisé saint Thomas Becket, en l'honneur de qui il écrivit
l'une au moins de ses proses.

Adam avait composé quelques distiques admirables[6] sur le

[1] P. L., t. 177, col. 910.

[2] Les strophes 2, 3 et 9 de la Séquence, *Ave, Virgo singularis*.

[3] Il est vrai que M. Hauréau renverse l'argument : Adam est cité dans ce sermon. Or, Adam est mort cinquante ans après Hugue ; donc, le sermon n'est pas
de Hugue (*Les Œuvres de Hugues de Saint-Victor*, 1886, p. 222.) Comme si
l'année de la mort d'Adam était certaine.

[4] J. de Th. ad an. 1139.

[5] B. N. Ms. lat. 15009, f° 76 verso.

[6] Cités dans le Ms. 778 de la Bib. Mazar. sous ce titre : « Versus *mgri Ade* de
miseria hominis » (f° 145 verso, XIIIe siècle).
Ces vers figurent aussi dans l'*Hortus deliciarum* d'Herrade de Landsberg (V. Bib.
de l'Ecole de Chartes, I, 245) ; mais la savante abbesse a pu les emprunter à
notre Adam, son contemporain. Les voici *in extenso* :

Heres peccati, natura filius ire
Exsiliique reus nascitur omnis homo.

néant de l'homme. Ses confrères lui en firent une épitaphe, après lui avoir creusé sa tombe au côté occidental du cloître, devant la porte du chapitre. Sa pierre funéraire se reconnaissait à une simple ornementation faite de clous de cuivre.

Et voilà ce que nous savons, c'est-à-dire à peu près rien, d'un homme que ses œuvres nous révèlent comme l'une des plus brillantes étoiles de la pléiade victorine. Le Moyen Age fut juste à son égard, et ses poésies reçurent la consécration de la plus enviable popularité, puisque, pendant quatre siècles, elles eurent une place d'honneur dans les répertoires officiels de la louange divine [1].

> Unde superbit homo, cuius conceptio culpa,
>   Nasci pena, labor vita, necesse mori ?
> Vana salus hominis, vanus decor, omnia vana :
>   Inter vana nichil vanius est homine.
> Dum magis alludunt presentis gaudia vite,
>   Preterit, immo fugit ; non fugit, immo perit.
> Post hominem vermis, post vermem fit cinis, heu ! heu !
>   Sic redit ad cinerem gloria nostra suum.

Ce morceau d'une éloquence macabre était gravé sur une plaque de cuivre appliquée à la muraille en face de la sépulture du poète. Il a été souvent reproduit soit dans les manuscrits, soit dans les collections imprimées. Pasquier l'oppose à toutes les épitaphes anciennes et modernes. Léon Gautier s'écrie après lui : « Nous sommes de l'avis de Pasquier, et dussions-nous passer pour médiocre érudit, nous ne voulons pas cacher notre admiration pour ces vers que nous préférons à la plupart de ceux d'Horace et de Virgile. »

Au XVIe siècle, un autre poète victorin voulut compléter l'épitaphe et y ajouta ces deux distiques :

> Hic ego qui iaceo miseret miserabilis Adam
>   Unam pro summo munere posco precem
> Peccavi, fateor ; veniam peto, parce fatenti, ·
>   Parce, pater, fratres parcite, parce, Deus.

Lors de la destruction de l'abbaye, la plaque de cuivre qui conservait cet immortel poème fut sauvée des mains d'un chaudronnier par l'abbé Petit-Radel, qui la déposa à la Bibliothèque mazarine.

Nous nous croyons dispensé de reproduire une autre très médiocre épitaphe consacrée par quelque victorin inconnu à la mémoire du grand poète, ainsi que les méchants vers où Guillaume de Saint-Lô célébra les trois principales gloires littéraires de l'abbaye : Hugue, Richard et Adam (Cf. Léon Gautier, Œuvres poétiques d'Adam de Saint-Victor, 1re édit., introd., p. 90).

Adam le Breton est relaté au Nécrologe, le 8 des Ides de juillet.

1 Les œuvres d'Adam avaient fait l'objet d'une approbation spéciale d'Innocent III au concile de Latran de 1215 (J. de Paris, Mém. hist., B. N. Ms. lat. 15011, f° 428).

Profondeur de la pensée, sûreté de la doctrine, habile mise en œuvre de la science scripturaire, grâce et suavité de l'expression, chaleur et tendresse dans l'élan d'un sincère amour, justesse et couleur dans l'emploi des images, harmonie du rythme littéraire autant que de la mélodie musicale : Adam possède tout cela au plus haut degré. Léon Gautier s'était depuis longtemps épris de cette mystérieuse et sympathique figure, et dans plusieurs éditions, trop sévèrement appréciées par la critique, il nous a donné enfin, d'après les règles de la plus scrupuleuse critique, le texte définitif des « Œuvres poétiques d'Adam de Saint-Victor [1]. Voilà le travail de l'érudit. En même temps a parlé l'artiste délicat, le catholique ardent, le Français de France, et dans un superbe langage, il a présenté notre Adam au premier rang de nos poètes nationaux [2].

Si Adam n'est pas l'inventeur de son procédé poétique, au moins il le fit sien d'une manière incontestée, et personne n'accusera d'injustice les auteurs qui, à la suite de Léon Gautier, attacheront son nom à la large strophe bien cadencée et parfaitement rimée qui eut ses prédilections. De plus, jusqu'à preuve du contraire, il nous faut lui faire honneur de l'adaptation, sinon de la composition originale des mélodies qui en sont le complément inséparable. L'œuvre d'Adam est, par son but et son caractère, plus musicale encore que littéraire [3].

Parmi la cinquantaine de proses que la plus rigoureuse critique a laissées à notre Adam, il en est une qui fut particulièrement célèbre. Nous en avons ailleurs raconté l'histoire, en même temps que nous en avons publié, le premier, le texte musical [4].

Il s'agit du *Salve Mater Salvatoris*, la plus parfaite peut-être des séquences d'Adam, et qui lui valut une céleste faveur. Le souvenir nous en a été conservé par Thomas de

---

[1] Paris, Picard, 1894.

[2] *Littérature catholique et nationale*, p. 197-219 (Desclée, 1894).

[3] Le recueil complet de ces mélodies vient d'être édité pour la première fois par dom Hild. Prévost, *Recueil complet des Séquences d'Adam le Breton* (Ligugé, 1901), (ouvrage, dont l'impression, pour différentes causes, a duré près de deux ans). Un autre recueil parut presque en même temps à Solesmes sous le nom de MM. Aubry et Misset (Werther, in-4°).

[4] *Revue du chant grégorien*, n° de mai 1899.

Cantimpré [1], qui avait assidument fréquenté à Saint-Victor :

Le vénérable maître Adam, chanoine régulier de Saint-Victor de Paris, composant la séquence *Salve Mater Salvatoris*, venant de chanter la strophe :

> Salve, Mater pietatis
> Et tocius Trinitatis
> Nobile triclinium,

lorsque la glorieuse Vierge lui apparaissant, daigna le remercier en inclinant sa tête souveraine [2].

Dire qu'Adam fit école ne serait peut-être pas exact, s'il s'agit de Godefroid et de Léonius, qui relèvent d'ún art en-

---

[1] Lib. II. *Apum* seu *de Bono universali*, cap. 28 et lib. I, cap. 20. Thomas de Cantimpré n'a fait que reproduire le récit de faits encore récents. De tout temps la tradition de l'abbaye a désigné la crypte de l'église comme le lieu du gracieux miracle. Elle fut, pour cette raison, un centre de pèlerinage fréquenté pendant six cents ans. Jusqu'au XVIIᵉ siècle, un monument en pierre sculptée y représentait le poète contemplant dans l'extase la Vierge-Mère.

En 1623, lors d'une restauration de la crypte, on fit disparaître les derniers restes de ce vénérable témoin d'une tradition toujours vivante et on les remplaça par un tableau peint sur bois, aux côtés de la statue miraculeuse.

En 1524, imprimant chez de Marnef leurs livres liturgiques, les Victorins placèrent avant la strophe. *Salve, Mater pietatis*, la rubrique suivante : *Dum venerabilis Adam sequenti versiculo beatam Mariam Virginem salutasset*, ab ea resalutari et *regratiari meruit*. M. l'abbé Misset signale une curieuse gravure de 1539, représentant le miracle (*N. D. de l'Epine* (1902), p. 37).

Hélas ! un siècle après, les Proses d'Adam furent, à Saint-Victor même, l'objet d'une proscription générale. Jean de Thoulouse, devenu grand-prieur, en rétablit pour un temps l'usage. Mais, après lui, elles furent de nouveau abandonnées pour céder la place aux savantes et olympiennes productions de Santeul ou aux pieuses et médiocres élucubrations de Gourdan (J. de Th. ad an. 1174).

[2] Adam, le poète avant tout liturgique, est à peu près certainement l'auteur des offices propres de Saint-Victor et de Saint-Augustin. Jean de Thoulouse a en quelque sorte retrouvé le brouillon de ces offices dans un manuscrit ancien (insuffisamment indiqué) où se lisait la vie de chacun des deux saints, à peu près dans le même ordre et les mêmes termes que ceux des antiennes et des répons. En tout cas, l'opinion des auteurs de la Congrégation de Latran, comme Serenius et Pennotto, est inacceptable, lorsqu'ils font honneur à saint Thomas d'Aquin de la composition de l'office de Saint-Augustin. Le plus ancien Ordinaire ou Rituel de Saint-Victor, qui n'a pu être écrit après 1206 (seize ans avant la naissance de saint Thomas), prescrivait déjà à la fête de saint Augustin les antiennes propres *Lætare mater nostra*, etc., de Vêpres ; *Post mortem matris*, etc., de Laudes; le Répons *Invenit*, et l'hymne *Magne Pater Augustine*, laquelle d'ailleurs est digne d'Adam. On n'en saurait dire autant de l'hymne des Laudes : *Cœli cives applaudite* qui peut être de composition postérieure.

tièrement différent, puisé à d'autres sources et pratiqué par
eux avant leur entrée dans le cloître.

Prosaïce, rithmice, metrice, melice, est-il écrit sur les
pages d'un livre tenu à la main par Godefroid dans un dessin
qui le représente en long rochet de lin, assis dans une
chaire doctorale[1]. Godefroid a écrit et remarquablement écrit
en prose, témoin son *Microcosmus*[2] et ses sermons[3] ; il a écrit
en poésie rythmique et en poésie métrique des œuvres souvent gâtées par de la subtilité et de la recherche, mais qui
renferment nombre de parties vraiment intéressantes. Ajoutons tout de suite que Godefroid est surtout versificateur.
Chez lui pas d'élan, pas de souffle : cependant il a de l'imagination et ses descriptions sont parfois aussi coloriées qu'elles
sont ingénieuses. Nous avons de lui une œuvre poétique
d'assez longue haleine : le *Fons Philosophie*[4], qu'il composa
après son entrée en religion et dédia au célèbre abbé de
Sainte-Geneviève, Etienne de Tournai. Nous avons assez dit
plus haut pour donner une idée des matières qui en font le
sujet. Le premier livre est tout entier composé de strophes
faites de vers de 13 pieds soigneusement rimés par groupes
de quatre avec césure régulière après le septième pied[5]. Il se
termine par un opuscule traité d'après le même procédé pro-
sodique, sous le titre bizarre d'*Anathomia corporis Christi*[6].
Ce titre conviendrait mieux au livre II que Godefroid intitule
De spirituali corpore Christi. C'est une dissection en règle
dont la minutie et le réalisme choquent avec raison notre dé-

---

[1] Bib. Mazar. Ms. 1002, f° 144 verso. Cf. plus haut, p. 58.

[2] Microcosmus Godefridi *canonici sancti Victoris Parisiensis*, titre du XIIIᵉ siècle
(Ms. lat. B. N. 14515, f° 2, recto).

[3] *Ibid.*, f° 107, recto : « Incipiunt sermones Godefridi *canonici Sancti Victoris
Parisiensis*, f° 149 recto. Il y a un sermon *de Sancto Victore*.

[4] B. N. Ms. lat. 15154 et 14769, f° 256. Bib. Mazar. Ms. 1002, f° 145. Publié
par M. A. Charma dans le t. XXVII des Mémoires de la Société des Antiquaires
de la Normandie.

[5] Ce vers, fort semblable à celui de Dante, paraît un dérivé rythmique de l'ancien trochaïque dimètre catalectique :

Truditur dies dies (Horace)

combiné avec le trochaïque dimètre brachycatalectique :

Bacche, iunge tigres (Horace).

[6] Cet opuscule a été aussi copié à part et complété de quatre chapitres dans le
Ms. lat. 14928, ancien qq. 23.

licatesse, quand on songe surtout qu'il s'agit de l'humanité
divine, cependant qu'au milieu de ces membres épars Godefroid évolue à son aise à la recherche des allégories les plus
risquées. Il adopte ici le distique classique, et en donne la
raison :

> Hactenus ad rithmum numeratis passibus ivi,
> Disparium metro nunc libet ire pedum ;
> Et sicut vario statui procedere calle,
> Mutando lassum sic reparabo pedem.

Dans le manuscrit latin 15154, f° 54, de la Bibliothèque nationale, et le 1002 de la Mazarine, f° 221, on lit à la suite du
Fons philosophie un *Preconium Augustini* en quatrains rimés d'après la règle plus haut énoncée. C'est d'ailleurs une
œuvre plutôt médiocre. Et peut-être faut-il en dire autant
d'une paraphrase du *Magnificat : Canticum beate Marie stu-
dio Godefridi extensum.*

Mais cette dernière œuvre, ainsi que celle qui la suit dans
les manuscrits déjà cités : *Planctus beate Virginis et matris
in passione filii,* est pour nous du plus haut intérêt, à cause
de sa notation musicale, que nous avons tout lieu de croire
de Godefroid, et qui donne raison à l'inscription du dessin
ancien, où sont relatés ses quatre genres de composition :
« Prosaïce, rithmice, metrice, *melice* ». Godefroid était compositeur de musique [1].

Mais qu'était en somme ce Godefroid ? Personnage à peu
près aussi mystérieux qu'Adam, nous ignorons pour ainsi

---

[1] Nous connaissons au moins deux textes du *Canticum* avec notation musicale :
le 1002 de la Bib. Mazar: folio 232, où il est donné comme séquence à la suite de
l'alleluia. *Virga Jesse floruit* ; et le n° 15163 de la Bib. nat. f° 227, où nous avons
une copie du xvᵉ siècle. C'est une mélodie assez étrange qui rappelle en plus d'un
point le *Mittit ad Virginem* d'Abailard. — Le *Planctus* a été parfois attribué à
saint Bernard, parce qu'il reproduit textuellement plusieurs passages d'un *Planctus*
en prose rythmée, qui figure parmi les œuvres de l'abbé de Clairvaux.

Ce fait d'ailleurs n'infirme en rien l'autorité des manuscrits qui le reproduisent
invariablement à la suite des ouvrages poétiques de notre Godefroid. La mélodie
s'est parfois inspirée de réminiscences d'Adam ; elle est d'une tendresse et d'une
éloquence qui en font à notre avis un morceau de grande valeur. On trouve ce
chant en usage dans nombre d'églises après le xiiiᵉ siècle (Cf. U. Chevalier, *Re-
pert. hymnol.*, n° 14950).

Dom Pothier en a publié une transcription fautive (*Revue du chant grégorien*,
5ᵉ année, n° 2). Quelques passages en ont été utilisés dans le 6ᵉ répons de l'office
de N.-D. des Sept-Douleurs.

dire tout de sa vie [1]. Nous savons seulement, il nous l'apprend lui-même, qu'il suivit tout le cours des études dans les écoles séculières, peut-être celles du Petit-Pont dont il parle avec un souvenir ému :

> O beatus populus talium rectorum !

Il était assez avancé en âge lorsqu'il frappa aux portes du cloître victorin.

> In hunc locum spiritus qui me circumduxit
> Velut electissimum denique perduxit ;
> In hoc michi gratia plenius illuxit
> Et de vena pocula meliore fluxit.
> Huius elegantia, fateor, magistri (St-Augustin),
> Assessorum probitas, habiles ministri
> Quorum nichil pretulit species sinistri,
> Sui me devintiunt laqueo capistri.

Tel fut le terme de son long voyage à la recherche de la sagesse. Mais les docteurs ses anciens amis taxèrent vite de lâcheté et de pusillanimité cette retraite du monde :

> Quand ils apprirent que je m'étais réfugié dans cette solitude où je demeure à présent, plusieurs de mes amis, oubliant qu'un pauvre comme moi avait droit à leurs encouragements plutôt qu'à leurs colères, virent d'un mauvais œil qu'un vétéran de mon âge se fît des ailes de colombe pour aller chercher le repos au désert [2].

C'est pour répondre à leurs accusations de paresse et leur prouver que ses facultés ne sont aucunement émoussées au service de Dieu, qu'il entreprend le *Microcosmus*.

En 1173, à la mort de Richard de Saint-Victor, il est élu sous-prieur, après Gautier, devenu prieur, et dès 1187, une charte nous indique qu'il a un remplaçant en la personne de Reinaud. On ignore l'année de son décès, et Jean de Thoulouse veut qu'on lui applique une mention du Nécrologe,

---

[1] Dans une étude assez complète qui lui est consacrée dans l'*Hist. gén. des auteurs sacrés et ecclésiastiques* de dom Ceillier (édit., Vivès, t. XIV, 2ᵉ part., p. 811), l'auteur incline à faire un même personnage de Geoffroi, sous-prieur de Sainte-Barbe en Ange, et de notre Godefroid de Saint-Victor. C'est la thèse de l'*Histoire littéraire*, thèse qui n'a jusqu'ici que la valeur d'une conjecture, nullement confirmée, sinon démentie par les documents victorins.

[2] B. N. Ms. lat., 14515. f° 1.

concernant un Godefroid, prêtre, au XI des Calendes de décembre [1].

C'est en 1187, dans une charte de l'évêque Maurice de Sulli, datée d'Athis [2], que nous trouvons la signature d'un autre poète célèbre : le victorin Léonius, à qui plusieurs attribuent l'invention du vers léonin, bien que nous ne trouvions aucun vers aux hémistiches régulièrement assonancés ou rimés, dans les importants poèmes qu'il nous a laissés. Léonius n'est mentionné qu'une autre fois : au Nécrologe [3]. C'est assez pour nous apprendre encore que le cloître de Saint-Victor fut pour lui le dernier asile.

Vers la fin du pontificat de son compatriote, l'anglais Adrien IV (1154-1159), Léonius n'était qu'un pauvre chanoine de la très pauvre église de Saint-Benoît de Paris. Bohême avant la lettre, le premier chant que nous ayons de sa muse est un cri de famine :

Pape Adrien, écrit-il familièrement, ma requête est modeste. Je suis dans la misère, mordu par le froid, dévoré par le chagrin ; mais de tout cela je m'inquiète assez peu. Je te demande seulement d'avoir souvenance de la pauvre église qui m'a confié la défense dē ses droits. Quand tu revenais de mission aux pays glacés, pensais-tu que si tôt tu deviendrais Pape ? Tu m'as alors promis qu'en toutes cir-

---

[1] Godefroid avait composé cette étrange épigraphe en acrostiche pour le *Fons philosophie* (B. Ms. lat. 15154, f° 1, et Bib. Mazar. Ms. 1002, f° 144 verso).

*G*leba soporati iacet hic anime Godefridi
*O*rdine que proprio restituetur ei,
*D*onari requiem, pie lector carminis huius,
*E*iecte rogita dum cineratur ea.
*F*ortius hoc ora quo, priusquam venerit hora
*R*estituendorum, glorificetur ea
*I*nter eos quorum sunt corpora glorificanda.
*D*ic orans : caro sit glorificata tua ;
*U*traque felici sic sic insint sibi nexu
*S*icut principiis his Godefridus inest.

Godefroid est mort, son esprit aussi s'est figé sur le vélin dans un texte mort. C'est à l'intelligence du lecteur à le revivifier.

[2] « Actum publice apud Athias, anno ab incarnatione Domini MCLXXXVII, sabbato post festum S. Mathie. Quod ne valeat oblivione deleri, sub chirographi partitione scripto commendavimus. Testes : Robertus, prior, f Petrus, f. *Leonius*, f. Alexander, f. Daniel ; dñus Nicolaus, mgr Philippus, canonici B. Marie ; Hugo, miles, Matheus, Stephanus, frater eius ; Azo de Mons, miles. » (J. de Th. ad an. 1187).

[3] V. Kal. Jan. « Obiit Leonius sacerdos, canonicus noster professus ».

constances tu serais de mon côté... O Père, puisse mon espoir n'être pas déçu. Et qu'alors le monde entier révère tes oracles, que la grande Rome te chérisse et te craigne. Que ton cher prédécesseur Eugène jouisse de la lumière éternelle et que ton humble serviteur le retrouve en toi ! [1]

Les relations du pauvre chanoine, on le voit, n'étaient pas vulgaires. Peut-être Adrien IV n'eut-il pas le temps de combler les vœux de son ancien protégé et laissa-t-il ce soin à son successeur Alexandre III. Nous avons en effet un poème de remerciements adressé à ce dernier par Léonius [2].

Le poète manie fort élégamment le distique classique dans une ravissante pièce [3] adressée à un ami très aimé pour lui offrir ses félicitations les plus cordiales à l'occasion de son élévation à une dignité importante. Il lui exprime avec beaucoup de sentiment une affection que le temps et l'éloignement n'ont fait que rendre plus vive, et finalement il l'invite à venir le voir pour les fêtes *du bâton* (des Innocents) et de la nouvelle année.

Mais l'œuvre maîtresse du poète, celle-là bien victorine, est une traduction des huit premiers livres de la Bible [4], plus de quatorze mille hexamètres de la plus belle venue. Léonius a pris Virgile pour maître, et reproduit souvent des expressions et des hémistiches entiers qu'il lui emprunte avec à-propos. Sans aller jusqu'à vouloir avec Jean de Thoulouse, faire de ce poème un ouvrage classique, nous n'hésitons pas à reconnaître que bon nombre de passages sont fort remarquables pour la mise en scène et la facture du vers.

[1] J. de Th. ad an. 1158.

[2] *Ibid.*, ad an. 1159.

[3]   Non magis Eurialum Nisus, Phoceus Oresten,
         Non plus Pirithoum Theseus ipse suum
    Quam te complector ego pectore, fide sodalis,
         Altera nempe mei pars ei et alter ego......
    Festa dies aliis baculi venit et novus annus.
         Qua venies veniet hec michi festa dies.
    Tunc ego dilecte cervici brachia nectam;
         Pectore tunc caro pectora cara premam.
    Seria tunc dulcesque iocos archanaque mentis
         Fas erit atque statum promere cuique suum......
    Utque celer venias nec gaudia nostra moreris
         Nil mihi rescribas, at magis ipse veni. (B. N. Ms. lat. 14759,
f° 150).

[4] B. N. Ms. lat. 14759 et 14760.

Il faut nous contenter d'indiquer, par exemple : la Création de l'homme ; l'Etat d'innocence ; le Déluge ; le Sacrifice d'Abraham ; le Passage de la Mer rouge ; le Mont Sinaï, etc [1].

Après une invocation grandiose au Créateur de toutes choses :

> Tu, precor, aspira, dubios tu dirige gressus,
> Tu nova digneris prestare in carmina vires,
> Resque tuas digne fari tua gratia donet.;

l'auteur dédie son poème à Guérin, l'abbé de Saint-Victor, sur les conseils duquel l'œuvre fut entreprise :

O toi qui dois ton rang élevé non au blason de tes ancêtres, mais à ton mérite personnel et à tes vertus, homme sans ambition, placé malgré toi pour ton zèle et ta fermeté dans l'observance d'un Ordre sacré, à la tête d'une église dont la gloire rayonne sur le monde entier, sois indulgent pour une œuvre commencée sous tes auspices, aide-moi de tes prières, rends-moi propice la Majesté divine. Puissé-je ainsi, guidé par sa lumière, m'ouvrir, à travers la vaste forêt des Ecritures, des chemins inconnus, et m'aventurer au loin sans danger sur ces étroits sentiers [2].

Les visées du poète étaient modestes. Ses vers n'étaient pas destinés à devenir la pâture des docteurs envieux auxquels il s'adresse à la fin de son prologue :

> Scribimus ingeniis rudibus, parvisque legenda
> Tradimus, ut puras primum sacra lectio mentes
> Imbuat et melior doctrina preoccupat aures.

C'est pour les tout petits que chante Léonius, pour qu'en leur offrant les éléments des lettres humaines, ses vers leur apprennent à la fois le nom et l'amour du vrai Dieu.

Il semble promettre, à la fin du XIIe livre, un autre ouvrage qui ne fut jamais réalisé, ou qui du moins ne nous est pas resté :

> Ne tibi sint operis, lector, fastidia longi,
> Fessaque ne medio solvatur in equore navis,
> Hic standum est, portuque licet figenda remoto
> Anchora, cum pelagus et adhuc michi grande supersit.

---

[1] Ms. lat. 14760, fos 2 verso, 3 verso, 13 verso, 33 verso, 96 recto, 105 verso.
[2] Ibid., fo 1.

Enfin, avant de clore ses pages, le poète adresse encore à Dieu un humble hommage et à son abbé, un dernier salut et une demande de protection :

Tu quoque quem falso generis non lumine splendor
Sed virtus meritique illustrat gloria celsi,
Nobilitasque animi melior, Victoris ut unum
Martyris equalem sacra sibi relligione
Reppererit patrem domus hoc te tempore dignum,
Hec oculis lege digna tuis, fautorque benigno
Hunc res divinas animo tuearis habentem,
Quem tibi pro magno quesisti munere, meque
Magnus adegisti monitor componere librum.
Eripe et invidie quem morsibus undique cernis
Ipse peti, nec spe pavidum patiare relinqui,
Ad te sed placidam fugienti porrige dextram.
Et et, iudicii subiens examen iniqui,
Pagina nostra pium sibi sentiat esse patronum,
Presidioque tui maneat secura favoris [1].

[1] Devons-nous compléter la liste de nos poètes ;victorins en y ajoutant le nom de *Simon-Chèvre-d'Or* ? Il nous en coûte de contester la valeur d'une autorité comme celle de l'*Histoire littéraire* (t. XII, p. 487). Et cependant rien dans nos documents de famille, rien dans les écrits de nos annalistes, si soucieux de mettre en valeur toutes les gloires victorines, rien n'indique la trace de ce Simon-Chèvre-d'Or. D'autre part, le Ms. 8430 de la Bibliothèque du Roi cité par les Bénédictins (petit format, parchemin, du XIIIᵉ siècle, qui donne l'*Iliade* de Simon-Chèvre-d'Or, du fᵒ 17 au fᵒ 24) ne présente rien qui indique nécessairement que l'auteur est un Victorin. La note finale reproduite par l'*Histoire littéraire* prouve que Simon-Chèvre-d'Or fut chanoine, mais ne dit pas qu'il fut chanoine de Saint-Victor. « Explicit Ilias a Magistro Simone Aurea Capra et ab ipso nondum canonicato incomparabiliter edita et ab eodem jam canonicato mirabiliter correcta... etc... » (B. N. Ms. lat. 8430, fᵒ 24 verso).

Nous n'éprouvons par contre aucune hésitation à ranger dans la pléiade victorine l'auteur anonyme d'un recueil de poèmes d'assez longue haleine sur l'Histoire sainte, la Vierge, les Saints, écrit certainement à l'abbaye à la fin du XIIᵉ siècle. L'auteur y avait vu saint Thomas Becket et y composait ses vers peu de temps après la canonisation de l'évêque martyr (1181) et l'avènement de Philippe-Auguste. C'est lui-même qui nous l'apprend.

Hoc memini libro Ihesu miracula Christi
Cum rex Francorum, Io ois (?) Philippe, fuisti,
Editus ipse fuit in cella Parisiorum ..
Quam pius illustrat dux Victor canonicorum;
Quem vidi Thomas Anglorum sanguine natus
Eterno pridem fuerat splendore levatus.

(Bib. Mazar. Ms. 778, fᵒˢ 113 à 140 verso).

En terminant cet épineux chapitre, il nous siérait de tenir au lecteur un semblable langage. Si nous nous sommes attardé, notre excuse sera peut-être l'agrément des chemins parcourus ; si nous avons été incomplet, peut-être nous pardonnera-t-on encore : une plus longue étude eût par trop dépassé les bornes du rôle de l'historien. Au moins croyons-nous avoir complètement démontré que si, au dire de Pasquier, les lettres furent toujours, à Saint-Victor, logées à bonne enseigne, jamais elles ne le furent si bien que dans ce premier siècle.

(A suivre.)

D. Fourier Bonnard.

Le Centenaire de Dupanloup

(Suite.)

V

En continuant Rohrbacher, le reviseur devait se souvenir qu'il portait la plume d'un historien très libre dans ses propos contre toutes les majestés usurpées de l'erreur, notamment contre le patriarche du gallicanisme, Bossuet. L'Evangile, au surplus, nous offre le type de toutes les histoires ecclésiastiques ; l'Homme-Dieu s'y montre terrible contre tous les réfractaires. Hérodiens et Sadducéens tombent successivement sous ses coups ; contre personne il n'est plus virulent que contre les Pharisiens. La tradition de l'Eglise, écho fidèle de l'Evangile, — sans parler de Paul et de Jean, qui manient superbement le fouet, — nous montre, dans les Pères de l'Eglise, depuis saint Polycarpe jusqu'à saint Jean Damascène, un ouragan d'anathèmes contre tous les adultérateurs du symbole et les déchireurs de la tunique du Christ. Les scolastiques de saint Anselme à Duns Scot, en y comprenant saint Bernard, n'épargnent pas les novateurs du temps ; saint Thomas lui-même, si calme, que vous le croiriez la raison impersonnelle, s'indigne contre Guillaume de Saint-Amour, dans un langage de feu. Les théologiens, pacifiques par nature, oublient leur calme pour manier le ceste et l'épée, c'est même de leur temps que paraissent les gladiateurs de la controverse. Bossuet, tout Bossuet qu'il est, ose appeler son ami d'antan, le cygne de Cambrai, le Montan d'une nouvelle Priscille. Bianchi contre Bossuet, Zaccaria contre Febronius, bien que leurs adversaires soient évêques, les fustigent pourtant avec tous les scorpions de l'apologétique. Nous arrivons ainsi à Lamennais dont personne n'a jamais dit qu'il fût tendre pour les scissionnaires de l'Eglise et de la Chaire du Prince des Apôtres. On devait, en présence de Dupanloup, ne pas mettre de côté ces souvenirs d'énergie et d'indépendance.

Du reste, sauf Dupanloup, d'ailleurs simple prêtre en 1845,

évêque seulement depuis 1850, tous ses adeptes sont de simples laïques, grands à leurs propres yeux sans doute, mais simples fidèles dans l'Eglise, et, par conséquent, sans qualité pour se permettre la dogmatique. C'est même un des traits caractéristiques de cette école que, modestes, je veux le croire, en leur privé, ils aiment à se frotter réciproquement de tous les onguents de l'admiration. Tous leurs livres sont des chefs-d'œuvre ; tous leurs hommes sont des hommes de génie ; et, depuis qu'ils sont effacés de la terre, c'est à qui leur élèvera des statues en plusieurs volumes. Or, l'outrecuidance des panégyriques ne change rien à la réalité des choses. Falloux n'est toujours qu'un sot ; Broglie qu'un arrogant ; Cochin qu'un ridicule monsieur. Celui qui m'irrite le plus, après Dupanloup, c'est ce grand enfant, Charlotte de Montalembert. Lui qui a présidé le Co-‌mité pour la défense de la liberté religieuse ; lui qui, par la plume du comte Beugnot, a cru devoir anathématiser l'Etat théologien, le voici théologastre de la plus basse espèce ; le voici correspondant des laïques, réformateurs masqués d'outre-Rhin ; et lui qui a dit : L'Eglise est plus qu'une femme, c'est une mère, il traduit les sen‌timents de Dupanloup en traitant Pie IX d'idole. Il était difficile de se contenir en présence de pareils outrages. Ici, une anecdote ; c'est un privilège des vieillards d'en conter à la jeunesse.

Pierre Mabille, curé doyen de Villersexel, était l'ami de Monta‌lembert. Quand l'orateur catholique venait en Franche-Comté, il visitait et recevait son curé comme ami de la maison. Mabille, ina‌movible en droit, l'était surtout en fait ; il ne quittait jamais sa pa‌roisse. Mᵐᵉ et M. de Montalembert entreprirent de le faire voyager ; ils osèrent même l'inviter à les venir voir à Paris ; mais ils ne le dé‌cidèrent pas sans de longues instances. Enfin Mabille se décide à acheter une belle soutane et le voilà parti. A son arrivée, c'était jour de réception chez Montalembert. Vous pensez bien que les grands personnages de Paris n'introduisirent point dans leur cénacle le petit curé de province. Mabille resta au salon avec la comtesse ; mais il avait de l'esprit et savait toiser un homme. A chaque arri‌vant, il demandait à madame qui c'était. Ce petit monsieur qui se balance, qui c'est-il ? — C'est M. Cochin. — Et celui-ci qui a l'air d'une fouine ? — C'est M. de Falloux. — Et cet autre, c'est un lord anglais ? — Non, c'est M. de Broglie. — Et cet ecclésiastique qui entre sans politesse et marche si effrontément ? — Ah ! celui-ci, c'est le mauvais génie de mon mari, c'est l'abbé Dupanloup.

Pierre Mabille, curé de Villersexel, avait reçu un jour, à 10 heures du soir, un visiteur à qui sa bonne ne voulait pas ouvrir la porte et qui insistait absolument pour entrer. La bonne monta à la chambre du curé et l'informa de l'incident. Le curé vient ouvrir et voit un jeune homme, bien vêtu, qui le supplie de lui offrir l'hospitalité. « Je suis, dit-il, le prince Louis Napoléon Bonaparte ; j'ai voulu respirer l'air de la France ; en passant à la douane, j'ai été vu par les agents ; à mon retour, je serai pris. J'ai besoin de passer la nuit ici et de rentrer demain en suivant un autre chemin. » Mabille reçut le prince ; lui donna à souper, à coucher et le reconduisit, le lendemain, en voiture, à cinq lieues plus loin. Le prince rentra sans encombre à Arenemberg et, devenu empereur, fit, du curé de Villersexel, l'évêque de Saint-Claude et de Versailles. Pierre Mabille, sous l'empire et sous l'Assemblée nationale, devait adresser, aux pouvoirs souverains, les dernières paroles, vraiment politiques, qu'ait pu entendre la France.

Pour revenir à nos moutons, le continuateur de Rohrbacher, en présence des scandales des catholiques libéraux, contraint d'en parler, devait s'en exprimer avec d'autant plus de vigueur que Pie IX lui-même avait donné le *la* du diapason. Dans une lettre du 10 mai 1870, à propos de la *Monarchie pontificale* de dom Guéranger, le Pape avait écrit : « Que ces hommes se montrent *complètement imbus de principes corrompus* en y adhérant avec une telle *opiniâtreté* qu'ils ne savent plus se soumettre au jugement du Saint-Siège ; que leur *folie* monte à cet excès qu'ils veulent refaire jusqu'à la *divine constitution de l'Eglise*, l'adapter aux *formes modernes des gouvernements civils*, afin d'*abaisser* plus sûrement l'*autorité du Chef suprême* que le Christ lui a préposé ; que leur but est d'*agiter les esprits*, d'*exciter les gens de leur faction* et le *vulgaire ignorant* contre le sentiment communément professé. Contre le *mal* qu'ils font en jetant ainsi le *trouble*, ils nous réduisent à déplorer, dans leur conduite, *une déraison égale à leur audace*. S'ils croyaient fermement que le Concile œcuménique est gouverné par le Saint-Esprit, que c'est *uniquement par le souffle de cet esprit divin qu'il définit et propose*, il ne leur serait jamais venu en pensée que des choses *non révélées* ou *nuisibles* à l'Eglise *pourraient y être définies* et ils ne s'imagineraient pas que des *manœuvres humaines* pourront *arrêter la puissance du Saint-Esprit*, empêcher la définition des choses révélées et utiles à l'Eglise. »

Rien de plus fort ne pouvait s'écrire contre les catholiques libéraux. Le continuateur de Rohrbacher, s'inspirant de ce mot d'ordre, s'abstint de renchérir ; il édulcora plutôt en ne prenant pas trop au sérieux de si grands personnages. Toutefois il leur devait la vérité et il osa la leur dire. Pour qu'on en juge sur pièce, nous citerons les passages qui les mirent en plus grande fureur. Voici le passage sur Broglie :

« Parmi ces chercheurs d'opportunité, le premier qui prit la parole fut le prince Albert de Broglie. Français mêlé de sang génevois, catholique tenant par ses origines au protestantisme et par les convictions les plus ardentes au libéralisme, il devait être plus tard réputé digne de combattre, au Concile, comme ambassadeur, l'infaillibilité, et déjà il avait été dénoncé, comme capable, s'il parvenait au pouvoir, de refuser justice aux catholiques ses frères. Dans ses précédents écrits politiques, il avait rencontré souvent les critiques de l'*Univers ;* dans ses écrits historiques sur le ive siècle, il avait encouru les animadversions de dom Guéranger et trop mérité d'être réfuté comme prototype du naturalisme en histoire.

« Le 10 octobre 1869, il fit paraître, dans le *Correspondant,* revue des catholiques libéraux, un manifeste à propos du Concile. Cet article avait été délibéré en conseil par tous les collaborateurs de la revue libérale ; il contenait ce qu'on peut appeler le programme de l'opposition ; et, comme les événements l'ont prouvé, il devait servir de plan de campagne contre l'infaillibilité. Pour atteindre ce but d'opposition laïque, de réaction antipontificale, l'article ne fut pas limité à la publicité ordinaire ; il fut reproduit dans tous les journaux affiliés au parti, puis tiré à part, répandu gratuitement et à profusion. L'*Univers jugé par lui-même* avait eu autrefois, les lettres du Père Gratry auront bientôt la même fortune. Lorsqu'on examine ce mode de propagande affecté à cette brochure et à plusieurs autres, où l'on trouve le même fond d'idées, il est difficile de se défendre contre le soupçon d'une *anguille sous roche.*

« Sans appuyer sur ce soupçon, nous remarquons, dès le début de l'article, la comparaison d'un concile à une convention démocratique. L'auteur loue d'autant plus Pie IX d'avoir, après trois siècles de silence, délié la langue de l'épiscopat. « Depuis le sénat romain, mettant aux enchères le terrain où campait Annibal, nous n'avons pas mémoire d'un aussi audacieux défi jeté par le droit à la force et par la vertu à la fortune. Comme ce vieux pontife a compris plus vite que tout le monde quelles ressources *cette civilisation même lui offrait* pour *délivrer son Église de ses entraves* et *lui rendre* LA PLÉNITUDE DE SES ORGANES ! »

Voici maintenant le passage relatif à Falloux :

« Un autre personnage de la même école, sans rien écrire officiellement, écrivit ou parla assez en confidence pour faire parler et écrire beaucoup les autres, c'était le comte de Falloux. Alfred de Falloux, historien de saint Pie V et de Louis XVI, avait donné des gages à l'Eglise ; éditeur littéraire de Sophie Swetchine, il avait offert, aux catholiques, d'excellents volumes ; homme politique, il avait préparé, par une loi, la liberté de l'enseignement primaire et secondaire ; il avait écrit, mais avec plus de passion que de fidélité, l'his-

toire du parti catholique. Par je ne sais quelle confusion d'idées, il
y avait toujours, dans ses actes et dans ses écrits, quelque mélange
équivoque ou quelque concession compromettante. Légitimiste libéral, il n'était pas avec le roi de la monarchie traditionnelle; catholique
libéral, il n'était pas avec le Pape dont il défendait la cause, sans
professer les mêmes principes. Hardi autant qu'habile, il poussait
d'autres hommes et se poussait lui-même tantôt par des mots à
l'emporte-pièce, tantôt par des discours où quelques gouttes de
vitriol se mêlaient à l'orgeat de son éloquence. On le disait l'inspi-
rateur de l'évêque d'Orléans; on l'avait vu dans les affaires de la
fusion et des cocardiers; on devait le retrouver ailleurs, fidèle aux
audaces de la pensée libérale et aux ruses d'une stratégie masquée.
La postérité instruira ce procès.

« Dans l'affaire, la *Gazette d'Augsbourg*, moniteur des antiin-
faillibilistes avait attribué au comte de Falloux, cette phrase :
« L'Eglise doit avoir, comme la société civile, son 89. » Cette phrase
exprimait très heureusement le fond et le tréfond des doctrines
libérales; de plus, comme arme de circonstance, elle était forgée,
trempée, aiguisée avec un art parfait, j'allais dire infernal. On sent,
en la lisant, sous les brillantes antithèses, le serpent; à la palper,
on lui trouve le froid du reptile et la flamme du poison. La phrase
eût fait merveille et ravages. Fort heureusement quelqu'un veillait...
A l'ouverture de l'Exposition romaine, le veilleur d'Israël, prit sa
verge vigilante et fustigea la phrase impie : « Quelqu'un a dit qu'il
fallait à l'Eglise son 89 ; celui-là, quel qu'il soit, a blasphémé : je le
couvre de mon anathème. » La phrase avait été bien réussie ; l'exécution ne l'était pas moins : le glaive apostolique avait tranché dans
le vif, et le fouet du Pape avait laissé sa trace sur la figure du blas-
phémateur. Occasion unique pour prendre la porte.

« Le comte de Falloux n'y manqua point ; il se hâta de désavouer
la phrase anathématisée par le Souverain Pontife. Puis, suivant
l'usage des catholiques libéraux de France, il tomba à bras raccourcis
sur l'*Univers*, seul coupable à ses yeux bien qu'il n'eût reproduit
qu'après vingt journaux le bruit accusateur. »

Le passage sur Montalembert est moins dur. A l'éloge du passé il
oppose le contraste du présent. — « Précipité de la tribune, il
s'aigrit. Mal défendu par la fixité de ses principes, mal soutenu par
la solidité de son caractère, il se laissa peu à peu gagner et séduire
par les idées libérales ; il glissa, par le fait, dans les idées révolutionnaires ; il devait mourir sans avoir rien compris au grand mouvement qui s'accomplissait sous ses yeux, vomissant l'outrage contre
cette Eglise qu'il avait si vaillamment défendue.

« Dans une malheureuse et misérable lettre du 28 février 1870,
Montalembert établit un contraste imaginaire, dans la défense de
l'Eglise, entre 1847 et 1867 ; il s'élève contre la *théocratie* et la *dictature* de l'Eglise ; il anathématise ces théologiens de l'absolutisme

qui ont fait *litière* de tous les *principes*, de toutes les *libertés*, pour venir ensuite *immoler la justice, la vérité, la raison, l'histoire devant l'idole* qu'ils se sont érigées au Vatican. »

Ce texte, hélas ! est tristement authentique. Pour écrire des monstruosités pareilles, il faut être pris de fièvre ou être atteint d'un accès de délire. Nous passons.

Le passage sur Dupanloup n'est pas moins sincère, mais plus développé ; le volume y revient à plusieurs reprises ; on le retrouve dans tout cet article.

Ces textes, je l'espère, ne paraîtront ni excessifs, ni erronés. Venant d'un auteur assez peu connu, perdus dans un volume in-4° de 1800 colonnes, ils ne paraîtront pas susceptibles de mettre le feu au monde. Toutefois, il faut convenir sans détour que ce volume énorme est terrible pour le parti ; non pas tant par les épigrammes et joyeux propos de l'historien que par les innombrables citations dont il est farci. L'auteur, écrivant pour ainsi dire sur le champ de bataille, au bruit du canon, ramasse le papier qui enveloppait la balle et les obus. Ces papiers sentent encore la poudre ; ils tombent comme la mitraille sur la tête des vaincus de 1871, au Concile. Si vous pensez que tous ces projectiles sont collectionnés dans un volume, comme dans un musée ; qu'un livre ne tombe pas comme les feuilles d'un journal ; que le volume peut avoir plusieurs éditions et passer à la postérité, vous comprendrez que les coryphées du libéralisme ne devaient pas être tendres pour l'auteur d'une si redoutable machine. Vous admettez même, puissants comme ils étaient et nombreux, que tous ces lions devaient tomber sur le petit moucheron des marais de la Champagne ; et que, par la guerre à l'auteur, pour leur salut présent et futur, ils ne devaient rien négliger pour supprimer le volume. Nous allons mettre sous vos yeux ce chapitre omis dans les trois volumes de Lagrange.

VI

Dupanloup n'était pas *lisard* : il lisait toujours et ne lisait rien, surtout pas de gros volumes, mais seulement de petits papiers. Falloux découvrit le premier la revision de Rohrbacher en 15 vol. in-4° et lui apporta le quatorzième. Lui-même a raconté la scène entre ces deux héros de Plutarque. La conclusion fut qu'on allait prendre toutes les mesures pour supprimer le volume et l'auteur.

Falloux, plus maltraité que les autres, entra en scène par une plainte au tribunal de première instance de la Seine, pour diffamation. N'étant pas bien sûr de son fait, il voulut en référer au procureur général de Paris. Ce procureur était de Montiérender et en relations amicales avec le curé de Louze : c'est de lui-même que le petit curé connut tout le détail de ce procès manqué. D'abord Falloux lui dit qu'il voulait s'en rapporter à lui, de son procès. Le procureur lui répondit que ces affaires ne le regardaient pas, mais ressortissaient des avocats généraux. Sur l'avis qu'on voulait avoir, sur le procès, l'opinion du procureur, le procureur répondit qu'il ne connaissait pas l'ouvrage. Après remise de l'ouvrage et lecture des passages soi-disant diffamatoires, le procureur répondit : 1° Que le volume, à coup sûr fort désagréable pour les libéraux, se bornait à réfuter les doctrines en ridiculisant les auteurs, mais ne contenait pas d'articulation diffamatoire ; 2° qu'une plainte en diffamation cadrait mal avec le principe premier du libéralisme qui était de tout dire et de tout discuter sans recourir à la répression civile ; 3° qu'une critique, fort désagréable il est vrai, n'appelait, en bonne discussion, qu'une défense topique ; 4° qu'un procès pourrait bien n'être pas suivi d'une condamnation ; 5° que le triomphe du prévenu infligerait aux libéraux le désagrément de mettre eux-mêmes en plus grand relief les accusations dont ils étaient l'objet. Sur quoi, notre renard jugea prudent de laisser tomber le procès.

Alors l'évêque d'Orléans déféra le volume à l'officialité de Paris, pour injures à un suffragant de cette métropole. L'archevêque venait d'être nommé cardinal sur présentation des libéraux qui lui adressaient cette plainte ; Jules Morel, rédacteur de l'*Univers*, venait en même temps d'être nommé consulteur de l'Index. Pour être agréable en même temps à Paris et à Rome, le nouveau cardinal confia l'examen du volume au nouveau consulteur. Cet examinateur lut le volume, et en fit un rapport, bienveillant pour l'auteur, sévère pour le livre. Son aimable férocité ne paraît pas d'une entière justice. Un juge n'est pas un diplomate ; magistrat, il doit s'enquérir exactement et dire les choses comme elles sont, sans excéder, ni dans un sens, ni dans l'autre, même à bonne intention. L'auteur avait déclaré, pour toute défense, qu'un prêtre de Langres ne dépendait pas de l'archevêque de Paris et déclinait sa compétence. Le cardinal ne se reconnut pas compétent pour prononcer, contre le volume, une sentence canonique.

Alors l'évêque déféra le volume à une congrégation romaine. Cette fois la cause était dévolue aux juges naturels, mais l'équité du tribunal ne pouvait inspirer grand effroi. Le tribunal invita l'auteur à Rome pour présenter sa défense. L'auteur, trop pauvre pour les frais d'un tel voyage, obtint d'être jugé par la Nonciature de Paris érigée en tribunal. Le prévenu plaida donc sa cause devant le Nonce Meglia et deux assesseurs. Le tribunal ne prononça pas de jugement ; il invita simplement l'auteur à adoucir, de son plein gré, dans une nouvelle édition, quelques passages, *par égard* pour les personnes qui ont été *au pouvoir* et qui sont susceptibles d'y revenir. Ces adoucissements étaient de pure forme ; ils permirent même d'accentuer plus énergiquement, au fond, la réprobation de ce qu'un dignitaire de la Nonciature appelait l'*apostasie* des catholiques libéraux.

Dans le dépit causé par ces échecs successifs, l'incomparable évêque accusa, devant la Nonciature, l'auteur d'être un usurpateur de titre et de s'arroger la prélature par un audacieux mensonge. Quand cela eût été, il n'en eût rien résulté contre l'ouvrage, mais cela n'était pas. Le bref de nomination avait été libellé à Rome, contresigné par un cardinal, entériné à Langres, avec prestation de serment et procès-verbal. La production de ces titres fit tomber cette imputation, incompréhensible de la part d'un si grand personnage.

En désespoir de cause, Dupanloup fit une démarche personnelle pour que le Pape arrachât ce diplôme à l'indigne auteur. On ne comprend plus. L'ouvrage était sorti indemne de toutes les accusations ; il avait été adouci pour la forme avec une parfaite bonne grâce ; le prétexte même manquait pour sévir contre un auteur, déclaré innocent par un acte d'autorité. Quand cette démarche fut portée au Pape, Pie IX ; quand il fut dit au Pontife qu'il y avait, en France, un écrivain amer, un agitateur violent, un controversiste qui empêchait la conversion des esprits et méconnaissait les mérites des défenseurs de l'Eglise, il dut penser à Dupanloup. Mais lorsqu'il fut ajouté que l'insupportable agitateur était l'humble prêtre qu'il avait expressément chargé de poursuivre les incohérences, les insanités et les perfidies du catholicisme libéral, il put penser que le prélat, expressément créé par lui, avait été fidèle à sa mission. Alors, prenant ses deux mains, faisant de l'une une enclume, de l'autre un marteau, il frappa trois fois disant : Mgr Fèvre est protonotaire : Eh bien, Mgr Fèvre restera protonotaire. C'était la clôture de cinq procès intentés au curé de Louze par l'évêque d'Orléans.

Vous croyez l'affaire finie ; vous ne connaissez pas les profondeurs de Dupanloup. Les procès clos entre libéraux catholiques, recommencèrent entre libéraux de la plus fine fleur. Le tome XIV, continuation de Rohrbacher, fut transmis, pas par nous certainement, aux politiciens en vogue. Le génois de Cahors, Gambetta, eut son exemplaire où il découvrit des énormités, et se déclara prêt à les porter à la tribune de la Chambre. Challemel-Lacour, l'historien de Humboldt, eut son exemplaire et le dénonça à la tribune du Sénat ; la dénonciation se trouve au *Journal officiel de la République française,* n° du mercredi, 19 juillet 1876, p. 5.306. Le génevois Schérer eut son exemplaire et y alla de son article dans le *Temps*, journal des protestants solennels, qui ne savent pas écrire. *Paris-Journal,* un instant surpris, servit d'écho à ces indignités ; mieux informé, par la plume d'Henri de Pène, il offrit ses excuses et ses compliments. Il faut plaindre les hommes assez peu raisonnables pour chercher de pareils triomphes : pour un auteur catholique, ces avanies se portent à la boutonnière ; c'est une décoration.

Pendant que nous y sommes, il n'en coûte rien d'ajouter que le continuateur de Rohrbacher fut poursuivi deux fois depuis, sous Léon XIII. Une première fois, pour avoir relevé les erreurs de la *Vie du cardinal Mathieu*, le sosie de Dupanloup, il fut poursuivi en cour de Rome, par Louis Besson, évêque de Nîmes, défendu par Simon Jacquenet, évêque de Gap et déclaré indemne ; une seconde fois, pour avoir parlé de saint Sulpice, dans la continuation de Darras, d'après les notes de Simon Jacquenet, évêque d'Amiens, il fut dénoncé à Rome par vingt ou trente évêques et Léon XIII donna un Bref pour louer les vertus de saint Sulpice. Examen fait de cette question au point de vue historique, sur justification présentée par l'évêque d'Amiens, présent à Rome, le cardinal Jacobini, secrétaire d'Etat, écrivit au continuateur de Darras que c'était affaire finie ; qu'il n'avait *aucune correction* à introduire dans ses volumes d'histoire ecclésiastique.

Notons que Rome procède contre les livres, mais pas contre les auteurs. Ici, auteurs et livres, tout est soustrait aux poursuites des catholiques libéraux. Il y a chose jugée à Rome, trois fois de suite et dans le même sens. Et retenez bien que ces jugements sont rendus en faveur d'un auteur qui a cité nominativement les délinquants, qui a énuméré leurs torts, pas à l'eau de rose ; ses adversaires sont vivants et en grand crédit ; ils réclament des réparations qu'ils ne peuvent obtenir. L'auteur qu'ils tiennent pour criminel, est déclaré irrépréhensible. *Ita est.*

... Et depuis, *pro nihilo* et sans forme de justice ni règle d'équité, ils l'ont proscrit. Evidemment les libéraux sont d'intègres catholiques et Dupanloup est un grand évêque, le plus grand évêque du xixe siècle. C'est bien prouvé par l'assassinat de son censeur.

VII

Encore une anecdote.

L'humanité repose sur les livres. Les livres sont les aliments des âmes; les bibliothèques sont des trésors et aussi des gloires. Chose curieuse ! les catholiques, que les impies traitent d'éteignoirs, sont grands producteurs de livres ; et ces mêmes impies, qui se disent propagateurs des lumières, sont des destructeurs de bibliothèques. Avant la révolution, la France était pleine de livres. A l'avènement des porte-flambeaux humanitaires, ils firent de ces livres et archives trois parts : une pour allumer des feux de joie en l'honneur de la liberté ; une qu'ils vendirent à vil prix ; une enfin dont ils firent des cartouches et des gargousses pour convertir l'Europe à coups de canon. Au xixe siècle, la France était épouvantablement appauvrie; il fallait ressusciter les monuments des sciences et des lettres. Les catholiques, diminués de la tête par les destructions révolutionnaires des écoles, se mirent à l'œuvre. Trois hommes parmi eux furent de grands thaumaturges : Migne, avec l'aide du cardinal Pitra, publia les deux Patrologies, trois Encyclopédies, des cours de théologie et d'Ecriture sainte, une bibliothèque de dix mille in-quarto ; Louis Vivès, avec le secours de Bareille, Berton, Crampon, Fretté, Peltier, publia les œuvres des grands théologiens, de quelques Pères et d'illustres écrivains ecclésiastiques ; Victor Palmé avec le concours de Carnandet, Gautier, Piolin, Guérin, Paulin Paris, ressuscita les collections des Bénédictins et des Bollandistes. Ces trois éditeurs sont des illustrations du xixe siècle.

Or, dans ces grands travaux, un humble prêtre fut l'ami de Migne, de Louis Vivès et de Victor Palmé; il les aida de toutes ses forces, et s'il ne publia pas beaucoup d'œuvres, il prit l'initiative d'un grand nombre de publications. En particulier, il se dévoua fort pour décider les publications d'Albert le Grand, de Duns Scot et du cardinal Gerdil. Or, pour ce dernier, on avait eu l'idée d'en appeler à l'évêque d'Orléans, tout simplement parce qu'il était de Savoie. Dupanloup, tout feu et tout flamme, ne demanda pas mieux. Rendez-vous fut pris pour une entrevue dans une maison tierce, entre le grand évêque et l'éditeur Vivès. Au jour dit, Vivès est présent à l'heure dite, mais doit attendre, pendant une grosse heure, notre Dupanloup. Enfin, une porte coupée dans la tapisserie s'ouvre; le voici. La conversation s'engage sur le projet d'éditer Gerdil; grand discours sur Gerdil pour embaumer l'éditeur. On vient aux conditions matérielles, faciles à entendre, pour le conditionnement du titre, pas autant pour la direction à donner et les frais à fournir. Suivant sa coutume, Dupanloup veut tout pour lui; il fournira le directeur, on paiera tout, ça ira sur des roulettes. Vivès, dur à la détente, ne jetait pas l'argent par les fenêtres. De sa plus douce voix, il dit que si Monseigneur supportait toutes les charges de l'édition, il encaisserait tous les bénéfices; mais que si Vivès fournissait les capitaux, il choisirait l'éditeur littéraire et se ferait sa part de profits. C'était pur bon sens et stricte équité. Dupanloup ne l'entendit pas ainsi et allongeant le bras, tira vivement la sonnette. Pourquoi? Pour demander qu'on lui apportât un verre d'eau, à seule fin d'éteindre l'incendie qui le dévorait. La conversation continue, avec une carafe en tierce. Dupanloup ne réussit pas à convaincre Vivès, mais réussit beaucoup à s'altérer : il but douze verres d'eau... et il empêcha la publication des œuvres du cardinal Gerdil, son illustre compatriote. Vivès ne voulut plus rien faire; Dupanloup ne put rien. Total zéro.

Voilà Dupanloup, tout entier dans ce petit fait, connu comme dans beaucoup d'autres. Homme de grands talents, de singulière initiative, de bouillante ardeur, d'une grande puissance d'action; mais d'une faible instruction, d'une courte doctrine, intellectuellement et moralement mal préparé au rôle que voulait remplir son ambition. Pendant quarante ans, il souleva le monde du bruit de ses livres, de ses discours, de ses entreprises et de ses manœuvres; pendant le même temps, nous ne nions pas qu'il fit quelque bien, mais il commit beaucoup de fautes et se donna de grands torts. Toujours partial envers les personnes, complaisant pour les uns, injuste pour les autres, parfois violent, souvent aveugle, il déconcerta l'admiration et provoqua de trop justes critiques. Mais, sa grande, son immense faute, — l'histoire dira son crime, — c'est d'avoir été l'Eusèbe du libéralisme, plus funeste à la chrétienté qu'Arius même. Le monde qui se déprave et se dissout aujourd'hui, sous nos yeux, est en grande partie son ouvrage. Ce docteur hautain, tranchant, ardent, emporté, parfois lion, souvent renard, a su recruter des adeptes par ses fausses doctrines et susciter des Constance, des Julien et des Valens à la démocratie. La France peut périr par sa faute. — Ah! si, plus correct dans sa foi, plus droit dans sa piété, il eût mis au service de son pays sa fougue d'Athanase et son éloquence de Chrysostome, il n'eut pas eu à changer le cours du siècle, mais il eût pu soutenir les initiatives catholiques et couronner toutes les restaurations. Malheureusement pour lui et pour nous, il a fait tout le contraire : il a enrayé la rénovation romaine ; il a combattu Rome jusque dans Rome; et, ouvrant la porte, ou plutôt abaissant les barrières devant les passions impies, il a vu, de son regard mourant, la France envahie, menacée de schisme et de démembrement. Il n'y a rien dans sa vie qui indique une résipiscence; il se croyait infaillible et impeccable. Dieu lui fasse paix et conjure les désastres de ses fausses doctrines.

Pour nous, soldat obscur de l'Eglise militante, qui l'avons compris et mesuré à ses débuts, qui l'avons suivi quarante ans dans ses évolutions, critiqué souvent, combattu quelquefois, nous ne voyons que trop nos jugements confirmés par nos malheurs. Cet homme, dans son agitation perpétuelle, n'a rien su comprendre, ni respecter aucun adversaire. Son unique procédé de discussion, c'est l'étouffement. Avoir pensé autrement que lui était un motif de réprobation ; le combattre était un crime que la mort seule pouvait expier. J. de Maistre, L. de Bonald, Lamennais, Balmès, Valdégamas ; il les supprime; Veuillot, le grand publiciste de l'orthodoxie, il le combat avec une âpreté où l'intelligence est remplacée par la passion et la sottise. Je ne crois pas qu'il ait eu rien à faire pour empoisonner Falloux et Broglie ; mais il a affolé Hyacinthe, caressé Darboy, soutenu Maret, désorienté Gratry, perverti à la fin l'esprit mobile de Montalembert. Les foules ne l'ont pas connu ; il ne descendait pas jusqu'à elles; son petit troupeau, qu'il croyait une élite, n'est que ce vulgaire bas, veule, sans initiative et sans courage, qui n'a rien su faire pour conjurer les catastrophes et affronter le martyre.

Nous l'avons combattu sans haine et sans crainte ; nous ne le réprouvons pas sans tristesse. Nous voyons ce qu'il aurait pu faire : cette vision eût fait sa gloire, ce tableau appelle l'anathème. Personne ne peut supposer que nous agissions par ressentiment. Ce grand évêque, en faisant descendre jusqu'à nous ses égarements et ses fureurs, ne pouvait que nous honorer ; il ne pouvait pas nous grandir ; il n'a d'ailleurs grandi personne : ce don était étranger à sa nature. Mais nous lui reprochons ses constantes iniquités contre Veuillot; nous lui reprochons de n'avoir pas su comprendre l'action providentielle et progressive des Gousset, des Guéranger, des Parisis, des Pie, des Plantier, des Freppel ; de s'être séparé d'eux par une scission inintelligente ; d'avoir constamment agi dans une dissidence inexcusable ; de s'être cantonné dans une petite église laïque où il recueillait d'autant plus d'admiration qu'il remplaçait les services par des œuvres sans espérance. Si le clergé français veut, comme je le pense, sauver la patrie, il doit répudier toute solidarité avec ce faux grand homme.

La France, fille aînée de l'Eglise, veut, après tant d'épreuves, redevenir le royaume de Jésus-Christ : son avenir est écrit dans le Nouveau Testament.

Le bien-aimé de Jésus, le vieillard vierge de Pathmos, ravi, en extase jusqu'aux splendeurs éternelles, puis rendu à la terre pour lui dire l'objet de ses visions, s'écriait : J'ai vu la cité sainte, j'ai vu la Jérusalem nouvelle ; je l'ai vue descendre du ciel, rayonnante comme une épouse, au service du Christ ; je l'ai vue faire entrer les peuples dans son action sur les siècles et proportionner leur grandeur à leurs généreux sacrifices. Or, j'ai compris que les serviteurs de l'Eglise et des nations chrétiennes, pour accomplir leur œuvre pieuse et patriotique, devaient se modeler strictement sur le roi immortel des siècles, Jésus-Christ. Jésus-Christ est né dans l'humilité, il a grandi dans le travail, il a propagé toute la lumière et, pour avoir dit la vérité au monde et pour assurer son triomphe, il est mort en croix. La croix est le levier qui doit soulever le monde jusqu'à la fin des siècles. Les apôtres l'on portée dans tous l'univers en se faisant crucifier à leur tour. Après les apôtres, les martyrs, les confesseurs et les vierges ajoutaient, au prix du sang chrétien, leurs immolations héroïques. Aujourd'hui notre part, c'est le service intégral de la vérité et l'allégresse des immolations. Disgraciés, proscrits, mendiants, nous surabondons de joie et nous travaillons d'espérance. Le labarum de Constantin devient le drapeau des peuples ; c'est le gage de leur triomphe prochain : *In hoc signo vinces.*

(A suivre.)

MGR JUSTIN FÈVRE.

L'Etat d'âme de l'armée

SOMMAIRE

§. 1. — Depuis l'arrivée au ministère du général André, de nombreuses mesures d'une gravité exceptionnelle ont été projetées ou adoptées qui ont pour conséquence fatale de modifier ce qu'on pourrait appeler en style moderne l'état d'âme de l'armée : Recrutement, avancement, conception de la discipline, facilité de mariage, justice militaire, tout a été remanié ou se trouve actuellement en chantier.

Aussi les études morales sur l'armée n'ont jamais été plus nombreuses. Peut-être est-ce parce que jamais le besoin ne s'en était fait sentir plus pressant. Les longues périodes de paix sont néfastes pour les armées, et cela se comprend : Un outil qui est fait pour la guerre et qui se modifie, qui cherche à utiliser les découvertes des sciences et les progrès de l'industrie sans que l'expérience vienne donner sa sanction, cet outil-là nécessairement se rouille ou se fausse.

Cela est vrai en tactique, peut-être aussi en stratégie ; c'est aussi d'une incontestable vérité, au point de vue moral. La paix est un élément de démoralisation pour l'armée. Si l'on y ajoute des réformes hâtives et plus ou moins inspirées par la politique, alors on arrive à un lamentable chaos.

§ 2. — C'est la même pensée qu'exprimait en 1839 dans ses « souvenirs militaires » le général duc de Fesensac à propos des recrues de 1813.

« Ce n'est point, disait-il, sur les champs de bataille que les soldats subissent leurs épreuves les plus rudes ; la jeunesse française a l'instinct de la bravoure. Mais un soldat doit savoir supporter la faim, la fatigue, l'inclémence du temps ; il doit marcher jour et nuit avec des souliers usés, braver le froid ou la pluie avec ses vêtements en lambeaux et tout cela sans murmurer et même en conservant sa bonne humeur.

« Nous avons connu de pareils hommes, ajoutait-il ; mais en 1813, c'était trop demander à des jeunes gens dont la constitution était à peine formée et qui, à leur début ne pouvaient pas avoir l'esprit militaire, la religion du drapeau et cette énergie morale qui double les forces en doublant le courage. »

§ 3. — On doit, c'est évident, pendant la paix, se préparer à la guerre et c'est bien ce qu'on a la prétention de faire ; mais ce n'est pas chose aisée. En guerre, on aura à supporter fatigues et privations : Faudra-t-il, pour y dresser les soldats, les exposer à la pluie et les laisser de temps et temps, un jour ou deux, sans faire sonner la soupe ? Ce serait sans doute exagéré. Le colonel du 38e a constaté aux manœuvres de 1901 que nos soldats d'aujourd'hui n'aiment pas à être mouillés... et, bien qu'il ait agi avec la plus grande sagesse, qu'il ne se soit inspiré que du bien du service et de l'intérêt de tous, donnant lui-même l'exemple, il a été victime de l'orage qui a mouillé son régiment et ses étoiles de général en ont été obscurcies.

— Les réservistes auxquels je fais allusion ici ne sont heureusement encore qu'une infime exception ; mais c'est déjà beaucoup trop. Je m'empresse d'ajouter que généralement on voit nos petits soldats de France, de l'active et de la réserve, subir bravement les tempêtes et les inclémences du ciel. Mais s'ils les supportent fièrement, ils n'en souffrent pas moins et en campagne, les intempéries produiraient un déchet considérable. Il n'y a que l'expérience de la guerre qui habitue pratiquement le soldat à bien supporter ces misères.

La privation de nourriture serait peut-être du goût de M. Rouvier et lui faciliterait la préparation d'un budget qui se présente fort mal ; mais allez donc parler de privation dans une armée nationale.. C'était bon du temps des mercenaires. Maintenant on ne songe plus qu'à améliorer les ordinaires, à donner du vin....; bientôt on sonnera l'apéritif (sans alcool bien entendu), et les salles de discipline seront tapissées de coton, pour adoucir les rigueurs de la discipline.

Le fait est que nos soldats de l'armée de paix n'ont plus rien de commun que le nom avec le soldat de la première moitié du siècle, jusqu'à 1870 inclus. — Car il faut le retenir : les soldats des armées du Rhin, de Sedan et de Metz étaient de crânes troupiers. Et ils l'ont bien montré.

Victimes de fautes qui ne leur sont point imputables, ils sont tombés glorieusement sous le nombre, sous le désordre de l'administration et l'impéritie du haut commandement.

§ 4. — Si j'examine le côté théorique de l'instruction de l'armée, le chaos est tout aussi confus. On a fait des règlements, on les a changés et remaniés ; actuellement encore, depuis près de deux ans, un projet de règlement imprimé est à l'essai et on vient d'en prescrire l'application sous le titre timide de règlement provisoire. Les uns le trouvent préférable à celui qu'il remplace ; d'autres aimeraient mieux s'en tenir à l'ancien, tout en le déclarant insuffisant ; d'autres enfin opinent pour un terme moyen. Où est la vérité ? qui nous la montrera lucide, irréfutable... ? La guerre du Transvaal a fait verser des flots d'encre et l'on en a tiré les conclusions les plus diverses... conclusions fausses, parce que la guerre qui a été faite au Transvaal par un brave petit peuple très sympathique contre une armée régulière nombreuse, mais pitoyablement recrutée, ne peut en aucune façon être comparée à une guerre qui aurait l'Europe pour théâtre. Tous les éléments seraient différents. Il ne faut pas conclure, sauf pour des choses de détails ; pour l'ensemble des opérations, il n'y a aucun enseignement à tirer ; pas plus que des campagnes coloniales : Tonkin, Soudan, Dahomey, Algérie, Tunisie, Madagascar ou Chine. Ces petites guerres faussent plutôt les idées, quand il s'agit de la grande guerre.

Pour montrer jusqu'où peut aller l'incohérence dans cette voie, il n'est pas inutile de signaler « la tactique nouvelle » d'un auteur dont nous tairons le nom pour ne pas blesser sa modestie.

Celui-ci dit avoir trouvé la recette infaillible de remporter la victoire — et il parle sérieusement, c'est là ce qu'il y a de plus tristement comique.

« Sur le champ de bataille dit-il, la cavalerie n'a rien à faire ; l'infanterie, pas grand chose ; mais l'artillerie pulvérise l'ennemi. Après quoi l'infanterie n'a qu'à venir cueillir les lauriers. »

Quoi de plus simple ?... Voilà à quoi conduit la paix prolongée. Pour ceux qui ne sont pas du métier et même, il faut l'avouer, pour beaucoup de professionnels peu habitués à réfléchir, il y a de quoi être désorienté.

Le bourgeois se dira peut-être : pourquoi pas ? et alors à quoi bon dresser des cavaliers et apprendre aux fantassins à tirer et à marcher ? à quoi bon les 28 jours et les 13 jours ? etc... La milice s'impose. Le jour où la guerre éclatera, on prendra son fusil pour aller ramasser les fleurs de victoire fauchées par les canons. — Pendant la paix, fabriquons de bons canons et dressons quelques professionnels à s'en servir.

Il y a déjà six ans au moins que l'on a prétendu pour la première fois qu'il n'y avait plus besoin à la guerre que de canons.

Encore ces canons, faudra-t-il des fantassins pour empêcher les fantassins ennemis de venir les enlever ? mais je ne veux pas aujourd'hui discuter des questions tactiques. J'entends seulement montrer où nous a conduits la prolongation de l'état de paix. C'est le côté psychologique qui me préoccupe.

J'ai dit un mot de l'affaiblissement au point de vue physique, j'ai signalé le côté scientifique ou plus exactement technique : le point sur lequel je dois insister surtout c'est le côté moral.

§ 5. — Cette discipline qui fait la force des armées, les armées anciennes la puisaient en partie dans le choix des sujets qui entraient dans la composition des troupes, gens aventureux, puis (il faut bien le dire aussi) dans les sentiments religieux et enfin dans l'habitude de l'obéissance qui devenait la nature même du soldat.

Maintenant il nous faut autre chose. On ne choisit plus les sujets ; les engagements ne sont que des devancements d'appel. Le sentiment religieux n'est pas précisément bien en cours, tout au moins s'il est catholique ; et quant à l'habitude de l'obéissance, elle ne se prend guère en trois ans et se prendra encore moins si la durée du service est encore réduite. Voilà la situation, elle n'est pas brillante. Nous allons chercher à l'examiner, à en voir les écueils et les remèdes. En la considérant en face, nous la connaîtrons mieux. Cela est préférable au mutisme ou aux vaines phrases qui cachent les pièges et les précipices sous des tapis de roses.

§ 6. — Ecartons tout d'abord cette formule trompeuse qu'on répète quelquefois sur des tons différents et qui peut se résumer ainsi :
Nous ne sommes pas militaires comme les Allemands où tout est
en quelque sorte militarisé, où l'armée tient le haut du pavé ; mais,
nous sommes guerriers par instinct. Nos institutions sont imbues,
d'esprit démocratique, d'esprit égalitaire qui font pratiquer en France
le *Cedant arma togæ ;* mais si la guerre éclatait, le vieux sang gaulois
se réveillerait et notre instinct guerrier reprendrait ses droits. Ce
sont là de vaines déclamations.

Que le moral de l'armée s'appelle esprit militaire ou instinct
guerrier, peu m'importe ; ce qu'il faut c'est que nos soldats aient
conscience de leur valeur et, pour cela, qu'ils aient confiance en leurs
chefs et en eux-mêmes.

§ 7. — Quels sont donc les soldats que nous donne le recrutement
dit national ? Je trouve une réponse vécue, mais un peu décourageante, dans la *Revue du Monde catholique* du 1ᵉʳ janvier 1902 où sous le
titre : le service militaire et la jeunesse catholique, M. Pierre
Dauvergne nous fait un tableau très noir de la caserne.

C'est, dit-il, « une *école de vice*, une école d'indifférence religieuse et de respect humain ; une école d'indifférence patriotique,
un bagne de travaux forcés », et il développe cette thèse.

« Croire qu'au régiment quelques « *théories morales* », faites Dieu
sait comme ! écoutées en haussant les épaules, suffisent à faire cette
éducation (l'éducation du cœur), c'est dérisoire... et le pioupiou
n'a pour exciter son ardeur que des menaces étourdissantes, d'inévitables punitions, des tracasseries, des mépris... »

Et après ce tableau... empreint de pessimisme un peu outré,
quoi que dise l'auteur, M. Dauvergne donne aux jeunes gens catholiques les plus excellents conseils. Certes ici je suis absolument de son
avis et sans aucune restriction.

« Indépendance et idéal, mais surtout *charité !* » (indépendance
n'étant point synonyme d'indiscipline bien entendu, mais voulant
dire : n'abdiquant pas ses convictions). Bravo pour les conseils,
monsieur Dauvergne, mais ne voyons pas le mal plus général qu'il
n'est.

Assurément le jeune soldat trouvera à la caserne une école de
vice ; mais je me hâte d'ajouter, comme correctif, que je ne crois
pas le service militaire responsable de cela. L'étudiant qui fait son
droit dans une faculté, l'élève de l'école des beaux-arts, le simple
promeneur qui flâne sur les boulevards n'est-il pas, à tout instant,
sollicité par le vice ? Encore faut-il ajouter qu'à la caserne, le vice

se présentant sous des formes généralement plus grossières sera certainement moins attrayant qu'en bien d'autres lieux.

Je connais beaucoup de jeunes gens qui, mis à la caserne en face du vice auquel vous faites allusion, ont éprouvé un tel dégoût qu'ils en ont été affermis dans la vertu.

§ 8. — Voulez-vous me permettre de rappeler ici un fait qui n'est pas très ancien, puisque l'un des acteurs, alors jeune sous-officier, n'a pas encore achevé la première période d'un premier rengagement.

Un jeune sergent réserviste se présente à la caserne en tenue civile et il y arrive, le soir, assez tard.

Le fourrier de la compagnie à laquelle le nouveau venu est affecté se met en devoir de lui assurer le couchage : mais ne peut parvenir à se procurer les draps nécessaires.

« Je suis désolé, dit-il, au réserviste, j'ai beau chercher dans toutes les compagnies, impossible de me procurer des draps pour cette nuit ; demain en opérant régulièrement ce sera facile ; mais ce soir, impossible... Je suis navré !...

« — Ne vous tourmentez pas, reprend son interlocuteur, je ne me sers jamais de draps.

« — ? (tête du fourrier).

« — Je suis bénédictin à... »

Eh bien, ce jeune bénédictin, qui doit avoir été expulsé de France comme un citoyen dangereux, me racontait à la fin de sa période que pendant ses 28 jours, jamais, entendez bien : jamais une histoire, et même un mot déplacé n'avait été prononcé devant lui. Et il ajoutait :

J'ai eu pour camarade de chambre un sergent qui m'a dit tout de suite : « Ne vous gênez pas pour faire vos prières et même si vous voulez me rapprendre le *notre Père et la prière qui suit* vous me rendrez service ; parce que j'ai un peu oublié... »

Et souvent, pendant la nuit, mon voisin se réveillait, et, quand il me croyait éveillé, il m'invitait à réciter le chapelet... et je commençais, et il disait les réponses et nous ne nous arrêtions jamais avant la fin d'un rosaire... »

Ce n'est pas là, je suppose, une école de vice... Ce cas est une exception ! sans doute ; mais il y a beaucoup d'exceptions ; aussi ne faut-il pas trop généraliser.

Je reconnais que notre jeunesse, à la caserne, comme à la ville et trop souvent à la campagne malheureusement, est victime du respect humain et voilà pourquoi, monsieur Dauvergne, vous avez grandement raison de prêcher l'indépendance aux futurs conscrits ;

mais qu'ils sachent aussi que ce n'est pas si difficile que cela pour un conscrit d'être indépendant. Il suffit d'affirmer tout de suite qui on est ; et 99 fois sur 100, tout le monde s'inclinera.

Peut-être se produira-t-il... timidement une plaisanterie plus ou moins lourde ; mais comme il sera aisé d'y répondre ou de la négliger ! Nos jeunes gens plaisantent volontiers, — c'est de leur âge ; — mais au fond, ils ne sont pas méchants. Il y a les brimades, je le sais bien. Vous n'en parlez pas : le ministre les défend tous les ans ; mais il y en a tout de même. Elles sont rarement sérieuses, je veux dire dangereuses ; le plus souvent en faisant preuve de bon caractère, on s'affranchit de ce léger inconvénient, surtout si on peut fermer les bouches narquoises en y mettant une cigarette ou « une tournée » à la cantine.

Je conclus que nos fils traverseront victorieusement ces écueils si nous, leurs pères ou leurs maîtres, nous avons su leur inculquer des convictions solides.

§ 9. — Son Eminence Mgr le cardinal Donnet, jetant déjà le cri d'alarme, disait, le 28 mai 1868, à la tribune du Sénat :

« Le temps est passé où quelques audaces de la doctrine pouvaient être regardées comme des manifestations isolées et sans danger, où la jeunesse trouvait dans un milieu plus calme un correctif à un enseignement dangereux. C'est en raisonnant ainsi qu'on a laissé progressé l'*esprit de négation* et que les vérités, qui sont comme la base des sociétés, sont devenues le but des attaques les plus violentes...

Le péril est imminent...

« Nous voulons que les étudiants chrétiens ne soient plus condamnés à entendre outrager leurs croyances les plus chères et la foi de leurs ancêtres... »

Et prenant texte de ce beau langage, le R. Père Roux de la compagnie de Jésus adressait aux élèves du collège des jésuites de Bordeaux, dont il était le recteur, un admirable discours sur la nécessité des convictions franchement aífirmées.

Que le conscrit, à son arrivée au régiment, se fasse connaître simplement, mais sans demi-terme, et non seulement il ne sera pas inquiété par ses camarades, mais il sera transformé en apôtre ; car il y a dans les âmes des jeunes Français un fond de générosité que les théories malsaines ne détruiront pas de sitôt.

§ 10. — J'ai dit que dans l'ancienne armée, le soldat de 7 ans et même celui de 5 ans était discipliné par habitude. En arrivant au corps, les recrues relativement peu nombreuses en présence du noyau existant voyaient leurs aînées obéir sans discuter ; les doctrines so-

cialistes et révolutionnaires n'avaient pas encore essayé de corrompre le paysan, ni même l'ouvrier des villes et l'on obéissait passivement, littéralement, sans chercher à comprendre.

Aujòurd'hui les conditions sont changées : avec le service de trois
ans et les nombreux cas de dispense, quand la classe part, il ne
reste plus dans les unités que quelques gradés, des soldats employés
et quelques très rares infortunés qui passent le plus clair de leur
temps à monter la garde. Aussi les bonnes traditions se perdent. De
plus, les idées d'examen et de discussion que la presse, même la
meilleure, a fait entrer dans tous les esprits prédispose l'inférieur à
la critique. Les habitudes de discipline concordent mal avec les habitudes d'indépendance que l'homme a déjà prises avant son incorporation, non point l'indépendance de la conscience dont nous par-
lions tout à l'heure ; mais l'indépendance d'allure par laquelle
chacun suit son caprice — l'enfant même ayant commencé peu après
sa première communion à échapper plus ou moins à la tutelle de
son père.

Cependant, il faut le reconnaître, en franchissant les grilles des
quartiers, les bleus, qui ont été sermonés au départ par les anciens du
pays, arrivent généralement avec beaucoup de bonnes résolutions.
Mais, il faut bien le dire aussi — et c'est là un des côtés les plus
typiques de la question, le nouveau soldat n'a qu'une pensée : faire
le moins de service militaire possible et retourner à ses moutons
dans le plus bref délai. — En arrivant, il pense déjà au retour
et sa plus chaude ambition est d'être... « un homme de la classe ».
Notre soldat d'autrefois renonçait franchement à la vie civile. Il
abandonnait sa profession et entrait résolument dans son nouveau
métier ; il devenait réellement un soldat. Maintenant le conscrit
reste boucher, épicier, cultivateur ou peintre ; mais à aucun moment
il n'est vraiment soldat. De sorte que notre armée nationale est
très exactement une milice. Et avec le service de deux ans, ce sera
encore bien plus vrai. Le métier militaire qui est si beau, si noble,
lorsqu'on le considère en lui-même, qui est par essence une école
de devoir et de dévouement, dont la devise magnifique a été crâne-
ment formulée par Souvarof : *Meurs, mais sauve ton frère*, cette profession fière et haute n'est plus envisagée que comme une corvée
pénible, gênante à laquelle on tend à se soustraire *per fas et nefas*.

C'est à qui ne fera qu'un an, à qui trouvera un nouveau motif de
dispense. Tel ambitionne même la réforme, jaloux de la difformité
du voisin, grâce à laquelle celui-ci a pu se soustraire sans effort à
l'impôt du sang.

C'est triste à constater, mais il en est ainsi.

Ce n'est pas la faute de l'armée ; c'est la nation tout entière qui est coupable. Car, il ne faut pas se le dissimuler, il y a là une réelle décadence. La cause en est peut-être aux habitudes de bien-être qui rendent la vie plus douce, mais amollissent les cœurs et émoussent les caractères.

§ 11. — Et voilà que moi aussi je tourne au pessimisme. Je m'empresse d'ajouter, comme correctif, que, malgré tout cela, il est encore bien porté de se dire cocardier. Malgré les attaques d'une certaine presse, malgré les injures jetées à la grande muette et peut-être même à cause de ces injures, il reste de bon ton de se dire partisan de l'armée. Et l'on crie encore volontiers à peu près partout : « Vive l'armée ! » C'est qu'au fond, telle qu'elle est, l'armée est encore la force et les partis savent bien que sans l'armée ils sont impuissants.

§ 12. — Les cas de désobéissance sont et resteront, il faut l'espérer, très rares dans l'armée. A ce propos, il s'agit de s'entendre ; un fait essentiel s'est produit depuis l'avènement du général André, un élément nouveau ou à peu près a été introduit dans le sanctuaire : Je veux parler de la politique. La politique dans l'armée, c'est le loup dans la bergerie. Et les adversaires de l'armée et les étrangers qui sont jaloux de notre force suivent avec des yeux réjouis les progrès que fait le ravisseur.

Sous prétexte d'exclure la politique de l'armée, le général André l'y a fait entrer par deux mauvaises portes : La crainte et l'ambition.

De tout temps jusqu'à ces derniers jours, il avait été admis que les membres de l'armée, officiers ou soldats, avaient leurs préférences personnelles ; ils ne les cachaient pas, mais cela ne dépassait pas le cercle intime des conversations de pensions. Dans le rang, il n'y avait plus que des soldats au service de la France. Et en dehors du rang on s'abstenait de faire de la politique militante, on gardait seulement son franc-parler.

Napoléon Ier, au retour de l'île d'Elbe, eut le premier l'idée d'associer l'armée à la politique. Il faut l'en excuser. Il se sentait si bien le dieu de ses soldats ! il les avait si souvent menés à la victoire ! Il était naturel qu'il voulût s'appuyer sur eux. Et quand il soumit à l'approbation du peuple français les actes additionnels à la constitution de l'Empire, les régiments furent appelés à émettre leurs avis sur des registres où chaque soldat s'inscrivait dans la colonne affirmative ou dans la colonne négative.

C'était autant de voix favorables : le résultat était certain. Un seul régiment vota contre le projet impérial, ce fut le 1ᵉʳ Léger que son jeune colonel décida à agir de la sorte. Cet audacieux chef de corps, qui n'était autre que le marquis de Cubières, faillit d'ailleurs y perdre ses épaulettes ; mais le ministre de la guerre, le maréchal Davout qui l'avait eu sous ses ordres en Russie, l'excusa près de Napoléon. Les cahiers du 1ᵉʳ Léger ayant été brûlés, on les considéra comme égarés et l'*Officiel* fit connaître qu'à l'unanimité l'armée s'était déclarée pour l'affirmative.

Sous le second empire, Napoléon III conserva le vote de l'armée. De fait, les soldats recevaient un bulletin et étaient conduits militairement devant l'urne pour y déposer leur vote.

La 3ᵉ République comprit le danger et supprima le vote de l'armée.

Cette suppression sera-t-elle définitive ? Est-ce un bien absolu ou simplement relatif ? Je ne veux pas m'attarder ici à l'examiner. J'enregistre seulement ce fait qu'il en résulta un réel apaisement.

Jusque dans les derniers temps, chacun dans l'armée pensait et agissait personnellement comme il l'entendait ; personne ne lui en faisait d'observation et ne lui en savait mauvais gré. On peut dire que si les soldats avaient encore à braver un peu le respect humain, les officiers jouissaient d'une indépendance à peu près complète que jalousaient même un peu les fonctionnaires civils de toutes les branches.

Les questions politiques et religieuses étaient généralement interdites dans les pensions par les présidents de table et l'on ne s'en trouvait pas plus mal. C'était la seule restriction.

§ 13. — Mais l'affaire Dreyfus surgit. Sans parler de notre remarquable service des renseignements détruit pour longtemps, voilà deux camps qui se forment ; on est pour ou contre. Je n'étonnerai personne en disant que les défenseurs du traître trouvèrent d'ailleurs peu de partisans dans l'armée. Mais la juiverie est déchaînée et, avec elle ou par elle, la Franc-Maçonnerie. Bientôt le régime de suspicion est inauguré. On parlait encore au début en toute franchise, loyalement, sans arrière-pensée, comme sans crainte… Bientôt il fallut faire attention : Il y avait des indiscrets… des casseroles ! — qui ? comment ? les valets ? les concierges ? La poste était-elle sûre ? Le secret des lettres n'est-il pas violé ?

Je ne saurais pas répondre ; mais il est certain que la défiance est actuellement à l'ordre du jour : Or la défiance, c'est dans l'armée un grand dissolvant. Il y a eu des carrières brisées, pour un **mot** rapporté et peut-être même travesti.

Il y a eu à Fontainebleau, à Melun et ailleurs, des incidents déplorables. Pour un oui ou pour un non, les officiers d'un régiment sont dispersés ; le ministre s'est introduit dans la vie privée des familles militaires ; il s'arroge le droit d'imposer des relations, d'en interdire d'autres... Bien plus, il se réserve à lui seul le droit de disposer de toutes les récompenses, même de l'avancement qui devient une faveur au lieu d'être la consécration du mérite reconnu.

Pour entrer sur les tableaux d'avancement et pour en sortir avec un nouveau galon, il faut montrer patte blanche.

§ 14. — La Franc-Maçonnerie est dans la jubilation ; le soleil le plus radieux illumine « le temple ».

Et si le régime dure encore quelque temps et vraiment pourquoi ne durerait-il pas ? humainement je ne sais quoi répondre — s'il se prolonge, on ne verra plus à la tête de l'armée que des frères .˙. bien et dûment enrégimentés sur les tablettes du Grand Orient.

Et dire que cette misérable secte gruge ainsi notre pauvre et bonne France, cette France qui, pendant des siècles, à la tête de la civilisation, a tenu l'épée de Dieu : *Gesta Dei per Francos*, la France de Clovis, de Charlemagne de saint Louis et de Jeanne d'Arc, cette France que le représentant de Jésus appelle encore, dans sa paternelle affection : la fille aînée de l'Eglise.

Que les Juifs et les Francs-Maçons aient envahi la finance, le commerce, l'industrie, les travaux publics, l'enseignement, passe encore ; mais la magistrature, et enfin l'armée qui était notre suprême espérance, le dernier refuge de l'honneur. Cela c'est trop vraiment ! Et pourtant il n'y a pas à le nier, l'invasion est commencée et l'infiltration est rapide : *Domine, salva nos ! perimus*.

Quand, comment, d'où viendra le salut ? l'heure est à Dieu. Mais il viendra ; parce qu'il faut qu'il vienne ; parce que la France est nécessaire ; parce que la France est le royaume de Marie : *Regnum Galliæ, regnum Mariæ*.

Quoi qu'il en soit, l'armée est entraînée dans la politique. Elle y est très réellement ; puisque ceux de ses membres qui veulent y obtenir justice sont obligés de courber l'échine devant les opinions du gouvernement, sous peine de perdre leurs droits. Cela on le constate sans effort ; mais on ne le dit pas encore ouvertement.

§ 15. — Un pas plus grave a été franchi, c'est d'exiger le concours de l'armée pour les basses œuvres des sectaires anti-religieux. On a envoyé des soldats français prêter main-forte aux agents du pouvoir pour chasser des femmes, parce que ces femmes avaient choisi pour profession de prier Dieu et de se dévouer au soulage-

ment des pauvres, des malheureux, des malades et à l'éducation de
la jeunesse.

Cela c'est un crime contre la France, contre l'humanité et contre
Dieu.

« Il n'y a pas de liberté politique possible sous la tyrannie cléricale ! » s'écriait en septembre dernier, à l'inauguration d'un stand
placé sous le patronage de ce vaillant Français, le colonel de Ville-
bois-Mareuil, qui ? je le demande, le ministre des travaux publics
ou des cultes. Non ! le ministre de la guerre lui-même.

Voilà la formule trouvée. C'est au nom de la liberté politique
qu'on brise toutes les autres libertés. Il n'y a jamais eu d'autocrate
plus autoritaire.

C'est la formule du bon plaisir républicain.

Sit pro ratione voluntas, disait Louis XIV. Entre les deux expressions, je ne vois pas de différence ; si ce n'est que Louis XIV était un
grand roi et que l'orateur précité n'est encore qu'un franc-maçon.

Tous ces ferments de dissolution couvent sourdement comme le
feu central de notre planète. Par endroit, la croûte terrestre se fend
et des désordres graves se produisent. Il en est ainsi dans l'armée.

§ 16. — Je ne veux pas énumérer ici toutes les vaillantes épées
qui ont été brisées depuis deux ans. Je ne dois cependant pas passer
sous silence le cas du colonel de Saint-Rémy ni celui du commandant Le Roy-Ladurie ; parce qu'ils mettent en lumière une situation
particulièrement intéressante et sur laquelle on a écrit beaucoup
d'erreurs.

Le colonel reçoit donc l'ordre d'envoyer un détachement aider à
l'expulsion des religieuses. Le colonel a refusé son concours. Voilà
le fait dénué de toute procédure.

La procédure, je ne la discute pas. Comme l'ordre émanait de
l'autorité civile, qu'il était seulement transmis par le général Frater,
il n'y a pas, d'après les textes de loi, refus d'obéissance. Peu m'importe. Le Conseil de guerre appelé à statuer s'est appuyé sur ce
point pour prononcer seulement un jour de prison... Puis le ministre a rayé des cadres le colonel en le mettant en retraite.

Certes je ne veux pas blâmer le Conseil qui a formulé (assurément à regret, on le voit du reste) une condamnation. Les lois sont
ainsi.

Le colonel de Saint-Rémy a fait un acte qui tombe sous le coup
d'un article du Code. Les juges, à mon avis, pouvaient passer outre.
Ils ne l'ont point fait. C'est une question de conscience devant laquelle Dieu seul est compétent.

Mais faut-il que nous soyons tombés bas pour avoir des lois pareilles.

La formule de réception par laquelle le chef fait reconnaître un officier par sa troupe, dit textuellement aux inférieurs du récipiendaire : « Vous lui obéirez en tout ce qu'il vous commandera *pour le bien du service et pour l'exécution des règlements militaires.*

L'expulsion de religieuses, est-ce donc le bien du service ou l'exécution des règlements militaires ?

Cette formule pouvait suffire à innocenter complètement Saint-Rémy.

Un soldat n'est pas forcé de tout faire. Il ne suffit pas que ses supérieurs lui donnent l'ordre. Un soldat n'est pas forcé par exemple d'accepter l'emploi d'ordonnance, de domestique militaire ; il peut refuser cela. Sur ce point, tout le monde est d'accord. Et cependant beaucoup vous diront qu'ils n'admettent en aucun cas la non-exécution d'un ordre. Je parle de ceux qui sont de bonne foi.

Le soldat, déclarent les défenseurs quand même de l'obéissance passive, doit obéir d'abord ; il réclame ensuite et celui qui a donné l'ordre illégal en a la responsabilité.

Théoriquement, c'est très joli ; mais pratiquement, notre bon oncle défunt dirait, s'il était là, que ça n'a pas le plus petit grain de sens commun, et dans les questions délicates, c'est au bon sens qu'il faut s'adresser pour avoir les vraies solutions. Quoi ! je ferai le mal que je connais et un autre en serait responsable. Non pas : une loi immorale n'oblige pas. Les martyrs des premiers âges de l'Eglise n'ont pas fait autre chose que de refuser d'obéir à la loi qui ordonnait de rendre hommage aux idoles.

Et j'ajoute que les tribunaux eux-mêmes doivent être au-dessus des lois. Le rôle des juges n'est pas seulement d'appliquer un texte ; mais de décider si l'accusé est *coupable* du fait. C'est la justice qui doit sauver les nations et les individus des écarts de la politique. Jusqu'ici la justice militaire est intacte. En peut-on dire autant de la magistrature française ? Hélas ! j'aime mieux ne pas répondre.

§ 17. — En politique, il n'y a plus de justice. Dans le cas de Saint-Rémy, la condamnation, militairement formulée, a été si minime, qu'elle peut être considérée comme une véritable approbation. Politiquement, le ministre de la guerre a cassé au gage le serviteur trop loyal pour n'avoir pas voulu marcher contre sa conscience.

Sous le Ier Empire, un général fomente une conspiration contre Napoléon occupé en Russie. Le général Mallet donne des ordres à certains officiers. Ces officiers lui obéissent à lui, leur chef de par la loi. La conspiration est déjouée et les officiers qui ont obéi sont fusillés.

Le gouvernement admettait bien alors qu'on pouvait et même qu'on devait, dans certains cas, désobéir, non pas seulement à une réquisition de préfet; mais à l'ordre direct d'un chef hiérarchique.

Le commandant Le Roy Ladurie, qui a refusé de prendre le commandement de son bataillon pour prêter main-forte à l'autorité civile dans une mission du même genre a été, lui, condamné à la destitution, parce que l'ordre n'était plus une simple réquisition préfectorale; mais un ordre direct de son colonel, M. Barret, commandant le 19ᵉ d'infanterie.

L'ironique contradiction de ces deux jugements rendus par des hommes de bonne foi, à quelques jours d'intervalle, fait éclater au grand jour la stupidité des formules. M. Le Roy Ladurie, pas plus que M. de Saint-Remy ne se sont occupés de savoir d'où venait l'ordre qui était le même; mais ils ont cru en conscience ne pas devoir obéir, ils ont cru que cet ordre contraire à la morale ne les obligeait pas et ils n'ont pas obéi. Voilà sur quoi ils devaient être jugés et non sur le texte dont la lettre tue. C'est bien le cas de le dire.

Frapper deux officiers qui ont désobéi à un ordre politique. Cela est mal; mais cela s'explique. Chacun le prévoyait : En politique, la fable du loup et de l'agneau se réalise toujours : « La raison du plus fort est toujours la meilleure. »

Mais ce à quoi personne ne s'attendait (personne au moins parmi les lecteurs de la *Revue*) c'est à voir tomber en disgrâce le général de division Frater pour son attitude dans le procès.

Le général Frater a comparu comme témoin. S'il a menti, s'il a même tant soit peu altéré la vérité, qu'on le mette en accusation et qu'on le frappe; mais s'il a dit la vérité, de quel droit lui porter atteinte. Or, le général Frater a été mis en disponibilité par retrait d'emploi, ce qui est la plus haute punition disciplinaire.

Le gouvernement ne se contente plus d'exiger qu'on obéisse à ses volontés; il veut que ses généraux lui soient dévoués jusqu'à commettre le crime de faux témoignage pour lui faciliter d'assouvir sa mesquine vengeance contre un soldat dont l'échine n'est pas assez souple.

Je n'insisterai pas davantage, c'est inutile; mais ce que je veux signaler comme un indice caractéristique, c'est que déjà, à la suite du jugement de Nantes, on parle de la suppression des Conseils de guerre.

Et si le mauvais vent continue à souffler, on y arrivera.

§ 18. — Quoi qu'il advienne, je tiens à donner ici des félicitations au commandant et au colonel qui ont mis leur conscience de chrétien au-dessus de toutes les autres considérations ; et, voulant les complimenter je ne trouve pas de plus bel éloge à leur adresser que de reproduire ici la belle phrase à la fois si simple et si grande par laquelle de Saint-Rémy a fait connaître à ses juges les motifs de sa conduite.

« J'ai été pris entre mon devoir militaire et ma conscience. Ma conscience a été plus forte. J'ai examiné les conséquences graves de mon acte. Je savais que j'aurais à subir votre jugement ; mais je savais aussi que j'aurais à en subir un autre : le jugement de Dieu. »

Voilà donc où nous a conduits la politique. Il y a deux devoirs opposés : le devoir militaire et la voix de la conscience. C'est le désordre ; car il ne peut y avoir qu'un devoir.

§ 19. — Ici je dois prévenir une objection. J'en trouve la matière dans l'article d'une feuille de l'Yonne *le Pioupiou d'Auvergne*, organe ministériel de « défense républicaine », dont le directeur est M. Monneret, conseiller municipal d'Auxerre ; l'imprimeur, M. Gallot, député ministériel blackboulé aux dernières élections, et l'auteur ? *un-sans-patrie*, professeur au Lycée de Sens.

« ..... Petit conscrit, enfant du peuple, interroge le professeur, que penseras-tu à la caserne, quand les officiers te diront que tu leur dois obéissance passive, qu'il te faut exécuter leurs ordres, tous leurs ordres sans examen et sans discussion ?

« — Je laisserai dire, répond le professeur parlant au nom de son élève ; mais je penserai en moi-même ou bien tout haut devant les camarades, qu'il y a des circonstances où je ne reconnais qu'un seul chef, qu'un seul maître, ma conscience. »

L'on me fera remarquer que j'approuve le colonel de Saint-Rémy de parler, en somme, comme le pioupiou d'Auvergne que je blâme. L'objection est grave en apparence, je le reconnais.

Je répondrai que le mot conscience n'a pas le même sens pour le colonel de Saint-Rémy que pour le pioupiou d'Auvergne. De même que je n'entends pas comme M. Combes le mot Liberté ; car moi, au au nom de la liberté, je respecte les sœurs et lui les chasse. Que c'est précisément l'affaire des tribunaux de décider quelle est la bonne conscience et quelle est celle qui est faussée. La conscience qui place Dieu au-dessus de M. Combes et même au-dessus des lois dictées par les sectaires de la franc-maçonnerie n'a aucun rapport avec la conscience qui place le moi de l'individu au-dessus de la Patrie.

Ma théorie est dangereuse ? Non, si la justice veille, oui, si le César du jour a domestiqué les magistrats. Mais cela ne m'empêchera pas de dire la vérité.

Discipliné le soldat chrétien l'est jusqu'à la mort ; mais il ne faut pas lui ordonner de blasphémer le Christ ou de trahir sa conscience — ce qui est tout un. Voilà ce que je maintiens ; seulement, il fallait définir la conscience, et c'est ce que l'objection posée m'a donné l'occasion de faire.

Pour en finir sur cette question, je dois ajouter qu'en approuvant la conduite des deux officiers qui ont refusé d'obéir à un ordre contraire à leur conscience, je ne prétends en rien critiquer ceux qui ont obéi. Il ne m'appartient pas de sonder les reins et les cœurs.

Ceux qui ont obéi *ont cru devoir obéir* ; ils ont bien fait. Leurs convictions étant telles, ils devaient obéir.

Je tenais, moi, à faire cette déclaration, parce qu'on a reproché aux deux officiers réfractaires d'avoir voulu faire la leçon aux autres.

Et je prétends que jamais Saint-Rémy, ni Le Roy Ladurie n'ont eu cette sotte prétention.

§ 20. — Malgré tous ces éléments de décomposition, l'armée vit, se meut et progresse..... en vertu de la vitesse acquise et puis parce que, parmi ses membres, grâce à Dieu ! il y a encore du ressort pour le bien. — La bonne foi est encore la règle générale.

Au surplus cela va paraître étrange, le ministre de la guerre lui-même, qui a fait tant de choses pour désagréger l'armée — inconsciemment, je voudrais le croire — serait désolé d'avoir un outil qui lui casse dans les mains, le jour où il voudrait s'en servir. S'il veut de l'armée faire sa chose, il veut aussi que les soldats soient capables de se dévouer, s'il le leur demande...., Et le voilà lui-même prescrivant des mesures propres à affermir le courage, à relever la discipline que d'autre part il a tant ébranlée. Et pendant même que le cri « Vive l'armée ! » apparaît comme un cri séditieux, voilà que le ministre de la guerre se prend à dire lui aussi : « Vive l'armée ! — vive l'armée..... de la République ! »

§ 21. — Le premier résultat de ces sentiments ministériels s'est manifesté par les conférences très intéressantes, ma foi ! que le commandant Ebener, aujourd'hui lieutenant-colonel, a faites à l'Ecole de Saint-Cyr en 1901, sous la présidence du général Passerieu, le nouveau commandant du 10e corps d'armée sur le sujet : *Rôle social de l'officier.*

Ces conférences représentent une brochure très dense in-8° de 74

pages dans lesquelles il y a, à côté des théories très..... ministé-
rielles, des considérations excellentes et des conseils qui pourront
être très avantageusement mis en pratique par les jeunes officiers et
même par ceux qui ont déjà vieilli sous le harnais.

Le général Lamirault, que je cite toujours très volontiers, parce que
je lui crois beaucoup d'expérience, de bon sens et de jugement,
parle en ces termes des conférences du lieutenant-colonel Ebener,
dans le numéro du 3 janvier 1902 de la *France militaire* :

« Je ne discuterai point cet opuscule quoiqu'il soit très discutable
en certains points.....

« Leur antithèse (il fait ici allusion à une autre brochure sur les
tendances nouvelles de l'armée allemande) montre avec quelle défiance il faut faire intervenir dans les choses militaires, les idées philosophiques. Pour obtenir la discipline *consentie librement*, l'Allemagne s'adresse à ses maîtres d'école, dit l'un ; nous nous adres-
sons à nos officiers, dit l'autre. Qui a raison ?

« Cette discipline, inculquée dans ses générations de soldats,
dit l'un, permet à l'Allemagne de changer du tout au tout ses procédés de victoire.

« Cette discipline que vous aurez à inculquer dans les générations de soldats, dit l'autre, on la vante, par erreur, chez les Allemands. Ce n'est pas la discipline qui est forte chez eux; c'est la répression. Et elle est forte, *parce que le sentiment du devoir est faible.*

« A qui croire ?

« Certes, c'est parfait, idéal, ce que sollicite des officiers le conférencier de Saint-Cyr : être des officiers éducateurs, posséder un grand
savoir, une grande impersonnalité de cœur, de l'activité, du tempérament, de l'adresse physique et intellectuelle.

« Vous voulez qu'ils aient une influence absolue, indiscutable et
indiscutée sur les hommes des générations successives qui passent à
la caserne, qu'ils puissent leur faire accepter sans révolte, le moment proche ou éloigné, je ne sais, où ils leur diraient : c'est le
moment de vous faire tuer ! Mais que leur donnez-vous pour cela ?
A peine quelques mois.....

« Comment espérer répondre à cette phrase qui termine l'opuscule,
de *l'adaptation de l'esprit militaire aux aspirations démocratiques de la
société contemporaine* ?

« Entend-on que ces officiers auront à lutter par la parole contre
les théories des intellectuels antimilitaristes, contre les professeurs
qui planteraient au milieu de la cour du quartier ce drapeau ou
l'étendard du régiment *sur le fumier des écuries* ? Entend-on, comme

on le semble désirer, qu'on lira, le soir, aux chambrées, les conférences écrites de la société des conférences populaires ? Entend-on
qu'on choisira quelques pages de Courteline, de Darien, de Descaves,
d'Hermant et qu'on leur en fera voir le mal fondé ?

« Tout cela ne supporte pas l'examen, et ce n'est pas aux officiers
que reviendra jamais, j'en suis sûr, l'honneur de mettre en combinaisons tactiques les aspirations démocratiques de l'esprit que doit
avoir l'armée.

« Ce n'est pas l'armée qui doit discipliner les esprits, c'est la nation qu'il faut discipliner.....

« Ce qu'il faut dire aux officiers et aux sous-officiers, c'est d'avoir
la dignité très grande de leur attitude et de leur vie ordinaire, d'être
des hommes exacts, énergiques, sévères pour eux-mêmes comme
pour les autres et se montrer, en toute occasion, du désintéressement et de la force morale.....

« Vous n'allez pas croire, je suppose, que, comme on l'a dit l'autre
jour encore à la Chambre des députés, on avait une armée prête à
verser dans le cléricalisme et les pronunciamentos ?

« Je m'adresse aux détracteurs. Qu'avez-vous, leur dirai-je, à vous
plaindre de votre armée, depuis les jours néfastes de la défaite ? N'a-
t-elle pas travaillé en silence au relèvement de la nation..... à quoi
bon vouloir lui inculquer des philosophies inutiles ? »

§ 22. — Sans vouloir faire ici une analyse complète des conférences de Saint-Cyr, je dois en signaler les principaux passages qui
mettent en lumière les idées émises sur notre armée et les efforts
tentés pour élever son moral qui, malgré les efforts contraires, est
resté à un niveau où l'espérance en l'avenir est toujours permise.

Ebener cite tout d'abord l'opinion émise dans les *remarques sur
l'exposition du centenaire*, par M. le vicomte Melchior de Vogüé de
l'Académie française : « Le service militaire universel jouera, dit le
savant académicien, un rôle décisif dans notre reconstitution sociale.
Le legs de la défaite, le lourd présent de l'ennemi peut être l'instrument de notre rédemption..... j'en attends des bénéfices incalculables : fusions des dissidences politiques, restauration de l'esprit de
sacrifice dans les classes aisées, de l'esprit de discipline dans les classes
populaires, bref, de toutes les vertus qui repoussent toujours à l'ombre
du drapeau. »

En voilà un qui n'est pas pessimiste au moins.

§ 23. — Ebener rappelle ensuite l'étude sensationnelle qui a paru,
le 15 mars 1891, dans la *Revue des Deux-Mondes* sur le « Rôle social
de l'officier dans le service universel ».

« Le service obligatoire, strictement appliqué, dit l'auteur anonyme dans sa conclusion, en faisant passer toute la nation par les
mains de l'officier, a grandi dans la mesure la plus large son rôle
d'éducateur. La préparation du corps d'officier a ce rôle, sa formation morale intéresse donc la société tout entière. Ce corps, par
son recrutement, sa culture, est parfaitement apte à remplir ce rôle...

« Il ne le remplit qu'imparfaitement parce que, s'il y est apte, il n'y
est nullement préparé et que l'idée de sa mission sociale ne tient
presque aucune place, ni dans son éducation, ni dans l'exercice de
sa profession...

«... Le service militaire se dresse désormais devant toute la jeunesse à l'entrée de la vie. Sera-t-il un péril où risqueront de sombrer
son corps, son cœur et son esprit ; ou sera-t-il l'épreuve fortifiante
dont elle sortira mieux trempée ? Toute la question est là. »

Celui-ci, sans être pessimiste, voit l'écueil et il veut non seulement le conjurer, mais en tirer profit.

Et depuis que la question est posée, beaucoup d'efforts ont été
tentés. Les conférences de Saint-Cyr sur le programme ministériel
rentrent dans ce cadre. Le général Lamirault, lui, croit plus à
l'exemple qu'aux paroles. Il a certainement raison ; mais la parole a
pourtant bien son efficacité qu'on aurait tort de négliger.

§ 24. — Ebener fait un long exposé des mœurs, des qualités et
des défauts des armées royales, officiers et soldats, puis des armées
impériales et enfin de l'armée républicaine... d'abord de la première République à laquelle il ne reconnaît guère que des perfec-
tions, puis de la République actuelle qu'il met fort bien en scène.

Il faut lui savoir gré de la loyauté de ses jugements sur les armées
royales qu'il est de bon ton aujourd'hui, dans certains milieux, de
traîner dans la boue. Le lieutenant-colonel y met volontiers le
grain de sel humoristique.

« Un jour, raconte-t-il avec le général Aubert, le marquis de Mirabeau, alors capitaine, n'arriva devant sa compagnie, pour la revue
du commissaire, qu'après l'appel de sa troupe ; il descendit de cheval et vint auprès du major, qui se tenait aux côtés du commissaire : « — Monsieur, dit le major à celui-ci, voilà M. de Mirabeau
que je vous disais ne pouvoir manquer d'arriver dans la journée.

« — J'en suis fâché, dit le commissaire ; mais mon devoir est de
passer la troupe en revue et d'y noter ce qui y manque d'hommes,
au moment où la compagnie a été vue. M. de Mirabeau n'y était pas ;
je ne puis prendre connaissance d'autre chose. En conséquence, la
revue est close pour M. de Mirabeau et il est passé absent.

« Celui-ci laisse le major plaider sa cause et s'étonne de la rigueur du commissaire qui s'écrie :

« — M. de Mirabeau est absent, je l'ai constaté. Il est absent!

« Le jeune capitaine, muet jusqu'alors, dit au commissaire avec le plus grand calme : « — Je suis donc absent?

« — Oui, Monsieur.

« — En ce cas, Monsieur, ceci se passe en mon absence. Et tombant sur le commissaire à grands coups de cravache, devant le régiment, il répète en riant : Je suis absent!...

« L'affaire fit quelque bruit et les commissaires demandèrent un châtiment exemplaire. Louvois pensait comme eux ; mais Louis XIV répondit négligemment : « C'est très mal ; mais c'est logique ! »

Le conférencier conclut : cette armée avait une âme, un idéal... cette armée avait élevé jusqu'à la perfection l'art de tuer et de mourir avec élégance.

«... L'officier de l'ancien régime, par tempérament, par tradition de famille, était guerrier dans l'âme, et cela, dès la plus tendre enfance. Il ne faisait que suivre l'exemple de Bayard, du Béarnais, de Boufflers qui avaient accompli leurs premières prouesses à 14, 15 et 16 ans. Il prodiguait, avec le plus touchant dévouement, son sang sur tous les champs de bataille, si bien que dans une seule famille, on a pu compter jusqu'à treize frères tués dans le service..... Combien d'autres sont morts bravement en arrachant à l'ennemi les 1600 drapeaux qui ont fait, pendant de longues années, à Notre-Dame et aux Invalides, la plus merveilleuse des tapisseries ! Qu'on ne dise donc plus que la noblesse française était tout entière dans les antichambres du château de Versailles ; car trop de morts tombés glorieusement depuis Rocroi jusqu'à Denain se lèveraient des sillons où ils dorment, ensevelis dans leurs dentelles, pour nous donner un sanglant démenti. »

§ 25. — Le tableau de l'armée avant 1870 est également tracé de main de maître : l'isolement de l'armée toujours en route par rapport à la nation, le grand nombre des officiers célibataires « affichant trop souvent une légèreté de mœurs et une liberté d'allure qu'il justifiait à ses propres yeux en la considérant comme un des privilèges de la profession des armes... » et par suite le dédain réciproque du militaire et du « pékin ».

§ 26. — « Aujourd'hui, dit-il, les conditions du corps d'officiers et de la nation sont bien changées : la vaillance est toujours notre apanage. Nous en trouvons la preuve dans les expéditions coloniales au cours desquelles l'héroïsme de nos cadres et de nos soldats leur vaut les témoignages les plus flatteurs des généraux étrangers. Quant au fâcheux état d'esprit qui isolait nos officiers au sein de la population, il est heureusement modifié par l'effet d'une plus juste conception du rôle et de l'importance de chacune des forces vives de la nation devenue une démocratie. Le passage incessant dans les rangs de l'armée des éléments intelligents et distingués de la société a suffi pour amener ce résultat. Aujourd'hui les chefs de corps entretiennent partout, avec les autorités civiles, et pour le plus grand bien de tous, des relations courtoises et suivies et ils ne toléreraient pas que leurs subordonnés prissent vis-à-vis des populations dans lesquelles sont confondues — ne l'oublions pas — les puissantes réserves du pays, les allures tapageuses et vexatoires d'autrefois.

« ... La stabilité relative des garnisons a achevé de détruire les barrières qui isolaient l'armée au milieu des populations. » « On est tombé d'un excès dans un autre : depuis quelques années, il règne une sorte de contagion matrimoniale contre laquelle il serait peut-être temps de prendre des mesures... » Pour mon compte, je ne vois pas vraiment quel mal il y a à cela ? A-t-on vu les officiers mariés moins braves sous la mitraille que les célibataires ? L'état moral de l'armée y a gagné et il faut reléguer la « vieille culotte de peau » au musée des antiquités. C'est un type qui a disparu.

M. Dauvergne se plaignait dans la *Revue du monde catholique* de l'immoralité de la chambrée. Elle n'est rien avec ce qu'elle a été ; et il faut reconnaître que, de ce côté, l'armée a fait, depuis quelques années surtout, peut-être depuis le passage des séminaristes sous les drapeaux, d'immenses progrès dans cet ordre d'idées. Il en reste de plus grands encore à accomplir. « Nous pourrions citer, dit Ebener, telle compagnie, où, pendant trois années, aucune maladie vénérienne de nature à laisser des traces n'a été constatée, et dont le capitaine a eu cependant à s'occuper constamment de deux soldats contaminés avant leur arrivée au régiment, et dont le contact pouvait être dangereux pour leurs voisins. »

Le général de Galliffet a interdit l'alcool dans les cantines, le général André a confirmé la défense et ordonné des conférences contre l'alcoolisme et contre les dangers du vice fatal à la santé du soldat. Tout cela est fort bien et produit des résultats.

Déjà, en 1867, le général Trochu se préoccupait du devoir de l'officier éducateur du soldat. Le règlement de la cavalerie qui date du 12 mai 1899 dit textuellement dans les principes de l'instruction : « L'attention des chefs ne doit pas se borner à l'instruction professionnelle. Tout supérieur a le devoir de s'occuper de l'*éducation morale* de ses subordonnés, comme de leur éducation physique et de leur éducation militaire. Il doit non seulement faire appel à leur mémoire, à leur intelligence, mais encore s'*adresser à leur cœur*, pour y faire naître ou y développer, par tous les moyens, les sentiments de frivolité, de franchise, de droiture, de bravoure, de confiance dans leurs chefs, de dévouement et de patriotisme.

« Ces vertus du soldat contribuent au maintien de la discipline plus sûrement que les rigueurs des règlements et sont, à la guerre, la meilleure garantie du succès. »

Vous voyez comme c'est beau, et plus loin la brochure semi-officielle cite Desaix disant : « Je vaincrai tant que *je serai aimé* de mes soldats. » Viennent ensuite des conseils excellents, des anecdotes toutes plus intéressantes les unes que les autres... Décidément nous marchons à grands pas vers la perfection.

§ 27. — On crée des réfectoires, des salles de lecture et de jeux. Non seulement les officiers ont leur salle d'honneur (ce qui est une des heureuses innovations de ce pauvre général Boulanger) ; les sous-officiers ont leur bibliothèque ; mais encore dans presque toutes les casernes aujourd'hui, les soldats ont des salles de réunion où ils sont éclairés, chauffés, pourvus de jeux, de papier pour écrire à leurs parents, à leur... à leur payse, pourquoi pas ?

Il ne manque que la chose qui donne à tous les efforts la vitalité fructueuse et qui consacre les progrès durables... ; et cette chose, c'est l'idée de Dieu, *Nisi Dominus ædificaverit domum, in vanum laboraverunt qui ædificant eam.*

Et voilà pourquoi malgré toutes ces bonnes volontés, toutes ces tentatives, les progrès sont si lents.

Cela c'est la lacune essentielle, nous y reviendrons ; mais il y a aussi une autre cause d'échec pour les bonnes volontés et celle-là vient d'en haut.

C'est ce qu'on est convenu d'appeler le fléau des *arrivistes*.

J'en parlais au début sans en dire le nom, quand je déplorais la façon dont, en ce moment, sont distribuées les récompenses. Du système de favoritisme découle toujours l'affaissement des caractères.

§ 28. — A ce propos je ne résiste pas à la tentation de vous mettre sous les yeux une page qu'on dirait écrite d'hier et qui fut tracée en 1837, après 22 ans de paix, par Joachim Ambert.

C'est lui-même qui représente la jeune armée d'alors et qui s'entretient avec une « demi-solde ».

« Le vieil officier, dit Ambert, se leva brusquement, croisa les bras et s'écria en me regardant fixement :

« — Quoi ! vous voulez comparer votre égoïste armée à nos bataillons d'amis... ; vos trembleurs d'officiers à nos capitaines de fer ; vos débileschefs, courtisans surannés, à nos indomptables colonels, à nos vigoureux généraux trempés au feu de la mitraille !... »

Et, s'échauffant graduellement : « Mais vous n'y pensez pas, jeune homme ; vous ne savez pas la puissance de ce mot seul, *esprit de corps*. (Aujourd'hui, avec le service réduit et les mutations fréquentes des officiers, on fait de vains efforts pour réveiller cet *esprit de corps :* il se perd, comme en 1837.)

« — Oh ! si vous nous aviez vus autrefois, comme nous étions beaux de fraternité, et, dans nos malheurs, admirables d'union ! Français, Français d'abord, puis soldats du grand chef, enfin cuirassiers ou artilleurs, fantassins ou dragons, nous étions les enfants de tel ou tel corps, de tel ou tel régiment. Je l'ai dit, la France était la patrie ; l'état militaire était la province, au dialecte particulier, aux mœurs différentes ; *l'arme* était le village, nous savions le son de notre cloche et le vêtement de nos voisins ; le *régiment* était la famille. Nous dormions ensemble, nous nous chauffions au même feu, nos repas étaient en commun. Là nous trouvions les conseils paternels des anciens et leur expérience guidait nos pas ; nos enfants, c'étaient quelques fils de pauvres grenadiers ; nous jouions avec eux, nous leur apprenions à balbutier les mots d'honneur et de patrie..... Les mères, les sœurs que nous protégions et qui pansaient nos blessures, c'étaient les veuves de braves camarades emportés par les boulets... Quel est le vieux militaire qui ne vous parle encore, les larmes aux yeux, de sa 3ᵉ demi-brigade légère ou de son 10ᵉ dragons ? il sait tous les noms, et pour chaque nom une petite anecdote ; il vous dit le nombre de batailles de son régiment, les morts, les croix, les bivouacs, les traits remarquables, tout enfin. Il vous chantera la chanson de la brigade, chanson grossièrement satirique, mais qui, par la vigueur même de ses attaques envers les autres armes, prouve toute la puissance de l'*esprit de corps*. Le housard de l'ancienne armée fredonne encore les vieilles rimes contre le dragon ; celui-ci n'a pas oublié les quolibets orduriers qu'on jetait aux fantassins, et le fantassin retrouve dans sa bouche et lance, d'une voix rauque, la cynique allusion qui fouaille le cavalier. Toute cette athlétique poésie de corps de garde se traduisait quelquefois en coups de sabre ; on se battait pour un mot, pour un geste, pour soutenir la taille d'un tambour-major ou le droit de priorité dans la maison de débauche ; le voltigeur toisait le grenadier, et tous deux croisaient le fer. Mais ce n'était que des bouderies d'amants ; le soir, tout était oublié, les liens se resserraient, on rivalisait de beauté, de grandeur, de courage et d'union.

Le général Foy l'a dit : « L'armée formait alors une masse homogène et indivisible. Du conscrit enrôlé depuis six mois, on arrivait au maréchal d'Empire, sans rencontrer de passage heurté dans la manière de voir et de sentir. »

Notre armée de 1837 est-elle comme notre armée de 1807 ? avez-vous l'esprit militaire ? l'esprit d'arme ? l'esprit de corps ? Trouvez-vous un major d'artillerie qui réponde au prince qui le choisit pour aide de camp : « Non, sire, je veux rester artilleur ; ma famille a cent trente ans de canon. ». Un capitaine de housards refuse-t-il de passer chef d'escadrons de chasseurs, par amour pour sa sabretache ? Un cuirassier veut-il toujours sentir sa veste de fer sur le cœur ? Un dragon met-il sa flottante crinière au-dessus des oripeaux des soldats d'antichambre ? Un colonel va-t-il rendre son sabre, si l'on ne veut réparer l'injustice faite à son dernier trompette ? Non, mille fois non !...

« — Qu'on nous donne des champs de bataille, m'écriai-je à mon tour, et l'esprit de corps renaîtra : nous redeviendrons soldats ; nous aimerons notre habit, notre numéro, nos chefs, nos inférieurs, nos camarades ; enfin nous serons ce que vous étiez.

« — Non, dit le vieil officier, il ne peut y avoir amour, parce qu'il n'y a plus estime ; il ne peut y avoir rapprochement, parce qu'il n'y a plus uniformité de mœurs et de langage. En 1789, l'armée royale de France était composée de deux classes distinctes : d'un côté les généraux de salon, les colonels imberbes; de l'autre les officiers de troupes. Quand la secousse révolutionnaire se fit sentir, les uns émigrèrent, les autres restèrent fidèles à la France; et, dans certains corps, les deux classes se confondirent et se donnèrent la main. »

J'interrompis l'ancien soldat, pour dire : « Si ces hommes de mœurs et d'opinions différentes se sont rapprochés, pourquoi ne ferions-nous pas comme eux, nous, qui n'avons pas la grande distinction de caste et de fortune ?

« — Ils se sont rapprochés, dit-il, parce qu'ils ne s'étaient pas séparés..... On peut aimer la personne qu'on a détestée; mais jamais celle qu'on a déjà aimée. Vous tous, officiers inférieurs, sous-officiers ou soldats, vous vous rapprocherez quand vous le voudrez; quelques généraux et officiers supérieurs seront aussi des vôtres; mais il en est parmi les chefs de votre armée que vous mépriserez toujours, parce qu'ils ont lâchement abandonné la famille militaire;

parce qu'ils ont tué l'*esprit de corps*, *parce qu'ils se sont faits courtisans de tous les pouvoirs*, parce qu'ils ont été muets, quand on a attaqué le soldat, parce qu'ils ont trahi ceux qu'ils devaient défendre, parce qu'ils ont été s'agenouiller et mettre leur épée aux pieds de toutes les populaces et de toutes les polices, parce qu'enfin ils ont été d'infâmes égoïstes.

« — Vous êtes sévère, dis-je.

« — Je ne suis que juste, reprit-il avec force ; j'ai vu des chefs de corps se traîner dans la poussière des bureaux, mendier l'insolent regard d'un commis, pour obtenir quelque avantage personnel, et reculer quand il fallait soutenir le pauvre officier méritant. J'en ai vu ne pas connaître les hommes que la France et le Roi leur avaient confiés, engloutir au profit de leurs jouissances privées les modiques frais de représentation dont ils ne sont que les dépositaires, j'en ai vu livrer leur autorité aux caprices de quelque femme, et dormir en prêtant l'oreille aux plus viles dénonciations.

« — Chut, chut, fis-je ; vous me compromettez, et m'allez brouiller avec le budget, ce dont je me soucie. »

Le vieux militaire se jeta sur un fauteuil, garda quelques instants le silence ; puis, les bras croisés, la tête basse, les yeux fixés sur le foyer, il dit lentement : « Est-ce que vous seriez attaqué de l'infime étroitesse de la gent subalterne qui, pour me servir des mots de Balzac, porte une espèce de respect involontaire, machinal, instinctif au pouvoir supérieur ? Un chef de corps est-il infaillible ? Oui, c'est l'évêque, c'est le pape de ces moines armés. Système qui étouffe la conscience, annihile un homme, et finit avec le temps par l'adapter, comme une vis à un écrou, à la *machine militaire.* »

Je voulus parler. Il étendit le bras droit, me fit un signe qui voulait dire « silence » et continua : « Un jour en 1834, un officier eut à se plaindre de l'insolence du plus vil et du plus taré des agents de police ; il se montra modéré. L'agent qui savait son monde, fut porter plainte contre l'officier, non pas à son commissaire, mais à un lieutenant-colonel ; celui-ci manda l'officier, lui fit part du rapport de l'agent ; et, aux observations du sous-lieutenant qui détruisait toutes les calomnies de l'homme de boue, le lieutenant-colonel répondit : « Monsieur, j'ajoute plus foi aux dires d'un agent de police ou d'un gendarme qu'à la parole d'un officier. » Le sous-lieutenant fut mis en prison, et l'homme de la police donna au lieutenant-colonel un de ces judaïques sourires qui promettent protection !.....

« — Que concluez-vous de cela !

« — J'en conclue que, si l'esprit de corps s'est éteint dans vos rangs, la faute en est à vos chefs, et, si vous êtes effacés de la liste des armées européennes, la faute encore en sera à vos chefs.

« — Ce sont de braves gens cependant, bons pères, bons époux, vertueux citoyens.....

« — Au diable avec votre sentimentalerie de cimetière..... »

Le vieux troupier se leva, fit deux tours dans ma chambre en sifflant l'air de la *Dame blanche* : « Ah, quel plaisir d'être soldat ! », haussa les épaules et sortit. »

(A suivre.)

JEAN D'ESTOC.

Le P. Aubry

ET LA

RÉFORME DES ÉTUDES ECCLÉSIASTIQUES

(Suite.)

Dans ses observations didactiques, le P. Aubry insiste sur le recours aux sources doctrinales de la théologie. « Ce traité est tellement nécessaire, dit Mgr Capri, que si on ne pouvait ni avoir un professeur spécial, ni ajouter une année au cours ordinaire des études, nous n'hésiterions pas à demander ou de supprimer une des chaires auxiliaires du cours de théologie, ou de prendre, pour cette étude, la première des années que l'on consacre à l'étude des sciences ecclésiastiques. » Et voici la raison qu'en donne l'éminent écrivain : « L'enseignement des séminaires a un double but : d'abord de donner aux élèves une somme suffisante des notions élémentaires, nécessaires au ministère sacerdotal ; puis de leur faire exercer leurs facultés intellectuelles, pour en développer l'étendue, la perspicacité et la force, afin que non seulement ils apprennent ce qui leur est enseigné, mais que surtout ils apprennent *le grand art d'apprendre.* Ainsi, en sortant du séminaire, ils auront acquis une somme plus ou moins grande de science, mais encore ils posséderont les règles, les principes premiers de leurs développements ultérieurs, surtout cette intelligence théologique, cette faculté de discernement dont ils tireront de si grands avantages, pour avancer dans la théologie et pour se faire au sage maniement des questions [1]. »

Dans ses notes et dans son livre sur le Christianisme, le P. Aubry expose la suite de la religion d'Adam à Jésus-Christ ; il raconte l'établissement du Christianisme dans le monde ; il dit sa nature, son ensemble, l'importance essentielle de son dogme, les études et défenses qu'on en doit faire, les bienfaits qui s'en suivent ; et appuie particulièrement sur la foi, sur son rôle dans le christianisme, sa tenue au regard de l'hérésie, des sciences, du libre examen rationa-

---

[1] *Quelques observations sur les études des séminaires en France,* p. 22.

liste ; il termine en parlant de la conquête du monde par l'apostolat, depuis la Pentecôte jusqu'à nos jours.

Sur la suite de la religion, il revendique avec force son caractère surnaturel, certain et souverain. Que spéculativement on distingue une religion naturelle, c'est possible ; mais, en fait, par sa notion même et par son établissement, la religion, c'est le surnaturel appliqué par Dieu au monde, pour ramener le monde à Dieu. A la révélation *primitive* succéda la révélation *mosaïque*, puis la révélation *catholique* : c'est toujours Dieu multipliant sa grâce pour maintenir le monde sous son empire.

Cette action divine, sensible et constante sous les patriarches, devient plus manifeste dans la vocation d'Abraham et la mission de sa race ; elle éclate tout à fait par l'avènement du Fils de Dieu dans la chair. La promesse du Rédempteur amène le rôle figuratif dès le temps des patriarches ; elle éclate en tout dans la Synagogue : *Omnia in figura ;* elle n'a plus, dans les traditions des Gentils, que de pâles rayons, mais elle éclate dans la succession des empires.

La réprobation des Juifs amène la vocation des Gentils. Le christianisme conquiert le monde, d'abord par le sang, puis par ses doctrines et par ses vertus. La civilisation en sort. Le christianisme, sans doute, n'a pour but que le salut éternel ; mais pour y conduire, il doit s'appliquer pleinement à tout individu, et pour sauver l'individu, le faire vivre dans une famille et dans une société chrétienne. Or, par la vertu même de cette application au salut des personnes, le christianisme a exercé une influence profonde sur le droit et sur les coutumes des nations. A l'esclavage, il a substitué le servage, puis amené l'homme à la liberté dans des communes affranchies. De nos jours, il pousse l'application de l'Evangile à l'ordre politique, civil et économique des nations chrétiennes. Dans l'avenir, qui nous dit que le Christianisme ne fera pas triompher la fraternité parmi les nations ? et que tous nos rêves absurdes, par l'insuffisance manifeste des moyens d'exécution, ne seront pas, un jour, un fait accompli par l'Eglise ?

J'attire l'attention sur la thèse, en apparence paradoxale, de la légitimité de la méthode par laquelle l'Eglise nous conduit à la vérité religieuse en exigeant la foi, avant même que nous soyons assurés par nous-même que cet enseignement est vrai. Ecouter Dieu, c'est l'ordre divin ; vouloir arriver à la lumière par contention, c'est une erreur, et prendre des échasses pour monter au ciel, c'est pure folie.

La lecture, mieux que cela, l'étude, la contemplation de ce volume sur le Christianisme, peuvent en faire comprendre la haute originalité, la solidité dogmatique, la richesse doctrinale. A lui seul, ce livre vaut mieux que les quatre ou cinq cents ouvrages entassés dans les 20 in-quarto des *Démonstrations évangéliques* de Migne, ouvrages morts, épuisés, qui ne disent rien à l'âme. Ici, tout est esprit et vie : *Totus succus,* pour me servir d'un mot du P. Aubry.

XIV

LA THÉOLOGIE DOGMATIQUE ET L'ÉGLISE

La religion est le fruit d'une révélation divine; l'Eglise est une institution de Dieu. La religion affirme les lois de la pensée, des mœurs et des institutions; l'Eglise en effectue le gouvernement.

C'est Dieu qui a fondé l'Eglise et qui l'a fondée société vivante et surnaturelle sur les relations des personnes divines. Jésus-Christ, en la chargeant d'accomplir son œuvre après lui, ne s'est pas absenté d'elle; il est avec elle à toujours; il y est par une présence spéciale et substantielle, ayant quelques rapports avec celle qu'il a au ciel par sa nature et par sa vie divine. « Ainsi, dit le P. Aubry, voilà, au centre du corps de l'Eglise, l'être même de Jésus-Christ qui s'installe et qui fait aboutir à lui tous les canaux, toutes les artères par où la vie doit se répandre dans ce grand corps. Et là il vit, il agit, il préside aux fonctions vitales de la hiérarchie entière. Le voilà source de la vie surnaturelle qu'il fait aspirer par les artères, qu'il répand dans les membres non séparés du cœur, et qui change en lui tous ses membres et qui fait du grand corps de l'Eglise le corps même de Jésus-Christ [1]. »

L'Eglise est le corps mystique de Jésus-Christ, et c'est parce que Jésus-Christ ne meurt plus, que ce corps mystique passe intact à travers toutes les épreuves, sans subir les atteintes de la mort. Ainsi, cette vie intérieure de l'Eglise, qui est Jésus-Christ, explique tout le miracle de la perpétuité et de l'invulnérabilité de l'Eglise. Or, Jésus-Christ habite l'Eglise, non seulement d'une présence morale, par sa doctrine, ses grâces, ses institutions, mais d'une présence qu'on peut

---

[1] *Dieu, l'Eglise et le Pape,* p. 76.

appeler physique, au sens philosophique du mot. Comme Verbe illuminateur, il habite l'intelligence des pasteurs enseignants; comme
Verbe incarné, il est aussi présent que possible dans l'Eucharistie;
comme auteur de la grâce, qui est un écoulement de lui, il habite le ·
cœur des justes, où il s'incarne et grandit tous les jours. C'est de ces
trois demeures qu'il gouverne l'Eglise.

L'idée de l'Eglise, comme l'incarnation continuée, comme corps
mystique de Jésus-Christ, nous représente ce qu'est l'Eglise dans
son essence, ce qu'elle est par rapport aux âmes qu'elle sanctifie, par
rapport au surnaturel dont elle est pleine pour le verser dans les
âmes, par rapport à Jésus-Christ dont elle confectionne le corps par
une action surnaturelle. Jésus-Christ se forme donc continuellement
dans l'humanité; l'humanité devient Jésus-Christ de plus en plus,
le Verbe s'incarne continuellement dans le monde, d'une incarnation aussi littéralement réelle et exacte qu'est vraie et exacte notre
participation à la nature divine et notre qualité d'enfants de
Dieu.

Une école considérable, renouvelée du gallicanisme, travaille, depuis 20 ans, à nous confectionner, en France, une religion nouvelle,
plus humaine, mieux appropriée, prétend-elle, aux besoins de notre
démocratie moderne : un christianisme tout formaliste, une Eglise trop
extériorisée. S'il n'y prend garde et ne réagit vigoureusement
contre une tendance due à une déplorable interprétation du *Concordat*, le clergé de France se laissera bientôt envahir par cette pléthore
de bureaucratie et de fonctionnarisme, une des plaies de notre pays,
où l'on pratique à outrance la centralisation.

C'est surtout pour combattre ce concept faux et rationaliste, que
le P. Aubry nous donne, sur l'*Eglise*, un ouvrage plein de substance
et de lumière, un véritable traité. — « On ne voit trop dans l'Eglise,
dit-il, que l'administration humaine; on a fini par rationaliser ce
qu'il y a au monde de plus surnaturel, et ce que Dieu a fait pour
nous de plus divin, la notion de l'Eglise. A force de n'y voir qu'une
administration, on l'a réduite, dans l'esprit des prêtres et dans les
études sacrées qui les forment, à n'être plus qu'une chose humaine, à
laquelle on accorde encore une institution divine, mais non une essence divine (p. 81). »

Et nous reconnaissons, ici encore, une des causes qui ont le plus
contribué au développement de cette plaie du *laïcisme*, dont l'esprit
s'infiltre jusque dans le sanctuaire, faussant les notions, altérant la
foi, semant la division, paralysant l'action. — « Quand vous lisez
nos modernes *traités de l'Eglise,* dit le P. Aubry, vous n'y trouvez

plus, pour ainsi dire, qu'une sorte de règlement administratif et d'é-
numération de grades, avec preuves d'authenticité, comme en possèdent dans leurs archives les sociétés humaines... On a desséché
l'idée de l'Eglise, dans laquelle on ne voit plus l'incarnation continuée, selon la théorie de saint Paul et de saint Augustin. J'ai même
entendu un professeur de théologie traiter cette idée de panthéisme
mystique, et il n'était pas seul. »

Ces réflexions nous remettent en mémoire et nous expliquent la
parole étonnante d'un prêtre administrateur d'un vaste diocèse :
« Une administration n'a pas de cœur ! » Nous cherchons vainement,
dans cette parole dure, l'esprit de l'Evangile, la bonté du maître, et
pourtant, nous ne pouvons nous défendre de croire que c'est pour
les âmes, surtout pour les âmes des prêtres, que travaille, que souffre et combat l'Eglise, pour ces âmes que Dieu a fait dans le monde
tant de choses, que Notre-Seigneur enfin est venu et a organisé son
œuvre. — « Quel odieux système, dit le P. Aubry, de montrer dans
l'Eglise une machine morte et insensible, mue par une force étrangère, destinée à produire la grâce dans les âmes sans la tirer de ses
propres veines, au lieu d'y voir une personne vivante et féconde, un
être actif, vivant, intelligent, aimant, surnaturel, continuation .de
l'incarnation de Jésus-Christ. »

La *notion surnaturelle de l'Eglise* posée (ch. I), le théologien n'en a
que plus de force pour établir *l'autorité souveraine de l'Eglise comme
société enseignante* (ch. II), autorité qui est la base non seulement de
l'enseignement religieux, mais de tout enseignement ; car, depuis
l'avènement de l'Evangile, l'Eglise doit être *maîtresse de l'enseignement*
ch. III) ; et le grand terrain de la lutte, en France, c'est celui de
l'enseignement. Tant que l'Eglise de France n'aura pas reconquis ses
droits sur ce point capital,.elle demeurera en échec, et les efforts de
(l'épiscopat et du clergé sur les autres points seront nécessairement
paralysés.

L'Eglise, comme société enseignante, possède des garanties, des
notes. Le P. Aubry éclaire ces notes d'une vive lumière. Ici, comme
dans tous ses écrits, nous retrouvons cette précision doctrinale, cette
originalité d'exposition, cette élévation de vues et cette clarté d'exposition qui forment le génie propre du P. Aubry. Chacune de
ces pages du docteur est toute pleine de cette substance théologique saine, forte, abondante, choisie — *totus succus* — dont toute
âme sacerdotale devrait être avide.

Dans chacun des? nombreux chapitres qui suivent, le P. Aubry
étudie la source et *l'objet de l'infaillibilité de l'Eglise, la limite de son*

autorité (ch. IV) ; la force de son *unité*, les preuves de sa *sainteté* et *de son apostolicité* (ch. V); le *symbolisme* et les *enseignements traditionnels des catacombes* et ici, le P. Aubry a une note émue et des pages touchantes de piété filiale : on sent toute l'ardeur de sa tendresse et de son dévouement pour cette Eglise romaine qu'il a longuement étudiée sur place et à laquelle il a donné sa vie (ch. VI).

Il insiste particulièrement sur le *rôle et l'importance de la Tradition* dans l'Eglise. L'*étude et le sens de la tradition* sont en voie de s'effacer de trop d'âmes sacerdotales modernes, pour faire place aux *méthodes* et aux *idées rationalistes*. Il le sent profondément (ch. VII). L'esprit des Pères s'en va de plus en plus ; la lecture de leurs écrits n'est pas seulement abandonnée, elle est devenue un objet de mépris — *non potestis portare modo*. — On reproche à saint Augustin ses antithèses, ses tournures barbares ; saint Bernard n'est plus assez serré en doctrine ; saint Bonaventure devient trop spéculatif, saint Thomas trop concis et trop philosophique. Et l'on se cantonne dans les modernes, souvent fort pauvres de doctrine, dangereux par leurs idées risquées; n'étudiant d'ailleurs des principes théologiques que le moins possible, se jetant de préférence dans les questions nouvelles et dangereuses, faisant du libéralisme, du démocratisme, de la question sociale à propos de tout et sans idée bien arrêtée.

Dans un autre ordre d'idées, il faut lire ce que le P. Aubry écrit sur la *législation sacrée*, sur la *nécessité pour l'Eglise de France d'un retour pratique au droit canonique* (ch. VIII). — « Nous sommes, dit-il, dans une situation *anticanonique*... Le droit canonique ne souffre pas, il est mort ; si on l'enseigne encore, c'est au même titre que l'archéologie. Il existe d'ailleurs nombre d'esprits qui se disent *très ultramontains*, et qui rient beaucoup, quand on leur soutient qu'une des causes des souffrances de l'Eglise de France, c'est l'abandon des lois de l'Eglise, et qu'un des remèdes les plus efficaces, c'est leur rétablissement... La situation canonique actuelle, en France, c'est le *gallicanisme pratique*, c'est-à-dire le maintien, dans l'ordre pratique, de la situation qu'a produite le *gallicanisme doctrinal*, et qui est sa réalisation dans la vie et le fonctionnement des institutions ecclésiastiques. » (p. 177).

Nous récoltons d'ailleurs aujourd'hui l'un des fruits les plus amers du gallicanisme pratique : la *division*, le morcellement, l'émiettement des catholiques et du clergé, division qu'aucun effort n'arrête, qu'aucune objurgation ne saurait conjurer, parce que c'est dans les idées d'abord que règnent les malentendus, les incompatibilités, la division, en un mot le désordre.

Aux hérésies modernes, le P. Aubry consacre quatre chapitres re
marquables, montrant, à propos du *protestantisme* qu'il étudie à fond
(ch. IX, X, XI), comment, par une providence de Dieu, à la
marche théologique de l'erreur, répond admirablement le développement doctrinal de la vérité catholique ; comment aussi le gallicanisme, le libéralisme, et toutes les erreurs contemporaines, ne sont
qu'un *protestantisme plus ou moins incomplet* (ch. XI).

Abordant enfin les *rapports des deux pouvoirs*, le P. Aubry expose,
avec une grande netteté, les principes immuables qui régissent ces
rapports, et les abus énormes dont se rendent coupables les gouvernements modernes. — L'*attitude du pouvoir ecclésiastique*, en face du
chaos des opinions politiques ; la *cause de l'impuissance du clergé dans
la société actuelle* (ch. XIII, XIV) ; le *remède fondamental* qu'il faut
appliquer aux maux présents ; le *véritable nœud de la question sociale*,
et la seule solution possible de cette question (ch. XVI, XVII) :
Tels sont, indiqués seulement, les points les plus importants sur
lesquels insiste vigoureusement le savant écrivain.

« C'est à l'Eglise, et à elle seule, dit-il, qu'il faut demander la
vraie politique chrétienne, et la vraie solution de la question sociale, parce qu'elle seule a mission de former les individus et, par
eux, les nations... Le travail de restauration sociale de la France
sera long et difficile ; d'autant plus difficile et plus long, que la
France va plus loin dans le mal. Je le sais, quelques esprits pensent
que, dans certaines conditions, la France se convertirait vite. Non,
il y faudra, de toute façon, bien du temps. La conversion d'un
peuple ne se fait pas ainsi d'enthousiasme ; et pour ceux qui ont
su quelle terrible affaire c'est que d'amener ou de ramener à la foi,
je ne dis pas un cœur corrompu, ce qui est déjà difficile, mais, ce
qui l'est bien plus, une intelligence égarée par le péché de l'esprit,
il est facile d'apprécier l'immense besogne de la conversion d'un
peuple.

« Pour guérir, il y a bien des conditions ; voici la plus importante et la plus difficile : l'*installation du dogme ;* et tel est le but
de cette restauration de l'éducation qu'on tente et où tout le monde
sent bien que gît le salut. Mais le seul moyen de remplir cette condition, c'est la *restauration de l'enseignement théologique dans le commun du clergé par les séminaires.* Autrement, on aura beau gémir,
on ne gagnera rien.

« Je dis que cette condition est la plus difficile ; voici pourquoi :
l'esprit est orgueilleux, le péché de l'esprit est un péché d'orgueil ;
or, l'orgueil est le plus entêté des vices et le plus difficile à guérir ;

parce que sa nature même est de repousser le remède ; il ne peut
se guérir par attaque de front, mais seulement en sous-œuvre, par
des moyens lents et qui prennent le mal d'en bas. »

« Quand on aura, dans tout le clergé, des ouvriers actifs, consacrant toutes leurs énergies, tout leur temps, à travailler partout
chez les humbles. chez les petits, à infiltrer dans les âmes des *idées
chrétiennes*, alors on verra ; mais encore faudra-t-il du temps. Il y a
deux sortes de moyens possibles de conversion pour un peuple : la
foudre et la brise ; la théologie, c'est la brise. Dieu ne convertit jamais les peuples par la foudre, mais par un apostolat lent et de détail » (p. 316).

C'est la sagesse même que ces observations si lumineuses et si
profondes en leur grande simplicité. Puissent-elles pénétrer dans le
cœur et l'esprit de ceux qui ont mission de les répandre ! Ce serait
la garantie d'une rénovation dont on chercherait vainement ailleurs
les éléments indispensables.

Que le mot de réforme n'alarme personne. Le mot de réforme,
pour le clergé, est analogue au mot de conversion pour le chrétien.
Le chrétien, même le plus parfait, a toujours besoin de conversion
pour s'élever, par l'effort de la vertu, à une perfection supérieure ;
le clergé, même le moins vicieux, a toujours besoin de réforme,
pour que la poussière du siècle ne jette pas sur son esprit un nuage,
ne trouble pas l'orientation de ses facultés, et ne frappe pas son cœur
d'inertie. Nous ne sommes certes pas le dernier clergé du monde ;
mais nous avons hérité, par notre faute, d'erreurs, de préjugés,
d'illusions, qui ont gravement compromis la fortune de nos églises.
Sous peine de périr, il faut nous relever, non par une influence
étrangère et sous le coup de la persécution, mais par la claire vue
de nos maux et par la généreuse résolution de les éliminer.

Je ne rougis pas de l'Evangile ; c'est la vertu de Dieu et la force
de son Eglise. Nous n'en avons pas épuisé la grâce, et, sans hésitation ni crainte, je prononce tout haut le mot de réforme. Quand
je pense à toutes les utopies, à tous les crimes, à toutes les aberrations qui se sont couverts de ce prétexte et dont cette prétention a
été l'origine, ce seul mot m'effraie ; mais j'aurai le courage de le
prononcer, puisque je le peux et je mettrai mes soins à le justifier.
Je ne crains pas, au surplus, qu'on m'accuse d'innover, de poser en
réformateur. Ce que je veux, c'est le retour aux traditions séculaires
de la théologie, c'est l'acceptation de leurs enseignements et l'assurance de leurs bienfaits. Mes premiers principes, ce sont les vieux
axiomes de la science sacrée : *Depositum custodi, devitans profanas vo-*

cum novitates et oppositiones falsi nominis scientiæ. — Nil innovetur, nisi quod traditum est. Ma thèse, c'est que nous périssons pour avoir orgueilleusement et sottement innové ; c'est que nous ne pouvons nous sauver sans revenir aux vieilles traditions scolaires de la France, à ces traditions de haute et pieuse science, ébranlées, défigurées, trahies en France, par le protestantisme, le jansénisme, le gallicanisme d'abord ; puis, de nos jours, par les écoles libérale et rationaliste ; mais conservées par l'Eglise romaine et contre lesquelles il n'y a pas possibilité de prescription.

En prononçant le mot de réforme, ce qui nous rassure, c'est que nous demandons qu'on prenne à Rome, non pas seulement l'idéal de l'organisation des écoles théologiques, mais cette organisation même, telle qu'elle a été ordonnée par le Concile de Trente, créée par les Papes, réalisée avec le concours des Ordres religieux. Notre grande consolation, notre ferme espérance, c'est que nous défendons les principes de l'enseignement de l'Eglise romaine ; notre prudence, c'est de protester que nous ne voulons une restauration des institutions antiques que dans les conditions et les limites où doit la vouloir le Vicaire de Jésus-Christ.

Depuis un siècle, c'est le grand souci des Pontifes romains de relever la France. Pie VII voulut y travailler tantôt par l'acte héroïquement sauveur du Concordat, trop tôt suivi d'une désorganisation audacieuse par les Articles organiques ; tantôt par un retour prudent aux ordonnances du passé, consignées dans les règles du droit canon. Grégoire XVI appuya encore sur le retour au droit canonique ; il en chargea expressément les Bénédictins de Solesmes et inaugura le retour à l'unité liturgique. Pie IX, fidèle au souvenir de ses prédécesseurs, agrandissant le cercle de leurs initiatives, ordonna la reprise des conciles provinciaux, le rétablissement immédiat de l'unité liturgique et voulut, en plus, par la création du séminaire français à Rome, amener *quam primum* la rénovation radicale de nos grands séminaires. C'était la pensée, c'était le vœu du grand Pontife, que les évêques français envoyassent tous des clercs à Rome, pour les initier aux traditions des séminaires pontificaux, leur en inculquer l'enseignement typique et par eux réformer, sur ce modèle, les grands séminaires de France. Il y a de cela cinquante ans et nous ne voyons pas encore les effets de la résolution pontificale. Nous croyons plutôt que, çà et là, on paraît vouloir, en sourdine, la combattre. Nous devenons Grecs en Occident, et la France a des pieds d'argile.

En France, il y a actuellement, je ne dis pas seulement en présence, mais en opposition, deux types de séminaires : le type romain et le type gallican. L'un offre ce que nous demandons, l'autre le repousse, parce qu'il se croit parfait. Qui sera vainqueur ? Reviendrons-nous enfin à la grande théologie, ou resterons-nous dans l'ornière du petit enseignement. Voilà la question.

Déjà on est romain en France, en partie par l'esprit et complètement par le cœur. On veut aller à Rome pour apprendre à aimer l'Eglise encore plus, et, aux pieds du Pape, c'est à qui proclamera avec plus de force que nous avons enterré définitivement le cadavre du gallicanisme. Il n'est pas rare cependant de rencontrer des prêtres, des prélats, des personnages, même éminents et amis du Saint-Siège, qui ne connaissent même pas l'enseignement romain des sciences sacrées, ou, s'ils essaient de le pratiquer, qui déclarent qu'il n'a rien à leur apprendre. Si vous dites que le gallicanisme vaincu est le gallicanisme *dogmatique*, mais qu'il y a un autre gallicanisme qui se porte fort bien, qui est plus têtu que jamais, le gallicanisme soi-disant *pratique*, le gallicanisme libéral, le gallicanisme conciliateur, le gallicanisme anticanonique, ami de la petite science, confit en petites dévotions et sans puissance aucune pour rien restaurer ; on vous regarde avec de grands yeux, et on vous demande où vous avez l'esprit.

Nous croyons superflu de protester de nos sentiments. Nous ne voulons ni récriminer, ni user de représailles. Nous n'avons en vue que le relèvement du clergé par la haute science, le salut de la France et l'honneur de l'Eglise par la rénovation théologique du clergé. Proposer à un homme, à un personnel, à une institution, de se corriger et de se grandir, n'a jamais passé pour une insulte. Les faibles esprits qui voudraient nous imputer ce tort, ne nous troublent pas et ne sauraient nous arrêter. La postérité, à supposer qu'elle s'occupe de cette initiative, si elle lui refuse son estime, elle ne lui refusera certainement pas son respect. Nous ne lui demandons pas son indulgence.

XV

CHOIX DE MÉDITATIONS SACERDOTALES

Le lecteur va peut-être éprouver quelque surprise. Après quatre volumes consacrés à la méthode d'enseignement dans les séminaires

et spécialement à l'enseignement de la théologie dogmatique, l'éco-
mie des œuvres du P. Aubry met sous nos yeux un choix de méditations sacerdotales, un directoire spirituel et des opuscules de piété.
Vous attendiez des volumes sur la théologie morale, le droit canon,
la liturgie, l'Ecriture, les Pères ; le P. Aubry vous appelle à la méditation. Cet appel est la marque caractéristique de sa réforme, la
conviction, sinon le gage, de ses succès.

Ce qui perd l'enseignement sacerdotal et le sacerdoce lui-même,
c'est le défaut de piété. La piété, utile à tout, est la flamme qui doit
faire, de tout prêtre, un thaumaturge. Dans la limite où la piété
manque, le prêtre diminue ; et si, loin de prendre flamme à ce foyer,
il ne sent même pas sa nécessité urgente, il peut avoir, d'un prêtre,
l'apparence et l'habit, il n'en a pas le fond. Ce n'est que le masque
du sacerdoce de Jésus-Christ, un héros d'impuissance.

Pour parer à un si grand mal, le P. Aubry offre au prêtre, en
direction spirituelle, l'œuvre de la grâce de Dieu, la piété, la vie
intérieure du ministère sacerdotal, le renoncement, l'humilité, la
pureté, le zèle, le culte du Sacré-Cœur et la pensée de la vie éternelle. Dans ses méditations, il fait servir le cours de l'année liturgique, les dimanches et les fêtes, à la confirmation du vrai prêtre.
Dans ses opuscules de piété, il traite de la vocation virginale, de la
vocation sacerdotale et de la vocation apostolique. La multitude
des sujets et la dispersion des idées ne permettent même pas l'ombre
d'un compte-rendu. La seule chose utile, pratique et importante,
est de dégager l'idée-mère de ces méditations.

Nous la trouvons dans la méditation sur la manière de sanctifier
l'étude. « Nous n'aurons rien compris à la science sacrée et, j'ose
le dire, à la méditation sacerdotale, dit le P. Aubry, tant que nous
n'aurons pas compris que ces vérités sont les *trésors*, la *nourriture* et
la *substance* de la vie intérieure. C'est Jésus-Christ que nous cherchons et que nous contemplons : science de Jésus-Christ, contemplation de Dieu, voisinage du Verbe et de sa pensée qui éclate, qui
resplendit partout, présence réelle de Jésus-Christ dans nos livres.
Rencontre continuelle de Jésus-Christ lumière, de Jésus-Christ voie,
vérité et vie. — Il faut *identifier* l'acquisition de la doctrine avec le
développement de la piété. Ce ne sont pas deux choses séparées,
mais *une même* et identique *chose* ; et nous n'aurons compris ni
l'une ni l'autre, tant que nous ne les forcerons pas à se rejoindre
en nous et à s'identifier : la doctrine, pour nourrir, éclairer et
agrandir la piété ; la piété pour attendrir et vivifier la science. — La
doctrine est la *piété de l'intelligence ;* si elle est bonne, elle produira

nécessairement, essentiellement la *piété du cœur* qui est commandée par l'autre. Mais nous devons d'abord viser la première, c'est la *science des saints*. Nous entendons dire parfois que les saints ont plus appris par la prière que par l'étude. Il faut s'entendre : c'est que, pour eux, à force d'être éclairée par les vues de la foi, l'*étude était une prière*. »

L'étude doit être une prière, l'homme qui étudie est en présence de Dieu dans l'Univers ; en présence de Dieu dans toutes les sciences ; en présence de Jésus-Christ dans la Bible et dans l'Eucharistie : sa vie d'étude est une adoration perpétuelle. Par l'adoration, elle l'éclaire plus parfaitement des lumières de la doctrine ; par l'adoration elle l'embrase plus profondément des feux du saint amour ; par l'amour et la lumière, elle fait éclater sa force en miracle de toute-puissance. Le prêtre est fort dans la mesure de ses adorations ; il est faible dans la mesure de leur défaut. C'est le mystère à contempler.

Chaque département des puissances de l'être humain appelle, de la part de Dieu, pour le couronner dans l'ordre naturel et lui assurer valeur dans l'ordre surnaturel, un secours céleste, approprié à ses opérations. Dieu y a pourvu, pour l'intelligence, par des grâces d'*illustration*, pour la volonté, par des grâces d'*inspiration*. Sans doute, ces grâces viennent directement de Dieu ; mais encore devons-nous y aider et existe-t-il des moyens établis pour former l'âme dans cet ordre de puissance. La théologie est un de ces moyens. Non seulement elle donne la science positive des diverses portions de la théologie, une somme de notions indispensables au ministère sacerdotal ; mais elle développe la puissance de compréhension et d'assimilation des facultés intellectuelles ; elle ouvre l'âme aux grâces d'illustration et d'inspiration.

« La théologie, dit Lacordaire, ouvre cette vue pénétrante de l'élément divin, ce regard ferme représenté par l'aigle de saint Jean, ce trait de l'œil, difficile à définir, mais que l'on reconnaît si bien, lorsqu'après avoir médité soi-même sur un dogme, on interroge un esprit qui a été plus loin que soi dans l'abîme ou qui a mieux écouté le son de l'infini. Il en est d'un grand théologien comme d'un grand artiste : l'un et l'autre voient ce que l'œil vulgaire ne voit pas ; ils entendent ce que l'oreille de la foule ne soupçonne pas ; et quand, avec les faibles organes dont l'homme dispose, ils viennent à rendre un reflet ou un écho de ce qu'ils ont vu ou entendu, le pâtre même s'éveille et se croit du génie. Cette puissance de découverte dans l'infini étonnera ceux qui savent que l'incompréhensible n'est autre chose qu'une lumière sans borne, qui fait qu'au jour même où nous verrons Dieu face à face, nous ne le comprendrons pas encore ; ceux-là se persuaderont aisément que plus l'horizon est immense, plus la vivacité du regard a de quoi s'exercer. Et la théologie a ce rare avantage, que les affirmations divines qui lui ouvrent l'infini de part en part, lui sont une boussole en même temps qu'un océan. La parole de Dieu forme dans l'infini des lignes saisissables qui encadrent la pensée sans la restreindre, et fuient devant elle en l'emportant. Jamais l'homme, arrêté dans les liens et les ténèbres du fini, n'aura l'idée de la félicité du théologien, nageant dans l'espace sans bornes de la vérité, et trouvant, dans la cause même qui le contient, l'infini qui le ravit. Cette union, au même endroit, de la sécurité la plus parfaite avec le vol le plus hardi, cause à l'âme une aise indicible, qui fait mépriser tout le reste à qui l'a une fois sentie [1]. »

Les maîtres de la doctrine ne doivent pas l'oublier ; l'important pour eux, c'est de former l'*intelligence théologique*, ce *jugement* nécessaire au maniement des questions, cette *force de raison* par laquelle, dit Cicéron, vous connaissez les causes et les résultats. La vraie méthode pour inculquer les principes et développer le sens théologique, c'est l'art ou plutôt le don de saisir, selon l'expression de Pascal, « ce point indivisible qui est le véritable lieu de voir les tableaux. »

La révélation n'est point une certaine somme de vérités distinctes, bonne à démontrer comme des théorèmes de géométrie. La théologie n'est pas une science factice, un simple recueil de formules et de solutions. C'est une science de principes ; elle doit imbiber l'esprit, pénétrer l'âme, donner la vie. Pour procurer ce résultat, son étude doit former en nous ce *sens* qui juge avec discrétion, varie l'application suivant la diversité des cas, offre une solution à tous les problèmes où ces principes sont impliqués sous n'importe quelle forme. Le Verbe, pour s'unir à nous, s'incarne. La théologie, c'est le Verbe ; et la sagesse qui s'imprime dans l'âme, par le travail profond de l'éducation cléricale, n'est pas une sagesse humaine, mais la sagesse divine qui s'incarne en nous, pour nous pénétrer, nous réformer, nous élever. Ce ne sont pas seulement des lois extérieures que donne cette sagesse divine ; c'est une essence, un esprit, un sens surnaturel, pour sentir, respirer et vivre.

Être théologien, ce n'est pas posséder toute la théologie, c'est

---

[1] LACORDAIRE : *Mémoire pour le rétablissement des Frères Prêcheurs*, ch. IV.

avoir l'instinct de la vérité théologique. On procède alors par intuition, plus que par recherche et par preuve ; on devine, on sent, même quand on ne peut pas prouver. « Il y a des vérités, disait J. de Maistre, qu'on ne comprend qu'avec l'esprit du cœur. »

Le sens dogmatique est un don à solliciter de Dieu. Le théologien, armé de ce sens intérieur, acquis par la méditation du surnaturel, l'étude de la foi et la connaissance des voies de Dieu, arrive d'instinct au vrai, le perçoit par une sorte de parenté intellectuelle, avant-goût précieux des visions célestes.

Comme l'instinct est plus sûr que la raison, aussi le sens théologique va plus droit au vrai que le raisonnement. C'est une seconde vue, supérieure aux petits jugements humains et terrestres. Cette méthode intuitive peut offrir des dangers ; mais elle est nécessaire et trouve son lest, son contrepoids dans l'autorité de l'Eglise.

Ce sens théologique permet de saisir, par une sorte d'intuition surnaturelle, le grand côté de chaque dogme et le lien par lequel il se rattache au corps de la révélation. A la base de chaque vérité, vous voyez si bien le grand principe d'où elle sort, qu'à chaque pas, vous vous sentez en tête du Christianisme. Ce n'est pas une illusion ; la qualité propre des vérités de la foi, vues dans leurs profondeurs, est que chacune d'elles embrasse toutes les autres. La foi est la formule de la pensée divine : c'est Dieu même, Dieu qui n'a point de parties dans son essence.

Lisez les productions d'un théologien, vraiment doué du sens théologique ; vous sentirez immédiatement dans son travail quelque chose de supérieur à l'intelligence humaine, comme une descente de l'Esprit d'en haut. En toutes choses, ce théologien trouve Dieu, non de cette manière vulgaire, qui consiste à le voir dans l'énigme des créatures ou dans le gouvernement de la Providence ; mais de cette manière profonde qui saisit le rapport intime de chaque idée et de chaque chose, avec la philosophie divine.

Actuellement, nous osons l'affirmer très haut, la formation du sens théologique est un des besoins les plus pressants, une de ces garanties les plus solides du bien que le prêtre doit faire dans la société. C'est à la perte de cette intelligence que se rattache la plaie envahissante du laïcisme, la mésestime de la hiérarchie, les organisations laïques parfois antipathiques au clergé. Tout devait venir de l'Eglise ; maintenant on veut s'en passer.

A ce point de vue, chaque dogme éclaire tout l'ensemble de la théologie, forme cette lumière totale, cet océan de lumière où le regard humain trouve toujours de nouveaux mondes, sans rencontrer jamais de rivage. Cette synthèse était le système de l'unité, de cette unité universelle qui verra dans l'âme la sève commune des vérités. Qui ne comprend pas cela, n'est pas théologien.

Si le sens théologique est la pierre de touche du théologien ; s'il forme, avec la synthèse, le fruit le plus précieux des études dogmatiques, il se rattache étroitement à la recherche de l'intelligence de la foi et à la contemplation des dogmes. On sait maintenant en quoi consistent ces deux opérations qui n'en sont qu'une. Parcourez l'immense trésor de la tradition catholique depuis les écrits des Pères, jusqu'aux meilleures expositions de notre temps, vous aurez une idée de cette intelligence de la foi, de ce christianisme intérieur, de cette tendance à pénétrer le fond et la moelle des choses à croire.

Ce besoin est de tous les temps, il est plus vif en notre siècle. De nos jours, on veut sonder, voir plus avant ; l'enseignement catéchétique et mathématique des dogmes ne suffit plus ; on demande une exposition philosophique des vérités révélées ; on veut atteindre ce que le Christianisme a de profond, l'économie de sa doctrine, l'harmonie de ses mystères, sa corrélation avec la raison humaine.

Les prêtres et les fidèles ne peuvent atteindre ce sommet que par la révélation ; et telle est la raison d'être des méditations du P. Aubry.

« Quel malheur, s'écrie le P. Aubry, que tant d'esprits, d'ailleurs excellents, très bien disposés, aptes à se laisser ravir par la contemplation des horizons théologiques, soient condamnés à ne jamais connaître les magnificences que la lumière théologique nous révèle ! Mais pour être capable, non pas de les embrasser dans leur plénitude, mais seulement de commencer à les pressentir un peu et simplement à désirer de les voir, il faut au moins deux ans d'études spéciales, persistantes, profondes ; et encore, contre une seule méthode capable d'emporter le cœur d'assaut, et de faire entrer l'intelligence dans le ravissement théologique, il est une foule de méthodes mauvaises qui ne peuvent que produire le dégoût, fermer pour toujours l'intelligence et le vrai sens des études théologiques, rendre stérile le travail le plus long et le plus consciencieux ; en un mot, il faut être initié [1]. »

On dit que notre siècle impie et terre-à-terre ne sait plus contempler. Pour la généralité des esprits, ce n'est que trop vrai ; mais il y a encore des théologiens qui connaissent et pratiquent la contemplation. Le vrai théologien, l'homme de doctrine, est nécessai-

[1] *Les Grands Séminaires*, p. 333.

rement l'homme de l'intelligence dogmatique, le contemplateur. Nous ne voyons pas pourquoi, quand il s'agit du Christianisme, qui touche à tout ce qui aime ou non, les facultés aimantes ne seraient pas en jeu. Nous ne connaissons rien de lumineux, comme l'intelligence du théologien nourri de foi et d'études, de piété et de méditation. Tout principe, tout fait, toute observation qui tombe sous son rayon visuel, prend de suite sa place vraie dans le monument de sa science. Au bout de quelques années, le prêtre arrive à cet heureux état d'esprit, où il n'y a plus d'objections ni de tentations contre la foi, où toutes les harmonies du dogme apparaissent dans les objets de la foi et dans leur relation avec les choses terrestres. C'est alors vraiment qu'il sort, du prêtre, une vertu divine, une vertu qui a promesse et mission d'arrêter ce qui va vers la ruine et de sauver tout ce qui périt. *Instaurare omnia in Christo, sive quæ in terris, sive quæ in cælis,* a dit saint Paul.

(*A suivre.*)

MGR. JUSTIN FÈVRE.

LA DAME BLANCHE

DU VAL D'HALID

ET LA MAIN NOIRE

(Suite.)

Comme Praxilla lui trouvait alors les yeux noyés de larmes, elle embrassait soñ enfant terrible et, pour ce jour-là, elle cessait de l'affliger.

De douloureux secrets empoisonnaient évidemment cette jeune existence ; Praxilla n'en doutait plus et la pauvre femme ne cessait de demander à Dieu de soulager sa fille adoptive de ses peines mystérieuses.

Quand les *Vengeurs* furent arrivés à la hauteur de la demeure champêtre, dona Bella d'un coup d'œil explora les monts et les vallées. Ne découvrant aucun être suspect, elle commanda à la troupe de s'arrêter.

Elle-même mit pied à terre, se porta à la tête du brancard pour le guider et on s'achemina lentement vers le chalet.

Dona Bella frappe à la porte. Praxilla l'entend, accourt lentement ; car, sur son dos voûté, elle portait le poids d'un si grand nombre d'années !

La bonne vieille se trouvant tout à coup en face de sa jeune amie ne peut contenir sa joie ; mais la vue du brancard la trouble visiblement ; c'est chez elle une véritable terreur lorsqu'elle aperçoit les deux jeunes gens étendus côte à côte, pâles, agonisants, les vêtements déchirés, ensanglantés.

— Juste Dieu ! s'écrie-t-elle en joignant les mains ; ils sont morts tous les deux !

— Non, répond dona Bella et j'accours ici pour que tu les empêches de mourir ; je le veux. Praxilla, tu m'entends : ce n'est pas au-dessus de ton art, ni au-dessus de ton amitié pour moi. D'abord, dispose tout pour leur donner asile.

Notre temps est précieux. Qui sait si nous ne sommes pas déjà poursuivis.

En quelques instants, dans une chambre étroite où, à travers des rideaux doublés, ne pénétrait qu'un jour très affaibli, un lit large, tout blanc, est prêt pour les hôtes inattendus. Les brancardiers y déposent les blessés et, en toute hâte, vont déjà rejoindre le reste de la troupe dans le creux du vallon.

Dona Bella seule restait avec Praxilla. Mais, avant de leur dire de s'éloigner, elle avait recommandé à ses compagnons d'attacher Ruiz de Gomez sur son propre cheval et de regagner les montagnes sans perdre désormais un seul instant.

Du seuil du chalet, la *Vierge de la Montagne* suivait l'exécution de ses ordres.

Elle vit Ruiz de Gomez lié comme un sac et jeté en travers sur son andalou et bientôt la troupe entière partir avec la légèreté du faucon qui fend les airs emportant sa proie. Quand enfin le dernier cavalier eut disparu derrière les monts, la jeune femme retourna au chevet des blessés.

Praxilla ne les avait pas quittés ; elle était encore occupée à examiner leurs blessures.

La paysanne était une de ces âmes qui, sensibles aux maux d'autrui, osent tout pour les soulager. On en trouve encore dans ces retraites reculées d'où la pauvreté chasse l'art cupide, l'éloigne pour laisser l'homme en proie à toutes ses infirmités. Elles n'ont pas l'esprit cultivé et ne connaissent rien des doctes théories de l'art précieux ; mais elles ont vécu en face de la nature. Sans cesse en contact avec elle, il semble qu'elles en ont dérobé les plus intimes secrets ; du moins, elles en connaissent les exigences et les propriétés utiles ou nuisibles. Voyez-les dans les prés, sur les monts, je ne dis pas : quand le soleil retourne dans son humide palais, au fond de l'Océan ; ni au clair de la lune quand elle est à son premier ou à son dernier quartier, ou pleine, ou quand il y a éclipse partielle ou totale ; ni quand la rosée a jeté sur l'épais gazon une parure de perles limpides ! mais uniquement lorsque la souffrance du prochain les y pousse. Voyez-les, penchées sur le sol ; elles choisissent des herbages et des plantes, quelques feuilles, des fleurs et certains fruits qu'elles emportent soigneusement. Alors se fait un classement qui trahit une longue expérience ; ceci est isolé, cela mélangé et, grâce à une patience extrême, à des soins aussi minutieux qu'habiles, se confectionnent ces remèdes rares dont l'effet prompt et salutaire tient souvent du prodige. Malheureusement, parfois, elles préparent aussi de ces philtres mystérieux qui tuent aussi sûrement que le feu et plus cruellement que le fer.

Dona Bella était attentive à tout ce que la vieille femme faisait, aucune de ses impressions ne lui échappait.

Praxilla achevait de panser Lopez et comme elle secouait tristement la tête, la *Vierge de la Montagne* lui demande ce qu'elle pensait de son état.

— Il peut supporter beaucoup, répond-elle, avec ce tempérament-là. N'importe ! si Dieu n'a point pitié de lui, dans deux jours...

— Il va mourir ! s'écrie la jeune femme.

— Tu es bonne ! fait doucement Praxilla ; surveille cependant ta douleur. Il ne faut pas, s'ils arrivent à voir, à te comprendre, qu'ils lisent leur sentence peinte sur nos traits. La paix de l'âme aide souvent à recouvrer la santé du corps.

— Et l'autre ?

— Oh ! pour celui-là, peu ou rien à craindre. Il est épuisé par une grande perte de sang. Quelques soins, du repos, voilà tout ce que son état réclame en ce moment.

— Ils ne vivront pas l'un sans l'autre ! Il faut me les rendre tous les deux ; tu me comprends, Praxilla ? tous les deux !

— Compte, chère enfant, sur tout ce que je puis faire pour eux.

La *Vierge de la Montagne* n'insiste pas ; elle connait l'art et le dévouement de son amie, dont elle porte la main ridée à ses lèvres ; et, sur de nouvelles assurances, elle fonde bientôt un meilleur espoir.

Elle quitte alors ses armes et son travestissement, reprend les lugubres atours d'un long deuil, dont Praxilla elle-même ignorait l'origine.

A peine est-elle de retour au chevet des blessés que Félicio revient de nouveau à lui ; la paupière encore clause, il murmure :

— Lopez !.... Lopez !!...

Et il ouvre les yeux.

Visiblement il ne distinguait rien tant était grande sa faiblesse.

— Félicio ! soupire dona Bella, en serrant la main du
jeune homme.

— Qui êtes-vous, vous qui daignez me parler, vous intéresser à mon sort ?

— Ne me reconnais-tu pas ?

— Où suis-je ici ?... Où est donc Lopez ?... Lopez !... mon
pauvre Lopez !

— Silence !

— Rendez-moi Lopez !... Est-ce bien vrai ? et l'ai-je vu
mourir ?

— Rassure-toi.

— Où est-il ?...Je souffre des maux extrêmes ; s'il vit encore
pourquoi n'est-il point ici ?

— Regarde, dit-elle.

Félicio suit des yeux son regard et son geste ; il ajoute
aussitôt en gémissant :

— Lopez !

Félicio, fait en même temps un effort pour se tourner sur
sa couche ; il s'approche de son ami étendu à ses côtés et, en
le contemplant, ses esprits inquiets se perdent de nouveau
dans ce vague douloureux, insensible, dont s'entoure la pâle
mort.

Il était une fois encore évanoui.

X

DÉFECTION

Praxilla, rassurée sur le sort de Félicio, désespérait presque
de rendre à Lopez le sentiment de la vie. Il fallut, pour y parvenir, de longs efforts et toutes les ressources de son art. Enfin, un faible soupir fait battre son cœur !

Longtemps encore le malheureux reste sans voix ; il ne
semble plus avoir la force de remuer la tête, ni de soulever la
paupière.

Après une attente que l'impatience faisait durer outre mesure, un second gémissement accompagné d'une plainte douloureuse se fait entendre. Les deux femmes en tressaillent de
joie.

Lopez s'agite, soulève enfin sa tête endolorie qui retombe aussitôt ; il ouvre les yeux et distingue celles qui l'entourent.

Il reconnaît la *Vierge de la Montagne* et, péniblement, il lui tend la main.

La jeune femme, qui l'avait aidé jusque-là et le soutenait encore de son bras droit, fait comme un effort pour saisir la main que Lopez lui présente ; mais son bras gauche reste immobile.

Elle murmure tristement :

— Je ne puis serrer cette main, Lopez, je ne le puis ! Tu le sais bien... cette main ! Ah ! mon cher Lopez, reste en paix, ne remue pas ; il faut recouvrer des forces pour nous venger. Tu l'as juré ; j'ai prêté avec toi les mêmes serments ?... Courage !... Notre heure approche ; la vengeance sera aussi terrible que notre malheur est affreux !

A peine a-t-elle achevé, que son âme, un instant attendrie, se raidit dans une résolution implacable et la haine cruelle, avec son masque rigide, reparaît aussitôt sur ces traits endurcis par la souffrance.

A ces mots énigmatiques, cependant, le blessé renverse la tête sur l'oreiller. De grosses larmes coulent lentement de ses yeux et, de ses lèvres frémissantes, s'échappe un murmure sourd, semblable à ces bruits souterrains qui, du fond d'un cratère en travail, annoncent aux tristes humains des catastrophes prochaines.

— Félicio ! demande enfin Lopez.

Le regard de dona Bella le lui montre à ses côtés.

— Blessé comme moi et en danger peut-être, fait-il avec un soupir.

— Sois homme, Lopez, dit la *Vierge* d'un ton ferme. Il est trop tard pour se tourmenter en vain !

— En vain ? quand il souffre !

— Son état est tout à fait rassurant ; nous n'éprouvons aucune crainte... pour lui, du moins.

— Ah !... et pour moi ?

Le regard de Lopez s'était troublé.

L'image de la mort se présentait à sa pensée, lugubre, échevelée, pareille à un squelette animé, arrêté sur le bord d'un tombeau. Il frémissait sans apparente raison et son œil languissant, presque éteint, s'attachait obstinément sur dona Bella, l'interrogeait et la pressait de répondre.

Elle baisse les yeux, pâlit, frissonne, recule encore pour pouvoir se taire, et pour dérober aussi ses craintes et sa propre douleur.

— Ainsi donc, reprend Lopez suivant le fil de sa pensée inquiète ; ainsi, moi, je cours de réels dangers ! Je flotte entre la vie et la mort comme un naufragé ? et je puis périr au milieu de la tempête ?

— On ne sait : tu es jeune, très vigoureux... et ton mal n'est point si grand... ; tu peux survivre, tu dois vivre, Lopez, pour me soutenir et pour nous venger...

— Je puis aussi mourir !

— Je n'ai pas dit cela !...

— Je meurs ! doña Bella, tu me le caches en vain. Je n'ai plus de sang dans les veines, plus de feu dans le cœur. Je suis faible et déjà je succombe : je le sens bien ! Pourquoi me tromper ainsi ? Je trouve, moi, qu'un froid mortel envahit mes pieds, mes mains et me glace tout entier ; ce froid monte sans cesse, il gagne le siège de ma vie ? Mais, doña Bella, convient-il à un Espagnol, dont la mère prie tous les jours, de mourir ainsi !

Il se tourne vers la muraille et se trouve en face de Félicio qui, légèrement assoupi, lui paraît mourant comme lui-même.

Il le considère un instant et murmure :

— Oui, Félicio, tu avais raison !...

Et l'infortuné se retourne vers la *Vierge* plus émue qu'elle ne voulait le paraître et il ajoute :

— Tout va finir pour moi, doña Bella !

— Ah ! Lopez !

Il lève vers elle un regard suppliant :

— Un prêtre ! murmure-t-il.

La *Vierge de la Montagne*, à ces mots, ne peut cacher son étonnement, ni dissimuler son dépit.

— Un prêtre ! répète-t-elle d'une voix frémissante, un prêtre, Lopez ! et c'est à moi que tu le demandes ?

— Ah ! si comme moi tu devais mourir !

— Lopez...

— Je sais ce que tu vas me dire, je ne le sais que trop ; et cela ne prouve encore rien, ne rassure personne, un moribond moins que tout autre. Félicio trouvait que, en priant, sa mère se trompait moins que lui, moins que nous. Il avait raison, je le sens, à mon tour ; je le sens, te dis-je... Le tombeau qui s'entr'ouvre, c'est comme un voile qui se déchire, comme une éclaircie soudaine sur l'avenir ténébreux. A cette courte distance, si près de l'au-delà, on voit, on discerne, on comprend ce que jusqu'alors on ne concevait pas ; et les mécréants de notre espèce se trouvent isolés et confus, chargés de leurs crimes en face de l'infini qui les attire et de ce Dieu qui les attend... Mais il est temps encore... Un prêtre, Bella, je t'en prie.

Elle secoue la tête ; sa gorge est serrée, son cœur se déchire tiraillé entre la pitié et la fureur.

Lopez voit son hésitation, sa résistance.

— Tu refuses, Bella, dit-il, tu me persécuteras donc jusque dans la tombe ? tu veux trahir l'homme qui t'a témoigné tant de pitié et de fidélité !

— Nos serments ?...

— Ces serments ! oh oui ! que m'importent en ce jour tous mes serments ? Ils sont injustes, tu le sais, et ils sont inhumains ; le blasphème ne doit pas enchaîner la volonté, ni la révolte river jusqu'au bout le malheureux à ses crimes.

— Je ne puis pourtant...

— Ah ! il faut craindre qu'un jour il ne faille pleurer ainsi que moi et supplier en vain ; il faut redouter pour toi un refus plus douloureux.

A ces mots, dona Bella se lève, se dirige vers la porte, revient sur ses pas, près du lit et contemple Lopez. Elle hésitait encore. Enfin elle quitte la chaumière...

Cette nuit même, à la faveur des ombres, un prêtre vint amené par elle.

L'homme de Dieu entretient Lopez, s'informe de ses souffrances et, lui serrant la main, il reçoit l'aveu de ses angoisses intimes.

Il bénit le malade en finissant pendant que de ses lèvres tombent ces paroles de miséricorde qui réconcilient l'âme avec elle-même et la rapprochent de Dieu.

Puis le prêtre s'éloigne.

La *Vierge de la Montagne* avait pris ses pistolets, son poignard et elle sortit après lui.

Au fond de la vallée elle imite le chant du rossignol. Bientôt une ombre apparaît qui, se glissant d'arbre en arbre, arrive bientôt jusqu'à elle.

L'ombre suit le prêtre en même temps qu'elle-même.

Et le prêtre depuis ne reparut jamais !

Le pardon est un baume divin qui repose et guérit. Aussi Lopez, déjà plus calme et tout résigné, paraissait moins souffrir.

Dona Bella, à peine de retour de son excursion mystérieuse, avait repris sa place au chevet des blessés. Sa tête était penchée mélancoliquement ; elle rêvait ainsi tandis que son œil restait perdu dans le vague indéfinissable d'un trouble immense.

Or, Félicio avait cherché la main de Lopez et il la tenait serrée sur son cœur.

Il aurait voulu parler à son ami ; mais l'étonnement, la crainte, une émotion douce et pénétrante lui firent garder le silence.

Néanmoins, le frère d'Elisa sentait peu à peu une nouvelle vie se répandre dans tout son être. Une potion calmante, que Praxilla avait longuement préparée, jointe à un onguent salutaire, avait eu raison de la douleur de ses blessures.

Plusieurs jours s'écoulèrent ainsi.

Félicio se trouvait en pleine convalescence ; tandis que Lopez, dont un plomb cruel qu'on n'avait pu extraire aggravait le cas en le rendant moins traitable pour Praxilla, demeurait encore suspendu entre la vie et la mort.

Dona Bella avait fait des absences répétées. Après chacune d'elles, elle reparaissait plus anxieuse et plus empressée. Quand elle constatait un mieux sensible chez ses protégés, son front pâle s'éclairait un instant en dépit de la mélancolie profonde qui l'assombrissait toujours.

(A suivre.)

ARTHUR SAVAÈTE.

A TRAVERS LES REVUES

L'inspiration et l'infaillibilité de la Bible en matière historique est une des questions qui donnent lieu à des créations de systèmes, à des discussions dont la portée et le sens même échappent très souvent au vulgaire, et qui, par là, ont le grand inconvénient de troubler un certain nombre de croyants.

L'encyclique *Providentissimus Deus*, malgré la clarté et la fermeté de ses déclarations, n'a pas encore, paraît-il, réussi à rassurer tout le monde. Après avoir reçu des lettres lui demandant « si l'encyclique *Providentissimus* a cessé d'obliger ou s'il y a lieu de l'interpréter bien plus « largement » qu'on n'avait fait jusqu'à présent », M. J. Brucker, pour rendre service à ces « simples » et quantité d'autres qui sont dans le même état d'esprit, leur répond qu'il n'en est rien, et expose, dans les *Etudes* du 20 janvier, l'état vrai de la question de l'inspiration et de l'infaillibilité de la Bible en matière historique, rappelle ce qui est certain et acquis, indique les points qui restent à élucider et donne, chemin faisant, son avis sur les hypothèses les plus nouvelles.

L'enseignement constant et formel de l'Eglise catholique c'est qu'il ne peut y avoir erreur dans aucune affirmation authentique de la Bible, soit que cette affirmation appartienne au dogme ou à la morale, soit qu'elle se rapporte à l'histoire ou aux sciences naturelles. Le fait n'est pas contesté actuellement, ni, en conséquence, le principe de l'infaillibilité des auteurs bibliques en matière d'histoire ; mais il s'agit de savoir si ce principe n'est pas affaibli dans l'application.

Pour cela, l'auteur en pèse les termes et en mesure la portée exacte sans esprit d'étroitesse ni témérité.

D'abord le principe ne porte que sur les textes *authentiques* de Bible, c'est-à-dire ceux qui sont certainement tels que, les ont écrits les auteurs inspirés. De plus, le principe s'entend des textes originaux et, rigoureusement, ne s'applique pas aux *traductions* de la Bible, mêmes approuvées et déclarées « authentiques » par l'Eglise. Enfin, dit M. Burcker, pour nous rapprocher du nœud de la question, l'innerrance biblique n'appartient qu'aux *affirmations* de l'auteur sacré lui-même ou à celle dont il prend clairement la responsabilité. S'il s'agit donc de dires, d'opinions rapportées, il ne peut être question de leur attribuer l'infaillibilité. Et si l'auteur sacré témoigne en quelque manière qu'il approuve les paroles ou les sentiments rapportés, il restera à examiner soigneusement jusqu'où s'étend cette approbation qui peut n'être que partielle et relative. « Cela est très simple en théorie, mais combien délicat dans l'application! La tentation est forte de prêter à l'auteur humain inspiré les intentions qui favorisent le mieux ce qu'on veut lire dans son texte. »

II

D'après nos principes catholiques nous avons toujours expressément condamné le divorce, le dénonçant comme antireligieux et antisocial.

Les catholiques éclairés et sincères n'ont certes jamais contesté un instant le caractère irréligieux du divorce, alors qu'à la rigueur ils pouvaient douter de ses résultats démoralisateurs. Aujourd'hui, après 18 ans de pratique du divorce en France, ce scepticisme n'est plus permis, ni possible, du reste, pour toute personne de bonne foi.

A ce sujet, le rapport, que M. Legrand a fait sur *les résultats de la loi du divorce* à l'Académie des sciences morales et politiques et que nous trouvons dans les *Comptes rendus* (15 décembre) de cette Académie, est un précieux enseignement.

M. Legrand n'envisage pas la question au point de vue religieux ou politique, mais seulement au point de vue social, et cela lui suffit largement pour réprouver le divorce, que ses promoteurs en France avaient *hypocritement*, pour la plupart, représenté comme devant être le remède de quantité de maladies sociales.

L'on sait l'optimisme, quant aux conséquences de la réforme, propagé par M. Naquet, appelé l'apôtre du divorce, qui disait : « Si le divorce existait et s'il était très facile à obtenir, l'adultère deviendrait plus rare encore que les unions libres entre gens non mariés, le nombre des liaisons clandestines irait en diminuant et avec elles diminuerait aussi le nombre des enfants que cette clandestinité prive de toute garantie. » (Exposé des motifs de la proposition de loi déposée le 6 juin 1876). A ses yeux, la loi nouvelle ne devait d'ailleurs avoir pour effet de désunir aucun ménage. « Dès l'instant, ajoutait-il (discours prononcé dans la séance du Sénat du 26 mai 1884), où elle a une influence, elle s'exercera plutôt dans le sens de la diminution des désunions. »

Les déclarations de tous ceux qui se sont faits les promoteurs du remaniement de notre législation matrimoniale ont été concordantes. Ils se sont tous portés garants qu'il ne s'agissait que d'offrir aux ménages troublés un remède plus efficace que la séparation de corps, mais qui, restant exceptionnel et rare, ne ferait.

que se substituer à celle-ci, sans élargir notablement le cercle des perturbations conjugales.

Qu'ont été ces promesses ; comment se sont réalisées ces espérances, très souvent mensongères, des défenseurs d'une loi que M. Legrand avoue lui-même « antisociale et antireligieuse » et qui de 1876 à 1884 fut tenue en échec. C'est ce que nous avons cherché et trouvé dans le rapport de M. Legrand.

Le tableau que nous reproduisons intégralement ci-dessous et que M. Legrand a relevé sur les statistiques du Ministère de la Justice et du Ministère du Commerce, donne déjà, à lui seul, une idée très suggestive de la manière dont, d'une part, ont été brisées les espérances de certains défenseurs de la loi du divorce, et dont, d'autre part, ont été réalisés les désirs sectaires, antipatriotiques, antisociaux et inavoués de la plupart des promoteurs de cette loi funeste.

Nombre et résultat des demandes en divorce et en séparation de corps

Années	Demandes en divorce non précédées de séparation de corps	Demandes en divorce par conversion de séparation de corps	Total des demandes en divorce	Demandes en divorce accueillies	Divorces transcrits	Total des demandes en séparation de corps	Demandes en séparation de corps accueillies
1884	124	1.649	1.773	1.657	—	3.666	2.821
1885	2.330	2.310	4.640	4.123	4.227	2.910	2.122
1886	3.190	1.391	4.581	3.005	2.950	3.017	2.206
1887	5.434	1.171		5.797	3.636	2.549	1.896
1888	5.260	987	6.605	5.482	4.708	2.170	1.694
1889	6.145	920	6.247	6.249	4.786	2.194	1.653
1890	6.641	815	7.456	6.657	5.457	2.041	1.570
1891	7.021	724	7.745	6.431	5.752	2.059	1.536
1892	7.487	632	8.119	7.035	5.772	2.094	1.597
1893	7.666	493	8.159	6.937	6.184	2.171	1.620
1894	8.673	471	9.144	7.893	6.419	2.405	1.810
1895	8.497	440	8.937	7.700	6.751	2.446	1.823
1896	8.774	374	9.148	7.879	7.051	2.586	1.957
1897	8.877	406	9.283	7.899	7.460	2.657	1.982
1898	9.050	471	9.521	8.100	7.238	2.859	2.164
1899	9.053	408	9.461	8.042	7.179	2.341	2.254
1900	8.889	420	9.309	7.020	7.157	2.994	2.253

Un coup d'œil jeté sur le tableau qui précède permet de suivre le mouvement ascendant des divorces.

Il y a eu en ces derniers temps un arrêt dans la progression. Cet arrêt est-il définitif ? M. Legrand, ne cachant pas son scepticisme à cet égard, laisse cependant à l'avenir de nous l'apprendre. Fût-il, d'ailleurs, définitif, on ne peut méconnaître que la progression a été énorme et que la proportion actuelle reste considérable.

Pour atténuer l'impression produite par ces résultats, on a fait remarquer dans le compte de la justice civile pour 1898 que les divorces ont partout une tendance à s'accroître. A cette remarque M. Legrand en oppose une autre très juste : il faut observer que si, dans les différents pays, il s'est produit une progression, elle n'est pas aussi forte, ni aussi rapide que chez nous.

Au surplus, ce phénomène universel soulève une autre question. N'en ressort-il pas des raisons de craindre que le mouvement ascensionnel ne soit enrayé chez nous que momentanément ? Il existe dans le sens de ces craintes, dit M. Legrand, quelques indices qu'il ne faut pas négliger.

« C'est ainsi que la proportion des divorces pour 10.000 habitants n'a cessé d'augmenter que pour la Seine : elle y était de 9.4 en 1885 ; après avoir haussé jusqu'à 12.0, elle est retombée en 1900 à 9 3. Elle a au contraire toujours été en augmentant dans le reste de la France : elle a passé de 3.8 à 5.3 pour la population urbaine et de 0.70 à 2.02 pour la population rurale.

« Si donc le divorce peut être considéré, pour le moment, comme parvenu à son maximum dans le département de la Seine, il gagne de plus en plus dans le reste du pays et particulièrement parmi la population rurale. Il y a donc plutôt à appréhender de ce côté de nouvelles et croissantes aggravations dans les ruptures de mariage.

De fait il y a de nombreuses raisons pour voir ces craintes justifiées ; entre autres les répugnances contre lesquelles le divorce s'est tout d'abord heurté vont chaque année en s'affaiblissant ; la femme subit de moins en moins l'influence des considérations religieuses et sociales, surtout que le divorce entre chaque jour davantage dans les mœurs.

On avait cru pouvoir annoncer, lors de la discussion de la loi de 1884, que cette loi aurait d'heureux effets sur le nombre des naissances et des mariages. « En ce qui regarde la natalité, cette influence bienfaisante ne s'est pas fait sentir, dit M. Legrand ; et pour ce qui est des mariages, le divorce paraît avoir eu également peu d'influence. Tout ce qu'on peut dire, c'est qu'il n'a pas exercé, à ce double point de vue, l'action salutaire qu'on en attendait ».

Sur d'autres points, il semble pouvoir être mis en cause. On pouvait croire, en effet, d'après les assurances si fermes qui avaient été portées à la tribune, qu'on allait voir s'abaisser les chiffres des adultères. Mais avec les chiffres que donne le rapporteur, il reste indéniable que nous sommes loin de la diminution qu'on avait fait miroiter aux yeux du Parlement.

D'après ce qui précède, nous pouvons donc dire avec M. Legrand, qui, dans son rapport, dresse le bilan de la loi de 1884, que les assurances des auteurs de la loi ont reçu des faits le désaveu le plus éclatant, que les craintes, exprimées par les adversaires de la réforme, ont été non seulement confirmées, mais dépassées. Le divorce a envahi progressivement toutes les couches sociales et a désorganisé un nombre toujours croissant de ménages. Quand même ce nombre cesserait de croître à l'avenir, tel qu'il est à l'heure actuelle, il représente un ensemble de perturbations matrimoniales sans comparaison avec l'état antérieur. On a pu par la loi du divorce remédier à des situations intéressantes ; mais du même coup on a troublé la situation générale qui ne méritait pas un moindre intérêt.

Et contre cet état de choses déplorable veut-on remédier ? Il serait naïf de l'espérer. En effet le législateur, jouant le rôle salutaire de chirurgien, n'aura vraisemblablement jamais le courage de couper le mal, comme sut le faire celui de la Restauration. Les juges ne se font même pas un devoir de pallier le mal par une sage jurisprudence. Tous copient peu à peu ces juges de la 4ᵉ Chambre de

Paris qui sont arrivés à rendre d'abord 159, puis 242 et même un certain jour 294 jugements de divorce en une seule audience. Ce record, incontestablement international, les juges parisiens devraient encore, dans la pensée des frères Margueritte, le tenir plus facilement. A cet effet ils ont distribué un projet de loi pour élargir les cas de divorce et établir finalement ce qu'ils appellent « le mariage libre ».

Et cela au nom de la civilisation et de l'humanité !

III

1º Les raisons invoquées par MM. Margueritte pour *élargir le divorce* sur la moralité et les effets sociaux duquel nous sommes désormais fixés, sont brillamment réfutées dans une étude : *Mariage et union libre*, que M. J. Fonsegrive donne dans la *Quinzaine* du 1ᵉʳ janvier.

L'auteur examine surtout la question au point de vue philosophique et moral. Il établit parfaitement que le mariage n'a sa raison d'être ni dans la passion ni dans le bonheur des époux ; et qu'il trouve son but principal dans la continuité de la race humaine, dans la perpétuité de la moralité et de la raison. Aussi doit-il donc être tel qu'il permette l'éducation complète des enfants et il ne le peut qu'à la condition d'être indissoluble. Cette indissolubilité stipulée lors du contrat volontaire devient la règle intangible de tout mariage humain. L'union libre, même précédée d'un contrat, ne saurait être regardée comme rationnelle ni comme vraiment humaine. On a eu raison de n'y voir qu'une forme à peine affinée de l'accouplement animal. Le contrat d'ailleurs qui donne naissance au mariage est d'une nature telle qu'il doit échapper à la loi civile. C'est un contrat moral qui a pour but de donner naissance à une personne morale et qui nuit dans ce but à deux autres personnes. Il domine le for interne et la loi civile ne peut régir que le for externe. Il ne peut donc qu'être indépendant de cette loi. Si tant de fois le mariage a été pour les époux un instrument de malheur et de misère, c'est précisément parce que cette loi civile, faite par des hommes, en vue de fins différentes des fins naturelles, humaines, a imposé à l'union conjugale des conditions telles qu'elles ne pouvaient que fausser l'institution et par suite la rendre insupportable à beaucoup d'êtres humains.

Par suite on voit l'inanité des considérations de tous les partisans du divorce. « Les droits de la passion, les aspirations inassouvies de la femme ou les désirs de l'homme, le malheur d'une union mal assortie, la servitude dont la chair ou l'esprit sont impatients sont mis hors de cause ».

2º Dans le même numéro de la *Quinzaine*, nous trouvons une étude de M. Farjenel sur la *Femme chinoise* dont la condition sociale nous apparaît en contradiction complète avec nos idées et nos mœurs.

Dès son entrée dans la vie, la Chinoise est frappée d'une infériorité réelle dans ses droits. Elle court environ cinquante chances sur cent d'être tuée, sans que sa mort fût vengée par la société. Quelque temps après sa naissance, le père la présente devant les tablettes des ancêtres. Lors de ce baptême, style chinois, elle reçoit un nom de lait, généralement celui d'une fleur.

Elle grandit, allaitée presque toujours par la mère elle-même qui mettra toute

son ambition à faire de sa fille une beauté. Comment ? En lui mutilant lès pieds !
En effet, la beauté de la femme chinoise réside surtout dans son pied. Plus il est
petit, plus une jeune fille est réputée belle. Cette mode affreuse, dénudée de toute
esthétique, règne dans toutes les classes de la société.

L'éducation de la petite Chinoise se passe tout entière à la maison, auprès de
sa mère, de ses tantes, de sa grand'mère. On lui apprend le soin du ménage, les
arts domestiques. Quant à son instruction, elle est généralement nulle.

Le mariage de la Chinoise est toute une grave affaire, non pas que les parents y attachent une importance morale ; mais à cette occasion les parents, pour
se conformer aux usages, dépensent beaucoup d'argent. Ils perdraient l'honneur,
s'ils lésinaient à l'occasion d'un mariage. Quelquefois la famille y met tant d'orgueil qu'elle s'endette, se ruine même pour faire les choses avec éclat.

Depuis longtemps, l'époux est désigné, il arrive même que cet époux a été
choisi avant sa naissance. Pour qu'une jeune fille puisse épouser un jeune
homme, il ne faut pas qu'elle ait le même nom de famille : le même sing, et
comme en Chine il n'y a que quelques centaines de sings pour près de
quatre cent millions d'habitants, il en résulte une difficulté que des entremetteurs résolvent adroitement. Ce sont ces mêmes entremetteurs qui consultent les
devins sur le jour de la célébration du mariage ; qui fixent avec les parents les
conditions du contrat et la somme que le fiancé doit donner au père de sa future, car, en Chine, la jeune fille n'apporte aucune dot, au contraire, c'est le futur
conjoint qui doit à ses beaux-parents des indemnités. Alors viennent les fêtes des
fiançailles des futurs qui ne sont autorisés qu'à se communiquer des lettres. La
cérémonie du mariage est un « charivari » de politesses, de prosternations, d'ap-
parats tous plus grotesques les uns que les autres et cela pendant trois jours au
bout desquels les époux sont exténués.

Ces jours, si fatigants soient-ils, sont pour la Chinoise les plus beaux de sa vie.
A peine sont-ils passés que commence pour elle toute une existence de claustration et de servitude.

L'épouse est en effet la chose du mari qui acquiert sur elle des droits exorbi-
tants, peut réclamer d'elle ainsi que ses parents une obéissance absolue.

Et contre ce despotisme du mari, reconnu par la loi, la Chinoise ne s'insurge
pas, ne songe pas même à se déclarer féministe. Quelle résignation ! Vraiment les
féministes européennes qui, actuellement, piétinent sur place, mériteraient de l'humanité, si elles envoyaient en Chine des apôtres aussi fervents et efficaces que
le sont ceux du Christianisme.

IV

`1° Actuellement il n'est plus guère une seule région de l'Asie qui soit indiffé-
rente à la politique européenne. M. Imbart de la Tour, dans la *Revue de Géographie* (15 décembre), examine la question persane qui se soulève à son tour au
centre de l'Asie, par suite des convoitises internationales.

L'article de M. Imbart de la Tour intéresse au moment où Mouzaffer-ed-Dine,
le plus puissant monarque de ces contrées, vient de rentrer dans ses Etats après
avoir parcouru les chancelleries européennes, échangé avec les souverains tant
d'amabilités protocolaires et donné, par son long séjour en France, un nouveau
et précieux témoignage aux rares qualités de notre esprit et de notre race.

L'auteur ne s'arrête pas à parler des ruines, de l'originalité, des mœurs et des arts de la Perse, ni même à exquisser son régime politique et économique. Il cherche seulement l'origine des rivalités internationales en Perse et dans le golfe persique. Et il les trouve dans la position qu'occupent dans ce pays les principales nations européennes surtout dans la position que plusieurs d'entre elles y voudraient acquérir.

En Perse, nous n'avons pas d'intérêts matériels directs. Personne de bonne foi n'y pourrait voir pour la France des intérêts politiques considérables ni lui supposer des visées ambitieuses. Là, comme dans le reste de l'Orient, nous tenons, de l'expansion de notre langue et de l'influence de notre esprit, une situation assurément privilégiée, mais qui peut-être envisagée par d'autres sans inquiétude, sinon sans jalousie. Cette situation surtout morale, cette influence toute pacifique, exempte d'arrière-pensées épineuses, caractérisent la position de la France en Perse. Elle est assez enviable pour que nous nous efforcions de la conserver. La France n'est dans cette partie de l'Asie la rivale de personne; mais, fait remarquer avec raison M. Imbart, elle peut être, cependant, amenée à y exercer une action politique, en quelque sorte de second degré, en présence des rivalités et des convoitises d'autrui.

Autrui, c'est un peu l'Allemagne, et beaucoup l'Angleterre et la Russie.

A s'en tenir à la réception faite au Chah à Berlin, en juin dernier, on pourrait penser que l'Allemagne possède en Perse des intérêts très importants. Déjà, du reste, lors de l'incident de Koueït, la presse allemande signalait comme plus dommageables à l'Allemagne qu'à la France les prétentions anglaises dans les mers persiques. M. Imbart de la Tour trouve cette manière de présenter les choses exagérée, « car, en effet, le pavillon germanique n'occupe jusqu'à ce jour, dans ces mers, qu'une place secondaire, et le nom allemand est loin encore d'avoir, au milieu des populations orientales, le retentissement du nom français ».

Le fait exact est que l'Allemagne commence à prendre place dans ces populations, en Perse comme ailleurs, et qu'elle tend à les pénétrer par une action économique solidement soutenue.

Au regard de la politique internationale, la question persane est essentiellement anglo-russe. « Nul ne s'en étonnera, d'après M. Imbart de la Tour, s'il considère d'un côté la topographie des frontières, et de l'autre les besoins comme les désirs des deux grands peuples limitrophes. »

L'Inde anglaise n'est séparée de la Perse que par le Beloutchistan et l'Afghanistan; la Russie y confine directement à l'ouest et à l'est de la mer Caspienne. Le gouvernement anglo-indien s'attribue une sorte de suzeraineté maritime dans toutes les eaux de cette partie du monde. Il poursuit, de plus, la création, entre l'Europe et l'Asie, de communications terrestres pour lesquelles le libre passage à travers la Perse est indispensable. Il redouterait enfin, pour sa sécurité, le voisinage trop immédiat de l'empire russe.

La Russie, de son côté, est la plus asiatique des nations européennes. L'origine de ses races et leur expansion naturelle la portent, d'un mouvement fatal et irrésistible, vers l'Asie et, par l'Asie, vers la mer.

Quelle sera l'issue de l'antagonisme d'intérêts, et de la lutte d'influence de deux nations jalouses de leur grandeur, soucieuses de l'avenir ?

« L'influence de la Russie, plus voisine, plus immédiate, pèse assurément du poids le plus lourd dans la balance. Les progrès qu'elle a faits sont indéniables, et point n'est besoin d'un verre grossissant, pour les suivre.

« Aussi croyons-nous, ajoute M. Imbart de la Tour, que l'Angleterre s'illusionnerait elle-même si, ayant compris l'objectif de la politique russe de ce côté, elle se flattait d'y mettre obstacle. La pénétration russe, à travers la Perse, vers les mers du Sud, se fera comme s'est faite sa pénétration vers le Pacifique à travers la Mandchourie. » Quelles que soient les difficultés de l'œuvre, il n'est guère douteux que tôt ou tard elle aboutisse.

2° Il y a aujourd'hui une vingtaine d'années que l'Allemagne a pris place parmi les puissances coloniales. En 1884, le drapeau impérial fut planté au sud-ouest africain, au Cameroun, au Togo, en Nouvelle-Guinée. A la même date, l'Est africain est devenu territoire de protectorat. Ces domaines furent complétés en 1897 par l'occupation de la baie de Kiss-tchéou, en juin 1899 par l'achat, à l'Espagne, des îles Carolines, Mariannes et Palos et enfin, en novembre de la même année, par l'acquisition des îles Oupolon et Sawaï des Samoa.

Mais le tout n'est pas d'acquérir des colonies, il faut aussi savoir les exploiter, les administrer. Pour cela il faut ou le génie colonial ou l'expérience. Et l'Allemagne, n'ayant ni l'une ni l'autre, est arrivée à des résultats très minimes pour ne pas dire nuls, malgré des dépenses considérables, « colossales » diraient les Allemands.

Pour arrêter le gaspillage des capitaux et des énergies, pour rétablir la confiance des grands financiers et pour tirer profit des premières expériences, un congrès colonial allemand fut organisé pour la première fois les 10 et 11 octobre derniers, et tint ses assises dans la salle des séances du Reichstag. Et pendant ces deux journées du Congrès, furent faites cinquante conférences dont un collaborateur anonyme de la *Revue de Géographie* a dégagé les principes essentiels qu'il considère comme devant, désormais, constituer les bases de la doctrine coloniale allemande.

Le congrès colonial allemand, se basant sur l'exemple de la France qui patronne généreusement ses écoles à l'étranger soit à titre officiel par une subvention de 800.000 francs, soit officieusement à l'aide du tribut patriotique de 300 000 francs, fournis chaque année par l'*Alliance Française*, a demandé à l'Etat de porter à 625.000 francs la subvention accordée aux écoles d'outre-mer, afin de soutenir efficacement le Deutschtum.

Ayant établi que la métropole consomme 1.250.000 francs de produits coloniaux, le but à se proposer, suivant les congressistes, est de réserver peu à peu cette importation aux territoires de protectorat et aux colonies spontanées. Aussi est-il nécessaire de développer leur production par l'établissement de plantations-écoles, par le développement de capacité de travail chez les indigènes, par la fondation d'une Académie coloniale d'où sortiront des administrateurs coloniaux réellements capables.

Le courant de l'émigration allemande, actuellement en décroissance, malgré le développement continu de la population, devrait, suivant les congressistes toujours, être tourné vers les territoires de protectorat par les facilités des conditions de travail, par l'organisation de missions médicales en vue de préserver la santé des colons et de combattre, le plus efficacement possible, les maladies infectieuses, surtout la malaria, et les maladies climatériques moins dangereuses.

Enfin nous relevons un dernier vœu du Congrès, c'est la création d'une flotte aussi puissante que l'armée de terre, création exigée par le développement du commerce extérieur, la protection des colonies et des sphères d'influences.

De ces quelques résolutions résumées et prises parmi celles qui ont été adoptées par le Congrès colonial allemand, il ressort que l'Allemagne, pour tirer parti de son domaine colonial acquis sur le tard, est résolue à réparer le temps perdu et à profiter de l'expérience acquise. Quant à dire qu'elle réussira, et avant longtemps, ce serait présompteux.

V

Faut-il des cuirassés d'escadre ? Voilà la question que dans la *Revue de Paris* (15 janvier) pose et résout un auteur qui, malgré l'anonymat, ne laisse aucun doute sur sa compétence.

L'auteur fait ressortir que de toutes les discussions qui ont eu lieu à la Chambre le 12 novembre dernier, à propos des cuirassés, ce qu'on débattait ce n'était rien moins que le choix d'une méthode de guerre navale et, par voie de conséquence directe, l'orientation de notre politique extérieure.

Comme les guerres navales que nous pourrions avoir à soutenir dans l'avenir seront, selon toute probabilité, contre ou l'Angleterre ou l'Allemagne et que le cas sera tout différent, suivant l'adversaire, il faut adopter telle ou telle méthode d'organisation et de tactique.

Si le heurt doit se produire contre l'Angleterre, « point de guerre d'escadre, où nous aurions fatalement le dessous ; *guerre du large* et *descente*. Partant, plus de cuirassés, plus d'unité de combats réglés ; des croiseurs cuirassés aussi nombreux que possible, avec le cortège convenable d'unités plus légères ; des torpilleurs, des submersibles, des engins et types nouveaux, ayant à la fois une spécialisation tactique et une spécialisation géographique.

« Contre l'Allemagne guerre d'escadre, où nous pouvons légitimement espérer le succès, et, avec le succès, de grands résultats militaires et politiques : guerre du large aussi, encore que moins importante ; descente enfin, mais dans des conditions fort différentes de celles que nous impose le cas du conflit anglo-français. Donc cuirassés d'escadre, sans préjudice des autres types, ceux-ci étant toutefois reproduits en moins grand nombre.

« On voit bien maintenant, ajoute l'auteur, paraître la question d'orientation extérieure derrière celle de la construction des cuirassés. C'est au pays de choisir, de se décider enfin... de bien comprendre que, ne pouvant plus avoir la flotte de toutes les politiques, il doit avoir du moins celle de *sa* politique, à l'expresse condition, d'avoir, en effet, une politique.

« De quelque côté que s'applique notre politique extérieure, quelles qu'en soient les visées et même si notre politique nous conduisait à admettre le système de la guerre d'escadre, il n'est point nécessaire de construire des mastodontes de 35 millions aujourd'hui, de 50 millions demain ». C'est donc la condamnation des cuirassés d'escadre, mais seulement sur papier et dans la *Revue de Paris*.

Raphaël Sergheraërt.

AUTOUR DU MONDE

La Chambre a repris ses travaux et elle s'est hâtée de marquer ses débuts par une défaillance qui la déshonore également aux yeux des patriotes et aux yeux de l'étranger. Elle a voulu marquer que, par amour du *bloc* et dans son désir irrésistible d'imposer au pays des hommes, des idées et des situations qui lui répugnent, il n'y a rien qu'elle n'ose, aucune couleuvre qu'elle n'avale : En effet, en ce jour mémorable dans la marche précipitée de sa déchéance morale, la majorité radicale-socialiste, ce fameux bloc irréductible et farouche, a élevé à la vice-présidence de la Chambre, à une très faible majorité, il est vrai, le collectiviste enragé, l'internationaliste sans pudeur, l'homme disqualifié qui a célébré en une lettre tristement fameuse les bienfaits de la *Triplice*, faite selon lui pour imposer la sagesse aux Chauvins de France : la majorité d'un Parlement français a mis en lumière, aux honneurs, Jaurès ! Ce faisant, les radicaux ont prouvé une fois de plus qu'ils sont faits pour la servitude, que le joug socialiste, si dur qu'il devienne, si compromettant qu'il apparaisse, ne leur cause pas d'horreur et ne leur inspire plus de méfiance. Ils sont domestiqués ainsi par le désir de paraître au premier plan et par le besoin de dominer la foule, ne fût-ce que sous le fouet d'un maître exigeant.

Cette première journée a été marquée également par la rentrée en scène des progressistes résolus à combattre et qui, du premier coup, ont remporté un succès en faisant élire à la vice-présidence l'un des leurs ; peu s'en est fallu qu'en mettant Jaurès en fuite, ils ne remportassent pour leur coup d'essai une double victoire. Ce début les encouragera.

Il faut bien finalement qu'on s'occupe du budget.

M. Deschanel a profité de la discussion générale de la loi de finances pour faire une brillante rentrée dans la vie parlementaire, à la tribune dont les honneurs de la présidence l'éloignèrent si longtemps. Il s'est attaché particulièrement à définir les groupements que la politique actuelle met aux prises et l'on constatera par les extraits suivants de son discours avec quelle élégante autorité et quelle réserve discrète il s'en est tiré.

... La France, dit-il, depuis trente ans, avec une ardeur généreuse et parfois téméraire, a fait toutes les politiques à la fois : politique militaire et navale, politique de grands travaux publics, politique scolaire, politique sociale ; et cela, sans avoir devant elle les ressources et les perspectives des pays neufs : un sol vierge et la houille. Mais elle avait l'admirable vaillance de son peuple.

Si l'on suit la marche des budgets, à part le milliard des expéditions coloniales, de la réfection du matériel d'artillerie et des constructions neuves de la flotte, on constate que les deux seuls budgets qui aient augmenté sont ceux de l'instruction publique et des travaux publics.

Quant au déficit, il est aisé de l'évaluer en relevant le montant des emprunts qu'il rendait nécessaires : il était, en 1881 de 670 millions, en 1891 de 58 millions, et de 110 millions en tenant compte des emprunts faits par les compagnies pour compte de la garantie d'intérêt ; de 1895 à 1899 il y eut excédent des recettes sur les dépenses. Il n'en est plus de même aujourd'hui. Vous connaissez le déficit de 1901 et de 1902. Vous en connaissez les causes. Je n'insiste pas.

Un sérieux effort est nécessaire, mais il est moindre que celui qui fut accompli de 1885 à 1895. Il suffirait de quelques années de sagesse politique et financière, il suffirait de ne pas abuser des dépenses d'initiative parlementaire, de ne pas toucher aux recettes reconnues, de ne pas entraver l'esprit d'entreprise, pour rendre l'aisance au Trésor. (Très bien !) Si la prospérité de notre pays n'est pas cependant atteinte, si son crédit demeure incontesté, si la situation financière n'est pas irrémédiablement embarrassée, comment expliquer pourtant certains signes de malaise, d'inquiétude : l'émigration de nos capitaux, les retraits de fonds des caisses d'épargne ?...

Si on jette les yeux sur l'état des partis dans cette Chambre, on est frappé de ce fait que des hommes, qui pensent à peu près de même sur toutes les questions essentielles, sont séparés par un fossé et qu'à l'inverse, des hommes qui, sur ces mêmes questions, sont séparés par des divisions, marchent ensemble.

Cette situation est la conséquence directe du drame qui a déchiré la conscience nationale. Par cela même qu'il a mis aux prises dans l'âme de ce peuple, le plus logicien et le plus idéaliste qui fût jamais, les passions les plus ardentes, il a bouleversé la politique française, il a brisé les cadres des partis.

. Par un autre phénomène dépendant de celui-là, tandis que, dans les pays de régime parlementaire, au moment des élections, le gouvernement se présente avec un programme et l'opposition avec un autre, cette fois on a voté pour ou contre un ministère et contre un ministère qui devait disparaître le lendemain. (Applaudissements au centre.)

Il en est résulté que la formation, née de la crise, lui a survécu. La bataille électorale a continué dans cette Chambre. Les députés n'ont pas pu se grouper en vertu d'un accord préalable sur les problèmes fondamentaux de la politique intérieure ou extérieure.

S'agit-il des questions d'enseignement ? Nous voyons sur les bancs de la majorité et dans les rangs de l'opposition des républicains qui ne veulent pas plus du monopole que de la liberté illimitée ; qui entendent concilier le droit de la famille et le droit de l'Etat, qui veulent la liberté contrôlée ayant pour corollaire la responsabilité. (Applaudissements au centre.) Au contraire, il en est, dans la majorité républicaine, qui sont partisans d'un monopole de droit et de fait, et qui ont accueilli le projet Chaumié comme une œuvre de recul.

S'agit-il de questions sociales ? Il y a dans la majorité et dans l'opposition des républicains qui tentent d'organiser les retraites ouvrières, soit en conciliant l'action publique et l'initiative privée, soit en combinant le principe de la liberté avec l'obligation, qui veulent l'exercice régulier du droit de grève, tout en respectant la liberté de l'ouvrier qui préfère continuer le travail, qui veulent le développement scientifique des syndicats avec toutes les conséquences : représentation légale du travail, crédit, assurances, en un mot tout cet ordre nouveau dans lequel les hommes produisant se trouveraient les uns vis-à-vis des autres non dans un rapport de dépendance mais dans un rapport d'association. (Applaudissements au centre.)

A côté des républicains qui comprennent ainsi le progrès démocratique et social, il en est dans la majorité qui font des syndicats une arme tyrannique et révolutionnaire, de la grève un épisode de la guerre des classes au risque de ruiner à la fois les patrons et les ouvriers, l'industrie et la marine au profit de la marine et de l'industrie étrangère et qui, par là, s'acheminent au but toujours présent, non pas comme on le répète par un sophisme qui égare l'esprit des ouvriers, de l'extension de la propriété sociale, mais, ce qui est différent, de la transformation du droit actuel de propriété en un droit de possession précaire et révocable. (Vifs applaudissements au centre.)

S'agit-il de la question religieuse ? Il y a sur les bancs de l'opposition et de la majorité des républicains qui entendent maintenir dans toute sa force ce principe de la suprématie du pouvoir civil, idée maîtresse de la Révolution française qui ne sauraient admettre que le gouvernement se désintéresse de la marche et de l'organisation des congrégations religieuses et qui repoussent ce détestable mélange de la politique et de la religion dont la France a tant souffert, cet esprit de la ligue, de la révocation de l'édit de Nantes, des ordonnances de Charles X, ce long et furieux assaut dirigé, pendant la monarchie de juillet, contre l'Université et couronné par la loi Falloux et la réaction de 1850, qui a si durement frappé nos pères. (Vifs applaudissements au centre.)

A côté des républicains qui pensent ainsi, il en est d'autres, — et M. Viviani l'a dit dans la discussion de la loi sur les associations — qui, par une concession toute différente, considèrent le catholicisme comme l'erreur et n'admettent pas la liberté dans l'erreur, qui veulent un Etat prenant parti dans la lutte des croyances, armé en guerre pour ce qu'ils croient la vérité et retournant la parole de Bossuet : Le prince doit employer son autorité pour combattre les fausses religions. (Nouveaux applaudissements.)

Si l'on considère plus particulièrement la loi de 1901, qui a été un motif déterminant du groupement actuel, n'y a-t-il pas, dans la majorité, des républicains qui ont combattu certaines dispositions importantes, qui préféraient nettement l'autorisation donnée par décret à l'autorisation donnée par la loi, ainsi que l'avait proposé M. Waldeck-Rousseau en 1882 et en 1899.

Les républicains qui ont le plus critiqué la loi ne sont-ils pas les premiers à proclamer qu'elle doit être obéie !

Si l'on considère plus particulièrement les décrets de cet été, est-ce que M. Jonnart, qui a si nettement revendiqué les droits de l'Etat et flétri l'action politique de certaines congrégations, n'a pas expressément adhéré à l'opinion de M. Gabriel Monod ?

Est-ce qu'il n'a pas reproduit les mêmes réserves et les mêmes critiques que M. Goblet en 1886 et que M. Renault-Morlière ? Dès lors n'ai-je pas le droit de dire que les divisions actuelles du parti républicain répondent plus au passé qu'à l'avenir ?

Pour la répartition des impôts, cette même différence 'n'existe-t-elle pas entre ceux qui veulent égaliser les charges et ceux qui s'efforcent d'égaliser les fortunes, et, pour l'organisation militaire, entre les partisans des armées permanentes avec service réduit et les partisans des milices ? Et enfin, sur la Constitution elle-même, n'en est-il pas qui ne la subissent que parce qu'elle est faussée et qu'elle fonctionne si peu qu'on n'a jamais moins parlé de la reviser ? (Très bien ! très bien ! au centre.)

Mais s'il est un domaine où ces contradictions éclatent particulièrement, c'est celui de la politique extérieure, trop négligée peut-être dans les Chambres françaises (Applaudissements), et qui dépend si étroitement de la politique intérieure. J'aperçois sur les bancs de la majorité M. Doumer dont on n'a pas oublié les paroles amères à son retour d'Indo-Chine, j'y aperçois aussi M. Jaurès, j'y vois M. Etienne dont on connaît depuis vingt ans les plus vaillants efforts pour le développement de notre politique coloniale et non loin de lui l'honorable M. de Pressensé ! Je me demande quelle peut être l'autorité pour notre diplomatie de ces vues contradictoires et comment peut s'en inspirer le ministre qui est obligé d'en tenir compte.

Beaucoup d'entre nous, sur tous les bancs de cette Chambre, estiment que la politique la plus sage pour nous, après 1870, aurait dû être d'exercer notre action en Europe et sur la Méditerranée, que nous avons été entraînés plus loin qu'il n'aurait fallu et que nous avons dispersé nos forces ; qu'aujourd'hui, loin de songer à de nouvelles conquêtes, nous devons nous contenter d'organiser notre domaine et d'en tirer le meilleur parti. Nous voulons une politique de paix et de dignité. La France est toujours la justice vivante et armée et ne peut abandonner l'idéal qui a fait la grandeur de sa magnifique histoire.

Oui, notre politique extérieure, comme notre politique intérieure, doit être un constant effort vers le règne du droit. Mais entre une politique agressive et une politique de renoncement il y a quelque distance, et certaines théories sont d'autant plus dangereuses qu'elles sont servies par une éloquence plus puissante. Une école nouvelle a surgi où les rôles ont été renversés à nos dépens. Qu'il s'agisse de l'Asie, de l'Afrique ou de l'Europe, de l'Extrême-Orient ou de l'Alsace-Lorraine, c'est toujours le même procédé. A propos de nos provinces perdues, dira-t-on, comme Gambetta, que les grandes réparations peuvent sortir un jour du droit et que le développement de l'arbitrage international pourra permettre aux peuples de débattre leur destinée et de choisir leur nationalité ?

Nous applaudirions à ce langage. Non. On dit que la parole célèbre : « Pensons-y toujours, n'en parlons jamais ! » a été un germe funeste qu'il faut effacer de nos âmes. Et ainsi on froisse, non les passions chauvines, mais le patriotisme dans ce qu'il a de plus délicat et de plus sacré, parce que ce grand peuple de France n'a pas cessé de mettre au-dessus des coups de force la pérennité de son droit.

S'agit-il de la triple alliance, est-ce pour se réjouir qu'après la longue période de provocations des Bismarck et des Crispi, Alexandre III, par sa loyale étreinte, a réchauffé nos cœurs et rétabli l'équilibre européen ?

Non. Par une singulière interversion des rôles et des dates, on réserve sa faveur au pacte conclu contre la France et l'on garde ses sévérités pour ceux qui sont venus à notre aide.

J'entends dire que c'est faux. Voici les paroles mêmes de l'orateur auquel je fais allusion. Il a appelé la triple alliance le « contrepoids nécessaire à notre chauvinisme et aux fantaisies franco-russes ».

S'il s'agit de la guerre, est-ce seulement pour flétrir ce reste de barbarie, pour déplorer ses horreurs ? Non ! Devant ce pays au flanc encore mutilé, devant la jeunesse de nos écoles, on salue M. Hervé comme un précurseur, comme ayant été des premiers à donner l'exemple du bon sens et du courage.

Voici la phrase textuelle : « Hervé, l'un des premiers qui, dans l'Université, aient tenu la parole du bon sens et du vrai courage. »…

Ce qui est grave, ce n'est pas seulement d'entendre ce langage chez un chef de parti, c'est de voir un membre du gouvernement venir défendre de semblables théories, contre les citoyens qui les répudient, c'est de voir frapper un préfet pour s'être prononcé contre elles, c'est de constater enfin qu'il devient presque impossible de les combattre à cette tribune. En effet, si l'on est applaudi d'un côté de cette Chambre, immédiatement on devient suspect à l'autre côté, mû par ce faux point d''honneur qui mène à toutes les faiblesses et à toutes les capitulations.

Je le demande à tous ceux qui suivent de près nos affaires extérieures ; pour une nation qui, même quand elle n'use pas de sa force, doit au moins la faire sentir et qui, lorsqu'elle invoque le droit, doit montrer qu'il est une réalité, n'y a-t-il pas un élément de faiblesse à ce que la protection du gouvernement s'attache à des hommes qui sèment dans l'âme des générations nouvelles le doute sur leurs devoirs en même temps que sur leurs droits.

Et pourquoi tout cela ?

Est-ce que par hasard la lutte de la République contre la réaction, de la société civile contre le cléricalisme, sont choses nouvelles ? Est-ce que Gambetta et Jules Ferry, qui soutinrent cette lutte, étaient avec les partisans de l'abdication nationale ?

Le président. — Je suis convaincu que l'orateur ne veut mettre en doute le patriotisme d'aucun de nos collègues.

M. Paul Deschanel. — Ce que j'ai voulu dire, c'est que Gambetta et Jules Ferry eurent contre eux les hommes qui livrèrent l'Egypte à l'Angleterre et ont failli livrer Bizerte à la Triplice. Ces grands républicains eurent l'âme profondément laïque et en même temps profondément nationale, c'est-à-dire qu'ils avaient l'âme même de la révolution française.

Ils tenaient également à ces deux principes : l'indépendance de la société civile vis-à-vis de l'Eglise et l'indépendance de la politique française à l'égard de toutes les organisations étrangères. Gardons ce patrimoine tout entier. Restons fidèles à son esprit. La politique de la France.

Il suffit d'observer d'une part tant d'affinités et de l'autre tant de dissidences pour montrer à quel point la situation actuelle est fausse. Elle ne profite qu'aux partis extrêmes en leur permettant de jouer un rôle disproportionné non assurément au talent de leurs membres, mais avec leur importance dans le pays. Si elle se prolongeait, elle nous mènerait à la situation où se trouve la Belgique.

Il ne peut y avoir d'action véritablement féconde sans une communauté de vues sur un programme positif. Avec les programmes disparates, les consciences s'énervent et l'esprit public déconcerté s'abandonne à un scepticisme dangereux.

Les idées demeurent; elles sont éternelles ; elles sont les souveraines du monde et elles se vengent tôt ou tard de l'arbitraire des faits. J'ai foi en elles si on les sert avec courage pour tirer la France du paradoxe où elle se débat.

Puisse une fraternelle entente entre les Français qui ne veulent ni de l'agitation réactionnaire, ni de l'agitation révolutionnaire, rendre à la politique française la qualité maîtresse du génie de notre race : la clarté.

Ce discours nous prouve tout d'abord que l'orateur, en

pleine possession de son beau talent, est resté digne de lui-même, de son grand renom, de son passé brillant, gage d'un avenir plus utile encore à la patrie ; il a eu ensuite le mérite de mettre les socialistes-internationalistes dans une posture tellement fâcheuse que Jaurès, pris à partie et mis en cause ne pouvait s'abstenir de s'expliquer à la tribune. Il ne s'est pas fait trop attendre. Après avoir laissé quelques comparses jeter dans le débat leurs notes discordantes, il a fini par s'exécuter lui-même, répondant à M. Lasies qui, faisant allusion à Liebkneckt déclarant à Marseille « qu'en cas de guerre, les socialistes allemands prendraient les armes », demandait au nouveau vice-président de la Chambre ce qu'en pareil cas feraient les socialistes de France.

Il n'ose plus soutenir que la *Triplice* est le contre-poids nécessaire du chauvinisme français ; il conteste seulement qu'elle ait été conçue dans un but d'agression contre la France et il ajoute :

...Mais si vous démontrez que la Triple-Alliance a eu contre nous une pensée résolue d'agression, vous n'infirmerez pas ma thèse, à savoir que la force des tendances pacifiques de l'Europe s'est mise en travers de ses desseins et l'a obligée à les abandonner.

Pourquoi l'Allemagne cherche-t-elle manifestement aujourd'hui un rapprochement avec nous ? Il y a des forces nouvelles en jeu : l'alliance franco-russe, l'essor libéral de l'Italie rapprochée de nous ; il y a aussi le triomphe de l'esprit républicain en France qui est un esprit de paix et qui a triomphé des menées césariennes qui sont un esprit de perpétuelle agression. Tout cela explique l'évolution de la Triple-Alliance.

Un mouvement parallèle s'est dessiné dans l'alliance franco-russe.

Contre cette alliance, je n'ai aucune objection de principe, il y a eu un temps où le parti républicain se demandait s'il serait possible d'établir une solidarité de politique extérieure entre deux pays si dissemblables par leur état politique et social. C'est une préoccupation que nous n'avons pas le droit d'avoir.

Au point de vue des principes, ni les républicains, ni les socialistes ne peuvent formuler d'objections essentielles à l'accord franco-russe en tant qu'il reste une alliance défensive et un instrument de paix générale.

Mais il y avait bien des précautions à prendre. Ce fut une faute que d'exagérer l'efficacité et la nécessité de l'alliance franco-russe. Il semblait que la France était livrée à la merci de son alliée. Il y a eu des protestations légitimes contre ce rôle subalterne.

Aujourd'hui, l'alliance a été ramenée à ses justes proportions.

Mais il y a eu encore quelque reflet de ces sentiment sdans le discours de M. Deschanel et même dans celui de M. Ribot.

Je me demandais, quand M. Deschanel parlait de l'étreinte franco-russe qui est venue réchauffer le cœur de la France, si le froid de la mort nous avait glacés déjà.

Et quand M. Ribot parlait de la paix humiliée à laquelle l'alliance a fait succéder une paix honorable, il oubliait qu'avant 1892, pendant vingt-deux ans, la France a su, sans humiliation et sans défaillance, tenir son rôle dans le monde.

Elle a su, en cette période, refaire son armée, assurer son émancipation républicaine, se créer un domaine colonial qu'on n'a pas élargi depuis.

L'alliance qui devait nous sauver n'est venue que quand on a vu que nous étions capables de nous sauver nous-mêmes.

M. Millevoye. — Je pense que vous faites à notre pays tout le mal possible par vos paroles.

M. Jaurès. — Le mal, c'est de ne pas s'expliquer sur des questions obscures d'où naissent les malentendus et sur les malentendus d'où naissent les désastres. Avant-hier, M. Ribot est venu déclarer ici que l'alliance a un caractère purement défensif.

M. Ribot. — J'ai dit qu'elle n'était pas conçue dans une pensée d'agression.

M. Jaurès. — Je comprends ces nuances ; elles sont nécessaires aux paroles d'un diplomate.

M. Ribot. — Je ne suis pas un diplomate en ces matières. Je parle simplement en patriote.

M. Jaurès. — L'internationalisme qu'on nous reproche, mais il s'étend partout et surtout en matière économique. Ne l'avons-nous pas vu dans la question des sucres, dans les conférences pour la répression de la traite des blanches ? Ne le verrons-nous pas bientôt pour la retraite des travailleurs ; il a pour but la paix. Une ère de paix s'est donc enfin ouverte.

Il y a trente-deux ans, la France a subi non seulement une atteinte à sa grandeur mais une atteinte au droit. Des personnes humaines ont été arrachées violemment à la patrie voulue et désirée par elles. Elles ont donc subi l'outrage au droit le plus grave.

Et nous nous trouvons dans cette alternative ou bien d'employer la force, ce qui serait une nouvelle consécration de la force, ou bien d'accepter cette violation du droit comme la consécration de la paix.

Le jour où un désarmement, simultané vous m'entendez bien, interviendra, les groupements humains pourront réclamer leur réintégration dans les patries dont ils ont été brusquement séparés.

La France a été vaincue ; mais elle n'a pas été humiliée et abaissée ; elle a lutté jusqu'à épuisement de son souffle ; elle a eu sous la parole ardente et organisatrice de Gambetta la fermeté de l'espérance ; elle a eu dans l'épanouissement soudain de la République un nouveau regain de rajeunissement national ; et nous pouvons, sans embarras, fermer sur cette page douloureuse le livre détesté de la guerre.

. On m'a dit dans une interruption : « Votre solution est une solution bien lointaine. » Et la vôtre ? Nul de vous ne prendrait la responsabilité d'envisager à l'horizon la possibilité de la guerre. Nous, nous ne sommes pas des chimériques.

. Eh quoi ? on nous dit : « Où est donc votre formule ? » Qui donc peut tenir dans ses mains les formules que l'avenir seul dénoue enfin aux yeux des hommes ? L'avenir parlera pour nous. Il nous suffit d'avoir un point de vue vers lequel nous marchons sans cesse ; et ce point de vue, c'est la paix. Notre politique, notre recette, c'est la paix. Ce n'est pas une politique socialiste, c'est une politique républicaine...

M. Ribot demande à la Chambre quelques minutes pour répondre à M. Jaurès et il s'exprime ainsi :

Je dis tout d'abord que je ne suis pas de ceux qui jettent à leurs adversaires l'épithète d'antipatriote, et je sais que si la France était en danger vous seriez à côté de nous pour la défendre...

En raison de l'influence que vous avez sur la majorité, j'ai le droit de relever certaines de vos paroles que je considère comme dangereuses. Vous avez dit que l'alliance russe était inutile. (Dénégations à l'extrême gauche.) Tant mieux si nous sommes d'accord. Mais si elle était nécessaire, pourquoi venir en atténuer la portée, qu'êtes-vous venu faire ici ?

M. Jaurès. — Il y a huit jours qu'on m'y appelle.

M. Ribot. — Vous avez dit que la Triple-Alliance n'avait pas un caractère agressif.

A l'extrême gauche. — C'est vrai.

M. Ribot. — Est-ce à nous de le dire ? Avez-vous oublié les incidents de 1875 ? Vous vous êtes porté garant que M. de Bismarck n'avait pas voulu nous attaquer.

M. Jaurès. — Mais, non.

. M. Ribot. — Bien avant 1875, on trouvait que nous nous armions trop vite. Divers incidents, comme l'affaire Schnœbelé, l'ont montré. Vous écriviez vous-même, autrefois, que l'alliance russe nous donnait une force incomparable dans le monde. C'est l'empereur Alexandre qui nous a fait des offres en 1891 et ce que j'ai fait, je l'ai fait avec un homme pour lequel j'avais le plus profond respect, le président Carnot.

Vous avez écrit que la fierté républicaine n'avait pas à souffrir de l'alliance russe et que le tsar avait réussi à convertir à la République les monarchistes attardés. Vous ajoutiez qu'après cette alliance, la Triple-Alliance hésiterait beaucoup plus à attaquer la France. Voilà l'apologie que vous faisiez de l'alliance russe.

Cette alliance, je l'ai dit, n'avait pas de caractère agressif. Mais je l'ai dit comme ministre des affaires étrangères, il ne faut pas l'oublier. Et si la paix doit être un jour la consécration du droit, ce jour est encore lointain et nous devons toujours être forts.

L'empire ne voulait pas la guerre plus que nous. Mais il a eu tort de céder aux théories décevantes que nous entendons aujourd'hui.

Vous avez dit, Monsieur Jaurès, qu'il y avait quelque chose de changé, parce que nous avons eu trente années de paix. Si vous pensez que l'alliance russe est encore nécessaire, quel besoin avez-vous d'apporter à la tribune le langage que vous avez apporté tout à l'heure.

M. Jaurès. — Je dis encore que l'alliance est nécessaire.

M. Ribot. — Alors ne prolongeons pas ce débat.

Quand même la résignation nous serait commandée, quand même nous n'aurions rien à attendre des réparations futures, ce n'est pas à nous de le dire.

J'ai établi que l'Alliance était indispensable, que M. Jaurès l'avait reconnu autrefois. Il vient de le redire. J'en prends acte devant le pays. Nous sommes d'accord. Et je reviens à l'objet même de ce débat, à savoir aux théories déplorables que l'on veut introduire dans l'armée.

Que pensez-vous de ces abominables pamphlets que l'on distribue dans nos casernes et qui excitent les soldats à la désobéissance, à la rébellion, à la désertion ? Si vous les désavouez, venez le dire à cette tribune.

M. Jaurès a dit que j'avais fait un pas vers les socialistes. Je reste simplement où je suis.

Vous êtes entrés dans le gouvernement qui ne peut rien faire sans vous. M. Millerand l'a dit. Je n'en veux pas à vos personnes. Je suis même prêt à voter avec vous sur certaines questions ; mais nous voulons que le pays soit délivré de la tutelle que vous exercez et qui pèse si lourdement sur lui.

Naturellement M. Jaurès, à qui on avait ainsi fait toucher terre des épaules à chaque coup, se dispense de se rendre encore à cette suprême invitation. Mais le général André veut bien convenir que la paix de l'Europe est due à la réalité de notre force et à la solidité de notre alliance.

Mais c'est M. Ribot qui, avec une incontestable autorité, se jette sur l'ensemble du budget proposé au Parlement le plus lumineux et il dit, sans trouver de contradicteur :

Sur les deux dernières années, nous avons 240 millions de découvert, et si nous y ajoutons les 240 millions de l'emprunt de Chine, les 64 millions d'obligations sexennaires, les 61 millions de rente perpétuelle à émettre pour le boni accordé aux porteurs de 3 1/2 converti, nous arrivons à un total de 630 millions qui, en ces deux dernières années, ont augmenté la dette publique.

C'est une charge trop lourde pour nous.

Nos finances ont subi l'influence de certains incidents de notre politique extérieure. A ce sujet, je répondrai à M. d'Estournelles, qui a parlé hier de la question d'Égypte, que s'il y a des moments où il faut parler, il y en a d'autres où il faut savoir se taire. Je dirai simplement que je n'ai jamais perdu de vue l'intérêt supérieur de mon pays. Et M. Sarrien, qui est sur ces bancs, pourrait dire que, quand M. de Freycinet a proposé les crédits pour occuper les bords du canal de Suez, il n'y a eu que soixante-quinze députés qui, sans se laisser guider par l'esprit de parti, les ont votés et j'en étais.

Je ne vous propose plus aujourd'hui d'imiter la politique financière actuelle de l'Angleterre, qui, en ces dernières années, a perdu le bénéfice de la situation que lui avaient donnée les prédécesseurs du gouvernement actuel.

On a parlé du budget de l'Allemagne. La situation y est moins mauvaise qu'on ne l'a dit, puisque le seul produit des chemins de fer suffit à payer les intérêts de la dette. On peut donc dire que l'Allemagne n'a pas de dette ; et, cependant, ses ressources sont bien inférieures aux nôtres, soit sur les impôts directs, soit sur les successions. Si donc elle fait des folies, elle a tort évidemment, mais elle le peut.

Nous, au contraire, nous avons le devoir d'être sages et de conduire nos finances avec la plus extrême prudence.

Et l'on passe à l'examen des budgets particuliers. C'est à l'examen du budget des cultes que les partis se donnaient rendez-vous et au sujet duquel on attendait avec le plus d'impatience les déclarations du gouvernement.

On se demandait ce qu'allait décider le « bloc » et comment M. Combes allait se retourner devant lui. On savait qu'il ne consentirait pas à la suppression de ce budget avec le même détachement qu'à l'élimination des congréganistes. Le débat, en effet, restera fameux ; car, tout comme M. Waldeck-Rousseau, jadis, le tombeur des congrégations, n'a dû sa survivance ministérielle qu'à ses seuls adversaires : le « bloc » s'était disloqué pour mieux le lâcher. M. Combes, qui ne se pique pas d'être conséquent dans ses actes et dans ses paroles, a certainement fait preuve, en cette circonstance, de franchise et de crânerie.

Un peuple, dit-il, n'a pas été nourri en vain, pendant une longue série de siècles, d'idées religieuses, pour qu'on puisque se flatter d'y substituer, en un jour, par un vote de majorité, d'autres idées répondant à celles-là.

Vous n'effacerez pas d'un trait de plume les quatorze siècles écoulés, et, avant même de les avoir effacés, il est de votre devoir de connaître d'avance par quoi vous les remplacerez.

Je ne crois pas que la majorité, — que dis-je, la majorité, — la presque unanimité des Français, puisse se contenter de simples idées morales...

M. Selle. — Les trois quarts d'entre nous ont été élus en mettant dans leurs programmes la séparation de l'Eglise et de l'Etat.

M. le président du conseil. — Je disais que notre société actuelle ne peut pas se contenter *de simples idées morales telles qu'on les enseigne superficiellement dans nos écoles.* Il faut que ces idées constituent une doctrine pratique nécessaire pour que l'homme affronte les épreuves de la vie.

Ces idées, il faut les étendre, les compléter par un enseignement que vous n'avez pas créé et que vous devez créer avant de songer à répudier l'enseignement moral qui a été donné jusqu'à présent aux générations.

Quand nous avons pris le pouvoir, bien que plusieurs d'entre nous, comme beaucoup parmi vous sans doute, fussent, au point de vue philosophique et théorique, partisans de la séparation des Eglises et de l'Etat, nous avons déclaré que nous nous tiendrions sur le terrain du Concordat.

Pourquoi ? parce que nous considérions les idées religieuses que les Eglises répandent et qu'elles sont les seules à répandre, comme des idées nécessaires.

Nous les considérons à l'heure actuelle comme les forces morales les plus puissantes de l'humanité, et, pour ma part, je me fais difficilement à l'idée que, dans notre société contemporaine, ceux qui n'auraient pas l'éducation première de M. Allard seraient suffisamment prémunis contre les périls et les épreuves de toute sorte.

Le « bloc » ayant fait exprimer à M. Combes son désappointement au milieu de reproches amers, le président du conseil réplique qu'on savait qui il était quand on est allé le trouver et que si il ne convient plus à ses contradicteurs, ils n'ont qu'à le lui dire. Le maintien du budget des cultes est alors voté par 328 radicaux, progressistes, ralliés et conservateurs, contre 201 radicaux obstinés et socialistes, irréductibles : M. Combes est sauvé par ses ennemis !

A l'extérieur et par continuation, c'est le Maroc et le Venezuela qui ont accaparé l'attention publique ; et M. Chamberlain, en tournée d'informations au Transvaal, ne l'a pas non plus laissée indifférente.

En ce qui concerne particulièrement le Maroc, les nouvelles ont été généralement tendancieuses et contradictoires. Sur la foi des agences et des coteries, on présentait les adversaires dans des situations conformes plutôt aux désirs des intéressés qu'à la réalité des choses. Tantôt le prétendant battait en retraite, honni, délaissé, déjà désespéré et contrit ; tantôt on le ramenait triomphant sous les murs de Fez où, pour le moment, on le laisse très pressant et sur le point de réduire le Sultan. Celui-ci nous a été lui-même présenté sous les jours les plus variés ; tantôt c'était un esprit éclairé, libéral, enclin au progrès et ami de la civilisation européenne ; tantôt c'était un atroce bandit ramassant dans les rues, dans les faubourgs et dans les campagnes les mendiants et les vagabonds qu'il raccourcissait de toute la tête ; ces têtes ainsi recueillies étaient ensuite exposées sur les murs de la capitale pour faire croire à des victoires chimériques. On dirait aujourd'hui que ce Sultan progressiste et avisé avait libéré son frère aîné qu'il avait jadis frustré d'un trône ; qu'il s'était publiquement réconcilié avec lui pour le placer ensuite à la tête de son armée où il faisait merveille ; tantôt on nous représentait le même Sultan plus que jamais en proie à la haine, au soupçon et faisant garder son frère plus étroitement encore, loin de le rendre au jour et de le combler d'honneurs !

Ce qui est certain c'est que les choses marocaines traînent et s'embrouillent, mais que la saison des pluies, en ces régions généralement torrentielles, en est la principale cause. De part et d'autre, prétendant et Sultan s'appliquent l'un à gagner des partisans à sa cause, l'autre à maintenir ses sujets sous son autorité souveraine ; entre temps on se fortifie ; on se hâte en marches et contre-marches ; mais on ne s'aborde pas pour une lutte décisive.

En réalité, l'imbroglio marocain est né du désappointement de la coterie britannique longtemps omnipotente à la cour de Fez mais tombée en disgrâce en ces derniers temps. Elle s'est vengée en suscitant des embarras au dedans, en répandant au dehors des rumeurs inquiétantes. Le Maroc est agité, le sang coule ; la rébellion est un exercice en quelque sorte hygiénique, auquel les tribus turbulentes et farouches se livrent périodiquement sans conséquences excessives, sans bouleversements irréparables dans la mesure que comporte la barbarie des indigènes.

Quant au Venezuela on pourra dire dans quelques jours, dans quelques heures peut-être, que tout est bien qui finit bien, que la coalition des puissances qui se sont mises contre ce peuple minuscule en sera quitte pour son dérangement et un feu d'artifice, et que la République américaine s'en tirera avec le bénéfice matériel d'un protectorat financier qui la gardera de ses fantaisies financières, déloyales autant que dangereuses. Mais pas un instant, nous le supposons, le grand public européen ne se sera rendu compte du sérieux de la situation que cette étrange aventure avait créée à deux continents également ombrageux.

Le *seigneur de la guerre* ou *War lord* comme on vient de surnommer Guillaume II, s'il avait voulu déchaîner le plus effroyable conflit armé, ne s'y serait pas pris autrement. En effet, le président Castro s'en était remis au représentant des Etats-Unis pour régler cet incident diplomatique et il avait donné à M. Bowen, qui devait se rendre à Washington, les pouvoirs les plus étendus pour atteindre cette fin raisonnable.

M. Bowen partit donc pour New-York avec l'assentiment de tous, mais à peine avait-il gagné la haute mer que la *Panther*, canonnière allemande, attaquait le fort de San-Carlos sans avis ni provocation quelconque, dans le seul but de pénétrer dans le lac Maracaïbo où s'était réfugié le dernier navire de la flotte vénézuélienne. La *Panther* fut repoussée avec pertes et fracas, et l'on crut qu'ayant agi sans ordres, son capitaine allait être désavoué et rappelé. Point du tout ! La *Panther* se contenta d'attendre des secours et, escortée de navires allemands mieux armés et d'un plus fort tonnage, elle revint à la charge. La lutte fut acharnée, sanglante, San-Carlos était réduit en cendres et le fort détruit ; mais la *Panther* désemparée, quittait en remorque le champ de bataille.

Cet événement se produisait donc par ordre supérieur en des circonstances anormales, aux cours de pourparlers, en vue d'arrangements ; négociations qui auraient dû faire ajourner tous actes de violence et d'agression.

Il en résulta que l'opinion américaine, déjà très défiante de la politique germanique, s'enflamma et que des polémiques véhémentes s'engagèrent, que des menaces furent proférées.

Il fallut le grand sang-froid de M. Roosevelt et sa rare énergie pour empêcher au *Congrès* américain une explosion de colère irrémédiable ; le dépôt d'une motion belliqueuse dont le vote d'enthousiasme assuré d'avance eût rendu la guerre intercontinentale inévitable.

Le peuple américain tout comme son président avait très mal accueilli jadis les assauts de l'amitié inopportune et seulement apparente de Guillaume II ; il avait vu d'un mauvais œil la violence faite à la neutralité politique de la femme américaine en la personne de la gracieuse fille de Roosevelt, choisie pour être marraine dans un baptême symbolique resté fameux ; il avait vu, d'un plus mauvais œil encore, la tournée dans les Etats-Unis du Prince Henri qui avait l'air d'un envoyé extraordinaire ayant charge de réveiller le loyalisme des émigrants allemands dans l'Amérique du Nord ; et ce fut avec un sourire malicieux que ce peuple matérialiste accepta de Guillaume II la statue de son ancêtre *Frédéric le Grand* dont la silhouette expressive dans ces plaines sans histoire reste sans signification, à moins qu'on n'en ait voulu faire, dans un secret dessein, un centre de ralliement.

Les Etat-Unis et Roosevelt supportaient malaisément ces avances maladroites et subissaient à contre-cœur cette cour obsédante ; il y eut un haut-le-cœur qui faillit devenir tragique.

Aussi l'arrivée de M. Bowen à New-York et la vérification des pleins pouvoirs dont il était porteur marquèrent-ils une date précise dans l'imbroglio vénézuélien et dès cette heure Londres, Rome et Berlin étaient avisés qu'il fallait accepter la paix ou se résoudre à la guerre avec l'Amérique du Nord. C'était la douche qu'avait voulu éviter le *war lord* ; mais que faire ! Monroë se mettant contre lui, il devait s'incliner. Or, déjà il se penche vers tous les accommodements : C'est la levée du blocus assuré et le droit reconnu aux Vénézuéliens, de s'entre-déchirer aux dépens de leurs créanciers, pourvu qu'ils donnent des gages d'un règlement automatique, fût-il minime, et d'un solde lointain.

Au Transvaal, parmi les veuves et les orphelins, sur des monceau de ruines, Chamberlain fait le bon apôtre et antonne des antiennes à la paix, à la concorde, à la pérennité de l'empire britannique victorieux et protecteur. Les vaillants chefs boers l'assistent parce que, décemment, ils ne peuvent plus le combattre ; au commandement de leurs chefs, les Boers l'acclament parce qu'ils ne peuvent plus le cribler de projectiles, et la presse chante avec onction, avec enthousiasme le rayonnement civilisateur du plus grand empire du monde ; de confiance elle répète après Chamberlain :

Le jour des petits royaumes et de leurs minuscules querelles est passé ; l'avenir est aux vastes empires et il n'y a pas de plus vaste empire que l'Empire britannique.

La Métropole a donné l'exemple. Il n'est plus question de séparation possible entre elle et ses colonies, celles-ci réclament leur rôle dans le glorieux empire qui est le leur comme le nôtre. Elles sont disposées à accepter les obligations qui sont la contre-partie de leurs privilèges.

Ce qui signifiait que les Boers désormais avaient à en faire autant et qu'ils pouvaient, sans fausse honte, en prendre leur parti.

Mais deux questions obsédaient les esprits : les incendiaires *(nitlonders)* de l'Afrique du Sud, les *seigneurs* du Rand se demandaient de quelles charges on allait les frapper, de quelles faveurs on venait les combler ; les Boers, au contraire, se disaient : à quand le retour de l'indépendance sous les espèces de l'autonomie.

M. Chamberlain répondit ainsi aux uns et aux autres, mais non à la satisfaction de tous.

Il avait déjà dit que les mines supporteraient 750 millions dans les charges créées par la guerre, il ajouta :

Il est absolument faux qu'il y ait eu entre moi et les Compagnies de mines un accord, aux termes duquel les Compagnies consentiraient à payer un impôt en échange de l'autorisation que leur donnerait le gouvernement d'employer la main-d'œuvre chinoise. C'eût été un ignoble marchandage.

La question de la main-d'œuvre est d'importance vitale pour les mines et pour l'agriculture. Il n'y a pas assez de main-d'œuvre dans le sud de l'Afrique ; il n'y en aurait même pas assez pour tout le sud de l'Afrique si on forçait tous les nègres à travailler.

L'Angleterre a aboli l'esclavage en théorie ; elle a fait beaucoup pour l'abolir en pratique.

L'Anglais est l'adversaire du travail forcé. Or, à quel spectacle assiste-t-il ? L'indigène du sud de l'Afrique travaille pour s'acheter une femme ; quand il l'a achetée, il ne fait plus rien et il force cette femme à travailler pour lui. Voilà bien le travail forcé sur sa forme la plus répugnante.

Toutes les nations civilisées reconnaissent que le travail est un devoir ; seul les indigènes africains estiment que le travail doit être réservé aux esclaves.

Le seul moyen de moraliser les indigènes, c'est de les faire travailler continuellement. De plus, la natalité des indigènes augmente ; depuis qu'ils ne guerroyent plus les uns contre les autres, elle croît avec une grande rapidité ; mais tant que les indigènes ne travailleront pas d'une façon régulière, ils seront une source de dangers et de difficultés. Il ne serait peut-être pas désirable à ce point de vue de voir augmenter la main-d'œuvre blanche.

D'ailleurs, il est impraticable de la substituer à la main-d'œuvre indigène. Toutefois, alors qu'avant la guerre, il y avait un travailleur blanc pour neuf indigènes, il y a aujourd'hui un blanc pour cinq indigènes. L'augmentation de cette proportion produirait des bienfaits incalculables et transformerait le pays en pays blanc. Pour y arriver, il faut développer l'intelligence plutôt que le muscle; il faut une école supérieure, une université qui surpasse toutes celles du monde.

Ce qu'il faut chercher en ce moment, c'est d'augmenter le rendement de la main-d'œuvre blanche existante. Une fois ces moyens épuisés, on avisera à prendre des mesures plus énergiques. La colonie est opposée à l'importation d'indigènes. La Métropole et les autres colonies regardent ces moyens comme dangereux et rétrogrades.

Il y a en outre de grosses difficultés pratiques à tirer une main-d'œuvre convenable des sources qui ont été indiquées. Le gouvernement ne peut pas grand'chose, mais il fera quelque chose.

Lord Milner se propose de réunir immédiatement une conférence internationale qui étudiera les mesures législatives et administratives à appliquer aux indigènes. L'Angleterre devrait nommer une commission royale d'enquête pour s'occuper à fond de cette question. Malheureusement, ses travaux prendraient trop de temps, et tout retard est dangereux.

L'avis général de la population du Transvaal c'est que l'heure de conférer l'autonomie au pays n'est pas encore sonnée. L'Angleterre, elle, n'a aucun intérêt à ne pas la donner. Si elle la refuse, c'est dans l'intérêt bien entendu du pays. La seule crainte à avoir, c'est que lasse des responsabilités si lourdes du gouvernement direct, elle n'accorde cette autonomie d'une façon trop hâtive. Downing Street est prêt à l'accorder, mais l'Angleterre veut savoir auparavant quelle sorte de gouvernement sera substitué à celui de Downing Street.

Il ne faut pas que les adversaires regagnent par la politique ce qu'ils n'ont pu obtenir par la force des armes.

N'y aurait-il pas aussi à craindre un gouvernement fait par la haute finance? Il ne faudrait pas non plus qu'on aboutît à ce qui a lieu dans la colonie du Cap, où une majorité anglaise en est réduite à demander la suppression des libertés dont on abuse.

Ayez confiance dans lord Milner, vous coopérerez avec lui à établir et à maintenir l'administration qui préparera l'avenir de cette autonomie que l'Angleterre sera trop heureuse d'accorder quand les circonstances permettront de le faire sans danger.

Mais ce que l'Angleterre ne peut empêcher, c'est que la presque unanimité des Sud-Africains veut, aujourd'hui comme hier, l'*Afrique aux Africains*. Qu'on prépare consciencieuse-

ment cette franchise due à un peuple valeureux, ou que secrètement on veuille ajourner une fatale échéance, il n'en reste
pas moins acquis et déjà démontré que le plus grand empire
du monde fera bien de ne pas compter sur l'Afrique australe
pour affermir ou pour étendre encore sa domination dans le
monde : De ce côté, plutôt qu'elle ne l'attend, on la priera de
la restreindre, et ce sera justice !

ARTHUR SAVAÈTE

Revue des Livres

LES PAPES ET LA PAPAUTÉ DE 1143 A LA FIN DU MONDE, *d'après la prophétie attribuée à saint Malachie.* Etude historique par l'abbé J. MAITRE. Paris, 1902, in-8 de 768 pages.

L'abbé J. Maître poursuit et achève aujourd'hui sa volumineuse étude sur la *Prophétie des Papes* attribuée à l'Irlandais du XIIᵉ siècle, S. Malachie. Nos lecteurs ont pu précédemment lire nos appréciations sur la première partie — partie critique — de cet ouvrage. La Seconde partie — partie historique — appellera les mêmes éloges et... aussi les mêmes réserves. Le but du présent volume est de montrer à la « lumière de l'histoire » comment se sont réalisées les différentes légendes de la Prophétie. Une triple division : la première nous explique la devise des Papes qui se sont succédés, de Célestin II à Urbain VIII, (1590,; la deuxième étudie les légendes particulièrement importantes, de Grégoire XIV à Léon XIII. La dernière partie est consacrée aux successeurs futurs du pape actuel, lesquels, au dire de la Prophétie, seraient au nombre de dix. L'auteur suit une méthode uniforme pour chaque légende : Occasion de la devise ; son symbolisme, et à ce propos il nous donne un vrai manuel de l'histoire de l'Eglise, manuel intéressant très documenté, trop peut-être, en tout cas parfaitement au courant de l'érudition historique actuelle et des travaux les plus modernes sur chaque question.

Nous avions souhaité que M. Maître arrivât à quelque chose de décisif et de convaincant. Nous devons avouer que la conviction n'est pas établie chez nous et que trop souvent nous nous sommes contenté d'admirer l'ingéniosité vraiment curieuse, dont l'auteur fait preuve dans l'interprétation de la plupart des devises et dans leur application.

Est-ce le résultat d'une déviation de notre jugement, mais nous avons trouvé que les réponses aux objections étaient parfois faibles et que les arguments apportés pour les besoins de la thèse n'avaient pas une valeur absolue. Nous avons rendu témoignage à la parfaite érudition de l'auteur, mais pourquoi nous dit-il, p. 590, note 3, que les Camaldules n'existaient pas du temps de S. Malachie ? J'avais cru que S. Romuald avait fondé son Ordre vers 1018.

En résumé, un labeur consciencieux et étendu, mais qui n'a pas réussi à renverser les présomptions sérieuses élevées contre les interprétations de la « Prophétie ».

X.

LA MORALE DANS SES RAPPORTS AVEC LA MÉDECINE ET L'HYGIÈNE, par Dʳ SURBLED. Tome I, *Célibat et Mariage.* Tome II, *La vie sexuelle.* Tome III, *La vie organique.* Tome IV, *La vie psycho-sensible.* Quatre vol. in-12 de 300, 295, 332 et 308 p. *Dernière édition.* Paris 1902.

Le Dʳ Surbled est bien connu de nos lecteurs comme un médecin chrétien dont les écrits sont universellement appréciés. Son ouvrage qui a eu un grand succès en est actuellement à la 6ᵉ édition. L'auteur dans ses études ne sépare jamais la question scientifique et médicale de la question morale. Il est convaincu, et tous ses livres tendent à démontrer cette thèse, qu'il n'y a pas de science sûre, de médecine vraie, si on les sépare de la morale. « La morale, nous dit-il, en commençant son livre, est la loi de la vie humaine, l'honneur et le garant de la civilisation. »

Il étudie donc dans son ouvrage les rapports des lois morales avec les lois naturelles, il compare et concilie les enseignements de la science avec ceux de la raison, les données de la philosophie avec celles de la théologie. Les théologiens et les casuistes se confinent d'ordinaire dans l'étude de la morale, les médecins se cantonnent sur le terrain purement physiologique. Le Dr Surbled a entrepris d'étudier la morale dans ses relations avec la physiologie, et il le fait avec cette sûreté de main, cette parfaite connaissance du sujet, cette aisance et ce talent d'exposition qui se font remarquer dans toutes les études du savant praticien.

Il va sans dire, et on le devinerait à la seule inspection des textes, que les sujets traités dans cet ouvrage ne sont pas une « lecture pour tous ». Il est tel de ces chapitres en tête duquel l'auteur écrit : « Ce chapitre n'a été composé qu'à contre-cœur, et pour répondre à des conseils supérieurs et autorisés. Il est fait pour initier aux éléments de la science les lecteurs étrangers à la médecine et pour leur éviter tout recours aux livres techniques et aux traités classiques presque tous illustrés de figures indécentes, pleins de développements inutiles et dangereux et conçus dans un esprit hostile à notre foi et indifférent à la morale. »

C'est dire que les personnes qui n'ont pas par état un devoir de le faire, devront s'abstenir de cette lecture. Il faut remarquer cependant que même dans ces pages, la plume du savant docteur reste d'une réserve et d'une prudence qu'il faut louer sans réserve.

Les plus hautes approbations parmi lesquelles il faut citer celle du cardinal Bourret et celle de Mgr d'Hulst recommandent hautement cet ouvrage qui, pour la classe des lecteurs auxquels il s'adresse, sera de la plus grande utilité.

N.

**

THE JEWISH ENCYCLOPEDIA, a descriptive record of the History, Religion, Literature, and customs of the jewish people from the earliest times to the present day. Volume II, *Apocrypha-Benash*. New-York and London, 1902, grand in-4° de 685 p.

Nous avons annoncé, il y a quelques mois, l'apparition du premier volume et le lancement de cette curieuse Encyclopédie juive. Le deuxième volume paru bientôt après prouve qu'en 3 ou 4 ans, sauf incidents et retards imprévus, l'ouvrage sera terminé en douze volumes. Les auteurs en partie sont juifs, et l'ouvrage, ce dont on ne saurait s'étonner, est fait à un point de vue juif. Cependant on peut dire que ce n'est guère que par exception que des articles manquent d'impartialité. Les sujets d'ordinaire sont sérieusement traités et par des auteurs compétents. Comme l'indique le titre que nous avons transcrit en tête de cet article, ces sujets embrassent l'histoire, la littérature, la religion, les coutumes et les arts des juifs. Une large part, que nous serions tentés de trouver trop large, est faite aux juifs contemporains ou des deux derniers siècles qui se sont distingués dans la littérature, dans la science, dans les arts, ou même simplement sur le théâtre. Nombre d'articles, comme nous l'avons déjà fait remarquer, sont d'un intérêt universel, et notamment tout ce qui se rapporte aux questions bibliques. Citons, pour donner quelque idée de la variété vraiment encyclopédique, des sujets traités, les principaux articles de ce volume : *Apocryphes*, livres apocryphes de l'ancien et du Talmud ; *Apologistes*, au sujet duquel on traite des auteurs qui ont défendu des juifs ; on aborde aussi la fameuse question du meurtre rituel (blood accusation) ; *Apôtre* ; *Aquinas* (Saint Thomas d'Aquin, étudié dans ses rapports avec le judaïsme ; à ce sujet remarquons qu'on écrit Gayraud et non Geyraud) ; *Arabian night* (les mille et une nuits) ; arabic philo-

sophy ; archeology (biblical) article intéressant et bien au courant ; Aristote,
et son influence sur la philosophie
arabe et sémitique en général ; *armée* ;
art juif, dans lequel le culte des images
tel qu'il est pratiqué chez les catholiques est totalement méconnu et injustement condamné ; *Asyle*, article intéressant d'archéologie, sur le droit d'asile
chez les juifs ; *Athanasius* (S. Athanase)
et ses relations avec les juifs ; *Atoue-
ment* (doctrine de la satisfaction et de
la rédemption chez les juiis) ; *Augustine*, relation de saint Augustin avec
les juifs ; *Augury* (article intéressant et
bien documenté sur les augures) ; *auto-
dafé* ; *Averroës* ; *Avignon*, *Australia*,
Austria (Autriche) *Balyton*, *Bagdad*, *Bâle*
Belgium (Belgique), *Belgrade*, à propos desquels on étudie l'établissement
et l'histoire des communautés juives
dans ces pays ; pour Bâle on parle du
congrès sioniste qui s'y est récemment
tenu. Il faut encore signaler certains
articles de droit civil, surtout d'après la
loi anglaise, *attestation* (des documents
juridiques), *attorney*, *authentication* (des
documents), *Bail* (législation des baux),
Banishment. Puis des articles d'intérêt
biblique, archéologique ou historique
comme *Ark* (arche d'alliance, arche de
la loi, arche de Noé, etc.) *Baal*, astro-
logie, Babel, *Baker Baking* sur les bou-
langers et la *boulangerie* chez les anciens
juifs, *Baptism* (baptême), *banquets* dans
leurs relations avec la liturgie juive,
Baruch Bathi (les bains chez les anciens
juifs), *Bargès*, *Beelen* (et leurs travaux hé-
braïques).

Beggings, *Beggars* (les mendiants et
la mendicité chez les juifs), *Bel. et le
dragon*, enfin certains articles sur la musique des juifs avec transcription en
musique moderne, qui ne manqueront
pas d'intéresser les spécialistes (voyez
par exemple au mot *Az shest, meot*, et
au mot *Ashirah*. Le second volume est
aussi richement illustré que le premier
et avec autant de soin, citons presque
au hasard au mot *autographes*, les autographes des juifs les plus célèbres, de
très nombreuses médailles antiques,
quelques-unes fort rares, reproduites,
des plans géographiques et les vues des

principales villes, un fragment hors
texte de la version d'Aquila, au mot
Badge (la rouelle) représentation des diverses formes de la rouelle d'après les
manuscrits du Moyen-Age, une gravure
représentant le jour de l'*atonement*,
d'après le rite allemand, etc.

On voit par là quel genre d'intérêt
présente cette nouvelle Encyclopédie.

M.

* *

JULIEN L'APOSTAT, par P. ALLARD,
3 vol. in-8, Paris, 1902.

M. Allard achève le solide travail
qu'il a consacré à l'empereur Julien.
Le sujet dépasse les limites d'une biographie, puisque c'est l'histoire d'une
révolution religieuse qui en forme le
point culminant, dès lors, malgré la
brièveté de la vie et du règne de Julien
on s'explique les proportions qu'a prises
le livre de M. A. Son ouvrage est de
tous points recommandable ; l'indépendance d'esprit aurait pu, sans porter atteinte à l'orthodoxie, s'y montrer plus
grande, quelques problèmes de psychologie et de vie intérieure abordés,
mais l'auteur était maître de conduire
son travail d'après l'idée qu'il en avait
conçue, nous ne saurions donc lui faire
un grief de ce qu'il a sans doute très
volontairement fait ou omis. La vie de
Julien est étudiée d'après les documents
sérieux qui nous sont restés de lui,
d'après les historiens anciens et les
données de l'histoire générale. Ces
sources sont utilisées avec tact et avec
goût, la critique des œuvres de l'empereur, généralement sobre est faite directement sur les textes, la partie mo-
numentale paraît moins approfondie
que les textes écrits, il y aurait eu lieu
de parler en appendice du portrait authentique de Julien au sujet duquel la
Revue archéologique a tout récemment
donné de très curieuses dissertations.
M. A. est peu sympathique à l'empereur et il est difficile, à s'en tenir à
l'étude des écrits du prince, de n'être
pas de son avis ; peut-être cependant
faut-il se mettre en garde contre soi-

même et contre lui en songeant à toutes les causes douloureuses ou perverses qui agirent sur l'enfance et la jeunesse de Julien comme pour déformer à plaisir sa vie morale. Un penseur délicat, Martha, s'est posé cette question : ce lourd anathème d'*apostat* qui s'est attaché au nom de Julien comme un répugnant vêtement est-il bien justifié dans les faits ? Un Arien, — car Julien ne semble avoir jamais été que cela — un arien peut-il devenir apostat ? Julien n'était pas chrétien, et sa notion du Dieu du christianisme quelle était-elle ? Peut-être enfin M. A. n'a-t-il pas suffisamment insisté sur l'effroyable oppression de ce petit prince dont on avait massacré tous les parents, qu'on laissait vivre comme par répit, qui le savait et à qui de temps à autre on le rappelait par un assassinat nouveau, celui de son frère, par exemple, ou bien sa propre mise en accusation.

Ces quelques remarques n'entament pas la valeur du livre qui présente les qualités ordinaires de l'auteur avec quelque chose de plus achevé, de plus personnel. C'est tout à la fois une lecture pour les esprits sérieux et un ouvrage utile pour les travailleurs. Le soin donné à la forme n'a pas causé préjudice à la critique. Peut-être l'auteur s'est-il trop défié de son livre en lui refusant un *Index* détaillé auquel la vulgaire « table des matières » et le *cursus vitæ* de l'empereur Julien ne sauraient suppléer d'aucune manière. La bibliographie de Julien était aussi à faire ; les fluctuations religieuses depuis un siècle s'y reflètent d'une façon intéressante car l'empereur est resté homme de parti et militant par l'audace même du coup d'état religieux qu'il réalisa. On ne pourrait qu'applaudir à un complément qui donnerait ces deux clefs de toute recherche au delà des horizons où la lecture d'un livre sans index, ni bibliographie nous borne nécessairement. M. A. vient néanmoins d'apporter à l'érudition ecclésiastique un appoint de valeur durable et d'un mérite incontestable. C'est un nouveau titre ajouté à tous ceux qu'évoque le nom de cet

écrivain à la fois si savant et si habile. On se tourne involontairement en lisant son livre, vers l'Institut et on se demande si ce grand et bel ouvrage ne devrait pas lui ouvrir les portes de l'une ou l'autre Académie.

H. L.

HISTOIRE DES LIVRES DU NOUVEAU TESTAMENT, par E. Jacquier ; tome 1er, 1 vol. in-18, de 491 p. Paris, 1903.

La *Bibliothèque de l'enseignement de l'histoire* qui a déjà publié plusieurs volumes sur quelques-unes des époques historiques ou littéraires de l'Eglise vient de s'enrichir d'une nouvelle publication. Ce premier volume, en dehors de deux chapitres préliminaires sur la chronologie et la langue du Nouveau Testament, est consacré en entier à saint Paul, à son histoire, à ses épîtres. L'ordre suivi est l'ordre chronologique des épîtres : Thessaloniciens, Corinthiens, Galates, Romains, épîtres de la captivité (Ephésiens, Colossiens, Philémon, Philippiens), épîtres pastorales (Tite, Timothée) enfin l'épître aux Hébreux. L'ouvrage est fait avec le soin et l'application que l'on pouvait attendre de l'auteur, déjà connu par d'autres travaux sur l'antiquité ecclésiastique et le Nouveau Testament. Il est très au courant des travaux anglais et allemands sur le sujet et y renvoie fréquemment pour compléter son exposition.

À propos de chaque épître, il discute la question d'authenticité, les différentes questions touchant le temps, le lieu et les circonstances de la composition, l'occasion et le but de l'épître, la destination et l'analyse de l'épître, enfin les points de doctrine qui y sont abordés.

Le livre, on le voit, est d'un aspect tout didactique, je dirai même pédagogique, à la différence de quelques-uns des volumes de cette collection, qui sont débarrassés de tout cet appareil d'érudition et sont d'une lecture agréable et facile. Nous le constatons pour prévenir le lecteur et non pour nous en plaindre, car si cette bibliothèque est avant tout une bibliothèque d'*enseignement* et s'adresse aux étudiants de la classe supérieure, nous ne voyons pas pourquoi elle ne comporterait pas des ouvrages du genre de celui dont nous rendons compte. Grâce à ces divisions et subdivisions, à ces chiffres qui hérissent toutes les pages, et semblent en rendre la lecture ardue, on se retrouvera plus facilement dans les recherches, et on pourra se référer au texte des épîtres toutes les fois qu'on le désirera. Pour cette raison même nous aurions voulu une table des matières plus développée. Nous espérons la trouver dans le 2e volume, qui s'occupera des autres livres du Nouveau Testament.

L'auteur est resté en général dans les opinions conservatrices, mais il énonce loyalement toutes les autres, sans affaiblir les arguments. En somme ouvrage sérieux qui rendra des services aux hommes studieux. Il serait à souhaiter surtout qu'un grand nombre de prêtres s'initiassent à ces questions. Cependant, il est bien entendu, et l'auteur n'a pas eu cette intention, que ce livre ne remplace pas les commentaires sur saint Paul. Ce sont les questions d'authenticité, d'origine, de destination qui y tiennent la première place. Les questions de doctrine n'y viennent qu'en second lieu ; c'est plus un livre d'*histoire*, et de littérature, comme le cadre l'exigeait, qu'un livre de théologie.

M. N.

XXX.

Revue Financière

Par suite d'un accident, cette revue est remise au prochain numéro.

Alliance de la Presse, 76, rue des Saints-Pères, Paris.

Saint-Amand (Cher). — Imprimerie BUSSIÈRE.

Je m'adresse à tous les catholiques, à tous les amis de la justice.

Si quelques-uns me blâment et contestent l'opportunité de cet appel, je leur dirai simplement :

— Faites mieux, c'est ce que je demande.

Mais quand la maison brûle, qu'importe la personne de celui qui crie : Au feu ?

On trouvera peut-être que j'apprécie sévèrement l'attitude de l'Episcopat. J'affirme que mon appréciation n'est que le résultat d'une profonde conviction basée sur les faits.

J'aurais voulu la taire, cela n'était pas possible.

Néanmoins je serais trop heureux si l'Episcopat tout entier protestait que je suis dans l'erreur, car pour se justifier il devrait se mettre résolûment à la tête des catholiques et faire son devoir.

Or le décider à cela, c'est le but des lignes qui vont suivre.

I

« Cependant les persécutions n'avaient pas cessé. Celui que la » voix publique désignait comme chrétien était aussitôt arrêté et » conduit en prison. Beaucoup s'étaient retirés dans les provinces » lointaines attendant que l'orage fût passé. Ceux qui restaient à » Rome se cachaient de leur mieux, à peine osaient-ils se réunir » pour prier.

» Un jour, à l'aube naissante, deux ombres se glissaient sur la voie » Appienne : c'étaient l'Apôtre Pierre et le jeune Nazaire qui lui » servait de guide.

» Or comme ils cheminaient tristement, tout à coup Pierre » tomba à genoux devant le Christ qui venait de lui apparaître et » il dit tout bas d'une voix brisée :

» — *Domine, quo vadis ?*

» — Tu as abandonné mon peuple, je vais à Rome pour être de
» nouveau crucifié.

» Alors Pierre se releva et se retournant vers la ville aux sept
» collines, à Nazaire qui répétait comme un écho : *Domine, quo vadis ?*
» il répondit :

» — A Rome.

» Et tous deux rebroussèrent chemin. »

En lisant cet admirable épisode de la vie de saint Pierre [1], il
n'est guère possible de ne pas songer à l'heure présente.

La persécution sévit, toutes les libertés sont foulées aux pieds,
la haine de la religion grandit sans cesse, la foi est en péril et pendant ce temps nos chefs demeurent dans une lamentable inaction.

C'est à regret que saint Pierre avait écouté les fidèles qui l'enga-
geaient à fuir et c'est en vain que nous supplions nos chefs de se
mettre à notre tête.

Saint Pierre, quand il connut son devoir, ne recula pas devant
la prison Mamertine, les lions du cirque ne l'effrayèrent pas, tandis
que l'idée d'un tribunal glace d'effroi nos chefs timides qui, selon
la pittoresque expression de Cassagnac, tremblent devant la peau
de lapin d'un juge correctionnel.

Ces chefs, il m'en coûte de les désigner, je ne voudrais manquer
en rien au respect dû par les catholiques aux Princes de l'Eglise,
mais ne sera-t-il pas permis de dire qu'on ne retrouve chez eux, ni
cette dignité, ni cette fermeté de caractère, ni ce sentiment du
devoir dont leurs prédécesseurs ont donné tant de preuves.

C'est dans le bas clergé seul qu'on en trouve encore des
exemples.

II

Il y a peu de jours, ému par les suppressions de traitement dont
les humbles desservants sont victimes, j'adressais à l'*Autorité* les
lignes suivantes :

« ...Le Gouvernement supprime chaque jour le traitement de
» quelques curés. Les victimes sont intéressantes : elles sont frap-
» pées pour avoir accompli leur devoir. Aussi nous empressons-nous
» d'ouvrir des souscriptions afin de leur assurer le pain quotidien
» qui leur est enlevé.

[1] Saint Ambroise, contra Auxent. — *Quo Vadis,* chap. XXVII.

» En cela nous faisons notre devoir, mais le faisons-nous tout
» entier et de la manière qu'il faudrait ?

» Depuis longtemps nous disons au peuple que s'il vote mal, on
» supprimera les curés. Peut-être le peuple ajoute-t-il foi à nos
» paroles, mais comment prendrait-il au sérieux notre menace
» quand il sait fort bien que, le cas échéant, nous nous substituerons
» au Gouvernement pour payer le traitement supprimé et assurer
» l'exercice du culte ? Qu'est-ce que cela peut lui faire que le curé
» soit payé par Pierre ou par Paul pourvu qu'il puisse aller à la
» messe, si cela lui plaît, faire baptiser ses enfants et enterrer ses
» morts ?

» Ah ! il en serait peut-être autrement si, lorsque le Gouverne-
» ment supprime un traitement, l'évêque ordonnait au curé frappé
» de cesser tout service. Alors le peuple comprendrait que notre
» menace n'est pas vaine... » -

Ce remède, radical, j'en conviens, le vaillant Directeur de l'*Autorité* l'a soumis à ses lecteurs dont il a sollicité l'avis.

Un grand nombre ont fait connaître leur sentiment. La moitié
environ est disposée à l'appliquer, d'autres le désapprouvent formellement et plusieurs l'adopteraient si, à leur avis, l'attitude passive des évêques n'en rendait l'application impossible.

Mais de cette enquête il est résulté un fait important qu'il convient de retenir, c'est que tous ceux qui ont manifesté leur avis,
sont unanimes à proclamer que l'inaction de l'Episcopat est l'unique
empêchement à l'application d'un remède et qu'il n'y a rien à faire
tant que les Evêques ne se mettront pas à la tête des catholiques.

Une telle unanimité prouve que c'est là une vérité évidente et il
est inutile d'insister.

III

Tâchons donc de pénétrer la pensée des évêques et voyons s'il
n'y aurait pas moyen de secouer leur déplorable torpeur.

« — Seigneur, sauvez-nous, nous périssons », disaient au Christ
ses disciples ; que nos évêques nous aident à nous sauver, car nous
aussi nous périssons et ils périront avec nous.

A quelques exceptions près, les évêques sont des « arrivés » qui
ne demandent qu'à vivre tranquilles. « Pas d'affaires », telle est
leur devise. Aussi ne rompent-ils le silence que de temps à autre

pour réprimer le zèle de leurs subordonnés, zèle doublement fâcheux pour eux, car il leur crée des embarras avec le pouvoir civil et il leur montre trop clairement le chemin du devoir auquel ils s'efforcent de tourner le dos.

Placés sous le joug du Gouvernement qui les a choisis avec soin et qui ne plaisante pas, ils n'ont pas à opter entre la direction qu'il leur imprime et celle qui devrait leur venir de Rome, car Rome se tait, nous le verrons tout à l'heure.

Serviteurs fidèles du gouvernement, ils ont accepté d'être de simples fonctionnaires et c'est d'*inférieurs* à *supérieurs* qu'ils traitent avec nos gouvernants des intérêts de la religion.

Aussi pas un n'a bougé. Les subalternes sont frappés, les curés sont privés de leur traitement, hier encore un prêtre était arrêté, d'autres ont été traduits devant les tribunaux ; il n'y a pas un évêque qui ait été seulement l'objet d'un appel comme d'abus !

Il faut remonter loin pour retrouver la trace des rigueurs dont MM^{grs}. d'Aix et de Montpellier furent les victimes.

Naguère, l'évêque de Nancy signalait dans une remarquable brochure le péril que court l'Eglise de France. On pourrait croire qu'il a trouvé de précieux encouragements dans les rangs de l'Episcopat ; erreur, on a fait autour de lui la conspiration du silence.

Si bien qu'on se demande si quelques actes de vigueur isolés sont désirables, quand on songe qu'ils font ressortir tant de défaillances !!

Cependant à l'heure où j'écris, pendant qu'on expulse nos religieuses, s'il en est qui se bornent à dire : « Laissez-les partir, elles reviendront », il en est d'autres qui ont cru devoir aller un peu plus loin.

Ce sont les hardis, les courageux. Les uns ont pris le deuil, les autres ont exprimé publiquement leur douleur, d'autres dans de très nobles protestations ont très respectueusement, trop respectueusement rappelé nos gouvernants au respect de la légalité.

Protestations sans résultats, parce qu'elles sont hors de saison.

Que dirait-on du père de famille qui, voyant les voleurs envahir sa maison, les recevrait le Code à la main au lieu de saisir son escopette ?

Au siècle dernier on vit un archevêque de Paris se faire tuer sur les barricades ; où est aujourd'hui le Bon Pasteur qui donnerait sa vie pour ses brebis ?

IV

Mais, dira-t-on, Rome se tait, que peuvent donc faire les évê·
ques?

L'objection a sa valeur et elle mérite qu'on la réfute.

J'aborde ici un sujet délicat que je m'efforcerai de traiter sans
passion.

Certes je n'ai jamais partagé les illusions de ceux qui attendaient
tout de la politique du ralliement, car j'étais persuadé que l'abandon de notre foi politique nous conduirait fatalement à l'amoindris-
sement de notre foi religieuse.

On n'est pas renégat à demi. Mais passons.

Ce que je veux dire c'est que si Rome se tait, la faute en est aux
évêques.

Rome se tait parce qu'elle est mal renseignée ; et qui la rensei-
gne ? Ce sont les évêques.

La politique néfaste dans laquelle elle nous a engagés lui a été
inspirée pour une bonne part par le parti Allemand tout-puissant
au Vatican et par le parti Italien, *tous deux intéressés à notre affaiblissement.*

Voilà la vérité. Et nos évêques, soit qu'ils n'aient pas vu le
danger, soit qu'ils n'aient pas voulu le voir, se sont bien gardés
de le signaler.

On parle de la Belgique. Mais les évêques Belges ont vu du
premier coup le péril que ferait courir à la religion la mise en pratique des conseils qu'on leur donnait, ils ont crié : Casse-cou ! ils
ont résisté, et grâce à leur résistance, le succès a couronné les
efforts.

Il y a quelques années, les Anglais députèrent à Rome un catholique très influent qui obtint du Souverain Pontife qu'il ordonne-
rait aux catholiques d'Irlande de cesser toute opposition à l'Angleterre. Dès que les ordres du Pape furent connus, les archevêques,
les évêques, le clergé tout entier déclarèrent que c'en était fait de
la religion catholique en Irlande si l'on adoptait pareille politique,
et que leur conscience leur défendait de s'y associer. Mieux éclairé,
le Pape revint sur sa manière de voir.

Voilà ce que peuvent les évêques. En France qu'ont-ils fait ?

Ils se sont bien gardés de dépeindre la situation telle qu'elle était,
ils n'ont cessé d'en faire un tableau très atténué et n'ont pas

manqué de donner quelque vraisemblance à leurs dires par l'envoi régulier des offrandes qu'ils tirent de leurs diocèses.

« Après tout, se dit-on à Rome, l'Eglise en France ne va pas si mal què certains le prétendent ; voyez ce que nous donnent les catholiques Français ! »

Et en effet ceux-ci ne se lassent pas de donner.

Allez donc faire entendre que l'agriculture va mal au propriétaire qui touche ses fermages à jour fixe.

Peut-être nos évêques obtiendraient-ils moins de créance s'ils se présentaient les mains vides et seraient-ils embarrassés lorsqu'on leur demanderait quelques preuves palpables de la véracité de leurs optimistes rapports ?

Rome comprendrait enfin que ce n'est pas sans raison que nous jetons des cris d'alarme et se déciderait à parler.

Quant aux évêques, malgré la sélection habile opérée par Dumay, je suis persuadé qu'en cas de conflit entre Rome et le Gouvernement, la grande majorité d'entre eux saurait encore faire son devoir.

V

Eh bien ! puisque le mouvement ne part pas d'en haut, il faut qu'il parte d'en bas et qu'il parvienne jusqu'aux sphères élevées.

Seuls, sans chefs, livrés à nous-mêmes, nous ne pouvons rien d'efficace ; nous sommes bien capables d'élans généreux, nous pouvons bien nous battre, mais la bataille n'aura pas de lendemain. L'agitation que nous voyons est toute à la surface, elle est locale, elle est isolée et manque de cette profondeur et de cette cohésion nécessaires pour la rendre profitable.

Nous sommes en contact quotidien avec nos chefs immédiats : les évêques ; poussons-les en avant, obligeons-les à dévoiler à Rome l'état lamentable dans lequel nous nous débattons.

Et pour cela employons tous les moyens dont nous pouvons disposer.

S'il le faut, ne craignons pas de casser beaucoup d'œufs, comme on dit vulgairement, sans cela pas d'omelette ; s'il est nécessaire de fermer nos bourses pour un temps, beaucoup dussent-ils en souffrir, n'hésitons pas à le faire, disons aux évêques que nous sommes las de donner pour n'être pas soutenus et qu'à l'avenir nous ne donnerons que si on nous mène au combat.

Organisons partout un vaste appel aux catholiques, à tous ceux qui ont encore la foi, appel adressé aux évêques pour les conjurer, les sommer même de se mettre à notre tête et de faire enfin leur devoir.

Qu'ils se rappellent le noble exemple du cardinal Ledochowski mort hier, qui ne craignit pas de résister au Chancelier de Fer, encore qu'il dût lui en coûter la prison et l'exil, qu'ils se montrent aussi bons Français qu'il s'est montré bon Allemand.

Ne reculons devant rien pour atteindre le but, agissons mais agissons vite car demain il sera trop tard.

Il est grand temps que les évêques, ouvrant les yeux, tombent à genoux devant le Christ comme saint Pierre, et disent eux aussi :

— *Domine, quo vadis ?*

Vicomte de Bonald.

L'AMOUR ET LA CROIX

Conférences prêchées à la Cathédrale d'Arras au Carême de 1887,
par le R. P. Constant, faisant suite aux Conférences sur l'Obéissance et le Pouvoir
du même auteur, prêchées à la Trinité de Paris.

(Suite.)

CINQUIÈME CONFÉRENCE

La souffrance

> *Ordinavit in me caritatem.*
> Il a ordonné l'amour en moi.
> (Cantique des cantiques).

M. F.,

La croix signifie le bois sur lequel l'Homme-Dieu a racheté le monde. Dans ce sens et sous cette forme, la croix chasse l'irrévérence du foyer.

La croix signifie toute souffrance acceptée par l'homme, sur l'invitation de Dieu. Tous ceux qui consentent à suivre, à la trace, le premier époux de la douleur, portent leur croix après lui. Ce sont là ses disciples, et ses seuls disciples ; seuls à ce point, qu'il n'y a place pour d'autres, dans les rangs dont il tient la tête : *Celui qui ne porte pas sa croix ne peut être mon disciple.*

Ainsi comprise, sous cette forme qui parle moins aux yeux et plus à l'âme, la croix remporte sa seconde victoire, dans la famille ; elle la délivre de sa seconde ennemie : la sensualité.

Et, les deux ennemis de l'amour mis en fuite, l'ordre qu'ils troublaient se rétablit de lui-même ; et la paix, suivante infaillible de l'ordre, qui couvre de ses fleurs le chemin où l'ordre a passé, la paix de l'amour suit l'ordre de l'amour.

Pour mener à bonne fin, dans la famille, cette glorieuse campagne, trois points d'occupation sont nécessaires à la croix. Il faut qu'elle prenne, par trois côtés, la sensualité, et, qu'ainsi investie, la seconde ennemie de l'amour se voie toute issue fermée, échoue dans toute résistance, ne puisse éviter la honte de la défaite.

Il faut la croix dans l'ordre de la vie ;
Il faut la croix dans le régime alimentaire ;
Il faut la croix dans le châtiment.

I

Il faut la croix dans l'ordre de la vie.

Qu'est-ce que j'entends par l'ordre de la vie ?

J'entends, avant tout, l'affranchissement des journées et des actions, d'un fléau qui désole tout ce qu'il touche, qui mérite cent fois l'épouvante qu'il ne crée pas : la fantaisie.

La fantaisie, M. F., n'est pas ce mal léger qu'imagine le monde, qu'il voit s'ébattre à la surface de la vie, et qu'il a coutume de traiter, comme tout ce qui est folâtre, avec une indulgence sans limites. La fantaisie est un mal profond.

Il y a bientôt vingt ans qu'on s'applique, sans avoir épuisé le sujet, à l'étude des causes de nos malheurs. Qu'on ne s'y trompe pas; une des plus considérables a été la fantaisie.

N'avions-nous pas laissé cette ennemie de toute union et de tout concert, de tout plan et de toute suite ; cette désorganisatrice de toutes les forces, cette mère de toutes les faiblesses, envahir tout, s'emparer de tout, sur notre sol ?

L'ordre de la vie, c'est donc, d'abord, l'impitoyable expulsion de cette désordonnée, de cette turbulente, de cette dissolvante, de ce fléau de tout ce qui est bien : la fantaisie.

Qu'est-ce encore que l'ordre de la vie ?

C'est une certaine distribution des heures d'une journée, qui les ramène à différents cadres, dans lesquels viennent se ranger les différents groupes des actions humaines.

Or, cette distribution régulière est une contrainte, est une souffrance, pour la nature de l'homme, essentiellement indisciplinée et désordonnée, depuis l'initial désordre, depuis l'originelle indiscipline, dont notre ancêtre de l'Eden a infesté son sang et créé, pour sa race, l'hérédité lamentable. C'est cette croix qu'il faut introduire tout d'abord, avant même qu'il en puisse comprendre le bienfait, dans la vie de l'enfant.

Et cela m'amène, sans plus, à aborder, à attaquer de front, un système détestable, que le dernier siècle a voulu imposer à l'éducation, dont le siècle présent est loin d'avoir fait la complète justice qu'il appelle.

Je vous dénonçais, naguères, le premier mauvais génie du XVIII⁰ siècle : j'ai, aujourd'hui, à mettre en jugement le second.

Le premier était un rieur, le second fut un pédant. Du rieur et du pédant, lequel a fait le plus de mal à la France : il serait difficile d'en décider ; mais, ce qui ne comporte nul doute, c'est que chacun tient une place considérable dans nos malheurs.

Jean-Jacques Rousseau a été, en France et en Europe, le fondateur d'une pédagogie, qui veut bannir toute contrainte et toute souffrance de l'éducation, qui met en principe, qu'il faut abandonner l'enfant, la bride sur le cou, à tous les hasards de ses instincts, à toute l'incohérence de ses caprices. Pour donner crédit à son système et lui ouvrir la porte des familles, il a écrit un livre, d'une gravité affectée et d'un dogmatisme où la pose du docteur déguise, à souhait, la misère de la doctrine : l'*Emile*.

Et toutefois, si l'auteur et son livre fussent demeurés seuls, le cercle de leur action se fût forcément restreint ; le mal n'eût pas été bien grand. Car le solennel, l'orgueilleux, partant, l'ennuyeux volume, ne fût guère sorti des Ecoles et des Académies. Mais un disciple lui fut donné, lequel, monnayant la doctrine du Maître, a fait, à mon avis, bien plus de mal que le Maître. Un livre aussi célèbre que l'*Emile*, mais beaucoup plus lu, porta partout la doctrine de l'Emile.

Le disciple, c'est Bernardin de Saint-Pierre, et le livre c'est *Paul et Virginie*.

Paul et Virginie est un livre charmant, que tous les contemporains lurent, et qui n'a guère moins nos faveurs que celles de nos aînés. C'est l'enseignement du sophiste de Genève, mis à la portée de tous, sous la forme que tous agréent ; introduit le plus aimablement du monde par ce véhicule léger, fleuri et enrubanné ; historié de tous les mensonges du monde, le Roman.

Mais quoi ! observe tel lecteur du petit volume, conquis au maître, par la grâce du disciple, vous voulez donc torturer l'enfant, surcharger, accabler, étioler son frêle organisme, sous le poids d'un joug prématuré et insupportable !

A Dieu ne plaise ! Je veux qu'on accorde à l'enfant tout ce qu'il faut à l'enfant ; tout ce que la délicatesse de ses organes, tout ce que la bonne formation de son corps, tout ce que les droits de son avenir, inviolables au présent, réclament et imposent. S'il a besoin de dix heures de sommeil, qu'on lui donne dix heures de sommeil, si de huit de récréation, qu'il les ait pleines ; qu'on n'en distraie pas un instant.

Mais qu'il ait des heures réglées, fixes, pour ces récréations et pour ces sommeils, afin qu'il les puisse avoir pour le travail. Car il faut que l'enfant travaille ; il faut que, de bonne heure, il sache la loi posée, dès l'origine, à sa race, loi devenue sévère et douloureuse, depuis que le péché a mis tout en révolte contre l'homme, depuis que rien ne le sert que ce qu'il dompte.

Qu'il ne soit pas de ces enfants qui, tout le jour et à chaque heure du jour, ne font que ce qu'ils veulent : qui dorment quand ils veulent, et qui veillent quand ils veulent ; qui demeurent quand ils veulent, et qui sortent quand ils veulent ; qui rient quand ils veulent, et qui pleurent quand ils veulent ; qui sont aimables quand ils veulent, et, quand ils veulent, insupportables, ce qu'il est d'universelle et peu plaisante expérience, qu'ils veulent le plus souvent.

Le caprice, le hasard, le désordre, le chaos n'ont jamais été un bien nulle part, et l'enfance de l'homme ne s'en trouve pas plus ornée qu'aucun autre âge de sa vie. Et puis, quand vous aurez laissé le désordre s'établir en maître dans cette nature, comment parviendrez-vous ensuite à l'en bannir.

Comment détrônerez-vous cette fantaisie quand vous l'aurez faite la reine de ce corps et de cette âme ? Vainement l'entreprendrez-vous. L'enfant capricieux et fantasque sera le jeune homme capricieux et fantasque, et l'homme mûr, après l'adolescent, et le vieillard, après l'homme mûr ; et le désordre, l'altier désordre, l'indomptable, l'intraitable désordre régnera sur toute cette vie.

Or, sans ordre, il n'y a aucune grandeur dans ce monde, aucune, dans aucune sphère où évolue l'activité des hommes.

Sur le berceau de chaque homme, comme sur le berceau de saint Jean-Baptiste, la célèbre question se pose : *Quis putas, puer iste erit ?* « Que pensez-vous que doive être cet enfant ? »

Cet enfant, il sera jeté dans le monde des affaires. Il sera appelé à continuer, peut-être, à fonder, un laborieux commerce.

Si l'ordre lui manque, que fera-t-il ?

Il fera sa ruine et la ruine des siens. Ce qu'il aura reçu magnifique des mains paternelles, il le verra décliner, dépérir, tomber à néant, dans les siennes.

Que l'ordre, au contraire, soit le maître de sa vie, tout lui réussira, il ira de prospérité en prospérité ; en quelques années, il aura dressé, comme en se jouant, pour le léguer aux siens, l'édifice d'une splendide fortune.

Cet enfant, il sera appelé aux fonctions publiques. Sa place est marquée dans quelque administration civile, militaire, diplomatique.

Que le désordre règne dans sa vie. Il oubliera tout, il négligera tout, il brouillera tout, il désorganisera tout. En quelques semaines, il aura donné sa mesure. Il sera signalé partout ; par tous, connu pour son insuffisance et son incapacité : on n'en voudra nulle part ; toute porte se fermera devant lui.

Qu'il soit au contraire le client de l'ordre, il fera tout, avec une facilité merveilleuse et une rapidité triomphante ; il lui restera du temps, pour tout, et, en quelques années, sans effort comme sans paresse, sans surmenage comme sans désœuvrement, il aura achevé l'ascension d'un magnifique avenir.

Cet enfant, c'est la vie de l'esprit qui l'attend, c'est la science qui le veut pour elle.

Que le caprice, que le désordre préside à ses études et il augmentera le nombre de ces élèves malencontreux et encombrants, qui obstruent des écoles dont ils ne rapporteront nul savoir ; qui commencent tout et n'achèvent rien ; qui n'aboutissent qu'à juxtaposer des morceaux de savoir, mal assortis, qui se refusent à toute suture, dont les esprits, meublés au hasard et pêle-mêle, sont autant de chaos intellectuels, sur lesquels pèsent d'invincibles ténèbres, — et qui n'entendront jamais le *fiat* illuminateur.

Qu'il porte, au contraire, dans ses labeurs, cet ordre sévère et courageux, que la langue de la science a appelé la méthode, et les connaissances divines et humaines prendront place, au foyer de son intelligence, dans une suite et avec une harmonie lumineuse ; et il accroîtra le nombre de ces astres étincelants, qui brillent à l'horizon des temps, pour séparer la lumière des ténèbres, en attendant qu'ils resplendissent, comme parle Daniel, dans les perpétuelles éternités : *in perpetuas æternitates.*

Mais, à quelque avenir qu'il soit destiné, cet enfant est certainement appelé, par Dieu, à exercer une action salutaire, une influence bienfaisante, sur les hommes, près desquels, sa providence le placera. Que fera-t-il, si l'ordre, la suite, l'unité ne règnent dans cette action, si le caprice en détend tous les ressorts, si le désordre en frappe d'impuissance tous les moyens !

Et fût-il, par un dessein particulier, dont les exemples ne sont pas inouïs, isolé de ses semblables, séquestré, par une vocation particulière de la société des hommes, toujours est-il qu'il sera appelé à la vertu. Pas une âme humaine qui échappe à cette loi.

Mais qu'est-ce que la vertu, sinon cet ordre dans les pensées, dans les sentiments, dans les affections, dans les œuvres, qu'Athènes avec la philosophie de sa belle langue, avait si bien appelé : la convenance, l'harmonie, l'ordre par excellence : αρετη.

Enfin, cet enfant est appelé à aimer. Quelle que soit la direction de sa vie, l'amour ne peut manquer d'y intervenir, souvent, sous bien des formes, maintes fois, dans bien des rôles. Or, nous l'avons vu ; sans discipline, sans la salutaire contrainte de l'ordre, sans le double rempart du respect et de la souffrance, l'amour périt ; ce qui arrachait à Salomon le cri éloquent qui sert de texte à mon discours : *Ordinavit in me caritatem !*

Mais surtout, mais pour tout résumer, initié par le baptême à la vie chrétienne, inscrit au rôle des disciples de Jésus-Christ, cet enfant est appelé à porter la croix, à la suite de son Maître. Or, le premier acte de présence de cette croix, sa première apparition sur la personne du Chrétien, la première loi de l'austère milice, où il entre, c'est l'ordre de la vie.

Et, quand ceux qui ont voulu lui substituer le caprice n'en eussent donné d'autre preuve, celle-là suffirait amplement à montrer que leur fausse compassion pour l'enfance, l'affranchissement prétendu de la douleur, dont ils l'illusionnent et dont ils amusent comme de tant d'autres chimères, les oreilles contemporaines, n'ont qu'une raison, s'expliquent d'un mot : l'inimitié de la croix de Jésus-Christ : *Inimici crucis Christi.*

Il faut donc la croix dans l'ordre de la vie. Il la faut encore dans le régime alimentaire.

II

L'histoire nous apprend que les enfants de Sparte, astreints, de bonne heure, aux rudes labeurs des camps, avaient, comme leurs robustes aînés, pour nourriture exquise, une sorte de sauce noire, assez peu friande, et qu'on appelait *brouet.* Chacun y trempait son pain, à la ronde. C'était, toute l'année, l'uniforme festin des fils comme des pères.

L'histoire ajoute, et, ce second détail n'est pas moins digne d'attention que le premier, que les délices du dit festin étaient préparées par des courses et des chasses à travers les bois et les rochers du Taygète...

Et, à ce sujet, rien n'est intéressant et ne peint les mœurs de ce peuple, comme le trait suivant d'un de leurs vieux rois, Agésilas ou

Agis, je ne sais plus lequel des deux ; mais l'un n'importe plus que l'autre ; l'histoire a tout son charme, quel qu'en soit le héros.

Les fils des défenseurs des Thermopyles n'oubliaient pas le sang de leurs pères ; ils en allaient demander compte aux envahiseurs, au cœur même de leurs pays. Ils se donnaient, çà et là, le passe-temps de battre des armées dix fois plus nombreuses que les leurs ; faisaient et défaisaient des rois ; enfin, préludaient aux plus amples exécutions de l'avenir, en frayant la voie à Alexandre.

Battus, suivant l'usage, les Perses envoyèrent au vieux roi, général de l'armée, une ambassade, pour traiter de la paix. Les ambassadeurs le trouvèrent, dans sa tente, en assez chétif accoutrement et prêt à se mettre à table. L'hospitalité a toujours été sœur de la pauvreté. Il leur offrit de partager son repas. Ils n'eurent pas plus tôt porté à leurs lèvres le pain grossier, trempé dans le fameux brouet, qu'ils s'arrêtèrent à la première bouchée. Leur déplaisir se trahit, par cette contraction soudaine et triviale du visage qui témoigne, sans équivoque, de l'offense du palais par une peu savoureuse nourriture.

— Ah ! pardonnez-moi, dit le vieillard, j'ai oublié de vous indiquer l'assaisonnement.

— Et quel assaisonnement ?

— Quelques courses à travers les bois, quelques escalades de rochers, quelques rivières traversées à la nage.

L'histoire rapporte encore que, dans les Iles Baléares, les enfants ne prenaient leur premier repas, ce qu'on appellerait aujourd'hui le déjeuner, que lorsque, d'une pierre de leur fronde, ils avaient abattu la portion qu'il comportait attachée à la cime d'un chêne.

Et cette pitance n'était rien moins qu'un morceau succulent ou une pâtisserie friande.

Je n'ai certes pas la pensée de ramener nos mœurs à un régime semblable. Et, toutefois, c'était ainsi que se formaient ces corps magnifiques, gloire perdue de la race humaine, et que nous a conservée le ciseau de Phidias et de Praxitèle. Je conviens donc que cette frugalité risquerait de ne pas réussir de nos jours ; que nos tempéraments, trop affaiblis, courraient péril de s'affaisser sous le poids de ces austérités d'un autre âge. Personne ne reconnaît, plus que moi, l'importance de la santé. Tant d'autres biens de l'âme et du corps reposent sur cette base. Oui, il faut donner, s'il se peut, aux âmes humaines, l'assise d'un corps robuste, et, pour cela, accorder à ce corps, lorsque la nature le forme, une abondante et substantielle nourriture.

Mais, quoi de commun, je le demande, entre la santé et tant de friandises dont on gorge les enfants, et ces monceaux, ces avalanches de bonbons, de confiseries, de sucreries, qu'on voit s'effondrer autour d'eux, toute la durée des jours. N'y a-t-il pas là, tout au contraire, ce qu'il faut pour ruiner, à tout jamais, leur délicat organisme, et ne craint-on pas, pour leur éducation, le dénouement de celle du héros macaronique, chanté par le poète plaisant que chacun sait, lequel, dit-il : ... *mourut un jour sur un tas de dragées.*

Et toutefois, la perte de sa santé n'est ici que le moindre mal. Et ce n'est pas, d'ailleurs, la cause de la santé que j'ai mission de plaider devant vous. Nous parlons de l'amour. Nous organisons la défense de l'amour. Quelle est donc la fortune de l'amour au bout de ce déplorable régime ? Que devient le cœur de l'enfant, au sein de ces sensualités, sous le règne de l'abjecte gourmandise ?

Et d'abord, l'amour de Dieu.

Oh ! l'amour de Dieu ! Mais savez-vous quel est le dieu de cet enfant ? Ne vous y trompez pas. Ce n'est pas ce Père, *qui est au ciel,* que ses lèvres distraites invoquent encore parfois, entre l'absorption d'une sucrerie et la déglutition d'un gâteau. Ce dieu, je vais vous le nommer, ou plutôt, faire parler saint Paul ; car, je n'ai pas besoin d'une autorité moindre, pour faire accepter le style que vous allez entendre.

Je ne suis donc pas plus délicat que saint Paul, et je le traduis, dans son Epître aux Philippiens :

Quorum deus venter est. Le ventre est leur dieu !

Voilà le dieu de cet enfant. Et le dieu de l'enfant sera le dieu du jeune homme, et le dieu du jeune homme sera le dieu du vieillard. — Le dieu de ce siècle, *deus hujus sæculi,* comme parle, dans un autre sujet, le même courageux apôtre. — Oh ! que de divinités semblables, adorées dans les foyers contemporains.— Voilà le Dieu ! *Ecce Deus !*

Mais l'amour des parents, serviteurs de ces enfants, prêtres de ces divinités, pourvoyeurs des sacrifices qu'elles exigent, l'amour des parents n'échappe-t-il pas au désastre, ou même ne s'accroît-il pas, comme il semblerait logique, de tout ce que le cœur enlève à l'amour de Dieu.

Hélas ! Il y a sur ce sujet une histoire d'une trivialité telle, qu'on n'en peut risquer le récit. On demandait, à un de ces enfants, lequel il aimait le mieux de son père ou de sa mère. Je n'achève pas, parce qu'il importe de ne pas achever. A défaut du goût qui pose la première barrière, le lieu seul m'interdirait d'aller plus loin. La maison de Dieu qui n'est pas une *caverne de voleurs* est encore moins une baraque de foire.

Tel est le sort de l'amour, livré aux sensualités de cette éducation démente !

Ah ! c'est que la croix de Jésus-Christ est reniée, est insultée, est expulsée !

Et c'est ce que marquait saint Paul, dans ce même texte, si célèbre, où rien du sujet n'a été oublié. Car, de ceux dont il disait que le ventre était leur Dieu, *quorum Deus venter est*, il achevait ainsi la peinture.

Beaucoup vont, dont je vous parlais autrefois et dont je vous parle, aujourd'hui, en pleurant, ennemis de la croix de Jésus-Christ, dont la mort est la fin, dont le Dieu est le ventre, et qui placent leur gloire dans leur ignominie.

Et s'il y a, en effet, quelque chose de visible, à côté du culte de notre siècle pour la divinité dénoncée par saint Paul, n'est-ce pas la haine, n'est-ce pas le reniement, n'est-ce pas l'expulsion impie de la croix de Jésus-Christ ? *inimici crucis Christi !*

III

Enfin, il faut la croix de Jésus-Christ, dans le châtiment.

Avant de montrer ce troisième rôle de la croix, ou, si vous aimez mieux, ce troisième service, permettez-moi deux réflexions.

Observons, d'abord, que le châtiment, que la peine afflictive (car il s'agit ici de souffrance physique), que le châtiment, sous cette forme, ne convient pas, indifféremment, à toute nature. Tel enfant se peut trouver, à l'égard duquel, son emploi aurait des effets désastreux. Mais il n'en faut pas faire juge une fausse tendresse : autrement, cet enfant serait l'enfant de toutes les mères.

Observons encore, que la maxime du poète, si importante en toute question, l'est, d'une façon plus qu'ordinaire, dans la question qui nous occupe :

> Il est certain tempérament
> Que le Maître de la nature
> Veut que l'on garde en tout...

Ces réserves faites, je prends la Bible, je l'ouvre et je lis : *La folie est attachée au cœur de l'enfant : c'est le fouet qui l'en chassera.*

Je lis encore : *Le père qui aime son fils lui donne le fouet.*

Et qu'on ne m'accuse pas de forcer le sens du texte. Le latin dit plus : *Assiduat flagella*. Je le tempère. Je viens instruire les mères et non les mettre en fuite. Il est, d'ailleurs, d'une transparence qui dispenserait de toute traduction.

Enfin, je lis un peu plus loin : *Celui qui épargne le fouet hait son fils. Qui parcit virgæ odit filium.*

Puis, je ferme le livre, comme fit mon Maître, à la synagogue de Nazareth, après sa première leçon d'Evangile, et sa fameuse lecture du passage d'Isaïe.

En vérité, qu'ai-je autre chose à faire ? L'Esprit-Saint ne s'est-il pas nettement prononcé ? Qu'ajouter à d'aussi clairs oracles ?

Cependant, on me réplique que tous ces textes sont de l'Ancien Testament ; que le Saint-Esprit y a parlé pour les Juifs ; qu'on peut donc contredire, sans aller contre lui ; la synagogue ayant, de vieille date, disparu et les affaires juives étant, ici, hors de cause.

Je réponds qu'il y a trois sortes de lois et de préceptes, dans la législation juive, et dans tous les écrits inspirés, qui en sont la continuation ou le commentaire.

Il y a, d'abord, les lois politiques qui constituèrent et régirent la nation. Ces lois sont évidemment abrogées. Mais il n'est pas moins évident que l'actuelle question est étrangère à toute politique. Nous sommes en pleine sphère domestique, loin du forum et de la curie, dans le domaine privé du foyer.

Il y a, en second lieu, les lois religieuses et cérémoniales. Elles sont abrogées, comme les premières, la grâce ayant remplacé la loi, et le culte en esprit, le culte des symboles. Mais nous sommes, ici, aussi loin du culte que de la politique. La loi en question n'a rien de religieux, et la plus sommaire inspection (la seule possible d'ailleurs) convaincra qui voudra, que l'application en est infiniment peu cérémonielle.

On insistera. — Mais ces maximes sont l'expression même de l'esprit du Judaïsme, esprit de terreur et de servitude, comme chacun sait. Un autre Esprit a pris sa place, depuis l'Evangile : et cet Esprit est tout de liberté et d'amour.

Je réponds que la grâce a saisi l'homme par la cîme de son être, je veux dire, par l'âme ; qu'à ce point, il est, en effet, réformé et renouvelé ; que là, il n'est plus Juif ; mais que, jusqu'à la résurrection, la part inférieure de l'homme, son corps et toutes les dépendances de ce corps, restent ce qu'ils étaient ; sont Juifs, autant qu'en a jamais été Juif ; que nous avons toutes les sensualités juives, toutes les convoitises juives, toutes les indocilités juives, tous les entêtements juifs, toutes les bassesses et toutes les grossièretés juives. Plus ou moins, tout ce monde d'indisciplines et de turbulence tient au corps. Le fouet a donc sa raison d'être. Car ce n'est pas apparemment à l'esprit qu'il s'adresse ; et ce qu'il va, généralement, chercher dans le corps, n'est pas ce qui se rapproche le plus de l'esprit, je veux dire, du cerveau, serviteur de l'esprit, ou évolué, avec le concours du corps, la vie de l'esprit.

Donc, pas plus aujourd'hui qu'au temps de Salomon, le fouet n'est un intrus dans les familles ; le chrétien d'aujourd'hui y trouvera le salut de son fils tout aussi bien que le Juif d'il y a trois mille ans.

J'ajoute, qu'au point où l'enfant cesse d'être Juif, à cet endroit élevé de la personne, qu'a transfiguré le baptême, le fouet, la peine afflictive n'auront aucune mauvaise grâce, sinon à sévir, ce qu'ils ne peuvent, à ces hauteurs, au moins, à faire leur acte de présence.

Ils seront, sur l'enfant chrétien, sur le novice de l'Evangile, le sacrement qui imprimera la croix.

J'ajoute que, sous cette forme, autant que sous aucune : davantage, peut-être, sous celle-là, la croix est l'amie, la croix est la sauvegarde de l'amour ; qu'irrité, égaré, un instant, par la douleur, le cœur du fils pourra méconnaître, en passant, l'amour paternel, sentir la colère gronder sous l'humiliation et la souffrance ; mais qu'il saura bientôt revenir à la justice. Il reconnaîtra que ce n'était pas de gaîté de cœur que le père avait armé son bras du terrible instrument ; que l'amour, le seul amour, l'amour fort, généreux, élevé, issu du calvaire, l'inspirait à cette heure ; et, partout où on pourra interroger l'expérience (quelques foyers la fournissent encore), on verra que l'amour du fils, comme celui du père, a toujours grandi dans l'énergique régime de cette sévérité, tandis qu'il s'est affadi, affaibli, affaissé, a parfois complètement péri, sous le régime énervant d'une inintelligente et peu courageuse indulgence.

J'ajouterai, enfin, qu'après l'expérience des foyers j'ai interrogé l'expérience des nations, l'histoire ; et cela, non dans les âges reculés, non aux confins des temps, non aux répertoires fabuleux des légendes, mais dans tels faits des plus récents, que bien des raisons sinistres obligent à soustraire absolument au domaine de la fable ; et qu'il ne m'a pas fallu une longue étude pour constater ceci : que depuis qu'on se sert moins du fouet, on se sert étonnamment plus du fusil ; je ne parle pas du fusil de la frontière, quoique lui, aussi, se présente triple, quadruplé en nombre, et que la mort ait pris, au bout de son fer, de triples et quadruples ailes ; je parle du fusil de la sédition.

Or, j'aime mieux le fouet, au foyer, que le fusil dans la rue. J'aime mieux le fouet, dans la main paternelle, que le fusil, dans une main fratricide... J'aime mieux le fouet, sévère instrument de l'amour, que le fusil, arme exécrable de la haine ; j'aime mieux le fouet qui chasse la folie, que le fusil qui achève les déroutes de la sagesse, quand celle-ci survit encore, pour une part, aux aberrations des souverains et aux délires des peuples.

J'aime mieux le fouet qui imprime la croix sur l'enfant que le fusil, qui la bannit et des cœurs, et des foyers, et des patries des hommes.

Enfin, j'aime mieux le fouet qui corrige et sauve les nations que le fusil qui les détruit par elles-mêmes et qui dispense les Barbares, fils des antiques exécuteurs, du paternel service des vengeances divines.

Donc, M. F., introduisez courageusement la croix dans vos foyers, sous les trois formes que vient d'indiquer mon discours : la croix dans l'ordre de la vie, la croix dans le régime alimentaire, la croix dans le châtiment, et vos amours vaincront, et vos amours vivront, et vos amours seront immortels.

Vos amours ne ressembleront pas à ces feux de paille ou de bruyère, que la main d'un pâtre allume. pour se réchauffer pendant la veille d'une nuit ; ils seront comme les feux allumés au ciel par la main de Dieu ; aussi jeunes, aussi vifs, aussi éblouissants que le jour où ils furent suspendus pour l'illumination du monde ; parce que ce qui touche à la croix en partage la destinée. Or, pendant que tout se renverse ici-bas, pendant que le monde éperdu va de révolutions en révolutions, la croix demeure, *Itat crux dum volvitur orbis.*

AMEN.

(A suivre.)

REV. P. CONSTANT.

Le Centenaire de Dupanloup

(Suite.)

CAS DE CONSCIENCE

Dupanloup s'enfuit du Concile le 17 juillet 1870, contre tout droit et contre tout devoir, disant par pure bienséance, qu'il s'en allait pour ne pas renouveler, par son vote, sa longue, injustifiable et inutile opposition à la définition dogmatique de l'infaillibilité personnelle du Pape.

Selon le droit et selon le devoir, Dupanloup et les trente évêques de France et les cinquante autres du dehors, qui formaient son parti d'opposition, devaient, s'ils n'étaient pas irréconciliables, assister à la séance définitive du 18 juillet. A cette séance, ils pouvaient, par leur vote, soutenir jusqu'au bout leur opposition et donner la preuve de leur bonne foi ; mais, après le vote, ils devaient, la définition dogmatique une fois prononcée avec toutes les solennités canoniques, aller se mettre à genoux aux pieds du Pape et faire acte solennel de soumission pieuse au dogme qu'ils avaient si longtemps combattu.

Je dis que l'opposition, jusqu'à la dernière extrémité, était leur droit, bien que ce fût user du droit peu raisonnablement; mais je dis que la soumission immédiate était de devoir *strict* et qu'elle devait se produire sans délai, pour effacer, sans retard ni équivoque, devant l'histoire, le scandale de cette longue opposition.

Le 18 juillet, à 7 heures du matin, Dupanloup était en wagon et disait ses petites heures. Un prélat hongrois, Haynald, archevêque de Colocza, monta dans le même compartiment, et rencontrant, par hasard, le Briarée du Concile, lui dit à brûle-pourpoint : « Il a été commis une *grande faute.* » Dupanloup continua, sans mot dire, la récitation de l'office divin : *Beati immaculati in via* ; *non omnes qui operantur iniquitatem, in viis ejus ambulaverunt.*

Je ne puis croire une minute et je n'admets, pas même par hypothèse, que Dupanloup ait pu être réfractaire un instant au dogme défini. J'aime à me persuader que son silence devant la réflexion du prélat hongrois n'a eu pour cause que sa concentration dans la prière. Dès les premières heures du jour, il se jetait, en esprit, aux pieds de Pie IX et il disait humblement : *Tunc non confundar, cum perspexero in omnibus mandatis tuis* (*Ps. 118, ab Initio*). Dupanloup réparait la *grande faute* avant d'avoir pu la commettre.

Très bien. Mais, outre sa soumission de cœur et d'esprit, outre son empressement à l'obéissance, Dupanloup, évêque d'Orléans, grand opposant au Concile, auteur de vingt brochures retentissantes, contre l'inopportunité du dogme et un peu contre sa réalité, Dupanloup avait un double devoir à remplir : 1º Dans le plus bref délai, il devait faire acte *public* de sa pleine et parfaite soumission de cœur et d'esprit ; 2º Dans les délais voulus pour un tel travail, il devait se réfuter lui-même et montrer que si une persuasion fautive, qu'il avait, hélas ! prise à son berceau théologique, avait pu le pousser à une opposition si longue dans les délibérations d'un Concile, du moins sa foi l'élevait à une créance supérieure à toutes les objections gallicanes, à toutes les aberrations en histoire du particularisme français.

Je dis que ce double devoir était une obligation rigoureuse, impérieuse, également intimée par la foi, par la conscience et par la piété. J'ajoute que l'accomplissement de ce double devoir eût grandi Dupanloup de dix coudées, mesure qui dépasse de beaucoup sa taille réelle.

Or, nous sommes en février 1871. Dupanloup, père malheureux au Concile de Vatican, est, à Bordeaux, membre de l'Assemblée nationale. Le gouvernement est au siège de l'assemblée ; la représentation diplomatique a suivi le gouvernement. Le Nonce apostolique, prince Chigi, disait sans doute que Dupanloup, pour donner la preuve de sa soumission pieuse aux définitions du Concile, devait publier, après un délai de huit mois, son acte *officiel* de soumission et donner, par un acte, si bref soit-il, à cet acte officiel, sa justification *doctrinale*. Le nonce Chigi ne faisait lui-même que remplir son devoir ; s'il eût gardé le silence, il eût été complice du scandale et de la prévarication.

Rouquette, le maladroit chroniqueur, nous tient au courant de ces choses. Dupanloup résistait ; il ne voulait pas encore poser cet acte officiel de soumission ; et Rouquette l'excuse par la raison que ce n'était pas ainsi qu'il *fallait s'y prendre* avec un aigle de si large envergure.

Nous avons ici, prise sur le fait, confessée ingénuement, par le chroniqueur admiratif, la preuve manifeste de l'absurdité gallicane et libérale. Voilà un évêque, que son rang dans l'Eglise oblige à une *plus exemplaire* soumission, et qui refuse de donner cet exemple, parce que le prince Chigi, au nom de Pie IX, lui a rappelé ce devoir. « Ah, mais ! disait une dame à la Cour du grand roi, Dieu y regardera à deux fois, avant que de réprouver·des gens de notre espèce. » Le grand évêque, le plus grand des évêques pensait sans doute, que le représentant du Vicaire de Jésus-Christ devait y mettre d'autres formes pour obtenir, de son incomparable grandeur, le simple accomplissement d'un strict devoir.

Dupanloup toutefois s'exécuta, le plus tard possible, d'assez mauvaise grâce et de telle façon que plusieurs se demandèrent s'il s'était réellement soumis. Cette soumission était, sans doute, suffisante devant Dieu ; mais elle fut insuffisante devant les hommes. Preuve que le *Journal intime* des grandes piétés de Dupanloup réclame un post-scriptum, qui doit y manquer, la confession de cette soumission trop retardée, trop peu explicite, réelle, mais pas assez solennelle.

Quant à l'autre obligation, l'obligation de réprouver ses brochures anti-conciliaires et même de les réfuter, Dupanloup n'y pensa jamais ; il mourut huit ans après le concile et ne laissa pas une ligne, une seule, pour marquer sa résipiscence d'auteur. Saint Augustin a laissé le livre de ses Rétractations ; l'évêque d'Orléans, qui n'a rien de commun avec l'évêque d'Hippone, n'a pas donné ce lustre à ses mérites, et, à sa gloire, ce suprême achèvement. Je voudrais avoir là-dessus l'avis de ses panégyristes.

Voici un fait. En 1871, après la Commune, j'allais à Paris. En visitant Jules Morel, qui restait en face, je passai chez Douniol, demandant si les brochures de Dupanloup pendant le Concile étaient encore en vente ; et, sur la réponse affirmative, je commandai qu'on m'en fît un ballotin. Je les reprendrais et paierais, visite faite. En descendant l'escalier de Jules Morel, d'un saut, me voilà chez Douniol. Le paquet était prêt ; il était même assez gros et assez cher. Je suppose qu'on y avait mis un peu de complaisance. Je dis à l'employé : « Je voulais seulement savoir si les brochures anticonciliaires de Dupanloup étaient encore en vente ; j'ai la preuve qu'elles ne sont pas retirées du commerce ; cela me suffit. Ma conscience ne me permet pas d'en faire l'acquisition. » L'employé fit la grimace ; mais j'étais déjà dans le jardin du Luxembourg, riant de ce tour joué au libraire du grand évêque.

Il y a donc ici un cas de conscience très grave : cas de soumission prompte, entière, sans réserve, solennelle, éclatante aux définitions conciliaires ; et réfutation d'icelles brochures à l'encontre de ces définitions dogmatiques. Nous ne voulons pas poser de question trop embarrassante ; mais nous serions curieux d'entendre là-dessus les trois panégyristes de Dupanloup et l'éditeur du *Journal intime*. *Devine si tu peux et choisis si tu l'oses.*

Lettre complémentaire

EN RÉPONSE A UNE CRITIQUE

Très noble Monsieur,

Le Directeur de la *Revue du Monde catholique* a reçu la lettre par laquelle vous rompez votre abonnement à cette revue. Vous aviez l'intention de la quitter ; au lieu de vous retirer sans tambour, ni trompette, vous préférez partir en faisant claquer les portes. A votre aise. Si l'on a vingt-quatre heures pour maudire ses juges, on peut bien prendre un jour pour mettre dehors les braves gens, reçus à votre foyer, pour vous parler des affaires du temps. Pareille chose se fait tous les jours sans cérémonie. On entre gaiement, on sort avec un peu d'humeur. Reste à savoir qui a tort, qui a raison.

Votre prétexte à récrimination, c'est le *Centenaire de Dupanloup*. Vous dites cet article *honteux* ; et, par surcroît d'acrimonie, vous traitez le Directeur de la revue, d'homme *aux abois* qui se fait une *réclame malsaine*, avec une *prose venimeuse*. Ce sont bien vos expressions authentiques, n'est-ce pas, noble Monsieur ?

L'homme capable de se faire une réclame par de tels procédés, serait bien maladroit. Mais encore croyez-vous que cet article, s'il peut motiver votre départ, peut faire venir, à votre place vide, d'autres abonnés. Vous croyez, par conséquent, qu'il y a quelque chose à dire et que ce quelque chose, déplaisant pour vous, peut plaire à d'autres lecteurs. Mais pourquoi, je vous demande, ce style à la Dupanloup, ces expressions acariâtres, d'homme *aux abois*, de *prose veni-*

meuse, de *réclame malsaine*. Ces expressions sont du dernier mauvais goût, en usage seulement chez les marchands de miel littéraire, fabricants de cette vulgaire cervoise qu'on appelle du vinaigre. De toute évidence, noble Monsieur, votre courtoisie vous abuse, ou vous vous abusez sur la courtoisie.

Vous qualifiez d'article *honteux*, le *centenaire de Dupanloup*. C'est un article de critique ; la critique est parfaitement motivée par des raisons et par des témoignages ; elle est d'ailleurs énoncée en style suffisamment éteint pour croire que l'auteur ne touche pas, avec passion, à cette besogne. Dans la forme, l'article est au moins convenable et lesté de réserves plus que suffisantes. — Vous vous hérissez, on ne voit pas bien pourquoi.

Dans le fond, j'en conviens, il y a, de vraiment honteux, la naissance de Dupanloup, mais ce n'est pas notre faute ; il y a de regrettable l'insuffisance de sa formation sacerdotale ; il y a, plus tard, des visées de doctrines répréhensibles et d'actes blâmables ; il y a, à la fin, une terrible responsabilité devant l'histoire. Que ce soient là des questions, personne n'en peut douter ; que ce soit une honte d'en parler avec raison, sagesse, prudence, non. Il n'y a ici, qu'une honte possible, ce serait *de se taire* sur des choses regrettables et à blâmer ; et si on les taisait, pour détruire de justes critiques, pour éclater en injustes panégyriques, c'est cela, Monsieur, qui serait une *honte incontestable* et un *inadmissible opprobre*.

Vous êtes, sans aucun doute, un brave et digne homme ; votre sollicitude, un peu ombrageuse ou trop prompte, en est la preuve. Mais vous ne paraissez pas bien connaître la condition de l'écrivain, le rôle des revues, ni ce qu'on peut appeler la question Dupanloup.

L'écrivain est un homme qui met son âme sur le papier. Pour effectuer cette translation, il doit avoir le double souci de n'exprimer que des pensées justes et de leur donner toujours le relief convenable du style. Or, cette opération, toujours difficile et délicate, voire mystérieuse, se produit habituellement dans la solitude et loin de tout contrôle. Moi, par exemple, Monsieur, voilà cinquante ans que j'écris, à peu près tous les jours, du matin au soir. A ce travail, j'apporte sincèrement l'élan de mon zèle et la probité de mes sentiments ; un retour d'égoïsme ou une défaillance de servilisme m'est également étranger. On se corrige cependant toujours un peu ; quant au censeur infaillible et impeccable, dont parlent les poètes, il n'y faut pas penser ; quant au souci de s'attempérer aux passions du lecteur, on ne peut même pas y songer. Ce qui plaît à l'un déplaît à l'autre et réciproquement. Et puis quand vos articles ou vos livres courent, sur l'aile des vents, dans les cinq parties du monde, dites-moi, je vous prie, la possibilité de prévoir les préoccupations qu'ils peuvent rencontrer, ou les préjugés qui peuvent les honnir. Autant vaudrait s'écorcher tout vif. La seule chose utile, pratique et chrétienne, c'est de transmettre tout simplement vos observations aux auteurs ; ils en feront leur profit. Mais vous irriter et leur écrire *ab irato*, non ; cela ne mène à rien et ne prouve que votre innocence.

Autrefois, il s'écrivait peu de livres et ce peu s'écrivait lentement, avec toutes les exigences de la perfection. Aujourd'hui, il se publie toujours des livres, à peu près dans les mêmes conditions ; mais on publie, en plus, des journaux quotidiens et des revues en nombre à peu près innombrables. Les auteurs autrefois étaient aussi rares que le merle blanc ; les auteurs aujourd'hui sont des légions. Ceux d'entre eux qui se consacrent au journalisme, écrivent généralement avec une rapidité vertigineuse ; ils n'ont qu'une minute pour jeter sur une feuille volante ou sur une demi-main de papier, les grâces de l'esprit, les leçons de la philosophie, les faits de l'histoire et des flots d'éloquence. De plus, par l'effet du changement des mœurs, la revue et le journal ne sont plus la traduction d'une pensée, le programme exclusif d'une opinion ; c'est, par la force des choses, une réunion d'hommes dont les convictions ou les goûts sont divers, souvent contradictoires. Le lecteur s'en accommode, parfois l'exige ; il ne songe pas à se choquer du disparate, ni de l'opposition. Tel journal vous donnera, pour chaque jour de la semaine, les articles de toutes les droites et de toutes les gauches ; sa semaine est une tour de Babel. La revue est un peu dans le même cas ; fondée sur une idée très générale, elle la traduit avec la plus grande diversité d'appréciations. Ce mois, par exemple, elle vous offre des thèses contre le catholicisme libéral de Dupanloup ; le mois suivant, elle pourrait vous donner des thèses contraires ou autres, pour présenter le même personnage sous d'autres aspects. Vous ne pouvez pas vous en offusquer ; c'est le propre de la revue d'être un instrument d'information. La seule chose à en exiger, c'est qu'elle soit sincère ; qu'elle vous donne des articles solides ; et avant de la condamner, ayez au moins la patience de l'entendre. La proscrire par un principe réflexe ou par un caprice, sans même la lire jusqu'au bout, c'est pur enfantillage.

Quant à la question Dupanloup, elle est double : question de principe, question d'opportunité et d'urgence, Dupanloup fut, en son temps, un personnage très répandu, très bruyant, très agité ; il faut bien le prendre comme il s'est présenté lui-même, le discuter, et, par un fort jugement, le mettre à sa place dans l'histoire contemporaine.

C'est le droit commun, applicable à toute personnalité historique, quelle que soit d'ailleurs l'éminence de sa dignité. Pour d'autres, rien ne presse ; on peut prendre son temps ; pour Dupanloup, il y a urgence. La thèse dont il fut l'inventeur et le promoteur, la réconciliation de l'Eglise avec la société moderne, est admise aujourd'hui, en France, par le gouvernement persécuteur, et appliquée en sens inverse. Lui voulait que l'Eglise se réconciliât avec la Révolution ; la Révolution veut entrer dans l'Eglise, l'envahir, pour l'approprier à ses desseins et l'adapter à ses entreprises. Lui voulait avoir des évêques et un pape pour épouser la cause des immortels principes ; les hommes de la Révolution veulent introduire les immortels principes dans l'Eglise. Depuis vingt-cinq ans, ils s'ingénient à des choix d'évêques, témoins muets de leurs attentats ou complices secrets de leurs entreprises. Depuis longtemps nous dénonçons ce dessein à la ville et au monde, sans avoir réussi à nous faire entendre ; nous le dénonçons encore une fois, au risque de nous faire administrer de nouveaux coups. La France et l'Eglise sont en péril grave ; c'est aux consuls à prendre des mesures pour qu'elles ne subissent pas de trop gros dommages. Le centenaire de Dupanloup étant une provocation implicite à relever le drapeau de l'intégrisme et à pousser le cri d'alarme ; nous avons eu garde à ne pas manquer cette occasion. *Nego totum* et Dupanloup et ses perfides traducteurs.

A votre avis, un évêque, quels que soient ses torts, a droit strict à un invariable respect ou, au moins, à un respectueux silence. A mon avis, cette proposition, vraie dans sa généralité, réclame d'impérieuses distinctions.

Il faut distinguer d'abord entre évêque *vivant* et évêque *mort*. A évêque *vivant*, on doit des égards, comme à tout le monde ; on lui doit, de plus, la déférence à sa dignité et à ses services. Nous supposons, bien entendu, un évêque orthodoxe et en communion canonique avec la Chaire du Prince des Apôtres. A cet évêque, même quand il paierait son tribut à l'infirmité humaine, on doit le respect de Sem et de Japhet ; lui manquer publiquement, ce serait le crime de Cham. Peut-on, en cas de manquement, lui présenter des observations privées, discrètes et respectueuses ? Je le crois. Doit-on, en cas de manquements graves, surtout en matière de foi, le dire à l'Eglise ? Je le crois encore. Doit-on enfin, si un évêque est scandaleux dans ses mœurs ou dans ses enseignements, lui opposer une résistance effective ? La vie des Saints répond : oui ; et l'histoire prouve que favoriser par son silence les outrages à la vérité, à la vertu, à la justice, c'est une trahison. Il y a le temps de se taire et le temps de parler. Quand l'heure de parler sonne, il faut l'entendre, il faut dire la vérité sur les toits ; à cause de Sion, il ne faut pas se taire ; et, dans l'intérêt de Jérusalem, se prescrire les plus généreux dévouements.

Mais quand l'évêque est mort, quand il a roulé à la fosse commune, s'il n'appartient pas à l'histoire, respect à la tombe : qu'il repose en paix ! S'il appartient à l'histoire, l'historien a, envers sa personne, ses enseignements, ses actes, des devoirs et des immunités. Vivant, il ne relevait que du Pape, de sa conscience et de la loi de l'Eglise ; mort, à raison du rôle qu'il a rempli, des doctrines qu'il a prêchées, des actes qu'il a posés, des causes qu'il a servies, il tombe sous la juridiction de l'historien. Cicéron prescrit à l'historien ce double devoir : n'avoir pas l'audace de *dire* quelque chose de *faux* ; n'avoir pas la *faiblesse* de taire quelque chose de *vrai*. En théorie, cela va tout seul ; en pratique, le point capital et difficile, c'est de connaître parfaitement le vrai et de le séparer absolument de toute erreur. L'homme est ondoyant et divers, parfois dissimulé, souvent inconnu de lui-même, toujours mystérieux pour les autres. L'homme public joue toujours un peu son rôle ; il ne livre que ce qu'il veut livrer, et cache tout le reste derrière le mur de la vie privée. Les échos qui divulguent ses actes ou ses paroles, sont tantôt complaisants, tantôt hostiles, rarement impartiaux. C'est à la critique à pénétrer ces profondeurs de l'homme et des événements ; c'est à l'histoire à faire descendre sur la scène, toujours un peu sombre, de l'histoire, la lumière du soleil et l'éclat de l'évidence.

La première question sur Dupanloup est donc celle-ci : Appartient-il à l'histoire ? — Oui, certainement. Lui-même a mis une certaine affectation à se donner un rôle, par ses écrits d'abord, ensuite par ses actes, enfin par ses initiatives. Si ce n'est pas un homme encombrant, c'est, au moins, un homme très bruyant et très répandu. Jusqu'à quarante ans, période ordinaire de la vie cachée, l'abbé Dupanloup est un prêtre de Paris qui chemine avec la distinction de ses mérites, la diplomatie de sa conduite et l'intempérance de ses humeurs. A partir de 1842, c'est d'abord une opinant sonore, un auteur éclatant ; puis un docteur qui énonce des doctrines particulières ; puis un chef de parti qui organise ses troupes ; enfin une espèce de dictateur sans titre, qui s'attribue une prépondérance d'opinion et entend l'exercer avec un juste mélange de ruse, de force et d'autorité.

Dans toutes ces phases de sa vie, sous tous les aspects de son existence publique, Dupanloup est un personnage à juger, mais difficile à bien juger, à cause de la multiplicité de ses actes, des mystères de sa conduite et de l'opposition des jugements tant sur sa personne que sur ses œuvres. Mais enfin, si difficile que soit la tâche, il faut prendre sur, pour ou contre lui, ses conclusions et porter un jugement.

S'il vous restait, à cet égard, quelque doute, j'invoquerais contre vous Mgr Dupanloup lui-même. Au cours de sa campagne magnifique contre le gouvernement impérial, pour la défense du pouvoir temporel des Pontifes romains, un rédacteur du *Constitutionnel*, Grandguillot, eut la bizarre idée de jouer à l'évêque d'Orléans un tour de Scapin. Pendant que le formidable apologiste lançait la foudre contre Napoléon III conspirant contre Pie IX à la remorque de Victor-Emmanuel, Grandguillot publia une lettre de l'évêque d'Orléans aux supérieur et directeurs de son petit séminaire, applaudissant à la mainmise de Napoléon sur le patrimoine de Saint-Pierre. C'était une gaminerie ; pour la détruire, il suffisait de découvrir le faux en écriture, de rectifier et d'écarter du pied cette vaine insolence.

Dupanloup ne l'entendit pas ainsi. De sa massue, car alors il n'écrivait pas avec une plume, il tomba sur Grandguillot et, pour ne pas combattre en ordre dispersé, engloba dans une même réprobation, les évêques d'Orléans qui n'avaient pas marché droit. D'abord il amena devant le public le pauvre Jarente, faible tête, dont on se demanda s'il n'était pas fou, et n'eut pas de peine à flétrir son serment sacrilège à la Constitution civile du clergé. Plus tard, il prit à partie Jacques Raillon, évêque nommé d'Orléans, administrateur de ce diocèse comme vicaire capitulaire élu par le chapitre, non seulement sans approbation du Pape, mais malgré sa défense. Contre celui-ci il dressa très habilement une thèse de droit canon pour empêcher les imitateurs possibles de Raillon de partager sa faiblesse et d'y chercher une excuse. Surtout il tomba nominativement sur le pauvre Rousseau dont on avait fait contre lui une arme de circonstance ; il le dépeça devant le public et littéralement le mit en capilotade. Je me demande s'il ne dépassa pas les limites de la défense nécessaire ; mais enfin voici les termes mêmes de son exécution.

En ce qui touche à la discussion contre les évêques, il dit : « Quand on les évoque contre l'Eglise, le respect qui leur est dû ne peut plus commander le silence et empêcher de dire la vérité. » C'est son principe.

Au sujet de Rousseau : « Puisqu'on me condamne à juger ses actes et ses paroles, je le ferai en toute liberté et justice, au nom de l'Eglise et de la vérité ; et si ce que je vais dire pèse un jour sur sa mémoire, qu'il me le pardonne ! » A la rigueur, il eût pu se contenter de repousser les paroles qu'on lui opposait ; il voulut aussi condamner et même ridiculiser les actes.

Grandguillot avait présenté Rousseau parlant : « Loin de toute pression humaine et de toute contrainte officielle, dans toute son indépendance. » Dupanloup le montre à plat ventre devant le grand Chancelier Cambacérès, sollicitant le titre de *baron de l'Empire*, la qualité d'*électeur*, la *faveur* d'être adjoint au collège électoral d'Orléans, demandant pour un neveu le titre de *chevalier*. C'était suffisamment répondre ; Dupanloup ajoute que cet évêque reçut, pour son paiement : 1° une tabatière d'or avec le portrait de l'Empereur entouré de diamants ; 2° Une belle berline attelée de quatre chevaux : 3° 10.000 francs pour l'entretien de ces quatre bêtes. Total 30.000 francs au bas mot. Indépendance d'une rare espèce, mais pas à bon marché.

Ce n'est rien encore ; Dupanloup ajoute : « Pour la souveraineté temporelle, il ignorait l'histoire, il ignorait le droit catholique, il ne tenait aucun compte du droit européen ; il invoquait le grand nom de Bossuet et le nom de Fleury : il ne les avait pas même lus. »

« Je suis condamné à dire qu'ignorant l'histoire, il ignorait encore plus les principes de l'Eglise ; et ce qui est pire, il ignorait l'*honneur* épiscopal. »

Après avoir énuméré longuement les ignorances de son prédécesseur, Dupanloup lui reproche d'avoir commis au moins quatre énormités : « La première, c'est que l'opinion de Bossuet suffisait pour faire, d'une opinion, un dogme. La seconde, c'est que les Français doivent, aux quatre articles, une *entière et active* soumission. La troisième, c'est que ces articles ont le caractère d'une *décision* de concile national. La quatrième, c'est que les conciles nationaux, sans le Pape, et même contre le Pape, peuvent faire des *dogmes* de foi. Ce sont là, dis-je, des énormités également contraires à toute théologie, à tout bon sens et à l'histoire. »

Un peu plus loin : « Mgr Rousseau fut un prêtre respectable, mais dans le sens le plus abaissé du mot : d'un esprit médiocre et d'un caractère plus médiocre encore. Tout ce qui reste authentiquement de lui, le démontre surabondamment : ses mandements, ses ordonnances, une partie de sa correspondance : le tout comme style, comme doctrine, est d'une extrême vulgarité.

« Mais on peut racheter la médiocrité de l'esprit par la dignité de l'âme. Il n'en fut pas ainsi. J'ai laissé son portrait dans l'une des

salles de l'Evêché ; et je me le suis reproché quelquefois, quand
j'entends les Orléanais, quand ils passent devant cette figure, dire à
voix basse et en fermant les yeux : « Hélas ! ce fut un bien pauvre
homme ! »

Enfin : « Il ne sut pas porter le poids de sa fortune : sa *tête*, son
cœur, son *caractère*, tout y fléchit. » On demande ce qui pouvait bien
lui rester.

Evidemment, pour se débarrasser des imaginations de Grandguillot, Dupanloup n'avait pas besoin d'exécuter ainsi son prédécesseur. S'il l'a démoli de fond en comble, il a montré comme il entendait et comme il faut entendre, les droits de l'histoire et les
immunités de la critique. Et si l'on rabotait Dupanloup avec le
rabot de Dupanloup, il semble qu'il tomberait, sous l'établi du me-
nuisier, un tas de copeaux.

Une petite nièce de Rousseau intenta un procès à l'évêque d'Orléans, pour diffamation. Une lacune de la loi ne permettait pas de
le condamner, mais le jugement lui adressa de sévères reproches,
fondés principalement sur l'inutilité de ces coups de Guillaume.
L'évêque d'Orléans avait parlé pour sa défense et, suivant sa coutume, très bien parlé. C'est là qu'il exposa cette belle théorie de
l'Eglise, institution de grâce divine, incompatible avec les infirmités humaines, essentiellement réformatrice et qu'il faut laisser,
par sa propre vertu, refaire le type surnaturel de l'humanité déchue.
Sa conclusion était : « Laissez critiquer les évêques, cela est bon
pour eux, cela est bon pour tout le monde, cela est honorable
pour l'Eglise. »

De toute évidence, un évêque mort depuis vingt-cinq ans ; un
évêque qui fut catéchiste, éducateur, orateur, écrivain, évêque, député, sénateur, membre de l'Académie française ; un évêque qui
fut l'inventeur, non breveté, du catholicisme libéral ; un agitateur,
qui entrava plus de grandes choses qu'il n'en fit ; un évêque
qui inspira un projet de loi fautif dans son principe, qui dissimula
le vrai sens du *Syllabus*, voulut empêcher la définition dogmatique
de l'infaillibilité pontificale, et empêcha le rétablissement de la
royauté : cet évêque-là est un homme dont l'histoire doit apprécier
les actes, juger le rôle et classer la personne.

Une telle tâche ne peut s'effectuer avec des infatuations de parti
et des admirations de petite chapelle. Un tel procédé serait agréable,
sans doute, aux adeptes de cette petite école ; mais ce serait l'inintelligence consacrée à la glorification de l'impuissance. Le bon sens,
l'équité, la justice, le respect des institutions, le dévouement à

l'Eglise et à la patrie exigent autre chose et ne peuvent se borner ni aux panégyriques, ni aux satires. Il faut ici un coup d'œil synthétique, compréhensif, désintéressé, qui embrasse tout, qui prenne de tout la juste mesure et rende sur tout cela, au nom de l'histoire, le jugement de Dieu en première instance.

Au *Centenaire* et à son *Post-scriptum,* il nous paraît utile d'ajouter quelques notes.

I

Notre première remarque, c'est que nous avons mis hors de cause Dupanloup et sa vie privée. Ce n'est pas sans avoir été sollicité du contraire et provoqué même par son exemple. On pense bien qu'un auteur n'affronte pas cinquante ans le feu de la rampe, ne soutient pas des controverses et n'engage pas des combats, sans se créer un peu partout des amitiés et aussi des inimitiés. Un seul ouvrage, s'il est sincère, un peu profond, écrit à bride abattue et le cœur sur la main, vous crée tout de suite un cercle mobile de sympathies inconnues. Si au lieu d'un, vous publiez plusieurs ouvrages, surtout s'ils sont de longue haleine et de quelque utilité, ils vous amèneront de vraies sympathies et d'agréables correspondances. On vous écrit un peu pour tout, quelquefois à propos de rien, et si dans votre longue carrière, vous avez subi des disgrâces, vous avez rencontré aussi de précieuses consolations. D'abord, il nous vient des informations de toute région qui est sous le ciel; pour savoir, il n'y a qu'à ouvrir la main.

Dupanloup savait exciter les enthousiasmes; il en avait fait d'abondantes moissons; il en reste encore quelques regains. Comme compensation, il avait non seulement appelé, mais provoqué beaucoup de critiques; il avait, par ses doctrines, amené des oppositions et même des scissions. A l'époque du Concile, il tenait, avec son petit groupe de janissaires, tête à l'Eglise et avait l'air de se complaire dans un isolement, dont il savourait, une larme dans la voix, l'âpre et très contestable grandeur. Lui, plus d'une fois, pressé par un adversaire, embarrassant ou trop fondé, s'en débarrassait en lui prêtant de mauvaises mœurs. C'est un argument facile, un coup qui porte presque toujours, même quand il porte à faux, parce qu'il exploite des vraisemblances et caresse les bassesses du cœur. Nous fûmes invité plus d'une fois à lui opposer ces arguments.

Les correspondants nous offraient des références. L'un nous donnait l'adresse d'un nommé Reijal, greffier en chef de la Cour d'appel, l'un des médiateurs d'une conciliation entre Mgr Dupanloup et une demoiselle, pour la somme de cent mille francs. D'autres nous proposaient d'en référer à la rédaction du *Français* : ces jeunes gens savaient tous qu'une demoiselle était la seule personne reçue par l'évêque d'Orléans, dans son bureau de rédaction. Nous avons connu cette demoiselle, mariée depuis à un gentilhomme pauvre ; nous l'avons même reçue avec son mari à notre table. Nous avons aussi connu deux jeunes gens du *Français*. Mais que prouvent ces propos ? Saint Nicolas avait bien doté trois demoiselles exposées à la prostitution et le Sauveur a eu, pour amie, Madeleine, une malheureuse qui l'avait exercée scandaleusement dans la cité sainte. Qu'est-ce que cela prouve ?

Le fait qui inclinerait le plus au soupçon, c'est le tempérament de Dupanloup. Dupanloup était d'un solide tempérament, d'une ardeur inexprimable, d'une impatience incompréhensible et certainement inexcusable. Un jour il partit d'un presbytère, avec sa smalah, à dix heures et demie du soir, pour venir se reposer à Orléans, parce qu'un chat avait fait tomber, avec bruit, des pincettes à la cuisine. Dupanloup ne savait pas se contenir ; or, se contenir est la première condition de la continence. Des malins de la rue de la Poële en concluent que, ne sachant pas contenir ses humeurs, Dupanloup devait encore moins savoir contenir la passion qui tient le plus aux ardeurs du sentiment. C'est un raisonnement analogue à celui de Gulliver sur l'homme enfermé dans une bibliothèque après quatre heures du soir. Le raisonnement est juste ; et pourtant c'est un sophisme. Qu'est-ce que cela prouve ?

Nous savons bien que l'homme est la moitié de la femme ; que la femme est la moitié de l'homme ; que les deux moitiés doivent se constituer, par l'union conjugale, en unité de chair. Mais nous savons aussi que si Dieu a appelé au mariage une grande partie du genre humain, il en a appelé une autre partie au célibat ; et puisque la généralité suit sans effort sa vocation dans l'un ou dans l'autre sens, qu'en voulez-vous conclure contre la vertu ? Qu'est-ce que cela prouve ? On est célibataire comme on est époux, par vocation de Dieu ; il est également agréable et facile de suivre l'une ou l'autre des vocations. Et où en serait-on, où en serait l'honneur du raisonnement et la probité des mœurs, si, parce qu'il y a partout des hommes et des femmes, on en concluait à l'universelle promiscuité ?

Nous sommes parvenu à la vieillesse ; nous avons parcouru la vie, sur un petit théâtre il est vrai ; mais nous en avons assez vu pour connaître le monde. Or, dans notre longue vie, nous n'avons jamais rencontré une malhonnête femme. Nous avons toujours eu, présent à l'esprit, le mot de Tacite : « Il y a, dans les femmes, quelque chose de saint : *In esse fæminis aliquid sanctum.* » Nous avons toujours observé, dans nos relations avec les femmes, un laisser-aller courtois et joyeux ; nous avons également gardé une réserve absolue sur le chapitre de la délicatesse. Si nous n'avons rencontré aucune femme malhonnête, non seulement dans notre ministère, mais dans notre jeunesse et quand nous pouvions nous considérer comme libre de notre personne, nous en concluons que, pour les autres, il en est de même. Nous adhérons donc de plein cœur, avec un sentiment d'admiration pour le grand sens de l'Eglise : *Nemo præsumitur malus, nisi probetur.* Donnez-moi des preuves mathématiques, judiciairement irrécusables, de la culpabilité d'une personne, homme ou femme, j'y croirai ; autrement, que prouvent vos imaginations ?

Le monde, sur le chapitre du soupçon, se partage en deux espèces : ceux qui croient au bien, ceux qui croient au mal. Ceux qui croient au bien ne voient le mal nulle part ; ceux qui croient au mal, le voient partout. Je crois, avec saint Augustin, qu'il y a, en ce monde, beaucoup plus de bien que de mal, même dans les plus méchants. Le mal n'est qu'un accident de l'humanité ; le bien, c'est l'atmosphère vitale du genre humain.

Les gens instruits connaissent tous les satires de Juvénal et les imprécations de Salvien. Si vous prenez ces pages à la lettre, il faudrait croire à la pourriture en masse de l'humaine espèce. Je conviens que, parmi les pâles humains, ils en est qui ne valent pas grand'chose, mais encore ont-ils une valeur. J'ai dans l'esprit des pages spirituelles où l'évêque d'Alger, Dupuch, prend à partie Salvien et le réfute victorieusement. La chute de Rome et de son empire donne raison à Salvien ; le bon sens et le bon cœur donnent raison à Dupuch : c'est Dupuch, sur cette question de sociologie, qu'il faut croire.

Nous n'admettons donc à aucun titre, pas même à titre d'informations, les imputations contraires à la vertu personnelle de Dupanloup. Encore qu'il fut intempérant d'humeur, mal contenu dans sa conduite, incohérent dans ses doctrines, très libre avec les dames, nous ne croyons point qu'il défaillit dans sa vertu. Si, par impossible, s'instruisait un jour son procès en canonisation, nous demandons à prendre parti contre l'avocat du diable.

Il me semble, j'ose le dire, que, dans l'Eglise, on a admis trop souvent, avec une crédulité regrettable, les soupçons bas ; *dans l'Eglise*, dis-je, mais pas l'Eglise, car l'Eglise n'accepte pas facilement les accusations, surtout sans témoins et sans preuves ; à plus forte raison quand les accusateurs anonymes agissent dans les ténèbres. L'Eglise est une mère, à la fois tendre et sainte : sainte, elle répudie jusqu'à l'apparence du mal ; tendre, elle aime mieux qu'un prêtre, trop peu fidèle, jouisse de l'impunité, que d'ôter, à un prêtre irréprochable, la jouissance d'un juste honneur. Ceux qui compromettent légèrement la dignité de la plus humble soutane, n'ont pas le cœur de l'Eglise.

Un jour, à l'évêché de Troyes arrivent quatre paysans ; ils viennent accuser leur curé du crime irrémissible. Le vicaire général les reçoit, prend une plume, transcrit l'accusation, la lit aux accusateurs : C'est bien cela, Messieurs ? — Oui. — Eh bien, vous allez signer ce papier. Nous prendrons des informations pour nous assurer de la culpabilité du prêtre. S'il est coupable, il sera puni selon la loi ; s'il ne l'est pas, c'est vous qui serez poursuivis devant la justice et punis comme diffamateurs. Le vicaire général présente le papier et la plume. Mes gars se récusent l'un après l'autre. Alors le grand vicaire prend une chaise par le dos, l'élève et fait mine de brandir son arme. Les accusateurs se précipitent vers la porte, descendent l'escalier quatre à quatre et onc ne revinrent accuser leur curé, qui n'avait que le défaut, pour cause de vertu, de ne pas plaire à ces malotrus de village.

II

Au lieu d'incriminer les mœurs, je crois qu'il faut, en vrai philosophe, rejeter tous les torts de Dupanloup sur l'insuffisance de ses doctrines et sur les vices de son éducation première. Cet homme n'est venu à Paris qu'à huit ans ; il était déjà tout formé et d'une nature de bronze, au moins en apparence. La mère, honteuse d'une maternité irrégulière, l'avait laissé grandir comme le chamois de la montagne. Fort comme il était, par ses jeux et ses courses, cet enfant s'était fait un tempérament solide, un esprit personnel, une volonté irréductible, une activité phénoménale. Dans son village, il a dû avoir plus d'une prise de corps, s'être battu avec les camarades de son espèce et s'être fait un petit clan des enfants plus souples, pliables à ses caprices. Gamin, c'était déjà un chef de parti, un homme d'audace et de bataille, comme il sera toute sa vie. A la maison, c'est un cadet volontaire, qui enchante sa mère par ses qualités en fleur, l'assouplit par ses caresses et sait économiser habilement les taloches. L'oncle curé ne paraît pas lui-même avoir beaucoup martelé, encore moins ciselé ce neveu inopportun. Félix, à huit ans, est un petit montagnard ferme sur ses hanches, inculte, sûr de lui-même et peu enclin à s'assouplir sous le frein continu de la discipline. Négligé dans sa tenue, indifférent aux choses extérieures, cet adolescent sera un homme de fer, avec un assortiment de ruses, aussi indispensables que sa force, à ses futurs triomphes.

Dans les écoles de Paris, comme en Savoie, il a une distinction native, une supériorité incontestable ; il n'était, sans doute, pas plus régulier qu'un autre, peut-être moins ; mais ses qualités intellectuelles lui épargnaient les injonctions morales et les corrections habituelles. Dupanloup est un homme qui n'a jamais été dompté. Le tuf primitif est resté tel que l'avait produit le hasard de la naissance. On a mis par-dessus tout l'appareil pédagogique des écoles ; on a développé fortement les dons de la nature ; on a ouvert toutes les fenêtres de l'intelligence ; mais l'irréductibilité du tuf et l'indiscipline de la volonté sont restées telles. En grandissant, le jeune homme s'est plié extérieurement aux exigences de l'ordre ; j'admets qu'il a su bénéficier intérieurement des effluves de la grâce divine; mais touchez-le seulement avec la barbe d'une plume et vous verrez. Touchez-le, enfants des montagnes, vous verrez éclater le volcan : *Tange montes et fumigabunt.*

Peut-être l'aimeriez-vous mieux autrement, moi aussi ; peut-être le trouvez-vous légèrement intraitable et propre seulement à la domination : c'est assez mon avis. Mais notez, je vous prie, que ces lacunes et ces défauts sont des éléments de succès. Sénèque a dit quelque part, qu'il n'y a pas d'homme de génie sans un brin de démence ; je dirais plus volontiers qu'il n'y a pas d'homme en puissance exceptionnelle, sans quelques atômes de sauvagerie. Les hommes plus souples, plus cultivés, plus brossés, plus épongés, sont plus parfaits et plus aimables ; mais moins forts. Les forts ne sont aimables que si vous pliez devant eux ; si vous ne pliez pas, ils tâchent de vous imposer un joug ; et si vous le rejetez, ils vous écrasent. A ces sortes de gens, il faut un trône, un sceptre ou un bâton, un troupeau à conduire ou un ennemi à vaincre. Ne pressentez-vous pas déjà l'histoire de Dupanloup ?

Analysez bien cet homme, cherchez les marques distinctives de sa personnalité. C'est un prêtre tout entier dans ses idées ; poli, presque avec affectation, mais il ne démord pas ; argumentez contre lui tant que vous voudrez, quelle que soit la valeur de vos arguments, il n'acceptera rien et ne vous entendra même pas ; s'il vous demande des conseils, c'est à condition que vous applaudissiez à ses desseins ; si vous vous obstinez dans vos résolutions, il vous enverra promener ou ira lui-même. De lui comme du héros de Corneille est le mot célèbre : *Moi, dis-je et c'est assez.* C'est peut-être même trop ; pour lui, c'est la perfection.

Parcourez tous les incidents de sa carrière, vous le trouverez partout le même et tel que je vous le peins. J'ai ouï dire qu'il avait, une année, été exclu de Saint-Sulpice ; je n'ai pas vérifié le fait, mais rien ne me causerait une moindre surprise. Saint-Sulpice qui est méthodique, doux, pieux, correct jusqu'au scrupule, n'a pas pu s'habituer aisément à ce clerc mal peigné et peu soucieux du décorum classique. Saint-Sulpice a déteint beaucoup sur lui-même, mais l'a laissé dans le granit de sa natalité montagnarde. Deux fois vicaire, il se fait exclure : une fois parce qu'il démolissait le curé, et l'autre fois, parce qu'il eût démoli l'église. Supérieur parfait, dit-on, il quitte la place intenable par lui ; orateur à grandes ailes, il abandonne la chaire ; professeur de Sorbonne, il s'administre une petite émeute qui l'amène à décamper ; chanoine, on ne le voit jamais au chœur ; grand vicaire, il ne songe pas un instant à s'en faire un bâton de maréchal. Louis de Quélen, qui connaissait merveilleusement notre homme, a dit de lui ce joli mot qui s'applique à toute sa carrière : L'abbé Dupanloup est un homme de talent, un prêtre de mérite, sans doute. On ne peut rien faire *sans lui* ; mais avec lui, on ne peut *rien faire.*

L'explication de Dupanloup, personnage historique, est tout entière dans ces traits de sa physiologie. Le prince de la jeunesse savoisienne devient le prince de la jeunesse des écoles religieuses de Paris ; le grand maître des jeux d'Issy écrit au grand maître de l'Université et se croit son égal. Prêtre, il dresse un programme de doctrines à lui ; il se taille un rôle à sa mesure ; il se pousse à toutes les places, quitte à les abandonner presque aussitôt. C'est un grand personnage de France et d'Europe ; c'est un homme infaillible et impeccable ; c'est un oracle devant lequel on s'incline sans discuter; c'est une puissance qu'il faut subir sous peine de sacrilège. Vous riez ; mais c'est ainsi aujourd'hui même, vingt-cinq ans après sa mort ; et j'en suis à me demander si, exprimant sur son compte un loyal et j'ose dire définitif jugement, on ne m'en fera pas un crime.

On ne discute pas Dupanloup, même hors de la chapelle où on l'adore.

Déjà il existe, sur cet homme, une assez volumineuse bibliothèque ; la clef du bon sens ne peut en ouvrir la porte. Prenez quel livre vous voudrez, il ne vous donnera pas une idée exacte du personnage. Les exclamations de l'extase, c'est le seul langage qu'on y connaisse. Les trois volumes de Lagrange, c'est l'exclamation continue et inintelligente ; le volume de l'académicien Falloux, c'est un tableau tracé avec artifices ; les volumes de Chapon, c'est l'apologétique du parti pris ; le volume de Maynard, c'est une sourdine mise à tous ces dithyrambes. Les *Notes et souvenirs* de Rouquette, ouvrage intérieur, est peut-être ce que nous avons de mieux. Rouquette est naïf et complimenteur ; il tient Dupanloup pour un grand homme ; mais il le présente comme il est et dit les choses comme elles sont, sans cérémonie. Lui prêter un dessein quelconque le rabaisser, n'est pas possible : il est plein de son homme ; pourtant, en le gonflant encore, il le décoiffe. Le masque tombe, l'homme reste et le héros s'évanouit.

III

La grande, la grosse, j'ose dire l'*unique* question au sujet de Mgr Dupanloup, c'est de savoir s'il a été un amalgameur d'idées fausses et l'ardent propagateur de ces idées, au grand détriment de la France et de l'Eglise. S'il a été un écrivain irréprochablement orthodoxe, nous le calomnions ; s'il s'est abandonné aux témérités, voire aux erreurs de l'hétérodoxie, en montrant ce qu'il est, nous rendons service à la chose publique ; en dénonçant, à la ville et au monde, les fragments de cet Origène, nous défendons les intérêts des âmes et l'honneur de Dieu.

Or, sans que notre plume hésite, sans que notre cœur tremble, nous disons que Mgr Dupanloup a été l'Eusèbe du libéralisme ; et comme Eusèbe, en édulcorant l'erreur d'Arius, a été plus funeste à l'Eglise qu'Arius lui-même ; de même l'Eusèbe du libéralisme, en rejetant la royauté de Jésus-Christ et en canonisant la révolution antichrétienne, fâcheux de son vivant, sera plus funeste dans la suite des temps, au moins pour la France, que Luther et Calvin, les grands hérésiarques des temps modernes.

Nous devons exposer et prouver cette proposition ; nous devons en présenter une démonstration telle que s'impose, aux esprits loyaux, l'éclat de son évidence.

Les hommes qui remplissent un rôle dans les affaires d'ici-bas ont tous, plus ou moins, quelque chose qui les distingue essentiellement; ils sont les hommes d'une idée, d'un système. Les grandes lignes de la vie, l'ensemble de leurs œuvres et de leurs actes, convergent vers cette idée, vers ce système; ou, si l'on veut, n'en sont que le développement et l'application. L'idée essentielle, capitale de Dupanloup, c'est la théorie du catholicisme libéral, c'est la préconisation de cette théorie comme l'idéal de la société moderne.

La religion catholique et l'Eglise romaine représentent, dans le monde, l'Evangile de Jésus-Christ et la constitution divine de l'humanité. En France, elles ont constitué la nation et marqué son rôle providentiel dans le monde, racheté par le sacrifice de la croix. Jusqu'en 1789, les relations de l'Eglise et de l'Etat consistaient dans l'union religieuse et politique des deux puissances. « Les deux sociétés, en restant distinctes, dit M. Emile Ollivier, n'étaient point séparées. La religion catholique était religion d'Etat, religion dominante. Ce qui était mal dans l'Eglise, l'était dans l'Etat; l'honneur et l'autorité de Dieu étaient aussi protégés que ceux du prince; le crime d'hérésie existait à côté du crime de lèse-majesté; le livre condamné à Rome était brûlé à Paris par la main du bourreau; la résistance à une bulle de pontife était punie comme la résistance à une loi fondamentale de l'Etat; le clergé était un ordre politique appelé aux Etats généraux, chargé des actes de l'état civil, du jugement des causes matrimoniales; les vœux solennels étaient valables même au for extérieur; la succession du moine s'ouvrait; s'il fuyait le cloître, il y était ramené *manu militari* [1]. »

La Révolution de 1789 a détruit cet ordre de choses; elle n'a pas anéanti le pouvoir spirituel de l'Eglise et l'autorité du Pape; mais elle a fait plus que s'en *distinguer*, elle s'en est *séparée*; elle a dépossédé l'Eglise de ses biens et de sa primauté de domination; elle a laïcisé l'Etat et l'a mis en dehors de l'ordre chrétien; elle a établi l'inexistence des vœux au point de vue légal, supprimé le crime d'hérésie, porté atteinte à l'intégrité du mariage, reconnu les libertés de conscience, de presse, de culte; en un mot, elle n'a plus vu, dans l'homme, que l'être de pure nature et dans la société, qu'une association relative au bien matériel.

On laisse, il est vrai, le Christ et son Eglise aux individus, en at-

---

[1] *L'Empire libéral*, t. VII, p. 261.

tendant une persécution qui éclatera de temps à autre ; on imagine en même temps, une sorte de droit commun, en vertu duquel l'Eglise catholique et les sectes dissidentes, la vérité et l'erreur, Jésus et Barrabas sont mis sur la même ligne. Ce système, que la raison ne peut approuver, est uniquement inventé pour rabaisser l'Eglise, tromper les peuples et leur faire entendre particulièrement que les doctrines religieuses, les affirmations de la communion catholique et les négations des sectes dissidentes, sont équivalentes, par conséquent sans intérêt.

Ni dans les philosophes impies du xviiie siècle qui l'ont préparée ; ni dans les fous et les scélérats qui l'ont accomplie ; ni dans les hommes qui l'ont continuée jusqu'à nous, cette révolution n'a rien de catholique, ni même de chrétien. La Révolution est *satanique*, a dit J. de Maistre ; la Révolution *nie Dieu* et *affirme l'homme*, dit Donoso Cortès ; la Révolution de 89, commencée par la Déclaration des droits de l'homme, conclut Bonald, ne finira que par la proclamation des droits de Dieu. En d'autres termes, la Déclaration des droits de l'homme est la négation de l'ordre surnaturel de rédemption et de grâce ; l'installation, dans la société civile, du pur naturalisme. Par la Révolution française a été prononcée la déchéance antisociale de Jésus-Christ. On traduit cela par euphémisme en disant que l'Etat s'est fait *laïque*. Pourtant il serait ridicule de dire qu'avant 89, l'Etat était *ecclésiastique ;* il était catholique, et quand on l'intitule *laïque*, cela signifie anticatholique. En se mettant aux écoutes, on croit entendre les clameurs sinistres des fils dégénérés d'Israël : « Nous ne voulons pas que Celui-ci règne sur nous. »

Un point domine toute la question, c'est le jugement des Papes sur les principes et les actes constitutifs de la société moderne. Depuis un siècle, ce jugement a été rendu à différentes reprises et c'est une condamnation identique dans les termes et certainement sans appel. Condamnation de la Déclaration des droits de l'homme par Pie VI, 23 avril 1791, dans une lettre adressée aux habitants du Comtat-Venaissin ; le pontife dit ces droits contraires à la religion et à la société ; il reproche, en outre, à la Constitution, dès 1790, d'avoir admis les non-catholiques aux emplois publics, d'avoir confisqué les biens ecclésiastiques et surtout d'avoir établi la liberté des cultes. Condamnation de la liberté de conscience, de l'égalité des cultes et de l'indifférentisme qui en est tout à la fois le principe et la conséquence, dans deux lettres aux cardinaux de Loménie et de La Rochefoucaud. Même condamnation formelle par Pie VII, en 1814, dans une lettre à Antoine de Boulogne, évêque de Troyes. Condamnation de plus en plus solennelle de tous les principes de la Révolution française, par l'Encyclique *Mirari vos* de Grégoire XVI en 1832 ; par l'Encyclique *Quanta cura* et par le syllabus de Pie IX en 1864. Il n'y a rien de plus certain et de plus constant que la réprobation de la Révolution française pour la Chaire du Prince des Apôtres.

L'Eglise universelle est gouvernée par le Pape et, sous une autorité suprême, par les évêques dans chaque diocèse. « Et, dirai-je avec Dupanloup lui-même, ni le zèle, ni le talent, ni le dévouement même ne peuvent rien autoriser ; car, c'est un grand principe chrétien que, dans la défense de la vérité et dans la direction des choses religieuses, tout ce qui se fait contrairement à l'ordre hiérarchique établi par Jésus-Christ, contrairement aux rapports naturels et à la subordination légitime des diverses parties de l'Eglise, tout cela, quelque apparence de bien qu'il puisse avoir, finit toujours par aboutir à mal. Les avantages qui sembleraient, sous quelque rapport, en résulter, peuvent faire illusion aux esprits superficiels ; mais les *graves et terribles leçons* de l'histoire ecclésiastique sont là pour prouver que les résultats, en définitive, sont funestes. » (*Mandement* contre l'*Univers* en 1852.)

En présence des condamnations portées, depuis un siècle, par la Chaire apostolique ; en présence des confirmations données par de bons et grands esprits comme Joseph de Maistre, Bonald, Lamennais et beaucoup d'autres, que penser d'un simple prêtre qui, en 1845, sans autorité personnelle, articule solennellement et répète dix fois de suite son adhésion aux principes de 89, non seulement pour son compte personnel, mais encore pour tous les catholiques français, qui, à coup sûr, ne lui avaient donné aucun mandat. Notez que nous sommes en 1845 ; que tous les évêques réclament la liberté d'enseignement pour l'Eglise, en vertu de son droit divin et des promesses de la Charte de 1830. La campagne est circonscrite, la question est spéciale, l'objet et les raisons des revendications épiscopales sont connus du public ; il n'y a, pour un prêtre, qu'à suivre les chefs et à fortifier leurs arguments, de l'appoint de ses raisons et de l'appui de son éloquence. A cette heure grave pour la France, Dupanloup fait bande à part ; il se sépare des évêques ; il réclame, pour les catholiques de France, une petite place dans l'Université, et pour couronner son œuvre, il se porte garant d'une pacification par la réconciliation de l'Eglise avec la société moderne.

Si nous alléguions qu'il a trahi ; qu'il s'est entendu, avec les ennemis de l'Eglise, pour livrer l'Eglise à la Révolution ; que ces accointances avec les Molé, les Broglie et plusieurs autres parlementaires rendent plausibles ces soupçons ; que ses rapports avec la Cour inclinent encore plus à le croire, vous protesteriez au nom de sa probité. Mais nous ne nous permettons aucune de ces allégations que pourrait autoriser la vraisemblance. A l'appui de nos allégations, il faut des preuves matérielles ; les voici.

Depuis 1845 jusqu'à la mort de l'évêque d'Orléans, nous avons lu, en historien et en philosophe, toutes les œuvres de Dupanloup ; nous avons reproduit, dans un gros volume, par analyse ou par citations textuelles, ses motions publiques ; nous l'avons trouvé, en toutes circonstances, fidèle à ses principes de 1845 et tel qu'il était dès l'origine. Malgré ses facilités d'effusions, ses affectations de savoir encyclopédique et ses poses de grandeur, c'est toujours l'homme de 1845. Sa *pacification* est son Islam ; le programme qu'il a posé, il l'applique à tout et partout. Qu'il mette à son œuvre une grande souplesse d'esprit une singulière audace et parfois une véritable habileté, je laisse de côté ces questions. Pour moi, le problème est celui-ci : Quelle est l'*idée-mère* de Dupanloup.

Je demande encore, avant d'exposer cette idée, à faire observer : que jamais Dupanloup ne s'est arrêté un seul instant à citer les encycliques des Pontifes romains, il n'y fait même pas allusion ; et tous les grands hommes qui ont soutenu, avec la supériorité du génie, la cause de Dieu contre l'impiété révolutionnaire, il les passe dédaigneusement sous silence. Le seul qu'il daigne admettre dans son répertoire, c'est Chateaubriand, esprit très mélangé et très abondant sur les thèses de Dupanloup, mais sans théologie, ni philosophie, ni droit.

La thèse de Dupanloup c'est donc la *réconciliation de l'Eglise avec la société moderne*. S'il avait accepté l'ordre de rapports établis par les Pontifes romains, il n'avait rien à dire ; il n'avait aucune qualité pour innover ; il devait se contenter d'obéir en silence. Mais il veut que l'Eglise fasse un pas de plus et qu'il se fasse, sur sa proposition, une *révolution religieuse*. C'en est une, en effet, qu'il préconise ; c'est l'entrée de la révolution dans l'Eglise ; c'est l'Eglise canonisant la révolution, sur la motion du prophète des temps nouveaux.

Les libéraux purs acceptent, comme *Credo* politique, la *Déclaration des droits de l'homme* ; ils la fondent sur la souveraineté du peuple ; ils l'appliquent par un ensemble d'élections populaires ; ils la constituent, au choix, en monarchie constitutionnelle ou en république. Dieu, Jésus-Christ et l'Eglise existent peut-être, mais ne sont de rien dans le système de la société nouvelle. La loi et le pouvoir sont l'incarnation du peuple, sous l'autorité de l'athéisme. C'est sot et monstrueux, mais c'est ainsi.

C'est avec cette société libérale, parlementaire, au fond révolutionnaire et athée, que Dupanloup propose à l'Eglise de se réconcilier. Si son projet de pacification religieuse n'est pas un entortillage
inintelligible ou un galimatias sans conséquence, le projet repose
sur ces trois bases : 1° Acceptation dans son ensemble de la législation révolutionnaire et du système nouveau, lequel, purgé de ses
crimes et de ses erreurs, constitue malgré son matérialisme un ensemble de civilisation qu'eussent pu édicter Suger ou Charlemagne ;
2° Simple juxtaposition de la société religieuse et de la société civile, toutes les deux séparées, indépendantes, n'entrant en rapport
que par concordats ; 3° la société civile, maîtresse absolue sur son
terrain, nantie d'un pouvoir constituant sans limite, s'organisant
dans sa constitution sous la formule métaphysique : Ordre et liberté :
sans s'occuper ni du Saint-Siège, ni de l'Eglise, ni de l'Evangile, ni
de Jésus-Christ, ni même de Dieu. La Révolution française acceptée
dans son système social séparé, dans sa théorie du séparatisme et
l'absolutisme du droit humain : voilà la thèse de Dupanloup.

(A suivre.)

MGR JUSTIN FÈVRE.

L'Abbaye royale de Saint-Victor
de Paris

(Suite.)

VI

L'ORDRE DE SAINT-VICTOR

L'exemple de Cîteaux. — Saint-Victor école de réformateurs. — La cathédrale de Séez victoiine. — Abbayes agrégées. — Forme de cette première fédération. — Victorins en Angleterre. — Etienne de Tournai. — L'abbaye de Sainte-Geneviève. — Saint Guillaume de Danemark. — La Bièvre. — Victorins à Naples. — Les chapitres généraux. — Chanoinesses victorines. — Les prieurés de Saint-Victor.

Un centre intellectuel tel que l'abbaye victorine devait nécessairement attirer en grand nombre des sujets d'élite, en ce XIIe siècle aussi avide de science que de mysticisme ; mais tout le prestige de Hugue et de Richard ne suffisait point à faire de leur maison un chef d'ordre. Saint-Victor dut l'honneur de ce rôle aux héroïques vertus pratiquées sous ses cloîtres et au génie administratif de Gilduin qui reçut du ciel cette faveur, précieuse aux fondateurs : une longue vie ; et put formuler le résultat de l'expérience dans ce merveilleux code disciplinaire qu'est le *Liber Ordinis*.

L'exemple de Cîteaux était démonstratif. Depuis que la *Charte de charité* avait groupé les Bénédictins blancs, en laissant d'ailleurs à chaque abbaye son autonomie et son existence propre, à la différence de Cluny, dont la centralisation excessive absorbait, au profit de la maison-mère, les forces vives de l'Ordre tout entier, une vie intense circulait dans la vaste confédération cistercienne. Rien de plus grave, de plus puissant, de plus imposant que ces chapitres généraux qui, non contents de discuter les affaires de l'Ordre, étaient toujours écoutés, quand ils traitaient avec le Pape, le roi, ou l'empereur, les affaires de la chrétienté.

Pourquoi le même principe n'eût-il pas été applicable au clergé canonique régulier ? Et de fait, c'est lorsqu'il lui fut appliqué que les chanoines claustraux entrèrent dans leur plus belle période de grandeur et de gloire. Parmi les principaux ordres cléricaux modelés sur le type cistercien, les plus célèbres, ceux dont l'action se trouva la plus féconde, furent celui de Prémontré et celui de Saint-Victor.

Il serait injuste d'affirmer que l'abbaye parisienne ambitionna son rôle. Avant de devenir un centre de chapitre général, elle était, depuis de longues années, par la force des choses, une école de réformes et de réformateurs.

En 1132, Innocent II, au retour de ce voyage en France où il avait tiré de son cloître un Victorin, Yve, pour l'élever au cardinalat, pouvait écrire à l'évêque et au chapitre de Notre-Dame de Paris :

Votre dilection n'ignore pas combien l'église de Saint-Victor s'est rendue célèbre tant par les vertus personnelles de ses membres que par l'observance régulière et le zèle de la discipline ecclésiastique, au point que, de tous côtés, beaucoup d'églises, en adoptant son genre de vie, et en lui demandant des maîtres, ont fait, grâce à Dieu, de grands progrès. De tout ceci, la Majesté divine reçoit honneur et gloire, et le peuple chrétien, ayant sous les yeux de tels exemples, est amené à devenir plus fidèle et meilleur [1].

Or, grâce à la modestie des réformateurs, c'est fort péniblement que nous parviendrons à reconstituer la liste des réformes qui avaient déjà un tel retentissement lorsque l'abbaye comptait à peine ses vingt ans. Le chroniqueur victorin anonyme de la fin du XIIe siècle [2] a été un peu moins discret :

Après la mort de Louis VI, son fils Louis lui succéda. Sous son règne, saint Bernard, le premier abbé de Clairvaux, se signale à l'administration du monde entier par sa sainteté, sa science et ses miracles.
L'Ordre de Saint-Victor s'était propagé dans beaucoup d'églises. Raoul devint abbé de Saint-Satur, dans l'archevêché de Bourges ; Odon, à Sainte-Geneviève de Paris ; Roger, à Sainte-Euverte d'Orléans ; un autre Roger, dans l'Eglise d'Eu en Normandie ; le seigneur Garnier, à Saint-Barthélemi, près de Noyon ; Baudouin, à Saint-Vincent de Senlis ; Guibert, à Notre-Dame d'Eaucourt ; Richard, à Saint-Augustin

[1] J. de Th. adan. 1132.
[2] B. N. Ms. lat. 15009, f° 76 verso.

de Bristol en Angleterre, et maître André, à Saint-Jacques de *Guinemore*. Dans l'église romaine on trouvait le cardinal Yve et l'évêque de Tusculum Hugue. Tous ces personnages étaient chanoines de Saint-Victor de Paris et disciples de Gilduin. Gilduin eut également pour disciples Hugue de Saint-Victor, que personne au monde n'a surpassé dans la science des Ecritures ; maître Achard, évêque d'Avranches ; maître Adam, très savant dans les saintes lettres, et le prieur Richard.

Ce texte est extrêmement précieux, quoique visiblement fort incomplet. Jean de Paris le reproduit à peu près, et mentionne, à l'année 1138, neuf abbés et deux cardinaux victorins [1]. Nous avons vu que le Nécrologe fait de cette propagation de l'Ordre le principal titre de gloire de l'abbé Gilduin.

En 1225, Louis VIII lègue par testament cent livres à chacune des *quarante* abbayes de l'Ordre de Saint-Victor. Sans vouloir suivre Jean de Thoulouse qui s'évertue à en reconstituer la liste d'après les confraternités relevées au Nécrologe, ou d'après d'autres indices encore moins probants, nous relaterons ici les abbayes dont l'agrégation à l'Ordre victorin nous est connue dans sa date et ses circonstances, par des documents authentiques. De plus, nous inclinons à croire que toutes les abbayes réformées par les Victorins ne firent pas nécessairement partie de la confédération et ne furent pas nécessairement convoquées ou représentées aux chapitres généraux.

Le chroniqueur a omis de mentionner l'église cathédrale de Séez, peut-être parce qu'il dressait une liste des seuls abbés. Or, Guérin de Saint-Victor n'y eut que le titre de prieur, l'évêque demeurant le premier chef de son chapitre régulier.

L'initiative hardie de ce retour à la vie claustrale appartient à Jean, successeur de Serlon sur le siège de Séez. Jean était le neveu de son homonyme, l'évêque de Lisieux, et le frère aîné d'Arnoul, dont, en attendant que celui-ci reçût la crosse de leur oncle, il fit son archidiacre. Avec l'agrément du pape Honorius II, de Geoffroi, son métropolitain de Rouen, et du roi d'Angleterre Henri II, il établit, au milieu de mille difficultés, des clercs vivant en commun dans sa cathédrale, obtint pour eux un *modus vivendi* acceptable avec les cha-

[1] B. N. Ms. lat. 15011, f° 383.

noines séculiers survivants, dont les prébendes devaient, par voie d'extinction, revenir aux chanoines réguliers et par ceux-ci être remises en commun. Les quatre archidiacres étaient choisis parmi eux, et devaient, leur rôle rempli, rentrer dans le rang parmi leurs frères du cloître. Nous verrons qu'on a essayé, parfois avec succès, d'obtenir que l'évêque lui-même fît profession de la vie régulière.

Toutes choses ainsi réglées, l'évêque donna solennellement l'habit religieux aux clercs disposés à entrer dans cette voie, et les installa au chœur de son église, sous le gouvernement d'un prieur, Guérin, envoyé, avec quelques chanoines, de Saint-Victor de Paris. C'est à Guérin qu'il adressa, en 1131, une charte donnant à cette institution sa forme définitive [1]. Ainsi l'évêque de Séez mena à bien cette œuvre qu'il avait fort à cœur, plus heureux en cela que son oncle, l'évêque de Lisieux, et Geoffroi, archevêque de Rouen, dont tous les efforts en ce sens demeurèrent infructueux.

Nous ne savons en quelle année mourut le prieur Guérin. Le Nécrologe, à l'habitude, ne nous apprend rien à cet égard [2]. Toujours est-il qu'à la mort de l'évêque Jean, en 1143, son œuvre parut fortement compromise par les intrigues de quatre mécontents et par l'élection d'un chanoine séculier, Girard, pour son successeur. L'ancien archidiacre, Arnoul, devenu évêque de Lisieux, en écrivit au pape Célestin II [3]. Ce fut Eugène III, qui, après bien des malheurs subis par Girard, termina cette affaire en confirmant enfin son élection, mais à la condition qu'il jurerait de maintenir la vie commune au chapitre cathédral et qu'il y ferait lui-même profession de la règle de saint Augustin.

Nouvelle alerte en 1157, à la mort de Girard. Son successeur légitimement élu n'était autre qu'Achard, l'abbé de Saint-Victor, mais Henri II s'opposa à la consécration d'Achard, parce qu'il le savait dévoué au pape Adrien IV.

Par une intrusion à peine déguisée, Frogier, l'aumônier du roi d'Angleterre, lui fut substitué et reprit la guerre contre les chanoines réguliers de la cathédrale. Il était ici dans son rôle.

---

[1] *Gall. Christ*, t. XI, col. 686 et col. 160. *Instrum.* (édit. Palmé).

[2] VII, 73, April. « Anniversarium magistri Guarini Sagiensis ecclesie prioris et canonici nostri. »

[3] P. L. 201, col. 19.

Arnoul de Lisieux, défenseur vigilant de l'œuvre frater-ternelle, écrivit à ce sujet au pape Alexandre III une longue lettre fort instructive où il racontait la fondation de l'évêque Jean, qui avait trouvé, au début de son épiscopat, treize cha-noines séculiers, et avait laissé, en mourant, trente-six cha-noines réguliers suffisamment logés et dotés. Les papes Honorius II, Eugène III et Adrien IV avaient chaleureuse-ment encouragé cette réforme ; l'église Saint-Victor de Paris en avait consacré le berceau en le confiant à des personnages d'une sainteté et d'une prudence reconnues, au point que l'église de Séez fut vite au premier rang parmi les plus illus-tres églises de son Ordre. Et voilà l'œuvre que veut détruire l'évêque Frogier. Peut-être ambitionne-t-on surtout de donner les archidiaconés à des séculiers, sous prétexte que les réguliers n'ont pas assez de valeur ou de prestige pour remplir ces charges enviées.

Comme si l'astuce séculière devait prévaloir sur la sainte simplicité, et qu'on ne puisse trouver dans des églises comme Saint-Victor ou Saint-Ruf des hommes assez distingués pour en faire des archidiacres [1].

Frogier de son côté alla plaider sa cause auprès d'Alexan-dre III, et en obtint au moins ceci : qu'un des quatre archi-diaconés fût réservé à un clerc séculier. Enhardi par ce succès, il devient provocant pour l'évêque de Lisieux, son ancien ami, et bouleverse tout au cloître de la cathédrale en substi-tuant au prieur, qui était un homme énergique et zélé, un personnage sans valeur, *idiota*, et en nommant archidiacre son neveu, un jeune homme

Lequel se promène vêtu de soie au milieu des pauvres frères vêtus de cilices, qui l'ont en exécration, comme un animal d'espèce différente, destiné à leur servir d'appât, pour les ramener à la sécu-larité [2].

Ainsi parle encore Arnoul de Lisieux, dans une seconde lettre où il exprime énergiquement son indignation au pape Alexandre III.

La vie commune au chapitre de Séez survécut à tant

---

[1] P. L. 201, col. 71.
[2] *Ibid.*

d'orages. Lors de la constitution de la première Congrégation
de France au xvie siècle, nous l'y retrouverons encore, jusqu'en 1547, date de la sécularisation définitive [1]. Quant à
l'évêque Frogier, il s'adoucit quelque peu sur ses vieux
jours, et à sa mort (1184), les Victorins purent l'inscrire au
nécrologe au rang de leurs bienfaiteurs [2]. Robert de Torigni
a été plus dur, sans cesser d'être juste [3].

Quelques années après l'établissement des Victorins à
Séez, le doyen Harpin et le chapitre de Meaux fondent un
collège de chanoines réguliers pour desservir l'antique église
de Notre-Dame de la Châge, aux portes de la ville, et, d'un
commun accord, choisissent pour premier abbé, Hélie, de
Saint-Victor. La charte capitulaire qui donne à cette fondation sa forme officielle et assigne des revenus à la communauté nouvelle, est datée de 1135 et signée de tous les membres du chapitre [4]. A noter qu'une prébende de l'église
cathédrale était, comme à Paris, assignée aux chanoines
réguliers, à la condition de faire leur semaine de service, et
les annates des prébendes vacantes leur étaient également
attribuées.

Malgré la présence périodique d'abbés choisis à Saint-
Victor [5] même, les liens qui rattachaient l'abbaye de la Châge
à sa maison-mère tendirent toujours à se relâcher. L'échange
de suffrages pour les défunts des deux abbayes fut toujours
respecté ; mais les vivants tinrent à vivre dans une sujétion

---

[1] *Gall. Christ.* XI, col. 176.

[2] Pridie Id. Sept.

[3] « Hoc etiam anno obiit Rogerius seu Frogerius episcopus Sagiensis qui mul-
tum emendavit matrem ecclesiam et totum dominium suum. Reliquit etiam im-
mensas divitias in auro et argento sibi non profuturas ». (*Mon. Germ. hist.* VI,
p. 534.)

[4] Jean de Thoul. reproduit la charte, avec la confirmation de Manassé, évêque
de Meaux, confirmation donnée en présence de Goslen, évêque de Soissons,
Gilduin, abbé de Saint-Victor, Gautier, abbé de Saint-Jean des Vignes, et maître
Hugue Farsit. — Suit également une bulle d'Innocent II, datée de Pise, le
20 juin 1136. — Le *Gall. Christ* aux *Instrum.* du t. VIII, col. 549, donne
seulement la première de ces pièces.

[5] On en trouve quatre mentionnés au Nécrologe. Les trois premiers, Hélie,
Simon et Odon, occupèrent le siège de 1135 à 1194 ou 1200. Brice, qui ne figure
pas dans la liste du *Gall. Christ.*, est donné par Jean de Thoul. comme le XIIIe
abbé de la Châge. Quoi qu'il en soit de son rang dans la série, le Nécrologe victorin est formel à son sujet. « VII Id. April. obiit fr. Brictius, quondam abbas
S. Marie Meldensis et noster canonicus. »

moins étroite. Ainsi, nous trouvons dans une note du vieux Nécrologe que, dès le xiiie siècle, Saint-Victor traitait les chanoines de la Châge comme des parents déjà éloignés [1]. L'abbaye de la Châge, bien déchue, fut, au xviie siècle, agrégée à la seconde Congrégation de France.

Bien victorine aussi est l'abbaye de Saint-Vincent de Senlis qui devait abriter le berceau de la seconde Congrégation de France. Fondée ou restaurée en 1067 par Anne de Russie [2], qui employa à sa dotation les domaines qu'elle avait reçus de son époux le roi Henri Ier, elle avait été promptement mise au pillage par les feudataires voisins. Ses clercs pratiquaient sans ferveur « la règle des saints Apôtres et de saint Augustin » qui leur avait été imposée par la fondatrice. Ce fut donc une mesure de sauvetage que la démarche du prieur Gausbert et du chapitre assemblé en 1139, après la mort de Baudouin, le troisième abbé, et, écrivant à Gilduin de Saint-Victor pour lui demander un pasteur, dont on lui laissait le libre choix. Gilduin se rendit à leurs vœux, et leur envoya Baudouin, 2e du nom, dont l'administration ne devait pas dépasser l'année 1147 [3].

Mais la lettre du chapitre de Saint-Vincent contenait toute autre chose encore. Elle nous révèle dans une formule claire et précise le régime de l'Ordre victorin et de ses chapitres généraux. C'est en quoi elle est pour nous extrêmement précieuse [4].

---

[1] « Sciendum tamen quod capitulo et locutioni in claustro non admittuntur nec accipiunt benedictionem quamvis hi qui habent plenariam fraternitatem nostram faciant hec ex antiqua consuetudine. Fuerunt enim aliquanto tempore, videlicet domni Gilduini abbatis, de nostra societate. » (B. N. Ms. lat. 14673, fo 275).

[2] J. de Th., ad an. 1139, reproduit le texte d'une fort intéressante inscription gravée dans la chapelle de la Sainte Vierge et relatant cette fondation.

[3] Jean de Thoul. mentionne cinq abbés de Saint-Vincent empruntés à Saint-Victor. Quatre d'entre eux sont clairement désignés comme tels au Nécrologe. Ce sont Baudouin, Hugue, Pierre et Adam. Le cinquième nous est indiqué par son initiale seulement, R., d'après une lettre d'Etienne de Tournai à Guillaume, archevêque de Reims (Gall. Christ. X, col. 1497. — P. L. 211, col. 455). — Le Nécrologe Victorin relate encore le sous-prieur Bernard, victorin par sa profession, et un frère Ascelin qui avait appartenu aux deux abbayes. — C'est en qualité de Victorins que les chanoines de Saint-Vincent furent exemptés par Pierre, évêque de Senlis, de l'assistance aux processions. Saint-Victor, nous le savons, attacha toujours un grand prix à pareille exemption. La charte de l'évêque de Senlis est datée de 1139. Elle fut confirmée par les papes Eugène III en 1147, Alexandre IV en 1256 et Clément IV en 1265.

[4] En voici le texte complet :

« Domno et Patri Gilduino Dei gratia ecclesie beati Victoris Paris., venerabili

Désireux d'établir entre vous et nous le lien solide d'une association inviolable, tous, d'un commun accord, nous promettons, en
notre nom et au nom de nos successeurs, d'observer votre Ordre et
vos coutumes. Notre abbé se rendra fidèlement tous les ans à votre
Chapitre général, pour y traiter, avec les autres abbés, des affaires et
du progrès de l'Ordre.

En cas de faute grave, ou d'insuffisance de sa part, toutes formalités juridiques remplies, il pourra, si les autres abbés de notre
société le jugent à propos, être déposé, sans que personne y puisse
contredire. Et pour préciser davantage les termes de notre union,

abbati et ejusdem loci sancto conventui Gaubertus sancti Vincentis Sylvanectensis
dictus prior et ceteri fratres inibi Domino servientes, veram in Christo dilectionem.
Noverit dilectio vestra quia post decessum pie memorie domni Balduini abbatis
nostri, convenientibus nobis in unum, cum de substituendo nobis Abbate invicem tractaremus, tandem, post multam discussionem, Deo ut credimus, inspi-
rante, placuit nobis ut de domo et societate vestra unum de fratribus vestris eli-
geremus. Quod et Deo volente, et vestra pietate favente, impetrare meruimus.
Cupientes itaque inter vos et nos individue societatis vinculum nexu firmissimo
perdurare, omnes uno assensu, uno voto concedimus, et concedendo promittimus
quod nos et posteri nostri ordinem vestrum et consuetudines vestras tenendo ser-
vabimus. Abbas etiam noster, quicumque scilicet de cetero nobis prefuerit, ad
Capitulum vestrum generale per singulos annos veniet ut ibi de statu et profectu
ordinis ipse pariter cum ceteris tractet. Quod si idem abbas noster reprehensibilis,
et sibi et ecclesie nostre inutilis repertus fuerit, post canonicam admonitionem, si
sese emendare noluerit, communicato cum aliis abbatibus qui erunt de nostra societate consilio, sine expectatione vel contradictione alicuius persone eum remo-
vere licebit. Et ut nostre et vestre societatem ad plenum breviter explicemus, a
melioribus exempta sumentes, eamdem unitatem quam abbates et conventus
cisterciensis ordinis inter se suo modo in suo ordine habent, hanc ipsum inter nos
et vos nostro modo in nostro ordine esse annuimus, et insuper eumdem respectum
quem predicti abbates et conventus ad suum caput, id est ad ecclesiam Cistercii
habent, cumdem et nos et abbatem nostrum erga ecclesiam vestram habere concedimus. Sit ergo inter nos et vos illorum unitas, forma et exemplar in tenenda
ordinis unitate et in exhibenda invicem humilitate ; et etiam in facienda prelato-
rum electione, correctione, depositione, adhibita in omnibus eadem quam et ipsi
adhibent discretione. In hoc autem maxime grata esse debet nostra societas quia
ecclesia vestra nullam commodi temporalis exactionem ab ecclesia nostra in hac
societate requirit, et nostra pariter ac vestra ecclesia per hanc societatem fundatior
in religione consistit. Ne ergo hanc nostre societatis confederationem memorie
noverca in posterum deleret oblivio, in recordationem ipsius confederationis hoc
memoriale conscripsimus ac sigilli ecclesie nostre impressione firmavimus, atque
hoc vobis in ecclesia vestra perpetuo servandum tradidimus ; nec illud latere volumus quia hujus memorialis transcriptum sigillo vestro signatum apud nos ha-
bemus.

Ego Balduinus, de ecclesia sancti Victoris post conscriptionem presentium litte-
rarum in abbatem sancti Vincentii Sylvanectensis electus, notum fieri volo quia
omnibus que suprascripta sunt consensum prebeo et his qui post me ecclesie
beati Vincentii prelati futuri sunt tenenda decerno.» (J. de Th., ad an. 1139.)

en empruntant un exemple à de meilleurs que nous, notre intention
est qu'il existe entre nous, *servatis servandis*, les mêmes relations
|que celles qui existent entre les abbés et les monastères de l'Ordre
de Cîteaux. De même que tous reconnaissent l'église de Cîteaux pour
leur chef, nous promettons, pour nous et notre futur abbé, la même
déférence et la même dépendance à l'égard de votre église de Saint-
Victor.

Que leur association soit donc le type et le modèle de la nôtre
pour l'unité d'observance, les rapports mutuels, l'élection, la correction, la déposition des prélats, et, au surplus, pour cette discrétion
qu'ils savent mettre en tout.

Ce qui fait le charme et l'avantage de cette société, c'est que votre
église ne nous demande aucune redevance d'ordre matériel, et que
la vôtre et la nôtre tout à la fois ne peuvent qu'y trouver plus de
garantie pour la vie régulière.

De peur que l'oubli ne vienne à détruire cette confédération aujourd'hui établie entre nous, nous avons scellé cet acte du sceau de
notre église et nous vous l'avons remis pour être à perpétuité conservé dans vos archives, gardant par devers nous le double scellé de
votre sceau à vous.

Suit la ratification de l'abbé Baudouin, après son introni-
sation.

Nous sommes désormais fixé : l'Ordre victorin était une
confédération, identique, dans sa charte constitutionnèlle, à la
confédération cistercienne [1]. Pour les chanoines réguliers,

---

[1] Vers 1163, l'abbé Baudouin III voulant se démettre de sa charge, l'abbé
Ernis de Saint-Victor eut quelques raisons de craindre la rupture du lien fédéral.
Il en écrit à Henri, frère de Louis VII, archevêque de Reims, pour le prier
d'obtenir quelque délai, « ne in eo quod predictus abbas facere intendit aut conventus ejus facienti consentit societatis, bonum in aliquo dividatur aut eiusdem
societatis scripto formata pactio ab integritate sua, quod non expedit, in aliquo
minuatur » (J. de Th., ad an. 1165).

Ernis put arriver à temps et faire élire pour successeur à Baudouin III un Victorin, Hugue II († 1189). — De pareilles tentatives, en vue d'une complète indépendance, ne réussirent que trop au siècle suivant, et contribuèrent pour une large
part au démembrement de l'Ordre victorin. Elles nous permettent toutefois de
constater que son régime fédéral fut l'exacte reproduction de celui de Cîteaux,
jusqu'à la *filiation* inclusivement. Saint-Victor donne directement naissance à la
vie régulière à Saint-Vincent de Senlis ; Saint-Vincent, à Livry ; et plus tard
Livry, à Notre-Dame de la Roche. Il en résultait entre les abbayes-mères et leurs
filles des relations de dépendance et de juridiction spirituelle qui furent toujours
difficiles à briser, et donnèrent lieu à de gros procès. Ainsi à l'abbaye de la Victoire en 1287, à l'abbaye de la Roche en 1238 (A. Moutié. Cart. de Notre-Dame
de la Roche, p. 100).

En tout cas, les abbayes issues l'une de l'autre par filiation reconnaissaient,
même au dernier degré, la suprématie de l'abbaye-mère de Paris, et faisaient toujours partie de « l'Ordre de Saint-Victor ».

comme pour les Ordres monastiques à clergé *titulaire*, aucune autre forme de congrégation ne sera jamais normale,
profitable et viable.

Ce mouvement d'agrégation à l'abbaye victorine prit vite
une grande extension. Jean de Thoulouse réfère à ces années
l'union de Saint-Satur de Sancerre, qui reçoit pour son
second abbé un Victorin du nom de Raoul ; et de Saint Bar-
thelémi de Noyon, [2] dont Garnier, autre Victorin, prend le
gouvernement. Le roi Louis VII, sur le point de partir pour
la Terre-Sainte, avait confié, à son frère Henri et à l'évêque
de Paris Thibaut, le soin d'opérer la même réforme dans la
collégiale de Saint-Martin de Champeaux [3]. Pour des raisons
demeurées inconnues, ce projet ne fut pas mis à exécution.

On eut plus de succès en ce qui concerne l'église de Notre-
Dame d'Eu en Normandie. La communauté de biens y avait
été établie à la demande du doyen et des chanoines, aux
applaudissements de Geoffroi, archevêque de Rouen, et de

[1] Saint-Satur, près Sancerre, était une église fort ancienne, restaurée avant
1035, enrichie et dotée d'un chapitre canonial par Mathilde, dame de Sancerre,
la future épouse de Godefroid de Bouillon. Une bulle d'Innocent II, de 1131, y
rétablit la vie commune et la règle de Saint-Augustin. Enfin, sous le célèbre archevêque Pierre de la Châtre, l'abbaye est unie à l'Ordre victorin. J. de Th. suppose
que l'influence du cardinal Hugue de Saint-Victor, qui avait rendu à l'archevêque
de précieux services lors de sa lutte avec Louis VII, ne fut pas étrangère à cette
décision. — Un moment, à la mort de Raoul, on craignit de voir les chanoines
de Saint-Satur relâcher la rigueur de l'observance. Le pape Alexandre III leur
écrivit de Bénévent pour leur ordonner de s'en tenir invariablement « aux coutumes établies par l'abbé Raoul de bonne mémoire, spécialement pour ce qui regarde l'abstinence complète de viande aussi bien à l'extérieur qu'à l'intérieur du
cloître » (J. de Th., ad an. 1169). Plus tard il y eut de nouveaux orages suscités
par des mécontents. Etienne de Tournai dut prendre auprès du Pape la défense
de l'abbé et réclamer en plusieurs circonstances le maintien du bon ordre (P. L.
211, col. 388). L'abbaye de Saint-Satur embrassa au xviie siècle la réforme de
Bois-Achard en Normandie (Cf. Gall. Christ, t. II, col. 187).

Le Nécrologe de l'abbaye de Saint-Victor inscrit trois de ses chanoines qui furent successivement abbés de Saint-Satur : Raoul, Godefroid, vers 1180, et André,
vers 1220. Le prieur Rainulphe, vers 1250, était également victorin.

[2] Saint-Barthélemi de Noyon doit son origine à une chapelle construite dans
un cimetière dans la première moitié du xie siècle. Une abbaye y fut érigée en
1064, laquelle élut pour abbé, avant 1140, Garnier, chanoine de Saint-Victor.
Eugène III confirma son agrégation à l'Ordre victorin par bulle de 1147, et des
bulles d'Adrien IV et de Grégoire IX, en 1158 et 1230, la supposent encore (Gall.
Christ. t. IX, col. 1116).

[3] « Canonicis B. Victoris ad religionem tradatur ». (Duchesne, IV, 768. —
Marten., *Ampl. coll.* VI, 227. — A. F. XVI, 7).

-Henri, comte d'Eu, vers 1118 [1]. Le chapitre demanda et obtint pour abbé Roger de Saint-Victor. Gilduin reçut à cette occasion les félicitations de l'archevêque de Rouen.

Hugue, par la grâce de Dieu archevêque de Rouen, au vénérable abbé Gilduin et à tout le chapitre de Saint-Victor, grâce et bénédiction. Le Tout-Puissant soit remercié de ce que la réputation de vos vertus ramène au droit chemin les égarés. J'en ai la preuve dans cette église d'Eu, naguère réduite par ses péchés à la langueur et à la mort, et qui aujourd'hui revit et se relève. Dieu a voulu que votre fils et le nôtre, Roger [2], l'abbé actuel d'Eu, fût reçu par les cha-

---

[1] La charte épiscopale de cet établissement a été retrouvée aux archives d'Eu par le P. Picard, et reproduite par Jean de Thoulouse. Nous la donnons en majeure partie parce qu'elle est fort instructive touchant le mode adopté pour de tels retours des chapitres séculiers à la vie commune régulière.

« Ego Gauffridus, Rothomagensis archiepiscopus, petitione Roberts decani sociorumque ejus canonice in claustro et communi habitatione vivere desiderantium, prius sub manu comitis A ugi seculariter viventium assensum prebens, concedo ut redditus prebendarum ipsarum, que prius divisim singule a singulis possidebantur, amodo quia communiter vivunt in perpetuum (communes) habeantur. Quod si quis aliorum canonicorum ad eorum conversationem transire voluerit, redditus eius supradicto modo fiat communis. Post mortem vero eorum vel vite- mutationem redditus eorum ad istorum victum et communitatem transeant. Omnes autem redditus prebendarum et ea que ad thesaurum ecclesie pertinent ipsis regularibus et eorum ecclesie ita libere concedo sicut ecclesia Augensis liberius et quietius visa est possedisse. Liceat etiam eis, more aliorum claustralium, quos fratres voluerint in suo loco canonice ad Dei servitium coniungere et suorum abbatum liberam electionem facere.... »

[2] Roger déçut quelque peu les espérances de l'archevêque. Fut-il coupable, fut-il surtout maladroit ou malheureux? Toujours est-il que, seize ans après, la révolution existait de nouveau dans l'abbaye d'Eu. D'où plaintes des chanoines au pape Alexandre III, ordre de celui-ci à l'archevêque de Rouen et à l'abbé de Saint-Victor d'apporter remède à la situation. L'archevêque Hugue en écrivit à l'abbé Ernis une lettre qui nous reste, où il lui enjoignait de venir le trouver à jour déterminé, pour aviser au rétablissement de la paix. En même temps ou peu après, Ernis recevait une lettre où les chanoines d'Eu lui offraient l'expression de leur dévouement filial, lui rappelaient l'urgence de leur affaire, et le suppliaient d'obéir à l'archevêque. Ils accusèrent positivement l'abbé Roger de s'être livré à des enquêtes illicites et de les avoir désignés à plusieurs reprises, toujours indûment, auprès de l'archidiacre. Le résultat de ces démarches paraît avoir été la démission de Roger, et l'élection, pour lui succéder, d'Osbert, l'ancien infirmier de Saint-Victor que nous avons vu au chevet de Hugue, le grand docteur. Roger s'en fut chercher appui à la Cour pontificale et fit intervenir en sa faveur Pierre de Bonis, cardinal-diacre de Sainte-Marie *in Aquiro*. Il put obtenir ainsi une paisible retraite à l'abbaye de Saint-Victor. Il est à croire qu'il n'avait pas favorisé les débuts de l'administration de son successeur, si l'on en juge par une lettre adressée par le Fr. O... (peut-être Osbert lui-même) au Fr. A. de Saint-Victor. Depuis qu'il a quitté Saint-Victor, le Fr. O. a eu mille peines pour maintenir

noines avec un accord si unanime que l'ancien abbé lui-même, Anselme, touché de la crainte de Dieu, déclara le premier voter pour
lui, et, se jetant à nos genoux, implora au nom de tous la faveur de
recevoir le père de leur choix et de lui jurer obéissance selon
l'usage canonique. Un tel succès dépasse toutes nos espérances.
Aussi, à Dieu seul il faut en rapporter la gloire. Quant à vous, je ne
saurais trop vous remercier de nous avoir envoyé un tel homme,
qui a remis la paix au cloître et retranché tout sujet de scandale.
Aussi avons-nous ordonné aux chanoines de l'aimer, de lui obéir
comme à un père et à un maître, et d'observer à l'avenir de point en
point, dans l'église d'Eu, tout l'Ordre de Saint-Victor [1].

Un autre Victorin, aussi du nom de Roger, fut, vers la
même époque, préposé à l'église de Saint-Euverte d'Orléans
pour y établir la vie régulière. Peut-être le souvenir et l'influence d'Etienne de Garlande furent pour quelque chose
dans cette affaire. L'évêque d'Orléans, Manassé de Garlande,
n'était alors autre que son neveu. Parmi les anciens chanoines séculiers de Saint-Euverte qui consentirent à recevoir
des mains de Roger l'habit et la règle de Saint-Victor, il en
était un, le chantre Hugue [2], qui devint plus tard abbé de
Saint-Barthélemi de Noyon ; un autre, Godefroid, devint
abbé de Saint-Satur de Sancerre ; et un troisième, G..., abbé
de Saint-Ambroise de Bourges.

Un clerc de l'église Sainte-Croix qui se joignit à eux était
appelé à de hautes destinées. L'histoire le connaît sous le
nom d'Etienne de Tournai. Successivement abbé de Saint-
Euverte et de Sainte-Geneviève, élu évêque de Tournai après
s'être employé inutilement pour faire ratifier l'élection de
Pierre le Chantre à ce siège, nous ne croyons pas qu'il appartienne plus directement à l'histoire de Saint-Victor [3]. Dans

l'autorité de l'abbaye-mère ; l'ancien abbé lui a créé toutes sortes de difficultés.
Aussi il prie son correspondant d'engager l'abbé Ernis, le prieur Richard, Henri
le Lombard, maître Henri de Sercelles et tous ses amis de réprimander fortement
ledit abbé lors de son retour à Saint-Victor « car s'il ne devient un autre homme,
il ne peut être ici d'aucune utilité, et il ne peut que nuire en ce pays-ci au bon
renom de l'église de Saint-Victor » (J. de Th., ad an. 1162).
    Peut-être la portée véritable de toutes ces querelles nous est-elle révélée par
une lettre de Jean, comte d'Eu, à l'abbé Gilduin, le sommant d'avoir à renoncer
à toute intervention dans les affaires de l'abbaye d'Eu, pour la laisser s'agréger à
l'Ordre d'Arronuaise (B. N. Ms. lat. 14664. f⁰ 125 v⁵⁰ — P. L. t. 196, col. 1391).
    [1] J. de Th., ad an. 1147.
    [2] P. L. 211, col. 351.
    [3] Son témoignage est formel. « In ecclesia sancte Crucis Aurelianensis a puero

la formidable correspondance qu'il entretint avec les personnages les plus divers de son époque, et qui constitue une
mine de documents précieux pour l'histoire du XIIᵉ siècle,
nous trouvons un grand nombre de lettres qui sont pour
nous du plus haut intérêt : lettre où se révèle une tendre
affection pour le vieil abbé Roger ou les abbés déjà nommés
qui avaient été ses confrères et ses amis à Saint-Euverte ;
lettre où il intercède en faveur de religieux coupables et re-
pentants ; lettres où il réclame l'aide de ses amis pour réparer
l'église de Saint-Euverte, et, plus tard, celle de Sainte-Geneviève ravagée par l'incendie ; lettre où il ordonne à son prieur
de fournir des excuses pour son absence au Chapitre général,
lettre où il se plaint de la mort d'un jeune homme d'avenir,
son sujet à Sainte-Geneviève, envoyé à Naples contre son
gré, en vertu des pouvoirs supérieurs de l'abbé de Saint-
Victor, etc...

Mais nous reviendrons sur quelques-unes de ces affaires.

De fait, l'église de Saint-Euverte souffrit en plusieurs circonstances d'une pauvreté inquiétante pour le vénérable abbé
Roger. Il écrivit un jour à l'abbé Ernis.

A son très cher Ernis, abbé de Saint-Victor, Roger, humble
abbé de Saint-Euverte, souhaite de pouvoir vivre et gérer à son
honneur les affaires dont il a la charge.

Nous ne pouvons douter de l'affection que vous nous portez : vous
nous en avez jusqu'ici fourni pratiquement tant de preuves ! Aussi
nous étions décidés à vous faire savoir combien ici les moissons ont
été maigres et les vendanges peu abondantes et, par le fait, combien
insuffisantes ont été nos provisions pour l'année commencée. Autant
ne pas parler de telles récoltes. Déjà nous craignons de manquer de
vivres.

Veuillez donc faire savoir aux clercs de Norvège, compatriotes de
cet archevêque [1] qui était votre hôte ces derniers temps, que par
votre intermédiaire et d'après vos conseils, nous serions disposés à

---

nutritus, et postmodum in ecclesia beati Evurtii confessoris sub regulari disci-
plina religiosam vitam professus » (P. L. 211. col. 352).

« Matrem meam ecclesiam sancti Evurtii quorumdam animositate turbatam in-
veni quando veni », écrit-il plus tard à l'archevêque de Reims pour lui demander
de s'employer à y maintenir la paix et l'observance (J. de Th., ad an. 1185).

Etienne eut toujours pour l'église de Saint-Euverte une tendre sollicitude, et
bien souvent il intervint lui-même et fit intervenir ses amis pour y maintenir
l'ordre troublé par de graves dissensions intérieures (P. L. 211, c. 537, 538,
539).

[1] Eskyl, archevêque de Lunden.

leur offrir en gage des manuscrits de l'Écriture-Sainte. Vous savez bien par expérience les soucis de quelqu'un qui doit pourvoir aux besoins d'une maison nombreuse. Salut.

Roger se tira de cet embarras. Il fournit une longue carrière, car une charte authentique de 1167 le mentionne encore [1]. Il eut le bonheur de retrouver le sépulcre du patron saint Euverte, ainsi qu'il en fait part lui-même à son ami Freherius, abbé de Saint-Ouen de Rouen [2]. Invité par le Pape au concile de Tours de 1164, il soumit ses hésitations à l'abbé Ernis :

...Une récente décision a interdit pareille chose dans notre Ordre et nos privilèges nous mettent suffisamment à l'abri de tels dérangements. Mon avis est donc que vous consultiez sur ce point les frères les plus animés de l'Esprit de Dieu, et que, si vous le jugez expédient, vous soumettiez le cas au chapitre, afin d'adopter une ligne de conduite qui soit à l'avenir avantageuse à vous et à nous. Voyez-vous déjà les inconvénients d'être forcés bientôt, si nous cédons une première fois, à courir aux conciles, même les plus éloignés? Écrivez-nous au plus tôt vos intentions au sujet du chapitre général. Salut.

Avant 1150, le sous-prieur de Saint-Victor, Odon, fut élu abbé de Saint-Denis de Reims [3]. Ce lui fut un brevet de longue vie. Parmi les lettres d'Alexandre III on en trouve une, à lui adressée, et qui ne peut être antérieure à 1176, car il y est question de l'archevêque Guillaume de Champagne.

Enfin, parmi les grands abbés sortis de l'école de Gilduin pour la réforme des monastères canoniaux, le chroniqueur nomme Guibert, abbé d'Eaucourt, près de Bapaume, au diocèse d'Arras. Ici se rencontre un très grosse difficulté que d'ailleurs nous ne nous chargeons pas de trancher. Dans la liste des abbés d'Eaucourt, la place est prise bien authenti-

---

[1] Gall. Christ. t. VIII, col. 1575.

[2] Marten. *Ampl. coll.* I, 413. — P. L. 199, col. 1125.

[3] Cette église, après avoir subi des vicissitudes de tout genre, était dotée d'un chapitre de chanoines réguliers dès 1067 (*Gall. Christ.* IX, col. 289).

— De son union avec Saint-Victor, elle garda un très appréciable souvenir : l'habit victorin dans son intégrité, jusqu'en 1633, date de sa réforme par la Congrégation de France. Le P. Du Molinet a donné la figure de cet habit. On y retrouve effectivement le rochet long et la chape du *Liber ordinis*. (Du Molinet. *Figures des différents habits des chanoines réguliers en ce siècle*. Paris 1666, p. 53.)

quement, d'après des chartes, jusqu'en 1184 ; Guibert n'y figure qu'en 1187, et rien n'indique sa qualité de Victorin. A cette date, Gilduin était mort depuis trente-deux ans [1].

Quant à Saint-Augustin de Bristol, sa fondation, d'après Harpsfeld, Jean Speed et Godwin [2], remonte à 1148. Elle devait son origine à Robert Fitz-Harding, de la race des conquérants danois, et dont le père, favori du roi Henri II, fut marié par celui-ci à la fille du baron de Bartkley. De fait, la famille de Bartkley recueillit tout l'honneur de la fondation de l'abbaye de Bristol, et y conserva le droit de sépulture.

Henri VIII érigea l'église en cathédrale. Le premier abbé avait été un Victorin, Richard de Warwick [3], qui la gouvernait encore en 1170.

---

[1] *Gall. Christ,* ed. Palmé. t. III, col. 446. — Cf. Aubert le Mire. *De ordine canonicorum regul. Sancti Augustini,* cap. 50. — Cependant la qualité de Guibert ne peut faire aucun doute. On lit au Nécrologe de Saint-Victor :

« IV Non. April. Obiit Guybertus sacerdos, quondam abbas S. Marie Alticurtensis, canonicus noster professus. »

Une lettre écrite au prieur Richard de Saint-Victor par le même personnage ou un autre Victorin habitant Eaucourt témoigne entre les deux correspondants une certaine intimité :

« A son très cher et vénéré prieur Richard, G.

Votre voyage au retour d'ici a-t-il été heureux ? Avez-vous gagné votre cause auprès du roi ? Les affaires sont-elles en bonne voie auprès du seigneur abbé ? Avez-vous vu l'abbé de Saint-Germain ? Veuillez me répondre sur tous ces points par le retour du porteur. Saluez pour nous le seigneur abbé, qui peut compter non seulement sur notre respect, mais sur notre loyale obéissance. Saluez aussi notre très aimé Roger, l'abbé d'Eu. »

Richard visita donc Eaucourt où l'autorité du chapitre général était reconnue « ad obediendum » (J. de Th., ad an. 1163).

Autre preuve : l'office du saint martyr Victor s'y célébrait solennellement et selon le rite de l'abbaye parisienne (P. L. 196, col. 1227).

Peut-être faut-il rapporter à l'abbaye d'Eaucourt la lettre de saint Bernard « ad canonicos regulares de *Aildicurte* » (P. L. 182, col. 87).

[2] Cf *Monastic. Anglic.* II, p. 233.

[3] Necrol. « IV. Non. sept. Obiit Ricardus abbas. S. Augustini de Bristout canonicus noster professus »

Richard de Warwick nous est connu par la vieille chronique qui nous a appris les origines de l'abbaye de Wiguemore. Le prieuré de Schobbedon, dévasté et abandonné, fut visité par « frère Richard *de Warrewyk* qi fut après abbé de Bristoll », lequel avait passé la mer « pur visiter ses amisez en temps de ast ». *Monast. Anglic.,* t. II, p. 214).

— Il y eut des relations suivies entre l'église de Bristol et celle de Saint-Victor. Nous possédons une lettre adressée par l'abbé Richard à l'abbé Ernis, lui témoi-

Bien avant de desservir l'église de Bristol, à une date antérieure à 1148, les Victorins possédaient un établissement en Angleterre, dans la Marche du pays de Galles. Il se trouve qu'une précieuse chronique en langage normand, reproduite dans le *Monasticon Anglicanum* [1], nous fournit à son sujet les renseignements les plus curieux et les plus précis.

Hugue de Mortemer [2] donne à son féal Olivier de Merlimond, dont il avait fait son sénéchal, la ville de Schobbedon, dans l'évêché d'Hereford. Le sénéchal y fonde tout de suite une église, et pendant que celle-ci se bâtit, va en pèlerinage à Saint-Jacques en Galice. Au retour :

gnant sa joie pour la gloire et le bon renom de sainteté de leur commune mère l'abbaye victorine. En terminant il le remercie du bon accueil fait à son confrère, Robert, lors d'un voyage de celui-ci en France (P. L., t. 196, col. 1386).

Ce Robert, qui n'était autre que le prieur de l'abbaye de Bristol, l'ancien prieur de Schobbedon, fut l'objet d'une double réclamation de Pierre de Saint-Chrysogone, chapelain du Pape. Celui-ci lui avait prêté deux marcs d'argent qu'il éprouvait de la difficulté à se faire rembourser. Il écrivit donc à l'abbé Ernis d'intervenir dans cette affaire auprès de l'abbé de Bristol, s'il voulait le trouver disposé à continuer les bons offices qu'il rendait à l'ordre en cour de Rome. (P. L. *ibid.* col. 1385 et J. de Th. ad an. 1166.)

Enfin les mêmes recueils épistolaires nous ont conservé une lettre fort touchante adressée à ce même prieur Robert par un chanoine de Bristol du nom de Thomas, qui lui rappelle la tendre amitié de leur jeunesse, lui reproche un trop long silence et trop d'indifférence, lui expose que sa santé est chancelante, que dans l'abbaye étrangère où il est en exil (Saint-Victor ?) il est en butte aux persécutions de l'abbé (Ernis ?) ; et il lui demande avec insistance d'obtenir son retour à l'abbaye de sa profession. Il termine par ces recommandations naïves :

« Ne tardez point à écrire au seigneur abbé, et faites-moi d'abord remettre vos lettres et leur copie. Que personne en dehors de nous n'ait vent de ceci. J'avoue que je n'ai permission de personne pour vous écrire ainsi, comme à mon prieur et père ; car, si on venait à le savoir, on ne le permettrait jamais, et il y a nécessité. Cependant, si vous n'aviez été mon prieur, je ne l'aurais jamais osé. Salut dans le Seigneur. »

[1] T. II, p. 213.

[2] Fils de Raoul de Mortemer, l'un des plus braves compagnons de Guillaume le Conquérant ; Raoul conquit sur Edrick, comte de Salop, seigneur de Wiguemore et de Mélényth, un vaste domaine dans la Marche du pays de Galles. Les Mortemer durent maintenir en respect les Gallois toujours insoumis, et plus tard furent mis en possession du Pays de Galles tout entier.

> Hunc dum vivebat vi Wallia tota timebat ;
> Et sibi donata permansit Wallia tota.

lisait-on sur la tombe de Roger II de Mortemer († 1215), en l'abbaye de Wiguemore, lieu de sépulture de tous les Mortemer.

Quant il aprochea a la cite de Paris, un chanoine del abbaye de-
seinct Victor ly atteint, et molt dévotement le pria de sun hostel
prendre en l'abbeye, et il a grant peyne ly otrea et od ly en l'abbey-
entra et fut bel et corteisement receu et a graunt honour. Tant come
il fut leinz si regarda il, et ententinement avisa totes choses qu'il
vist en l'Osterye, à l'Encloystre, en le Queor, et nomément le service que on fist entour l'auter ; et meut ly vint al queor de devocion
la honesté qu'il vist par entre eus en tutzlieus. »

Revenu en Angleterre, il songe à établir des Victorins en
son église de Schobbedon, et en écrit à Gilduin, d'accord avec
l'évêque d'Hereford, Robert de Béthune [1]. Gilduin envoie
Roger (plus tard abbé d'Eu) et Ernis (le futur abbé de Saint-
Victor) ; qui sont mis aussitôt en possession des églises de-
Buyrley et Schobbedon, et de la terre de Ledecote ;

Ovesk les granges pleines de blées et beafs, berbiz et porcs a
grant plente ovesk ij caruez de terre.

Au bout de quelque temps, Roger et Ernis, pris de nostalgie, reviennent en France et sont remplacés par trois Victorins « néez et norriz en Engleterre ». Leur prieur se nommait Robert. Bientôt, à la suite d'un conflit entre le fondateur
et son suzerain, Hugue de Mortemer, le prieuré est abandonné.

Il fallut que plus tard vînt de France un prieur nommé
Henri :

Home de bon consail et de seyn et vailant en coure qu'estoit
ben acoynte de Gilebert Foliooth [2], adunk evesk de Hereford et
parent à sire Hugh de Mortemer.

Henri rentra en possession des biens du prieuré, reçut à
l'habit religieux un certain nombre de postulants, commença
des travaux pour créer un établissement définitif près d'Aylmondestred sur la rivière de Lugge (car on manquait d'eau à
Schobbedon) ; puis, à la suite d'un dissentiment avec Hugue
de Mortemer, il revint à Saint-Victor. On envoya en son lieu
Fr. Robert de Cherbourg qui exerça les fonctions de prieur
sans en avoir le titre. Les Victorins anglais et Hugue de Mortemer voulaient en effet un abbé.

[1] Robert de Béthune fut évêque d'Hereford de 1131 à 1148.

[2] Gilbert Foliot, moine et abbé de Glocester, puis évêque d'Hereford de 1148
à 1163, date à laquelle il fut appelé au siège de Londres. (Cf. Jean de Salisbury.
P. L. 199, col. 704).

Tant come eus furent en! tel purpus, si oyrent parler de mestre
Andrew qe fut adonk prior de seinct Victor de Parys, mestre de
divinité [1], et de nobles vertues et plusurs, et sobre ; si manderent à
luy, empriantz qu'il daignast a eus venir et prendre la cure de
Abbé et estre gouvernour sur eus, lor choses ordyner comme prélat.
Lequel Andrew vynt a eus et fut receu a graunt reverence et Abbé
benet de levesk.

Hugue de Mortemer, pour des raisons stratégiques, s'opposa à l'achèvement du monastère d'Aylmondestred ; l'abbé
André créa un établissement encore provisoire, à Wiguemore,
puis se trouvant en désaccord avec ses chanoines, revint à
Paris. Après son départ, fut élu et sacré un Fr. Roger,

Qui fust novice en l'ordre mès sage a governer lor temperaltés.

Roger établit l'abbaye définitivement près de Wiguemore,
en un joli site alors nommé Beodune. A partir de ce moment,
elle fut comblée de bienfaits par les Mortemer. L'abbé Roger
mourut à la tâche. Les chanoines députèrent alors trois
d'entre eux à Paris.

Pur prier à mestre Andrew qui fut lor abbé pardevant de venir
et estre lors sovereyn et lour abbé comme avant.

Ceci se passait dans les dernières années de l'abbatiat
d'Ernis. Il est probable que les trois envoyés de Wiguemore
emportaient avec eux la lettre suivante :

Gilbert, évêque d'Hereford par la grâce de Dieu, à l'abbé Ernis
et à ses chers frères, salut, grâce et bénédiction. C'est l'affectueuse
charité de vos frères qui nous pousse aujourd'hui à vous transmettre
leur ardente prière. L'église de Wiguemore est en deuil, et voulant
un nouveau Père, recourt encore au bercail d'où elle a reçu son
premier pasteur et le rudiment des institutions canoniques. Je joins
mes supplications aux siennes afin d'obtenir qu'à la tête de cette
église fondée par vous, vous mettiez le pasteur qu'il lui faut, choisi
dans votre collège et disposé à maintenir ici votre autorité et à nous
être à la fois agréable et utile. Chers amis, salut dans le Seigneur [2].

---

[1] André occupait donc la chaire de l'écolâtre à Saint-Victor. Il nous reste un
monument de son enseignement : *Bib. Maz.* Ms. 550, f⁰ 37.

[2] P. L. 196, col. 1384. — *Bib. Mazar.* Ms. 3348, l. III, p. 85.

(*A suivre.*)

D. Fourier Bonnard.

L'Etat d'âme de l'armée

(Suite et fin.)

—————

§ 29. — Comme je le disais en commençant, dans ce récit, tous les mots portent, comme si c'était écrit aujourd'hui même. Le mal dont l'armée souffre le plus vient d'en haut. Pourquoi une certaine presse insulte-t-elle l'armée ? parce que les chefs de l'armée laissent dire de peur de perdre leur emploi. Pourquoi brise-t-on celui-ci et celui-là ? Parce que les colonels ne rendent plus leur épée pour garantir d'une injustice leur dernier trompette, ni même un de leurs officiers supérieurs.

Et ce mal-là nous a permis pourtant de cueillir des lauriers en Crimée, en Italie, en Chine et même au Mexique ; mais, le jour où la patrie a été gravement en danger, il nous a donné 1870.

Dieu veuille que si l'histoire recommence, elle ne se reproduise pas de la même manière !

§ 30. — Il y a ici cela de singulier, c'est que, même ceux qui travaillent à sa perte, tout le monde essaye de la sauver, cette pauvre, cette chère armée française qui a tant de vitalité et tant de sève. Les sociétés particulières s'en mêlent et non sans quelques succès. Pour soustraire nos soldats aux dangers de ce qu'on appelle les heures mauvaises (entre la soupe du soir et l'appel), on leur prépare des conférences, des salles de récréation... chacun s'ingénie.

A Vincennes, c'est la *ligue de l'enseignement* qui, à la fin de l'année dernière, ouvre un cercle militaire dont les fondateurs se déclarant en dehors de toute préoccupation politique ou confessionnelle, offrent aux soldats un lieu « de repos, d'instruction et de distraction ».

Le *Foyer du soldat* comprend un vaste bâtiment installé dans un jardin spacieux. Au rez-de-chaussée, une grande salle de jeux ornée de tableaux représentant des scènes patriotiques, et dans un enfoncement, une chaire pour les conférences.

Le premier étage est réservé aux choses sérieuses : salle de l'administration, bibliothèque, et salle de correspondance où papier et enveloppes sont à la disposition des troupiers.

Pour désaltérer les gosiers en pente, on sert au choix le café, le thé et même exceptionnellement la bière : mais l'alcool et les dangereux apéritifs sont absolument exclus, sous quelque forme qu'ils se présentent.

Le lieutenant-colonel Ebener, interprète autorisé de la doctrine ministérielle, se montre jaloux de cet aimable « Foyer ». « A cet accaparement du soldat, dit-il à la page 60 de sa brochure, nous devons voir, nous, officiers, de sérieux inconvénients, car il n'est pas bon que dans notre mission d'éducateurs, nous ayons des collaborateurs anonymes, sortes de maîtres répétiteurs, d'externats surveillés. Charbonnier, dit le proverbe, aime à être maître chez soi. » — Oui, soyons maîtres chez nous ; mais si nos finances ne nous permettent pas de retenir nos soldats à la caserne, félicitons-nous alors que de généreuses initiatives comblent la lacune et viennent à notre secours en attirant nos enfants dans des cercles comme celui de Vincennes où ils iront de préférence aux cafés et estaminets plus ou moins louches et aux maisons de débauche.

Le général André n'est du reste pas aussi exclusif que celui qui s'est fait son porte parole Il a autorisé le cercle de Vincennes et le commandant Lejaille qui fut son officier d'ordonnance, et qui n'a quitté le cabinet que pour prendre le commandement du 26ᵉ bataillon de chasseurs, fréquente le cercle de Vincennes, lui donnant ainsi la sanction non seulement de la tolérance, mais de l'approbation officielle.

Un cercle établi dans les mêmes conditions doit s'ouvrir à Versailles et les fondateurs comptent bien peu à peu étendre leurs bienfaits à toutes les villes de garnison.

§ 31. — Au commencement de cette année, le colonel de Courson et les officiers du 116ᵉ régiment d'infanterie inauguraient une salle de lecture pour les soldats installée dans le quartier même à Vannes. Par un discours vibrant, le colonel, après avoir éveillé les cœurs en parlant du drapeau qu'on n'évoque jamais en vain devant la jeunesse française, a montré que l'institution nouvelle était un témoignage éloquent de l'affection et de l'estime réciproque qui doivent unir tous les membres d'un même régiment, de la sollicitude incessante que l'officier porte au soldat et de l'attachement respectueux que celui-ci doit en retour à ses chefs.

La fête comprenait une intéressante partie musicale, des projections lumineuses, audition de phonographe, un vaudeville : *La con-*

signe est de ronfler, vieille pièce militaire toujours amusante que l'on jouait déjà au camp de Châlons en 1867.

A ce propos, je constate que nos soldats aiment beaucoup le théâtre, non point le grand opéra; mais les scènes spirituelles et même les farces de Guignol. En Crimée, pendant les longueurs interminables du siège de Sébastopol, ces représentations théâtrales furent un des plus puissants moyens d'arrêter les funestes effets de la nostalgie qui menaçait de faire dans nos rangs plus de dégâts que les boulets russes.

Pour en finir avec l'inauguration de Vannes, il est nécessaire d'ajouter, afin de ne pas dépouiller Paul pour vêtir Jean, que de généreux donateurs civils, commerçants ou industriels de la ville (en tête desquels il convient de citer Mme l'amirale Fleuriot de L'Angle) ont offert une partie de la bibliothèque et des jeux. Pour l'intérieur : dominos, dames, lotos; et pour l'extérieur, boules, quilles et foot ball... *utile dulci*.

J'ai nommé Vannes et le 116e; mais déjà nombreuses sont les casernes où sont organisées ou seulement ébauchées des distractions saines pour soustraire le soldat aux cabarets, aux flâneries dangereuses.

§ 32. — Un petit opuscule qui a paru chez Lavanzelle en 1901, sous le titre très suggestif : *Les ennemis du petit soldat*, contient de bons conseils donnés par un « homme de la classe » à ses camarades plus jeunes. L'auteur, empruntant le style et la langue du troupier, lui parle de manière à être écouté et compris. Il lui fait toucher du doigt les dangers des mauvaises fréquentations, dangers physiques et moraux, et le met en garde contre l'usage de l'alcool. Ces tentatives sont évidemment louables et produisent quelque bien.

§ 33. — En remontant à une date antérieure, je trouve une brochure plus importante intitulée : *De l'éducation militaire*, et publiée en 1882, à « la librairie nouvelle », par Paul Déroulède qui, au point de vue militaire, est ce qu'on appelle un homme de cœur. Déroulède nous montre bien tout ce qui peut être fait en dehors de la religion pour moraliser le soldat. Il commence par exposer comme il suit l'état de la question au moment où il prend lui-même la plume.

« Savais-tu d'abord, dit-il au lecteur, qu'il existât de par le monde une *commission de l'éducation militaire*? Non, n'est-ce pas ? Eh bien, je te l'apprends. J'ajouterai que, présidée aujourd'hui par M. Ferry, elle avait été instituée sous le ministère précédent, par M. Paul Bert, à l'heure même où le général Campenon préparait son projet d'une répartition nouvelle et d'une nouvelle réduction du service militaire. Laisse-moi te dire encore, pour plus de clarté, que cette commission se compose [de trente-quatre membres, hommes de situation et de notoriété très diverses, mais d'un patriotisme et d'un dévouement très pareils. M. Henri Martin en fait partie, ainsi que M. le Sénateur Georges et que MM. Félix Faure, de La Forge, Turquet, et que M. Féry-d'Esclands et que M. Rey et que M. Velten, et que Detaille, et que les commandants Reiss et du Bodan, et que les capitaines Hardy et Bonnal, et que tant d'autres aussi sincèrement zélés pour le bien public que justement convaincus de l'importance de leur tâche. Oui, importance, et pourquoi non ? L'éducation militaire, telle que la comprenait le ministre d'alors, M. Paul Bert, telle aussi qu'elle aurait été introduite par lui dans l'instruction publique, n'eût pas été seulement le complément et comme la compensation de notre future loi sur l'armée, elle eût été le rétablissement même de la nation.

« Il ne s'agissait de rien moins que de transformer la jeunesse de nos écoles en une légion de braves Français ; de les armer, dès l'enfance, de ce faisceau de mâles sentiments et d'habitudes viriles qui font le vrai soldat : C'était d'abord le *culte du drapeau* — dont se fût fortifié l'amour de la patrie ; *le goût des armes* — qui n'éloigne jamais du goût des livres que ceux-là qui n'ont pas appris à les pratiquer ensemble ; *le respect de la discipline* — d'où naissent l'unité dans l'effort et l'égalité devant le devoir ; *l'orgueil du nom français* enfin avec toute la force qu'il faut pour le bien porter, tout le courage qu'il faudra pour ne pas le laisser périr... »

Le programme de cette commission tendant à développer les aptitudes et « l'esprit » militaires comprenait : « choix de livres, choix de fusils ; choix d'images et de chants ; tir et maniement d'armes : gymnastique et excursions ; discipline et inspection ; revues et fêtes... etc. »

La commission fit fausse route ; la véritable boussole lui manquait. M. Déroulède le sent bien, sans vouloir en convenir. Après avoir raconté comment M. Ferry ne faisait « du côté moral et intellectuel de la question pas plus de cas que le grand Turc » ; après avoir prêté au président du conseil ce propos : « L'esprit militaire ! Mais je le connais, cet esprit-là ; il est voisin de l'esprit de sacrifice et proche parent de l'esprit de fierté. Mauvaise famille et fâcheux exemple !... ; après avoir déploré l'échec de la commission, Déroulède s'écrie : « Eh ! oui, sans doute, mieux vaudrait cent fois que les vertus militaires fussent appuyées de vertus chrétiennes ! Mais est-ce une raison, parce que la main droite aura arraché de saines croyances, pour ne pas aider la main gauche à en semer d'autres, saines aussi celles-là et sublimes, puisqu'elles enseignent le dévouement jusqu'à la mort.

« Mon intolérance à moi n'est pas si grande. Les patriotes, le fussent-ils dans le sens le plus révolutionnaire du mot, m'auront toujours pour eux et avec eux. Leur impiété même ne m'inquiète pas, — Dieu se prouvera. — Je ne demande à ses athées que d'avoir un culte : celui du drapeau ; une religion : l'Amour de la France. »

M. Déroulède se laisse emballer, — ce qui n'est pas pour nous surprendre. Le fait même qu'il constate lui montre que le produit du meilleur par le pire donne souvent pour résultat le mal ou le néant, rarement le bien, si Dieu ne s'en mêle. Sa brochure se termine par une liste d'ouvrages propres à développer l'éducation morale au point de vue militaire.

§ 34. — L'étude de Déroulède m'amène par une pente naturelle à un ouvrage in-octavo de plus de 200 pages beaucoup plus ancien encore ; puisqu'il a été publié en 1857, par le colonel Carlo Corsi, de l'état-major de l'armée italienne. Le capitaine d'artillerie, M. Couat, nous en a donné une traduction en 1880, c'est-à-dire deux ans avant la brochure de Déroulède.

De l'Education morale du soldat, tel est le titre de la publication italienne. Mais avant de franchir les Alpes, je veux dire encore un mot d'un soldat de grand cœur, doué au suprême degré de ce vieil esprit gaulois primesautier, plein de verve et d'entrain qui, chez nous particulièrement, a le don de charmer et de séduire les âmes jusqu'à l'enthousiasme. J'ai nommé le général de Poilloüe de Saint-Mars, l'ancien commandant du 12e corps dont la popularité, dans l'armée, ne saurait être passée sous silence.

Les circulaires et les ordres de ce chef, qu'on a surnommé *l'ami du soldat,* viennent d'être réunis en volume. « Elles déterminent chez l'homme de troupe, dit avec raison la préface, l'amour de la grande famille militaire. Par leur bon sens, par leur judicieuse observation, les conseils donnés par l'ancien commandant du 12e corps forment un complément d'instruction pour l'officier, pour le sous-officier et le soldat. Ils ont *une haute portée morale* qui tend à développer chez tous les sentiments les plus élevés, et qui inspire la confiance dans les chefs et la solidarité entre camarades. »

C'est le général de Saint-Mars qui, voyant un jour un soldat puni pour avoir découché en escaladant le mur du quartier se fit présenter le livret du coupable et, constatant que ce militaire y était inscrit de 3ᵉ classe en gymnastique, infligea une punition à son capitaine, pour ne pas être mieux renseigné sur les aptitudes physiques de ses hommes.

Le caractère original et philosophique du général de Saint-Mars brille de tout son éclat dans la jolie circulaire qu'il écrivit sur le salut pour rappeler aux soldats de se conformer pour saluer au texte du règlement sur le service intérieur. C'est peut-être la meilleure de toutes :

« Le salut militaire, dit le général, est ouvert ou fermé. '

« Il est fermé, quand on fait le simulacre de saisir la visière de la coiffure avec les doigts réunis, la paume de la main tournée en dedans, concave, cachant à moitié l'œil droit, le coude bas. C'est le salut de certaines armées étrangères.

« Il est ouvert, quand on porte la main droite ouverte au côté droit de la visière, les doigts et le pouce étendus et joints ensemble, la paume de la main tournée en avant, large comme un drapeau au vent, le coude haut. C'est un geste généreux et martial caractérisé par la main ouverte, symbole de la loyauté. C'est le salut de l'armée française.

« Les formes de ce salut sont très bien déterminées dans le règlement sur le service intérieur. Il faut s'attacher à les indiquer soigneusement aux soldats et à leur en expliquer les finesses.

« Ainsi l'attitude du salut doit être prise et quittée d'un geste vif et décidé, mais sans brusquerie ni raideur. On ne cherchera pas à apprendre à nos soldats à allonger subitement tout le bras droit comme |par le départ d'un ressort, puis à replier vers la tête, d'un mouvement saccadé, l'avant-bras comme l'aile rigide d'un télégraphe aérien. Il n'est pas dans notre nature d'être des automates. Il faut déployer tout le bras droit vivement, en conservant cependant à son ensemble une courbe gracieuse par une petite flexion du coude et du poignet, la main ouverte et élevée, comme si elle demandait l'attention. Puis, aussitôt, cette main est rapportée à sa place réglementaire par un deuxième mouvement légèrement curviligne, rapide et souple.

« Le salut est une politesse à offrir ; ce n'est pas un coup de sabre à donner. Il importe qu'il paraisse agréable et sans violence.

« Le regard qui, d'après le règlement, doit l'accompagner, doit aussi être aimable et franc. Lorsqu'un bon soldat et un bon chef échangent le salut, leurs yeux se croisent et échangent en même temps un éclair d'affection mutuelle. C'est le signe auquel on reconnaît des troupes intimement disciplinées.

« Tous les chefs militaires, quel que soit leur grade, sont tenus de rendre avec empressement et largement le salut à leurs subordonnés. Agir autrement serait une faute grave contre la discipline et une indélicatesse notoire. Ce serait garder une chose prêtée, destinée à être rendue sans délai ; ce serait attrister un cœur qu'on doit réjouir ; ce serait humilier les nobles défenseurs de la patrie.

« A grade égal, il importe de se hâter pour prévenir son camarade, car il est convenu que celui qui commence le salut est le plus alerte et le mieux élevé... »

Avec de tels chefs, les soldats français iraient au bout du monde. Ce morceau de littérature militaire est un pur chef-d'œuvre de goût et de sentiment.

§ 35. — Mais je reviens à la brochure du colonel Corsi. Au surplus, ne s'agit-il pas de l'armée française bien qu'il y ait beaucoup d'analogies ; aussi n'ai-je point l'intention de l'analyser, — ce qui serait fort long — ; mais seulement d'en tirer les enseignements qu'elle me paraît comporter.

Ce livre peu connu en France devrait faire partie de toutes les bibliothèques militaires ; officiers, sous-officiers et soldats y trouveraient des sujets de lectures intéressants et profitables. Il est émaillé de mille anecdotes prises sur le vif.

Il a été écrit en 1855, et publié pour la première fois en 1858 à Florence, pour l'armée Toscane, sous le titre : *Entretiens militaires.*
— De *l'éducation morale et disciplinaire du soldat.* Il fut refait et publié de nouveau à Suze en 1874. Son but a été de répondre aux questions suivantes.

A qui est confiée l'éducation du soldat ? Quel type doit-on adopter comme modèle ? Quels hommes a-t-on à instruire ? Quel devrait être l'instructeur ? De quels moyens moraux et disciplinaires peut-il disposer ? Quels sont les devoirs du soldat et comment forme-t-on le soldat à la pratique de ses devoirs ?

Etudiant le soldat de son pays, « nous ne possédons, dit-il, ni l'ardeur belliqueuse du Français, ni le flegme imperturbable de l'Anglais, ni l'ébranlable discipline de l'Allemand... »

Le colonel ne veut pas déplaire aux étrangers. Quand il s'agit de la religion, il n'est pas moins prudent. Sur ce point, je ne le suivrai pas. Je le trouve beaucoup trop, comment dirai-je ?... opportuniste, ménageur de la chèvre et du choux.

Je regrette, en somme, de n'avoir pas trouvé, traitée de plus haut, la page consacrée à la religion dans l'armée ; car tous les conseils donnés sur les autres points sont excellents à tous égards et très spirituellement présentés avec une justesse et une simplicité qui en augmentent le charme et l'autorité.

Aussi je crois d'autant plus nécessaire de mettre en garde contre toutes les théories qu'il formule à ce sujet, parce qu'on pourrait les prendre elles aussi pour argent comptant — ce qui serait à mon sens très regrettable.

« Religion ! dit-il, source de foi, d'espérance et d'amour, imposant édifice autour duquel s'agite tumultueusement l'humaine raison, échelle mystérieuse qui unit le temps à l'éternité et guide l'âme des vivants vers les âmes de ceux qui ont disparu de cette terre, comme tu es combattue, vilipendée, profanée !... » Et plus loin :

« On veut nous persuader que la raison peut servir de frein aux passions, sans le secours de la religion. Pour que cela fût possible, il faudrait donner à tous ces jeunes gens une éducation parfaite. »

Le colonel va conclure en souhaitant que l'idée religieuse entre à la caserne ? Point du tout. Après un exposé de l'état de la jeunesse au point de vue religieux, il conclut : « Dans notre armée, on ne s'occupe pas de l'instruction religieuse. Laissons le soldat remplir ou non, comme il l'entend, ses devoirs de chrétien, de juif, etc. Personne ne fait de la propagande religieuse dans nos casernes, pas plus dans un sens que dans l'autre. En matière de religion, le soldat est libre de croire à ce qui lui semble le meilleur, ou de ne croire à rien, à la condition de respecter les croyances d'autrui. Disons-le : La religion ne pénètre pas dans les esprits et dans les cœurs par la force. Ce serait folie de prétendre employer les châtiments pour réveiller la foi ? » Qui donc a parlé de châtiment ?...

Donc il reconnaît que les sentiments religieux sont chose précieuse pour le soldat ; puis il constate que, dans l'armée italienne, l'autorité se désintéresse de la question et il détermine en approuvant cette indifférence. La conclusion ne répond en rien aux prémices.

Ce manque de logique étonne. Et il y a de quoi étonner. Or, si je tiens à le constater ici, ce n'est pas pour blâmer le colonel Corsi ; mais parce que son cas est malheureusement celui dans lequel se trouvaient la plupart des chefs de notre armée française, il y a quelques années ; c'est encore actuellement l'état d'âme d'un très grand nombre d'officiers français et non des moindres. — Les déclarations du colonel Corsi me servent donc à souhait pour relever l'erreur et, s'il est possible, ouvrir des yeux honnêtes qu'un voile obscurcit ; mais qui ne refusent pas de regarder la vérité.

« En somme, dit Corsi, sans faire du *bigotisme*, il *suffira* de traiter la religion avec une gravité digne et un *respect tout militaire*. Dieu se fera juge des cœurs. » C'est ce que dira Déroulède. — Après un exemple, il continue : « Tout gradé témoin d'un acte irrespectueux ou d'une parole moqueuse, à l'occasion des sujets dont je parle, doit se *montrer* et *adresser une réprimande* au coupable. » C'est là son maximum d'effort; mais je poursuis : « Le plus grand malheur qui pourrait arriver à l'armée », dit Corsi en terminant : « Le plus grand malheur qui pourrait arriver à l'armée, au point de vue religieux, ce serait qu'un hardi sectaire ou perturbateur de consciences, *quel que fût son drapeau*, réussît à se faire des prosélytes parmi les soldats..... Puisqu'*on ne peut pas* se servir de la religion, comme d'un puissant auxiliaire pour la discipline, nous devons faire tous nos efforts pour *conserver intacte la discipline*, au milieu des *oscillations qu'éprouve la religion*, en nos temps troublés. »

Je le répète, ces doctrines sont très dangereuses, parce qu'elles sont très répandues, parmi des gens instruits, intelligents et de bonne foi. — Instruits, mais sur tout excepté sur leur religion. — Ces doctrines sont celles qui nous ont fait le plus de mal. Elles reposent sur des sophismes subtils qu'il est nécessaire de formuler : L'égalité des droits pour la vérité et pour l'erreur ; le sacrifice de l'absolu au relatif, de la religion à la discipline, de la conscience à la loi; et enfin le quiétisme de celui qui s'en rapporte à Dieu pour assurer le bien, croyant avoir assez fait lui-même en restant neutre.

Pour les lecteurs de la *Revue du monde catholique*, je n'ai pas besoin de développer ces divers points. Il m'aura suffi de les énoncer pour être compris.

§ 36. — C'est au nom de ces théories que les aumôniers ont été peu à peu chassés de la caserne et des hôpitaux. Après la tentative de rétablissement qui fut faite sous le gouvernement du maréchal de Mac-Mahon, et qui, timidement ébauchée, fut facilement détruite par le gouvernement suivant, se ralliant au cri funeste du non moins funeste tribun : « Le cléricalisme voilà l'ennemi ! »

C'est ainsi que peu à peu, non seulement on a mis l'aumônier à l'index ; mais dans le but satanique de détruire les vocations religieuses, on a légiféré le passage des séminaristes à la caserne. On a d'ailleurs mis à côté : les séminaristes ont fait à la caserne plus de bien qu'ils n'ont eux-mêmes été endommagés. Il suffit pour s'en convaincre de se reporter à la *France militaire et religieuse* du 1er mai et de juin 1901 où M. l'abbé Bintz, chanoine et aumônier militaire, explique pourquoi le général André voulait incorporer les séminaristes dans les sections d'infirmiers. *Timeo Danaos et dona ferentes*.

§ 37. — Le n° du 1ᵉʳ octobre 1902 de *l'Ami du Drapeau* contient une touchante anecdote sur le même sujet, très spirituellement racontée en style de caserne par M. l'abbé Bernot, de Joigny. Maintenant il est patent que les militaires qui pratiquent ouvertement leurs devoirs religieux — s'ils ne sont ni protestants ni juifs, mais catholiques — deviennent l'objet de mesures spéciales. Simples soldats, ils peuvent encore se montrer à l'église, sans trop de préjudice. Ils auront peut-être à subir les railleries de camarades ; mais il ne leur est pas très difficile de mettre les rieurs de leur côté. S'ils sont officiers, la situation change. Leurs chefs, inquiets pour eux-mêmes, les regardent avec défiance ; car les catholiques pratiquant, ce n'est un secret pour personne — le masque est assez levé — se compromettent et compromettent ceux qui les fréquentent. L'avancement, les faveurs sont pour les frères ∴ non seulement dans les administrations civiles ; mais jusque dans l'armée.

Ce fait que redoutait Corsi, en 1857, en Toscane, est arrivé en France, depuis l'installation du général André dans les salons de la rue Saint-Dominique : un sectaire fait des prosélytes. Et comme le sectaire est au sommet de la hiérarchie, les prosélytes n'adhèrent pas à l'idée par conviction ; mais par ambition, c'est-à-dire en faisant litière de leurs consciences, c'est-à-dire par l'abaissement jusqu'à plat ventre du niveau moral.

Le résultat que le sectaire de la franc-maçonnerie a amené, le sectaire religieux ne l'eut point produit ; parce que, — n'en déplaise au colonel Corsi — les effets du bien et du mal ne sont pas les mêmes.

Or, ces effets, quels sont-ils aujourd'hui ? Ils tendent à bannir la religion catholique de l'armée. Ils commencent à peine à entrer en action ; parce que l'idée religieuse est fortement enracinée au fond du cœur du soldat. Pour l'en arracher, on cherche à l'étouffer par l'ambition, fille de l'orgueil et de la convoitise. C'est bien toujours la même tactique du mal : c'est l'ambition qui perdit Lucifer vaincu par le « quis ut Deus » de l'archange saint Michel. C'est le même sentiment qui fit tomber le premier homme dans le péché. « Si tu manges le fruit, dit le serpent à la femme, tu connaîtras le bien et le mal, tu seras semblable à Dieu. » C'est l'ambition qui conduit à la ruine morale notre corps d'officier, si le sentiment du devoir, la voix de la conscience ne l'arrête pas sur la pente fatale où s'efforcent de le placer les sectaires des loges.

Où en sommes-nous donc au point de vue religieux ? Qu'a-t-on fait et qu'y a-t-il à faire ? car c'est par là que l'éducation morale de l'armée doit commencer et doit finir.

§ 38. — C'est très beau de parler du drapeau, du dévouement, de l'honneur et de l'amour de la patrie pour laquelle on doit tout souffrir et tout braver jusqu'à la mort; mais pour faire entrer ces idées dans les cerveaux et de là les faire passer dans les cœurs et dans les actes, il faut autre chose que les exhortations ou les gendarmes. Il faut une foi qui aille au-delà de ce monde. *Pro Deo et Patria !* Cette devise-là, je la comprends. Et c'est pour en avoir coupé la tête que l'on gesticule et que l'on parle pour ainsi dire sans être vu, ni entendu. *Aures habent et non audient ; manus habent et non palpabunt; pedes habent et non ambulabunt...* Voilà, malgré tous les efforts énumérés plus haut, voilà à peu près où nous en sommes de l'éducation morale du soldat... à part les exceptions, et elles ne sont point du tout négligeables.

La persécution ouverte qui est dirigée contre la religion a, comme toutes les contradictions, le don de réveiller les convictions endormies. La provocation secoue la torpeur de ceux qui se reposaient, elle réchauffe les tièdes et centuple les forces des lutteurs.

Il y a, c'est incontestable, un retour marqué vers la pratique des devoirs religieux ; mais combien insuffisant.

Le fait est exact pour les chefs, comme pour les soldats.

§ 39. — Or, il est certain, je n'ai pas besoin de le démontrer ici, que la valeur morale d'une armée est en raison directe de ses sentiments religieux, de sa foi. Non point des pratiques extérieures ; mais de la croyance intime et profonde. Quelle que soit d'ailleurs cette croyance, pourvu qu'elle soit sincère et promette après la vie terrestre une vie où l'âme recevra châtiment ou récompense.

Comme l'a dit si éloquemment à la tribune le général de Barrail, pendant son trop court séjour au ministère de la guerre, il y a près de trente ans : « Si vous ne donnez pas au soldat la croyance aux récompenses éternelles, vous n'avez pas le droit de lui demander le sacrifice de sa vie. »

§ 40. — C'est cette même pensée qu'exprimait le général de Sonis dans une lettre écrite d'Algérie en 1859, au moment où la colonne dont il faisait partie comme capitaine aux chasseurs d'Afrique fut décimée par le choléra :

« J'avais fait, dit ce grand chrétien, le sacrifice de ma vie, quoi qu'il me coûtât beaucoup à cause de ma femme et de mes enfants, pour qui je priais chaque jour. Mais enfin, Dieu est un père, j'avais confiance en lui, j'avais eu soin de m'unir à lui dès le départ et vi-

vant en sa présence, je m'étais, j'espère, conservé dans sa grâce. Je
me mis à ses ordres pour faire ce qu'il y avait à faire, et je compris
que la charité attendait quelque chose de moi. J'étais navré de voir
ces soldats que j'aimais tomber, chaque jour, comme des mouches,
sans que personne fut là pour les faire penser à Dieu, à leur âme, à
leur salut éternel : nous n'avions pas d'aumônier... on ne sait pas
quels cœurs d'or il y a sous cette rude écorce ! Dès qu'ils se sentaient
atteints, ils se tournaient vers Dieu, et j'en ai vu mourir comme
je voudrais mourir moi-même. Pauvres jeunes gens ! Ils me confiaient leurs dernières recommandations pour leurs parents, leurs
amis ; c'était parfois déchirant. Malgré leurs atroces souffrances, ils
priaient, qui plus, qui moins, mais tous m'assuraient qu'*ils voulaient
finir en bons chrétiens*... »

§ 41. — Quelques jours après, le colonel du régiment se sentit atteint lui-même. En face du danger, à cette heure solennelle où l'on
voit juste, le vaillant chef du 1er chasseurs d'Afrique adressa à
ses chers soldats ce magnifique ordre du régiment daté du 29 octobre 1859 :

« Mes braves chasseurs, nous sommes tous éprouvés par Dieu :
Ayez confiance et priez. Il n'abandonnera pas le 1er régiment de
chasseurs d'Afrique. Mettons toute notre confiance en Lui ; et, s'il
y en a qui succombent, qu'ils n'oublient pas qu'en mourant ils remplissent une mission, qu'ils sont des martyrs et qu'ils iront au ciel.
Si votre colonel doit être du nombre, n'oubliez pas non plus qu'il
priera pour vous. En attendant, bravons la mort, c'est notre métier,
et que le découragement ne nous gagne pas. Dieu fait bien ce qu'il
fait et nous sommes ses enfants. Votre colonel, DE MONTALEM-
BERT. »

Et le colonel rendit bientôt à Dieu sa belle âme de soldat chrétien.

§ 42. — Le fanatisme des musulmans et leur mépris légendaire
de la mort n'a pas d'autre source que la croyance dans un paradis de
félicité Et je veux espérer que Dieu qui est bon et qui ne laisse pas
un verre d'eau sans récompense, tient compte à ces égarés de leur
bravoure, parce qu'elle est basée sur une espérance en l'au-delà. Et
nos francs-maçons veulent remplacer tout cela par des raisonne-
ments, des leçons de devoirs civiques... Allons donc !...

Le mieux pour éduquer moralement le soldat serait évidemment
de rendre à l'armée les aumôniers et avec eux les sentiments religieux : « De tous les sentiments qui élèvent le cœur de l'homme,
comme dit le général Berthaut, le plus puissant est incontestablement le sentiment religieux, où le soldat puise l'espérance. »

« Sans religion, pas d'homme complet, disait Chanzy. »

« Le soldat est un guerrier du Christ, a écrit Dragomirow. » *Miles Christi* ! c'est le titre que Sonis voulait voir graver sur sa tombe èt c'est en effet l'expression qui figure au monument de Loigny.

« L'armée qui est plus que jamais la France adolescente tout entière, écrivait Mgr de Ségur en 1874 dans la préface de *La causerie sur l'aumônerie militaire*, de Théophile de Caër, l'armée a grand besoin d'être délivrée de la brutalité et de la licence, et de retrouver dans la liberté religieuse, la noble énergie de ses vieilles traditions, l'honneur et la pureté de ses mœurs, l'élévation de sa foi... »

Je pourrais multiplier les citations à l'infini... ; et refaire ici l'historique de l'aumônerie militaire. Ce serait certainement intéressant et instructif. Je me bornerai à renvoyer à la causerie de M. de Caër où je ne veux glaner que ces quelques lignes qui montrent que la situation est aujourd'hui la même qu'il y a trente ans... avec cette différence qu'alors on allait rétablir les aumôniers dans les garnisons, tandis qu'aujourd'hui on chasse même les bonnes sœurs des hôpitaux et des écoles.

« Vous aurez beau faire des conférences, organiser des jeux, établir des bibliothèques, etc, etc., vous ne pourrez jamais lutter avec avantage contre les passions du soldat, et surtout en triompher d'une manière définitive, tant que vous n'aurez pas les secours de la religion pour auxiliaires. Car en dehors d'eux, tout s'use, surtout en France ; et vos bibliothèques, vos soirées théâtrales, tous les amusements calmes du cercle seront bientôt délaissés, si une pensée plus haute que celle du plaisir n'y ramène pas le soldat. Tout ce que vous pourriez obtenir ce serait de dérober de temps en temps une soirée à la débauche par le contraste des amusements que vous offrez. — C'est ainsi qu'un spectateur humilié de voir les couplets de haut goût de *la quenouille de verre*, s'émousser sur ses nerfs insensibles à l'éperon du piment, va demander au chef-d'œuvre de Barbier, à notre drame national de *Jeanne d'Arc*, une heure d'émotions saines et élevées, pour mieux goûter le lendemain son obscénité de prédilection. »

§ 43. — C'est donc bien entendu, la première chose à faire c'est le rétablissement des aumôniers. Ensuite et en même temps, il faut préparer le soldat avant qu'il franchisse la grille du quartier. Il faut le préparer dès l'enfance. Je ne tiens pas à ce qu'on en fasse un mannequin exécutant la manœuvre. Oh cela non ! Il n'est pas du tout nécessaire de jouer aux soldats, et de donner à nos enfants la vanité de croire qu'ils sont déjà des guerriers, parce qu'ils savent exécuter une manœuvre et tirer un coup de fusil.

Que nos fils tirent à la cible, je le veux bien, qu'ils apprennent à marcher, à courir, à nager et qu'ils se fortifient par tous les exercices physiques ; c'est fort bien, mais ce qu'il faut avant tout, c'est former des caractères : le *mens sana in corpore sano* des anciens, des jeunes gens au cœur viril.

« Un des plus grands services que l'on puisse rendre à son temps et à son pays, c'est de préparer des hommes d'action » ainsi commence le magistral discours prononcé à la distribution des prix à l'école Albert-le-Grand le 22 juillet 1895 par le regretté père Didon. Ce discours est à lire et à méditer. Voilà la tâche.

§ 44. — Hélas, si nous jetons les regards sur les chances de réussir tant pour la préparation de la jeunesse que pour le rétablissement du culte religieux dans l'armée ; il semble què la réponse soit facile à faire. Jamais à aucune époque, l'esprit ambiant n'a été plus éloigné de ce double but.

Les apparences sont telles en effet ; et, comme je n'ai pas qualité pour prophétiser, je suis bien forcé de reconnaître que le succès semble de plus en plus compromis. Mais ce n'est pas une raison pour se croiser les bras ?

Qui eut dit le 4 juillet 1870, que deux mois après, l'Empereur serait prisonnier et la République établie en France, pour y durer plus de trente ans. Les causes les plus désespérées sont quelquefois les plus près d'être gagnées ; car nul ne connaît les desseins de la Providence qui gouverne les événements.

Et maintenant, que reste-t-il à faire ? A vrai dire, je n'en sais rien. Nous ferons ce que nous pourrons de toutes les forces de nos bras, de nos intelligences et de nos cœurs, et puis nous prierons Celui qui est le maître.

§ 45. — Ma conclusion à cette longue étude, je la trouve, large et superbe, dans la vibrante péroraison du discours magistral qu'a prononcé, le 15 juin dernier, le brave général Philebert, à l'anniversaire de l'inauguration du monument du cimetière militaire d'Angoulême.

« L'idée de la guerre, s'est écrié le général d'une voix forte, malgré toutes ses horreurs, mes amis, est virile et généreuse. N'élevez pas vos enfants dans la croyance à la ¡paix éternelle ; l'idée qu'il n'y aurait plus de guerre abaisserait les cœurs et affaiblirait les courages.

« Je suis un vieux soldat, et n'ai peut-être pas les idées du temps ; mais, malgré tous ses avantages, malgré tous ses bienfaits, je dis, du fond du cœur, maudite soit la paix, s'il faut l'acheter au prix de la grandeur et de la dignité de la patrie ! Maudite soit la paix, malgré ses bienfaits, s'il faut l'acheter au prix de la virilité de nos enfants !

« Nous autres, vieux soldats, nous acceptons toutes les charges, nous sommes prêts à tous les sacrifices pour l'amour de la patrie. La Patrie, nous la voulons forte et puissante, heureuse aussi, car la Patrie c'est le sol sacré qui garde les cendres de nos pères, qui a reçu les berceaux de nos enfants, le témoin de nos joies, de nos labeurs, de nos souffrances, le cadre dans lequel se concentrent nos affections, nos dévouements, nos sacrifices, les héroïsmes des jours de danger, les souvenirs émus des jours de gloire et de bonheur, les garanties de sécurité d'indépendance et de liberté.

« Mais la patrie, ne l'oubliez pas, mes amis, repose sur des bases éternelles qui sont : la religion, la justice, l'intégrité et la sécurité de la famille, l'amour et le respect du prochain. Si vous enleviez ces bases aux sociétés, il ne resterait sur la terre que l'envie, la haine, la lutte des appétits matériels, sinistres précurseurs des jours de désordre, de décadence et de honte.

« Oh, mes amis, gardons donc dans nos cœurs l'amour de la Patrie, le culte sacré du drapeau. En face de ce drapeau, emblème de la Patrie, un sang plus généreux afflue à nos cœurs ; au milieu de ces tombes, notre patriotisme s'affine, s'épure et grandit. Aussi nous y reviendrons tous les ans, demander à ces morts de prier Dieu, le Dieu des armées, pour qu'Il donne à ceux qui nous gouvernent l'esprit de sagesse, d'intelligence et de justice ; à nos familles, la sécurité, et à nos jeunes gens, au jour du danger, la vaillance, le sang-froid, la discipline ; pour qu'Il leur donne des chefs loyaux, expérimentés et capables ; pour qu'Il conduise enfin, en un jour de victoire, nos drapeaux triomphants aux sommets de ces Vosges qui leur tendent les bras ; et qu'Il rende à la France, notre mère chérie, le calme, la puissance et le bonheur ! »

Bravo ! bravo, mon Général !

Jean d'Estoc.

Le P. Aubry

XVI

LA TRADITION

La recherche du sens théologique, l'intelligence de la foi, le procédé de contemplation sont inséparables du commerce avec les Pères de l'Eglise et de la fréquentation des docteurs. Aussi ne pouvons-nous passer sous silence la Patrologie, les conciles, les textes liturgiques, tous les instruments de la tradition et leur rôle dans la formation du prêtre.

Le P. Aubry a, là-dessus, deux questions : la priorité de la tradition sur l'Ecriture et l'autorité dogmatique ou l'efficacité morale de la tradition.

La tradition a, sur l'Ecriture, quatre priorités distinctes : priorité de nécessité, priorité de temps, priorité de dignité en raison de l'objet, priorité de l'ordre logique par rapport à la connaissance humaine.

La révélation, transmise par tradition, *peut exister* toute *seule* et ne suppose pas l'existence d'une révélation écrite. De fait, la tradition a existé seule avant l'Ecriture, et, même après l'Ecriture, bien des vérités, qui ne sont pas écrites, sont contenues dans la tradition. L'obligation d'obéir à la foi, à une vérité dogmatique ou à un ensemble de vérités, ne demande pas, comme condition première, la consignation de cet objet de foi dans un livre inspiré. La nécessité de cette condition n'est ni dans la nature des choses, ni dans l'ordre habituellement suivi par la Providence.

Dans la nature des choses, l'hypothèse ou l'écriture et les livres n'existeraient pas, n'est point absurde ; la puissance de Dieu, dans ses rapports avec l'homme, n'est pas limitée et peut choisir tel moyen qu'elle veut pour correspondre avec lui et lui intimer ses obligations. Ce qui est essentiel, c'est qu'il y ait un moyen, pour l'homme, de connaître, de conserver pour lui-même, de propager parmi ses semblables, le dépôt sacré.

Dans l'ordre de la Providence, il y eut des temps où il n'y avait pas d'Ecriture et où cependant la révélation était obligatoire. Même quand l'Ecriture fut commencée, il y avait bien des vérités dogmatiques, révélées, non écrites, qu'on était obligé de croire. Et même depuis que l'Ecriture est achevée, il y a bien des vérités qu'on croit, sans juger nécessaire de les trouver dans l'Ecriture, qu'elles y soient ou non.

L'Ecriture *ne peut pas* exister seule et suppose nécessairement l'existence d'une révélation non écrite et transmise par tradition. L'Ecriture suppose une série de faits dont la connaissance ne peut nous venir que par une autre voie ; elle suppose au moins *le fait* de son origine, que nous ne pouvons nous passer de connaître avant de l'admettre. L'Ecriture suppose le fait de sa *conservation parfaite*, sans laquelle nous pouvons la rejeter. L'Ecriture suppose *les faits* qui prouvent son autorité. Tout cela ne peut nous être connu que par une autre voie ; autrement il y aurait pétition de principe dans le raisonnement qui motiverait notre adhésion.

Quand même elle contiendrait la parole révélée de Dieu en son entier, l'Ecriture sainte est un instrument passif, comparativement à la tradition orale et à l'enseignement de l'Eglise, instrument toujours actif de la foi. L'Ecriture exige donc nécessairement une autorité distincte d'elle et qui lui serve : 1° de gardienne pour la conserver et la transmettre ; 2° d'interprète pour en expliquer le sens aux ignorants ; 3° de défense contre les attaques et les falsifications. L'Ecriture elle-même affirme l'existence de l'autorité, active et permamanente, chargée de la garde infaillible et de l'interprétation légitime de la révélation ; et puisqu'elle proclame son insuffisance, elle n'est donc pas, intégralement, la règle de foi.

La révélation a été reçue, conservée et transmise par une simple tradition, *avant* d'être consignée dans l'Ecriture. M. de Maistre montre que, dans toute constitution, la loi écrite ne fait que formuler une loi orale déjà existante ; que toute la raison d'écrire est la controverse qui a surgi ; et qu'ainsi l'Ecriture marque un état moins parfait. La société religieuse n'a pas échappé à cette loi. D'Adam à Moïse, l'Ecriture manque absolument. De Moïse à Jésus-Christ, une Ecriture existe, mais évidemment incomplète, ne dispensant pas les fidèles de suivre le magistère établi. Pendant la première période du Christianisme, la révélation chrétienne, même lorsqu'elle est complète : 1° Ne se fait pas immédiatement sous forme d'Ecriture ; 2° mais se transmet au moins quelques années par tradition. Pendant l'ère apostolique, l'Ecriture, bien qu'achevée, n'est pas encore en état de servir à tous de règle ; car les divers livres qui la composent restent quelque temps dispersés, inconnus collectivement de la plupart de ceux qui avaient déjà reçu toute la révélation.

L'Ecriture n'a été, que plus tard, ajoutée à la tradition, comme un de ses instruments et non substituée à elle comme règle unique ou principale de la foi. L'histoire ne fait mention de ce bouleversement qu'au XVIe siècle. C'est trop tard. Depuis longtemps, la volonté de Dieu a donné sa constitution définitive à l'Eglise et au Christianisme.

Quelque complète qu'on suppose la doctrine consignée dans l'Ecriture, l'objet de la révélation s'étend plus loin encore, puisqu'il contient aussi la doctrine relative à l'Ecriture, laquelle ne peut être transmise que par la tradition. La Tradition doit au moins nous transmettre ces deux vérités : que l'Ecriture est la parole de Dieu révélée et qu'elle est une règle de foi. La tradition doit nous informer de la doctrine relative à l'Ecriture et de la doctrine contenue dans l'Ecriture.

En dehors de cette double nécessité, l'objet de la foi n'est pas tout entier contenu dans la Bible. Il existe des traditions révélées non contenues dans la Bible ; par exemple, la valeur du baptême conféré par les hérétiques et les infidèles, l'efficacité du baptême pour les enfants, la substitution du dimanche au sabbat, l'abrogation des observances légales, la licéité du serment en certains cas, etc.

La plupart des dogmes révélés, s'ils sont dans l'Ecriture, n'y sont pas clairs et ne s'y peuvent montrer que par déductions logiques, qui n'impliquent pas obligation de foi.

Quand les hérétiques nous ont quittés, c'était pour admettre des croyances ou contraires ou étrangères à la foi chrétienne ; s'ils avouent qu'elles ne sont pas dans les Ecritures, ils sont battus ; s'ils le nient, ils ont à prouver leur négation.

La connaissance de l'Ecriture et de sa valeur comme règle de foi ne peut encore être apportée que par l'autorité dogmatique de la tradition. C'est par la tradition seule, et non par l'Ecriture, que nous connaissons la valeur dogmatique de l'Ecriture. Quand même il nous serait possible de conquérir, par nous-même, la doctrine exacte sur les moyens que nous avons de constater l'inspiration de l'Ecriture, ce n'est pas de cette manière que Jésus-Christ veut que nous procédions ; Jésus-Christ a voulu que l'Ecriture ne fût règle de foi qu'entre les mains de l'Eglise et apportée par elle. En dehors de l'Eglise, l'Ecriture perd toute sa valeur, ne fait plus foi, n'a plus force de loi. Je ne croirais pas à l'Ecriture, dit saint Augustin, si l'autorité de l'Eglise ne m'obligeait d'y croire.

Pour que la Bible ait, à nos yeux, une valeur dogmatique, il faut que nous soyons assurés : 1° de la divinité du livre considéré comme un exemplaire authentique ; 2° de l'authenticité de l'exemplaire sur lequel nous raisonnons. Or, 1° s'assurer de l'authenticité d'un livre est impossible à la plupart de ceux pour qui il doit être une règle de foi ; 2° s'assurer de sa divinité est impossible à tous, en dehors d'une autorité distincte du livre même. Donc il nous faut un témoignage qui puisse être le fondement de notre foi et transmis par tradition, par conséquent divin.

La doctrine contenue dans l'Ecriture doit être formellement reçue de nous, comme la doctrine de l'Eglise, apportée par la tradition gardienne de la foi et de ses monuments écrits. En effet, ce n'est pas nous qui nous faisons une religion, ni qui sommes l'Eglise ; mais c'est la parole de Dieu adressée à nous médiatement, par l'entremise de l'Eglise, qui nous transmet tout ce qui vient de Dieu. La plus élémentaire prudence veut que la doctrine des Ecritures nous soit présentée par l'Eglise, afin qu'elle ne soit pas exposée à nos erreurs et à nos mauvaises interprétations.

L'homme de toutes les incohérences, Dupanloup, a proclamé que l'Eglise repose sur un livre : c'est une erreur. La priorité de la tradition et l'autorité de l'Eglise sapent, par la base, cette erreur fondamentale du protestantisme.

Ce fait constaté, ce principe posé, nous comprenons l'urgente nécessité de nous mettre à l'école des Pères de l'Eglise. « Dieu laisse au temps, disait Joubert, le soin d'engendrer les sciences humaines ; mais il se réserve les autres. » Les sciences sacrées, parce qu'elles ont leur source dans une révélation faite dans le passé et à nous transmise par la tradition, portent leurs recherches sur l'antiquité et se croient d'autant plus sûres de la vérité, qu'elles sont plus près des origines de la révélation. Ces sciences progressent en s'appuyant sur leur point de départ ; en proclamant, sur cette base solide, l'immutabilité essentielle de la révélation et l'impossibilité d'en acquérir une possession fondamentale plus complète que celle dont elle jouissait dès le principe.

Le propre de la science sacrée est donc de se retremper toujours à ses sources primitives, à un dogme immuable, à une révélation divine, régie par la tradition. L'enseignement primitif, son esprit, ses règles fondamentales, on les trouve dans cette nuée des témoins de la foi, qui se présentent dans toutes les contrées du monde et à toutes les époques. C'est un des plus grands spectacles que puisse contempler le théologien. Ces témoins ne remontent pas seulement jusqu'à Jésus-Christ; ils remontent jusqu'à Moïse, jusqu'à Adam, et par l'Evangile de Jean et son Apocalypse, ils nous initient aux combats des Anges, aux opérations intimes de Dieu. Quelle vue grandiose de l'histoire !

Ce qui fait le prix des ouvrages des premiers Pères, c'est leur voisinage des sources premières de la révélation, leur rapprochement de Celui qui fut la vérité, la voie et la vie. En théologie, les plus anciens sont les plus beaux. Vous devez croire qu'ils ont été composés pour la nourriture et la consolation des intelligences, dans tous les âges. Dans leur commerce, on s'élève au-dessus des passions ; on puise le recueillement, l'impartialité ; on acquiert surtout la droiture d'esprit et la parfaite connaissance de la religion. L'étudiant forme son jugement, son intelligence, en se trempant aux sources de l'antiquité. S'il se trouve, chez les Pères, quelques détails moins sûrs, ils sont corrigés par d'autres Pères. Saint Augustin a tracé les lois de cette discipline. Pour les principes, pour l'esprit, les Pères sont nos maîtres : toute étude doit s'appuyer sur leurs études, sous peine de courir les plus grands dangers.

« Hélas, s'écrie le P. Aubry, la méthode française a des goûts trop modernes ; elle semble avoir peur ou dédain de l'antiquité ; tout au moins elle ne peut plus attendre, impatiente qu'elle est de mettre les esprits en face des théories nouvelles. Cette impatience est un des plus funestes travers de notre éducation théologique ; certainement une des causes les plus puissantes du débordement des idées fausses, c'est qu'on n'étudie que les choses présentes. Les grands horizons se ferment de plus en plus aux regards ; on sait de la religion, la lettre, le strict nécessaire. La vraie science de la foi est encore appréciée de quelques âmes d'élite, mais ne semble pas suffisamment vulgarisée. Aussi le Christianisme n'est-il plus admiré, même de ceux qui le pratiquent, heureux quand ils n'en rougissent pas [1]. »

Un autre avantage des études patrologiques, c'est la précieuse confirmation donnée à notre foi, par cette vérification de ses titres

[1] *Les grands séminaires*, p. 341.

anciens. Quoique les scolastiques aient emprunté aux Pères leurs pensées, leurs expressions, pour les présenter dans un meilleur ordre, les écrits des Pères n'ont pas perdu leur utilité. Il y a en eux une bénédiction. Le théologien éprouve une délectation particulière à savourer, chez les Pères, la pensée divine dans son expression originelle. Plus on remonte vers l'antiquité, plus cette impression est vive et douce; quoique ses écrits soient peu nombreux et très laconiques, en se rapprochant du foyer, on sent la lumière substantielle où la vie a trouvé sa source. Les Pères apostoliques ont plus confessé la foi par leur mort que par leurs écrits. Mais, si peu qu'ils aient écrit, leurs méditations, leurs pensées, leurs sentiments expriment avec force, abondance de doctrine et plénitude de vie.

Or, se livrer à l'étude des Pères, ce n'est pas tirer de leurs écrits, des phrases détachées, des citations postiches. Un tel travail n'est pas l'étude des Pères, c'est une mutilation dans laquelle l'argument perd de sa force, parce qu'il est incomplet et souvent incompris, voire incompréhensible. Il faut pratiquer les Pères, non pas dans des traductions qui les trahissent, mais dans leurs propres écrits. C'est le seul moyen d'en avoir le sens propre et d'en découvrir la portée. Cette étude porte d'ailleurs en elle-même, un peu comme l'Ecriture, une vertu mystérieuse, une vertu que ne suppléera jamais l'étude d'un moderne, même le plus complet, même celui qui a reproduit les pensées et l'esprit des Pères, même Bossuet.

Une réaction s'impose; il faut revenir aux ouvrages des Pères et des scolastiques, et par les scolastiques rentrer dans la parfaite intelligence des Pères. C'est dans l'antiquité chrétienne que nous puiserons les idées les plus pures, les plus puissantes, puisque ce sont toujours les idées de l'Eglise. Nous vêtirons, sans doute, la doctrine des Pères des formes souples des littératures modernes; nous y ajouterons les développements et les confirmations de l'histoire. Par là, nous unissons la foi de l'antiquité à l'intelligence des temps postérieurs; la doctrine catholique paraîtra substantiellement identique à elle-même, dans tous les temps et chez tous les peuples.

De tout temps on a compris que, pour l'étude fructueuse des Pères, il faut une préparation. Nous ne parlons pas du *Thesaurus Patrum* et du *Maître des sentences* qui paraîssent plutôt en dispenser; mais de ces nombreux auteurs qui nous offrent les renseignements nécessaires à l'étude de la Patrologie. Traiter en courant saint Jérôme, Gennade, Bellarmin, Philippe Labbe, Mabillon, Dupuis et dom Ceillier; de nos jours, Charpentier, Morère, Gorini, Alzog, Moehler, Bardenhewer, Schmidt. Ces auteurs suivent la même procédure : ils donnent la vie d'un auteur, le catalogue de ses écrits, la nomenclature des éditions, quelques analyses et observations critiques. Cette manière nous paraîtrait insuffisante ; à l'ordre biographique, nous préférons l'ordre doctrinal. C'est, pour nous, une occasion de citer, avec honneur, la Patrologie, publiée dans notre *Semaine du clergé*, par l'abbé Piot, curé doyen de Juzennecourt. Cette Patrologie étudie les Pères en les classant selon l'ordre des parties de la science sacrée où ils ont brillé particulièrement. L'apologétique, l'Ecriture sainte, la Dogmatique, la morale, la science canonique et liturgique, la symbolique, la philosophie, la controverse, l'histoire, l'éloquence sacrée offrent autant de chapitres distincts ; et dans chaque chapitre, vous voyez se développer l'enseignement connexe des Pères depuis saint Justin jusqu'à saint Bernard. De la sorte, chaque chapitre de la Patrologie s'adapte à une fraction de la science sacrée, l'explique et l'illustre par l'irradiation concordante de l'enseignement traditionnel.

Mais il est bien entendu que loin d'éloigner de l'étude des Pères ou d'en dispenser, cette préparation doit y amener avec plus de fruit. Il est superflu de citer les deux Patrologies de Migne, c'est l'aliment des forts, la source où vont boire les héros. Pour les esprits de moins forte complexion, Hurter a donné, comme contrefort, à sa théologie, une petite bibliothèque des Pères de l'Eglise, publiée à Inspruck en deux séries ; la première a 44 volumes ; la seconde se continue. La seule remarque, ici nécessaire, c'est que Hurter publie les Pères, non selon l'ordre historique de Migne, mais selon l'ordre didactique des traités de théologie. A l'exemple de Théophile Piot, Hurter offre un travail d'appropriation et donne les textes avec quelques notes au bas des pages.

Lisez ces écrits des Pères ; méditez ces pages si sobres, si riches en aperçus, si débordantes d'une sève vigoureuse. Sous un petit volume, ces pages recèlent des trésors de doctrine, prêts à se dilater sous le feu de vos regards. Vous y trouverez des trésors d'idées surnaturelles, un parfum de vie chrétienne et mystique. Nulle part ailleurs, dans aucun ordre de travaux, il n'est possible de trouver plus de précision, de sûreté de vues, de rectitude de jugement. Cette qualité maîtresse se révèle à chaque page ; elle en est le caractère ; elle donne à la pensée un relief de netteté, un cachet d'exactitude en quelque sorte géométrique. Et cependant cette précision, loin de nuire au charme, s'allie très bien avec lui comme son élément ; la pensée de la contemplation se repose avec bonheur sur cette terre ferme de la foi, où elle plonge le regard, sans crainte de s'égarer dans les horizons.

Encore une fois, ce sont ces ouvrages qui ont enfanté la méthode catholique, dans tout ce qui n'est pas sorti tout constitué, de la ré‑vélation. Vous y retrouvez, à chaque pas, quelques-unes de ces grandes maximes devenues des lois de la science théologique. La tradition les a transmises aux âges suivants, comme des formules adéquates de la foi. De la méthode traditionnelle, elles sont passées dans l'enseignement et y resteront désormais comme des formules nécessaires de certaines vérités, qu'il n'est pas permis d'exprimer autrement.

Que le maître de la théologie dogmatique mette donc ses élèves à l'école des docteurs et que tout prêtre, au sortir du séminaire, puise, dans les Pères, le renouveau quotidien de la vitalité surnaturelle, gage assuré de toutes les bénédictions divines sur le ministère pastoral.

XVII

ÉCRITURE SAINTE

L'étude de l'Ecriture sainte est, pour le prêtre, un travail de toute la vie et comme une anticipation du ciel. Au séminaire, pour l'ini‑tiation du jeune prêtre, il faut donner, avec le goût des études bibliques, la méthode qu'il convient d'y employer et ce fond de connaissance qu'il devra exploiter jusqu'au dernier soupir. Pour atteindre ce but, il ne s'agit ni d'analyses littéraires, ni de recher‑ches géographiques, ni d'archéologie, de linguistique ou d'érudition ; — il s'agit de pénétrer le sens naturel de l'Ecriture sainte ; de dé‑couvrir, sous l'écorce de la lettre, cette moelle du dogme, cette riche substance que Dieu a entassée là pour notre nourriture ; il s'agit de chercher ce qui prête à la contemplation, ce qui donne accès auprès du Verbe et dans ce monde céleste que nous ouvre la méditation.

Cette voie indiquée, « le programme de tout professeur d'Ecri‑ture sainte, dit le P. Aubry, doit être rigoureusement celui de saint Thomas, la recherche du *sens dogmatique* et pas autre chose ». C'est aussi la pensée de Léon XIII. Nous allons voir comment le tome VI des œuvres du réformateur des études ecclésiastiques, remplit ce programme.

D'abord il faut constater la nécessité d'une réforme. La science des Ecritures, cette science si nécessaire et si élevée, réclame des redressements et des accroissements. L'exégèse littérale n'a-t-elle pas été trop négligée dans notre pays. Sans doute, on a beaucoup écrit, soit sur l'Ecriture en général, soit sur tel livre de la Bible, soit sur la vie de Notre-Seigneur ; même, on a vu les collections de commentaires se multiplier, si bien que les lecteurs trouvent abondamment à choisir suivant leurs goûts, leurs loisirs et leur bourse. Mais séparez, dans ces productions, ce qui est pure compilation, traduction, imitation d'Allemagne ou d'Angleterre, philologie, linguistique, archéologie, recherches et alentours de la question, combien restera-t-il à revendiquer comme la conquête des auteurs nouveaux et le bien propre de la science exégétique ?

En constatant cette situation inférieure, nous ne parlons que de l'étude des textes sacrés *en eux-mêmes et dans leur substance.* Certaines parties, surtout celles qui confinent à l'apologétique, sont entièrement florissantes ; et les services rendus à la religion par nos apologistes sont incontestables.

Malgré tout, la faiblesse des études exégétiques persiste ; elle est due, pour une bonne part, aux préoccupations exagérées de la polémique, et à la prédominance excessive de la controverse. Celle-ci demande aujourd'hui, avec des lectures infinies, tant de recherches dans les vastes domaines de l'archéologie, de l'histoire et des sciences, que les savants catholiques ne trouvent plus le temps, semble-t-il, d'étudier pour elle-même la parole révélée, ni d'exploiter à fond ses richesses intimes. Nous ne pouvons que gémir de cet exclusivisme dont nous constatons tous les jours le peu de fruits, soit pour la formation et la vie surnaturelle du clergé, soit même pour la défense de la foi catholique.

La science des Livres saints, en s'absorbant presque toute dans des études qui ne forment que les préliminaires et comme les parties extérieures de l'exégèse, se condamne à demeurer incomplète, sèche et stérile. — « Dans mon cours d'Ecriture sainte, nous écrivait à ce sujet un directeur de grand séminaire, j'ai fini par rompre, d'instinct et de dégoût, avec la méthode commune qui consiste, non à exposer, à contempler, non à illuminer les saintes Lettres, mais à réfuter les nationalistes allemands ou français, à détruire les objections des incrédules, sans approfondir le texte des Livres saints... Je me suis enfin persuadé qu'il valait mieux entrer dans le sanctuaire même, pour y adorer la Divinité que de rester au dehors, sous prétexte de défense et d'apologie. Plus tard, enchanté de ma méthode contemplative et directement expositive, je me suis mis à prêcher mes amis, dans le même sens et contre notre procédé français vraiment stérile et rebutant... »

Cette méthode presque exclusive de recherche et d'érudition, si fort à la mode aujourd'hui dans l'étude de l'Ecriture, a obscurci les clartés qui devraient jaillir de la parole divine méditée et approfondie par l'homme sacerdotal ; cette méthode procède du cerveau bien plus que du cœur et de l'âme surnaturalisée ; elle prépare non pas la bouche d'or de l'apôtre, mais le froid déclamateur de la parole sainte ; elle a d'ailleurs engendré cette facilité caractéristique avec laquelle des opinions, conciliables à grand'peine avec le respect du texte inspiré et de la tradition, peuvent aujourd'hui se reproduire et recruter des adhérents ; elle explique cette indulgence étonnante avec laquelle des jugements personnels fort dangereux sont enregistrés dans quelques-uns de nos manuels les plus répandus ; elle autorise la liberté dont usent et abusent certains écrivains, contre toute tradition et toute loi positive d'interprétation, pour traduire, en langue vulgaire et *sous une forme plus attrayante*, le texte sacré lui-même.

Jamais moins que de nos jours on n'a exploité les trésors dogmatiques et moraux de l'Ecriture au profit des fidèles qui attendent le pain de la parole de Dieu, un pain abondant et substantiel, *cibum æternitatis ;* et pourtant, jamais plus que de nos jours, on n'a eu faim et soif de goûter la saveur des paroles divines, de jeter au fond de ces divins textes ce regard intérieur que donne l'étude de la théologie. Ils contiennent une si brillante lumière, ces textes admirables ; ils l'offrent si généreusement à notre intelligence, pour la féconder !

Avant tout, il s'agit donc, dans l'étude de l'Ecriture sainte, non pas d'analyses littéraires, non pas d'archéologie, de linguistique ou d'érudition, non pas de sens accommodatice ou d'ingéniosités ; pas même d'abord d'un travail extérieur de critique, de dissertation ou de réponse aux objections des rationalistes modernes ; il s'agit de pénétrer le sens naturel de l'Ecriture, de découvrir, sous l'écorce de la lettre, cette moelle du dogme, cette riche substance que Dieu a entassée là en conserves pour notre nourriture ; il s'agit de chercher ce qui prête à la contemplation, ce qui nous donne accès auprès du Verbe et dans ce monde céleste que nous ouvre si bien la méditation — *conversatio nostra in cœlis !* Le théologien, en ce genre d'étude, ne doit rien passer ; il ne doit négliger aucune parcelle du don céleste, du *festin spirituel*, comme s'exprime saint Bonaventure ; car *Omnis scriptura divinitus inspirata*.

Partant de cette nécessité de donner aux étudiants et aux prêtres un cours très nourri de doctrine, très élevé en matière surnaturelle, le P. Aubry nous offre aujourd'hui le type du genre d'études exégétiques qui conviennent au clergé. La *clarté*, la *sobriété*, la *doctrine*, telles sont les trois notes caractéristiques de l'ouvrage important que son éditeur propose à nos méditations théologiques.

Il établit d'abord les notions générales de cette étude, insistant surtout sur le rôle et la priorité de la tradition sur l'Ecriture, rôle et priorité que beaucoup d'esprits modernes, même ecclésiastiques, tendent à atténuer singulièrement, sinon à détruire complètement, pour leur substituer à la légère ce *subjectivisme*, dangereux en exégèse comme en théologie, comme en religion, qui est l'un des périls les plus subtils des théories libérales, renouvelées par l'école du P. Hecker, et qui vient en droite ligne du protestantisme. Aussi, et dans le même ordre d'idées, est-ce avec raison que M. l'abbé Maignen, dans son livre remarquable, ne craint pas d'affirmer que ce subjectivisme est « un des plus grands dangers qui menacent l'Eglise ; car, ajoute-t-il, le jeune clergé en est atteint et, malheureusement, l'enseignement de certains grands séminaires de France n'est pas fait, loin de là, pour prémunir la génération sacerdotale qui s'élève contre la contagion d'un venin si pernicieux ». (*Le P. Hecker est-il un saint ?* p. 242.)

Le P. Aubry est, avant tout, l'homme de la *tradition catholique*, soit qu'il étudie l'enseignement général de l'Ecriture, soit qu'il s'arrête aux détails historiques qui l'éclairent et l'expliquent. Il ne restreint pas, il ne localise pas l'inspiration des Livres saints, comme certaine école théologique moderne très à la mode ; il affirme, au contraire, que nos Livres saints portent la révélation et le surnaturel dans la plénitude de leurs pages : il prouve que le rationalisme, faisant sentir son influence malsaine jusque dans l'étude de l'Ecriture sainte, a pris à cœur et est venu à bout, jusqu'à un certain point, de restreindre le domaine de la Bible et de diminuer sa valeur, « d'après cette méthode, dit-il, que nos Livres saints n'auraient aucune compétence scientifique, que la chronologie, les sciences naturelles, etc., n'auraient rien de commun avec les récits bibliques ; en un mot, et, comme s'exprimait un jour malheureusement un professeur de grand séminaire « qu'il ne fallait s'occuper en fait de science, ni de la Bible, ni de la théologie ! » (*sic*).

Voilà bien encore une de ces idées fausses dont on n'est pas assez revenu en France, et qui se rattache à la *sécularisation des sciences*. Que cette idée ait envahi des intelligences laïques, on le déplore

comme un signe du temps ; mais qu'elle soit familière, qu'elle
s'élève à la dignité d'un enseignement officiel, dans une école sacerdotale, on en demeure confondu ; car c'est proprement ici la racine
du mal que l'on déplore dans les intelligences laïques.

D'après un tel système, ne sera-t-il pas permis de conclure que la
vie humaine peut être considérée en dehors de tout ordre surnaturel, que toute science, prise en dehors du point de vue surnaturel,
peut être une science complète. Comme si la science révélée n'avait
pas à s'occuper des choses naturelles ; comme si un livre qui a pour
mission d'instruire l'homme sur ses origines, sa fin surnaturelle et
les moyens d'y arriver, ne pouvait avoir aussi pour mission de toucher aux choses surnaturelles, au moins en proportion de leur rapport avec les choses naturelles, pour indiquer ce rapport et montrer
à l'homme l'usage qu'il doit faire de ces choses et l'enseignement
qu'il peut en tirer.

Et le P. Aubry, dans le *Commentaire sur la Genèse*, qu'il développe
avec une science sûre d'elle-même, prouve que le récit de la Bible
est encore ce qu'il y a de plus précis et de plus clair sur la création
des mondes, sur l'organisation de la matière, et sur une foule de
problèmes agités par les modernes.

. Mais ce qui forme le point capital de cette *première partie de la
Genèse*, c'est l'étude capitale sur le *péché originel* et sur la *vocation de
l'homme à l'état surnaturel*. Nous avons ici toute la doctrine avec une
clarté, une précision, une sobriété que l'on chercherait vainement
dans un trop grand nombre de modernes.

Signalons à la hâte — car l'espace nous fait défaut pour nous
étendre longuement — l'étude très originale et très théologique sur
les *Psaumes*, groupés en cinq faisceaux, et formant autant de chapitres ; car le Roi-Prophète a surtout chanté cinq choses : La *Vie
du Sauveur*, le *Sacerdoce*, l'*Eglise*, la *Pénitence* et la *Grâce*.

Puis, après une étude remarquable sur le *Livre de Job*, et sur la
haute leçon de morale que donne le Saint-Esprit par la bouche du
juste, le P. Aubry aborde les *Epîtres de saint Paul*. Ici, le théologien
exulte ; il est au cœur du monde surnaturel. Dans une étude aussi
difficile que celle des Epîtres du grand apôtre, il se trouve à l'aise,
habitué qu'il est à la compagnie du Docteur des nations.

Saint Thomas, dans son admirable commentaire, lui offre l'unité,
le *nexus* des idées de saint Paul ; il lui montre comme du doigt l'enchaînement des pensées, l'harmonie des détails dans l'ensemble,
et leur convergence vers un but unique. C'est partout la justification de l'ordre suivi par le Saint-Esprit, dans sa dictée à saint

Paul, et la mise en lumière des raisons profondes de ces ordres.

C'est dire assez que le P. Aubry fait, du commentaire de saint Thomas, la base de l'étude des Epîtres de saint Paul ; et nous savons, par les résultats remarquables de son enseignement au grand séminaire de Beauvais, qu'il avait mis ses élèves en mesure de comprendre et de goûter ce commentaire, comme du reste tous les ouvrages du Docteur angélique qui sont essentiellement classiques, qui s'adressent, comme tels, à tous les étudiants et qu'on a le grand tort de négliger totalement dans la plupart de nos écoles théologiques.

Jamais le P. Aubry ne se sépare de saint Thomas dans la marche des idées, pas plus qu'il ne s'écarte de Cornelius à Lapide dans les détails de l'explication, faisant entrer la riche substance de l'un dans le cadre lumineux de l'autre, puisque plan et éléments, tout est là, résolu aussi richement que possible.

Il faut lire, dans l'*Epître aux Romains*, la description de la grâce et les conditions de la vie nouvelle par la justification et l'esprit intérieur. Toujours dans l'Epître aux Romains, quelle vue sur l'état de l'homme, sur sa solidarité avec toute créature, sur cette espérance inénarrable qui console son cœur de tous les maux ! Et cette *Révélation des Enfants de Dieu !* Il semble voir notre défroque charnelle tomber, comme un vêtement qu'on laisse glisser à ses pieds, et l'âme sanctifiée apparaître, radieuse et divinisée, l'homme céleste jaillir du sein de la pourriture terrestre vers Dieu.

L'Epître aux Hébreux est un émouvant tableau du sacerdoce de Jésus-Christ. Le P. Aubry s'élève, ici encore, à une grande hauteur théologique, lorsqu'il énumère les fonctions sacerdotales de Jésus-Christ, Prêtre éternel, et les conditions du sacerdoce catholique.

Mais l'objet des prédilections du théologien, c'est l'*Epître aux Ephésiens*, à cause de l'idée de l'Eglise. Combien il est saisissant de voir tout le travail du sacerdoce aboutir à cette petite chose humble et cachée : *la formation du saint par la grâce produite en son âme !* Nous assistons ici à l'incorporation des hommes à l'Eglise, à la confection de l'unité de l'Eglise par la vocation des Gentils, à l'œuvre capitale de la formation du corps mystique de Jésus-Christ, qui grandit sans cesse jusqu'à ce qu'il ait atteint la plénitude de son développement.

On sent, à lire ces pages puissantes, que toute la vie du P. Aubry est venue aboutir et, pour ainsi dire, s'engouffrer dans saint Paul ; il a fait en lui sa demeure. Aussi, l'étude de saint Paul, chez lui, n'est pas localisée, parquée, emprisonnée, pour ainsi dire, dans

un petit espace de temps réglementaire, en dehors duquel il oubliera
saint Paul : non ! Qu'il dirige les âmes, qu'il médite ou prêche la
parole de Dieu, saint Paul est là comme son fond, et l'inspire ; tous·
ses travaux, de quelque nature qu'ils soient, cherchent spontanément à se tourner vers l'Apôtre des nations, pour s'inspirer de son
esprit. Même la messe n'est pas étrangère à cet exercice ; car, pour
bien dire la messe, il faut être plein de l'Epître aux Hébreux.

Notre conviction, à nous, comme la conviction du P. Aubry, et
celle qui répond, il nous semble, à l'idée de l'Eglise et à la raison
d'être du prêtre catholique, c'est que le prêtre doit installer saint
Paul dans sa vie, pour qu'il la remplisse et la vivifie, pour que son
soleil l'éclaire toute, et que *sa théologie* se répande — *sicut oleum effu-*
sum — sur tout son être, à commencer par la partie la plus in-
fluente, *l'intelligence.*

C'est ainsi, croyons-nous, que dans le sacerdoce catholique et
pour rendre au prêtre cette force surnaturelle et divine, qui est
toute sa raison d'être, c'est ainsi qu'il faut embrasser non seulement saint Paul, mais toute l'Ecriture, même toute science sacrée
et toute étude. Chercher d'abord et surtout le *Verbe : qui quærent me,*
invenient me !

Toute étude sacerdotale qui ne fait pas cela, qui n'est pas une visite au Saint-Sacrement, un état général de contemplation, d'union
à Dieu, est misérable et stérile, si tant est qu'elle ne devienne trop
facilement fausse et· dangereuse dans ses conclusions.

XVIII

L'HISTOIRE DE L'ÉGLISE

Après l'Ecriture sainte, l'histoire de l'Eglise, tomes VII et VIII
des œuvres complètes du P. Aubry. — Ce sujet pose, à l'esprit,
quatre ou cinq questions de premier ordre : la définition de l'histoire ecclésiastique, l'ordre des matières qu'elle doit embrasser, les
périodes qu'elle doit distinguer dans l'évolution des siècles, les
grands événements qu'elle raconte, dans quelle limite et dans quel
but.·

La définition de l'histoire ecclésiastique dépend de la notion surnaturelle de l'Eglise. L'Eglise, selon Bellarmin, doit se définir :
« La société des hommes, unis en cette vie, par la profession de la

même foi, la participation aux mêmes sacrements, sous le gouvernement des pasteurs légitimes et surtout du souverain Pontife. » — Tarquini la définit plus sommairement : « La société fondée par le Christ, dont la fin propre est l'acquisition de la béatitude éternelle, avantage tellement propre à cette société que, hors d'elle, on n'y peut d'aucune façon prétendre. » Le P. Schouppe la définit plus explicitement : « L'Eglise du Christ, prise adéquatement dans son corps et dans son âme, est la société des fidèles baptisés, que vivifient *intérieurement* la foi, l'espérance et la charité ; *extérieurement*, la profession de la foi chrétienne, la communion aux mêmes sacrements unissent les fidèles sous un seul chef, le Christ au ciel et son vicaire en terre, le Souverain Pontife. »

Cette notion théologique de l'Eglise est le point de départ nécessaire pour définir son histoire. L'histoire place l'Eglise sur le plan fuyant de la durée ; elle suit, sous le gouvernement surnaturel de Dieu, son évolution à travers les âges, jusqu'à la fin des temps. L'histoire de l'Eglise, c'est l'accomplissement séculaire des gestes de Dieu et du concours des hommes, pour le salut des hommes et la gloire de Dieu. C'est l'histoire dans sa notion la plus haute et sa plus magistrale importance.

L'objet de l'histoire ecclésiastique, ce sont les faits relatifs à la société des chrétiens. On peut envisager ces faits au simple point de vue de la raison et au point de vue plus élevé de la foi. La raison, séparée de la foi, envisage les mouvements de l'humanité sur la terre, dans ses rapports avec la terre par la vie pastorale, par l'agriculture, l'industrie et le commerce ; elle étudie encore l'expansion des forces humaines dans la culture des sciences, la pratique des devoirs et le progrès des sociétés humaines ; enfin elle place l'humanité sous l'autorité naturelle de Dieu et s'ingénie à découvrir dans la succession des peuples, les desseins de la Providence. — Herder, par exemple, dans ses *Idées*, ne se préoccupe guère que de la matière et de ses transformations ; Vico, Ferrari et Cousin s'occupent plutôt des manifestations des intelligences ; Bunsen, Barchon de Penhoen et Buchez s'appliquent davantage à montrer Dieu dans l'histoire. — Nous, catholiques, nous ne pouvons envisager l'histoire qu'au point de vue de l'ordre surnaturel dont l'Eglise est le point de départ, la sanction et le couronnement.

D'après Alzog, « l'histoire de l'Eglise, considérée *objectivement*, est le développement, dans le temps, du royaume de Dieu, et le progrès continu dans les voies de la science et de la vie, de l'humanité régénérée s'unissant à Dieu par le Christ, dans le Saint-Esprit. Dans le sens technique, elle est la reproduction idéale ou l'exposition par le discours, de ce développement vivant et réel ». Dans sa *Morale catholique*, Hirscher la considère également comme institution du royaume de Dieu sur la terre, modelé sur le type de son royaume dans le ciel. — Mœhler en donne cette belle définition : « Il faut, dit-il, définir l'histoire : La réalisation dans le temps du plan éternel de Dieu disposant l'homme, par le Christ, au culte et à l'adoration qui sont dignes de la majesté du Créateur et de la liberté de la créature intelligente. Montrer comment l'esprit du Christ s'est introduit dans la vie commune de l'humanité, et se développe dans la famille, les peuples et les Etats, dans l'ordre, dans la science, pour en former des instruments de la gloire de Dieu, tel est le but de l'histoire chrétienne. »

Ce qui s'est passé dans la sphère des choses temporelles forme l'histoire dans son sens le plus général. Cependant tout ce qui arrive n'appartient point à l'histoire ; les événements importants, qui éveillent ou promettent un intérêt moral, sont seuls de son ressort. C'est pourquoi le sujet principal de l'histoire, c'est l'homme, considéré dans sa condition, dans ses rapports avec la société civile et avec l'Eglise, principalement pour sa direction morale et spirituelle.

« L'homme s'agite et Dieu le mène. » Le grand agent de l'histoire, c'est Dieu.

Après la création, l'élévation de l'homme à l'état de grâce appelle, comme terme, après les temps d'épreuves, sa glorification éternelle. La déification primitive et la béatification finale, voilà les deux premiers pivots sur lesquels évolue l'histoire.

Après l'élévation de l'homme à l'état de grâce, le péché originel, suivi de la promesse d'un rédempteur, appelle l'avènement de ce Rédempteur dans la plénitude des temps. La chute et la réparation, voilà les deux seconds pivots sur lesquels évolue désormais l'histoire de l'Eglise.

L'avènement du Rédempteur promis est le *fait central* de l'histoire. Les événements qui le précèdent le rendent moralement nécessaire et fournissent les possibilités d'exécution ; les événements qui le suivent ne sont plus que les développements réguliers ou les contradictions coupables de son Evangile.

Or, l'avènement du Rédempteur se présente à nous comme complément et transformation de la loi mosaïque. A ce titre, l'Evangile nous apparaît comme la révélation du Christ distribuant sa lumière aux intelligences ; comme la loi du Christ imposant sa volonté aux volontés, aux sentiments et aux actes de l'homme; comme l'ensemble des institutions du Christ pour nous aider à croire et à pratiquer surnaturellement; et comme l'ordre hiérarchique proposé à la gérance de l'Evangile au sein de l'humanité.

Le Christ étant le centre de l'histoire, les événements qui précèdent sa venue forment, depuis la sortie du Paradis terrestre, la *préparation* à son avènement; les événements qui suivent la venue du Christ offrent le *développement* de l'Evangile à travers les nations, jusqu'au dernier avènement du Christ.

La préparation évangélique doit nous faire connaître d'abord: l'Eglise primitive des patriarches jusqu'à Moïse, Eglise renfermée jusque-là au sein des familles et des tribus; puis l'Eglise étendue aux nations, mais de deux manières: au peuple Juif, enfermé dans ses montagnes et spécialement chargé de préparer et de figurer le Christ; aux peuples gentils, obligés aussi à la garde des traditions, mais surtout préparant l'avènement du Christ par la succession des grands empires.

La révélation primitive est le premier objet de l'Eglise et, suivant le mot de saint Epiphane, l'Eglise est le commencement de toutes choses. La conception de l'histoire de l'Eglise ressort de l'idée même de la religion. La religion *objective*, c'est l'*alliance* établie par Dieu avec l'homme; la religion *subjective*, c'est le libre concours de l'homme pour arriver à cette union; c'est la connaissance d'un Etre divin auquel l'homme s'efforce de s'unir et de ressembler, pour trouver le bonheur dans cette union et cette ressemblance. Ce besoin de connaître et d'imiter Dieu, qui est commun à tous les hommes, est, en même temps, la source du besoin qu'ils éprouvent de se réunir et de vivre en famille ou en société. Et de même que l'homme terrestre ne prospère que par une sorte de communion avec l'humanité entière; de même, l'homme spirituel ne s'épanouit que dans la société du genre humain avec Dieu. Dieu en est le premier facteur. C'est pourquoi il s'éleva, dès l'origine, dans les familles patriarcales, sur l'ordre de Dieu ou sous son inspiration, des institutions terrestres et surnaturelles, une communauté religieuse, synthèse de foi et de devoir, conforme aux éléments réunis dans la personnalité de l'homme. Le chef de famille était prêtre; le toit domestique s'ajoutait le caractère de temple; la table devenait autel, et le foyer se prêtait, après l'immolation des victimes, à leur consécration en sacrifice.

A partir de la vocation d'Abraham, l'Eglise patriarcale se prépare à devenir Eglise nationale. Par Moïse, le peuple juif reçut sa constitution d'Eglise nationale et l'ensemble d'institutions passagères qui devaient en soutenir et préparer sa transformation par le Christ. Cette église est désignée sous le nom du peuple Israélite comme société séparée, élue de Dieu, consacrée à Jehovah, dans laquelle un jour doivent être admis tous les peuples. Cette promesse est traduite par le mot grec de *Sunagôgê* et exprime l'idée d'une direction collective, d'un gouvernement universel appliqué au monde. L'église nationale du Judaïsme a son temple, son sacerdoce, ses sacrifices, ses cérémonies, ses lois religieuses pour la garde même des intérêts civils. Le temple est unique ; il n'y a qu'un grand prêtre, assisté d'un corps de lévites. Des juges et des rois présideront aux destinées du peuple de Dieu. Les prophètes viendront rappeler aux peuples et aux rois, les lois violées et prédire le grand anathème.

(*A suivre.*)

MGR. JUSTIN FÈVRE.

LA DAME BLANCHE

DU VAL D'HALID

ET LA MAIN NOIRE

(Suite.)

XI

LE TERTRE FLEURI

Dona Bella revenait un soir après une absence plus longue qu'à l'ordinaire.

Lopez seul restait au lit où elle le trouva goûtant un sommeil paisible.

En vain elle voulut surprendre sur les traits du malade le cours de sa pensée et la nature de ses rêves ; aucune ombre, même fugitive, n'altérait la sérénité de son front pâle ; aucune appréhension absorbante ne semblait peser sur ses esprits, ni troubler le repos de son âme.

Dona Bella le contemple ainsi et s'étonne bientôt de ne voir apparaître personne, ni Félicio, ni Praxilla, hier encore plus empressée. Elle cherche partout et, entrevoyant par l'entre-bâillement de la porte l'ombrage tentant du verger, elle se dirige de ce côté.

A peine a-t-elle fait quelques pas qu'elle aperçoit Praxilla au fond du jardin. Elle se rend vivement au-devant d'elle et lui témoigne de la joie.

— Je m'en retourne auprès de Lopez, dit la vieille femme, fais-moi donc ce plaisir : essaie de distraire Félicio.

Dona Bella ne s'aperçoit qu'alors de la présence du jeune homme. Elle le voit assis mélancoliquement, accoudé à une table rustique sous un berceau de verdure.

Son œil paraissait errer dans l'inconscience d'une rêverie

mobile. Cependant, il contemplait obstinément un carré de terre fraîchement remué qui s'étendait à ses pieds.

Là, pas un brin d'herbe parasite n'apparaissait et l'on ne voyait, pour tout ornement, qu'une croix faite d'un gazon fleuri, laquelle, ombragée par un saule-pleureur, enlaçait une sorte de tertre de ses bras verdoyants.

Félicio regardait cette croix et, sensiblement attiré, il s'inclinait vers elle.

La *Vierge de la Montagne* n'avait pas encore trahi sa présence ; elle s'était arrêtée pour contempler le convalescent. Son regard inquiet allait du tertre au jeune homme. Enfin elle s'avance d'un pas saccadé et bruyant comme si elle avait voulu ainsi s'annoncer.

Félicio lève la tête, se redresse aussitôt. Il se rend lentement à la rencontre de la *Vierge* et lui dit son étonnement de la trouver plus soucïeuse que jamais.

Il faut ajouter que le jeune pâtre admirait chaque fois qu'il avait l'occasion de le contempler, le beau visage de la *Vierge de la Montagne*. Pour lui, quelque chose de mystique se dégageait de cette personne étrange ; la vénération sensible, pénétrante qu'elle lui inspirait et qui tenait de la fascination, grandissait sans cesse en lui. Il avait beau l'étudier, rapprocher dans sa pensée les paroles et les actes de cette femme pour deviner les mobiles qui la faisaient agir, il n'en savait rien déduire et il s'avouait à lui-même qu'il ne la comprenait pas.

En effet, jamais chez elle on trouvait un propos joyeux, jamais un gai sourire, mais une préoccupation constante et concentrée ; et puis, dans son être tout entier, dans ses discours, dans ses gestes, on devinait l'accablement de quelque mystère horrible !

— Cependant, se disait Félicio, ce n'est qu'une femme ! Pour se comporter ainsi dans la vie, il faut que son cœur soit bien saignant.

Or, loin de parler de ses souffrances, elle les cachait avec plus de soin que n'en prennent la plupart pour révéler leurs angoisses ; les consolations du dehors, inutiles et trop souvent frivoles, ne la tentaient pas !

Quoique, en ce moment, elle paraissait plus affectée que par le passé, elle n'avait pas le même souci que jadis de dissimuler sa peine. Son regard, fixe et froid d'habitude, enveloppait Félicio avec une telle persistance qu'il jeta le trouble même dans ce cœur vaillant.

— Pourquoi me regarder ainsi, lui demande-t-il enfin ?

— Pourquoi ?... Allons ! prends place sur ce banc, près de moi et causons, dit-elle.

— Vous souffrez, dona Bella ; mon cœur, qui le devine, n'en doutait point. Dites-moi : quelles sont vos douleurs? Je vous dois la conservation de Lopez et, tenant encore de vous seule le reste d'une misérable vie, je trouve que mon âme doit vous être reconnaissante même de ce dernier et lamentable bienfait ! Parlez-moi donc sans contrainte. Les forces me reviennent ; déjà mon bras raffermi est capable d'un effort si, toutefois, vous daignez l'attendre de lui.

Alors, d'une voix lente et grave, dona Bella lui répond :

— Qu'attendrai-je encore de toi, Félicio ? Jusqu'ici tu m'as tout refusé.

Félicio rougit et il insiste pour qu'elle s'explique.

— Tu le vois, poursuit-elle, il n'y a chez moi ni défiance à ton égard, ni découragement dans la poursuite obstinée d'une vengeance implacable qui nous touche tous les deux. Notre cause est juste ; les *Vengeurs* et moi-même, nous attendons seulement que tu le reconnaisses. Le jour où tu nous tendras la main, le meilleur de nos vœux sera déjà comblé.

Dis-moi, Félicio, le peuple andalou ne mérite-t-il pas ton appui? Regarde ce vieillard parmi les nations : après une si longue existence on ne peut plus soutenir que ce soit là un peuple vraiment; c'est un vil troupeau, conquis et rançonné. Il y a des Espagnes en Espagne, et l'Andalousie est la plus infortunée de toutes.

Les lois sont iniques, la justice n'est pas juste parmi nous et pour nous. La propriété est concentrée en quelques mains. Tant que les moines l'ont possédée, le pauvre peuple était sûr, du moins, de ne manquer ni de travail, ni de pain. Mais on a dépouillé les moines, on a ruiné les monastères ; et, pour toute réforme, l'on s'est contenté de faire passer en d'autres mains les dons de la nature et toutes les faveurs de la fortune, le souverain voulant ainsi, pour s'en faire un appui, constituer à l'exclusion des masses une classe nouvelle, enrichie gratuitement en un seul jour !

Ces parvenus, sortis d'une méprise sociale, sont pour jamais asservis au régime libéral dont ils sont l'œuvre et le plus triste ornement.....

Tu crois que je souffre. Félicio, je ne le conteste point! Depuis cinq ans, mon âme étouffe dans mon sein, succombe à une souffrance morale inexprimable! La douleur est répandue dans ma nature comme le sang dans mes veines ; elle semble constituer en moi un élément nécessaire : je souffre partout et sans cesse, mais toujours les mêmes douleurs.

Aujourd'hui, cependant, je connais des angoisses nouvelles... Ah! mon pauvre Félicio, sache bien que je ne suis insensible à rien de ce qui peut t'atteindre.

Dona Bella, s'animant, continue :

— Il est temps que tu apprennes ce que l'enfer a tenté pour t'accabler ; il est temps aussi que tu prennes tes mesures pour recueillir les débris épars de ton bonheur perdu.

Je puis parler maintenant sans craindre de te briser ; peut-être, après avoir tout révélé, te trouverai-je disposé à me suivre, à permettre que ma vengeance assiste ton amour. Ah! Félicio, que je voudrais me taire!...

— Parlez plutôt! surtout ne me cachez rien, vos paroles dussent-elles porter la mort dans mon âme.

Est-ce encore de Ruiz de Gomez qu'il s'agit?

— Laissons cet homme. Ruiz attend dans les montagnes que Félicio vienne l'y accuser et le juger lui-même. Regarde plutôt ce coin de terre si soigneusement entretenu : vois-tu ce gazon, cette croix symbolique? et comprends-tu ce dont ce tertre muet cherche à t'entretenir?

— Moi?

— La croix dont l'ombre est répandue sur la cendre des morts ne dit-elle rien!

— Un tombeau! ici?

— Sais-tu qui repose-là?

— Plus d'énigmes, je vous en supplie!

— Hélas, l'infortunée! poursuit la *Vierge*, comme se parlant à elle-même ; il ne la devine pas! Et pourtant, Félicio, je l'ai tenue dans mes bras comme toi, comme Lopez, quand son sang coulait. Lorsque son dernier soupir allait expirer sur sa lèvre tremblante elle appelait encore Félicio. Elle espérait le voir avant de mourir pour lui dire ses angoisses et ses terreurs ; elle voulait surtout protester de son innocence, témoigner d'un amour fraternel jusqu'au bout inaltérable...

— Vous ne parleriez pas autrement d'Elisa !...

— D'Elisa ! Ah ! bénie soit cette terre sainte : elle couvre, en effet, ce qui nous reste de ta sœur, victime de Ruiz de Gomez.

— Elisa ! étendue là, à nos pieds !... s'écrie Félicio. Ah ! parle à ton tour, tertre muet ! Non, non, cette terre ne dévore pas la moitié de mon cœur ! Cette tombe, si tombe il y a, est vide. On me trompe ; et, pourquoi ?

Dona Bella appelle sa vieille amie. Praxilla accourt. Alors, d'une voix émue et la main tendue vers le tertre encore muet, la fière Andalouse s'écrie :

— Il ne me croit pas. Apporte donc les preuves. Il fallait s'y attendre : Félicio doute de ce malheur !

Praxilla considère le jeune homme, voit son trouble et ses larmes. Levant au ciel ses yeux humides, elle s'éloigne, va prendre une cassette qu'elle gardait comme un dépôt précieux et, en venant la remettre à dona Bella, elle dit en soupirant :

— C'est bien tout ce qui nous reste d'Elisa !

Praxilla elle-même ouvre le coffret, en tire du linge ensanglanté, un voile que le malheureux reconnaît, une longue mèche de cheveux, des bagues, un collier, des bracelets, un double médaillon.., et un linceul où l'empreinte d'un corps mutilé, sanglant, était restée visible.

Félicio s'empare du médaillon dont il presse un ressort connu de lui seul ; le médaillon s'ouvre aussitôt et il y trouve, en face l'un de l'autre, le portrait de sa mère et celui d'Elisa.

A cette vue, il pousse un cri déchirant, tombe à genoux. Dans son désespoir, aussi violent que subit, il se tord les mains, s'arrache les cheveux, mêle à d'effroyables menaces les appels les plus touchants et les plaintes les plus navrantes. Il verse des torrents de larmes et, au milieu de ses transports, il s'écrie :

— Elisa ! Elisa ! Ah ! ma chère Elisa ! Il est donc vrai que tu es ici, muette et glacée, étendue à mes pieds, sous la main du trépas ? Ton malheur immense me prouve ton innocence parfaite. Morte ! morte noyée en ton sang ! par quelles mains impitoyables, dis-le-moi ! Quoi donc ! ton âme craintive, éperdue, effrayée d'une horrible fin, de l'écroulement subit de toutes ses espérances, n'a point pensé à Félicio ? n'a pas voulu l'appeler à son aide ! ni l'avertir d'une si triste fin ? Tu me croyais donc insensible quand je te cherchais partout sur la terre ; quand je fuyais, pour toi seule, ma mère, mes amis et nos montagnes chéries, et nos bois touffus, et le hameau qui nous vit naître tous les deux ?

Je t'ai rencontrée un jour, à peine m'as-tu remarqué..., et tu tombas peu après sans retour ! Hélas, je succombai peu après et à mon tour ! Moins heureux que toi, je m'éveille ; je rouvre les yeux à la vie, je te cherche de nouveau et ne trouve plus qu'une tombe froide et sans voix, cachée je ne sais comment, ni pourquoi dans ce coin inconnu des tiens. Ah ! je ne veux plus d'un bien que je ne puis désormais partager avec toi ! Secoue cette poussière, ouvre ce tombeau, j'ai hâte de m'y étendre à tes côtés !...

Il s'arrête et, sans se contraindre, laisse couler le torrent de ses larmes. Puis il reprend :

— Hélas, hélas ! tu n'es plus, Elisa ! Tu as succombé loin de ta mère et loin de moi. Que n'ai-je pu, une dernière fois, te serrer dans mes bras ! Ah ! si j'avais pu fermer tes yeux éteints, emporter en mon sein pour notre mère chérie tes derniers vœux, ton dernier soupir !... Mais tu es morte !... Comment ?... Juste ciel ! pourquoi ce sang... et ces restes lamentables..., et ce lugubre mystère ! Pauvre Elisa ! nul ne s'est donc penché vers toi ? Nul ne t'a ouvert les bras pour t'encourager, pour te rassurer contre l'effroi du tombeau ? Quelle tristesse pour le restant de mes jours ! Ainsi tout est fini pour moi ! Maintenant que ton ombre plaintive erre inconsolable sur je ne sais quels tristes bords, que puis-je encore pour toi, pour ta consolation et pour ton repos suprême ? Rien ! Les morts sont sans désirs... Voilà ce qui rend mon malheur parfait et mon existence superflue...

Dona Bella l'interrompt.

— Quand un homme n'ose pas tenter une tâche pénible, il la juge d'abord irréalisable. Les morts ont soif de justice et de réparation. Un crime a été commis, du sang a coulé ; il t'importe par le châtiment du mal de rassurer la vertu.

— Vengeance ! Est-ce là le cri de cette tombe ? Elisa la demande-t-elle et répare-t-on l'iniquité en commettant un crime nouveau !

— Heureux Ruiz de Gomez ! fait la *Vierge de la Montagne* avec amertume et dépit. Grâce au magnanime Félicio, il goûtera en paix le plaisir de tous ses méfaits. Qu'importent la ruine et les pleurs d'une mère ? qu'importent la vertu d'Elisa

et tout son sang versé? qu'importent mille autres raisons?
Ruiz sera content, s'il se peut : Félicio lui-même le décide
pour lui! Courage, Ruiz, marche donc, presse le pas et va
plus loin, jusqu'au bout! Pourquoi s'arrêter, ou hésiter?.Il
doit être fleuri le sentier tortueux où les cœurs pusillanimes
sèment leurs affections et déposent leur honneur !

— La victime, réplique Félicio, doit-elle sans cesse maudire son bourreau? Que m'importe le brutal bonheur qu'un
tigre à face humaine trouve dans le crime? Ne suis-je pas
moins à plaindre que lui si, malheureux, je péris innocent?
Puisque je ne mérite rien ; puisque le ciel accorde à mes ennemis les joies qui me sont refusées, mais que j'avais osé espérer de lui!... Eh! en quoi cela aussi m'importe-t-il1 Je
viens vers toi, je t'accompagne, Elisa, ma chère Elisa!... Oh !
je ne veux plus d'une vie que je ne saurais désormais partager
avec toi.

Alors, changeant de langage, presque avec colère, la *Vierge
de la Montagne* s'écrie :

— Voilà donc ton dernier mot, ton vœu suprême... mourir! Que je plains Idala d'avoir pu aimer un homme si peu
digne d'elle, si insensible à son malheur! Il est vrai qu'étant
la plus belle des femmes, elle en est aussi la plus infortunée.
Il faudrait la secourir, la défendre, lutter encore! et Félicio
n'en a ni le loisir, ni le courage ; peut-être manque-t-il
d'amour! On flatte une femme; on la gagne pour la tromper;
on lui jure de ne voir, de n'aimer qu'elle : elle s'éloigne d'un
pas et l'homme inconstant déjà ne songe plus à ses serments!

— Ah! Bella !

— Meurs ! tu le veux : péris donc, puisque c'est là ton seul
désir ; c'est aussi, peut-être, ton destin borné et ton unique
idéal ; hâte-toi de disparaître !

— Ecoutez-moi...

— Il vaut mieux mourir, vraiment! O homme pusillanime !
homme égoïste ; insensible momie ! Eteins-toi donc, ô cœur
inapte à comprendre, incapable d'aimer, qui ne secoue sa torpeur que pour se retourner sur lui-même ou que pour se détourner de la misère d'autrui, afin de défendre contre tous
son incurable paresse et sa patiente lâcheté ! Tu veux périr;
mais où donc la vie se trouve-t-elle en toi ! Par quel chagrin,
par quel plaisir, par quel sentiment enfin, par quelle horreur
ou par quelle haine se trahit-elle encore en ton âme ? Tu es

froid, glacé ; tu es mort déjà ! oui, mort, et ce que tu conserves, Félicio, ce ne sont plus que les apparences de la vie...

— Arrête, femme, ou par l'enfer !...

— Je pars, adieu !

— Sans me dire...

— Sans te dire ! quoi donc ? ce que ce gazon recouvre ? tu le sais : Elisa !... Oh ! ne me réclame pas ce que la mort s'est assuré et consume à tes pieds. Il faut savoir à propos renoncer au bien que nous avons perdu pour mieux défendre le bien qui nous reste. Hélas ! que te reste-t-il ? Ruiz ne rejetait d'une main qu'autant qu'il attirait de l'autre : Elisa est morte et pour toi Idala est perdue ! Captive, elle peut craindre chaque jour tous les maux.

— Captive ! de lui ?

— Non, Ruiz est à nous ; mais Idala est gardée dans un repaire de brigands. Sans doute, elle aussi ne souffre ce malheur que par ordre de Ruiz de Gomez. L'infortunée ! elle fera bien de se résigner à son sort, puisqu'elle ne peut déjà rien attendre de ton amour, et rien de tes serments.   —

La mordante ironie qui perçait en ces paroles cinglait, en quelque sorte, la face du malheureux. Félicio était debout. Toute pâleur soudain avait disparu de son visage : mais son front était couvert de rides profondes creusées par la fureur ; son œil lançait des flammes.

Ce n'était déjà plus ce convalescent désespéré, accablé sous le fardeau de la vie, semblable au roseau flexible qu'un zéphyr courbe jusque dans l'onde fugitive. En le voyant se raidir, on se serait figuré plutôt un chêne vigoureux luttant contre la tempête. Il dit :

— Dona Bella, voulez-vous que je ressente pour vous une admiration profonde, un dévouement parfait ? Voulez-vous mériter la gratitude de mon cœur et l'appui de mon bras ! Voulez-vous que je sois à vous, corps et âme, et pendant toute ma vie ?

— Je le veux !

— Parlez donc. Instruisez-moi sans détour et veuillez me dire ce que je dois tenter pour venger Elisa et sauver Idala ? D'abord, où tourmente-t-on la fille de Pèdro !

— Que ne puis-je répondre et d'un mot combler tes vœux ! repartit la *Vierge de la Montagne*. Non pas, Félicio, que j'aie rien négligé jusqu'ici soit pour découvrir la retraite de cés

bandits, soit pour protéger Idala ; mais tous mes efforts restèrent infructueux et mes recherches stériles.

J'ai appris cependant de la bouche même de Pedro que, la
veille de la rencontre du *Val d'Halid*, des sicaires enrôlés
par Ruiz de Gomez envahirent sa maison, emmenèrent sa
fille dont ni lui, ni nous-mêmes n'entendîmes plus parler.

La tête de Félicio s'incline sous le coup d'un doute poignant. Dans son accablement, il ressemble à ces fleurs écla-
tantes qui, nées sur les bords fertiles d'un fleuve fécond, dé-
périssent tout d'un coup quand un vent sec souffle du midi et
tarit l'onde bienfaisante changeant en un sable brûlant le li-
mon nourricier. Il réfléchit, et plus sa pensée s'enfonce dans
son malheur et plus l'amertume de son âme monte en lui,
gagne ses lèvres, prête à déborder en plaintes amères. A
chaque instant aussi des images de plus en plus lugubres
passent devant ses yeux, et des pensées plus irritantes les unes
que les autres traversent son esprit, se poussant comme les
vagues affolées d'une mer furieuse qui se poursuivent en
mugissant jusque sur une grève désolée. La fureur en lui
grandissait à mesure.

Quand enfin il lève les yeux, son regard sombre trahissait
une telle férocité que dona Bella elle-même recule épouvantée.

Mais Félicio, cédant à l'emportement de son impétueuse
furie, s'approche d'elle. Avant même qu'elle ait pu deviner
son intention, il s'empare violemment de son bras, cherche sa
main et, tout en la suppliant, pense la contraindre de lui dire
la vérité tout entière.

A l'instant même et à son tour il recule stupéfait, s'écriant :
— Dona Bella !... Bella ! Vous !... si malheureuse !

La *Vierge de la Montagne* s'était rejetée en arrière et, pareille au spectre qui fréquente la nuit, elle apparaissait la tête
haute, l'œil humide, affreusement pâle. Ses lèvres livides
tremblaient et l'on entendait ses dents s'entrechoquer de con-
trariété. Elle faisait un effort terrible pour refouler une émotion mortelle.

Tant d'agitation brise sa nature de femme. En effet, et soudain, ses nerfs se détendent ; elle chancelle et serait tombée
si Félicio, attentif malgré son saisissement, ne s'était précipité pour la soutenir.

Il l'engage à s'asseoir et, tout en la contemplant avec une
indicible tristesse, il la soutient de son bras.

— Si malheureuse ! répétait-il, pour la vingtième fois.

— Mais oui ! se contente-t-elle de gémir enfin.

Et tous deux gardent un long silence se laissant emporter, chacun de son côté, par le flot tumultueux de leurs réflexions amères.

— Ah ! soupire alors Félicio, qu'une jeune femme, en ce lamentable état, est digne de pitié ! Dona Bella, laissez-moi donc vous plaindre.

— Me plaindre ! est-ce assez, Félicio ? répond la *Vierge de la Montagne* avec un accent lugubre. Il faut à certaines douleurs l'onguent d'une vengeance terrible. Telle est, du moins, la nature de mon mal que le froid du tombeau seul pourra le réduire et que la mort de l'homme..., de *cet homme*, saurait à peine l'adoucir.

En parlant ainsi, et pour la première fois en face de Félicio, elle retire des larges plis de ses vêtements son bras gauche mutilé, continuant avec une effrayante exaltation :

— Félicio ! Regarde ce bras desséché, cette main perdue !... Ah ! tu te plains, toi ; et moi, moi donc qui, après tout, ne suis qu'une femme, ne pourrais-je dans mes larmes noyer tous tes chagrins ? dans l'amertume de mes tourments étouffer tous tes ennuis ? Et je ne me plains pas ! Je vis ; pour cela je ne veux pas, jamais je n'ai voulu mourir ! La haine, l'implacable vengeance me font vivre. Tu vois ce bras frêle et brisé ; sa vue même t'étonne et t'épouvante ! Eh ! qu'est-ce donc, sinon la trace indélébile qu'a laissée sur moi le passage d'une passion bestiale, odieusement assouvie, ô honte ! Et dire qu'Idala, après Elisa, est exposée autant que moi !... Ce disant, elle éclate en sanglots et l'abondance de ses pleurs n'arrive pas à soulager son âme.

— Courage ! soupire Félicio.

—... Horreur ! Oh ! viens donc ! viens vite, ô douce vengeance promise à mon malheur ; ivresse infernale, seul besoin que j'éprouve encore ici-bas !

Elle s'arrête haletante.

— Assez ! dit Félicio. A ces déplorables coups je reconnais la main de Ruiz de Gomez. Ecoutez, dona Bella ; j'abhorre cet homme et je le hais plus qu'aucune parole humaine ne saurait le dire.

— Tu l'épargneras cependant.

— Ce serait à la faiblesse joindre l'infamie !

A la prière de Félicio dona Bella raconte alors la capture de Ruiz de Gomez, les recherches qu'occasionne sa disparition. Elle dit enfin en ces termes comment elle apprit la capture d'Idala elle-même :

— Je m'étais rendue chez Pedro pour me renseigner à propos de certains bruits répandus à l'occasion de nos récents exploits. Je me trouvais entourée d'orphelins en larmes et d'un homme anéanti, désespéré, qui me répétait sans cesse :

— Ils l'ont enlevée sous mes yeux ! Les traîtres m'avaient d'abord mis dans l'impuissance de la protéger !

Quand j'essayais de lui inspirer une confiance que, du reste, je n'aurais pu partager, il répondait :

— Il est parti, l'infâme ! il a emporté dans les montagnes ma pauvre Idala ! Qu'arrivera-t-il à mon enfant ? Hélas !... Hélas ! que mon malheur est grand ! Dans un repaire lointain il la tourmente et nous le verrons un jour reparaître après qu'il aura plongé ma fille dans la fange, après qu'il l'aura poussée dans la tombe..., comme la sœur de Félicio !

Je ne pus résister à la vue d'un si grand désespoir. Aussi lui ai-je dit :

— Courage, Pedro, et ne crains point trop. Tu me vois aujourd'hui ; peut-être ne me reverras-tu jamais. Ecoute cependant et crois tout ce que je vais, tout ce que je dois t'apprendre.

Je ne sais pas, ajoutai-je, où pleure Idala ; j'ignore même si elle court un réel danger; mais, pour elle, cesse au moins de craindre Ruiz de Gomez. Il est faible maintenant ; il gémit et il tremble devant moi. Prisonnier, le monstre se sent enfin périr. Il est possible ; il est même certain qu'il menaçait la vertu d'Idala ; néanmoins, il n'a pas joui l'espace d'un seul instant du fruit de ce dernier forfait.

— Qu'en sais-tu ? fit Pedro.

— Recueille chacune de mes paroles et surtout n'en répète rien, ai-je ajouté aussitôt. Ruiz est en mon pouvoir, je l'ai dit, et c'est la *Main-Noire* qui, sur le chemin du crime vient ainsi d'arrêter ses pas. Il va mourir : console-toi donc si pour ton âme la vengeance a quelque douceur.

Il tressaillit à ces mots et je poursuivis sans interruption :

— La *Main-Noire* : c'est moi ; ce sont mes amis et mes frères ; c'est le peuple armé pour se venger ; c'est déjà Félicio ! Félicio qui demain pourra user du ravisseur de telle sorte qu'il arrachera à cette âme ténébreuse la trame de ses complots. Sache que ce jeune homme aime encore ta fille et qu'il veut la protéger. Adieu, Pedro ! et garde sans défaillance un ferme espoir.

Voilà ce que j'appris au père d'Idala qui se rassurait en m'écoutant.

Il me confia qu'il espérait en ma parole et sollicita la faveur de me reconduire. Hélas ! la douleur avait usé ses forces ; il chancelait à chaque pas et dut ainsi s'arrêter au seuil de sa porte ; mais, tant qu'il put m'apercevoir, il me suivit du regard en me bénissant.

Dis-moi maintenant, pauvre et cher Félicio, que penses-tu ? pour la cause de ton cœur que vas-tu faire ?

— Tenir mon serment ! Où est de Gomez ?

— Dans nos fers.

— Et Rudolpho ?

— Il est libre parmi nous ; acquis à notre cause, c'est déjà un chien fidèle.

— Je veux les voir, partons !

(A suivre.)

ARTHUR SAVAÈTE.

La guerre aux Femmes

Qui le croirait, si ce spectacle plein de honte n'était sous nos yeux, depuis de longs mois ? La France, qui se pique d'amour pour la liberté, dont l'histoire n'est que le récit d'une lutte plusieurs fois séculaire pour l'affranchissement des esclaves de toute nature, oubliant ses traditions, livrée à la merci de tyrans imbéciles, opprime les plus faibles, persécute, spolie et chasse de leurs demeures des femmes, des religieuses, en attendant qu'elle les jette en prison.

Le crime de ces femmes est d'être chrétiennes, de travailler à délivrer les enfants du joug de l'ignorance, d'arracher les malades aux étreintes des souffrances brutales qui les enchaînent sur leur lit de douleur, de consoler les âmes angoissées ou désespérées en leur rendant, par l'amour le plus désintéressé, l'espérance et la foi.

Le pays, qui a les traditions libérales les plus glorieuses, qui a donné son sang, plus que tout autre, pour la diffusion des doctrines les plus opposées à tout servage, qui a envoyé le plus grand nombre de missionnaires à travers le monde pour combattre la barbarie, à qui l'Amérique, l'Asie, l'Afrique, l'Océanie doivent d'avoir vu luire enfin le soleil de la liberté, ce même pays, trahissant sa mission, oubliant sa vocation, arme ses magistrats, ses commissaires de police, ses gendarmes et même ses soldats pour violenter des femmes et les jeter hors de leur demeure, sur la rue.

Après avoir été accablées d'impôts contre tout droit, après qu'on eût tenté de les ruiner en leur faisant payer double et triple taxe, ces pauvres femmes sont chassées et elles ne savent où trouver un asile.

La nation chevaleresque, qui avait pour devise : « Mon Dieu, mon roy et ma dame ! » n'ayant plus de respect pour son Dieu qu'elle a renié, n'ayant plus de roi — dans son ingratitude, elle a expulsé ses princes après quatorze siècles de gloire commune —

ayant perdu, du même coup, tout sentiment noble et délicat, fait la guerre aux femmes. La patrie de Jeanne Hachette, de Jeanne d'Arc n'a plus de refuge assuré pour les sœurs de Saint-Vincent-de-Paul, pour les Petites Sœurs des Pauvres !

Elle n'a pas su venger le soufflet reçu à Fachoda et elle brutalise des femmes !

*
* *

Un parti sectaire s'est emparé du pouvoir. Il s'impose en maître, en tyran. Et chaque jour il fait peser plus lourdement sa main de fer sur les plus faibles, sur des créatures sans défense.

Le Parlement devrait représenter la France, tous ses intérêts, toutes ses aspirations. Le gouvernement parlementaire a pour raison d'être la représentation parfaite, adéquate, de toutes les forces vives de la nation. La nation veut la liberté politique, la liberté religieuse, et les deux Chambres ne sauraient s'écarter de ce programme essentiellement libéral, sans trahir le mandat qui lui a été confié. Toute violation de la liberté, sous quelque forme que ce soit, les met hors la loi, car elle ne peut se produire que contre tout droit.

Et si une loi est votée par les deux Chambres, qui soit contraire à la liberté d'une classe de citoyens quelconque, cette loi est en opposition avec la justice : elle est abusive et tyrannique.

La faction qui gouverne la France a oublié qu'il ne peut y avoir de majorité établissant la légitimité d'un acte législatif en contradiction avec la liberté, avec la justice.

A bas donc le masque dont les tyrans de nos jours, persécuteurs de femmes, se sont couvert la face. Arrière les hypocrites qui s'en vont répétant : « C'est la loi ! » C'est la loi qui veut que les religieux et les religieuses soient des parias dans la nation ! C'est la loi qui veut qu'ils paient triple taxe, triple impôt ! C'est la loi qui veut qu'ils ne puissent pas vivre en commun ! C'est la loi qui veut qu'on les chasse de leurs demeures ! C'est la loi qui veut qu'on leur enlève leur gagne-pain ! C'est la loi qui veut qu'ils meurent de faim, ou dans leur patrie ou en exil !

Hypocrites et menteurs, qui prétendent que leurs victimes sont des factieux en révolte. En elles ils violent le droit de propriété, en s'emparant d'une partie de leurs revenus, en attendant qu'ils

s'emparent de tous leurs biens. En elles ils violent le droit d'association, en leur interdisant la vie commune ! En elles ils violent la
déclaration des droits de l'homme et, par là même, la constitution
du pays, en les persécutant pour leurs opinions religieuses.

C'est parce que ces femmes sont chrétiennes qu'ils les spolient et
les chassent, de leurs écoles, de leurs demeures !

Pour ces ennemis de toute foi religieuse, le grand crime c'est
d'être catholique !

On avait dit que leur haine s'arrêterait à la porte des couvents
de femmes, des écoles tenues par les religieuses ; ils en ont franchi
le seuil, ils ont porté leur main brutale sur ces saintes femmes, et
ces femmes chrétiennes et françaises ont été jetées dans la rue.

*
* *

Et comme les brigands et détrousseurs de grands chemins, ils ont
dissimulé leurs traits sous un masque, le masque de la légalité ; et
ils ont tendu des embûches et organisé savamment des embuscades
pour faire périr leurs victimes.

La loi des associations, votée il y a un an, sous couleur de ré-
glementer la liberté des associations, n'avait pas d'autre but que
d'assassiner les congrégations religieuses consacrées à l'enseignement.

Une loi ne peut avoir d'effet rétroactif. La loi du 1ᵉʳ juillet 1901,
promulguée, prescrivait que toutes les associations religieuses
devaient demander désormais une autorisation pour se constituer.
« Etes-vous autorisée ? » — « Non. » — Demandez l'autorisation. »
— « Je n'en ai que faire. » — « Demandez ou bien la mort. » —
« Mais l'autorisation est un privilège. Elle constitue une personnalité
civile, capable d'hériter, de tester, d'acheter, de vendre sous la tutelle de l'Etat. Je n'ai que faire de cette tutelle. » — « Demandez
cette tutelle, sinon cessez de vivre. » — « Mais en vertu de cette tutelle, l'Etat a tout fait pour ruiner les congrégations autorisées. Je
me garderai bien de me mettre entre ses griffes. Je veux rester dans
le droit commun. Je ne demande rien. Je ne veux pas avoir d'existence légale. Je n'en ai pas et je suis étonné que l'Etat me connaisse
et s'adresse à moi, puisque à ses yeux, légalement, je n'existe pas. »
— « Non vous n'existez pas, mais nous voulons que vous exis-
tiez. » — « Pour m'étrangler plus facilement ? Merci. » — « De

gré ou de force, il faudra bien que vous en passiez par notre vo·
lonté. » — « Mais c'est de la tyrannie. Je ne vous demande rien,
laissez-moi m'arranger comme je l'entends. Je ne veux pas de privilège, je ne veux pas de reconnaissance légale. Je suis en règle avec
les lois. Les biens, dont j'ai la jouissance, sont à des particuliers, à
des sociétés anonymes. Rien de plus régulier, rien de plus légal ! »
— « Si vous étiez une entreprise industrielle, commerciale, nous
vous laisserions en paix. Mais vous exploitez des choses qui sont
hors du commerce. » — « Assurément, je fais la charité, je donne
l'instruction, je soigne les malades, j'hospitalise les enfants, les
vieillards. Je vais à domicile chez les pauvres. Tout cela ne rapporte
pas et coûte fort cher. Je ne demande rien à personne ; encore
moins à l'Etat. Chaque année j'économise pour le budget des millions. » — « Nous ne voulons pas que la charité soit faite par vous.
Nous ne voulons pas de charité. C'est donc oui ou non ; vous de-
manderez l'autorisation ou bien vous disparaîtrez, et si vous per-
sistez à vivre en commun, nous vous chasserons par la force. Nous
avons une police, des gendarmes et une armée ! »

Le tyran prétend donc imposer de force un privilège à des citoyens et citoyennes qui n'en veulent pas. Ces prôneurs d'égalité,
au lieu de détruire [les privilèges, les imposent par la force. Et ceci
pour supprimer la liberté !

« Vous êtes autorisées », continuent ces forcenés. — « Oui. » —
« Mais toutes vos maisons sont-elles autorisées nommément ? » —
« La congrégation est autorisée. C'est ce que demande la loi. Elle ne
prescrit pas une autorisation spéciale pour chaque maison. » —
« Nous exigeons une autorisation spéciale pour chaque fondation
distincte. » — « Pourquoi ? » — « C'est notre bon vouloir. » — « Il
y a dix, vingt, quarante, soixante ans que nos fondations donnent
asile aux enfants, aux malades ; et, forts de l'autorisation donnée à
la congrégation, nous vivions en paix. Pourquoi troubler cette
paix ? »

Pourquoi ? parce que l'Etat, tuteur des congrégations autorisées,
veut user de sa tutelle pour enlever toute liberté à ses pupilles et,
après les avoir ligotées, les faire mourir plus facilement et plus sûrement.

*
* *

Et l'abus de la force, — nous ne voulons pas dire du pouvoir, —
va encore plus loin. Voici ce que le loup dit au pauvre agneau.

« Ma sœur, vous faites l'école ? » — « Oui. » — « Etes-vous autorisée. » — « Oui, ma congrégation est autorisée. » — « Mais la maison où vous faites l'école est-elle autorisée nommément ? » — « La maison d'école n'appartient pas à ma congrégation. » — « A qui est-elle ? » — « A un propriétaire du village. » — « Il vous l'a donnée ? » — « Non, il en garde la propriété et il nous paie pour faire la classe chez lui. » — « Il faut demander l'autorisation. » — « Comment, notre propriétaire n'est pas maître chez lui ? Est-ce qu'il a besoin d'une autorisation pour avoir un précepteur, chez lui, pour ses enfants ? pour avoir un cocher qu'il paie, un valet de chambre qu'il paie, une cuisinière qu'il paie ? » — « Il faut une autorisation quand il prend des sœurs pour faire la classe chez lui. » — « Comment, parce qu'il s'agit d'une sœur, il n'est plus libre de faire comme il l'entend. Une de nos sœurs fait la cuisine à l'école : si elle était une simple servante, elle n'aurait pas besoin d'autorisation ; et parce qu'elle est religieuse, il faut que l'Etat intervienne et, violant le droit que tout citoyen a d'être maître chez lui, oblige la sœur à recevoir l'estampille officielle, ou bien à sortir du domicile de son maître ? — Mais c'est abusif, odieux, tyrannique ! » — « Prenez garde ! si vous insultez le gouvernement, ce sera l'amende, la prison. »

« Jetez donc en prison M. Waldeck-Rousseau. » — « Comment, c'est lui qui a proposé, défendu la loi et l'a fait voter. » — « C'est lui qui a dit que « dans le cas où les congrégations ne font que louer leurs services pour une œuvre quelconque au propriétaire légal et réel d'un immeuble, comme cela se pratique dans certaines maisons appartenant aux communes, aux départements ou à l'Etat, il n'y avait pas là de nouvel établissement fondé par la congrégation, et par suite, qu'il était contraire à la loi d'exiger pour ce genre de communautés ou d'institutions religieuses un décret d'autorisation du Conseil d'Etat. » Vous l'entendez ? Ce serait contraire à la loi, ce qui veut dire illégal, abusif, tyrannique.

« Et M. Waldeck-Rousseau, de nouveau répondant au baron Denys Cochin », déclare que « les établissements qui n'appartiennent pas aux congréganistes et dans lesquels ils ne font que louer leurs services à des particuliers ou à une société civile, ne seraient pas soumis à l'autorisation préalable par décret rendu en Conseil d'Etat ».

— « Oui, M. Waldeck-Rousseau a parlé ainsi. »

— « Alors ? » — « Il ne savait pas ce qu'il disait. »

— « Lui l'auteur de la loi ? A qui ferez-vous croire cela ? De

, nombreuses maisons où des religieuses étaient au service de particuliers depuis longtemps, ont cru à la parole de l'auteur de la loi. De
nouvelles fondations ont été faites sur la foi qu'on avait en ces
déclarations fort nettes de M. Waldeck-Rousseau. Qui croira-t-on,
si l'on ne peut avoir confiance dans le chef du gouvernement ? dans
un président du Conseil ? dans le législateur qui a rédigé et proposé
la loi en question ? »

— « Mais le Conseil d'Etat consulté a donné tort à l'interprétation du président du Conseil. »

— « Oui, le Conseil d'Etat influencé par Jacquin, le familier des
Humbert, l'ami des plus grands escrocs du siècle siégeant au
Conseil d'Etat, a préparé une nouvelle escroquerie, encore plus
odieuse, et six mille femmes ont été jetées sur la rue, hors de do-
miciles privés, contre tout droit, en violation de la liberté, de la
légalité, du droit d'association, du droit de propriété.

« Je dis en violation de la légalité, en violation de la loi, car la loi
est formelle et l'avis du Conseil d'Etat, bien que contraire, n'a pas
force de loi. Il n'a qu'une autorité consultative, nullement législative, encore moins obligatoire. En agissant d'après cet avis, en contradiction avec la loi, le gouvernement s'est mis hors de la loi. »

— « Nous avons la force et nous en usons. »

— « Nous le voyons bien. C'est le règne du caprice et du bon
plaisir. — Le 27 juin, cent trente écoles ont été fermées par décret.
Elles avaient été fondées par des particuliers, qui avaient pris des
religieuses à gage, et depuis le vote de la loi de 1901, qui ne
parlait que des écoles fondées par les congréganistes : première violation de la loi, les femmes pieuses, louées par des citoyens libres,
pour faire l'école, sont expulsées par la police. La loi remet au pouvoir judiciaire seul l'application des décrets, et non à la police :
seconde violation de la loi. Arrière ! Vous êtes en opposition, en révolte avec la loi. Nous n'avons pas à vous obéir. Nous obéissons à
la loi. »

*
**

« Que venez-vous faire chez moi ? » demandent les propriétaires
dont on viole le domicile. « Pourquoi ces préfets, sous-préfets,
commissaires de police, gendarmes ? » La protestation indiquée au
· nom des droits les plus sacrés n'est pas écoutée. Les portes volent

en éclats, et la chasse aux femmes se fait avec une telle violence, que six mille d'entre elles sont jetées dehors. Deux mille cinq cents écoles sont fermées et cent cinquante mille enfants sont arrachés à leurs mères.

Le monde stupéfait entend une fois de plus les gémissements de Rama : Ce sont les pleurs de Rachel, qui se lamente parce que ses enfants ne sont plus avec elle ! parce qu'on les lui a arrachés.

« Tout cela n'est pas français ! » s'écrie M. Aynard à la tribune de la Chambre. Il aurait pu dire avec autant de vérité : « Tout cela n'est pas humain ! »

L'indignation, la colère s'empare de tout ce qui est resté français. Les étrangers eux-mêmes prennent en pitié la pauvre France insultée, bâillonnée, piétinée et frappée à coups redoublés.

Ce qui étonne c'est que le peuple ne se soit pas soulevé en masse pour balayer ces monstres, insulteurs et persécuteurs de femmes.

Les paladins modernes élèvent bien la voix : « Vous avez violé les lois de l'humanité, disent-ils ; vous avez méconnu les droits les plus certains de la propriété. »

N'y a-t-il pas des juges ? Ces lâches, qui s'en prennent aux femmes, ont supprimé les juges. Il n'y en a plus pour les particuliers dont les demeures sont sous les scellés ; il n'y en a plus pour les persécutés, pour les exilés. Partout des arrêtés de conflit qui enchaînent les bras qui se lèvent, qui font taire les voix qui en appellent au droit et à la justice.

M. de Marcère dit le mot qui résume tout : « C'est la guerre sans fard et sans mesure. » Et la guerre la plus lâche, la plus odieuse qui soit, puisque c'est la guerre aux femmes ! — « C'est la guerre à la religion catholique », dit M. Wallon. » — « C'est la tyrannie ! », clame le doux poète qu'est François Coppée.

Paul Bourget laisse éclater son indignation : pour lui, il a sous les yeux « le hideux spectacle d'une tyrannie inepte. Ces despostes incapables répètent les mêmes folies et les mêmes bêtises en attendant les mêmes crimes que leurs devanciers de la grande révolution. Il n'a devant cette « ignoble persécution » que du « dégoût ! »

« Abominable politique ! », s'écrie un protestant.

Hélas ! l'étranger est là, à la frontière, regardant par-dessus les mers ou les monts !

L'Angleterre, si peu sensible en face des faibles, ne peut s'empêcher d'écrire ces mots sanglants : « Nous croyons que la France aura honte d'une politique qui entraîne de telles conséquences, et que la nation se fâchera sérieusement contre un politicien brutal et sectaire. »

L'Amérique déclare que l'homme qui appliquerait chez elle une pareille politique serait « criminel ». Ce sont à ses yeux des mesures brutales et injustifiables. Et la nation alliée a honte de sa sœur la France ! « Nous nous sommes habitués à considérer ce pays comme l'avant-poste de la civilisation humaine, dit le *Novoïe Vrémia* ; pour la plus grande partie de nos contrées russes, la France est le foyer des vertus civiques, de la fraternité humaine et de la liberté. Et cependant, dans ce pays républicain, à notre époque, au xxᵉ siècle, des gendarmes prennent d'assaut des écoles, brisent à coups de hache les portes d'écoles, et cela uniquement parce que ces écoles sont dirigées par des hommes appartenant au parti adverse à celui qui détient le pouvoir. Contre des femmes de bien, des Sœurs Blanches, on lance des régiments d'infanterie armés de sabres et de fusils, et cela uniquement parce que les convictions chrétiennes de ces institutrices ne s'accordent pas avec l'absence de toute idée religieuse chez les ministres actuels...

« La faute de M. Combes ! quant à moi, je crois que ce n'est pas une faute, ou peut-être, que c'est cette faute qui est — selon l'expression de Talleyrand — plus qu'un crime. Ce n'est point une faute, mais une violence diabolique conçue, mûrie en pleine conscience de l'effet désastreux qu'elle produira, et exécutée au mépris de toute loi divine et humaine ! Malheureuse France ou plutôt malheureuse humanité ! »

*
* *

Mais il y a une sanction pénale à un crime qui est clair, notoire ?

Un ancien ministre, un avocat, Jules Roche, dans une consultation célèbre, rappelle cette sanction « en vertu des principes les plus certains de notre droit public. »

« Les immeubles, où habitent les sœurs, appartiennent, dit-il, incontestablement, non point à ces habitantes, non point à la congrégation religieuse (autorisée d'ailleurs) dont elles font partie, mais à un simple citoyen. Dès lors, nul n'y peut pénétrer malgré le propriétaire, sans commettre le crime prévu et puni par l'article 184 du Code pénal (6 jours à 1 an de prison ; 16 à 300 francs d'amende ; dégradation civique ; si le supérieur qui a donné les ordres est un ministre, il sera puni du bannissement. Art 115).

Voilà la loi ! Voilà le verdict !

M. Combes est ministre ! Il a commis le crime prévu par le Code pénal, article 184. C'est la prison pour lui ! C'est l'amende ! C'est la dégradation civique ! C'est le bannissement ! Qu'attend la France pour faire exécuter la loi, pour châtier le coupable, pour venger le droit contre l'ennemi et le persécuteur des femmes ?

Vicomte de Sadirac.

Le Théâtre et les Idées

Les deux Ecoles, par M. Capus. — *Gertrude*, par M. Bouchinet.

M. Capus est un auteur dramatique à la mode au pays du boulevard. Il a de la verve et de l'esprit, de la bonne humeur et même du talent. Il fait rire, au théâtre, avec des situations et des événements qui, bien souvent, dans la vie, font pleurer, — ce qui pourrait être, au fond, le plus grand plaisir que l'homme demande au spectacle. M. Capus n'a pas la prétention de prêcher la vertu, ni de morigéner le vice ; d'ailleurs il n'a pas l'air bien sûr que la première existe et il trouve au second un air fort agréable. Il possède enfin, comme on voit, tous les éléments du succès boulevardier.

L'autre jour, une feuille mondaine invita ses lecteurs à désigner les futurs académiciens. M. Capus, dans ce petit plébiscite, obtint le premier rang, — ce qui démontre, avant tout, que le suffrage universel peut faire, en littérature aussi bien qu'en politique, des choix saugrenus, mais ce qui prouve également la haute estime où le boulevard tient M. Capus.

Or, dans *Les deux Ecoles*, que les Variétés ont représenté l'année dernière, aux applaudissements de la critique et de la foule, notre auteur a prétendu mêler, aux développements joyeux et pimentés d'un sujet de vaudeville, un filet de morale. C'est, pour nous, une excellente aubaine. Si l'ambition de M. Capus dépasse un peu le talent de cet écrivain aimable et léger, du moins elle nous permet d'étudier, sur un sujet grave et important, les idées du monde où l'on « blague ». Quel est l'idéal du bonheur dans un ménage ou, pour poser plus sérieusement la question, quels sont les devoirs réciproques des époux, voilà le problème que l'auteur des *Deux Ecoles* a voulu résoudre en quelques éclats de rire.

Et voici comme il l'a résolu.

Depuis sept ans qu'il est marié, le jeune et pimpant Edouard mène une vie régulièrement irrégulière. Sa femme, Henriette, a d'abord gémi ; puis elle a lutté ; maintenant, lasse et dégoûtée de son mari, n'ayant pas eu d'enfants, elle songe à recommencer son existence, à reprendre sa liberté. Bref, elle se décide au divorce.

Mme Joulin, sa mère, avertie du projet, s'y oppose... Oh ! ne croyez pas du tout que cette matrone, fort peu vénérable, combatte le divorce au nom du principe, au nom de la morale et de la religion. Point ! Le divorce, à ses yeux, n'a rien que de fort légitime. Elle le repousse uniquement comme un remède impropre à guérir la maladie, très supportable au fond, dont se plaint sa fille. Et, dans un alerte discours, elle expose à celle-ci que les femmes affligées d'un mari volage — et c'est, à l'écouter, le plus grand nombre — appartiennent, selon leur conduite, à deux écoles très différentes. Les unes se fâchent, éclatent et rompent ; c'est le parti que veut adopter Henriette. Les autres acceptent philosophiquement la situation, font semblant de ne rien voir et finissent par endormir leur jalousie dans une sérénité insouciante ; elles sont les plus sages et les plus heureuses. Et Mme Joulin peut en parler savamment, car elle-même a choisi cette méthode ; elle le déclare à Henriette, en lui contant, avec une prodigieuse insouciance, toutes les infidélités qu'elle a dû subir et qu'elle subit encore, de la part de M. Joulin. Cette mère édifiante, en effet, croit que le meilleur moyen d'exhorter la jeune femme à supporter son mari, c'est de lui apprendre à mépriser son père.

Peu convaincue par ce sermon étrange, Henriette persiste à divorcer. Mais, quelques mois après, — par une de ces contradictions qui sont si fréquentes... au théâtre, — elle commence à regretter son mari. Edouard, en effet, malgré sa légèreté incorrigible, était le meilleur garçon du monde ; à la fidélité près, il possédait toutes les vertus. Car ne faut-il pas, pour observer les lois de la comédie nouveau jeu, que ce personnage, étant vicieux, soit sympathique ?

Le mari, de son côté, s'ennuie. Avant son divorce, il désertait constamment le domicile conjugal ; il s'aperçoit maintenant que le foyer, dans les jours de fatigue, est un refuge agréable et commode.

L'auteur amène, assez habilement d'ailleurs, deux ou trois

rencontres fortuites entre les époux séparés. L'ancien mari, naturellement, cherche à reconquérir son ancienne femme et l'ancienne femme est bien près de tomber dans les bras de son ancien mari. Mais, bien vite, elle se reprend. Elle ne veut pas se laisser attendrir ; elle ne veut pas s'exposer, par un moment de faiblesse, à recommencer une vie qui deviendrait promptement, — elle en est sûre, — intolérable.

Aussi, pour se défendre elle-même contre des souvenirs trop émouvants, elle prend la résolution de se remarier, — mais, cette fois, à coup sûr. Elle choisit un vieil ami de la famille, un magistrat très mûr et très imposant, qui, depuis longtemps, la poursuit d'une affection respectueuse et qui lui inspire une sympathie tempérée. Elle est bien certaine, avec ce quinquagénaire impeccable et froid, de goûter au moins une vie tranquille.

Or, quelques jours avant l'époque arrêtée pour le mariage, elle découvre, avec un ahurissement découragé, que ce conseiller si correct et si grisonnant, tout comme le sémillant Edouard, a ses faiblesses. Du coup, elle retourne à son mari, qui, naturellement, se trouve à point nommé pour profiter de la désillusion. Puisque, sans exception, tous les hommes en sont là, se dit-elle, il vaut encore mieux choisir pour compagnon de route un joyeux garçon, aimable à ses heures. Et; de ce jour, Henriette appartient à l'école prônée par sa mère.

Voilà comment M. Capus a résolu son problème.

Bien entendu, nous avons éloigné, de cette analyse, une quantité de détails, plus ou moins piquants, plus ou moins drôlatiques et plus ou moins scabreux, qui ont fait la joie du boulevard et quelque peu noyé la philosophie de la pièce. Il n'en est pas moins vrai que l'auteur a voulu philosopher. Son titre et le petit sermon de Mme Joulin à sa fille affirment l'intention de défendre une thèse et résument d'avance tous les incidents de la comédie dans une moralité.

Mais quelle est, au fond, bien exactement, l'idée de M. Capus, — c'est-à-dire l'idée boulevardière, accommodée par cet auteur, afin d'amuser le public en lui montrant ses opinions reflétées sur le théâtre ? En creusant jusqu'au tuf, on pourrait découvrir, dans *Les deux Ecoles*, — ainsi que dans la plupart des théories fausses et mauvaises, — une grande idée chrétienne, déformée par les passions de l'homme. Ici, l'idée chrétienne est l'idée du pardon.

Si Mme Joulin, qui est chargée de nous faire savoir les pensées de M. Capus, disait à sa fille, avec une gravité vraiment maternelle : « Il faut, généreusement, te sacrifier, pour travailler à la conversion de ton mari ; tu souffriras, mais tu accompliras, jusqu'à l'héroïsme, un grand devoir », — à coup sûr, nous n'aurions que des éloges à décerner à l'écrivain.

Mais ce noble langage serait absolument contraire à la thèse échafaudée par M. Capus. Que parlons-nous de sacrifice, et de devoir, et de conversion ? Mme Joulin ne veut pas faire pleurer sa fille, elle songe à lui procurer une existence agréable ; elle ne l'exhorte pas à ramener son mari à la vertu, elle lui conseille de tolérer ses vices. En un mot, la conclusion de son discours, — et de la pièce, — est que, pour être heureux en ménage, il faut que chaque époux s'habitue à fermer les yeux sur les trahisons de l'autre. On voit que cette tolérance avilie ne ressemble à la loi du pardon chrétien, que comme une eau bourbeuse à une eau pure.

Cependant, nous exagérons peut-être, en disant que M. Capus demande à chaque époux d'ignorer volontairement les infidélités de son époux. Non ! l'auteur des *Deux Écoles* ne fait allusion qu'aux fautes du mari et il ne propose qu'à la femme, comme source de bonheur et de tranquillité, cet aveuglement préconçu. Mais ce qu'il dit de l'un peut s'appliquer aux deux ; car on ne voit pas trop sur quel principe on interdirait à la femme, dans un ménage ainsi constitué, de prendre les libertés qu'on l'engage à tolérer chez son mari, ni en vertu de quel droit le mari refuserait à sa femme une indulgence dont il réclame audacieusement le bénéfice.

Et, par conséquent, la théorie de M. Capus, ou du moins la théorie que sa pièce affirme clairement, peut se condenser en ces deux formules : 1° Il n'y a pas, — ou si peu qu'on ne doit pas, pour poser une règle, en tenir compte, — il n'y a pas de ménage où règne une fidélité conjugale absolue ; tel est le fait sur lequel on doit tabler, pour déterminer les conditions de la paix au foyer domestique. 2° Le seul moyen de vivre en repos dans cette situation, c'est de l'accepter paisiblement, d'y accommoder sa vie et de ne pas nourrir l'illusion qu'on pourra la modifier.

Eh bien, c'est du propre !

Voilà donc les idées où le public du boulevard, qui se croit la quintessence du public parisien et, par conséquent, du

public français, reconnaît ses jugements et ses aspirations ;
voilà les opinions que la foule applaudit et dont la critique,
enthousiaste et charmée, loue vivement la noble et sereine
indulgence !

Nous reprochons quelquefois aux étrangers de calomnier
la France, — et, en vérité, nous n'avons pas absolument tort.
— Mais n'ont-ils pas quelque motif de l'apprécier avec tant
de rigueur, quand ils voient quels portraits son théâtre et sa
littérature en publient sans vergogne, et que ces portraits sont
admirés par l'opinion ? Ce sont nos écrivains les plus connus
qui, les premiers, nous calomnient.

La vertu n'a plus de place au foyer français, — voilà ce
qu'ils proclament ; et point du tout pour s'en indigner, mais
uniquement pour constater le fait et examiner les moyens de
s'en arranger du mieux qu'on le pourra.

Et le moyen qu'ils trouvent, qu'ils préconisent et qu'ils pro-
posent avec succès à l'admiration du boulevard, c'est de dégrader le mariage, c'est de le traîner dans je ne sais quelle
bassesse et quelle ignominie.

Qu'est-ce donc, en effet, que cette union, fondée sur un
serment qu'on prend le parti de ne plus respecter ? C'est
quelque chose de plus méprisable encore et de plus honteux
que l'union libre. Du moins, l'union libre est franche ; elle
déclare ouvertement, — cyniquement, si l'on veut, — ce
qu'elle est ; l'union libre exclut, *a priori*, tout lien perpétuel
et sacré de fidélité réciproque ; elle se noue et se dénoue, selon
les caprices du jour ou de l'heure ; elle supprime le foyer.

Le mariage, tel que M. Capus le conçoit, ne supprime pas
le foyer ; mais il le réduit à l'état de pied-à-terre. On vient
s'y reposer, y reprendre haleine entre deux courses extra-con-
jugales ; on s'y retrouve avec plaisir, on s'en éloigne sans
regret. C'est le *mariage libre*.

Décidément, ces prétendus auteurs gais, ces corrupteurs
aimables et joyeux, sont les pires empoisonneurs de l'opinion
publique ; ils infiltrent dans les mœurs un virus d'autant plus
redoutable et mortel qu'il pénètre, enveloppé d'un sourire,
et qu'il accomplit son œuvre en baguenaudant.

Encore une fois, si les boulevardiers contemporains n'ont
pas, du mariage moderne, un idéal plus relevé, nous leur
préférons, de beaucoup, les théoriciens de l'union libre. Au
moins, ces derniers préviennent le public assez brutalement

de leur dessein, pour soulever le dégoût de tous les honnêtes gens.

*
* *

Je parlerai plus brièvement de *Gertrude*.

La comédie que M. Bouchinet a fait jouer, cet hiver, au Théâtre français, n'y a obtenu qu'un succès d'estime et n'y a fait qu'un séjour éphémère.

En voici le thème, en quelques mots.

M. Leblanc, conseiller à la Cour des Comptes, homme sévère et circonspect, a consenti, sur les instances de Mme Level, sa belle-mère, au mariage de sa fille Jeannine avec André Michelot. Celui-ci, jeune médecin paré de tous les mérites et promis à tous les brillants destins qui conviennent à son rôle dans la comédie, n'a plus d'autre parent que son père, lequel vit comme un ours dans un faubourg de Compiègne, — où, notez ce point, Mme Level a précisément un château.

Tout à coup, le conseiller à la Cour des Comptes apprend que le vieux Michelot vit maritalement, depuis de longues années, avec une servante aujourd'hui d'âge mûr, Gertrude. Immédiatement, il avertit André que le mariage est rompu et, devant l'insistance du jeune homme, il lui en dit la raison.

André, plus stupéfait que révolté d'une accusation qu'il trouve absurde, se précipite à Compiègne et demande à son père de réfuter, d'un mot, la calomnie. Le vieux Michelot, confondu, baisse la tête et avoue. Colère indignée du fils. Explications du père, incohérentes et pénibles, — et pénibles surtout pour le spectateur, qui n'aime pas à voir un vieillard obligé de faire une aussi scabreuse et lamentable plaidoirie devant son enfant.

Mais, enfin, le mariage est bien rompu. Et la rupture deviendrait irrévocable, si Mme Level, une grand-mère très jeune et très entreprenante, n'essayait, pendant son séjour à Compiègne, de raccommoder l'union dont elle a été la première inspiratrice. Elle obtient, de son gendre, un délai, puis une concession. Le mariage aura lieu, si M. Michelot renvoie Gertrude. A noter ici que Mme Level, dont l'auteur a prétendu faire une chrétienne accomplie, paraît ignorer complètement qu'il est un autre moyen, tout chrétien, de mettre un terme aux liaisons irrégulières, et qui est, tout simplement, de les régulariser.

Non, son seul objectif est d'amener Gertrude à quitter spontanément M. Michelot. Gertrude, une brave personne, ornée de qualités sans nombre et admirablement dévouée, — c'est M. Bouchinet qui le veut ainsi, — refuse énergiquement. Voilà belles années qu'elle n'est plus, pour M. Michelot, qu'une servante ; mais elle est la servante indispensable aux habitudes et aux manies de son vieux maître. Elle regarderait comme une trahison de l'abandonner. Mme Level essaie d'en appeler aux sentiments religieux de Gertrude. Elle est bien reçue ! Gertrude, avec indignation et conviction, répond qu'elle n'a fait de tort à personne et que ni son honneur, ni sa conscience ne lui adressent aucun reproche. La religion n'a rien à voir à sa conduite envers M. Michelot ; le bon Dieu ne peut pas trouver criminel qu'une honnête servante ait, par pure bonté d'âme, entouré de soins et d'affection un pauvre veuf inconsolable... Est-ce bien la pensée de l'auteur ou bien n'a-t-il songé qu'à peindre un état d'esprit, malheureusement trop commun aujourd'hui, dans l'ignorance populaire... et bourgeoise ? Il a manifestement voulu accorder le dernier mot à Gertrude et ceci tendrait à prouver qu'il incline à lui donner raison ; cependant je n'oserais l'affirmer. Concluons seulement qu'il n'aurait pas dû laisser, sur ce point important, planer un doute.

Ce que les conseils un peu hautains de Mme Level ont été impuissants à obtenir, l'attendrissant chagrin de sa petite-fille réussit à l'emporter. Jeannine rencontre Gertrude : ignorant le vrai motif de la rupture et ne connaissant, de la servante, que les soins maternels dont elle enveloppa l'enfance d'André orphelin, la jeune fille supplie la vieille bonne d'intercéder pour elle auprès de son maître. Et Gertrude est vaincue par cette grâce et par ces larmes.

Aussi, pendant que le père Michelot, torturé par la douleur de son fils qui veut s'éloigner pour toujours, mais, en même temps, retenu par les liens de sa vieille et tyrannique habitude, essaie vainement de se résoudre à renvoyer la servante, celle-ci, brusquement, sans dire adieu, fait sa malle et part.

Et le dénouement nous montre les fiancés joyeux et réunis,

tandis que le vieux Michelot s'écroule, anéanti, dans son grand fauteuil.

Est-ce bien là, au fond, ce qu'on appelle une pièce à thèse? L'auteur n'a-t-il pas voulu, sans plus d'ambition, nous attendrir et gagner les suffrages de nos pleurs, par la mise en dialogue de cette historiette agréablement contée. Cela est fort possible, après tout. Jamais peut-être il n'a songé à défendre une théorie morale.

Il n'en reste pas moins que sa comédie constitue, après tant d'autres, un plaidoyer discret, mais formel, en faveur des liaisons irrégulières.

Je veux bien qu'il démontre, en passant, que ces faux ménages aboutissent, en créant des situations fausses, à provoquer des catastrophes ou tout au moins de cruels embarras. C'est leur châtiment ; sa pièce en fournit la preuve et, par cette preuve, elle offre un bon côté. Mais, néanmoins, le fait capital, le nœud de la comédie, c'est le dévouement, c'est la vertu de Gertrude. Gertrude est l'héroïne. Il est clair que M. Bouchinet a tracé son portrait avec amour et qu'il cherche à concentrer sur elle toutes les sympathies. Il veut que nous la considérions comme une brave et honnête fille qui, après s'être dévouée sans réserve à son maître, se dévoue jusqu'au sacrifice au bonheur de l'enfant qu'elle a élevé.

Voilà qui est déplorable, et faux, et démoralisant. C'est la manie des auteurs dramatiques, en notre temps, de chercher toujours la vertu, surtout la vertu féminine en dehors de la règle et de la loi. Feuilletez le théâtre moderne. Comptez-en les jeunes filles vraiment pures et les épouses vraiment sages. Vous serez vite au bout de l'énumération. Par contre, à chaque pas, vous rencontrerez les filles-mères admirables et les infidèles vertueuses. Et l'auteur de *Gertrude* ajoute à la série les servantes-maîtresses héroïques.

M. Bouchinet a commis encore une autre faute : il a cédé à la démangeaison, commune à la plupart de nos dramaturges contemporains, de n'introduire la religion dans leurs comédies que pour lui refuser le rôle et le rang qui lui appartiennent. Ils feraient mieux de l'ignorer au théâtre, s'ils l'ignorent dans la vie.

Mêlez la religion, la vraie, non la religion de Gertrude, à l'histoire qui nous est contée par M. Bouchinet. Nous ne prétendons pas qu'elle eût infailliblement empêché les relations coupables entre Michelot et sa bonne; elle ne rend pas les hommes impeccables. Il est probable cependant que, du maître ou de la servante, au moins l'un des deux, retenu par la foi, eût résisté aux défaillances de la chair et aux entraînements de la passion. Enfin, si la faute avait été commise, on peut supposer qu'elle aurait été réparée bientôt, par le mariage. Et nous ne prétendons pas, à coup sûr, que ce mariage eût délivré le père et le fils Michelot de tous leurs ennuis. Mais nous croyons qu'il ne les eût pas gênés autant que la liaison irrégulière et, en tout cas, les lois divines et humaines auraient été respectées. Or, dût-on nous trouver naïfs et arriérés, nous estimons que c'est quelque chose.

FRANÇOIS VEUILLOT.

Revue des Livres

RÉSUMÉ SYNTHÉTIQUE DE LA THÉO-
LOGIE, par A. Arvieu S. S. Albi,
1899, 1 vol. in-8 de 460 p.

Quel est celui d'entre nous ,théolo-
giens ou étudiants, qui ne désire posséder un bon résumé de sa théologie
qu'il puisse relire de temps en temps
soit pour se remémorer les thèses un
peu oubliées, soit pour se faire une
synthèse de cette science difficile et
compliquée ? Combien de gens du
monde, qui de leur religion ne savent
guère que les éléments, qui ne connaî-
tront même bientôt plus leur catéchisme,
combien d'entre eux auraient avantage
à lire un résumé de cette sorte ? La
plupart des doutes sur la foi chez un
bon nombre, nous l'avons constaté
souvent, et on le constate à chaque
instant autour de nous, proviennent de
l'ignorance. On attribue à l'Eglise des
choses qu'elle n'a jamais enseignées, on
défigure quelques-uns de ses dogmes,
et on conclut que sa doctrine est inadmissible ou en contradiction avec telle
ou telle vérité démontrée par la science.

L'auteur a paru comprendre ce besoin, car il a écrit son résumé en français. Il faut le louer hautement de son
dessein. Il mérite encore nos éloges
pour la façon dont il l'a exécuté. Son
résumé est simple, précis, complet ; les
lignes en sont bien tracées. Il a divisé
en deux son sujet : *dogme catholique,
morale catholique*. Trop souvent on sépare l'une de l'autre ; il est pourtant
évident que la théologie catholique
contient l'une et l'autre ; et l'on n'a une
idée complète de la doctrine qu'à ce prix.

Louons-le encore d'avoir mis dans la
partie dogmatique tout ce qui concerne
les sacrements et de n'être pas revenu
dans la morale sur les questions qui s'y
rapportent. Cette division, ou plutôt

ces répétitions, regrettables même dans
un grand cours didactique, seraient
plus fâcheuses encore dans une synthèse.

Les questions sont traitées rapidement mais en général avec un développement suffisant. D'ordinaire, l'auteur
ne prend pas parti dans les questions
controversées. Nous aurions voulu
aussi, et ceci serait sans doute assez
facilement réalisable dans une 2e édition, que l'auteur marquât d'une asté-
risque ou d'un signe quelconque ou
même par un caractère différent, les
points de la doctrine, qui, tout en paraissant aux théologiens de nos jours
des conclusions légitimes de principes
théologiques, ne font cependant pas
partie strictement parlant, du dépôt de
la foi. Que de choses admises à ce titre
dans la théologie il y a seulement quelque quarante ou cinquante ans, sont en
ce moment discutées et tout au moins
fort ébranlées par une critique plus
sûre et plus largement renseignée. Il
importe que les prêtres et les laïques
instruits sachent exactement où sont
les limites du domaine de la foi, où
commencent les explications et opinions plus ou moins discutables des
théologiens.

En somme livre à lire et à conseiller
à tous ceux qui veulent avoir de la
théologie une idée au moins succincte.

M. N.

*
* *

UN MARTYR ABYSSIN, GHEBRA-
MICHAEL, de la Congrégation de la
Mission (lazariste) par M. Coulbeaux
prêtre de la même Congrégation.
Paris, 1902.

Le titre qu'on vient de lire nous
transporte dans cette terre d'Abyssinie

qui depuis quelques années attire si fortement l'attention de l'Europe. L'auteur commence, il faut l'en louer, par déterminer le cadre historique de son sujet, le milieu dans lequel va se mouvoir l'existence de son héros. Héros, tel nous apparaît bien Ghebra-Michael depuis l'époque de sa conversion jusqu'à celle de son supplice, nous pourrions même dire dès avant sa conversion, car il est à remarquer qu'en ce temps même de sa vie il fit preuve d'une force d'âme peu commune dans ses luttes pour les croyances qu'il avait alors et contre ce misérable Abouna Salama dont la haine devait le perdre un jour. Né en 1788, Ghebra fut dès l'abord la victime du monophysisme, maie cette erreur n'était pas capable de satisfaire son intelligence si droite, si lucide, si curieuse de s'instruire. Les discordes doctrinales qui divisaient sa nation lui firent apercevoir que des diverses écoles qui se disputaient la prééminence aucune ne la méritait. Et son esprit et son cœur aspiraient toujours après la lumière. Mais, ainsi que le dit l'auteur, « combien « sont longues et pénibles les voies qui « ramènent des égarements du schisme « à la vérité ! N'est-ce pas la confirma- « tion de cette douloureuse exclamation « d'un missionnaire que d'après luttes « avaient brisé et qui en mourut préma- « turément : Il est moins ingrat, dit-il, « de travailler en plein paganisme que « dans les ruines du schisme » ?

M. Coulbeaux trace avec soin le récit des efforts de Ghebra, efforts traversés de nombreux déboires, d'insuccès, de souffrances. Il nous initie, chemin faisant, au régime scolaire et religieux de l'Abyssinie et fait de courtes digressions, justifiées d'ailleurs, dans la vie si intéressante et si remplie de Mgr de Jacobis. C'est à ce saint missionnaire que Dieu réservait l'honneur et la joie de gagner au catholicisme l'homme éminent que sa science, sa piété, son courage et la persécution déjà subie avaient rendu célèbre dans toute l'Abyssinie schismatique, et particulièrement dans les monastères, auxquels il appartenait par la profession religieuse et dont il était l'illustration. Il est bon ici de considérer l'action du Seigneur,

suave à tous ceux qui le cherchent sincèrement, de remarquer comment il sait disposer toutes choses avec force et douceur pour le salut de ses élus, et dans leur caractère, dans les circonstances qui marquent les étapes de leur existence, dessiner leur rôle futur et leur vocation.

Ghebra converti fut pour toujours attaché à la foi romaine, à laquelle l'unirent de nouveaux liens le sacerdoce et l'entrée dans la Congrégation de la Mission. Ce que depuis sa réconciliation avec l'Eglise il fit et souffrit pour elle, ses travaux et ses épreuves justifient pleinement ces paroles de son biographe : « La conversion de ce sa- « vant sincère, de ce moine vertueux « entre tous, de ce maître révéré autant « que redouté dans chacune des écoles « d'Abyssinie, valait presque la con- « quête de toute l'Eglise éthiopienne. » Cette conquête, Ghebra avait rêvé de l'effectuer en allant porter son ardente parole à Gondar même et la faire entendre à ses anciens compagnons et amis d'école et surtout à son royal disciple le prince Johannès. Mais la Providence montra une fois de plus que ses voies ne sont pas toujours les nôtres ; une fois de plus, son œuvre fut faite moins par l'emploi, même surnaturel, de l'activité humaine que par l'humiliation et les douleurs. Dieu n'a besoin du talent ni du génie de personne ; à ce moine, dont le savoir profond, la puissante dialectique et la chaude éloquence eussent pu révolutionner les écoles et les palais, Il ne demanda rien de tout cela. Encouragé dans une démarche qui, humainement parlant, aboutit à une catastrophe, trahi par un faux-frère, jeté en prison, Ghebra-Michael confessa sa foi devant l'implacable Salama, devant l'empereur Théodoros et les foules immenses qu'attirait la présence du souverain. Traîné à la suite du monarque, il mourut à soixante-quatre ans, après avoir langui dans les fers et enduré d'affreux tourments ; par la tranquille mais inébranlable affirmation de sa foi, par sa constance invincible, il avait été, en face des grands de la terre, de leurs armées et des peuples, le héraut du Sauveur et de sa religion ; par l'effusion de son sang Dieu féconda le sol aride que Ghébra avait ambitionné de donner au Christ.

Tel fut cet homme vraiment supérieur dont M. Coulbeaux a écrit la vie avec une exactitude qui a pour principaux garants les annales des missions et les récits de témoins oculaires, un style sobre et soutenu, une narration simple et consciencieuse, qui serait parfaite à tous égards, si, pour dire toute notre pensée, nous n'avions à maintenir toutes nos réserves sur l'appréciation que, dans l'Introduction, l'auteur fait de l'apostolat des fils de saint Ignace en Abyssinie au XVIIe siècle. Cette appréciation était-elle opportune ? Est-elle définitive ? Beaucoup sans doute, penseront qu'il y a lieu d'en appeler et que, quant à la citation qui l'accompagne, on peut très légitimement suspecter le jugement porté sur ses victimes par l'apostat Basilidès devenu le persécuteur des jésuites. Il nous semble que le livre de M. Coulbeaux n'aurait rien perdu à la suppression du passage auquel nous nous sommes permis de ne pas accorder les éloges auxquels ont droit tant d'autres pages de l'ouvrage.

G. V. Hébert.

**.

RELATION DE TERRE-SAINTE, par Greffin Affagart, publiée par M. J. Chavanon, Paris, 1902, in-8°.

C'est donc un « Voyage aux Lieux Saints » que M. Chavanon présente au lecteur. Son patronage nous prévient en faveur de cette « Relation » et volontiers nous la parcourons à sa suite. L'éminent archiviste ne se contente pas d'ouvrir devant nous le livre de Greffin ; il le fait précéder d'une substantielle Introduction de trente pages environ, dans laquelle, avec une loyauté parfaite et une véritable érudition, il nous fait connaître, en même temps que les références utiles, l'auteur de la narration, ce que l'on sait de son manuscrit et de la copie qui le représente aujourd'hui, enfin les éclaircissements nécessaires pour comprendre sans difficultés. Grâce à ces précautions, la « Relation » n'est

pas sans charme ; elle dépasse même en intérêt plus d'une de ses semblables. Ajoutons, pour être complet, que des phototypies et gravures illustrent le texte, dont l'intelligence est rendue plus aisée encore par des notes et par le fini que l'éditeur a apporté à l'exécution typographique du travail.

Greffin Affagart, riche et puissant seigneur de Courteilles, au Maine, et de Courteilles, en Normandie, a hérité de la foi et de l'humeur aventureuse, quelque peu querelleuse aussi, de ses pères. Ses convictions n'ont pas capitulé devant la Réforme de ce Luther, qui ne reste pour lui qu'un paillard, elles ne lui permettront, pas en écrivant, de témoigner de la moindre considération pour « ce profane Macometh » ; il leur devra d'avoir fait deux fois le « sainct et loyable pèlerinage de Hiérusalem », et ce seront elles qui lui inspireront d'exciter ses contemporains à entreprendre pareille expédition. Contribuer à secouer la mollesse de ceux-ci à l'égard de ces courses lointaines, tel est en effet le premier but de la « Relation » ; le second est de mettre à leur service les données que son expérience personnelle a fournies au hardi chevalier sur les moyens d'exécuter une telle entreprise au mieux des intérêts de l'âme et de la bourse, d'échapper à la rapacité des Turcs ou même des chrétiens, sur les curiosités, les usages, les sectes religieuses, les différentes communions des contrées à visiter, bref Greffin voudrait « réduyre en ung petit traicté, selon son paoure entendement, les choses ainsi qu'il les a veues. » Et il commence ce que nous appellerions aujourd'hui son « Guide de Terre-Sainte. »

De son premier exode en Palestine il dit peu de choses. L'embarquement se fit, en 1519, à Venise. C'est encore là que nous le retrouvons en 1533, concluant marché avec un capitaine marseillais, en suite de quoi il prend la mer vers la mi-juillet, et non sans encombres finit par faire, trois mois plus tard, son entrée à Jérusalem, après un voyage que la mort a assombri en Egypte, au Caire. Dans cette ville, en revanche, un nouveau compagnon de route se présente, c'est un Cordelier, avec qui l'on s'avance jusqu'à la cité sainte, où les Franciscains du Mont-Sion accueillent bien l'habit d'ermite contre lequel, au départ, notre Greffin avait, en homme avisé, changé les vêtements de sa condition, estimant que dans une pérégrination de ce genre il valait mieux, malgré le proverbe, exciter l'indifférence ou la pitié que l'envie. C'est encore chez les *frati* que le fervent Manceau lie amitié avec un certain Bonaventure Brochard, frère mineur de la maison de Bernay en Normandie, dont il ne se séparera plus jusqu'au retour en Europe et à la présence de qui nous devrons les annotations bibliques qui vont désormais parsemer la « Relation ».

Greffin a rangé sous le nombre de 7 ses excursions aux Lieux Saints, et voici la disposition qu'il leur assigne : 1º Jérusalem et les endroits limitrophes, 2º le Jourdain, 3º Bethléem et Hébron, 4º la maison de Zacharie, 5º Emmaüs, 6º Nazareth et la Galilée, 7º le Sinaï et l'Egypte. Il s'étend avec complaisance sur Jérusalem et la description des diverses communautés chrétiennes qui se partagent les croyances de ses habitants, sur ses sanctuaires, ses édifices religieux. Il est moins long, quand il vient aux divisions suivantes de son récit, mais il se donne libre carrière dans la dernière. Il s'y sent tout à fait à l'aise; c'est que, plus encore que dans les précédentes, il raconte là, non seulement ce qu'il a vu, mais ce qu'il a fait et souffert ; son entrain est plus vif, son style plus coloré, plus chaud, le mot spirituel ou plaisant vient plus fréquemment sous sa plume. Il s'aventure même, avec plus ou moins de succès d'ailleurs, sur le terrain de la science, il discute les causes de la croissance et de l'inondation du Nil, étudie les mœurs des « cocodrilles », dit son mot sur les Pyramides. Aller du Caire au Sinaï ne lui est pas précisément une partie de plaisir, car cette fois il faut dire adieu à toute commodité; et quant à la nourriture, se contenter d'une « réfection bien maigre », comme il dit, et prendre modèle de patience et de sobriété sur le chameau qui le promène trois jours dans « les pierres et le sa-

blon, car c'est l'entrée de l'Arabie déserte. » Et là l'excellent chevalier fait une vraie pénitence, l'herbe ni l'eau saumâtre ne manquant point pour ses repas. Aussi dut-il trouver succulents les oignons, les olives salées, et de saveur moins amère le vin aigre que lui servirent à son arrivée au couvent les moines du Sinaï. La dureté de sa couche le fait bien geindre un peu, mais l'aspect des Arabes, dans leur manière de vivre, de préparer leurs aliments, leur « patouillaige », selon son expression, excite en lui une douce gaieté à laquelle il se laisse volontiers aller, et la vue du chef et du sépulcre de sainte Catherine ranime la ferveur de sa dévotion. Somme toute, cette halte sur le Sinaï est réconfortante pour lui. Sans doute la « paoure natte faicte de fueilles de palme » n'est pas très molle, du moins la vermine n'y incommode-t-elle pas messire Greffin comme dans le désert ; la nourriture est très frugale, encore vaut-elle bien celle de la route ; les religieux sont de société plus douce et plus agréable que les larrons de l'escorte, et les consolations spirituelles dédommagent les pèlerins des austérités de la vie recluse qu'ils mènent avec les cénobites. Profitons du calme dont jouit dans le silence des montagnes d'Arabie notre solitaire improvisé pour l'écouter quelques instants et nous donner une idée de son talent littéraire :

« ...... Après avoir prins nostre consol-« lation spirituelle, nous prinsmes la « corporelle ; nous avions tout ce que « faisoyt besoing pour faire ung bon « bancquet, excepté le boyre et le men-« ger, de quoy estions mal garniz ; d'ap-« pétit nous en avions assez, beau et « bon air, du pain assez et bien dur, « quelques oignons, des febves sans « cuyre et des olives seiches, du vin « n'en demandions pas, mays de l'eaue « nous fussions contentez, si nature en « eust peu administrer si hault sur ceste « roche. Alors nous avisasmes de la « neige qui estoyt près de nous et la « mismes sur la pierre où le soleil frap-« payt et tantôt eusmes une belle fon-« taine et bien claire dedans une foussette,

« de laquelle les pauvres pèlerins furent
« tous récréez et ainsi achevèrent leur
« bancquet joyeusement, rendant grâces
« à la bonté divine. »

Et un peu plus loin :

« ..... Sans lict et sans grabat mays
« sur une paoure natte faicte de fueilles de
« palmes et de branches, dedans une
« paoure chambre où n'avayt porte, ne
« fenestre, estoient logez les paoures pè-
« lerins, et quant à la despense traictez
« à l'advenant ; bonne eaue, bon pain
« et bien sec, force febves, sans cuyre,
« trempées d'une nuict, car de potaige
« n'en mangions que le sambedi et le di-
« menche, des oignons assez pour frot-
« ter nostre pain et des olives saichées
« au soleil, sans nul vinaigre ne huylle ;
« et voylà la vie des paoures pèlerins.

« Cependant que nous estions là,
« nous allions ouyr l'office et faire nostre
« dévotion à l'église. Or, il advint ung
« jour de feste que nous estans à leurs
« vespres fut donné à chacun des frères
« et asistans une pièce de pain et une
« tassée de ce vin béneist. Nous atten-
« disme la fin pour avoir part au buttin.
« Je ne scay si c'estoyt pour ce que
« nous estions affaméz de vin ou pour
« la bonté d'icelluy, mays je n'ay poinct
« recordation d'avoir beu de meilleur
« vin en nul autre lieu, et nous fut dict
« qu'il croissayt en certains lieulx de ces
« déserts, contre les montaignes, et
« que l'on y en pouroyt recuillir si les
« Arabes estoyent laborieux.

« Depuys que nous eusmes gousté de
« ce bon vin nous ne faillions pas à l'of-
« fice de l'église; pensans que ce fus leur
« ordinaire, mays le lendemain il n'es-
« toyt plus dimanche, et plusieurs jours
« après aussi fusmes trompéz, car ils ne
« font ceste bénédiction que les diman-
« ches et principalles festes, laquelle
« chose refroydit fort nostre dévotion.

« Ung jour entre les autres, le reli-
« gieulx qui avoyt charge de nous, au-
« quel nous avyons faict quelque présent,
« nous invita à ung bancquet à sa cham-
« bre, et d'avant que d'y aller nous fut
« apporté nostre ordinaire du pain et des
« febves trempées. Adonc mon compa-

« gnon, Fr. Bonadventure, me dist que je
« ne me remplisse jà de ses febves, et que
« meilleures viandes nous attendoient à
« la chambre du frère, lequel nous vint
« quérir, et nous mena sur la terrasse de
« sa chambre, car dedans n'y avoyt que
« son lict et une enclume de mareschal,
« pour ce qu'il s'empeschoyt de ce mes-
« tier, et après qu'il nous-eut fait as-
« seoirs sur cette terrasse, il alla cher-
« cher ce qu'il nous avoyt préparé entre
« deux plats honnestement. Nous pen-
« sions estre bien disnéz, mays quant ce
« plat fut descouvert il n'y avoyt que
« des poix grislez ou cuicts en la braise,
« avecques ung peu de pain blanc sec
« comme biscuyt, car il avoyt esté ap-
« porté du Caire, encores luy sembloyt
« qu'il nous avoyt fort bien traictez.

« Après cela il nous vendyt pour
« ung ducat de manne, laquelle se
« cuille part ses déserts sur la feuille
« d'aucuns arbres et herbes, et tombe
« environ le moys d'aoust, au matin,
« ainsi comme la rosée, qui est une li-
« queur et du goust de myel qui est
« fort médicinable... »

Le couvent, malgré ses rigueurs, avait
été pour Greffin un asile de paix ; quand
il en fut sorti, les tracas recommencèrent ; la peste régnait au Caire quand il y
remit le pied ; embarqué à Damiette, il
essuya une tempête qui le força de relâcher à Tripoli ; après de nombreux ennuis, il rentra à Jérusalem par la Galilée, et en France *via* Chypre et Venise
où il s'arrêta « myeulx mort que vif ».

Tel est en résumé ce récit qui, sans
être brillant, n'est pas dénué de piquant
et de pittoresque. Il n'y faut pas chercher un grand savoir ; la géographie y
est sujette à caution, les détails curieux
par contre n'y font pas défaut ; il règne
dans tout l'ouvrage une bonhomie aimable et simple, une ronde franchise qui
conquièrent la sympathie et l'estime au
brave gentilhomme assez courageux
pour avoir entrepris, accompli jusqu'au
bout et conseillé aux autres un pèlerinage qui fait honneur à sa foi et auquel
ne manquèrent pas les fatigues ni même
les dangers.   G. V. Hébert.

XXX.

Saint-Amand (Cher). — Imprimerie BUSSIÈRE.

Le Centenaire de Dupanloup

(Suite et fin.)

IV

Mais enfin Dupanloup a-t-il véritablement proposé et soutenu cette théorie sociale ? A-t-il poussé, pendant trente ans, à son application ?

De son vivant, deux auteurs l'en ont accusé, en tablant sur l'ensemble de ses ouvrages : l'un, dans un gros volume de 1.800 colonnes, l'autre dans quatre ouvrages successifs : tous les deux, par des citations textuelles et des discussions explicites, ont prouvé que tel était l'enseignement du nouvel oracle. C'était le cas d'accepter, de provoquer même une discussion à fond et, par argumentation contradictoire, de tirer la vérité au clair. Ce libéral à rebours, comme ils le sont tous, n'acceptait jamais de controverse en forme ; il lui fallait une arène où il fût tout seul, poussant, à défaut de raison, de grands cris, étourdissant par ses clameurs et produisant la confusion. Le lion, qui était chez lui doublé d'un renard, vit le péril, et, pour se tirer d'affaires, dénonça les deux auteurs comme coupables d'injures et d'outrages à son adresse. De ces deux auteurs, l'un, après cinq procès, fut déclaré indemne ; l'autre fut blâmé, parce qu'il avait censuré, devant le public, un évêque dont il était le sujet. Dupanloup, qui était habile, garda, sur les cinq procès perdus, un silence significatif ; le monde ignora cet accroc à son infaillibilité. Mais il fit sonner haut la réprobation soumise de Séméi qui avait jeté des pierres au roi David d'Orléans ; or, il n'obtint ce triomphe passager qu'en falsifiant le texte de la décision romaine. La congrégation avait simplement blâmé le procédé d'un prêtre exerçant publiquement, contre son évêque, une censure doctrinale ; mais elle n'avait nullement blâmé le petit livre de Mgr Pelletier : *Tametsi libellum non repudiaverit*. Et il fallut que l'auteur dénoncé à faux et carillonné à rebours, fît photographier le texte romain pour faire connaître la falsification audacieuse d'une lettre pontificale. Le droit qualifie cela de crime et prononce une condamnation contre l'auteur.

Mais pourquoi ce Goliath, provoqué en 1874 et en 1876, à un duel doctrinal par deux petits pâtres francs, ne l'accepta-t-il point ? et pourquoi la congrégation ne retint-elle pas le litige ? La congrégation est un tribunal ; elle juge l'espèce qu'on lui présente et n'en prend pas occasion d'un procès connexe. Mais Pie IX éleva la voix plus de quarante fois ; il redoutait moins les scélérats de la commune que les catholiques libéraux ; et à moins de croire qu'il se battait contre les moulins à vent, il faut bien admettre qu'il visait une erreur en chair et en os. En son privé, d'ailleurs, il donnait le mot explicatif de ses allocutions officielles. Dans une conversation avec le cardinal Gousset, par exemple, il disait, en riant, que l'Eglise n'avait qu'un Pape et que la France en avait deux : Dupanloup et le cardinal Mathieu : il les appelait *il motore* et *il mobile :* l'un qui était le promoteur du complot libéral, l'autre qui en était le mobile et ondoyant agitateur.

Quant à Dupanloup, il savait bien ce qu'il faisait ; il savait bien qu'il était faible ; il savait bien qu'une controverse à fond sur ces vaticinations échauffées les réduirait à rien. Malgré les adulations qui le suivaient partout, malgré les six cent trente évêques applaudisseurs de ces brochures, devant les deux petits chiens, le lion s'esquiva ; ses adversaires ne purent voir que son dos.

Enfin venons aux textes.

Dupanloup répond à un rapport qui défend la société et l'esprit moderne ; qui réclame avec force le maintien des conquêtes précieuses de la révolution ; qui les personnifie en quelque sorte dans l'Université. Le rapporteur, — c'était Thiers — refuse aux prêtres l'accès des fonctions publiques, surtout des fonctions de l'enseignement ; il refuse la liberté aux congrégations religieuses ; il conteste la liberté des pères de famille, il consacre le monopole et sacrifie les promesses de la Charte : et tout cela pour sauver parmi nous l'*esprit de la révolution*.

Dupanloup riposte par une accumulation bizarre de questions contradictoires ; confesse qu'il n'en voit pas la résultante précise et que son esprit se perd dans ce dédale d'applications. Pour se tirer d'embarras, il demande, à un dictionnaire, le sens du mot révolution et jette, sur les révolutions passées, un coup d'œil historique, peu intelligible d'ailleurs. Dans la Révolution française, il distingue deux choses : 1° Les idées de principes, les institutions libres qui constituent son *esprit ;* 2° le renversement social, les violences, les désordres, les erreurs et les excès de la Révolution. Les violences, les désordres, le renversement social, personne n'en veut, pas plus qu'on ne veut de tremblement de terre. Mais les idées de la société moderne, la constitution des pouvoirs parlementaires, les libertés de pensée, de conscience, de presse, du culte, octroyées aux citoyens, Dupanloup les accepte. Dupanloup ne sait pas, ne voit pas, ne dit pas que les idées modernes se sont produites contre la religion chrétienne et la rejettent ; que la constitution des pouvoirs les sépare de l'Eglise et les dresse contre ; que les libertés constitutionnelles sont aux antipodes de l'Evangile ; et que tout ce mouvement de 89, comme Mirabeau et tant d'autres l'ont dit vingt fois, cent fois, n'a qu'un but, la déchristianisation de la France. Nous savons bien qu'il résulte de là un état des terres, un état des personnes, un état civil et politique dont, après un siècle, personne ne conteste l'établissement. Dupanloup ignore ces distinctions et ces réserves ; pour me servir du mot actuellement reçu, il accepte les idées, les principes immortels de 89, les institutions libres en *bloc :* et c'est là l'essentiel du catholicisme libéral, c'en est le poison et l'hérésie.

Dupanloup reconnaît que ses devanciers dans la carrière vécurent dans la défiance de ces institutions ; les crimes avaient trop ensanglanté les principes. N'eût-il pas mieux valu qu'un Suger ou un Charlemagne eût accompli cette tâche, qui s'est trouvée échue à Voltaire et à Rousseau. « Aujourd'hui, dit-il, chose nouvelle et heureuse ! la paix peut se faire. Ces libertés, si chères à ceux qui nous accusent de ne pas les aimer, nous les proclamons, nous les invoquons pour nous comme pour les autres. Forts de nos convictions, inébranlables dans l'amour de la vérité catholique, nous demeurons, dans le fond de nos âmes, immuables comme l'Eglise, au milieu des agitations humaines ; mais aussi, charitables et éclairés comme elle, nous ne repoussons pas, en les réclamant pour nous, une tolérance sincère des hommes qui s'égarent, une discussion large et généreuse des opinions humaines. Nous combattons sans doute, mais nous tendons toujours une main fraternelle à nos adversaires ; en un mot, *nous acceptons, nous proclamons* l'esprit généreux, le véritable esprit de la Révolution française... nous tendons au vrai but, au grand but des esprits honnêtes, des grands esprits de l'Assemblée constituante. Comme auxiliaires ou comme *vaincus,* nous venons à vous, nous et tout ce qui *marche avec nous.* Achevez votre conquête en nous acceptant [1].

[1] *Défense de la liberté de l'Eglise,* t. I, p. 288 de l'édition de 1861, entièrement

Qu'on examine la structure de ces phrases, l'art habile avec lequel l'ondoyant écrivain donne à entendre que les idées de 89 constituent des opinions honnêtes encore en discussion ; que cette discussion doit être large et généreuse ; que, en s'attachant à l'esprit de la Révolution, on demeure fidèle à l'esprit de l'Eglise ; enfin que les catholiques, la hiérarchie sacrée passent résolument, cette fois, dans le camp des grands esprits. C'est aisé à dire, mais difficile à croire ; Pie VI, Pie VII et surtout Pie IX ont dit précisément tout le contraire ; j'imagine que si J. de Maistre, Bonald, Lamennais avaient pu entendre cette déclaration ou déclamation des lèvres mêmes du Dupanloup, ils lui eussent tiré les oreilles jusqu'au sang.

En 1866, dans *l'athéisme et le péril social*, l'évêque d'Orléans déclare à diverses reprises qu'il n'attaque pas la société moderne. L'ardent écrivain refuse de voir, dans les misères et les périls du siècle, les suites inévitables de la Révolution française ; s'il stigmatise les effets, il glorifie la cause. « Cette société, avide de paix, de travail, de justice, couronnée de gloire, *fille de l'Evangile et dépendant du plus illustre passé*, reçoit, en ce siècle comme par surcroît, des dons, des instruments merveilleux, et, avant tout, la science, le crédit, la parole... Il n'est pas un de ces instruments dont la religion n'ait senti et béni l'utilité ; pas une de ces espérances qui ne lui fût chère. Nous semblions tous naviguer vers une terre merveilleuse, la société moderne. Oui, je prends à témoin mes contemporains, le même idéal, sous des formes diverses, est resté au fond de nos âmes. Lorsqu'on vous dit que quelqu'un en veut à cette société moderne, vous frémissez, vous résistez, vous l'accusez d'attenter à votre plus chère et plus intime affection [1]. »

L'apothéose de la société moderne est complète, elle va jusqu'au lyrisme. Un évêque nous affirme, à l'encontre des Papes et des hommes de génie, que cette société est née de l'Evangile ; que la religion a senti et béni les avantages de la société moderne ; que les principes d'après lesquels se dirige cette société, sont également chers aux royalistes, aux impérialistes, aux républicains ; que c'est un terrain commun sur lequel tous les partis s'embrassent ; enfin que toucher à cette arche sainte, c'est provoquer les résistances les plus légitimes. La société moderne, ici, se présente comme un intangible idéal.

Dupanloup veut, sans doute, l'union de la société et de la reli-

---

conforme à l'édition de 1845. Comme Dupanloup était toujours parfait, il ne corrigeait jamais rien

[1] *L'athéisme et le péril social*, pp. 173, 174 et 175.

gion, mais cette union n'implique pas l'union de l'Eglise et de l'Etat, à moins que la *Déclaration des droits de l'homme* soit acceptée, par l'Eglise comme trait d'union. L'Etat et l'Eglise peuvent se prêter une mutuelle assistance, mais en vertu du droit commun, en tolérant les mauvaises doctrines, même l'athéisme et le socialisme, pourvu que la même liberté soit laissée aux défenseurs de la vérité catholique. Syncrétisme qui ne peut amener que la guerre, où naturellement le mal triomphera du bien.

En 1868, dans une lettre au clergé, en 1869, dans l'adieu au clergé et l'avertissement à Louis Veuillot, à propos du Concile, même note, même souci de la société moderne, mêmes théories complaisantes : « On vous dit que le Pape veut rompre avec la société moderne, la condamner, la proscrire, y jeter un trouble profond. Il est temps qu'entre l'Eglise et les peuples chrétiens cessent tous les malentendus. L'obscurité, l'incertitude, la confusion pèsent trop douloureusement sur les âmes épuisées et autorisent trop les calomnies et les hostilités contre l'Eglise. C'est pour cela que le Pape a *voulu un concile.* »

Le Pape a voulu un concile pour accepter le catholicisme libéral : voilà une idée qui ne pouvait venir qu'à l'évêque d'Orléans, mais on s'étonne qu'il l'exprime après le *Syllabus.* Ainsi les difficultés entre l'Eglise et la société moderne, toutes créées par les principes de 89, sont de simples malentendus ; si l'on parvient à les éclaircir, plus de conflits entre l'Eglise et la société moderne. Il s'agit donc de dissiper les incertitudes sur la question de savoir si l'Eglise admet les principes de la société moderne ; et d'enlever tout prétexte aux ennemis de l'Eglise qui s'autorisent de cette obscurité pour combattre son influence. La réconciliation s'opérera si l'Eglise prononce l'innocuité des principes de 89.

En 1873, dans les tentatives faites pour le rétablissement de la royauté, Dupanloup, toujours au premier rang, promet que le retour du roi sera la confirmation de la révolution française. Un protestant, Présensé, fait observer au prélat que, depuis un siècle, les Papes condamnent les libertés constitutionnelles. Si vous les rejetez avec eux, dit-il, vous n'êtes pas sincères ; et si vous les acceptez, malgré leurs condamnations, vous n'êtes pas chrétiens. Le dilemme était bien posé, mais il était facile de s'en tirer par la distinction entre la thèse et l'hypothèse. Dupanloup ne connaît pas cette caractéristique. « Quant à la liberté, dit-il, voici ce que vous offrent les projets de restauration monarchique : 1º les libertés civiles et religieuses ; 4º la liberté de la presse ; 5º la liberté de conscience et des

cultes... 10° et en général tout ce qui constitue le droit public actuel
des Français. Les hommes qui veulent le rétablissement de la monarchie, voilà les libertés qu'ils ont stipulées. C'est en ces termes
exprès que sera conclue, à la face du ciel et de la terre, l'alliance
entre la nation et le roi. Citez une liberté actuelle qui soit oubliée,
je vous en défie. On parle d'une revanche de 89 et précisément
c'est la monarchie nationale et constitutionnelle de 89 que l'on
rappelle. Voilà la vérité. » La vérité, était que Dupanloup voulait
la monarchie révolutionnaire et devait rejeter la monarchie chrétienne.

Inutile de pousser plus loin cette démonstration. De 1845 à sa
mort, Dupanloup est l'homme de la société moderne, l'admirateur
des immortels principes et toute sa vie il n'a qu'un cri : Il faut que
l'Eglise les accepte et se réconcilie avec cette forme de société que
les Papes ont eu tort de frapper d'anathèmes. Ces renseignements,
dis-je, suffisent au lecteur honnête. S'il s'agissait de provoquer un
jugement doctrinal, il faudrait un mémoire plus étendu, plus cir-
constancié. De plus grands détails ne changeraient rien à la conclusion. Ce qu'il faut admirer ou plaindre le plus, c'est l'aveuglement
puéril et l'obstination enragée avec laquelle cet homme s'attelle au
caroccio triomphal de 89. Homme de peu de foi, esprit borné, il s'enferme dans son pays et dans l'heure présente d'une vie fugitive ;
l'Eglise, au contraire, patiente parce qu'elle est éternelle, espère des
jours meilleurs, maintient invariablement les principes éternels et se
croit obligée de travailler à leur triomphe.

V

Pour innocenter Dupanloup, on ne peut en appeler qu'à la distinction théologique de la *thèse* et de l'*hypothèse*. Lui, qui n'était pas
théologien, ne s'en servit point ; il ne la connaissait même pas ; à
peine s'il l'invoquait une fois ou deux, pour le besoin de sa controverse ; mais, comme il était loyal, qu'il voulait ne pas se tenir
enfermé dans la simple tolérance, qu'il voulait faire un pas en avant
et canoniser 89, il n'insista pas et ne s'en servit plus. Toutefois,
pour l'honneur de ce travail, il est nécessaire d'en dire un mot.

Une religion est une révélation divine, un lien divin qui rattache
la créature au Créateur. Le caractère organique d'une religion,
c'est d'être absolue ; il n'y a rien à objecter aux affirmations de ses

dogmes. « Une religion, dit M. Emile Ollivier, ne peut admettre qu'il existe, en dehors d'elle, une vérité, ni qu'il soit permis d'enseigner librement ce qu'elle condamne, ni qu'il existe un Etat soustrait à son influence morale et rebelle à ses dogmes. Si elle était tolérante, elle ne serait pas croyante. L'intolérance dogmatique est une vertu des religions, le témoignage qu'elles croient à elles-mêmes. Mais quelque convaincues qu'elles soient de leur supériorité, les religions même sont contraintes de tenir compte des circonstances et des milieux et de s'y adapter dans une certaine mesure ; leur conduite pratique ne saurait être la même dans les sociétés où règne l'unité de la foi et dans celles qui en sont sorties et où différentes croyances philosophiques ou religieuses se partagent les esprits.

« La papauté, qui a l'instinct politique non moins que le souci dogmatique, l'a compris et elle s'est résignée à l'ordre nouveau parce qu'il serait difficile de restaurer l'ancien régime. Pie VII inaugura l'ère des transactions par le concordat qui reconnaît, dans ses principes et dans ses effets, l'œuvre de 89. Ces transactions n'ont pas cessé et l'Eglise a pactisé partout avec les sociétés qui admettaient tout ce qu'elle avait répudié en principe : la laïcité de l'Etat, la liberté de conscience et des cultes, la liberté même sur les matières religieuses [1]. »

Malgré toutes ces concessions, saintement et légitimement intransigeantes, la papauté n'a pas manqué de rappeler, dans leur intégrité, les principes dont elle voyait la pratique des peuples s'écarter de plus en plus. Grégoire XVI l'avait fait en 1832, par l'Encyclique *Mirari vos* ; en 1864, Pie IX recommençait la même affirmation, avec plus de solennité et d'ampleur, par l'Encyclique *Quanta cura et le Syllabus*. Léon XIII n'a pas eu besoin de réitérer ces condamnations valables toujours ; il s'y est strictement conformé dans ses écrits ; et si, un jour, les libéraux ont pu croire que l'Encyclique *Immortale Dei* abondait un peu dans leur sens, il est clair que le texte et le fond de cette Encyclique ne se prêtent pas le moins du monde à cette fausse interprétation.

Il y a là une inconséquence apparente ; ceux qui ne sont pas familiers avec la théologie peuvent y voir une contradiction, peut-être une abdication implicite. Il n'en est rien. Saint Thomas pose en principe « que le régime humain doit imiter l'ordre divin d'où il dérive ; observant que Dieu a permis des maux qu'il aurait pu empêcher, il voulait que les infidèles, même les rebelles et réfractaires

---

[1] *L'Empire libéral*, t. VII, p. 203.

à l'Eglise, puissent *être tolérés*, à cause du bien qui peut naître d'eux et du mal qui peut être aussi évité. » (*Secunda Secundæ*, quæst 10). La théologie a tiré, de cette doctrine de saint Thomas d'Aquin, la distinction de la *thèse* et de l'*hypothèse*. « La *thèse*, dit encore M. Emile Ollivier, c'est le principe immuable dans sa rigueur, auquel l'enseignement reste inflexiblement attaché. L'hypothèse, c'est la concession imposée ou conseillée dans la conduite par les circonstances sociales. La thèse, c'est l'idéal dogmatique, en vue d'une société professant tout entière la même foi. L'hypothèse, c'est la transaction avec une société qui a brisé l'unité de la foi et au sein de laquelle coexistent, côte à côte, des cultes, négation réciproque l'un de l'autre. La thèse est le bien, l'hypothèse est le moindre mal. La thèse s'appuie sur la loi ; l'hypothèse naît de la *puissance dispensante* du Pape.

« La thèse, dans les rapports de l'Eglise et de l'Etat, est que les deux sociétés, quoique distinctes, ne doivent pas se séparer ; qu'elles sont obligées de se prêter un mutuel appui ; qu'une séparation entre ces deux puissances, dissemblables, mais également l'œuvre de Dieu, qu'une sécularisation est funeste aux sociétés et contraire au plan divin. L'hypothèse est que : « Quand les gouvernements de la terre veulent faire tout seuls leurs affaires terrestres, l'Eglise, pour cela, ne les proscrit ni ne les anathématise. Elle peut regretter quelquefois de n'être plus à même de leur faire autant de bien que sous un autre régime ; mais dès lors qu'ils lui laissent sur les âmes tous ses moyens d'action, elle continue, malgré ce qu'ils appellent leur sécularisation, de les protéger et de les bénir [1]. »

« Il n'y a donc aucune contradiction entre les paroles absolues des Papes et leurs actes conciliants. Quand le Pape enseigne, il s'en tient à la rigueur inflexible des principes ; quand il agit, il s'adapte aux circonstances. Son enseignement indique le bien ; sa pratique se résigne au moindre mal.

« La conduite des catholiques *doit se modeler* sur celle de leur pasteur suprême ; ils peuvent et doivent s'adapter aux institutions de leur pays, les respecter, les servir, même quand elles s'éloignent de l'idéal chrétien, mais d'un cœur contrit, sans oublier dans l'exil les lueurs célestes de Sion et en faisant un effort constant par leur conduite, par leurs paroles, pour ramener les sociétés aux règles tutélaires dont elles se sont affranchies. Ils doivent subir l'abolition temporaire des prérogatives divines ; ils ne peuvent proclamer qu'ils en *font l'abandon*, ni

---

[1] Mgr PARISIS, *Cas de conscience*, 1re série, p. 35.

rejeter comme *mauvais* ou *superflu*, ce qui a été jugé par l'Eglise, comme la condition de la moralité publique, ni convertir en *idéal* et en *droit absolu* des tolérances de fait, ni accepter comme *définitive* la rupture de la société civile avec la société de Jésus-Christ ; ni admettre qu'un pouvoir non chrétien, n'y eût-il aucune autre religion, soit autre chose que le mal, que le triomphe de Satan dont le triomphe est toujours éphémère. » (*Op. cit.*, p. 205.)

Pendant longtemps, les catholiques n'eurent qu'une opinion à cet égard ; ils suivaient consciencieusement les consignes du Pape et les indications des évêques. La société publique reposait sur les principes de 89 ; elle accordait à tous l'usage des libertés constitutionnelles ; mais elle reconnaissait, en même temps, les droits de l'Eglise, certains privilèges du clergé, la dotation budgétaire, la libre pratique du christianisme. Comme la grande majorité des citoyens, surtout dans les campagnes, était restée chrétienne; que les administrations les traitaient avec douceur ; que la presse ne leur soufflait pas le feu de l'insubordination, malgré les défectuosités constitutionnelles, la société allait tant bien que mal. Le gouvernement n'était pas seulement neutre, il était plutôt malveillant envers le clergé, mais il ne poussait rien à fond et s'arrêtait à propos. En somme, l'opinion s'accommodait du nouveau régime ; le clergé également. En accordant à la papauté la satisfaction des réserves prescrites, la société moderne était plutôt en hausse qu'en baisse dans l'esprit public.

Vers 1850, s'opéra une scission retentissante. L'auteur de la *Pacification* religieuse, devenu évêque et inspirateur du *Correspondant*, poussait vivement ses machines de paix et son œuvre des immortels principes. Le premier effet d'une pacification, ainsi entendue et appliquée, fut la division de l'armée catholique en deux camps : d'un côté, les catholiques sans épithète, de l'autre, les catholiques libéraux. Les catholiques libéraux disaient : L'Eglise ne peut plus être libre qu'au sein de la liberté générale, de l'exercice des droits communs à tous les citoyens, qui permettent de se passer de l'exercice ou de la protection du pouvoir. La vérité a besoin de la liberté et n'a pas besoin d'autre chose. Rêver ou réclamer pour elle une liberté privilégiée, comme un patrimoine inviolable, au milieu de la soumission générale, ce n'est pas seulement le comble des illusions, c'est le plus redoutable des dangers. Il faut nettement, publiquement, protester à tout propos, contre toute pensée de retour, à tout ce qui irrite ou inquiète la société moderne. Nous admettons pleinement la distinction entre l'intolérance dogmatique et la tolérance civile, l'une inséparable de la vérité, l'autre indispensable à la société moderne. Mais ceci est de la spéculation pure ; le fait certain, la bonne pratique, c'est qu'il faut acclamer sans réserve la société sortie des principes de 89 et fidèle à leur stricte observation.

Les catholiques sans épithète s'indignaient qu'on tînt pour un bienfait ce qui n'était qu'une épreuve, qu'on parût canoniser l'erreur, qu'on renonçât à défendre dans toute sa rigueur la vérité intégrale, qu'on abandonnât sans résistance les sociétés aux directions perverses et qu'on ne travaillât pas sans relâche à arracher les âmes à cette liberté perverse que les Etats modernes tolèrent ou favorisent. Quand on est catholique, qu'on devienne libéral, c'est presque une hérésie, et, en tout cas, une aberration. Qu'importent les défaites provisoires? L'Fglise a les paroles de la vie éternelle ; elle se pose sur la pierre indestructible, et peut attendre que les sociétés en détresse, disloquées, affamées, viennent lui demander les lois de la société chrétienne et reprendre les principes de la vraie civilisation.

Les catholiques sans épithète avaient raison ; la situation était orthodoxe et prudente ; l'attitude des catholiques libéraux était mal fondée en doctrine et pleine de périls à venir. Cette question de la cohabitation sociale des catholiques et des mécréants est posée en Europe depuis Luther. Tant que les mécréants furent en minorité, ils remplirent le monde de leurs plaintes et s'efforcèrent d'obtenir l'égalité de droits. Mais aussitôt qu'ils sont les plus forts par l'effet de la tolérance, ils l'abandonnent et retournent contre les catholiques la constitution qu'ils réprouvaient quand elle faisait obstacle à la perversité de leurs desseins ; ils trouvent très bien de fonder une Eglise de la libre pensée, de la doter de toutes les prérogatives de la véritable Eglise et de s'armer contre les catholiques, de l'intolérance dont ils se sont plaints depuis trois siècles. Les protestants et les libéraux ont même fait des martyrs, comme les Césars persécuteurs de l'ancienne Rome. En ce moment, les renégats de 89 proscrivent en France et jettent à l'exil même des femmes. Et, à l'appui de ces crimes, quelles raisons donnent-ils : ils reprochent aux catholiques, comme Dupanloup le faisait, de n'aimer pas assez la société moderne et ses libertés. Criminelle et ridicule tragédie, mais conséquence forcée des rêves conciliateurs du catholicisme libéral.

Dupanloup s'obstina jusqu'à la fin dans son erreur. Non seulement il préconisa, en toute circonstance, ses théories fausses et malsaines ; mais il en fit dans la mesure du possible l'application. Evêque, il administra, sans doute, les chrétiens de son diocèse et ne manqua, je veux le croire, à aucune des obligations de la charge épiscopale. En son privé, j'admets qu'il fut le modèle de toutes les vertus. Mais analysez l'ensemble de sa conduite et vous constatez des faits au-dessus de toute dénégation.

Pape des catholiques libéraux, il est du dernier bien avec tous les libéraux purs ; sa conciliation est parfaite avec les Guizot, les Thiers, les Broglie, les Molé, les Cousin, les Villemain ; pour lui, si ce ne sont des amis du premier degré, ce sont des amis. Ces gens-là ont tous été, dans différentes mesures, les coryphées du gouvernement parlementaires, les adversaires de l'Eglise, les corrupteurs de la France. Dupanloup, eût-il quelque chose à reprendre dans leurs œuvres, n'y fit courir jamais ni ses ciseaux, ni sa plume ; il ne sut rendre, à leurs personnes, que des hommages : mauvais moyen pour les corriger et les convertir.

Les fidèles de ce pontife sont à peu près tous des laïques, distingués à coup sûr et considérables au moins à leurs yeux ; mais enfin laïques et, par conséquent, inhabiles aux fonctions de patriarche. Montalembert, Ozanam, Falloux, Albert de Broglie, Cochin, Foisset, Gratry : voilà les saints de la petite église. Nous ne voulons pas ravager leur nécrologe. Mais enfin où sont leurs titres religieux, sauf Gratry, pour prêcher à la France la religion de 89 ; et de quel droit Dupanloup, encore simple prêtre, avait-il pu changer, par ses discours, la situation officielle de l'Eglise en France.

Maintenant cet homme, si bien avec les libéraux de toutes couleurs, fait bande à part dans l'épiscopat. Gousset, Parisis, Pie, Plantier, Gerbet, Salinis, ses contemporains, sont au moins aussi grands que lui et ils estiment peu Dupanloup ; Dupanloup ne les estime pas davantage. Tous sont des ouvriers de Dieu, mais ils ne travaillent pas dans la même grange. Eux sont les agents, les pionniers, les porte-lumière de la réaction antigallicane, de la rénovation catholique romaine ; lui, il est l'agent, l'agitateur, le porte-lanterne d'un petit parti, d'une petite école, d'une petite chapelle, gallicane au fond, libérale dans la forme, et, dans la réalité, stationnaire ou rétrograde. Sous les affectations de libéralisme, de largeur d'esprit, de cœur grands ouverts, il n'y a, chez Dupanloup, qu'étroitesse d'idée, claustration dans un petit symbole et ardeurs enragées pour le faire adopter des catholiques, c'est-à-dire, suivant l'observation du cardinal Gousset, pour nous faire perdre le peu de bons catholiques qui restent à l'Eglise.

Dupanloup, séparé de l'épiscopat, l'est aussi des laïques pieux, qui défendent l'Eglise. Par l'effet du réveil catholique à partir de 1820, on voit, en France, des laïques, publiquement chrétiens et zélés à défendre la foi. Les écrivains ecclésiastiques ont des coadjuteurs en dehors du sanctuaire ; ces laïques sont théologiquement moins profonds, mais mieux au courant des habitudes du siècle, de ses goûts littéraires, de ses ignorances ; ils peuvent d'ailleurs avoir certaines aptitudes que les clercs possèdent moins et ne cultivent pas assez. C'est parmi eux que Dupanloup a fait le plus de conquêtes ; il les a séduits par sa belle langue, sa grandeur d'âme et-sa fameuse paix. Mais ceux qui étaient trop grands pour s'immatriculer dans cette étroite caserne, il les a eus pour adversaires et les a traités en ennemis. Je n'en citerai que trois : Donoso Cortès, aussi grand que Bonald et de Maistre ; Louis Veuillot, l'homme qui puisa dans sa foi la parfaite compréhension de la religion catholique et de l'Eglise romaine ; le grand écrivain qui mit au service de la Papauté sa clairvoyance et son admirable talent d'écrivain ; et Augustin Bonnetty, une encyclopédie vivante, qui publia l'*Université catholique* en 40 volumes et les *Annales de philosophie chrétienne* en 96 volumes. Si Dupanloup ne tua pas ces deux recueils, c'est que Bonnetty, sous sa bonhomie, était granit pur. Quel besoin avait Dupanloup de lancer son stupide Graduel contre le marquis de Valdigamas ? aucun, sinon qu'il ne comprenait pas profondément la religion, mais la comprenait assez pour voir que Donoso Cortès le mettait en poussière ; alors il fallait lui prêter des hérésies. Quant aux malversations envers Veuillot et l'*Univers*, j'en ai assez parlé. Ces animadversions, qui durèrent trente ans, font pitié aux hommes d'esprit et horreur aux hommes de foi : c'est une manie qui approche de la démence. Les pièces du procès sont aujourd'hui sous les yeux du lecteur : le fond de toutes les affaires, c'est que Dupanloup, fondateur du catholicisme libéral, reproche à Veuillot de ne pas l'être ; et que Veuillot, intransigeant avec profondeur et éloquence, perce tous les ballons du navigateur aérien ; mais les perce avec tant de dextérité, qu'ils tombent du haut des nues, se brisent avec fracas et, de leur débris, ne laissent même pas à Dupanloup de quoi se faire un vélocipède.

Au regard de la société moderne, Dupanloup a voulu sortir des lignes de circonspection tracées par le Saint-Siège ; de l'*hypothèse*, il a fait *sa thèse* ; il a voulu établir comme règle définitive, acceptée par l'Eglise, le gouvernement des trois pouvoirs et les immortelles libertés du naturalisme social. En poussant à tout propos et hors de propos cette thèse, aussi peu orthodoxe qu'inapplicable, il se tient toujours dans certaines réserves, pour ne pas se faire prendre en flagrant délit d'hérésie. Mais Montalembert, son clair de lune, moins prudent et plus emporté, a trahi toutes ses affectations de prudence. Dans l'*Avenir de l'Angleterre*, dans les *Intérêts catholiques au XIXᵉ siècle*, dans les éloquents discours de Malines, enfin dans l'*Espagne et la Liberté*, Montalembert canonise 89 et lui qui pourtant savait l'histoire et l'avait même un peu idéalisée, il finit par vomir, contre l'ancien régime, les pires outrages. A telle enseigne, qu'après sa mort, la famille dut faire un procès au P. Hyacinthe, qui avait publié l'article sur l'Espagne dans une revue suisse, et lui intimer, avec l'autorité de la chose jugée, de s'abstenir de toute reproduction. Ce que je reproche le plus à Dupanloup, c'est d'avoir fanatisé à ce point Montalembert, que, la maladie aidant, et qui sait d'où elle venait ? Montalembert mourut en injuriant Pie IX. *O Domine, quid est homo ?*

VI

Nous voulons, avant de finir, examiner encore les deux questions de savoir si, Dupanloup, en créant, de son autorité privée, le catholicisme libéral, pouvait se flatter d'obtenir, du Saint-Siège, un changement de front ; et si, en ramenant, à la société française, les sympathies du Saint-Siège, il répondait au vœu de cette société, soit pour répudier l'impiété révolutionnaire, soit pour se rattacher plus pieusement à la pratique chrétienne.

Obtenir un changement de fond, de la Chaire apostolique, au regard de la Révolution, Dupanloup ne pouvait, s'il eût été si peu que ce soit théologien, raisonnablement l'espérer. La Révolution est foncièrement impie ; elle n'est pas seulement gallicane et libérale ; elle est antichrétienne, athée, et, suivant le mot du comte de Maistre, *satanique*. La papauté ne peut pas plus pactiser avec la Révolution que Dieu avec Bélial. Entre eux, il y a opposition irréductible, antagonisme forcé, guerre à mort. Pour qu'un Pape accepte les principes de 89 comme loi d'Eglise, il faut qu'il devienne un Pape révolutionnaire et abdique le vicariat du Christ. Il n'y a point de mot pour bafouer assez durement cette extravagance.

Dupanloup espérait que le successeur ferait ce que lui avait refusé obstinément Pie IX. C'est pour cela qu'il fit la *Crise* et se fit mettre à l'Index ; c'est pour cela qu'il prit une double dose de salicylate et mourut subitement, avec du sang de prêtre sur les mains. Que Léon XIII ait été sympathique à l'évêque d'Orléans, on l'a tant dit qu'il faut le croire un peu. Mais enfin Léon XIII atteint les années de Pierre ; il a énormément écrit ; il a été aussi diplomate que possible :

a-t-il écrit deux lignes pour donner un *transeat* doctrinal au programme des catholiques libéraux?

Dupanloup ne pouvait rien attendre de Rome ; mais en France, dans les régions gouvernementales, pouvait-il concevoir quelque espérance de désarmement ?

C'est en 1845 que paraît sa bucolique incendiaire. A cette date, le gouvernement du Juste-milieu suit, depuis quinze ans, sa pente de dégradation. En apparence, il a consolidé et pacifié ; dans la réalité, il devient insensiblement plus hostile à l'Eglise et, par une conséquence naturelle, plus faible devant les passions révolutionnaires. Guizot, Thiers, Molé, Broglie sont les ministres d'Etat ; pas un ne comprend l'Eglise, pas un ne songe à lui rendre une ombre de justice. Cousin, le patriarche déclamateur de l'éclectisme, sait que le Christianisme en a encore pour longtemps dans le ventre ; mais il ne désespère pas de l'enterrer. C'est l'heure où les robins de la magistrature et les robinets de l'Université s'épanchent avec colère contre la liberté d'enseignement. C'est l'heure où deux professeurs du collège de France déclament plus violemment et contre les Jésuites contre l'ultramontanisme : suivant eux, il faut que le Christianisme tombe et qu'il soit enseveli dans la boue. La boue, les patrons de la presse rivalisent de zèle pour la produire ; les deux grands journaux du régime, les *Débats* et le *Constitutionnel*, publient les mémoires du *Juif errant* et les *Mystères de Paris*, exaltent la *goualeuse* et le *chourineur*. Je me demande où pouvait avoir l'esprit, l'homme qui se prenait alors d'un beau feu pour déclamer sur la réconciliation prochaine de l'Eglise avec la société moderne.

Seize ans plus tard, Dupanloup reproduit son factum de visionnaire, sans y changer un iota. Nous sommes en 1861. L'empire a répudié son rôle de sauveur et son opposition radicale au socialisme ; il n'est plus qu'une autocratie sans rime ni raison. Pour assurer un trône fondé sur le néant, Napoléon III, par la guerre d'Italie, vient de provoquer un grand mouvement révolutionnaire. L'armée française, encore brave, a expulsé l'Autriche de l'Italie ; mais la politique cauteleuse de l'Empire favorise l'unité de l'Italie, exemple et argument en faveur de l'unité allemande, si périlleuse pour la France. Voici Castelfidardo, l'assassinat de l'armée pontificale par Victor-Emmanuel. Et l'évêque d'Orléans parle de réconcilier la société moderne avec l'Eglise, à la vue des chances de succès, démantis, il est vrai, par le titre de ses livres pour la défense de la liberté de l'Eglise.

Après le Concile, il a vu la guerre, l'envahissement de la France, la chute de l'Empire ; il a vu les officiers prussiens établis dans son palais épiscopal, plus maîtres que lui ; il a entendu les cris de hyène poussés par la révolution déchaînée. Bientôt député, puis sénateur, il verra le déchaînement révolutionnaire dans toute l'Europe, particulièrement en France ; il verra l'anarchie et le socialisme se ruer sur ce malheureux pays ; il les verra tous les deux déclarer une guerre sauvage au Christianisme. Lui-même, à ces heures de détresse, il se retrouvera pour mettre ses discours en travers de l'invasion athée et des passions infernales. A aucun moment il ne lui viendra à l'esprit que les immortels principes donnent leur fruit de mort et il espérera jusqu'au bout la réconciliation de l'Eglise avec la société moderne.

Cette persistance prouve, sans doute, sa sincérité ; elle atteste aussi son infatuation. Si, pendant quarante ans, il s'est tenu rivé à ces deux utopies du gouvernement libre par le parlementarisme et des libertés nécessaires à l'avenir du monde, c'est qu'il y croyait. En vain, les convictions résistaient à ses espérances ; en vain des faits venaient les confondre : je crois volontiers que si le monde était venu à s'écrouler, enseveli sous les ruines, il aurait cru encore à l'innocuité de 89.

Mais cette foi qui l'honore, l'accuse. Son catholicisme libéral est une hérésie, au moins en germe ; nous avons vu Pie IX la condamner quarante fois, et une fois par un acte solennel. Ce n'est pas à nous qu'il convient de qualifier ces doctrines ou de les repousser ; il ne nous appartient pas d'accoler, à son nom d'évêque, l'épithète d'hérétique. Mais nous avons suivi, pendant plus d'un demi-siècle, son évolution à travers l'histoire, nous avons vu les doctrines et les actes produire des résultats funestes que favorisaient la logique et l'hétérodoxie. Nous ne croyons pas nous tromper ; la main appuyée sur le grand livre des annales de l'Eglise et l'œil fixé sur l'avenir, nous voyons sortir, de là, un symbole que le Pape ou le Concile devront réprouver. Le nouvel Origène subira le sort du premier ; et s'il ne résulte, de la condamnation, aucun préjugé contre sa vertu, il en résultera certainement la preuve de son erreur.

Deux faits contemporains nous inclinent à le croire.

Le premier, c'est l'impiété féroce des partisans de la révolution ; dès qu'ils sont les plus forts, ils se poussent aux attentats. En vain, vous leur criez que leurs principes sont conciliables avec l'orthodoxie ; que l'Eglise ne demande pas mieux que d'amnistier la Révolution et même de l'embrasser. Eux ne croient pas à ces clameurs et répudient ses avances. Aussitôt qu'ils ont, dans les Chambres, une majorité et un gouvernement assorti à leurs passions, immédiatement ils montent à l'assaut du Christianisme et se vantent, comme Dioclétien, de procéder aux funérailles d'un grand culte. Vous prétendez à une réconciliation ; ils vous répondent par une éternelle hostilité. — Est-ce vrai cela ?

Les faits répondent à leurs menaces. Les principes de 89, à leurs débuts, ont enfanté par une gestation foudroyante, les saturnales sanglantes de 93 ; à leur codification par Napoléon Iᵉʳ, ils ont promené, quinze ans, sur l'Europe, un orage de fer et de feu ; à leur reprise d'hostilité en 1814, ils ont abattu, non plus seulement une dynastie, mais la monarchie chrétienne ; à leur plus complet affranchissement en 1830, ils se sont remis à forger des chaînes et à saccager les églises ; à leur transformation sous le second Empire, ils ont, sans désemparer, repris la trame de leurs complots ; depuis sa chute, ils se livrent à toutes les orgies de l'arbitraire, ils volent, ils proscrivent, ils jettent à l'exil, en attendant qu'ils envoient à l'échafaud. — Est-ce vrai cela ?

Depuis vingt-cinq ans que le plein libéralisme règne, deux faits caractérisent son triomphe : d'un côté, il sert d'opium aux catholiques, il paralyse leurs cerveaux et énerve leurs bras ; il a fait un servile et imbécile troupeau de cette race autrefois si prompte à l'éloquence et si fière aux combats ; de l'autre, il sert d'absinthe aux masses révolutionnaires ; il enfièvre les esprits, irrite les convoitises et arme les bras pour le crime. Les feux de la guerre civile s'allument à l'horizon ; Dieu seul sait ce que l'avenir, un avenir prochain, recèle de catastrophes. — Est-ce vrai cela ?

Voilà pourquoi j'ai voulu arracher l'auréole de l'amalgameur, inconscient, si l'on veut, du catholicisme libéral ; voilà pourquoi j'ai voulu, par une mathématique irréfragable, le mettre à sa place dans l'histoire et m'inscrire en faux contre toutes les visées qui tendraient à en faire un docteur des justes doctrines et le prophète des temps nouveaux.

« Contre les présomptions vulgaires, disait Donoso Cortès, il n'y a qu'un remède, le mépris. » Pardon, il y en a deux et même trois. En cas d'hostilité, le meilleur moyen de répondre à l'ennemi, c'est de ne pas s'occuper de ses manœuvres, de se fortifier et de se grandir toujours. Mais il faut moins croire aux hostilités qu'aux aveuglements et estimer qu'on a rempli son devoir, tout son devoir, lorsqu'on a dit la vérité, lorsqu'on l'a déterminée avec exactitude, lorsqu'on la dit avec amour.

En terminant, se présente à mon esprit, un souvenir biblique. Dans ma jeunesse, nous avions vu Dupanloup monter comme un astre au firmament; il se flattait de répandre sa lumière sur le monde; il disait avoir placé son trône sur la montagne des deux testaments, sur les plaines de l'Aquilon. Un demi-siècle est passé; il est entré dans la voie de toute chair; je ne crois pas qu'il ait été entraîné dans les profondeurs du lac. Mais ses doctrines n'ont produit que des mirages trompeurs et de funestes ouragans. Il est temps de se défendre de cette fascination; et, pour ceux qui ne l'ont point subie, ils doivent secouer les torpeurs, conjurer les frénésies. Le salut de la France le veut, et le salut du peuple, c'est la loi suprême.

Croyez, noble Monsieur, à mes meilleurs sentiments.

JUSTIN FÈVRE,
Protonotaire Apostolique.

Riaucourt, le 8 décembre 1902, en la fête de l'Immaculée-Conception, dont le pied a écrasé le serpent et tué toutes les hérésies.

NOTE

Dupanloup est un sujet assez difficile à comprendre. Nous l'avons critiqué sur plusieurs points et attaqué à fond sur le catholicisme libéral; nous n'avons pas touché à l'homme, dont personne, à notre avis, n'a pu encore pénétrer le mystère. Très répandu, très expressif, prodigue de lui-même, très vulnérable par beaucoup d'endroits, il semble impénétrable; non qu'il le soit effectivement, mais il a si bien fermé ses portes et ses fenêtres qu'il paraît difficile de pénétrer dans son intérieur. Je ne voudrais pas tacher le marbre de son monument funèbre; mais je crois nécessaire et juste de braver l'idolâtrie qui environne sa statue et de la dépouiller de son auréole. Non point par aucune passion contre cet homme; mais parce qu'ainsi le veulent l'intérêt des âmes, l'honneur de l'Eglise, le salut de la France, la justice et la vérité. Saint Grégoire le Grand et Boniface VIII ont donné, à la conscience chrétienne et à l'histoire, cette règle : *Propter scandalum vitandum, non est tacenda veritas. — Cum de veritate scandalum oritur, magis sustinendum est scandalum quam veritas relinquatur.*

Le mot de l'énigme, selon nous, c'est qu'il y avait, dans Dupanloup, un défaut de pondération, un manque d'équilibre. Le contrepoids qui manquait à cette nature d'homme, l'échappement qui en était la suite, devenait la force impulsive d'une passion sans règle et sans contrôle, que seuls l'aveuglement et le parti-pris ont pu ne pas voir. Cette passion ou cette faiblesse, c'est *l'esprit de domination*.

L'organisme de Dupanloup est né d'une fièvre de sang. Cette fièvre a produit, dans l'enfant, une intempérance d'activité ; et cette intempérance se résout en un besoin d'accaparer l'activité d'autrui, c'est-à-dire de la dominer. Et la cause même du mal en supprimait le remède.

La cause première de cette force permanente, de cette activité fébrile, de ce besoin de domination, c'est l'absence de discipline paternelle. A la place de cette indispensable discipline, il n'y eut que la faiblesse d'un amour maternel, concentré sur cette unique tête ; amour qui dut, bien vite, en présence des qualités brillantes du sujet, devenir idolâtre. L'enfant ne suivit pas longtemps la mère ; ce fut la mère qui suivit l'enfant. Au moins elle eut le mérite de garder les mœurs de son fils ; il faut l'en remercier. Mais, pour le reste, la volonté du petit Félix marcha de l'avant, prit la conduite de tout et s'habitua de bonne heure à ne connaître aucun frein, à ne subir aucune autorité.

De là, cette habituelle insoumission, cette initiative indépendante et intraitable, toujours un peu révoltée, que l'on remarque dans tous les ministères confiés, par l'autorité diocésaine, à l'abbé Dupanloup. L'enthousiaste Lagrange coule sur ces histoires de la Madeleine, de Saint-Roch, de Saint-Nicolas ; elles eussent déteint sur son lyrisme.

De là, cette entreprise constante, cauteleuse et ombrageuse, contre la presse catholique, dont l'action trop puissante et l'incomparable chef laissaient en arrière tout ce que put tenter, dans le même genre, le directeur de l'*Ami de la Religion*, le fondateur du *Français* et de la *Défense*.

De là, ces étranges irrégularités de l'évêque contre tout ce qui pouvait canoniquement limiter son arbitraire épiscopal et même le tenir en échec : irrégularité inimaginable contre le droit certain du chapitre ; irrégularité contre les prêtres qui, en devenant religieux, échappaient à sa prépotence ; irrégularité contre tous ces pauvres curés qui n'étaient, pour lui, qu'une poussière d'hommes.

De là, cette affectation d'influence sur ses collègues dans l'épiscopat, qu'il voulut, plus d'une fois, habituer, par ses manœuvres, à le considérer comme leur chef, à le suivre comme leur maître.

De là, ce long scandale de démarches, de manœuvres et d'écrits contre le Concile du Vatican, qui, en définissant l'infaillibilité pontificale, paraissait devoir diminuer l'importance pratique des évêques dans l'Eglise ; et qui, plus sûrement, mettrait au tombeau son vieux gallicanisme, son jeune libéralisme et toutes ces idées nuageuses, faibles et changeantes par quoi cet homme rêvait de confectionner, pour les peuples, le symbole de l'avenir.

De là, ces agitations politiques, ce parlementarisme, cette question du drapeau qui empêcha le retour de Henri V ; de là, cette entreprise du 16 mai, où il eut la principale part et démolit étourdiment sans savoir s'il y avait matériaux prêts et architecte capable de réédifier.

De là cet exécrable *Crise de l'Eglise*, par quoi ce fier homme pensait avoir un pape à sa mesure et la haute main dans l'Eglise.

De là toutes ces affaires contentieuses qu'il suscita sans raison et sans fin, homme qui se disait pacifique et qui fut toute sa vie un Salmonée :

Demens qui nimbos et non imitabile fulmen
Ære et cornipedum cursu simularat equorum.

Etant entendu que *l'Æs* était sa plume d'acier et les *cornipedes*, ses laquais aux écritures.

Par ses idées, par ses ruses, par ses manœuvres, par ses emportements, par ses défauts plus que par ses vertus, cet agitateur s'était fait un troupeau servile et un parti obéissant ; il ne pouvait faire plus, ni mieux ; il se trouvait, par le fait, condamné à l'impuissance. C'est un cyclone fait homme qui est passé, quarante ans, sur la France et sur l'Eglise.

Grand évêque, le plus grand évêque de son temps, grand homme ! clame Lagrange. Si cela vous amuse, je ne demande pas mieux ; mais vous conviendrez que ce lion était doublé d'un loup, d'un renard, d'une pie, d'un paon et d'une couleuvre. C'était un grand homme, qui était un grand agitateur, un grand conspirateur, moitié fou, moitié enragé, homme de néant.

Les admirateurs célébraient volontiers cet homme étrange, ils louaient surtout les mérites qu'il n'avait pas et, par exemple, le déclaraient fondateur du séminaire de La Chapelle, parce qu'il l'avait agrandi. Autant le dire fondateur de la cathédrale d'Orléans, parce qu'il y avait prêché. Sur quoi un plaisant proposait de modifier l'entête de la Genèse, en ces termes : « Au commencement, Monseigneur Dupanloup créa le ciel et la terre. » *Terra autem erat inanis et vacua.*

Alors le troupeau des admirateurs s'écrie : Vous êtes un Erostate ; vous outragez les tombes ; vous calomniez la gloire.

On dirait qu'il y a, au monde, des hommes qui ont besoin de s'abaisser devant quelqu'un. Le servilisme, subi par d'autres, serait-il, chez quelques-uns, une loi de tempérament, un besoin de nature ? Le croira qui voudra ; les honnêtes gens ne sont pas de cet avis. Le respect des tombes est un devoir, sans doute ; mais le respect de la vérité historique en est un aussi et plus grand. L'histoire ne doit pas être la conspiration du mensonge.

La piété filiale est une vertu touchante ; elle produit de belles mœurs et fait, de la famille, un séjour de bonheur. Mais la sincérité

courageuse, clairvoyante, équitable a le pas, en histoire, même sur
la piété filiale. Notre temps est coutumier de toutes les confusions ;
il mesure l'espace au poids et la pesenteur au mètre ; un peu plus ou
un peu moins de chaos, à cela près. Si l'alternative était établie
entre insulter la tombe et insulter la bonne foi, en dressant sur la
dite tombe un édifice d'adulations inintelligentes et injustes, évidemment il faudrait ne point adultérer l'histoire, ne point mentir à
la postérité. Mais cette alternative n'existe pas ; nous refusons des
hommages qui ne nous sont pas dus ; nous ne devons, aux morts,
que la vérité ; nous la disons hardiment, à nos risques et périls,
suivant une vieille habitude, et *Honni soit qui mal y pense!*

MGR JUSTIN FÈVRE.

DISCRÉTION ET L'HONNEUR

Conférences prêchées par le R. P. Constant, dominicain,
docteur en théologie et en droit canon, faisant suite aux conférences du même auteur, sur l'Obéissance et le Pouvoir et sur l'Amour et la Croix.

PREMIÈRE CONFÉRENCE

Le Silence.

> *In silentio et spe erit fortitudo vestra.*
> Dans le silence et dans l'espérance
> sera votre force.　(Isaie.)

M. F.,

Notre étude de la famille touche à sa fin. Nous abordons son troisième et dernier personnage : le Père.

L'enfant se présentait le premier. Il est le but et le nœud de la famille.

La mère venait ensuite ; elle tient de si près au fils, que c'est à peine le quitter que d'aller à elle. Voici, maintenant, le chef du foyer.

Ce chef n'est pas, pour nous, un inconnu. Que de fois déjà nos regards se sont portés vers lui ! Et comment eussions-nous compris les gouvernés, sans prendre, sur le chemin, solidairement et par la force des choses, connaissance du souverain ?

Maintenant, nous allons droit à lui. Nous laissons les sujets au pied du trône, et, conduits par Dieu, nous montons à celui qu'il a fait son représentant au foyer, comme, dans les milieux plus vastes de la cité et de l'Etat, il a fait, plus élevées et plus imposantes, ces autres images de lui-même, qu'on appelle les rois.

Que veut-il du chef du premier et du plus petit des Etats ? Ce qu'il veut des chefs de tous les Etats ? La prudence. Et, comme la prudence parle peu, comme elle mûrit ses desseins, comme elle n'en précipite pas l'exécution, comme, avant leur passage dans les faits, elle les tient diligemment, à l'abri des incursions des hommes, toujours prêts à les traverser ; à la base de la Prudence, Dieu a mis le silence. Pour tout exprimer d'un mot, qui signifie, ensemble, silence et prudence ; à ce souverain, comme à tous les autres, Dieu demande, Dieu commande, Dieu impose la discrétion.

Voilà ce que lui enseigne, à Nazareth, le chef de la Sainte Famille, le silencieux Joseph.

Mais quelle part étrange faisons-nous au premier personnage du foyer. Quelle part, dans d'autres groupes sociaux, plus importants, à tant de personnages plus solennels, placés à leur tête et pères de peuples ?

Le silence ? — quel honneur ! quel prestige en vérité ! Comme ce souverain muet va faire grande figure ! Comme le sujet va se trouver saisi, de l'aspect auguste de cette majesté sans parole !

J'avoue que jamais les circonstances n'ont été plus ingrates, à l'éloge du silence. Qu'est, en effet, l'époque présente, sinon le règne du bruit ? Allez où vous voudrez, que trouverez-vous que du bruit ? du bruit étourdissant et du bruit insolent ; du bruit déloyal et du bruit ambitieux ; les vanités du bruit et les malhonnêtetés du bruit ?

Mais ce qui rend difficile la réhabilitation du silence semble en imposer, d'urgence, l'entreprise.

Donc, en face de la haute situation du bruit, est-il encore possible de faire, du silence, le lot d'un souverain ?

Oui, mais à condition de ramener le bruit à la modestie qui lui convient, de lui montrer le peu qu'il vaut ; combien, ce qu'il laisse sur son passage est peu de chose, combien chétives sont ses œuvres, et de quelle majesté sont, à côté d'elles, les œuvres du silence.

Rien ne paraît faible comme le silence. Montrons que c'est la première force du monde.

Pour cela, le texte d'Isaïe devrait nous suffire.

« Dans le silence sera votre force. » *In silentio erit fortitudo vestra.* Mais le plus élevé des prophètes en est aussi le plus mystérieux. A sa leçon, quelques mots de commentaire ne seront donc pas superflus.

Donc, quelle est l'excellence et la force du silence ? Quelles raisons font du silence dans la famille, l'insigne et spéciale attribution du Père ?

I

C'est bien loin et bien haut que nous allons chercher les premiers titres du silence, à l'estime des hommes ; bien loin, dans les profondeurs de l'éternité ; bien haut : à la hauteur même de Dieu.

Dieu est le premier et grand silencieux : silencieux devant les fracas assourdissants des vanités de ce monde ; silencieux, devant les clameurs provocantes des injures des hommes.

Mais on me dira qu'arguer de Dieu est hardi ; que Dieu est trop inconnu, pour qu'on tente d'appliquer aux hommes ce qu'on n'a pu qu'entrevoir en lui ; que des thèses appuyées sur ces données incomplètes, que des preuves, tirées de ces imparfaites notions, courent grand péril d'être peu accueillies, ou de ne pas offrir, à une sévère critique, la résistance voulue.

Nous invoquions, tout à l'heure, Isaïe ; on l'invoquera contre nous. N'y a-t-il pas, du même prophète, un texte aussi célèbre, plus célèbre, peut-être, que le premier, et qui dit : *Vous êtes vraiment un Dieu caché ? Vere tu es Deus absconditus !*

Et si l'on veut un glossateur digne du texte, on n'a pas à l'aller chercher loin. Notre Pascal, si éloquent partout, ne l'a plus été nulle part que dans l'explication de cette parole ; le commentaire, digne de l'auteur, qu'il en a laissé, est dans toutes les mémoires. Donc, puisqu'on le veut, je me prive de ce haut argument ; je renonce à la transcendance de cet exemple. Je quitte les hauteurs divines ; je reprends pied chez les hommes.

Je ne les ai pas plutôt retrouvés, que je rencontre une autre toute-puissance, émule, si l'on ose dire, de celle de Dieu.

Car, comme il y a une toute-puissance au ciel, il y a une toute-puissance sur la terre. La toute-puissance du ciel, c'est la toute-puissance qui commande ; la toute-puissance de la terre, c'est la toute-puissance qui demande ; c'est la prière. Eh bien ! la seconde toute-puissance a toutes les façons de son aînée. Elle, aussi, a, pour premier allié, le silence. Elle, aussi, tire toutes ses énergies, attend toutes ses victoires, du silence.

Mais on sourira de ma conclusion ; on dira que je suis un logicien facile à satisfaire ; que des figures surannées de rhétorique me tiennent lieu d'invincibles arguments.

Qu'il vous arrive, dans un élan oratoire, d'appeler la prière une toute-puissance, nous n'y mettons point obstacle. Mais n'en faites pas la base d'un raisonnement et le point de départ d'une thèse. Si vous voulez philosopher, comme telle paraît être votre humeur, commencez par bien observer les faits, et ne venez pas, au rebours de toutes leurs leçons, nous dire que la prière est une toute-puissance.

La prière une toute-puissance ? Mais elle n'est pas même une

puissance. La prière est une faiblesse, et la plus visible, la plus fla-
grante des faiblesses : c'est la faiblesse qui se dénonce, qui s'étale au
grand jour ; qui n'a plus même la pudeur de ses détresses.

Je reprends : la prière est une puissance, plus qu'une puissance :
une toute-puissance. Saint Bernard l'a dit et on n'en remontre pas à
saint Bernard.

Je ne parcourrai pas toutes les annales de la prière, pour y relever les faits qui l'illustrent, parce que ces faits sont innombrables et
que, les vouloir recueillir tous, serait une entreprise insensée.

Sans tant de circuits ni de détours, je vous invite simplement à
me suivre à la résidence officielle, au quartier général de la prière, à
Lourdes.

Là, je n'ai pas besoin d'histoire ; j'assiste, avec vous, à l'accomplissement, sur place, de dix, de vingt, de cent miracles.

Et ce n'est pas loin du jour, dans quelque coin mal éclairé, que
s'opèrent ces merveilles : *neque horum quidquam in angulo gestum
est* [1]. Non, c'est devant des milliers de témoins. Dix mille, vingt
mille spectateurs sont là. Il n'y a pas à contester ; ou, si vous le
voulez faire, tout se devra contester de ce qui se passe depuis six mille
ans, chez les hommes ; le monde devient une énigme ; l'histoire un
problème : vous ne pouvez plus croire à rien.

Le fait du miracle est donc indéniable.

Mais un miracle est une œuvre de puissance ; que dis-je, une œuvre
de puissance ? une œuvre de toute-puissance.

Convoquez toutes les forces du monde, forces de l'esprit et forces
de la matière ; demandez-leur un miracle. Les siècles s'écouleront
et le miracle sera encore à venir.

Il n'a pas fallu des siècles, à la prière. En une heure, elle a fait
passer dix miracles, sous vos yeux. La prière est donc une toute-
puissance.

Dire que c'est Dieu qui fait les miracles nous apprend peu de
chose et n'enlève rien à la gloire de la prière.

Car si la prière est le moteur de Dieu, l'œuvre est à la fois et de
Dieu, et de la prière. Or, la prière est le moteur de Dieu, puisqu'il
n'a fait ces miracles qu'à la requête de la prière et sous l'action de
la prière ; et, qu'à cent pas de là, où il n'y a aucune prière, il n'y a
aucun miracle.

Mais, puissante à vos souhaits, votre prière ne prouve rien ; car

[1] Actes des Apôtres, XXVI, 26.

elle n'est pas silencieuse. N'entendez-vous pas ces voix, ces chants, les airs remplis de la clameur des multitudes.

Nous le savons ; il y a la prière des lèvres. La nature l'impose à l'homme et rien ne peut contre les droits de la nature.

Mais partout, mais sur ce théâtre même, si public, où toutes les foules accourent, combien est petite la place de la prière sonore, près de celle de la prière silencieuse, près de la prière que les lèvres ne disent pas, qu'elles murmurent à peine et qu'entend seule l'oreille de Dieu ! D'ailleurs, vous savez bien que la prière des lèvres vaut, comme le vase d'une liqueur précieuse. Tant vaut la liqueur, tant vaut le vase. Rempli, le vase a du prix ; vide, il est dédaigné.

Et voyez si Dieu en a jugé autrement. On a eu parfois la témérité de lui présenter une prière, qui n'était que des lèvres. Entendez-le : *Ce peuple m'honore des lèvres* ! Quel accent ! Quel dédain ! Quel rejet irrité de cet hommage sans valeur, de cette prière dérisoire !

La prière est donc silencieuse et la toute-puissance habite dans ce silence !

Après la prière de l'homme, il n'y a rien de plus puissant, en l'homme, que la pensée de l'homme. Eh bien ! que vous en semble ? La pensée de l'homme est-elle bruyante ?

— Non répondent-ils. Mais la parole de l'homme l'est. Elle l'est au point qu'un bruit la constitue, qu'elle n'est que l'ordre et la discipline intellectuelle du bruit. Eh bien ! nierez-vous les prodiges de la parole ?

— Je réponds que la parole est forte, à condition de recouvrir la pensée, et, à peu de chose près, dans la mesure où elle recouvre la pensée. Sans cela, sans cette inhabitation vivifiante de la pensée, quelle faiblesse que la parole ! Combien la parole en a-t-elle désarmés, trahis, livrés sans défense, au silence de muets ennemis !

Et, dans ses meilleurs jours, et, même soutenue par la plus puissante pensée, armée de toutes pièces, déployant toutes ses forces, la parole, mise en présence du silence, la parole, la plus éloquente parole, a toujours été vaincue par le silence.

La puissance de la parole humaine alla-t-elle plus loin que le jour où Démosthène, réveillant Athènes endormie, la fit se lever comme un seul homme et l'envoya, frémissante, contre le Macédonien ? Or, le lendemain, le silence de Philippe mettait en déroute l'armée d'Athènes et, avec cette armée, le fougueux parleur, dont l'éloquence l'avait lancée, avec autant de prévoyance que de discipline, aux aventures du lendemain et au désastre de Chevonnée.

Quand Pompée conduisait à Pharsale ses brillantes et sonores légions, tous les orateurs de Rome parlaient pour lui. Toutes les éloquences de la curie et du forum (et quel siècle en fut pourvu comme ce siècle !), tous les orateurs, patentés et non patentés, de la République, étaient montés, l'un après l'autre, aux rostres, y avaient lancé leurs foudres, contre le chef de bande, contre l'aventurier, contre le flibustier César ; avaient célébré, à l'avance et à l'envi, les victoires de Pompée-le-Grand. Le lendemain, le silence de César mettait en déroute, envoyait à tous les coins du monde, Pompée et ses orateurs, et, de victoire en victoire, conduisait le silencieux, jusqu'au jour fameux où, un silence plus fort que le sien, le pâle silence des Brutus et des Cassius, devait vaincre, au prix du sang du dictateur, la faconde avinée du bavard Marc-Antoine.

Enfin, tous les orateurs de la bruyante, de la tonnante Révolution, étaient à la salle des Cinq-Cents, écrasant, sur tous les tons et dans tous les styles, l'ennemi de la liberté, l'oppresseur de la patrie, *le nouveau Cromwell*. Le silence de Bonaparte parut et, en quelques minutes, les fenêtres de la Chambre virent passer tous les éloquents de la Révolution, heureux d'en être quittes à si bon compte, et bien résolus à ne plus mettre aux prises leur faconde imbécile, avec le terrible silence du vainqueur de Marengo et des Pyramides.

Telle est la dignité, telle la vertu ; tels sont les exploits, tels les triomphes du silence.

Je pourrais m'en tenir là et ne pas demander d'autres preuves à d'autres exemples.

Cependant la gloire du silence déborde la race humaine. Tout est à elle, en ce monde ; pas une œuvre de Dieu, qui ne lui apporte son hommage.

Et d'abord, regardez près de l'homme, au premier degré qui le suit, dans l'échelle descendante des êtres. Ici ce n'est plus le domaine de la raison ; mais c'est encore le vaste empire de la vie. Eh bien ! qu'y a-t-il de silencieux comme la vie ? et qu'y a-t-il de fort comme la vie ?

Voyez ce gland qui roule aux flancs de la colline. Un brin d'herbe l'arrête ; l'été jette, sur lui, quelques poussières ; l'automne et l'hiver y ajoutent la sèche dépouille de quelque arbuste. Le printemps le couve de son soleil. Soyez attentif et recueillez-vous : voici commencer le travail de la vie. Voyez-vous cette tige qui s'élève ? Ce n'est rien encore. Toutefois, elle dépasse bientôt, de la tête, les humbles herbes qui l'entourent. Elle monte, d'année en année. Enfin, elle couvre tout. Avez-vous prêté l'oreille pendant la lente venue du géant ? Qu'avez-vous entendu ? Rien, pas même un souffle. C'est le fils du silence !

Il est vrai qu'il y a des puissances bruyantes dans le monde. Mais ce sont presque toujours les puissances *de la mort*, c'est-à-dire, plutôt des mensonges de puissance que de vraies puissances. Car qu'est-ce qu'une puissance, qui n'arrive à son triomphe que par la complicité de toutes les faiblesses ? Et les côtés vulnérables, par lesquels la mort prend tout ce qu'elle abat, que sont-ils autre chose que les faiblesses, les défaillances de ce qui n'est jamais en pleine possession de l'être ; de ce qui se sent reprendre d'heure en heure, par le néant dont il est parti, l'être précaire dont il porte l'emprunt.

Mais la puissance de la vie demeure supérieure. Autrement, comment reprendrait-elle indéfectible, invincible son œuvre de jeunesse, à travers les ruines de la mort ? Des deux puissances, la plus grande est donc visiblement celle de la vie, et cette puissance est silencieuse.

Maintenant, au-dessous de la vie, qu'y a-t-il ? Deux grandes forces. La force de cohésion des atomes ; la force d'attraction des astres.

Eh bien ! Transportez-vous au désert, loin de toute voix d'homme et de tout chant d'oiseau. Que les airs se taisent ; que nulle brise n'y fasse passer même un murmure. Ecoutez. Si la force de cohésion, si la force d'attraction, font quelque bruit, infailliblement vous le saisirez : Rien ne vous le peut soustraire.

— Eh bien ! avez-vous entendu ?

— Non, tout est morne et muet ; le seul silence plane ; le silence annonce seul au monde la force et la gloire du silence.

Archimède demandait un point d'appui pour soulever le monde. Plaisante fanfaronnade de savant ! On peut affirmer tout ce qu'on veut, quand l'affirmation porte avec elle l'impossibilité du démenti.

Mais supposez l'entreprise réalisable et le point d'appui offert au puissant géomètre. Quelles pièces ! Quelle armature gigantesque nécessaire pour le simple essai ! Pour imprimer le moindre petit mouvement à la machine si simple du Physicien éternel, quels grincements de treuils, de poulies, de cordages ! quel fracas de l'ambitieuse machine du physicien de Syracuse !...

Or, à l'heure où le vertige de son savoir faisait parler, avec cette emphase, l'homme qui pouvait vaincre Marcellus, mais non jouter avec Dieu, la plus silencieuse des forces ne soulevait pas seulement la terre, mais, avec la terre, les millions de mondes, où est perdue la terre, elle les portait dans les espaces avec la rapidité de la foudre. C'était la force que devait découvrir, un jour, sous un pommier d'Angleterre, un successeur d'Archimède, plus modeste et plus savant que son ancêtre du vieux monde : Newton.

Et pour revenir, avec Newton, au point dont nous sommes partis, pour terminer, avec l'homme, avec un grand homme, un homme qui fait honneur à l'homme, comme Montécuculli disait de Turenne, quand on demanda à Newton, comment il avait trouvé la loi de gravitation, que répondit-il ? « En en parlant » peut-être « et à force d'en parler ». Non. « En y pensant », dit-il, c'est-à-dire avec le silence, c'est-à-dire par le silence. Car y a-t-il rien qui soit, comme la pensée, l'allié du silence ? Silencieuse par essence, la pensée ne veut-elle pas, près d'elle et autour d'elle, comme nécessaire associé, comme insuppléable coopérateur de ses œuvres et de ses gloires, celui que nous avons trouvé partout à la tête des grandes choses, le silence ?

Telle est la force et l'excellence du silence. — Quelles raisons en ont fait, au foyer, l'attribution du père ?

II

Le silence convient au père, parce qu'il agit.

Qui agit beaucoup parle peu. Parler peu lui est un devoir, pour qu'il agisse bien ; le devoir est donc grave.

Mais facile aussi, devient-il, grâce à Dieu, parce qu'avant d'être un devoir il est un besoin.

Il est difficile d'agir et de parler tout ensemble. Parler beaucoup, quand on agit, n'est quasi plus agir, c'est jouer l'action, c'est-à-dire couvrir l'inaction, du mensonge de l'action, ce qui est la pire des paresses.

Le Moyen Age avait fait un homme voué à l'action, plus qu'aucun de ses pareils, et, qu'entre les hommes peu désœuvrés de ce temps, on pouvait appeler, par excellence, l'homme de l'action. C'était le chevalier. Le vouant à l'action, on n'avait eu garde de lui en taire la loi : « Le chevalier doit frapper haut et parler bas », lui disait-on en le créant. Et, vêtu de son armure, le chevalier partait. Et partout où il rencontrait des ennemis, il n'oubliait pas sa consigne : Il frappait haut et parlait bas.

Et si, des hommes, nous passons aux peuples, nous trouverons que l'épargne des paroles, que le culte du silence ont caractérisé tous les peuples forts.

Sparte parlait peu et agissait beaucoup; elle vainquit la discoureuse Athènes.

Les Romains étaient sobres de paroles. Rien n'est célèbre, dans l'histoire, comme la discrétion de leur Sénat. Ils vainquirent les Grecs devenus tous parleurs, ceux de Sparte, comme ceux d'Athènes. Maîtres de leur langue, les Romains le devinrent du monde.

Pour mieux dire et ne pas affaiblir la loi, par une application trop restreinte, tous les peuples sont discrets, au temps de leur force, tous deviennent bavards, à l'approche de leur ruine.

Quand l'heure s'en fit pressentir, pour Rome, Rome fut infestée de rhéteurs : son immense territoire était sillonné par les rhéteurs ; sur tous les grands chemins de l'Empire, on rencontrait des rhéteurs ; chaque ville avait sa chaire pour les rhéteurs ; et la vie se passait à entendre des rhéteurs.

Et comme signe du point où la chose peut aller, comme monument historique hors pair, de l'alliance fidèle de la paresse et du bavardage, les Byzantins du Bas-Empire bavardaient sur des subtilités théologiques, à l'heure où Mahomet livrait le dernier assaut et faisait, de la ville de Constantin, assourdie de rhéteurs, depuis six siècles, le boulevard morne de l'Islam et le père silencieux des épouvantes de l'Europe.

Le père doit se taire parce qu'il agit ; le père doit se taire parce qu'il commande : seconde raison de son silence plus forte que la première.

Rien n'est bref, de sa nature, comme le commandement. Voyez le commandement militaire. Un mot lui suffit. Ce n'est pas assez dire ; il a trop d'un mot ; il en dévore la moitié.

Je n'ai pas la pensée de ramener tous les commandements à ce laconisme, et, moins qu'aucun d'eux, le commandement du foyer. Mais l'exemple vient à point pour montrer, à tous ceux qui donnent des ordres, combien l'épargne de paroles leur convient, combien leur messied le bavardage. Un artiste en gouvernement disait, il y a quatre cents ans : « Qui ne sait pas dissimuler ne sait pas régner. »

C'était trop ; c'était ouvrir, sur la fourberie, la porte du silence. Louis XI eût dû s'en tenir à la formule d'Aristote. Longtemps avant Louis XI, *le philosophe* avait dit : « Les rois doivent entendre beaucoup et parler peu. » Ici, tout est vrai, et, avec cette morale, Aristote peut continuer d'être, jusqu'à la fin des siècles, le précepteur des rois.

Et qu'on ne conclue pas que, ramené à cette brièveté, le commandement sera dur. S'il le devait être, sa concision serait sa condamnation ; car c'est une vérité démontrée, que la forme du commandement est la douceur [1]. Mais, loin de mettre en péril cette douceur, la brièveté en sera la sauvegarde. Tout commandement bref est, d'ordinaire, calme et doux. Je n'en excepte pas même le commandement militaire, quelque exceptionnel que soit son milieu et de quelque ton viril qu'il se donne. S'il s'arrange mieux d'une forte poitrine et d'un timbre éclatant, c'est qu'il faut que quelques milliers d'hommes l'entendent ; mais y avez-vous jamais remarqué quoi que ce soit d'échauffé, ni même le moindre signe d'émotion ? C'est le commandement verbeux qui est violent, parce que ce qui est verbeux, dans un tel office, est presque nécessairement emporté. Et, d'où réside l'emportement, comment serait absente la violence ?

Le commandement le plus bref est donc toujours le plus doux. Plus il est parfait, plus il retranche sur ses mots. Il en vient même parfois à les supprimer. Un signe, un regard suffisent. Enfin, sa perfection peut arriver au point que le signe même n'y soit plus requis. Il se fait deviner ; on le prévient. On va au-devant de lui, tant son autorité, tant son prestige subjuguent. C'est là son triomphe, mais c'est, en même temps, le triomphe du silence.

Le père doit peu parler, parce qu'il agit.

Le père doit peu parler, parce qu'il commande.

Le père doit peu parler, pour former la mère et le fils à la discrétion.

Cette formation est difficile. L'esprit des disciples est peu ouvert à l'enseignement, et, à ce peu d'ouverture, ils ajoutent, presque toujours, ce qui est pire, le barrage de l'indocilité.

La femme a plus à parler que l'homme dans la famille. Elle est le centre de tout ; rien n'y évolue qui ne passe par elle. Elle est médiatrice universelle. Il en résulte que la parole doit accourir plus prompte, à ses lèvres. Car quel est l'instrument principal de cette médiation, sinon la parole ? Aussi la nature n'a-t-elle pas failli à cette vocation de la mère ; plus mobile est la langue qu'elle a suspendue à son palais, et, en même temps qu'elle la faisait d'un jeu plus facile, elle la douait d'une mélodie plus suave. Mais il faut d'autant plus de discipline à l'instrument que l'artiste en joue avec une facilité plus grande ; que, plus facilement aussi, il enivre de son charme, et celle qui en tire et ceux qui en recueillent les sons enchanteurs.

---

[1] Voir la troisième Conférence sur « l'Obéissance et le pouvoir ».

Qu'une garde manque aux lèvres, dont tant de séduction descend, qui peut dire ce qui y prendra cours et les immondices que le torrent troublé laissera sur sa trace? Le silence discret posera cette garde.

Mais ce qui demande, au père, tout l'art, toute l'énergie, toute la persévérance de son enseignement, c'est l'éducation du second disciple, c'est la formation du fils. Qui saura retenir, contenir, soumettre au frein, cette langue indomptée, dont le premier mouvement, dont l'impétuosité, dont la libre sortie et la course effrénée paraissent, si longtemps, être toute la loi?

Le père fera ce miracle, et il le fera par son silence.

Il est une sorte d'enfants, tristement célèbres, et trivialement dénommés. Ce sont les enfants terribles. Terribles en effet! Que de désastres amenés, que de ruines semées, de par le monde, par les enfants terribles!

Mettez, dans tous les foyers, des pères discrets, et vous n'aurez plus d'enfants terribles.

Et, sous le rempart du silence, l'honneur des familles vivra. Car, pour vivre, pour resplendir, il n'a besoin que de cette défense. L'accroître, sans doute, est possible à l'homme et relève de son activité. Mais l'acquérir n'est pas l'œuvre de l'homme. Dieu l'en a dispensé. Dieu couvre d'honneur tout ce qu'il fait, et, de ses créatures, celle qu'il en a le plus entourée, celle qu'il en a couronnée, comme parle David, c'est l'homme; et, par l'entremise de l'homme, et par le concours de l'homme, il en a comblé les familles humaines.

A l'homme donc, de conserver à l'homme, à l'homme de maintenir intact, en l'homme et autour de l'homme, l'honneur de l'homme! Pour cette défense, il n'a besoin que d'une alliée: mais il la lui faut; nulle autre au monde ne la supplée. Cette alliée: c'est la discrétion!

AMEN.

(A suivre.)

REV. P. CONSTANT.

L'Abbaye royale de Saint-Victor de Paris

(Suite.)

L'abbé André revint à Wiguemore, acheva rapidement la construction de l'abbaye et de l'église, dont Hugue de Mortemer posa la première pierre en 1179, et qui fut dédiée à saint Jacques. Après sa mort, les frères élurent pour abbé Fr. Simon de Merlimond, prieur, qui était fils d'Olivier, le fondateur. Simon mourut avant d'être bénit, et fut remplacé par un Fr. Randulph, qui donna l'habit de chanoine profès, *in extremis*, à Hugue de Mortemer, mourant le 26 février 1184 en son château de Clebury.

En 1221, Raoul de Mortemer, ayant été pris en France où il combattait pour Jean Sans-Terre, les Gallois envahirent sa Marche, et brûlèrent l'abbaye Saint-Jacques de Wiguemore. Seule l'église échappa au désastre.

A la pointe extrême du Cotentin, en terre normande, existait au château de Cherbourg une église dédiée à Notre-Dame et dotée d'un chapitre canonial par Guillaume le Conquérant. Un siècle après lui, l'impératrice Mathilde, mère de Henri II, complète la fondation en construisant dans l'île d'*Holmes* une abbaye d'abord cistercienne (?), où l'évêque de Coutances, Auger, appelle en 1145 des chanoines réguliers de Saint-Victor, ayant à leur tête l'abbé Robert [1]. Robert fut envoyé en 1165, par la fondatrice, au pape Alexandre III et au roi Henri II, au plus fort de la lutte, contre saint Thomas Becket, pour obtenir une conciliation sur des bases d'ailleurs

---

[1] Le Robert de *Cheresborh*, dont il est question dans la chronique de Wiguemore ?

Necrol. « VII. Cal. Febr. Anniversarium Roberti abbatis de Cherebor, canonici nostri professi ». Cf. *Gall. Christ.* éd. Palmé, XI, col. 940. — *Monasticon Anglic* II, p. 1008.

inacceptables [1]. L'abbaye de Cherbourg eut les prédilections des rois d'Angleterre qui l'enrichirent de nombreuses donations [2].

Entre autres, l'opulente abbaye de Saint-Hélier, dans l'île de Jersey, lui fut unie en 1187, et cessa dès lors d'appartenir à l'Ordre d'Arrouaise.

Le *Gallia Christiana* hésite, non sans raison, à inscrire au second rang, dans la liste des abbés de Cherbourg, un chanoine Jonas, qui nous est d'ailleurs parfaitement connu par les recueils épistolaires victorins. Jonas, loin d'être abbé de Cherbourg, paraît plutôt y avoir été envoyé en disgrâce par le peu endurant abbé Ernis. Jonas, en effet, avait eu des malheurs dans l'administration de son prieuré d'Ambert. Jamais il ne se résigna à son exil de Cherbourg :

A Ernis, son père spirituel, par la grâce de Dieu abbé de Saint-Victor de Paris, Fr. Jonas, le dernier de ses fils, en exil sur une terre étrangère, souhaite ce bonheur qu'il n'a plus lui-même.

J'ai fait l'expérience, très cher père, de la vérité de ces vers :

— Le sol natal a je ne sais quels charmes qui nous attirent et ne peuvent s'enfuir de notre souvenance. Ainsi les fauves, ainsi les oiseaux, ainsi les poissons reviennent au lieu qui les vit naître [3] —.

Et moi aussi, je préfère à tous les séjours ce lieu où la grâce m'a engendré au Christ avec des frères nombreux. C'est là que je voudrais être pour n'être plus à Cherbourg. A cela quoi d'étonnant ?

— Les habitants d'ici sont perfides ; la faveur du roi y est dangereuse. Le sol est stérile, nulle part on ne voit de vignes ; les forêts n'y ont point d'ombrages ; les prés, point de verdure. Tout auprès gémit la mer, la mer avec ses ruines et ses naufrages. Il n'y a ici d'autre bonheur que l'endurance du mal [4] —.

Qu'ai-je donc fait pour mériter un pareil châtiment ? Et si je suis innocent, ne pouviez-vous m'assigner un lieu d'exil plus habitable ? Un si bon pasteur que vous ne peut se refuser à rappeler au bercail

[1] Lettres de Jean de Salisbury (P. L. 196, col. 116, et H. F. XVI, 510).
[2] Cf. Robert de Torgni (*Mon. germ. hist.* VI, p. 516 et 535).
[3] Nescio qua natale solum dulcedine cunctos
   Ducit et immemores non sinit esse sui.
   Sic fera, sic volucris, sic piscis nota requirit.
   In quibus ante locis pascua parvus habet.
[4] Perfidus hic populus et regis amor metuendus.
   Hic terre steriles et vinea nulla superstes ;
   Silva caret foliis, desunt sua pascua pratis.
   Est mare confine, sed mortis mille ruine :
   Dulcius hic nichil est quam mala posse pati.
      (P. L. t. 196, col. 1388).

la brebis perdue ; un si bon père ne peut fermer sa porte à son fils qui revient des plages inhospitalières. Je ne demande pas qu'on me rende ma tunique première, ni qu'on tue pour moi le veau gras. Traitez-moi seulement comme l'un de vos serviteurs. Salut.

Nous ne savons jusqu'à quel point l'abbé Ernis, jadis si « dolent » et « mut mourne » à Schobbedon, fut sensible à la plainte éloquente du poète.

Mais la réforme qui eut le plus grand retentissement, celle qui fit le plus d'honneur à Gilduin et aux siens, fut celle de l'abbaye de Sainte-Geneviève-du-Mont. Fondée par Clovis sous le vocable de saint Pierre et saint Paul, elle avait été, dès l'origine, desservie par un chapitre canonial régulier, ainsi que l'atteste une charte authentique du roi Robert [1]. Au milieu du XIIe siècle, ce chapitre était bien sécularisé, jusqu'au désordre inclusivement. Le pape Eugène III, lors de son séjour à Paris en 1147, voulut cependant affirmer, par sa présence dans l'antique église, son privilège de basilique apostolique [2]. Pendant qu'il y célébrait solennellement les saints mystères, ses serviteurs en vinrent aux mains avec les serviteurs des chanoines. Le roi Louis VII, qui était présent, intervint en personne pour rétablir l'ordre, il ne réussit qu'à se faire battre par les agresseurs [3].

Le Pape et le roi, ému d'un tel scandale, songèrent dès lors à remplacer le chapitre génovéfain par une communauté régulière, en ayant tous les égards requis pour quelques-uns des chanoines qui étaient gens de science et de vertu. Tout d'abord (et ceci s'explique par le conseil de Suger), il fut convenu que l'église Sainte Geneviève serait érigée en abbaye bénédictine. C'est dans ce sens que le Pape écrivit à Suger le 29 avril 1148, lui enjoignant d'avoir à y installer huit moines de Saint-Martin-des-Champs, en leur donnant pour abbé le prieur d'Abbeville [4]. En même temps il écrivait aux chanoines génovéfains de faire bon accueil à la nouvelle colonie monastique [5]. Mais ceux-ci, assez peu soucieux de voir

[1] Arch. nat. K. 18, no 9. — Tardif. *Mon. hist.*, no 251.

[2] C'est en cette qualité que l'église de Sainte-Geneviève fut pourvue de tous temps d'une *Chambre apostolique*, autorisée à percevoir en France les taxes dues au Saint-Siège, et à fulminer des censures contre les payeurs retardataires.

[3] Cf. pour les détails de cette curieuse affaire : *Vie de saint Guillaume de Danemark* (*Acta sanctorum Bolland.* April. t. I, p. 623).

[4] H. F. XV, 450. — B. N. Ms. lat. 14586, fo 312 et seq.

[5] P. L. 180, col. 1347. — Mansi. *Concil.* XXI, 637.

leur église changer d'ordre, ou bien espérant gagner du temps, choisirent deux d'entre eux qui devaient, avec leur grand chantre, faire toutes les diligences pour rejoindre le Pontife sur le chemin de Rome.

Ils en obtinrent que des chanoines réguliers seraient, de préférence à des moines, mis en possession de l'église de Sainte-Geneviève, les séculiers étant admis à cohabiter avec eux tout en gardant leurs prébendes ; et Eugène III, par lettres datées de Verceil le 16 juin, notifia cette nouvelle combinaison à Suger :

> Si les chanoines y font la moindre difficulté, ajoute le Pape, qu'on s'en tienne invariablement à ce qui a été réglé pour la réforme monastique [1].

Au reçu de cet ordre, Suger prend avec lui les abbés de Saint-Germain, de Saint-Pierre-des-Fossés, de Saint-Magloire, de Saint-Pierre-de-Ferrières, et d'autres dignitaires ecclésiastiques, et se rend à Sainte-Geneviève où, le chapitre convoqué, on délibère sur le parti à prendre après la décision pontificale. La séance fut orageuse. Finalement les plus modérés promirent de faire aux chanoines réguliers un accueil pacifique et exprimèrent le désir de les voir emprunter, avec leur abbé, au monastère de Saint-Victor.

Nous avons ces détails dans une lettre de Suger, écrite au mois d'août 1148 et rendant compte au Pape du succès de sa mission :

> Heureux de ces dispositions, continue l'abbé de Saint-Denis, car aucune église de cet Ordre, à notre connaissance, n'était plus fervente et ne pouvait offrir, à raison du voisinage, plus de facilités, nous sommes immédiatement descendus à Saint-Victor, où nous avons vu le vénérable abbé (Gilduin), homme de tous points recommandable, et nous l'avons supplié, tantôt à part, tantôt devant ses frères assemblés, de vouloir bien prêter son concours à l'œuvre de la réforme. En père prudent et en habile administrateur, il refusait toujours. Quand il sut que nous avions l'intention de demander pour abbé son prieur, un religieux fort remarquable, il se mit à pleurer et à sangloter, objectant son grand âge et la nécessité qu'il avait d'un si utile auxiliaire. Jusqu'à none, c'est-à-dire presque toute la journée, il prolongea sa résistance. Il se rendit enfin à tant de prières et à votre autorité que nous ne cessions de faire valoir, et consentit à nous donner son vénérable prieur avec douze frères des

[1] Mansi. *Concil.* XXI, 638. — P. L. 180, col. 1354. — H. F. XV, 451.

plus vertueux, que nous conduisîmes solennellement à Sainte-Geneviève le jour de la Saint-Barthélemi (24 août), au milieu d'un grand
concours du clergé et du peuple de la ville. L'évêque de Meaux
avait tenu à nous accompagner, et le jour même, le nouvel abbé de
Sainte-Géneviève reçut de ses mains la bénédiction solennelle devant le grand autel de la basilique.

Après la messe, nous leur avons donné la jouissance du cloître,
du chapitre et du réfectoire, et, le lendemain, des droits et privilèges royaux, au nom du roi dont nous tenons la place. En même
temps, nous leur avons fait jurer foi et hommage par leurs hommes.

En terminant, Suger met le Pape en garde contre des
appels à prévoir de la part des mécontents, lui demande de
couper court aux conflits possibles en obligeant tous les chanoines à suivre, dans la liturgie, le chant et la discipline
extérieure de l'Ordre victorin ; enfin il déclare la concession
bien suffisante de laisser aux séculiers leurs prébendes : l'administration de la mense commune et des terres devant être,
pour éviter toute dilapidation, confiée aux réguliers [1].

Eugène III répondit à Suger par des remerciements et
une approbation complète de tout ce qui avait été fait. Il lui
disait en plus de s'employer pour faire remettre aux chanoines réguliers le trésor et les chartes de l'abbaye [2].

La tâche n'était pas des plus faciles. Suger eut beau intimer
aux chanoines séculiers les volontés du Pape, en présence de
Samson, archevêque de Reims, de Goslen, évêque de Soissons, et d'autres témoins des plus respectables ; les rebelles
répondirent en dévalisant la châsse de la sainte patronne,
qu'ils dépouillèrent de ses ornements, évalués à quatorze
marcs d'or, et en volant tout ensemble la célèbre relique de
la chasuble de saint Pierre.

Par égard pour le Saint-Siège, nous ne les avons pas fait appréhender comme larrons, en vertu du pouvoir royal, aussi ils se
refusent énergiquement à restituer ; mais nous comptons bien que
vous saurez faire justice et rendre la paix aux serviteurs de Dieu. Ils
les ont en effet insultés, menacés ; ils ont introduit nuitamment
leurs valets dans l'église Sainte-Geneviève pour faire briser les
portes. Pendant un temps, au moment de commencer matines, ils
se mettaient à pousser des cris barbares afin d'empêcher de s'entendre, jusqu'à ce que, prévenu par les chanoines réguliers, nous les
avons surpris en personne, et nous avons menacé de faire crever les

[1] H. F. XV, 503 — P. L. 186, col. 1366.
[2] P. L. 180, c. 1368.

yeux ou couper les membres à ces sauvages, s'ils renouvelaient de pareilles scènes. Souvent, par la suite, nous avons envoyé de nuit des serviteurs pour assurer l'ordre. Et de la sorte, par la grâce de Dieu, nous avons pu obtenir la paix et le respect de la majesté royale.

Mais nous n'aurons pas fait là œuvre durable tant que vous n'aurez pas déclaré les réguliers, à l'exclusion des autres, seuls maîtres du chœur, du chapitre, du cloître et du réfectoire, pour y observer tout l'ordre de Saint-Victor. De même il leur faudrait remettre entièrement l'administration des revenus et des terres ; car il est certain que les irréguliers feront tout leur possible pour tout gaspiller, et que la cohésion ne sera jamais maintenue que par la force entre les deux éléments [1].

Louis VII ratifia les énergiques façons de son ministre, dans une charte de 1148 dont nous avons encore l'original [2].

Entre tous les Ordres, y est-il déclaré, nous avons donné la préférence à l'Ordre vénérable des chanoines de l'église de Saint-Victor, dont le bon renom de sainteté grandit de jour en jour. La commodité du voisinage, et tout à la fois la ressemblance d'habit nous ont engagé à établir dans l'église de Sainte-Geneviève les règles de la religion canonique pratiquées dans l'église de Saint-Victor... sous la garde du vénérable abbé Odon... etc.

Odon n'était pas au bout de ses peines. Les émeutes se reproduisirent, et, chose plus grave, les révoltés firent agir à la cour romaine des influences nombreuses et puissantes, au point d'en obtenir des lettres fort dures pour le nouvel abbé et ses frères. C'est au moins ce que nous apprend une lettre, assez incomplète d'ailleurs, écrite par l'évêque de Saint-Malo, Jean de la Grille ou de Châtillon, au pape Eugène III [3]. Le saint prélat, témoin des violences dont les Victorins de Sainte-Geneviève étaient victimes, témoin entre autres d'un refus d'entrée opposé un jour à l'abbé Gilduin, implore la clémence du Pape, et l'invite à consoler par des lettres plus paternelles les pauvres chanoines réguliers, « ses tout petits serviteurs ».

Peut-être le tort d'Odon fut-il trop d'humilité et d'indul-

---

[1] H. F. XV, 506. — P. L. 186, c. 1372.

[2] Arch. nat. K 23, n° 15[11]. Tardif. *Mon. hist,* n° 505.

[3] Publiée par fragments dans les H. F. XV, 458. d'après Duboulai et les Annales cisterciennes, et d'une manière plus complète par M. A. Luchaire, dans la *Biblioth. de la Fac. des lettres de l'Univers, de Paris*, VIII, p. 116, d'après le Ms. lat. 14615, f° 314 recto.

gence, ce qui le fait appeler « pusillanimis » par le lutteur de
haute volée qu'était l'abbé de Clairvaux. Une première fois,
saint Bernard avait écrit à Suger pour le féliciter de l'œuvre
accomplie à Sainte-Geneviève. Un peu plus tard, il le suppliait
de tenir tête à l'orage : « opponatis vos murum pro domo
Israël ut non prevaleat homo » ; et de consoler le vénérable
abbé, « car il est pusillanime » [1].

Dix ans après, nouvelle tempête, la dernière et la plus terrible de toutes. Les chanoines génovéfains sont accusés
d'avoir ouvert clandestinement la châsse et dérobé la tête de
la Sainte. D'où grand émoi au palais et grande inquiétude
dans le populaire. Louis VII a juré, si le fait se trouve
prouvé, de faire fouetter les chanoines et de les expulser de
l'église. On convient d'ouvrir le tombeau et de constater
l'état des reliques ; et, le 10 janvier 1167, l'archevêque de
Sens, l'évêque d'Auxerre et l'évêque d'Orléans, Manassé de
Garlande, suivis de plusieurs abbés et d'un nombreux clergé,
se transportent à la basilique, font descendre la châsse précieuse, brisent le sceau royal qui la ferme, écartent le suaire
de fin lin. Le corps virginal était intact. Aussitôt un clerc du
cortège, acolyte ou thuriféraire, entonne d'une voix vibrante
le *Te Deum*, qui est continué par toute l'assistance au comble
de la joie.

L'audacieux acolyte qui brûlait ainsi la politesse aux prélats n'était autre que le chanoine Guillaume, grand dévot de
sainte Geneviève, et qui avait voulu prendre là un rôle modeste pour assister de plus près à la reconnaissance des
saintes reliques. L'évêque d'Orléans indigné, peut-être déçu,
s'échappa en de dures paroles que la postérité n'a pas accep-
tées ; car à partir de ce jour, la réforme triompha sans conteste à Sainte-Geneviève, et Guillaume est depuis monté sur
les autels [2].

---

[1] P. L. 186, col. 172 et 182.

[2] Pour être juste, il nous faut constater que les chroniqueurs génovéfains n'ont
guère pardonné à l'évêque son incartade. En vérité, il n'a pas mérité tous leurs
anathèmes, et sa fin fut autre que celle qu'ils lui attribuent. (Voir sur cette curieuse histoire : *Acta Sanct. Bolland.* Januar, t. I, p. 153 et April, t. I, p. 626,
où se trouve l'indication des sources.)

L'auteur de la relation donnée par les Bollandistes n'est autre que saint
Guillaume lui-même, qui d'ailleurs, preuve de plus, ne se nomme pas. Le ma-
nuscrit de Saint-Victor où les savants hagiographes ont puisé la Vie de saint
Guillaume donne cette même relation avec le titre explicite : *Tractatus beati*

Guillaume était de famille noble. Il fut élevé par son oncle Hugue, abbé de Saint-Germain-des-Prés, reçut tout jeune une prébende à Sainte-Geneviève, et s'attira dès lors par sa sainteté de vie l'animosité de ses très séculiers confrères, qui mirent tout en œuvre pour se débarrasser de ce gênant exemple. Guillaume prit les devants et se retira dans un bénéfice rural, tout en conservant son canonicat. C'est là qu'il apprit la réforme de son église et reçut un jour une invitation de l'abbé Odon à venir le trouver à Paris. Tout le charma dans le nouvel aspect du cloître et le genre de vie de ses hôtes ; il demanda l'habit régulier et se joignit aux douze victorins, sans se laisser effrayer par la pauvreté noire de ces débuts. — Ils n'avaient encore que le revenu de deux prébendes pour leur subsistance. — Observant, austère, contemplatif, il fut choisi pour sous-prieur, et c'est en cette qualité qu'il signera, en 1151, l'accord relatif à la Bièvre.

Il fut un défenseur intraitable de la discipline conventuelle. Après la démission de l'abbé Odon, qui eut lieu en 1153, d'après les renseignements fournis aux Bollandistes par le P. du Molinet [1], l'abbé Guérin crut devoir solliciter du roi la confirmation du nouveau prieur, élu d'ailleurs par le chapitre. Nous savons que les Victorins furent toujours, et à raison, très jaloux de la liberté complète de leurs élections. Lorsque le Prieur, au retour du palais royal, se présenta pour sonner le timbre, selon le devoir de sa charge, à l'heure du repas, tous les frères silencieux, mais tristes, obéirent à l'appel, mais Guillaume, se faisant l'organe de la protestation universelle, l'éloigna de la sonnette des signaux réguliers et mit à sa place le sous-prieur.

D'où grand émoi au cloître, proclamation au chapitre et punition sévère du protestataire. Les frères, outrés d'un tel excès de rigueur, songent à profiter, pour rétablir l'ordre, du voisinage du pape Alexandre III, alors en résidence à Sens (1164), et lui dépêchent l'un d'entre eux, Guillaume lui-même, comme le laisserait entendre la lettre d'Alexandre III, adressée le 18 août aux abbés de Saint-Germain et de Saint-Victor, au sous-prieur de Sainte-Geneviève et à l'abbé Odon

---

Wilhelmi de revelatione capitis et corporis beate Genovefe. (B. N. Ms. lat. 14652, f° 261. — H. F. XIV, 409.)

[1] *Acta Sanct.* April., t. I, p. 621.

quondam sancte Genovefe abbati[1], dans laquelle il déclare savoir que Guillaume, au retour de Sens, où il avait reçu l'ordre de donner satisfaction à son abbé pour le fait de ce voyage entrepris sans son agrément ou celui du chapitre, a été indignement traité par ledit abbé, qui l'a fait dépouiller de ses vêtements, violemment frapper, et « condamné à prendre ses repas pendant sept jours à terre, avec les chiens ». Le Pape charge ses correspondants de faire une enquête à ce sujet et de lui en transmettre le résultat. L'abbé fut donc appelé à comparaître avec saint Guillaume devant le Souverain Pontife, pour entendre annuler la punition infligée et recevoir l'ordre sévère de n'avoir plus à choisir ses officiers contrairement aux règles de l'Ordre.

Entre 1160 et 1169[2], sous le règne de Valdemar, le fils du roi martyr saint Canut, Absalon, évêque de Roskild en Danemark, soucieux de rétablir dans son diocèse la discipline ecclésiastique, assez compromise par les continuelles alertes des invasions slaves, voulut entreprendre la réforme d'un célèbre monastère canonique situé dans la petite île d'Eskil, à peu de distance de sa ville épiscopale. Il pensa confier cette œuvre à Guillaume de Sainte-Geneviève, qu'il avait pu apprécier au temps où il faisait ses études à Paris[3]; et fit partir pour la France un messager de confiance du nom de Saxon, chargé de ramener Guillaume et trois de ses frères.

Le saint chanoine accepta cette mission, fut reçu à bras ouverts, à son arrivée à Ringstadt en Seeland, par l'évêque Absalon et le roi Valdemar, et débarqua peu de jours après à Eskil (Yscefiorth). Là, en butte à des difficultés de tout genre, dans le dénuement le plus complet, sous un ciel inclément, abandonné bientôt par ses compagnons, qui reprirent le chemin de France, il établit la règle de Saint-Victor. Plus tard, il construisit une autre abbaye dédiée à saint Thomas, à la pointe nord-est de l'île de Seeland, dans un lieu appelé le

---

[1] *Acta Sanct.* April, t. I, p. 621.

[2] La date donnée par les Bollandistes, 1171, est manifestement fausse. Absalon passa du siège de Roskild à celui de Lunden en 1169 ou 1170 au plus tard. (P. L., 200, col. 607-612).

[3] Il y eut, à cette époque, nous le constaterons ailleurs, des relations fréquentes entre le Danemark et Paris. Il faut se souvenir que le roi Philippe Ier avait épousé la princesse danoise Gerberga. Les étudiants danois avaient même leur collège au pied de la Montagne Sainte-Geneviève, à l'endroit où fut plus tard le collège de Laon.

Paraclet, Ebbelholt ou Æplæholt[1]. C'est là qu'il acheva à 98 ans, le 6 avril 1202, une vie de miracles et d'héroïques vertus, après une trentaine d'années passées en Danemark[2]. Honorius III le canonisa par bulle du 20 janvier 1224.

[1] Fondation confirmée par Alexandre III vers 1175. Le Pape ordonne tout d'abord à « Guillaume, abbé de Saint-Thomas du Paraclet, et à ses frères » de garder à perpétuité l'ordre canonique institué dans leur église selon la règle de Saint-Augustin et les statuts de Saint-Victor de Paris. (Langebeck *Script. rer. danic.*, VI, 435. — P. L., 200, col. 1039. — Cf. Mon. Germ. hist. XXIX, p. 165, 184, 206, 225.)

[2] Saint Guillaume joua durant ce temps un rôle très actif dans la vie religieuse du Danemark. (Cf. Potthast *Regest. Rom. Pont.* n°s 536-540.)

Toutes les relations ne furent pas brisées entre les abbayes de Danemark et celle de Sainte-Geneviève. Un Danois du nom de Pierre, neveu de l'archevêque de Lunden, Absalon, et plus tard évêque de Roskild, vint faire ses études à Sainte-Geneviève et même y fit profession de la vie canoniale. C'est du moins ce qui ressort de plusieurs lettres d'Etienne de Tournai (P. L., 211, col. 418, 420, 432). Quand l'illustre abbé entreprit la reconstruction de sa basilique, il écrivit à tous ses amis de Danemark pour avoir les plombs de la couverture (*Ibid.*, c. 432, 434, 436, 437). Saint Guillaume fut sollicité dans le même sens (col. 435). Enfin Etienne s'adressa au roi Canut VI lui-même, en lui rappelant que son frère Valdemar était mort tout jeune à Sainte-Geneviève de Paris et y avait reçu la sépulture. Il faisait de plus valoir cette considération que c'étaient les Danois ou Normands idolâtres, les propres ancêtres du roi, qui avaient, par leurs déprédations, ruiné le premier édifice, qu'il s'agissait de reconstruire (*Ibid.*, c. 437, 438).

Etienne de Tournai nous a laissé un fort joli souvenir de la réforme victorine introduite à Sainte-Geneviève. C'est un sermon prononcé un jour de fête de la sainte patronne. On le trouve dans un grand nombre de manuscrits de Saint-Victor, et il est vraiment regrettable que l'abbé Migne se soit contenté d'en publier le titre et les premiers mots (P. L., 211, col. 395). C'est un morceau à la fois historique et allégorique de haute valeur où, après une rapide allusion aux circonstances qui motivèrent la décision du Pape et du roi, l'orateur met en scène saint Augustin recevant de Dieu la mission d'établir sa règle en l'église du mont *Locuticius*, personne n'étant mieux désigné pour cette œuvre que celui

Qui de vita clericorum
Sanctam scribit regulam.

(On remarquera en passant que la citation faite par Etienne de Tournai de ces deux vers empruntés à l'hymne *Magne Pater* de l'office de Saint-Augustin, ne permet plus à une critique sérieuse d'attribuer à saint Thomas la composition de cette hymne.)

Entre temps, sainte Geneviève apprend ce qui se prépare, va exhaler sa joie aux pieds de la Vierge Marie et lui demande de fournir le lin immaculé pour habiller les nouveaux chanoines. Tout à l'heure elle ira demander à sainte Madeleine de tisser leurs chapes, qui sont des vêtements de pénitence. Et ce récit est entremêlé des plus gracieuses applications allégoriques tirées de l'aspect et de la préparation du lin aux fleurs d'azur, etc.

Ainsi l'église victorine voyait ses rejetons se fleurir des fleurs les plus enviées dans l'Eglise de Dieu, les fleurs de la sainteté.

Gilduin, en homme avisé, profita de l'union intime contractée entre les deux églises pour ménager à son abbaye un avantage précieux. A Saint-Victor on manquait d'eau, alors que les terres de Sainte-Geneviève étaient traversées et rafraîchies par la Bièvre, charmante rivière... alors. Quand saint Bernard vint à Paris, en 1150, se rendant au concile de Chartres, Gilduin lui fit part de ses désirs, et l'abbé de Clairvaux s'interposa effectivement pour obtenir que le cours de la Bièvre s'en vînt, au sortir des terres de Sainte-Geneviève, serpenter sous les ombrages de Saint-Victor. Il dressa en conséquence la charte suivante :

Moi, Bernard, appelé abbé de Clairvaux, à tous les fidèles de Dieu présents et à venir, je fais savoir qu'étant venu une fois à Paris, j'ai prié le seigneur Odon, abbé de Sainte-Geneviève et ses frères en leur chapitre, de vouloir bien accorder par charité fraternelle, à l'abbé Gilduin et à ses frères de Saint-Victor, de prendre l'eau de la Bièvre en dessous du moulin de *Cupels* (ou Copeaux) [1], de la dériver jusqu'à leur église, et de là la diriger dans Paris vers la Seine ; en offrant une indemnité convenable aux hommes de Sainte-Geneviève pour le terrain à prendre sur le domaine de l'abbaye ; et de construire pour leur usage un moulin dans l'enclos de Saint-Victor et d'utiliser dans cet enclos le cours de l'eau comme bon leur semblera en se chargeant d'ailleurs de tous les frais nécessités par l'établissement de l'aqueduc. L'abbé Odon, d'accord avec ses frères, y a bien voulu consentir, à la condition que le moulin de Sainte-Geneviève susnommé, situé en amont, ne sera aucunement, du fait de Saint-Victor, par élévation du niveau de l'eau ou autrement, gêné dans son fonctionnement.

Et pour garantie de cet arrangement, nous avons scellé cet écrit de notre sceau. J'ai tenu à relater les noms des témoins présents : le

---

Etienne termine ainsi :

« Hac duplici veste regulariter induti ; videamus ne superpellicium nostrum sordibus polluatur, et ne cappa nostra scissuris rumpatur, ut per munditiam omni tempore vestimenta nostra sint candida, et per continuam penitentiam tanquam tunica talaris sit cappa nostra. Amen. » (B. N. Ms., lat. 14652, f° 262.)

[1] Ce moulin, appelé aussi de Coypels ou de Coupeaus, occupait le sommet d'une butte qui est aujourd'hui le Labyrinthe du Jardin des Plantes. Il figure à peu près sur tous les vieux plans de Paris, avec le cours dérivé de la Bièvre. Sur celui de Quesnel on distingue, en plus du moulin à vent du sommet, la Bièvre qui au bas de la butte fait mouvoir un moulin à eau.

(Voir Ch. Sellier, *Les moulins à vent du Vieux Paris*.)

seigneur Godefroid, évêque de Langres, le seigneur Jean (de la Grille), évêque de Saint-Malo, maître Bernard, archidiacre de Paris, et nos moines Gérard et Geoffroi[1]. »

Une charte plus explicite et plus solennelle d'Odon et de son chapitre précise davantage les conditions de cette concession, afin d'éviter pour la suite tout conflit à ce sujet entre les deux églises sœurs, *inter duas sorores ecclesias*. Aucun étranger ne sera admis à moudre au moulin construit par les Victorins (le moulin de Copeaux étant banal)..., une pelle, placée d'un commun accord, indiquera le niveau au-dessus duquel l'eau ne devra pas remonter sous le moulin de Copeaux, l'entretien de l'aqueduc se fera aux frais des Victorins, et comme dédommagement du terrain utilisé pour le nouveau lit de la rivière, Saint-Victor paiera tous les ans deux sous de cens à la Sainte-Geneviève, etc.

Ont signé pour l'abbaye génovéfaine : Guibert, prieur ; *Guillaume*, sous-prieur ; Henri, Guillaume, André, prêtres ; Odon et Guillaume, diacres ; Foucard et Louis, sous-diacres. Pour l'abbaye de Saint-Victor : Nantier, prieur ; Egbert, sous-prieur ; Osbert et Ernis, prêtres ; Pierre, diacre ; Anseau, Archer et Gobert, sous-diacres[2].

[1] Arch. nat., K. 23, n° 20[1] (original); et L. L. 1450, f° 18 v° (copie du XIIIᵉ siècle). — Le sceau, en cire blanche, représentait saint Bernard en habits sacerdotaux, tenant de la main droite un livre, et de l'autre, une crosse ; avec cette inscription : *Sigillum Bernardi abbatis Clarevallis*. (Douet d'Arcq, n° 8644.)

Dans une autre pièce relative à Saint-Victor, qui est un arbitrage de l'évêque d'Auxerre Hugues, et de saint Bernard entre Saint-Victor et Saint-Martin-des-Champs, au sujet d'une prébende à N. D. de Paris, le sceau de l'abbé de Clairvaux est tout différent : ogival, représentant une main qui tient une crosse, et cette inscription : *Sigillum abbatis Clarevallis*. (Arch. nat. L. 888A, n° 6. — Douet d'Arcq, n° 8645).

[2] Arch. nat. LL 1450, f° 19 r°. — Malgré le soin apporté alors pour éviter les futures contestations, nous trouvons à la page suivante du cartulaire une sentence d'arbitrage rendue après expertise, à la prière du roi, par les abbés de Chaalis et du Valséry, au sujet de la pelle qui réglait le débit de la prise d'eau pour Saint-Victor. Enfin, au mois de juillet 1202, l'abbé Jean de Sainte-Geneviève et l'abbé Absalon de Saint-Victor, réglant à l'amiable divers points controversés entre les deux abbayes, notamment au sujet de la prébende jadis concédée aux Victorins dans l'église Sainte-Geneviève, et remplacée par des dîmes, pressurages et cens à percevoir sur le territoire de cette dernière église, dans la grange de *Rungis*, les vignes de *Hondes*, de *Pontider*, de la *Plante*, de la *Quarrère*, de la *Rochet*, etc..., décident de construire un mur de quatre toises et demie dans le vieux lit de la Bièvre, pour en régler le niveau d'une manière constante et sans réclamation possible de part et d'autre. (J. de Th., ad an. 1202.)

Les relations entre les deux « abbayes-sœurs » furent longtemps aussi correctes, jusqu'à la rupture définitive du
XVIIe siècle. Elles furent, pour dire la vérité, rarement aussi
cordiales. Nous reviendrons en son temps sur un bruyant
procès, au sujet des droits de justice ; mais ceci se passera au
XIVe siècle.

Le vénérable abbé Odon, une fois la réforme établie, fit
agréer sa démission dès 1153 [1], selon du Molinet, et revint à
Saint-Victor où Gilduin avait hâte de le revoir.

Il eut pour successeur Albert [2], à la mort duquel, en 1168,
le roi Louis VII, craignant des difficultés dans la transmis-
sion du pouvoir, écrivit à tout le chapitre de Sainte-Geneviève pour l'adjurer de se maintenir dans l'obéissance régulière :

... Pendant que vous êtes sans pasteur, ne soyez pas des brebis er-
rantes. Ayez garde de ne rien perdre de votre bon renom... S'il se
trouve parmi vous des esprits faux et rebelles, ramenez-les à l'ordre,
conformément à votre règle et à la discipline de Saint-Victor... Et
ce faisant, vous pourrez compter sur nos conseils et notre secours [3].

Cette monition fut renouvelée dans les mêmes termes en
1176, à la mort de Hugue, le 3e abbé. Elle produisit ses
fruits, car l'élection qui suivit porta sur le siège abbatial
l'homme qui a le plus illustré l'église génovéfaine : Etienne,
alors abbé de Saint-Euverte d'Orléans. Lorsque, en 1192,
celui-ci fut élu évêque de Tournai, on lui donna pour successeur Jean [4], que Thoulouse dit Victorin. Un autre Victorin,

---

[1] Jean de Thoulouse donne la date de 1164, date qui est évidemment fausse, à
en juger d'après la vie de saint Guillaume.

[2] Albert nous est connu par une lettre fort touchante, adressée de la couche où
il agonisait, à son ami Robert, sous-prieur de Saint-Satur de Sancerre, pour réclamer avec instance la visite de son abbé, le Victorin Raoul :

« ... Je suis torturé sans relâche, sur mon lit de douleur, je n'ai plus de sommeil, la fièvre ne me quitte pas. Autant de médecins consultés, autant d'avis
différents... Je n'ai plus confiance que dans votre Père, tant à cause de son affection sincère qu'à cause de ses connaissances dans l'art de guérir. Qu'il vienne
visiter son ami et le vôtre. La maladie de l'évêque de Bourges ne peut l'en empêcher, car nous ne le retiendrons pas longtemps... Peut-être la mort déjà me
guette à la porte ; s'il ne vient me voir pour cette maladie, il est fort probable
qu'il ne me trouve plus en ce monde. Adieu. » (J. de Th., ad an. 1168.)

[3] J. de Th., ad an. 1168.

[4] P. L., 211, col. 463. Etienne de Tournai félicite Odon, abbé d'Hautvilliers,

Guillaume [1], fut le 12ᵉ abbé de Sainte-Geneviève, de 1286 à 1288.

Il faudrait, pour être complet, reproduire ici tout l'ouvrage consacré par Jean de Thoulouse à l'Ordre Victorin sous le titre de *Congregatio victorina* [2]. Nous nous contenterons de dresser une liste rapide, au risque même de devancer considérablement l'ordre chronologique.

Saint-Memmie, de Chalon-sur-Marne, reçut pour abbé, avant 1162, Yve, chanoine de Saint-Victor [3]; et Saint-Martin-du-Bois, ou de Réricourt [4], au diocèse de Beauvais, re-

l'oncle du nouvel élu, et lui raconte comment les suffrages des frères s'étaient portés sur Jean, qui était peu âgé, mais d'une valeur reconnue ; et comment il avait reçu la bénédiction abbatiale de la main d'Anseau, évêque de Meaux, le 25 mars, jour de l'Annonciation.

[1] Necrol. Vict. XIV. Kal. Maii. « Obiit Guillelmus sacerdos, canonicus noster professus, abbas sancte Genovefe. »

[2] B. N. Ms. lat. 14684.

[3] L'Eglise Saint-Memmie était déjà régulière au temps de Dagobert II. Sécularisé au Xᵉ siècle, son chapitre fut ramené à la vie claustrale par bulle d'Innocent II de 1131 (Labbé. *Concil.* X, col. 952). — En 1147, fut élu évêque de Chalon le doyen de N.-D. de Paris, Barthélemi, neveu de l'évêque Etienne de Senlis et héritier de son dévouement envers Saint-Victor. Son influence ne fut pas étrangère à l'introduction de la règle victorine à Saint-Memmie. — La présence de l'abbé Yve nous y est manifestée en 1162, où il reçoit une bulle d'Alexandre III; en 1165, date présumée d'une lettre, écrite par lui à un ami du nom de Nicolas, au sujet d'une affaire brûlante à traiter en cour de Rome, peut-être les tristes affaires de l'abbé Ernis. La lettre termine ainsi :

« Sache que j'ai fait jurer à mon représentant de ne rien faire qui puisse te contrarier, toi ou *l'abbé Ernis* ». (J. de Th., ad. an. 1148.)

Enfin l'abbé Yve est nommé en 1169 dans une charte de Henri, comte de Troyes. (*Gall. Christ.*, X, col. 944.)

L'abbé Yve jouissait d'une certaine influence auprès de Louis VII. (Cf. H. F., XVI, 52 et 87). — Saint Bernard salua ainsi la réforme de Saint-Memmie : *De synagoga Satanæ restituta est in sanctuarium Dei.* (Ep. 151). — Avant que la réforme victorine eût été portée à Saint-Memmie de Chalon, l'abbaye de Vertus, au même diocèse avait déjà demandé avec instance un abbé victorin. (H. F., XV, 338.)

Il est vraisemblable que plusieurs autres abbayes de Champagne comme Toussaints, Chatrice, etc., empruntèrent à Saint-Victor directement ou par Saint-Memmie ses traditions et ses usages. On y retrouve jusqu'au XIVᵉ siècle une tradition victorine intense. (Cf., abbé Misset. *Une église de Victorins en Champagne.* 1902.)

[4] Cette abbaye serait, d'après les Sainte Marthe, l'une des plus anciennes de l'ordre de Saint-Augustin. Cependant on n'a pas de notions sur ses abbés avant 1102. (*Gall. Christ.*, IX, col. 826).

Le nécrologe porte : V. Kal., Mart. « (Obiit) Michael sacerdos, canonicus noster professus quondam abbas sancti Martini Rericurtis. »

çut pour abbé Michel, également chanoine de Saint-Victor, vers 1179.

Dans les mêmes années, vers 1165, l'évêque de Noyon, Baudouin III, semble emprunter à Saint-Victor pour l'abbaye de Ham, non plus des abbés, mais ses règles et ses usages, si l'on en croit une lettre adressée par lui à Ernis pour le remercier de la très large hospitalité accordée à plusieurs reprises à des chanoines de cette abbaye [1].

Les pourparlers d'Etienne de Tournai, alors abbé de Saint-Euverte, et de Pierre III, évêque du Puy, en vue de rétablir la discipline dans l'abbaye de Saint-Jacques de Doë « conformément aux louables coutumes de l'abbaye de Saint-Euverte », c'est-à-dire de Saint-Victor, datent de cette même période (1165-1167) [2].

Les auteurs du *Gallia Christiana* restent sceptiques sur la réussite effective de ces projets. En tout cas, l'abbaye de Doë aurait passé de l'Ordre de Saint-Victor à celui de Prémontré du vivant même de l'évêque Pierre III.

. Nous avons vu que depuis longtemps la réputation de Saint-Victor avait franchi les frontières. Les abbés furent parfois entraînés par leurs relations à des fondations lointaines, souvent onéreuses. Telle fut celle de Saint-Pierre *ad Aram* à Naples [3]. Elle eut pour promoteur, quelque peu indiscret, le cardinal Jean Pinzuti, le second cardinal victorin. Celui-ci, napolitain d'origine, attiré sans doute à Paris autour des chaires célèbres, avait pris l'habit et fait profession à Saint-Victor, sous Gilduin. Il fut tiré du cloître par le pape Adrien IV, qui, au dire de Ciaconius, le créa cardinal-diacre de Sainte-Marie-la-Neuve au mois de décembre 1155. Il fut dans la suite transféré au titre presbytéral de Sainte-Anastasie. Il mena depuis lors une existence fort agitée, combattit

---

Jean de Thoul. ; au commencement de septembre 1607, fit, en compagnie du P. Picard, un voyage à Réricourt, où ils furent assez mal reçus et ne purent guère que constater la ruine matérielle et morale de l'abbaye.

[1] J. de Th., ad an. 1165.

[2] *Gall. Christ.*, II, col. 769. — P. L., 211, col. 324, 325.

[3] Eglise fort ancienne érigée dans un lieu consacré par la prédication et le ministère de saint Pierre, lors de son arrivée de Palestine en Italie ; rebâtie par le cardinal Jean Pinzuti, et dotée dans la suite de terres et revenus considérables ; ravagée par les guerres, ruinée par la commande, elle fut unie en 1453 à la congrégation de Latran. (Pennotto. *Generalis totius sacri ordinis Clericorum canonicorum historia tripartita*. Rome, 1624, p. 667)

vaillamment au service de l'Eglise contre Barberousse et les antipapes, en faveur d'Alexandre III [1], qui le chargea souvent de missions de confiance. Nous aurons à reparler des relations que toute sa vie il entretint avec l'abbaye de sa profession.

Parmi les Victorins en résidence ou en visite d'affaires à la cour romaine, nous trouvons un frère Nicolas, peut-être le destinataire d'une lettre écrite par Yve, l'abbé de Saint-Memmie de Chalon, vers 1165. Le cardinal Jean Pinzuti, libre pour un temps des soucis du schisme, songea à utiliser son concours pour la réforme de l'abbaye de Saint-Pierre *ad Aram*. Nicolas en fut d'abord nommé prieur, et reçut en cette qualité, par bulle du pape Alexandre III, datée de Ferentino (8 Kal. Jan.) [2], le pouvoir de donner l'habit religieux selon la règle de Saint-Augustin, en attendant la nomination d'un abbé.

Mais le recrutement de la nouvelle abbaye se faisait péniblement. Le cardinal mit tout en œuvre pour y pourvoir, au moyen de chanoines empruntés soit à Saint-Victor de Paris, soit aux autres églises de l'Ordre. Dom Martène [3] rapporte une lettre adressée au Pape par l'abbé Guérin peu après son élection. Elle est fort instructive sur la situation faite à l'abbaye par la prévarication d'Ernis. Aussi nous la donnerons tout entière en son lieu. Pour le moment, nous en déduisons que le cardinal n'avait pas hésité à faire intervenir le Pape lui-même, afin d'obtenir que Guérin lui envoyât pour l'abbaye napolitaine deux chanoines des plus lettrés et des plus vertueux parmi ses anciens confrères. Il avait déjà demandé nommément à l'abbé Ernis les frères Pierre de Périgord et Hugue de Saint-Germain.

Or, au reçu de sa lettre, le premier était mort, et le second fort malade. Ce qu'ayant appris, Jean Pinzuti avait renouvelé directement sa demande à l'abbé Guérin, lui laissant le soin de remplacer le défunt.

Guérin répond au Pape et au cardinal à peu près dans les mêmes termes [4] : Fort perplexe dans cette affaire, j'ai consulté

---

[1] Il reçut à cette occasion une lettre de félicitation d'Arnoul de Lisieux. (P. L., 201, col. 31).

[2] Pennotto. *Ibid.*, p. 667.

[3] *Ampl. coll.*, VI, col. 257.

[4] P. L., 200, col. 1373 et 196, col. 1389.

les archevêques de Sens et de Bourges et d'autres éminents
amis qui ont convenu de la difficulté réelle qu'il y avait de
désigner des religieux qui vous fussent agréables ; et m'ont
conseillé, avant d'agir, d'exposer les vides faits par la mort
en ces dernières années dans l'abbaye de Saint-Victor, tant
d'hommes éminents disparus à la fois et non encore remplacés, l'impossibilité pour moi de réparer les ruines faites
par la précédente administration, si on me prive de mes
meilleurs conseillers, la crainte qu'éprouvent nos frères
d'aller chercher une mort certaine sous un climat que les
voyageurs disent meurtrier. D'où il résulte que c'est une
grande responsabilité de leur imposer de s'expatrier en de
telles conditions. Conclusion : l'abbé se déclare prêt à obéir
à un ordre ; mais supplie le Pape et le cardinal d'avoir égard
à de si sérieuses considérations.

Pinzuti passa outre et obtint un ordre formel. Fr. Pierre
fut envoyé de Saint-Victor à Naples. Aussitôt le cardinal fit
parvenir à Guérin et aux Victorins un témoignage de satisfaction et leur promit tout son dévouement dans l'affaire de l'archevêque de Lunden [1].

Il est à croire qu'il s'était adressé dans le même but à
d'autres abbayes de l'Ordre. Etienne de Tournai, abbé de
Sainte-Geneviève, cédant à ses instances, lui envoya un jeune
chanoine de son église, qu'il recommanda paternellement à
« son très cher ami le prieur Nicolas ». En même temps il
s'informe de leur genre de vie à Naples, sur un ton trop alerte
pour n'être pas un tantinet ironique. Hélas ! le jeune frère R.
devait promptement succomber. Etienne de Tournai fait
part de sa mort à l'abbé de Saint-Barthélemi de Noyon :

Relativement à notre napolitain (Nicolas), je n'ai rien appris de
nouveau, sinon qu'il exerce une sorte de prélature hybride, intermédiaire entre la charge d'abbé et celle de prieur. Ce qu'ils reçoivent
au jour le jour de la maison du cardinal pour leur subsistance leur
est sévèrement compté et mesuré, au point qu'ils m'ont l'air d'être
bien plutôt des mercenaires que des enfants de la famille... des pré-
bendiers plutôt que des chanoines [2]. Le frère R. que nous leur

---

[1] P. L., 196, col. 1394.

[2] Jean de Naples était resté de sa race. Il se fit, dans sa légation en Sicile, une
réputation d'avarice et de vénalité ; et il est fortement soupçonné d'avoir été influencé par l'or britannique, lors des affaires de saint Thomas Becket. (Hugo
Falcand. *De Calamitat. Siciliæ*, ad an. 1167).

avions envoyé est mort chez eux, et nous en sommes d'autant plus chagrins qu'il a chanté le cantique du Seigneur sur une terre étrangère, et qu'il ne partage pas la sépulture de ses frères... Qu'il voie maintenant la portée de son acte, celui qui nous a circonvenus de telle façon qu'il a pu arracher de force à notre sein un jeune homme de cette valeur pour l'envoyer chercher si loin un tombeau. Veuillez, ô Père, prier et faire prier pour son âme, et offrir pour lui le saint sacrifice [1].

La situation de Nicolas se régularisa bientôt, car il reçut la bénédiction abbatiale le 6 avril 1173 [2].

Vers 1176, l'église Notre-Dame de Bourgmoyen, à Blois, reçut pour abbé un autre Fr. Nicolas [3], prieur de Buci depuis 1149, qui jouissait des bonnes grâces de la reine Adèle.

L'Ordre victorin fut introduit en 1184 dans l'église Notre-Dame de Juilli, construite par Foucaud de Saint-Denis, où Simon, évêque de Meaux, plaça un chapitre de chanoines empruntés à la Châge, en stipulant qu'ils suivraient en tout les observances de Saint-Victor [4].

A la même époque, un grave conflit agitait la célèbre abbaye de Saint-Jean-des-Vignes, où les chanoines détachés

---

[1] P. L., 211, col. 331.

[2] J. de Th., ad an. 1169.

[3] Le *Gall. Christ.* (VIII, col. 1390) mentionne Nicolas vers 1200 dans la liste des abbés de Bourgmoyen, sans d'ailleurs citer aucune charte où il apparaisse à cette époque. Cependant il est expressément nommé dans une lettre d'Etienne de Tournai au pape Alexandre III (mort en 1181). Il y a donc tout lieu de supposer que Nicolas passa du prieuré de Buci au siège abbatial de Bourgmoyen après la démission de l'abbé Simon, en 1176.

C'est ce qui ressort des deux lettres d'Etienne de Tournai écrites au Pape pour lui demander de protéger les chanoines réguliers de Bourgmoyen contre les nouveaux chanoines séculiers de Saint-Sauveur. La première (P. L., 211, col. 357) fait allusion à la vacance du siège abbatial : « filios nuper orbatos patre » ; et la seconde (*Ibid.*, col. 358), renouvelant la même instance, nomme « charissimus in Domino frater noster et communem nobiscum sub Patris Augustini regulam professus Nicolaus abbas S. Marie Blesensis ».

L'abbaye de Bourgmoyen était, paraît-il, d'origine fort ancienne. Cependant elle n'apparaît officiellement qu'en 1105, dans une charte de saint Yve de Chartres. Son chapitre fut ramené à la régularité en 1123. Et au début du XIIIe siècle, grâce sans doute aux institutions victorines, elle avait grand renom de ferveur. (Jacob. Vitriac. *Hist. occident.*, cap. XXI.) Elle fut unie en 1647 à la Congrégation de France.

[4] *Gall. Christ.* VIII, col. 1676. — Hamel, *Hist. de l'abbaye et du collège de Juilly.* (Paris, Douniol, 1868.)

dans les prieurés ruraux, soutenus contre leur abbé par l'évêque de Soissons, Nivelon, faisaient des entorses à la vie commune et prétendaient se rendre inamovibles [1].

L'affaire fut portée à Rome, puis mise en arbitrage. Etienne de Tournai fut un des arbitres, et prit une part active à ces négociations. Un moment, si l'on en croit les pièces rapportées par le P. Gruise dans sa Chronique de Saint-Jean-des-Vignes [2], on s'arrêta au projet de soumettre l'abbaye à l'Ordre de Saint-Victor. Les chanoines rebelles protestèrent qu'ils voulaient garder leurs propres usages, obtinrent gain de cause (1187); mais reçurent pour abbé Raimond, auparavant prieur de Sainte-Geneviève [3].

Cette fin du XIIe siècle vit également la fondation de l'abbaye de Cantimpré, construite par Hugue d'Oisi, aux portes de Cambrai [4], et soumise dès son origine à l'Ordre de Saint-Victor, qui lui envoya d'ailleurs son premier abbé, le bienheureux Jean [5] (1186).

La même année, Guillaume de Garlande, du consentement de sa femme Idoine et de ses fils, Guillaume et Thibaut, établit dans l'église de N.-D. de Livri « des chanoines réguliers empruntés à la très estimée congrégation de Saint-Vincent de Senlis [6], et par conséquent soumis à Saint-Victor.

La vie régulière à Saint-Martin, d'Epernay, était de date plus ancienne [7]. Thibaut de Champagne, à la prière de saint Bernard, et du dernier abbé séculier, Waleran, qui s'en allait à Clairvaux prendre l'habit cistercien, y établit et dota des chanoines claustraux, sous la règle de Saint-Augustin, auxquels

---

[1] P. L., 211, c. 354, 413.

[2] Paris, *Louis Seveste*, 1619.

[3] *Gall. Christ.*, IX, col. 458. — J. de Th. ad an. 1185.

[4] *Gall. Christ.*, éd. Piol, III, col. 162. — Ruinée par les guerres, en 1580, elle fut abandonnée par ses chanoines, qui se réfugièrent à Bellingem près de Halles, en Hainaut.

[5] Les auteurs du *Gall. Christ.* mentionnent, à la Bibliothèque Sainte-Geneviève, sa vie écrite par le célèbre Thomas de Cantimpré.

[6] Jean de Th. rapporte toute la charte (ad an. 1186), avec la confirmation qu'en donna Philippe-Auguste, l'an 1200.

Il y eut trois victorins abbés de Livri : Athon, Jean le Breton, ex-prieur du Bois-Saint-Père, et Florent le Picard (1532). Livri, nous le verrons, était appelé à devenir, aux mains de Jean Mauburne, le berceau de la première Congrégation des chan. rég. de France, à la fin du XVe siècle.

[7] *Gall. Christ.*, IX, col. 283.

il donna pour abbé Foulque, chanoine de Saint-Léon de Toul (1127). Le sixième abbé, Gui, était un Victorin, nous dit Jean de Thoulouse, un Génovéfain, déclare le *Gallia Christiana.*

Un autre Victorin, Thibaut, fut choisi pour premier abbé de Notre-Dame d'Hérivaux [1], que venait de fonder l'évêque Maurice de Sulli, à la place d'un ermitage donné en 1160, par Renaud, comte de Clermont, et Mathieu, comte de Beaumont, à un saint homme nommé Ascelin. L'abbaye, au dire de Jean de Paris, fut expressément construite et fondée pour y pratiquer l'Ordre de Saint-Victor, selon les intentions exprimées en mourant par l'ermite Ascelin [2].

Un peu plus tard, en 1198, Marcel, ayant appartenu successivement à Sainte-Geneviève et à Saint-Victor, est, grâce à l'influence d'Etienne de Tournai, élu huitième abbé de Saint-Calixte de Cisoing [3], près du champ de bataille, bientôt célèbre, de Bouvines.

En 1202, quatre clercs de la collégiale d'Aire, au diocèse de Thérouanne, désireux de mener une vie plus parfaite, obtinrent, de Robert de Cresech, une petite église située à Saint-André, dans un lieu appelé le Pré-Vert, y prirent l'habit canonial, et adoptèrent la règle de Saint-Victor. Très pauvres au début, mais héroïques et pleins d'espérances, ils obtinrent de puissantes protections, et, par ce moyen, une bulle de Grégoire IX datée d'Anagni, le 4 août 1227. Jacques de Vitri leur témoigna beaucoup d'amitié et leur concilia les bonnes grâces de Mathilde, veuve de Philippe, comte de Flandre. Ils avaient envoyé l'un d'entre eux à Saint-Victor de Paris, pour y copier les livres liturgiques et le Livre de l'Ordre. Au xviie siècle, deux de leurs successeurs revinrent visiter l'abbaye-mère et donnèrent ces détails à Jean de Thoulouse, à qui nous les empruntons en les résumant [4].

Quelques années à peine avant sa mort, la reine Adèle, re-

---

[1] Nécrol., X, Kal. Jan. « Obiit Theobaldus sacerdos, canonicus noster professus, quondam abbas S. Marie Herivallis. »

[2] J. de Th., ad an. 1188. — P. L., 205, col. 902, et 204, col. 1314.

[3] *Gall. Christ.*, III, col. 288. — Nécrol., III, cal. Aug. « Obiit Marcellus sacerdos, canonicus S. Genovefe et noster. »

Plus tard, nous retrouverons Cisoing uni encore à la 2e Congrégation de Saint-Victor.

[4] J. de Th., ad an. 1202.

tirée à Melun, fonda près de cette ville l'abbaye de Saint-Jean,
du Jard, qui reçut pour abbé le Victorin Guillaume[1].

Nous sommes à l'époque où la règle Victorine est établie
par Absalon à Sprinkirsbach, et imposée par Innocent III à
l'église de Sainte-Catherine de Waterford[2].

Ajoutons à cette liste déjà longue l'abbaye de Saint-André
de Verceil, établie vers 1220 par le cardinal Guala de Bischieri[3], dans l'observance de Saint-Victor, qui lui donna
également son premier abbé : Thomas, docteur célèbre, qui
continua à Verceil les doctes traditions de sa famille religieuse.
Il a laissé un traité *De la divine hiérarchie*, et saint François
d'Assise envoya un peu plus tard saint Antoine de Padoue
s'instruire à son école. Thomas reçut de Grégoire IX une
bulle datée du 30 juin 1227, portant la plus ample confirmation de la discipline et des biens de son abbaye[4].

Ainsi le *Liber Ordinis* devenait le code préféré des fondations ou des restaurations canoniales; ainsi les Victorins
étaient les réformateurs choisis entre tous pour relever les
monastères cléricaux en décadence. On vit le fait à Saint-

[1] J. de Th., ad an. 1205.

[2] Baluze, II, 451. — Potthast. *Regest. Rom. Pont.*, n° 4005.

[3] Guala de Bischieri, originaire de Verceil, chanoine régulier de Saint-Pierre
in Cœlo aureo, à Pavie, créé par Innocent III, cardinal diacre de Sainte-Marie *in
Porticu*, puis prêtre du titre d'*Equitius* aux saints Martin et Silvestre, fut chargé
de plusieurs légations en Angleterre et en France, où il eut l'occasion de lier des
relations très cordiales avec l'abbaye victorine. Le Nécrologe (Pridie cal. Jun.)
lui donne le titre de *frater noster*, qui indique une participation aux mérites spirituels de l'Ordre.

De sa légation en Angleterre, il rapporta le glaive qui avait donné la mort à
saint Thomas Becket, et le déposa comme une précieuse relique en son abbaye de
Saint-André de Verceil.

L'abbaye de Saint-André est mentionnée par Urbain IV en 1261 comme appartenant à l'Ordre de Saint-Victor. Elle en garda plus ou moins les règles jusqu'en 1459, où elle fut agrégée à la Congrégation de Latran. (J. de Th., ad
an. 1208. — Pennotto, lib. III, cap. xxviii, p. 673-677.)

[4] Il mourut en 1246, et fut enterré dans la chapelle attenante au clocher de
Saint-André, avec, sur sa tombe, cette inscription :

> Bis tres viginti currebant mille ducenti
> Anni, cum Thomas obiit venerabilis abbas
> Primitus istius templi, summeque peritus
> Artibus in cunctis liberalibus, atque magister
> In Hierarchia, nunc arca clauditur ista,
> Quem celebri fama vegetavit pagina sacra.

(Pennotto, lib. III, cap. xxviii, p. 677.)

Hilaire-de-la-Celle, à Poitiers, en 1210. Un chanoine en révolte y avait tué son supérieur. Innocent III, sept ans auparavant, instruit de la décadence du monastère, avait chargé l'abbé de la Couronne, l'archidiacre de Brioux, et le sousdoyen de Poitiers d'y apporter remède, même en faisant venir des religieux vertueux d'autres églises, et en fulminant les censures contre les récalcitrants [1]. Ceux-ci répondirent par un crime, et le Pape ordonna de punir les meurtriers et de mettre à la tête de l'abbaye des chanoines de Saint-Victor [2].

A mesure que nous avançons dans le XIII⁰ siècle, nous voyons apparaître les abbayes de la Victoire, d'Yverneaux, de N.-D. de la Roche, toutes agrégées à l'Ordre de Saint-Victor. Nous reviendrons sur les deux premières.

Notre-Dame de la Roche, de *Roscha*, près de Chevreuse, doit son origine à un ermitage où s'était retiré en 1196 un prêtre du nom de Guyon, curé de Maincourt, avec l'agrément de l'évêque de Paris, Maurice de Sulli, qui data de Saint-Victor, en 1196, la charte d'approbation. La première dotation assurée à l'ermite et aux frères qui le rejoignirent, le fut par Gui de Lévis, seigneur du lieu. Bientôt les « frères du Bois-Guyon », comme on les appelait, demandèrent à l'abbaye de Livri quelques chanoines pour les former à la vie canonique régulière et embrassèrent l'observance de Saint-Victor. Nous

---

[1] P. L., 215, col. 314.

[2] Ces détails nous sont révélés par une lettre d'Innocent III à l'archevêque de Tours, à l'évêque d'Angoulême et à l'abbé de la Grâce-Dieu, chargés par lui d'enquêter sur le crime, de punir les coupables et de réformer l'abbaye. — Les quatre misérables chanoines : le chantre Jean, l'aumônier A., Guillaume de Lobea, et Guillaume de Saint-Léger, qui avaient payé 60 livres les sicaires requis par eux pour assassiner l'abbé, au moment où celui-ci, « homme de sagesse et de vertus », se rendait à Matines, devaient être dégradés, incarcérés et livrés au bras séculier. L'évêque de Poitiers était fort perplexe sur la décision à prendre. D'aucuns, prétendant que les autres membres de l'abbaye avaient résisté depuis longtemps à toute tentative de réforme, qu'ils étaient tous des impudiques, des commerçants, des usuriers, voulaient les expulser tous, « et les remplacer par des chanoines de Saint-Victor, de Paris ».

Le Pape se refuse à prendre si tôt une mesure aussi radicale. L'abbaye de la Celle sera réformée par l'Ordre de Saint-Victor ; mais les incorrigibles seulement seront expulsés ; les autres vivront en paix sous sa dépendance, ou seront envoyés dans des monastères plus sévères. (P. L., 2:6, col. 318.)

C'est à tort, selon nous, que le *Gall. Christ.* (VII, col. 674) attribue ces faits à N.-D. de Celle, près de Melle. Toutes les particularités de la lettre pontificale indiquent assez qu'ils se passèrent à Poitiers même.

en avons la preuve dans une charte d'Amauri de Montfort, donnant 160 arpents de terres et de prés « à l'abbé et aux frères de la Roche, de l'Ordre de Saint-Victor, de Paris ». La même qualification leur est attribuée dans plusieurs autres documents, notamment dans une bulle de Grégoire IX, du 29 octobre 1238[1].

Il nous reste à établir que cette dénomination d'Ordre de Saint-Victor ne fut pas une simple appellation honorifique, mais comporta une organisation hiérarchique bien réelle, synthétisée surtout dans les chapitres généraux.

Nous avons souvenance que l'abbé Roger de Saint-Euverte, écrivant à l'abbé Ernis, lui demandait la date du chapitre général[2]. Un peu plus tard, Etienne de Tournai, abbé de Sainte-Geneviève, s'excusera de ne pouvoir y assister[3].

Nous savons par Jacques de Vitri[4] que, dans les premières années du XIIIe siècle,

tous les abbés de l'Ordre se réunissaient une fois par an à Paris pour y tenir le chapitre général, et que là, après avoir savouré les mets délicats et suaves de l'éloquence sacrée, ils traitaient d'un commun accord les affaires intéressant la discipline de l'Ordre.

---

[1] Aug. Moutié, *Cartulaire de N.-D. de la Roche* (in-4°, Paris, Plon.,1862), p.10. Nous renvoyons à cet ouvrage, très consciencieux, pour toutes autres références concernant l'abbaye de la Roche.

Jean de Thoulouse (ad an. 1232) paraît fort bien renseigné sur l'histoire de cette abbaye. Il indique d'ailleurs ses sources, notamment un manuscrit ancien, provenant de la Roche, et qui lui fut communiqué en 1628 par Marin Derstart, précepteur des enfants de M. Habert de Montmor seigneur du Mesnil, Saint-Denis.

On relève au Nécrologe de Saint-Victor les noms de Gilbert, Robert et Roger, tous trois Victorins et abbés de la Roche dans le cours du XIIIe siècle. Tuisselet, dans sa liste de Victorins depuis 1303 (Bib. Ars. Ms. 794, f° 53), y joint deux autres noms : Etienne de Cépoy et Nicolas de Cormolin, abbés de la Roche, au XIVe siècle.

[2] V. plus haut.

[3] P. L., 211, col. 401.

[4] *Hist. occid.*, cap. XXIV.

(A suivre.)

D. Fourier Bonnard.

LA CONQUÊTE DES PHILIPPINES

MAGELLAN ET LEGASPI

Ce qui fut l'Océanie espagnole, composée des Philippines, des îles Mariannes, des îles Carolines et des îles Palaos, attire, depuis quelques années, l'attention du monde civilisé. Il se demande avec curiosité si les Américains, à qui l'Espagne a dû céder ses domaines coloniaux par le traité de Paris, arriveront à triompher des Tagals, et à qui restera la possession de ce merveilleux archipel. Dumont d'Urville, grand admirateur de ce climat délicieux, de la beauté du paysage, de la fertilité du sol de ces îles fortunées, déplorait en 1834 que ce pur diamant fût resté brut aux mains des conquérants. « Livrez, disait-il, Luçon à l'activité et à la tolérance anglaise ou bien à la ténacité laborieuse des créoles hollandais et vous verrez ce qui sortira de ce merveilleux joyau [1] ». Les Américains, fidèles héritiers à Cuba de la politique coloniale anglaise du XVIIe et du XVIIIe siècle [2], prétendent donner à la mise en valeur économique des archipels espagnols cette activité qu'aucun des gouverneurs castillans n'a su leur imprimer, et en faire commercialement une base d'opérations fructueuses, un des points stratégiques les plus précieux pour les luttes industrielles de l'avenir. On se souvient de la tentative essayée, il y a quelque vingt ans, sur les Carolines par l'Allemagne. L'Espagne doit peut-être regretter de l'avoir si véhémentement repoussée, car l'Allemagne, gênée par les Etats-Unis dans ses intérêts directs et son développement colonial commencé par la prise de possession de partie des îles Salomon et des îles Samoa et de la côte de la Nouvelle-Guinée, eût été, sans doute, à l'heure du danger, la meilleur carte du jeu de M. Sagasta. L'hégémonie du commerce maritime du

[1] Dumont d'Urville. *Voyage pittoresque autour du monde*, I, p. 241.

[2] Voir notre article *Les Anglais dans l'île de Cuba au XVIIIe siècle* (*Revue britannique*, juin 1898).

monde que convoitent les Etats-Unis ne sera assurée, en effet, à l'une des grandes nations qui peuvent se le disputer, que par l'occupation en fait des dépôts de charbon qui s'échelonnent, d'archipels en archipels, dans le Pacifique, sur la route de la Chine, des Indes et de l'Australie, et c'est là que prend sa véritable importance l'archipel philippin, facteur de la lutte gigantesque dont la guerre hispano-américaine n'est probablement que le prélude [1].

Aussi au moment où « le pur diamant », dont parlait Dumont d'Urville, semble se détacher à jamais, comme tant d'autres, du diadème espagnol, est-il peut-être intéressant de remonter aux jours anciens de la découverte et de la conquête et d'étudier les exploits de Magellan et de Legaspi, dont le récit a peu tenté les curiosités des historiens, sans doute parce que le théâtre de ce passé glorieux pour la vieille Espagne se trouvait à l'écart de la scène des passions et des conflits des civilisés [2].

I

Il n'y avait pas trois ans que Christophe Colomb avait annoncé aux Rois catholiques ses découvertes, que le gouvernement espagnol, violant les traités faits avec lui, publiait, le 10 avril 1495, à l'instigation de l'évêque de Burgos, Juan Rodriguez Fonseca, qui avait le contrôle des affaires des Indes, un décret de concession générale à ceux qui voudraient aller chercher des terres inconnues. Aussitôt, les riches marchands de Cadix et de Séville, alléchés par les relations enthousiastes de ceux qui revenaient des côtes américaines apportant de l'or et ramenant des esclaves indiens, armèrent des flottilles. Il s'écoula cependant vingt-cinq ans avant que l'on songeât à trouver un passage vers le sud du continent américain et, cependant, quels temps furent plus riches en héroïsme que ces jours où s'illustrèrent Cortès, Pizarre, Vasco de Gama, Albuquerque, Vasco Nuñez de Balboa ! « Les hauts faits des Portugais, dit quelque part Camoens, à propos de Duarte Pacheco Pereira, surpassèrent en réalité ce qu'avait

[1] L'Economiste français, 18 juin 1898.

[2] Il n'existe en français aucun travail complet sur Magellan et le nom de Legaspi ne se trouve même pas dans les grandes Biographies.

inventé la fable. » Les Espagnols ne sont pas moins fiers de leurs grands capitaines et les deux peuples, piqués d'émulation, rivalisèrent dans la voie des découvertes. Pour la seconde fois, ce fut à un Portugais qu'on dut l'exploration première de la route de l'Asie : Vasco de Gama avait gagné les Indes par le cap de Bonne-Espérance ; Magalhaes, que nous appelons Magellan, prétendit s'y rendre par le sud du continent américain.

Ce capitaine était né à Sabrosa dans la province de Tras-os-montes, vers 1480, comme l'a démontré M. Ferdinand Denis à son dernier historien, le chilien Diego de Barros Arana [1]. Dès sa jeunesse, Magellan, qui était, comme Vasco de Gama, de bonne mais pauvre noblesse, avait été attaché à la maison de la reine Donna Leonor, femme de Joan II, puis à celle de Don Manoel [2]. A vingt-cinq ans (1505), il partit pour l'Afrique. L'année suivante, il se rendit aux Indes [3] et mena dès lors la dure vie des pionniers de la civilisation, se reposant des fatigues de la lutte dans l'étude de la cosmographie et de l'astronomie. Son caractère froid et réfléchi faisait de lui un chef précieux aux instants difficiles. Son courage était à toute épreuve. En 1511, il assistait sous les ordres d'Albuquerque au siège de Malacca. Il s'y signala par ses exploits, au dire de Herrera, et fut ensuite envoyé, d'après Argensola, à la découverte des Moluques où l'on savait trouver les plus riches épices des mers orientales. D'après d'autres historiens, le docteur Antonio de Morga par exemple [4], ce serait seulement un parent de Magellan, le capitaine Serrão, qui aurait commandé un des navires employés à cette expédition et qui lui en aurait plus tard communiqué les résultats par lettres. Magellan, quoi qu'il en soit, revint l'année suivante à la cour. Dès 1512, il y était revêtu du titre de *moço fidalgo* recevant 1.000 reis par mois d'appointements (environ 6 francs). En 1513, il était *fidalgo escudeiro* avec 1850 reis par mois (environ 11 francs) [5]. Il passa ensuite en Afrique et se

[1] DIEGO DE BARROS ARANA, traduction portugaise de FERNANDO DE MAGALHAES VILLAS-BOAS. *Vida e viagens de Fernando de Magalhaes*, p. 145.

[2] ARGENSOLA. *Conquista de las islas Molucas*, livre I, p. 6.

[3] MANUEL DE FARIA ET SOUSA *Asia portuguesa*, I, p. 91.

[4] ANTONIO DE MORGA. *Sucesos de Filipinas*, édition José Rizal, p. 7.

[5] MARTIN FERNANDEZ DE NAVARRETE. *Coleccion de los viajes y descubrimientos que hicieron por mar los Españoles*, IV, p. XXIX et LXXIII.

battit bravement à Azamor de Barbarie où il reçut sur le lieu
du combat le grade de quadrillero, mais il excita de furieux
mécontentements dans le partage du butin pris sur l'ennemi.
On l'accusait de tripotages honteux et les plaintes des colons
le poursuivirent en Portugal où une blessure à la jambe
l'avait contraint de retourner. Elles lui firent perdre la faveur
du roi, alors qu'il estimait l'heure venue de recevoir le prix
de ses services. Il sollicitait, en effet, quelques grâces parmi
lesquelles un accroissement de *moradia*, c'est-à-dire de gages
d'honneur, d'un faible avantage matériel, on l'a vu par
les chiffres donnés plus haut, mais très recherchés par la
noblesse portugaise. Prévenu qu'il était, le roi refusa une
requête si justifiée par les services du capitaine. L'esprit
de Magellan s'en aigrit. Il fit, cependant, un effort pour
rentrer en faveur auprès de Don Manoel. Ses études l'avaient
amené à fréquenter la trésorerie géographique dans laquelle
l'infant Enrique avait réuni toutes les cartes qu'il lui avait
été possible de se procurer et il y avait remarqué une carte
de Martin de Bohême, savant chevalier de Nuremberg, qui
suivait avec intérêt les découvertes des navigateurs de son
temps et qui, avant de mourir à Lisbonne en 1506, avait,
par une sorte d'intuition prophétique, très nettement dessiné
le détroit par lequel on passe de l'Atlantique dans le Pacifique.
Magellan avait conclu de cette hypothèse transformée en
réalité par son rêve génial qu'on pouvait se rendre aux Indes
par une autre route que celle du cap de Bonne-Espérance. Il
demanda à entretenir le roi des vastes projets qu'il avait
conçus, mais vainement il se présenta, son petit globe terrestre
sous le bras, dans les antichambres du palais. Ainsi éconduit,
il résolut de s'expatrier. Il lia avec l'Espagne des correspondances secrètes et, assuré d'y trouver un accueil favorable, il
rompit enfin tout lien avec sa patrie et son suzerain, dans la
forme qu'exigeaient les mœurs du temps, pour qu'on ne pût
le qualifier de traître [1]. Par devant un notaire, il fit dresser
un acte énumérant les causes qui le décidaient à s'exiler en
Castille et à adopter une nationalité nouvelle [2]. C'est alors que
résolument il passa la frontière et, la tête haute, se rendit à

---

[1] José Montero y Vidal. *El archipielago filipino*, p. 3.

[2] Manuel Faria de Sousa. *Comentarios a la Lusiada de Camoens*, Madrid, 1639.
(strophe 140, du chant x).

Séville où il savait trouver des compatriotes et des parents.
Diogo Barbosa, chevalier de Santiago, grand favori d'Alvaro
de Bragance, qu'il avait accompagné, lors de sa disgrâce, en
Espagne, y était devenu, après lui (1504), gouverneur de
l'Alcazar de Séville [1]. Marié à une des plus riches héritières de
l'Andalousie, il était rapidement devenu un des personnages
influents du royaume. Il fit le meilleur accueil à son parent
pauvre, le reçut dans l'intimité de sa maison, appuya ses propositions auprès de la *Casa de Contrataciones* qui était à la fois
un tribunal, une trésorerie et une sorte de conseil des Indes,
lui accorda la main de sa fille Beatriz [2] et lui acquit un chaud
défenseur en la personne de Juan de Aranda, le facteur de la
Contratacion qui se chargea de le guider à la cour.

Le 20 janvier 1518, Magellan, accompagné du cosmographe
Ruy Faleiro qui s'était également exilé en Espagne et qui
partageait ses travaux, se rendit sous la protection de la du-
chesse d'Arcos à Valladolid, où venait d'arriver Charles-Quint.
Aranda l'appuya de tout son crédit et obtint de lui et de
Faleiro, qu'Oviedo célèbre en termes pompeux comme un
des plus grands savants et astrologues de l'époque, la rétrocession du huitième des avantages qui leur seraient faits par
le roi (23 février 1518 [3]).

Favorisés par l'évêque de Burgos et par M. de Chèvres, un
des favoris flamands du roi, Magellan et Faleiro n'eurent
pas grand'peine à convaincre Charles-Quint, qui ne demandait qu'à les croire, que des îles aussi riches que les Moluques
ne pouvaient être situées ailleurs que dans les domaines de
l'Espagne. S'il est incontestable que cet archipel, et comme

---

[1] *Collecão de noticias para a historia e geografia das nacoes ultramarinas*, V,
n° VII, p. VI.

[2] NAVARRETE (*Coleccion*, IV, pp. XXXIV et LXXVI) place le mariage à la fin
de 1517 ou en janvier 1518. — Beatriz avait un frère, Duarte Barbosa, qui fut le
compagnon d'expédition de Magellan, et un cousin portant le même prénom qui
s'illustra, plus tard, dans les Indes.

[3] Cette convention notariée fut plus tard la cause d'une poursuite contre
Aranda, procès dans lequel Magellan et Faleiro furent entendus comme témoins
(Octobre 1518). Aranda, qui fut déclaré innocent de toute manœuvre indélicate,
se défendit en disant qu'il avait poussé les Portugais à proposer l'affaire à
Charles-Quint parce qu'elle était avantageuse aux intérêts de l'Espagne, que leur
rétrocession était volontairement et bénévolement consentie et justifiée par des
avances d'argent faites à Faleiro et des offres d'aide pécuniaire à Magellan qui
n'avait pas eu à recourir à sa bourse. (NAVARRETE, *Coleccion*, IV, p. LXXV.)

lui les Philippines, se trouvaient tout au contraire dans le
domaine taillé aux Portugais par la libéralité du pape
Alexandre VI, fort généreux du bien des infidèles, il est non
moins certain que la pauvreté des connaissances géographiques d'alors, l'imperfection des instruments nautiques que
possédait Ruy Faleiro, rendent la bonne foi des deux trans-
fuges portugais très probable. D'ailleurs le conseil d'Espagne
n'hésita pas à admettre que le choix de la route rattachait
infailliblement les Moluques aux possessions espagnoles.

On savait trop, dès cette époque, les grands avantages qu'on
pouvait retirer des conquêtes coloniales pour marchander à
Magellan, comme jadis à Colomb, ni un traité avantageux
ni les navires nécessaires à une expédition. En vain, l'ambassadeur de Portugal, Alvaro de Acosta, s'efforça-t-il de traverser
cet accord. Le 22 mars 1518, le traité fut signé : il assurait
dès cette date, à Magellan et à Faleiro, les avantages dont
jouissaient les capitaines de mer, c'est-à-dire 50.000 maravédis de solde, payés sur la *Casa de la Contratacion* de Séville.
Magellan reçut, en outre, de Charles-Quint, qui, faisant les
frais de l'expédition, se réservait pendant dix années le monopole du commerce des épices, le titre de lieutenant (*adelantado*) sous lequel il gouvernerait les îles qu'il allait conquérir.
Le vingtième des produits nets des îles appartiendrait par
moitié à Faleiro et à lui et s'il découvrait plus de six îles, il
recevrait le quinzième des bénéfices et le cinquième net des
chargements de la première expédition. En outre, il aurait
toujours la faculté d'embarquer chaque année mille ducats de
marchandises.

En avril, Charles-Quint réglait divers points restés vagues
dans ce traité qui faisait de Magellan une sorte d'associé du
roi. Restait à l'exécuter.

Malheureusement, même en ce siècle d'or de sa puissance
coloniale, l'Espagne était en proie à deux graves maladies :
le manque périodique d'argent et l'éternelle temporisation.
En juillet 1518, pressé par Magellan, Charles-Quint l'envoya
à Séville activer les travaux de la Contratacion. On venait d'y
recevoir 27.000 pesos d'or, mais ils étaient dépensés avant
leur arrivée et le Trésor n'en était pas plus riche. Il fallut pour
mener à bonne fin l'armement des cinq navires destinés à cette
grande entreprise que le trésorier Alonso Gutierre et Cristobal
de Haro, riche marchand d'Anvers, qui, mécontent d'ailleurs

des tracasseries portugaises, venait de s'établir à Séville, fournissent le cinquième de la mise de fonds. Ces retards avaient enhardi Alvaro de Costa dans ses intrigues. Dans une lettre du 28 septembre 1518, il raconte que, mêlant les négociations du mariage de l'infante et les récriminations contre la conduite de Charles-Quint, il a représenté à celui-ci « combien il était laid qu'un roi accueillît les vassaux d'un autre roi son ami, que c'était chose inaccoutumée entre chevaliers et que ce n'était pas le temps de mécontenter le roi de Portugal pour une chose si incertaine et de si peu d'importance, quand on avait assez de vassaux pour faire des découvertes sans emprunter ceux qui étaient réfugiés en Espagne et mécontents de leur souverain » [1]. Il insistait pour qu'on ne traitât pas avec Magellan : « Ce serait, disait-il, une bonne gifle pour ces gens-ci; il n'y a pas à tenir compte du bachelier : il dort peu et il est presque fou [2] ». Ceci répondait aux propositions de l'évêque de Lamego qui voulait que l'on *dépêchât* Magellan et Faleiro dans le sens où Philippe II voulait plus tard *dépêcher* Escobedo. On en vint à une situation si tendue qu'Herrera raconte qu'à Valladolid où les rues étaient peu sûres, Magellan et Faleiro « rasaient les murailles [3] » pour se mieux cacher et que, lorsque la nuit les surprenait chez l'évêque de Burgos, il les envoyait accompagnés à leur logis par ses valets [4].

L'année suivante, le facteur ou consul du Portugal à Séville, Sebastião Alvarez, rapporte une conversation qu'il a eue avec Magellan, en profitant de l'exaspération où le plongent les difficultés que suscitent les officiers de la Contratacion. Il lui a dit, raconte-t-il « de ne pas compter sur le miel que lui met aux lèvres l'évêque de Burgos » et Magellan s'est réservé la semaine pour donner une réponse, car il lui a promis que s'il rentrait à Lisbonne, il y serait traité par le roi Manoel comme un des plus illustres de son royaume [5].

Le recrutement des équipages amena le dernier conflit. Magellan avait fait annoncer à son de trompe qu'on recrutait pour une expédition lointaine, mais les marins espagnols

---

[1] LORD STANLEY OF ALDERLEY. *The first voyage round the world*, p. 259.
[2] C'est de cette lettre qu'est née la version de la folie de Ruy Faleiro.
[3] *Andaban a sombra de tejado.*
[4] HERRERA. *IIe décade*, l. II, ch. XXI. — FARIA. *Europa portuguesa*, II, p. 543.
[5] NAVARRETE. *Coleccion*, etc., IV, p. 153.

montraient peu d'ardeur à s'engager. La mort de Solis dévoré par les crocodiles brésiliens avait découragé les plus audacieux. Il fallut donc admettre dans les équipages nombre d'étrangers, grecs, génois, vénitiens, belges, allemands, bretons et français : Magellan voulut y engager des Portugais ; on le chicana sur ce point [1].

Enfin, le 10 août 1519, la bannière royale déployée à l'avant de la Trinidad, Magellan, qui avait prêté serment de fidélité au roi, à l'église Santa Maria de la Victoria de Triana, quitta Séville et descendit le Guadalquivir jusqu'à la rade de San Lucar de Barrameda où il allait armer et équiper. Il employa ses derniers jours à faire son testament pour le cas où il mourrait en voyage. Il léguait ses biens par égale moitié à son fils Rodrigo, à peine âgé de six mois, et à l'enfant mâle ou femelle qui naîtrait de sa femme Béatriz qu'il laissait enceinte pour la deuxième fois. Il donnait au couvent de la Victoria-de-Triana les 12500 maravédis que lui devait l'Empereur et le dixième de ses parts, aux couvents des Minimes de Triana, aux monastères de Notre-Dame-du-Montserrat, de Santo-Domingo de Aranda de Duero, de Santo-Domingo de las Dueñas de Oporto [2].

Le 20 septembre, les cinq navires de la flotille gagnèrent la haute mer et se dirigèrent vers les côtes du Brésil [3]. La

---

[1] On possède les rôles des navires à plusieurs époques. Voici les noms des français et bretons :

Trinidad : Jean-Baptiste, de Montpellier ; Guillaume Tanneguy, de l'île de Groix ; Petitjean, d'Angers.

San Antonio : Jean de France, de Rouen ; Maître Jacques, connétable, de la terre de Lorraine ; Roger Dupiet, de Moulins ; Bernard Calmet, prêtre, de Lectoure.

Victoria : Simon, de la Rochelle ; Philibert, de Tours ; Bernard Maury, de Narbonne ; Etienne Villon, de Troyes.

Santiago : Barthélemy Prieur, de Saint-Malo ; Richard, d'Evreux ; Pierre Gascon, de Bordeaux ; Laurent Corrat, de Falaise ; Jean Maissiat, de Troyes ; Jean Breton, du Croisic ; Pierre Arnaut, d'Auray.

(NAVARRETE, *Colección*, etc. IV, p. 12). Richard, d'Evreux, revint seul et déposa en 1524 au congrès de Badajoz. (NAVARRETE, *Colección*, etc. IV, p. 369).

[2] DIEGO DE BARROS ARANA. *Op. cit*, p. 57. — NAVARRETE, *Colección*, etc. IV, p. 80.

[3] Sur le voyage de Magellan, le document le plus impartial, sinon le plus complet, est la relation d'Antonio Pigafetta, gentilhomme de Vicence, venu en Espagne dans la suite de Mgr Chiericato, ambassadeur de la cour de Rome près Charles-Quint. Pigafetta qui avait tenu le journal du bord, rédigea pour l'Em-

flotille emportait bien des vivres pour deux ans, mais l'équipage, appartenant à tant de races différentes, n'avait ni unité
d'aspirations, ni homogénéité et le serment prêté à Magellan
par ses capitaines et ses marins ne résista pas aux premières
souffrances de cette longue navigation. Le compagnon des
études de Magellan, le bachelier Faleiro, s'était, à la veille de
l'embarquement, querellé avec le capitaine général et Charles-
Quint l'avait gardé à Séville, sous couleur de préparer une
deuxième expédition. A peine sur les côtes du Brésil, un conflit ardent éclata entre Magellan et Juan de Cartagena, créature de l'évêque de Burgos, nommé inspecteur général de la
flotte. Juan de Cartagena fut incarcéré et mis aux fers,
mais dans la rade de San-Julian, sur les côtes de Patagonie,
trois officiers tramèrent un complot : le jour des Rameaux,
ils firent une sorte de pronunciamento, s'emparèrent des
trois navires. « Les insurgés, dit M. Waldo Jimenez de la
Romera [1], firent savoir au général que les trois navires et
toutes les embarcations de l'escadre étaient en leurs mains et
qu'assurés de ces forces, ils le sommaient d'exécuter les
ordres de Sa Majesté. S'ils avaient agi de la sorte, c'était
pour se dérober aux mauvais traitements dont il avait toujours usé avec eux. S'il voulait consentir à ce qui convenait au service du roi, ils étaient prêts à lui obéir et tandis
que, jusque-là, ils l'avaient traité de votre grâce, dorénavant
ils l'appelleraient seigneurerie et lui baiseraient les pieds et
les mains. » Magellan comprit cet étrange compliment qui
lui offrait de le conserver pour chef à la condition qu'il leur
obéît. Bien servi par ses plus fidèles officiers, il conquit d'un
coup hardi *la Victoria* dont il fit poignarder le commandant,
et il allait canonner le *San Antonio* quand l'équipage se
rendit à discrétion. La répression fut sévère. « Magellan arrêta Quesada, le *contador* Antonio de Coca et les autres qui
étaient passés avec Quesada à bord du *San Antonio*. Il envoya
chercher Juan de Cartagena sur *la Conception* et le mit aux
fers. Le surlendemain, il fit décapiter Quesada que l'on écar-
tela ensuite. » Il condamna le prêtre Pedro Sanchez de la

pereur cette relation qu'il lui présenta à Valladolid avant de passer en Portugal.
Plus tard, après 1524, il rédigea pour le grand maître de Rhodes, Philippe de
Villers l'Isle Adam, d'après ce premier journal, une relation traduite plus tard en
un mauvais italien.

[1] Waldo Jimenez de la Romera. *Cuba, Puerto Rico y Filipinas*, p. 509.

Reina qui avait pris part à la rébellion et Juan de Cartagena à être abandonnés sur la terre des Patagons. « Il n'irait pas lui ôter la vie, dit Pigafetta [1], parce qu'il avait été créé capitaine par l'Empereur lui-même. » Quelques semaines plus tard, il perdait *le Santiago* dont heureusement l'équipage fut sauvé. A la mi-octobre, l'escadre, réduite à quatre navires, reprit sa marche vers le sud et comme elle s'engageait dans le chenal du détroit, « le capitaine général, raconte Pigafetta [2] envoya deux vaisseaux, *le San Antonio* et *la Concepcion* au sud-est pour reconnaître si ce canal aboutissait à une mer ouverte. Le premier partit aussitôt et fit force de voiles sans vouloir attendre le second qu'il désirait laisser en arrière parce que le pilote avait l'intention de profiter de l'obscurité de la nuit pour rebrousser chemin et s'en retourner en Espagne par la même route que nous venions de faire... Pendant la nuit, il se concerta avec les autres Espagnols de l'équipage. Ils mirent aux fers et blessèrent même le capitaine du vaisseau Alvaro de Mesquita, cousin germain du capitaine général, et le conduisirent ainsi en Espagne ». *La Concepcion* croisa longtemps dans le canal attendant le retour du *San Antonio*. « Nous étions entrés dans l'autre canal, dit l'historiographe qui était à bord de la Capitane ; nous y mouillâmes pour attendre les deux autres vaisseaux et y passâmes quatre jours ; mais pendant ce temps, on expédia une chaloupe bien équipée pour aller reconnaître le cap de ce canal qui devait aboutir à une autre mer. Les matelots de cette embarcation revinrent le troisième jour et nous annoncèrent avoir vu le cap où finissait le détroit et une grande mer, c'est-à dire l'Océan. Nous en pleurâmes tous de joie. » Magellan appela ce cap Désiré, et le détroit, détroit des Patagons. Après avoir rallié *la Concepcion* et vainement recherché *le San Antonio* qu'on croyait égaré, « le 28 novembre, écrit encore Pigafetta, nous débouquâmes du détroit, pour entrer dans la grande mer à laquelle nous donnâmes ensuite le nom de mer Pacifique, dans laquelle nous naviguâmes pendant le cours de trois mois et vingt jours sans goûter aucune nourriture fraîche. Le biscuit que nous mangions n'était plus du pain, mais une poussière mêlée de vers qui en avaient dévoré la substance et qui de plus

---

[1] *Premier voyage autour du monde*, Paris, an IX, p. 37.
[2] *Loc., cit.* pp. 43 et 44.

était d'une puanteur insupportable, étant imprégnée d'urine de souris. L'eau que nous étions obligés de boire était également putride et puante... Souvent même nous avons été réduits à nous nourrir de sciure de bois et les souris mêmes, si dégoûtantes pour l'homme, étaient devenues un mets si recherché qu'on les paya jusqu'à un demi-ducat la pièce. Notre plus grand malheur était de nous voir attaqués d'une espèce de maladie par laquelle les gencives se gonflaient au point de surmonter les dents tant de la mâchoire supérieure que de l'inférieure, et ceux qui en étaient attaqués ne pouvaient prendre aucune nourriture. Dix-neuf d'entre nous en moururent... Outre les morts, nous avions 25 à 30 matelots malades qui souffraient de douleurs dans les bras, dans les jambes et dans quelques autres parties du corps ; mais ils en guérirent. Quant à moi, je ne puis trop remercier Dieu de ce que pendant tout ce temps et au milieu de tant de malades je n'ai pas éprouvé la moindre infirmité ». Par un singulier hasard, la petite flotille traversa l'archipel des îles océaniennes sans rencontrer aucune terre jusqu'à deux îles inhabitées, situées à l'orient du groupe encore méconnu des îles Basses. Magellan les appela les îles Infortunées sous le coup de la déception que lui causa la vue de ces terres où il n'y avait que des arbres et des oiseaux. Pendant deux jours, les équipages se livrèrent à la pêche et la navigation reprit ensuite, jusqu'au 6 mars, où l'on aperçut trois îles, mais on n'y put même faire de l'eau et des provisions ; car les insulaires, qui venaient sur les vaisseaux, ayant volé l'esquif attaché à l'arrière de la Capitane, Magellan irrité descendit à terre incendier une cinquantaine de maisons et, après cette exécution sommaire qui coûta la vie à plusieurs Indiens, il jugea peu à propos d'y séjourner. Magellan dénomma ces îles, à cause de cet incident, les îles des Larrons. Ces indigènes les suivirent en mer sur leurs canots à balanciers, peints en noir, en blanc et en rouge. «Ils ne connaissent aucune loi et ne suivent que leur propre volonté, dit assez plaisamment un des compagnons de Magellan [1]. Ils n'adorent rien. Il n'y a parmi eux ni roi ni chef. Ils vont tout nus. Quelques-uns d'entre eux ont une longue barbe, des cheveux noirs noués sur le front et qui leur

---

[1] Ces curieuses observations sont les premières qu'on ait enregistrées sur les insulaires des archipels du Pacifique et méritent à ce titre d'être traduites ici.

descendent jusqu'à la ceinture. Ils portent aussi de petits chapeaux de palmier. Ils sont grands et fort bien faits. Leur teint est d'une couleur olivâtre, mais on nous dit qu'ils naissaient blancs et qu'ils devenaient bruns avec l'âge. Ils ont l'art de se colorer les dents de rouge et de noir, ce qui passe chez eux pour une beauté. Les femmes sont jolies, d'une belle taille et moins brunes que les hommes. Elles ont les cheveux fort noirs, plats et tombant à terre. Elles vont nues comme les hommes, si ce n'est qu'elles portent un tablier étroit de toile, ou plutôt d'une écorce mince comme du papier qu'on tire de l'aubier du palmier... Les uns et les autres s'oignent les cheveux et tout le corps d'huile de coco et de sévéli ».

Enfin, une dizaine de jours plus tard, Magellan arriva en vue d'îles plus accueillantes. Au fond d'une baie qu'animait un mouvement confus de pirogues où quinze à vingt Indiens vigoureux pagayaient avec une agilité de singes, devant de légères maisons de bois couvertes de larges feuilles, grouillaient sur la plage des femmes gracieuses, jolies comme des Tahitiennes, avec le nonchaloir de la petite Rarahu de Loti, entourées d'enfants qui jouaient et perdaient leur course folle dans l'exubérante végétation imprégnée de senteurs balsamiques. C'est dans ce cadre enchanteur que se révélèrent les terres nouvelles pour ces malheureux qui manquaient de tout depuis tant de mois. Un cri d'allégresse s'éleva sur les navires. C'était le cinquième dimanche du carême, jour de la Saint-Lazare. Magellan, catholique rigide, les appela, en l'honneur du saint, les îles de Saint-Lazare [1]. Il n'eut pas de peine à entrer en rapports avec les insulaires qui venaient curieusement voir de près les vaisseaux espagnols sur leurs pirogues fendant les vagues. Le roi de l'île s'approcha comme les autres, mais sans quitter son balangeai. Sachant que les chefs, accueillis à bord, avaient reçu des présents de Magellan, il lui envoya un lingot d'or et du gingembre que le capitaine feignit de refuser comme objets sans valeur à ses yeux. Le lendemain, le roitelet se décida à venir de sa personne à bord de la Capitane : il apportait des vivres et reçut en échange des vêtements à la turque qu'il parut apprécier très fort. Pour frapper l'esprit de ce sauvage, Magellan étala devant lui toutes les ri-

---

[1] C'est l'archipel aujourd'hui dénommé les îles Mariannes.

chesses dont il pouvait disposer. Il lui montra toutes les armes à feu jusqu'à la grosse artillerie, et ordonna de tirer quelques coups de canon. Les indigènes en conclurent que les Espagnols avaient la libre disposition du feu du ciel. Ensuite il fit armer de toutes pièces un Espagnol que trois hommes chargèrent à grands coups d'épée et de stylet et le roi put se convaincre qu'un homme armé de la sorte était invulnérable. Magellan lui fit alors affirmer par l'interprète que sur chacun de ses vaisseaux il avait 200 hommes armés de la sorte. Après cette édifiante séance, le roi prit congé du capitaine général, et emmena à terre deux des compagnons de Magellan pour leur faire les honneurs du pays. L'un deux, Pigafetta, a laissé un curieux récit de ce dîner de vendredi saint où il ne put se dispenser de manger de la viande. Il profita de son séjour à terre pour entreprendre un vocabulaire usuel de la langue du pays. Le lendemain, il regagna la Capitane où Magellan reçut la visite d'un autre roi voisin. Le jour de Pâques (31 mars), le capitaine général fit célébrer à terre, en présence d'un détachement de ses équipages, une messe solennelle à laquelle il convia les deux rois. Il leur présenta une grande croix garnie de clous et de la couronne d'épines, et leur fit dire qu'il voulait la planter sur un des sommets de l'île, « parce que tous les vaisseaux européens qui désormais voudraient la visiter connaîtraient en la voyant que les Espagnols y avaient été reçus comme amis et ne feraient aucune violence ni à la personne, ni à la propriété des indigènes ». Les rois applaudirent à un dessein si utile à leurs intérêts et, par un loyal échange de bons procédés, le convainquirent de se rendre dans l'île voisine de Zubu.

C'est le 7 avril, que la flotille entra dans le port où elle devait se ravitailler et trafiquer de ses marchandises. Malgré le fracas des bombardes espagnoles, le roi de Zubu n'en prétendit pas moins faire payer aux nouveaux arrivants le tribut imposé à tous les navires marchands. « Si le roi de Zubu veut la paix, répartit l'envoyé de Magellan, j'ai apporté la paix ; s'il veut la guerre, nous la ferons. » Un marchand du Siam, qui assistait à l'audience, dit au roi de Zubu : « Seigneur, prenez bien garde à cela. Ces gens sont ceux qui ont conquis Calicut, Malacca et les Grandes Indes ». L'interprète, voyant qu'on les prenait pour des Portugais, repartit que

son maître était bien plus puissant par ses armées et ses escadres que le roi de Portugal et que « s'il eût préféré l'avoir
plutôt pour ennemi que pour ami, il aurait envoyé un nombre assez considérable d'hommes et de vaisseaux pour déli-
truire son île entière ». Le roi de Zubu, devant ces déclarations, demanda à réfléchir et le fruit de ses réflexions fut tel
qu'il se déclara disposé non seulement à renoncer à exiger un
tribut, mais à en payer un s'il le fallait. Il demandait seulement un échange de cadeaux. Magellan répondit que puisqu'on
paraissait mettre tant d'importance à cet usage, le roi de
Zubu n'avait qu'à commencer. Le marchand du Siam fut
dans toute cette négociation un auxiliaire fort utile pour les
Espagnols qui ne manquaient aucune occasion d'indiquer
leurs désirs de prosélytisme. Le roi de Zubu, entrant dans
leurs vues, parla de se faire instruire dans une religion qui
assurait, pensait-il, tant de puissance à ses adeptes. Il accueillait dans son palais les envoyés de Magellan devant qui
de fort jolies filles, presque aussi blanches que des Espagnoles,
faisaient de la musique avec des tambours, des cymbales et
des violons à cordes de cuivre. Pigafetta paraît avoir gardé
le meilleur souvenir de la musique et des musiciennes dont
le costume seul froissait sa pudeur : elles n'avaient pour tout
vêtement que le petit voile qui ceignait leur tête.

Le 14 avril, en présence d'une partie des équipages précédés par la bannière royale, escortée de deux Espagnols armés
de pied en cap, l'on baptisa solennellement le roi et environ
800 de ses sujets. Par contre, Magellan lui promit de faire de
lui le plus puissant monarque de ces îles pour le récompenser d'avoir le premier embrassé le christianisme. Baptême et
palabres furent accompagnés d'échanges de cadeaux : mais
cette conversion si rapide n'empêchait pas les indigènes de
continuer à sacrifier à leurs idoles et ce ne fut qu'après la
guérison par le baptême d'un malade en danger de mort que
Magellan décida les habitants de Zubu à brûler leurs idoles
et à abattre leurs temples.

Fort bien accueillis des insulaires des deux sexes, les Espagnols eussent volontiers passé quelques mois dans le repos :
sur la fin d'avril, un des roitelets de l'île voisine de Mactan
réclama leur intervention contre un autre chef de l'île qui se
refusait à payer tribut. Magellan se détermina à aller avec
trois chaloupes dompter la résistance de ce rebelle et, quel-

ques supplications que lui fissent ses fidèles, il se refusa à y déléguer à sa place un de ses lieutenants. On eut beau lui représenter « que les indigènes de Mactan passaient pour plus sauvages que ceux des autres îles, toute leur vie étant consacrée à la piraterie sur mer et au pillage sur terre [1] », il ne voulut rien entendre. « Nous partîmes à minuit, raconte Pigafetta, au nombre de soixante hommes armés de cuirasses et de casques. Le roi chrétien, le prince, son gendre, et plusieurs chefs de Zubu, avec une quantité d'hommes armés, nous suivirent dans vingt ou trente balangeais. Nous arrivâmes à Mactan trois heures avant le jour... Nous l'attendîmes. Nous sautâmes alors dans l'eau jusqu'aux cuisses, les chaloupes ne pouvant approcher de terre à cause des rochers et des bas fonds. Nous étions 49 en tout, ayant laissé onze personnes pour garder nos chaloupes. Il nous fallut marcher pendant quelque temps dans l'eau avant de pouvoir gagner la terre. » Poussant de grands cris, 1.500 insulaires les attaquèrent à la fois de front et sur les flancs. En vain, les mousquetaires et les arbalétriers tirèrent sur eux : leurs boucliers les protégeaient contre toute atteinte dangereuse et les éraflures leur étaient un prétexte de plus à exaspérer leur courage. Ce n'étaient plus les indolents Hindous que Magellan avait combattus aux Indes, c'étaient les Malais énergiques, méprisant la mort. La nuée de javelots, de pierres et de pieux durcis au feu dont ils accablaient les Espagnols, les gênèrent à ce point que Magellan ordonna d'incendier les cases de leur village pour faire diversion. Alors ce fut de la rage : le nombre des assaillants parut augmenter de telle sorte que le capitaine général, blessé à la jambe, dut se replier. « La plus grande partie de nos gens, dit un témoin oculaire du combat, prit précipitamment la fuite de manière que nous restâmes à peine sept ou huit avec le capitaine. Les Indiens s'étant aperçus que leurs coups ne nous faisaient aucun mal quand ils étaient portés à notre tête ou à notre corps, à cause de

---

[1] PADRE PRAY RODRIGO DE AGANDURU MORIZ. *Historia general de las islas occidentales llamadas Philippinas* (*Colec. de documentos ineditos*, t. LXXVIII, p. 47.) L'auteur de cet ouvrage, né dans le Guipuzcoa, ordonné prêtre en 1606, baptisa plus de 14.000 infidèles aux Philippines, parcourut tout l'Orient, évangélisa les schismatiques de la Chaldée et de l'Arménie et mourut en 1626. (*Documentos inediros*, tome LXXIX, page v.) Son ouvrage est un réquisitoire presque féroce contre Magellan, mais d'un grand intérêt, car il donne la version traditionnelle indigène.

notre armure, mais que nos jambes étaient sans défense, ils ne dirigèrent plus que vers nos jambes leurs flèches, leurs lances et leurs pierres et cela en si grande quantité que nous ne pûmes y résister... Comme ils connaissaient notre capitaine, c'était principalement vers lui qu'ils dirigeaient leurs coups de façon qu'ils firent sauter deux fois le casque de sa tête; cependant il ne céda pas et nous combattions en très petit nombre à ses côtés. Ce combat si inégal dura près d'une heure. Un insulaire réussit enfin à pousser le fer de sa lance dans le front du capitaine qui, irrité, le perça avec la sienne qu'il lui laissa dans le corps. Il voulut alors tirer son épée, mais cela lui fut impossible parce qu'il avait le bras droit fortement blessé. Les Indiens qui s'en aperçurent se portèrent tous vers lui ; et l'un d'entre eux lui asséna un si grand coup de sabre sur la jambe gauche qu'il alla tomber sur le visage ; au même instant, les ennemis se jetèrent sur lui. C'est ainsi que périt notre guide, notre lumière et notre soutien. Lorsqu'il tomba et qu'il se vit accablé par les ennemis, il se tourna plusieurs fois vers nous pour voir si nous avions pu nous sauver. Comme il n'y avait aucun d'entre nous qui ne fût blessé et que nous nous trouvions tous hors d'état de le secourir ou de le venger, nous nous rendîmes sur-le-champ à nos chaloupes qui étaient sur le point de partir. C'est donc à notre capitaine que nous dûmes notre salut, parce qu'au moment où il périt, tous les insulaires se portèrent vers l'endroit où il était tombé.

Il y avait seulement quelques semaines au moment de la mort de Magellan que *le San Antonio* était arrivé à San Lucar de Barrameda et que, sur la plainte du déserteur Esteban Gomez, on avait plongé dans les cachots de la *Contratacion* Alvaro Mesquita et mis en surveillance la personne et les enfants du Découvreur [1].

C'était assez l'habitude des soupçonneux souverains espagnols de récompenser de la sorte les services éclatants rendus à leur couronne, mais il faut rendre cette justice à Charles-Quint qu'il était la dupe des officiers de la *Contratacion* fort mal disposés pour Magellan. « De l'avis de ceux qui sont arrivés, écrivait à l'Empereur l'un de ses officiers, Juan Lopez de Rescalde, Magellan ne reviendra pas en Cas-

---

[1] Padre Fray Juan de la Concepcion. *Historia general de Filipinas.* I, p. 148.

tille, car il juge la route qu'il suivait mauvaise et sans profit, et parce qu'il ne voulait pas doubler le cap de Bonne-Espérance. Parfois il leur disait qu'avant de prendre la route de ce cap ses navires seraient deux fois désemparés, de telle sorte qu'ils ne donnent aucune espérance sur son compte. Nous n'en savons pas davantage puisqu'il s'est arrêté quatorze mois sur la côte du Sud, outre les mauvais procédés qu'il a mis en jeu vis-à-vis des officiers et des capitaines de son Altesse [1]. »

Alvaro Mesquita était encore incarcéré quand Sébastian del Cano arriva à son tour à Séville. Il fallut bien le mettre en liberté, mais Del Cano, complice de Juan de Cartagena dans le puerto de San Julian, déposa avec animosité contre son chef [2].

La mort du capitaine général changea complètement les dispositions des Indiens. Elle leur apprenait que les Espagnols n'étaient pas invincibles. Excité par l'interprète qui jugeait avoir à se plaindre de Duarte Barbosa, le roi de Zubu invita, le 1er mai, les principaux de la flotte à venir dîner avec lui et recevoir un présent de pierreries qu'il avait préparé pour le roi d'Espagne.

Ils y allèrent au nombre de 24 : deux revinrent aussitôt soupçonneux de quelque trahison. Sébastien del Cano s'était refusé à accompagner son vieux camarade Serrâo, chef de la flotille avec Duarte Barbosa, quelque invite qu'il en ait reçu. Il lui répugnait, disait-il, de festoyer au lendemain de la mort de Magellan [3].

Bien lui en prit : Pigafetta, qu'une blessure avait retenu à bord, raconte ainsi ce qui se passa à ce moment. « Nous entendîmes des cris et des plaintes. Ayant aussitôt levé les ancres, nous nous approchâmes avec les vaisseaux près du rivage et tirâmes plusieurs coups de bombardes sur les maisons. Nous vîmes alors Joan Serrâo qu'on conduisait vers le bord de la mer, blessé et garrotté. Il nous pria de ne plus tirer les bombardes sans quoi on allait, disait-il, le massacrer.

[1] NAVARRETE. *Coleccion.* IV, p. 207.

[2] EUSTAQUI FERNANDEZ DE NAVARRETE. *Juan Sebastiano del Cano*, p. 113. — Del Cano, que sa bonne fortune porta à être en Espagne le messager de la découverte des Philippines, a été absolument surfait par l'orgueil national espagnol. C'est le Pinzon de Magellan.

[3] PADRE FRAY RODRIGO DE AGANDURU MORIZ. *loc. cit.*, p. 51.

Nous lui demandâmes ce qu'étaient devenus ses compagnons et l'interprète. Il nous répondit que tous avaient été égorgés, excepté l'interprète qui s'était joint aux insulaires. Il nous conjura de le racheter par des marchandises, mais Joan Carvalho, quoique son compère, joint à quelques autres, refusèrent de traiter de sa rançon, et ils ne permirent plus à nos chaloupes d'approcher de l'île *parce que le commandement de l'escadre leur appartenait par la mort des deux gouverneurs* [1]. Joan Serrâo continuait à implorer la pitié de son compère en disant qu'il serait massacré au moment que nous mettrions à la voile et voyant enfin que ses plaintes étaient inutiles, il se livra aux imprécations et pria Dieu qu'au jour du jugement universel il fît rendre compte de son âme à Joan Carvalho son compère, mais on ne l'écouta point et nous partîmes sans que nous ayons eu depuis aucune nouvelle de sa vie ou de sa mort [2]. »

De l'île de Zubu, la flotille gagna Buhol et y sacrifia *la Concepcion* : tant de pertes avaient réduit les équipages à 180 hommes, soldats ou marins, et ils ne pouvaient manœuvrer trois vaisseaux. Ensuite *la Victoria* et *la Trinidad* visitèrent Butlan, Calagan et d'autres ports de l'île de Mindanâo, puis Paloan (Paragua) qu'elles trouvèrent fort à propos très pourvue de vivres, « car, dit Pigafetta, nous étions si affamés et si mal approvisionnés que nous nous vîmes plusieurs fois sur le point d'abandonner nos vaisseaux et de nous établir sur quelque terre pour y terminer nos jours. » Paloan leur fournit des cochons, des chèvres, des poules, des bananes et du riz et ces vivres leur donnèrent la force de se rendre à Tidore. Chargés de clous de girofle, les navires ne purent prendre le large, *la Trinidad* étant hors d'état de tenir la mer. Il fallut se séparer et tandis que Sébastian del Cano sur *la Victoria* prenait la route du cap de Bonne-Espérance, Gonzalo Ginez de Espinoza s'attardait avec *la Trinidad* dans

---

[1] Ce passage est ce qu'écrit de plus grave Pigafetta contre les chefs espagnols qui succédèrent à Duarte Barbosa et Serrâo, c'est-à-dire Del Cano et Juan Carvalho. Les historiens de Del Cano ont eu soin de passer sous silence cet épisode peu honorable de la vie de leur héros : ils reprochent vaguement à Pigafetta de n'avoir pas nommé Del Cano. Sans doute le gentilhomme vénitien avait peu d'estime pour le maître guipuzcoan.

[2] La version donnée par Fray Rodrigo de Aganduru (p. 52) est différente. D'après lui, il y eut des tentatives de négociation de rachat, mais les Portugais pesèrent sur les Espagnols pour les décider à abandonner le malheureux Serrâo.

l'archipel et passait 4 années aux Moluques dans les prisons des Portugais [1]. Les compagnons de Del Cano furent de nouveau battus par les tempêtes en doublant le cap de Bonne-Espérance : la faim, la mauvaise nourriture, la viande étant putréfiée faute de sel, enlevèrent 21 hommes tant chrétiens qu'indiens. Au Cap Vert, l'équipage fut encore réduit, car les Portugais capturèrent un certain nombre de marins et de soldats dont le *contador* et le *dispensero* que Charles-Quint dut plus tard réclamer à Lisbonne où on les avait conduits [2]. Cano dut en hâte lever l'ancre.

C'est également au Cap Vert que Pigafetta s'aperçut que bien qu'il eût sur son journal marqué sans interruption les jours de la semaine et les quantièmes du mois, ayant toujours voyagé sur l'Ouest et étant revenus au même point, ils avaient gagné 24 heures sur ceux qui étaient restés sur place [3]. Enfin le 6 septembre, *la Victoria* entrait triomphalement dans le port de San-Lucar. « De soixante hommes qui formaient notre équipage quand nous partîmes des îles Malucco, nous n'étions plus que dix-huit, qui pour la plupart étaient malades [4]. » Tous se rendirent pieds nus, en chemise et un cierge à la main, à Notre-Dame de la Victoria et à Sainte-Marie d'Antigua, comme ils en avaient fait le vœu.

Même longtemps après, ils avaient un terrible souvenir des maux endurés, et Pigafetta, qui fait sonner bien haut les 14.460 lieues courues par *la Victoria*, paraissait croire que la postérité n'ajouterait point foi au succès d'une pareille entreprise.

[1] Fray Rodrigo de Aganduru, p. 73 et 75.

[2] Eustaqui Fernandez de Navarrete. *Historia de Juan Sebastian Del Cano* Vitoria, 1872, p. 270. — Aganduru, p. 68. — Concepcion, I, 136.

[3] Pigafetta, p. 228.

[4] Pigafetta, p. 229. Plus haut, p. 202, Pigafetta a décomposé l'équipage : 47 Européens et 13 Indiens. Voici les noms des arrivants à San Lucar ; Del Cano ; Francesco Albo ; *pilote ;* Miquel Rudas, *maître ;* Juan de Acurio ; Martin de Judicibus, *meirin ;* Hernando de Bustamente, *barbier ;* Aïrès, connétable ; Diego Gallego, Nicolas de Napoles, Miquel Sanchez de Rodas, Francesco Rodriguez, Anton Hernandez Colmenero, *mariniers ;* Juan de Arratia, Juan de Santœnder, Vasco Gomez Gallego, *mousses ;* Juan de Zubileta, *page ;* Antonio Lombardo, *surnuméraire.*

(A suivre.)

ALBERT SAVINE.

Le P. Aubry

RÉFORME DES ÉTUDES ECCLÉSIASTIQUES

(Suite.)

En dehors du peuple Juif, les Gentils formèrent encore des ombres d'églises nationales, gardèrent mal les traditions et plus mal encore la vertu. Leur fonction spéciale sera de fondre dans l'unité matérielle les peuples civilisés de l'antiquité païenne et d'ouvrir des voies aux apôtres. Dans ce dessein de la Providence, les antiques cités de Babylone et de Ninive créeront un empire qui passera des Assyriens aux Perses, des Perses aux Egyptiens, des Egyptiens aux Grecs, des Grecs aux Romains, légataires universels de toutes les puissances tombées. Par l'effet de la chute originelle, ces pauvres peuples n'ayant plus, de la divinité, qu'une connaissance pâle et fugitive, se firent des dieux multiples et allèrent jusqu'à identifier, avec les choses créées, le Créateur de l'univers. Mais ces sociétés, sous le rapport religieux, n'étaient plus que de vains simulacres de la véritable Eglise ; elles n'avaient même plus de nom spécial ; par le mélange des rapports religieux et civils, elles se confondaient avec l'Etat, qui absorbait complètement l'Eglise. Les prophètes, et Bossuet à leur suite, leur donnent d'ailleurs justement une place dans l'histoire de l'Eglise.

Le Christ réveilla dans l'humanité la conscience primitive qu'elle avait eue de Dieu et des adorations dues à sa souveraine majesté ; la religion qu'il annonça, toute pénétrée de l'esprit de charité, dut nécessairement toucher les cœurs et former une société vivante. Le Christianisme seul détermina et réalisa parfaitement les idées de l'Eglise. Ceux qui adhérèrent à la religion du Christ, ne formèrent pas seulement une société *intérieure*, mais encore, suivant sa volonté expresse, une société *extérieure* qu'il nomma, d'après l'ancien testament, l'Eglise, le testament de la suprême alliance, la société de tous les élus, tirés d'un monde pécheur, appelés à rentrer en union avec Dieu dans le royaume de l'éternelle félicité.

La religion et la grâce du Christ devaient donc être annoncées et assurées à l'humanité déchue, mais rachetée par la croix du Calvaire. Après son retour au ciel, sa vertu réparatrice, comme rédempteur, comme roi, comme prophète, devait se perpétuer et se conserver intacte, jusqu'à la fin des siècles. Pour atteindre ce but, le Fils de Dieu avait pris certaines mesures : il avait formé le collège apostolique et mis à sa tête Pierre de Bethsaïde. Quand il fut remonté au ciel, on vit donc se former une société religieuse de fidèles, réunis sous un même chef, le Christ, dans la même foi et les mêmes sacrements, conduite, sous l'inspiration du Saint-Esprit, par les Apôtres, Pierre à leur tête, et par leurs successeurs légitimes, les Papes et les Evêques. C'est là l'Eglise, une, sainte, catholique, apostolique, romaine ; c'est le lieu consacré au Seigneur pour tout l'univers ; c'est le temple, le royaume, l'école du Christ. Fidèle à la promesse de son divin fondateur, cette sainte Mère Eglise, malgré des luttes incessantes, malgré de terribles vicissitudes, réalise l'éternelle idée du Christianisme : la sanctification et l'union de l'humanité avec Dieu, par Jésus-Christ et dans le Saint-Esprit.

Pour obtenir un tel résultat, pour assurer, au genre humain, tous les bénéfices de l'incarnation du Christ, il fallait que sa doctrine divine et immuable fût conservée intacte ; il fallait la prémunir contre les fausses interprétations. L'autorité de l'Eglise est donc le critérium général et divin de tout ce qui est vrai et divin d'origine. Telle est la mission de l'épiscopat catholique et en particulier la prérogative personnelle du Pontife romain : c'est une autorité doctrinale *infaillible*, divinement instituée et inspirée pour s'élever, dans ses décisions, au-dessus du cercle étroit et imparfait des opinions humaines et les ramener sans cesse au principe divin de l'unité. C'est par là que l'Eglise, *colonne et firmament* de la vérité, ayant une règle infaillible pour discerner, juger et réprouver les *hérésies*, peut distinguer avec certitude ceux qui cessent de lui appartenir. Dès que l'ordre institué par Jésus-Christ était altéré, quant à l'unité de la doctrine, il y avait réparation. L'Eglise retranchait de son sein les auteurs de l'*hérésie* et ses partisans, de peur qu'ils n'entamassent la société entière. Ne méconnaissait-on l'ordre divin que dans la forme et le principe de la discipline de l'Eglise : alors les auteurs et les adhérents de l'erreur se séparaient eux-mêmes de l'unité ; il y avait scission, *schisme*.

Telle est l'Eglise de Jésus-Christ. L'objet et le domaine propre de son histoire, ce sont donc tous les faits et seulement les faits qui intéressent les chrétiens, en tant que membres de l'Eglise. Tous les autres faits sociaux, politiques, scientifiques, moraux, ne lui appartiennent qu'autant qu'ils sont les fruits lointains de la grâce, les produits de son influence. « Ainsi, dit le P. Aubry, expliquer la préparation, la fondation, la constitution, tant intérieure qu'extérieure de l'Eglise ; montrer sa propagation, son action dans le monde, ses luttes contre le péché, les vicissitudes et les épreuves qu'elle a traversées dans le cours des siècles, les formes et manifestations, diverses selon les temps et adaptées aux besoins changeants des siècles, du principe, toujours un et toujours identique de sa foi et de sa vie : voilà l'objet de l'histoire ecclésiastique [1]. »

Voilà pour la *matière* ; voici qui va spécifier la forme, le point de vue particulier, le sens général, la marche à suivre pour cette étude. Les faits peuvent être étudiés à divers points de vue, suivant qu'ils se rapportent au gouvernement et à la prospérité des peuples, au développement de l'intelligence humaine, à la civilisation, à la vie matérielle et à la vie morale. C'est ainsi qu'on étudie les cultes antiques, les erreurs, les superstitions, les systèmes de philosophie, les questions d'art et de métier. Or, l'histoire de l'Eglise ne touche à ces faits et à d'autres analogues, qu'autant qu'ils se rapportent à la *vie surnaturelle* de l'homme, c'est-à-dire à la sanctification et au salut des âmes, à la rédemption par Jésus-Christ.

On voit, par là, combien l'histoire de l'Eglise diffère, par son objet, matériel et formel, de toute autre histoire et même de la philosophie de l'histoire. L'histoire de l'Eglise, c'est la *théologie de l'histoire*. Ce mot est du P. Aubry ; il est caractéristique de sa création. Le P. Aubry, professeur d'histoire, n'a pas voulu courir sur les brisées d'aucun historien ; le P. Aubry a rapporté, à la théologie, toute l'histoire. Ce point caractéristique est le secret de sa force et la raison de sa grandeur.

« Il est donc facile, continue le P. Aubry, de comprendre quel doit être *le rôle* de l'histoire ecclésiastique dans le *plan général* des études sacrées. La théologie et le droit canonique sont des *sciences de principes* : étudier les vérités dogmatiques et morales, qui font partie de la révélation proposée à notre foi par l'Eglise, voilà la *Théologie* ; étudier les lois ecclésiastiques par lesquelles l'Eglise a exercé ses fonctions de gardienne, de propagatrice de la foi et d'exécutrice des volontés de Jésus-Christ : voilà le *droit canon*. La Théologie surtout est la science des vérités révélées, qui sont l'objet

---

[1] *Théologie de l'histoire*, t. I, p. 23. J'appuie d'autant plus sur ce texte, que les écrivains allemands et parfois les français, quand ils parlent de l'Eglise et des Papes, en parlent comme de toute société et de toute dynastie, d'après les idées du naturalisme.

de la foi, et, avant tout, la théologie dogmatique est le *fondement et le cœur des études sacerdotales*. Or, dans le plan général de ces études, l'histoire ecclésiastique, pour s'harmoniser avec les autres branches des études sacrées, doit prendre le rôle de *servante* de la théologie.

« En effet, l'objet de l'histoire ecclésiastique est, au fond, *identique* avec celui de la théologie, puisqu'elle est l'étude de la vie de l'Eglise, dont la foi révélée est le principe générateur. De plus, comme dit Klée, « considérée dans ses rapports avec les autres branches de la théologie, l'histoire du dogme constitue l'élément le plus élevé de l'histoire de l'Eglise, en même temps qu'il est une véritable dogmatique conçue et composée dans l'ordre le plus naturel, l'ordre indiqué par la génération des idées ; elle est donc une seule science avec ces deux sciences [1]. »

Alzog va même plus loin que Klée et abonde absolument dans le sens du P. Aubry. « L'histoire ecclésiastique, dit-il (p. 28), met le théologien, représentant de l'intelligence dans l'Eglise, à même de rendre compte à chacun de la marche et des progrès de l'Eglise ; elle lui apprend comment, médecin des âmes, il peut, en agissant efficacement sur celles-ci, contribuer à la prospérité de l'Eglise, dont elles sont les membres vivants ; elle devient pour lui la base des autres branches de la théologie, telle que le droit ecclésiastique, l'exégèse, la dogmatique et la morale.

« Quant aux rapports existant entre les sciences théologiques et l'histoire de l'Eglise, celle-ci seule expose dans son origine, sa suite et son développement complet, l'œuvre de la rédemption accomplie par le Christ, continuée par les Apôtres et par leurs successeurs. Elle seule nous fait connaître l'*action et la Rédemption* sur l'humanité. Et comme d'ailleurs la révélation chrétienne est elle-même en grande partie *de l'histoire*, il en résulte jusqu'à l'évidence que l'histoire de l'Eglise n'est nullement une science auxiliaire de la dogmatique, mais elle est la science-mère, le fondement de toutes les autres sciences théologiques.

Tel est le sentiment d'Alzog. On voit pourquoi, le P. Aubry, réformateur des séminaires, fait écho aux enseignements d'Alzog et de Klée, et s'est appliqué si longuement à écrire sur l'histoire qu'il qualifie expressément de *théologie*.

Nous osons appeler l'attention du clergé français sur cette conception historique du P. Aubry. Aucune ne montre mieux la force

---

[1] KLÉE, *Manuel de l'histoire des dogmes chrétiens*, introd. p. 12 ; ALZOG, *Hist. de l'Eglise*, t. I, § 13.

de son esprit et la droiture de son jugement. L'histoire est son grand cheval de bataille ; je mets au défi qu'on puisse l'en débusquer. On peut toujours épiloguer sur des idées et des arguments ; mais se buter contre les faits que le P. Aubry appelle *porte-dogmes*, ce n'est plus qu'un choquant paralogisme.

Pour la distribution des matières à synthétiser dans l'histoire, le P. Aubry montre la même décision et rompt complètement avec la routine. Dès longtemps, les abrégés de l'histoire se traînaient dans l'ornière des annales. L'idée d'exposer les faits par années, lorsqu'on le fait longuement, ne prête à aucune confusion ; mais lorsqu'on abrège l'histoire en trois volumes, l'ordre des années produit un fouillis inextricable de récits, de dates, de coïncidences et d'obscurités. Cet ordre avait encore été suivi dans Rivaux de Grenoble et dans Wouters de Louvain. Vers 1825, Gieseler avait introduit, dans les abrégés de l'histoire, une autre division des matières ; cet ordre consistait à examiner séparément, dans des chapitres parallèles : 1° L'Eglise dans son évolution historique comme gouvernement et dans ses rapports religieux avec les états politiques ; 2° L'Eglise considérée dans son développement intérieur pour le culte et les rapports hiérarchiques de ses membres ; 3° L'Eglise considérée comme gardienne et vengeresse de la vérité par les écoles, par les auteurs ecclésiastiques et par la lutte contre les hérésies ; 4° L'Eglise considérée comme gardienne et vengeresse de la vertu qu'elle produit dans les masses, plus particulièrement par les saints et par le contre-coup de ses vertus sur la législation civile.

Cette innovation de Gieseler parut heureuse ; elle fut adoptée en Allemagne, par Alzog, par Doellinger, par Moehler, par Hergen-rœther, par Krauss, par Gams et par la plupart des historiens. En France, Blanc et Rivière, partageant leur histoire en leçons, essaient de se rapprocher des distributions allemandes. On les voit triompher dans Richou, dans Drioux ; je les crois définitivement acquises. Le P. Aubry s'en inspire, mais ne s'y assujettit pas strictement. Lui qui voit bien tout, excelle à abréger. Sa puissance d'esprit éclate dans l'ordre avec lequel il groupe les événements, sur les origines de l'Eglise, jusqu'à la chute de l'Empire romain, sur l'organisation et l'action de l'Eglise au Moyen Age, sur l'ère de dissolution religieuse et sociale inaugurée par Luther. Il y a là un tour de force compréhensif et une énergie lumineuse, pénétrante, qui doit singulièrement frapper les esprits. Dans un temps où l'on parle beaucoup d histoire et où tout le monde l'ignore, les deux volumes du P. Aubry sont presque une révélation.

Quant aux périodes à distinguer dans la suite des siècles, le P. Aubry n'a que quelques vues sur les siècles avant Jésus-Christ. Pour suppléer à son silence, j'estime qu'il y a lieu de tenir compte de la succession des âges, trop longtemps suivie, parce qu'elle avait une raison d'être profonde. J'attacherais moins d'mportance aux ères, utiles plutôt pour la chronologie. L'histoire du peuple juif et des peuples gentils se prêtant difficilement à des coupures similaires : il paraît meilleur de laisser à l'histoire du peuple de Dieu et à l'histoire des empires, leurs naturelles divisions. L'esprit s'y retrouve aisément ; et, en faveur d'une telle distribution, cela suffit pour motiver ce jugement de préférence latitudinaire.

Sur les siècles depuis Jésus-Christ, le P. Aubry a adopté les divisions d'Alzog, qui sont un peu celles de tout le monde. Sur les subdivisions des siècles, je serais moins indulgent. On admettra bien qu'un grand fait d'histoire ne doit pas s'interrompre, sous prétexte d'alignement ; les siècles de l'histoire ne sont pas réglés par l'almanach, ils ne le sont pas non plus par des subdivisions fantaisistes. On ne peut pas nier l'existence des époques, ni l'utilité des distinctions ; mais il n'en faut pas être esclave. Des époques, tant que vous voudrez ; mais je les veux souples, avec des contours facultatifs et une grande liberté d'allure. Depuis Jésus-Christ, je m'en tiendrai aux divisions admises par tout le monde : 1° Le christianisme jusqu'à la chute de l'empire romain ; 2° les temps barbares jusqu'à Charlemagne ; 3° le Moyen-Age jusqu'à Luther ; 4° les temps modernes. Les sous-divisions, c'est bon pour les savants ; ça peut être utile quelquefois ; plus d'une fois, c'est embarrassant.

Sur le dernier point, sur les limites et le but de l'histoire de l'Eglise, ils sont déterminés par le titre même des deux volumes : *Théologie de l'histoire.*

Le genre humain, création de Dieu, consacrée à la gloire de son créateur, repose sur deux principes : le surnaturel dans les âmes, l'autorité dans le gouvernement religieux de l'humanité. Le péché a fait déchoir l'humanité de l'ordre de grâce et eût entraîné sa réprobation ; la Rédemption a restitué le genre humain dans ses droits au cie et lui a fourni, par la grâce de Jésus-Christ et l'autorité de son Eglise, les moyens d'y atteindre. L'histoire raconte les péripéties de ce grand drame, dont nous sommes les bénéficiaires, dont l'Homme-Dieu est le héros.

Dans les temps anciens, deux choses attirent l'attention de l'historien : la corruption continue de l'humaine espèce ; la préparation de l'avènement du Sauveur des hommes. Dans les temps modernes,

deux choses continuent de résumer la vie des peuples et leur histoire : les vicissitudes du surnaturel s'efforçant de reconquérir
l'humanité ; les vicissitudes de l'Eglise, distribuant le surnaturel,
pour assurer son triomphe.

Depuis Jésus-Christ, l'histoire du surnaturel nous offre trois
choses : pendant huit siècles, le déploiement de son énergie par la
conquête de l'Occident ; pendant huit siècles, le glorieux épanouissement de sa lumière et de sa grâce ; depuis trois siècles, les mouvements de va-et-vient, d'avancement et de recul, par où l'Eglise et
le surnaturel s'efforcent de maintenir l'Occident sous la loi du
Christ et par l'Apostolat, de soumettre le monde entier à la loi de
l'Evangile.

Dans cette dernière période, l'Eglise a vu s'élever, contre son
magistère et son ministère de grâce, trois principaux ennemis : le
protestantisme, le jansénisme et le gallicanisme. Ces deux dernières
hérésies ont particulièrement provigné en France, l'une diminuant
le surnaturel, l'autre diminuant l'autorité du Pape. Le coup d'œil
pénétrant du P. Aubry a dessiné, d'une plume magistrale, cette
douloureuse histoire.

Nous avons assez fait connaître ses jugements sur Descartes, Pascal et Bossuet ; nous le citons maintenant sur le xviie siècle, réputé
si glorieux, mais tout rempli des germes de mort : « Plus on étudie le xviie siècle dans son détail, dans toutes ses parties, et, pour
ainsi dire, dans tous les coins de son Histoire, avec l'œil calme, impartial et chrétien du théologien et de l'historien, plus on y trouve
partout des choses fausses, écrit le P. Aubry : Pouvoir qui perd
l'idée chrétienne de lui-même et ne vise plus qu'à sa propre gloire
et à son propre intérêt ; évêques courtisans et mondains, clergé frivole et abaissé ; rapports de deux puissances qui se faussent de plus
en plus ; peuple chrétien qui perd sa foi, idée d'une Eglise nationale qui s'écarte de Rome ; philosophie cartésienne et rationaliste ; lois qui ne se fondent plus sur l'Eglise, politique qui perd sa
base chrétienne ; hérésies ou tendances hérétiques funestes ; théologie qui s'écarte de la scolastique et perd les deux idées qui sont le
fondement de la théologie, je veux dire l'esprit surnaturel et le principe de tradition. — C'est depuis ce temps surtout qu'on a cessé de
se faire une assez grande idée de l'*autorité enseignante,* de la fonction
d'enseignement dans l'Eglise, de la place qu'occupe cette fonction
dans l'économie du christianisme ; on a oublié que l'Eglise est,
avant tout, une *société d'enseignement ;* et le clergé du xviie siècle n'a
pas peu contribué à cette dépréciation de la plus grande fonction de

l'Eglise, par le genre faux de prédication mis à la mode dans les chaires les plus célèbres. Ce n'est pas pour rien non plus, sans doute, que La Bruyère a critiqué *la chaire* et trouvé qu'elle avait peu le goût apostolique. Pour avoir abandonné la manie des citations grecques et latines, empruntées aussi bien aux auteurs profanes qu'aux auteurs sacrés, elle n'avait pas passé si vite à la perfection qu'on lui prête souvent, et elle était tombée dans un autre travers : le pédantisme oratoire et la déclamation, la recherche des divisions géométriques et savantes. L'esprit de tradition perdu, la prédication allait vite s'affadir, par la préoccupation de formes trop nouvelles et trop mondaines, de développements tout humains et rationalistes ; la démonstration allait puiser ses arguments exclusivement dans les sciences naturelles. Sans doute c'est là un genre de développement agréable, frappant et même utile pour l'apologie contre les athées ; mais un genre bien extérieur et superficiel, très étranger à la métaphysique et aux vraies spéculations théologiques ; que si ce genre d'études dispense d'approfondir la notion intime du dogme, il a, de fait, depuis le XVIIe siècle, trop remplacé, dans les livres et les écoles, les études plus profondes et plus solides, ceci soit dit sans nier son utilité, son opportunité et le fruit qu'en peut tirer la théologie. L'usage exclusif de ces preuves secondaires, tirées des sciences humaines, a nui à la solidité des convictions, en faisant oublier les preuves que la raison trouve dans son propre fonds. Leibnitz voyait clair dans le christianisme et dans les choses surnaturelles, quoique protestant, plus clair que bien des catholiques et des écrivains qui lui en remontraient sur d'autres points ; et je me permets de croire que si on avait, dans la controverse qu'il eut avec eux, exposé à ce grand esprit le vrai système catholique, dans toute sa hardiesse surnaturelle, vu l'aptitude qu'il avait à le comprendre, à l'aimer, vu la sympathie que ce système aurait trouvée en lui, cette controverse aurait eu plus de succès [1]. »

« Les nations meurent comme les individus, a dit le comte de Maistre ; il n'y a pas de preuves que la nôtre ne soit pas morte. » La France est d'essence catholique ; nous la croyons nécessaire à l'humanité ; nous gardons l'espoir de sa résurrection. Mais si la France doit être refaite, c'est *par la foi*, disait le cardinal Pie. Les seules choses qui, au XVIIe siècle, fussent des germes fécondables, étaient des germes du mal. Aujourd'hui l'arbre qu'ils ont nourri de leur sève, se meurt ; et les seuls germes que je trouve dans le sillon,

---

[1] J.-B. AUBRY : *Cours d'histoire ecclésiastique.* T. II, p. 390.

ayant l'avenir pour eux, sont des germes de vie. La France éprouve de grands maux; nous sommes bien malheureux. Mais il y a des moissons qui poussent; ce sont nos motifs d'espérer que Jésus-Christ a dit pour la France, ces mots qui, au sens littéral, s'appliquent à la jeune fille de l'Evangile, mais au sens spirituel, à beaucoup d'autres malades : « Cette infirmité n'est point à la mort; mais pour que, par sa guérison, soient manifestés les coups d'Etat de la Providence. »

Le P. Aubry n'est pas un prophète de malheur; il est l'homme des grandes preuves et des longs espoirs.

Ceci dit, je ferme le livre de l'histoire et je dis, qu'après les turpitudes du XVIIIe siècle et les révolutions de plus en plus menaçantes du XIXe, le P. Aubry demande la restauration du surnaturel en toutes choses et la restauration de l'autorité pontificale, avec l'entière application des lois dans toutes les sphères, particulièrement dans le clergé. Pour assurer logiquement et produire effectivement cette double restauration, le P. Aubry demande la réforme des séminaires selon l'ordre qui florissait sous les grands siècles chrétiens et l'orientation surnaturelle des études ecclésiastiques, comme elle se pratique à Rome. Nous avons erré, nous avons défailli; pour nous relever, pour marcher dans le droit chemin, il faut prendre le mot d'ordre du vicaire de Jésus-Christ.

Le P. Aubry nous rappelle à cette consigne; pour nous y rappeler, il s'élève au-dessus des préjugés, des passions, des aveuglements contemporains, et, debout sur le piédestal de l'histoire, il promulgue la législation de l'enseignement obligatoire de la théologie. Un des éléments de la grandeur de Charlemagne, c'est qu'il fut le restaurateur des lettres; l'incontestable grandeur du P. Aubry, c'est qu'il est le restaurateur triomphal des lettres sacrées.

Je n'oublie pas qu'il est mort au loin et que sa cendre repose dans un coin de la Chine; je n'ignore pas qu'il fut un professeur contesté, et que, pour plusieurs, il est un auteur dédaigné. L'un de ses contempteurs se trouvant, sans doute, fort spirituel, lui reprochait de n'avoir donné que de la mouture : c'eût peut-être été assez pour le causeur; pour l'homme du discours et à l'adresse de quelques personnes, nous conviendrons, si l'on veut, qu'il y a, dans les œuvres du P. Aubry, quelques bottes de foin, quelques coups de trique et d'étrille. La part faite à la critique, nous convenons qu'il peut se trouver dans l'ensemble quelques points contestables, car enfin le P. Aubry est homme. Mais la grande apostasie qui se poursuit depuis trois siècles; mais la sortie de plusieurs peuples du giron

de l'Eglise ; mais l'empoisonnement progressif des générations eu‐
ropéennes ; mais l'affaiblissement et l'effacement du clergé français
et sa lamentable impuissance. Qui donc peut les contester ? Il faut
nous retremper aux Sources. Le Pape est le démiurge du monde et
le P. Aubry est son prophète, ce prophète des restaurations pos‐
sibles, si notre infatuation bysantine ne nous condamne pas à périr
de mal mort.

Je n'ajoute pas : Rira bien qui rira le dernier, nous n'abuserons
pas, nous n'userons même pas du droit de flétrir les propos
absurdes. La gravité de la question, la solennité des événements ne
laissent point de place aux variantes de la bonne ou de la mauvaise
humeur. La parole du salut a été prononcée, honneur à qui a su et
a osé la dire avec autant de conviction que de courage. Le sablier
du temps aura depuis longtemps enseveli dans la poussière les pe‐
tits glapissements d'une critique jalouse, malfaisante et inepte,
lorsque le nom du P. Aubry sera placé, je ne dis pas seulement à
côté des Dupanloup, des Gaume et des Rollin ; mais dans une au‐
réole dont je veux pronostiquer la gloire.

XIX

LES TÉMOIGNAGES

Après l'analyse, la synthèse.

Nous venons de rendre compte de tous les ouvrages du P. Aubry.
Nous avons essayé d'en inventorier les richesses, d'en nombrer les
lumières, d'en dégager la quintessence. Maintenant nous devons
les réunir dans la belle unité de leur vaste ensemble et recueillir les
témoignages, à eux rendus par les maîtres de la science sacrée et les
patriciens de l'intelligence.

L'équité nous oblige de constater, en passant, que le P. Aubry n'a
point traité *ex professo*, dans un ouvrage à part : 1° de la théologie
liturgique, comme instrument principal de la tradition ; 2° de l'ar‐
chéologie sacrée, science auxiliaire de l'histoire ecclésiastique ; 3° du
plain-chant et de la musique *alla Palestrina*, dont les mélodies et
les accords nous associent, dans cette vallée de larmes, aux concerts
des anges et préludent, par un mélange de douceur et d'enthou‐
siasme, aux cantiques de l'éternelle béatitude.

De la part du P. Aubry, ce n'est ni oubli, ni dédain ; car il était catholique jusqu'au fond des entrailles ; il n'y avait pas d'âme plus théologique que la sienne : *admirez et pleurez ; il mourut à trente huit ans.*

En dépit de la brièveté des ans, du poids des infirmités, des ombres, des lacunes et des résistances de l'esprit humain, le P. Aubry a traité, avec un tour personnel, une science incontestable et des vues concordantes, toutes les questions relatives à la réforme des séminaires en France et à l'orientation surnaturelle des études ecclésiastiques. Nous l'avons vu, cet homme apostolique, poser, d'après le décret du concile de Trente, le principe de la restauration doctrinale, et les règles de l'enseignement supérieur dans la *Méthode des Etudes ecclésiastiques depuis le concile de Trente,* ouvrage sans précédent et sans égal, fondé sur les principes de la plus pure doctrine, inspiré par la crise dangereuse que nous traversons, destiné, si le clergé français veut enfin s'affranchir des idées gallicanes et libérales, à relever notre enseignement catholique et à sauver la France.

Après avoir développé le principe général de la restauration, le P. Aubry, dans un traité sur les *Grands Séminaires,* déroule son plan de réforme, entre dans le détail de la thèse, et consacre un chapitre — une étude approfondie — à chacune des branches de la science sacrée. Mais ici, le sujet est si vaste, les idées de l'auteur si riches et si débordantes, que chacun des chapitres de ce monumental ouvrage contient le germe d'un volume et produira une succession d'ouvrages qui donneront, à la pensée du théologien, son plein développement — soit une série de dix volumes, où tout est lumière, lumière intense et vivifiante : *Ignis ardens et lucens.*

Le premier de ces volumes, consacré à la *Théorie catholique des sciences ;* le second, qui traite de la *Réforme philosophique selon saint Thomas,* forment le préambule humain, la transition entre l'œuvre de la raison et l'œuvre de la foi. Ces volumes donnent la note vraie, le procédé scolastique, dans l'étude des sciences et de la philosophie, la seule manière de les interpréter chrétiennement, de les vivifier par la foi, et de les rattacher à la synthèse magnifique de la théologie.

Le troisième volume traite du *christianisme et de la foi.* Du christianisme, dans sa préparation, son établissement, sa nature et ses effets ; de la foi, dans sa règle, son mode de production, sa nécessité pour délivrer le genre humain. Le quatrième volume a pour sujet l'*Eglise, le Pape et le surnaturel.* Le cinquième est une œuvre de *Direction spirituelle ;* il renferme un *choix de méditations* et plusieurs *opuscules spirituels.* Le sixième volume nous donne huit cents pages compactes d'*Etudes sur l'Ecriture Sainte* : Genèse, Prophètes, Psaumes, Epîtres de saint Paul, etc. Les septième et huitième volumes reproduisent le *cours* élémentaire d'*Histoire ecclésiastique*, et renferment, à proprement parler, la *théologie de l'Histoire de l'Eglise.*

Enfin, les volumes suivants renferment : au neuvième, une édition nouvelle de la *Méthode*, augmentée de trois chapitres remarquables sur Bossuet ; au dixième, des *conseils* et une *direction intellectuelle* aux étudiants ; aux onzième, douzième et treizième, la *correspondance inédite.*

A l'examen sommaire de ces ouvrages, nous avons le devoir d'ajouter quelques appréciations. Aussi bien, le témoignage des esprits les plus élevés de nos Eglises de France, particulièrement des maîtres de l'enseignement, jette-t-il une plus vive lumière sur l'œuvre du P. Aubry ; il prête à son enseignement un nouveau crédit ; à sa thèse, une raison plus pressante de travailler enfin de concert, selon les principes traditionnels, à la restauration intellectuelle du sacerdoce.

§ 1. — *La Méthode des Etudes ecclésiastiques dans nos séminaires.*

Lille, le 10 juillet 1886.

Je viens de lire, avec le plus vif intérêt, le manuscrit que vous avez bien voulu me communiquer. Il y a là un travail admirable, des pages de la plus haute valeur, qui font penser à de Maistre ou à Bossuet, et dont le prix apparaît plus grand encore, lorsqu'on songe aux circonstances dans lesquelles se trouvait l'auteur. Evidemment, il ne faut pas laisser cela sous le boisseau.

A. Pillet,
Professeur à la Faculté de théologie
de l'Université de Lille.

Amiens, le 9 janvier 1878.

... Tout cela est *maître* et *s'impose* de soi, tandis que les choses de la plupart de nos articles de journaux, revues, brochures, se proposent très humblement, ce qui leur demande beaucoup d'apprêt. Pour moi, cela me va : c'est la grande et noble manière de l'exposition doctrinale *à la mode des vieux.*

A. Bocquet, de la Cie de Jésus.

Mars 1890.

... Combien je désire voir lancer dans notre public endormi ces idées étourdissantes, cette guerre au petit *Compendium* Bonal ou Bouvier, au petit pot-au-feu bourgeois, à la routine d'une prédication prétendue classique, et qui est, comme chaleur d'éloquence, à 10 ou 15 degrés au-dessous de zéro ! Publiez. Il faut que les oreilles nous en tintent...

Un vicaire général.

23 avril 1890.

La lecture de la *Méthode* a été pour moi un soulagement, une jouissance que j'attendais depuis longtemps, et la découverte d'une réponse que j'avais cherchée vainement pendant les années de mon professorat. Pendant mes dernières années, alors que j'étais chargé du cours d'Ecriture Sainte, j'avais fini par rompre, d'instinct et de dégoût, avec la méthode qui consistait, non à exposer, non à contempler, non à illuminer, mais à réfuter les Allemands sur les trois points d'authenticité, de véracité et de divinité, puis à réfuter les objections des incrédules, bien entendu sans lire même le texte du saint Livre. Dès la première année, je finis par me dégoûter des Allemands, et à croire qu'il valait infiniment mieux entrer dans le sanctuaire même, pour y adorer la divinité, que rester ainsi au dehors, sous prétexte de faire la police et de chasser les chiens. Au bout de quelques années d'essai, enchanté de ma méthode contemplative et directement expositive, je me mis à prêcher mes amis dans ce sens.

Voilà bien des années que j'attaque la théologie; mais insuffisamment instruit et renseigné, je restais dans un vague qui ne me permettait de rien préciser. A la lecture de la *Méthode*, je sens la lumière se faire, ou du moins les ténèbres se dissiper... Cet ouvrage est d'une importance bien supérieure et traité supérieurement. Depuis M. de Maistre, nous n'avons pas cette puissante originalité de style, cette vue d'ensemble, ce sens d'orthodoxie, cette saine et fière critique, sûre d'elle-même, toujours mesurée, même dans ses censures les plus mordantes...

Un ancien directeur de Grand Séminaire,
Vicaire général.

Avril 1890.

Combien je savoure la grande idée du P. Aubry, sa magistrale exposition de la méthode expositive et contemplative, son exposition du *Fides quærens intellectum !* Je ne sais ce que pensera le public ; nous sommes tellement enroutinés !... Mais pour moi, personnellement et intimement, c'est une réponse longtemps désirée, longtemps cherchée, et même avec une certaine anxiété. Je sentais un indéfinissable malaise intellectuel, comme dans ces périodes de scepticisme de l'histoire de la philosophie, où les âmes sont aux abois dans la recherche du vrai, noyé dans les ténèbres. Depuis quelques années, je me frayais ma route, mais péniblement, comme un homme qui se sent tout seul et qui a peur de faire un mauvais coup en n'étudiant pas comme tout le monde...

L'abbé LEGUÉ,
Vicaire général de Chartres,
ancien directeur du Grand Séminaire.

26 avril 1890.

Ce livre est un grand et bel ouvrage, vraiment magistral, neuf, original, de portée considérable. C'est un appel pressant à la résurrection et à la vie. S'il n'est pas compris, pas reçu, pas réalisé, ce sera un signe de plus de la gravité de notre maladie. Mais tout cela est lumière, lumière vivifiante. Le P. Aubry est plus grand missionnaire dans ce livre qu'en Chine ; l'œuvre, ici, est plus considérable. Il y a bien quelques incorrections, mais la beauté, la beauté lumineuse, la majestueuse vérité de l'œuvre, fait oublier les ombres, et je serais vraiment curieux de voir quelle critique, quelle réfutation on pourrait en faire. Je sais qu'il y a là une suite de critiques hardies, à déconcerter, même sur Bossuet, même sur Massillon, même sur Lacordaire, même sur le grand style et la grande prédication du grand siècle ; mais tout cela est si vrai, si irréfutable ! Nous avons tellement senti tout cela sans oser jamais le dire, que c'est une bienheureuse satisfaction de lire ces sentences triomphantes du P. Aubry.

En lisant la critique moqueuse de nos *Compendium* de théologie, je me suis pris à regretter que le P. Aubry n'ait pas ajouté un mot sur nos *Manuels d'Écriture Sainte* et notre mode d'enseignement d'Écriture Sainte,... mode vraiment comique ;... rien ne prouverait mieux sa grande thèse... Et l'enseignement de la prédication ! Quel thème !

Un directeur de Grand Séminaire.

Avril 1890.

Bon courage, cher Monsieur ! Mon encouragement n'est point

un encouragement mesquin de partisan, d'école critique ou frondeuse, c'est un encouragement partant d'un cœur sacerdotal, épris de la beauté du saint Evangile, gémissant depuis longtemps sur la fausse direction de nos études, le vide, la stérilité, la mondanité, le caractère superficiel et glacial de notre prédication. Depuis des années déjà, je n'ai cessé — mais avec une peur instinctive, la peur d'être un novateur et de condamner mes confrères et mes maîtres — de prêcher les idées du P. Aubry, sans les connaître, non pas toutes ses idées, ni tout leur développement, ni tout leur préambule grandiose, mais son idée, son rappel à l'ordre, à l'intuition du dogme, à la contemplation du Verbe révélé...

Je veux espérer assez de notre pays de France, pour avoir la confiance qu'il sera accueilli, qu'il fera sensation, qu'il fera dès lors beaucoup de bien. Si le contraire avait lieu, j'en éprouverais une peine considérable.

Un grand vicaire.

Mai 1890.

... Je ne suis point surpris du peu d'accueil que reçoit çà et là votre remarquable livre sur la *Méthode*, c'est un signe de plus de la gravité de notre mal... Si l'effet produit par l'apparition de ce volume devait être médiocre, et si le livre devait passer inaperçu, j'en gémirais pour notre pays. Je préférerais encore qu'il fût attaqué, du moins il serait lu et produirait sa lumière.

Un directeur de Séminaire.

Juillet 1890.

... J'ai pu prendre enfin le temps de lire ce beau travail. Hélas ! il est trop sérieux pour nos générations nouvelles de jeunes prêtres; mais il restera, il sera, dans certaines âmes, la bonne semence qui lèvera sous l'action divine et finira par produire sa moisson...

R. P. Armand,
Prieur des Dominicains d'Angers.

3 août 1890.

... Je suis admirateur de cette belle flamme apostolique que j'ai trouvée dans le P. Aubry, puis de ces élévations doctrinales, de ce *Sursum corda*, de cette rhétorique des saints, de cette manière d'étudier onctueuse, intuitive, persuasive, divine. Voilà pourquoi j'admire le P. Aubry et j'applaudis si fort à la publication de ses beaux écrits...

Un vicaire général.

Septembre 1890.

Le livre du P. Aubry me paraît un instrument prédestiné à concourir largement au salut des âmes, par la netteté de ses idées et la fermeté de ses résolutions. Parmi d'autres publications, je n'en vois aucune qui puisse y concourir avec une égale force. Dans mon estime de vieux critique, qui a manié plus ou moins tous les livres de ce siècle en notre pays, la *Méthode* se place d'elle-même à côté du *Pape*, de J. de Maistre, de la *Justification de la doctrine de S. Liguori*, par Thomas Gousset, du *Ver rongeur*, de Gaume ; c'est l'arc-en-ciel que la main de Dieu déploie pour annoncer la fin des maux et l'aurore des meilleurs jours. J'espère que tous les séminaires feront de ce livre un sujet de méditations, un programme de réformes. — Joseph de Maistre nous a rendu le Pape ; Aubry va nous rendre le prêtre, le vrai prêtre de Jésus-Christ, le prêtre docteur, armé de toutes les forces de la rédemption, le prêtre thaumaturge.

Justin Fèvre,
Pronotaire apostolique.

15 décembre 1890.

... Cet ouvrage a non seulement une véritable importance doctrinale, mais il a pour lui l'opportunité des enseignements du Saint-Siège. En parcourant les actes de Pie IX et de Léon XIII sur la réforme des études et la question sociale, on y trouve, en effet, identiquement la grande thèse du P. Aubry... Puissent les esprits sérieux et intelligents lire ce livre et comprendre la portée de ces pages, « où le théologien et l'apôtre, dirons-nous avec l'éditeur, a mis tout son cœur, toute sa conviction », et, si nous en jugeons sainement, l'indication vraie de ce qui doit sauver notre pauvre société.

L'*Université catholique de Lyon*.

(*A suivre.*)

Mgr. Justin Fèvre.

LA DAME BLANCHE

DU VAL D'HALID

ET LA MAIN NOIRE

(Suite.)

XII

EN FUITE

Félicio était donc gagné à la *Main-Noire* que Lopez venait de renier.

La *Vierge de la Montagne* n'avait conduit le prêtre au chevet de ce dernier que dans la conviction que Lopez était irrémédiablement perdu ; parce que, cédant aux derniers transports de son cœur farouche, sensible encore aux seules émotions d'un passé qui fut moins désolé que le présent, elle avait pensé n'écouter que la prière suprême d'un mourant. Elle avait entrevu la fosse béante vers laquelle Lopez était penché. Il allait mourir et elle l'aimait ; du moins, elle l'avait tant aimé !

Néanmoins, Lopez survivait à ses blessures ; il était pour ainsi dire debout et la *Vierge de la Montagne* se reprochait alors très amèrement de l'avoir laissé déserter la cause des *Vengeurs*.

Elle ne pouvait plus, en effet, se faire aucune illusion : le transfuge reprenait des forces chaque jour ; il revenait à la vie tel qu'un homme désorienté qui, après s'être profondément endormi, sort lentement d'un sommeil accablant, troublé par un cauchemar effroyable.

Vainement elle observait le convalescent : il n'y avait plus d'emportements dans son cœur, plus de fiel en son âme et les paroles de haine restaient sans écho dans son esprit encore éclairé par les feux du trépas.

— Lopez, dit un jour dona Bella voulant s'assurer des nouvelles dispositions du *Vengeur*, préoccupée qu'elle était de défendre contre un doute grandissant ses dernières illusions ; Lopez, mon pauvre Lopez, tu n'aimes donc plus ceux qui souffrent ? Tu refuserais l'aide de ton bras à ceux qui cherchent à s'appuyer sur lui ? Tu nous trahiras !

Lopez ne répondit pas.

Alors la *Vierge de la Montagne* poursuivit :

— Tu seras un transfuge honni, un lâche apostat! tu deviendras un traître dont il faudra se défier, sinon se défaire!... Va ! va donc servir le bourgeois ; il t'abandonnera bien quelque relief comme à un chien qu'il croit fidèle. Prends garde, cependant! Si tu trompais nos espérances ; si tu en arrivais jusqu'à faire craindre la révélation de nos secrets, n'oublie pas le sort qui t'attend : jugé indigne du jour, Lopez, alors tu devrais décidément mourir !

Elle s'arrêta épouvantée de ce qu'elle venait de dire ou de ce qu'elle allait ajouter encore, surtout des noires pensées qui se pressaient dans son esprit. Son cœur s'attendrissait à la vue de cet homme qui, calme et muet, n'avait pâli que fort légèrement.

N'avait-elle pas sauvé Lopez ? veillé sur lui comme une tendre mère? et puis, avait-elle un seul instant cessé de l'aimer secrètement ?

Dona Bella se retira, n'osant provoquer une déclaration qu'elle devinait aussi bien qu'elle craignait de l'entendre ; elle se cramponnait au doute pour garder l'espérance.

Auprès du tertre qui couvrait les restes d'Elisa se trouvait un bosquet touffu, formé de plantes et de lianes riches en ombrage. Ce coin ravissant offrait une retraite délicieuse.

La *Vierge de la Montagne* s'y rendit et là, dissimulée dans la vigne et le lierre, elle laissa son âme inquiète suivre le cours tumultueux d'une rêverie farouche.

Elle y était encore plongée lorsque Lopez, d'un pas lent, se dirigea vers le tertre muet. L'infortuné se traînait à peine.

Dona Bella le voit sans en être aperçue. Fortement intriguée elle l'observe en se dissimulant davantage.

Lopez s'arrête devant la croix faite de gazon fleuri et, à cette vue, un soupir profond déchire sa poitrine soulevée par des sanglots : il pleure sans contrainte et, au milieu de ses larmes, il gémit :

— Elisa ! Elisa ! tout est fini pour moi et je ne puis pas
encore vouloir te rejoindre sur la rive inconnue où erre ton
âme désolée pour t'entretenir de mes souffrances et de mon
amour ! Tu n'es plus et je dois vivre !... vivre dans un regret
sans fin, expier dans une perpétuelle terreur mes aveugles
forfaits. Ah ! ma chère Elisa, ne m'accuse point de ton triste
sort. Hélas ! pourquoi ai-je, avec la société, engagé cette lutte
barbare ! Pourquoi ai-je épouvanté par mes crimes ton âme
candide ; rendu, par une apparente impiété, mon bonheur
impossible et trop facile les entreprises d'un tyran ? Mon indignité t'a laissée dans l'isolement et si l'ennemi t'a frappée
ainsi sans pitié, ce n'est encore qu'en haine de moi ! Tu as
donc péri pour moi et loin de moi ; triste victime des
excès d'autrui, tu dors ici, tout près de moi ! L'horreur
du crime, l'épouvante de l'inconnu, malgré ma douleur,
malgré mes regrets et mes larmes, plane toujours sur toi !
Dors ! dors en paix, cher objet de mes pleurs ; et si, par aventure, sur la rive sombre où vont échouer tous les morts, tu
entends mes soupirs, aie surtout pitié de moi ! Aux lueurs du
trépas, j'ai connu l'odieux de mes méfaits, éprouvé l'horreur
de mes serments. J'ai songé alors à l'innocent amour de nos
jeunes ans, à notre ignorance de la vie, à ta vertu ; j'ai pleuré
mes erreurs et maintenant vers le fruit de l'espérance, comme
ton cher Félicio, je tends la main. Abaisse vers moi le rameau
qui porte le salut et que ton souvenir cher me garde des ob-
sessions de cette femme !...

A ces mots, une sorte de rugissement se fait entendre à
quelques pas de lui. Lopez lève la tête et se trouve en face de
la *Vierge de la Montagne* qui l'entendait.

A sa vue, un froid subit lui court dans les veines, monte
vers son cœur ; mais la pensée de Félicio le soutient et, voulant suivre l'exemple de cet ami fidèle, il supporte sans sour-
ciller le regard courroucé de Bella, de *cette femme* qui, avec
le port superbe d'une reine offensée, passe devant lui et déjà
le toise avec dédain.

Lopez, triste et justement inquiet, songe à Félicio, désire le
voir pour l'entretenir. Il savait que son ami ne quittait son
chevet que pour aller respirer l'air pur de la montagne ; ou
encore pour rêver dans la solitude des bois.

Félicio lui avait parlé de ses excursions et il avait dépeint
une grotte toujours ombragée qui l'attirait particulièrement.

— Là, disait-il, ses rêves se déroulaient plus paisibles et le cours de ses pensées paraissait moins orageux.

Or, Félicio ayant quitté la chaumière selon son habitude, Lopez supposait qu'il s'était rendu à cette grotte enchantee ; pour l'y rejoindre, il va tenter un effort suprême. Il rompt la tige élancée d'un jasmin fleuri dont il se fait un soutien flexible ; puis, il gagne l'étroit sentier et le suit à pas lents.

Félicio, ce jour-là par aventure, était descendu vers la plaine, car il attendait impatiemment le retour des *Vengeurs* et les nouvelles qu'ils devaient lui apporter.

Il s'était arrêté sur le bord du chemin et là, l'œil fixé sur l'horizon borné par les montagnes, il cherchait le nuage poudreux que ne laisse pas de soulever l'approche d'une troupe montée. Ne voyant encore rien paraître, il se tourne vers le toit hospitalier qui se dissimulait dans la verdure des bois, toit près duquel reposaient des cendres aimées, où il fut lui-même rappelé à la vie. Remué jusqu'au fond de l'âme, il le salue de loin !

C'est là précisément et sur l'heure que la *Vierge de la Montagne* vint le trouver pour lui dire :

— Il est temps, Félicio, que nous allions rejoindre les frères impatients dans l'oisiveté de nos vallons. La *Junte* doit se réunir incessamment et n'attend plus que toi pour juger l'assassin de ta sœur, qui est aussi ton persécuteur et le bourreau de la fille infortunée de Pedro.

— Je suis prêt à vous suivre partout, répond Félicio ; mais, Lopez?

— Lopez n'a plus rien à craindre en ces lieux ; il peut y rester jusqu'à ce que la nature ait achevé en lui son œuvre de vie. Pour nous, poursuivons une tâche qu'un double attentat n'a fait qu'interrompre.

— Oui, réplique Félicio comme distrait ; oui, poursuivons notre vengeance et surtout qu'elle soit terrible : frappons l'infâme. Je ne vis plus que pour la confusion de ce bandit. Mes scrupules tombent et devant mes yeux s'ouvre maintenant un tout autre horizon. J'ai mal fait de résister si longtemps à Lopez. Désormais, je veux le suivre, le devancer et, dans le chemin où je m'engage trop tard, regagner en une étape tout le temps que j'ai perdu !

Sur ces entrefaites, du fond de la vallée, au milieu d'un tourbillon de poussière, accourent des gens montés et armés.

— Ce sont les frères ! s'écrie la *Vierge de la Montagne.*

Les cavaliers arrivent, s'arrêtent devant dona Bella et la saluent avec toutes les marques d'une vénération sincère ; puis, tous ensemble, s'avancent vers le chalet de Praxilla autant, du moins, que le permettait la côte escarpée. Pendant que les chevaux hennissent et creusent le sol d'un pied impatient, pendant que les compagnons devisent gaiement, en l'absence de Lopez, Félicio fait en toute hâte ses préparatifs de départ. Dona Bella, de son côté, reprend son déguisement fameux, roule ses longs cheveux qu'elle cache sous son chapeau noir à panache blanc.

Toutefois, Félicio, qui cherchait Lopez partout, retourne encore dans sa chambre lorsqu'il est prêt à partir ; puis vole au jardin, fouille tous les bosquets, appelle son ami d'une voix pressante ; vainement ! Seuls les ricanements des échos lui répondent. Il s'étonne et s'inquiète, interroge Praxilla, presse dona Bella de questions.

Elles ne peuvent le renseigner, ni lui rendre Lopez.

Néanmoins, le temps s'écoule et les *Vengeurs* s'impatientent.

Alors, pour décider Félicio qui ne voulait plus la suivre, la *Vierge de la Montagne* lui promet de le ramener sous peu ou de tant faire que Lopez pourra le rejoindre bientôt.

— Tu vois, ajoute-t-elle, comme les forces lui reviennent ; il peut déjà se rendre plus loin que ne porte ta voix. Partons : Pedro t'attend et ta présence parmi nous doit sauver Idala.

Le jeune homme prend les mains de Praxilla ; il les serre dans les siennes, les porte à ses lèvres et, les mouillant des douces larmes de la reconnaissance, il lui dit avec effort :

— Je pars, mais mon cœur entier reste avec vous : la moitié couchée sous le gazon, le reste confié à vos soins. Je vous prie, sous le saule-pleureur, sur la tombe que j'aime, répandez encore de la verdure, quelques fleurs. Guérissez surtout Lopez et, quand il voudra vous écouter, parlez-lui de moi. Dites-lui que je vais errer loin de lui, sans cœur et sans espoir ; que mon âme endure tous les maux ; toutefois que, pour lui plaire et pour nous venger, je me suis dépouillé de tout ce qui m'éloignait de lui ; ajoutez qu'il me trouvera désormais, comme lui-même, plein d'ardeur... Assez, il comprendra le reste.

Il se tut ; l'émotion rendait sa voix tremblante et ses paroles confuses.

Praxilla ne perd pas un mot de cette recommandation qui la frappe en plein cœur. Son regard presque éteint, et cependant troublé par une indicible angoisse, enveloppe Félicio, cherche à lui dire ses craintes et sa surprise, le coup sensible que cette annonce portera à Lopez qui, elle le savait, ne pourrait plus goûter ce langage, ni partager ces fureurs.

Elle allait parler.

Hélas! la *Vierge de la Montagne* veillait autour d'eux; elle était là, attentive et froide, les tenant sous le feu sombre de sa prunelle noire pendant qu'entre ses doigts effilés brillait le manche argenté de son poignard. Aussi la parole expira sur les lèvres tremblantes de la pauvre femme.

On échange rapidement un dernier vœu, et Félicio, avant de s'emparer de l'andalou que les *Vengeurs* avaient amené pour son usage, confie le médaillon d'Elisa aux soins de Praxilla, la priant de le donner à Lopez en souvenir d'elle et de lui; puis il saute en selle et s'éloigne avec toute la troupe.

Où allaient-ils de ce train? Praxilla n'osait même pas y penser. Sa mémoire, longue et fidèle, était riche en tristes souvenirs. Elle connaissait depuis longtemps celle qu'on n'appelait plus que la *Vierge de la Montagne* et elle ne pouvait ignorer ce dont était capable un Espagnol outragé.

En voyant donc Félicio avec les compagnons disparaître derrière les montagnes, elle n'eût pas été plus effrayée que si sous ses yeux le Guadalquivir avait remonté vers sa source.

Enfin, lorsque tout bruit eut cessé d'arriver jusqu'à elle et qu'elle ne discerna plus rien dans la vallée, Praxilla s'en alla, l'âme brisée, prier sur la tombe d'Élisa.

Lopez, longtemps après, épuisé de fatigue, vint l'y rejoindre et s'étonna de la trouver le visage baigné de larmes.

Praxilla s'était levée à son approche et lui dit avec une tristesse profonde.

— Lopez, nous sommes seuls désormais en ces lieux : il est parti avec elle vous quittant sans retour. J'aurais dû, insensible aux instances de mon faible cœur, verser un baume moins salutaire sur ses plaies; ma conscience eût connu un moindre repos, mais l'humanité m'en serait reconnaissante. Il est parti! « Il est à nous, m'a dit dona Bella elle-même, en s'éloignant avec lui et je ne désespère point ramener Lopez ! Je m'en vais parfaire ma vengeance : pour me seconder Félicio m'accompagne. Veille sur Lopez et sache bien qu'il ne doit sortir d'ici que *mort* ou *soumis*. »

Malgré le trouble où ce discours jette Lopez, celui-ci répond avec calme :

— Praxilla, dois-je croire à ce malheur? Je ne le puis. Sans doute, toute croyance était éteinte en l'âme de mon ami et ses espoirs ayant fait un prompt naufrage, il n'avait plus qu'un immense dégoût et pour les besoins de la vie, et pour tous ses plaisirs. J'ai vu, par les profondes plaies de son cœur brisé, se répandre tout désir et s'éteindre toute passion; son ambition se bornait à voir bientôt la fin de ses jours. J'avais sondé sa pensée et j'étais instruit de toutes ses résolutions; mais rien en lui, rien en ses paroles ne permettait de croire...

— Il n'est plus ici.

— Pourquoi, quand il fallait le retenir, ne lui avoir point fait l'aveu de mes regrets, de mon retour? Les tourments que j'éprouve, plus encore que ses propres soucis, allaient l'arrêter dans un chemin où ma présence à peine pouvait le faire descendre. Vous auriez dû lui dire que je voulais le voir, l'entretenir en secret; hélas! seul, Praxilla, je pouvais le convaincre.

La *Vierge* était là me surveillant autant que lui-même. Quant à vous, Lopez, prêtez à ma voix une oreille attentive : les forces déjà ne vous manquent plus; fuyez donc ce toit devenu funeste et peu sûr. Vous ne pouvez reculer vers le crime et, pour n'être ni tenté, ni atteint, il faut vous en aller d'ici.

Lopez ne pouvait admettre ce qu'elle lui disait.

— Vous ne connaissez pas Félicio comme je le connais, dit-il. Il n'est pas de ces natures prédestinées au mal et dont on fait aisément un vulgaire bandit. Il s'est laissé conduire dans les montagnes, il en reviendra : nulle force humaine ne saura l'y garder. Il retournera à sa cabane solitaire, à ses chères brebis; il voudra revoir les prés fleuris, les vallons enchantés, et les coteaux verdoyants qui l'entretiendront toujours d'Idala; il ira où la bergère attendra peut-être son retour.

Mais, cédant enfin aux instantes prières de Praxilla, Lopez résolut d'aller lui-même en ces prés fleuris le chercher ou l'attendre.

— Si je ne l'y trouve pas lui-même, se dit-il, je prendrais sa houlette, j'appellerais son chien fidèle à mes côtés et je ferais paître son troupeau. *La Main-Noire* n'ira pas jusqu'en cette retraite paisible se venger de moi qui ne pense plus qu'à l'ignorer.

Le second jour après cet entretien et pour la dernière fois, Lopez visite le tertre sous lequel dormait la pauvre Elisa. Il en revient pâle et faible comme au lendemain du combat du *Val d'Halid*.

Praxilla, qui l'attendait, l'exhorte encore à fuir au plus vite ; mais une force secrète, je ne sais quelle attraction mystérieuse, irrésistible arrête encore ses pas.

Enfin, faisant un pénible effort, il porte à ses lèvres la main sèche et ridée de Praxilla, la remercie pour la centième fois et s'en va.

A peine a-t-il fait quelques pas vers la plaine qu'il retourne pour repartir aussitôt et, sur le seuil de la chaumière, il se retourne encore pour bénir ce toit hospitalier et l'honnête femme qu'il abritait.

Seul à l'heure matinale où les ténèbres, refoulées vers les bois par l'aube naissante, ne laissent encore filtrer dans l'espace silencieux qu'un jour terne, Lopez, le cœur tout gonflé, descendait la montagne pour gagner le vert vallon et le bord d'un ruisseau dont le cours capricieux se rendait vers le Guadalquivir.

Il arrive ce jour même au *Val d'Halid*. Là, il ne peut résister au désir de revoir le champ qu'il arrosa de son sang, où il connut de si poignantes émotions ; de ce lieu qu'il parcourt en tous sens, il cherche le *Trône de la Dame Blanche*. Il le voit immuablement penché au-dessus de l'abîme où périt l'innocence...

(A suivre.)

ARTHUR SAVAÈTE.

Louis Veuillot

Sa jeunesse, ses premières années à l' « Univers ».

———————

Horace, complimentant son ami Pollion de travailler à une histoire de la République romaine, lui disait : « L'œuvre que tu traites est pleine de périlleux hasards ; tu marches sur des charbons ardents, dissimulés par une cendre trompeuse. »

> Periculosæ plenum opus aleæ
> Tractas, et incedis per ignes
> Suppositos cineri doloso.

La prudente amitié du poète mettait en garde la bonne foi de l'historien et tenait son esprit en éveil sur les divisions des partis et la variété des opinions. Comme toute science livrée aux investigations de l'homme, l'histoire revêt les événements des couleurs les plus opposées selon les préjugés ou les passions de ceux qui les observent.

Tandis qu'il écrivait la vie de son illustre frère, M. Eugène Veuillot a vu jaillir une brûlante étincelle du feu qui couvait sous les cendres du passé dont il s'est fait l'historien. Il a couru au feu. Puis, il a repris son œuvre, justifiant chaque jour davantage la parole de l'écrivain des *Libres Penseurs* : « J'avais cinq ans lorsque Dieu, songeant aux besoins de ma vie et de mon âme, me donna un frère. » Et Dieu a laissé ce « petit frère » survivre, dans une verte et vaillante vieillesse, au grand journaliste, pour être l'historien de sa vie et le gardien de sa mémoire.

Jadis, on accusait volontiers Louis Veuillot d'hypocrisie. Après la publication de sa correspondance et de sa vie, cette accusation retombe sur ceux qui l'ont lancée. On sait comment M. J. Lemaître a relevé cette maladresse des adversaires du polémiste catholique.

« Une des grandes sottises de ses ennemis, dit-il, fut assurément de l'avoir traité de Tartufe. Cela ne vaut pas la peine d'être réfuté, pour peu qu'on ait lu Veuillot et que l'on sache lire. Sa conversion eut pour premier effet de lui faire payer ses dettes :

« Sais-tu, écrit-il à son frère, jusqu'où vont les agréables restes de mon beau passé ? Sais-tu ce qui me reste de tous mes essais de plaisirs, de mes rages, de mes colères, de tant de pleurs versés et de temps perdu ? Je viens d'en faire le calcul : 5.000 francs de dettes, 1.000 francs pressent et devraient être déjà payés. Des dettes oubliées se sont réveillées au fond de ma conscience et ma conversion n'eût-elle produit que cela, nous devrions tous la bénir. »

« Il se mit à être un très scrupuleux honnête homme. »

Veuillot converti fut simplement un vrai chrétien, et un bon chrétien, qui ne craignait pas d'afficher sa foi, sans en faire cependant un christianisme de parade.

Tout ce qu'il fit, à partir du jour où il vit la Lumière, L. Veuillot le fit pénétré de cette vision et rempli des espérances qu'elle verse dans l'âme. C'est là qu'il trouva des forces pour tous ses combats, du courage pour toutes ses épreuves, de la vertu pour toutes ses douleurs. Les injustices et les rigueurs ne troublaient pas son âme parce que la foi l'éclairait, les calomnies et les injures ne l'abattaient pas parce qu'il connaissait le chemin de la vraie gloire qui n'est autre que celui de la croix ; il y trouva la beauté de son œuvre, le mérite de son travail, la joie de sa conscience, l'unité de sa vie et la gloire de son nom. Tout cela éclate et rayonne dans le beau livre de M. Eugène Veuillot.

La *Vie* de l'illustre journaliste doit comprendre trois volumes. Le premier « prend naturellement Louis Veuillot à sa naissance (1813) ; il le conduit jusqu'au lendemain de son mariage (1845) [1] ». Le second « comprend pour la vie privée tout le temps de son mariage et pour la vie publique toute la durée du parti catholique en tant que force politique organisée [2] ». Le troisième volume suffira-t-il à contenir la matière à explo-

---

[1] *Louis Veuillot*, par Eugène Veuillot (1813-1845), p. x.
[2] *Louis Veuillot* (1845-1855), p. VII.

rer et les événements à raconter de 1855 à 1883 ? On oserait
souhaiter un quatrième volume tant on éprouve de plaisir
à écouter et à lire celui qui a pu dire, dès les premières lignes
de cette *Vie* : « J'ai vécu ce que je raconte. »

Quelques-uns qui s'attendaient à trouver un panégyriste
ont eu la surprise de rencontrer un historien en même temps
qu'un témoin et un frère d'armes.

Né à Boynes en Gâtinais, le 11 octobre 1813, Louis dénonce, aussitôt qu'il parle, un caractère indépendant. A
l'école du village, on le munit, dès l'âge de quatre ans, du petit
livre classique « la Croix de Dieu ». Après la première leçon
Louis déchire la page qu'il a lue. Il ne lui plaisait pas d'apprendre deux fois la même chose. On le gronde, et, dès le lendemain, il recommence. L'oncle maternel, Louis Adam, intervient et le dote d'une planche en forme de raquette où les
lettres de l'alphabet et les syllabes élémentaires sont marquées
à l'encre. On oubliait que c'était mettre une arme de combat
entre les mains de l'écolier. Il fallut reprendre la raquette.

A cinq ans, on lui donne du safran à éplucher. Il est admirable la première journée ; le lendemain il déclare qu'il ne
travaillera plus. Comme on le menace de le fouetter, il se
sauve en criant : « Je vais me jeter dans le puits de Barville. »
Sa mère, quoique malade, convaincue que l'enfant est de caractère à accomplir sa parole, saute du lit et court après lui.
Elle l'atteint, le prend par les deux jambes, et, le suspendant
au-dessus du puits, lui dit : « Regarde et promets-moi de ne
jamais te jeter là-dedans. » Le petit espiègle promit ; mais il
s'était promis à lui-même de ne jamais éplucher de safran. Il
tint cette double promesse.

Sur ces entrefaites, la faillite du principal négociant du
pays emporte les maigres économies du père, François
Veuillot. La mère, « qui avait l'âme fière et hautaine », décide
le départ pour Paris. Elle amène un enfant qui est encore au
berceau, Eugène, et laisse Louis, à Boynes, chez de vieux
parents qui l'aiment beaucoup. Cette séparation dura cinq
ans.

Un jour, « la tante Rosalie, que son commerce appelait deux
fois par an à Paris [1] », résolut d'y amener l'enfant. Louis fit
le voyage dans la carriole même de sa tante: sa joie était

---

[1] Elle avait à Beaumont une maison de nouveautés, une mercerie, etc.

grande mais une inquiétude lui montait au cœur : sa mère n'était pas prévenue, le reconnaîtrait-elle maintenant que la petite vérole l'avait défiguré, car ni son miroir ni ses amis ne lui cachaient qu'il n'était plus joli garçon.

Mᵐᵉ Veuillot, après quelque hésitation, reconnut son fils, mais ce ne fut ni sans surprise ni sans douleur. François, [1] lui, fut tout heureux, sans nuage, à la vue de son enfant. Quant au petit frère, il se jeta dans les bras du nouveau venu : Eugène et Louis entrèrent dans le cœur l'un de l'autre et pour toujours.

Les deux frères allèrent ensemble à l'école mutuelle laïque de Bercy. A côté de sa classe, le maître tenait un abonnement de lecture aux « productions charmantes » [2] (c'était son mot) de Paul de Kock, de Lamothe-Langon et d'autres écrivains de ce style et de cette morale. Les élèves portaient les livres à domicile. On pense s'ils se privaient de « lire ces beaux ouvrages en les colportant ainsi ».

Le sous-maître ou adjoint prit Louis en goût, le poussa, pas très loin ni très haut, et lui fit aborder en cachette le latin qu'il ignorait presque lui-même. Le maître s'était réservé le catéchisme qu'il « faisait souvent entre deux vins ». Louis fit sa première communion à la suite de cet enseignement, formalité accomplie sans ferveur et sans esprit de retour. De tels débuts dans la vie ne révélaient guère les vues de la Providence.

On était en 1827, Louis avait treize ans. Le père pensait pour lui à quelque apprentissage ; la mère rêvait de quelque bureau pour en faire un monsieur, l'enfant n'aspirait à rien si ce n'est à étudier, c'est-à-dire à se livrer à la lecture. La famille s'était accrue de deux enfants qui alourdissaient la charge du père, Annette et Elise. Le propriétaire des magasins où travaille François l'a compris, il signale une place de petit clerc vacante chez son avoué. « Tout de suite vingt francs par mois à toucher. » Avec une belle écriture et une bonne orthographe, Louis songeait aux contes de fée. Son père regrettait le futur ouvrier, mais sa mère soupçonnait un futur Juriscon-

---

[1] Le père Veuillot, excellent ouvrier tonnelier, travaillait à Bercy chez un commissionnaire en vins. Il y était devenu premier ouvrier et gardien des magasins.

[2] Cela changeait des lectures de Boynes où les seuls livres que Louis lisait sont la *Bible*, l'*Almanach de Mathieu Lansberg* ou *Double Liégeois*, les *Quatre fils Aymon*, et quelques tomes dépareillés des romans de la Calprenède. Etait-ce un avantage ?

sulte. En attendant, le petit clerc entrait, par l'étude, « dans le monde, sans guide, sans conseils, sans amis, pour ainsi dire sans maître, à treize ans, et sans Dieu. »

Chez Mᵉ Fortuné Delavigne, l'avoué qui accueillait ainsi le petit Veuillot, la procédure n'était pas négligée, mais on aimait à s'occuper un peu de politique et beaucoup de littérature. La gloire de Casimir Delavigne, frère de maître Fortuné, avait de l'écho dans cette étude. Louis, par son ignorance de la vie, fit d'abord l'étonnement et l'amusement des jeunes fils de bourgeois avec lesquels il se trouvait, mais il leur apprit bientôt à compter avec lui et les plus intelligents le prirent en affection.

On remarquait, parmi les clients de l'étude, Scribe, fort enclin aux procès, et Bayard, l'un des maîtres du vaudeville ; ces rencontres et quelques autres faisaient monter dans les jeunes cerveaux des fumées de gloire. On rimait, on rêvait de chanter et de peindre, on s'exaltait dans l'amour des lettres et des arts. Quelques-uns des clercs de Mᵉ Fortuné atteignirent la célébrité ou touchèrent à la gloire, tels les de Wailly, Jules et Natalis, Emile Perrin, et surtout Auguste Barbier que la *Curée* jeta, d'un bond, dans la gloire ou les *Iambes* ne suffirent pas à le maintenir. Ce milieu favorisa le développement des qualités naturelles d'intelligence et d'esprit du jeune clerc. Et le désir d'être littérateur dissipa bien vite chez Louis la velléité de devenir jurisconsulte. Natalis de Wailly lui donna des livres de classe et des leçons de latin ; tous lui fournirent des livres et la plupart ajoutèrent... des billets de théâtre. L'intrépide lecteur passait ainsi de la *Nouvelle Héloïse* aux *Niebelungen* et des travaux de La Harpe aux œuvres fiévreuses des romantiques. L'un des clercs cependant devait lui donner davantage, il s'appelait Gustave Olivier ; nous le retrouverons à l'heure de Dieu. Dès lors, les goûts littéraires de Louis l'emportaient sur les douteux attraits des artifices de la procédure.

Lorsque, en quittant cette société lettrée, bourgeoise, libérale et voltairienne, il rentrait dans le monde qui était le sien, le jeune clerc ne retrouvait que les duretés de la vie et les périls de la misère, et il sentait gronder en lui l'anathème contre la grande iniquité sociale. Tout préparait l'ennemi de l'ordre, rien ne faisait germer le chrétien.

Il faut le suivre, hors de l'étude, ce petit clerc avec qui se₅ collègues traitent déjà de pair à pair. Il trouve le souper et le gîte chez sa tante Annette, fabricante de chandelles, après avoir pris à l'étude « le classique et frugal déjeuner que tout avoué donnait à ses clercs : du pain à volonté et un verre de vin ». La tante Annette ne recevait point d'argent mais elle utilisait la « bonne main » de Louis pour aider à tenir les écritures et ses bonnes jambes pour faire les courses de la chandelle. Tout ceci pesait peu au jeune clerc, « mais veiller à la fonte du suif, passer les mèches dans les moules, tenir ceux-ci en bon ordre afin que la matière liquéfiée à point s'y introduisît correctement et devînt chandelle, — voilà ce qu'il ne subissait qu'avec colère [1] ». Comment accepter de tacher ses vêtements lorsqu'on n'en a pas de rechange ? Une chose pesait encore à Louis : sentir sur lui les yeux durs de la tante Annette, craindre de trop manger en compagnie de cette femme maigre qui donnait l'exemple de la sobriété et entendait qu'il fût suivi n'était pas pour l'attacher au domicile de la rue Saint-Martin [2]. Bref, un beau jour, il osa refuser de porter des chandelles chez un client, et le lendemain, dès l'aurore, il partit. Le père Renard, vieux tailleur natif de Boynes, qui lui avait dit : « Si tu as besoin de moi, mon garçon, tu me trouveras », accueillit et reçut cordialement son jeune compatriote.

Peu après, « maître Delavigne annonça au petit clerc qu'il toucherait désormais trente francs par mois et aurait une chambre dans la maison ». C'était l'indépendance, à quinze ans, mais c'était surtout une phase périlleuse de la vie qui s'ouvrait devant la jeunesse de Louis. « Je continuais en pleine liberté, raconta-t-il plus tard, les études que j'avais si bien commencées sur M. Paul de Kock et M. de Lamothe-Langon. Au moins, dans la pauvre maison de mon père, on disait parfois : Que Dieu ait pitié de nous ! Mais maintenant, je n'entendais plus que des impiétés railleuses ; là (à l'étude), le Constitutionnel et le *Courrier Français* étaient encore prophètes ; là, personne, si ce n'est moi peut-être, ne manquait de pain :

---

[1] *Louis Veuillot*, par Eugène Veuillot, I, 28.

[2] Vers ce temps, Louis écrivit, sans consulter personne, à l'archevêque de Paris, Mgr de Quélen, pour lui demander de le recevoir gratuitement dans son petit séminaire. Cette lettre, qui, probablement, ne parvint pas jusqu'au pontife, resta sans réponse. D'autres fois encore, Louis Veuillot eut la pensée d'entrer dans l'état ecclésiastique. Dieu le réservait pour une autre milice.

et quand dans ma misère, dans mon isolement, dans ma servitude, j'avais tant besoin de savoir une prière, c'était le blasphème que l'on m'apprenait, lé blasphème que je voyais partout, que j'entendais dans tous les discours, que je lisais dans
tous les livres, que j'admirais dans tous les spectacles où
s'arrêtaient mes yeux. Ni en haut ni en bas de l'échelle, autour de moi, ni au-dessus de moi, je ne voyais rien qui m'en-
seignât à prier. »

Louis voulut arrondir son modeste gain [1]; il se fit copiste
et chargeur de hottes. On exploitait alors à Paris le sable fin
et d'une jolie nuance sur lequel coule la Seine. Des pêcheurs
de sable en remplissaient de légers bateaux, et un aide pourvu
d'une pelle chargeait des hottes que l'on allait vider sur la
berge. « Cet aide recevait cinq sous par heure. Louis, le
matin, avant l'ouverture de l'étude ou à la tombée du jour,
fait ce rude métier. » Il ajoute ainsi une vingtaine de francs
au chiffre de ses appointements et il dîne à peu près tous les
jours, tantôt bien, tantôt mal, quelquefois avec un morceau
de pain, reste du déjeuner de l'étude. Comment équilibrer son
budget avec ses fantaisies ruineuses ? « Ce bouquin de cinq
sous dont il n'avait que faire, cette lithographie dont il ornait
sa mansarde, ce pot de réséda, sa fleur favorite, qu'il plaçait
sur le rebord du toit, c'était du luxe ! un luxe qui le mettait
au pain sec pour plusieurs repas. » Mais l'air de la liberté
égaye toute chose.

Une des plus grandes joies du petit clerc était sa rencontre
du dimanche avec son frère. Avant d'avoir son chez soi, il
rentrait du samedi soir au lundi matin à la maison paternelle ;
devenu locataire d'une mansarde avec une fenêtre à tabatière
où le soleil entrait, il restait chez lui, le dimanche, ou, du
moins, il restait son maître. C'était le jour de l'entrevue des
deux frères. Rendez-vous était fixé « sous le troisième arbre
à gauche d'une allée de catalpas, au Jardin des Plantes ». De
quel cœur Louis a raconté ces heures de fête. « Un jour, dit
Eugène [2], nous arrivâmes tous deux au rendez-vous, dans le
même moment, de bonne heure, par le plus beau temps du
monde. J'étais plein de mystère et de joie ; une plénitude de

---

[1] Comment fournir au blanchissage, aux vêtements, aux nécessités de la vie,
avec trente francs ! Ne fallait-il pas aussi dédommager le bon père Renard de ses
dîners ou penser à dîner seul ?

[2] P. 33.

contentement débordait dans ses regards, dans ses sourires, dans toute sa personne. Il apportait quinze sous et un saucisson ; j'apportais deux pains de seigle et un billet de spectacle. O la merveilleuse journée ! et que l'on « peut être heureux, bonté divine, à raison de sept sous et demi par tête ! »

A. l'étude, l'avancement était rapide ; devenu quatrième, puis troisième clerc, Louis « allait au Palais porter des pièces, retenir des causes, renseigner les avocats, les clients ». Une belle carrière lui était prédite « s'il trouvait moyen d'enlever les diplômes indispensables ». Il ne lui restait qu'à courir au quartier latin, ce qu'il faisait, mais au lieu d'aller écouter les leçons de l'école de droit, il allait entendre Victor Cousin, Villemain, Guizot. Il lut les classiques, il étudia l'histoire, et, un instant, il se laissa entraîner par les flots romantiques.

Victor Hugo préparait la représentation d'*Hernani*. Le jeune clerc va sonner à la porte du poète. Il est reçu. Interrogé sur la préface de *Cromwel*, il répond en connaisseur. Hugo lui donne le billet de faveur qu'il demande, et le voilà enrôlé parmi les claqueurs d'*Hernani*.

> J'escortai Hernani, le poing haut, l'œil sauvage :
> Bref, je fus romantique.

En réalité, les écrivains du xvii° siècle, surtout les poètes, occupaient déjà ou allaient occuper le premier rang dans son esprit. Le maître qu'il admira « ne lui fit jamais accepter pleinement l'Ecole ». L'effort, le bruit et le fracas ne lui en imposèrent pas. Son bon goût non moins que son bon sens devaient le préserver des excès du romantisme. Il eut d'ailleurs à cette époque la bonne fortune de lier connaissance avec un écrivain de renom, locataire de la maison même où se trouvait l'étude. C'était Henri de Latouche, devenu l'ennemi déclaré du mouvement romantique après en avoir été partisan résolu. L'écrivain prit plaisir à montrer à l'adolescent les funestes audaces des novateurs et il fit avec une verve piquante le procès de la nouvelle poétique, et de ses prétentions. Louis avait ressenti des impressions analogues, ce langage l'éclaira. Mais il vit en quelque sorte la gloire lui apparaître le jour où Henri de Latouche lui dit : « Vous êtes fait pour écrire ; travaillez ferme, je vous aiderai, et vous réussirez [1]. »

---

[1] Nous nous contenterons d'indiquer ici la page amusante (37) où M. Eugène Veuillot raconte l'histoire du nègre que Louis se paya le luxe d'avoir pour domestique.

Cette vue sur l'avenir s'ouvrait pour le jeune clerc au moment où il touchait à l'étude cinquante ou soixante francs. Sa
dignité demandait la suppression du chargement des hottes.
Et son revenu? il le remplaçait par quelques pages de prose,
des projets de pièces de théâtre, des épîtres en vers... le tout
sans argent.

Mais dans cette résolution de ne plus charger du sable, il
faut faire aussi la part du rêve. Il avait vu « chez l'un de ses
amis une aimable jeune fille plus âgée que lui de deux ou
trois ans, blonde, déjà un peu forte, des yeux bleus, qu'il
jugea les plus beaux du monde, une tournure qui lui parut
des plus gracieuses, une conversation qu'il trouva spirituelle :
c'était l'objet rêvé. Il reconnut sa Béatrix et fit en son honneur des vers qu'il ne lui montra pas ». Cacher ses vers,
passe encore, mais montrer un chargeur de sable, quelle fin
de rêve c'eût été. Il se jura donc d'arriver vite par son travail
intellectuel à la célébrité, à la gloire, et, par surcroît, à la
fortune et à la main, qu'il ne demanda jamais du reste, de
l'objet de ses rêves.

Malgré cet entraînement, il voyait bien qu'au milieu des
jeunes bourgeois libéraux toujours prêts à se plaindre des
privilèges dont jouissaient encore d'après eux les nobles et
les prêtres, il lui serait difficile de se faire une place dans la
société. Déjà son âme droite avait compris que l'avantage des
opprimés serait bien petit si les bourgeois renversaient le
trône et prenaient la place des nobles. « Il en était là lorsque
la Révolution de 1830 éclata. — Il n'avait pas encore 17 ans. »

Ses collègues criaient : vive la Charte ! il cria : vive la
Charte ! Chacun prenait un fusil, il en ramassa un qu'il trouva
trop lourd. De nouveaux horizons s'ouvraient devant la jeunesse libérale : des vides se firent à l'étude. Louis devint
deuxième clerc, avec des appointements de quatre-vingts à
cent francs. L'augmentation du salaire ne fit pas augmenter
l'amour de la procédure. D'ailleurs, il pouvait se dire, je
serai bientôt journaliste.

Henri de Latouche venait de prendre la direction du *Figaro*. « Apportez-moi quelque chose de très court, dit-il à
son jeune ami, n'importe quoi, je le retoucherai, s'il le faut,
Figaro le publiera et vous serez payé. » Louis essaya « un
bout d'article sur je ne sais quel incident du jour ». L'article
parut sans avoir été retouché. Le jeune clerc était persuadé

qu'il entrait dans le chemin de la gloire et il était loin de penser au chemin de l'église.

Néanmoins, l'apprenti journaliste de 17 ans, qu' « une fierté native un peu sauvage et la crainte de ne pas faire assez bien » empêchent de se faire valoir, place peu de copie au *Figaro*. Mais il y voit « plusieurs des célébrités de la petite presse littéraire du jour : Alphonse Royer, Léon Gozlan, Michel Masson, Raymond Brucker, Nestor Roqueplan, Félix Pyat, Jules Sandeau » et même George Sand [1]. Dieu lui faisait commencer au *Figaro* un noviciat qui devait se terminer aux pieds du Pape.

« Louis Veuillot, bien décidé maintenant à suivre la carrière littéraire, rêvait d'y entrer par le journalisme, qui lui paraissait, sinon le chemin le plus sûr au moins le plus facile et le plus court [2]. » C'est sur ce chemin qu'un ancien camarade de l'étude, Gustave Olivier, vint le prendre et lui offrir « une position à l'*Echo de la Seine-Inférieure*, feuille conservatrice que venaient de fonder à Rouen de chaleureux partisans du gouvernement nouveau ». Louis quitta l'étude à cet appel de la fortune : il entrait dans la carrière des lettres par la porte d'un bureau de rédaction.

[1] P. 47.
[2] P. 48.

(A suivre.)

L. BASSOUL.

A TRAVERS LES REVUES

1º La valeur économique, l'importance politique de la Tripolitaine sont médiocres et cependant c'est aussi de ce pays que dépend, en quelque mesure, le maintien, dans la Méditerranée, de l'équilibre actuel des forces. La question de la Tripolitaine nous intéresse tout autant que l'Italie dont il est inutile de rappeler les ambitions. En effet, elle confine à notre empire colonial : elle est méditerranéenne, saharienne et presque soudanaise par ses routes intérieures.

Qu'est-ce que la Tripolitaine, que vaut-elle par elle-même, par sa position dans la Méditerranée et au seuil du continent noir ?

M. René Pinon le dit longuement dans son étude, donnée par la *Revue des Deux-Mondes* (1er février).

La Tripolitaine est, sur la côte septentrionale de l'Afrique, la région où les étendues arides du Sahara sont en contact immédiat avec les flots de la Méditerranée, alors que partout ailleurs la nature a interposé entre eux un écran bienfaisant de hautes montagnes et de larges plateaux. Son caractère dominant est d'être avant tout une contrée saharienne. Quelques plaines d'alfa, comparables à celles de l'Oranie, couvrent les premières terrasses des plateaux ; de belles oasis, les unes au bord de la mer, les autres perdues dans l'intérieur des terres, comme celles de Fezzan, de Rhademès, de Rhât, jalonnent les pistes du désert Lybique. La Cyrénaïque, avec ses sources et ses cultures verdoyantes, se rapproche davantage des pays médi-

terranéens, de la Sicile et de la Grèce, par qui elle fut jadis colo-
nisée.

Pour qui arrive d'Europe, « toute la Tripolitaine se résume dans
la seule ville de Tripoli ».

Un port levantin dans une oasis saharienne, telle est Tripoli. Elle
a prospéré parce qu'elle est devenue à la fois un port de mer, en
rapport avec le monde méditerranéen, et un port du désert en
relations par les caravanes avec les lointains royaumes du Soudan.
Elle n'est pas le centre de quelque riche terrain ; l'oasis qui l'entoure est loin de suffire à la nourriture de ses habitants. Elle ne
doit sa prospérité relative qu'à ses privilèges de capitale ottomane et
à sa situation.

Tout le long des rivages des deux Syrtes, la stérilité et la mort
résultent de l'impuissance naturelle de ces terres, sans eau et humidité, à nourrir les plantes et les animaux.

La côte, sèche, bordée d'une falaise crayeuse, blanchâtre, est re-
doutée des marins et peu hospitalière.

Dans la stérilité de l'Afrique tripolitaine, la Cyrénaïque est « une
verdoyante exception ». Tous les arbres fruitiers de la zone méditerranéenne s'y mêlent aux palmiers et aux bananiers africains, et il
suffirait de refaire les travaux d'irrigation, exécutés par les anciens
et dont il reste partout des vestiges, pour obtenir des vergers splendides, des champs de roses, de safran, de céréales et de légumes.
Le blé y pousse très bien, malgré les procédés rudimentaires des
indigènes, il donne des rendements supérieurs à ceux de nos campagnes. Les pâturages nourrissent des troupeaux nombreux. Le
climat y est doux et tempéré, l'atmosphère salubre, malgré la
malaria qui sévit dans quelques plaines mal drainées. Telle est en
résumé la Cyrénaïque que M. René Pinon présente, et qu'il considère comme étant de toutes les parties de la Tripolitaine soumises à
l'empire ottoman, la seule où puisse prospérer une population européenne. De plus, ajoute l'auteur, quelques pages plus loin, « une
puissance militaire européenne qui serait maîtresse de la Cyrénaïque,
n'aurait que le choix pour établir, dans une position excellente,
entre Bizerte, Malte, Messine et, d'autre part, l'Egypte et les
Echelles du Levant, un port de guerre de premier ordre. La nation
qui le posséderait serait en mesure d'exercer une influence décisive
sur les destinées de la Méditerranée orientale ».

Où finissent les espaces déserts qui, sur les cartes, sont attribués
à la Tripolitaine, et que les traités reconnaissent à la Sublime Porte?
M. Pinon avoue qu'il est difficile de le dire avec précision. Vers
l'est, les Turcs occupent effectivement l'oasis d'Aoudjila, vers l'ouest
aucune frontière n'a été tracée, au sud l'hinterland tripolitain et du
Soudan français se confondent.

Les populations tripolitaines de l'intérieur sont dispersées dans

des oasis, échelonnées sur les pistes du désert. Elles vivent aux
dépens des caravanes qui s'arrêtent pour se reposer et se ravitailler.

Ces caravanes, sur le compte desquelles l'on conserve beaucoup
d'illusions, ne sont plus les agents du florissant commerce transsaha-
rien de Tripoli, désormais ruiné par l'occupation de toutes les côtes
de l'Afrique du Nord et de tout le pourtour du Sahara par les puissances chrétiennes et chaque jour plus indigne des convoitises
étrangères.

Par tout ce qui précède, l'on conçoit, sans difficulté, que la seule
mais grande importance de la Tripolitaine c'est d'être un pays rive-
rain de la Méditerranée, car la puissance étrangère, soit l'Italie, soit la
France, qui le possédera, sera en mesure, comme l'a déjà dit M. R. Pinon, « d'exercer une influence décisive sur les destinées de la Méditerranée orientale ».

La Tripolitaine échouera-t-elle à la France ou à l'Italie ? Après les
déclarations faites par M. Delcassé en 1901, il semble actuellement
que ce sera à l'Italie.

D'ailleurs, l'occupation de la Tripolitaine et de la Cyrénaïque se
lie, pour l'Italie, à tout un programme d'expansion politique et
économique dans la Méditerranée orientale. Elle y passionne toute
l'opinion publique. Elle préoccupe, sans distinction de parti, tous
les hommes politiques. Aussi l'on peut se demander si elle n'est pas
prochaine ? M. Pinon rassure ses lecteurs.

En effet, l'apparition toujours plus fréquente du pavillon de
Savoie sur les côtes des Syrtes, l'augmentation du commerce italien,
de fréquentes missions d'officiers ou de voyageurs, enfin les déclarations de M. Delcassé et de M. Pernetti au sujet de la Tripolitaine
ont alarmé le sultan dont l'autorité est solidement établie en Tripolitaine, où elle s'appuie sur toute une administration, sur une nombreuse et solide armée, considérablement renforcée depuis quelques
mois. « Il n'est pas à craindre que l'Italie soit à la veille de rompre
la paix en portant les premiers coups à l'édifice encore solide de l'empire ottoman et en débarquant ses troupes sur les côtes des Syrtes. »

2° Au xviie siècle, Boileau se lamentait déjà sur les embarras de
Paris, que ne ferait-il aujourd'hui en voyant les principales rues
des quartiers de Grenelle ou de Vaugirard sillonnées du matin au
soir par 2 ou 3.000 voitures, en constatant que l'intensité du mouvement est de 8.000 sur le boulevard Saint-Michel, de 10.000 sur le
pont de la Concorde, de 14.000 dans la rue Royale ? Evidemment il
n'oserait plus s'aventurer dans les rues, surtout sur le boulevard des
Italiens où passent, chaque jour, 24.000 mille chevaux attelés. S'il
habitait le numéro 150 de la rue de Rivoli devant lequel défilent
42.000 chevaux, ce serait son martyre et il devrait s'y résoudre. Car
Paris, en effet, ne se conçoit pas sans ce mouvement extraordinaire

de voitures au milieu duquel plus de 1.700 personnes sont victimes de blessures graves et où 76 autres trouvent la mort.

Ce mouvement est surtout dû aux « petites voitures », dont bien peu de Parisiens mêmes connaissent l'organisation. M. le vicomte d'Avenel supplée à cette ignorance, et satisfait la curiosité de tous en consacrant tout un article aux fiacres et à leurs conducteurs, dans son étude si intéressante et si curieuse sur le « Mécanisme de la vie moderne ».

Au début de la Restauration, le fiacre — en style administratif « carrosse de place », « char numéroté » en langage poétique, — était sans rival. Le prix de sa course était fixé à 1 fr. 50. Il était sale d'aspect, traîné par des chevaux misérables, « il était la honte de Paris ». Le poids du véhicule s'élevait jusqu'à l'inconnu.

Depuis lors, les fiacres lourds et lents ont subi une évolution progressive, dont la fin n'est pas encore marquée par les très agréables « fiacres à pneus » ni par les quelques fiacres automobiles.

« La distance journellement parcourue par le cheval de fiacre est de 45 kilomètres ; mais la voiture effectue un trajet moitié plus long, parce qu'à chacune sont affectés trois chevaux, dont un, dit de relais, travaille tous les jours, tandis que les deux autres, alternativement, sortent ou se reposent. A la *compagnie générale* des fiacres, le service de 4.000 voitures de place ou de « grande remise » exige ainsi la présence constante de 12.000 chevaux valides, sans compter les indisponibles de l'infirmerie ; et ce chiffre est dépassé dans les années d'Exposition universelle. »

La nourriture d'un pareil effectif, qui représente 5 millions de frais, est un objet d'étude continuelle. Le coût moyen est de 1 fr. 20 pour la ration quotidienne dont partie est absorbée à l'écurie, partie sur la voie publique, là où les hasards de leur existence vagabonde donnent un moment de loisir au cheval et au cocher. « Il n'est pas à craindre que ce dernier détourne peu ou prou du sac qui lui est confié pour sa bête ; il achèterait plutôt de sa poche un supplément d'avoine pour obtenir un surcroît de travail ».

Les cochers se renouvellent plus souvent que leurs voitures qui sont « immortelles ». Sur les 4.000 dont se compose le personnel de la *Compagnie générale*, 600 ont moins d'un an, 1.800 de 1 à 5 ans, et 700 de 6 à 10 ans de présence. Le plus grand nombre, lorsqu'ils ont réalisé des économies, préfèrent un métier sédentaire aux risques d'une voiture qui leur appartiendrait même en propre ; ils se font marchands de vin et vieillissent derrière leur comptoir. Les vieux cochers sont rares : 200 seulement, sur 4.000, ont dépassé la soixantaine ; leur doyen médaillé, qui vient en tête de liste, est septuagénaire et tient les guides depuis 44 ans ; 600 ont de 50 à 60 ans d'âge, tandis que 1.000 ont moins de 30 ans, et 13.000 de 30 à 40.

D'où viennent-ils ? Si l'on se rapportait à la légende, les cochers

seraient en majorité des déclassés de la bourgeoisie, en grande
partie bacheliers, certains seraient d'anciens sous-préfets, d'ex–no-
taires, des défroqués, des professeurs, des poètes, voir même un
ambassadeur d'une république sud-américaine. Selon M. d'Avenel,
il n'est guère de profession plus mêlée, la plupart de ceux qui l'exercent ne l'ont pas embrassée de prime abord à leur début dans la vie.
« Sur les 4.000 automédons dont la situation antérieure nous est
connue, il se trouve une trentaine de noms d'apparence nobiliaire,
un ex-frère des écoles chrétiennes, 2 instituteurs, 3 négociants ou
entrepreneurs, une soixantaine d'employés d'administration ou de
commerce, une douzaine de gardiens de la paix, douaniers ou gendarmes. La presque totalité provient des métiers manuels. Un des
plus forts éléments est fourni par les campagnards, au nombre de
1.300. Les étrangers, sauf les Belges et les Suisses, ne forment dans
cette corporation qu'un groupe infime, quoique de nationalités multiples. Les Parisiens y sont en très petite minorité : 300 à peine. »

Ainsi recruté un peu partout, le cocher de Paris ne constitue pas
un type homogène ; il n'a guère de physionomie propre, bien qu'on
lui en prête une « conventionnelle ». Il passe pour malhonnête dans
ses propos, « mais il est honnête dans sa conduite ».

Le cocher n'est pas un salarié ; il commence et finit sa journée
aux heures qui lui plaisent, se repose quand il veut et ne subit pas
de chômage. Autrefois, il versait à la Compagnie, ou au loueur qui
l'employait, le montant intégral de sa recette, déduction faite des
pourboires, qui, joints à une paye fixe de 4 francs, constituaient sa ré-
munération. C'était le travail « à la feuille ». L'automédon devait
inscrire le détail journalier de ses opérations sur un tableau qu'il
remettait à son patron. Aujourd'hui le cocher est un sous-entrepre-
neur ; il garde pour lui tout ce qui excède un prix de location déterminé. C'est sur ce prix qu'on ne s'entend pas toujours et c'est à
son sujet que s'élèvent des grèves périodiques.

M. d'Avenel relève un dernier fait assez curieux qui s'est produit
depuis dix années dans cette industrie ; malgré la concurrence des
moyens de transport en commun , le nombre des fiacres a augmenté
de 20 o/o. Il est monté de 9.900 à 12.500. Et cependant la même période a vu l'une des grandes Compagnies, propriétaire de 1.500
voitures, l'*Urbaine*, mise en liquidation judiciaire et résignée, depuis plusieurs années, à laisser les cochers fixer la moyenne à leur
guise ; l'autre, la *Compagnie générale*, réduite à suspendre ses distributions de dividende.

« La crise actuelle, fait observer l'auteur, est toute *financière* et
point *industrielle*, puisque les fiacres se multiplient ».

On a cru un moment que le fiacre à traction animale serait rapidement remplacé par le « landaulet » électrique. Ces prévisions ne
se sont pas encore réalisées, malgré les essais faits par la *Compagnie*

générale qui lui ont coûté 4 millions. L'échec cependant n'est pas irrémédiable. Invente-t-on des accumulateurs moins lourds et ne devant être rechargés que tous les 100 kilomètres et bien vite fiacres
et cochers seront aussi démodés que diligences et postillons.

II

Pour être excellente, une loi, réglant la condition des aliénés,
doit être assez large pour s'accommoder aux progrès de la thérapeutique mentale, et laisser aux aliénistes l'initiative de quelques expériences. La loi du 30 juin 1838 qui régit l'état des fous, en France,
n'a pas cette qualité, bien au contraire. Elle prévoit tout, avec minutie même, pour la séquestration et elle n'émet aucune règle pour
la libération. Cette lacune, toutefois, est pardonnable au législateur
de 1838 qui, avec tous ses contemporains, ne croyait pas à la guérison
de la vésanie. Mais actuellement, elle ne s'explique plus ; d'autant
moins que les aliénistes ont fait subir de grands progrès à leur science
et que nos législateurs, trop nombreux, hélas, n'ont d'autre occupation que celle de s'exciter ou à faire le mal ou à le subir, conduite
également indigne de leur rôle.

La loi de 1838 doit donc être complétée et au plus tôt. Dans un intéressant article, publié par la *Revue de Paris* (1er février), après
avoir rappelé la condition des fous avant 1838 et les systèmes actuellement en vigueur en Europe, M. André Lefèvre montre ce qu'il
faut ajouter au nôtre.

Dans l'antiquité, les aliénés étaient libres, sympathiques, respectés.
Au Moyen Age, leur délire devint plus sombre et l'on commença à
s'inquiéter des « possédés ». Au xviie siècle, saint Vincent de Paul
les recueillit dans des dépendances d'hôpitaux inhabités et inhabi-
tables. « L'asile était né sous sa forme rudimentaire, odieuse et répugnante : prison pour fous, plus délabrée et plus malsaine que les
autres ». Les maisons de fous étaient de véritables enfers, théâtres
de luttes perpétuelles entre des gardiens implacables et des malades
exaspérés par les violences. Ce fut une surprise générale quand Pi-
nel, ayant déchaîné les fous de Bicêtre, montra que leur agitation
tombait avec leurs liens. On comprit qu'il fallait les traiter autrement, les retirer des quartiers de force. On dut leur construire des
maisons spéciales et ce fut l'asile moderne tel qu'il fonctionne encore aujourd'hui.

La loi de 1838 en a fait la base de notre système d'assistance aux
aliénés : « Chaque département est tenu d'avoir un établissement
public spécialement destiné à recevoir et à soigner les aliénés ». C'est
vers cet asile public ou privé, dûment autorisé, que doivent affluer

tous les fous, soit par voie de « placement volontaire », soit par voie de « placement d'office ».

Par le seul fait de l'internement, tout individu, même non inter-dit, perd l'exercice de ses droits pour l'administration de ses biers qui seront gérés soit par un membre de la Commission administra-tive désigné à cet effet, soit par un administrateur provisoire nommé par le tribunal civil. Ce n'est pas le degré d'aliénation qui règie la condition juridique, c'est la présence à l'asile.

Notre législation ne prévoit que l'asile, lieu de sûreté, amélioré, adouci, ayant perdu en principe son caractère de répression féroce.

A l'étranger, la législation des aliénés est généralement moins an-cienne et meilleure. « Suivant le tempérament particulier du pays, on s'est préoccupé de rendre plus libéral le régime des malades ou plus efficace le traitement médical. L'une des deux tendances conduit, du reste, à l'autre, et ainsi, partant de points opposés, l'Allemagne et l'Ecosse ont été amenées à ouvrir les portes de leurs asiles. Les pays anglo-saxons épris de liberté individuelle se sont les premiers engagés dans cette voie et c'est en Ecosse, cette terre bénie des aliénés, qu'est né le système de l'*open door* ».

En Angleterre, le régime de l'*open door* ne jouit pas de la même faveur, mais la condition des aliénés est cependant meilleure qu'en France. On y pratique le placement familial d'une manière, toute-fois, plus restreinte qu'en Ecosse. Le médecin peut donner des con-gés de quarante-huit heures aux malades des asiles, et des congés il-limités sont d'un usage très fréquent pour les convalescents.

En Belgique la loi prévoit la sortie d'essai avant la libération dé-finitive.

En Allemagne et en Russie, où l'on rencontre d'ailleurs le village d'aliénés et la colonie agricole, tous les efforts ont tendu à transfor-mer l'asile en hôpital de traitement, et pour y parvenir on a augmenté considérablement le personnel médical et même le personnel in-firmier.

En France, s'écrie M. A. Lefèvre, « il s'agit aujourd'hui de com-bler le fossé ou tout au moins de jeter un pont sur le passé qui sé-pare les fous du reste du monde ».

Actuellement, en effet, une inscription sur un registre suffit pour transformer un homme libre en détenu, privé de l'exercice de ses droits ; une radiation suffira pour relancer en pleine vie un aliéné auquel, la veille encore, on interdisait toute initiative. « Cette mé-thode peut être admise, dit très justement l'auteur, pour des prison-niers réputés sains d'esprit, elle est absolument insuffisante pour des malades, car toute maladie implique une période de convalescence et la vésanie n'échappe pas à cette règle. Bien au contraire, sa con-valescence doit être particulièrement surveillée si l'on veut éviter des rechutes. »

Pour suppléer à cette insuffisance de la méthode résultant de la loi de 1838, M. A. Lefèvre préconise la régularisation en France de l'usage des sorties d'essai.

« L'introduction dans la loi de ce titre nouveau en modifierait profondément l'esprit et les effets. L'aliéné serait de moins en moins un détenu et l'asile se transformerait en un hôpital de traitement. La famille qui ne pourrait plus supposer son malade parti sans espoir de retour lui conserverait sa place au foyer. En le mettant en liberté dès que ce serait possible, on éviterait l'atrophie de ses facultés, et quelques précautions très simples suffiraient à empêcher cette transition brusque à laquelle tant de rechutes sont actuellement imputables. On obtiendrait en France les mêmes résultats favorables qu'à l'étranger. La folie perdrait son horreur et l'aliéné cesserait d'être un paria. »

III

Un fait curieux à relever sur les statistiques de la criminalité féminine dans les différents Etats d'Europe, est la variation, en rapport direct, de cette criminalité avec les progrès de l'industrie et surtout avec la civilisation moderne. L'exemple de l'Angleterre, de l'Ecosse et de l'Allemagne du nord suffirait pour confirmer ce fait. Car c'est dans ces pays, plus que dans tout autre, que les progrès industriels ont été rapides et que règne cette prétendue civilisation moderne qui, suivant le caractère national, affiche ou cache une corruption raffinée des mœurs, conséquence toute naturelle d'un rationalisme athée, parfois couvert lui-même de quelque formalisme religieux. C'est ainsi donc que la proportion de la criminalité féminine, calculée sur 100 condamnés pour délit, est de 19 pour l'Angleterre, de 30 pour l'Ecosse, de 19 pour l'Allemagne, alors qu'elle n'est que de 16 pour la France, elle-même, de 15 pour l'Autriche, de 12 pour la Russie, de 11 pour la Hollande, de 10 pour l'Espagne.

La criminalité féminine, étudiée dans ses détails et ses circonstances, serait intéressante à connaître pour chaque pays. Mme Dora Melegari satisfait en partie à cette curiosité par une étude, publiée par le *Correspondant* (10 février), sur la *Femme criminelle en Italie*, et notamment sur la *Napolitaine*.

L'Italie, dans le calcul général de toutes les manifestations délictueuses propres à la femme, marque une criminalité inférieure à celle de l'Angleterre, de l'Ecosse, de l'Allemagne, de la Hongrie et de la Norvège.

Si l'on entre dans l'examen des catégories de crimes, à la rubrique homicide, l'Italienne dépasse toutes les femmes d'Europe. En ce qui est des infanticides, les proportions varient étrangement. Les statistiques ne marquent pendant la dernière période de cinq ans que 42 condamnées pour infanticide en Italie, en Allemagne 183, en France 164, en Autriche 83. Dans les crimes sexuels dont la femme est presque toujours victime, jamais auteur et rarement complice, les résultats sont presque identiques pour tous les Etats. La proportion des condamnées pour les escroqueries et les faux est moins considérable en Italie que partout ailleurs. Comme incendiaires les Italiennes restent encore au-dessous des autres femmes d'Europe.

« Il est rare qu'une Italienne tue pour voler ou par cruauté et perversion, les drames d'horreur et de sang qui se déroulent dans les grands centres d'Europe sont presque inconnus dans la Péninsule. La femme y tue par colère, par vengeance, par jalousie et nécessairement c'est à la vie de ses proches qu'elle attente, mais elle n'y est jamais poussée par la rapine. »

Dans le sud, l'Italienne est beaucoup plus disposée que dans le nord et le centre à violer la loi pénale, soit proportionnellement au nombre de ses habitants, soit relativement à la criminalité masculine. La criminalité inférieure du nord n'a qu'une exception : la Vénétie. Celle du midi a également ce que Mᵐᵉ Dora Melegari appelle des « surprises ». Ainsi, la Sicile atteint à peine la moyenne du royaume, pourtant le climat y est chaud, la misère y est grande et les Siciliennes ont des instincts de cruauté. En Sardaigne également, où le caractère est violent et la misère plus grande encore, la criminalité féminine n'atteint que le 12,5 pour 100, c'est-à-dire le chiffre le plus bas de toutes les régions, exceptions faites de la Lombardie où il est seulement de 10,8 pour 100.

Chaque région a sa criminalité spéciale. Les délits contre les personnes, homicides, blessures, sont plus fréquentes dans le midi. Si la Sicile et les Calabres fournissent le maximum d'assassins mâles, la Basilicate et la Campanie peuplent les prisons et le bagne du plus grand nombre de meurtrières. Dans les Pouilles, au contraire, les homicides féminins sont rares. Les causes de cette moindre criminalité sont à la fois ethniques et économiques. La Ligurie est de toutes les régions septentrionales celle où les femmes commettent le plus grand nombre de crimes violents : homicides, blessures, injures. Les infanticides, les délits contre la propriété sont également plus nombreux dans le midi que dans le nord de l'Italie.

Mᵐᵉ Dora Melegari finit son étude en montrant les caractères propres de la criminalité des Napolitaines qui détiennent le record.

A Naples, l'homme du peuple laisse volontiers à la femme le soin de pourvoir aux besoins domestiques. Or, comme les métiers de la rue sont presque les seuls à sa portée, elle passe sa vie hors de la maison, exposée à toutes les tentations et à tous les contacts de la cité vicieuse sur laquelle s'étend l'ombre sinistre de la Camorra. Ces habitudes extérieures de vie, les querelles et les luttes qui en sont les conséquences logiques, l'esprit de combativité que celles-ci développent, ont fait dégénérer peu à peu le type moral et physique de la *popolana* parthénopéenne.

\ L'amour et la jalousie sont à la base de la grande majorité des crimes féminins commis à Naples. Faite de contrastes étranges : férocité et pitié, égoïsme et générosité, la Napolitaine a des trésors d'affection qu'elle distribue largement ; mais si elle est blessée dans son cœur ou dans sa vanité, la femme la plus amoureuse et la plus dévouée se transforme en furie d'un instant à l'autre : l'amour devient haine, le couteau brille et elle tue.

« Pour défendre leurs maris, leurs fils, leurs amants, leurs intérêts et leur amour-propre, les Napolitaines se moquent des lois et des magistrats, et manient les armes comme les hommes ».

IV

L'amour sexuel et l'amour maternel, la jalousie, la rancune contre un père naturel incitent des meurtres dont le mobile n'est pas la cupidité. Sur ces meurtres, qu'il appelle des *homicides* désintéressés, M. le docteur Toulouse a fait une intéressante étude, donnée par la *Revue Bleue* (3 janvier).

Les statistiques de la justice criminelle en France apprennent deux choses : les homicides intéressés sont les plus fréquents des homicides ; et d'une période à une autre ils ne diminuent pas de fréquence.

« En 1900, les cours d'assises ont jugé 44 meurtres et assassinats perpétrés dans un but de cupidité, pour faciliter des vols, hériter, éteindre une rente viagère, toucher une prime d'assurance. D'autre part, le nombre des meurtres et assassinats pour les diverses autres causes s'est élevé à 149. Ces criminels étaient poussés par la passion sexuelle, la haine, la vengeance, des dissensions domestiques, des querelles. »

Quels sont les raisons de ces crimes qui, au premier abord, nous apparaissent comme contraires à notre état social ?

Par ordre de fréquence, les principales causes des homicides désintéressés observés en 1900 sont :

Passion sexuelle	38	cas
Haine et vengeance (non compris les discussions d'intérêt).	30	»
Discussions domestiques	27	»
Rixes et querelles.	17	»
Ivresse et alcoolisme.	4	»

C'est dans les départements du Midi, en Corse, dans les Bouches-du-Rhône, les Alpes-Maritimes, le Var et dans quelques départements rapprochés de Paris, l'Eure, l'Oise, la Seine-Inférieure et enfin la Seine qu'il y a, proportionnellement à la population, le plus de crimes violents. Par contre, les départements du centre, la Nièvre, l'Indre, la Haute-Vienne, la Lozère, les deux-Sèvres et l'Allier sont les moins touchés par le mal.

Les homicides désintéressés sont sensiblement aussi nombreux dans les milieux ruraux que dans les milieux urbains.

L'étude des professions de ces criminels « désintéressés » a permis au docteur Toulouse de constater que les professions libérales, les moins délinquantes, en général, fournissent plus de crimes contre les personnes que contre les propriétés.

L'homicide désintéressé choque peu l'opinion publique et surtout le jury, et la proportion élevée des acquittements le prouve.

De cette étude, M. le docteur Toulouse dégage ces conclusions très justes :

« Nous nous croyons très loin de nos barbares ancêtres et des sauvages contemporains, et parmi les différences que nous voyons en notre faveur, nous notons généralement le respect de la vie humaine. C'est là une illusion »

« Croire que l'homicide est un acte d'aliéné, c'est une conception étroite et téléologique. Nous voudrions que l'homicide fût réellement un acte morbide. Mais la vérité, c'est que cet acte ne comporte pas la folie comme condition nécessaire. »

Contre cette plaie sociale, que sont les homicides désintéressés. Y at-il un remède ? M. le docteur Toulouse n'a que quelques palliatifs à recommander.

« Le divorce, plus ouvert et les conditions du mariage plus faciles (voilà des palliatifs dont nous contestons et la nécessité, et les bons effets), pour l'amour contrarié et les dissensions du ménage ; des mesures contre l'alcoolisme, pour les querelles, peuvent diminuer le nombre des attentats.

« La recherche de la paternité et des garanties accordées à la femme séduite seraient aussi capables d'apaiser certains besoins d'équité.

« Si la presse faisait moins de réclame aux meurtriers, surtout aux meurtriers les plus sympathiques, — aux homicides désintéressés, les impulsions aux violences perdraient de leur force dans certaines occasions... Restreindre les excitations que provoquent les révélations détaillées des affaires criminelles, ce serait affaiblir l'activité homicide d'une société. »

V

L'industrie de la chaussure, où la machine a le plus tardé à seconder l'ouvrier, est une de celles où le travail mécanique a le plus complètement remplacé le travail humain.

Cette substitution a été surtout rapide et sensible aux Etats-Unis. C'est là qu'ont été inventé la plupart des extraordinaires machines à fabriquer les chaussures qu'il a été donné de voir fonctionner pendant l'Exposition universelle de Paris.

Le *Journal des Économistes* (15 décembre) donne au sujet de l'Industrie de la chaussure aux Etats-Unis une étude, montrant son développement, rapide au point que l'exportation des chaussures américaines nulle, il y a vingt ans, dépasse, aujourd'hui, 30 millions de francs par an.

L'industralisation de la fabrication de la chaussure a commencé aux Etats-Unis il y a environ deux siècles, époque où s'ébaucha la division du travail entre

« coupeurs » et « couseurs ». Le travail mécanique fit seulement son apparition dans les ateliers vers 1845, et sous, une forme rudimentaire.

Depuis, les inventions se sont succédé, presque par avalanches, et, actuellement, en Amérique, la chaussure tout entière, jusqu'en ses plus petits détails, est fabriquée mécaniquement.

Un rapport de la commission du travail aux Etats-Unis datant déjà de quatre années, contient à ce sujet d'intéressants renseignements. Si l'on compare le coût de la production à la mécanique en 1895 avec ce qu'aurait été ce coût de production à la main, on trouve que le coût de la production dans la plus dispendieuse des sept catégories a été réduit par la machine de 5,56 dollars à 74 cents et dans la moins chère de ces sept catégories, 56,6 cents à 13,8 cents, soit donc, dans le premier cas, dans la proportion énorme de 100 à 13; et, dans le second cas, dans la proportion presque moitié moindre, mais toujours très considérable de 100 à 24.

Aux Etats-Unis la production en chaussures a été de 166.050.354 dollars en 1880 ; de 220.649.358, en 1890 ; et de 261.028.580, en 1900.

Les chiffres ci-dessous résument les statistiques de l'industrie de la chaussure aux Etats-Unis en 1900.

Nombre des établissements	1.600
Capital	101.795.233 dollars
Nombre d'ouvriers	142.922
Montant des salaires	59.175.885 dollars
Production	209.235.419 paires
Valeur de la production	261.028.580 dollars
Capacité	400.000.000 paires

Si donc, les usines américaines travaillaient à pleine capacité de production, il leur suffirait de sept mois pour fabriquer toutes les bottes, chaussures, pantoufles, etc., que consomment et exportent les Etats-Unis.

Qu'un trust de cordonnerie se forme, la chose n'aurait rien de surprenant, puisque les trusts sont de mode en Amérique, et certainement pendant les douze mois de l'année, l'on travaillera à pleine capacité de production et la chaussure américaine envahira, à son tour, le marché européen. Heureusement pour l'industrie de la chaussure des différents pays d'Europe et aussi pour l'élégance, cette perspective est aléatoire.

VI

Alors que l'attention est encore fixée sur la question des sous-marins à la suite de la conduite de M. Pelletan si peu logique avec ses fonctions de chef de notre marine, et que l'opinion s'ingénie à se faire une idée du rôle réservé aux submersibles dans les guerres navales ménagées par un avenir que les affaires des Balkans et celles de Venezuela rendent peut-être très proches, il est intéressant de connaître la manière de penser d'étrangers compétents sur la valeur du sous-marin.

Déjà nous connaissons l'opinion défavorable qu'exprimait en 1901 l'amiral

Von Trepitz, secrétaire d'Etat de la marine allemande et qu'il a maintenue sur le compte des sous-marins, en ne voulant pas en faire construire un seul.

M. de Graffigny dans la *Revue Scientifique* (3 janvier) nous donne l'opinion de nombreux officiers de marine américains. Elle est loin d'être unanime sur l'utilité des sous-marins.

Le contre-amiral O'-Neil, chef de bureau de l'artillerie, estime que ces bateaux ne sont encore que dans la période expérimentale et que leur utilité et la possibilité de leur emploi ont à être démontrées. Le contre-amiral Melville, qui est chef de service des constructions à vapeur de la Flotte, n'est pas d'une opinion sensiblement différente. Le chef des constructions navales, l'amiral Hitchborn, est certainement favorable aux sous-marins, mais il estime qu'on est encore bien loin de leur avoir donné une forme définitive. Le contre-amiral Bowles considère que les sous-marins deviendront des armes redoutables à la condition qu'ils se transforment complètement de manière à bien tenir la mer, à marcher à la surface à la même vitesse que les cuirassés, à donner, une fois immergés, une vitesse de 12 à 15 nœuds, et non de 5 à 7 nœuds, et enfin à se diriger aussi sûrement que des navires ordinaires. Et l'amiral Bowles conclut prudemment qu'il serait inutile de construire un grand nombre de sous-marin, puisque pour l'instant ces qualités leur manquent. C'est sans doute aussi l'opinion de M. Pelletan. Le lieutenant Caldwelt affirme que le tir des torpilles est plus régulier sur les sous-marins qui réussissent 9 attaques sur 10. Mais il ne croit ce type de bateau qu'apte à défendre les côtes. L'enseigne Freston, qui a affectué de nombreuses plongées à bord du Fulton, a constaté une excellente stabilité longitudinale, à condition, s'entend, que tout l'équipage n'aille pas se porter ensemble à une des extrémités. Quant à la navigabilité lors de mauvais temps, le même officier estime qu'il serait dangereux de sortir par des lames de 3 mètres, à moins cependant qu'on ne réduisît la vitesse à une allure de 3, 5 à 4 nœuds, en fermant toutes les ouvertures pour passer sous la lame.

L'idée plutôt pessimiste qui se dégage de cette suite d'opinions ne doit point retomber sur la valeur des sous-marins français que les officiers américains ne peuvent évidemment connaître qu'imparfaitement. Nous avons de nombreuses raisons pour les croire supérieurs à ceux des autres nations puisque les autorités anglaises et allemandes ne peuvent résister à leur envie jalouse de posséder nos secrets, malheureusement gardés par M. Pelletan, protecteur des Pictet et Cie.

RAPHAEL SERGHERAERT

Revue des Livres

ELÉMENTS D'UNE PSYCHOLOGIE PO-
LITIQUE DU PEUPLE AMÉRICAIN,
par M. Émile Boutmy, membre de
l'Institut. Paris, 1902. Un vol. in-18
jésus de XI-366 pages.

Dans une série d'articles déjà publiés
en 1890-1892, et reproduits ici sans
grandes modifications, l'auteur estimé
de la *Psychologie du Peuple anglais* appelle
l'attention de son lecteur sur la grande
confédération des Etats-Unis. Un fait
très curieux frappe tout d'abord le regard de l'observateur : c'est l'opposition foncière qui existe entre les Institutions politiques du peuple américain
et celles de notre vieux continent.

Tout dans la formation des Etats confédérés de l'Amérique du Nord s'est
passé à l'inverse de ce que nous sommes
habitués à remarquer chez les nations
de l'Europe. Que l'on considère dans
le peuple américain le développement
de la nation, la naissance de l'idée de
patrie, la constitution de l'Etat, son
fonctionnement, les énergies dont il
dispose, que l'on étudie, en un mot, la
vie politique des Américains du Nord,
l'on ne rencontrera rien qui ne soit en
contradiction avec les idées qu'ont fait
naître en nous les formes des gouvernements européens.

Le premier fait intéressant à signaler,
et c'est par là que débute M. Boutmy,
c'est la naissance d'un peuple qui n'a pas
d'histoire, d'un peuple qui est d'hier,
d'un peuple formé des éléments les plus
hétérogènes entraînés de l'Ancien Monde
vers le Nouveau par le flot de l'émigration. De là une nation sans cohésion,
chez qui les idées de patrie et de patriotisme ont subi l'influence des préoccupations utilitaires, qui, dans l'esprit des
Américains, passent en général bien

avant le dévouement désintéressé au
bien d tous.

Ce peuple éminemment libre entretient en lui une égalité dont nous n'a-
vons pas l'idée en France ; aussi ne saurait-il souffrir de dépendre comme nous
d'un gouvernement fortement établi. Ce
serait contraire à son caractère. Bien loin
d'être sous la tutelle de l'Etat, c'est le
peuple lui-même qui l'a créé ; à dessein,
il a restreint le plus possible son autorité et ses moyens d'action, à ce point
qu'il lui refuse le libre choix de ses
fonctionnaires. Ainsi le gouvernement
se trouve-t-il à la merci de la nation,
qui se soucie d'ailleurs fort peu du bon
fonctionnement du pouvoir.

Dans cette société qui est économique
avant d'être politique, les services de
l'administration et de l'Etat offrent du
reste beaucoup moins d'attraits que les
libres entreprises de l'industrie, du commerce et de l'agriculture, en sorte qu'il
ne reste en général pour les charges
d'Etat que des individus moralement et
intellectuellement inférieurs.

Est ce à dire que cette société, bâtie
tout à l'encontre de la nôtre, ne soit ni
heureuse de son sort, ni prospère, ni
destinée à de grandes choses ? On aurait tort de le croire. Et M. Boutmy a
raison de prévenir son lecteur contre
cette erreur ; peut-être eût-il même été
préférable de donner l'avertissement
dès la préface du livre, car l'on est tenté
de ne retenir que les inconvénients que
présente à nos yeux un pareil système
de gouvernement.

En dernier lieu, l'auteur aborde un
problème bien autrement délicat, celui
de la religion chez le peuple américain.
Pour la première fois nous voyons mentionné « l'ouvrage très considérable »
de M. Claudio Jannet, sur *les Etats-*

Unis Contemporains. Encore est-ce pour reprocher à cet écrivain d'avoir parlé « avec partialité du catholicisme ». « J'avoue, ajoute M. B., que j'ai une sympathie plus égale pour toutes les communions chrétiennes et même pour toutes les formes du sentiment religieux. » C'est assez dire le point de vue plus que libéral où il se place pour étudier l'idée de religion chez le peuple américain. Il ne prétend même pas pousser ses recherches « jusqu'au point où la séparation s'établit entre les différentes dénominations chrétiennes » ! Enfin il le dit sans détour, ce n'est pas aux gens convaincus de la vérité de leur foi qu'il parle ; ses remarques ne s'adressent « qu'aux consciences moins sûres de leurs voies étroites, aux esprits curieux et moins aisément satisfaits ». Autant vaut dire qu'une foi positive exclut la possibilité de comprendre les aspirations religieuses d'un peuple ! Singulier système que nous n'avons pas à discuter ici. Il nous suffit d'indiquer la tendance d'esprit, et de mettre ainsi le lecteur en garde contre certaines conclusions de l'auteur.

P. M.

***

SOUVENIRS DE MA JEUNESSE, par le P. Gratry, Paris, 1902, 6ᵉ édition, in-18.

Annoncer la 6ᵉ édition de ce petit volume, c'est redire sa valeur littéraire, le charme exquis qui s'en dégage à chaque page et le bien qu'il a produit depuis sa première apparition en 1874. Le P. Gratry nous y raconte, dans des pages lumineuses, l'histoire intime de son âme durant les trente premières années de sa vie ; ce n'est point une biographie dans le sens habituel du terme, c'est, ainsi qu'il nous le dit lui-même, à la fois un testament, une confession générale et l'histoire d'une âme de prêtre ; celui qui a tracé cette esquisse de lui-même est un penseur, un styliste, un cœur où il fait chaud et clair. Tout est à lire et le seul regret que l'on éprouve en terminant est de n'avoir qu'un livre

incomplet, inachevé. Ce serait sans doute faire injure au lecteur que de lui rappeler, entre autres beautés, ces pages si fréquemment citées et qui sont parmi les plus belles écrites en langue française, où le P. Gratry nous retrace le rêve de jeune homme qu'il fit un soir d'automne 1822, assis sur son lit dans le dortoir du collège.

Nous souscrivons des deux mains au souhait que formulait dans sa *Vie du P. Gratry*, l'éditeur des *Souvenirs de Jeunesse*, son Eminence le Cardinal Perraud : Je voudrais voir entre les mains de tous les jeunes gens ce volume exquis dont la seule lecture suffirait à jeter dans leurs esprits les idées les plus fécondes, à exciter dans leurs cœurs de généreux enthousiasmes, à leur inspirer les plus viriles résolutions.

L'ouvrage se complète par les *Derniers jours et le testament spirituel* du P. Gratry, par le P. Adolphe Perraud, et par l'*allocution prononcée au premier service anniversaire de la mort du P. Gratry*, par le même.

R. M.

***

SAINT FRANÇOIS D'ASSISE ET SON ÉCOLE, d'après les documents originaux, par M. PAUL HENRY, professeur aux facultés catholiques d'Angers, Paris, 1903, 1 vol. in-12 de XIX-207 pages.

C'est une jouissance pour l'âme, par les temps troublés que nous traversons, de pouvoir rencontrer des régions plus calmes et plus sereines, où elle est à même de retrouver la paix. Le voisinage des Saints, de ceux en particulier qui ont eu comme la passion de la paix et de la charité, offre précisément à l'âme ce bienfaisant repos ; à leur contact elle ressent un bien-être et un renouvellement, qui lui donnent le courage de supporter l'épreuve en attirant ses regards en haut. C'est le sentiment qu'éprouveront les lecteurs du nouvel ouvrage que nous annonçons. Sans prétendre écrire une vie, M. Paul Henry s'est proposé de retracer, *d'après les documents authentiques*, les traits de la physionomie si attachante du Poverello d'Assise.

Mais, hâtons-nous de le dire, ce n'est pas en *dilettante* que M. Henry a voulu traiter un pareil sujet, et nous ne croyons pas inutile d'en avertir le lecteur. Chacun sait en effet la vogue extraordinaire dont saint François est aujourd'hui l'objet. Jamais peut-être autant qu'à notre époque, il n'attira un aussi grand nombre d'admirateurs ; ils lui viennent de tous les camps et de toutes les confessions religieuses. Anglicans, Calvinistes, mécréants même se piquent de bien parler de l'humble Saint. Mais il ne faudrait pas se faire illusion, ni croire que cette foule d'admirateurs a toujours bien saisi ce qu'il y a de foncier dans le caractère de saint François d'Assise. Trop souvent l'on s'est arrêté aux vertus humaines et naturelles, sans pénétrer plus avant dans l'âme du Saint.

Dans sa courte esquisse, M. Henry a su échapper à ce défaut : car c'est surtout la physionomie surnaturelle qu'il s'est attaché à reproduire. Et cette peinture porte en elle toutes les marques de son authenticité et de la perfection de sa ressemblance avec l'original. Nous avons déjà dit en effet avec quel soin scrupuleux l'auteur avait écarté tous les textes douteux ; les Fioretti même ont été mis de côté, comme appartenant plus au roman qu'à l'histoire. C'est donc en toute confiance que l'on peut aborder la lecture de ce petit opuscule dont le style simple et élégant ajoute un charme de plus au sujet traité.

Pour compléter son portrait du fondateur de l'Ordre franciscain, l'auteur a cru bon d'emprunter quelques traits aux premiers disciples du Saint ; un dernier chapitre est consacré tout entier à saint Yves de Bretagne, l'un des membres du Tiers-Ordre franciscain, qui ont le mieux imité la sainteté de François d'Assise. Ainsi se justifie la pensée qui a guidé M. Henry, donner une idée de l'Ecole franciscaine par son fondateur et ses premiers représentants.

P.

XXX.

Revue Financière

La facilité avec laquelle la liquidation s'est effectuée a exercé une bonne influence sur tout le marché. Ce n'est pas que les transactions aient été particulièrement actives. La plupart des valeurs sont au contraire restées très calmes. Mais, comme précédemment, la spéculation s'est portée principalement sur quelques titres. Ce sont ceux-là dont l'allure a commandé toute la cote, surtout l'Extérieure et le Rio-Tinto, qui ont absorbé toute l'activité de la place. Les seules plus-values à relever ont encore été réalisées par ces deux valeurs.

La Bourse a suivi avec indifférence la longue discussion qui s'est continuée cette semaine, à la Chambre, sur le privilège des bouilleurs de cru, discussion où l'on a vu la fraude et l'empoisonnement par l'alcool élevés, en quelque sorte, à la hauteur d'une institution familiale. Elle n'a commencé à s'émouvoir que lorsque le ministre des finances, après avoir lutté avec une vaillance remarquable dans l'intérêt de la masse des contribuables contre l'exonération d'impôt réclamée par une catégorie de privilégiés, s'est trouvé dans la nécessité, vu la longueur des débats, de réclamer le vote d'un troisième douzième provisoire et l'autorisation d'émettre les obligations à court terme. Cette émission est nécessitée tout à la fois par les déficits des budgets antérieurs et du budget de 1903 qui se trouve privé, pour trois mois déjà, des recettes sur lesquelles on était en droit de compter par l'application des nouvelles mesures fiscales proposées, et menacé de ne pas réaliser la totalité d'évaluations fondées sur l'impôt des rentes viagères, sur la restriction du privilège des bouilleurs de cru et des zoniers pour l'alcool et le tabac.

La Bourse ne s'est pas méprise sur la signification de ce recours du Trésor au crédit. Elle n'avait d'ailleurs pas partagé l'optimisme ardent du rapporteur général du budget qui se refusait à admettre que l'Etat fût obligé d'emprunter en 1903. Elle s'était plutôt fiée à la grande expérience de M. Rouvier qui n'avait pas caché ses appréhensions au cas où le Parlement l'acculerait à la demande d'un troisième douzième provisoire.

Nos rentes ont été indécises : le 3 o/o tombe à 99,80; l'*Amortissable* n'a pas varié à 99,50. L'*Extérieure* s'est vivement avancée de 91,60 à 92,95 et a terminé à 92,57, lorsqu'on a su que le Crédit lyonnais était définitivement chargé du payement en province des coupons de cette rente.

Les fonds *turcs* ont été mouvementés. La *série B* est finalement restée à 61,25, la *série C* à 32,67, la *série D* à 30,25. L'*Obligation 5 o/o 1896* a varié de 505 à 501.

L'*Italien* a été bien tenu à 102,65; le *Portugais* s'est élevé à 33,15, pour revenir à 32,67. C'est par erreur qu'on a dit que le ministre des finances du Portugal avait l'intention de présenter un projet pour la conversion de la Dette extérieure en un type unique de 4 1/2 o/o amortissable en 198 semestres. C'est de la Dette intérieure qu'il s'agissait.

Les *fonds brésiliens* se sont un peu alourdis au milieu de la semaine sur des ventes de Londres; on avait exagéré les dépêches parlant de troubles à Rio; ils se sont raffermis le lendemain, lorsque les choses ont été remises au point.

Chemins de fer français et étrangers. — Les recettes de nos grandes compagnies sont en plus-values sur tous les réseaux pour la cinquième semaine. Le *Nord*, néanmoins, a été faible pendant toute la semaine de 1,795 à 1,770 parce qu'on a su que le dividende de 1902 serait inférieur au précédent. On estime qu'il sera fixé entre 62 et 64. Cette action clôture en reprise à 1,785. Le *Lyon* s'est tenu de 1,410 à 1,420. La *Compagnie des chemins de fer autrichiens* a été sans changement à 745; les *Chemins de fer du Sud de l'Autriche (Lombards)* entre 88 et 87,50. Les chemins de fer espagnols sont hésitants : le *Saragosse* s'est inscrit à 349; le *Nord de l'Espagne* à 230; les *Andalous* à 204. L'obligation des *Chemins de fer éthiopiens* clôture à 219,50 au lieu de 218.

Syndicats des Anthracites de Savoie. A la suite de notre appel aux syndicataires, les réponses favorables et sympathiques commencent à nous parvenir. *Sept* syndicataires jusqu'ici nous ont adressé leur souscription nouvelle ou confirmé leur souscription précédente. Nous prions nos lecteurs intéressés dans cette combinaison de nous fixer sur leurs intentions.

Syndicats de mines et ardoisières de l'Ariège et Port-Cros Réunis. Des réunions des plus intéressantes ont eu lieu au siège social; y assistaient MM. Soulages et Martignat, ingénieurs, Conil et Ch. Barneaud, gérants; Savaète, Trosseille, Feuillet, Herbaut, Guinebertière; et il fut traité des intérêts immédiats et même éloignés des Syndicats Réunis. Il fut constaté que les Transports militaires produisent ou produiront aux Syndicats *net* et *par an* en moyenne *2.000 à 2.500* francs; que les plantations d'artichauts s'élèvent aujourd'hui à 20.000 pieds environ dont 10.000 en plein rapport; cette plantation sera portée cet été à 25 ou 30.000 pieds qui tous seront en plein rapport à partir d'octobre prochain et susceptibles de donner en bénéfices nets de 10 à 12.000 francs par an. Nous ne parlons que pour mémoire des autres primeurs et de la vigne existante et dont les rendements serviront à couvrir les frais généraux.

Quant à l'usine à sous-produits ardoisiers, principal objet du *Syndicat de Port-Cros*, M. Martignat, ingénieur, retour de l'Anjou où il était allé étudier, pour le compte du *Syndicat*, le fonctionnement d'usines similaires, s'appliquera immédiatement à mettre le matériel existant à point et en état de produire commercialement et abondamment. M. Martignat, instamment prié par nous-mêmes de s'expliquer sur ce point capital, nous a donné l'assurance formelle qu'avec les scies rotatives et rectilignes installées et avec la force motrice dont il dispose actuellement, il peut arriver à produire de 150 à 200 mètres carrés de carreaux polis par jour. Nous comptons que la valeur marchande de ce carreau doit être de 10 francs le mètre carré, dont à défalquer pour commissions, transports et frais généraux 6 francs le mètre. Il resterait donc de ce chef comme bénéfice net et par jour 600 à 800 francs, que nous voulons bien réduire pour écarter toute idée d'exagération à 400 francs par jour. Or,

400 × par 300 jours de travail donneront 120.000 francs par an pour une seule usine. Mais, dès que cette première installation aura fait ses preuves et donné des résultats, il en sera établi plusieurs autres, car les demandes de ce produit s'annoncent déjà comme devant être abondantes. M. Bontoux, de l'ancienne *Union générale*, en est le premier demandeur inscrit.

Ajoutons que des pourparlers très sérieux sont engagés pour la création d'une station estivale et hivernale dans l'île, sous la dénomination de *villa Sana*, installation qui assurerait, sans le moindre aléa, d'importants avantages aux Syndicats Réunis.

A *Siguer et à Lercoul*, les projets d'avenir sont bien plus importants et plus immédiats, les promesses encore plus engageantes. En effet, le projet de l'usine *électro-hydraulique* a été élaboré par M. Martignat; les autorisations nécessaires sont demandées à la préfecture de Foix, et la municipalité de Siguer, contre l'entretien de vingt lampes électriques destinées à l'éclairage public, offre gratuitement aux Syndicats un magnifique terrain indispensable aux installations et qui a été évalué 6.000 francs par l'acte de concession. La future usine fournira au village l'éclairage privé qui produira par an 2.000 francs pour le moins.

Cette usine qui disposera de 140 chevaux de force servira à actionner les haveuses et les perforatrices sur les chantiers, nos scies, nos raboteuses, nos polissoirs à l'usine même, de façon à décupler la production envisagée et prévue par M. Migniot, ingénieur, soit au *minimum* 6 millions d'ardoises par carrière à ciel ouvert et à 4 gradins.

A Siguer et à Lercoul, la production sous toutes ses formes est facile, elle peut être étendue en quelque sorte sans limites, vu l'étendue des concessions et l'extraordinaire importance des traités à livrer déjà offerts aux gérants.

En effet, les offres de commandes deviennent des plus importantes, émanant des plus réputées des Commissions Ardoisières parisiennes, françaises et étrangères. Le président du conseil d'administration de l'une d'elles a déclaré à MM. Barneaud, Conil et Savaète, réunis en ses bureaux : que les produits des carrières de Siguer et Lercoul lui paraissaient excellents tels quels, bien que d'affleurements, il ajouta : « Combien pouvez-vous me fournir de wagons de 10.000 kilos de vos produits en gare de Tarascon et à quel prix ? Tout dépend du prix. Or, notez bien ceci : ma commande est *sans limite*, mes besoins étant *illimités* : je suis preneur de 10.000 wagons plutôt que d'une centaine ; produisez. »

L'entretien se termina sur l'assurance que le président du conseil de cette administration, son directeur et son ingénieur iraient à Siguer étudier un gisement qui leur semblait, vu les résultats acquis, hors pair et sans équivalent, dans l'industrie ardoisière.

Ajoutons que la maison Lion, de Hambourg, est venue spontané-ment faire des offres avantageuses, demandant par télégramme le monopole de la vente, et que, de Londres comme de Paris et de Toulouse, il arrivait aux gérants des propositions d'achat de nos car-rières comportant des offres variant entre 400.000, 600.000 et 1.500.000 francs. Il est inutile de dire que la pensée de vendre à l'étranger, ou à quiconque, ces carrières d'une incalculable richesse, est loin d'entrer encore dans les projets d'avenir des Syndicats Réunis.

Alliance de la Presse, 76, rue des Saints-Pères, Paris.

Saint-Amand (Cher). — Imprimerie BUSSIÈRE.

ARTHUR SAVAÈTE, ÉDITEUR, 76, RUE DES SAINTS-PÈRES, PARIS

Propylæum ad Acta Sanctorum Novembri

Par les RR. PP. BOLLANDISTES

Un fort vol. in-folio. *Prix* **60**

Nota : *Ce tome prend place dans la collection entre le tome XIII d'Octobre et l*
Novembre, avec le Nº d'ordre 61ᵇⁱˢ.

Nous avons l'honneur d'offrir à nos clients le nouveau volume dont vient de s'
croître la collection des **Acta Sanctorum**, comprenant à ce jour 66 volumes in-fol
tables générales comprises.

Nous ne serions pas etonnés que certains eussent, en ouvrant ce volume, une impr
sion de déception. La grande préoccupation du public lettré est de voir cette œuv
avancer rapidement, c'est-à-dire de voir se succéder, à de brefs intervalles, les volu
nouveaux, de manière à pouvoir espérer qu'on aura bientôt atteint le terme du cycle
l'année, et par conséquent la fin de l'œuvre. Le tome I de novembre a paru en 1887,
tome II en 1894, et ces deux volumes ne comprennent que quatre jours du mois de n
vembre ; encore le second attend un complément, dont l'apparition est prochaine. M
le volume publié aujourd'hui ne fait pas faire un pas en avant. On n'y trouve pas
commentaires, dans le mode traditionnel, sur des saints particuliers, mais un recu
général qui se présente plutôt comme un instrument de travail.

Cela n'est-il pas de nature à faire naître un soupçon fâcheux à l'adresse de la généi
tion actuelle du bollandisme ? Ne pourrait-on pas être tenté de lui demander si elle
bien, par son activité et par sa capacité de travail, à la hauteur de sa tâche, si elle
laisse pas déchoir, entre ses mains, la réputation de la grande œuvre dont elle a re
l'héritage ?

Des reproches de ce genre ne nous seront pas adressés par les lecteurs
connaissent les *Analecta Bollandiana*, ni par ceux qui ont l'occasion de consulter
double recueil qui porte pour titre : *Bibliotheca hagiographica graeca* et *Biblioth
hagiographica latina* , et les Catalogues raisonnés des manuscrits hagiographiques
bibliothèques publiques de Bruxelles, de Paris, du Vatican et de tant d'autres. Ceux
ne se plaindront pas de la lenteur apparente de la publication des *Acta Sanctoru*
Ils savent qu'un producteur ne perd pas son temps et sa peine lorsqu'il s'applique
renouveler son outillage, de manière à réaliser pleinement, dans les œuvres de son
la mesure de perfection rendue possible par le perfectionnement des procédés de trava

C'est cette tâche que les bollandistes actuels se sont particulièrement assignée, à
satisfaction de tous les érudits.

Le *Propylæum ad Acta Sanctorum novembris* est consacré aux Synaxaires grecs, c'e
à dire aux recueils de Vies de saints abrégées, pour tous les jours de l'année, en usa
dans l'Église grecque.

Il existe dans les bibliothèques de l'Europe et de l'Orient une multitude d'exemplair
manuscrits de ces sortes de recueils, dont le nombre et l'étendue avaient jusqu'ici reb
la critique. Mais il fallait bien un jour en aborder l'étude, puisqu'on ne voulait p
renoncer à s'en servir dans une foule de questions particulières.

Il fallait avant tout chercher à classer les principaux manuscrits, ceux du moins q
sont accessibles à la majorité des savants. L'éditeur en a choisi une cinquantaine, d
persés dans les bibliothèques publiques d'Allemagne, de France, d'Angleterre, d'Ita
et de Russie. Vu la complexité de ces collections, si disparates entre elles. il s'
décidé à les classer par comparaison avec un exemplaire complet, convenablement choi
dont il a publié le texte intégralement Le choix s'est fixé sur le Synaxaire dit de Sirmon
Un système de sigles et d'extraits a permis de donner une idée de la composition d'
bon nombre d'autres synaxaires.

Le texte grec du *Synaxaire de Sirmond* et des *Synaxaires choisis* occupe la prin
pale partie du volume. Les prolégomènes sont consacrés à la description et au classeme
des manuscrits et à la détermination des principales catégories des synaxaires et d
sources générales de ces compilations. Dans les notes, placées à la fin du volume, l'é
teur discute un certain nombre de difficultés relatives à l'identification des saints
chaque jour, et donne, lorsqu'il y a lieu, des indications sur les sources spéciales d'
bon nombre de notices particulières. Enfin, une table alphabétique détaillée de tous l
noms propres — près de six mille — facilite l'usage de cette grande collection hagi
graphique.

Cette publication ne sera pas seulement bien reçue des byzantinistes, pour lesquels
recueil des Vies de Saints de l'Église de Constantinople présente un intérêt particulie
mais aussi et surtout de ceux qui se préoccupent de l'achèvement de notre œuvre Ils
trouveront, pour les deux derniers mois de l'année, qui manquent encore à la colle
tion des *Acta Sanctorum*, à peu près tout ce que l'on connaît sur une foule de sain
grecs dont les actes développés ne sont point arrivés jusqu'à nous, et des renseignemen
utiles sur res ne tous les autres. Je n'ai besoin d'a outer ne les matériaux accumul

Comment faut-il juger Dupanloup ?

La *Revue du Monde -catholique* a déjà répondu au supérieur du grand séminaire d'Orléans ; elle doit répondre à un prêtre du même diocèse, auteur d'un article de Revue intitulé : « Mgr Dupanloup et le dernier de ses détracteurs ».

Que les prêtres orléanais défendent leur évêque, nous trouvons cela tout naturel. S'ils négligeaient de monter la garde autour de sa gloire, elle pourrait se défraîchir. On dirait qu'ils n'ont pas de sang dans les veines. Négligence d'autant plus regrettable que Dupanloup avait voulu faire d'Orléans une Athènes épiscopale, et, par une glorieuse accumulation, la Rome, non pas des Gaules, mais des libéraux et des gallicans. Une telle entreprise avait dû provoquer de grandes espérances et éveiller tout d'abord un grand enthousiasme. La question n'est pas de savoir s'il en reste quelque chose, mais *ce qui doit* en rester au jugement de l'histoire.

Renan a osé dire que, pour bien juger les personnes et les choses, il faut y avoir cru et n'y plus croire. Cette logique, louable à l'Académie, doit se pratiquer à Charenton. Notre logique, à nous, est plus simple : elle admet que, pour bien juger, il faut estimer et elle exige qu'on joigne, à l'estime, le discernement des esprits. Chanter hosanna, c'est très bien ; mais encore faut-il dire pourquoi on chante et si les raisons manquent à la mélodie, il faut baisser le diapason.

A Orléans, ils ont gardé l'enthousiasme des anciens jours. Cette piété filiale nous touche, mais tout le monde n'en éprouve pas les élans ; et quand le monde entier crierait : Vive Dupanloup ! cette unanimité dispenserait-elle de réflexion ?

> *Non bene conveniunt et in una sede morantur*
> *Majestas et amor :*

a dit le poète latin. L'amour porte un bandeau ; l'enthousiasme ne discerne rien ; il ferme les yeux et ouvre la bouche ; il chante des choses admirables que lui fait voir la fascination de son esprit. L'hallucination peut aller jusqu'à croire des choses qui n'existent pas, jusqu'à faire partager ses aveuglements. Si vous essayez de raisonner avec ces gens-là, ils vous tiendront pour fou. Cependant, s'il y a un fou dans l'affaire, ce n'est pas celui qui raisonne.

Je pose la question : Faut-il juger Mgr Dupanloup ? — Modestement, je le crois nécessaire ; ce jugement intéresse la raison publique ; il est moins chaud que l'enthousiasme ; mais, dans sa calme lucidité, il a une plus haute valeur. Gardez vos enthousiasmes, si cela vous plaît ; mais ne trouvez pas mal que nous nous rendions, à nous-même, raison de votre héros.

Vous n'oubliez pas que le *grand* Dupanloup a eu, contre lui, cinq ou six grands évêques de notre temps, et, avant tout, Pie IX. Vous n'oubliez pas qu'il a vu s'élever, contre ses enseignements et ses agissements, Louis Veuillot et Ulysse Maynard, tous deux esprits pénétrants et fermes. Si la même thèse d'opposition est soutenue par celui que vous appelez Constantin Faber, si peu que vaille ce Constantin, cela suffit pour accuser une dissidence, poser une question et demander une réponse.

Oui, il faut juger Dupanloup. Si grand qu'il vous plaise de le faire, il n'a jamais été et il n'est, aujourd'hui moins que jamais, au-dessus de la critique. Entre nous, je crois que c'est un mauvais quart d'heure à passer pour sa gloire, peut-être pour vos enthousiasmes ; mais une désillusion est un bienfait.

I

Juger Dupanloup, disons-le tout de suite, ce n'est pas le condamner aveuglément et surtout passionnément : c'est discerner ses mérites, en prendre la juste mesure et leur accorder une estime proportionnelle à leur grandeur ; mais c'est aussi reconnaître les lacunes de son esprit, les défauts de sa science, les dangers de ses doctrines et les excès de sa conduite. Dupanloup était un homme, sans doute ; il s'agit de savoir s'il a payé son tribut aux faiblesses de l'humanité et quel tribut ?

Nous n'avons, au cœur, contre cet évêque, aucune passion autre que la passion de la justice ; nous trouvons même, dans nos sentiments, pour sa personne, une forte sympathie. L'enthousiasme qu'il inspirait à la jeunesse, nous l'avons éprouvé ; nous l'avons

gardé de longues années. C'est une plante dont les racines ne périssent jamais, mais dont la croissance a été arrêtée par des
doctrines fausses et par de déplorables entraînements de cet évêque ;
nous les déplorerons jusqu'au dernier soupir, mais l'équité n'oblige
pas de refuser sa louange au mérite.

Nous avons reconnu que Dupanloup avait écrit de fort belles
pages. Oui, certes, et la liste en est longue : les deux panégyriques
de Jeanne d'Arc, les oraisons funèbres de Ravignan, de Lamoricière,
des martyrs de Castelfidardo, ses discours sur le feu sacré et sur l'enseignement populaire. Dupanloup était surtout orateur, il excellait
plus à parler qu'à écrire. L'éloquence allait mieux à sa nature inflam-
mable, à son esprit prompt, à son cœur chaud, à son âme enthousiaste. A raison même de ces qualités, il ne pouvait pas avoir ce génie
de composition littéraire, fait, disait Buffon, d'une *longue patience.*

Nous avons célébré sa campagne admirable en faveur du pouvoir
temporel des Papes. Ici, toutefois, nous l'avons trouvé inconsé-
quent : il a défendu avec une intrépidité chevaleresque, la motte
de terre, piédestal du trône des Pontifes romains ; et le moins
qu'on puisse dire, il paraît avoir combattu leur suprême, unique et
infaillible autorité dans le gouvernement des âmes et l'établissement
de la royauté de Jésus-Christ parmi les nations.

Nous ajoutons, pour être équitable, qu'il a combattu, avec une
admirable énergie, l'athéisme positiviste et dénoncé, avec une
grande clairvoyance, le péril social ; nous l'avons vu lutter avec la
même bravoure, pour la femme chrétienne et française, pour la Po-
logne, pour l'Irlande, pour la Suisse catholique, pour la liberté
d'enseignement, pour toutes les libertés de l'Eglise. Pour ce libéral,
défendre la liberté, c'était le premier de ses devoirs ; il s'est fait
l'honneur de l'accomplir avec force.

Nous avons dit que ses brochures, écrites avec une rapidité vertigineuse, sont des actes de combat et doivent s'estimer au prix des
services rendus. « Ce champion, toujours sur la brèche, a rendu, à la
vérité, de nombreux services. A ce point de vue, ce fut un Bayard.
Depuis sa mort j'ai regretté bien des fois sa disparition. Comme il
manque à l'Eglise ! » — Oui, s'il eût vécu et s'il eût pu voir se dé-
rouler ces attentats qui se précipitent depuis vingt ans, il n'eût pu
supporter, une minute, l'effacement, volontaire ou forcé, de l'épiscopat, il se fût tenu aux avant-postes ; il eût affronté tout le poids des
combats ; à lui seul, il eût pu être une armée ; et je me plais à croire
qu'il eût égalé, par ses accents, les plus grands apologistes de tous
les siècles.

En toute vérité, Dupanloup fut un intrépide champion. S'il eût vécu dans l'antiquité, les sculpteurs, amis du symbolisme, lui eussent mis, comme à certains héros, des cornes à la tête. En le coiffant de la mitre, l'Eglise lui mit ces deux cornes de la mitre, qui le rendirent terrible aux ennemis de la vérité.

Ce sont là les grandeurs de Dupanloup. Personne ne les conteste. Quand l'adversaire avait tort, nul, mieux que lui, ne savait trouver le défaut de la cuirasse et abattre son antagoniste sur l'arène. Peut-être n'était-il pas toujours très profond ; mais ce défaut de profondeur n'est pas un défaut dans les polémiques ; il est plus à la mesure de la foule et permet de mieux l'entraîner. C'est à ce prix que se remportent les grandes victoires.

Nous n'avons pas songé un instant à mettre en cause les vertus privées de Dupanloup, ni les nombreux services qu'il put rendre. Beaucoup de gens, dans des situations moins propices, sont également fidèles à l'humilité et au dévouement. C'est le secret des bonnes âmes, il ne peut pas en être question dans une controverse d'histoire.

Nous n'avons pas davantage mis en cause les hautes approbations qu'il put recueillir, nous n'ignorons pas qu'il les ambitionnait beaucoup et excellait à les provoquer. Ce n'est peut-être pas tout à fait une marque de grandeur ; je ne l'aimerais pas moins parfois dans un plus fier isolement. Quand, par exemple, la veille de la mise en vente d'une brochure, il mettait à la poste quinze cents lettres, c'est pousser un peu loin les artifices de la réclame.

Les vrais mérites de Dupanloup, ses qualités personnelles, ses vertus morales et sociales, ne sont pas, non plus, en cause. Nous ne contestons rien là-dessus. Nous demandons uniquement ce qu'il faut penser du personnage historique, de ses doctrines et de ses actes. Qu'était-il comme savant ? Que valait-il comme fabricateur du catholicisme libéral ? Ce qu'il a fait dans l'Etat et dans l'Eglise, au service de cette erreur, est-il digne de louange ? Voilà la question. Nous y avons répondu ; nous sommes prêt à insister sur ces réponses et à les mettre, par la discussion, au-dessus de toute controverse.

Notre adversaire bénévole loue fort les évêques actuels d'Orléans et de Nice. Nous nous associons à ses éloges : dans l'un, nous apprécions la bonhomie de ses œuvres et l'éloquente simplicité de ses discours ; dans l'autre, nous apprécions l'honneur qu'il s'est fait de refuser la croix d'honneur et de provoquer la confiscation de son traitement épiscopal.

Le ci-devant ontologiste Branchereau avait paru mettre en doute notre probité d'auteur ; son lieutenant paraît nous vouloir couvrir de ridicule. Qu'il ne se gêne pas et nous permette de ne pas lui renvoyer la balle. Nous sommes ce que nous sommes devant Dieu, rien de plus ; le reste ne nous donne aucun souci. L'âme humaine n'est qu'un souffle de vie ; le vrai, le juste, le bien illuminent ses facultés. Lorsqu'elle tressaille sous les effusions divines, elle s'imprègne de leur grandeur, et y trouve son bonheur. Le surplus est sans importance ; si c'est un titre d'être persécuté par le gouvernement, nous avons aussi, à défaut d'autre mérite, cette bonne fortune. Si l'on y ajoute de basses malversations, c'est un assaisonnement de plus.

II

Si l'on veut discuter sérieusement sur Dupanloup, il ne faut pas se tenir aux banalités enthousiastes ; il faut isoler chaque question et la peser au poids du sanctuaire.

Dupanloup était homme de talent, c'est hors de doute ; mais était-il réellement un homme fondé en science ecclésiastique ? Voilà une première question.

Trois choses font le prêtre : la science, la vertu et le caractère. Le caractère sacerdotal est le même pour tous les prêtres ; la vertu, lorsqu'elle ne s'élève pas jusqu'à la sainteté, suffit, pourvu qu'elle soit irréprochable et suffisante aux fonctions du ministère. La science, une grande science, une science élevée et profonde, est nécessaire à tout prêtre, surtout à ceux qui jouent, dans le monde, un certain rôle. Parcourez l'histoire, vous ne verrez pas de prêtre marquant avec des talents vulgaires et une science médiocre. Savoir, bien savoir est le secret de la puissance et la marque de la vraie grandeur.

Dupanloup était-il savant ? A moins de prétendre qu'il avait la science infuse, il est manifeste qu'il n'a jamais rien étudié à fond ; qu'il ne s'est appliqué à aucune science ecclésiastique.

A l'époque où il fit ses études à Saint-Sulpice, les auteurs classiques étaient, pour la philosophie, le janséniste et cartésien Vala, pour la théologie, le vieux Vieuze que Bonal a tapé, retapé et retaperas-tu. Vieuze était aussi nul que Vala, de plus, il était rigoriste en diable et gallican à trente-six carats. Félix Dupanloup, avec son esprit ardent et ses belles flammes, n'eut qu'à ouvrir ces deux ou-

vrages, pour en avoir le fond et en saisir l'ensemble. S'il étudia
d'autres auteurs classiques, je n'en ai jamais entendu parler. Lui-
même confesse qu'à l'époque où il était censé suivre les cours, il
composait vingt ou trente volumes pour ses catéchismes de Saint-
Sulpice. A moins d'être sorcier, il ne pouvait pas tant écrire et en
même temps étudier avec cette lenteur méditative, nécessaire à
l'appropriation des doctrines et à leur intelligente digestion. Car enfin, étudier n'est pas tout ; il faut s'assimiler ce qu'on étudie, le faire
sien, et, disciple en étudiant, devenir un maître en méditant. On ne
devient qu'à ce prix un homme qui a une tête à soi, un esprit personnel, une pensée propre, une conviction qui constitue sa personnalité.

Généralement, l'homme qui a étudié de la sorte, s'il écrit, le montre par l'originalité de ses œuvres. Cet homme, qui pense par lui-
même, ne fait pas ses livres avec les livres des autres ; il met sa tête
et son cœur dans ses ouvrages : à moins que, déformé par la rhétorique, il ne fasse, de la composition littéraire, un feu ou un jeu
d'artifice. Chez Dupanloup, vous ne voyez rien de tel. Pour ses
débuts, il publia deux ouvrages : c'est le christianisme présenté aux
hommes du monde, par Fénelon, et la vertu chrétienne, toujours
d'après Fénelon. Je conviens que les œuvres de Fénelon sont des
trésors, une mine inépuisable ; j'accorde qu'en tirer des ouvrages
pour notre siècle, est une excellente idée ; mais enfin ce n'est là
qu'une œuvre de bonne volonté intelligente ; je n'y vois rien pour
crier : au miracle !

Dupanloup avait beaucoup parlé de son catéchisme ; il fut prié
d'en donner la substance ; mais il ne s'exécuta que plus tard en publiant ses conférences à ses prêtres, sur cette œuvre par excellence.
Craignait-il la comparaison ou la concurrence avec le manuel de
Saint-Sulpice, c'est possible. En tout cas, pour ses débuts, il ne publia qu'un *manuel de catéchisme* en trois volumes. Ceux qui, comme
nous, l'ont acheté pour le service du ministère, ont éprouvé une
déception. Ces trois volumes ne contiennent que des opuscules sur
le catéchisme, opuscules composés par une foule d'auteurs, quelque
chose d'analogue aux catéchismes de Migne et un manuel des confesseurs de Gaume. C'est affaire d'éditeur et non pas d'auteur.

Ce que Dupanloup avait fait avec les œuvres de Fénelon, il eut
l'idée de l'entreprendre avec les œuvres de Bossuet. De mieux en
mieux, mais ce n'est toujours point là la marque d'une forte tête ;
surtout on ne fait point deux fois ces choses-là. Bossuet est encore
plus riche que Fénelon. Quand Dupanloup se mit à le découper, à

le déchiqueter, à en tirer mille morceaux pour ses constructions futures, il n'en était encore qu'au premier volume : il avait tout pris.
Je le crois bien ; en puisant à ce trésor, on ne pouvait rien négliger.
Alors il vit, je ne dis pas l'inutilité, mais l'impossibilité d'une telle
entreprise ; il s'arrêta. Quelques années après, un familier de l'évêché
offrait à vendre les œuvres complètes de Bossuet, moins le premier
volume. Naturellement personne n'en voulut. L'évêque resta avec
son Bossuet et ses ciseaux ; mais il cessa de mettre ses ciseaux dans
la forêt de Bossuet.

L'idée qu'il faut se faire de Dupanloup, à cette époque de la vie
cachée, c'est qu'il n'est pas caché du tout, il est tout en dehors. Ce
n'est pas l'homme qui s'enferme dans sa chambre, qui verrouille sa
porte, qui fait dire qu'il n'y est pas et qui travaille nuit et jour ; ce
n'est pas l'homme qui amasse lentement les trésors de doctrine et
compose lentement les pages où tout est moelle et suc, et splendeur.
L'idéal de Dupanloup est à l'encontre ; il attache une importance
énorme à cette littérature facile du journalisme, triste production des
époques déracinées et il y a toujours un peu la main. Pour lui,
comme pour tout le monde, l'article n'est ni un livre, ni même une
brochure. C'est une idée prise au vol, aussitôt coulée sur le papier
qu'elle est conçue, imprimée sans qu'on la relise autrement que sur
épreuves ; quitte, s'il y a lieu, à la compléter, à la développer dans
les articles suivants. Nous ne contestons pas l'utilité du journalisme ;
mais enfin le journalisme n'est pas œuvre ni marque de science.
C'est une encyclopédie, mais superficielle ; et non seulement cette
application ne prédispose pas à la profondeur et à la solidité des volumes ; je crains plutôt qu'elle l'empêche.

J'ai, en preuve, un exemple. En 1849, Dupanloup avait écrit,
dans l'*Ami de la religion*, je crois, une série d'articles, sur le pouvoir
temporel des papes, mis en cause par les attentats de la Révolution.
Le sujet était d'une brûlante actualité ; la question de première
importance, très propre à attirer l'attention de son esprit, et, si l'on
veut, de son génie. En sept ou huit articles, Dupanloup enleva
magistralement sa brochure ; il en indiqua plus qu'il n'en approfondit les arguments ; il sut, avec beaucoup d'art, y introduire nombre
de considérations, parfois un peu vagues, mais généralement fondées et très propres à soulever l'opinion. Ce n'est pas encore un type
achevé de perfection comme en produira, plus tard, ce thaumaturge
de la brochure ; mais c'est un travail excellent, et, dans sa brièveté,
décisif.

De cette brochure assez courte, Dupanloup, plus tard, voulut faire un volume. Ce volume devait être un traité historique, dogmatique, moral, juridique de la puissance temporelle des Pontifes romains. C'était un travail difficile, qui demandait du temps, qui exigeait une connaissance profonde des faits et du droit. Dans ces conditions, c'eût été une œuvre à bâtir comme une pyramide, pour briser, par sa solide structure et son élévation, le cyclone révolutionnaire. Grotius, Domat, Pothier ou quelque grand jurisconsulte ont fait, de cela, une affaire. Dupanloup avait certainement l'intelligence du sujet, mais il ne comprit pas les exigences de l'œuvre. Son volume n'est pas le traité attendu, c'est la brochure délayée avec des emphases, des anecdotes, des citations, ce qu'on appelle du remplissage. Le volume n'en dit pas plus que la brochure; il le dit avec moins de relief et des longueurs fatigantes. Vous sautez vingt pages ; vous trouvez les mêmes allégations, les mêmes adjurations, les mêmes prosopopées ; d'autres diraient, irrespectueusement, les mêmes balançoires. Par compassion, je n'ose pas m'enquérir du sort de ce volume.

Evidemment, jusqu'à son épiscopat, Dupanloup ne peut être, pour personne, ce qu'on appelle un savant; il a pu parcourir le monde de la pensée en trois pas, il ne s'est arrêté nulle part, il n'a pas posé une pierre pour l'éternité, comme le patriarche, il ne paraît pas prédestiné à ériger un monument plus durable que l'airain. L'article de journal pourra devenir successivement brochure de combat, mandement épiscopal et même livre ; ce sera toujours l'article de journal ; et dans cette partie, dans le journal même et dans la revue, Dupanloup sera toujours inférieur à Veuillot et même à Bonnetty.

« Ce n'est pas là Gousset », disait Pie IX. Le cardinal Gousset, avec ses deux théologies qui ont abattu, à ses pieds, le jansénisme et le gallicanisme ; le cardinal Pie, avec ses instructions synodales, qui ont pris à la gorge le naturalisme et le catholicisme libéral ; Henri Plantier avec ses mandements si pleins de science; Emile Freppel, avec ses livres et ses œuvres polémiques ; Léonard Berthaud avec ses envolées sublimes ; Charles Gay, avec ses œuvres mystiques ; Gaston de Ségur, avec ses brochures à l'emporte-pièce, font déjà et feront de plus en plus une autre figure en histoire. Ces hommes doivent grandir ; Dupanloup, selon moi, ne peut que décliner ; et même quand les œuvres de l'avenir surpasseraient les œuvres du passé, — ce qui est d'ailleurs dans l'ordre, — elles n'infligeraient, certes, aucun discrédit à nos grands évêques.

Le *clinamen* de Dupanlonp, attesté par son défaut de science profonde, se détermine mieux par son inintelligence des temps. Les *Annales Religieuses* d'Orléans, dans l'espoir de glorifier le flair de Dupanloup, nous disent naïvement qu'il eut *toujours* Lamennais en horreur et que Lacordaire même lui fut *suspect*. L'article auquel je réponds, me parle de la bourrique de Balaam ; j'ignore si elle a son écurie aux *Annales* d'Orléans ; mais à l'envers de l'autre, si elle est là-bas, en voulant exalter, elle accable. Lamennais fut le prophète des temps nouveaux ; l'homme qui prit à rebours trois siècles d'erreur ; qui voulut abattre le rationalisme de Descartes, le gallicanisme de Bossuet et le naturalisme social de Mirabeau. S'il n'a pas mené à bon terme cette triple entreprise ; s'il l'a même désertée et trahie, d'autres, suscités par lui, soulevés par l'enthousiasme qu'il avait inspiré, ont continué et achevé son œuvre dans toutes les sphères de la pensée chrétienne. Lacordaire, avec son lyrisme philosophique, n'est qu'un écho de Lamennais ; comme Gousset, Guéranger, Rohrbacher, Bouix, Bonnetty, Périn et beaucoup d'autres ne sont que les grands ouvriers entrés dans les carrières de réforme ouvertes pour le prophète breton. Si Dupanloup a vu ce mouvement réformateur d'un mauvais œil, cela prouve tout juste qu'il était attelé, à rebours, au char du progrès.

Ni par sa science profonde, ni par son intelligence des temps, Dupanloup n'a pu être l'homme d'une grande œuvre et d'un grand rôle. C'est une intelligence très ouverte, très étendue, universelle même, si cela vous plaît : il peut parler de tout de manière à émerveiller des visiteurs dans un salon ; mais il n'a pas la science ecclésiastique au degré voulu pour dominer et illuminer son temps. C'est un homme très actif, très entreprenant, très décidé, qui veut mener son pays et entraîner son siècle ; je ne doute pas qu'il n'ait voulu, par un réveil chrétien, par la foi, par la piété, surtout par le combat contre les impies et les incrédules, atteindre au but que rêvait son âme. Mais à toutes ces ardeurs, à toutes ces flammes, à tous ces entraînements, il manque une chose : la vue très claire des maux produits par les aberrations du particularisme français et la résolution très ferme de les conjurer par un retour aux principes et aux pratiques de l'Eglise romaine, mère et maîtresse de toutes les Eglises. — C'est un homme de son temps et de son pays, comme il se plaisait à dire ; au delà, il ne compte plus que comme un bruyant souvenir.

III

Le bagage littéraire de Mgr Dupanloup est assez considérable :
dix volumes sur l'éducation et questions connexes; deux volumes
pour la défense de l'Eglise; treize volumes d'œuvres soi-disant choisies, consacrées au ministère épiscopal; une longue série de brochures. En laissant de côté les brochures, que vous preniez ces
vingt-cinq ou trente volumes par unité ou dans l'ensemble, vous n'y
trouvez pas une œuvre. Les vrais grands hommes ont tous une
pensée, un acte, une œuvre qui les caractérise et parfois les personnifie. Ici, c'est le contraire : il y a de tout; ce tout est traité invariablement dans la forme oratoire, bonne pour le discours, mais fa-
tigante pour toute œuvre où le lecteur a besoin du calme et de la
réflexion de sa pensée. Dupanloup calme, c'est l'impossible. Les
volumes de Dupanloup sont de la nature du volcan ; ils opèrent une
fusion et font du bruit.

Il n'est pas douteux que Dupanloup n'ait eu la prétention d'être
le grand homme de son siècle; il s'est démené constamment pour
y atteindre. Dans l'Eglise, il est à peu près ce que fut Thiers dans
l'Etat. Au pouvoir ou dans l'opposition, ces deux hommes ne
savent pas ce que c'est que de se tenir tranquille ; ou ils conspirent,
ou ils agitent, toujours pour dominer. Les hommes qui dominent
par état ou par vocation, ne se remuent pas tant; ils gouvernent
sans fracas, par la sagesse de la pensée. Le grand homme se sent
partout et ne se montre que le moins possible. Chez Dupanloup et
chez Thiers, ce n'est pas cela. Certainement ils avaient des mérites
incontestables et incontestés, plus de grandeur même qu'ils n'ont
su en prendre. Mais enfin, par une fatalité inexplicable, si grande
que soit leur pensée, si noble que soit leur dessein, il y a, en eux,
du conspirateur, du petit faiseur, j'allais dire de l'intrigant et du
charlatan.

Chaque fois qu'ils parlent ou qu'ils écrivent, ils disent tout ce
qu'il faut dire; par des moyens différents, ils savent enlever un
auditoire. Leur discours remplit le monde ; le lendemain, il n'en est
plus question. *Periit memoria cum sonitu.*

L'instruction, l'éducation de la jeunesse furent la spécialité de
Mgr Dupanloup; il s'y dévoua quelque temps et en écrivit beaucoup. Ce serait son œuvre, si c'était une œuvre. Qu'est-ce ?

Le sujet est aussi ancien que le monde. Dès qu'il est venu des en-

fants sur la terre, il a fallu, par un travail propre, les élever à la dignité de l'homme adulte. Ce travail est long, compliqué, souvent
mystérieux. On pouvait en écrire indéfiniment, on en a beaucoup
écrit. Des anciens, il ne nous reste guère que la *Logique* d'Aristote
et les *Institutions* de Quintilien. Parmi les modernes, depuis Boëce
et Cassiodore jusqu'à Dupanloup, les traités classiques d'éducation ne
se comptent plus ; ils formeraient, réunis, une énorme bibliothèque.
En général, ce sont des traités pacifiques, méthodiques, sentencieux,
procédant, comme la géométrie, par propositions démontrées, qui se
suivent et s'enchaînent de manière à former un code. Si vous les com-
parez à Dupanloup, vous verrez qu'ils ne se ressemblent guère. Jou-
vency et les auteurs jésuites sont plus précis ; Thomassin est plus
riche d'érudition et plus fort de logique. Autant qu'on peut comparer deux auteurs qui ne se ressemblent pas, Dupanloup se pourrait
mettre en parallèle avec Erasme. Je ne dis rien du fond qui est solide et généralement juste ; je parle de la forme. Il y a plus que de
l'abondance, il y a profusion, et invariablement cette richesse oratoire de l'homme qui veut montrer sa force, jusqu'à nous étourdir.
On lit d'abord avec plaisir, puis avec fatigue ; à la fin, on ne lit plus.
C'est trop. Vous remettez à une autre fois ; vous y revenez le plus
tard possible et, à la fin, plus du tout.

Les deux volumes de conférences au clergé du diocèse d'Orléans,
sur le catéchisme et sur l'éloquence de la chaire, traitent également
des sujets rebattus. Comme entretiens à des prêtres en retraite, c'est
très bien ; et si vous tenez compte de ce qu'ajoutait à la trame du
discours, la véhémence physiologique de l'orateur, l'impression devait être profonde et durable. Mais, si louables que soient ces
actes du ministère pastoral, lorsqu'ils deviennent des livres, c'est
autre chose. Le public ne peut s'y intéresser d'aucune manière ; les
prêtres même n'y attachent aucun intérêt. C'était bien en retraite ;
au dehors, ça détonne. Qu'est-ce que vous y comprenez ? — Rien.
— Qu'en gardez-vous ? — Pas grand'chose. J'en parle en homme
qui s'est donné la peine de les lire avec attention et dont le profit
n'a pas répondu à sa bonne volonté. Des entretiens sur le papier, ça
ne répond à rien dans la nature, je veux dire dans la nature studieuse,
qui veut aller au fond des choses. Au lieu de donner des coups de
sonde, on s'étend sur les surfaces planes : c'est un exercice comme
un autre, un pur exercice.

L'écrit, sur l'éducation des filles, en concurrence avec Fénélon, a
eu raison de ne pas craindre la concurrence. Il y avait, depuis le
XVIIᵉ siècle, beaucoup à dire. Dupanloup en a dit quelques mots et

a bien fait ; s'il avait eu le temps d'être court, ce serait mieux encore ; mais il n'a jamais eu ce loisir.

Les conférences aux dames du grand monde m'ont paru touchantes, justes et belles. Dupanloup ne les gâte pas, ces dames ; il est aussi parfois exigeant et dur. Et cependant, je ne sais comment expliquer ce mystère, bien qu'il mène son auditoire tambour battant, au pas accéléré, on y sent quelque chose des relâches de la décadence. — Nous avons rendu compte de ces conférences dans la *Bibliographie catholique.*

Le livre sur le principe social de la charité n'est qu'une esquisse, l'ombre d'un grand ouvrage, avec des contours mal définis et une maigre substance. Faute de temps, faute d'espace et aussi faute de science, Dupanloup n'a pas fait ce livre qu'il ne pouvait pas faire et que personne, au surplus, n'a fait encore. Nous l'attendons. Je suis étonné que les catholiques, pour qui la charité est la première des vertus et la meilleure preuve de la divinité du christianisme, aient laissé presque dans l'ombre les grandeurs et les sublimités de cette histoire.

Du moment que Louis Veuillot avait écrit une Vie de Notre-Seigneur Jésus-Christ, Dupanloup devait en écrire une aussi. L'avez-vous lue ? Non. — Connaissiez-vous même son existence ? A peine. C'est un livre d'étrennes. Nous n'entendons pas, au surplus, en blâmer le travail ni en discréditer le but. C'est même très louable d'écrire des livres pour les cadeaux en famille. Ce n'est pas grand genre, mais c'est œuvre d'un homme de bien. Il n'y a rien au-dessus de ce qualificatif.

Dieu s'appelle un feu qui consume. Ce feu, il le départ à ses créatures pour les vivifier. Chacun en a sa part, proportionnée à sa fonction. Aux auteurs, Dieu distribue cette lumière pure, cette sainte flamme, qui illumine leur front et embrase leur cœur des ardeurs de l'apostolat. De ce feu sacré, Dupanloup avait reçu grande part ; je dirais qu'il en avait trop, si l'excès était possible dans un don divin. Mais il ne connut jamais l'art difficile de l'emmagasiner, de le contenir et de le contraindre aux œuvres de perfection. Il a, dans sa course, quelque chose d'impétueux et de mal contenu. Dans la composition de ses livres, il y a quelque chose qui ressemble, par analogie, à la lave d'un volcan. L'auteur était un volcan lui-même. Dans les éjaculations de sa pensée, il dut éprouver de grandes allégresses à savourer souvent ce que Jaurès appelle les ivresses du Verbe. Rien ne peut donner une idée de ses transports ; pour en parler, il faudrait recourir aux images des poètes. Pour un auteur, ces choses-là sont inoubliables ; aucun, en ce monde ne peut donner une meilleure idée et un plus fort sentiment de la béatitude éternelle.

Ces extases d'auteur, le public ne s'en occupe pas. Ce que le feu a produit, la froide raison le juge. Or, pour que la lave devienne une terre féconde où le lecteur puisse moissonner et recueillir lui-même du froment, il faut une lente et longue transformation. Naturellement chaque auteur l'effectue à sa manière et communément s'arrête au résultat qui le satisfait dans ses goûts. Le plus précieux profit d'un ouvrage, c'est toujours celui qu'en tire l'auteur. Les uns sont faciles à contenter ; beaucoup d'autres ne se contentent jamais ; les plus éminents, au lieu de se contenter, éprouvent parfois une espèce de désespoir. Mais, ici, une seule chose compte et emporte tout, c'est le jugement de l'opinion publique. Le public, ou plutôt les quelques rares esprits qu'on décore de ce nom, sont les arbitres du goût. C'est à eux qu'appartient, sur les livres, le dernier jugement. A quelques-uns, la palme de l'immortalité ; à un certain nombre, le mérite de l'utilité ; au plus grand nombre, l'utilité relative qui justifie leur apparition.

A aucun prix nous ne médisons des livres. Bellarmin, grand théologien, saint Augustin, grand génie, disait que les plus modestes ouvrages ont, devant Dieu et devant les hommes, leur multiple utilité. Dupanloup, qui possédait, pour ses ouvrages, un remarquable talent de mise en scène, leur fit, sans doute, produire tous les bienfaits auxquels ils pouvaient prétendre. A la lettre, on peut dire qu'un certain nombre de ses brochures furent lues de tout l'univers. Plusieurs ouvrages ont obtenu, de leur temps, un juste crédit. Mais Dupanloup était-il, comme Victor Hugo, un de ces hommes qui ruinent leurs éditeurs ? Je sais que Douniol y succomba. Je ne vois pas que son prudent et habile successeur réédite aucun ouvrage de Dupanloup. C'est fini, je suppose. Dans cent ans, quelque Migne réunira dans trois ou quatre in-4°, les flammes de Dupanloup ; ce sera son monument au cimetière de l'oubli.

IV

Maintenant, pour la lucidité de la discussion, nous supprimons toute critique. Nous admettons par une bienveillante hypothèse, que Dupanloup possédait le génie profond et puissant de Lamennais ;

qu'il avait, en lui, toute la science théologique du cardinal Gousset ; la science canonique de Bouix ; la science liturgique de dom Guéranger, la science historique de Rohrbacher, la science économique de Périn, le lyrisme philosophique de Lacordaire ; qu'il savait manier, avec une habileté sans égal, le compas d'Euclide et la lyre de Pindare ; que tous ses ouvrages sont des chefs-d'œuvre ; et que son admirable personnalité surpasse de vingt coudées les plus grands hommes du xixe siècle.

Ceci concédé par hypothèse, quel dessein a conçu Dupanloup au service de son siècle et par quels actes a-t-il travaillé au triomphe de son dessein : voilà la question.

Dupanloup a poursuivi toute sa vie un but : la réconciliation de l'Eglise avec la société moderne, issue de la Révolution. C'est là le point qu'il faut énucléer, non point avec passion et esprit de parti, mais pour réduire les choses au dernier éclat de l'évidence.

Par scrupule d'équité, il faut dire, premièrement, que, par *société moderne*, Dupanloup n'entendait pas les enthousiasmes saugrenus de 89 pour le retour de l'âge d'or, ni les spoliations de 90, ni le schisme de 91, ni les illusions révolutionnaires de 92, ni les crimes de 93, ni les utopies socialistes de 94 ; il rejetait avec horreur toutes les erreurs, scélératesses et folies de la Révolution ; il n'acceptait que le système social sorti des embrasements de cette fournaise.

Ce système social n'était pas la société chrétienne du Moyen Age, car alors l'idée de la réconciliation avec l'Eglise n'aurait pas de sens ; c'était la société fondée politiquement sur la souveraineté du peuple, le suffrage universel, la représentation nationale par délégation ; c'était le gouvernement, république ou monarchie, constitué avec deux Chambres, un conseil d'Etat et l'ensemble de services administratifs que comporte la gestion des intérêts sociaux ; c'était la France à peu près telle qu'elle existe en vertu des établissements du premier Consul.

Cette société, il faut bien retenir ce point, est fondée sur le principe philosophique de l'indifférentisme en matière de religion ; elle n'admet pas la religion et l'Eglise dans l'ensemble des institutions nécessaires à la société ; elle les accepte seulement comme fait et règle leur condition d'existence d'abord par le Concordat, puis par les Articles organiques, désorganisation audacieuse du Concordat. Mais en même temps, et ce point est encore à retenir, elle concède à tout homme l'indépendance de sa pensée, de sa conscience et de son culte ; elle accorde à la presse une pleine et entière liberté, et si elle accepte la religion et l'Eglise comme fait, elle leur oppose, comme droit, l'hégémonie de la libre pensée. — L'Eglise, en France, est sous la main de l'Etat et l'homme libre, le citoyen, a cessé de lui appartenir.

Dupanloup demande que l'Eglise catholique se réconcilie, en principe, en droit, avec la société moderne. S'il demandait simplement que l'Eglise admette la société moderne non comme thèse absolue, mais seulement comme hypothèse, plus ou moins forcée, nécessairement tolérée, il ne demanderait rien qui ne soit concédé depuis longtemps. Pour que sa motion ait du sens, il faut qu'il demande à l'Eglise l'acceptation pleine et entière, sans réserve d'aucune espèce, de la société moderne; l'acceptation de l'indifférentisme d'Etat; l'acceptation des libertés de pensée, de conscience, de presse et de culte; l'acceptation d'une société qui ne connaît pas Dieu et qui affirme l'autonomie de l'homme, d'une société qui n'accepte la religion et l'Eglise qu'avec une neutralité malveillante et s'applique sans cesse à diminuer leur situation.

En deux mots, Dupanloup, en voulant réconcilier l'Eglise et la société moderne, admet, dans la société moderne, toutes les libertés de droit commun et demande simplement à l'Eglise qui a sa part et sa place au banquet de la liberté publique, d'accepter ce régime, qu'elle s'est contentée jusque-là de subir.

Or, en poursuivant cette réconciliation, Dupanloup se met en opposition avec l'enseignement des pontifes romains. Depuis Pie VI jusqu'à Léon XIII, les Papes ordonnent aux catholiques la soumission aux gouvernements libéraux, mais ils repoussent en même temps le système de l'indifférentisme. L'Encyclique *Mirari vos* de Grégoire XVI est une charge contre toutes les libertés licencieuses du libéralisme; l'Encyclique *Quantâ curâ* de Pie IX et le *Syllabus* énoncent, sous une autre forme, les mêmes enseignements de l'autorité pontificale. Léon XIII, qui est un pape auteur, très acclamé des libéraux, a beaucoup écrit, mais n'a pas écrit un mot dont le libéralisme de Dupanloup puisse se prévaloir. A une certaine époque, les catholiques libéraux de France avaient acclamé l'Encyclique *Immortale Dei*, avec une espèce de frénésie; ils avaient cru, par un contresens manifeste, y découvrir cette parole décisive d'un Pape sanctionnant le mariage de l'Eglise avec la liberté moderne. L'Encyclique *Libertas* jeta sur ces enthousiasmes une douche d'eau froide. Depuis, le Pape a écrit sur presque toutes les questions sociales et économiques; il l'a fait avec cette scrupuleuse orthodoxie dont ne peut se départir un Pape. Mais les libéraux, qui le caressent toujours, n'en ont jamais obtenu la canonisation de leur inadmissible programme.

En poursuivant cette impossible réconciliation, Dupanloup se met en opposition avec tous les théologiens qui ont écrit depuis trois siècles, principalement sur les questions sociales. Rien n'est mieux connu que leur distinction entre la *thèse* et l'*hypothèse* ; ils ne sortent pas de ce retranchement. Si Dupanloup s'était tenu dans leurs lignes, il ne disait rien de plus que les autres et devait garder le silence. Or, à l'adversaire qui lui oppose cet argument cornu : Ou vous vous tenez dans la simple admission de l'hypothèse, et alors vous n'êtes pas libéral ; ou vous en sortez pour préconiser la thèse et alors vous êtes hérétique : Dupanloup, sophiste à ses heures, ne fait pas semblant de comprendre cet infrangible dilemme et répète benoîtement qu'il revendique en droit toutes les libertés. Alors il se met en opposition avec l'enseignement de tous les théologiens. Dogmatiseur de bonne ou de mauvaise foi, dans les deux cas, il doit succomber.

En poursuivant cette impossible réconciliation, Dupanloup a fait bande à part ; il a jeté par-dessus bord, J. de Maistre, L. de Bonald, Lamennais, Balmès, Juan de Valdégamas, tous les grands penseurs catholiques ; il s'est séparé des Gousset, des Doney, des Gerbet, des Delalle, des Parisis, des Salinis, des Pie, des Plantier, des Freppel, de tous les bons et solides évêques de son temps ; il s'est bâti, pour son usage, la petite chapelle, où une inscription sur le marbre dit que Montalembert, Falloux, Foisset, Gratry, Cochin et *tutti quanti* ont fourni entre eux un pacte, le pacte de défendre l'Eglise libre dans l'Etat libre. Par ce style lapidaire, ils se posent en défenseurs absolus du libéralisme, où ils parlent pour ne rien dire.

Je n'ai jamais pu comprendre que Dupanloup se soit porté à ce degré d'inconscience ou d'insolence. Je laisse de côté Montalembert, Broglie, Cochin, Foisset ; ce sont des grands hommes, c'est entendu, ils ont seulement oublié un peu leur catéchisme ; ils nous disent qu'ils communient souvent, mais ils oublient le devoir de l'obéissance ; en tout cas, simples laïques, ils sont sans qualité dans l'Eglise pour rendre des oracles. Mais Dupanloup est prêtre, mais Dupanloup est évêque ; et c'est lui, prêtre de marque, évêque à grandes allures, qui se sépare des plus illustres évêques de son temps et qui fait litière... d'un De Maistre ! En vain, vous me direz qu'il les écarte par prétermission respectueuse, par le silence. Oui, il les écarte simplement, poliment comme des non-valeurs, des hommes dont les œuvres ne comptent plus. Lui, dis-je, lui seul, est l'arbitre des destinées de son siècle, et il a résolu l'énigme en admettant, en préconisant la promiscuité des doctrines, l'antinomie des droits, ce qu'il appelle la liberté. A ce titre, il n'est plus un simple cadet de Savoie, il devient Dupanloupmagne, le Charlemagne des temps actuels, l'incommensurable évêque qui décide souverainement des destinées de l'avenir.

Nous ne voulons plus bafouer l'impudence de ces prétentions, mais nous avons à lui opposer deux grandes choses.

La première, c'est que cette conception de l'ordre social contredit absolument l'ordre divin. Dieu a envoyé Jésus-Christ ; Jésus-Christ, Rédempteur du monde et Roi des nations, a institué l'Eglise sous l'autorité unique, souveraine et infaillible du B. Pierre. Le symbole des apôtres, le décalogue du Sinaï, la grâce du Calvaire, le sacrifice des autels, les sept sacrements, la hiérarchie sacrée, voilà la *constitution divine* de l'humanité. Les sociétés temporelles doivent entrer dans ce plan divin ; l'ordre politique, l'ordre civil, l'ordre économique doivent se coordonner à l'Evangile ; l'ensemble des nations doit évoluer à travers les âges en se conformant à ces institutions divines, en bénéficiant de leurs grâces, en les ramenant à l'économie des siècles. Et vous, Dupanloup, évêque d'Orléans, de l'Académie française, vous ne dites sans doute pas que ces institutions divines ne sont plus de mise, mais vous déclarez que le malheur des temps les met hors la loi et vous osez soutenir *mordicus* que l'Eglise n'a rien de mieux à faire que de subir ces oracles du destin. Ecarter l'ordre divin, s'incliner devant les fatalités libérales, les admettre comme des gages de progrès, voilà votre premier tort et j'en suis toujours à m'étonner qu'un évêque, obligé de savoir ce qu'il dit, ait pu encourir les responsabilités formidables d'une telle entreprise.

Votre second tort, c'est que votre système de catholicisme libéral ne peut pas produire ce qu'il vous paraît promettre. Vous, grand évêque, vous êtes aussi un grand enfant, très naïf en cette occurrence, et vous nous assurez, la bouche en cœur, que la société moderne, les libertés modernes mènent le monde tout droit à la conciliation des intérêts, aux mouvements du progrès, à l'ordre social, à la paix. Ce serait vieux jeu de vous dire qu'il n'y a pas d'accord possible entre Dieu et Bélial, et pourtant cette impossibilité est le fond du problème. En demandant à l'Eglise d'accepter, sans mot dire, les libertés de pensée, de conscience, de presse et de culte, vous demandez à l'Eglise de déclarer légitime la libre expansion de tous les bas instincts de l'humanité ; vous demandez, pour Bélial, la libre pratique, et si vous pensez, par ce procédé, arriver à la paix, vous vous trompez de toute l'épaisseur d'un monde. Non, non ; vos libertés modernes ce n'est pas la paix, c'est la guerre ; ce n'est pas l'harmônie, c'est l'antagonisme ; ce n'est pas le progrès, c'est le gâchis. C'est Jésus-Christ, roi des nations, exclu de l'ordre social ; c'est le monde livré à Satan.

Arius niait directèment la divinité de Jésus-Christ et si haut qu'il le plaçât dans l'estime des hommes, il n'en faisait pas le législateur du genre humain. Vous, catholique libéral, vous croyez, sans aucun doute, à la divinité de l'Homme-Dieu, mais vous n'admettez pas que sa divinité soit la source d'une loi sociale ; ou plutôt vous accepteriez, par voie de conséquence morale, qu'elle exerce cette influence, mais vous n'admettez pas qu'elle l'impose par son autorité. Si le monde le rejette, en présence de ce rejet, vous voulez que l'Eglise souscrive à cette répulsion. Par suite, vous acceptez la conséquence antisociale de l'hérésie d'Arius, vous vous trompez assez profondément pour croire que ce régime, décoré par vous du titre enchanteur de *libéral*, doit effectivement produire la liberté sociale et la paix publique : « L'Eglise libre dans l'Etat libre ! »

Les catholiques fidèles, les prêtres attachés par le fond des entrailles aux enseignements des Pontifes romains n'admettent pas ce *connubium* que Veuillot appelait plaisamment le mariage de Doge avec l'Adriatique. L'Eglise préside aux destinées du genre humain ; les Pontifes romains, chefs de l'Eglise, commandent aux rois et aux peuples, aux pasteurs et aux troupeaux, également brebis à l'égard de Pierre. Le dualisme manichéen, introduit dans l'ordre social, a été réprouvé de tout temps par le Saint-Siège ; l'indépendance de l'ordre temporel, sa mise en dehors de l'ordre surnaturel, ce sont deux erreurs également réprouvées. Les deux ordres sont unis et subordonnés par l'ordre de Dieu ; nier la subordination ou l'union, c'est déroger à l'intégrité de la foi. Loin de nous l'idée basse de porter préjudice à la considération de personne ; mais si quelqu'un, par faiblesse d'esprit, parti pris de système ou entraînement de domination, ose contredire à l'ordre divin des institutions sociales, notre conscience nous défend de le suivre, notre foi nous ordonne de le condamner.

V

Or, nous regrettons de le dire et l'histoire ne permet à personne de l'oublier. Depuis 1845 jusqu'à sa mort, l'auteur de la *Pacifica-*

tion religieuse, devenu évêque d'Orléans, a soutenu publiquement les théories malvenues de son livre ; il en a tiré un projet de loi sur l'enseignement, projet louable par le bien qu'il contenait, mais fâcheux par l'admission du principe faux qui permettait de le renverser ; il s'en est servi pour s'autoriser à une série d'actes dont *l'Histoire du catholicisme libéral* contient la nomenclature et la critique ; il s'en est servi notamment pour combattre l'infaillibilité et empêcher sa définition dogmatique ; il s'en est servi en dernier lieu pour faire échouer le dessein de rétablir la monarchie française.

Que cet évêque libéral ait défendu courageusement toutes les libertés, son principe l'y obligeait, et les services qu'il a rendus en lui obéissant, ne méritent que des louanges ; mais le bien qu'il a empêché pour rester fidèle à son libéralisme ne mérite pas le même éloge ; et les éloges dont l'ont parfois flétri ceux du dehors, indiquent assez ce que veut dire le silence des enfants de la sainte Eglise.

Bernard de Lacombe, avec l'enthousiasme de la jeunesse, vient de célébrer, dans le *Correspondant,* d'abord le centenaire de Lacordaire, puis les centenaires unis de Lacordaire et de Dupanloup. Ces articles ne nous ont rien appris, mais ils ont oublié quelque chose.

Pour Lacordaire, par exemple, ils ont oublié que son libéralisme à *l'Avenir* fut réprouvé par une encyclique de Grégoire XVI ; que, plus tard, il dut souscrire une Déclaration pour avoir nié le droit coercitif de l'Eglise ; et que, plus tard encore, il fut blâmé pour avoir placé le pouvoir temporel du Pape parmi ces régimes usés que le temps fait disparaître.

Pour Lacordaire et pour Dupanloup, ils ont oublié que, l'un séparé de Lamennais et l'autre réfractaire, dès le commencement, à ses idées réformatrices, ont été, l'un et l'autre vaincus par ce génie altier et se sont, tous les deux, constitués parangons de son libéralisme, en lui ôtant même les réserves qui le rendaient plausible dans Lamennais.

Dès le commencement de sa carrière, Lamennais avait été l'adversaire le plus clairvoyant et le plus puissant du libéralisme ; il ne voyait, dans ses théories, que la révolution édulcorée dans les formes, mais gardant, au fond, la malice antichrétienne et la perfidie masquée de ses destructions. Le triomphe du libéralisme en 1830 amena, chez Lamennais, un changement de front ; sans rien répudier de ses antipathies anciennes, puisque le libéralisme s'imposait, il le subit, il l'accepta, il le préconisa, mais comme moyen de le combattre avec plus d'efficacité. Le libéralisme de Lamennais n'était ni la *thèse*, ni *l'hypothèse* libérale ; il était simplement un procédé de tactique, une ruse de stratégie. Vous croyez, disait-il, que la vieille alliance entre le trône et l'autel, une fois rompue, l'Eglise désemparée, dépourvue de l'appui du bras de chair, laissée à ses seules ressources spirituelles, succombera sous les assauts des passions. Et bien ! vous vous trompez dans vos espérances. Je suis persuadé, moi, Lamennais, que si vous établissez franchement, complètement, le régime de libertés publiques, promis par la Charte, le jeu normal de toutes les libertés tournera au profit de l'Eglise.

L'Eglise se servira, pour sa défense, des libertés que vous édictez pour l'attaque. Les évêques placeront leur droit divin sous la protection de la liberté civique ; ils sauront trouver, dans les lois, des boucliers et des épées. Nous, humbles serviteurs de la vérité, nous saurons, avec nos faibles plumes, faire retentir ses oracles. L'âme française, naturellement chrétienne, nous entendra ; le Galiléen, dont vous ne connaissez pas la force, sortira vainqueur des petites combinaisons de vos lois libérales ; il vous aura vaincus avec vos propres armes.

Ce libéralisme n'était pas une affirmation doctrinale, c'était une simple position sur le champ de bataille. Ce qu'elle eût produit, nous l'ignorons ; sous le nom de libéralisme, ce qui se montrait, c'était, dit O'Connel, plutôt la haine de Dieu que l'amour de la liberté. Nous savons seulement que ce libéralisme de simple tactique fut réprouvé absolument par le Saint-Siège, comme impliquant les principes subversifs du libéralisme révolutionnaire. Nous savons, de plus, que Lacordaire et Dupanloup, précédemment soumis tous les deux à l'Encyclique *Mirari vos*, revinrent, par des courbes rentrantes, au libéralisme qu'ils avaient répudié. Dans ses lettres à Sophie Swetchine, Lacordaire se vante d'avoir fondé lui-même, dans la presse et à la tribune, le parti libéral ; et dans son livre sur la *Pacification religieuse*, Dupanloup en a longuement exposé, vanté, glorifié les doctrines.

Prétendre, pour les excuser, qu'ils étaient tous les deux, simplement, des hommes de charité et de paix, c'est une prétention vaine. Les autres catholiques, fidèles, prêtres, évêques, étaient aussi charitables qu'eux ; mais ils n'imposaient pas, à leur vertu, la solidarité du libéralisme. Quant à la charité libérale de Lacordaire et de Dupanloup, je cherche vraiment en quoi vous pourrez en découvrir l'exercice. L'un et l'autre étaient, sans doute, des hommes de grand mérite ; mais ils étaient surtout pleins d'eux-mêmes et, par l'autorité de leurs pensées, voulaient surtout se créer un trône dans l'opinion et exercer un empire.

· Nous savons que, de leur vivant, ils rencontrèrent de terribles obstacles ; qu'ils luttèrent avec un vrai courage, mais ne remportèrent pas beaucoup de victoires. Dupanloup rabâchait, sans cesse et sans fin, sa théorie de réconciliation de l'Eglise avec la société moderne, et puisqu'il y revenait toujours, c'est que son vœu restait à l'état de *desideratum*. Nous confessons d'ailleurs que, depuis leur mort, leurs doctrines libérales ont acquis une singulière puissance. Mais les effets n'apparaissent pas dans le sens qu'ils avaient prédit. Sous l'empire, le retour aux idées libérales se manifesta, surtout en France, par un commencement de persécution, ou, au moins, par un fort déchaînement de passions iniques ; en Italie, par la mise en échec du pouvoir temporel des Papes. Depuis la chute de l'empire, sous prétexte que l'Eglise n'a pas répondu au vœu de Dupanloup pour la réconciliation avec la société moderne, les républicains, les libéraux, opportunistes, radicaux, socialistes, anarchistes, tous plus ou moins matérialistes et athées, prononcent l'incompatibilité de l'Eglise avec la société moderne ; ils attaquent l'Eglise lentement mais sûrement ; ils la dépouillent graduellement de toutes ses appartenances ; ils se flattent même déjà de l'espoir, certainement frivole, de la détruire ; mais enfin, au nom du libéralisme, ils se flattent de détruire le nom chrétien.

Quant aux masses catholiques, sous l'impression du libéralisme, elles n'ont gardé aucune vertu ; ce n'est plus qu'un troupeau servile qui laisse tout faire sans se plaindre ; qui subit, sans résistance, les plus vils attentats ; et qu'on pourra pousser, sans qu'il murmure, aux abattoirs révolutionnaires Les prêtres se partagent en deux camps ; les uns, qui ne veulent pas courber le front devant Baal et demandent à marcher au combat, sont empêchés d'agir ou sont frappés, s'ils agissent, par une initiative spontanément belliqueuse ; les autres, contents de vivre en paix, se font des mœurs assorties aux misères du temps et tâchent de hurler avec les loups. Les évêques, divisés entre eux, bien que fermement attachés au Saint-Siège, sont empêchés d'agir ou n'agissent que dans une mesure trop timide. De doctrines, à proprement parler, il n'y en a plus, j'entends des doctrines d'application immédiate, pour relever les esprits abattus et sauver les intérêts compromis. Je ne vois plus, à l'horizon, que le drapeau du conciliatorisme, c'est-à-dire de l'effacement. Le libéralisme triomphant, après la mort de ses chefs, n'apparaît que comme un poison qui énerve les uns et rend les autres furieux. D'un côté, il promet des bourreaux ; de l'autre, des victimes. O Dieu, que reste-t-il pour votre partage !

Le peuple romain, gardien fidèle de toutes les délicatesses in-

tellectuelles et morales, avait peu connu Dupanloup avant le concile. Quand il le vit au concile, il fut peu édifié et se livra à toutes les
représailles du bon sens. Le nom de Dupanloup fut traduit : *E pa-
vone lupus*. Les réunions qu'il tenait au palais Salviati furent appelées
un concile dont le Saint-Esprit était un coucou. Le chemin qu'il
suivait pour aller de la villa Borghèse au concile fut désigné sous le
nom de *voie scélérate*, en souvenir d'une femme qui, les mains
teintes du sang de son père, avait fait passer, sur son cadavre, les
roues de son char. Je veux bien qu'il y ait, là-dedans, quelques
fortes exagérations, mais il faut en retenir le sens général.

Je sais, de plus, et de science certaine, que le bruit s'étant répandu
que Dupanloup et ses sectateurs, fugitifs du concile, se réuniraient
à Grenoble, pour publier une protestation contre le dogme de l'infaillibilité, Pie IX, la main sur la garde de l'épée apostolique, avait
fait libeller une Encyclique portant excommunication contre les protestataires. Pie IX disait, du chef de la protestation : *Sara colpito*.
Fort heureusement, ce bruit n'avait pas de consistance. Les évêques
opposants s'en allèrent, les uns d'un côté, les autres de l'autre. La
bataille finit faute de combattants. Mais il y a une bulle dont la minute reste aux archives pontificales : c'est un document pour l'histoire
et, pour nous, une indication [1].

Je voudrais pouvoir ressusciter Dupanloup et lui faire voir ce que
le libéralisme a produit depuis sa mort. Pendant que les empires de
la force s'arrachent des morceaux du monde et se préparent à en
venir aux mains, nous, la grande France d'autrefois, devenue puissance de second ou de troisième ordre, nous nous précipitons à
notre anéantissement et pouvons devenir l'enjeu des grandes batailles. Depuis que le libéralisme a mis, sur la fille aînée de l'Eglise,
sa main infernale, il en a fait d'abord une tricoteuse, puis une vivan-
dière, puis une femme à tout faire, qui prépare aujourd'hui l'assiette
au beurre. L'Eglise veut canoniser Jeanne d'Arc; la France officielle n'entend rien à l'idée même d'une intelligente réaction.
Tout aux intérêts, tout aux passions, tout à la dissolution, les

---

[1] L'homme qui méprisait le plus Dupanloup, c'est peut-être le cardinal Haynald ;
il en parlait en termes que je ne veux pas reproduire. On comprend Georges Darboy,
disant : La question de l'infaillibilité a été définie par le concile de Constance et
de Bâle ; on comprend Edouard Pie soutenant que la question est entière et qu'il
faut une définition dogmatique ; on ne comprend pas Dupanloup retranché dans
le défaut d'opportunité et repousser la définition, parce qu'elle doit déplaire aux
schismatiques, aux hérétiques et aux libres penseurs. C'est pour déplaire à ces
gens-là qu'ont été faites toutes les définitions dogmatiques ; penser et soutenir le
contraire, c'est ignorer profondément et tomber dans le ridicule.

partis se ruent à des guerres plus que civiles. D'un côté, on persécute ; de l'autre, on gaspille, on vole et on fait la noce. La magistrature baisse, l'armée se dissout, le clergé s'efface : c'est le pire qui
puisse lui arriver. Ni on ne se bat, ni on ne négocie ; on tend le
dos pour recevoir des coups et pousser des gémissements.

Nous ne disons point que Dupanloup est la seule et unique cause
de nos malheurs, mais nos malheurs sont dus tous au triomphe
momentané de ses doctrines de paix : elles ont mis le feu partout.

VI

Ce qui manque le plus aux hommes de notre temps, c'est la
bonne grâce, non la politesse. Nous avons connu la plupart des
hommes illustres de la seconde moitié du XIXe siècle ; nous avons
conversé avec eux ; leur main a touché notre main, nous en avons
vu plusieurs très convaincus de leur importance et soucieux de la
faire sentir. C'est une misère ; mais ce qui étonne, c'est que des
gens de peu affectent des airs de tranche-montagne. Comment
donc ? Ces paladins n'ont qu'à tremper dans l'encre le bec de leur
plume et ce petit outil devient une plume de l'aigle de Jupiter. En
un temps, deux temps et trois mouvements, ils ont réduit un
homme et un livre en poussière ; cette cendre est le piédestal de
leur gloire.

L'article auquel nous répondons est écrit dans cette diatonique
superbe. L'auteur passe fièrement à côté des faits, des raisonne-
ments ; il en a un dégoût sublime. Admirateur de Dupanloup, il
ne comprend pas qu'on n'admire point son héros ; ce qui se dit à
l'encontre de ses emphases, il ne l'entend point. Que dis-je ? Il le
méprise profondément ; il voudrait le tourner en ridicule et n'est
pas loin de penser que le censeur d'un si grand homme ne peut être
qu'un malfaiteur de bas étage. Bien obligé.

L'article est d'ailleurs faiblement écrit. L'auteur paraît ignorer
l'histoire, la logique et entendre médiocrement la probité. On ne
répond pas à de telles choses. Guizot disait : « Vos injures ne mon-
teront jamais à la hauteur de mes dédains. » Guizot avait, pour parler
ainsi, de bonnes raisons. Pour nous, nous ne dédaignons rien, ni
personne. Mais nous prenons la permission de ne pas nous troubler
des avanies.

Vous calomniez Mgr Dupanloup, — Vous dites que je calomnie

Mgr Dupanloup. Précisez le fait, articulez la preuve, et, si elle est décisive, je capitule. Mais d'abord répondez, s'il vous plaît, à la critique de ses doctrines et à l'appréciation improbative de son influence.

Vous dites que je calomnie Mgr Dupanloup. Mais vous-même avez-vous expliqué comment il eut, en sa faveur, les catholiques libéraux, voire les libéraux de toutes nuances ; et comment il eut, contre lui, les plus grands évêques de son temps, et, par-dessus tout, Pie IX.

Non, je ne calomnie pas Mgr Dupanloup ; je le mesure d'après les règles de l'Eglise, j'apprécie ses doctrines et ses actes au regard de la foi chrétienne et de l'autorité ecclésiastique ; je cherche à déterminer sa place dans l'histoire, à prononcer ou à préparer, sur cet homme, le jugement de Dieu en première instance.

D'autres avant moi ont tenté cette entreprise. Falloux, en exaltant l'évêque d'Orléans, songe surtout à s'admirer lui-même dans son héros ; François Lagrange, avec ses emphases et ses hyperboles, n'a pas idée de ce que doit être l'histoire : une œuvre de science et de conscience ; Henri Chapon, aussi enthousiaste, est plus précis et ne dédaigne ni les explications, ni les apologies ; Rouquette offre ce singulier spectacle d'un maladroit qui abaisse un homme par sa façon de le mettre au-dessus de tous les autres. En sens contraire, Louis Veuillot, sans écrire la vie de Dupanloup, a critiqué fortement ses actes principaux ; Ulysse Maynard, prenant le contrepied de Lagrange et de Chapon, a criblé Dupanloup de flèches souvent victorieuses. Pour nous, humble historien, nous ne sommes ni admirateur, ni critique de parti pris ; nous instruisons une cause ; nous discutons un dossier. Les conclusions de cette enquête contradictoire doivent motiver le jugement du lecteur. Du moins, c'est notre avis et notre but : nous n'imposons, à personne, cette manière de voir ; nous disons simplement qu'elle est nôtre.

Parmi les traits disgracieux, échappés à la plume du Pantocrator, auteur de l'article auquel nous répondons, nous ne voulons en relever qu'un seul : le passage où il ose affirmer, sans hésitation, que notre prélature est doublée d'un interdit.

Voilà quarante ans que Pie IX nous éleva, *motu proprio*, à la prélature. Cette extraordinaire promotion fut motivée, il faut le rappeler encore, par la clairvoyance et la résolution avec laquelle nous avions dénoncé au Pape, pendant un entretien de trois quarts d'heure, l'hérésie éventuelle du catholicisme libéral et l'incompréhensible témérité de son promoteur, Dupanloup. A cette date, nous avions publié un cycle d'ouvrages où nous avions traité du dogme de la morale, des formes et des principes du gouvernement, d'après les pures doctrines de l'Eglise, en opposition irréconciliable aux théories de la Révolution. Depuis, nous avons exposé et défendu les mêmes principes de l'orthodoxie catholique par une réédition de Bellarmin et par la publication de trois grands ouvrages d'histoires, publication dont la teneur et le succès nous mettent hors d'atteinte des coups de dents du libéralisme. Dans un intérêt de propagande, nous avons, depuis cinquante ans, joint à l'enseignement positif de nos ouvrages, le prosélytisme de la propagande par les Revues ; et, de ce seul chef, nous avons, comme collaborateur actif et comme directeur, donné au public plus de soixante volumes. Nous le dirons sans vanité, mais pas sans plaisir : *Qui addit scientiam addit et laborem* : il est doux d'avoir travaillé toute sa vie pour la défense de l'Eglise et du Saint-Siège, dont la ruine, depuis trois siècles, est le mot d'ordre commun à toutes hérésies ; il est plus doux encore de se promettre et de rester, jusqu'au dernier soupir, à cette table de travail, comme une victime de ses convictions.

Nous n'avons jamais rien demandé à personne ; les travaux de l'esprit sont, pour nous, un élément de béatitude sur la terre ; ils dispensent de rien désirer de plus. Nous avons obtenu toutefois beaucoup plus que nous n'avons demandé ; il est superflu de rappeler, ici, les offres de fortune, décorations et distinctions qu'il nous fut donné de recevoir, sans avoir remué ni le pied, ni la main pour les obtenir. Nous ne voulons pas taire cependant que nos livres ont donné, à notre personne, quelque lustre et même quelque crédit. Pendant quarante ans, nous avons parcouru la France, sans passe-port ecclésiastique ; notre nom, ou, si vous le permettez, notre renom suffisait pour nous ouvrir la porte de toutes les sacristies et d'autres portes encore plus difficiles à ouvrir. Une fois, cependant, traversant la ville épiscopale d'un disciple de Mgr Dupanloup, ce prélat, sous ce prétexte que nous ne présentions pas notre *celebret*, nous refusa l'autel pendant quatre jours, après nous l'avoir permis pendant huit jours ; non point parce qu'il avait des doutes sur l'identité de notre personne, mais, au contraire, parce qu'il en avait la certitude ; et, offusqué de l'opposition de nos livres aux siens, il voulut nous faire sentir les éclaboussures passagères de sa mauvaise humeur. Si c'est cela que l'auteur de l'article rappelle pour nous mortifier à son tour, c'est une maladresse : il aurait dû taire cette incartade qui nous laisse froid, même au grand soleil. Appeler cet incident un interdit, c'est montrer qu'on ne connaît pas la langue de l'Eglise. — Cette affaire d'ailleurs finit gaiement : tant que nous n'avions pas de *celebret*, on l'exigea : dès qu'il fut obtenu, personne ne voulut le viser.

Ici une petite réclamation en faveur de Victor Pelletier, chanoine, ancien vicaire général d'Orléans, camérier du Pape. Parce que nous avons appelé ce prélat, un canoniste de première force en France, Pantocrator se moque de ses notes sur Reiffenstuel, insuffisantes à son gré, pour motiver une louange, sans doute parce qu'il ne les a pas lues. Je lui en demande bien pardon, le prélat qui édite et annote savamment un ouvrage de droit canon en huit volumes in-quarto, qui l'actualise par ces notes et l'approprie à l'état présent de nos églises, se montre plus fort même que s'il écrivait, *ex professo*, un cours classique de droit canon en deux ou trois volumes. Pelletier a d'ailleurs publié, outre son Reiffenstuel, un traité définitif sur les *chapitres cathédraux ;* il a publié encore les *canons* du Concile du Vatican et commenté la bulle *Apostolicæ sedis ;* il a surtout, au grand désespoir de son évêque, publié, contre le catholicisme libéral, quatre volumes où, selon son expression, il *éventre* cette hérésie. J'ajoute, pour la confusion de Pantocrator, que, pendant dix ans, Pelletier a rédigé la partie canonique de la *Semaine du clergé*, aux applaudissements de tous les lecteurs de cette Revue.

A ce héron dédaigneux, qui n'ouvre pas son bec pour un Pelletier, je demande l'adresse du prêtre d'Orléans qui surpasse Pelletier en science canonique. Je le prie de se rappeler que Mgr Dupanloup eut, contre lui, dans son diocèse, un Pelletier, un Méthivier et plusieurs autres que je ne crois pas devoir mentionner, mais dont le suffrage contraire ne manque pas de valeur. Je lui rappelle que Mgr Dupanloup n'éleva bien haut pas un seul prêtre d'Orléans, mais seulement des étrangers, plus ou moins sacristains de sa gloire. Emile Bougaud était de Dijon ; François Lagrange, du Berry ; Henri Chapon, des Côtes-du-Nord ; et l'ineffable Gaduel, l'esprit à rebours, était de Marseille, la ville où il y a tant de poissons dans les rivières, qu'il n'y a plus d'eau.

Pour revenir à la prélature, doublée d'interdit par Pantocrator, je veux lui confesser hautement que le pauvre curé d'une petite paroisse de Champagne a été, depuis sept ans, non pas interdit, mais proscrit par le gouvernement persécuteur. Cette proscription a été motivée par trois choses : 1° par la publication de dix brochures de combat contre les attentats antichrétiens de la Révolution ; 2° par la candidature à un mandat de député et de sénateur ; 3° par des démarches pour traverser une intrigue politique qui voulait donner, à Langres, un coadjuteur. Pour ces trois glorieux crimes, l'auteur a été, à la demande du gouvernement, déchu de sa paroisse et mis d'office à la retraite, sans pension, sans secours, sans aucune assistance, mais aussi sans pénalité déshonorante, nommément sans interdit *à sacris,* ce qui est à proprement parler l'interdit. En retraite, un prêtre n'a plus à remplir les devoirs professionnels dont il est déchargé ; mais cette exemption n'implique aucun opprobre. La prélature, maintenue contre vents et marées, est d'ailleurs une dignité qui exclut tout soupçon d'indignité. C'est l'évidence même et la preuve qu'il n'y a ici de honteuse que l'accusation.

De nos jours, maintes fois, des gens d'Eglise, prêtres et surtout évêques, ont été plus ou moins disgraciés, frappés même par le gouvernement. Le premier Napoléon le faisait à sa manière, brutalement ; le troisième, le faisait misérablement ; Louis-Philippe y mettait un peu plus de façon ; la troisième République n'a pas relevé encore l'échafaud de 93, mais elle a, contre les ecclésiastiques, des procédés qui rappellent les violences et les vilenies du Directoire. C'est ainsi que, sous Napoléon III, les évêques d'Orléans, de Poitiers et de Nîmes, Dupanloup, Pie, Plantier, furent associés à l'honneur d'un interdit gouvernemental, pour avoir, savamment, bravement défendu, contre l'empire, le pouvoir temporel des Papes. C'est ainsi que sous la troisième République, Xavier Gouthe-Soulard, Charles Cotton, Frédéric Bouange, Hector Coullié, Fulbert Petit, Stanislas Touchet, Henri Chapon et plusieurs autres ont été diversement frappés pour avoir combattu le gouvernement persécuteur. D'autres prélats, au contraire, pour avoir paru plus conciliants, non résistants, je ne dis pas complices, ont eu, aux faveurs du gouvernement, la meilleure part. Une remarque toutefois, ici, est nécessaire : c'est que le peuple chrétien, bon juge des convenances, estime et honore davantage les prélats persécutés ; estime et honore moins les prélats simplement soupçonnés d'être favorables au gouvernement.

Or, sans aucun mérite de notre part, nous avons eu l'honneur de partager les disgrâces de ce gouvernement. En relisant, dans ses épîtres, le récit des épreuves du grand apôtre, nous pouvons dire que les nôtres ne sont rien en comparaison. Nous n'avons pas été roué de coups, nous n'avons pas reçu de plaies, nous n'avons pas été jeté à la mer ; nous aurions tout au plus couru quelques périls de la part de faux frères ou subi quelques morsures de couleuvres : ces accidents sont moins douloureux que le poignard de Pétus.

Septuagénaire, voué au travail des lettres ecclésiastiques, nous avons été tout bonnement déchargé du ministère pastoral et réduit à la messe basse : c'est une bénédiction qui venait en cassant les vitres. Depuis, cette bénédiction nous protège ; elle nous sert d'armure et nous fournit des armes pour le combat. C'est, en soi, une situation honorable ; elle ne suppose ni crime, ni dérogation au devoir du sacerdoce ; elle est plutôt la preuve d'une certaine bravoure, dans la mêlée *pro aris et focis*.

Je regarde et je m'étonne. Je m'étonne qu'un prêtre d'Orléans fasse tort à un prêtre de Langres, d'avanies misérables qui ont donné à Mgr Dupanloup, sous l'empire, un certain relief. Sous le régime actuel, nous avons été, l'un des premiers, frappé de proscription. A ces prêtres, frappés depuis, dont les noms formeront un martyrologe, le gouvernement tantôt supprimait leur traitement, tantôt demandait leur translation à une autre cure : nous en avons eu soixante-quinze de cette sorte dans un seul diocèse. A nous le gouvernement a tout pris et n'a rien laissé, que des loisirs et la petite plume, la petite fronde avec laquelle David abattit Goliath. Nous n'avons pas de telles prouesses à notre actif ; mais nous n'avons rien négligé pour y atteindre. Par quel renversement, ce qui est honorable pour les évêques, deviendrait-il, pour les braves curés, un déshonneur ? Notre contradicteur, que rien n'obligeait à cette contradiction, nous permettra de lui dire : *Sunt viæ, quæ videntur homini rectæ et quorum novissima ducunt, non ad mortem, sed ad insipientiam.*

L'article, auquel nous répondons, a paru dans l'*art et l'autel*, Revue publiée par M. Jean de Bonnefon. M. de Bonnefon, notre très honorable confrère en journalisme, a bien voulu nous dire, parlant à notre personne, qu'il avait été prié, sollicité plus d'une fois, de nous éreinter, avec sa plume aux éreintements de première classe ; mais qu'il s'était refusé, par respect, à cette exécution. De sa main, nous aurions accepté toutes les formes, possibles et impossibles, de l'éreintement : c'eût été, ce ne pouvait être qu'une bonne grâce. Mais pourquoi, ce qu'il a refusé de faire lui-même, le permet-il à l'un de ces flagorneurs du pouvoir, qui, n'ayant rien fait, ne devant rien faire, ne pouvant se hausser à rien, demandent à l'adulation la fortune ou au moins en espèrent une figure. L'art est une belle chose ; l'autel est un monument sacré ; mais il n'est pas érigé pour immoler un prêtre, par la main d'un prêtre. Faites de l'art, servez l'autel, à la bonne heure, mais point par des immolations où la victime ne peut faire qu'un acte d'humilité, et dont le sacrificateur ne peut gagner que le pompon du ridicule.

Etrange retour des choses d'ici-bas ! Nous avons été élevé ecclé-
siastiquement et formé aux combats de l'apologétique, par notre
père en Dieu, Pierre-Louis Parisis, évêque de Langres, fils de Bar-
nabé Parisis, petit jardinier dans les faubourgs d'Orléans. Nous
avons, comme prêtre, été formé par un des plus illustres prêtres du
diocèse d'Orléans; nous avons été le légataire universel et l'exécuteur
testamentaire de Mgr Parisis. Et nous avons à nous défendre, aujourd'hui, contre un prêtre d'Orléans, formé, lui, par Félix Dupanloup, cadet de Savoie, lumière de Saint-Sulpice, grande trompette
de la vérité, mais enfin prélat étranger, et même hostile à toutes
les traditions anciennes d'Orléans. Nos Eglises offrent de tels contrastes ; nous ne voulons pas en gémir. Dans cette diversité étrange
qu'a produit, parmi nous, le conflit séculaire entre les doctrines gallicanes et les doctrines romaines, nous voulons nous persuader qu'il
vient un temps où, tous égaux en soumission aux consignes de
Rome, nous n'aurons tous qu'un cœur et qu'une âme, parce qu'il
n'y aura, parmi nous, qu'un seul troupeau et un seul pasteur.

Notre contradicteur bénévole termine son article en nous invi-
tant à aller sur la brèche : « Elle est assez large, hélas ! dit-il, et quelle
que soit leur arme, tous les combattants peuvent y trouver place :
Défendez Dieu blasphémé, la Religion méconnue, l'Eglise insultée, la société ébranlée. » Ce qu'il nous invite à faire, nous
l'avons fait toute notre vie ; mais nous croyons que, pour le faire
avec succès, il faut répudier tout libéralisme, toute action libérale
populaire, toute compromission de doctrine. Nous avons toujours
cru qu'il fallait aller au combat, avec charité, sans doute, mais avec
l'intransigeance des doctrines romaines. « Qu'est-ce qui triomphe,
demandait saint Augustin, sinon la vérité ? et qu'est-ce que la victoire de la vérité, sinon la charité ? »

L'erreur ne peut engendrer que des confusions et des mécomptes ;
la vérité de Dieu, de Jésus-Christ et de la Chaire du Prince des
Apôtres, reste seule éternellement triomphante : *Veritas Domini
manet in æternum.*

Nous pourrions signer : Constantin Faber, nom d'ailleurs grandement honorable ; nous préférons signer de notre nom de baptême :

Nice, le 24 février 1903.

JUSTIN FÈVRE,
Protonotaire apostolique.

DISCRÉTION ET L'HONNEUR

Conférences prêchées par le R. P. Constant, dominicain,
docteur en théologie et en droit canon, faisant suite aux conférences du même au_
teur, sur l'Obéissance et le Pouvoir et sur l'Amour et la Croix.

(Suite et fin.)

DEUXIÈME CONFÉRENCE

L'oisiveté et le travail.

> *Dabis eis scutum cordis laborem tuum.*
> Vous donnerez à leur cœur votre travail pour
> bouclier.
>
> (JÉRÉMIE).

M. F.,

A la discrétion du Père, comme à l'obéissance du fils, comme à
l'amour de la mère, un ennemi a déclaré la guerre, a opposé aux
forces du bien les forces du mal.

Nous connaissons les ennemis de l'amour et de l'obéissance.
L'ennemi de la discrétion ne leur cède en rien, pour les périls qu'il
crée ; il n'a pas moins qu'eux le génie de la malfaisance ; c'est l'oisiveté.

— Mais l'oisiveté est un ennemi universel. Ce n'est pas un seul
vice ; c'est une postérité de vices qu'elle engendre ; c'est une dynastie de vices qu'elle fonde. « Les perversités qui viennent de l'oisiveté ne se comptent pas, a dit le Sage, *Multam malitiam docuit otio-
sitas.*

— Oui ; mais dans cette descendance, le flux de paroles est le
fils aîné.

Et ce fils aîné donne le jour à d'autres fils, héritiers et émules
des gestes paternels.

Ennemie de tout ce qui est bien, l'oisiveté l'est donc avant tout
de la discrétion. Et, la discrétion se trouvant, dans la famille, le lot
spécial du père, l'oisiveté est la spéciale ennemie du père. Et, la

discrétion du père étant l'égide qui couvre l'honneur du foyer, l'oisiveté est la première et mortelle ennemie de l'honneur du foyer.

Donc, l'oisiveté est la peste de la discrétion et de l'honneur dans la famille. Contre cette peste, quelle hygiène préventive.? Contre l'invasion de ce fléau, quelle mesure de sûreté ?

I

Le premier fils de l'oisiveté est le bavardage. Nul doute à ce sujet. L'acte de naissance en a été dressé par saint Paul.

C'est en parlant des veuves que l'apôtre établit cette généalogie. S'il était quelqu'un au monde, à qui la discrétion dût convenir plus encore qu'au père, c'eût été assurément la veuve. Nous n'avons pas à traiter des veuves.; mais ce qui vaut pour les veuves, vaut pour les pères.; il ne faut que transférer la leçon. Ici, comme là, même fécondité, même descendance détestable de l'oisiveté, et même ordre de progéniture, dans cette descendance : des deux côtés, le babil se présente, avec son droit d'aînesse.

« Dès qu'elles sont *oisives*, dit saint Paul, elles sont *verbeuses*. » *Non solum otiosæ, sed et verbosæ.*

Et ainsi du père de famille : Dès qu'il est oisif, il n'y a plus de frein à sa langue.

Et que pousse, devant elle, cette langue sans frein. — Des choses sensées peut-être ? — Non. Des choses inconvenantes, tout ce qu'il y a d'inconvenant au monde : *loquentes quæ non oportet.*

Et la première de ces inconvenances, la plus prompte à prendre cours, c'est la bouffonnerie. Toute parole qui ne se contient plus, dont le mors de la discrétion ne maîtrise plus la fougue, devient d'abord bouffonne.

La légèreté, la plaisanterie, la trivialité, la farce, l'attendent à la sortie des lèvres. C'est le premier châtiment de leur intempérance. C'est aussi, du premier coup et d'emblée, le renversement, la ruine du caractère paternel.

Le renversement du caractère du fils, c'est l'humeur impérieuse, parce que l'enfant est fait pour l'obéissance.

Le renversement du caractère de la mère, c'est l'égoïsme, parce que la mère est faite pour le dévouement.

Le renversement du caractère du père sera l'intempérance de la langue ; ce sera la bouffonnerie, première et élémentaire exhibition de cette intempérance ; parce que le père est fait pour la discrétion, ou, ce qui est presque la même chose, tant elle lui tient de près, pour la gravité.

Il est donc des pères qui ont pris pour rôle d'être les gais discoureurs, les diseurs de bons mots, les boute-en-train, les histrions, les Triboulets et les Arlequins de leur famille. Quel spectacle, quel dégoût, quand un étranger met le pied dans cet intérieur, dans ce sanctuaire du foyer, converti, par son prêtre, en baraque de foire !

Mais le dégoût n'a que faire d'étrangers qui l'y viennent prendre. Il y suffit des hôtes habituels et obligés. Un fils, une fille, une épouse seront toujours là. Et le dégoût est, dans cette circonstance, ce qu'on peut souhaiter de meilleur, aux disgraciés témoins de ces hontes domestiques. Le pis qui pût arriver serait qu'on fît chorus avec le bouffon. Le mal, alors, serait sans remède. Ce serait la désorganisation, et, à bref délai, la ruine de la famille. Ce serait la dispersion, à tous les coins du ciel, de ses membres déshonorés. Mieux vaut donc la tristesse. Si lourd qu'il puisse être, son poids, au moins, n'est pas la mort.

Et pourtant, ce n'est là que le commencement des douleurs.

La bouffonnerie est la première malencontre de la parole intempérante dans la famille. Mais des compagnes pires qu'elles se pressent pour la suivre. Toute parole qui ne se contient pas, qui jette son flux, sans retenue, a dans l'âme humaine deux larges issues, que la corruption originelle a ouvertes et qu'elle tient béantes, devant elle, depuis six mille ans : la colère et la luxure.

La longue plaisanterie a pour effet inévitable, la fatigue.

Immanquablement, elle altère l'humeur de celui qui la débite, ou l'humeur de celui qui l'entend, ou les deux humeurs à la fois. Et puis, une longue plaisanterie, sans impertinence, est de la même fréquence, qu'une longue traversée sans orage. Mais toute impertinence provoque sa réplique. Et celle-ci, sa riposte. Et puis, une autre réplique, et puis, une autre réponse. Puis les injures ; puis les imprécations ; puis les fureurs. Arrêtons-nous là. C'en est bien assez, pour la douleur d'un pauvre jeune homme, plus encore, d'une pauvre jeune fille, témoins forcés, témoins fréquents, témoins, parfois quotidiens, de ces scènes navrantes.

Que de fois il est arrivé à telle pauvre enfant de n'y plus tenir, de s'échapper de ce foyer, dont la furie paternelle a fait un enfer. L'Eglise est alors leur plus ordinaire asile. Heureuses, quand elles y trouvent le prêtre. Elles se précipitent au confessionnal. Les sanglots les étouffent. Il faut que l'ami de leur âme laisse passer ce premier flot, jusqu'à ce que leur voix suffise, non pas, les pauvres enfants, à accuser des fautes, comme il arrive d'ordinaire, dans ce tribunal des pardons, mais à confier des douleurs, et la plus extrême des douleurs, celle d'avoir assisté au déshonneur paternel.

Et toutefois, voici, pour elles, un calice nouveau, plus amer que le premier.

« Dieu vous a donné des filles, dit le Sage, environnez-les de « réserve ; évitez, en leur présence, jusqu'au simple enjouement. »
Ah ! c'est bien d'enjouement qu'il s'agit.

La langue paternelle, se donnant carrière, au hasard et sans choix, a bientôt rencontré le large chemin de la lubricité. Elle s'y précipite, et, dès lors, qui pourra, qui osera dire tous les propos obscènes que traîne, avec lui, ce torrent fangeux ? Que de jeunes filles y ont trouvé le naufrage de leur pudeur ! Et il en serait ainsi de toutes, si les anges de Dieu n'étaient là.

Entre le Paradis terrestre et l'homme coupable, Dieu avait placé le chérubin, à l'épée flamboyante. Entre le père dissolu, le père à la langue débordée, et le Paradis de pudeur de cette enfant, des anges moins visibles, sinon moins terribles, se placent, et, plus d'une fois, et, assez souvent, ont la joie de sauver la vertu de l'enfant. Mais ils ne sauvent pas l'âme de la douleur. Si les accents de la fureur paternelle ont amené de telles angoisses, que ne feront pas, dans la même bouche, toutes les immondes expressions du vice ?

Telle est donc l'ennemie de la discrétion — l'oisiveté.

Quelle est sa défense ? — Le travail.

II

L'oisiveté, ayant ses titres consignés comme ennemie de la discrétion ; son ami, son protecteur, son défenseur devait trouver les siens, sur la même charte. Cet ami, ce défenseur, délégué par Dieu, c'est le travail.

Il n'entre pas dans notre plan d'énumérer tous les bienfaits du travail ; il faudrait parler plus que nous ne voulons, nous étendre plus que le temps ne le comporte, pour payer, entier, au travail, ce tribut de justice.

Nous taisant donc, sur les services du travail, près d'autres vertus, nous ne parlerons, ici, que de ce qu'il fait pour la discrétion.

Donc, comme l'oisiveté, mère de tous les vices, l'est, par primogéniture, de l'indiscrétion ; le travail, père de tant de vertus, l'est, tout d'abord, et, par primogéniture correspondante, de la discrétion ; et cette seconde généalogie a été dressée comme la précédente, je veux dire, de la meilleure main qui puisse être.

Le *consignateur* de la première a été saint Paul. *Otiosæ et verbosæ*. « Oisives et par suite verbeuses. » Le scribe, le tabellion de la seconde fut, avant lui, Jésus, fils de Sirach. Mais, de part et d'autre, le Maître qui dicta, fut l'Esprit de Dieu.

« Ne soyez pas répandus en paroles » : *Noli verbosus esse...* Et aussitôt : « N'ayez point en dégoût et en faveur les œuvres laborieuses » : *Ne oderis laboriosa opera*.

Il désignait, à dessein, les œuvres laborieuses, celles qui appliquent et matent l'homme, pour les opposer à certaines œuvres qui ne serrent pas, d'aussi près, les folles équipées de la langue, où souvent celle-ci fait assaut de prestesse avec la main, et, tandis que la main façonne des ouvrages plus ou moins utiles à l'homme, démolit, avec une célérité qui laisse en arrière les doigts les plus agiles, les vertus et l'honneur des hommes.

Et il signalait, enfin, le plus moral des travaux, de tous le plus bienfaisant, au corps et à l'âme : « Et gardez-vous, surtout, de ne pas tenir en première estime l'agriculture, créée par le Très-Haut » : *ne oderis laboriosa opera et rusticationem creatam ab Altissimo*.

Trois qualités viennent du travail au discours, et en constituent la parfaite discrétion : la sobriété, la gravité, l'utilité.

Le premier apport du travail à la parole et son premier élément de sagesse est la sobriété.

C'est un fruit direct et immédiat, dès que le labeur est tel que l'ecclésiastique le préconisait tout à l'heure, quand ce labeur est une culture ; culture de la terre, ou, plus encore, culture de l'âme. Tant que ce labeur dure, il tire l'homme à soi.

Le second le requiert tout, pour la pensée.

Le premier n'exclut pas celle-ci et va volontiers de conserve avec l'autre, je veux dire, avec les meilleures méditations de l'âme ; mais tous deux le sèvrent de parole.

Une cause indirecte, qui n'exerce peut-être pas, sur la discrétion, une action moins heureuse, c'est l'estime du temps.

Rien qui s'allie si vite au travail que l'estime du temps.

Ce que l'application courageuse a fait, pour les heures du travail, l'estime du temps le fait, pour les heures du repos; elle y laisse peu de place à la parole.

Ce n'est guère aux longs discours que l'ouvrier laborieux demande la réparation de ses forces. Le sommeil, ou, en l'attendant, la préparation, le programme médité des travaux à venir, la combinaison de leurs plans, la supputation de leurs dépenses et la comparaison de leurs profits, quelquefois, une lecture saine, qui vient donner, à l'âme, la culture que la main donnait, tout à l'heure, à la terre, voilà ce qui remplit les trêves de son labeur.

Cette estime du temps atteint parfois, dans l'âme de l'ami du travail, un degré qui produit ou constitue une passion inconnue et inintelligible à bien d'autres, une avarice d'un nouveau genre, dont les excès, peu dangereux, sont presque aussi extrêmes, que les excès des avares d'argent : l'avarice du temps.

La Fontaine a traduit cette vérité, avec le bonheur qui l'accompagne partout.

Je voudrais que la citation fût moins longue, pour que la convenance de mon discours le permît et m'évitât d'offenser la sobriété, à l'heure même où j'en fais l'officiel éloge. J'abrège donc le récit du fabuliste, et substitue mon humble prose à ses vers.

L'épaisseur d'esprit des habitants d'Abdère fut proverbiale, dans l'antiquité. Là, comme en tout lieu semblable, les discours étaient peu contrôlés par le jugement des discoureurs et les paroles abondaient d'autant plus, que la raison les dictait moins.

Un homme d'Abdère tranchait sur le fond de ce public, sot et verbeux, c'était Démocrite. Le philosophe pensait beaucoup et parlait peu. Si bien que les Abdéritains, le voyant absorbé et taciturne, le prirent pour un fou. De méprises semblables, l'histoire n'a pas manqué, avant et depuis Démocrite ! — Ils mandèrent donc Hippocrate, pour soigner le malade.

Hippocrate n'eut pas trop de foi pour ces gens, dit La Fontaine :
Cependant il partit.....

Le scalpel à la main, *l'écervelé* Démocrite étudiait alors les mystères *du cerveau.* Il y était si appliqué, qu'il ne vit pas venir Hippocrate. Avisé, enfin, de sa présence, il échange les salutations. Les deux grands hommes étaient d'intimes et vieux amis. Mais c'était aussi deux sages et, pour tous deux, le travail avait été le principal instituteur de cette sagesse.

C'est pourquoi, continuons-nous, avec La Fontaine :
Leur compliment fut court ainsi qu'on peut penser.
Le sage est ménager du temps et des paroles.

Tels sont tous les sages ; tels sont tous les disciples, tous les clients du travail ; ils sont *ménagers du temps et des paroles*. Le travail donne, à leurs discours, la sobriété. — Il y ajoute la gravité.

Rien-_n'est sérieux comme le travail, et la raison en est toute simple : Le travail est un châtiment. Connaissez-vous rien qui, plus que le châtiment, ramène au sérieux, qui le rencontre, à l'heure décevante du rêve, qui rabatte, en un instant, les folles joies de la vie ? On criait, on riait, on s'évertuait, on folâtrait, tout à l'heure. Tout à coup, l'austère visiteur paraît ; le châtiment tombe, à l'improviste, sur la compagnie délirante. Vite, les ris et les cris cessent ; les fronts se rembrunissent ; les visages deviennent graves. Un silence morne a pris la place du bruit. Tel est le châtiment.

Comment un tel compagnon, comment le travail, premier châtiment de Dieu, premières représailles de sa justice, contre la première trahison de l'âme humaine, ne marquerait-il pas de son sceau quiconque l'accepte. Et comment la parole, cette dépendance considérable de la personne, ce vaste département des affaires intérieures et étrangères de la vie, échapperait-elle à cette gravité ?

Le travail est le lest de l'âme. Saint Jacques compare l'âme et la vie de l'homme à un vaisseau, et il dit que la langue en est le gouvernail. Mais il en est de ce gouvernail comme de tous les autres. Pour qu'il gouverne, il faut qu'il soit gouverné.

Or, enlevez le lest à un navire, et il n'y a pilote au monde pour le diriger. Tout, à la fois, bâtiment, gouvernail, pilote, dansera follement, sur le dos des vagues.

Enlevez le travail à la vie de l'homme et il n'y gouvernera plus rien, et ce qu'il y gouvernera le moins, ce sera lui-même, et ce qu'il gouvernera le moins, en lui-même, ce sera sa langue. Toutes les futilités, toutes les frivolités, toutes les trivialités : tout ce que la plaisanterie produit de fade, de commun, de rebattu, d'usé, s'y donnera rendez-vous ; il n'y restera place pour un mot sérieux.

Et pendant ce temps, la vérité, la décence, l'honneur, ouvriront leurs sources, enverront leurs eaux et feront leur confluent de la langue de l'homme laborieux. Tout ce que visitera le cours de ces ondes bénies en recueillera les bienfaits ; je veux dire, qu'à la sobriété, à la gravité, le travail ajoutera encore *l'utilité*.

Ce qui fait l'inutilité de la parole du désœuvré, ce qui double l'inutilité, de licence, ce qui porte, jusqu'à la nausée, le dégoût de qui l'entend, c'est le manque de but et de chemin tracé, devant cette parole.

Pourquoi ce discoureur parle-t-il de ceci, plutôt que de cela, pourquoi se tait-il sur ceci, plutôt que sur cela, c'est impossible à dire. Le vent a soufflé de droite au lieu de souffler de gauche. Demain, dans une heure, dans un instant, la poussée de l'air viendra d'un autre horizon ; puis une autre bourrasque accourra d'un point opposé ; autant de cours nouveaux pour cette oiseuse et flottante parole.

Le discours de l'homme laborieux a toujours, lui, son but et sa pente ; le thème en est tout désigné : c'est l'objet même de son travail. C'est la science, c'est l'art qu'il cultive. Et il en parle bien, et avec intérêt, parce qu'il connaît bien ce dont il parle. Le laboureur parle de la terre et de sa culture, des jours et des saisons, de la température, de ses changements, des signes précurseurs qui les annoncent. Pour justifier tout ce qu'il affirme, il a, dans sa mémoire, le trésor des choses passées. Il parle encore des prairies, des pâturages, des troupeaux, du nombre de brebis et de bœufs qu'une terre peut nourrir, de tous les soins que leur élevage comporte, et « tout son discours », dit le sage, « est dans les fils des taureaux ». *Et conversatur in operibus eorum et enarratio ejus in filiis taurorum. (Eccli...)*

Ainsi, continue le sage, en est-il du sculpteur et de l'architecte ; ainsi du forgeron et du potier. Tous ceux-là parlent de leur art. Et comme, tant vaut l'art, tant vaut le discours : l'art étant utile, utile est le discours. Et l'utilité de ces arts n'est pas ordinaire. Car, ajoute le fils de Sirach, sans aucun d'eux, on ne peut construire la cité : *sine his omnibus non ædificatur civitas.*

Le discours de l'homme laborieux quittera cependant, parfois, le thème de son labeur et se transportera, volontiers, sur le champ des connaissances d'autrui ; de quelque ouvrier, de quelque artiste, de quelque savant, laborieux comme lui. Il sait qu'on gagne toujours à leur conversation, parce que la patiente application et la longue expérience leur ont donné, sur ce qu'ils pratiquent, des idées claires et sûres, qu'on ne trouvera jamais, avec la même netteté, chez des théoriciens bavards et chez des empiriques ignorants. La charité, d'ailleurs, l'incline à cette attention délicate et la charité n'a jamais porté rien d'inutile et de frivole, moins encore de bouffon et de scurrile, dans les discours.

Le travail a donc rempli son office, près de la famille, comme l'ont fait, avec lui, le respect et la foi. Il y a été le rempart de la discrétion, comme le respect l'avait été, de l'amour : comme la foi, de l'obéissance. Et ainsi, sous les auspices et les enseignes de la famille de Nazareth, chaque famille a trouvé les trois bases qui la soutiennent, les trois colonnes sur lesquelles elle repose, les trois éléments de sa vie, la force, la joie, l'honneur.

Heureux les fils, les mères, les pères, qui, à la suite de Jésus, de Marie, de Joseph, ont suivi les voies, divinement ouvertes, de l'obéissance, de l'amour et de la prudence !

Heureuses les familles qu'ont remplies, qu'ont comblées, sous ces divines influences, l'honneur, la joie, la force !

Heureuses les nations qui groupent et serrent, l'une contre l'autre, un grand nombre de ces familles !

Ces nations seront fortes, parce que la force des foyers déborde sur elles et les pénètre.

Ces nations auront toutes les joies de la paix, parce que la charité, dérivée des foyers sur les cités, fera d'elles de vastes familles dont les magistrats seront les pères.

Ces nations seront glorieuses ; elles prendront place, en tête des peuples, parce que les rayons d'honneur échappés des foyers se réuniront en faisceau, au point où chaque foyer aboutit à l'Etat et ceindront le front du souverain d'une couronne plus belle que les plus éblouissants diadèmes.

Et ainsi, l'enseignement venu de Nazareth l'aura été des nations comme des familles ; des nations qui auront compris, qu'il n'y a, pour elles, qu'une condition de salut : Entendre et suivre les leçons de Dieu : *Gens quæ non servierit tibi peribit.*

Rev. P. Constant.

L'Abbaye royale de Saint-Victor de Paris

(Suite.)

C'est précisément au moyen des sermons qui faisaient les délices les plus chères de ces saintes assises, que nous pouvons en fixer la date annuelle entre Pâques et l'Ascension [1]. Les plus anciens qui nous soient restés appartiennent à l'abbé Absalon [2], au sujet duquel le mot *epulæ* employé par Jacques de Vitri n'a vraiment rien d'excessif. Ces quatre sermons auraient été, d'après Jean de Thoulouse, prononcés aux chapitres généraux de 1199, 1200, 1201 et 1202.

Nous avons, pour compléter la série, un choix de sept sermons *In generali capitulo*, attribués par le bibliothécaire du xve siècle à l'abbé Jean le Teutonique [3]. Deux autres sermons anonymes portent le même titre [4]. Enfin, au fo 251 vo du même manuscrit, un titre contemporain en rouge nous annonce un *Sermo episcopi Eliensis in capitulo generali*.

Il y a plus; Honorius III fit à l'abbé de Saint-Victor une obligation stricte de convoquer tous les ans le chapitre général et aux abbés et prieurs de l'Ordre celle d'y assister [5]. Aussi, nous avons un acte officiel du Chapitre général de 1223, vidimé par Guillaume d'Auvergne, évêque de Paris [6]. On y constate la présence de Jean le Teutonique, abbé de Saint-Victor, des abbés de Sainte-Geneviève, de Saint-Euverte d'Orléans,

---

[1] Cette date nous est d'ailleurs clairement indiquée comme date régulière dans l'Ordinaire ou Rituel du xive siècle (B. N. Ms. lat. 14455, fo 67 ro) :

« Mense peracto a Pascha, die scilicet dominica qua canitur officium *Cantate*, fit generale capitulum apud Sanctum Victorem Paris. abbatum ordinis illius. » Et on prescrit une série de prières et de suffrages obligatoires à cette occasion.

[2] B. N. Ms. lat., 14525, fo 175 et seq. — P. L., 211, col. 157 et seq.

[3] B. N. Ms. lat., 14525, fo 29.

[4] *Ibid.*, fos 97 et 101.

[5] Potthast, *Regest. Rom. Pont.*, no 7815.

[6] J. de Th., ad an. 1223. — B. N. Ms. lat., 14455, fo 179 vo.

de N.-D. d'Eu, de N.-D. d'Hérivaux, de N.-D. de Livri, de
N.-D. de Juilli, de N.-D. d'Eaucourt, de Saint-Jean du Jard,
et de N.-D. de Cantimpré ; qui décident, au sujet des chanoines fugitifs revenant à résipiscence, de s'en tenir à la pratique ancienne de

notre mère l'église de Saint-Victor, de Paris, dont nous avons tous
reçu la règle et l'habit, à savoir que si un chanoine découche une
seule nuit sans permission, il perd pour toujours sa stalle au chœur,
pour mémoire perpétuelle de sa faute. Fait l'an de grâce 1223, au
mois de mai, le IVe dimanche (après Pâques), où l'on chante *Cantate*.

Aussi comment s'étonner de voir, à son âge d'or, l'Ordre
de Saint-Victor mis sur le même pied que celui de Prémontré ou de Cîteaux ? Nous en avons la preuve dans le testament de Louis VIII, daté de juin 1225 [1].

Nous donnons et léguons, écrit le roi, à soixante abbayes de
l'Ordre de Prémontré 3.600 livres, soixante à chacune, pour faire notre
anniversaire. — Nous donnons et léguons à quarante abbayes de
l'Ordre de Saint-Victor 4.000 livres, soit cent à chacune, pour faire
notre anniversaire. — A l'abbaye de Saint-Victor, 400 livres, pour
notre anniversaire. — A l'abbaye de N.-D. de la Victoire, près Senlis,
1.000 livres, en outre des revenus que nous lui avons donnés. —
Nous donnons et léguons à soixante abbayes de l'Ordre de Cîteaux
6.000 livres, soit cent à chacune, pour faire notre anniversaire...
En plus, nous voulons que toutes nos pierres précieuses, enchâs-
sées dans nos couronnes ou trouvées à part, soient vendues, et que
du produit de cette vente on construise une abbaye de l'Ordre de
Saint-Victor, en l'honneur de la bienheureuse Marie toujours vierge.
Nous avons choisi comme nos exécuteurs testamentaires, pour ce
qui concerne nos biens meubles, nos amis et fidèles les évêques de
Chartres, de Paris et de Senlis, avec l'abbé de Saint-Victor. Si tous
ne peuvent se réunir pour exécuter nos volontés, que deux au moins
d'entre eux, avec l'abbé de Saint-Victor, veuillent bien se charger
de les remplir fidèlement. Si, toutes charges acquittées et toutes
dettes payées, la valeur de nos meubles se trouvait ne pouvoir suffire
aux legs ci-dessus énoncés, notre volonté est qu'ils les réduisent selon qu'ils le jugeront convenable. »

Il nous plaît de conclure sur ce témoignage d'amour royal
une étude rapide et cependant trop longue encore sur l'Ordre
de Saint-Victor. Hélas ! cette belle époque d'union et de
prospérité fut suivie d'un prompt déclin. Les autres abbayes

[1] Arch. nat. J. 503, n° 2. — H. F., XVII, 311.

voyaient avec peine la suprématie de l'abbaye-mère et sa désignation exclusive comme centre de réunion des chapitres généraux. Chose étrange, nous constatons à la fin du XIIIᵉ siècle quelque chose comme un schisme. Un chapitre général se tient à Juilli en 1298 [1], celui sans doute dont Jean de Thoulouse nous a conservé un décret, d'après un manuscrit de l'abbaye du Jard, fruste par malheur [2]. Or, l'abbaye de Saint-Victor n'y est pas représentée, et l'Ordre de Saint-Victor n'y est pas même nommé. En revanche, nous y trouvons des abbés que nous savons lui appartenir tous : les abbés de Sainte-Geneviève de Paris, de Saint-Ambroise de Bourges, de Saint-Jean du Jard, de Saint-Euverte d'Orléans, de Saint-Barthélemi de Noyon, de Saint-Vincent de Senlis, et les représentants de Saint-Satur de Sancerre et de N.-D. d'Eaucourt. Un détail significatif : Gilbert, abbé de Juilli, se dit tenir ou présider le chapitre général *à son tour : ordine suo viceque sua in predicto suo monasterio tenens capitulum generale.*

Et que décrète ce chapitre quelque peu schismatique ? Le premier pas franchi, on va vite et loin sur le chemin de la décadence. Nos bons abbés le constatent et veulent encore y mettre ordre. Pendant la longue période d'hiver comprise depuis le 14 septembre jusqu'au dimanche de la Quinquagésime, l'usage s'était introduit d'apporter un curieux adoucissement à la règle victorine du jeûne. Les jours où le jeûne était prescrit, même le vendredi, la viande ne paraissait pas au réfectoire, mais on pouvait en, user deux et même trois fois par jour en dehors du réfectoire. Les abbés veulent couper court à ces pratiques qui ont un relent de pharisaïsme, et rétablissent le jeûne avec abstinence sévère et effective, hiver comme été, tous les vendredis, à moins que, ces jours-là, ne tombe une fête à neuf leçons ; auquel cas il sera permis de faire deux repas, étant exceptés de cette concession les vendredis tombant dans les quarante jours qui précèdent Pâques ou Noël.

Ce fut la nouvelle organisation créée par la réforme de Benoît XII, en 1339, qui mit fin à l'existence en quelque sorte

---

[1] *Gall. Christ.*, VIII, col. 1677. Au même volume, col. 1390, il est question d'un chapitre général tenu à Bourgmoyen, de Blois, en 1196. Faut-il lire 1296?...

[2] J. de Th., ad an. 1339. — *Gall. Christ.*, VIII, col. 1677.

officielle de l'Ordre de Saint-Victor. Mais nous y reviendrons en son temps.

Un certain nombre de monastères de femmes furent également, au XIIIe siècle, agrégés à l'Ordre victorin, en ce sens qu'ils en adoptèrent l'habit, l'esprit, les règles, *servatis servandis*.

Nous avons une première allusion à des chanoinesses victorines dans un passage de Césarius d'Heisterbach, où il raconte que l'abbé Absalon de Sprinkirsbach interdit l'usage de la viande aux clercs et aux religieuses qui lui étaient soumises, selon la coutume de Saint-Victor[1].

Mais le premier monastère féminin de quelque importance, fondé en l'Ordre de Saint-Victor, est celui de Beaulieu lez Sin-le-Noble dans le voisinage de Douai. Les religieuses fondatrices venaient de l'hôpital de Déchy, dont elles se séparèrent en 1227[2].

Quelquefois des abbayes victorines étaient mixtes, comme celles des Fontevristes ou des Gilbertins. Telle fut, à l'origine,

---

[1] P. L., 211, col. 9-10.

[2] L'hôpital de Saint-Nicolas de Déchy était desservi à la fois par des prêtres et des chanoinesses de l'Ordre de Saint-Augustin. La paix n'y dura pas longtemps, ce qui amena la fondation du monastère de Sin-le-Noble pour les religieuses. L'évêque Ponce d'Arras, s'y montra d'abord opposé ; mais le pape Honorius III, et après lui Grégoire IX, intervinrent à plusieurs reprises en faveur des chanoinesses qui purent enfin élire une abbesse de leur choix, en 1233. Les bulles pontificales mentionnent explicitement l'adoption des observances victorines par le nouveau monastère : « Habitum regularem ac institutiones ordinis beati Victoris assumere satagentes. » (Cf. *Gall. Christ.*, éd. Palmé., III, col. 449 et App. 90-91.)

L'abbaye de Beaulieu entretint longtemps des relations suivies avec l'abbaye de Saint-Victor. Au XVIIe siècle, à cause des dangers de la guerre de Trente Ans, elle fut transférée dans la ville de Douai (1622). C'est de là que partit pour Paris, en 1634, un essaim de postulantes, toutes de nationalité anglaise, qui venaient fonder, sous la protection de la royauté très chrétienne, un nouveau monastère, ouvert à leurs seules compatriotes. Le plus riche héritage que les émigrantes apportaient avec elles était les Constitutions primitives empruntées par l'abbaye de Beaulieu à l'Ordre de Saint-Victor. L'abbaye des chanoinesses anglaises fut d'abord établie dans la rue d'Enfer, puis au faubourg Saint-Antoine, et enfin, en 1638, dans la rue des Fossés-Saint-Victor, où elle prospéra jusqu'à la Révolution. Comme par miracle, elle survécut à la tourmente. Le percement de la rue Monge, en 1859, expulsa nos Victorines de leur antique demeure, et un nouveau monastère fut construit à Neuilly. Et voilà comment, à l'heure où nous écrivons, une des dernières colonies victorines garde jalousement, aux portes de Paris, le trésor des traditions et des souvenirs. (Cf., abbé Cédoz, *Un couvent de religieuses anglaises à Paris de 1634 à 1884*. Paris, Lecoffre, 1881.)

la discipline établie sous la règle de Saint-Victor par le bienheureux Jean d'Antoing à l'abbaye de Cantimpré. Toutefois, cet état de choses dura peu, et l'abbaye fut vite scindée. La partie féminine s'établit à Prémy, vers 1185, et fut déclarée indépendante en 1214[1].

C'est de là qu'en 1236, partirent six chanoinesses, appelées par Guillaume de Béthune et sa femme Elisabeth dans leur abbaye de Pont-Rouard, ou Rousbrugge, fondée sur leurs terres à la suite de faits miraculeux[2].

Deux autres abbayes de femmes, soumises à l'ordre victorin, procèdent de Prémy par filiation directe : Bélem (1244) et le Quesnoy, près de Mons (1262)[3].

Les Pays-Bas eurent une préférence marquée pour la règle de Saint-Victor. Aubert le Mire[4] nous signale son observance dans les abbayes de chanoinesses de Groenembriel, à Gand ; de Saint-Trudon, à Bruges[5] ; de Wastemunster, près de Termonde ; de Nieuclooster, à Berghes-Saint-Vinocq ; du Val-Sainte-Marguerite, vulgairement Ter Nonnen, à Anvers.

Plusieurs monastères de Dames blanches, comme ceux de Louvain[6] ou de Blunderbeek, à Malines, n'avaient pas d'autres usages que ceux de Saint-Victor, plus ou moins modifiés par les fondateurs.

Les religieuses du grand Hôtel-Dieu de Bar-sur-Aube adoptèrent, en 1239, la règle de Saint-Victor. Les religieuses du monastère de Jérusalem, au diocèse d'Utrecht, les imitèrent en 1255[7].

Enfin, au diocèse même de Paris, Alphonse, comte de Poi-

---

[1] *Gall. Christ.*, éd. Palmé, III, col. 166.

[2] L'abbaye de la Nouvelle-Plante, au Pont-Rouard, fut ruinée de fond en comble par les guerres de religion. Les chanoinesses se réunirent à Ypres, dans un monastère qui existe encore. (Cf. abbé Van der Meersch, *L'abbaye de la Nouvelle-Plante, des chanoinesses régulières de Saint-Augustin, Congrégation de Saint-Victor*, Ypres, 1886.)

[3] *Gall. Christ.*, III, col. 167-168.

[4] *De origine Can. reg. sancti Augustini*, cap. XII.

[5] Ces deux abbayes, tout aussi bien d'ailleurs que celle de Pont-Rouard, cherchèrent au XVIIe siècle à renouer des relations avec l'abbaye-mère de Paris (J. de Th., ad an. 1270). — Dans le Ms. 3348 de la Bib. Mazar., l. II, p. 122, on trouve le serment des abbesses de Flandre promettant obéissance à leur évêque et à l'abbé de Saint-Victor, et l'observance des statuts de Saint-Victor.

[6] Cf. Ed. Van Even, *Louvain monumental.*

[7] Potthast, *Regesta Rom. Pont.*, n° 16036.

tou, et sa femme Jeanne fondèrent, en 1269, un monastère de Victorines à Gercy [1].

Nous trouverons, mentionnées au xive siècle, des Victorines à Saint-Servais dans la Basse-Allemagne [2].

Il y aurait lieu de compléter ce chapitre relatif à l'Ordre de Saint-Victor, par une note, si courte soit-elle, sur chacun des prieurés de l'abbaye. A la mort de Gilduin (1155), cette partie fort importante de sa dotation était presque entièrement constituée. Les Victorins, comme tous les chanoines réguliers, appartenant au premier chef au clergé hiérarchique, titulaire ou diocésain, étaient aptes à tous égards à régir les églises rurales, comme à occuper les canonicats des églises collégiales.

Ainsi le comprirent les rois et les évêques, empressés, à l'origine, à leur demander des pasteurs pour nombre de paroisses, dont le patrimoine fut annexé dès lors au domaine temporel de l'abbaye.

Puiseaux, nous l'avons vu, fit partie avec Amponville des premières donations royales (1113); Fleuri-en-Bière fut cédé, en 1182, par Thierri de Milli, dont le fils avait fait profession à Saint-Victor; Saint-Guénaud de Corbeil fait l'objet d'une charte solennelle de Louis VI, qui déclare transmettre aux Victorins tous les droits royaux qu'il y possède, avec toutes les prébendes capitulaires, qui devaient leur revenir par extinction des chanoines séculiers [3] (1134).

La même année voit la cession de l'église et la terre de Faronville faite à l'abbaye de Saint-Victor par celle de Saint-Maur-des-Fossés, à la prière du roi et de l'évêque de Paris. En 1135, Louis VI donne à Saint-Victor l'église et la terre d'Ambert, préalablement exemptes de tous droits à acquitter aux archidiacres d'Orléans. Vers la même époque, Mathieu de Montmorenci donne à l'abbaye l'église du Bois-Saint-Père. Une bulle de Célestin II, en 1143, confirme à Saint-Victor la possession des églises de Cons-la-Ville, Saint-Brice, Villiers-le-Bel, Vaujour et Athis. Saint-Paul-des-Aulnois fut

---

[1] J. de Th., ad an. 1270. — Guérard, *Cart. de N.-D.*, I, 188.

[2] Ce monastère, nous apprend Mauburne dans son *Venatorium*, se relâcha et fut condamné à abandonner le rochet de lin, qui fut remplacé par un scapulaire blanc. Des *Dames blanches* de Saint-Servais sont issues plusieurs Congrégations de femmes, entre autres celle des Pénitentes ou Madeleines.

[3] Arch. nat., K. 22, n° 76 (Orig.).

donné à l'abbaye par l'archidiacre de Paris, Bernard, lors de son entrée en religion. La paroisse de Buci-le-Roi, au diocèse d'Orléans, est une fondation de l'évêque Manassé de Garlande, qui la donna aussitôt à l'abbaye de Saint-Victor (1149). Il faut maintenant se reporter à 1190 pour trouver l'acquisition de Montbéon et de Saint-Donnin, et à 1256 pour rencontrer celle de Bray.

Plusieurs églises, comme Orgenois, desservies à l'origine par des Victorins détachés de l'abbaye, cessèrent vite de l'être. D'autres, tout en appartenant à son patrimoine ne furent que de simples bénéfices à sa nomination, ainsi Saint-Brice, Cons-la-Ville, Vigneux, Montgiron, Courcouronne [1], Gacé, Villiers-en-Bière, Vri, Tossi.

Les prieurés proprement dits étaient pour la plupart de petites colonies canoniales, parfois composées, au moins dans les premiers siècles, de six ou sept chanoines adonnés au service liturgique en même temps qu'au service paroissial. Nous avons un diplôme de Maurice de Sulli, évêque de Paris, confirmant le droit de four et de pressoir, cédé au prieuré de Villiers-le-Bel par le seigneur, Mathieu le Bel, ainsi que l'établissement d'une sorte de conseil de fabrique préposé à la gestion des oblations de l'église. Parmi les témoins figurent *huit* Victorins en résidence à Villiers-le-Bel : le prieur Robert, avec ses frères Hugue, Pierre, Grumbert, Turold, prêtres, Simon, Hugue et Thibaut, diacres.

Puiseaux avait aussi une communauté relativement nombreuse, assez pauvre, et un peu trop rebelle parfois au devoir de l'hospitalité, si l'on en juge par une longue lettre écrite *ab irato* par l'abbé de Néaufle [2] :

Au Seigneur révérendissime Achard, par la grâce de Dieu abbé du monastère de Saint-Victor de Paris, et à tous les chanoines de cette église, Fr. Bernard, humble abbé de Néaufle, salut cordial.

... Me rendant dernièrement près du roi, à Lorris (Laudoriacum), en compagnie de deux de mes frères et de deux serviteurs, je crus, en passant à Puiseaux, devoir demander l'hospitalité à vos fils et frères qui y demeurent. Nous y arrivâmes un soir de vendredi, pendant qu'ils prenaient leur réfection après une journée de jeûne, selon l'usage, toutes portes déjà closes. Nous fûmes obligés d'at-

---

[1] V. Guérard, *Cart. de N.-D*, I, p. 12 et seq.

[2] J. de Th., ad an. 1160. Publiée par A. Luchaire, *Bib. de la Faculté des lettres de l'Université de Paris*, VIII, p. 148-149.

tendre longtemps dehors, au milieu des pauvres, glacés et tout engourdis par la pluie et le vent de février. Les serviteurs entraient et sortaient ; nous en profitions pour solliciter, mais en vain, la faveur de nous abriter à l'intérieur.

Enfin, le repas des frères terminé, l'un d'eux nous vint trouver, nous demanda qui nous étions et ce que nous désirions, rentra dans le cloître, et seulement après une longue attente revint nous inviter à le suivre.

Nous l'avons suivi, et après la prière accoutumée, nous nous sommes assis dans le cloître avec quelques frères, leur exposant nos besoins, déjà suffisamment manifestes, puisque nous étions trempés jusqu'aux os et grelottants de froid. Possédant, à dire vrai, de quoi vivre en route, nous ne pouvions cependant porter avec nous notre gîte. D'autre part il séait mieux à des moines de descendre dans une maison régulière que chez des séculiers. Finalement nous leur demandions de nous venir en aide selon leur charité et leurs facultés, en nous offrant tout au moins le toit et le feu ; nous étions prêts à nous procurer le reste au besoin.

Les frères nous firent à cela plusieurs objections vraies ou fausses : Le prieuré était très pauvre ; presque tous ses revenus allaient à Saint-Victor. Ils étaient d'ordre clérical et n'avaient pas coutume de loger les moines. Un peu avant nous, un autre moine s'était présenté pour chanter la messe ; mais, au su de leur situation, il se retira sans insister, pour chercher un asile ailleurs...

Puis ils nous dirent que leur prieur était malade, et qu'ils allaient prendre ses ordres.

Le prieur nous fit dire qu'il ne pouvait nous admettre sous son toit, ni nous ni nos chevaux, que nous ayons à vider les lieux au plus vite ; faute de quoi il ferait mettre dehors nos chevaux à coups de fouet.

Ainsi expulsés honteusement d'une maison que nous croyions, bien à tort, être celle du Christ, nous avons appris à nos dépens qu'il y avait là des gens qui se faisaient appeler des chanoines, mais que le Christ-Dieu n'habitait pas en eux...

Et nous voilà de nouveau exposés au vent et à la pluie, transis par la rigueur de l'hiver, mais plus affligés encore de ce manque de charité et de ce refus de l'hospitalité chez des chrétiens. Est-ce là, nous disions-nous, ce qu'ils ont appris à l'école de Gilduin, qui était la bonté même ? Un tel ruisseau peut-il avoir sa source à Saint-Victor ? Et si Gilduin est mort, est-ce que son successeur ne se nomme pas Achard ?...

Et pour conclure ce plaidoyer qui ne manque ni d'esprit ni de couleur, l'abbé de Néaufle conjure Achard de morigéner le peu hospitalier prieur.

Plaise à Dieu, ajoute-t-il en terminant, de l'amener un jour à Néaufle ! Il y verrait que les plus pauvres monastères se font un honneur, non de fermer la porte à l'hospitalité, mais de la lui ouvrir toute grande.

Après ce voyage au long cours à travers les abbayes de l'Ordre victorin, il n'est que temps de revenir à Gilduin et au Monastère d'où partent toutes ces superbes ramifications.

VII

L'ABBAYE. ROYALE ET L'UNIVERSITÉ

Protection de Louis VII. — Largesses des princes et grands seigneurs. — La place de Saint-Victor dans la vie parisienne. — La Pénitencerie de l'Université. — Les *Pénitenciels* victorins. — Faveurs pontificales. — Les cardinaux victorins. — Mort de Gilduin. — Les abbés Achard et Gontier.

Voilà vingt-cinq ans que l'abbé Gilduin préside au magnifique développement de l'œuvre victorine. Fort de la protection des Papes, fort de l'amour bien effectif des rois, fort surtout de la ferveur mystique et intellectuelle de ses frères en ces âges héroïques, il sent venir sans terreur et les glaces de la vieillesse, et les embarras causés à l'intérieur par de trop fréquents essaimages.

Il a toujours à ses côtés cet homme aimable et judicieux, le prieur Odon, assisté consciencieusement par le sous-prieur Garnier. Le préchantre Adam, que nous croyons toujours être l'auteur des célèbres Séquences, dirige avec un soin jaloux le cours de la vie liturgique et artistique à l'abbaye. L'administration de la fortune commune, déjà considérable, se centralise aux mains du chambrier, le frère Gontier. Le frère Adelulfe exerce les fonctions modestes de vestiaire. Enfin, la Charte de 1139 [1], qui nous révèle ces détails, mentionne à

---

[1] J. de Th. ad an. 1139.

leurs côtés, parmi les signataires chargés de représenter
chacun des ordres du chapitre, le prêtre Nantier qui deviendra
prieur et le diacre Ernis, qu'attendent des destinées ora-
geuses.

Nous savons déjà que Louis le Jeune a voué à l'abbaye
« un spécial amour », et qu'il lui a confirmé toutes les donations, immunités, privilèges, concédés par son père. Il ne se
passe pas une année que déjà il fait dresser une nouvelle
charte où, affirmant à nouveau ses sentiments personnels, il
ratifie le don des prébendes dans les églises épiscopales et
dans la basilique de Sainte-Geneviève [1]. Presque en même
temps, il approuve et confirme la donation du prieuré d'Ambert. En 1147 il accepte, à la demande des chanoines, de reprendre le moulin royal que son père leur avait donné à
Etampes, et leur offre en compensation 30 muids de froment, à prélever annuellement sur les deux moulins royaux,
dont ils auront la clef, à seule condition que le chargé d'affaires de l'abbaye prêtera serment de ne rien s'attribuer en
plus de ces 30 muids [2].

Rien ne nous vient indiquer que l'abbé de Saint-Victor
joua à la Cour de Louis VII le rôle qu'il avait rempli sous le
précédent règne. Cependant nous avons la preuve qu'il entretint toujours les meilleures relations non seulement avec
le roi, mais avec nombre d'illustres personnages qui entouraient de plus près le trône : les deux frères de Louis VII,
Henri et Philippe, tous deux voués à la cléricature, chanoines
de Notre-Dame de Paris, avant de devenir, le premier, moine
de Clairvaux, puis évêque de Beauvais et enfin archevêque de
Reims ; le second, abbé des abbayes royales et archidiacre de
Paris ; leur sœur Constance, mariée à Raimond, comte de
Saint-Gilles ; le comte Raoul de Vermandois ; le comte Thibaut de Champagne ; le connétable Mathieu de Montmorenci, qui, le premier de cette dynastie quasi-royale des Montmorenci, entoure les débuts de Saint-Victor d'une sollicitude désormais partagée par tous ses descendants. Pour sa
part, Mathieu donne à l'abbaye une prébende dans l'église
Saint-Martin de Montmorenci, pour les revenus en être con-

[1] Arch. nat. K. 23, n° 3 (Orig. scellé). — Tardif. *Mon. hist.* n° 436.
[2] Arch. nat. K. 23, n° 15.

sacrés à l'infirmerie [1]. Galeran, comte de Meulan, offre

[1] Necrol. V. Kal. Nov. « Anniversarium solempne domini Mathei de Monte-morenciaco, qui ecclesiam nostram speciali amore diligens, dedit nobis in portu suo apud sanctum Dionisium centum solidos, et prebendam unam in ecclesia sancti Martini de Montemorenciaco. Item anniversarium patris et matris ipsius et fratris eius Theobaldi. »

Ce revenu de 100 sous à prendre sur le port de Saint-Denis paraît avoir été consacré par Mathieu de Montmorenci à la dotation du prieuré du Bois-Saint-Père qu'il venait de donner à l'abbaye de Saint-Victor. C'est du moins ce qui ressortirait d'une lettre de Bouchard de Montmorenci, le fils du fondateur :

« A son seigneur et ami Ernis, abbé de Saint-Victor, et à tout son chapitre, Bouchard de Montmorenci, salut respectueux. Vous savez, très chers, que mon père, homme de discrétion et de religion, a donné à votre église le lieu appelé Bois-Saint-Père, à la condition que vous y assurerez chaque jour le service divin. De son vivant, il aimait à y fréquenter, et moi, avec mes hommes, nous nous plaisons à suivre son exemple. Et voilà que j'apprends que cette maison est abandonnée, que vous en avez tout emporté : calice, vêtements sacrés, et autres objets, mêmement que vous avez emmené un cheval qui était à son service. Je viens donc vous prier de remettre en place tous ces meubles, et de nous rendre le prieur Raoul, que nous aimons, et qui nous a servis avec dévouement, mon frère et moi, lorsque nous étions malades ; si toutefois votre charité le juge à propos, et si de son côté aucune raison de santé ou autre à nous inconnue ne s'y oppose. A tout le moins envoyez-nous un frère honnête et de bonne vie qui s'occupe ici du service divin et nous puisse entendre en confession. Faites donc cela pour l'amour de nous, afin que nous n'ayons aucun sujet de nous plaindre de vous. Salut. » (J. de Th. ad. an. 1167).

Peu de temps après la mort de Bouchard, en 1189, ses trois frères Mathieu, Thibaut, moine du Val-Sainte-Marie, et Henri, doyen de N.-D. de Paris, devenus ses exécuteurs testamentaires, restituèrent à l'église Saint-Denis un cens de 5 sous, d'abord plus ou moins justement affecté au prieuré du Bois-Saint-Père, et le remplacèrent par un cens de douze deniers à prendre sur la terre de *Rogii*, près de Sarcelles, où se devait en plus construire une maison pour loger un hôte soumis à l'abbaye en toute dépendance (J. de Th. ad an. 1189).

Plus tard, en 1211, Mathieu de Montmorenci, du consentement de sa femme Gertrude et de son fils Bouchard, donne à l'église du Bois-Saint-Père 8 livres de revenu annuel à percevoir en sa censive de Saint-Marcel, près Saint-Denis, pour l'entretien d'un chanoine qui y sera envoyé de Saint-Victor dans le but de prier Dieu pour la famille fondatrice (J. de Th., ad an. 1211).

Trois ans après, en 1214, Mathieu donne aux chanoines de Saint-Victor, demeurant au Bois-Saint-Père, toute une partie de forêt sise devant leur porte, et dûment délimitée (Ibid., ad an. 1214).

Au mois de septembre 1228, le connétable mettait fin à de vieilles querelles, par une dernière charte scellée de son sceau, de celui de sa 2e femme, Emma d'Alençon, et de son fils Bouchard.

En 1233, celui-ci, héritier des traditions de famille, promet sa protection aux Victorins du Bois-Saint-Père, et fait marquer de bornes les 20 arpents de forêt donnés par son père. Ce qui ne l'empêche pas de promettre, au mois d'avril 1240, l'exécution de la donation faite par son grand-père de 100 sous parisis de rente à de son côté 40 sous de revenu sur le Monceau-Saint-Gervais [1].

Tous les faits accumulés dans les chapitres qui précèdent nous dispensent d'insister autrement sur l'importance de la place occupée par Saint-Victor dans la vie religieuse et intellectuelle de Paris. Nous aurons lieu de la constater encore, surtout dans les premiers temps de l'administration de l'abbé Ernis. D'ores et déjà l'abbé de Saint-Victor se voit investi des missions les plus délicates, et reçoit mandat des rois, du Pape ou des prélats, pour mener à bien les affaires les plus épineuses.

Il est une fonction bien spéciale, départie par les souverains Pontifes et les évêques de Paris à l'abbaye victorine, et qui lui donne une physionomie à part au milieu des corporations religieuses de l'époque. Elle était la grande pénitencerie des étudiants de la capitale, « sorte de piscine probatique, écrit Jacques de Vitri, où les nombreux écoliers parisiens et les foules de fidèles accourus de tous côtés viennent chercher les eaux purifiantes [2] ».

Cette tradition, commencée sous l'abbé Gilduin, qui était lui-même le confesseur de Louis VI, fut pieusement gardée par ses successeurs. Césaire d'Heisterbach raconte, à la date

---

percevoir sur son fief de Saint-Marcel. Cette même dette fut encore reconnue en 1270 par Mathieu de Montmorenci qui s'engageait à verser à l'abbaye 30 livres pour les arrérages de six ans.

Le même Mathieu ou *Mahi* de Montmorenci, et sa femme Jeanne de Lévis confirmèrent au prieur du Bois-Saint-Père, par une charte française du mois de mars 1278 et une charte latine du mois de juillet de la même année, le droit de prendre un muid de blé sur leur ferme d'Ecouen. Enfin, l'an de grâce mil trois cent et quatre, le lundi devant la Saint-Sébastien, Mahi, sire de Montmorenci, *chamberlant* de France, constatant que les cent sols jadis concédés à Saint-Victor par ses ancêtres sur la terre de Saint-Marcel, tenue en fief de l'évêque de Paris, étaient réduits à 20 sols, détermine que désormais lesdits cent sols se prendront sur la prévôté de Montmorenci à perpétuité (J. de Th., ad an. 1304).

[1] J. de Th. ad an 1138. Arch. nat. K. 23, n° 15[2]. Tardif. *Mon. hist.* n° 514.

[2] Hist. occid. cap. XXIV. — Tout ce chapitre est un éloge dithyrambique de l'abbaye victorine : « ... tanquam piscina probatica et luter eneus in templo Domini scholaribus Parisius commorantibus et populis undique confluentibus aquas purificationis subministrans. Hec quidem sancta et omni acceptione digna militantium in castris Domini congregatio refugium est pauperum, consolatio lugentium, fulcimentum et quasi basis debilium, recreatio lassorum, relevatio lapsorum, portus tranquillissimus scholarium, quibus de mundi huius naufragio evadere cupientibus sinum misericordie aperit, et in gremio suo velut pia mater eos fovet et nutrit... »

de 1199 [1], le fait d'un jeune homme, qui, après des orages, bourrelé de remords, s'en fut se confesser à Saint-Victor. Il demanda le prieur (qui alors s'appelait frère Anselme). Celui-ci « toujours prêt à remplir ce ministère, comme le sont tous les frères de l'abbaye, se présenta immédiatement et s'assit à l'endroit affecté aux confessions ». Mais le jeune homme, étouffé par ses larmes et ses sanglots, ne pouvait proférer une parole. Le prieur lui conseilla d'écrire ses péchés sur un billet et de le lui apporter. Le pénitent obéit, et revint le lendemain, porteur de l'écrit accusateur. Le prieur demeura suffoqué à la vue du crime qui y était révélé, et demanda permission de consulter son abbé : le vénérable Absalon. Quand celui-ci ouvrit le billet, il le trouva blanc comme neige : toute écriture en avait disparu. Le prieur protesta qu'il venait à l'instant d'y lire la confession de son pénitent... Par un miracle, Dieu avait voulu témoigner ainsi du pardon accordé au pécheur repentant.

En 1208, le cardinal Guala de Bischieri, chanoine régulier de Saint-Pierre-au-Ciel-d'or à Pavie, le fondateur de l'abbaye de Saint-André de Verceil, fut envoyé en France par le Pape Innocent III avec mission d'y prêcher la croisade contre les Albigeois. C'est pendant cette légation que le cardinal prit contact avec l'abbaye de Saint-Victor, qui l'admit à sa fraternité. Il avait en effet garanti par acte solennel l'intégrité des annates toujours discutées. De plus, il présida à Paris un synode diocésain où furent promulgués nombre de décrets utiles à la réforme cléricale [2]. La rigueur en fut un peu tempérée pour les maîtres et les étudiants, qui n'encouraient l'excommunication qu'après deux monitions faites dans les classes, et un délai suffisant pour venir à résipiscence. L'excommunication, si elle devenait nécessaire, était prononcée par le chancelier, et seul l'évêque de Paris, ou, à son défaut, l'abbé de Saint-Victor, en pouvaient donner l'absolution.

L'abbé de Saint-Victor déléguait ordinairement ses pouvoirs en cette matière à l'un de ses chanoines, qui prenait le nom de pénitencier. L'un de ces pénitenciers, Ménend [3],

---

[1] *Dial.* 2. cap. 10.

[2] Bib. Ars. Ms. 769, f. 113 verso (V. sur ce personnage : *Hist. litt.* XVIII, 29-33.)

[3] Ménend fut dans la suite détaché de l'abbaye victorine pour présider à la cons-

soumit, vers 1216, quelques doutes à la cour de Rome, et reçut de maître Raoul, pénitencier du Pape, la réponse suivante[1] :

A très chère et discrète personne frère Ménend, chanoine et pénitencier de Saint-Victor près Paris, frère Raoul, pénitencier du seigneur Pape, salut dans le Seigneur.

...Sachez que votre consultation, portant sur six questions, a été soumise, en l'audience du Souverain Pontife, à l'examen des cardinaux, et, après délibération, le seigneur Pape y a répondu de la manière suivante :

— Première question : Les sous-diacres sont-ils obligés au chant des heures canoniales ?

— Ils y sont tenus.

— A la deuxième question. Dans le privilège accordé par le Pape aux étudiants de Paris[2] de pouvoir être validement absous par l'abbé

truction et à l'installation de l'abbaye de N.-D.-de-la-Victoire, élevée par Philippe-Auguste en *ex-voto* pour la victoire de Bouvines. Il est mentionné au 3 des Ides de janvier dans le Nécrologe de Saint-Victor, et celui de la Victoire lui consacre cet éloge : « Anniversarium Menendi sacerdotis, canonici professi Sancti Victoris Paris. et nostri, qui primus prefuit huic ecclesie in exordio fundationis sue, ad cuius admonitionem et instantiam bibliotheca integra et calix octo librarum deauratus intus et foris cum aliis bonis nobis in eleemosynam sunt collata. »

C'est du chanoine Ménend fort probablement qu'il s'agit dans une lettre charmante écrite par un étudiant du XIIIe siècle à un ami très cher.

« Comment vas-tu pour l'âme et pour le corps ? Fais-moi savoir avec qui tu fréquentes les cours, ce que tu étudies en ce moment, et quels sont tes maîtres. Es-tu encore au vénérable sanctuaire de la Sainte-Ecriture, ou bien as-tu été admis à puiser aux trésors cachés autant qu'inépuisables de la science pure ? Je veux que tu ailles à Saint-Victor, *que tu te mettes en rapport avec le fr. M...,* que tu lui ouvres ton âme. On m'aura bien trompé si sa bienveillance et son affection ne te sont pas un puissant encouragement à lui demander en toute occurrence aide et conseil. Si tu veux me faire parvenir quoi que ce soit, dis-le-lui et il t'en donnera les moyens. Adieu, mon soldat ; que l'Esprit-Saint te rende tel que je veux, mon ami de choix, mon unique bien-aimé par-dessus tout mes compagnons. » (B. N. Ms. lat. 14664, fo 117 vso.)

[1] B. N. Ms. lat. 14938 fo 266 vso. — J. de Th., ad an. 1216. — Denifle *Chartul. Universit. Paris,* I, 28.

[2] Ce privilège, concédé par Innocent III, fut constamment reconnu et au besoin renouvelé par les Papes, notamment par Honorius III lors du célèbre conflit entre l'Université et l'évêque de Paris, Guillaume d'Auvergne. L'affaire fut commise, le 31 mai 1222, aux archidiacres de Reims et de Sens, mais avec cette réserve formelle :

« Nec prohibeant magistri scolaribus ne accedant apud Sanctum Victorem ad confessiones vel ad exequias mortuorum, et ab eis, si facta fuerit, huiuscemodi prohibitio, revocetur. » (Denifle. *Chartul. Universit. Paris,* I, 45. — H. F., XIX, 724. Cf. Noel Valois, *Guillaume d'Auvergne,* p. 48).

de Saint-Victor de toute violence exercée contre des clercs, il y a cette restriction : à moins que la blessure infligée ne soit tellement grave qu'il soit à propos de recourir au siège apostolique. Quand la blessure sera-t-elle considérée comme grave ?

— Il a été répondu : L'interprétation ne peut être ici considérée comme rigoureuse. Cependant, considérez comme grave une blessure même légère faite à une personne de distinction, ou, pour les personnes ordinaires, une lésion ou mutilation sérieuse de quelque membre.

— A la troisième question : Si vous pouvez absoudre les étudiants parisiens qui viendraient à se battre lorsqu'ils sont en pèlerinage à Saint-Denis, ou à Notre-Dame, ou à d'autres sanctuaires ; — il a été répondu que vous le pouvez si les coupables habitent Paris [1].

— A la quatrième question : Les maîtres parisiens prétendent que vous pouvez absoudre, en vertu du même privilège, les *bidels* (ou bedeaux) et autres serviteurs des étudiants, qui seraient coupables de coups et violences, sous prétexte que lesdits serviteurs leur sont de toute nécessité ; — il a été décidé que vous n'avez aucun pouvoir pour mettre sous censure, ou en absoudre, cette catégorie de personnes.

— Cinquième question : Pouvez-vous absoudre les étudiants qui ont frappé des clercs non étudiants ? — Réponse affirmative ; mais non *e converso ;* le Pape n'ayant pas entendu appliquer le privilège aux clercs non étudiants.

— Vous avez demandé en cinquième lieu : Les étudiants qui, du temps du Pape Innocent III et avant la concession, ou avant, lors de la promulgation du privilège, ont encouru la peine du canon et ont quitté Paris sous le coup de l'excommunication, peuvent-ils être absous lorsqu'ils reviennent y habiter, même à seule fin d'absolution, avec l'intention de s'en retourner aussitôt absous ? — Il a été répondu : Le privilège n'a pas d'effets rétroactifs.

---

[1] Cf. Denifle, *Chartul. Universit. Paris,* I, 15.

(A suivre.)

D. Fourier Bonnard.

LA CONQUÊTE DES PHILIPPINES

MAGELLAN ET LEGASPI

(Suite et fin.)

II

Pigafetta se trompait. L'avenir, qu'il voyait clos pour les navigations vers l'Océanie espagnole par le détroit de Magellan, se rouvrit peu d'années après. Dès 1524, une flottille fut armée dans les différents ports de l'Atlantique et le 28 mai 1525 elle pénétrait dans le Pacifique, mais les compagnons de Loaisa et de Sébastien Del Cano, s'ils n'eurent point, comme ceux de Magellan, à souffrir de la famine, subirent d'atroces tempêtes qui les dispersèrent.

Loaisa et Del Cano moururent en mer à peu de jours d'intervalle. La flotte passa alors sous les ordres de Salazar qui la conduisit aux îles de Saint-Lazare. Là il se produisit un incident émouvant qui est ainsi rapporté dans le journal de bord de Hernando de la Torre. « Le mardi 5 septembre, il vint vers nous un canot monté par quelques insulaires, et de loin, l'un d'eux nous salua à la manière espagnole. Nous en fûmes bien étonnés et nous lui dîmes de nous aborder. Il n'osait venir sans que nous lui promettions ses sûretés et le capitaine Toribio Alonso de Salazar, qui était maintenant capitaine du navire, les donna. Alors, vint à notre bord celui qui nous avait salué et il nous dit qu'il était du vaisseau qui, à l'autre voyage, était resté aux Maluques quand le second fut en Castille et de ceux qui quittèrent les Maluques sur ce navire, pour se rendre à la côte ouest des Indes de Castille. Ils eurent un temps contraire et durent revenir aux Maluques. Ils perdirent beaucoup de monde en route et abordèrent à une île, au nord de celle où nous étions à présent et lui et deux autres de ses compagnons prirent la fuite de crainte de la mort. Le navire s'en retourna sans eux aux Maluques et ils restèrent dans cette île. Il raconta que les Indiens avaient tué ses compagnons et l'avaient conduit dans l'île où il était présent. » Cet ancien déserteur repenti était une précieuse recrue pour Salazar. Les insulaires amenés en Espagne par Del Cano y avaient été retenus : on les avait vu faire preuve de trop d'intelligence. L'un d'eux, raconte quelque part Juan de la Concepcion, se préoccupait de connaître la valeur des monnaies et leur pouvoir d'acquisition en marchandises, s'informant du prix des épices de boutique en boutique. « Ce fut, conclut-il, un motif très juste de ne pas lui permettre le retour dans sa patrie[1] » Vigo — c'était le nom du survivant de *la Trinidad*, — servit donc d'interprète entre ses compatriotes et les indigènes dont il avait très bien appris la langue.

Après cinq jours d'aiguade, *la Capitane* reprit son voyage emmenant Vigo et onze Indiens enlevés pour les employer au service de la pompe « parce qu'il y avait à bord beaucoup de malades ».

Quelques jours après, Salazar succombait à son tour et Iñiguez prenait le commandement. Le 2 octobre, il abordait à Mindanao et entreprenait l'exploration du pays. Vigo, parlant malais aux indigènes, en obtint du vin de palmier, des poules, du blé et des porcs qui furent joyeusement accueillis sur les navires, mais bientôt les indigènes méditèrent d'enlever le navire. Vigo, qui avait l'expérience des hommes de ce pays, pénétra leur projet et en avisa Iñiguez. Les Portugais avaient fort mécontenté les chefs indigènes par leurs violences et partout on reprochait aux Espagnols les excès des « Pranguis » et il leur fallait démontrer qu'ils n'étaient venus que pour échanger des vivres et des épices contre les marchandises qu'ils apportaient. Quand on eut acquis la certitude que tel était bien leur but et que, loin d'être de connivence avec les Portugais, ils étaient tout disposés à les combattre, les Indiens, en signe de réjouissance, donnèrent des bals et des danses et illuminèrent. Aussitôt en contact, Portugais et Espagnols en vinrent aux mains avec férocité.

Les Portugais ne pouvaient se résigner à se voir disputer une conquête qui leur avait coûté tant d'efforts. « Il était très

---

[1] Pabre Juan de la Concepcion, *loc. cit.*, I, p. 141.

glorieux pour une nation aussi peu forte, manquant de ressources et d'hommes, dit deux siècles plus tard Juan de la
Concepcion [1], d'avoir, par sa constance et sa valeur, conquis
Mozambique, Sofala, Mombaza, toute la côte d'Ethiopie jusqu'à la mer Rouge, passé de Ceylan à Malacca, pris Sumatra
d'où sans doute Salomon tirait l'or dont il enrichit le Temple,
monté jusqu'en Chine et au Japon et côtoyé la Tartarie. » La
lutte des deux peuples fut opiniâtre et sembla emprunter au
pays qui en était le théâtre sa barbare sauvagerie. Iñiguez
mourut empoisonné par Hernando de Baldaya dans une
tasse de vin offerte au cours d'un palabre. Sous Fernando
de la Torre, le capitaine de la Montagne de Santander, dont
on a cité plus haut le journal de bord, la guerre continua, et
le vaillant Urdaneta vengea son chef dans le sang de Hernando de Baldaya, dans les papiers duquel on trouva cet
ordre signé par le gouverneur Jorge de Meneses : « Si vous
prenez les Castillans et la Galère, n'en laissez aucun vivant,
car ils viennent prendre et soulever les terres du roi de Portugal notre seigneur. Enveloppez-les dans une voile de galère et jetez-les au milieu du canal de la mer pour qu'aucun
d'eux ne demeure vivant et n'aille dire en Castille ce qui se
passe dans ce pays [2]. »

Cependant, au Mexique, une expédition se préparait lentement. Dès 1526, le roi avait ordonné à Cortès d'envoyer
quelques navires s'informer du sort des compagnons de Magellan et de Loaisa [3]. Un an plus tard, Alvaro de Saavedra
recevait ces instructions de Cortès : « Vous vous efforcerez
d'arriver à l'île de Cibu et d'y apprendre si Joan Serrâo, pilote,
et les autres qui furent pris avec lui dans cette île, sont vivants. S'ils sont vivants, vous les rachèterez ou, si vous ne
le pouvez, vous tâcherez de les avoir n'importe comment
sans mettre en péril, ni hasarder ni votre flotte, ni vos
troupes ; ou au moins vous tâcherez de vous entretenir avec
quelqu'un d'eux et vous vous informerez comment ils sont et
comment on les traite [4]. »

L'expédition mit à la voile la veille de la Toussaint 1528 [5].

[1] Juan de la Concepcion, *loc. cit.*, I, p. 239.

[2] *Archivio de Indias*, leg 1º. Papeles del Maluco de 1519 à 1547. Déposition
de François de Paris.

[3] Navarrete. *Colleccion*, etc.,. V, p. 440.

[4] Navarrete. *Coleccion*, etc., V, p. 448.

[5] Juan de la Concepcion, *loc. cit.* I, p. 212.

Elle se rendit à Mindanao, aux îles Visayas et y recueillit un Espagnol, nommé Sébastien del Puerto, qui avait fait partie des équipages de Loaisa à bord du galion Parral. « Après que ce Sébastien de Puerta fut pris dans cette île, voici un an, son maître alla en canot à Zebu commercer et l'emmena avec lui et il apprit des naturels de Zebu que ceux de l'île avaient vendu aux Chinois tous les Espagnols qu'ils avaient fait prisonniers. Il y en avait huit de la flotte de Magellan et ils les avaient cédés cinq ans avant contre quelques bacares d'or [1] ».

Saavedra racheta Sébastian del Puerto et, plus tard, deux autres Castillans au prix de 60 pesos d'or. Il apprit par eux la lutte engagée entre Portugais et Espagnols et parut fort opportunément, le 30 mars 1528, à Tidori où les Castillans avaient construit une forteresse. Sous lui, Urdaneta accomplit ses plus glorieux exploits.

Le Mexique, qui ne se décourageait pas du peu de résultats acquis par cette expédition, en prépara une nouvelle, peu après la mort de Saavedra survenue pendant son voyage de retour, mais Charles-Quint prit en 1539 une initiative qui détourna les Espagnols des Moluques. Par un traité acheté à beaux deniers par le Portugal, il céda ses droits sur cet archipel et Herrera parle plaisamment de ces marchés conclus entre deux rois qui, ni l'un ni l'autre, ne savaient ni ce qu'ils achetaient ni ce qu'ils vendaient [2].

Dès lors, tout l'effort des navigateurs espagnols se concentra sur l'Océanie espagnole.

En 1542, le vice-roi du Mexique Antonio de Mendoza confia le commandement d'une escadre de cinq navires réunis dans le port de Juan Gallego à Ruy Lopez de Villalobos. C'était un homme de lettre et un légiste qui tentait le métier de conquistador. Grand, maigre, c'était, dit un document du temps, « un homme très expérimenté dans les choses de la mer » et que le vice-roi jugeait doué des qualités nécessaires à la direction d'une pareille expédition [3]. Le choix d'un lettré correspondait à la pensée mère de cette

[1] NAVARRETE. Coleccion, etc., V, p. 471 : Rapport de Saavedra, 12 février, 1528.

[2] HERRERA. Décade IVme. Liv. V. chap. x.

[3] Coleccion de documentos ineditos relativos al descubrimiento, conquista y organización de las antiguas possessiones espanolas de ultramar, II, p. 9.

nouvelle expédition. Il ne s'agissait plus de lutter avec les Portugais pour leur arracher l'empire colonial les armes à la main. Il s'agissait de coloniser et d'évangéliser. Le vice-roi n'avait pas oublié de joindre à l'expédition des prêtres et des religieux pour catéchiser les indigènes des archipels.

Villalobos accomplit sa mission, découvrit les îles des Récifs, aujourd'hui Carolines, mais peu secondé par ses compagnons, il dut se réduire à la plus stricte observation de ses instructions et renoncer à toute organisation coloniale un peu stable. Il planta du maïs malgré la résistance de ses soldats qui prétendaient que leur métier n'était pas de faire les laboureurs mais de combattre [1]. Bientôt la disette régna au camp et l'on eut beau chercher des vivres jusqu'aux îles de Tala et sur la côte de la Nouvelle-Guinée, Villalobos ne put plus redevenir maître de ses troupes. Elles prétendaient se rembarquer pour la Nouvelle Espagne et il ne put empêcher de nombreux déserteurs de s'enfuir sur des navires portugais. Il s'usa dans ces luttes intestines et ces fatigues. Voyant son armée se réduire à rien, ses cheveux et sa barbe, à peine parsemés de quelques poils chenus au départ du Mexique, blanchirent en quelques semaines et les fièvres le terrassèrent à Amboine. « De 370 Espagnols que nous étions sortis de la Nouvelle Espagne, lit-on dans une lettre de Fray Geronimo de Santisteban au vice-roi, nous arrivâmes 117 à Malacca. » Mais cet insuccès ne l'empêchait pas de mettre très haut Villalobos [2]. « Au jugement de quelques-uns, écrivait-il au vice-roi, Ruy Lopez n'a rendu aucun service à Votre Seigneurie qui fasse ses fils méritants de ses grâces, mais aux yeux de Dieu, à ceux de ceux qui regardèrent ses actes sans passion, certes, il a fait tout ce qu'il a pu pour servir votre grâce et ce qui l'affligeait le plus, c'est de n'avoir pas réussi selon vos intentions. Cela le désolait davantage que tous les tourments, tous les périls, toutes les traverses qu'il avait à endurer [3]. »

Après la mort de Villalobos, les débris de son escadre rentrèrent en Espagne en 1549.

Philippe II venait de monter sur le trône et ne tarda pas à donner des ordres pour qu'une expédition fût armée au Mexique. Cette fois, il ne s'agissait pas d'une tentative en

---

[1] JUAN DE LA CONCEPCION, *loc. cit.*, I. 259.
[2] NAVARRETE. *Colleccion*, etc. V, p. 162.
[3] NAVARRETE. *Colleccion*, etc. V, p. 162.

l'air : on voulait marcher à coup sûr et créer un établissement durable. On prépara donc lentement le départ de la flotte. Un gentilhomme de la vieille noblesse de Biscaye, Miguel Lopez de Legaspi, établi au Mexique depuis de longues années, honoré de la confiance des habitants de Mexico dont il était alcade, possédant une fortune considérable, fut appelé par le vice-roi à prendre le commandement de l'escadre. Il consacra toute sa fortune à la mission qui lui était confiée, vendant une à une ses propriétés, sans se préoccuper de l'établissement de ses enfants. Entre les mains de ce convaincu, l'étendard royal était en sûreté. Pour le seconder de toute son intelligence et de tout son zèle, le vice-roi fit choix d'un moine guipuzcoan qui avait passé toute sa jeunesse aux Philippines et aux Moluques. C'était le capitaine Urdaneta dont, vingt-cinq ans avant, le nom terrifiait les Portugais. C'est au couvent des Augustins de Mexico que vint le chercher l'ordre du vice-roi et malgré son âge et sa mauvaise santé, il n'hésita pas à répondre à l'appel qui lui était fait [1].

Le 21 novembre 1561, dans le port de Natividad, la flotte de Legaspi salua pour la dernière fois les côtes de la Nouvelle Espagne. Cinq navires, portant 150 marins, 200 soldats, 6 moines et environ 24 serviteurs, telles furent les forces sur lesquelles reposait l'espoir de la colonisation des Philippines mais, comme le dit un historien [2], « chacun de ces hommes en valait cent et les resplendeurs de la croix ne devaient pas être moins fécondes pour la soumission des Indiens que les éclairs de l'épée [3] ».

La route indiquée par le vice-roi était celle de la Nouvelle-Guinée, mais la *Audiencia* préféra à ce plan de navigation proposé par Urdaneta la direction des Philippines. « Si le temps est favorable, disait le pli cacheté solennellement ouvert en pleine mer, la flotille ira droit aux îles Philippines et aux autres îles de la même région qui sont dévolues à sa Majesté [4]. »

Cet ordre formel mécontenta les moines influencés par Urdaneta, mais le premier moment de colère passé, ils se ré-

---

[1] *Documentos ineditos*, 2ᵉ série, III, p. 108.

[2] WALDO JIMENEZ ROMERA. *Cuba, Puerto-Rico, Filipinas*, p. 626.

[3] Un Français, René Plin ou Plun, était pilote à bord du *San Pedro*, capitane de la flotte de Legaspi, *Doc. ineditos. Relation circonstaciada.*

[4] *Documentos ineditos*, 2ᵉ série, III, p. 219.

duisirent à leur devoir et Legaspi n'eut pas de meilleur auxi_
liaire qu'Urdaneta et ses cinq compagnons.

Sur le chemin des îles Mariannes, Legaspi découvrit les
îles Barbades qu'aucun voyageur n'avait encore visitées. Il
mouilla, le 3 février 1565, aux îles Mariannes où il se procura
aisément des vivres des indigènes terrifiés. Paybnasa, l'un
de leurs rois, avait chargé un de ses officiers les plus intelligents d'observer les débarquants. Il s'approcha d'eux en
rampant dans le bois debout, observa tous leurs gestes tapi
dans la ramure et revint consterner ses compatriotes par
l'effrayant récit de ce qu'il avait vu. Quand les blancs cheminaient, ils traînaient après eux une longue queue étroite et
dure ; quand ils s'asseyaient pour manger ils habillaient leur
table de blanc. Ils y servaient des pierres qu'ils mâchaient avec
plaisir. La plupart d'entre eux buvaient du feu et rejetaient
de la fumée par la bouche et les narines. Ils étaient si puissants qu'ils lançaient des éclairs et des tonnerres. C'est ainsi,
raconte Juan de la Concepcion, d'après les traditions orales
qu'il a recueillies, qu'ils avaient vu les épées des Espagnols,
les biscuits dont ils se nourrissaient, leurs armes à feu et
leurs cigares [1].

Par la force ou de bon gré, Legaspi obtint des indigènes
tout ce qu'il voulut. Il prit solennellement possession des
îles au nom de Philippe II en terminant par Zubu. « Nous
y avons trouvé les naturels un peu troublés, dit une relation
très détaillée, quoiqu'ils aient témoigné qu'ils désiraient notre
amitié, mais ensuite vint un jour où ils ne voulurent plus rien
faire de ce qu'on leur demandait. Aussitôt qu'on le comprit, on
leur fit comprendre de nous donner des vivres, qu'ils avaient,
pour notre argent et l'on n'en put rien obtenir. Ensuite ils
firent mine de vouloir combattre avec nous et de ne rien vouloir nous donner. Aussitôt nous allâmes nous battre. L'artillerie des navires fit feu. A terre et sur mer tout notre monde
tira. Alors tous disparurent. Aucun n'attendit son reste et l'on
ne put faire aucuns prisonniers. Ils désertèrent leurs maisons
où l'on ne trouva rien si ce n'est un Enfant Jésus, un vase de
fer et un de bronze qui sont, il est facile de le penser, de
l'époque de Magellan. Jusqu'à aujourd'hui (mai 1565), nous
n'avons aucun renseignement sur ce qu'ils possèdent [2]. »

---

[1] Juan de la Concepcion, *loc. cit.*, I, p. 359.
[2] *Relation circonstanciée...* (*Documentos ineditos*, II, p. 452).

Ce fut pendant le transport de cette statue de l'Enfant Jésus par les moines dans l'église qu'ils venaient de construire que les Indiens revinrent en foule au village. Legaspi entra aussitôt en pourparlers avec eux, mais tant qu'il ne se sentait pas le plus fort, il pouvait craindre quelque surprise et quelque trahison de leur part. Aussi, à la fin de mai, il renvoyait Urdaneta au Mexique avec mission d'en ramener des renforts. Il demandait à grands cris des hommes, des vivres et des munitions ; il suppliait le roi d'en hâter l'envoi. » Cette entreprise, s'écriait-il, est si grande, de si haute importance, aussi bien au point de vue spirituel qu'au point de vue temporel, et elle est mise en si bonne voie [1]. »

Le 1er juin, il écrivait au roi : « Le grand service qu'a rendu à Dieu notre Seigneur et à Votre Majesté le vénérable père Fray Andres Urdaneta est digne de grand mérite et de récompense proportionnée, car nul autant que lui sur cette escadre ne nous a donné de lumière [2]. » Il demandait en conséquence dans cette lettre signée par les principaux officiers de l'expédition le prompt retour d'Urdaneta [3].

En attendant les secours du vice-roi du Mexique, Legaspi fit tous ses efforts pour gagner l'esprit des indigènes et les arracher aux dangereuses suggestions des agents malais, chinois ou mores qu'employaient contre lui les Portugais. Le zèle des missionnaires lui fut d'un utile concours dans cette tâche. Des milliers d'Indiens se convertissaient à leurs prédications. La femme du roi Tupas, une de ses nièces, se firent baptiser. Cette dernière, une jeune veuve, à laquelle on donna le nom d'Isabelle, épousa un homme des équipages, le calfat grec Andréas [4]. Mais ces rapprochements entre indigènes et Espagnols n'étaient pas sans danger. Tous les jours, le camp était envahi par des femmes qui s'y introduisaient sous prétexte de denrées à vendre. Legaspi eut fort à faire pour les chasser. Le roi Tuyas ne comprenait pas les observations de l'adelantado. A quoi bon tout ce tapage, ce n'étaient que des esclaves, expliquait-il.

Les insulaires, d'ailleurs, n'empruntaient aux Espagnols

---

[1] Lettre du 27 mai 1565.

[2] *Documentos ineditos* 1re série, XIII, p. 527.

[3] Urdaneta ne revint pas aux Philippines : il mourut au couvent des Augustins de Mexico le 3 juin 1568, à l'âge de 70 ans.

[4] *Documentos ineditos.* 2e série, III, p. xx.

que les vices de la civilisation. Ils aimaient la boisson et ils en demandaient comme des gens qui n'ont d'autre souci que demander, recevoir et prendre tout ce qu'ils peuvent et pour qui c'est moins que souci. Ce qu'ils n'avaient pas à apprendre des Espagnols c'est le prêt à intérêt. Ils étaient naturellement d'impitoyables usuriers [1].

Maintenant que les Espagnols apprenaient à connaitre les indigènes, ils estimaient qu'il fallait les placer sous le joug espagnol si l'on voulait en tirer quelque parti. « Toute cette île est très peuplée, dit une des relations qui reproduisent avec le plus de détail l'état de Zubu en 1565. Le peuple en est très belliqueux et très vicieux. Aussi, à mon sens, il faudra, s'ils n'arrivent à la vraie connaissance de la sainte Religion catholique, les conquérir et les placer sous la domination de Votre Majesté [2]. »

Une autre relation, celle de Juan Martinez, soldat à bord du *San-Geronimo,* décrit ainsi Zubu : « C'est un pays très sain, très fertile, abondant en vivres, qui produit beaucoup de riz, le principal aliment de ces contrées. Il n'y a ni villes ni même gros villages. Ce sont des agglomérations de 30 à 100 maisons et même moins. Beaucoup sont éparpillées deux par deux, ou par six, ou par dix, dans les champs comme nos fermes [3]. »

De Zubu, Legaspi faisait de fréquents voyages aux îles voisines Panay, Bohol. Enfin il vit arriver non pas certainement les 600 hommes de renfort qu'il avait demandés au vice-roi mais deux grands navires avec 200 combattants commandés par un jeune homme de 19 ans, son propre petit-fils, Juan de Salcedo qui devait être surnommé le Fernand Cortès des Philippines.

C'est à cet enfant qu'échut l'importante tâche de conquérir Luçon. A la tête de 120 Espagnols et de quelques auxiliaires

---

[1] *Documentos ineditos.* 2ᵉ série, III, p. 111 et 112.

[2] *Documentos ineditos.* 2ᵉ série, II, p. 452.

[3] *Documentos ineditos.* 2ᵉ série, III, pp. 456-459. — Ce brave soldat a beaucoup d'humour. Il vient de décrire les femmes indigènes et voilà que le souvenir des Espagnoles qui sont de moins gentils animaux, mais qui, elles, ont une âme, lui revient. Indiens et Indiennes, dit-il, voudraient bien voir des Espagnoles. « Ils ne savent pas ce que sont nos hauts talons et leurs furies quand elles s'emportent. Nous ne sommes pas les derniers à faire ce même souhait. Plût au ciel que je ne meure pas avant d'en voir ici 200. » *Loc. cit.*, page 462.

indigènes, il châtia les pirates de Mindoro, parcourut les bords du Pasig, fut ravi de la beauté de ses rives et résolut de s'établir à son embouchure. Un chef mahométan lui disputa la possession de Manille. Il le battit, lui enleva sa forteresse malgré les douze pièces d'artillerie que lui avaient fournies les Portugais. Legaspi vint le rejoindre après avoir organisé un ayuntamiento à Zubu. Il débarqua à Cavite et réussit à soumettre Lacandola, chef de Tindo [1].

A chaque courrier, il annonçait ses victoires en Espagne et au Mexique et réclamait pour lui et pour les siens l'exécution des engagements pris. Jamais il ne réussit à entrer en possession des 4000 ducats que lui avait promis le vice-roi aussitôt qu'il serait maître des îles et, cependant, il était dénué d'argent et ne possédait plus au monde que quelques maisons sans valeur à Mexico et ses établissements des Philippines. Son fils Melchor faisait sonner bien haut les services paternels en demandant la place de *contador* dans la ville de Mexico [2]. Les efforts qu'il fit pour atteindre ce but amenèrent une enquête que révèle ce fait navrant que tandis que Legaspi conquérait à l'Espagne un royaume colonial, sa fille Elvira, demeurée à Mexico, élevée jadis dans le luxe que comportait une fortune de plus de 200.000 pesos (1 million) ne pouvait trouver de mari de son rang faute de dot et qu'il n'y avait pour elle d'espoir que dans la faveur du roi [3].

Aucun document ne permet d'affirmer que le roi d'Espagne entendit l'appel que lui adressaient les amis de Legaspi. Ces ingratitudes sont habituelles dans l'histoire d'Espagne. Philippe pensait sans doute avoir assez fait en donnant à son adelantado la toute-puissance dans les îles qu'il avait découvertes et conquises.

En 1571, Manille était devenue la capitale des îles Philippines. Assisté par son petit-fils et par le maître de camp Martin de Goiti, Legaspi conquit toute l'île et la livra aux prédications des moines. Salcédo soumettait à la même époque les archipels voisins, passant d'île en île à la tête d'une poignée d'Espagnols. « Il avait, dit un historien espagnol, la victoire pour esclave [4]. »

---

[1] WALDO JIMENEZ ROMERA. *Cuba, Puerto-Rico y Filipinas*, p. 630.

[2] *Documentos ineditos.* 2ᵉ série, III, p. 335.

[3] *Documentos ineditos.* 2ᵉ série. III. p. 349 et 357.

[4] WALDO JIMENEZ ROMERA. *Cuba, Puerto-Rico y Filipinas*, p. 631.

En août 1572, l'œuvre de Legaspi était achevée. Elle ne craignait plus rien ni des Portugais ni des indigènes. Elle pouvait subir, sans s'effondrer, les attaques des Chinois (1574) et des Anglais. C'était, dit Juan de la Concepcion qui témoigne pour lui la plus vive admiration [1], « un homme qui goûtait plus le mérite des prudents et des pacifiques que celui des conquérants... Il a acquis sur les Indiens un empire tout aimable qui faisait oublier les violences nécessaires employées pour l'acquérir. Il aimait mieux être maître des cœurs que des corps. Je crois pouvoir dire que, sous son premier gouverneur, Manille fut plus heureuse et plus prospère qu'au temps de ses meilleurs successeurs [2]. »

Guido de Lavezares qui lui succéda dans la charge d'Adelantado fit déposer ses restes dans l'église que les Pères Augustins avaient construite dans l'enceinte fortifiée ; mais, bien des années après, un incendie dévora cette église et les cendres du conquérant disparurent parmi les décombres calcinés.

Ainsi il n'y a à Manille rien qui conserve la mémoire du fondateur de cette capitale. Cette ville de 300.000 âmes n'a même pas pu trouver une place publique pour y ériger la statue de Legaspi. Seule une peinture du célèbre peintre du *Spoliarium*, le philippin Juan Luna, rappelle dans les salles de l'ayuntamiento les traits de Miguel Lopez de Legaspi débarquant aux Philippines et ceux des principaux compagnons de sa hasardeuse entreprise.

---

[1] Juan de la Concepcion. *Historia general de Filipinas*, I, p. 420.
[2] Juan de la Concepcion. *Loc. cit.* I, p. 421.

Albert Savine.

Le P. Aubry

ET LA

RÉFORME DES ÉTUDES ECCLÉSIASTIQUES

(Suite.)

5 mars 1891.

... L'ouvrage du P. Aubry est un grand livre, et son apparition une grande grâce, au moins pour la France. Je souhaite qu'il produise des fruits de salut dans le clergé ; il lui offrira d'ailleurs une lecture de haute importance, dont, pour mon compte, quatre lectures successives n'ont pas épuisé la lumière...

L'Étendard, de Montreal.

2 mars 1891.

... Le jugement porté par le P. Aubry sur la direction des séminaires en France, paraîtra sévère à plusieurs. Je suis de ceux qui croient qu'il nous reste beaucoup à faire. Mais rien n'a-t-il été fait ?

En vous exprimant ainsi franchement mon avis, j'espère ne point passer dans votre esprit pour un adversaire ; je suis, au contraire, aussi heureux que personne de voir paraître un livre que je crois appelé à faire un bien sérieux.

J. B. DALIGAULT,
Supérieur du Grand Séminaire de Laval.

Septembre 1890.

Voici un livre profondément pensé et appelé à faire sensation dans le monde théologique. Il s'adresse surtout aux professeurs des Universités catholiques et des Grands Séminaires, ainsi qu'aux jeunes prêtres qui aspirent à compléter, soit en particulier, soit dans les Universités catholiques, leurs études ecclésiastiques.

L'auteur part de ce principe, que la régénération de la France doit commencer par les idées, si l'on veut qu'elle soit complète et durable... Après avoir indiqué la source du mal et dénoncé les erreurs de fond et de procédé qui ont amené chez nous la ruine de la scolastique et l'organisation gallicane des études, il cherche le remède, qui consiste dans l'emploi d'une meilleure méthode ; il demande et indique une restauration dans le sens et par la mise en œuvre du procédé de saint Thomas, qu'il expose magnifiquement.

Nous souscrivons parfaitement aux idées du P. Aubry, et remercions le frère du docte théologien d'avoir publié ces pages palpitantes d'intérêt, et appelées à faire beaucoup de bien à l'enseignement théologique en France. Il n'est pas un professeur qui ne veuille les méditer à loisir, s'imprégner des pensées si élevées qu'elles renferment, afin de rehausser, dans l'esprit de ses élèves, l'estime des études ecclésiastiques.

L'Ami du clergé.

18 avril 1891.

Je crois trop à la nécessité d'une réforme dans l'enseignement de la théologie, dans l'éducation cléricale et la préparation à la vie pastorale, pour ne pas crier sur les toits et défendre à tout prix les théories fondamentales du P. Aubry. La théologie doit être la clef unique de toutes les sciences et de toutes les institutions. Avant tout, le prêtre doit être un théologien, non pas un homme qui ergote par *atqui* et *ergo*, mais un homme qui, dans les mystères théologiques, voit autant de réalités vivantes, s'en imprègne profondément, et en vit quotidiennement...

GARANCHER,
Professeur au Grand Séminaire de Chartres.

Bayonne, le 22 mai 1891.

J'ai reçu le précieux ouvrage que m'annonçait votre lettre... Il y a là des aperçus très judicieux sur l'origine et les causes du *marasme de nos études ecclésiastiques*, et sur ce qui en a été la *conséquence sociale*.

Se rallier à Rome, centre catholique, et, sous son impulsion, revenir à la méthode des Pères et de la vraie scolastique, c'est le remède...

Il faut vous féliciter d'avoir eu le cœur de continuer et de mener à bonne fin une thèse dont la première partie seule serait déjà victorieuse.

✝ F. JAUFFRET,
Evêque de Bayonne.

Amiens, le 1er juin 1891.

Je viens de réciter le *Pie Jesu* pour le repos de l'âme du P. Aubry, votre frère, et cela pour le remercier du bien que la *Méthode* a fait à mon âme. Je n'essayerai pas de traduire mes impressions sur la *Méthode*, non ; je me contente de m'anéantir au pied du crucifix et de prier ce bon Sauveur de me donner un peu de ce je ne sais quoi qu'il avait accordé à ce saint prêtre ! Quelle âme ! quel cœur ! Ah ! c'est bien Jésus vivant en lui !

Quel service vous rendrez à l'Eglise, en publiant tous les écrits de ce prêtre selon le cœur de Dieu !

BRIFFON,
Prêtre de la Mission,
Professeur au Grand Séminaire d'Amiens.

22 juin 1891.

Il faut qu'un grand mouvement s'opère dans le sens de la *Méthode* du P. Aubry, car, de l'éducation des clercs dépend l'éducation du peuple chrétien. En suivant le P. Aubry, qu'on n'ait pas peur de rétrograder ; outre qu'on suivra la direction donnée par Léon XIII, on fera rentrer dans la théologie l'usage de ces choses qui demeurent très modernes, que Dieu a toujours voulu unir à la foi, *l'intelligence* et la *raison*.

Yves LE QUERDEC, journal le *Monde*.

9 août 1891.

La thèse du P. Aubry est une démonstration péremptoire des maux causés par la diminution des sciences sacrées ; c'est un appel à la restauration plus complète, plus générale, des études ecclésiastiques et à la réformation des écoles.

... Il ne s'est pas produit un livre plus décisif depuis le livre *Du Pape*, de M. de Maistre. Le livre *Du Pape* nous avait rendu le principe souverain de la hiérarchie ecclésiastique, et restitué les bienfaits de son action souveraine ; la *Méthode* nous fait pénétrer dans le temple de la doctrine, il en ouvre les portes toutes grandes et en fait entrevoir les richesses. Entrons hardiment : là est la lumière pure et grande, là est le salut.

Qu'on se hâte, il est plus que temps. Que si cet appel puissant à la résurrection n'est pas entendu, ce sera un signe de plus de la gravité de notre maladie. Mais tout cela est lumière, lumière vivifiante, et le P. Aubry est *plus grand missionnaire* dans ce livre qu'en

Chine ; l'œuvre est plus considérable ; c'est ce que plusieurs évêques écrivaient à l'éditeur. — Je veux espérer assez de notre pays pour avoir confiance que la *Méthode* fera beaucoup de bien. Si le contraire avait lieu, il faudrait presque désespérer.

Le journal l'Univers.

Tarbes, le 18 novembre 1891.

... Ce livre de la *Méthode* est bien ce que j'espérais, bien ce que je rêvais de voir écrire depuis longtemps... J'espère que sa lecture fera du bien, en faisant tomber quelques préventions et en semant des idées nouvelles qui germeront et porteront les fruits que votre frère désirait voir produire...

RICAUD,
Professeur au Grand Séminaire de Tarbes.

Août 1891.

... J.-B. Aubry fut certainement un des bons théologiens de cette seconde partie de notre siècle. Non moins excellent missionnaire, il eût pu prendre rang aux premières places de la science théologique et contribuer grandement à une restauration qu'il appelait de tous ses vœux. Il préféra mourir au milieu des chrétientés chinoises qu'il avait évangélisées, au lendemain d'un supplice qui avait failli être le martyre, à la veille d'une préconisation épiscopale. Au fond du Céleste-Empire, il n'oubliait ni la France, ni les études théologiques. Nous en avons une preuve éclatante dans son livre sur la *Méthode*, qui ne veut pas être un livre *timide* et dans lequel il y a beaucoup à prendre, bien des choses qui, sans doute, ne plairont pas à certaines écoles, mais qui devaient être dites...

Revue des Sciences ecclésiastiques
de l'Université catholique de Lille.

Juin 1891.

... J'ai lu, avec le plus vif intérêt, le beau livre du P. Aubry ; il renferme les vérités les plus utiles pour les esprits réfléchis. Mais, hélas ! ces esprits ne sont guère nombreux de notre temps, et l'ouvrage qui, à tant d'égards, mérite d'être médité, ne trouvera pas assez de lecteurs. Malgré tout, vous ferez une grande œuvre en continuant cette publication, vous rendrez un *service éminent* à l'Eglise.

† Mgr GAY,
Evêque d'Anthédon.

25 mai 1893.

... Plaise à Dieu que l'ouvrage du P. Aubry stimule le zèle de nos professeurs de Grands Séminaires, et les porte de plus en plus à tourner les yeux et à tendre l'oreille vers cet enseignement magistral que tous les Pontifes romains ont eu à cœur de maintenir dans la Ville éternelle ! Plaise à Dieu surtout que ceux qui ont la charge de l'enseignement des séminaires en France, se pénètrent de plus en plus de cette idée, que Rome est seule capable de former complètement l'élite des maîtres qu'ils destinent à cet enseignement.

Journal du *Droit canon.*

Louville, le 1er septembre 1893.

... Cette publication est de celles qui font réfléchir et secouent les toiles d'araignées du préjugé et de la routine. Sur le fond même de cet écrit, je garde l'opinion que je vous avais exprimée, après l'avoir parcouru en manuscrit : c'est un livre très suggestif, qui marque un réel progrès sur les systèmes qu'il combat...

Mgr d'HULST.

Août 1894.

... J'admire le courage humble et franc du P. Aubry. La *Méthode* est, dans l'intention de l'auteur, l'accomplissement généreux d'un pénible devoir... Nul ne peut contester la pénétration d'esprit, la sincérité pleine de droiture, la vigueur de style, non plus que la compétence du P. Aubry... Je souhaite que son ouvrage contribue à ce renouvellement doctrinal qu'il appelle dans des pages aussi élevées par la pensée que vigoureuses de style.

La Science catholique.

Antony, le 18 avril 1891.

Le P. Aubry met le doigt sur la plaie ; mais pour le voir, il faut l'œil de la foi intégrale, pure de toute compromission avec le libéralisme et l'esprit moderne. De plus, il faut une certaine portée d'intelligence pour rattacher les maux dont nous souffrons à leur vraie cause. Pour ces deux raisons, cette thèse magistrale trouvera peu de lecteurs, et, parmi ceux qui la liront, peu d'approbateurs. Enfin, ceux qui l'approuveront en principe, reculeront devant les difficultés d'application. Comment sortir de la routine ? Où trouver le point de jonction entre les Universités catholiques et les Séminaires ? Où chercher des Manuels vivants pour remplacer les Bouvier, les Bonal, les Vincent et autres friperies modernes ? Et si l'on met la main sur le livre, où trouver le professeur qui souffle dans l'âme de ses élèves l'esprit théologique ? Tout est à refaire, et c'est pourquoi rien ne se fait. Nous vivons au milieu des ruines, et nous n'avons ni matériaux ni maçons pour élever de nouvelles constructions. La *Méthode* indique le plan à suivre, mais je ne vois pas d'entrepreneur assez hardi pour suivre l'architecte.

N'importe, il faudrait répandre la *Méthode*... et mettre en relief l'importance de cette œuvre, attirer l'attention du clergé, surtout des directeurs de séminaires et des professeurs d'Universités.

Votre frère était un homme d'un esprit supérieur. Je n'en veux pas à Dieu de l'avoir appelé en Chine ; car le sacrifice qu'il a exigé de lui, embellira singulièrement la couronne de gloire qu'il lui a préparée ; mais s'il a pu, de 30 à 40 ans, écrire de pareilles pages, que n'aurait-il pas fait dix ans plus tard, avec plus d'études et une maturité plus grande ? Hélas ! peut-être aurait-il fait moins bien, parce que l'âme aurait été moins calme, moins sacrifiée, la vue moins perçante.

En somme, béni soit Notre-Seigneur qui connaît ses élus et les mène au ciel par le meilleur chemin.

La seule critique que je me permettrai de faire, c'est une certaine exubérance dans le style ; c'est comme un flot de pensées qui déborde d'un vase trop plein. Dans ce siècle de pauvreté, nous ne sommes plus habitués à cet excès de richesses.

R. P. BERTHE,
Supérieur de la Congrégation du S. Rédempteur.

Ghlin, le 15 juin 1891.

... Je considère ce livre comme un des plus remarquables qui aient été publiés en ces dernières années. C'est un livre d'une grande portée, destiné à produire un grand bien, non seulement dans le clergé, mais dans la société tout entière ; car c'est la question sociale qui, à propos de méthode, y est traitée avec une pénétration, une puissance de synthèse, une hauteur de vues qui ne se rencontrent guère à notre époque utilitaire...

Charles PÉRIN,
de l'Université de Louvain.

Annecy, 10 février 1891.

... Vous m'avez, par l'envoi de la *Méthode*, grandement obligé ; il est si précieux de trouver de tels alliés, lorsqu'on s'est levé pour dire que l'heure des illusions est passée, que notre clergé n'est pas le premier clergé du monde, et qu'il est temps de se mettre à l'œuvre pour atteindre le niveau auquel il doit monter !

Votre savant frère a très bien montré comment la dépression de *l'idée* du sacerdoce est, en dernière analyse, la véritable cause de ce désarroi des idées chrétiennes qui nous a conduits à une telle impuissance. J'ai essayé de le dire, dans mes conférences de l'Oratoire et dans ma lettre au clergé d'Annecy, il y a deux ans; j'ai eu peu de lecteurs. Je ferai tous mes efforts pour en donner au P. Aubry. Quelques prêtres intelligents qui entreraient dans cet ordre d'idées, pourraient ranimer, d'ici à vingt ans, les études et l'esprit sacerdotal. Que Dieu accorde cette récompense au P. Aubry et à vous-même !

† Mgr ISOARD,
Évêque d'Annecy.

II

§ II. — *Les Grands-Séminaires*

Nampcelle, 13 janvier 1893.

Permettez-moi de vous dire combien j'admire l'ampleur de la thèse que vous soutenez, la solidité avec laquelle vous l'appuyez, et la distinction de langage que vous employez. Je ne sais si votre cause est destinée, de longtemps, à devenir populaire, mais c'est déjà beaucoup pour elle de se voir ainsi exposée au grand jour et pour nous de pouvoir vous féliciter de vos efforts...

L'abbé PERRIOT,
Chanoine de Soissons.

Chartres, janvier 1893.

Votre chapitre sur l'Histoire ecclésiastique est parfait. Quand les séminaristes et les prêtres n'auraient lu que ce chapitre pour suppléer à l'insuffisance de méthode de leurs études d'Histoire, et leur faire comprendre l'Histoire ecclésiastique, ils auraient déjà là un coup d'œil synthétique bien précieux et bien élevé.

Combien vrai ce que vous dites de la chaire. Hélas ! notre prédication évangélique devient d'une vulgarité déplorable et, dès lors, est tombée dans un véritable discrédit. Depuis 20 ans que j'observe, je suis frappé péniblement de la pauvreté de notre prédication parlée ou imprimée. Nos plus beaux mystères, le panorama grandiose de notre révélation chrétienne, avec ses sommets lumineux si vivants, si divins, si entraînants, si poétiques souvent, tout cela est conçu vulgairement, dit prosaïquement, dans des prônes langoureux qui fatiguent.

Je regrette de ne trouver là aucune critique du faux style de la chaire, de ce que Taine appelle le « style et le ton prédicateur », des prétendues imitations de Bossuet et de Lacordaire, de ce culte de la période, de cette phrase gourmée, grimée, pédantesque et fausse, de cette littérature déclamatoire, creuse et inhumaine, qui a fini par blaser nos auditoires, de tous ces sermons sans conviction, sans lumière et sans âme, qui rendent sceptique et presque incroyant. Et je ne parle pas ici du petit prône du curé de campagne. Le petit prône du curé de campagne peut être très vrai, très convaincu, très éloquent. Je parle en général, et tout aussi bien pour ne pas dire plutôt, du style de prédicateur de ville. Combien peu songent qu'ils remplissent une fonction sacerdotale ! Combien peu sont hommes d'Evangile, hommes de science théologique et de conviction profonde. Depuis des années, j'analyse avec désolation, toute cette sonorité creuse, ce miroitement de surface. Très peu soupçonnent que, pour annoncer sincèrement la parole de Dieu, il faut réellement se nourrir, s'animer, s'illuminer de la parole de Dieu, la creuser dans ses abîmes, en scruter les commentaires authentiques dans les docteurs, et les commentaires vivants dans les saints...

Quand vous n'auriez fait, comme œuvre sacerdotale, que publier ces pages vivifiantes, fécondes, pleines de germes précieux, vous auriez fait une grande œuvre et travaillé considérablement pour l'Eglise. Quand ce livre ne porterait l'enthousiasme théologique que dans cinquante prêtres, ce serait un bien inappréciable. Confiance donc... Quel beau volume ! Je n'attendais pas un livre de cette importance.

L'abbé Legué,
Vicaire général de Chartres.

Bruxelles, 15 janvier 1893.

Votre livre est sévère quoique juste. Peu de gens auront le courage de le lire et de le relire ; et c'est un des livres qu'il faut relire pour en comprendre toute la vérité. A première lecture, on s'étonne que tout soit aussi mal, aussi bas, aussi nul en France, que nulle part il n'y ait trace de restauration, ou que toutes les restaurations ne soient que des apparences, des écarts, ou des retours déguisés aux fausses méthodes de nos gallicans. Après réflexion et en seconde lecture, on revient à votre opinion, et l'on est forcé d'avouer que la raison — malheureusement — est pour vous.

L'abbé GARANCHER.

Angers, 19 janvier 1893.

Vous avez fait là une œuvre, une grande œuvre. Dieu vous a sensiblement inspiré et soutenu ; et *votre* livre — car il est bien vôtre — restera, comme ceux de Balmès, avec qui votre frère avait tant de ressemblance, mais qu'il dépasse de cent coudées. Aujourd'hui, au fort de la tempête, on ne verra pas cette bouée de sauvetage offerte aux prêtres ; quelques-uns pourtant la saisiront ; ils se sauveront et deviendront à leur tour des sauveteurs...

Que je suis donc heureux de pouvoir vous féliciter sans réserve... On doit rugir en certains lieux ! Rugir est impropre : braire et pousser des cris à la manière des oies du Capitole, à la bonne heure ? *Tumultus gallicanus...*

R. P. ARMAND GOSSIN,
Prieur des Dominicains.

Quimper, 20 janvier 1893.

La question des séminaires est capitale, elle est le *cœur de la question sociale*. L'auteur examine ici à fond et sous toutes ses faces, et avec une abondance de documents humains, une profondeur de vues, une sûreté de doctrine, une connaissance des procédés intellectuels et de la vie sacerdotale, qui font de ce livre une œuvre de haute direction, une synthèse d'idées fécondes et pratiques, pour les professeurs comme pour les étudiants, pour les prêtres livrés à l'apostolat comme pour les hommes d'étude. Depuis les procédés philosophiques et théologiques, remis en vigueur par Pie IX et Léon XIII, jusqu'aux principes les plus délicats du droit canonique, de la prédication, des catéchismes, le P. Aubry analyse et approfondit tout, avec un esprit d'intuition et un sens théologique exquis, avec une expérience consommée des hommes et des choses.

La *Semaine Religieuse* de Quimper.

Lille, 21 janvier 1893.

Je vous remercie du beau livre sur les *Grands Séminaires*. Sur

beaucoup de points importants, j'approuve vos idées. L'enthousiasme de l'expression aidera à les faire accepter, et j'en serai heureux.

Docteur Jules DIDIOT,
Doyen de la Faculté de Théologie
de l'Université catholique de Lille.

Paris, 26 janvier 1893.

Laissez-moi vous dire toute mon admiration pour votre œuvre
sur les *Grands Séminaires*. Supérieur par la pensée, le P. Aubry le fut
aussi par le sacrifice. En lui confiant la mission de parler au clergé
français de la *méthode des études ecclésiastiques*, Dieu a voulu donner à
sa parole le poids, l'autorité de l'immolation volontaire.

R. C. ZÉPHIRIN,
De la Congrégation du Saint-Rédempteur.

Lunéville, 26 janvier 1893.

Il est possible que de telles idées trouvent des contradicteurs,
car « on sue encore beaucoup trop le gallicanisme ». Mais espérons
que si Dieu aime encore un peu la France, il saura bien faire germer
la semence que vous puisez à pleines mains dans le riche trésor du
P. Aubry. Continuez ; ne laissez rien perdre de vos richesses...

L'Abbé AUBRY,
Professeur au collège de Lunéville.

Paris, 30 janvier.

Il est dommage qu'il nous faille des livres spéciaux, tels que l'admirable ouvrage sur les *Séminaires*, pour nous enseigner une si belle
doctrine, tandis que ce devrait être l'atmosphère naturelle de notre
intelligence et de notre cœur.

L'abbé JUBAULT,
Diacre au séminaire Saint-Sulpice.

(A suivre.)

MGR. JUSTIN FÈVRE.

L'erreur libérale

Parmi les idées monstrueuses enfantées par la Révolution et jetées par elle, quoique à des degrés divers, dans tous les cerveaux, sous le nom d'« idées modernes », comme les dogmes des temps nouveaux, il n'y en a pas eu de plus fatale, de plus mortelle à l'Eglise de France que l'idée, je veux dire : *l'erreur libérale.*

Il faut donc en parler, puisque notre pauvre pays en meurt ; dénoncer le poison, c'est inviter le malade à prendre du contre-poison, c'est l'inviter à guérir.

Qu'est-ce donc que l'erreur libérale ?

La voici quintessenciée :

1º En *politique*, il n'y a pas de religion.

2º En *religion*, il n'y a pas de convictions, il n'y a que des *opinions.*

3º Les opinions étant *libres*, toutes les religions *sont libres* et nul ne doit être inquiété pour ses opinions religieuses.

5º Le catholicisme n'étant qu'une « opinion », comme les autres religions, n'a pas plus de droit que ces autres religions : en conséquence, il ne peut réclamer comme elles que le « droit commun ».

Voilà la doctrine libérale dans sa simplicité ! elle s'envisage à un double point de vue : le point de vue *théorique* et le point de vue *pratique*, autrement dit comme *principe* et comme *système.*

Au point de vue *théorique* et comme principe, elle est fausse d'un bout à l'autre.

Elle a été condamnée comme telle par Grégoire XVI dans l'Encyclique *Mirari vos*, le 15 août 1832, par Pie IX dans le *Syllabus.* Et nul ne peut se dire catholique qui croit à la vérité de la doctrine libérale.

Au point de vue *pratique* et comme *système*, l'Eglise l'a *tolérée* jusque-là, en considération de la bonne volonté de ceux qui espéraient pratiquement de cette tactique de combat de bons résultats pour la vérité catholique.

Mais bien remarquer que ce n'était qu'une « tolérance »,
un hommage rendu à la bonne volonté de ceux qui croyaient
sincèrement que le système avait « du bon ».

S'ils le croyaient, ils devraient être singulièrement désabu-
sés à l'heure qu'il est.

Après un siècle d'expérience, qu'ils citent un seul avantage
remporté par la « tactique libérale ! »

— « La loi Falloux », diront-ils !

— Oui, mais cette conquête de la liberté d'enseignement,
remportée par un remous favorable de l'opinion en 1850, a
été emportée par un remous contraire en 1902 !

Ainsi en va-t-il de tout ce qui s'appuie, non sur le roc solide de la *vérité*, mais sur le sable mouvant des *opinions*. Ce
qu'une opinion avait édifié, une autre le détruit.

Et voilà le résultat de la « tactique libérale » au point de
vue catholique ; il se résume en un mot : *Néant*.

Je me trompe ! elle a eu des résultats positifs, oh oui ! ter-
riblement positifs, mais au profit de l'erreur.

A la faveur « du droit commun » prôné par les libéraux,
l'erreur talmudique, l'erreur protestante, cette erreur qui est
le *compendium* de toutes les erreurs, l'erreur maçonnique :
toutes ces erreurs, qui rôdaient jusque-là autour du sanctuaire
de la France catholique, en ont forcé la porte et se sont tran-
quillement installées à toutes les places d'honneur, à côté de
la vérité catholique reléguée au dernier rang, chez elle, dans
sa propre maison !

Pour se faire accueillante, au gré des libéraux, elle s'est
faite si petite, si petite, la pauvre vérité catholique, qu'aujour-
d'hui les erreurs coalisées ne font plus mystère de leur intention de la jeter indéfiniment dehors.

« Oui, disent-elles, avec Henry Maret, du *Radical*, un des
pontifes de la coalition, oui, *la liberté pour tous, mais la liberté telle que l'entendait le libéral Robespierre, nullement
comme l'entendent les vils cléricaux, ces éteignoirs de la liberté !* » (fin novembre 1902).

C'est tout le résultat de la « tactique libérale ? »

Pardon ! il y en a eu un autre.

Pendant que les catholiques, fidèles à leur « opinion » libérale, cachaient soigneusement, comme une tare, leurs « convictions » catholiques, les fidèles de l'erreur talmudique, pro-

testante ou maçonnique, étalaient fièrement leurs « opinions » comme des convictions.

Pendant que le catholique rougissait de son catholicisme et se cachait pour aller à l'Eglise, le juif se vantait d'être juif et allait, tête levée, à la synagogue ; le protestant se vantait d'être protestant et se faisait un point d'honneur d'assister aux prêches, le maçon se glorifiait de connaître « l'acacia » et ne manquait pas une tenue de loges.

Qu'en est-il résulté ? Le triomphe insolent de toutes les erreurs sur la vérité catholique.

Et c'est fatal ! Une erreur qui s'affirme est cent fois plus forte qu'une vérité qui se cache.

C'est la vieille histoire — vieille comme le monde — du loup qui hurle et fait plus de bruit que cent mille moutons qui se taisent.

Le libéralisme est donc condamné de toutes les manières et comme système et comme principe, en théorie et en pratique, et par l'Eglise et par l'expérience.

*
* *

Donoso Cortès, l'envisageant au point de vue philosophique et social, l'appréciait ainsi, à la veille même du vote de cette loi Falloux que le libéralisme revendique comme un de ses plus beaux triomphes.

« De toutes les écoles, *l'école libérale est la plus stérile parce qu'elle est la moins savante et la plus égoïste.*

« Elle ne sait absolument rien, ni sur la nature du mal, ni sur la nature du bien ; elle a à peine une notion de Dieu ; elle n'en a aucune de l'homme.

« Impuissante pour le bien, parce qu'elle manque de toute affirmation dogmatique, impuissante pour le mal, parce qu'elle a horreur de toute négation intrépide et absolue, elle est condamnée, sans le savoir, à aller se jeter, avec le vaisseau qui porte sa fortune, ou dans le port du catholicisme ou sur les écueils socialistes.

« CETTE ÉCOLE NE DOMINE QUE LORSQUE LA SOCIÉTÉ SE DISSOUT.

« Le moment de sa domination est le moment transitoire et fugitif où le monde ne sait s'il choisira Barrabas ou Jésus et demeure en suspens entre une affirmation dogmatique et une négation suprême.

« La société alors se laisse volontiers gouverner par une école qui jamais n'ose dire : *J'affirme*, qui n'ose pas non plus dire : *Je nie*, mais qui répond toujours : *Je distingue*.

« L'intérêt suprême de cette école est que le jour des négations radicales ou des affirmations souveraines n'arrive pas ; et pour l'empêcher d'arriver, elle a recours à la *discussion, vrai moyen de confondre toutes les notions et de propager le scepticisme.*

« Elle voit très bien qu'un peuple qui entend des sophistes soutenir perpétuellement, sur toutes choses, le pour et le contre, finit par ne plus savoir à quoi s'en tenir sur rien, et par se demander si réellement la vérité et l'erreur, le juste et l'injuste, le honteux et l'honnête, sont choses contraires, ou si ce ne serait pas plutôt une même chose considérée à des points de vue divers ?

« Si longues que puissent paraître dans la vie des peuples les époques de transition et d'angoisse, où règne aussi l'école dont je parle, elles sont toujours de courte durée.

« L'homme est né pour agir, et *la discussion perpétuelle, incompatible avec l'action, est trop contraire à la nature humaine.*

« Un jour arrive où le peuple, poussé par tous ses instincts, se répand sur les places publiques et dans les rues, demandant résolument Barrabas ou Jésus et roulant dans la poussière la chaire des sophistes. »

*
* *

Ainsi pensait le grand génie catholique Donoso Cortès.

De son côté, l'abbé Lémann, chanoine de Lyon, traitant la question de la *Prépondérance juive*, qu'il ne nie pas, lui, tout juif converti qu'il soit, mais qu'il explique avec tous les ménagements dus à ceux qu'il considère comme ses frères, n'hésite pas à attribuer cette prépondérance formidable au libéralisme.

Après avoir établi 1° que les fils d'Israël étaient de tout temps une puissance *hostile*, une puissance *financière* avec laquelle il fallait compter ;

2° Que la *Constituante* en a fait une puissance *civile* en 1791 ;

3° Que Napoléon Ier en a fait une puissance *religieuse* en 1808, complétée par l'inscription des juifs au budget des cultes, sous Louis-Philippe en 1831, contre tout droit, puisque la Révolution n'avait rien volé aux juifs et n'avait rien à leur restituer ;

4° Que le juif Crémieux en a fait une puissance *politique* mondiale par son *alliance israélite universelle* en 1860 ;

Après avoir péremptoirement établi tout cela, l'illustre chanoine écrit :

« C'est ici le lieu favorable pour faire toucher du doigt l'insanité de cette trop fameuse doctrine du libéralisme : *le droit commun pour toutes les religions*.

« Je ne me lasserai jamais de le redire et de le crier : un pareil régime est *absurde* et devait fatalement conduire aux plus funestes résultats. Absurde, parce que ne se contentant pas *d'outrager la doctrine et la morale de l'Evangile, il mettait sur le même pied d'égalité, sur le même rang d'honneur, les ténèbres et la lumière, le mal et le bien ;* et il ne pouvait manquer de conduire à des abîmes, parce que les ténèbres recevant les mêmes égards que la lumière, *il devait en résulter que les ténèbres l'emporteraient.*

— « Mais vous vous trompez ! » m'objectera le libéralisme, « et c'est de l'exagération ! que le bien lutte, que la vérité combatte, et de même que le soleil en apparaissant dissipe les ténèbres, la vérité en redoublant d'éclat dissipera les erreurs et les vices et le bien triomphera. »

Voici la réponse doctrinale, appuyée, en fait, sur la question juive :

« Le libéralisme part de cette hypothèse, de cette persuasion : que l'homme trouve dans sa nature *égales forces*, pour le bien et pour le mal, et, conséquemment, toutes forces étant égales, que le bien, parce qu'il est le bien, l'emportera et que la lumière, parce qu'elle est la lumière, éclatera et triomphera.

« Or, *c'est là une méprise, une immense méprise, de laquelle devaient sortir la plupart des calamités de l'époque moderne.*

« Non, mille fois non ; l'homme n'a plus dans sa nature forces égales pour le bien comme pour le mal. A l'origine, sous les berceaux émus de l'Eden, oui, cette égalité existait ;

bien mieux : dans notre nature sortie de la libéralité et des droits magnifiques du Créateur, il n'y avait que le bien encadré d'innocence, avec simplement la possibilité de mal faire. Mais depuis le péché originel, depuis le venin inoculé par le serpent, c'est le contraire qui est survenu et s'est établi ; il y a eu en nous *révolution*.

« Dans notre nature viciée, *la pente vers le mal est devenue plus forte que l'élan vers le bien.* Nous n'avons plus eu, comme dit expressément le Concile de Trente, qu'un libre arbitre *affaibli et incliné*. Cela est si vrai que tout bien nous coûte un long apprentissage ; même après en avoir acquis l'habitude, nous ne l'accomplissons presque jamais qu'avec effort. Cela est si vrai que l'homme le plus vertueux passe par des heures de vertige, durant lesquelles, si le secours d'en haut ne le soutenait, le bien, en lui, succomberait. Le cœur de l'homme est devenu une arène où les bêtes fauves sont les passions : qui ne les a entendues rugir ? Le chrétien seul, lorsqu'il s'humilie et tombe au pied de la croix, évite d'être dévoré.

« Les forces de l'homme pour le bien et pour le mal ne sont donc plus égales : c'est une vérité indéniable, implacable.

« Cela étant, si, du domaine de l'individu, nous nous transportons dans la sphère sociale et politique, ne sera-ce pas un immense danger que de partir de ce régime-ci : *le droit commun pour toutes les religions, les mêmes égards pour tous les cultes ?*

« Attendu qu'on ne retrouve, dans la vie publique de tous, que ce qu'il y a dans la vie privée de chacun, dès l'instant que vous reconnaissez à l'erreur et à la vérité, au culte juif et au culte chrétien, les mêmes droits et les mêmes égards, vous arriverez aux conclusions les plus étranges. Voici, patente et accablante, une de ces conclusions :

« Michelet, dans son *Histoire de France*, a imaginé sur les juifs ce joli contraste bien connu :

« Pendant tout le Moyen Age, persécutés, chassés, rappelés, ils ont fait l'indispensable intermédiaire entre le fisc et la victime du fisc, entre l'agent et le patient, pompant l'or en bas et le rendant au roi par en haut, avec laide grimace... Mais il leur en restait toujours quelque chose... Patients, indestructibles, ils ont vaincu par la durée. Ils ont résolu le problème de volatiliser la richesse ; affranchis par la lettre de change, ils sont maintenant libres, ils sont maîtres ; *de soufflets en soufflets, les voilà au trône du monde.* »

— « Qui leur a livré ce trône du monde ? conclut l'abbé Lémann.

— « Le droit commun. Et quels soufflets à leur tour ne vont-ils pas donner ? »

Cela était écrit en 1894 ! Les soufflets sont venus depuis.

Ça été en 1900 le soufflet de la grâce d'un traître juif, tiré de sa prison de l'île du Diable, le soufflet de l'emprisonnement ou de l'expulsion de ses dénonciateurs patriotes, Guérin, Déroulède, Marcel Habert et Buffet.

Ça été en 1901 le soufflet de la dissolution des Congrégations religieuses non autorisées, qui n'avaient pas applaudi à la libération du traître !

Ça été en 1902 le soufflet de la fermeture violente de 3.000 écoles libres, coupables d'enseigner plus l'amour de la France que celui de Dreyfus, le siège par l'armée française elle-même de quelques-unes — les plus résistantes — de ces écoles de foi et de patriotisme.

C'est aujourd'hui le soufflet particulièrement retentissant du refus d'autorisation à ces congrégations religieuses que ce gouvernement des juifs avait lui-même invitées à la demander !

C'est pour demain le soufflet de leur expulsion hors de la frontière, pendant qu'on en ouvre les portes, en même temps que celles du bagne, aux voleurs, aux bandits, aux assassins de profession, à tous les rebuts de la société !...

Voilà les seules conquêtes que nous a values le *libéralisme*, une conquête de soufflets, pieusement encaissés, dont la collection s'augmente tous les jours et qui nous sont administrés avec toute la brutalité d'un vainqueur sans pitié en face d'un vaincu sans défense.

Ce qui arrachait, il y a quelques mois, ce cri de douleur et de désillusion à Mgr Le Camus, évêque de La Rochelle :

« Notre déception, a nous libéraux de vieille date, est

AMÈRE ET IL FAUT QU'ELLE SOIT GRANDE POUR QUE J'OSE L'AVOUER. »
(Lettre du prélat, août 1902.)

Enfin Léon XIII lui-même constatait récemment la faillite,
du *libéralisme*, dans un document pontifical dont personne,.
se disant catholique, n'oserait discuter la gravité et l'immense·
portée puisqu'il s'adressait *à tous les Patriarches, Primats,
Archevêques et Evêques du monde catholique.*

Parlant de la gravité de la situation religieuse et sociale, en
France et dans le monde entier, et des remèdes capables de la
conjurer, le Saint-Père s'exprimait ainsi :

« Avant tout il faut se demander quels sont ces remèdes et
en scruter la valeur.

« *La liberté et ses bienfaits, voilà d'abord ce que nous avons
entendu porter jusqu'aux nues ; en elle on exaltait le remède·
souverain, un incomparable instrument de paix féconde et de·
prospérité.*

« Mais LES FAITS ONT LUMINEUSEMENT DÉMONTRÉ QU'ELLE NE
POSSÉDAIT PAS L'EFFICACITÉ QU'ON LUI PRÊTAIT : des conflits économiques, des luttes de classe s'allument et font éruption de
tous les côtés et *l'on ne voit pas même briller l'aurore d'une*⸍
vie publique où le calme régnerait.

« Du reste, et chacun peut le constater, telle qu'on l'entend
aujourd'hui, c'est-à-dire *indistinctement accordée à la vérité
et à l'erreur, au bien et au mal*, LA LIBERTÉ N'ABOUTIT QU'A
RABAISSER TOUT CE QU'IL Y A DE NOBLE, DE SAINT, DE GÉNÉREUX
ET A OUVRIR PLUS LARGEMENT LA VOIE AU CRIME, AU SUICIDE ET
A LA TOURBE ABJECTE DES PASSIONS. » (Lettre apostol. du
19 mars 1902.)

*
* *

C'est Notre Saint-Père le Pape Léon XIII qui a dit cela,
d'accord avec Pie IX, avec Grégoire XVI, d'accord avec les·
grands génies contemporains Donoso Cortès et Hello, avec
tout le parti catholique représenté il y a moins d'un demi-siècle·
par les Pie, les Gousset, les Parisis, les Combalot, les
Veuillot, etc., d'accord enfin avec l'expérience de tout le
XIXe siècle, avec l'expérience de tous les jours au début
du XXe !...

Eh bien ! malgré tout cela, le libéralisme n'a pas perdu une·
seule de ses illusions et il continue à dire, à l'encontre des·

paroles de Léon XIII, à l'encontre du fait palpable, tangible de l'omnipotence judéo-maçonnique qu'il nous a donnée et qui nous écrase, il continue à dire :

, « Nous savons ce qui peut nous guérir, c'est la liberté, la liberté sous toutes ses formes et sous tous ses aspects, dans le domaine politique comme dans celui de la conscience. » (Discours de M. Piou au dîner mensuel de l'*action libérale populaire*, rue du Havre, 14 sept. 1902.)

. Quatre jours avant, le même orateur, commentant à Lille la devise libérale : *Liberté pour tous, égalité devant la loi, droit commun*, exprimait ces graves paroles :

« Cette devise n'est pas une formule hypocrite, imposée par les nécessités de combat. Elle est l'expression de *convictions* anciennes chez les uns, formées plus récemment chez les autres... également *sincères* chez tous et le jour que j'espère prochain où le succès couronnerait nos efforts, *notre programme d'opposition resterait notre programme de gouvernement*. Le déserter ce serait perdre vite le fruit de la victoire et mériter de le perdre. »

Voilà qui est clair ! Le libéralisme que l'Eglise *tolérait* comme une *tactique de combat* et condamnait *comme principe*, M. Piou garde la conviction qu'il est une vérité et que cette vérité est un principe légitime de gouvernement.

Par cette simple affirmation, M. Piou tombait sans s'en douter, je veux le croire, sous le coup des condamnations de l'Encyclique *Mirari vos* et du *Syllabus*.

Et quand il ajoutait : « Aux gouvernements, elle (l'Eglise) ne demande plus aujourd'hui que le droit d'accomplir en paix par la persuasion sa sainte mission. Pour cette tâche, *la liberté lui suffit, elle ne réclame rien de plus*. » Léon XIII avait répondu d'avance :

« La liberté, *indistinctement accordée à la vérité et à l'erreur, au bien et au mal*, n'aboutit qu'a rabaisser tout ce qu'il y a de noble, de saint, de généreux et a ouvrir plus largement la voie au crime, au suicide et a la tourbe abjecte des passions. »

L'Eglise lui répond, aujourd'hui, qu'en un pays qui a quatorze siècles de catholicisme dans les veines, qui compte 38 millions de catholiques sur 39 millions d'habitants, dont le chef jouit officiellement de par le Concordat (art. 16 et 17) de toutes les prérogatives des chefs d'Etat catholiques, l'Eglise lui répond qu'en ce pays *la liberté ne suffit pas,* elle réclame quelque chose de plus, la *protection* d'une religion qui est celle de la presque unanimité des habitants de ce pays.

Et si M. Piou prétend s'appuyer sur *le droit moderne,* l'Eglise lui répond que ce prétendu droit *n'en est pas un,* puisqu'il est basé sur une erreur, l'histoire lui répond que ce prétendu droit n'est pas d'invention française, mais d'invention *juive, maçonnique* et *protestante;* l'expérience lui répond qu'il a abouti en effet à la domination, plus que jamais tyrannique, d'une poignée de juifs, de protestants, de francs-maçons, sur 38 millions de catholiques français.

Et si c'est avec une pareille doctrine que M. Piou et les libéraux prétendent arriver au salut de la France, disons carrément, parce que c'est la vérité, que les libéraux sont aveugles et que la France est perdue!...

Elle ne sera sauvée que le jour où elle se décidera à redevenir ce qu'elle était, avant la Révolution juive, la *Grande nation catholique,* à se proclamer *officiellement,* à la *face du monde,* la Fille aînée de l'Eglise une, sainte, catholique, apostolique et romaine.

Le salut n'est que là!

Il n'est pas dans le libéralisme, c'est Léon XIII qui nous le dit.

Abbé VIAL.

LA DAME BLANCHE

DU VAL D'HALID

ET LA MAIN NOIRE

(Suite.)

Puis, et plus soucieux, il porte plus loin ses pas. Déjà, il
entend mugir les eaux du fleuve dont les flots, torrentueux
après un violent orage, roulaient çà et là des quartiers de
roche mêlés à des débris divers, ou bien se brisaient avec
fracas contre les écueils semés sur leur passage. Le fleuve,
converti en torrent, semblait vouloir tout emporter dans son
cours élargi.

Un batelier consent néanmoins à tenter pour lui, seul passager insouciant, une traversée périlleuse. Déposé sur l'autre
rive, Lopez regagne aussitôt Séville et se retrouve au faubourg
San–Fernando.

La foire avait pris fin ; et les curieux, et les charlatans,
s'étant portés en d'autres lieux, la vieille cité maure avait
repris ses habitudes paisibles.

Lopez, à bout de forces, entre dans la première taverne
qu'il rencontre pour se réconforter et passer une nuit tranquille.

Or, depuis le rapt dont se plaignait Pedro, chaque nuit, la
Dame Blanche reparaissait sur le roc du Val d'Halid. Elle
s'y montrait gémissante, accablée d'une peine mortelle, et
ses sanglots descendaient sans cesse vers le ravin morne et
délaissé. Mais, quand l'aube blanchissait l'horizon, fatalement
une ombre noire se dressait à ses côtés et une voix rude lui
commandait de regagner la caverne.

Alors, la *Dame Blanche* poussait un dernier soupir et,
traînant des liens étroits, à la suite du bandit, elle prenait un
sentier rocailleux à pente rapide qui menait au pied du rocher.

A son approche, comme de lui-même, un buisson se fendait démasquant l'entrée d'un antre noir.

La *Dame Blanche* disparaissait ainsi jusqu'à la nuit prochaine dans le flanc même de la montagne.

Toutes les torches s'éteignaient sur son passage et c'est à peine si une lampe fumeuse, suspendue à la voûte, jetait une lueur indécise sur son triste chemin. En vain l'infortunée promenait-elle à l'entour un regard effrayé; elle ne distinguait rien dans l'obscurité profonde qui l'enveloppait; elle devinait seulement que la caverne était vaste, puisque à chaque pas elle éveillait un écho lugubre qui se répercutait plusieurs fois au loin.

En une galerie reculée existaient des réduits infects autant qu'étroits : de vrais sépulcres qui, quoique pour la plupart ménagés par un caprice de la nature, paraissaient cependant avoir été creusés de main d'homme. Leur ouverture basse, resserrée permettait à peine d'y pénétrer, encore fallait-il ramper.

Là, la *Dame Blanche* qui, en ce temps-là, n'était autre que la fille de Pedro, passait d'affreux jours. Les bandits la faisaient entrer dans un de ces réduits et se contentaient d'ordinaire de rouler un quartier de roche à l'ouverture.

Chaque fois que l'infortunée se retrouvait seule en ce lieu horrible, elle se laissait tomber sur la poignée de paille que l'humidité consumait et qui lui tenait lieu de couche; et là, inconsolable et tourmentée, elle gémissait, pleurait, songeait à son père, à Félicio.

— Ah! Félicio! Félicio! soupirait-elle ce jour-là, si tu savais mon malheur!... Quelles sont intimes mes angoisses; que mes terreurs sont terribles! Si tu venais à l'apprendre... Ah! que mon infortune est grande et que mes craintes sont fondées!... Que fais-tu? Que penses-tu? Ton cœur souffre mille morts, sans doute : je le sens par ma propre douleur. Tu me cherches. Hélas! en vain, tu me demanderas aux vallons, aux montagnes; en vain, tu feras retentir les bois de tes gémissements; personne ne te répondra, sinon le désespérant écho de ta propre voix! Et moi! moi, Félicio! je mourrai ici seule, et loin de toi!...

Sa plaintive voix expirait au milieu de ses sanglots et sa pensée, affligée, perdant elle-même de sa force et de sa clarté, sombrait dans l'amertume de sa peine immense.

Peu à peu, néanmoins, et cela dès le premier jour, elle eut assez de présence d'esprit pour examiner les lieux et chercher à se défendre.

Elle s'était levée, avait cherché des pieds et des mains et, trouvant à sa portée des éclats de roche, elle les avait roulés à l'entrée du réduit pour plus de sécurité. Puis, revenant à sa couche, elle avait adressé des vœux à l'Eternel.

Un jour, au cours de sa prière, vaincue par le chagrin autant que par la fatigue, elle s'endormit en pleurant.

Combien de temps dura ce sommeil peu réparateur? Elle n'aurait pu le dire.

La nuit, une nuit profonde et sans issue, l'entourait à son réveil. A en juger par le grand accablement qu'elle ressentait, quelque bruit inaccoutumé avait dû troubler son repos, l'interrompre avant l'heure.

Elle se met sur son séant pour prêter l'oreille. Elle ne s'était point trompée : des éclats de voix s'élevaient non loin d'elle dans le repaire même des bandits.

Intriguée, elle se rapproche le plus possible pour écouter ce qui se disait :

— D'où viens-tu, disait alors une voix connue.

— D'au milieu de montagnes inaccessibles qui recèlent des retraites ignorées et nombre de repaires qui ont tous des hôtes dangereux.

— Ruiz de Gomez est prisonnier ?

— Ces gens-là le tiennent. Le croiras-tu ? Félicio se trouve parmi les *Vengeurs* et même, au milieu d'eux, il jouit de quelque autorité.

— Et Lopez?

— Il est mort! dit-on.

Il y eut un long silence.

Enfin les voix reprennent :

— Que Lopez ait disparu, d'accord ; mais qu'il ait réellement péri, je n'en crois rien. Je suppose que, déguisé et plus opiniâtre, il rôde autour de nous, espérant peut-être découvrir notre retraite et pénétrer nos secrets.

— Comment cela pourrait-il se faire? Au Val d'Halid ne l'ai-je pas frappé mortellement?

— Si bien, il est vrai, qu'il aida quand même Félicio à triompher de nous. Je n'oublie pas, Crèvecœur, que vous partîtes six et que tu reparus seul, le diable sait encore en quel équipage ! Si je n'avais dû veiller sur cette femme, je partais avec les compagnons et il est assez probable, qu'à cette heure, je dormirais avec eux dans le vallon.

— Peut-être, et le grand mal ?

— Ça !... ça, c'est mon affaire, par saint Jacques ! mais la tienne, Crèvecœur, serait de voir ce que nous deviendrons si la *Main-Noire*, inspirée par Félicio, partait en guerre contre nous ?

— Ils n'oseraient l'entreprendre ?

— Oh ! très résolument. Quel mal lui avons-nous causé, tandis qu'elle !... mais vois plutôt notre nombre réduit ! Au surplus, sais-tu qui me fait trembler ?

— Non !

— Rudolpho ! ce faux compagnon devenu *Vengeur de la Main-Noire*. Il se plaît dans ce métier-là ! A tout prendre, il n'était pas le moins brave de nous tous.

Il paraît que Félicio le voit et l'entretient souvent ; Rudolpho gardera-t-il nos secrets ? Peut-être ; mais s'il ne les gardait pas ? s'il accusait Ruiz de Gomez ? Je m'en inquiète pouvant tout craindre de la colère de Félicio. Rudolpho, du reste, m'a proposé de suivre son exemple. Te dirai-je que cette ouverture m'a souri et qu'elle peut, ce me semble, te convenir aussi bien qu'à moi.

— J'y songerai.

— Voilà qui va bien !

— Quand on y pense, Dieu ! que ce Gomez nous a porté malheur !

— A vrai dire, il donnait de l'infecte besogne.

— Aussi de l'argent comptant !

— Je ne dis pas ; n'empêche qu'avant de le servir, nous étions dix-huit hommes, tous gaillards, bien découplés, solides et capables de tout. Tant que nous travaillâmes pour notre compte, à nos seuls risques et périls, les affaires allaient bien, jamais de pertes, beaucoup de profit ! Eté, hiver, n'importe en quelle saison, sans semer jamais, nous allions récolter sur tous les chemins : c'était l'abondance et le plaisir.

A peine nous sommes-nous vendus à cet homme, que la fortune nous prit en grippe. A ce compte-là, qu'avons-nous gagné ? Rien ou peu de chose ; une poignée d'or qui ne nous rendra ni nos compagnons sacrifiés, ni notre tranquillité perdue. Le soupçon, la terreur, la haine vengeresse nous assiègent et, pendant que la société nous condamne, la justice nous poursuit : comment désormais vivre et, seuls, nous défendre contre tous ?

— La caverne est sûre et il n'y manque rien ; elle est, de plus, inconnue du monde entier.

— Sauf de Rudolpho. Qu'il en révèle seulement l'existence à Félicio et nous n'y tiendrons plus contre la *Main-Noire ?* Le renom de la *Dame Blanche*, la terreur qu'elle inspire, nous seraient dès lors d'une faible défense. Bien mieux, ce renom ne pourrait que hâter notre ruine. Combien d'incrédules sont déjà venus braver le spectre ? Alors, nous étions en nombre pour veiller et nos poignards assuraient le mystère. Que d'autres viennent aujourd'hui sonder le ravin, contempler le rocher ; serons-nous avertis de leur approche ? pourrons-nous les devancer, les surveiller et les suivre ? pourrons-nous les attaquer sans danger ? en finir ? ou bien s'en iront-ils triomphants pour revenir, plus incrédules et plus nombreux ? A deux, nous ne pouvons suffire à la tâche. Il faut donc vider la place et le plus tôt, à mon avis, sera encore le mieux. Allons donc, à l'exemple de tant d'autres brigands, nous affilier aussi à la *Main-Noire ;* s'il faut en finir par une sottise, celle-ci sera la plus légère assurément.

— Restons plutôt.

Les brigands se turent.

Dans son réduit, Idala s'était rejetée sur son lit.

Crèvecœur, de son côté, accroupi sur une natte de joncs, réfléchissait profondément. Malgré lui, malgré l'endurcissement de son âme et la fougue de ses passions, il revoyait dans un jour affreux son long passé souillé, ensanglanté et une indicible horreur le glaçait. Puis, peu à peu, au-dessus de mille souvenirs odieux, apparaissait dans le ciel de sa sombre pensée je ne sais quoi de vague et de nébuleux assez semblable à ces blanches et folâtres vapeurs qui courent à l'horizon même à la naissance du plus beau jour.

Cette apparition vaporeuse qui, dans son esprit, flottait comme une chimère entre l'être et le néant, entre le réel qu'on palpe et l'idéal qu'on devine, prenait insensiblement des apparences plus nettes et mieux définies, des contours élégants et gracieux. Il entrevoyait une forme légère, un être indécis d'une attraction vivante, qui réunissait tout le trésor des grâces enchanteresses dont une vierge est pourvue dans l'épanouissement des charmes de son dix-huitième printemps !...

Insensiblement la vision prenait les traits distincts et l'image fidèle d'Idala, sa jeune captive.

Le brigand alors soupire. Son cœur est attendri. Le tigre lui-même n'est-il pas, à ses heures, accessible à une sorte de sentiment moins féroce que ses appétits cruels ?

Crèvecœur, lui, avait emporté une douce proie ; il l'avait regardée pour animer sa rage ou sa cupidité ; mais, ô mystère de la nature ! loin de s'irriter, son cœur s'était calmé ; et voilà qu'au fond d'une blessure aimable germait un tendre désir !

Il en était arrivé au point de considérer la perte de ses compagnons comme une bonne fortune. Ensemble, ils avaient ramassé un trésor, auquel il ne restait plus que deux maîtres : lui-même d'abord et cet autre qui, couché à ses côtés, pouvait bien disparaître à son tour, dût-il s'y employer.

Il envisageait ainsi l'instant heureux où, survivant à tous, héritant de tout, il réduirait Idala à l'aimer, à le suivre à Malaga, dans ce refuge encore inviolé de tous les bandits enrichis ou aux abois.

Crèvecœur quittait fréquemment la caverne ; il se rendait volontiers en ville pour s'informer ; mais depuis le jour où il avait fait ce rêve et conçu ce désir, il n'en revenait plus que les mains chargées de présents pour la belle captive.

Par ses soins et grâce à ces incessantes largesses, le réduit de la *Dame Blanche* avait été peu à peu transformé ; la paille humide avait disparu pour faire place à des peaux d'ours, épaisses et chaudes telles qu'une Russe fortunée les eût à peine désirées. Elle n'était plus, comme auparavant, plongée dans de profondes ténèbres ; mais, sur un candélabre de bronze doré brûlaient des bougies parfumées. Il y avait même un guéridon en marbre blanc près duquel la *Dame Blanche* travaillait, tremblante au moindre bruit.

Crèvecœur, chaque fois qu'il en avait le loisir, venait s'asseoir familièrement auprès d'elle, voulant la distraire et l'entretenir. Il se montrait alors aimable, empressé, ne s'imaginant pas devoir se faire pardonner autre chose que les fils argentés dont était parsemée sa chevelure noire.

C'est que les brigands espagnols ne ressemblent en rien aux bandits d'outre-monts ou d'outre-mer. Ils sont aimables parfois et galants à leurs heures ; ils font cas surtout de leur état comme d'une profession indépendante et belle. Sans doute, de loin en loin, un remords leur descend dans le cœur; ils connaissent en certains moments des regrets et des dégoûts.

Mais, se disent-ils, personne n'échappe à ces afflictions intimes : le roi les trouve sur le trône et le paysan dans la chaumière enfumée; le brigand saurait-il les ignorer dans sa caverne ? Il leur semble qu'ils ne peuvent l'espérer décemment et qu'à part cela le bandit doit s'estimer heureux comme tout ce qui respire librement, comme le tigre royal dans les jungles du Bengale !

Crèvecœur, loin donc de se les reprocher, comptait, au contraire, sur ses exploits pour préparer le cœur de la *Dame Blanche*, pour l'amener doucement à consentir à son bonheur.

Quelles veillées au coin du feu ! quels contes fantastiques pour l'avenir dont, heureux père, il sera le héros terrible !

Néanmoins, elle tardait à se prononcer et souvent il lui en coûtait de soupirer en vain, d'attendre toujours ! Il savait Félicio dans les montagnes ; à chaque instant, il pouvait en descendre et venir jusque dans la caverne revendiquer ses droits. La jalousie, à cette seule pensée, mordait ce cœur farouche et alors, la main crispée, l'œil en feu, Crèvecœur murmurait :

— Jamais !

De longs jours s'écoulèrent ainsi en vains soupirs pour lui, en perpétuelles alarmes pour la fille de Pedro.

XIV

SUS A LA « DAME BLANCHE »

Un soir, dans une taverne du faubourg San-Fernando, des groupes pressés causaient avec animation.

Autour d'une table, couronnée de clients, un jeune homme au teint pâle, d'une apparence maladive quoique d'une complexion manifestement robuste, parlait avec une énergie rare, tandis que, en un coin à peine éclairé, un homme dans toute la force de l'âge, aux traits sombres et durs, observait l'orateur, ne laissant échapper aucune de ses paroles.

C'est lui ! se disait l'homme mystérieux ; c'est Lopez et,

ma foi, pas mal portant du tout après pareille aventure ! Il raconte des exploits réels ou imaginaires ; voyons s'il racontera *le combat* du Val d'Halid !

On parlait précisément de la disparition d'un riche propriétaire ; quelqu'un nomma Ruiz de Gomez.

L'homme mystérieux fit un soubresaut et Lopez lui-même témoigna quelque émotion.

— Et ce n'est pas le seul malheur qu'on ait à déplorer, dit le voisin de Lopez. Des jeunes gens...

— Vous en apprendrez bien d'autres ! observe un mélancolique vieillard, dont les beaux cheveux blancs et la haute taille légèrement voûtée inspiraient à tous du respect ; ces malheurs vous étonnent et, incrédules enfants d'un siècle riche en doutes insensés, vous voulez pénétrer l'insondable mystère ! Vous parlez de crimes voilés, de stratagèmes habiles inventés par des brigands !

Et quoi encore ?

Il est large, il est fertile en suppositions le champ que scrutent les imaginations maladives ou surmenées ; mais comment y trouvent-elles la vérité ? Ces faits prodigieux datent-ils d'hier seulement ? J'ai vu et revu soixante-douze fois le printemps couvrir la forêt de feuilles et les prés de fleurs ; quand je ramène ma pensée vers le temps écoulé, je vois au delà du berceau de vous tous ; néanmoins, si loin que je puisse remonter le cours de mes années, je trouve qu'il se passait jadis ce dont on se plaint aujourd'hui ! Des hommes disparaissaient sans laisser de traces et la *Dame Blanche*, malgré tout ce qu'on tentait contre elle, continuait à errer dans le ravin et sur les monts. Tel disait l'avoir vue, de ses yeux, assise au fond du Val d'Halid ; tel autre l'avait trouvée au sommet du rocher.

(A suivre.)

ARTHUR SAVAÈTE.

Louis Veuillot

II

Etranger à toutes les questions de doctrine, n'ayant trouvé dans l'ordre social ni appui ni direction, Louis Veuillot alla du côté où le poussaient ses amis. « Débordés aussitôt que vainqueurs, a-t-il écrit lui-même dans *Rome et Lorette,* les bourgeois effarés appelèrent de toutes parts au secours ; ils prirent des journalistes où ils en purent trouver : ils durent accepter des enfants comme défenseurs de l'étrange ordre social qu'ils venaient d'établir. — Je me trouvai de la résistance, j'aurais été tout aussi volontiers du mouvement et même plus volontiers. »

On était en septembre 1831, lorsque, rompant avec la procédure, le jeune clerc reçut la mission d'éclairer l'esprit public dans la Seine-Inférieure. Rendre compte des pièces de théâtre et rédiger la chronique locale ne suffisait pas à l'ardeur du débutant : critique, beaux-arts, contes en prose, contes en vers, chansons, archéologie, nouvelle, hagiographie, polémique, histoire, rien ne lui fut étranger.

Il n'a pas dix-huit ans. C'est l'âge de toutes les audaces, et il va, l'esprit libre, le jugement prompt, l'expression vive, menant l'*Echo* à tous les combats. Ce petit jeune homme qui n'a rien appris donne des leçons à tout le monde. Il a la main et la plume du métier. Au moment de dépasser la mesure, son bon sens l'arrête, mais il a une admirable aptitude à saisir les défauts d'une œuvre et les faiblesses d'un adversaire. Il lui arrive de juger un peu trop vite, un peu trop brutalement aussi : ce sont là défauts du métier et de la jeunesse ; celle-ci passe, et celui-là, c'est le journalisme. Ajoutons que Louis s'amuse en même temps qu'il combat.

Deux chanteurs d'opéra comique tombent sous sa griffe ;

les voici : « Morazin a tout le temps chanté faux avec une imperturbable ardeur. Rey avait aussi commencé par chanter faux, il a fini par ne plus chanter du tout : c'est un progrès. »

Un jour Rouen siffla une pièce que Paris avait applaudie. « On nous a joué quelque chose en trois actes qui s'appelle *Un duel sous Richelieu*, écrivit le jeune critique. Il y a un petit trapu qui dit avec une voix de basse superbe : « Je vous aime ! damnation ! » La femme répond : « Moi aussi ! infamie et malédiction ! » Alors vient un grand maigre, qui, apprenant tout cela, s'écrie : « Honte, opprobre et dérision ! » On tire un coup de pistolet : détonation ! puis le public de siffler : ventilation ! »

L'écrivain de l'*Echo* oubliait-il que la race des acteurs est une race irritable ? On le lui fit bien voir. Un certain Tilly, furieux des « conseils sévères » donnés à sa femme qui, jeune encore, et aimant à se rajeunir davantage au théâtre, jouait des rôles de personne mûre en évitant de se rider et en persistant à raccourcir ses robes, le provoqua en duel. On alla sur le terrain le 19 février 1832. « C'était la première fois que Louis tenait un pistolet. On a raconté que la balle de son adversaire avait troué sa redingote ; non, elle effleura le rebord de son chapeau. Le jeune critique n'en devint pas plus doux pour les acteurs. »

Aux leçons et aux blâmes, Louis savait joindre l'encouragement légitime et l'éloge mérité. Mais rien au monde ne lui eût fait applaudir Ancelot ou Scribe. Le faux qui le choquait dans les acteurs ne l'agaçait pas moins dans la littérature. Certain romancier en vogue, Prévot d'Arlincourt, l'éprouva de piquante manière [1].

La préoccupation littéraire est sensible dans tout ce que le feuilletoniste de l'*Echo* écrit pour ses lecteurs. Le romantisme éveille de plus en plus sa méfiance et chaque jour voit s'accroître son respect pour les classiques du grand siècle. Après avoir vu un célèbre auteur de la Comédie-Française, Ligier, jouer du Corneille à Rouen, il s'écrie : « Que nous sommes petits, mon Dieu, à côté de cela, et que le théâtre est dégénéré, et que nos grands drames pleins d'adultères, de bourreaux, de meurtres, de décorations, de machines, de passions

---

[1] On peut lire cela, p. 61, où M. Eugène Veuillot cite trois portraits particulièrement remarquables et caractéristiques de la manière de Louis Veuillot et du genre de Prévot d'Arlincourt..

monstrueuses, auprès d'un vers de Corneille sont peu de
chose ! »

Parfois aussi, sous une impression d'artiste, sous le coup
d'une émotion personnelle, on sent l'inspiration d'une âme
naturellement chrétienne. Dans ses vers et dans sa prose il
faisait une place à Dieu. Un jour même, venant de suivre des
pèlerins, en chroniqueur, il laisse échapper un regret : « J'aurais voulu plier le genou et prier comme eux », dit-il. Mais
rien, autour de lui, ne parlait de religion ou de culte. Ses
amis, les jeunes gens qu'il fréquentait, se trouvaient assez
catholiques puisqu'ils étaient conservateurs, et très religieux
puisqu'ils acceptaient Dieu... dans la littérature.

Louis était de l'école du respect avant d'être de l'école de
la foi. Il savait fustiger d'une main ferme et d'une plume vengeresse les avilisseurs publics, auteurs d'écrits et de desseins
obscènes.

Improvisé défenseur d'une cause qui n'avait pas son cœur,
il se passionna pour elle. La polémique l'attirait ; ce n'est pas
qu'il cherchât les personnalités, mais il ne les fuyait pas. Le
maire de Rouen, l'un des patrons de l'*Echo*, ayant pris quelque bonne mesure, eut à subir un charivari en récompense.
Louis protesta et rendit responsable « son cher confrère » le
journal républicain. Celui-ci de réclamer et de prétendre que
son adversaire était payé pour l'insulter.

« Il est vrai que je reçois un salaire, répondit Louis Veuillot,
et je ne vois pas que je doive en rougir, mais ce n'est point
pour attaquer ce journal. Si je l'ai fait, c'est seulement que je
voulais en avoir l'honneur et satisfaire mon indignation.
D'ailleurs, que fait donc, au *Journal de Rouen*, celui auquel je
m'adressais ? Si on ne le paye point en argent, comment le
paye-t-on ? En considération, en estime, en gloire ? Alors il
ne gagne rien. »

Un nouveau duel termina l'affaire. A l'issue de la rencontre
on félicita le jeune duelliste, mais « il montra, en affectant un
grand chagrin, le trou fait à sa redingote. Ses amis lui offrirent
comme consolation une « redingote de combat ». C'était de
la prévoyance, et lui-même « se promit d'aller fréquemment
au tir et devint adroit au pistolet [1] ». Mais Dieu l'appelait à
une autre escrime.

---

[1] P. 69 et 70. Plus tard, Louis Veuillot converti, ayant conduit son frère et ses
sœurs à Rouen, alla, en leur compagnie, sur le lieu du duel et les « fit mettre à

Ses deux duels, ses articles contre les « carlistes », ses attaques contre les « bousingots » républicains avaient fait classer Louis « parmi les débutants qu'il fallait pousser ». Le « Bureau de la presse » le choisit pour diriger le *Mémorial de la Dordogne*. De rédacteur en sous-ordre à Rouen, il devenait « rédacteur en chef et en seul » à Périgueux.

Cette fois, le journaliste devient tout à fait homme de parti. A la façon de ceux qu'il sert, il travaille à « foudroyer l'anarchie, à consolider l'ordre, à rétablir les saines doctrines. » Il s'oppose même aux empiètements du clergé, mais il y éprouve bientôt de la répugnance. Son succès lui fait soupçonner qu'il pourrait avoir tort. En outre, il rencontre sur sa route l'*Echo de Vésone* dont il dit plus tard : « Certain petit journal du lieu, de cette race qui nous a donné le *Siècle*, ne fortifia pas médiocrement mes dispositions à respecter l'Eglise, qu'il attaquait sans cesse. Malgré mon ignorance, je me révoltais contre ces opinions malhonnêtes et mal rédigées. » Il reconnut qu'autour de lui les vues étaient bien courtes et la morale bien large.

Au journal, le Bureau de la presse de Paris allégeait beaucoup le travail du rédacteur par l'envoi d'une correspondance importante. De plus, le *Mémorial* ne donnait ordinairement que deux numéros par semaine ; en eût-il donné trois, comme il arrivait pendant la session des Chambres, le temps libre ne manquait pas. Le polémiste et le lettré devaient y gagner. « Jusqu'alors, pressé de tout connaître, Louis Veuillot avait lu, au hasard des conseils ou des préoccupations du jour, tout livre qui lui était tombé sous la main. »

Les quatre années passées en Périgord furent celles de son éducation intellectuelle. Il se remit au latin ; il étudia Corneille, Racine, Boileau, La Bruyère, Mme de Sévigné, La Fontaine qu'il avait lus et relus à Paris et à Rouen. Les moralistes attirèrent son attention : Pascal ne lui plut pas toujours, Montaigne le séduisit, Rabelais, qu'il reprenait, l'intéressa et le fatigua, Amyot l'amusa, Saint-Simon, qu'il goûta d'abord, finit par l'énerver. On le voit, la partie religieuse reste négligée, le journaliste ne pense qu'à la littérature. Il ne délaisse pas les contemporains mais ses préférences passent de Victor Hugo à Lamartine.

---

genoux à côté de lui pour demander pardon à Dieu de ce manquement à sa loi et le remercier de l'avoir préservé. »

Travailleur, comme il l'a toujours été, il accorde cependant quelques concessions aux habitudes du lieu. Il assiste aux bals du préfet, du receveur général, du directeur de l'enregistrement et d'autres fonctionnaires. Il s'y fait remarquer parmi les plus intrépides danseurs. Deux ou trois fois par mois, il se donne avec ses amis un festin abondant et libre. Au début, deux vieillards se joignaient à ce groupe, l'un ancien cordelier, l'autre ancien dominicain, pauvres apostats qui n'avaient pas voulu rentrer dans le devoir. Ce contact répugnait à Louis Veuillot, dont le sens chrétien qui, à son insu, dormait en lui, se révolta. Il déclara renoncer à ces réunions si ces défroqués continuaient à y venir. On prit congé des vieillards.

A cette époque, « il aimait à se croire épris d'une jeune brune, parente de l'un des clercs qu'il avait connus à l'étude de Fortuné Delavigne et fille d'un fonctionnaire assez important chez lequel il était bien reçu ; il écoutait volontiers ceux qui lui prédisaient un bel avenir, et néanmoins, il éprouvait de vagues ennuis, une espèce de lassitude morale allant souvent jusqu'à la tristesse. » Le besoin de Dieu le tourmentait malgré lui et le dominait.

Cet état d'âme n'empêchait pas le *Mémorial* de prendre du relief sous sa Direction. Le Bureau de la presse le note « comme l'un des plus brillants journaux du parti conservateur. » Louis Veuillot dépasse la polémique du moment, il remonte aux questions de principe. Par exemple, il discute le duel qu'il n'admet pas toujours, il refuse de ne voir qu'un acte isolé dans le crime d'Alibaud et soutient qu'un tel forfait n'est que le fruit naturel des enseignements d'une presse exaltée[1]. Sa phrase prend de l'ampleur, le trait plus acéré porte une pensée plus forte. Il collabore au *Montaigne*, revue fondée à Périgueux par Albert de Calvimont. Le *Cabinet de lecture*, publication parisienne, alors en plein succès, lui emprunte quelques-unes de ces bluettes, nouvelles, contes ou fantaisies, en signalant l'esprit brillant, la grande finesse d'observation de leur auteur « au premier rang parmi les écrivains qui travaillent à implanter la littérature dans les départements. »

Dans la polémique, il est redoutable, et bien souvent ses

[1] Alibaud, membre des sociétés secrètes, avait tiré sur le roi, 16 juin 1836.

adversaires, à bout de verve, suppléent par l'injure. Tels la *Gazette du Périgord* et l'*Echo de Vésone*. Celui-ci le menace de son mépris. Louis Veuillot répond : « L'*Echo* dit entre autres gentillesses que le *Mémorial* vit du mépris qu'il inspire. Nous ne voyons là-dedans qu'une flatterie mal déguisée que l'*Echo* s'adresse à soi-même. En effet, si un journal vivait de mépris, celui-ci pourrait se vanter d'être immortel : tout le monde en convient. »

Un polémiste amateur écrit contre le *Mémorial* un article agressif signé de ses initiales E. B. Louis Veuillot réplique : E. B. c'est incomplet; il fallait signer E. B. T. [1]. Un duel s'ensuit. « On se battit au pistolet à quinze pas. Le journaliste essuya le feu de son adversaire, et, comme à Rouen, reçut la balle dans sa redingote. Il était devenu bon tireur et, en abaissant son arme, visa bien. Le coup ne partit point. On voulut et son adversaire lui-même le demanda, mettre à son pistolet une autre capsule afin qu'il pût tirer à son tour. Il refusa. M. B. gêné de cette générosité, hésitant à l'accepter, Louis dit aux témoins : « Allons ! que ce soit fini et qu'il rentre chez lui; ses parents peuvent être inquiets. » Le propos sentait la raillerie et le combat pouvait recommencer; mais les témoins furent sages et l'on en resta là. »

A Périgueux, Louis Veuillot retrouva le général Bugeaud qu'il avait entrevu à Paris et qu'il eut en haute estime. Il entretint des relations suivies avec le préfet Romien, esprit cultivé, littéraire, original et fin causeur, qui l'affectionna très vite. C'est Romieu que Louis consulta le jour où il reçut de son ami Gustave Olivier une lettre lui annonçant sa conversion, et disant « pour se mieux faire comprendre qu'il avait un confesseur et communiait. » — « Votre ami est fou, » déclara le préfet. Louis veut s'en rendre compte, il part pour Paris. Là, il écoute le récit des luttes intérieures de Gustave, puis il revient convaincu que Gustave a toute sa raison, troublé lui-même, mais non pas entraîné. Ses amis le revoient avec ses idées noires.

[1] I, p. 88.

(A suivre.)

L. BASCOUL.

AUTOUR DU MONDE

Peut-on? doit-on résister à d'iniques lois, à l'odieuse oppression? Voilà la palpitante question que M. de Lamarzelle, sénateur, a posée devant un auditoire nombreux et recueilli, en un lieu qui prêtait singulièrement aux réflexions amères. C'était le mardi 10 mars, à 9 heures du soir, dans la ci-devant église de Jesu, 33, rue de Sèvres, aujourd'hui salle de conférences publiques et d'auditions musicales, que l'éminent orateur prenait la parole. Il eut, il l'avoua dès l'abord, un serrement de cœur, en montant dans cette chaire, en élevant la voix dans ce sanctuaire où tant de voix éloquentes avaient successivement chanté les louanges de Dieu, les bienfaits de la justice éternelle et les splendeurs des cieux ; et moi-même vers qui cet aveu poignant montait en notes affaiblies au fond de la tribune reculée, aux orgues absentes, où j'avais difficilement trouvé à me caser, j'avais l'œil troublé par des larmes de regret au souvenir émouvant des belles fêtes chrétiennes que ces murs rappelaient à tous ; à la vue de ces colonnes nues, de ces chapelles barrées de palissades, de cette croix rigide et sévère qui dominait encore toute cette désolation, comme un reproche pressant et une suprême espérance ; à la vue surtout des autels dégarnis et des tabernacles vides et, pour combien de temps? muets.

Peut-on, doit-on, se défendre ? Ce lieu saint, désaffecté, répondait lamentablement à tous.

L'orateur poussa la courtoisie jusqu'à négliger d'ajouter : par quelles aberrations, à la suite de quels sommeils et de quelles défaillances sommes-nous acculés à la nécessité de nous défendre, à la honte de défaites en quelque sorte voulues, parce que nous n'avons pas su rester unis dans la victoire, ni solidaires dans l'organisation et la défense de nos conquêtes religieuses.

M. de Lamarzelle, aux applaudissements soutenus mais discrets que comportait un lieu où l'on était plus habitué à subir l'éloquence qu'à l'appuyer de ses approbations, fit voir les étapes successives parcourues par l'oppresseur ; montra ses moyens, dénonça ces fins et ne cacha point que, selon lui, les illusions n'étaient plus guère de saison : il fallait s'attendre à cet excès du mal d'où vient le remède à moins que la mort ne s'ensuive : mais la France catholique ne peut mourir : elle ne mourra pas si les catholiques savent enfin vouloir et prévoir ! Ils s'organiseront, ils se tiendront ; au *bloc* qui les assaille, ils opposeront leur masse compacte, homogène, et il ne faudra pas plus que cette union féconde pour que les catholiques français connaissent bientôt la paix et les triomphes qu'ont su conquérir les coreligionnaires d'Angleterre, de Hollande, de Belgique et d'Allemagne.

Au moment où ces lignes paraîtront, la discussion sur les demandes en autorisation des congrégations d'hommes, au nombre de 54, aura commencé, et l'on sait que la commission, d'accord avec le gouvernement, doit proposer le vote par catégories (congrégations enseignantes, congrégations prédicantes, congrégations commerçantes) et que, contrairement à sa première résolution, le président du conseil conseillera l'adoption de cette procédure en posant la question de confiance et de cabinet. Cela veut dire que vers la fin de la semaine, sitôt la discussion générale close, à propos des 25 congrégations enseignantes qui sollicitent l'autorisation, M. Combes s'opposera à la discussion des articles qui font l'objet d'un projet de loi unique concernant ces 25 congrégations et demandera le rejet en bloc de toutes les demandes ! La Chambre aura donc alors à choisir entre l'exécution inique, arbitraire, déloyale et illégale de toutes ces institutions si chères aux familles, si utiles à la France, et la conservation d'un ministère de perturbation, d'oppression et de compromission.

Pour justifier son attitude nouvelle, M. Combes argue de la nécessité de rester d'accord avec sa majorité ; avec le *bloc*. Il n'a pas toujours été d'accord avec lui et, une fois au moins, assez brutalement du reste, ce qui, en l'occurrence n'était pas un défaut, il lui a demandé un peu d'indépendance ou son congé : ce fut, si je ne me trompe, à l'occasion du vote du budget des cultes et du maintien de notre ambassade auprès du Vatican. Son congé, il l'avait déjà en main : le *bloc* lui fit défaut et ce fut un *bloc* d'occasion qui le maintint au pouvoir. Ce qui signifie qu'à la Chambre il y a une majorité qui veut des lois d'exception et d'oppression et une majorité qui veut

des actes de gouvernement. C'est pour la première qu'opte
en ce moment M. Combes: il ne saurait dédaigner impunément l'autre car, qu'il le veuille ou non, il y a en l'air des
complications parlementaires au cours desquelles, sous peine
de mort, les défections du bloc devront être compensées par
le centre et par la droite. Le ministère a déjà connu cet avantage qui l'a fait durer et sans témérité il ne saurait d'avance
y renoncer pour un long avenir.

M. Combes retourne sa veste avec désinvolture; du soir au
matin ; cela plaît aux socialistes qui profitent du mouvement,
cela peut déplaire aux progressistes qui en pâtissent et ne
tiennent pas à répéter devant le corps électoral les postures
de charlatan. Or, le centre, comme M. Combes, première
manière, voulait un vote séparé pour chaque congrégation, ce
qui était de l'équité ; il plaît aujourd'hui à M. Combes,
influencé par les radicaux et les socialistes, de tenir pour un
vote global, manifestement illégal, en tous cas inique ; il plaît
au centre de ne vouloir point opérer ce demi-tour et de rester
fidèle à sa première conception. Qu'en sera la conséquence?
J'ai entendu dire par M. de Lamarzelle qu'il ne fallait pas se
faire d'illusion, que le *bloc* donnerait en entier et emporterait
le vote d'assaut. C'est probable ; mais il n'est pas impossible
que, soucieux des conséquences locales d'un vote de principe
que la « tolérance » doit tempérer, dit-on, dans ses applications, nombre de députés refuseront de faire ce saut périlleux
dans le vide des promesses socialistes et radicales.

Nous avons, grâce à trois douzièmes provisoires, joui d'un
calme relatif. La crainte d'un quatrième douzième a, seule,
mis un terme à cette trêve des partis et permis d'aboutir, du
moins à la Chambre, dans l'examen de la loi des finances
pour l'année 1903 que voilà pour un quart déjà écoulée.

M. Rouvier n'a, certes, trompé personne. Dès le début de
la gestion financière, il avoua que le gouvernement rencontrait des difficultés exceptionnelles ; il ne dissimula ni les
erreurs, ni les mécomptes, ni les malversations habiles, ni les
déficits dissimulés pour abuser les électeurs, ni les dangers
à venir; il affirma son dévouement à la cause publique et
déclara ne pouvoir donner à son zèle d'autre forme pratique
que la présentation d'un budget, non pas d'attente (le mot
était usé) mais de recueillement, comme si nos conflits intérieurs avaient pris les proportions et porté les funestes

effets d'un conflit international particulièrement malheureux.

Pour raffermir l'équilibre instable de nos budgets, M. Rouvier avait cru devoir porter atteinte au privilège des
bouilleurs de cru, avec la durée duquel, selon Léon Say, tout
budget sérieux devenait impossible en France; il pensait
aussi réformer le régime des sucres et réduire sinon supprimer les zones frontières pour l'écoulement des tabacs.

Les dispositions relatives aux régimes des sucres ont été
disjointes et ne reviendront au Parlement qu'après un certain
stage à la commission spéciale qui les assaisonnera de façon
acceptable et de manière, espérons-le, que les raffineries étrangères ne puissent *réaliser les ruines* de nos raffineries côtières
dont la spécialité est de soutenir la concurrence étrangère,
notamment dans les Echelles du Levant.

Quant aux bouilleurs de cru, sur le compte desquels tout
a été dit, mais dont les tenants font la loi, vu qu'ils sont la
majorité au Parlement, on a abouti bon gré mal gré à une
transaction qui ne rassure pas le Trésor. Mais les socialistes
n'ont pas laissé échapper l'occasion qui s'offrait à eux d'affirmer une théorie qui leur est chère. Ils ont proposé le monopole des alcools ! Pourquoi s'en plaindre ! On accuse l'alcool de tous nos maux ; on trouve aussi qu'il est un aliment;
on ne contestera plus qu'il ne soit pour le moins un combusti-
ble précieux pour la famille et pour l'industrie et l'on se dira
qu'après tout on n'introduira point dans nos lois de finances
à venir une réforme de cette envergure et qui touche à tant
d'intérêts sans que les principaux intéressés ne soient appelés à faire entendre leurs vœux et leurs doléances.

Le temps s'écoulait et l'on proposait à M. Rouvier tant de
ressources imprévues : droits de péage, captation de successions, taxes sur orges, maïs, avoines (il y a tant d'ânes au
Palais-Bourbon pour les consommer), qu'il dut se précipiter
à la tribune et supplier ses collègues bâtés de s'abstenir de
lui chercher encore des moyens nouveaux !

Il n'était que temps car, à en croire M. Charles Benoist, la
loi des finances devenait « un Bottin législatif, un déversoir
dont nul ne savait plus ce qu'on y avait mis, ou plutôt ce
qu'on n'y avait point mis » !

Et, pour donner une idée de la comédie parlementaire dont
nous sommes les témoins et les victimes ; pour laisser voir
dans toute sa crudité la réalité du complot tendant au cham-

ʾbardement général dont Joseph Reinach menaçait jadis la France, et dont le trio : juif, franc-maçon et protestant accable actuellement l'école, la famille, toute la patrie française ; signa-lons la significative polémique engagée à propos du rapport Rabier, relatif aux congrégations, et dont Camille Dreyfus, le plus innocemment du monde, a réclamé la paternité.

M. Rabier est député radical d'Orléans. Je me rappelle qu'un jour, il y a neuf ou dix ans, sur le boulevard : restau-rant des Capucines, j'ai déjeuné avec lui en compagnie d'un ami commun, M. A. J'avoue qu'à cette époque il n'était pas encore question de rapport contre les congrégations, pas plus d'ailleurs qu'il n'était question de monopoliser l'alcool, lorsque quelques jours après le même ami commun paria de me faire déjeuner au même lieu avec Camelinat, et qu'il le fit effecti-vement. Ces agapes communes entre le directeur de la *Revue du Monde Catholique*, que j'étais déjà en réalité, et le farouche tribun d'Orléans n'étonneront personne, puisque le même tribun a pris *couvert* chez l'évêque d'Orléans sans gêne ni scrupule. M. Rabier rougira d'autant moins de cette rencontre fortuite, que, j'en conviens volontiers, il ne fut question entre nous d'enlever aucune Bastille, pas même celle de la Préfec-ture de police que le journal *Le Français* signale actuellement par voie d'affiche aux ardeurs populaires. J'ai constaté alors que M. Rabier savait vivre et manger, être aimable quand même, et je ne supposais pas qu'il pût devenir un jour, au nom de la liberté dont il se réclame, le proscripteur farouche qu'il est et un agent si complaisant des synagogues et des *convents* maçonniques.

Or donc, M. Rabier a fait un rapport contre les Congré-gations dont il demande l'exécution en bloc et sans examen, en violation de la loi qui permet cette entreprise criminelle. On se doutait bien que tant de fiel ne pouvait s'être accumulé dans l'âme d'un baptisé, et le *Figaro*, qui se complaît dans les contradictions sensationnelles, après avoir servi le juif de l'île du Diable, se mit en tête de découvrir le juif, ange inspi-rateur de M. Rabier. La découverte ne fut pas banale et les Dreyfus, qui ont déjà tant occupé et lésé leurs contemporains, furent surpris continuant leur misérable besogne. Personne, du coup, ne les accuse ; c'est Camille Dreyfus lui-même, qui disait : c'est moi le père du rapport Rabier ! Il s'attendait, le bélître ! à ce que par cette révélation inattendue une explosion d'enthousiasme soulevât la France anticléricale et que la reconnaissance d'un peuple délivré des moines allât réhabiliter Alfred Dreyfus. L'effet attendu fut manqué et c'est un profond dégoût qui souleva aussitôt la conscience de la nation chevaleresque qu'est encore la France. Aussitôt M. Rabier protesta, et Dreyfus (Camille) l'appuya timidement. Mais le *Figaro* tient ferme et déclare ce qui suit :

Ayant appris, dit M. Cardane, secrétaire de la rédaction, que l'ancien député de la Seine n'était point étranger au rapport sur les congrégations, — on m'avait même laissé entendre qu'il en était l'auteur principal, — je pensai qu'il était admirablement placé pour me faire connaître, avant la lettre, les grandes lignes de ce document dont on annonçait la publication prochaine, et, par un petit bleu, je lui demandai de vouloir bien passer au *Figaro*. Il y vint le lendemain 26 février, la tête entourée de linges à la suite d'une opération. Je m'excusai d'autant plus de l'avoir dérangé que, la veille, une heure à peine après l'envoi de mon bleu, le *Temps* avait publié *in extenso* le rapport Rabier.

— Je voulais justement, lui dis-je, vous demander des renseignements sur ce rapport. J'avais appris...

Et M. Camille Dreyfus achevant la phrase :

— *Que j'avais fait ce rapport avec Rabier, c'est exact ; j'aurais pu vous tuyauter à fond.*

— Mais, en dehors de ce rapport, demandai-je à M. Camille Dreyfus, n'y a-t-il pas des à-côtés intéressants, des documents négligés pour une raison ou pour une autre ?

— *Oh ! ça ne manque pas ! répondit en riant l'ancien député. Il y a dans le dossier nombre de documents importants que nous n'avons même pas mentionnés dans le rapport et que je pourrais vous communiquer. Mais, pour cela, il me faut l'agrément de Rabier. Je vais réfléchir à votre demande d'ici à demain.*

Le lendemain, je recevais de nouveau la visite de M. Camille Dreyfus. Il avait vu M. Rabier et venait me proposer plusieurs documents. L'ambassade d'Angleterre avait, paraît-il, fait parvenir au gouvernement plusieurs protestations contre la menace de fermeture de certains établissements appartenant à des Associations ayant des attaches en Angleterre.

Ces protestations anglaises, qui ne sont même pas mentionnées dans le rapport de M. Rabier, se trouvent néanmoins dans le dossier de la commission des congrégations. M. Camille Dreyfus m'offrait d'extraire de ce dossier les pièces originales pour que je pusse en prendre copie avec la certitude de leur authencité.

L'ancien député de la Seine m'offrait également une lettre de M. Chaumié, ministre de l'instruction publique et des beaux-arts, dont il n'est pas davantage question dans le rapport, et dans laquelle le ministère dégageait sa responsabilité en exposant à la commission la difficulté ou, pour mieux dire, l'impossibilité de faire face avec le personnel et les locaux existants aux exigences nouvelles résultant de la disparition des écoles libres.

« — Mais cette lettre-là, ajouta M. Camille Dreyfus, je ne vous la donnerai que plus tard. Si on la publiait maintenant, ce serait un sale coup (*sic*) pour la loi.»

M. Camille Dreyfus partit, me promettant, pour le lendemain, les lettres de l'ambassade d'Angleterre. Je ne l'ai point revu. M. Rabier s'était sans doute ravisé...

Et constatant, ce qui ne fait plus de doute pour personne, que des documents utiles ont été retenus ou distraits par le rapporteur, notre confrère ajoutait, le lendemain, l'observation judicieuse que voici :

> Les informations que nous avons publiées au sujet du rapport Rabier appellent une conclusion : c'est que, sur un pareil sujet, il est regrettable que des documents, quels qu'ils soient, aient été retenus par le rapporteur et soustraits, de ce fait, à la connaissance de la Chambre.
>
> Cette ignorance est d'autant plus fâcheuse que la commission des congrégations a été, on s'en souvient, choisie tout entière au sein du « bloc » et que les défenseurs des congrégations n'y sont point représentés.
>
> Il y a là une question de bonne foi. On assure qu'elle sera soulevée à la tribune, et nous nous en félicitons. Dans le débat écourté que la majorité, malgré les protestations de quelques-uns de ses membres les plus éminents, tels M. Eugène Etienne, s'obstine à préparer, il est, en effet, inadmissible qu'on retire aux congrégations proscrites ce minimum de garanties, et que, non content de leur interdire de présenter leur défense, on supprime du dossier les pièces qui plaident pour elles.

Mais la lutte entreprise contre Dieu, l'Eglise et les consciences, comme nous n'avons cessé de le prévoir, déborde déjà le terrain primitivement choisi : les congrégations. On s'attaque désormais à l'épiscopat qui, malgré sa complaisante discrétion, est coupable de manquer d'enthousiasme pour l'œuvre inique accomplie sous ses yeux ; on veut des évêques encore plus dociles, plus souples, sinon complices, et on veut choisir, sans contradiction ni contrôle, des pasteurs qu'on proposerait comme témoins impassibles, pour l'égorgement des fidèles. C'est ainsi que, sans avis préalable, sans la moindre entente avec la nonciature, M. Combes a désigné des évêques de son goût, et prétend les imposer. Mgr Lorenzelli, nonce à Paris, en a déféré au Pape qui a fait signifier au président du ministère français qu'il ne saurait faire un pas en ce chemin, qu'il refuse de ratifier les nominations faites, que les investitures n'auront point lieu et que les évêchés intéressés resteront vacants jusqu'à solution satisfaisante du conflit.

Ces difficultés de plus en plus nombreuses, de plus en plus irritantes que soulève une République envers laquelle il a usé d'une si grande condescendance, ont vivement attristé le cœur de Léon XIII et l'ont troublé jusqu'au milieu des fêtes grandioses de son jubilé pontifical : il a voulu en entretenir les fidèles venus de France, il a exhalé sa surprise et sa douleur auprès de nos évêques accourus à Rome et il n'a point caché le regret que lui laissaient tant d'espérances et d'illusions perdues. La question des évêchés, peut-être plus que celle des congrégations, préoccupe le Saint-Siège, parce qu'il y voit le développement méthodique du programme anticatholique des partis dirigeants français, une provocation réfléchie ayant pour but de préparer la dénonciation du concordat et toutes ses conséquences.

Il paraît néanmoins certain que rien ne se produira à Rome qui puisse envenimer le conflit. Les sièges vacants resteront probablement jusqu'à l'accord préalable dont l'Eglise ne saurait se passer sans abdiquer.

Grâce à une détestable méthode que M. Ribot n'a pu s'empêcher de déplorer, la Chambre, ayant groupé les diverses demandes d'interpellations relatives à la politique internationale de la France, a discuté d'un seul coup et sans arriver à se rendre compte que la confusion résultant de la diversité même des sujets en cause rendait inutiles sinon nuisibles de pareils débats, toujours épineux, non seulement les affaires d'Orient et celles du Maroc, mais encore les questions pendantes en Afrique, en Chine, au Siam et au Venezuela ; elle a parlé en outre de l'iman de Mascate s'attardant même, et pour la centième fois, à peser au poids d'un Parlement débraillé l'alliance franco-russe.

Chacune des questions efflorées avait son importance et cette importance eût été mise en relief et aurait mérité une sanction particulière si le débat s'était produit à propos, c'est-à-dire à l'heure même où des incidents significatifs mirent ces questions au rang des actualités brûlantes. Mais les interpellations ayant été régulièrement renvoyées sans date précise à la suite les unes des autres, où les conflits pendants se vidèrent d'eux-mêmes, où ils reçurent sans l'avis de notre Parlement une solution quelconque, qu'il n'y avait plus qu'à accepter sans mot dire pour les ranger parmi les faits accomplis.

Ce n'est pas à dire que d'utiles vues n'aient été échangées ; néanmoins, comment en un pareil débat formuler avec discernement les critiques, les doutes, l'encouragement, le désaveu, les conseils salutaires et totaliser en fin de compte les opinions des partis en un blâme ou en une approbation capable de fixer le ministre en cause qui doit cependant puiser son autorité dans la confiance explicite du Parlement !

Ainsi l'ordre du jour appelait la discussion des interpellations :

1° de M. Millevoye sur l'état de nos relations internationales ; 2° de M. Georges Berry, sur les événements qui se passent en Macédoine ; 3° de M. Delafosse, sur les directions de la politique du gouvernement au Maroc auxquelles furent jointes, celles de MM. Charles Benoist et Sembat qui voulaient s'informer : le premier, sur les principes qui, depuis 1898, dirigent la politique extérieure de la France, et le second, seulement sur la politique extérieure de notre pays.

M. MILLEVOYE trouve « qu'on a beaucoup parlé, ces temps derniers, de désarmement. M. d'Estournelles a préconisé le désarmement européen. M. Jaurès a parlé de la République européenne et de la République universelle ; ce sont là de fort nobles sentiments, auxquels nous ne demanderions pas mieux que de nous associer, mais il faut tenir compte des réalités et ne pas songer au désarmement préconisé par le collectivisme français, quand l'Allemagne augmente ses armements.

« M. Jaurès nous reproche ce qu'il appelle nos illusions patriotiques ; qu'il prenne garde de ne pas faire naître d'autres illusions,, qui seraient suivies de terribles déceptions.

« La paix armée tient à ce que j'appellerai deux grandes erreurs historiques : le traité de Francfort et le traité de Berlin. Depuis 1871, la France a vécu et refait son armée, mais elle a été, en 1875 et 1887, à deux doigts de graves événements, par le fait de Bismarck qui voulait la détruire.

« Vous savez tous qu'Alexandre II s'opposa formellement à ce nouveau crime et que l'alliance franco-russe naquit à ce moment. Les trois mots de bienfait, reconnaissance, amitié, ne doivent jamais sortir de notre mémoire... L'empereur Alexandre pouvait condamner l'Europe à la guerre et nous laisser, seuls, en face de la Triple Alliance, il ne l'a pas voulu, il a préféré donner à l'Europe la paix.

« Si nous n'avons jamais senti le froid de la peur, nous avons souvent senti le froid de la mort, et tous les incidents de frontière qui se sont produits sont encore présents à notre mémoire. Nous avons dignement refusé de nous laisser entraîner, mais nous avons été soutenus par l'empereur Alexandre dans nos justes protestations.

« On a dit que l'alliance franco-russe avait fait cesser nos espérances ; c'est le contraire qu'elle a produit. Le droit inviolable de l'Alsace-Lorraine et le droit imprescriptible de la France subsiste en entier.

« Il faut en finir avec cette équivoque, avec ce machiavélisme qui a réussi, à établir, pendant un certain temps, un antagonisme entre l'Italie et la France, entre deux nations sœurs, il faut établir l'union latine entre la France, l'Italie et l'Espagne.

« Dans l'ère de paix que nous avons traversée, on a commis une grande faute en excluant le Transvaal de la Conférence de La Haye. Le grand débat qui s'engage aujourd'hui doit avoir une sanction pratique. Les promesses de réformes arrachées au sultan ne doivent

pas rester lettre-morte, comme elles l'ont été jusqu'à aujourd'hui.
«Nous avons assisté, sans rien dire, au massacre de 300.000 Arméniens. L'attitude que nous avons eue, à ce moment, restera comme
une tache indélébile. Les atrocités les plus effroyables ont été commises ; des fils ont été égorgés jusque dans les bras de leurs mères,
et devant ces spectacles abominables, nous ne sommes sortis de notre
torpeur que pour aller recouvrer quelques créances. »

Et l'orateur exprime le vœu que notre diplomatie saura
faire son devoir en Macédoine.

M. Georges Berry rappelle alors que l'histoire de la Turquie depuis 1856 est faite de violence et d'horribles attentats,
et il ajoute :

Je rends volontiers à M. Delcassé cette justice qu'il s'est le premier préoccupé de la situation de la Macédoine. Il n'était que
temps. La gendarmerie turque se livre aux pires excès. Comme elle
n'est pas payée, elle vit sur l'habitant, qui est volé et pillé. La plaie
de la Macédoine, c'est la gendarmerie. Les chefs albanais prélèvent
aussi des impôts et, si le paysan ainsi accablé résiste, on met le feu
à sa maison.

M. Delafosse s'intéresse au Maroc et vient dire :

La question marocaine s'impose au milieu de tant d'autres préoccupations à l'attention de l'Europe. Cette question est posée pour
nous depuis notre conquête algérienne. L'insurrection règne pour
ainsi dire à l'état permanent dans l'empire marocain. Les soulèvements, comme celui qui se produit actuellement, ne sont pas sans
danger pour nous en raison de la répercussion qu'ils peuvent avoir
dans notre population algérienne.

Cet état d'anarchie peut, d'autre part, encourager certaines convoitises toujours éveillées. L'Espagne, l'Allemagne et surtout l'Angleterre exercent au Maroc une action persévérante que nous avons le
droit de suivre de près dans l'intérêt de notre propre influence. Les
menées de l'Angleterre surtout ne sauraient être négligées par nous,
si nous ne voulons pas recommencer l'aventure qui a si mal tourné
pour nous en Egypte.

Mais je n'entends point que nous devions suivre une politique
d'hostilité contre l'Angleterre. Ce serait une grande faute.

Il est tout à fait déraisonnable de vouloir que la France soit à la
fois, je ne dis pas l'ennemie, mais l'adversaire de l'Allemagne et de
l'Angleterre. Cela nous conduirait à des coalitions dangereuses
pour nous.

Ce qui serait raisonnable, ce serait d'étudier les causes de conflit
et de les prévenir. Mais si ces conflits venaient à se produire et que
la France y soit entraînée, nous devrions être peut-être du côté où
l'Angleterre combattrait.

C'est une raison de plus de ne point perdre de vue les événements du Maroc, ce nid à querelles. La solution en serait peut-être dans une entente entre la France, l'Espagne et l'Angleterre par une convention, un protocole de désintéressement, qui maintiendrait l'intégrité du Maroc et excluerait toute intervention étrangère.

Notre intérêt est de ne pas permettre qu'une puissance quelconque s'établisse au Maroc. Cette question résolue, il nous resterait à faire la conquête pacifique du Maroc...

M. Charlet Benoist dit à son tour :

M. Delcassé occupe le ministère des affaires étrangères depuis cinq ans. Quelle a été sa politique pendant cette longue période ? Ou plutôt a-t-il eu une politique ?

Depuis 1881, depuis nos entreprises lointaines, nous avons abandonné la politique exclusivement continentale pour la politique d'expansion coloniale. D'autre part l'alliance franco-russe est venue constituer le contrepoids, le frein nécessaire à la Triple-Alliance.

Nous étions, auparavant, devant l'Europe, dans une situation sinon humiliée, du moins précaire. Le pays doit une reconnaissance éternelle à ceux qui ont préparé et signé l'alliance franco-russe.

Depuis, nos rapports avec l'Allemagne, et surtout avec l'Italie, se sont considérablement améliorés.

L'alliance franco-russe a été une garantie de paix et un instrument de pacification générale.

Mais qu'a fait notre diplomatie depuis cinq ans au Siam, au Maroc, en Orient ? Quel a été son rôle au moment du conflit anglo-boer ? Elle a peut-être à ce moment poussé un peu loin la complaisance vis-à-vis de l'Angleterre.

Est-il vrai que le ministre des affaires étrangères, sollicité par la Hollande de se charger de la protection des sujets hollandais au Transvaal, ait refusé ?

Certes, notre rôle n'a jamais été d'intervenir dans le conflit, mais n'avons-nous pas eu l'occasion d'en profiter ; nos adversaires se sont montrés surpris de ne pas nous voir converser avec l'Angleterre au sujet du Siam, de l'Egypte ?

Avons-nous eu une politique ? On ne peut en avoir que quand on a un plan d'action. Or, si je vois, en ces cinq ans, certains actes, certaines tentatives d'action, je ne vois pas de plan arrêté, préconçu et suivi ?

Nous avons entendu M. Jaurès proclamer que, sans la force, il n'y a pas de droit. M. Jaurès oublie les enseignements de la philosophie et même ceux de l'histoire. Nous avons été les victimes d'un abus de la force ; notre droit reste entier, comme notre devoir d'attendre, d'espérer, de préparer les justes réparations.

Il est une école qui a pris pour mot d'ordre cette formule : « pas d'affaires ». C'est la politique du perpétuel effacement, du complet renoncement,

Il est impossible qu'un grand pays comme la France n'ait pas d'affaires ; il faut qu'il ait des affaires, car il faut que sa volonté et son droit sachent s'affirmer...

· M. de Pressensé s'explique ainsi :

Au moment où tous les Parlements viennent de retentir de l'écho des graves événements qui se déroulent et se préparent dans la péninsule des Balkans, il eût été étrange que seule la tribune française demeurât muette.

L'intérêt de la France est inséparable des intérêts de notre clientèle d'Orient.

Nous devons rechercher les meilleurs moyens de prévenir une explosion redoutable sans nous réfugier dans le seul domaine du sentiment.

On ne peut contester la gravité menaçante des événements et l'insuffisance des expédients que l'on offre à l'Europe et à l'Orient.

La partie de la péninsule des Balkans où ces événements se déroulent semble un coin de barbarie, un reste de moyen âge enfoncé dans l'Europe. Il n'y a pas moins de sept races différentes qui habitent sur le sol de la Macédoine et sont en hostilité les unes contre les autres.

Il n'y a pas entre elles seulement les rivalités et les divergences de races ; il y a aussi les divergences de religions : grecs orthodoxes, musulmans, catholiques sont en présence et sont aux prises.

Depuis le traité de Berlin, l'Europe a eu à intervenir fréquemment en Orient. La situation si compliquée et si grave de la Macédoine date de 1878. Si les souffrances de sa population sont plus anciennes, l'article 23 du traité de Berlin promettait un statut organique à la Macédoine comme aux autres provinces turques des Balkans.

Ce statut fut promulgué peu après. Il était extrêmement compliqué, d'une minutie peut-être exagérée. Il alla rejoindre, dans la nécropole des réformes turques, les autres promesses du sultan ; et l'on peut dire que la Macédoine est demeurée sous ce régime que l'on a ainsi défini : « L'anarchie tempérée par le despotisme ».

L'administration turque, les autorités exercent la tyrannie la plus effroyable ; mais l'anarchie n'en subsiste pas moins.

Les Albanais musulmans exercent impunément les pires attentats, les exactions les plus brutales sur les paysans bulgares.

Ainsi, quand un chef albanais a vécu pendant des semaines avec ses hommes aux dépens d'un fermier, il prélève encore sur celui-ci un impôt que l'on appelle la « contribution de l'usure de la mâchoire », et les filles, les femmes bulgares sont la proie de ces bandits.

Les Livres jaunes sont pleins de faits terrifiants dont jamais justice n'a été faite par la Turquie.

Depuis 1878, la Serbie et la Bulgarie jouent un rôle en Macédoine où, jusque-là, les Grecs faisaient seuls une propagande antimusulmane. Les Bulgares sont en majorité en Macédoine. D'autre part, nombre de Macédoniens ont émigré en Bulgarie d'où ils entretiennent l'agitation dans leur pays d'origine. Ce sont leurs comités qui ont réveillé l'idée nationale en Macédoine. Les Grecs et les Serbes ont imité cette propagande civilisatrice.

L'insurrection a éclaté et n'a pas tardé à prendre une attitude menaçante pour la Turquie. Elle a cessé en décembre à cause des rigueurs de la température. Mais alors a commencé la répression : on a vu 3.000 villages incendiés et les populations ont commencé à émigrer en Bulgarie.

L'humanité était une fois de plus outragée par le sultan.

Dans les négociations engagées nous ne devons pas avoir l'air d'être la cinquième roue d'un carrosse. Nous devons surveiller avec la plus grande attention les événements.

En ce qui concerne les réformes, il est bon de constater la hâte que le sultan a mise à accepter ce qui lui était proposé. Cet empressement ne me dit rien de bon. Nous aurions dû agir avec moins de précipitation et ne pas demander au sultan de vouloir bien nous octroyer la dixième partie de ce que nous aurions dû lui demander.

On a demandé que l'inspecteur général des réformes fût nommé pour trois ans. C'est un délai insuffisant.

Mais ce qui est plus grave, c'est que ses subordonnés sont nommés directement par le sultan, dont ils reçoivent les ordres, et que, par conséquent, il ne peut pas agir ; il a les mains liées.

Il aurait fallu changer le système total de la dîme ou plutôt la supprimer et la transformer en un impôt foncier.

Les autres réformes peuvent aussi être critiquées, mais j'insiste surtout sur ce fait qui se pose devant la conscience de l'Europe : Pourquoi éliminez-vous l'Arménie des négociations ? Allez-vous consacrer cette faillite, cette déroute de la diplomatie européenne ?

Le moment est venu pour l'Europe de sortir de la situation où elle se trouve. Nous croyons que l'intégrité de l'empire ottoman est devenue une garantie ; nous voulons maintenir les cadres actuels de l'empire ottoman, mais réformer les principes de gouvernement.

Nous pensons qu'en Macédoine il faut donner à la commune une plus grande indépendance. La Macédoine n'aura pas de garanties sérieuses tant qu'on n'aura pas touché à la justice. Recrutez les gendarmes avec soin si vous ne voulez pas qu'ils soient un fléau pour ce malheureux pays.

L'Europe doit exercer un contrôle permanent ; elle doit exiger la commission de contrôle. C'est là le fond de la question. Mais ce contrôle, je ne crois pas qu'il doive être exercé par les diplomates. Il faut nous placer en face de la réalité et prendre les mesures pour arrêter l'incendie, pour prévenir le retour d'aussi abominables massacres que ceux d'Arménie.

Nous avons constaté avec satisfaction que, dans les longues négociations depuis 1901, la France avait fait les réserves qu'il convenait.

Quand nous avons envoyé des cuirassés à Mitylène, nous pensions que la présence de nos navires pèserait sur les décisions du sultan. Il faudrait ne pas réserver notre flotte pour protéger des intérêts particuliers. Il faudrait l'employer à défendre la conscience humaine et la foi des traités.

M. Sembat se préoccupe particulièrement de ce qui se passe en Chine, où il constate un retour offensif des Boxers, et au Japon dont la connivence avec l'Angleterre l'inquiète surtout pour la Russie notre alliée. Le traité franco-siamois ne le laisse pas non plus indifférent, ni même la créance Lorando et ses aboutissants équivoques.

Selon M. Deloncle, les affaires de Chine doivent fixer particulièrement l'attention de la France et il voudrait que nous entretenions en Chine ou en Indo-Chine un corps de troupes spéciales, toujours prêtes à intervenir, et l'orateur, après avoir touché à la question, déjà élucidée de Mascate, demande au ministre des affaires étrangères si réellement il y a partie liée entre la France et l'Angleterre à propos de l'Egypte et du Maroc. M. Delcassé fait entendre que non et il monte à la tribune pour faire les multiples réponses que voici :

M. Deloncle m'invite à me mettre en travers des projets de l'Angleterre sur Mascate, et il considère que ces projets ne sont pas douteux, puisque les journaux les ont annoncés.

La France et l'Angleterre, si elles ont à Mascate égalité de charges, ont aussi égalité de droit. Je ne l'ai pas oublié. L'Angleterre a toutefois consenti à modifier ses dépôts de charbon, pour nous donner satisfaction.

J'ai tenu la main à ce que le traité de 1862 soit exécuté et la Chambre peut être assurée que je continuerai.

En ce qui concerne le Maroc, M. Delafosse a exprimé la crainte que les troubles n'amènent des interventions contraires à nos intérêts. Prévoyant les événements actuels, nous avons prévenu le gouvernement marocain, nous l'avons averti.

De l'état des choses au Maroc dépend, dans une large mesure, le développement de nos colonies algériennes. La protection de ces graves intérêts, qui ne regardent que nous, s'accorde avec ceux qui nous sont communs avec les autres puissances.

Il est un point qui doit être hors de contestation, c'est qu'aucun changement ne peut être fait, sur la côte méditerranéenne du Maroc, qui soit de nature à affecter, d'une façon quelconque, la liberté nécessaire du détroit de Gibraltar.

A quoi eût servi une démonstration navale ? A rien, sinon, peut-être, à exciter le fanatisme des populations de l'intérieur et à mettre en péril ceux que nous avions mission de protéger.

Comment devons-nous envisager les événements de l'intérieur ? L'indépendance du Maroc est une garantie essentielle de l'intégrité de l'Algérie et toute atteinte à sa complète indépendance serait une atteinte à notre colonie.

Au point de vue économique, c'est la France et l'Algérie qui occupent le premier rang dans les échanges du Maroc avec l'étranger.

Quand les soulèvements se sont produits, nous avons pris nos précautions le long de la frontière. Je crois que les troubles s'apaisent. En tout cas, notre position est très nette et notre vigilance sera toujours en éveil.

M. d'Estournelles et M. Jaurès m'ont reproché de ne pas faire plus souvent appel à la cour d'arbitrage de La Haye, pour des questions d'arbitrage, et ils m'ont, notamment adressé des reproches à propos du conflit vénézuélien. Notre abstention a été motivée par ce fait, que la demande d'arbitrage s'imposait d'elle-même à l'attention des puissances intéressées.

Nous avions réglé nos difficultés avec le Venezuela en février 1902, mais il en était subsisté d'autres. Je puis annoncer, aujourd'hui, qu'un protocole, intervenu entre notre ambassadeur et le représentant du Venuezela à Washington, accueille nos réclamations et stipule que nous serons remboursés sur les 33 o/o de recettes douanières accordées aux puissances.

On voit donc, qu'étant réclamants, nous ne pouvions pas être médiateurs et, pour le règlement de nos intérêts, nous n'avions pas à avoir recours à la Cour de La Haye.

Tous les conflits ne peuvent, d'ailleurs, pas être soumis à la Conférence de La Haye. Quand nous sommes allés à La Haye, il ne s'agissait nullement du désarmement, il s'agissait de limiter les armements.

Pas plus que MM. Jaurès et d'Estournelles, je ne suis fermé à l'amour de l'humanité, mais je songe d'abord à la France, qui est aussi dans l'humanité, et qui est à mes yeux la portion de beaucoup la plus chère de l'humanité.

Et, à propos du désarmement, je dis que je ne sais pas si les peuples consentiront jamais à n'avoir plus en eux-mêmes les garanties de leur propre sécurité. Moi, qui ai trouvé dans notre diplomatie un appui sûr de la paix : moi, qui vois une armée chaque jour plus forte, je dis qu'il n'appartient pas à la France de prendre une pareille initiative. Dans tous les cas, ce n'est pas moi qui la prendrai.

Il m'a semblé que M. Charles Benoist se félicitait de nos rapprochements commercial et politique avec l'Italie, mais il l'a fait en termes tels que je me demandais si je n'y étais pas resté considérablement étranger.

Il a critiqué notre politique en Afrique et, cependant, le drapeau de la France s'est considérablement agrandi sur la carte d'Afrique. A-t-il oublié toutes les annexions que nous devons à notre seule diplomatie ou les a-t-il passées volontairement sous silence ? M. Charles Benoist n'a pas parlé de la Macédoine, mais notre éminent collègue, M. de Pressensé, en a parlé.

Il nous a dit, avec une émotion qu'il n'était pas le seul à partager, les souffrances de la Macédoine et de l'Arménie, est-ce que la France aurait manqué à ses traditions ?

N'a-t-elle pas montré, depuis cinq ans, tout l'intérêt qu'elle portait aux Arméniens ? N'a-t-elle pas exercé une surveillance qui a empêché le retour des massacres ?

C'est la même politique que nous suivons en Macédoine, où les esprits sont dans un état d'irritation extrême.

Je sais qu'il y a des difficultés sans nombre, qu'il faut compter avec les aspirations des populations diverses de la Macédoine. Mais, ce n'est qu'avec les autres puissances que nous pourrons arrêter ceux qui spéculent sur le désespoir des Macédoniens.

Ce qui exaspère surtout les populations macédoniennes, très attachées au sol et aux produits du sol, c'est de se voir piller et dépouiller par les gendarmes, qui se livrent à ces excès parce qu'ils ne sont pas payés.

L'Autriche et la Russie veulent énergiquement le maintien du *statu quo* dans les Balkans, mais elles ont été d'accord avec les grandes puissances pour reconnaître qu'il était urgent d'appliquer en Macédoine un remède pour empêcher l'explosion de la misère exaspérée.

C'est ainsi qu'on a été amené à proposer les réformes : réforme financière, réforme de gendarmerie, réformes simples mais indispensables.

Pour leur exécution, il fallait un gouverneur à pouvoirs étendus, qui ne fût pas exposé à se voir contrarié, chaque matin, par des ordres venus du sultan.

Le paysan se calmera ainsi peu à peu, et les puissances pourront alors rechercher ce qu'il conviendra de faire par la suite.

La Porte a accepté, intégralement, sans modification, le programme qu'on lui a soumis. Nous sommes convaincus que, stimulée par l'active surveillance des puissances, la Porte mettra autant de sincérité à les appliquer, qu'elle a mis d'empressement à les accueillir. Elle y a intérêt.

Il ne faut pas se dissimuler qu'il y a là une situation sérieuse que, seuls, les efforts communs des puissances pourront faire disparaître.

L'équilibre européen que nos prédécesseurs se sont toujours attachés à maintenir, maintenu également par nous avec méthode et fermeté, doit être consolidé.

Nous nous sommes appliqués à faire disparaître des antagonismes factices et à opérer des rapprochements difficiles. Nous y avons réussi.

Vis-à-vis de l'Italie, l'entente s'est parachevée à la satisfaction des deux pays. Quelques esprits chagrins peuvent la critiquer, les faits n'en subsistent pas moins et l'accord est solidement établi.

En cultivant l'alliance qui doit rester la pierre angulaire de notre politique en Europe, nous maintiendrons notre supériorité et nous consoliderons notre empire colonial. Ce n'est pas vous qui voudriez abandonner l'instrument de notre grandeur en Europe et dans le monde.

M. RIBOT fait observer alors que ce n'est pas une bonne méthode de discuter toutes les questions à la fois, et dit qu'il faudra revenir à quelques-unes d'entres elles, et il a ajouté :

M. Delcassé avait bien raison de dire qu'il n'avait fait qu'appliquer la politique générale étrangère suivie de tout temps par la France. Nous sommes tous d'accord pour que la politique de la France soit pacifique.

Nous voulons que la France reste au rang de grande puissance en Europe. Mais mes amis et moi nous pensons qu'il est inutile de mettre, à tout propos, les cuirassés en avant et, comme le disait M. Thiers, de mettre les navires au large et les régiments à l'air.

L'armée est forte, mais en continuant à apporter ici certaines théories, on pourrait bien finir par l'amoindrir.

L'alliance russe est la garantie de l'équilibre en Europe. Il faut la maintenir. Avec l'Angleterre, nos relations sont cordiales, nous avons montré assez de générosité pour qu'elle nous en tienne compte.

Avec l'Allemagne, nos relations sont aussi plus cordiales, mais le passé ne peut pas être oublié en un jour.

Avec l'Italie, elles ont repris aussi leur ancienne cordialité, et j'en suis fort heureux.

Quant à l'Autriche, nos rapports ont toujours été bons.

Nous pouvons hardiment, la tête haute, remplir en Europe le rôle qui nous appartient. Nous devons le remplir dans cette question de la Macédoine, dont nous ne pouvons pas nous désintéresser.

Si l'Europe laissait les événements s'accomplir, sans essayer de les arrêter, elle amènerait de graves responsabilités. Comme M. de Pressensé, je désire l'extension des réformes, je demande le contrôle permanent, mais cette initiative appartient à la Russie et à l'Autriche. Nous, nous devons faire comme les autres puissances et j'ai pleine confiance dans le ministre des affaires étrangères.

M. de Pressensé disait qu'il considérait qu'il fallait maintenir l'intégrité de l'empire ottoman pour assurer la paix dans les Balkans. C'est, en effet, à ce but que doivent tendre nos efforts.

Au Siam, nous avons aussi certaines difficultés. Je ne dis pas que nous devions nous annexer de nouveaux territoires, pour y envoyer des fonctionnaires ; mais je dis qu'il ne faut pas que nous laissions s'établir dans la vallée du Mékong une autre influence que la nôtre.

Quant au Maroc, on a tort de laisser répandre cette idée qu'un partage serait possible. Un partage du Maroc, il n'y en a pas de possible.

Je ne veux pas rendre la tâche du ministre difficile. Mes amis et moi, nous n'hésitons pas à approuver d'une manière générale, sauf quelques réserves, les déclarations qu'il a apportées à cette tribune.

Et par mains levées, la Chambre donne sa confiance au gouvernement.

Terminons par M. Chamberlain, retour de l'Afrique australe après une absence de trois mois et demi. Parti sur le croiseur *Good Hope*, il en est revenu comme un vulgaire touriste sur un bateau des *messageries*, et il a été l'objet, à son arrivée à Southampton, de l'une de ces ovations délirantes auxquelles le peuple anglais s'est si bien entraîné depuis ses dernières aventures dans l'Afrique du Sud, au cours desquelles il a été si fréquemment et si diversement secoué. Il n'y a plus à le contester ; quelles que soient, du reste, l'origine et la politique de cet homme, ses idées parfois bizarres, ses moyens et procédés souvent exceptionnels et violents, ses défauts troublants et ses qualités incontestablement brillantes, M. Chamberlain s'est mis au premier rang et même à la tête des hommes d'Etat de son pays. Si on ne peut le leur comparer sans le flatter, il n'est pas moins vrai qu'il faut remonter aux plus beaux jours des Salisbury, des Gladstone pour retrouver l'imagination du peuple britannique et soulever son enthousiasme.

Le voyage de Chamberlain, dans cette Afrique australe qu'il avait tout fait pour ruiner et exaspérer, était d'une belle hardiesse, d'aucuns disaient d'une témérité provocatrice. En réalité, Chamberlain l'entreprit parce que, ni au moyen des récits et des rapports des uns et des autres, il n'arrivait à voir clair dans l'imbroglio sud-africain. Il a voulu voir par lui-même, se rendre compte de tout sur place, et, chose invraisemblable, il se flattait, à force de souplesse, de fermeté, de concessions habiles, d'arriver à la fusion de deux races incompatibles dont l'union ferait pourtant la sécurité et le bonheur de la métropole. Il a fait des promesses aux Boers encore frémissant des émotions de la guerre ; il a prodigué les conseils aux colons anglais, il semble avoir rassuré les Afrikanders et il pourra dire demain aux *communes* qu'il a laissé là-bas une situation, à n'en point douter, sensiblement meilleure. C'est le premier mouvement. Le second, et ce ne sera peut-être point le plus commode, il faudra persévérer dans cette politique modérée et tenir des promesses certainement onéreuses. Il faudra convaincre le peuple anglais qu'il a intérêt à payer lui-même la plus grande partie de la vaisselle qu'il a cassée. De tout cela on ne sait encore ce qui adviendra, d'autant plus qu'on ignore encore la nature exacte des engagements que M. Chamberlain a contractés en Afrique. On le saura bientôt.

Arthur Savaète.

Revue des Livres

THE CREEDS (Les Symboles de foi). *An historical and doctrinal exposition of the Apostles', Nicene and Athanasian Creeds*, par le Rev. ALFRED G. MORTIMER, D. D. London, 1902, in-8° de XX-321 pages.

Nos lecteurs nous pardonneront la liberté que nous prenons de leur présenter aujourd'hui un livre de théologie protestante ; nous avons en effet pensé les intéresser en leur faisant constater à quel point les ritualistes anglais ressentent de plus en plus le besoin de revenir non seulement aux pratiques, mais aussi aux doctrines catholiques, à ces mêmes doctrines que leurs pères avaient rejetées avec tant de mépris. Le livre de M. Mortimer sur les Symboles pourra donner une idée de cette évolution doctrinale, qui s'opère lentement chez les « catholiques-anglais », et qui, espérons-le, les ramènera tôt ou tard à la foi romaine. La lecture de ce livre montrera en même temps à quelles contradictions se trouvent infailliblement amenés ceux qui veulent concilier ces dogmes catholiques avec les principes de l'Eglise établie d'Angleterre. Nous en donnerons tout à l'heure un ou deux exemples.

Quelques mots d'abord sur la partie historique, qui occupe un bon tiers du livre. M. Mortimer y a résumé, avec une grande grande clarté, les questions complexes qu'a suscitées, en ces derniers temps surtout, l'étude des formules de foi en usage dans l'Eglise.

Le Symbole des Apôtres, la plus importante et de beaucoup la plus ancienne des trois, a eu deux rédactions principales : l'une, primitive, paraît à Rome dès la fin du premier siècle ; l'autre, qui n'est qu'une amplification de la pre-

mière, semble être originaire du midi de la Gaule. De la première rédaction, que l'on nomme le Symbole romain, nous avons des attestations certaines dès le IV° siècle, mais on en retrouve tous les éléments dans les œuvres patristiques des deux siècles précédents, ce qui permet de conjecturer qu'elle existait aux environs de l'an 100. Cette première rédaction romaine a servi de base à tous les Symboles des différentes églises, où l'on rencontre auprès du texte primitif un plus ou moins grand nombre d'additions nécessitées par les hérésies. C'est l'un de ces Symboles spéciaux qui fut plus tard adopté à Rome même, comme répondant mieux aux développements de la doctrine catholique accomplis dans le cours des siècles au sein de l'Eglise : de là le nom de *Textus receptus* sous lequel l'on a coutume de désigner cette seconde rédaction. M. Mortimer a résumé ces différentes questions avec une grande précision : il a utilisé les travaux les plus récents, mais il s'est abstenu de formuler aucune hypothèse nouvelle et personnelle. C'est à peine si nous avons pu relever dans cet exposé une ou deux inexactitudes de détail : telle est, par exemple, l'affirmation deux fois répétée que la reddition du symbole suivait le baptême ; en réalité, elle l'a toujours précédé.

Vient en second lieu le Symbole de Nicée, à qui l'on a souvent donné à tort le nom de Symbole de Constantinople. Du reste, il diffère notablement aussi de la formule de foi conservée dans les actes du Concile de Nicée. L'opinion généralement admise aujourd'hui c'est qu'il représente l'ancien *Credo* baptismal de Jérusalem combiné avec la formule de Nicée : d'où son nom de Symbole de Nicée. A partir du

Ve siècle au moins, les Eglises d'Orient l'ont toujours employé comme Symbole baptismal, tandis que les Eglises d'Occident ont généralement conservé le Symbole des Apôtres. Cependant à un moment donné, l'influence byzantine qui se fit sentir à Rome au VIe siècle, fit accepter le Symbole de Nicée pour la *Traditio Symboli*, l'usage du Symbole des Apôtres se trouvant ainsi réduit à la triple profession de foi, qui précédait immédiatement le baptême. Les divers *Ordines* du baptême du VIIIe et du IXe siècle, apparentés à l'Ordo Gélasien, présentent à peu près tous cette particularité, qui a disparu dans la suite. C'est une pratique que M. Mortimer a omis de mentionner ; il eût cependant été intéressant de la relever, précisément à cause de l'absence du *Filioque* dans ces formulaires romains. On sait que l'usage de chanter ce *Credo* à la Messe est relativement récent. Charlemagne l'introduisit en Gaule, mais il est assez peu probable que Rome ait suivi son exemple. M. M. veut que le Pape saint Léon III ait adopté cette innovation ; mais on reconnaît en général, sur le témoignage de Bernon de Reichenau, que ce fut Benoît VIII qui l'introduisit à Rome, au XIe siècle.

La troisième formule de foi en usage dans l'Eglise porte le nom de saint Athanase ; mais elle est d'un auteur latin, qui semble avoir vécu dans la première moitié du Ve siècle, et avoir appartenu à l'école monastique de Lérins. C'est tout ce que l'on peut savoir de son origine. La question est d'ailleurs encore très discutée ; on trouvera les principales opinions dans l'esquisse qu'en a donnée l'auteur.

Dans la seconde portion de son livre, M. Mortimer a groupé les articles des trois Symboles sous les titres des Articles du Symbole des Apôtres, et s'est attaché à en expliquer la doctrine « à la lumière de la Sainte Ecriture et de la théologie ». Comme je l'ai déjà dit, l'auteur est l'un de ces « catholiques » très avancés, qui essaient de concilier, avec leur profession de ministres anglicans, le plus qu'ils peuvent de la doctrine catholique, et qui se croient par

là même autorisés à se défendre énergiquement, lorsqu'on est tenté de les confondre avec les Prostestants.

La première thèse que nous rencontrons dans l'exposé de M. M. renferme des pages très catholiques sur la foi ; mais que l'on aborde le chapitre sur l'Eglise l'on verra bien vite reparaître la théorie anglicane : la véritable unité n'appartient qu'à l'Eglise d'Angleterre, l'Eglise de Rome en a perdu la notion. Ce n'est pas le lieu de réfuter cette assertion ; quelques réflexions, qui nous sont suggérées par la thèse même de M. M., ne seront pourtant pas déplacées. Parmi les attributions de l'Eglise, M. M. regarde comme l'une des plus importantes la charge de conserver intacte et d'enseigner la vérité. « Le chrétien, dit-il, a dans l'Eglise, que Notre-Seigneur a fondée sur le roc de sa divinité, un docteur infaillible de la vérité (*unerring teacher* of truth) .. C'est à elle qu'il appartient de livrer et d'*interpréter* la Sainte-Ecriture ; c'est sur son autorité que nous recevons les Livres Saints ; de son enseignement, nous attendons l'interprétation des vérités qui y sont contenues » (p. 245). Et comment exerce t-elle cet enseignement ? « De deux façons : 1° dans les circonstances où de graves nécessités le réclament, par le Concile œcuménique ; 2° d'une manière ordinaire par *le consentement de ses pasteurs* dans leur enseignement et par ses propres pratiques » (p. 109-110). M. M. n'en est pas encore arrivé à proclamer le dogme de l'infaillibilité pontificale (plusieurs de ses coreligionnaires y croient comme nous), il ne manque que ce dernier point pour donner à sa théorie un sens pleinement catholique. Combien nous sommes loin de la doctrine du libre examen si chère au protestantisme ! Il est intéressant de noter dans la thèse que nous venons d'exposer la situation difficile qu'elle fait à l'Eglise d'Angleterre. Car il est bien impossible de lui reconnaître ce titre de docteur de la vérité. Il n'est pas de corps épiscopal qui soit moins d'accord sur la doctrine que l'épiscopat anglican. Qu'on se rappelle seulement les essais de Conciles généraux qu'ont tentés à diverses reprises les archevêques de Cantorbéry: jamais l'on n'est parvenu à s'entendre sur aucun point de doctrine, ni à formuler la moindre définition dogmatique. C'est assez dire qu'il n'existe pas dans l'Eglise anglicane d'organe autorisé pour fixer la vérité ni pour interpréter la Sainte Ecriture.

Dans un document, émané ces dernières années de l'archevêque de Cantorbéry, était formulée la défense d'adresser aucun culte ni aucune prière à tout autre qu'à Dieu. Cela n'empêche pas M. M. de proclamer hautement la légitimité du culte des Saints comme étant surabondamment prouvée par l'enseignement de l'Eglise et sa pratique constante. Cette communion, qui nous unit aux Saints, s'étend aussi aux âmes des justes qui attendent, en un lieu intermédiaire entre le Ciel et l'Enfer, la cessation de leurs peines et la vision béatifique. Elles comptent sur nos prières et sur le Saint Sacrifice que nous faisons offrir pour elles, et en retour elles prient pour nous. Ce sont encore là des assertions qui étonnent sous la plume d'un anglican ; et nous pourrions en relever d'autres, notamment sur la confession, sur la présence réelle dans la Sainte Eucharistie; cela donne à espérer que le rapprochement complet avec Rome s'accomplira un jour : ce sera la récompense de la bonne foi que mettent dans la recherche de la vérité nos voisins les anglo-catholiques.

P. M.

XXX.

Revue Financière

De tous les côtés, dans tous les groupes où s'agitent des intérêts, on se consulte sur la question de savoir si réellement une reprise d'affaires est prochaine. L'avenir de nos budgets eux-mêmes en dépend. L'a-t-on assez déclaré ou fait entendre au cours des dernières discussions ! Aux excédents budgétaires est lié le remboursement de la dette temporaire qui vient d'être accrue. Or, seule la reprise des affaires peut fournir ces excédents. Tout le monde au Parlement est d'accord sur ce point. Comment se fait-il cependant que, par une absence de logique surprenante, on fasse tout pour entraver cette reprise ? Tour à tour les industries sont menacées soit d'impôts nouveaux, soit dans leur existence même, par le moyen d'expropriations successives ou en bloc devant aboutir à des monopoles d'Etat ?

Quoi qu'il en soit, le pays puisant en lui-même des ressources accumulées de vie, confiant, comptant pour rien les menaces de certains partis politiques, se remet peu à peu au travail. C'est le résultat qui apparaît dans toutes les statistiques où s'enregistre l'importance des transactions générales.

Depuis un an, le prix des marchandises, à Londres, a progressé. D'après M. Sauerbeck, le coefficient des 45 marchandises les plus importantes a passé de 68,8 au mois de janvier 1902, à 69,1 en janvier 1903. Les matières premières ont surtout contribué à cette hausse.

En France, les progrès ne sont pas moins sensibles. Pendant la même période, la plupart des matières premières ont monté. En prenant le ˉchiffre de 100 comme point de départ, les écarts en dessus et en dessous de ce chiffre indiquent les variations de prix. C'est ainsi que le cuivre a monté de 91 à 96, l'étain de 111 à 133, le zinc de 73 à 85, le plomb de 94 à 99, l'acier de 106 à 108, le fer marchand de 94 à 107, le fer à plancher de 93 à 104, la tôle de 86 à 91. Même constatation pour les textiles. C'est donc la hausse sur la généralité des matières premières.

Les recettes des chemins de fer pour les mois de janvier comparés de 1902 et 1903 sont, suivant les compagnies, en augmentation dans des proportions variant entre 1,53 o/o et 4,25 o/o par rapport à l'année dernière.

Le mouvement des' ports est pour le mois de janvier 1903 en augmentation de 204,000 tonnes sur le mois correspondant de 1902.

Le commerce extérieur, pour la même période, fait ressortir une augmentation de 26,341,000 francs aux importations, et une augmentation de 33,988,000 fr. aux exportations.

Les grèves elles-mêmes, qui paraissent être un indice précurseur de la reprise des affaires, affectent des chiffres plus importants, sinon pour le nombre des déclarations, du moins pour le nombre des ouvriers qui y ont pris part. Janvier 1902 a eu quarante grèves et 2,763 grévistes ; janvier 1903 n'a eu que 31 grèves qui ont comporté cependant la cessation de travail de 4,700 ouvriers.

Nous n'avons pas besoin, pour compléter notre démonstration, de reprendre les chiffres indicateurs de reprise d'affaires que fournissent les bilans de la Banque de France et des sociétés de crédit, combinés suivant la méthode de M. Juglar. Nous avons, à l'occasion du tableau de M. Jacques Siegfried, fondé sur cette méthode, signalé déjà les tendances de cette reprise.

Ces diverses constatations ont été faites par le monde des affaires, par la Bourse surtout qui a pris les devants, en achetant les actions des industries susceptibles de profiter, dans un avenir relativement assez lointain encore, des résultats de cette reprise et d'en répartir à leurs actionnaires les profits disponibles.

Il serait fâcheux que le mouvement fût conduit trop rapidement ; car au moment précisément où il y aura lieu d'enregistrer ces profits, toute la hausse risque d'avoir été faite par anticipation, et comme toujours la réaction suivrait le fait accompli.

Le marché n'a pas été cependant régulièrement satisfaisant. Sans être faible, il a donné des signes de lassitude. Les alternatives de baisse et de reprise se sont fréquemment succédé. La réaction, il est vrai, n'a pas été très sensible ; mais, par contre, chaque tentative d'affermissement s'est heurtée à des réalisations répétées. Ce n'était plus le bel entrain de naguère. Les fonds d'Etat ont été principalement mouvementés. On avait acheté ses valeurs par suite du bon marché de l'argent. Aujourd'hui, le resserrement qui a produit sur certaines hausses étrangères, fait craindre que cette situation n'ait son contre-coup sur notre place. Les disponibilités restent sans doute très abondantes. Mais se contentera-t-on de taux aussi modiques qu'aux liquidations antérieures ? Ces appréhensions ont donc poussé la spéculation à alléger ces positions.

Nos rentes ont eu bonne allure. La position de place était propice à un relèvement. Les primes avaient été vendues avec si peu d'écart qu'il était facile, en faisant monter un peu les cours, de forcer les vendeurs à se couvrir par des demandes de ferme. C'est ce qui a eu lieu. Le pair a donc été dépassé. On fait remarquer cependant que le moindre retour en arrière pourrait compromettre cette situation en mettant les échelliers dans la nécessité, si la cote baissait, de se debarrasser du ferme qu'ils viennent de racheter. Il est vrai qu'il y a un coupon à détacher dans quelques jours, ce qui pourrait rendre quelque élasticité au marché. Mais on fait encore observer que le rapport a été assez tendu à la dernière liquidation, qu'il pourrait se tendre encore, si les craintes d'un renchérissement de l'argent venaient à se réaliser.

Syndicat de l'Ariège et Port Cros réunis : *L'Express* de Toulouse rapporte ce qui suit :

« A l'occasion des réjouissances du carnaval, les ouvriers du Syndicat des Ardoisières de l'Ariège invitaient à un banquet fraternel le directeur du Syndicat et leur chef ouvrier.

« La réunion, très cordiale et très gaie, s'est prolongée jusqu'à la nuit.

« Après les chansons, au dessert, M. Barneaud, directeur du Syndicat, a levé son verre en l'honneur de la municipalité de Siguer et du maire qui la dirige. En paroles très applaudies, il a parlé de l'avenir du Syndicat, des travaux projetés et des heureux résultats obtenus jusqu'à ce jour.

« Insistant sur l'esprit qui dominait cette fête de famille, M. Barneaud a remercié les ouvriers des sentiments d'affection qui les attachent à leur patron. Il voudrait que cette union si profonde qui existe ici entre le capital et le travail, servit à tous de modèle et de leçon. Grâce à cette inaltérable collaboration, Siguer a connu depuis dix mois des jours heureux et dix mille francs de salaires ont pu être distribués, tandis que la production ardoisière était quintuplée.

« Bientôt de nouveaux chantiers vont être ouverts. Lercoul ressentira bientôt aussi les effets de cette collaboration féconde.

« Le doyen des ouvriers, un beau vieillard de 72 ans, au nom de tous ses camarades, assure le directeur du *Syndicat* de la confiance que tous ont en lui et du dévouement que municipalité et population continueront à ne pas lui marchander.

« Ces spectacles sont trop réconfortants pour que nous ne les signalions pas. Le fait que dans la haute Ariège une industrie puissante va pouvoir ainsi se créer qui donnera l'aisance, la prospérité à des familles jusqu'à ce moment sans travail et sans ressources, doit encourager la bonne volonté de ceux qui croient en notre pays.

« Nous faisons des vœux pour que les projets du Syndicat se réalisent et que l'accueil qui lui est fait à Siguer et autre part l'encourage à nous favoriser de son action. »

Voici, du reste, un rapport récapitulatif, officiel et légalisé, que M. Barneaud, gérant, a adressé à son conseil de surveillance pour édifier un groupe de capitalistes qui veulent non seulement s'assurer toute la production des ardoisières de Siguer, mais encore souscrire une notable partie, sinon la totalité du capital :

RAPPORT de M. Barneaud, gérant du Syndicat des ardoisières de l'Ariège.

Après les rapports si concluants de M. Migniot, ingénieur directeur des Ardoisières Sainte-Désirée, à Fumay (Ardennes), nous avons immédiatement cherché les moyens les plus pratiques pour réaliser l'exploitation des gisements examinés à Siguer et à Lercoul. En conséquence, il fut décidé :

1º Que les gisements communaux de Lercoul et Siguer, d'une contenance totale de deux mille hectares, feraient l'objet d'une demande en concession pour une durée de trente années.

2º Que les carrières privées, exploitées depuis des siècles à Siguer, seraient achetées et deviendraient la base de l'exploitation.

Ainsi devait s'affirmer le monopole de production auquel voulait parvenir le Syndicat.

3º Que des terrains pour le dépôt des déblais seraient acquis dans le voisinage des carrières.

4º Que le travail de production commencerait assez tôt pour que l'on pût tirer profit des carrières pour le printemps 1902.

5º Que tout en assurant le fonctionnement régulier des travaux d'exploitation, on préparerait l'avenir en prospectant les gisements, en étudiant les moyens de transformer les méthodes et procédés usités jusqu'à ce jour pour utiliser nos massifs schisteux et pour faire connaître au loin les ardoises jusqu'alors cantonnées dans une sphère très restreinte.

Nous allons exposer comment les différents points de ce programme ont été réalisés.

1º Dès le mois de décembre 1901, nous obtenions le droit exclusif d'exploiter les gisements de schistes ardoisiers, situés dans *huit cents* hectares de propriétés communales de Siguer avec facilité de déposer les déblais dans les parties non cultivées.

Le traité de concession dûment approuvé par l'autorité préfectorale établissait un prix maximum pour l'occupation des autres terrains et fixait à 450 francs la redevance annuelle.

La demande de concession pour les *douze cents* hectares de Lercoul a subi des retards causés par les intrigues d'une personne qui se disait concessionnaire, par suite de traités qui lui avaient été consentis.

Nous avons repoussé dès le début ces prétentions comme les offres de ce

porteur de papier ; les menaces et tentatives de chantage nous ont trouvés insensibles. Finalement la discussion de ces titres nous a donné gain de cause ;
toutes difficultés sont aujourd'hui aplanies et l'approbation préfectorale n'est plus
qu'une question de peu de jours.

Les gisements communaux de Siguer furent soumis à une délimitation partielle dès le mois de mars 1902 et les prospections commencèrent immédiatement.
Aujourd'hui quatre carrières ont été répérées : 1º La carrière Alexis Pagès, ainsi
nommée par reconnaissance pour le sympathique maire du pays. Pendant de
longues années, les travaux d'exploitation bien dirigés avaient donné grande célébrité à ses productions ; elle a fourni les belles ardoises qui recouvrent l'hôtel
Siore à Ax et les églises de Foix et Pamiers. Des recherches faites en amont des
anciens travaux ont fait découvrir sous un mètre de terre végétale une veine superbe de couleur bleu hussard, dont la largeur paraît être de 30 mètres et la
prolongation de 65 mètres au moins au-dessous du sol.

La route départementale de Siguer en Andorre la dessert, la rivière coule à
quelques pieds de distance. Il sera facile de relier cette carrière aux exploitations
actuelles, dont il sera bientôt parlé.

2º La carrière dite de Sabar est située à 60 mètres au-dessus du niveau de la
Vallée. Quelques terrassiers pendant une semaine suffiront pour nettoyer les
fosses et remettre à nu le filon, large à cet endroit de 15 mètres au moins.

Les difficultés d'accès demeurent encore, mais un câble-porteur, de 150 mètres,
permettra le transport économique de l'ardoise bleu foncé qui nous sera fournie
là en très grandes quantités.

3º La carrière dite La Mère, à 60 mètres plus haut. Des éboulements ont
enfoui les blocs et il faudra, pour donner de l'activité à la production, reprendre
un peu en dessous la carrière, ce qui s'obtiendra très facilement par l'achat d'un
millier de mètres de terrain à bon marché.

Ici encore un câble-porteur simplifiera la question de transport, sa longueur ne
dépassera pas 250 mètres ; son point d'atterrissement est tout indiqué : sur la parcelle dite « La Palauque », à proximité de la grande place du moulin, où se
trouvent en ce moment les dépôts de nos ardoises.

Notre Syndicat est pour neuf ans locataire de cette parcelle d'une contenance de
3.200 mètres, moyennant une redevance de 70 francs par an.

4º Une magnifique veine noire courant tout le long du chemin rural qui de
Siguer monte à Lercoul, par le col de Greilhou. Dès l'affleurement, l'ardoise noire
paraît nettement fissile et en grandes plaques piquetées encore de pyrites ferrugi-
neuses, mais indiquant par leur netteté de clivage des masses profondes et homogènes. Le terrain communal s'étend au pied de cette veine et nous pourrons
l'attaquer 20 mètres en dessous, au niveau même de la vallée, dans le voisinage
immédiat d'un chemin dont la construction est décidée par la Municipalité.

III. — Nous devions penser surtout à produire immédiatement l'ardoise pour
la campagne du printemps 1902. Depuis des années, l'exploitation faite par les
propriétaires devenait extrêmement pénible et coûteuse. Les habitants du pays,
ne disposant pas de capitaux suffisants, étaient obligés de renoncer à l'exploitation
dès qu'elle ne donnait pas de résultats immédiats ; presque journellement, des conflits s'élevaient entre propriétaires, et comme les carrières étaient voisines les unes
des autres, la rivalité s'affirmait par des prohibitions de passage qui avaient pour
effet de rendre inexploitables la plupart des gisements. Ajoutons que les terrains
pour l'entrepôt des déchets manquaient toujours et que c'est sur le sol même des

carrières que l'on déposait les débris dont la quantité grandissait d'autant plus que les procédés d'extraction étaient moins perfectionnés. Notre attention fut appelée sur les carrières qui avaient le renom de fournir des produits de résistance et de couleur parfaites. Des négociations furent entamées avec leurs propriétaires : elles furent longues et difficiles. En effet, le propriétaire du fonds recevait, sans aucun dérangement de sa part, le vingtième de la production, laquelle était faite par des ouvriers, venant travailler l'ardoise quand ils avaient fini la culture de leurs champs.

Le succès répondit cependant aux efforts entrepris, et dans le courant du mois de mars 1902, le syndicat acquérait de MM. Buscail, Caralp, Rouzaud, diverses carrières contiguës, d'une superficie totale de *cinq mille mètres*, réunies depuis sous le nom de carrières Charles-Arthur. L'aspect extérieur de cette exploitation n'était pas encourageant : on aurait dit une immense butte de pierres éboulées présentant à l'Est et à l'Ouest un puits à moitié plein d'eau de 7 mètres de profondeur. Mais nous savions que sous le chaos de décombres gisaient les schistes précieux qu'il s'agissait de débarrasser. Une propriété de 1600 mètres carrés, sise à l'entrée des carrières, fut achetée et dès le 4 avril, nos terrassiers attaquèrent les monceaux de déblais, pendant qu'une équipe mettait la main à la production de l'ardoise.

Une voie Decauville de 120 mètres et quatre wagonnets de 500 litres ont donné une grande intensité aux travaux de déblaiement et aujourd'hui plus de *six mille cinq cents mètres* cubes ont été enlevés : l'écoulement des eaux est assuré par deux puisards. Nos espérances ont été pleinement réalisées, en ce sens qu'au-dessous des déblais, nous avons trouvé des roches ardoisières qui nous ont fourni les moyens de faire une recette atteignant à ce jour près de *sept mille francs* sans que jamais nous ayons ralenti nos recherches et nos déblaiements. Un hangar pouvant abriter en ses 60 mètres de superficie intérieure, tous nos fendeurs, les jours de pluie ; une construction pour la pompe ont été élevés ; une muraille épaisse de 0,80 entoure les chantiers. En août dernier, nous avons encore acheté, de M. Fondère, une parcelle de 1080 mètres, au nord de la carrière *Charles-Arthur* ; outre que de très beaux filons, dès aujourd'hui exploités, se manifestent dans cette nouvelle acquisition, nous pourrons désormais tirer profit des moindres parties de notre carrière. Une promesse de vente à des conditions très avantageuses nous donne, en outre, le droit d'étendre jusqu'à la limite de la zone ardoisière communale qui nous est concédée notre exploitation et il dépend de notre conseil de réaliser, quand il le voudra, cette promesse de vente qui augmentera de 2.500 mètres, notre carrière *Charles-Arthur*.

En janvier 1903, au moment où le froid se faisait sentir très vif dans nos montagnes, nous avons vu, en partie, réduire notre personnel ; les travaux de déblaiement devenant impossibles — mais toujours vingt ardoisiers étaient à leur poste — car les commandes arrivaient et arrivent encore nombreuses et importantes.

Depuis les premiers jours de mars 1903, deux équipes de 10 ouvriers chaque ont repris l'attaque de 2.000 mètres cubes restant à déplacer. Notre carrière s'étendra alors sur 80 mètres à travers un banc qui, d'un côté et de l'autre nord et sud, a plus de 40 mètres en roches massives et compactes. C'est vers la fin de mars que nous aurons achevé de découvrir toute cette étendue ; il y aura alors une année que nos travaux auront commencé et tous devront nous rendre ce témoignage que nous avons fait de la bonne et utile besogne rapidement.

IV. — Et pour l'avenir ? Nous n'avons jamais cessé d'y penser et de le préparer.

La rivière du Siguer roule au pied et au milieu de nos chantiers, = 2 mètres cubes — seconde aux plus basses eaux — ; notre premier souci fut d'en chercher l'utilisation pour donner à notre exploitation les forces mécaniques que partout ailleurs on demande à la vapeur. En novembre dernier, notre ingénieur M. Martignat, après une étude approfondie, nous remettait un plan d'usine, où, grâce à l'inépuisable houille blanche de nos montagnes, nous pourrions de façon très économique scier, découper et polir l'ardoise, la transformant en dalles, carreaux, tables, plaques, etc. Son rapport conclut à l'installation d'un barrage tout près du pont de Seuillac et à la création d'une chute nous donnant 140 chevaux-vapeur. La Municipalité de Siguer, continuant son attitude de cordiale bienveillance, nous a donné le droit de capter toute la force dont nous aurions besoin et de disposer de tout le terrain utile, à la seule condition de lui fournir, au moment où fonctionneront nos dynamos, vingt-cinq lampes pour l'éclairage public. Ainsi pourrons-nous jeter sur le marché et dans des conditions exceptionnelles notre ardoisière. Mais l'usine nous fournira aussi l'énergie qui devra animer nos *poulies pénétrantes*, le fil scie pour découper les blocs, les haveuses et les perforatrices pour les puits et galeries que nous comptons bientôt commencer. Le problème des transports, problème qui nous a plusieurs fois préoccupés, sera aussi rapidement solutionné. Siguer n'est séparé de la gare de Tarascon (Ariège) que par 11 kilom. sur une très belle route, admirablement entretenue. Au prix actuel, nous n'avons pas à taxer d'exagération nos rouliers ; pourtant, à mesure que s'augmentera notre vente, il faudra réduire au minimum cette source de dépenses et alors une installation de transport électrique, système Trolley, sera facilement alimentée par notre réserve de forces. C'est aussi à l'électricité que nous demanderons les moyens économiques d'amener nos ardoises et nos plaques des chantiers à nos dépôts, alors que le chemin vicinal de Luth aura été aménagé par la municipalité de Siguer, ce qui se fera très prochainement.

D'autre part, nous avons tenu à faire connaître notre schiste ariégeois. De Hambourg, de Paris, de Nevers, sont venues des demandes pour plus amples informations et même pour l'achat de toute notre production. Nous n'avons pas voulu signer ce contrat ; car il nous faut, auparavant, agrandir notre champ de production, perfectionner notre outillage. En pénétrant de quelques mètres en profondeur, en fonçant à l'extrémité ouest de la carrière *Charles-Arthur* une galerie qui nous mettrait en plein banc, à 450 mètres au-dessous des cimes schisteuses de Greilhou, nous aurons la veine, à la fois *dure et douce*, recherchée par les ardoisiers.

Ce résultat sera obtenu, non en dépensant, comme on l'a fait dans l'Anjou et dans les Ardennes, des centaines de mille francs et même des millions ; mais à peine quelques milliers de francs : et encore nous trouverons, dans la demande d'ardoises sur place, à écouler la presque totalité des matériaux que nous fourniront les travaux d'avancement.

Ce n'est, certes, pas un facteur à négliger, que cette vente dans les hauts cantons de l'Ariège et de l'Aude, qui peut absorber près de *vingt mille* mètres carrés par an, « environ un million d'ardoises », à un prix extrêmement rémunérateur, et sans aucune charge pour nous. Nous livrons, en effet, cette ardoise brute, tout venant, non taillée, aux acheteurs qui viennent, eux-mêmes, en faire le chargement.

Il importait d'assurer et de développer ces transactions et c'est pourquoi nous avons établi, un peu partout, des représentants dont la propagande a été très féconde. Grâce à eux, nous avons pu, dès cette année, quintupler la production purement locale.

Peu à peu, ceux qui s'étaient donné à la tuile ou s'étaient adressés aux carrières lointaines, reprennent le chemin de Siguer.

Je conclus donc que mon rapport de l'an prochain dira que, pas plus que cette année-ci, nous n'avons eu de déceptions, et que nous aurons alors réalisé tous nos projets.

Le directeur-gérant,
CH. A. BARNEAUD.

Nous, Pagès Alexis, maire de la commune de Siguer, après avoir pris connaissance du rapport ci-dessus, certifions l'exactitude des faits et chiffres y relatés.

A Siguer, le 1er mars 1903.

Signé : *Le maire,*
PAGÈS.

Dans le cas, très probable, où le groupe des capitalistes, à l'intention desquels ce rapport explicatif et d'une scrupuleuse exactitude a été fait et légalisé, donnerait suite à ses projets : achats des produits des carrières et prise ferme de 800.000 fr. du capital, nous avons réservé pour nos clients et amis 800 parts que nous continuons à leur offrir au prix de 102 francs, payable 1/3 en souscrivant, 1/3 à 90 jours, 1/3 à six mois.

Nous devons ajouter néanmoïns que le jour même où le contrat proposé pour la vente de nos produits et la souscription de la quasi totalité du capital des syndicats réunis sera exécuté, les parts ne seront plus accordées qu'à 200 francs l'une, et sans *prime gratuite.* Nous ajoutons que le jour même les ordres seront donnés pour l'ouverture de plusieurs nouvelles carrières, pour la construction de l'usine électro-hydraulique et pour la prospection de la mine de fer de Port Cros.

SYNDICAT DES ANTHRACITES DE LA TARENTAISE. — Notre appel aux syndicataires produit peu à peu son effet, trop lentement néanmoins pour le bien commun des intéressés dans cette entreprise. Jusqu'ici plus de trente personnes ont souscrit environ 10.000 fr. d'actions de la société projetée ; un nombre égal de syndicataires nous ont vivement encouragés et nous ont promis des souscriptions dont elles se réservent de fixer ultérieurement l'importance. Nous insistons pour que les intéressés veuillent bien nous fixer sur leurs intentions.

Alliance de la Presse, 76, rue des Saints-Pères, Paris.

Saint-Amand (Cher). — Imprimerie BUSSIÈRE.

ARTHUR SAVAÈTE, ÉDITEUR, 76, RUE DES SAINTS–PÈRES, PARIS.

LA PAPAUTÉ DEVANT L'HISTOIRE

par le Chanoine FRANÇOIS FOURNIER

Docteur en théologie, Professeur d'Histoire ecclésiastique, d'écriture sainte
et de droit canon, au Grand-Séminaire de Digne

*Ouvrage approuvé par Mgr Hazera, évêque de Digne ; édition luxueuse et
illustrée du portrait de l'auteur, de celui de tous les papes, avec leurs ar-
moiries respectives, figurines, lettrines, culs-de-lampe, qui ornent le
commencement et la fin de chapitre.* — *Format grand in-4°, de 925 pages.*
Prix des 2 volumes : **50** francs.

Ce livre, œuvre de laborieuses et persévérantes études, offre un travail sérieux,
bien documenté, écrit dans un esprit essentiellement romain et d'après l'écol
traditionnelle, à l'encontre de l'école dite scientifique qui a remis la thèse
janséniste de Launoy, Baillet, Sirmond, etc., thèse qui ne tend rien moins qu'
ruiner les fondements de l'histoire et à jeter le pyrrhonisme dans les annale
de l'Eglise. L'histoire ne s'appuie pas seulement sur des écrits officiels, elle
aussi pour base la tradition et les monuments scripturaires pour anéantir cett
double base, il faudrait à M. Duchesne d'autres preuves que les preuves néga
tives. Il demande à l'école traditionnelle des écrits positifs à l'appui de l'aposto
licité de nos Eglises ; pourquoi ne serions-nous pas en droit de lui en demande
de pareilles à l'appui de sa thèse. Tant que l'école hypercritique de la scienc
ne donnera pas des preuves positives de la fausseté de nos traditions, nou
serons en droit de les tenir pour fondées. L'école allemande nous reproche de
faire fausse route ; nous lui retournons le reproche. Sa méthode, qui est cell
des jansénistes, est depuis longtemps jugée.
D'autre part, devant les calomnies contre le Saint-Siège et les travestissement
que l'école libérale a fait subir à l'Histoire ecclésiastique, le lecteur sera heureu
de voir restituer à la Papauté sa véritable physionomie, c'est-à-dire cette grand
figure de puissance civilisatrice par la religion, la science, les lettres et les arts
et de la voir vengée de cette coterie hostile et haineuse qui a aiguisé tant d
plumes à la vilipender ; il sentira revivre dans ses pages cette confiance paisibl
aux yeux de laquelle les victoires passées sont un sûr garant des triomphes fu
turs. Sa lecture redressera bien des idées fausses et consolera bien des âmes au
milieu de la tourmente soulevée contre le catholicisme.

Rôle de la Papauté dans la Société

Un beau et fort volume in-8° raisin. Prix : **5** fr.

Les mêmes qualités, le même esprit se retrouvent dans cet excellent ouvrage d
l'auteur de la **Papauté devant l'Histoire.** Nous recommandons tout particu
lièrement ce volume aux personnes qui, par une lecture substantielle et facil
veulent se rendre compte de l'heureuse influence de l'Eglise en général, de l
Papauté en particulier sur les progrès humains à travers les siècles.

LE PAPE ET LA LIBERT

Par le R. P. CONSTANT, DES FRÈRES PRÊCHEURS

*3° Edition revue et enrichie de nouveaux documents, ouvrage honoré d'ur
bref du souverain Pontife et des approbations de vingt-quatre archevêque
et évêques.* Beau et fort volume in-8° raisin. Prix : **6** francs.

Cet ouvrage a eu dans le monde catholique le plus grand et le plus légitim
succès qui ne peut que s'étendre et s'affirmer au moyen des documents inté
ressants et nouveaux que l'auteur y a introduits en préparant cette troisième e
définitive édition d'une œuvre indispensable.

'OTRE-DAME DE LOURDES

PAR
H. LASSERRE

1 vol. in-12 de xii-464 pages, orné de 2 gravures. Prix : **3 fr. 50**

E MÊME, 1 vol. in-8° illustré. Prix . . . . **3 fr. 50**

E MÊME, 2ᵉ édition illustrée, ornée de 15 gravures, titre rouge et noir. 1 vol. grand in-8° de viii-355 pages. Prix. . . . . **7 fr. 50**

E MÊME, un beau vol, in-4° illustré d'encadrements variés à chaque page et de chromolithographies. Broché. . . . . **25 fr.**

Relié percaline avec plaques spéciales, tranches dorées . . . . . **30 fr.**

Relié dos chagrin, tranches et ornements dorés . . . . **35 fr.**

Les Épisodes miraculeux de Lourdes

Du même. In-12, br. Prix : **3 fr. 50**

ES MÊMES, 1 vol. grand in-8°, broché. Prix . . . . **7 fr. 5**

ES MÊMES (*Edition artistique Palmé*). Un beau vol. in-4° illustré pa YAN'DARGENT. Encadrements variés à chaque page et chromolithographie. Broché . . . . **25 fr.**

Relié percaline, plaques spéciales, tranches dorées. . . . . . . **30 fr.**

Relié dos chagrin, tranches et ornements dorés . . . . **35 fr.**

Relié amateur, dos et coins chagrin, tranche supérieure dorée. . . **35 fr.**

BERNADETTE, SŒUR MARIE-BERNARD

1 beau volume in-18 jésus de 430 pages, illustré de nombreuses gravures, qua torzième édition. Prix. . . . . **3 fr**

— *Le même*, un vol. in-8° illustré, broché . . . . **7 fr. 5**

MOIS DE MARIE DE N.-D. DE LOURDES

brégé de Notre-Dame de Lourdes, divisé en 31 lectures avec une prière spécial à la fin de chaque lecture. 1 vol. in-18 jésus, 19 × 12. Prix . . . . **2 fr**

Nouveau Mois de Marie de Notre-Dame de Laurde

Récents épisodes avec une prière spéciale après chaque lecture, faisant suit au Mois de Marie de Notre-Dame de Lourdes. 1 volume in-18 jésus, 19 × 1 Prix. . . . . **2 fi**

LE CAS DE M. HENRI LASSERRE
LOURDES et ROME
Par l'Abbé PAULIN-MONIQUET

1 vol. in-8° carré . . . . **2 fr**

LES ORIGINES DE N.-D. DE LOURDES

Défense des Évêques de Tarbes et des Missionnaires de Lourdes, examen critique de divers écrits de M. H. Lasserre par l'Abbé PAULIN MONIQUET. 1 vol. in-12 de 300 pages. Prix . . . . **3 fr. 50**